# 中国地图

新疆维吾尔自治区
乌鲁木齐
西藏自治区
拉萨
青海省
西宁
甘肃省
兰州
内蒙古自治区
呼和浩特
宁夏回族自治区
银川
黑龙江省
哈尔滨
吉林省
长春
辽宁省
沈阳
河北省
石家庄
北京
北京市
天津
天津市
山西省
太原
陕西省
西安
山东省
济南
河南省
郑州
江苏省
南京
安徽省
合肥
上海
上海市
浙江省
杭州
湖北省
武汉
重庆
重庆市
四川省
成都
贵州省
贵阳
云南省
昆明
湖南省
长沙
江西省
南昌
福建省
福州
台湾省
台北
台湾岛
钓鱼岛
赤尾屿
兰屿
广东省
广州
广西壮族自治区
南宁
香港
澳门
海南省
海口
海南岛
东沙群岛
渤海
黄海
东海
台湾海峡
南海
黄河
长江

南海诸岛
1:44 000 000
南宁
广州
广东省
福建省
台湾省
广西壮族自治区
香港
澳门
台湾岛
海口
海南省
海南岛
东沙群岛
西沙群岛
永兴岛
中沙群岛
黄岩岛
南沙群岛
曾母暗沙
南海

**图 例**

|  |  |
|---|---|
| ——— 未定 | 国界 |
| —— | 省、自治区、直辖市界 |
| - - - | 特别行政区界 |
| ★ 北京 | 首都 |
| ⊙ 天津 | 省级行政中心 |

1：22 000 000

审图号：GS(2016)2884号
自然资源部 监制

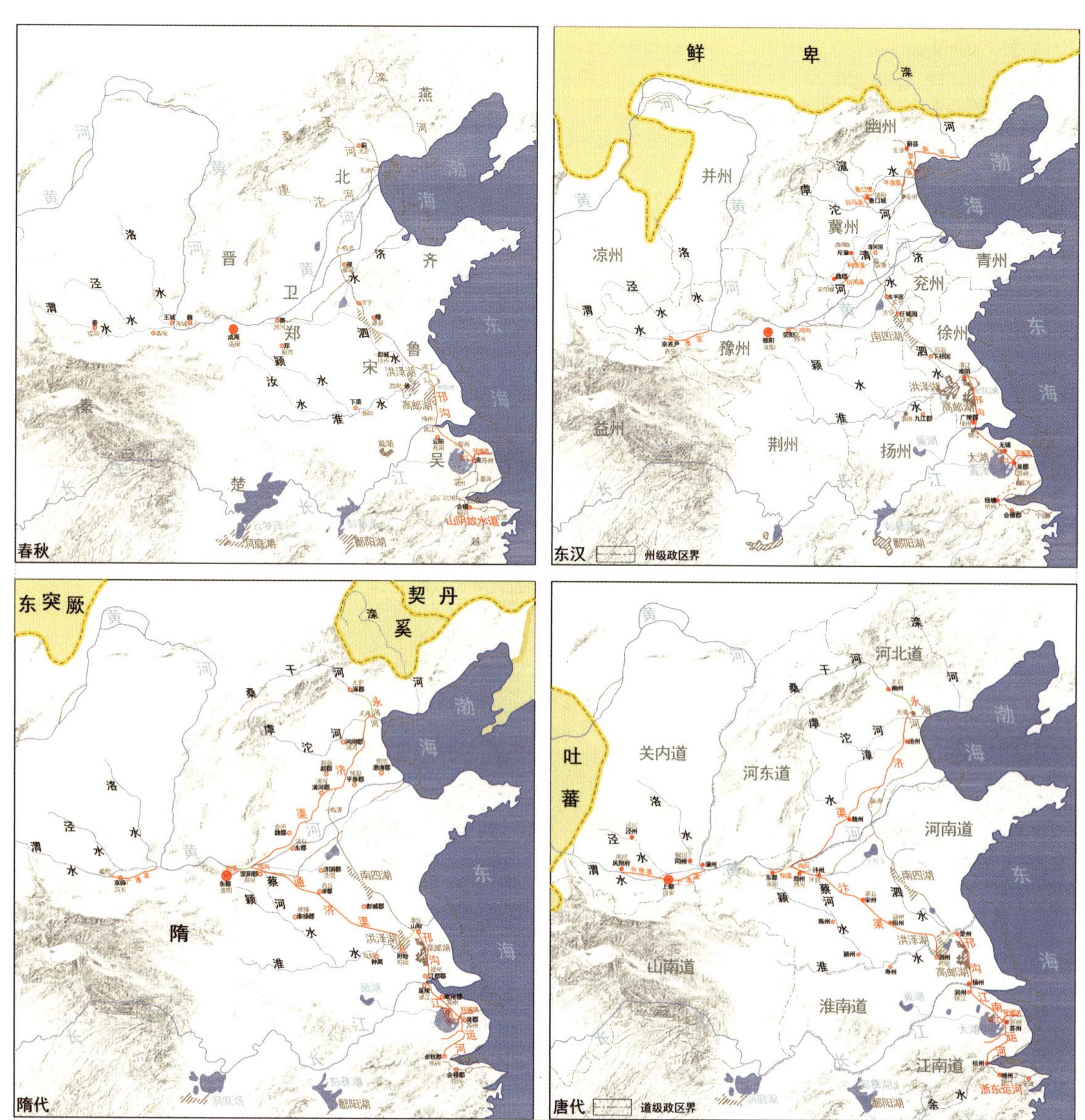


中国运河历史沿革图

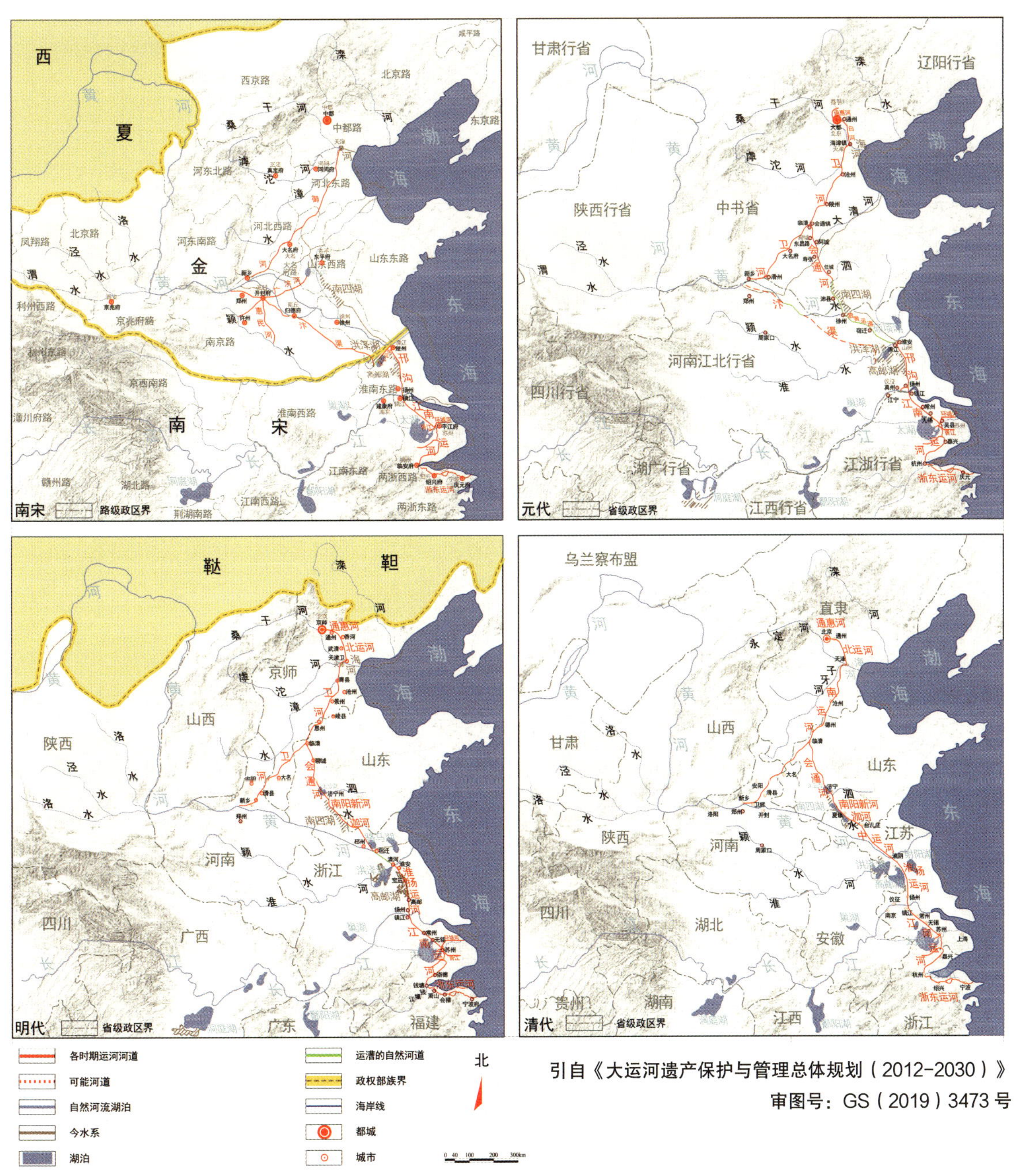


引自《大运河遗产保护与管理总体规划（2012-2030）》

审图号：GS（2019）3473号

国家出版基金项目
NATIONAL PUBLICATION FOUNDATION

"十三五"国家重点出版物出版规划项目
国 家 出 版 基 金 资 助 项 目

# 中國運河志

THE GAZETTEER OF THE CANALS OF CHINA

中 国 运 河 志

# 总述·大事记

## General Introduction and Chronicles

总主编
邹逸麟

主 编
邹逸麟
李 泉

江苏凤凰科学技术出版社

**图书在版编目（CIP）数据**

中国运河志. 总述·大事记 / 邹逸麟，李泉主编
. — 南京 : 江苏凤凰科学技术出版社，2019.9（2022.5重印）
（中国运河志）
ISBN 978-7-5713-0516-1

Ⅰ. ①中… Ⅱ. ①邹… ②李… Ⅲ. ①运河—大事记
—中国 Ⅳ. ①K928.42

中国版本图书馆CIP数据核字（2019）第158545号

# 中国运河志　总述·大事记

主　　编　邹逸麟　李　泉
责任编辑　胡久良　韩凤冉　丁振超　刘亚男
责任校对　仲　敏
责任监制　李芙蓉

出版发行　江苏凤凰科学技术出版社
出版社地址　南京市湖南路1号A楼，邮编：210009
出版社网址　http://www.pspress.cn
照　　排　江苏凤凰制版有限公司
印　　刷　江苏凤凰新华印务集团有限公司

开　　本　880 mm×1 240 mm　1/16
印　　张　57
插　　页　6
字　　数　1 200 000
版　　次　2019年9月第1版
印　　次　2022年5月第2次印刷

标准书号　ISBN 978-7-5713-0516-1
定　　价　660.00元（精）

编辑部主任　胡久良

编辑总监　唐爱萍

编辑团队（以姓氏笔画为序）

丁振超　王明辉　邓海云　戎文敏　仲　敏　刘　焱　刘仁军　刘亚男

刘屹立　刘海阳　江伟明　安守军　孙兴春　花　蕾　杜吉华　杜秋宁

李　洁　李兴梅　李玲玉　李相东　李洪云　李淳宁　吴　杨　吴梦琪

沈燕燕　宋　平　陈卫春　陈彦理　郁宝平　罗章莉　孟　璐　赵　研

胡久良　洪淑娴　夏连杰　郭馨馨　唐爱萍　黄　山　黄文浩　黄秀环

阎燕子　韩凤冉　韩宇新　傅　梅　傅永红　裴　伟　薛　柏

校对总监　郝慧华

印制总监　张　镜

书籍设计　赵　清　王　崇

**本卷作者及参与人员**

总　　述

著　　者　邹逸麟

大 事 记

主　　编　李　泉

作　　者（以姓氏笔画为序）

朱年志　李　泉　周广骞　胡克诚　高元杰

主　　审　张英聘

责任编辑　胡久良　韩凤冉　丁振超　刘亚男

特约编辑　刘仁军

## 本卷概要

本卷分为“总述”和“大事记”两部分。

“总述”为各分卷之统领，全面、系统而又简要地记述了中国运河开凿的历史和地理背景及其特点，介绍了历代运河管理制度的变迁以及运河在中国社会发展中发挥的巨大作用，反映了中华民族在利用自然、改造自然过程中的聪明才智和坚韧毅力。

“大事记”以时间为线索，简要记述自古迄今与中国运河有关的重要事项，勾画中国运河的历史轨迹，展现运河发展的脉络。主要内容包括不同历史时期的运河开凿及变化，与运河相关的工程设施修建情况，运河管理机构的置废迁移，主要职司长官的更迭，历代运河水源管理及通运制度的变化，与运河相关的自然灾害和人为灾难，有关运河的重要著作、诏令、奏议、文件、政策法规，与运河直接相关的重要历史事件等。

## Overview

This volume is divided into the two sections of *General Introduction* and *Chronicles*.

The *General Introduction* serves as a guide for all the other volumes. It provides a comprehensive, systematic, and concise explanation of the background and characteristics of the excavation of Chinese canals from both historical and geographic perspectives. It introduces the changes of canal managerial systems adopted throughout numerous historical dynasties and also makes clear the enormous role these canals played on the development of Chinese society, reflecting the wisdom and tenacity that the Chinese people drew on to fully utilize and transform their natural environment.

The *Chronicles* section provides a clear timeline that concisely narrates important events regarding Chinese canals. It starts in the ancient past and extends to the present, outlining the trajectory of Chinese canal history and revealing the overall context of the development of these canals. Principal content includes the excavation and changes of canals during different historical periods; the construction of engineering installations related to canals; the establishment, relocation, and dissolution of canal managerial organizations; alterations to key managerial posts; changes in management of canal headwaters and shipping systems over numerous dynasties; natural and human-induced disasters related to canals; writings, imperial orders, petitions to the emperor, documents, and policy statues related to canals; and important historical events directly related to canals.

# 序一

## 礼敬与期许

自然河流是人类文明的摇篮，人工运河则是人类文明的杰作。

远古先民，逐水而居，自然河流不仅提供了丰沛的水源，也为人们的出行、迁徙提供了便利。在土壤肥沃的河川之滨，人们拓荒垦殖，繁衍生息，创造了中华文明的早期辉煌。随着生产力的发展，人们开始具备了改造自然、利用自然的能力和手段。为了横绝江河，他们“刳木为舟，剡木为楫，舟楫之利，以济不通，致远以利天下”（《易·系辞下》）；为了突破自然河流的局限，他们又开凿了人工运河，以沟通南北，达海通江。

历朝历代，中国人开掘了许多规模不等的运河，这些运河流经华北、华中、华东、华南等广大区域，贯通了海河、黄河、淮河、长江、钱塘江、珠江等主要水系。被列入世界遗产名录的中国大运河，主要包括京杭运河、隋唐运河以及从宁波入海与海上丝绸之路相连的浙东运河。其规模之宏大，历史之悠久，在世界上均无有比肩。运河就像是一条条蜿蜒伸展的藤蔓，而大大小小的运河城市，就是这些藤蔓上结出的丰硕果实。我未曾系统地研究过运河与城市的关系，不太清楚它们与城市的出现，哪些在先，哪些在后。但有一点是可以肯定的，那就是运河毫无例外地养育了沿河的城市，还催生了一批新兴的城市。千百年来，运河在航运、灌溉、给水、防洪、改善生态环境等方面发挥了重要的作用；运河也改变了中国古代城市的空间布局，促进了沿河城市的发展和繁荣。

运河不仅哺育了沿河的城市，也赋予了这些城市独特的精神和气质，并在长期的发展过程中，逐渐形成自己特有的城市精神。由于历史、地理、文化背景的不同，这些城市的精神，自然也会存在差异，各具特色，但既然同为运河城市，有些方面必然会有共通之处。其中特别重要的一点，就是开放包容的胸怀，一往无前、自强不息的精神。运河联系着江河湖海，河面上舳舻相继，沿途的港口、城市也就成了舟车辐辏、五方杂处之地。来自各地的人们，身份不同，装束各异，操着不同的口音，在这里或居留，或歇脚，摩肩接踵，川流不息。四面八方的信息，新奇有趣的故事，如阵阵清新的风吹进了人们的生活。运河之畔的人们，自幼就生活在这样的环境里，耳濡目染，潜移默化，胸怀便会变得开阔博大起来。他们会渐渐明白，自己并非孤立地存在，身外还有一个更加广阔的世界，远方那些素不相识的人们，其实与自己是紧密地联系在一起的。他们也就懂得世界的丰富多彩，懂得开放豁达的胸襟、博采众长的能力、一往无前的精神，正是自身生存发展的不竭动力和生生不息的源泉。

运河沿岸的城市及其居民，与运河世代相伴，朝夕相处，密不可分。运河之水融入了人们的日常生活，也荡漾在他们的梦境之中。帆樯林立，桨声欸乃，号子悠扬，这些都成了他们恒久的记忆。对于运河，人们总是怀有一种饮水思源的感恩情结。面对运河，人们就会自然地联想到先民们筚路蓝缕、艰苦创业的情景。春秋时期，吴王夫差在扬州蜀冈开挖邗沟，沟通江淮，构筑邗城，开启了扬州的城市发展史。虽然夫差其人在历史上有着颇多的非议，但扬州人始终没有忘记他对于运河的初创之功。论及大运河，有一个很难回避的人物，便是隋炀帝杨广。作为一个在历史上被大过掩盖了大功的悲剧性人物，隋炀帝对开通隋唐大运河所做的突出贡献，后人也已渐成共识了。

为中国运河的开发利用做出过重要贡献的人，还可以举出很多。但必须强调的是，历史上一切伟大成就的创造，其主体都是那些名不见经传的普通百姓，他们更应当得到后人的崇敬。荀子说："天地者，生之本也；先祖者，类之本也。"（《荀子·礼论》）中华民族的祖先披荆斩棘为后人开路的艰辛，他们坚忍不屈的精神和令人惊叹的聪明才智，相当多已经稀释在时间流水之中，蒙蔽在历史尘埃之下了。而优秀的文化遗产正是我们民族悠久历史的稀世物证，是我们与遥远的祖先沟通相认的惟一渠道，也是我们满怀自信走向未来的坚实根基。在科学技术突飞猛进、日新月异的今天，我们不能数典忘祖，而应当永远保持对于历史的尊重和思考，对于祖先的缅怀和感恩。如果我们有了这样一种认识和情怀，就会发自内心地去珍惜、呵护运河，珍惜、呵护我们民族一切优秀的文化遗产。

古人开凿运河的初衷，常常是出于经济、政治或军事上的考虑，运河也确实在这些方面发挥了重要的作用。但是，随着历史的发展、时间的推移，人们越来越深刻地感受和认识到运河所蕴藏的精神价值和文化意义。

大运河告诉我们，人类应当与大自然保持互动感应、友好相处的和谐关系。在生产力低下的古代，人们往往是自然的奴隶。为了改变自己的命运，人类总是在不断地努力改造自然，适应自然。随着生产力的发展，特别是工业革命以后，人类自身的潜能得到了极大的释放和发挥，创造了许多彪炳史册的奇迹。然而，另一种隐忧也随之显现，那就是人类似乎因此而变得有点盲目甚至狂妄起来，“征服自然”的企图，鼓动、引诱人类做出许多既损害自然，也危及自身的蠢事，留下了不少惨痛的教训。而在这方面，大运河为我们树立了处理人与自然关系的光辉典范。人工运河是人类对于自然的改造和利用，但这种改造和利用，只是因势利导地顺应自然，是用人工的手段，把自然界业已存在的海洋、湖泊、河流连接起来，以造福人类。开掘运河，展示了人类的聪明才智和创造伟力，却又并未因此而堕入征服自然的妄想之中。实际上，随着历史的发展，人工运河已融入了自然，最终成为人们赖以生存的自然的一部分了。改造自然，但并不损害自然；利用自然，同时又善待自然，保护自然，这就是大运河给予我们的启迪，也是人类应该永远铭记的普遍真理。

我们常说的中华民族的优秀传统，究竟是从何而来的？它是我们历代祖先创造性思维和实践的积累和结晶。生生不息的思想活力和与时俱进的创新精神，是中国传统文化的本质特征，也是中华文化历经数千年而不曾中断、不曾湮灭，历久弥新的根本原因。运河文化生动地诠释了中华优秀文化传统的神采与实质。运河是古老的，同时又永远是年轻的，它不停地流淌着、发展着、前进着。逝者如斯，不舍昼夜；流水不腐，万物同理。中华民族优秀传统文化中的传统与创新浑然一体，形成一种既守正不移，又勇于更新的生命活力。

在中华文明的发展历史上，大运河是足以能与长城比肩而立的伟大创举。如果说，长城是中华民族凛然不屈的精神象征，那么大运河则体现出我们这个民族改造自然、利用自然的伟大智慧和创造精神。2016 年，江苏凤凰出版传媒集团出版了《中国长城志》，时隔数年，又推出了这套《中国运河志》。长城和运河历来是中国人引以为豪的双璧，也是人类文明的瑰宝。为长城和运河分别编纂、出版大型志书，充分显示了决策者的胸襟和眼光，显示了作者团队和出版人的勇气和见识。前人为我们留下了一些有关运河、漕运的志书，如《漕河图志》《漕运通志》《通惠河志》等，还有海量的历史资料散见于各类典籍、文献之中。而为中国运河编修一部全面、系统的大型志书，则是一种开拓性创举。我向参与此项文化工程的所有专家学者和工作人员表示敬意。党和国家高度重视运河遗产的保护。中华人民共和国成立之初，于百废待兴之际，就将运河列入重点抢救整修的重大工程。改革开放以来更投入了大量人力财力。进入新时代，古老的大运河迎来了蓬勃发展的新时期。习近平总书记指出："大运河是祖先留给我们的宝贵遗产，是流动的文化，要统筹保护好、传承好、利用好。"中共中央办公厅、国务院办公厅印发了《大运河文化保护传承利用规划纲要》，研究大运河、建设大运河的热潮方兴未艾。在这样的背景下，《中国运河志》的出版具有特别重要的意义。可以说，它既是对中华民族优秀历史遗存的庄重礼敬，也是对我们美好未来的深相期许。

是为序。

孙家正

2019年7月1日

## 序二

开凿运河，以利交通，固非中国所独有。若论中国开通运河历史之悠久，流经地域之广袤，河道工程之宏大，运河对于国家政治、经济、社会文化乃至民情风物影响之深巨而绵长，则遍观世界各国，未有可与之相埒者。

中国的地貌呈西高东低之势，受此影响，境内主要河流多为东西走向，少有南北走向的天然河道。在生产力低下的农耕社会，这样的自然水系制约了区域之间的交通往来，尤其不利于南北地区经济文化的交流发展。比如，对于东西部来说，长江是一条理想的水运通道，但对于南北方而言，却是一道阻隔交通的“天堑”。而要突破自然水系的制约，就必须开凿南北走向的人工运河。据文献记载，中国最早开凿的运河，可以追溯到西周穆王时期（前976～前922），时受封于淮河下游的徐偃王“欲舟行上国，乃通沟陈、蔡之间”（《水经注·济水》）。本来陈、蔡之间的交通，必须绕道淮河，而在陈国的沙水和蔡国的汝水之间，开凿一条直通的运河，可免绕道之苦。虽因年代久远，这条运河的具体方位、流经尚无从考证，但仍可视为中国人工开凿运河之滥觞。

从先秦到清末的2 000多年里，中国运河的开凿经历了若干高峰期。举其要者，春秋战国时期有楚庄王所开荆汉运河，伍子胥所开胥河，吴王夫差所开邗沟，魏惠王所开鸿沟；秦汉时期有灵渠、漕渠、汴渠；魏晋南北朝时期则有白沟、平虏渠、睢阳渠；隋唐、两宋时期有广通渠、通济渠、永济渠，以及贯通南北的隋唐大运河；元明清时期则有会通河、通惠河，以及举世闻名的京杭大运河等。不同历史时期的运河命运各不相同，有的旋开旋废，有的则为后世的运河工程所疏浚借用，而元代开通的京杭大运河山东至浙江段，至今仍为繁忙的水运航道，被誉为“活着的运河”。总体而论，不同时期开凿的运河，突破了中国自然水系的局限，加强了区域之间的联系，其中隋唐大运河和京杭大运河更是沟通了海河、黄河、淮河、长江、钱塘江、珠江等水系，且使得内河水运与陆路交通、海上交通相关联，其影响力可谓无远弗届。

早期运河的开凿，多出于军事征伐的战略需要。如春秋晚期，吴王夫差于扬州蜀冈开凿邗沟，沟通长江、淮河两大水系，就是为了沿水路北上，逐鹿中原，与齐、楚争霸天下。邗沟也成为了后世大运河的起源。秦汉时期，兵戈止息，国家统一。汉王朝定都长安，此地属关中地区，也称渭河平原，南依秦岭山脉，气候温润，物产丰饶。关中原为秦国疆域，经秦国历代君主悉心经营，这一地区农业发达，沃野田畴，号称“八百里秦川”。由于政治中心和经济中心相重合，而且可利用黄河与渭水、泾水等天然水道，故西汉漕运尚称便利。汉末至唐初，烽烟又起，战乱频仍，加之气候变冷等原因，曾经富饶的渭河平原走向衰落。又因为承平既久，生齿日繁，关中之出产，已不敷西京长安所需，于是乃有东都洛阳之设。洛阳素称“天下之中”“舟车所会”，隋唐大运河即以洛阳为中心，北至涿郡（今北京），南至余杭（今杭州）。坐镇洛阳，可利用运河之便，控引江淮，以获取东南地区的财富。这一时期，运河对于维护大一统王朝的重要性更加凸显。

“安史之乱”后，北方地区饱经战火，民生凋敝。而唐中叶至两宋时期，南方农业发展迅速，成为全国最为富庶的地区，逐步取代了关中、华北经济重心的地位，故唐人有“赋出天下，而江南居十九”的感叹，宋代也有“苏湖熟，天下足”的俗谚。作为中华帝国鼎盛时期的水上交通大动脉，隋唐大运河“枢纽天下，临治四海”“漕引江湖，利尽南海，半天下之财富并山泽之百货，悉由此路而进”（《宋史·河渠志》）。唐代以后，除了南宋和明初短时期定都于南方外，中国的政治中心和经济中心长期处于南北分离状态，大运河遂成为南北最重要的水路运输通道，“公家运漕，私行商旅，舳舻相继”（《元和郡县图志》卷五）。明清时期，朝廷对于京杭大运河的依赖更甚于前代，举凡京师皇室之用度、官吏之俸禄、军队之粮饷、民人之口食，皆须从南方各州府征收，再用漕船装载，经由运河输送京畿。由南向北，迤逦3 000余里的水道上，终日帆樯云集，艨艟连翩。历朝岁额漕粮不等，通常为400万石左右，最高时达700万石。这些漕粮被称为“天庾正供”，而大运河也就成为关乎国家政权稳固的一条生命线。每年一度的漕运，是一件倾动朝野的大事，须耗费巨大的人力物力，历尽艰难险阻，方能克期完成。可以说，大运河的通与塞，直接关系到江山社稷的安与危。由此看来，称大运河为“千年国脉”，至为允当。

大运河不仅是一条漕运通道，也是南北经济、文化交流的重要孔道。运河的开通，商贸的繁盛，人流的往来，极大地推动了运河沿线经济社会的发展。许多城市或因运河而兴，或因运河而盛。其中既有杭州、苏州、徐州、扬州、天津这样的区域性都会，也有淮安、临清、济宁、沧州、德州等新兴的商业重镇。这些如明珠一般洒落在运河两岸的城邑，店铺林立，市井繁荣，百业兴旺。各路商帮，前趋后继，懋迁南北，竞骋风流。大街小巷，码头上下，车水马龙，人声喧阗；达官显贵、坐贾行商乃至贩夫走卒、艺人游民，各色人等熙熙攘攘，臻臻至至。虽然后来有的城市因漕运废止、河道淤塞而风光不再，但众多的古迹遗存和风物民情、逸闻传说，汇成了沉甸甸的运河记忆，给沿线城市的历史画卷抹上了一道鲜亮的底色。这一切，都融进了城市的血脉，铸就了城市的文化品格。

历朝历代，确保漕运的通畅几乎成为国家治理的头等要务。上至帝王公卿，下至运丁船民、野老村夫，无数人为此而殚精竭虑，煞费苦心。这当中虽然有成功，也有失败，但总体而言，运河的开凿、河道的治理、漕运制度的建立与调适等，充分反映了中华民族改造自然、利用自然的智慧和伟力。前人为我们留下了关于运河治理的丰富经验，还有许多疏河通漕、治黄保运的珍贵文献，如元代赡思《河防通议》，明代万恭《治水筌蹄》、潘季驯《河防一览》，清代靳辅《治河方略》、傅泽洪《行水金鉴》、潘锡恩《续行水金鉴》等，此外还有大量反映水系分布、河道走向、闸口设置的运河舆图。然而，迄今为止，尚未有一部反映中国运河历史发展全貌的志书，这不能不说是一大憾事。

为了填补这一空白，江苏凤凰出版传媒集团于2012年启动了《中国运河志》编纂工作。这是一项前无古人的开拓性志书工程，显示了出版人的气魄和担当。志书的撰写，汇集了多所高等院校和科研院所的专家学者，整体上体现了国内运河研究的现有水平。历时八载，这部9卷11册的大型志书终于完成。而在这期间，大运河成功申遗，运河历史文化越来越受到各界人士的重视，大运河文化带的建设方兴未艾。从这个意义上说，《中国运河志》的出版，可谓恰逢其时。诚然，一部大型志书的编纂出版，殊非易事。无论是资料的收集，框架的构建，还是体例的设置，文字的呈现，都有局外人难以体味的种种艰辛。因此，本志书不可避免会存在诸多不尽如人意的瑕疵，对此我们也不必过于苛责。而作者诸君也不妨效仿前贤“续修”“再修”之举，在日后对志书加以续编、再编。相信通过不懈的努力，终能使之臻于完善。

是为序。

戴逸

2019年6月14日

# 凡例

一、本志坚持科学编纂、存真求实的原则，全面系统地记述中国历代运河发展的历史与现状。

二、本志遵照事以类聚的原则，依事物属性分类设卷，分为《总述·大事记》《图志》《河道工程与管理》《通运》《城镇》《社会文化》《人物》《文献》《附编》，其中《通运》《文献》《附编》以篇章节编排。

三、本志上限始自中国古代运河开凿，下限因卷而异。《图志》至清代，《人物》至民国时期，《社会文化》《附编》至2015年，《总述·大事记》至2017年，《河道工程与管理》《通运》《城镇》《文献》至2018年。

四、本志采用述、记、志、传、图、表、录等体裁，以志为主，寓观点于记述之中。首设总述，末设附编，大事记以编年纪事为主，《图志》《河道工程与管理》《通运》《城镇》《社会文化》《文献》《人物》卷首设概述，图表标明名称及资料来源。

五、本志遵照"生不立传"原则，《人物》以传或传略为主，以人系事，记述对运河发展产生重大影响的人物生平事迹。

六、本志一般采用现代语体文、记述体，除引用原始文献用原文外，均以第三人称记述。除总述、概述、无题序外，一般以记述史实为主，文字力求朴实简练。

七、本志纪年，1911年以前采用历史纪年汉字书写，叙述时括注公元纪年，但在引文中不括注；在同一自然段中，同一历史纪年在第一次出现时括注公元纪年，之后再出现则不括注。1912年及以后采用公元纪年。

八、本志使用规范地名，一般历史地名括注今地名，今地名用通名。数字及计量单位、标点符号用法遵照国家有关出版规定，涉及历史内容遵循原有文献表述，不折算现代公制。

九、本志资料来源依据历史文献、档案资料、实物资料、实地考察和近现代研究著述，各卷设主要参考文献书目，注释遵照国家有关标准。

十、本志除《总述·大事记》《图志》《附编》外，其余各卷均设置主题索引，标引卷中出现的重要词汇及相对应之页码，便于检索利用。

# 总目录

# 总 述

# 目 录

# 引　言

“运河”（canal）一词，在国际上通行的含义是“为改良与扩充天然水路而建造的水道。一般是用以促进运输，但早期却是为许多特殊目的所设，如排除水泽区的水、灌溉耕种的土地、促进经济发展及改进交通等”[①]。如果将灌溉、排水也算在运河的功能之内的话，那么运河在中国南方河姆渡文化和良渚文化时期就已经出现，只是没有文字记载而已。

以航运为主要功能的人工水道——运河的开发，在中国也有着悠久的历史。中国与埃及、巴比伦等是世界上少数几个开发运河最早的国家。公元前7世纪，亚述人就在两河流域开凿了一条长80千米的运河。公元前5世纪，波斯凿通了尼罗河至红海的运河。[②]此后，除了中国，世界上少有著名的运河出现。17世纪以后，法国、英国、中欧、俄国才纷纷有了较成规模的运河出现。19世纪至20世纪初，世界上出现了举世闻名的三大运河：苏伊士运河、基尔运河和巴拿马运河。这些运河在世界航运发展史上具有重大的作用。但是如以运河延伸路线之长、维持时间之久、工程之伟大和艰巨而言，中国在世界上则是独一无二的。

以运河的延伸长度而言，在公元前3世纪的秦代，当时的运河已经沟通了黄河、淮河、长江、钱塘江、珠江五大水系。公元3世纪的曹魏时代，运河的北端已向北延伸至今河北省北部的滦河下游，也就是中国东部地区地理条件决定运河可能开凿的最北端。到了公元7世纪的隋唐时代，沟通海河、黄河、淮河、长江、钱塘江、珠江等东部地区六大水系的运河系统基本完成。当时北抵北京、西达西安、南至杭州的南北大运河全长约2 300千米。元明清时代形成的京杭大运河，从北京至杭州，全长2 000余千米，如果将浙东运河也计在内，则又要加上120余千米，无疑为世界之最。

以运河维持时间之久而言，公元前5世纪开凿的邗沟运河，直至今天仍然是江淮之间的水运干道，历时2 500多年。公元前3世纪秦始皇时代开凿的沟通湘、漓二水的灵渠，至今仍有航运、灌溉之利。今天镇江至杭州的江南运河，最早形成于秦代，更是当今长江三角洲地区重要水运航路。较晚的形成于13世纪的山东运河，在今天济宁以南的鲁南运河段，仍然担负着苏、鲁之间的重要水运任务。历史上人工运河的航运功能维持如此之久，这在世界范围内也是绝无仅有的。

以运河工程之伟大和艰巨而言，自秦汉以来，历代王朝为了修建各段运河，曾动员数以千万计的劳力，在自然条件极不理想的条件下进行设计和施工。秦始皇时代的灵渠，是世界上最早的越岭运河。京杭大运河中山东运河段沿途山峦起伏，从山东临

①《大美百科全书》编辑部编译：《大美百科全书》，北京：外文出版社，1994年。

②《简明不列颠百科全书》编辑部译编：《简明不列颠百科全书》，“运河和内陆水道”条，北京：中国大百科全书出版社，2005年，第321页。

清至江苏徐州，全长约300千米。因地处山东地垒西缘，运河所经的地势是中间高，南北低，沿运需要分段建闸节水，才能通流，全线最多时建有50余座闸；又因水源缺乏，将沿运地区数百眼泉水，开挖明渠输送入运，并建四大水库以供蓄泄。其工程之浩大和艰巨，是世界上任何一条运河所无法比拟的，堪称世界运河工程之最。

具有如此宏大规模和悠久历史的运河工程，充分体现了中国古代劳动人民的聪明和才智。同时，这一系列运河的开凿，在中国悠久的历史长河里，曾经在维护和巩固多民族国家的统一、发展地区之间经济和文化交流方面发挥过重大作用。运河沿线集中了大量的人口，从而带动了商品经济发展，使沿运的城镇由此繁荣兴盛；与此同时，运河每年的修筑、维护以及其他为保证通运的种种措施，也是历代王朝最重视的国家行为。这类加施于自然界的种种措施，对中国沿运地区的自然环境曾产生过巨大影响；而在不同时期、不同地区运河的淤废通塞，也反映了沿运地区自然环境的变化。因此，研究中国历史上运河的变迁、兴衰，一定程度上也能反映中国3 000多年来环境和社会的变迁。

# 第一章
# 中国运河开凿的历史和地理背景及其特点

中国的天然河流大多发源于西部山区，向东流入大海。自然界赋予中国以东西水运交通之便，而南北水运则缺乏可以利用的天然河流，往往需要先顺天然河流入海，再绕道海上而行，既不方便，又有风涛之险。历史上中国东部平原上的运河大多数是为了弥补这种天然不足而开凿的，其结果大大改变了平原上的水系面貌。

早在春秋战国时期，周天子的权威已失，诸侯国林立，各国间为了政治和经济交往的需要，开始有了发展水运、开凿运河的举措。公元前 3 世纪秦始皇统一六国，形成了多民族的统一国家，开始了中国历史上第一个中央集权的统一王朝。此后，两汉、西晋、隋、唐、宋、元、明、清等统一王朝占了中国历史的大部分时间。在这漫长的历史时期内，作为全国政治中心的都城，除了明初的五十几年外，大都建立在黄河流域。当时王朝的军事防御边境又在北部蒙古高原的南缘。唐代以前，中国的经济重心在黄河中下游地区，宋代以后，转移到了长江中下游地区。而统一王朝的政治中心和边防前线所需的包括粮食在内的各种物资，都要从经济重心地区缴纳、输送。因此，作为运送各种物资供应都城和边防的漕运制度，成为中国秦朝以后历史上特有的国家基本制度。而漕运最理想的运送方法是水运，因此，开凿人工运河和维护其正常运行，成为历代王朝最关注的水利工程。

即便是在分裂的两晋南北朝时期，区域性运河的开凿仍然十分频繁。原因是分裂时期，区域各国间的军事、经济和文化的交流并未停止，有时短期的、突发性的交往反而更加频繁。由此，出现运河的选线更为便捷的现象，为后一时期统一王朝奠定后全国性运河的开凿提供了借鉴。

由于历史发展过程中自然与社会的种种原因，历代开凿的运河发生过很大的兴衰变迁，这种变迁不仅反映了中国政治、经济形势的变化，同时也反映了中国自然环境的变化。下面先就运河开发的历史变迁的过程及其特点，分为几个时期来叙述。

## 第一节 先秦时期：沟通江、淮、河、济运河网络的形成及其特点

春秋战国时代，诸侯国林立，互相攻伐，而又互相交往。由于军事征伐和政治、经济交流的需要，为了弥补天然河流的限制，于是就出现了人工的运河。

据可靠的资料，中国最早开凿运河的地区在今江淮流域。据文献记载，在春秋时代，地处淮河下游的徐国（今江苏泗洪县境），为了与中原各国交往，“通沟陈、

蔡之间”[①]。陈国国都即今河南淮阳县，蔡国国都即今河南上蔡县。陈国濒临沙水，蔡国濒临汝水，两水皆南入淮河。陈、蔡之间需要沟通，必得先下入淮河，然后通过淮河再绕道北上，十分不便。“通沟陈、蔡之间”，就是在沙、汝之间开凿运河直接通航，不必绕道淮河。这条运河具体流经已不可考，可能是今河南漯河市和周口市之间沟通汝、颍的河道的前身。

地处长江中游的楚国也是很早开发运河的诸侯国。楚都郢（今湖北荆州北纪南城），南濒长江，东有汉水，江、汉两水为其对外交通的主要航道。当时江、汉之间河流纵横，湖沼密布，江、汉之间通航需要绕道而行。楚灵王（前540～前529年在位）时，在纪南城与今潜江市西北的汉水之间利用天然河流扬水，加工而为运河，目的是避开今荆州市与汉口之间一段江汉曲流，由汉水下游可以直达郢都。[②]

长江下游太湖流域记载有吴国早期开凿的运河。一条是从今长江南岸由芜湖东经固城、石臼等湖，东入太湖的荆溪，史称胥溪，相传为伍子胥所开。一条是《越绝书·吴地传》里的记载：“吴古故水道，出平门，上郭池，入渎，出巢湖，上历地，过梅亭，入杨湖，出渔浦，入大江，奏广陵。”据后人考证，认为是今从苏州至江阴、常州一段江南运河的前身。[③]

春秋后期，东南的吴国强盛，雄心勃勃，有争霸中原之意。吴国擅长水军，为了解决北上争霸的水运问题，于吴王夫差十年（前486）在今扬州市西北蜀冈上沿江筑邗城，在城下开沟引江水，北流入淮水，沟通江淮，史称邗沟。[④]关于邗沟最初的经行路线，《汉书·地理志》：江都县“有江水祠，渠水首受江，北至射阳入湖。”《左传·哀公九年》杜预注：吴“于邗江筑城穿沟，东北通射阳湖，西北至末口入淮，通粮道也，今广陵邗江”。《水经注·淮水》云：“中渎水，首受江于广陵郡之江都县……自广陵北出武广湖东、陆阳湖西，二湖相直五里，水出其间，下注樊梁湖。旧道东北出，至博芝、射阳二湖，西北出夹耶，乃至山阳矣。”所谓“旧道”是指吴王夫差开凿的运道。

据考古发掘和文献记载，春秋时的邗城在今扬州市北五里蜀冈上，邗沟在蜀冈下，当时这条运河的流径大致从邗城西南角起引江水，屈曲从城东南角东流，约在今铁佛寺前屈曲向

---

①〔北魏〕郦道元：《水经注》卷八《济水》。

②〔北魏〕郦道元：《水经注》卷二八《沔水》：“江陵西北有纪南城，楚文王自丹阳徙此，平王城之，班固言：楚之郢都也……城西南有赤坂冈，冈下有渎水，东北流入城，名曰子胥渎，盖吴师入郢所开也。谓之西京湖，又东北出城西南，注于龙陂……陂水又迳郢城南，东北流谓之扬水……扬水又东入华容县……又有子胥渎，盖入郢所开也。水东入离湖……湖侧有章华台……言此渎，灵王立台之日，漕运所由也。”《史记·河渠书》：“通渠汉水、云梦之野。”当指此。

③后人考证：平门即吴北门，郭池即护城河，渎即射渎，下通长荡，长荡在今苏州西十里；巢湖即漕湖，一名蠡湖，在苏州西北四十里。历地，即蠡地。梅亭即古梅里，今梅村，在无锡东南三十里。杨湖即无锡西北十五里芙蓉湖和常州东五十里的阳湖合一。渔浦无考。大江即今长江。广陵即今扬州市。见《中国水利史稿》编写组：《中国水利史稿》上册，水利电力出版社，1979年，第88页。

④《左传·哀公九年》。

东至今螺丝桥，再由湾头北上，[①]然后穿越武广（又作武安湖，今邵伯湖）、陆阳（又作渌洋湖，今扬州市江都区北境尚有遗迹）二湖之间，注入樊梁湖（今高邮湖）；出湖折向东北，流经博芝、射阳湖（约在今宝应县东，与淮安、建湖、兴化三地交界处）后，复折向西北，由山阳县末口（今淮安市生态新城北辰坊）入淮。[②]邗沟是利用江淮间天然湖泊连缀而成的，其缺点：一是所经天然湖泊，湖面开阔，风紧浪骇，易遭覆舟之危；二是运道由于沿湖而行，故而向东北绕了一个大弯，路线较远。所以次年吴国伐齐，并没有利用这条运道，而是“自海入齐”[③]。但无论如何，它是第一次将江淮两大水系连接在一起，在改造江淮下游地区自然环境方面迈出了第一步。

公元前484年，吴国大败齐国后，为了与晋国争霸，会晋定公于黄池（今河南封丘南），即在商（今河南商丘一带）、鲁（今山东曲阜一带）之间开凿了沟通济水和泗水的运河。[④]济水是古代黄河下游的一条分流，自今河南荥阳北分河水东流，经今原阳县南、封丘县、兰考县北，东流至今山东荷泽市定陶区汇入菏泽，再东北注入巨野泽，出泽后受汶水，又向东北，约循今黄河至济南市，以下大致走今小清河入海。泗水则发源于泰山山脉，南流大致走今山东济宁市南四湖区经徐州入淮。吴国这条运河就是疏导菏泽水东流至鱼台入泗水，后世称为菏水。这条运河开凿以后，吴国的水师可由淮入泗，由泗入菏，由菏入济，由济入河，到达黄河中游任何一地。这条菏水便成为中原地区东西往来的主要航道，而位于两水交汇处的定陶成为“天下之中”的重要都会。[⑤]

南方的越国也有运河的开凿。东汉袁康、吴平《越绝书》卷八载：“山阴故水道，出东郭，从郡阳春亭，去县五十里。”这是目前所见浙东运河的最早记载。“阳春亭”位于今绍兴城东五云门外，东去可达曹娥江。足见这是一条由郡城山阴县（今绍兴）向东至曹娥江的航运干道。作者称“故水道”，可能春秋战国时已经形成。[⑥]

到了战国初年，七雄中魏国变法较早，强盛一时。魏惠王时从安邑（今山西夏县西北）迁都至黄淮平原上的大梁（今河南开封）。大梁川原平旷，河流众多，正是发展水运交通的好地方。为了开发南北水运，魏惠王十年（前360）开始兴建以大梁为中心的水运网。先是从今河南原阳县北引河水横穿济水，南流入郑州、中牟间的圃田泽，称为大泽。三十一年又引圃田泽水东流至大梁城北，然后绕过城东，折而南流，利用沙水河道南流经陈（今河南淮阳）东，在今沈丘县北注入颍水。[⑦]从大梁至颍水一

---

①朱江：《邗城遗址与邗沟流经区域文化遗址的发现》，《文物》1973年第12期。

②〔北魏〕郦道元：《水经注》卷三〇《淮水》。

③《左传·哀公十年》。

④《国语·吴语》。

⑤《史记》卷一二九《货殖列传》。

⑥陈述主编：《杭州运河历史研究》，杭州：杭州出版社，2006年，第12页。

⑦〔北魏〕郦道元：《水经注》卷二二《渠水》。

段，战国时又称鸿沟。苏秦说魏王云“大王之地，南有鸿沟”[①]，即此。秦末楚汉之际，刘邦、项羽以鸿沟为界中分天下。以后自河水引入圃田泽的一段大沟河道淤废，从荥阳分河水的济水便成了鸿沟的水源。西汉时鸿沟又名狼汤渠。《汉书·地理志》记河南郡荥阳县有狼汤渠“首受泲（即济），东南至陈入颍”。

鸿沟的开凿连接了河、淮之间的许多天然河流，如颍、涡、濉、浍、泗等。《史记·河渠书》载：“自是以后，荥阳下引河，东南为鸿沟，以通宋、郑、陈、蔡、曹、卫，与济、汝、淮、泗会。”从此中原地区形成了以鸿沟为干渠的水运交通网，可以称之为鸿沟水系。

鸿沟水系的形成大大改变了黄淮平原上的水系面貌。原先黄淮间天然河流大多发源于豫西山地，东南平行流入淮河，互不相通，流域面积不大，且多为季节性河流，不利于灌溉和通航。自开凿鸿沟以后，这些河流均因鸿沟而相互沟通，并且作为黄河下游的分支，分泄着黄河的洪水，扩大了黄河下游流域的面积，为后来稳定黄河下游河道起过一定的作用。

鸿沟水系的形成同时也改变了中原地区的水运和灌溉条件。自大梁而南，通过鸿沟连结的颍、涡、濉等水，分别进入淮、泗，再由江淮间的邗沟可达长江下游和太湖流域；自大梁而东，顺济水而下，向东可达齐国都城临淄；东溯菏水由泗水可达鲁国旧境，再南下入江淮地域。自大梁而西，逆济水而上，溯河而西，可达关中地区。战国至两汉时代的重要都会有许多分布于鸿沟水系沿线。同时这些河流不仅可以通航，“有余则用溉浸，百姓飨其利。至于所过，往往引其水益用溉。田畴之渠，以万亿计”[②]。

本时期是中国运河开创时期，反映了如下几个特点：

（1）中国运河的开凿，最早发轫于江淮地区。一方面是因为江淮地区水系比较发达，早期的运河大多是加工天然河流而成，并非平地开挖，江淮地区具备了这种条件；另一方面是因江淮地区是中国南北自然和人文的过渡带，古代南北的政治、经济和文化的交流需要通道，而水运是理想的交通方式。

（2）春秋战国是诸侯国群立的分裂时期，运河的开凿大多都是为某一政治或军事行动所需，既无统一的规划，也没有长期的考虑。因此，工程设施比较简陋粗糙，事后也没有经常的维护，故而其在当时交通方面所起的作用并不显著。

（3）在上述运河中，以鸿沟运河和邗沟运河作用最大。这两条运河将中国河、济、江、淮四大主要水系沟通起来，大大缩短了南北交流的空间距离，改变了黄淮地区水系的布局，同时为后代全国性运河的开凿奠定了基础。

（4）这一时期所开凿的一系列运河，虽然仅为地区性运河，然而最终改变了中原地区的水系面貌，同时也为秦王朝的统一奠定了交通方面的基础。

---

①《战国策》卷二三《魏策一》。

②《史记》卷二九《河渠书》。

## 第二节 秦汉时期：海、河、淮、江、钱塘、珠六大水系运河网络的形成及其特点

秦汉时代继承了战国后期形成的运河网络，又有进一步的发展。

秦朝虽然国运短祚，但在运河开凿方面却有重大的突破。秦始皇二十六年（前221）至三十三年间，为了平定南越，分五路大军翻越五岭，进攻南越，为了及时提供军需物资，监禄“以卒凿渠而通粮道”[①]。这就是著名的沟通湘、漓二水的灵渠。灵渠的开凿将长江与珠江两大水系连接起来了。

西汉初年定都长安，原以“河渭漕挽天下，西给京师”[②]，就是利用渭水作为漕运的水运航路。汉初国用简省，每年从关东运至京师的漕粮不过数十万石。[③]到了汉武帝时代，开疆拓土，国用浩繁，漕运需要量骤增，而渭河多曲，航行不便，于是在元光六年（前129）开凿了一条由长安城西北引渭水，沿着渭水南岸，与渭水并行，东流至渭口与黄河会合的人工运河，史称漕渠。于是漕运量大增，武帝时已达四百万石，最高时达六百万石。

秦代灵渠和汉代漕渠的开凿，使运河网络向西延伸至关中平原的西端，向南延伸至珠江流域。

秦汉时期，在东部黄淮海平原主要沿用战国以来的运河系统，没有开凿较大的运河。主要工程有东汉明帝时王景的治理黄河和汴渠，同时也对鸿沟水系进行了一番整理，水系面貌又有所改变。

有两点需要说明：第一，关中漕渠，由于渭河水量不足，而含沙量又高，大约在西汉末年已经淤废不用。东汉初年关中漕运仍然利用渭水河道。杜笃《论都赋》云：“造舟于渭，北航泾流”“鸿渭之流，径入于河，大船万艘，转漕相过”[④]。6世纪郦道元《水经注》里亦明言漕渠“今无水”。第二，在《汉书·地理志》河南郡荥阳县下记有一条卞水（即今荥阳市西南的索水），北流入狼汤渠。《后汉书》中的《明帝纪》和《王景传》有所谓“汴渠”，就是指卞（汴）水注入荥阳北的一段狼汤渠。因在荥阳县境，

①《淮南子》卷一八《人间训》。

②《史记》卷五五《留侯世家》。

③《史记》卷三〇《平准书》。

④《后汉书》卷八〇上《杜笃传》。

西汉末贾让称之为“荥阳漕渠”[①]。西汉末年王莽时黄河决口，河水在兖、豫二州境内（主要为今黄淮平原）泛滥达六十年之久。河、济之间诸水都遭到洪水湮没。汴渠的“水门故处，皆在河中，漭瀁广溢，莫测圻岸”[②]。东汉明帝永平十二年（69）王景治河，不仅疏理了新的黄河河道，并且“筑堤理渠，绝立水门，河汴分流，复其旧迹”[③]，对鸿沟水系进行了一番治理。此后，南北水运干渠，由自荥阳漕渠东下至开封折而南流的狼汤渠（即鸿沟），为自开封东南循汳水、获水至今徐州注入泗水的运道替代，成为中原地区通往东南的主要干渠，这条河道魏晋以后称之为汴水。原来的鸿沟、狼汤渠称之为蔡水。这是东汉时鸿沟水系的一大变化。

本时期虽然没有大规模开凿新的运河，但有其本身的特点：

（1）在战国以来地区运河基础上，发展成全国性的水运网络，对秦汉大一统王朝的巩固和发展起了重要的作用。

（2）从理论上讲，在公元前 2 世纪时，中国从黄河中游的关中地区，可以通过水路直抵珠江三角洲。这在世界航运史上也是十分罕见的。

## 第三节　魏晋南北朝时期：地区间运河的蓬勃发展时期

魏晋南北朝时期中国出现了历时三百多年分裂局面。由于政局分裂，战争频繁，为了运输军队和军需物资，临时开凿的运河很多，是中国运河史上非常特殊的时期。

三国以前所开的运河，除了关中漕渠外，主要分布在黄淮平原及其以南地区，黄河以北的河北平原上尚未有人工运河出现。东汉末建安年间，河北平原上战争频繁，曹操为了统一北方，进一步肃清东北边境的乌桓和袁氏兄弟的残余势力，在河北平原上开凿了一系列的人工运河，以解决军事物资的运输问题，从而也改变了海河平原上的水系面貌。

河北平原西北靠太行山、燕山山脉，东临渤海，平原中部地势平衍，向渤海作微度倾斜，平原上的河流大多发源于西部或北部山区，向东、东北、东南流入渤海。但这些河流都互不沟通，如果要解决平原南部和北部的水运交通问题，则必须以人工运河加以弥补。

东汉建安九年（204），曹操为进攻袁尚运输军用物资的需要，在今河南浚县西南淇水入黄河处下大枋木（时人称为枋头）建成堰，遏淇水东流入白沟，以通漕运。[④]古枋头堰大

①《汉书》卷二九《沟洫志》。

②《后汉书》卷二《明帝纪》。

③ 同②。

④《三国志》卷一《魏书·武帝纪》。

约在今河南浚县西南淇门镇南附近，今尚有前、后枋头城等地名。白沟本是一条小水，上承淇水部分水源菀水，下游利用古宿胥故渎河道流入内黄。曹操筑枋头堰后，遏全部淇水入白沟，加大了白沟的流量，东北流下接内黄以下的清河，此后白沟及其下游清河便成为河北平原的主要水运通道。①

东汉建安十一年（206）曹操为征伐三郡乌桓，在滹沱河和泒水之间开凿一条名为平虏渠的人工运渠。据谭其骧考证，这条平虏渠，即今青县至天津静海区之间的一段南运河。② 同年曹操又开凿了一条泉州渠，渠因南起泉州县（今天津市武清西南）境而得名，上承潞河（今天津市区海河），下注入今宝坻区境鲍丘水（古鲍丘水下游大致当今蓟运河）。③ 接着又开凿了一条新河，自今宝坻区境鲍丘水东出，经今丰润、唐山一带，约在今滦州、乐亭之间注入濡水（今滦河），直抵用兵乌桓的前线。④

至此，曹操在河北平原上完成了一个庞大的水运系统工程，从豫东北的淇水由白沟，顺着清河、平虏渠，跨过泒水、潞水，通过泉州渠、新河直抵濡水，纵贯了整个河北平原。如果与黄河以南鸿沟水系相联系的话，那就是说整个黄淮海平原从南端至北端都有运河可以通达，成了中国运河史上一大壮举。

东汉建安十八年（213）曹操都邺（今河北临漳西南），为了发展邺都水运，在今河北曲周引漳水开渠，东流至今大名西北注入白沟，取名利漕渠。邺都濒漳水，这样白沟的船只可以通过利漕渠、漳水直达邺下。魏太和年间（227 ~ 232）又开凿了白马渠，上承滹沱河于饶阳县（治今河北饶阳东北）西南，东流经县南，至下博县（治今河北深州东南）界入衡漳。⑤ 景初年间（237 ~ 239）又开凿了鲁口渠，在今饶阳县境内沟通滹沱河和泒水。⑥ 于是河北平原西南部又多了一条南北向水运航道，即从平原西南部的邺都出发，由利漕渠、漳水、白马渠、滹沱河、鲁口渠、泒水，也可到达今天津地区。河北平原上水系漕运得到空前的发展。

在黄淮平原上，本时期的运河开发也有显著成就。曹魏政权为伐东吴开运渠。东汉建安七年（202）修凿睢阳渠。魏黄初六年（225）开讨虏渠。贾逵为豫州刺史，在今淮阳附近开贾侯渠。邓艾开广漕渠，以及淮阳、百尺二渠等。这些渠道起讫地点均

① 谭其骧:《海河水系的形成与发展》，中国地理学会历史地理专业委员会《历史地理》编辑委员会编:《历史地理》第四辑，上海：上海人民出版社，1986 年；谭其骧：《长水集续编》，北京：人民出版社，1994 年，第 434 页。

② 谭其骧:《海河水系的形成与发展》，中国地理学会历史地理专业委员会《历史地理》编辑委员会编:《历史地理》第四辑，上海：上海人民出版社，1986 年。

③《三国志》卷一《魏书·武帝纪》；〔北魏〕郦道元：《水经注》卷一四《鲍丘水》。

④〔北魏〕郦道元：《水经注》卷一四《濡水》。

⑤《太平寰宇记》卷六三《河北道第二·深州·饶阳县》。

⑥《元和郡县图志》卷一七《河北道四·深州·饶阳县》："州理城，晋鲁口城也。公孙泉（渊）叛，司马宣王征之，凿滹沱入泒水以运粮，因筑此城。盖滹沱有鲁沱之名，因号鲁口。"

不可考，大体都在汴、濉、涡、颍、汝、淮之间，相互沟通，使黄淮之间的水运条件大为改善。据《三国志·魏书·文帝纪》记载，黄初五年、六年，曹丕曾率领大批水师，皆由颍、涡等水入淮以伐吴，可见当时河淮之间水运十分畅通。

但这个时期原有的运河有的河段发生了变化。

（1）河淮之间济水水系始有逐渐淤废之势。济水原是黄河南岸的一大分支，春秋战国以来一直是中原地区交通的主要水运干道。西汉时黄河多次南决，曾淹及济水流域。尤其是西汉末王莽时黄河大决，济汴流域全受湮没，虽经东汉王景治理，河汴分流，济水也复其旧貌，但其时济水已遭严重淤浅，东西水运之任已为汴水所替代。大约到公元 4 世纪，巨野泽以上的河南之济，已不能通航。公元 369 年东晋桓温北伐，军次湖陆（今山东鱼台东南），原想由菏济运道西趋入河，后因菏济不通，“乃凿巨野三百余里以通舟运，自清水入河……遂至枋头”[①]。这条渠道南起金乡以东的菏水，北至巨野泽以下的济水（亦称清水），历史上称之为桓公沟。这时定陶以南的济水，“唯有济堤及枯河而已，皆无水”[②]。以东晋后义熙十三年（417）刘裕北伐、刘宋元嘉七年（430）到彦之北伐都走这条桓公沟，可见四五世纪时黄河南岸的济水已经完全淤断了。

（2）江淮之间的邗沟，原先由樊梁湖绕道博芝、射阳等湖，运路迂曲，且在湖中航行多风浪之险。到东汉末年，广陵太守陈登因邗沟水路迂曲，于是开凿马濑（即白马湖），由马濑趋津湖（今界首湖）与樊良湖相接的渠道，不必再绕道博芝湖，航程有所缩短。[③]西晋永宁中，[④]“患湖道多风”，广陵相陈敏遂于樊良湖北口开渠十二里，与津湖相接。东晋哀帝兴宁中，“复以津湖多风”，又自湖之南口，沿东岸穿渠二十里入北口，“自后行者不复由湖”[⑤]，用人工运渠替代湖泊中航行，但是从白马湖以下仍然要走射阳湖。谢灵运《西征赋》云“发津潭而回迈，逗白马以憩舲。贯射阳而望邗沟，济通淮而薄甬城”[⑥]，可以为证。江淮运河的开凿也反映当时江淮之间地势是南高北低，运河的水源是引用的长江水，经过江淮之间众多湖泊群，最后注入淮河。

这时的南方出现了新的运河。三国孙吴建都建业（今江苏南京），而其主要经济区在太湖流域。从太湖流域运送物资至建业需要绕道长江江面最阔的扬州、镇江间水道，多有风涛之险。吴赤乌八年（245），孙吴政权派屯田士兵三万人，开凿句容中道，自小其（今江苏

---

①《晋书》卷九八《桓温传》。

②《太平寰宇记》卷一三，“漕州济阴县”条引《国都城记》。

③〔清〕刘文淇：《扬州水道记》卷一《江都运河》。

④《水经注·淮水》作“永和中”，据郭黎安考证乃“永宁”之误，见郭黎安：《里运河变迁的历史过程》，中国地理学会历史地理专业委员会《历史地理》编辑委员会：《历史地理》第五辑，上海：上海人民出版社，1987 年。

⑤〔北魏〕郦道元：《水经注》卷三〇《淮水》。

⑥《宋书》卷六七《谢灵运传》。

句容东南），穿过山冈，越镇江南境，至今丹阳境内的云阳西城（今江苏丹阳南延陵镇南），与江南运河相接，其西与淮水（今秦淮河）相接，句容中道是茅山北麓的一条山道，沿途冈峦起伏，工程巨大，故命名这条运河为破冈渎（又写作“破岗渎”）。[①]于是太湖流域的物资可以通过江南运河西转破冈渎，入淮水，进入建业城内。然因河身陡峭，需要筑埭蓄水通航，遂在方山（今属江苏南京方山）以东立十四埭，上七埭在延陵县（今江苏丹阳市延陵镇），下七埭在江宁县（今江苏南京）。但是如逢重载需借助人力或畜力牵引盘坝，一埭受阻，全线不通，航行十分艰难，[②]不久即被废弃。梁朝时在其南另开上容渎，运河从句容东南五里山岗上分流，所谓“顶上分流”，一支东南流，长三十里，沿途筑十六埭，均在延陵县境内；一支西南流，长二十五里，沿途筑五埭，均在句容县境内。东端与运河相接，西端与淮水相接。[③]不久，至陈朝上容渎亦湮，转而复用破冈渎。隋文帝平陈，毁建康（三国吴称建业，西晋改称建康）城，二渎也就湮废了。此外，六朝时建康附近还有运渎、潮沟、青溪等，都是与秦淮河相通的运河，不再详述。

西晋永康元年（300）前后，会稽内史贺循主持开凿了一条与鉴湖湖堤平行，由西陵（今钱塘江东岸西兴）钱塘江边向东，经萧山、钱清、柯桥至会稽郡城的漕渠。漕渠东出郡城筑都赐堰，又可循鉴湖直至曹娥江边。今曹娥江以东梁湖江坎头向东至姚江通明坝的“四十里河”，据说也是贺循所开，从而形成了沟通钱塘江与曹娥江及浙东地区的浙东运河。[④]

本时期运河虽然分散，然为数众多，联系的地域甚广，具有以下特点：

（1）虽然本时期所开凿的运河，大多是为军事行动目的开凿的地区性运河，但其对自然条件的作用已经发挥到极致。就是说，到公元3世纪时，中国东部地区凡是可以通行水运的河流全被利用了，从岭南的珠江口，可以通过水路，直达河北东北部的滦河下游。这不能不说是令人惊叹的壮举。

（2）虽然有些运河因军事行动仓促开凿，事后不久即告湮废，但是对后代隋唐大运河的开发有重要的启示作用。隋代永济渠无疑是在曹魏白沟启示下开凿的。

（3）由于分裂政权地域有限，当时地方政权对其所统治地区水资源的情况十分了解，构思也是十分精密，充分利用了当时平原上河流资源，将运河的开发达到了地理上可能的极限。这为隋唐南北大运河的形成打下了基础。

---

①《三国志》卷四七《吴书·吴主传》。

②《太平御览》卷七三《地部三十八·堰埭》；《建康实录》卷二《吴》。

③《建康实录》卷二《吴》。

④嘉泰《会稽志》卷一〇引《旧经》；陈述主编：《杭州运河历史研究》，杭州：杭州出版社，2006年，第12页。

## 第四节　隋唐两宋时期：南北大运河的形成、发展及其意义

隋唐统一王朝建立以后，中国运河的发展进入了一个新的阶段。

隋文帝统一南北后，建都大兴城（即长安，今陕西西安），为了将关东地区的粮食和物资输往京师，需要有水运航路。西汉武帝所开关中漕渠，至东汉已经淤废，不得不利用渭水通运。然而“渭水多沙，流有深浅，漕者苦之”，于是在开皇四年（584）命宇文恺率水工凿渠，自大兴城西引渭水，东至潼关，三百余里，名曰广通渠。“转运通利，关内赖之”[①]。广通渠是在汉代关中漕渠基础上开凿的，它的完成，又将运河系统的西端延伸到了关中平原。

隋大业元年（605）隋炀帝营建东都（今河南洛阳），将政治中心从大兴迁到洛阳，于是修凿以洛阳为中心的南北大运河成为当时的首要任务。同年即开通济渠，自洛阳城西苑引谷、洛水，绕洛阳城，东流至偃师入洛。这是通济渠的西段，打通了洛阳城下至黄河的水运路线。再自板渚（今河南荥阳西北汜水镇东北）引黄河水循汴水东流，至浚仪（今河南开封）别古汴水而出，折而东南流经今杞县、睢县、宁陵至商丘东南行蕲水河道，又经夏邑、永城、安徽宿县（今安徽宿州）、灵璧、泗县、江苏泗洪至盱眙县对岸入淮，[②]全长600千米，是通济渠东段。这东西两段连接起来沟通洛阳和江淮之间的通济渠，是隋炀帝所开运河中最重要的一段。

隋代以前，中原地区通往东南地区的水运通道都是利用沟通河、泗的古汴水。隋炀帝时为什么不利用古汴水，而要别开一条通济渠呢？其原因有二：一是古汴水先至徐州入泗，再由泗入淮，航线迂曲，所谓“汴水迂曲，回复稍难”[③]。而通济渠下游利用蕲水河道直接入淮，航线顺直。二是今徐州以下的泗水河道经过丘陵地带有徐州洪、吕梁洪之险。徐州洪在今徐州市区，吕梁洪在今徐州铜山区上洪村、下洪村之间，古时河中有巨石耸立，“悬涛崩漭，实为泗险”[④]，给漕船带来极大危险。所以隋炀帝时避开古汴水，另辟通济渠新道。

---

①《隋书》卷二四《食货志》。

②邹逸麟：《隋唐汴河新考》，光明日报，1962年7月4日；涂相乾：《宋代汴河行径试考》，水利史研究会成立大会论文集，北京：水利电力出版社，1984年。

③《太平寰宇记》卷一《天部》。

④〔北魏〕郦道元：《水经注》卷二五《泗水》。

隋大业四年（608），为了用兵辽东，在黄河北岸开凿了永济渠，“引沁水南达于河，北通涿郡”[①]。据《大业杂记》记载，是“引沁水入河，于沁水东北开渠，合渠水至于涿郡”。实际上即疏浚沁水下达的河道，再在沁水下游东北岸开渠，引沁水东北流会清淇水入白沟，循白沟故道顺流而下至天津，折入漯水（今永定河前身），再溯流而上至北边军事重镇涿郡的治所蓟县（今北京城区西南部）。

在通济渠以南江淮间的古邗沟道上，隋文帝时也有修凿。隋开皇七年（587），出于伐陈的军事需要，开凿江淮之间的山阳渎，它的流经路线与古邗沟不同，是流经今江淮间运河以东的山洋（阳）河，经宜陵、樊川至高邮县境，再北入射阳湖故道。大业元年（605），“发淮南民十余万开邗沟，自山阳至扬子入江。渠广四十步，渠旁皆筑御道，树以柳，自长安至江都，置离宫四十余所”[②]。这条邗沟经过整治，基本上恢复了东汉末年建安旧道。大业六年又开江南河，自京口（今江苏镇江）至余杭（今浙江杭州）八百余里。[③]于是，至大业六年，西至大兴，北达涿郡（今北京），南至余杭，总长2 000千米左右的南北大运河，全线畅通。隋炀帝在大业七年坐龙船从江都（今江苏扬州）北上，经邗沟入淮，逾淮入通济渠，渡黄河入永济渠，直达涿郡行宫。自七年至十年，屡征天下兵集于涿郡，百万大军的粮秣军需，都由南北大运河运到涿郡，实为黄淮海平原水运史上的壮举。

唐代在隋代南北大运河的基础上有所发展。一是对关中平原上的运河大兴改建和扩展。唐初武德年间在渭水北岸，筑五节堰，引陇水（今汧河）以通漕，主要是运输陇山木材。后废。在此基础上，咸亨三年（672）在长安西北、渭河北岸，引渭水向西延伸至宝鸡一带接陇水，名升原渠，以运陇右木材。[④]而隋代所开的广通渠，至隋末已经淤废，唐高宗时关中漕运仍利用渭水。到了天宝元年（742）又根据隋代关中漕渠的遗迹，在渭水南面开凿了一条漕渠，东流横截灞、浐二水，至华阴永丰仓附近与渭水汇合；又将漕渠水引入长安城内、望春楼下开凿广运潭，以展览江南各地运来的物资。天宝三载，“岁漕山东粟四百万石”至京师，可见当时漕渠的通畅。[⑤]在黄淮海平原上，运河的规模依隋之旧，并无多大扩建，只是在维护和疏浚方面做了不少工作，对维持隋代南北大运河的继续通航起了很重要的作用。武则天时代曾企图恢复古代济水的漕运，在开封县北开湛渠，分汴水注白沟，“以通曹、兖租赋”[⑥]。这条白沟疑即

①《隋书》卷三《炀帝纪》。

②《资治通鉴》卷一八〇，“隋炀帝大业元年三月戊申”条。

③《隋书》卷三《炀帝纪》。按：这时江南河与今河道稍有不同，其时运河不过塘栖而走上塘河，自杭州向北过临平、至长安镇翻闸，入崇德县界（今桐乡市崇福镇），然后北上嘉兴。

④《新唐书》卷三七《地理志一》。

⑤《新唐书》卷三七《地理志一·华州华阴县》；卷一三四《韦坚传》。

⑥《新唐书》卷三八《地理志二·汴州开封县》。

古代济水故道，但不久即告淤废。直到五代末年又开五丈河，才重新恢复古济水的故道。

唐宋时，通济渠亦称汴河，是唐宋王朝的生命线。唐代安史之乱后，黄河流域经济遭到严重破坏，河北地区又长期为藩镇所割据，租赋不入中央。唐王朝的经济来源全依靠东南地区，江淮流域成为全国的经济重心，政府“赋取所资，漕挽所出，军国大计，仰于江淮”①。汴河成为沟通唐王朝政治中心与经济重心东南地区之间的大动脉。

此外，唐代对永济渠、江淮间运河和江南运河在增加水源、整修河道方面都有过改建。特别应该提到的是：沟通湘、漓二水的灵渠，因为二水地势水位的高差很大，故“遂凿渠绕山曲，凡行六十里”②，到秦末可能已经难以通航了。唐朝宝历年间，李渤首先在灵渠上筑斗门，分级通流。咸通九年（868），刺史鱼孟威又增至18重斗门，更便于灵渠的航行。③据敦煌发现的唐代《水部式》残卷记载，桂、广二府和岭南诸州的租庸调都先运至扬州，当是通过灵渠到达长江下游的。以后到宋代斗门增至36座，大大方便了灵渠的航运。④

唐代后期，中原长期陷于战乱，汴河得不到及时的疏浚，逐渐淤废。到了唐末，下游淤塞不堪，水流不畅，“自埇桥（在今宿州南汴河上）东南，汇为汙泽”⑤。

北宋政权建立后，黄淮海平原上运河的布局有了新的变化。

北宋建都开封，史称汴京。为了防止重蹈唐末以来地方势力割据的覆辙，采取了“强干弱枝”的政策，在首都建立了庞大的中央集权的官僚机构，并驻扎大量的军队，这就必须从各地输送大批的粮食和物资，以供应京城的日常需要。所以北宋建国之初就大力发展以汴京为中心的水运交通。

汴河在唐末以后，下游已渐淤废。五代后周显德年间曾几次疏浚河道，修筑堤防，自汴口至淮，舟楫始通。北宋建隆二年（961）“导索水，会旃然与须水合入于汴”⑥，这是加强汴河水源的工程。汴河水源主要来自黄河，然自9世纪以来河患加剧，水源不稳定，所以将郑州以西旃然、索、须等水（今郑州市西注入汴河的支流）导入，以为补给。同年又开闵河，自新郑导洧、潩二水为源，开渠经新郑、尉氏，入开封城与蔡河相接，作为蔡河的上源。开宝六年（973）改称闵河为惠民河，东南段称蔡河。后因惠民河与蔡河实为一条河流的两个河段，故有时称惠民河也包括蔡河河段。⑦

五代后周显德年间，在济水故道上开凿过五丈河，河道自开封城西分汴水东北流，经东明、定陶，至巨野西北六十里的济州合蔡镇注入梁山泊，出梁山泊沿着北清河，“以通青、

---

①〔唐〕权德舆：《权载之文集》卷四七《论江淮水灾上疏》，上海：上海古籍出版社，2013年。

②〔宋〕周去非：《岭外代答》卷一《地理门》，上海：上海古籍出版社，2013年。

③唐兆民主编：《灵渠文献粹编》，北京：中华书局，1982年，第149页。

④〔宋〕李师中：《重修灵渠记》，唐兆民主编：《灵渠文献粹编》，北京：中华书局，1982年，第164页。

⑤《资治通鉴》卷二九二，“后周世宗显德二年八月乙丑”条。

⑥《宋史》卷九三《河渠志三·汴河上》。

⑦邹逸麟：《宋代惠民河考》，《开封师院学报》1978年第5期。

郓之漕”。北宋建隆二年（961）二月也疏浚了五丈河，以通东方之漕。同年三月，因五丈河以汴河为源，泥沙淤淀，不利行舟，遂自荥阳县境内凿渠引京、索二水，东流过中牟县，凡百余里，名金水河，至开封城西架槽横截汴河，并设斗门，引入城濠，汇入五丈河。① 开宝六年（973）改名广济河。

上述四条运河经宋初疏浚和开凿后，形成了以东京开封府为中心的水运交通网。《宋史·河渠志》载，汴都“有惠民、金水、五丈、汴水等四渠，派引脉分，咸会天邑，舳舻相接，赡给公私，所以无匮乏”，史称漕运四渠。其中以汴河最为重要，所谓“漕引江湖，利尽南海，半天下之财赋，并山泽之百货，悉由此路而进”②。

两宋时期，淮河以南诸运河有所改建和扩建。淮南的淮扬运河在宋代又称楚州运河、扬州运河，原先漕船由运河北端的末口入淮，西趋泗州的汴口，需要上溯大约有三十里淮河的一段河湾，因在山阳县（今江苏淮安）北，故称山阳湾。这段河湾“水势湍悍，运舟多罹覆溺”。北宋雍熙年间（984～987），淮南转运使乔维岳开了一条名为沙河的运河，自末口至淮阴县磨盘口入淮，长四十里，并置堰蓄水通航，避开三十里湍急的山阳湾③。然而，从磨盘口至泗州南岸的盱眙县还有一百里左右的淮河，仍有风浪之险。庆历年间（1041～1048），在淮河南岸又开凿了一条从磨盘口至洪泽镇（今已沦入洪泽湖中）入淮的人工运河，名新河，不久淤废。熙宁四年（1071）重加疏浚，次年竣工，恢复航行。元丰六年（1083）又从盱眙龟山引淮水开渠，在南岸与淮河并行东流，至洪泽镇与新河相接，名龟山运河，全长五十七里。此后漕船通过沙河、新河、龟山运河，即可与淮北的汴口相接，大大缩短了在淮河中的航程。

自宋代起，江淮运河大部分河段开始筑堤。原来在江淮之间的运河两岸存在着一系列湖泊，宋以前运河贯湖而过，湖河不分。但邵伯以北地势西高东低，夏秋季节，高宝诸湖承天长以东各河洪水，泛滥东溢；冬春枯水季节又因水量不足而断航。为防止水流下泄危及湖东农田，提高航道水位，保证枯水期航运，唐代李吉甫曾筑平津堰；宋景德中，李溥任制置江淮等路发运使，因高邮新开湖水散漫，多风涛，便下令回空的漕船在还过泗州时，装载石块输入新开湖中，积为长堤。④ 天圣中，张纶“又筑漕河堤二百里于高邮北，旁锢钜石为础，以泄横流”⑤，至此，江淮运河的西堤大部分完成。

南宋时，高邮、楚州之间已是“陂湖渺漫，茭葑弥满”。淮东提举陈损之于绍熙五年（1194）建言：兴筑自扬州江都县至楚州淮阴县的运河堤三百六十里，“堤

---

①《宋史》卷九四《河渠志四·金水河》。

②《宋史》卷九三《河渠志三·汴河上》。

③《宋史》卷三〇七《乔维岳传》。

④《宋史》卷二九九《李溥传》。

⑤《宋史》卷四二六《张纶传》。

岸傍开一新河，以通舟船，仍存旧堤，以捍风浪”[①]。从此江淮运河与运西诸湖分隔，位置也较古邗沟稍有东移，这条运道大致上就是今天的里运河[②]。

南宋建都临安，浙西运河（即江南运河）和临安运河（即浙东运河）的地位更为重要，“国家驻跸钱塘，纲运粮饷，仰给诸道，所系不轻。水运之程，自大江而下至镇江则入闸，经行运河，如履平地，川、广巨舰，直抵都城，盖甚便也”。浙东运河在上虞、余姚境内经多次疏浚，“通便纲运，民旅皆利”[③]。

与两宋对峙的辽金，在北京平原上也有过运河的开凿。辽朝以今天的北京为南京，又称燕京。辽朝在南京设有南京转运使司，为职掌水陆转运粮食、盐铁以及其他货物的机构。今由通州张家湾西至京城广渠门外，有一条河，名曰萧太后河，元代称为文明河，为粮储运道，可能沿用了辽代所开人工运河，但文献无确证。[④]金代建今北京为中都，为了漕运需要，于大定十二年（1172）在金口（今北京石景山北麓）凿渠，引卢沟水（今永定河）东流至通州入潞水，名金口河。元代开通惠河曾以此渠为参照。

隋唐宋时代形成的南北大运河，在中国运河史上有着划时代的意义。

（1）虽然在魏晋南北朝时期，东部平原上运河的开发已达到地理条件上的极限，但是当时的运河网络并非是全线同时可以通航的。例如，曹操为了征伐乌桓军事行动而开凿的泉州渠、新河，事后不久即告淤废。因为以后东晋初十六国时前燕慕容皝率军征辽东，走今盘锦湾海滨“践冰而进”[⑤]，可见当时泉州渠已废弃。北魏郦道元《水经·鲍丘水注》已说：泉州渠“今无水”。其他淮河南北的一些运河，大部分为一时军事需要疏通运行，事后大多自然淤废。而隋唐时代的南北大运河都经过精心设计、规划，在平原上的布局是比较合理的，所以经唐宋两代沿用不废，历时六百余年，始终可以同时连贯通航。

（2）本期运河均由中央政府统一规划、开凿，并在事后有定期的维护，如筑堤、植树固堤、定期疏浚等制度、措施，为元明清时代京杭大运河的开凿和维护提供了借鉴。

## 第五节　元明清时期：京杭大运河的形成、变迁及其衰微

元明清三代都建都今北京，原先唐宋时代以洛阳或开封为中心的南北大运河已经不适用

①《宋史》卷九六《河渠志六·东南诸水上》。

②同①。

③《宋史》卷九七《河渠志七·东南诸水下》。

④侯仁之、唐晓峰：《北京城市历史地理》，北京：燕山出版社，2000年，第402页。

⑤《资治通鉴》卷九五，“晋成帝咸康元年春正月壬午”条。

了，需要在东部平原开凿一条直达的运道。这就是京杭大运河产生的历史地理背景。

元代在平宋之初，开始的漕运路线是由江淮溯黄河西上（当时黄河东南至徐州夺泗入淮），至河南封丘县中滦镇上岸，陆运一百八十里至淇门镇，再装船由御河（今卫河）、白河（今北运河）至直沽（今天津），再溯白河北上，至通州改陆运至大都（今北京）。这是一条水陆联运的路线，绕道远，货物上下卸运，既费时间，又费劳力，甚为不便。为弥补这个缺陷，需要开凿两条运河，一条是沟通黄河和卫河的运河，一条是从通州到北京的运河。这两条运河正是京杭大运河中花费人工最多、维护航运最困难的两段。

元至元十三年（1276）开始修凿济州河，历时二十年完成。济州河的工程是先在今山东宁阳县东北古刚县附近的汶河上筑堽城坝，遏汶水南流，走洸河故道至济州城（今山东济宁）下，再向北挖渠道一百五十里，北接安民山附近的济水，因起于济州城下，故名济州河。后因水源不足，又于至元二十一年在兖州城东门外五里泗水上筑堰，遏泗水走府河至济州城下会洸水入济州河，水源于是充足。济宁以南即利用泗水作为运河。于是济宁以北的泗水变成了运河的支流。[①]

济州河开凿后，漕船北上有两条路线：一是走水路由济州河接济水（即大清河）下流至利津入海，再由海路抵直沽；一是在济水北东阿上岸，改旱路陆运二百里至临清入卫河，再由卫河至直沽。[②]前一条要冒海上风涛之险；后一条陆运途经茌平县一段，地势低洼，遇夏秋霖潦，牛车跋涉其间，艰难万状。[③]于是在至元二十六年（1289）又增开了一条人工运河，南起自安民山西南的济州河，北经寿张、东昌（今山东聊城）至临清入卫河，全长二百五十里，功成后，赐名“会通河”，大致即今临清至安山的运河。从此，江淮漕船可以通过水路直达直沽。

济州河、会通河解决了黄、卫之间的水运问题，但漕船到了通州后，还需陆运五十里至京都，车载驴驮，十分艰辛。至元二十八年（1291），都水监郭守敬建议，自昌平县白浮瓮山泉引水，西折转南流过双塔、榆河、一亩、玉泉诸水，至西水门入都城，南汇为积水潭（今北京什刹海），东南出文明门，东至通州高丽庄（今北京通州东南）入白河。工程始于至元二十九年春，次年秋告竣。引渠总长“一百六十四里一百零四步”。渠成，元世祖过积水潭，见“舳舻蔽水，大悦”，赐名“通惠河”[④]。至此，京杭大运河全线告成。当时有谓：“东南贡赋，凡百上供之物，岁亿万计，绝江

---

① 有关山东运河修凿过程，均参见邹逸麟：《山东运河历史地理问题初探》，《历史地理》创刊号，上海：上海人民出版社，1982 年。

②《元史》卷九七《食货志·海运》。

③〔清〕傅泽洪辑：《行水金鉴》卷一〇一《运河水》引《山东全河备考》。

④《元史》卷六四《河渠志一》；〔明〕王琼：《漕河图志》卷二。

淮河而至，道会通河以达。商货懋迁，与夫民生日用之所须，不可悉数。贰河溯沿南北，物货或入或出，遍天下者，犹不在此数。又自昆仑西南水入海者，绕出南诏之后，历交趾、阇婆、真腊、占城、百粤之国，东南过流求、日本，东至叁韩，远人之名琛异宝，神马奇产，航海而至，或逾年之程，皆由漕河以至阙下。斯又古今载籍之所未有者也。”[①]

元代南北大运河形成后，漕船可以从杭州直抵大都，然而由于山东境内运河存在两大问题没有解决，未能充分发挥作用。一是水源不足。济州河、会通河的水源汶泗二水流量很不稳定，全年总流量很小，年内季节性变化很大，夏秋多洪水，运河宣泄不及，便泛滥成灾；而逢每年春季漕船起运时间，又常感水量不足。二是从临清至徐州的运河沿线的地势是中间隆起而南北倾斜。其间南旺地势最高，元代引汶泗二水在济州城下分水南北，南旺在济州之北，显然是“北高而南下，故水往南也易，而往北也难”，于是“北运每虞浅阻”[②]。由此种种，故元代大运河每岁之运，不过数十万石，远不及海运二三百万石之多，“终元之世，海运不罢”[③]。

明洪武初，建都南京，未对元末以来已趋淤废的会通河进行修治。故永乐初年仍沿袭元以来的海运，两浙漕船从浙江入海，三吴地区从吴淞江入海，湖广、江西漕船，由长江入海，淮北、河南则由河、淮入海，山东各地由滨海各州县入海，皆会于直沽；而河南怀庆、卫辉等府的漕粮则顺着卫河至天津，然后转至北京。但是海运险阻，“舟溺亡算”。以后又令江南之漕，走元代初年水陆联运的路线，由江淮运河达黄河，溯黄河西上，至卫辉府（今河南卫辉市），改陆运一百七十里入卫河，由卫河顺流至直沽，“而车费亡算”。这两条漕运路线都给运输带来很大不便。但元代的会通河“自汶上至临清五百里，悉为平沙”[④]，根本无法利用。所以从永乐四年（1406）开始，对京杭大运河中两段困难最多的河段进行了改建。

一是对元代通惠河进行改建。通惠河在元末明初时已淤废。永乐初年重新修治通惠河上各闸，但“未几，闸俱堙，不复通舟”。成化以后又重新疏浚通惠河，并筑坝置闸。因为明永乐十四年（1416）重修北京城时将元代皇城东墙外的一段圈入城内，此时通惠河不能进城，止于城外大通桥，故名为大通河。[⑤]

二是对元代的山东运河进行改建。永乐九年（1411），在工部尚书宋礼的主持下，开始了重修会通河的工程。工程大致分为三个方面：第一，解决水源问题。宋礼总结了元代在水源和分水地点方面的缺陷，采纳了汶上老人白英的建议，在元代堽城坝的下游东平州的戴村筑坝，遏汶水西南流至南旺地区分水。南旺地势最高，号称“水脊”。汶水自此作南北分

①〔元〕欧阳玄：《中书右丞领都水监政绩碑》；〔明〕吴仲：《通惠河志》卷下《碑记》。

②〔清〕张伯行：《居济一得》卷一,《运河总论》。

③《元史》卷九七《食货志·海运》。

④〔明〕万恭：《治水筌蹄》卷二《运河》。

⑤《明史》卷八六《河渠志四·运河下》。

流，七分往北至临清，三分往南至徐州。[①]这是因为南旺以北全靠汶水济运，而南旺以南还有泗、沂等河流给以补充。永乐十三年停罢海运，漕船全由“里河转运”[②]。同时为解决汶、泗水量不稳定的矛盾，永乐十七年开始陆续将汶、泗中上游三府十八个县境内的泉源，通过地表明渠导入汶、泗、沂等水，汇入运河。[③]因地下水比较稳定，可以保证运河有一定的流量。第二，疏浚河道。全面疏浚自济宁至临清的河道，深一丈三尺，广三丈二尺。又自袁家口起开新河北出安山之东，折西北至寿张沙湾接旧河，较旧河为顺直。[④]第三，设置水柜。即在运河沿线设置南旺、安山、马场、昭阳四大水柜，围湖筑堤，设斗门，以备蓄泄。按地势将运东较高的部分湖区作为水柜，“柜以蓄泉”，将运西部分地势低洼的湖区作为“水壑”，即滞洪区，以备涨泄。[⑤]经过这次治理，山东运河的通航条件大有改善，漕运又恢复走京杭大运河，海运始罢。

永乐以后，黄河不断泛决，会通河屡屡受到黄河的冲溃，漕运经常受阻。弘治年间刘大夏筑太行堤后，防河北决，张秋一带运河威胁稍减。但正德年间黄河又反复决徙于沛县至徐州一段运河，嘉靖年间鲁桥镇（今山东微山北）以下运河全被河泥所淤，公私船只都取道运东昭阳湖，[⑥]给漕运带来很大不便。从明嘉靖年间开始，直至清代前期不断地开凿新的运河河道，目的都是避开黄河的侵扰。

嘉靖初年，有大臣建议在“昭阳湖左（东）别开一河”，以避黄河侵扰。嘉靖七年（1528）正式动工开新河，后因主持工程的总河都御史盛应期罢官而役停。四十四年黄河大决沛县，浸漫昭阳湖，运道淤塞百余里。督理河漕尚书朱衡依据盛应期所开旧迹，重新开凿。隆庆元年（1567）新河完成，因起于南阳镇，故又称南阳新河。新道起自鱼台县南阳镇，南至沛县留城接旧河，全长一百四十余里。[⑦]新河在旧河之东三十里，地势较高，又在昭阳湖东，黄河东决至昭阳湖止，不能复东淹及新河，保证了漕运的畅通。但新河自沛县留城以下仍走旧道，至徐州城北茶城口与黄河交会。因黄强运弱，每逢七、八、九月黄运交涨，黄河水往往倒灌入运，水退沙留，淤塞运口。明廷仍想将漕运改线避开这一段作为运道的黄河，遂于万历二十一年（1593）至三十二年先后多次施工，完成了泇河工程。新河自沛县夏镇（今属山东微山）李家口引水，东流合彭、京、武、沂等水，至邳州（今江苏睢宁北古邳镇）直河口入

---

①〔明〕胡瓒：《泉河史》卷三《泉源志》。

② 明人王琼《漕河图志》卷一：“（永乐）十三年，户部会官议奏：停罢海运，悉由里河转运。里河者，江船厂不入海而入河，故曰里也。里河自通州而至仪真、瓜洲，水源不一，总谓之漕河，又谓之运河。”

③〔明〕胡瓒：《泉河史》卷七《泉源表》引《东泉志》。

④《明史》卷八五《河渠志三·运河上》。

⑤ 同④。

⑥ 同④。

⑦ 同④。

运，全长二百六十里[①]，历史上称为泇河。新道避开了黄河三百六十里险段，既缩短了航程，也避免了在黄河航行的麻烦。万历三十三年通过泇河的粮船有八千余艘[②]。

泇河开凿以后，从邳州直河口至清河县（今江苏淮安西南马头镇）的运道走的仍然是黄河。这一段黄河险段也不少，如邳州至宿迁有所谓“十三大溜”险处。天启三年（1623），在泇河下游直河上开渠道通过骆马湖，由陈沟口、董沟口入黄河，全长五十七里，名通济新河，目的是避开邳、宿之间黄河刘口、磨儿庄等七十里险段。[③]

清顺治、康熙年间，董沟口又屡次淤塞，康熙年间由靳辅主持在黄河北岸堤北先后开凿了皂河、张庄运河、中河，终于在康熙二十七年（1688）使运河全部脱离黄河，运河于仲庄运口入河，与黄河以南的南运口只相差七里的距离[④]。从明隆庆至清康熙中期，前后一百二十一年，先后开凿了六百多里人工运河，避开了六百里的黄河，黄河和运河才正式分了家。这在中国运河史上是一个极其重要的时期。

明清时代，江淮间运河称淮扬运河，南来漕舟由淮扬运河抵达山阳（今江苏淮安）后，必须在山阳新城盘坝过淮河，然后由大清口入河北上。新城附近建有五坝，“仁、义二坝在东门外东北，礼、智、信三坝在西门外西北。皆自城南引水抵坝口，其外即淮河”[⑤]。但是，盘坝入淮，不但挽输劳苦，而且船只和货物都容易损坏。为了避免盘坝，督运陈瑄采纳当地人士建议，于明永乐十三年（1415）开凿清江浦河。清江浦河借助北宋所开的沙河为渠，在山阳城西马家嘴引管家湖水，东北通至鸭陈口入淮，总长二十里，并缘管家湖筑堤十里以引舟。全线置移风、清江、福兴、新庄四闸，以时启闭。[⑥]此后，淮南运河山阳段由城东移到城西，运口也由末口移到新庄闸。

开凿月河是淮南运河运道变化的一个重要方面。由于元代不重视运河的治理，加上元末战争的破坏，明初，淮南运河及其堤岸大部分已遭毁坏，船只只得行走于运西诸湖中。而运西诸湖自黄河夺淮以来，因河水经常倒灌入洪泽湖，又决破高家堰，泻入高宝地区，潴水面积日益扩大，山阳到江都之间，“诸湖延袤，上下相接”，船只行走湖中十分危险。为了确保漕运安全，明初即着手运河的整治。从洪武至成化年间，先后在高邮、宝应境内修筑湖堤，易土为石，并在高邮、邵伯、宝应、白马四湖之东筑重堤，积水行舟以避风浪。其后又在险恶湖段建造月河。弘治二年（1489），户部侍郎白昂首先在高邮甓社湖东开康济月河，

---

①《明史》卷八七《河渠志五·泇河》。

② 同①。

③《明史》卷八五《河渠志三·运河上》。

④〔清〕靳辅：《治河方略》卷二《治纪中·皂河》、《治纪中·中河》。

⑤ 同③。

⑥ 同③。

弘治七年河成，南起高邮城北杭家嘴，北至张家闸，长四十余里。[①] 月河离湖数里，中为土堤（月河西堤），东为石堤，首尾建闸，引湖水入内以通航。

宝应县南的氾光湖，南接津湖，西南连酒火湖，广一百二十余里，素有淮南运道重险之称。漕舟经此，常遭倾覆。自正德以来，一些官吏多次建议加高老堤，开凿月河，[②] 都没有得到应有的重视，遂致“万历十年，一日而毙者千人，十二年，粮艘溺者数十”[③]。明万历十三年（1585），总漕都御史李世达再次上奏，阐述开凿宝应月河的重要性。后由总河王廷瞻主持开月河一千七百七十六丈，北起宝应城南门，南至新镇，取名弘济河[④]。

此外，明万历十年（1582）在清江浦南十里开永济月河，天启三年（1623）重新挑浚以通回空船只，后因正河疏浚畅通，月河复闭。[⑤] 万历二十七年开界首月河、邵伯月河。[⑥] 清康熙十七年（1678）开清水潭永安月河。[⑦] 有清一代，淮南运河几乎全以月河行舟，运道又因此东移。中华人民共和国成立后，为了满足苏北地区水上运输量增加的需要，1958 年再次东向拓宽河道，切除中埂，即为今日之里运河。

南宋末，西湖大旱，江南运河原从杭州北上的上塘河段淤塞不通，淳祐七年（1247）开奉口河，自德清县南奉口镇接引东苕溪东南达于北新桥，漕舟北上改奉口河和下塘河。[⑧] 元末至正年间（1341 ~ 1368），对下塘河重新进行整治，“自五林港口开浚至北新桥，又直江涨桥，广二十余丈，遂成大河”[⑨]。此后江南运河南段杭州以北改道经塘栖至崇福镇，再经石门抵嘉兴，与今日同。

还有一条元明清三代连续不断开凿，而最终未能通运的胶莱运河。胶莱运河位于山东省鲁中丘陵山地与胶东丘陵之间的胶莱平原上，干流全长 130 千米，因沟通胶莱二州而名。元代以前，胶莱运河尚未形成，发源于胶莱丘陵的南北二河， 一名胶河，源出今山东黄岛区（含原胶南）境，北流经高密市东，又东北至平度市南，折而北流经今平度市、高密市、昌邑市、莱州市界，北入莱州湾；一名沽河，有二源：正源为大沽河，源出自今山东招远市东蹲犬山，南流经莱西市，另一源名小沽河，源自莱州

---

① 《明孝宗实录》卷八五，“弘治七年六月乙丑”条；《明史》卷八五《河渠志三·运河上》；〔清〕顾祖禹：《读史方舆纪要》卷二三《南直五》，北京：中华书局，2005 年。

② 《明史》卷八五《河渠志三·运河上》。

③ 《明神宗实录》卷一六二，“万历十三年六月壬子”条。

④ 《明神宗实录》卷一六二，“万历十三年六月壬子”条；《明史》卷二二一《王廷瞻传》；道光《宝应图经》卷三《河渠·水利》。

⑤ 同②。

⑥ 《明史》卷二二三《刘东星传》。

⑦ 《清史稿》卷一二七《河渠志二·运河》。

⑧ 咸淳《临安志》卷三四《山川》、卷三五《山川》。

⑨ 光绪《杭州府志》卷五三《水利》。

市东南流入莱西市，又自南墅镇南流至平度市、莱西市界合大沽河，合流后称沽河，又南经平度市、即墨区交界，下流入胶州市，于营海镇东入胶州湾。

在胶河和沽河之间有一片长二十余千米的高冈地，为二水分水岭。元明清三代都曾想在这片高冈地开凿渠道，沟通胶、沽二水，使海运漕船可由麻湾口（今山东胶州湾）进入沽河，由沽河通过人工渠道进入胶河，再由胶河出莱州大洋（今山东莱州湾），直趋直沽。这样既可以缩短航程，又可以避开山东半岛东端成山角的风涛之险。元明清三代为了开凿这条人工运河付出很大的代价，包括人力与财力，但终究未能成功。这在中国运河史上是一个特例。

元朝建都大都（今北京），每年需要从江淮地区输送数百万石漕粮至京师。初试海运，元代海运航路虽有过几次改变，但都要绕过山东半岛东端的成山角，这里风浪最大，漕船多有倾覆之患。于是有开胶莱运河之举。

元至元十七年（1280）秋七月，采纳莱州人姚演的建议，“开胶东河”[①]。这次工程用费浩大，但工程的具体内容，元代没有记载，从后来明清人记载可知，当时的工程分为三部分：其一，开挖了今地图上胶莱运河从胶州市东北闸子口至平度市南亭口镇的一段运道，以沟通胶河与沽河，并疏浚了从麻湾口至胶河口的三百里河道。[②]其二，因为运道中间越过分水岭，地势是中间高，两端低，于是沿运建九闸，蓄水通流。距麻湾口二十里为陈村闸，又北三十里为吴家口闸，又三十里为窝铺闸，吴家口、窝铺之间地势最高，名分水岭，为南北分流之脊。窝铺闸以北二十五里为亭口闸，又三十里为周家闸，又三十里为玉皇闸，又三十里为杨家圈闸，又三十里为新河闸，又三十里为海仓闸，又二十七里至海口。[③]其三，开凿今青岛市黄岛区薛家岛西与黄岛之间一段较狭窄的石沟，南北约五里，名曰马郚濠。结果因遇坚硬的岩石，未能成功而罢。[④]

元至元二十二年（1285）二月丙辰，诏罢胶莱河的开凿。以军万人隶江浙行省习水战，万人载江淮米泛海由利津达于京师。新开的胶莱运道就此罢废。[⑤]

明永乐年间重开会通河后，漕运有明显改善。但是由于会通河本身存在着种种不利因素，如黄河侵扰、水源不稳、运道艰难等，于是重开胶莱河之议又起。有明一代曾九次（正统六年、嘉靖十一年、嘉靖十七年、嘉靖十九年、嘉靖三十一年、隆庆五年、万历三年、崇祯十四年、崇祯十六年）提出重开胶莱河的倡议并进行部分施工。后或因工程失败而罢，或因耗费太大而未行，或因舆论压力而罢，最后均未成功。清雍正三年（1725），又有人再度奏

---

①《元史》卷一一《世祖纪八》：“至元十七年……秋七月……戊午，用姚演言：开胶东河及收集逃民屯田涟、海。”

②乾隆《莱州府志》卷一《山川·胶莱河停工考》。今地图上胶莱运河的闸子口（属今胶州市）至亭口镇（属平度市）之间的胶莱运河，是当时人工开挖运道。

③乾隆《莱州府志》卷一《山川》。

④《明史》卷八七《河渠志五》。

⑤《元史》卷一三《世祖纪十》。

请开山东胶河运道。内阁学士何国宗指出："通运之议，创自元人，乃开之数年而即罢。明时屡试而终不行。良亦职此。"鉴于历史上屡试不行，雍正皇帝决定"似可无庸再议"。持续了几个世纪的胶莱新河之动议，终告平息。[①]

明清两代，京杭大运河始终是沟通南北的大动脉，由于水源、地势、泥沙等因素，需要经常加以疏浚、整治和加固堤防，才能保证其畅通。每年政府花在这上面的人力、财力不计其数。然而自清代嘉庆、道光以后，国力衰败，河政废弛，运道阻塞，漕运往往不能如期抵达。清廷无奈，只能雇用商船进行海运。道光五年（1825），因清江浦一带运河受阻，清廷准苏、松、常、镇、太四府一州漕粮试行海运，次年海运商船 1 562 艘从上海出发，沿海北上，航程 2 000 多千米，共运粮一百六十多万石，仅二十余天即达天津，所耗费用不到河运的三分之二。后因朝臣反对，海运试行一年即停。道光二十七年，清廷为加漕粮运额，充实京师仓库，革除河运种种弊端，再次下令进行海运，江南苏、松、太二府一州一百多万石应征漕粮由上海沙船直达天津。咸丰二年（1852）浙江漕粮也改海运，由宁波雇船承运。这时江苏运粮以沙船为主，浙江运粮以宁波船为主，每年往返两次即可将漕粮全部运完[②]。

咸丰五年（1855），黄河在河南兰阳铜瓦厢决口，洪水由直隶东明、长垣、开州、山东濮州、范县，至张秋镇汇流，穿过运河夺大清河入海。大清河沿线和会通河沿河"各州县均被波及"[③]。张秋至安山的运河被阻断，当时军事旁骛，未能顾及运河的治理。清廷漕粮只得改走海运，运河废弛十有余年。同治四年（1865）"始复试行河运，筹修运道"，但多次修筑都被决河冲溃。"漕船经过山东境界计一千数百里，中多阻滞，以致挽运艰难"[④]。同治十一年，李鸿章主办招商局，购得三艘火轮船，开始承运江浙漕粮，火轮船每艘载米三千多石，往返天津、上海仅需十余天，每月可装运两次，十分方便，由火轮船和沙船运输漕粮遂成定例。[⑤] 由于咸丰以后，海运逐渐取代河运，成为清后期漕粮主要运输方式，南北物资交流的渠道，也开始由运河漕运向海路转移。至光绪二十六年（1900）内河漕运悉行停止，清政府不再对会通河进行全面疏浚，只是为了地方上运输，对部分河段进行过疏浚，如光绪三十二年对黄河以北的运河河段挑浚过一次，从东昌至临清仅九十里，其他几成平陆。[⑥] 济宁以

① 陈桥驿主编：《中国运河开发史》，北京：中华书局，2008 年。
② 李文治、江太新：《清代漕运》，北京：中华书局，1995 年。
③ 民国《山东通志》卷一二二《河防志第九·黄河考中上》。
④ 民国《山东通志》卷一二六《河防志第九·运河考》。
⑤ 同②。
⑥ 同④。

南尚可通舟，且多为地方性短途运输，其年货运量尚不及清前期的二十分之一。[1]光绪三十一年裁漕运总督，三十四年裁督粮道。宣统《山东通志》总结云："自咸丰五年运道梗塞，停止河运者十数年。同治四年、五年暨九年至十三年，江北雇用民船，均经循办，但为数不过十万石，较之起运全漕仅四十分之一，较之近年江浙海运新漕仅十分之一。虽运米无多而相沿不改者，所以备外海或有不虞，犹可恃此一线，以为内地转输之路也。惟运道浅阻，日甚一日。光绪三十三年、三十四年虽将南北运河分段修浚，然北运河仅挑东昌至临清一段，东昌以南百余里，依然淤塞不通。今则专行海运，卫帮久歇，督粮道既撤，运艘运费全裁。因时制宜，古今异势。"[2]

本时期的运河在选线、工程设计、维护措施、运作管理方面，已达至传统社会技术水平的顶峰，也是两三千年来运河系统工程的最后总结。随着自然环境的变化，近代科技的出现，传统的运河运作，退出历史舞台是必然的了。

## 第六节　民国时期：清末漕运改制后大运河的命运

清末漕粮改为折色（折成现银），漕运废止。运河不再作为朝廷主体工程加以整治，没几年就淤废。其衰废主因，是咸丰五年（1855）黄河北徙于山东寿张决汶而下，使寿张至临清间水源断绝，时以军事繁兴，未及修复。因无水源补给，济宁至临清一段运河未几即成平陆了。同时因采用海运行漕，清季平津、津浦铁路相继修成，南北货物陆道则由铁路，水道则由海船，运河仅有局部交通之价值，不复为南北主要交通之孔道。济宁以南鲁南运河因有微山湖充足的水源，仍有航运之利。淮河以南的江淮运河因运盐之需要，以通航运，然民国时期，淮北之盐多由海运，运河亦失其重要性。长江以南的江南运河，因水资源条件优越，所经之地人口繁衍，生产发达，故帆樯犹盛，至今仍是淮河以南和长江三角洲地区的重要水运航道，对地区间经济发展起着重要的作用。

国民政府期间，曾有全面整理运河的工程计划，盖当时认为"溯海河而上，北至通州，南至临清，自元明以来，即为贯穿南北大运河之一部。但在昔时，自通州以西可至北平，自临清以南，越黄河今道经鲁西以接江北之运河，今皆淤废。此运河为中国东部之纵贯航道，经行冀鲁苏浙四省繁富之区，实有恢复之必要。1933 年由华北、黄河、导淮、太湖四水利

①张照东：《清代漕运与南北物资交流》，《清史研究》1992 年第 3 期。

②民国《山东通志》卷一二六《河防志第九·运河考》。

机关，会同冀鲁苏浙四省建设厅共组整理运河之讨论会，以便统一研究计划”。当时确实提出一套恢复运河的治理计划，包括节水、引水、泄水等工程。[①]然因抗战军兴，未能实施。当时山东境内运河淤浅最甚。1916 年 8 月的《山东南运湖河水利报告录要》称：“咸丰三年黄河夺大清河入海，于是有南北运河之分，黄河以南至江苏界曰南运河，其流域东界山脉，西南界淤黄河及江苏省北界黄河……汶河经南旺分水口南北分流，分水口两岸旧有南旺、蜀山、马踏三湖，收蓄高涨之汶水，至运河水小时再逐渐放出，一以免大水之漫溢，一以便水落之交通。现在大清河入海之路被黄河所夺，不能畅流，加以运河被黄河横截，一省之中分为南北两段，更恐黄河倒灌运河，于十里堡筑坝曰拦黄坝，因之分水口北流之水由安山折而东北，会于大清河……现在安山北运河中又筑土堤，阻止运河之水不再北行，因之安山至十里堡一段运河已全行干涸……泗水现在兖州至济宁之河已经淤塞，黑风口失其效用，泗水泛涨，悉出金口坝，只因下游两支，东支高而西支狭，水不畅泄。又因横河以下河身曲折，每逢大水必致决口横流，又大水时运河挟汶水下流至鲁桥再合泗水，运河不及畅泄，因之由两岸口门分流入于南阳、昭阳、微山、独山诸湖，分流后仍不及畅流，于是旁溢两岸农田，终岁不涸者约二百五十方启罗米达（千米）。”所以山东省对局部河段进行过修治。1934 年，山东省建设厅重新疏浚黄河以北至临清的会通河，在聊城设工程局，调沿河聊城、茌平、堂邑、阳谷、清平、临清六县民工，按地亩多少分段挑修。至民国二十四年，黄河以北至临清运河上共有船闸 16 座、进水闸 9 座、泄水闸 6 座、涵洞 14 座、桥梁 10 座。1936 年，重建会通河魏湾三孔桥泄水闸、张官营穿运涵洞、周店月河涵洞、陶城铺活动桥、沉沙区引水工程、周店船闸、临清船闸。建位山吸水站，该引黄虹吸建成后，由于抗日战争爆发，工程未能完全实现，没有引黄济运和灌溉。1938 年 11 月，日军占领聊城，由于战争的破坏，运河长期无人修治，也就完全淤废了。

---

① 李书田等：《中国水利问题》，上海：商务印书馆，1937 年，第 50、427 页。

# 第二章

# 运河工程反映中华民族在利用自然资源过程中的智慧和毅力

历史上运河的开凿是为了弥补天然河流的不足，然而数百万年形成的天然河流水系的格局有其地理条件上的必然性。开凿人工运河，必须要利用、干扰或改变原有的天然河流水系格局，就可能影响到原有天然河流的自然特性。这就需要对天然河流的特性有深刻的了解和掌握，才能加以运用。这是一个十分复杂的问题。2 000 多年来，我们的祖先们在人工运河建造过程中，对天然河流的运用真是煞费苦心，其结果虽然是有成功有失败，但仍然不断地坚持下去，反映出中华民族的智慧和毅力。

以下即对人工运河开发过程中，对自然界运用中最突出的几个问题加以说明。

## 第一节 水源问题

历史上开凿运河，首要问题是水源。因为开凿运河的目的是为了运送以粮食为主的各种物资，运送的船只都有一定的负载量，对运河的深度、宽度以及水量都有一定的要求。因此开凿运河的首要条件是必须有足够的水源，以供船只运行。人工运河自身不可能有独立的水源，一般都引取于天然河流或湖泊。中国古代水资源还是比较丰富的，大量开凿长距离的运河，本身就说明有丰富的水源可以利用。

但是，实际情况并非如此简单：第一，以河流格局而言，中国几条主要天然河流，如海河、黄河、淮河、长江等多为东西流向，南北水运需要以人工运河来补充，所以历史上重要的运河大都为南北流向。由于天然河流流向不一，所以给人工运河引用天然河流为水源带来地理上的困难。第二，以气候条件而言，中国东部地处东亚季风区，降水在年际和年内季节变化很大，年际变化有枯水年、丰水年之别，年内变化的特点是降水多在夏秋季节，春冬往往是水枯季节。而每年从江南输送漕粮多在春季二三月份，正是枯水季节；再加上随着历史的发展，各主要河流流域的人口不断增加，中上游森林面积缩小，河流含沙量增加，下游平原和湖滩渐次开发，农业用水量增加，于是产生农业和漕运争夺水源的矛盾，运河的水源不足问题也就逐渐显露出来。同时由于各河流含沙量都很高，引以为源，也引来泥沙，给运河带来淤浅之弊。

现对历史上几个重要运河水系的水源问题进行讨论，以视中国历史上运河水源问题的概貌。

### 一、北京平原上的运河水源问题

北京平原上的人工运河，较早有明确记载的是辽代的萧太后运粮河，不过这条运河的水源问题情况不明，在此无法讨论。金代中都的金口河最初是以卢沟河（今永定河）为源，卢沟河是一条含沙量很高的河流，元代又称“小黄河”“浑河”，“以流浊故也”①。所以金代的金口河以卢沟河为源后，因“地势高峻，水性浑浊，峻则奔流漩洄，啮岸善崩，浊则泥淖淤塞，积滓成浅，不能胜舟”。金口河失败后，又改“为闸以节高良河、白莲潭诸水，以通山东、河北之粟”②。高良河即今西直门外高梁河，白莲潭诸水即今什刹海、北海、中海等天然湖泊。以高良河水注入白莲潭中，在白莲潭的东岸、南岸、西岸分别修闸引水，南入中都城北护城河和金口河，然后东流至通州入潞河。从中都东至潞河五十里的通粟渠道，谓之闸河。③但这两条人工运河，都因“自通州而上，地峻而水不留，其势易浅，舟胶不行，故常陆挽，人颇艰之”。其后“或通或塞，而但以车挽矣”④。既然引卢沟河水为源行不通，元代大都的通惠河改引昌平白浮泉水南来，沿线又有双塔、榆河、一亩、玉泉诸水的补充，水源比较稳定，但是从昌平至大都城地势高差很大，沿线“地势高下，冲击为患”⑤，“水势陡峻，直达艰难”⑥。所以元代通惠河建成后，在河上建闸二十四座以节水通流，十分不便。⑦于是以后又重开金口河，又引浑河为源，结果还是“因流湍势急，沙泥壅塞，船不可行”⑧。故大都、通州间在“元时亦多陆运”⑨。明初通惠河已废。永乐年间曾重开通惠河（明时称大通河），因当时昌平黄土山（改名天寿山）成为皇帝陵寝地后，原白浮泉一带不允许再动土引水，所以上源只限于玉泉、瓮山泊（今昆明湖），水源大为减少。明代成化年间重开时，深感水源不足，当时即有人提出：“大抵此河天旱则淤壅浅涩，雨潦则散漫冲突，徒劳人力，率难成功，决不可开。况元人开此河，曾用金口之水，其势汹涌，冲没民舍，船不能行，卒为废河，此乃不可行之明验也。”⑩不久因“河道淤塞”，“闸俱废，不复通舟”⑪。以后虽经多次疏浚，只能勉强通航。清代前期曾沿明代规模多次疏浚，但嘉庆以后河道已多淤塞，当时从通州至北京多以陆运为主。可见在北京建都的金元明清四代都想解决从北京至通州的水运问题，但最终都因为水源没能解决好，难以如愿。

---

①《元史》卷六四《河渠志一·卢沟河》。

②《金史》卷二七《河渠志·卢沟河》。

③侯仁之、唐晓峰：《北京城市历史地理》，北京：燕山出版社，2000年，第404页。

④《金史》卷二七《河渠志·漕渠》。

⑤〔明〕汪一中：《通惠河志叙》，〔明〕吴仲：《通惠河志》卷首。

⑥〔明〕吴仲：《通惠河志》卷上《通惠河考略》。

⑦《元史》卷六四《河渠志一·通惠河》。

⑧《元史》卷六六《河渠志三·金口河》。

⑨明人王琼《漕河图志》卷二的“诸河考论”之“大通河”条载：“自卢沟以至通州，浑河流经之道至今淤为平地矣……元时亦多陆运，故接运粮提举司有车户之设，隶都水监。”

⑩〔清〕傅泽洪辑：《行水金鉴》卷一一〇《运河水》引《明宪宗实录》。

⑪《明史》卷八六《河渠志四·运河下》。

## 二、河淮地区运河的水源问题

河淮之间最早的运河是战国时代的鸿沟运河，其水源主要来自黄河。黄河是中国淮河以北最大的河流，在河淮间开凿运河，很自然地选择以黄河为水源。但引黄河水为源，面临着两大难题：一是黄河自古就是一条含沙量很高的河流，引河水为源不免同时引入泥沙，使运河淤浅；二是黄河虽为大河，总流量不算小，但其年际和年内季节性变化很大，每年春运时往往遇到枯水季节，水量不足，给水运带来很多不便。

鸿沟运河最早的水源是从今河南原阳县北引黄河水，横截自荥阳北引河水东流的济水，南流入郑州、中牟间的圃田泽，称为大泽，作为蓄水池，引圃田泽水东流至大梁城（今河南开封）北，然后绕过城东，折而南流，利用沙水河道南流经今淮阳市东，在沈丘县北注入颍水。因鸿沟运河连接了河淮之间许多天然河流，故称之为鸿沟水系。此后，自原阳北河水南入圃田泽的一段称为大沟的河道为黄河泥沙所淤废，从荥阳分河水的济水便成了鸿沟运河的水源。从战国至两汉魏晋时期，鸿沟运河比较畅通，但是到了东晋十六国南北朝时，河淮之间的济水却有逐渐淤废之势。济水原是黄河南岸的一大分支，从荥阳西北分河水东流，分为两支，一支与菏水交汇，东流入泗；一支入巨野泽，再出泽东流入海，春秋战国以来一直是中原地区东西交通的主要水运干道。西汉时黄河多次南决，曾淹及济水流域。尤其是西汉末王莽时黄河向南大决，济水及其以南汴水流域一片汪洋，后经东汉时王景治理，河、汴分流，济水也复其旧貌，但已遭严重淤浅。大约到公元 4 世纪，巨野泽以西的济水已淤废不能通航。公元 369 年，东晋桓温北伐，因济水断流而开了桓公沟。济水断流的原因，除了泥沙淤塞外，更重要的是东汉以后河淮间的主要运道为通向徐州的汴水，由于济、汴同源分水于黄河，当汴水为主要运道时，必定人为阻塞分水入济之口，将有限的河水皆引入汴水。《太平寰宇记》卷一二引六朝文献《国都城记》云："自后通汴渠已来，旧济遂绝，今济阴定陶城南，唯有济堤及枯河而已，皆无水。"以后东晋义熙十三年（417）刘裕北伐、刘宋元嘉七年（430）到彦之北伐都走这条桓公沟，可见四、五世纪时黄河南岸的济水已完全淤断了。

东汉以后河淮间的主要运河为汴水，汴水水源主要来源于黄河。但是黄河出邙山后，骤然进入平原，流势逐渐平缓，泥沙易于沉淀，同时由于水位涨落，冲淤不定，主泓南北滚动，河槽极不稳定，流向也相当紊乱。这样就使汴水引黄河水口工程不得不随着河水主泓的滚动而经常变化。据《水经注·济水》记载，隋代以前济水和汴水引用黄河水的引水口有多处：一为宿须水口，在今河南原阳县旧原武西北，分河水南入鸿沟水系，后渐淤废，《水经注》云“今无水”。二为荥口，又称荥口石门，在今河南荥阳市西北旧荥泽西北敖山之东，亦为古济汴水分河水口，东汉阳嘉三年（134）曾在此垒石为门，树碑记功，在北魏前已断流。三为石门水口，在今河南荥阳市西北汜水镇东，西汉时为济、汴的主要分河水口，东汉灵帝建宁四年（171）还修治过，魏晋时已淤废。四为板渚水口，在今河南荥阳市西北汜水镇东四十里，隋炀帝开通济渠即由此引河水。唐初沿用板渚水口，开元二年（714）改由石门水口引河。[①]开元十五年又恢复板渚水口，[②]不久又由石门水口引河。历史上济、汴运河会出现这么多的引河水口，并且左右摆动，变迁不定，主要原因是黄河河槽极不稳定，引水十分困难。故《宋史》卷九三《河渠志三》说：“然大河向背不一，故河口岁易，易则度地形，相水势，为口以逆之。遇春首辄调数州之民，劳费不赀，役者多溺死。”[③]

隋唐时代的汴河即通济渠是河淮间主要运河，通济渠分东西两段，已见上文。西段主要以谷、洛水为源，运道很短，水源不成问题。东段则从板渚引黄河为源。因为黄河流量年际和年内季节变化不定，运河的水源不能得到稳定的保障。唐代开元年间裴耀卿主漕事时，为唐代漕运黄金时代，已经感到汴河水量不足，浅涩阻运。当时江南的漕船于每年正、二月上道至扬州入斗门，正逢冬春水浅，须停留一月以上，至四月以后，始渡淮入汴。那时汴河干浅，又船运停留，至六、七月始至河口，正逢秋季河水上涨，不得入河，又须停留一两个月，待河水稍小，始得上河进入洛水。整个航程“漕路干浅，船艘隘闹，般载停滞，备极艰辛。计从江南至东都，停滞日多，得行日少”[④]。宋初，为了增加汴河的水源，曾“导索水，会旃然与须水合入于汴”，可是因为黄河含沙量增高，汴河河床淤高，水流仍觉浅涩。宋初在冬季枯水季节，需要在汴河中作闸堰水，才能行舟。如开宝八年（975）十一月平江南，“留汴水以待李国主舟行，盛寒河流浅涸，诏所在为坝闸，潴水以过舟”[⑤]。到了熙宁、元丰年间，竟然于夏季五月，也需堰水行舟。元丰三年（1080）五月，“时以汴水浅涩，发运司请以草为堰，壅水以通舟”[⑥]。其实当时漕船的吃水并不深。《宋史·河渠志·汴河》云：“大约汴舟重载入水，不过四尺，今深五尺，可济漕运。”可见造成汴舟阻运的低水位时期，汴河的水量是十分浅涩的。

除了水源短缺之外，与水俱来的黄河泥沙也给汴河带来很大不便，故有“汴水浊流”之说。唐时汴河泥沙淤积已经影响到漕运的通行，所以当时规定每年正月发动沿河丁男疏浚河

①《旧唐书》卷一〇〇《李杰传》。
②《旧唐书》卷四九《食货志下》。
③《宋史》卷九三《河渠志三·汴河上》。
④ 同②。
⑤〔宋〕宋敏求：《春明退朝录》卷上，上海：上海古籍出版社，2012年。
⑥〔宋〕李焘：《续资治通鉴长编》卷三〇四，“宋神宗元丰三年五月癸亥”条。

道，至清明桃花水过后，河道才得畅通。安史之乱后，政局动荡，汴河长期得不到疏浚，河道淤废不堪。[①] 唐末汴河下游自宿州埇桥（今安徽宿州市南古汴河上）以下“悉为污泽”[②]。宋初沿袭唐制，每岁一浚。后因汴河经过整治，情况大有好转，为图省功，于大中祥符八年（1015）规定“三五年一浚”，未几，因淤塞严重，至皇祐四年（1052）八月，因“河涸，舟不通，令河渠司自口浚治，岁以为常”[③]。此后每岁一浚，立为常制。然而，一方面每年疏浚排去的泥沙赶不上淤积的速度；另一方面，每岁一浚的制度，并未能很好坚持，结果汴河河床淤积速度十分惊人，如宋初开封附近的沟洫水流皆入汴河，可见其时汴河河床尚在地面以下。可是到了北宋中期，汴河有连续二十年不浚，河床淤高非常，从京城开封东水门下至雍丘（今河南杞县）、襄邑（今河南睢县）一段汴河河床皆高出堤外平地“一丈二尺余”，在汴堤上俯瞰居民，如在深谷。[④] 河床如此淤高，引起汴河决口频繁，影响漕运畅通。

熙宁十年（1077），黄河一次涨水，主泓趋向北岸，南岸广武山北麓涨出一大片高阔的滩地。元丰元年（1078），有人建议汴河避开以黄河为源，可在这片黄河滩地上凿渠，引伊、洛水为源。次年即在巩县任村沙峪口至河阴县（今河南荥阳东北广武山北麓，今已沦入河中）汴口之间河滩地上，开渠五十里，引伊、洛水入汴，堵塞旧引河汴口，以避开黄河浊流。因洛水较清，史称引洛为源的汴河为“清汴”。两岸还筑堤一百零三里，以护渠道。后因洛水水源不够支运，还需从原来汴口引用一部分河水，仍有泥沙入汴；同时新渠是开在黄河的嫩滩上，沙质土壤，不易保护，且常受黄河主泓摆动的威胁，结果仍无成效。元祐五年（1090）仍然恢复引河入汴为源。[⑤] 最终由于汴河不断淤高，成为地上悬河。北宋末徽宗政和年间，汴河大段淤浅，妨碍纲运。靖康年间，汴河已淤废不堪。宋金对立时期，汴河未加疏浚，全河堙废。南宋乾道五年（1169）楼钥出使金国，乘马沿汴河而行，至灵璧以上，“河益堙塞，几与岸平”，“车马皆由其中”，“亦有作屋其上”，河底都种上了麦子。[⑥] 诗人洪适有《过谷熟》诗云：“隋堤望远人烟少，汴水流干辙迹深。”[⑦] 隋唐宋以来流淌数百年的一条横贯中原的大川，在短短数十年内变成了一条陆道。沧桑之变，莫甚于此。今天从商丘以下，经永城、宿州、灵璧、泗县的公路，大致即修

---

①〔唐〕刘晏：《遗元载书》，〔清〕董诰等编：《全唐文》卷三七〇。

②《资治通鉴》卷二九二，“后周世宗显德二年八月乙丑”条。

③《宋史》卷九三《河渠志三·汴河上》。

④〔宋〕沈括：《梦溪笔谈》卷二五《杂志二》，北京：燕山出版社，2011 年。

⑤ 同③。

⑥〔宋〕楼钥：《攻媿集》卷一一一《北行日录》，上海：商务印书馆，1936 年。

⑦〔宋〕洪适：《盘洲文集》卷五，上海：商务印书馆，1922 年。

在通济渠上，已高出两边平地，这就是汴河作为悬河的实证。

五代后周显德年间修复汴河，开浚五丈河、蔡河时，都直接或间接引用黄河水为源，汴河源于黄河自不必说，五丈河、蔡河也都是分汴河水为源的。可是到了北宋初年，汴河自身水量不够，已无余水可供应五丈河和蔡河。于是蔡河则以取源于开封数十里外长葛境内洧、溟二水，五丈河以金水河为源，架槽越汴河入城，不惜屡兴浩大工程，都是为了避开含沙量高而又水量不足的汴河。可见宋朝为了解决汴京漕运四渠的水源问题，是煞费苦心的。然而困扰着唐宋两代王朝的汴河水源问题，最终都未能得到理想的解决。

## 三、山东运河的水源问题

上文已述，元明清时代京杭大运河中最为艰难的一段，就是山东运河。而山东运河在运行中最大的问题，就是水源问题。元代开凿济州河、会通河，水源主要来自鲁中山地的汶、泗两水系。这两大水系的特点是：第一，汶泗流域多年平均降水量为 600 ～ 700 毫米，河流全年径流量较小，年内分配极不均匀。今人曾据 20 世纪 30 年代前半期的三年（1932 ～ 1934）汶泗流域泰安、曲阜等 12 个县市逐月降水量资料作过统计，表明每年 6 月～ 9 月降水量最为集中，占全年总量的 50% ～ 70%，汶、泗等河往往在这一时期出现洪水，运河容纳不了，宣泄不及，便泛滥成灾。每年 12 月至次年 2 月的降水量仅占全年总量的 10% 以下，是每年的枯水期。[①] 而历年漕粮都是在春季起运，正是最需要水的时候，这就成为济州、会通二河的致命弱点。第二，汶泗两水系形态属树枝状水系，暴雨季节总流汇注，下游洪水集中，尤其是泗水支流多属山溪性河流，源短流急，洪峰高，含沙量大，对下游运河造成很大威胁。第三，鲁中山地山岭起伏，山岩物质多属花岗岩、片麻岩、结芯片岩以及泥沙质沉积岩。汶河等河谷宽广，深入山区内部，山区植被覆盖不良，暴雨季节山洪陡涨，侵蚀和搬运作用很大，而物质多为粗砂和细砾，河床多为淤塞。由于会通河通运不畅，所以元代漕运以海运为主。

到了明代永乐年间重开会通河，首先要解决的还是水源问题。当时采取的措施主要有：

**1. 引汶工程的改建**

明永乐九年（1411）重建会通河时，主持工程的工部尚书宋礼采纳汶上老人白英的建议，[②] 在东平州（今山东东平）东六十里戴村附近的汶河上筑土坝，长五里，遏汶河南流，走今小汶河西南流入南旺地区作南北分流（详下）。戴村坝成为明代重修会通河工程中“第

---

① 中央水利部南京水利实验处编：《淮河流域水文资料》第 3 辑《沂泗汶运区》第 3 册，1951 年。

② “老人”是沿运河设置管理河事的人员，有堽城坝老人、管泉老人等。见〔明〕胡瓒：《泉河史》卷六《职官表下》。

一吃紧关键"①。"漕河之有戴村，譬人身之咽喉也。咽喉病，则元气走泄，四肢莫得而运矣"②。为什么这次要在戴村筑坝引汶呢？这是因为元代在宁阳县北的堽城筑坝引汶，而堽城以下的汶河还有漕河、汇河（上游即今康王河）等多条支流汇入，水量大增，却未能拦入会通河。所以明人就指出："汶水西流，其势甚大，而元人于济宁分水，遏汶于堽城，非其地矣。"③明代改在堽城坝的下游戴村筑坝引汶，水源较前丰富。此外，元代的堽城坝闸在末年已经圮废，明成化年间因旧址河阔沙深，不宜更作坝址，"乃相西南八里许，其地两岸屹立，根连河中，坚石萦络，比旧址隘三分之一"，于是就在此筑堽城新坝跨汶河上，下开涵洞，置闸启闭，再开新河十余里接洸河，并在新河上筑堽城新闸，控制流沙。④所以在明代中期以后，汶河上引水工程有两条路线可以调节水源，这一点就比元代高明。但问题并未得到彻底解决。第一，明代坎河（今东平县东汇河）入汶河口的汶河上有一沙洲，沙洲以南为汶河的主泓道所经，明代在主泓道上筑戴村坝，遏汶水南流入南旺，留下北面的岔流，以供泄洪。当重运北上时，就在戴村坝东坎河口的岔流上筑一临时沙坝，使涓滴尽归南旺；如遇来水过于迅猛，则让洪水冲毁沙坝西趋大清河归海，不让患及汶河入南旺之道。但日久正河渐淤，主泓北移，沙坝不能起遏水作用，万历元年（1573）改筑石滩。⑤万历十七年，潘季驯又改为石坝，石坝不能排沙，结果使汶河河床淤高，常溢成灾。⑥第二，明代在戴村筑坝遏汶水南流，却没有在引水河道上如元代堽城、金口之制修筑闸门，因而在夏秋汛期无法控制水沙。自戴村至南旺的河道，"每涨一次，则淤高一尺，积一年则淤高数尺，二年不挑则河尽填"⑦。来源河道淤填，则运河不免有枯涸之患。然而戴村至南旺的河道经过挑浚后，则又产生另一种后果，因为汶河下游河床宽数百丈，而南旺一带运河河床宽不过十丈，"以数百丈之汶河，而尽注于十丈宽运河之内"⑧，其决溢是必然的了。例如，清康熙四十一年（1702）和四十二年，宁阳、汶上、济宁、滋阳、鱼台、滕县、峄县及江南之沛县、徐州、邳州，运河沿线连遭水患，皆由汶河堤岸不修之故。⑨因此，仅靠汶河单一水源，很难维持运河的正常运行，必须另想他法。

---

①〔明〕潘季驯：《河防一览》卷三《河防险要》。

②〔明〕胡瓒：《泉河史》卷三《泉源志·戴村坝》。

③〔明〕胡瓒：《泉河史》卷一《图纪·东平州泉图》。

④〔明〕商辂：《堽城坝记》，〔明〕胡瓒：《泉河史》卷四《河渠志》。

⑤〔明〕余毅中：《筑坝议略》，〔明〕胡瓒：《泉河史》卷三《泉源志》。

⑥同①。

⑦〔明〕笪东光：《创建上源闸坝以省大挑议略》，〔明〕胡瓒：《泉河史》卷四《河渠志》。

⑧〔清〕张伯行：《居济一得》卷六，《治河议》。

⑨〔清〕张伯行：《居济一得》卷三，《筑汶河堤岸》。

### 2. 引泉济运

汶、泗、沂诸水发源的鲁中山地，寒武与奥陶纪石灰岩地层分布极广，岩溶地貌相当发育，溶洞、溶蚀岩沟均有所见。《水经·泗水注》里就有记载，泗水上源的鲁国卞县东南有桃墟，“墟有漏泽……泽西际阜……阜侧有三石穴，广圆三四尺，穴有通否，水有盈漏，漏则数夕之中，倾陂竭泽矣”。又引《博物志》曰：“泗水出陪尾，盖斯阜者矣。石穴吐水，五泉俱导，泉穴各径尺余。”在邹县（今邹城）以北的峄山一带，地下有溶洞，“洞达相通，往往有如数间屋处，其俗谓之峄孔”。这种岩溶地貌往往形成地表水渗漏而地下水蓄藏却十分丰富的现象，常常在山麓地带涌出地面而成大泉，与地表水相对而言比较稳定。泰山地区丰富的地下水源，被明代人认为是最理想的运河水源。明永乐十七年（1419），在陈瑄的建议下，初浚泉源，以资运河水源。①此后，每隔数年查访疏浚一次，将汶、泗中上游各地的泉源都通过地表明渠导入汶、泗、沂等水，再汇入会通河。明时会通河泉源来自3府（兖州、济南、青州）18州县，分为四派：第一，新泰、莱芜、泰安、蒙阴等县以西，宁阳以北诸泉，都通过汶河注入南旺，然后分水南北，故称为分水派或汶河派。第二，泗水、曲阜、滋阳（兖州府附郭县）境内泗、沂水上源诸泉和宁阳以东汶河诸泉，都由洸、府二水会于济州城南的天井闸，因流经济州城，又称济河，故这一派泉源称济河派或天井派。第三，邹县、济宁、鱼台、峄县以西和曲阜以南诸泉，都由泗河故道至鲁桥入运，称为泗河派或鲁桥派。第四，邹县以南、滕、峄县境内流入昭阳湖诸泉皆由沙河注入运河，称为沙河派。嘉靖末年开南阳新河后，运道经昭阳湖东，诸泉遂注入新河，故又称新河派。另外，沂水、蒙阴、峄县境内有一部分泉源由沂河至古邳注入黄河，是为沂河派，与会通河无涉。万历三十五年（1607）开泇河后，改为泇河之源。②

明代的会通河（包括元代的济州河和会通河）的水源，除了来源于汶、泗河外，比较有保证的还是鲁中山地的泉源，故会通河在明代又称泉河。永乐初大致有100多泉，以后逐年有所增加。成化年间，乔缙为都水司主事，督理山东泉源，“合六百余泉会于四水（汶、洸、泗、沂），漕运大济”③。这是见于记载泉数的最高数字，不过恐有夸大之嫌。因为根据明王琼《漕河图志》的记载，弘治年间，山东运河水源来自兖州、济南、青州三府入汶、入泗、入沂的共有163泉。④万历年间《泉河史》载共引309泉，天启年间又新辟27泉，明末共引336泉。⑤《读史方舆纪要》云：“崇祯五年共计旧泉二百二十六，新泉三十六。”可知明一代引泉前后有所增减，大致在二三百泉之间。清代沿袭明制，也不时疏浚新泉。迄康熙初年分

---

①〔明〕胡瓒：《泉河史》卷一五《泉河大事记》。

②〔明〕胡瓒：《泉河史》卷七《泉源表》引《东泉志》。

③〔明〕朱睦㮮：《李景繁传》，〔清〕傅泽洪辑：《行水金鉴》卷一一一《运河水》。

④〔明〕王琼：《漕河图志》卷二《漕河上源》。

⑤〔明〕胡瓒：《泉河史》卷三《泉源志》。

水、天井、鲁桥、新河四派的泉源共有430处。[①]据《大清会典》记载，运东16县和运西鱼台一县共有新旧泉眼420个。总之，明清两代几乎将鲁中山地西侧面的泉源全部囊括入运河。但是地下水也受地表降水的影响，“泉源四时微盛各殊，大率冬春微，夏秋盛，旱微涝盛，渠流深广亦不一”[②]。再说这些泉水都是通过明渠进入汶、泗、沂诸河的，由于河床“淤沙深广，春夏久旱亢，沙极干燥，汶泉经之，多渗入河底”[③]，所以水源仍然极不稳定。正如顾祖禹所言：“盖山谷之间，随地有泉，疏引渐增也。议者谓诸泉沙积颇多，汶河每为壅淤，如天时亢旱，泉水亦无涓滴，一遇淫潦，随地浸流，故泉可恃而未可尽恃也。”[④]此外，大量地下水无节制地通过明渠导入汶泗，其结果影响了地表水的正常补给，使水循环失去了平衡，终究影响了运河水源的补给。

**3. 沿运水柜的设置**

水源问题解决后，如何保证这些有限的水源能够发挥有效的作用，明代开始采取了一种比较有效的措施，就是在运河沿线设置了一系列水柜（即水库），用来调节运河的流量，以弥补运河流量不均的缺陷。永乐年间宋礼恢复会通河时，在运河沿线设立四大水柜，即汶上县的南旺湖、东平县的安山湖、济宁州的马场湖、沛县的昭阳湖，“名为四水柜，水柜即湖也，非湖之外别有水柜也。漕河水涨，则减水入湖；水涸，则放水入河，各建闸坝，以时启闭”[⑤]。可是在实际运行过程中，同一水柜既作蓄水库又为滞洪区是有困难的，因为“可柜者，湖高于河；不可柜者，河高于湖故也”[⑥]。所以逐渐将运东地势较高的各湖设为水柜，“柜以蓄泉”，运西地势较低的各湖设为“水壑”（滞洪区），并设斗门，“门以泄涨”[⑦]。据《明史·河渠志三·运河》记载，会通沿运有南旺、马踏、蜀山、苏鲁、马场、南阳、独山、昭阳、赤山、微山、吕孟、张王诸湖名。这些湖泊原是黄河冲积扇和鲁中山地西麓山前冲积扇两个相向斜面交界处的低洼地，由长期沥水积聚而成。由于大汶河三角洲的伸展，湖泊群分成两个部分：济宁以北的北五湖和济宁以南的南四湖。北五湖主要作为运河的水柜，以供应济宁以北运河所需；南四湖则作为运河的水壑，以受运河多余之水。其中微山湖，则为“江南邳、宿一带运河，水势全赖微山湖挹注，始能浮送，为两省第一要紧水柜”[⑧]。明万

①〔清〕靳辅：《治河方略》卷四，《泉考》。

②〔明〕刘天和：《问水集》卷二，《诸泉》。

③〔明〕刘天和：《问水集》卷三，《汶河》。

④〔清〕顾祖禹：《读史方舆纪要》卷一二九《川渎异同》，北京：中华书局，2005年。

⑤〔清〕傅泽洪辑：《行水金鉴》卷一一六《运河水》引《山东全河备考》。

⑥〔明〕万恭：《治水筌蹄》卷二《运河》。

⑦《明史》卷八五《河渠志三·运河上》：“又于汶上、东平、济宁、沛县并湖地设水柜、陡（斗）门。在漕河西者曰水柜，东者曰陡门，柜以蓄泉，门以泄涨。”其言正相反。东者地势高于运河，何能泄涨？

⑧ 水利水电科学研究院编：《清代淮河流域洪涝档案史料》，北京：中华书局，1988年。

历年间开凿泇河以后，作为泇河的主要水源。

济宁以北的安山、南旺、马踏、蜀山、马场五湖，其主要作用是接济济宁以北的运河，是济宁以北运河的主要水源。[①] 但是这些湖泊的水源本来就不丰富，又加上来水的汶水含沙量很高，日长时久，湖底受到来水所带泥沙的淤积，滩地涸露，后经周围人为垦殖，湖区水面逐渐缩小，随着来水减微，最后为农田所围，渐成平陆。清雍正元年（1723）河道总督齐苏勒说得很明白："东省湖淀可以蓄水济运者，在汶上则有南旺、马踏、蜀山等湖，在东平则有安山湖，在济宁则有马场湖，在鱼台则有南阳、昭阳、独山等湖，在滕、峄二县，则有微山、郗山等湖。水涨则引河水入湖，水涸则引湖入漕，随时收蓄，以济运河之浅，古人名曰水柜是也。查昭阳湖，因昔年黄河水淤，积为肥土，尽为豪户占种，虽借升斗虚名，实夺河漕大利，而安山、南旺等湖，原有堤界，近因附近居民，觊觎湖地，私种开垦，与昭阳无异，致湖干水少，见今一望皆为禾黍之场。"[②] 这就是明清时期沿运湖泊淤废的原因。以下分别叙述各湖淤废的概况。

安山湖位于东平州西南，北临漕河，原系元末梁山泊湖水下移至安山一带洼地形成的，明永乐初复治会通河后定为水柜，开始不过是一片天然洼地，并未采取任何措施，且湖区"形如盆碟，高下不甚相悬，水积于中，原无堤岸，东南风急，则流入西北燥地；西北风急，则流入东南燥地，未及济运，消耗过半"[③]。直至明正统三年（1438）才开始建闸蓄水。初未经实勘，泛称"萦回百余里"。弘治十三年（1500）踏勘四界，周围实八十里余，才立界碑，栽植柳株[④]。以后由于黄河多次决入，大量泥沙进入湖区，湖边出现大片滩地，地方官吏为了增加赋税，竟然"许民佃种"，以致"百里湖地尽成麦田"[⑤]。嘉靖六年（1527）在湖中心水域周围筑堤，仅十余里。[⑥] 隆庆四年（1570），明廷为了补充河工的银两，竟然决定垦殖济汶以北各湖滩地，因"地皆膏沃之土壤，宜募民田，作每亩征银四分，输之工所"[⑦]。于是湖区日益缩小。至万历三年（1575）再次丈量时，安山湖区三分之二已被垦为农田，"满湖成田，禾黍相望"[⑧]。崇祯时安山湖已"尽为平陆"[⑨]。清顺治年间河决荆隆口，东北泛张秋，安山湖又被淤上了一层河泥。[⑩] 雍正年间曾想复安山湖为水柜，因测

①〔明〕万恭：《治水筌蹄》卷二《运河》："诸闸漕以汶为主，而以诸湖辅之。若蜀山、马踏、南旺、安山、沙湾诸湖，皆辅汶北流者也；独山、微山、昭阳、吕孟诸湖，皆辅汶南流者也。"

②〔清〕黎世序等纂修：《续行水金鉴》卷七三《运河水》引《雍正元年七月齐苏勒等奏》。

③〔明〕潘季驯：《河防一览》卷一四，《请复湖地疏》。

④〔明〕王琼：《漕河图志》卷一，《漕河建置》；〔明〕刘天和：《问水集》卷二，《闸河诸湖》。

⑤ 同③。

⑥〔明〕刘天和：《问水集》卷二，《闸河诸湖》。

⑦〔清〕傅泽洪辑：《行水金鉴》卷一一八《运河水》引《明穆宗实录》。

⑧ 同③。

⑨〔明〕傅泽洪辑：《行水金鉴》卷一三二《运河水》引《崇祯长编》。

⑩〔明〕傅泽洪辑：《行水金鉴》卷一四五《运河水》引《山东全河备考》。

得湖底低于运河，不再可能放水入运，又无泉源灌注，遂于乾隆十四年（1749）定认垦科，“湖内遂无隙地矣”[①]。

南旺湖在汶上县西南，初置为水柜时，周围一百五十里，运河贯其中，湖区由运河堤和汶水堤分割为三部分：运西称南旺西湖，周九十三里，运东由汶水堤分为南北两部分：堤北部分称马踏湖，周四十三里，堤南部分称蜀山湖，周六十五里。[②]三湖中，“惟蜀山、马踏在漕岸之东，可称水柜；南旺西湖及安山湖在漕岸之西，但称水壑，不可称水柜”[③]。蜀山湖是汶河来源首先蓄积之处，“较他湖为最紧要”[④]，需要经常保持相当的水量。清时规定伏秋时蜀山湖必得蓄水至九尺七八寸，才能敷全漕之用。[⑤]而南旺西湖因地势低于运河，不能济运，只能起“水壑”的作用，运河水涨，“主于泄以备涝”[⑥]。水过盛时则由忙生闸出广运闸，走牛头河（今赵王河）接济鱼台以下的运河。[⑦]以后湖堤失修，清初几十年内，湖西北宋家洼数千百顷土地皆被水淹，汪洋一片，“无一可施犁锄之地”[⑧]。

南旺三湖水源主要来自汶水，而汶水含沙量很高，每年暴雨季节带来大量泥沙，进入湖区后，迅速沉淀，湖边露出的滩地很快被周边民众所垦占。明清两代曾规定：南旺湖每两年大挑一次，每年小挑一次。[⑨]并三令五申禁民佃种，然垦殖仍不断进行。嘉靖年间，马踏湖、蜀山湖，“率皆侵占耕稼其上”[⑩]。万历年间查勘时，南旺西湖四分之一已成民田，蜀山湖为民田者九分之一，而马踏湖均为官民所垦，“可柜者无几”[⑪]。到了万历十七年（1589）时，明廷已不得不承认湖区已大量被开垦的事实。为了避免湖区进一步淤废，下令在南旺等湖中心筑一束水小堤，堤内永作水柜，堤外作为湖田，听民耕种。[⑫]这样一来，随着湖田开垦的加速，清初在湖区内涨出的滩地，“汶（上）、巨（野）、嘉（祥）之私垦者，不下数百顷矣”。私垦者

---

①〔清〕俞正燮：《小方壶斋舆地丛钞》第4帙《会通河水道记》，杭州：西泠印社，2004年。

② 万历《汶上县志》卷二；万历《兖州府志》卷一八《山川》：“蜀山湖在（汶上）县南三十五里，运河之东蜀山下，阔步三十余里，与南旺东西相对，即南旺东湖……马踏湖在（汶上）县西南三十里，汶河堤北运河岸东，每夏秋山水泛涨汇此湖，弥漫四十五里经弘仁桥入会通河。”

③〔清〕傅泽洪辑：《行水金鉴》卷一四五《运河水》引《山东全河备考》。

④〔清〕张伯行：《居济一得》卷二，《蜀山湖》。

⑤〔清〕陆耀纂：《山东运河备览》卷五《蜀山湖》。

⑥〔清〕傅泽洪辑：《行水金鉴》卷一三二《运河水》引《崇祯长编》。

⑦〔明〕刘天和：《问水集》卷二，《闸河诸湖》。

⑧〔清〕张伯行：《居济一得》卷五，《东省湖闸情形》。

⑨ 万历《大明会典》卷一九七《河渠二·运道二》；〔清〕傅泽洪辑：《行水金鉴》卷一三三《运河水》引《大清会典》。

⑩ 同⑦。

⑪〔明〕万恭：《治水筌蹄》卷二《运河》。

⑫〔清〕傅泽洪辑：《行水金鉴》卷一四六《运河水》引《山东全河备考》。

为了避免已垦出的农田被水所淹，“将十二斗门尽行堵闭，汶河之水，虽值大发之时，涓滴不得入湖，湖虽未废，其实已经久废矣”。乾隆年间虽有“复南旺湖”之议，实难以恢复旧日面貌。[①]

诸湖之中，惟蜀山湖被开垦的速度最慢，因为蜀山湖是运东水柜，“冬月挑河时，将汶河之水，尽收入湖，以备春夏之用，较他湖为最紧要”。康熙年时，周围仍有六十五里一百二十步，计地一千八百九十余顷，除宋尚书祭田二十顷，并高亢地八顷五十三亩，令民耕种外，其余一千八百六十九顷四十六亩二分均为蓄水区。[②]

总之，南旺三湖淤废的速度不如安山湖，这是因其在漕河水源供应上的重要地位所决定的，如无南旺，“则会通河虽开亦枯渎耳”。然而因“迩年以来，河沙壅而吏职旷，于是有堙塞之患；水土平而利孔开，于是有冒耕之患；私艺成而官防碍，于是有盗决之患。三患生而湖渐废”[③]。当清末漕运停止，南旺西湖和马踏湖全废为农田，仅蜀山湖保留至今。中华人民共和国成立后，曾培修南旺湖西堤作为滞洪之用。

北五湖中最南的是济宁城西的马场湖，原为济宁城西面沿运的一片洼地，后为汶泗二水通过洸河、府河所汇注，形成任湖（马场湖前身，因济宁古称任城而名）。明时还承受蜀山湖由冯家坝分泄来的余水，湖紧连运河，为重要蓄水库。嘉靖年间筑堤，周围有六十里，沿堤植柳，以备运河蓄泄。[④]还立有禁碑，“军民不得占种”[⑤]。万历年间马场湖有一片高亢从不上水田九十三顷，当鱼台、滕县被淹时，地方当局曾令人耕种这片土地，以补鱼、滕二县之粮。以后冯家坝被堵闭，府河淤浅，马场湖来水减少，湖区淤浅。清代以来，“官役河棍，羡慕马场湖地肥美”，有意不浚府河，致使泗水由府河入马场湖水量不及原来的十分之一，湖区尽成民田。[⑥]至清末放垦，全湖五百余顷中，三百余顷归湖田局管理，泗水尽由鲁桥闸入运，加重了济宁以南地区的水患。[⑦]

以上说明，北五湖虽然最早定位是作为会通河蓄积水库，以保证在漕船通过时运河有足够的水量，但事实上由于自然和社会的原因，这些水柜所能蓄积的水量，因湖泊的缩小和淤浅日益减少，最终没有达到原定的目标。所以明清两代会通河的水源问题始终没有得到理想的解决。

---

①〔清〕张伯行：《居济一得》卷二，《南旺湖》。

②〔清〕张伯行：《居济一得》卷二，《蜀山湖》。

③〔明〕胡瓒：《泉河史》卷四《河渠志》。

④明人刘天和《问水集》卷二的《闸河诸湖》篇载：“马场湖与运河相通，运河水积盈则泄入湖，而湖广几二十里，运河安得免浅涸邪！十四年冬委属役夫为筑堤六十里，内外各植柳以护之，更置减水五闸，运河之水易盈，湖之水蓄泄有备焉。”

⑤〔清〕张伯行：《居济一得》卷二，《马场湖》引《济宁州志》。

⑥〔清〕张伯行：《居济一得》卷一，《金口闸》。

⑦民国《济宁县志》卷一《疆域略》。

### 4. 水源分配问题

南北分水地点的重新选择——从济宁分水到南旺分水。山东运河的地形条件是两端低，中间高，水源条件也南北不同。济宁以南的运河有泗、沂等水作为主要水源，水量比较丰富，足以通运；而济宁以北只有汶水及诸泉为源，水量不足以载运。虽然采取了大力疏浚泉源、设立水柜等措施，仍有一个南北水源合理分配问题。

元代开济州河后，分水的地点选择在济宁城南，这是因为元初设计引汶会泗水源工程时，只是因袭了前人（十六国时引洸会泗）的引水路线，没有考虑到济宁以北的南旺地区地势比济宁更高，漕船“每至此而舟胶焉”[①]。“北高而南下，故水之往南也易，而往北也难”，故元一代分水未能成功。明代在戴村筑坝，引汶至南旺分水，南旺为南北水脊，分水地点较济宁为优。于是“至南旺中分，分之为二道，南流接徐沛十之四，北流达临清十之六。南旺者地势高，决其水，南北皆注，所谓水脊也。又相地置闸，以时蓄泄。自分水北至临清，地降九十尺，置闸十有七，而达于卫；南至沽头，地降百十有六尺，闸二十有一，而达于淮”[②]。又根据南北水源多寡的条件，规定水源七分向北，三分向南；[③]或六分向北，四分向南。[④]即便这样，南旺以北仍有缺水之患。可是到了清初，“不知始自何年，竟七分往南，三分向北”[⑤]。原因是南旺分水口以北一段运河泥沙淤积过深，“遂遏北行之水，尽归南下”[⑥]。结果雨涝之年，济宁、鱼台、沛县一带农田被淹，而东昌（今聊城）一带在大旱之年，在在浅阻。[⑦]清康熙四十二年（1703）补授山东济宁道兼理河事的张伯行在其所著《居济一得》中提出，必须恢复“南三北七”[⑧]。不知何故以后又恢复到“三北七南”。直至中华人民共和国成立后，新京杭大运河开挖前，仍“三北七南”[⑨]，造成鲁南地区的水灾不断。由此可见，山东运河分水问题一直未能妥善解决。

---

① 万历《汶上县志》卷一《方域》：“按南旺，会通河之脊也。元人遏汶奉符以达任城，每至此而舟胶焉。”

②〔清〕傅泽洪辑：《行水金鉴》卷一〇六《运河水》引《明史稿 · 宋礼传》。

③ 明人胡瓒《泉河史》卷三《泉源志》：“初，尚书宋公坝戴村，浚源，穿渠百里，南注之达于南旺，以其七比会漳卫而捷于天津，以其三南流会河淮。”

④《明史》卷一五三《宋礼传》：“礼以会通之源，必资汶水。乃用汶上老人白英策，筑堽城及戴村坝，横亘五里，遏汶流，使无南入洸而北归海。汇诸泉之水，尽出汶上，至南旺，中分之为二道，南流接徐、沛者十之四，北流达临清者十之六。”

⑤〔清〕张伯行：《居济一得》卷一，《运河总论》。

⑥ 民国《济宁县志》卷一《疆域略》。

⑦〔清〕张伯行：《居济一得》卷二，《南旺大挑》。

⑧〔清〕张伯行：《居济一得》卷三，《分水口上建闸》。

⑨ 民国《济宁县志》卷一《山川篇》：“今之汶水南流者竟至十之七八，嫁祸于南，无岁不灾。”济宁地区水利局 1978 年 9 月 28 日来函告知：解放后开挖旧河前，汶水至南旺仍“三北七南”。

## 四、江淮运河的水源问题

江淮运河是指春秋以来沟通淮安和扬州的邗沟，隋唐的山阳渎、邗沟、官河，宋代的淮南运河，明清的淮扬运河等，地势是南高北低，水源是南引江水，北流经高宝地区的湖泊群，折东北经射阳地区，北入淮河。高邮以北一带河湖密布，似乎应该没有水源问题，然而自唐代以来，东南漕粮北运，都是先集结于扬州，由扬州经江淮运河北上。从扬州起运的一段邗沟，南端以江水为源，每年春上漕粮起运时，正当枯水季节，江水过低，无法引入，往往断航，影响漕运。正如唐代裴耀卿所言："窃见每州所送租及庸调等，本州正、二月上道，至扬州入斗门，即逢水浅，已有阻碍，须留一月已上。"① 为了解决这一矛盾，唐贞观十八年（644），曾引扬州东 10 里的雷塘水补充运河水源。贞元四年（788）又在扬州城西筑爱敬陂为水柜，引渠以补枯水期水源的不足。宝历二年（826）"漕渠浅，输不及期。盐铁使王播自七里港引渠，东注官河，以便漕运"②。《新唐书·食货志》："扬州疏太子港、陈登塘，凡三十四陂，以益漕河，辄复堙塞。淮南节度使杜亚乃浚渠蜀岗，疏句城湖、爱敬陂，起堤贯城，以通大舟。"但结果仍是"河益庳，水下走淮，夏则舟不得前"③。元和中，李吉甫任淮南节度使，先筑富人、固本二塘，溉田万顷，但最后也因"漕渠庳下，不能居水"，改在运东低洼处筑堤，号平津堰，以"防不足，泄有余"④。平津堰约位于今高邮邵伯湖一带，目的是节水通流，这是邗沟有堰的开始。此后，扬州段运河的水源一直困扰着当地政府，时通时塞。宋代以后，淮南运河又移至仪征，明清后又还扬州瓜洲运口，主要都是引江水为水源问题造成的。

## 五、江南运河的水源问题

江南运河地处长江三角洲地区，河湖众多，水网密布，按理不存在水源问题。然而事实也并非如此。从镇江至杭州的江南运河，按其自然条件，大致可分为三段：镇江至无锡为北段，无锡至嘉兴为中段，嘉兴至杭州为南段。中段地处太湖流域，河湖密布，水系发达，水源没有问题。而北段和南段运河水源多取之于江潮，所以都存在水源问题。

**1. 北段运河水源问题**

江南运河北段即"镇江丹徒、丹阳二县运河，为江浙漕运经由要道，水无来源，惟赖江

①《旧唐书》卷四九《食货志下》。
②《新唐书》卷四一《地理志五》。
③《新唐书》卷五三《食货志三》。
④《新唐书》卷一四六《李吉甫传》。

潮灌注浮送，只因潮汐挟沙而行，退则水缓沙停，兼之两岸陡立，土性松浮，一经雨水，便坍卸入河，不无淤垫。是以冬令潮枯水落，即有浅涩。岁初重运经临，难免阻碍”[①]。这就是江南运河北段水源的基本情况。由于江潮来速去缓，而北段所处地势高亢，自西北向东南倾斜，河床坡度较大，所谓“京口闸底与虎丘塔顶平”，故而“常州以西，地势高仰，水浅易泄，盈涸不恒，时浚时壅”[②]。明人指出：“江水泛涨，由京口闸入镇江，河身迤逦夹冈，其势昂，丹徒高于丹阳，丹阳又高于武进，以次而低，水势下流，有若建瓴，易泄易涸，南去数百皆无水源，而冬春反成陆地矣。”[③]河水易泄难蓄，江潮带来的泥沙又易停滞于河口，所以自唐以来即于河口置京口埭，控制潮水进退。[④]两宋时在今镇江市北运河北口置京口闸，在丹徒镇北置丹徒闸，两闸引江潮入运以为水源。明张国维《吴中水利书》说：“运河之水原系江潮，从京口、丹徒二闸而来，若江水涸时，则二闸之水不至，而运河不通。”所以宋一代京口段运河屡浚屡塞，至元初一朝失修，河口即告淤废。宋代在京口、丹徒二闸以东，还有谏壁、孟渎等港同样起着引潮济运的作用。但这些港口都在京口港之东，更近长江口，潮水都比京口港先至。潮水至时，水面高出运河水面，并因这些河港皆垂直进入运河，潮水进入运河后，往往会南北分流，北流潮水与京口潮相遇，相互顶托，泥沙更易淤淀。

引江潮为源常有江沙淤塞之患，故闸不敢常开，于是自镇江至常州一段运河因乏水源常有淤浅之患。《宋史·河渠志·东南诸水下》记载：北宋宣和五年（1123）时，镇江至吕城段运河，因水源浅涩，靠车水济运。南宋乾道五年（1169）楼钥北使，次年返回，行至镇江运河段时，“以水涩，良久方抵丹阳”[⑤]。同年周必大经镇江运河，“候晚乘潮方能入闸，未至第三闸遇浅而止。巳卯，早入第三闸而连夕大雨水涨，里闸不开，遂止焉”[⑥]。由此可见，镇江至常州段运河水源涸涩，严重影响航运。为此不得不采取补充水源的办法：一是修浚数条通江支渠引江潮以通运；二是在运河南岸引太湖西北部水入运济漕，较大的有两条，一为白鹤溪，[⑦]一为西蠡河。[⑧]采取此两项措施后，按理水源情况应有所改善，然事实并不理想。嘉泰元年（1201）常州刺

①［清］黎世序等纂修：《续行水金鉴》卷九六《运河水》引《南河成案》。

②《明史》卷八六《河渠志四·运河下》。

③［明］饶京：《复湖济漕疏》，嘉庆《练湖志》卷三《奏章》。

④《新唐书》卷四一《地理志五·润州丹徒县》。

⑤［宋］楼钥：《攻媿集》卷一一一《北行日录》，上海：商务印书馆，1936年。

⑥［宋］周必大：《周益国文忠公集》卷一七〇《杂著述》、卷八《奏事录》，清道光二十八年刻本。

⑦《宋史》卷九七《河渠志七·东南诸水下》：“在（常）州之西南曰白鹤溪，自金坛县洮湖而下，今浅狭特七十余里，若用工浚治，则漕渠一带无干涸之患。”

⑧《宋史》卷九七《河渠志七·东南诸水下》：常州“其南曰西蠡河，自宜兴太湖而下，止开浚二十余里，若更令深远，则太湖水来，漕渠一百七十余里，可免浚治之扰”。

史李珏说出了原由：州境北边扬子大江，南濒太湖，东连震泽，西据滆湖，而漕渠介乎其间。漕渠南岸有白鹤溪、西蠡河、南戚氏、北戚氏、直湖港等与滆、洮二湖相通；北岸有利浦、孟渎、烈塘、横河、五泻诸港与大江相通；其间“又自为支沟断汊，曲绕参错，不以数计，水利之源多于他郡，而常苦易旱之患，何者？”他认为原因有二：一是河床岁久浅淤，“自河岸至底，其深不满四五尺，常年春雨连绵，江潮泛涨之时，河流忽盈骤减，连岁雨泽愆阙，江潮退缩，渠形尤亢，间虽得雨，水无所受，旋即走泄，南入于湖，北归大江，东径注于吴江，晴未旬日，又复干涸，此其易旱一也”；二是运河两旁通湖、通江的支渠，“日为沙土淤涨，遇潮高水泛之时，尚可通行舟楫，若值小汐久晴，则俱不能通应，自余支沟别港，皆已堙塞，故虽有江潮之侵，不见其利，此其易旱二也”①。当时常州东北的深港、利港、黄田港、夏港、五斗港，其西的灶子港、孟渎、泰伯港、烈塘，江阴东面的赵港、沙港、石头港、陈港、蔡港、私港、令节港等支港，先后皆遭堙塞。运河两旁支渠的淤塞，大大减少了运河的水源，河床的淤塞更为迅速。②

两宋时期，江南运河北段的水源主要还是依靠京口闸取水江潮，故两宋时期曾对京口闸进行多次修筑，京口闸和河口段的情况有所好转，但是由于自然条件没有根本改变，一旦维修工作没有做好，淤废还是难免的。元初兴海运，京口五闸皆因久不修浚而告圮废，直至元天历二年（1329）始复京口闸。③ 明一代各朝对京口闸皆有疏浚，④ 但是淤塞还是屡有发生。明万历五年（1577）八月，因京口段运河水源缺乏，在京口旁别建一闸，引江流内注，“潮涨则开，缩则闭，可免涸辙之患”⑤。同时又修浚甘露港，以便回舟停泊。

清代初年，京口闸“因年久倾废”，已不能启闭以时了。“是潮之进也，因任其进，而潮之退也，亦任其退”⑥，完全失去了原有的作用。以后雍正、乾隆年间都曾多次挑浚，且规模也相当大。然而随浚随淤，其势已无可挽回。如光绪六年（1880）一次拆修京口大闸，从四月开工，至次年四月工竣，实足搞了一年，拨用了“乐生洲租八千八百六十七千有奇”⑦。结果没有维持多久。到了1933年，因京口闸久淤，干脆填塞了京口闸河，铺筑了马路名中山路，又名运河路，自后京口遂废。

综上所述，可知由于本段运河水源主要取给于江潮，河口淤塞给运河带来了致命的困难，就是水源缺乏，再兼之其他地貌条件的影响，河身淤浅是势所必然的了。即使水源的困

①《宋史》卷九七《河渠志七·东南诸水下》。

② 同①。

③ 至顺《镇江志》卷二《地理·京口闸》条：“达鲁花赤明里答失言：京口旧闸久废，江皋一里，皆成淤塞。闸东又作土埭，以蓄河水，江潮虽涨，阻隔不通，莫若开掘淤沙，撤去土埭，仍于港置闸，以时启闭为便。”

④《明史》卷八六《河渠志四·运河下》。

⑤《明神宗实录》卷六六，“明神宗万历五年闰八月壬辰”条。

⑥ 武同举：《江苏水利全书》卷一八引《乾隆镇江府志》，南京：江苏水利实验处，1949年。

⑦〔清〕李庆云纂、蒋师辙编：《光绪续纂江苏水利全案》卷首《工役财用表》，清光绪十四年刊本。

难在某个时期得到了一定的解决，也因河床坡度过陡，很快下泄，运河内浅涸依旧。每逢冬春枯水季节，外无江潮可入，内无支流可济，“运舟鳞集，停阁不前”[①]，航运也只能处于停顿状态。

江南运河北段引江潮为源，既然问题不少，于是就有利用练湖作为补充水源的举措。据文献记载，练湖开始出现在晋代，[②]在丹阳县北，紧靠运河西北，地势自北向南倾斜，是很理想的运河调节水库。原先主要还是用于灌溉农田，到唐时才有补充运河水源的作用。唐永泰以前，沿湖豪强占湖为田，在练塘中筑堤十四里，将练湖横截分为上下两湖，阻碍练湖水流畅通，“其湖未被隔断以前，每正春夏雨水涨满，侧近百姓引溉田苗，官河水干浅，又得湖水灌注，租庸转运及商旅往来，免用牛牵。若霖雨泛滥，即开渎泄水，通流入江。自被筑堤以来，湖中地窄，无处贮水，横堤壅碍，不得北流，秋夏雨多即向南奔注，丹阳、延陵、金坛等县良田八九千顷，常被淹没，稍遇亢阳，近湖田苗无水溉灌，所利一百一十五顷，损三县百姓之地”。永泰二年（766），刺史韦损重浚练湖，并在上下二湖置斗门、石础，调节湖水，“依旧涨水为湖，官河又得通流”[③]。这样练湖对运河水量的调节较前更为重要，有所谓“湖水放一寸，河水涨一尺。旱可引灌溉，涝不致奔冲。其膏田几逾万顷”[④]。唐末兵乱，“民残湖废，斗门圮毁”。南唐时修筑练湖斗门，引湖水以资灌溉附近农田，放湖水注运河，并云“自今岁秋后不雨，河道干枯，累放湖水灌注，便命商旅舟船往来，免役牛牵”[⑤]。

宋时练湖对运河水源补给作用更为重要，所谓“京口漕河自城中至奔牛堰一百四十里，皆无水源，仰给练湖”[⑥]。宋后期练湖“堤岸圮阙，不能贮水，强家因而专利，耕以为田，遂致淤淀，岁月既久，其害滋广”[⑦]。嘉定《镇江志》引蔡佑《杂记》:“湖之作本缘运河，又有上湖在高仰处，京口诸山之南，水自马林桥下皆归练湖，湖之底高运河丈余，昔年遇岁旱运河浅，即开练湖斗门放水入湖。古有石记言：放湖水一寸，则运河水长一尺。近岁练湖浅淀，上湖皆为四近民田所侵，蓄水不多，堤岸斗门多不修治，若遇旱则练湖不足以济运河夹冈之浅。”两宋时期练湖在开辟农田、灌溉、通航问题上的诸多矛盾，较唐时更为尖锐，虽经绍圣、宣和、

①〔清〕郭思极：《请复练湖并浚孟渎疏》，嘉庆《练湖志》卷三《奏章》。

②嘉定《镇江志》卷六《地理》：“练湖，《水经注》曰‘晋陵郡之曲阿县下，晋陈敏引水为湖，周四十里，号曰曲阿后湖。’《元和郡县图志》：‘练湖在县北百二十步，周回四十里。晋时陈敏为乱，据有江东务修耕织，令弟谐马林溪以溉云阳，亦谓之练塘。溉田数百顷。’”

③至顺《镇江志》卷二《丹阳县下》：“练湖横坝东西斗门、顺渎斗门，在上湖；南北斗门在下湖。唐时韦损置”。

④〔唐〕吕廷桢：《复练塘奏状》，〔清〕董诰等编：《全唐文》卷八七一。

⑤同④。

⑥〔宋〕蔡佑：《杂记》，嘉定《镇江志》卷六《地理》。

⑦《宋史》卷九七《河渠志七·东南诸水下》。

绍兴、乾道、淳熙、嘉泰、淳祐、景定时期屡浚，仍屡淤。[①]淳祐以后，练湖“又为流民侵占愈广，遂至湖水狭小湮塞者多”，当时练湖的石础、石函、斗门全遭破坏，“风水洗渲，损坏泥塞，不通水流”，“旧时湖水满而欲决，今上湖则褰裳可涉，下湖则如履平地”。上下练湖大部分被侵为田。景定年间（1260 ~ 1264），知丹阳县赵必杖又一次大规模修筑练湖。综宋一代对练湖的修筑，可谓不遗余力，然练湖反日益淤塞，容水量越来越小，对运河的调节作用远不如唐代。

元代练湖对运河的调节作用较前代更为重要，当时“镇江运河，全藉练湖之水为上源，官司漕运，供亿京师，及商贾贩载，农民往来，其舟楫莫不由此”。但“豪势之家，于湖中筑堤，围田耕种，侵占既广，不足受水，遂致泛滥”[②]。元初练湖一度为“居民占租为田”，至元三十一年（1294）才浚田为湖，过了 11 年，大德九年（1305）又一次大规模修治。[③]后又隔十数年至泰定元年（1324），发动了 13 500 余人浚治运河和练湖，增阔练湖堤岸土基“一丈二尺”，增堤斜高“二丈五尺”，并设修练湖兵百人“差充专任，修筑湖岸”[④]。

明洪武年间，因运河浅涩，曾在练湖堤东堤建二闸，引水济运。[⑤]永乐以后对练湖的修浚十分注意，正统、景泰时更是重视。[⑥]成化年间下令“敢有占湖田者，痛治如律”。嘉靖十五年（1536）又重申禁侵湖为田之令。[⑦]万历元年，贡生许汝愚上言：“自丹阳至镇江，蓄为湖者三，曰练湖、曰焦子、曰杜墅，岁久居民侵种，焦杜二湖具涸，仅存练湖，犹有侵者……请浚三湖故址。”后因焦、杜二湖“无源少益”，没有疏浚。练湖虽经疏浚，未几淤浅。[⑧]万历年间，监察御史郭思极《请复练湖并浚孟渎疏》指出：“常州丹阳以至镇江，则见漕河浅涸，大异往时，运舟鳞集，停阁不前。盖由天时久旱，外无江潮可入，内无支流可济。虽竭尽挑浚之劳，末如之何？”他建议“请复练湖以永资蓄泄。盖江南漕河绵亘四百余里，其势北高而南下，自苏州以至常州，则地形最下，水得流通，虽遇岁旱，不至甚涸。虽奔牛、吕城建有石闸二座，以时启闭，蓄水以待运船，然而仰藉蓄水以济运者，实有丹阳之练湖为之源也”。但是由于“傍湖民又私开函洞，张网其间，而利于取鱼也。彼皆相仍其业，视为己有。虽尝有建议清复者，而怵于谤讟，因循中止，年涸一年，至今且扬尘矣……臣愚以为佃湖租税之入，为利甚微，漕河蓄泄无赖，为害甚大，理当清复无疑矣”。崇祯四年（1631），监察御史饶京特别指出：“丹阳之练湖，无异于汶上之南旺、东平之安山、济

① 皆见至顺《镇江志》卷七引《京口耆旧传》；嘉定《镇江志》卷六引陈伯《广记》。
②《元史》卷六五《河渠志二》。
③ 至顺《镇江志》卷七《丹阳县》。
④ 同②。
⑤《明史》卷八六《河渠志四・运河下》。
⑥〔明〕张存：《重修练湖碑记》，光绪《丹阳县志》卷三二《艺文》。
⑦ 嘉庆《练湖志》卷二《兴修》。
⑧ 同⑤。

宁之马场、沛县之昭阳等湖。是天下无水处生此湖以贮水济运，非等闲也。”①练湖淤浅最严重是在万历年间，主要是因为练湖是一积水洼地，正如林应训言：“盖练湖无源，惟藉潴蓄，增堤启闸，水常有余，然后可以济运。”②练湖湖身较浅，由长山、高骊诸山冲积下来的有机物质沉淀下来，加之水生植物使湖泥腐殖质成分很高，土壤十分肥沃，沿湖滩地被垦殖后，收成很高，再则沿湖居民捕鱼放水，加速了湖面淤浅，练湖逐渐沼泽化，对运河的调节作用少了。原来常年“粮船皆于冬春起运”，以后由于运河冬春水浅，“万历年间漕船移为夏秋之运，江潮盛来，不苦无水，两湖弃为空旷之地，变为桑田。上下湖之石闸，与奔牛、吕城、京口之石闸，俱成颓败矣”③。到了清初顺治年间，“侵田者多至九千余亩”④。后官方虽力禁侵占，然康熙十三年（1674）前后侵占湖田“共至六千五百余亩”，“几废练湖，以致湖傍田地，并绝灌溉之利”⑤。康熙十九年干脆定以上练湖改田升科，下练湖留资蓄水。未几侵及于下湖，下湖一万一千余亩，被垦已有七千余亩。而湖闸久废，湖惟水弗能蓄，于是下湖仅存四千余亩亦被私垦了。⑥嘉庆、道光年间虽仍屡加浚治，但淤塞趋势已定，无法挽回了。

**2. 南段运河的水源问题**

江南运河南段水源开始主要取给于钱塘江。钱塘江是潮汐性河流，海潮直抵杭州城下，引潮同时带来大量泥沙，堵塞运口。以后由于钱塘江北岸沙滩外涨，来潮减弱，影响了运河的水源。唐代白居易任杭州刺史时，曾引西湖水入运河，沟通了运河与西湖的关系，促进了杭州城市的发展。⑦但是西湖水源毕竟有限，难以满足运河所需的水量，所以仍需江潮的补充。吴越钱镠时，在运河入钱塘江口置龙山、浙江二闸，龙山闸在今白塔岭下龙山河口，浙江闸在今南星桥萧公桥墩南面，以控制海潮泥沙进入运河。⑧北宋时期，龙山、浙江两闸因受钱塘江潮泥沙淤塞，而西湖已“湮塞其半”，运河水源告急。北宋元祐五年（1090），苏轼提出西湖五不可废，其一即“西湖深阔，则运河可以取足于湖水，若湖水不足，则必取足于江潮。潮之所过，泥沙浑浊，一石五斗，不出三岁，辄调兵夫十余万开浚。此西湖之不可废也”。又兴役疏浚龙山、浙江二闸和茆山、盐桥二河，自是“公私舟船通利，三十年以来，开河未

---

① 嘉庆《练湖志》卷三《奏章》。

②《明史》卷八六《河渠志四・运河下》。

③〔明〕饶京：《复湖济漕疏》，嘉庆《练湖志》卷三《奏章》。

④〔清〕秦世桢：《请复湖疏》，嘉庆《练湖志》卷三《奏章》。

⑤〔清〕马佑：《请复湖疏》，嘉庆《练湖志》卷三《奏章》。

⑥〔清〕贺宽：《湖心亭圣恩碑记》，光绪《丹阳县志》卷三三《艺文》。

⑦ 陈述主编：《杭州运河历史研究》，杭州：杭州出版社，2006 年，第 95 页。

⑧ 陈述主编：《杭州运河历史研究》，杭州：杭州出版社，2006 年，第 97 页。

有若此深快者”。可惜“潮水日至，淤塞犹昔，则三五年间，前功复弃”[①]。西湖在南宋“日就堙塞，昔之水面，半为葑田，霖潦之际，无所潴蓄，流溢害田，而旱干之月，湖自减涸，不能复及运河”。虽然引用浙江潮的运口置有浙江、龙山两闸控制潮水泥沙，然“日纳潮水沙泥浑浊，一汛一淤，积日稍久，便及四五尺”，每三五年必须开浚一次，劳役繁重。[②]故宋始终为运河南段水源问题煞费苦心，而不得妥然解决。元时运河口“沙涂壅涨，潮水远去，离北岸十五里，舟楫不能到岸，商旅往来，募夫搬运十七八里，使诸物翔涌，生民所失，递运官物，甚为烦扰”，于是又重开龙山闸河。[③]但因泥沙堆积，河高江低，诸河浚而不深，加上河口又有堰闸限潮，海潮难以入河，水源悉以西湖之水供给，而元代对西湖不事整治，湖西一带葑草蔓延，如同野陂，受其影响，城内河道仅深三尺，不及宋代一半，以致舟楫之利，非两宋可比。[④]明代前期虽曾多次疏浚龙山闸和运河，但不久即淤塞，后改闸为土坝。至明后期，运河已不通钱塘江，船只进出需用翻坝而过。清代南段运河水源以西湖为主。直至中华人民共和国成立后，才重新开河与钱塘江沟通。由此可见，历代以来江南运河南段之水源始终为一大难题。

## 第二节　运河沿线的地貌高差问题

上文已述，历史上的运河大都为弥补东西流向河道的不足而开凿，而各大河流下游都有着自己大小不同的自然堤、冲积扇或冲积平原，如在中国东部平原上就有永定河冲积扇、滹沱河冲积扇、漳河冲积扇、黄河下游冲积平原、淮河冲积扇、长江中下游冲积平原等，同时平原东部还有着今山东境内汶泗冲积扇镶嵌其间。由于各河流含沙量不同，冲积扇和自然堤的厚度、宽度也各不相同。这种不同厚度和宽度的冲积扇和自然堤的相互交叠，使平原地貌自北而南呈现着连绵的微度起伏，而纵贯南北的大运河必须沟通这些冲积扇和自然堤，因此运河河道的河床也是随之有高差，起伏不平。以京杭大运河为例，据今人考察，京杭大运河地经中国黄淮海平原东部边缘地带及长江三角洲的里下河地区、太湖流域两大碟形洼地。沿运地势具有三起三伏的特点，起伏高差一般为 20 ～ 40 米。第一降落段为从北京至天津的通惠河段，第二起伏段为临清至徐州会通河段，第三降落段为从长江至崇德，从崇德至杭州河床又略隆起。

① 淳祐《临安志》卷一〇《山川》。

② 咸淳《临安志》卷三五《山川十四・河》。

③《元史》卷六五《河渠志二・龙山河道》。

④ 陈述主编：《杭州运河历史研究》，杭州：杭州出版社，2006 年，第 111 页。

这样的地貌条件，给人工运河的开凿和通运带来了很大的困难。这种困难表现为：一是运河河道的设计要求很高，不仅是开凿一条人工河道，还需要修建适应这种地貌条件的一系列工程，使船只可以在高低起伏的河床上运行。因此开凿工程巨大，耗费不赀。二是长期维持运河河道系列工程的正常运行，是十分艰巨的管理和维护工作。这需要历代王朝维持正常、稳定的政治局面，定期加以修治和维护。但是历代王朝均有治有乱，国家财政有富有贫，稍有懈怠，就会影响整条运河的通航。因此，运河沿线所处的地貌条件及其经历的历史背景，决定了运河的时通时塞，最后趋于淤废的历史命运。今举数例说明之。

## 一、通惠河

从金代的金口河到元代的通惠河，虽然水源有所不同，但河道基本径流是相同的，都是从北京城西北发源，径绕北京城，东流至通州入白河（今北运河）。金口河引卢沟河为水源，来水不稳，有暴起暴落的特点，且泥沙量高，故最后失败。元代通惠河引昌平白浮泉水，水源应该比较稳定，但是运河所经为永定河冲积扇，地势从西北向东南倾斜，水流湍急，从昌平至北京城“地势高下，冲击为患”①。“水势陡峻，直达艰难”②。所以元代建闸 24 座，分段控制水流，节水通流。③否则一冲而下，漕船无法逆水而上。以后又重开金口河，结果还是“因流湍势急，沙泥壅塞，船不可行”④。明初通惠河已废。永乐年间曾重开通惠河，因运河只能通至城外大通桥，故名为大通河。但“大通桥至白河仅四十里，其地形高下相去六丈有余”⑤。这样的地形条件，使河道“地势陡峻，土皆流沙”，“夏秋天雨，河流暴涨，堤岸河身不无冲决淤塞”，“冲决堤坝，势所必有”⑥。未几“河道淤塞”，“闸俱废，不复通舟”⑦。明一代曾多次疏浚，然通航终不理想，主要是“水急岸狭，船不可泊，未几即耗，船退几不能全，遂不复行。正统七八年亦尝挑浚，竟无成功。盖京师之地，西北高峻，自大通桥以下，视通州势如建瓴，而强为之，未免有害，非徒无益而已”。明人丘濬亦

---

①〔明〕汪一中：《通惠河志叙》，〔明〕吴仲：《通惠河志》卷首。
②〔明〕吴仲：《通惠河志》卷上《通惠河考略》。
③《元史》卷六四《河渠志一・通惠河》。
④《元史》卷六六《河渠志三・金口河》。
⑤〔明〕王轨：《户部等衙门右侍郎等官臣王轨等谨题为计处国储以永图治安事》，〔明〕吴仲：《通惠河志》卷下《奏议》。
⑥〔明〕吴仲：《巡按直隶监察御史等官臣吴仲等谨题为计处国储以永图治安事》，〔明〕吴仲：《通惠河志》卷下《奏议》。
⑦《明史》卷八六《河渠志四・运河下》。

言："自通州陆挽至都城仅五十里耳，而元人所开之河总长一百六十四里，其间置闸坝凡二十处，所费盖亦不赀，今废坠已久。庆丰以东诸闸虽存，然河流淤浅，通运颇难"①。以后经多次疏浚，才勉强通航。清代前期曾沿明代规模多次疏浚，但嘉庆以后已多淤塞，当时从通州至北京城仍以陆运为主。

## 二、灵渠

秦代开凿沟通湘江、漓江二水的灵渠，由于通过分水岭海阳山，南北地势高低悬殊，初开时即在发源于海阳山的海阳江上修筑了一道分水的铧嘴，将海阳江水劈分为二，一由南渠而合于漓，一由北渠而归于湘。这就是灵渠分为南北的由来。同时为减缓渠道的比降，有意将某些段落的渠道开凿得十分迂曲，因此运输十分困难。船只过渠，"虽篙工楫师，骈臂束立瞪眙而已"，"必征十数户乃能济一艘"。唐代宝历初，给事中李渤重修灵渠工程，"遂铧其堤以扼旁流，陡其门以级直注，且使溯沿，不复稽涩"，就是筑堤、修斗门，以节水通流。然工程用材质量甚差，不久即湮圮。咸通九年（868），桂州刺史鱼孟威重修灵渠，"其铧堤悉用巨石堆积，延至四十里，切禁其杂束篠也。其陡门悉用坚木排竖，增至十八重，切禁其间散材也。浚决碛砾，控引汪洋，防扼既定，渠遂汹涌，虽百斛大舸，一夫可涉"。以后灵渠称为陡河。到了北宋嘉祐四年（1059），由提点广西刑狱兼领河渠事李师中重修灵渠，将陡门增至36座。以后36座陡门为常制，历代均按此标准修治。明万历年间，广西巡按御史蔡系周说："惟桂林至全州，中以兴安县陡河，原有陡门三十六座，向系五年大修，三年小修。十余年来废弛弗举，舟楫艰通。遂致盐运坐守日月，所费不赀。"② 直至清代末年还不断修筑，每次修筑都化费大量银两。1939年湘桂铁路通车，灵渠的交通功能为现代交通工具所替代，主要起着灌溉周围农田的作用。

## 三、山东运河

山东运河全长七八百里。③ 沿运地势是两端低中间高，以今山东汶上县西南汶泗冲积扇的南旺地区为最高，称为"运河之脊"。运河河床自此向南北倾斜，漕船运行其间，必

① 〔清〕傅泽洪辑：《行水金鉴》卷一〇四《运河水》引《小谷口荟蕞》。

② 〔唐〕鱼孟威：《灵渠记》；〔宋〕李师中：《重修灵渠记》；《明神宗实录》卷一八八。均引见唐兆民编《灵渠文献粹编》，北京：中华书局，1982年，第148、164页。

③ 元济州河、会通河全长八百七十余里，明永乐年间修复会通河时部分河段有所缩短，自临清至徐州镇口闸全长六百九十余里。嘉靖年间开南阳新河后，全长七百一十里。万历年间开泇河后，从临清至泇河的台庄闸全长七百八十余里。

须分段设置船闸，抬高水位，控制水量，以时启闭，始能通运。此外，会通河水源“止泰山诸泉，自新泰、莱芜等县经流汶上，故曰汶河。虽以河名，而实诸泉之委汇也。然诸泉之水，浚则流，不浚则伏；雨则盛，不雨则微。故汶河至南旺分流南北，则水势益小。非有闸座，以时蓄泄，则其涸可立而待也”[①]。所以从元代开始，在济州河和会通河上修建了一系列船闸以通运。元代置闸 29 座。明代永乐以后，除修复旧闸外，还根据通航需要，不断添置新闸。嘉靖以后在南阳新河、泇河都置有船闸，清代也有所增修，整条河道全部闸化了。

**明清会通河船闸**

（临清至徐州运道，谷亭闸以下为明嘉靖四十五年开南阳新河前运道）

会通闸—临清闸—南板闸—新开上闸（以上属临清州）—戴家湾闸（属清平县）—土桥闸—梁家乡闸—永通闸（以上属堂邑县）—通济闸—李海务闸—周家店闸（以上属聊城县）—七级下闸—七级上闸—阿城下闸—阿城上闸—荆门下闸—荆门上闸—戴家庙闸—安山闸—靳家口闸—袁口闸（以上属阳谷县）—开河闸—南旺下闸—南旺上闸（又名柳林闸）—寺前闸—通济闸（以上属汶上县）—分水闸—天井闸（又名会源闸）—在城闸—赵村闸—石佛闸—新店闸—黄楝林闸—仲家浅闸—师家庄闸—鲁桥闸—枣林闸（以上属济宁州）—南阳闸—谷亭闸—八里湾闸—孟阳泊闸（以上属鱼台县）—胡陵城闸—庙道口闸—金沟闸—沽头上闸—沽头中闸—沽头下闸—谢沟闸—新兴闸—黄家闸（以上属沛县）。

（资料出处：《元史河渠志》、《问水集》、《漕河图志》、《万历兖州府志》卷二〇《漕河》、《泉河史》卷四《河渠志》、《山东运河备览》卷三～卷七）

**明嘉靖四十五年南阳新河船闸**[②]

南阳闸—利建闸—邢庄闸—珠梅闸—杨庄闸—夏镇闸—满家桥闸—西柳庄闸—马家桥闸—留城闸—梁境闸—内华闸—古洪闸—镇口闸。

（资料出处:《泉河史》卷四《河渠志》，《读史方舆纪要》卷一二九《漕河》，

---

①〔清〕傅泽洪辑：《行水金鉴》卷一一六《运河水》引《北河续记》。

② 万历《兖州府志》卷二〇《漕河》：“嘉靖四十四年奏开新河……按旧河自南阳越沛上中下沽头等处今淤平。新河自南阳越昭阳湖东经三河口夏镇至留城，前都御史盛应期开未成者，即此。四十五年新河成。初朱公衡庐于夏村，同河道都御史潘公季驯治之，凡役夫九万一千有奇，八阅月而成，自南阳至留城创新河一百四十一里八十八步，自留城至境山浚复旧河五十三里，又以留城至境山系黄水故道，乃筑马家桥东堤五十余里为障御计。计九月堤成，黄水始得顺流南趋秦沟，至冬飞云桥之流遂断，运道无阻。新建闸：珠梅闸、利建闸、杨庄闸、夏镇闸、满家桥闸、西柳庄闸、马家桥闸、留城闸。”

《山东运河备览》卷四）

**明清泇河船闸**

夏镇闸—彭口闸（一名三河闸）—韩庄闸—德胜闸—六里石闸—张庄闸—万年闸—丁庙闸—顿庄闸—侯迁闸—台庄闸—黄林闸。

从以上船闸名可知，明清会通河在临清至徐州河段有闸 50 座，南阳新河上有闸 14 座，泇河上有闸 12 座。整个河道全部闸化，故又称闸河。船闸的设置，两闸之间的距离是很有讲究的，“夫闸近则积水易，而舟行无虞。闸远则积水难，而舟行不免浅搁留滞之患。若上闸地近而下闸地远，则其难其患尤甚矣……盖上闸与下闸地里远近高下相当，则水势常盈，舟行自速”。如原先沛县的沽头上闸与其北的胡陵城闸之间相距六十余里，“远近已悬绝矣。孟阳泊闸视胡陵城闸仅高四尺余，而胡陵城闸视沽头上闸乃高八尺余，则高下亦倍蓰矣。夫地高则水难盈，闸近则水易涸。是胡陵城闸每遇开放，仅能挽运舟数十，而闸口之水已浅涩矣。又安能下济六十余里之舟邪！”于是在胡陵城闸北二十里庙道口置闸，“俾胡陵城、沽头上下二闸之间，积水易盈”[①]。明清两代不断修复旧闸、添筑新闸，从局部而言，方便了漕船的通行，从全线而言，则增加了漕船通行的时间和难度。

在全线几十座船闸中，有几座是特别重要的。明人万恭说：“其枢，在南旺，其机在柳林、寺前二闸。盖南旺地耸，制之，固形便势利也。汶平，则柳林、寺前复开，汶发，复闭，不言所利，大矣哉。”[②]清人张伯行说：“山东一千余里之运道，其关键在于南旺，则南旺之所系，为最要也。”[③]如南旺湖中柳林闸是南运第一闸，最为关键。当时运河的水源是南有余而北不足，所以柳林闸常闭，如逢水源北有余而南不足，才开此闸以济南运。清初规定，自柳林闸北上的粮船，需积至两百艘方可开放一次，过后即闭。[④]济宁城南的天井闸（一名会源闸）也是十分重要的船闸，“凡江浙、江西、两广、八闽、湖广、云南、贵州及江南直隶苏、松、常、镇、扬、淮、太平、宁国诸郡军卫有司，岁时贡赋之物，道此闸趋京师，往来舟楫，日不下千百，则是闸为最切要也”[⑤]。在天井闸南一里的在城闸亦为“南运门户，最关紧要”，它的启闭根据南阳一带水量大小而定。水大，则在城闸需漕船积满一百二三十艘，方可启闸；水小，则在城闸启板宜勤，船到一帮，过一帮，使南阳一带运河水不患涸[⑥]。在城闸一带“水势甚溜，每过一船，需夫四五百名，一日过船，不过一二十只，至多三四十

①〔明〕刘天和：《问水集》卷六，《建闸济运疏》。

②〔明〕万恭：《治水筌蹄》卷二《运河》。

③〔清〕张伯行：《居济一得》卷四，《闸座之制》。

④〔清〕张伯行：《居济一得》卷二，《柳林闸放船法》。

⑤〔清〕陈文：《重建会通河天井闸龙王庙碑记》，〔明〕王琼《漕河图志》卷六《碑记》。

⑥〔清〕张伯行：《居济一得》卷一，《在城闸》。

只，以致在城闸下，粮船积聚至数百只或千余只”[①]。南旺湖以北的袁口闸“为北咽喉”，所以也必待北上粮船积至二三百艘，水量充足，方可启闸，“若水非有余，船决不可放”[②]。以上数例，可知沿运船闸启闭都有严格规定，过运是十分艰难的。

此外，在运河两侧还设置了许多进水、减水的坝、闸、堰、月河、浅等，起着调节运河水量、分泄运西积潦和防止黄河决入的作用。[③]各坝、减水、积水诸闸和沿运各浅，都起着调节运河流量的作用。安山以北的坝闸以减水闸为多，主要是宣泄运西的沥水，尤其是夏秋季节，运西的积潦为运河所阻，都由这些减水闸排泄入海。如戴家庙的三空桥闸、沙湾的五空桥闸和聊城的减水闸，分别由马颊河、徒骇河等入海。[④]安山以南运河两侧的坝闸主要是与两岸湖泊洼地相通，调节运河流量。济宁以南，尤其是南阳以下，河身坡度很大，夏秋汛期鲁中山地各水暴涨，来势迅猛，就靠各减水坝闸分洪，如南阳新河阔不过十余丈，“非有以宣泄必溃。于是乎有减水闸凡十四座，大者二，各三洞，小者十有二，始事于隆庆元年秋，迄于今冬之十月，堤防既固，宣蓄得宜，规划尽制”[⑤]。

总之，会通河上各种坝闸都是根据运河水量大小，以及沿运两岸地面水流的情况，有组织地进行启闭，“蓄泄得宜，启闭有方”[⑥]，“互相阖辟，势如呼吸”[⑦]，运河才能顺利畅通。但是沿运船闸是不同时期增筑的，“闸面闸底高下不一，如下闸过低，积水盈板，即须启，则上闸之水必迅急而舟难入，必易涸而舟难行矣”。又因汶水等源含沙量很高，“当伏秋汛长发，挟而下，各闸关束，水去沙留，每发水一次，必受淤一次”[⑧]。所以运河各闸随着时间的推移，先后被泥沙所淤没。元、明初所建诸闸，至嘉靖年间，“有仅露闸面者，有没入泥底者，而闸口之泥深浅不一，乃一以闸面平石至泥水平面测之，时惟枣林闸露闸面三尺，余各有差。师家庄、鲁桥二闸面各露一尺五寸，谷亭、胡陵城二闸面各露一尺，孟阳泊闸面露一尺八寸

---

①〔清〕张伯行：《居济一得》卷一，《在城闸》。

②〔清〕张伯行：《居济一得》卷四，《袁家口放船之法》。

③ 清人靳辅《治河方略》卷四之《会通河》篇载：“然河源之最微者，莫如会通。黄水冲之则随而他奔而漕不行，故坝以障其入；源微而支分，则流愈小而漕亦不行，故坝以障其出；流驶而不积则涸，故闭闸以须其盈而启之，以次而进，漕乃可通；潦溢而不泄必溃，于是有减水坝；溢则减河以入湖，涸则放湖以入河，于是有水柜；柜者蓄也，湖之别名也。而壅水为埭谓之堰，沙淤之处谓之浅，浅有铺，铺有夫，以时挑浚焉。”明人刘天和《问水集》卷二引嘉靖十四年管河工部侍郎杨旦、管闸工部郎中邵元志《治河始末》：“浚月河以备霖潦，建减水闸以司蓄泄。”

④〔清〕张伯行：《居济一得》卷三，《分水口上建闸》。

⑤ 万历《兖州府志》卷二〇《漕河》引《南阳湖石堤减水闸记》。

⑥〔清〕张伯行：《居济一得》卷一，《鱼台主簿》。

⑦〔明〕常居敬：《钦奉敕谕查理漕河疏》，〔明〕潘季驯：《河防一览》卷一四。

⑧〔清〕黎世序等纂修：《续行水金鉴》卷一〇四《运河水》引《运河道册》。

余，至底悉泥，淤深至一丈八九尺者。惟枣林闸以下南阳闸已没入泥底，闸面泥淤，仍四尺六寸。八里湾闸面泥淤仍五尺。始知旧传枣林闸之过高，而不知其下南阳闸之过低也。乃一以枣林闸为准，余悉培而平之”[①]。沿运各减水闸也同样多为泥沙所淤废。如南阳一带原有减水闸 32 座，至清初仅存二三座。滕、沛、鱼台三县境内原有减水闸 14 座，至清初仅存 4 座。[②] 这些坝闸的淤废，不仅影响了漕运的畅通，同时也危及运河两岸地区，使积潦不能及时排除，常涝成灾。

以上数例，说明历史上运河在跨越不同河流下游冲积扇、不同水系分水岭的过程中，存在着很大的困难。为了克服这些困难，中国古代劳动人民发挥智慧和创造力，付出了很高的精神和物质代价。然终究因自然条件的限制，并未获得理想的效果。

## 第三节　运河和天然河流交汇问题

历史上运河的开凿主要是为了弥补天然河流之不足，其选择河道的路线，就是要沟通两条不同的天然河流。如通惠河是为了沟通永定河和潞河（北运河），元明清修会通河的目的是沟通黄河和卫河，江淮运河沟通长江和淮河，江南运河沟通长江和钱塘江等。但天然河流水量的丰枯，河道的深浅，泥沙的淤积，主泓的摆动，都有各自的特点，与人工开凿的运河不能完全适应。因此，人工运河和天然河流的交汇，成为历史上运河通运的一大难题。今择其问题比较突出的几条运河论述之。

### 一、山东运河的南北运口问题

今山东临清市是会通河北口所在，会通河在此与卫河交汇。卫河虽然经过人工改造，但基本上是天然河流，尚未形成地上河，所以“闸河地亢，卫河地洼”。每年三四月时，闸卫二河水都很浅，“高下陡峻，势如建瓴”[③]。当时会通河入卫河口有两闸：砖闸和板闸。板闸在北，砖闸在南。由于卫河低，会通河高，所以漕船从会通河进入卫河，要十分小心。明人万恭指出：在闸河口必须留一浅（浅，指河道中淤积的浅滩），“长数丈，戒勿浚。以蓄上流，以一浅省多浅”。目的是以河口的浅滩先挡住河水，不让一泄而下，同时“闸漕与

①〔明〕刘天和：《问水集》卷一，《运河·闸河》。
②〔清〕张伯行：《居济一得》卷一，《河堤事宜》、《减水闸》。
③〔明〕潘季驯：《河防一览》卷三，《河防险要》。

（卫）河接，若河下而易倾，则萃漕船塞闸河之口数重，闸水为船所扼，不得急奔，则停回即深。留一口牵而上，递相为塞障而壅水也，命曰船堤。以船治船也”[①]。就是由河口的浅、漕船，先挡住闸河的水流，不致一下而尽，留出一口，让漕船渐次而出，不使其他漕船搁浅。清人张伯行说：“山东四十余闸放船皆易，惟板闸放船独难。盖板闸之下即系外河，更无闸以蓄水也。而独外河水小时放船尤难。盖板闸一启板，则塘内之水一泄无余，粮船每致浅搁，须于砖闸灌塘之时，板闸放船之时，砖闸多下板块，无使水势下泄，直至塘内浅阻不能出口，然后亮砖闸板一块或二块，以接济之。然又不可待其既浅而后亮板，则粮船一时恐难行动，须于将浅之时即行亮板，如放二十只后始浅，则放至十五只时即行亮板，则水足接济到底不浅矣。”从前每次只放二三十只船，后每出口一百二三十只。[②] 由此可见，闸卫二水在交汇处，由于河流状况不一，转运是十分困难的。

会通河的南口，在明万历以前，是在徐州南茶城与黄河交汇。黄河含沙量高，河床高于运河。每年涨水季节，河水就倒灌入运。“茶、黄交汇之间，黄水逆灌，每患淤浅”，“茶城口之浅，十年患之。盖闸河之口，逆接河流，河涨，直灌入召淤耳”[③]。茶城运口年年开浚，年年淤塞。当时规定，北上漕船一过，即行关闭运口闸门禁行，待秋深黄河水退，方可启闸，放回空船南下。[④] 这一段时间内，会通河就不能使用。

从徐州以下至淮阴河段，是京杭大运河中“咽喉命脉所关，最为紧要”的一段。但就是这段河道中巨石林立，有徐州洪、吕梁洪两处险段。徐州洪又名百步洪，在徐州城东南三里处，分中洪、外洪、里洪三道，形成“川”字形河道，“汴泗流经其上，冲南怒号，惊涛奔浪，迅疾而下，舟行艰险，少不戒，即破坏覆溺”[⑤]。吕梁洪在徐州城东南五十里，分为上下二洪，绵亘 7 里余，水中怪石林立，过船必得纤夫牵挽。元袁桷《徐州吕梁神庙碑》称：吕梁洪“涸则岩崿毕露，流沫悬水，转为回渊，束为飞泉，顷刻不谨，败露立见，故凡舟至是必祷于神”[⑥]。徐阶《疏凿吕梁洪记》亦云：“舟不戒则败，而莫甚于吕梁。”[⑦] 明代漕运过此而覆舟者屡见，万历三十一年（1603）开泇河，就是为了避开这段运道。

①〔明〕万恭：《治水筌蹄》卷二《运河》。
②〔清〕张伯行：《居济一得》卷五，《版闸放船法》。
③〔明〕万恭：《治水筌蹄》卷一，《黄河》。
④〔清〕靳辅：《治河方略》卷九，《杂志十一》。
⑤ 万历《徐州志》卷三《河防》。
⑥〔元〕袁桷：《清容居士集》卷二五《碑》，上海：商务印书馆，1936 年。
⑦ 李德楠：《明代徐州段运河的乏水问题及应对措施》，《兰州学刊》2007 年第 8 期。

## 二、黄淮运交汇口运口的变迁

金元以后，黄河夺淮入海，今江苏徐州以下原泗水河道和淮安以下淮河河道都成为黄河河道，淮河变成黄河支流。于是淮南运河的北口为黄、运、淮的交汇点。黄河夺淮后，河床淤高，而淮南运河水浅，漕船北上，难以入河。从明洪武至永乐初年，在淮安城北先后筑仁、义、礼、智、信五坝，南来漕船至此需将粮食卸下，车盘过坝，然后进入黄河。五坝虽为软坝，漕船过坝仍需牵挽，重载还需卸货，转输十分劳苦。[①] 在永乐十三年（1415）曾循着宋代沙河的旧迹，开了一条清江浦河，长六十里，从淮安城西通往运口，因运口置新庄闸，故称新庄运口。沿河置五闸，据水势涨落，迭为启闭，节水通流，水流满槽放行，放后即闭。[②] 但是黄河自北来，高于淮河，淮河自西来，又高于清江浦河。如逢河淮并涨，必然倒灌入新庄运口，淤塞清江浦河。此后运口不断地调整、变化，几乎数年一变。[③] 即便是新形成的运口，由于黄水倒灌，垫高运河，年年疏浚，漕船过闸仍十分困难，“粮运一艘，非七八百不能牵挽过闸者”[④]，足见天然河流与人工运河交汇处运输之困难。

清江浦开凿之初，为了防止黄河浊水内灌，造成闸口淤塞，除经常疏浚河淮交汇的清口外，对船闸的启闭也控制甚严。船闸只在漕运季节开放，并且只许过往粮船，船过即行闭闸。其他官民船只一律仍由仁、义、礼、智、信五坝车盘过淮。后来闸禁松弛，浊水倒灌入运河，水退沙存，闸口日益淤塞。明嘉靖十五年（1536），督漕都御史周金“请于新庄更置一渠，立闸以资蓄泄”[⑤]，目的为使运河纳清流拒浊流，以期不淤。这条新开的河渠名三里沟，在清江浦南“淮水下流黄河未合之上”[⑥]。此渠开后，清口闭塞，船只由通济桥（闸）溯沟出淮，以达黄河。

但是，夏季黄水涨溢，时常倒灌入淮数十里，仍灌入新河口。至隆庆末，三里沟也遭淤塞，每年须发丁夫加以挑浚。原来运舟由新庄闸出淮，穿清入黄，费资较少。改从三里沟出淮后，运路迂远，船只胶浅，更为不便。为此，明万历元年（1573）总河侍郎万恭主张不必疏浚新河口，理由是“防一淤，生二淤，又生淮黄交汇之浅……又使运艘迂八里浅滞而始达于清河”[⑦]，不如出天妃口（新庄闸）便利。他请“建天妃闸，俾漕船直达清河，

①《明史》卷八五《河渠志三・运河上》。

②〔明〕潘季驯：《河防一览》卷三，《河防险要》。

③ 邹逸麟：《淮河下游南北运口变迁与城镇兴衰》，中国地理学会历史地理专业委员会编：《历史地理》第六辑，上海：上海人民出版社，1988 年。

④〔明〕潘季驯：《河防一览》卷八，《查复旧规疏》

⑤《明史》卷八三《河渠志一・黄河上》。

⑥ 同⑤。

⑦ 同①。

运尽而黄水盛发，则闭闸绝黄，水落则启天妃闸以利商船”①。于是，恢复天妃闸，运舟仍由此出淮。不久，又依御史刘国光之建议，增筑通济闸，在夏秋时节用于通放回空漕船，以减少天妃闸的压力。但也因闸禁不严、启闭无时而淤塞日甚。万历六年，潘季驯拆毁新庄闸，在甘罗城南（今江苏淮安码头镇北）另建通济闸作为运口，也称天妃闸。然而此口距河淮交汇处也只有二百丈，黄水仍不免内灌，运河河床由此日高，年年挑浚无已。此外，因运口离河淮交汇处较近，水流冲激，重运出口危险异常。当时从南岸清江浦过闸北上，漕船一艘非七八百人牵挽不可。②至清康熙十七年（1678），靳辅察看清口形势后，再次将运口南移到武家墩烂泥浅上（今江苏淮安码头镇南）。此处距河淮交汇处约十里，黄水难抵运口。同时，还在烂泥浅以上引河内开两条河渠互为月河，以舒急溜，史称“由是重运过淮，扬帆直上，如履坦途”③。实际上情况远非如此，据靳辅《治河方略》记载，重运过闸，每艘常七八百人，甚至千人，“鸣金合噪，穷日之力，出口不过二三十艘”④。嘉庆年间，有人自北京南下，已至淮河南面的马头镇，因风紧流急，“舟人畏三坝五闸之险”，停船七日，待水散落，方过闸至清江浦镇。⑤17世纪葡萄牙传教士安文思记载当时船舶过天妃闸时的艰难情况：“当船只逆流而上，到达这座闸下时，船夫在船首系上许多绳索，由四五百人，有时更多人，视船的轻重和货物重量而定，在运河两岸拖拉。同时，另一些人推动闸门墙上的绞盘；闸墙很宽，由砂石筑成。除已提到的绳索外，还有很结实的绳索，绕在大石柱或木柱上，以便在纤绳万一断裂时把船只系住。当这些绳索都系好时，他们开始逐渐用力拉拽，并与敲打一个水盆的声音合拍，刚开始时只是轻轻敲打，敲打之间有些间歇，但当船只至少升到上面渠道的高度的一半时，这时因水流更为凶猛，他们便加紧敲打水盆，同时那四五百人和高喊“嘿嘿”的男子一起拉纤，一鼓作气，使船只迅速上升，并且停靠在运河两侧和潮流之间的死水水面上。另一侧的船只迅速和轻易地下降，但危险更大。为了防止出现险情，他们将许多绳索系在船尾，由那些在运河两岸放索的人小心观察，放松或者拉紧绳子。这时候船的两侧有另一些人，用铁头长竿，指引船只穿过运河中央，避免碰到关闭闸门的巨石。当船只通过时，他们放开防止船只降落的绳，这时潮水把船只推向前行，迅如脱弦之箭，直到水势逐渐减弱，船只停住，再按正常的航道行驶。”⑥这一段十分

---

①《明史》卷八五《河渠志三・运河上》。

②〔明〕潘季驯：《河防一览》卷八，《查复旧规疏》。

③《清史稿》卷一二七《河渠志二》运河。

④〔清〕靳辅：《治河方略》卷二，《南运口》。

⑤〔清〕吴锡祺：《南归记》，〔清〕吴锡祺：《小方壶斋舆地丛钞》第五帙。按：三坝指御黄、钳口等坝，五闸指福兴、通济、惠济等闸，均在清江浦、马头镇之间淮南运河的北运口段，嘉道年间屡有变化。

⑥〔葡萄牙〕安文思著、何高济译：《中国新史》，郑州：大象出版社，2004年，第72页。

生动的过闸描述，充分显示了当时漕船通过运淮交汇口有多么困难。

康熙二十五年（1686），靳辅以运道行经黄河，风涛险恶，遂从骆马湖南端凿渠，历宿迁、桃源（今江苏泗阳）、清河（今江苏淮安）三县后，由仲家庄出口，称为中运河。中运河开通后，漕舟出淮可“迳渡北岸，度仲家庄闸，免黄河一百八十里之险”①。康熙四十二年，因仲庄闸“清水出口，逼溜南趋，致碍运道”②，两江总督张鹏翮将中运河河口移到杨家庄。咸丰五年（1855），黄河在河南铜瓦厢决口，改道山东利津入海后，对淮、运二河的威胁不复存在，为便利起见，其后淮南运河的运口又移到与杨庄相对的今淮阴船闸，③才基本稳定下来。

## 三、江淮运河南端与长江交汇的变迁

汉魏六朝时期，江淮运河南端与长江交汇处发生过变化。《水经注·淮水》：“自永和中，江都水断，其水上承欧阳埭，引江入埭，六十里至广陵城。”至于“江都水断”的原因，据《太平寰宇记》卷一二三云：“江都古城在县（今扬州）西南四十六里，城临江水，今为水所侵，无复余址。”又乾隆《江都县志》卷一：“江都在城西南四十里，别自为城……三国时，江都城圮于江，县废。”近年来考古界有人根据扬州出土的文物，认为不存在江都古城，但其说尚嫌证据不足。④《水经注·淮水》既称“江都水断”，应指运口淤塞，水流不通。而运口淤塞则与江岸变化有关。根据目前材料，汉末以前邗沟的引江口可能在今扬州市西北蜀冈南缘的湾头镇以南，证据是考古发现扬州地区的古代墓葬和遗址随着时间变迁由北向南逐渐推移。汉代及其以前的墓葬和遗址都在城北蜀冈上，蜀冈下的今扬州城内始有六朝青瓷被压在唐代文化层底部的江岸淤土上。⑤这说明汉唐时期，长江扬州河段的岸线一直在南移。六朝时，人类的活动已移到了蜀冈以南的平原上，这与刘宋永初三年（422）檀道济出任南兖州刺史时，见广陵“土甚平旷”相吻合。⑥蜀冈下这片平旷的冲积平原当然非一朝一夕所淤成，有理由认为在东汉后期江滩开始淤涨，致使顺帝永和年间，江都运口已不甚畅通，所以《水经注·淮水》说“江都水断”，需要将运口移到离广陵六十里的欧阳埭。欧阳埭在今仪征市东北十里，东晋、南朝时，它是进入广陵的门户，因其地位冲要，当时于此

①《清史稿》卷二七九《靳辅传》。

②《清史稿》卷一二七《河渠志二》。

③邹逸麟：《淮河下游南北运口的变迁和城镇兴衰》，中国地理学会历史地理专业委员会编：《历史地理》第六辑，上海：上海人民出版社，1988年。

④朱江：《从文物发现情况来看扬州古代的地理变迁》，《南京博物院集刊》1981年第3期。

⑤罗宗真：《唐代扬州古河道等的发现和有关问题的探讨》，《南京博物院集刊》1981年第3期。

⑥《南齐书》卷一四《州郡志上》。

置欧阳戍。运口移于此处，大概考虑到六合—仪征河段行经丘陵地带，岸线比较稳定的缘故。自欧阳埭至广陵的这段运河，即今仪扬运河的前身。

终六朝之世，邗沟的南运口一直在欧阳埭。由于江边沙淤，自汉魏起，今扬州以南的长江江道逐渐南迁。隋代，岸线已伸展到今扬州市南二十里的三汊河—施家桥—小江一线。当时，镇扬河段中有包括瓜洲在内的不少沙洲，将长江分为两支，南为大江，北为曲江。位于曲江北岸的扬子津（今江苏扬州邗江南扬子桥）邻近广陵，优越的地理条件使它成为隋至唐代前期邗沟的另一运口，地位较欧阳埭更为重要。但是由于今镇江市北近南岸的瓜洲逐渐向北扩展，至唐中叶，从京口渡江需绕道瓜洲沙尾，迂行六十里，船只多遭漂损。开元二十六年（738），润州刺史齐澣在瓜洲开伊娄河二十五里，直达扬子津。这是邗沟由瓜洲入江的开始。[①] 伊娄河又名新河，唐中叶后出入广陵多经此河。伊娄河开凿后，扬子津仍为重要港口。

明清时期，仪征运河与瓜洲运河汇于扬子湾，来自上江湖广、江西的漕船走仪河，来自下江两浙的漕船走瓜河。清代，长江北岸仪征、瓜洲一带遭受强烈冲刷，江流北徙。清道光二十三年（1843），瓜洲城南门塌陷，民居、河道悉沦于江，瓜洲运道因此而中废达 20 多年。至同治四年（1865），才开瓜洲后河通运。[②] 光绪十年（1884），瓜洲城完全坍没，运道改由瓜镇（旧瓜洲城西约里许）出江。[③] 光绪二十七年，江口炮台、公署、瓦房全没于江。[④]1958 ～ 1960 年间，再次改建瓜洲运河，运口移至六圩。

由此可见，江淮运河与长江交汇口，因江岸的摆动和江中沙洲的变迁，南北渡江并非是十分顺利的。

## 四、江南运河北端与长江交汇的变迁

此段长江经镇江、扬州间，江面辽阔，北抵蜀冈脚下，南抵北固山，呈喇叭形向外开展入海。六朝时“广陵潮”是为名胜。江南运河北口引江潮为源，出现很多问题，上文已述，在此不赘。宋代江南运河运输最为繁重，为了解决京口河口常淤的问题，在丹阳以上运河河口段开凿了许多支渠，作为漕渠的辅渠。见于记载的就有：宋仁宗天圣七年（1029）修凿的润州新河；[⑤] 宋仁宗时（1023 ～ 1063）修凿蒜山漕

① 《新唐书》卷四一《地理志五》，“江南道润州丹阳郡丹徒县”条，谓开伊娄河在开元二十二年；据《旧唐书·玄宗纪》、《旧唐书》卷一九〇、《新唐书》卷一二八《齐澣传》，开伊娄河均在开元二十六年。

② 邹逸麟:《瓜洲小史》，罗卫东、范今朝主编:《庆贺陈桥驿先生九十华诞学术论文集》，杭州：浙江大学出版社，2014 年。

③ 光绪《瓜洲续志》卷一三。

④ 武同举纂述：《淮系年表全编》表一四，1928 年复印本。

⑤ 嘉定《镇江志》卷六：“天圣七年五月两浙转运使言润州新河毕工。降诏奖之。”此河约在镇江府城之西，京口闸之东。

河，在镇江府西三里蒜山下；[①] 嘉定七年（1214），郡守史弥坚在修筑京口闸的同时，在城东北北固山下修筑甘露港，约在今甘露寺东，并置上下二闸，以时启闭；[②] 嘉定八年，史弥坚又修海鲜河，在城西北京口闸，东南接漕渠，既通漕运，又可泊防江之舟；[③] 庆元二年（1196），总钦朱晞颜以漕渠干涸，创建丹徒、谏壁二石，引江潮入渠。[④]

两宋时期不惜劳费，在江南运河北口京口附近开凿诸多辅渠，其目的主要有以下几点：第一，运河河口主渠京口港常易淤塞，故在其附近分凿支渠以引江水，丰富漕渠的水源，在主渠淤塞时替代主渠。第二，京口港狭窄，往来舟楫拥挤，故于咸淳六年（1270）时规定，江南漕船由京口港出口，回船由甘露港入漕渠。[⑤] 第三，运河口江浪阻险，诸渠可作为避风港。

此外，历代不仅在河口段修筑支渠通江，在丹阳以南常州境内也修筑了许多支渠与大江相通，并引江潮济运。如孟渎、九曲河、烈塘、申港、利港、黄田港、夏港、五斗港、灶子港、泰伯渎、赵港、白沙港、石头港、陈港、蔡港、令节港等。这些支渠今天大多存在，间接或直接沟通运河与大江，都曾起过调节运河水源和沟通江北的作用。其中孟渎是京口运河最早的一条支渠，即今丹阳境内的孟河，唐时已开。[⑥] 宋时孟渎已遭淤塞，屡有疏浚。[⑦] 明代初年，镇江运河“至常州以西地势渐高仰，水浅易泄，盈涸不恒，时浚时壅”，故永乐年间，“漕舟自奔牛溯京口水涸，则改从孟渎右趋瓜洲抵白塔以为常”。宣德六年（1431），“从武进民请，疏德胜新河四十里，八年，工竣，漕舟自德胜北入江，直泰兴之北新河，由泰州坝抵扬子湾入漕河，视白塔尤便。于是漕河及孟渎、德胜三河并通，皆可济运矣”[⑧]。德胜新河即烈塘，宋时已有记载，宋元明三代都曾疏浚过，[⑨] 在漕渠、孟渎、德胜新河三河中，明时还以孟渎最为方便。究其原因：一是不易淤浅，漕渠在京口入江，与对岸扬州运河接口，理应最为方便，然漕渠最易淤塞，故多走孟渎。[⑩] 二是孟渎出口虽然要经过一段宽

---

① 嘉定《镇江志》卷六《山川》：“郑向为两浙转运副使疏润州蒜山漕河抵于江，人便利之。”又云：“蒜山在西北三里。”《读史方舆纪要》卷二五《镇江府》：“蒜山在府西三里江岸上，山多泽蒜，因名……其下为漕渠所经，宋庆历中，疏蒜山漕渠达江。”

② 嘉定《镇江志》卷六《山川·史弥坚浚渠记》。

③ 至顺《镇江志》卷七《山川》：“海鲜河在京口闸外，宋嘉定八年郡守史弥坚请于朝，开海鲜河以泊防之舟，见史弥坚浚渠记。”

④ 武同举：《江苏水利全书》卷二七《江南运河》引《光绪丹徒县志》；〔清〕楼钥：《攻媿集》卷八九引《华文阁直学士奉政大夫致仕赠金紫光禄大夫陈公行状》篇：“造闸于丹徒镇，欲取江潮以灌运。”

⑤ 至顺《镇江志》卷二：“（咸淳六年）郡守长沙赵溍以启闭泄渠水不便，故改二坝，上坝甘露港车江船之漕渠，下坝则车漕船之舟出京口港，民甚便之。”

⑥《新唐书》卷四一《地理志五》，“江南道常州武进县”条。

⑦《宋史》卷九七《河渠志七·东南诸水下》。

⑧《明史》卷八六《河渠志四·运河下》。

⑨ 清人顾祖禹《读史方舆纪要》卷二五《南直七》载：“烈塘河在常州府西十八里，南枕运河，北流四十三里入大江。宋绍兴中，郡守李嘉言开浚临江置闸。淳熙九年郡守章冲言，西有灶子港（按即澡港）、孟渎、烈塘，皆古人开导以为灌溉之利。今多堙塞，宜以时修浚。元时烈塘闸废。明洪武三年，重建魏村闸。二十年复浚烈塘河。自是魏村闸屡经修治，今名得胜新河。”

⑩ 同⑧。

阔的江面，但“江流甚平，由此抵泰兴之湾头、高邮仅二百余里，可免瓜仪不测之患”①。嘉靖以后，为了防御倭寇，在孟渎口建立孟河堡，孟河贯其中，自后孟渎渐易淤塞。②清康、雍、乾三朝屡有修浚，入江处亦有改道。道光年间一度改道超瓢口入江，即今出江的江港。但河口淤沙日积，水流缓慢，道光时一度淤为平陆。③“民田失灌溉者数万顷”，其价值已远非明时可比。其他如九曲河，“在丹阳县北，首起漕渠，尾距江口委折七十里”，也是为了“利灌溉，资漕运”而开，元时已废。④

江南运河自唐宋以降，是全国水运网中最为繁忙的一段，直至今日，除了长江水运外，如以运河而言，仍是全国水运最发达的河段。可是在历史上北端与长江交汇，南端与钱塘江交汇，从自然条件而言，都是存在很大的困难。历代王朝为此也费尽心机，耗尽财力，以维持其畅通，反映了中国历史上人工运河的自然特点。

## 五、浙东运河与钱清江、曹娥江、姚江交汇问题

浙东运河西起钱塘江南岸，东流至萧山钱清镇，与潮汐河流钱清江（浦阳江下游一支）交汇，东南流至绍兴城东曹娥镇，与另一条潮汐河流曹娥江交汇，东至上虞通明坝与姚江相汇，由姚江经余姚、慈溪、宁波，合奉化江，始称甬江，东流入海。由于运河阻隔于浙江、钱清江、曹娥江三条潮汐性河流之间，而会稽县境内的一段利用东湖（古代鉴湖的一部分）通航，上虞通明镇以东又利用了姚江河道，各段水位高低不同，因而运河和天然河流交汇处必须设置一系列堰坝才能通航，不仅各段河道通过的能力互不相同，货船的盘驳，更大大地浪费了劳力，降低了运输速度。北宋知明州军蔡肇记其舟经越州至明州行程：“三江重复，百怪垂涎，七堰相望，万牛回首。”⑤三江指浙江、钱清江、曹娥江，七堰指运河与天然河流相交处所置堰坝：西兴堰（萧山西与钱塘江交汇处）、钱清北堰、钱清南堰（两堰在钱清江与运河交汇处）、都泗堰（绍兴城东与鉴湖交汇处）、曹娥堰（上虞县南运河与曹娥江交汇处西岸）、梁湖堰（上虞县南运河与曹娥江交汇处东岸）、通明堰（在上虞县东通明乡，运河与余姚江交汇处）。船只通过这些堰坝，轻载牵挽而过，重载则必须赖畜力盘驳，十分困难。⑥

①《明史》卷八六《河渠志四·运河下》。

②〔清〕顾祖禹：《读史方舆纪要》卷二五《江南七》，北京：中华书局，2005年。

③〔清〕包世臣：《安吴四种》卷七上《中衢一勺》。

④至顺《镇江志》卷七《山川》：“其后河口淤塞，潮水止到荆村，距县十五里。又其后仅到东阳距县三十里，岁久失疏凿，七十里之水利废矣。”

⑤嘉泰《会稽志》卷一〇《水》。

⑥陈桥驿：《浙东运河的变迁》，唐宋运河考察队编：《运河访古》，上海：上海人民出版社，1986年。

# 第三章

# 运河的运输管理制度及其效果

# 第一节 历代运河管理制度简述

历代对运河的利用，主要在于漕运，所以对运河水利的管理，主要是漕运的管理。中国最早的漕运制度，始于秦始皇时代。秦置敖仓于河济分流处，即为蓄藏山东输来之漕粮。[①] 秦二世元年（前 209）七月，陈涉起事，天下大乱，“将军冯劫进谏曰：关东群盗并起，秦发兵诛击，所杀亡甚众，然犹不止。盗多，皆以戍漕转作事苦，赋税大也”[②]。说明秦代漕运的任务繁重，是广大人民的沉重负担。汉袭秦制，汉高祖刘邦选择首都时，张良建议定都关中，以为“河渭漕挽天下，西给京师”[③]。汉初萧何守关中，即以“转运关中，给食不乏”而论功第一。[④] 当时的漕粮是从黄河下游的山东地区输送而来。《汉书·沟洫志》：“河东守番系言：漕从山东西，岁百余万石，更砥柱之艰，败亡甚多而烦费。”汉武帝时，郑当时为大司农，漕粮从渭河上运，河曲多沙，时多道迂，于是开人工关中漕渠，“三岁而通。以漕，大便利”。秦岭间的“褒水通沔，斜水通渭，皆可以行船漕”。漕粮来自于蜀汉。东汉时沿袭了这种漕运制度。《后汉书》卷八〇上《杜笃传》之杜笃《论都赋》：“造舟于渭，北航泾流。”“鸿渭之流，径入大河，大船万艘，转漕相过。”

秦汉时期管理农业的治粟内史（汉景帝后改称大农令）、管理国家宗庙礼仪的太常（秦时为奉常）、管理天子私库的少府、管理皇家园林的水衡都尉、管理京畿地区的内史等中央机构，属下都有都水官，称都水丞，各司其部门的渠堤水门等水利设施。[⑤] 地方上有大水灾，如黄河决泛，则临时设“河堤使者”“河堤都尉”“使领河堤”等职使塞河，事罢后职务也随之撤销。[⑥] 没有专设管理漕运和运道的官员。

魏晋以后，都水丞改称都水使者，下增设河堤谒者，以管理大江大河的河堤。魏时中央最高行政机构尚书下有水部，官名水部郎中，以管理全国水利，与都水使者并

① 唐人张守节《史记正义》卷七《项羽本纪》引唐人李泰《括地志》：“敖仓在郑州荥阳县西五十里，县门之东北临汴水，南带三皇山，秦时置仓于敖山，名敖仓云。”《史记》卷九七《郦生陆贾列传》：“夫敖仓，天下转输矣，臣闻其下乃有藏粟甚多。”

②《史记》卷六《始皇本纪》。

③《史记》卷五五《留侯世家》。

④《史记》卷五三《萧相国世家》。

⑤《汉书》卷一九《百官公卿表》。

⑥《汉书》卷二九《沟洫志》。

行。就是说尚书下的水利官，还有中央各有关门部的水利官，形成双轨制。[①] 历晋、宋、齐、后魏、北齐，并有水部郎中，梁、陈为侍郎，后周冬官府，有司水中大夫，隋文帝时为水部侍郎，炀帝时称水部郎。宋、齐、梁、陈、后魏、北齐并都官尚书领之，隋工部尚书领之。[②] 这些水利官除管理大江大河的水利工程外，还都兼管运河的水运。

唐朝沿袭了隋制，中央六部中，工部下有水部郎中、员外郎、主事等官，掌天下河流、水渠、堤坝防、渡桥、漕运、水硙（水磨）等水利方面的政令。另有都水监，设都水使者若干，掌内外河渠、渡口、桥梁、堤堰、川泽疏浚之事。[③]

唐初武德、永徽间，京师官吏不多，每年漕粮二十万石便足，所以当时并未设专官管理运河的水运。如逢漕运有事，则临事派员知某某事，事后即撤。如唐太宗征高丽，“诏太常卿韦挺知海运，（崔）仁师为副，仁师又别知河南水运”[④]，又作“又别知河南漕事”[⑤]。可见均为临时职差，官名亦未固定。运河水运事委专职，始于唐玄宗时。《新唐书》卷一二八《李杰传》：“先天中，进陕州刺史、水陆发运使。置使自杰始。改河南尹。”当时，“河、汴之交旧有梁公堰，废不治，南方漕弗通，杰调丁男复作之，不费而利”。可见水陆发运使不仅管理漕运事务，还负责运河的疏浚和治理。此后，发运使常称转运使，成为唐代专门管理漕运和治理运河的官员。

宋代中央置都水监，有判监事、同判监事、丞、主簿等职，并以京朝官充。河道有事，遣丞一人外出，处理治河之事。元丰时置使者、丞、主簿，掌“中外川泽、河渠、津梁、堤堰疏凿浚治之事”，“视汴、洛水势涨涸增损而调节之”。元丰八年（1085）还置“提举汴河堤岸司隶本监”，这是中央都水监管理运河河道的专职官员。[⑥] 汴河有事，往往由都水监丞措置。[⑦] 另置有发运使、副、判官，“掌经度山泽财货之源泉，漕淮、浙、江、湖六路储廪以输中都，而兼制茶盐、泉宝之政，及举刺官吏之事”，主管“六路上供米径从本路直达中都，以发运司所拘纲船均给六路”[⑧]。这是专管运河水运的官员。

宋室南渡，黄河流域全入金境。金朝对境内的黄河和汴河由中央都水监下属巡河官管理。黄河沿线上下凡 25 埽，6 处在河南，19 处在河北，埽设散巡河官一员。雄武、荥泽、原武、阳武、延津五埽则兼汴河事，设黄汴都巡河官一员于河阴以莅之。[⑨] 对运河的漕运事

①《晋书》卷二四《职官志》:“都水使者，汉水衡之职也。汉又有都水长丞，主陂池灌溉，保守河渠，属太常。汉东京省都水，置河堤谒者，魏因之。及武帝省水衡，置都水使者一人，以河堤谒者为都水官属。及江左，省河堤谒者，置谒者六人。”

②《大唐六典》卷七《工部》。

③《隋书》卷二八《百官志下》；《大唐六典》卷七《工部》。

④《旧唐书》卷七四《崔仁师传》。

⑤《新唐书》卷九九《崔仁师传》。

⑥《宋史》卷一六五《职官志五》。

⑦《宋史》卷九三、九四《河渠志》。

⑧《宋史》卷一六七《职官志七》。

⑨《金史》卷二七《河渠志》。

务，在“诸路濒河之城，则置仓以贮傍郡之税，若恩州之临清、历亭，景州之将陵、东光，清州之兴济、会州，献州及深州之武强，是六州诸县皆置仓之地也。其通漕之水，下黄河行滑州、大名、恩州、景州、沧州、会川之境，漳水东北为御河，则通苏门、获嘉、新乡、卫州、浚州、黎阳、卫县、彰德、磁州、洺州之馈，衡水则经深州会于滹沱，以来献州、清州之饷，皆合于信安海壖，溯流而至通州，由通州入闸，十余日而后至京师。其他若霸州之巨马河，雄州之沙河，山东之北清河，皆其灌输之路也”。泰和六年（1206），尚书省决定，“凡漕河所经之地，州县官以为无与于己，多致浅滞，使纲户以盘浅剥载为名，奸弊百出。于是遂定制，凡漕河所经之地，州府官衔内皆带‘提控漕河事’，县官则带‘管勾漕河事’，俾催检纲运，营护堤岸。为府三：大兴、大名、彰德。州十二：恩、景、沧、清、献、深、卫、浚、滑、磁、洺、通。县三十三：大名、元城、馆陶、夏津、武城、历亭、临清、吴桥、将陵、东光、南皮、清池、靖海、兴济、会川、交河、乐寿、武强、安阳、汤阴、临漳、成安、滏阳、内黄、黎阳、卫、苏门、获嘉、新乡、汲、潞、武清、香河、漷阴。十二月通济河创设巡河官一员，与天津同为一司，通管漕河闸岸，止名天津巡河官，隶都水监”①。可见金代运河沿岸各州县置巡河官，以管理运河的水运，上属都水监。

元代平宋后，于至元十九年（1282）十二月“置京畿、江淮二都转运司，又各置分司，以督纲运。每岁令江淮漕运司运粮至中滦，令京畿漕运司自中滦运至大都”。此转运司以管理漕运为主。②中央专设有都水监，“掌治河渠并堤防水利桥梁闸堰之事”③，其职责主要是关注大运河的通塞。通惠河就是都水监郭守敬奉诏所修。④元代开通济州河后，于至元二十二年增置济州漕舟3 000艘，役夫12 000人，并置济州漕运司，管理济州河漕运。⑤二十五年，改济州漕运司为都漕运司，并领济之南北漕。以后地方上开始设行都水分监，二十六年“会通河成之四年，始建都水分监于东阿之景德镇，掌河渠坝堰之政令，以通朝贡，漕天下，实京师。地高平则水疾泄，故为堨以蓄之，水积则立机引绳以挽其舟之下上，谓之坝。地下迤则水疾涸，故为防以

①《金史》卷二七《河渠志》。

②《元史》卷九三《食货志一·海运》。

③《元史》卷九〇《百官志六》。

④《元史》卷六四《河渠志一》“御河”条载：“至元三年七月六日，都水监言：运河二千余里，公私物货，为利甚大。自兵兴以来，朝廷役夫四千，修筑浚涤，乃复行舟。今又三十余年，无官主领。沧州地方，水面高于平地，全藉堤堰防护。其园圃之家掘堤作井，深至丈余，或二丈，引水以溉蔬花。复有濒河人民就堤取土，渐至阙破，走泄水势，不惟涩行舟，妨运粮，或致漂民居，不禾稼。其长庐以北，索家马头之南，水内暗藏桩橛，破舟船，坏粮物。部议以滨河州县佐贰之官兼河防事，于各地分巡视，如有阙破，即率众修治，拔去桩橛，仍禁园圃之家毋穿堤作井，栽树取土。都省准议。”

⑤《元史》卷一三《世祖纪十》。

节之，水溢则绳起悬板以通其舟之往来，谓之闸。皆置吏以司其飞挽启闭之节，而听其讼狱焉”[①]。“至正八年二月，河水为患，诏于济宁郓城立行都水监。九年，又立山东河南等处行都水监”[②]。这两次设行都水监，都是因为黄河决口，漫及山东运河，严重影响漕运。所以这两个行都水监之设也是为了运河的通塞。

大运河的修治工程，则是由中央都水监主持。[③]对会通河的修治也是由中央都水监、行都水监[④]派员视察运河工程的。如会通河开通的次年，即元至元二十七年（1290），“岁委都水监官一员，佩分监印，率令史、奏差、濠寨官往职巡视，且督工，易闸以石，而视所损缓急为后先。至泰定二年始克毕事”。泰定四年（1327）四月，御史台言：“巡视河道，自通州至真、扬，会集都水分监及濒河州县官民，询考利病，不出两端：一曰壅决，二曰经行。”[⑤]这是为督视运河工程通运而临时派遣巡视的官员，事毕即还，并非专门管理运河日常运行的官员。至于沿运各闸，各州县有“监闸官”，各闸有“提领”官管理。[⑥]由于水源等问题，运河并未得到充分的利用，元一代漕粮仍以海运为主，已见上文。所以，元代对会通河的管理没有一套完整的管理系统。

明代，京杭大运河正式的名称为漕河，故有王琼《漕河图志》、朱衡《漕河奏议》等。所谓漕河，主要指京东通州至扬州瓜洲间的运河，因为每年江南漕粮都是集中在瓜洲起运的，所以称瓜洲以北的运河为漕河。但有时又指京杭大运河，主要区别在于是否包括浙漕，即江南运河是由巡抚江南都御史兼理还是由专设的工部郎中管理，如属后者，则漕河亦包括浙漕在内。

明清两代，因为从徐州至淮阴的一段黄河即运道，所以治河和治运是合一的，所谓“治河即治运”。不论治河还是治运，其最终目的还是保证漕运的畅通无阻，所以管理漕运和运河的各级官员任务有二：一是负责对运河即漕河的治理，包括疏浚河道、补给水源、修筑闸坝堤堰等；二是保证漕粮按时按数运抵京城。总的来说为河、漕两务。明清两代对运河的管理体制十分复杂且又多变。归纳起来为三大系统：

（1）中央委派的全面管理漕运和运河专员——总理河道，多由宪职（都御史）或部臣（工、兵、刑）兼宪职担任，主要是增加其职责和威望。

---

①〔元〕揭傒斯：《建都水分监理记》，《揭傒斯全集》卷五《文集》，上海：上海古籍出版社，1985年。

②《元史》卷九二《百官志八》。

③《元史》卷一四《世祖纪十一》：“（至元）二十四年三月……命都水监开汶泗以达京师。”

④《元史》卷九〇《百官志六》：“都水监，秩从三品。掌治河渠并堤防水利桥梁闸堰之事。”同书卷九二《百官志八》：“行都水监。至正八年二月，河水为患，诏于济宁郓城立行都水监。九年又立山东河南等处行都水监。”

⑤《元史》卷六四《河渠志一·会通河》。

⑥《元史》卷六四《河渠志一·会通河》：“移文工部，令委官与有司同议。于是差濠塞约会济宁路官相视，就问金沟闸提领周德兴。”《兖州闸》：“若已后新河水小，直下济州监闸官，并泰安、兖州、东平修理……又东阿、须城蜀安山闸，为粮船不由旧河来往，江淮所委监闸官已去，目今无人看管。”

明洪武元年（1368），置京畿都转运使司，设漕运使。十四年罢。[①] 永乐十五年（1417），命平江伯陈瑄充总兵官，掌漕道、河道。[②] 就是由总兵官率兵卒按时疏浚和治理黄河和漕河。景泰二年（1451）增设“总督漕运都御史”，因驻地淮安，故有称“淮安漕运都御史”，与漕运总兵官同理漕务，而治河的职责乃转命总督漕运都御史兼理。天顺元年（1457）又裁漕运都御史，由漕运总兵兼理河道。然而工部则力主运河已有工部派官分段治理，不宜由总兵官兼理河道。天顺七年又复置总督漕运都御史，与漕运总兵官共理漕务。

成化七年（1471）十月，因河道经常淤塞，需要有专员统筹河务，乃命南京刑部左侍郎王恕，以刑部左侍郎衔出任“总理河道”[③]，这是首任总理河道官，也是明代河、漕分治之始。然为时甚短，次年底，王恕治河事竟，即回京，调任南京户部，未再被任命总理河道官。河道由工部郎中、巡河御史和各省管河按察副使各就所属分理。直至弘治时，仍由各级管河官分管河道。故弘治朝以前，漕、黄二河，仅成化七年十月至成化八年底之间，曾设置总理河道官；其余时间，成化七年前，属漕运总兵官或总督漕运都御史兼理；成化九年后，则由工部直接管辖派遣驻外各级管河官。[④]

正德四年（1509），因黄河东决冲击运河，再度置总理河道官，崔岩以“工部左侍郎兼右副都御史总理河道”[⑤]，此后这一官职长期设置。总理河道官“驻扎济宁”，而南北直隶、河南、山东境内的运河皆为其所统辖。[⑥]

万历以后又有变化。万历四年（1576）因黄河下游大肆泛滥，驻扎在济宁的总理河道官无法顾及南北河道，于是以黄淮交汇之清口为界，将漕河分为两段：其北命总理河道都御史专理，其南属总督漕运都御史兼理。万历六年，因总理河道官与总督漕

---

①《明史》卷七三《职官志二》：“总督漕运兼提取督军务巡抚凤阳等处兼管河道一员。太祖时，尝置京畿都转运司，设漕运使。洪武元年置漕运使……十四年罢。永乐间，设漕运总兵官，以平江伯陈瑄治漕。”

②〔明〕王琼：《漕河图志》卷三，《漕河职制》。

③《明宪宗实录》卷九七，“成化七年十月己亥”条。

④ 蔡泰彬：《明代漕河之整治与管理》，台北：台湾商务印书馆，1992年，第308页。

⑤《明武宗实录》卷五八，“正德四年十二月丙辰”条。原文作“修理河道”。按：《明武宗实录》卷八五，“正德七年三月丙午朔”条，“升鸿胪寺卿刘恺为都察院右副都御史总理河道。”卷一二六，“正德十年六月己未”条，“升巡抚山东右佥都御史赵璜为工部右侍郎兼都察院左佥都御史总理河道。”《明神宗实录》卷一九七，“万历十六年四月甲寅”条：“正德四年乃议专设宪政臣为总理。”则正德四年始设总理河道说可信。明人潘季驯《河防一览》卷一三载明人姜璧《条陈治安疏》谓：“至正德十一年，始专设总理河道，驻扎济宁，而南北直隶、河南、山东皆为统辖之地。”不确。

⑥《明神宗实录》卷四六，“万历五年八月戊子”条：“设总理河道大臣，则漕河自张家湾直抵瓜、仪，黄河自河南、山东上源至淮安入海皆其地也。”明人潘季驯《河防一览》卷一四载明人常居敬《酌议河道善后事宜疏》：“窃惟今所称漕河者，南尽瓜仪，北通燕冀，天下所由飞挽粟，而通塞之机，所关国计甚重也……先年设尚书侍郎或都御史一员总理河道，以故事体划一，兴作甚便，议定而行。无敢格者，诸臣经略之迹，至今班班可考。……今后河工之事，似应专责掌印官，督同管河官管理，各照该地方堤岸，冬春踏勘，随地修补，休秋水涨，督率防护，如有疏虞，掌印官一体参治，庶责任有归，而事功易就矣。伏乞圣裁。”

运都御史往往在治理方面意见不一，于是又革除总理河道官，命总督漕运都御史兼理河道。万历十六年，因黄河泛决频繁，河务繁重，复置总理河道官。[①]

万历二十六年（1598），又因总理河道官与总督漕运都御史在治河问题上意见不一，革总督漕运都御史，其职务由总理河道官兼管，此是明代首次由河臣正式兼理漕务。万历三十一年，因河、漕两事非一人能兼任，又复设总督漕运都御史，实行河、漕分治。

以上是正德四年（1509）设置总理河道官以来，河、漕二臣因治河之议相左，导致二职时分时合，最终因一人无法综理二务，遂复分设各理本务。[②]

明代中后期，河道总督除全面管理运河外，[③]还兼督军务。因明代中叶山东矿盗四起，漕粮成为劫掠目标，故总河节制军务，如正德七年（1512）命沿河兵备、守备、军卫有司听其节制，防御劫掠。[④]

（2）监察风纪的巡河监察御史，位于总理河道或总漕大臣（未设总理河道官时）之下，职责是纠弹沿运部司道州县各级官员。明初永、宣年间，初以济宁为中心，将漕河分为南北两段，令刑部主事、监察御史各一员分巡。后又增至四员。景泰间，裁革两名，命长芦和两淮巡盐御史兼管。此时漕河以临清、济宁、淮安分成四段（不包括浙漕）：临清以北，属长芦巡盐御史，临清至济宁，济宁至淮安，则分有二名巡河御史，淮安至瓜洲、仪真，属两淮巡盐御史。以后又有变化。至弘治年间，遂定为济宁以北至张家湾，由长芦巡盐御史兼理，济宁至南京，由两淮巡盐御史兼理。嘉靖以后，通惠河浚通，天津以北至京运道，由巡仓御史兼理。巡河御史的职权：整饬河官风纪， 惩办剥削漕卒， 缉拿运载私货， 审办地方污吏。[⑤]

（3）工部派遣驻外的管河工部郎中，位居总理河道之下。因运河三千里，非一人所能独任，故明一代管河郎中设置变化很大。有时按行政区分，即北直隶、山东、南直隶；有时按河段落分，即通惠河、白漕、卫漕、闸漕、河漕、湖漕；有时按距离分，以济宁为中心分南北两段。官员有时设置两员，有时三员，有时六员。如自永乐至成化，以济宁为中心分为南北两段：济宁以南由工部郎中管辖，济宁以北由副都御史管辖。成化七年（1471）又将漕河分三段：北段自通州至德州（属北直隶），命工部郎中分理，称北河郎中；中段自德州至沛县（属山东），命山东按察副使提领；南段自沛县至瓜洲、仪真（属南直隶），由工部郎中提取督，称南河郎中。成化十三年又改以济宁为中心分为两段。弘治七年（1494）又分为

① 蔡泰彬：《明代漕河之整治与管理》，台北：台湾商务印书馆，1992 年，第 311 页。

② 蔡泰彬：《明代漕河之整治与管理》，台北：台湾商务印书馆，1992 年，第 313 页。

③〔明〕潘季驯：《河防一览》卷一，《敕谕》：万历十六年命潘季驯为河道总督："命尔前去总理河道，驻扎济宁，督率原设管河、管洪、管泉、管闸郎中、主事及各该三司、军卫、有司、掌印、管河、兵备、守巡等官。将各该地方新、旧漕河，并淮、扬、苏、松、常、镇、浙江等处河道及河南、山东等处上源，着实用心往来经营。"

④《明武宗实录》卷五，"正德七年三月辛未"条。

⑤ 蔡泰彬：《明代漕河之整治与管理》，台北：台湾商务印书馆，1992 年，第 339 ～ 342 页。

三段：除了原先北、南河郎中外，山东河段由右通政提督，于是山东河段又单独成一段。隆庆元年（1567）南阳新河开浚，南阳新河地处南直隶和山东两省，原分省悉理办法不合适，于是又以宋家口（利建闸所在）为界分为两段：其北属北河郎中，其南属南河郎中。万历年间开泇河成，管河郎中分界始定五段：通惠河郎中督理北京至天津（属通惠河和白漕）河段，驻通州；北河郎中督理天津至南阳（属卫漕与闸漕北段）河段，驻张秋；夏镇工部郎中督理沛县夏镇至徐州镇口闸之泇河（属闸漕南段及泇河北段），驻夏镇；中河郎中督理徐州口闸至淮安清江浦运口及峄县梁王闸至宿迁直河口之泇河（属河漕和泇河南段），驻吕梁二洪；南河郎中督理淮安清江浦运口至瓜洲河段（属湖漕），驻高邮。上述为比较固定驻地。如逢运粮盛时，则南河郎中移驻仪真，北河郎中移驻济宁，通惠河郎中移驻河西务。其主要职责：提督沿河所属州县军卫之掌印、管河与闸、坝官员挑浚运道和修筑堤、闸、坝，以负运道通塞之责；出纳河工钱粮；盘查运载私货；整饬漕河风纪；清理沿河芦地；管理仓廒木料。①

管河郎中下有管洪、管闸、管泉主事，即运河沿线徐、吕二洪，山东泉源，重要船闸，均由工部主事专管。管洪、管闸主事受管河郎中提调，管泉主事直属总理河道官。上节已述，京杭大运河在运行中有许多困难，徐州以南运道上吕梁、徐州二洪是运河的险段，运舟至此有触礁覆舟之危。运道因地势高下之差，必须置闸节水通流，故沿运船闸必须严格管理。运河水源更是运河的生命线，尤其是山东运河靠泉水以运行。明代由工部主事主持泉政，后又称“管泉主事”，三年一更代。主要职责在于每年春初提督泉夫，挑浚山东诸泉源泉以裕运河水。②这是一份十分辛苦的工作，弘治年间管泉主事有诗曰：“巡行三月始周遭，半宿民间半野蒿。莫道此官闲到底，十分中有五分劳。”③此外，山东兖州府有管泉同知，各州县均有管泉专官。④

正统年间即置工部分司专任工部主事，管理二洪运行过程中督率洪夫、闸夫、溜夫牵挽以及缴纳税银等事务。万历以后责职归入中河郎中。运河上的每一船闸均有闸官，然在一些重要船闸，如通惠河的庆丰五闸，汶上县的南旺上下闸，济宁的天井闸，沛县之沽头上中下闸，均设有工部分司主事，职掌闸板之启闭。管泉主事掌理山东十八州县之泉政，驻南旺，负责出办浚泉钱粮。⑤

（4）地方布按二司行政系统属下各级管河官，在总理河道官之下。漕、黄二河

① 蔡泰彬：《明代漕河之整治与治理》，台北：台湾商务印书馆，1992 年。
②〔明〕胡瓒：《泉河史》卷二《职制志》。
③〔明〕胡瓒：《泉河史》卷一三《人物志》，引弘治十三年管泉主事张文渊诗。
④ 蔡泰彬：《明代漕河之整治与管理》，台北：台湾商务印书馆，1992 年，第 381 页。
⑤ 蔡泰彬：《明代漕河之整治与管理》，台北：台湾商务印书馆，1992 年，第 355 ~ 357 页。

流经南北直隶及山东、河南二省。为加强二河管理，由按察司内增设管河按察副使一员，有时增设管河按察佥事；由布政司内增设管河布政参议一员，专理河道。南北直隶虽无布按二司，仍设管河按察副使、佥事，令山东或河南代管。在按察副使、佥事以下，各河道所在守巡道、兵备道、邮传道等，都有兼理本境内河道之职责。同样，在各省辖下各府都设有管河同知、管河通判，山东兖州府还设有管泉同知。明代规定“府、州、县之濒漕河者，增设通判、判官、主簿各一员，以司河防之务，因事繁简，废置不常”[①]。故明代沿河各州、县、卫、所也各设有管河专官：府设管河通判，州设管河判官、管河同知，县设管河县丞、主簿，卫设管河指挥，所设管河千户。“专管本州县河堡夫役钱粮”等事。[②]山东各州县还设有管泉判官、县丞，山东各闸还有闸官。“凡府州县添设通判、判官、主簿与门坝官，专理河防之务，不许别委干办他事，妨废正务，违者罪之”[③]。运河沿线各地均有水驿，备有船只、水夫，以备漕运时所需。明时从杭州至通州有水驿 54 站，重要的水驿规模不小。如扬州广陵驿有站船 17 只，水夫 170 名；邵伯驿有站船 16 只，水夫 170 名；盂城驿有站船 18 只，水夫 170 名；界首驿有站船 18 只，水夫 170 名。“这些驿站，因地处运河要冲，水位落差大，牵挽任务重，所设水夫特别多”[④]。可见明代对运河沿线的管理十分严密。

至于整治黄、运二河具体执行者的大量徭役河夫，不属管理阶层，故不在此讨论。

总结明代对漕、黄二河的管理，中央委派的总理河道官或总漕都御史居最高位，其下分为几个层次：巡河监察御史、管河郎中、各省管河按察副使和沿河各兵备等按察分司及管泉工部主事为一层次，管洪、管闸工部主事为一层次，府级管河同知、管泉同知为一层次，州、县、卫、所各管河判官、主簿、指挥佥事、千户等和闸官为一层次。其来源分为几个系统：中央专员、宪职、工部、地方各级佐贰官。[⑤]朝廷每年对黄、运两河的治理还规定有年报制度，“凡一岁中修理闸座、堤岸、空缺（即决口）、淤浅、泉源、物料、丁夫，并皆书之，疏以闻”[⑥]。

明代运河管理虽密，但弊端也有不少：第一，总理河道与总漕都御史各有所司，常常意见相左，相互掣肘，以致影响治理。第二，河官多不久任，未满两年的有 75%，故缺乏熟悉河务者和长期规划。第三，管河郎中以下各河官多兼他务，不能专一。第四，管河郎中和各按察使职守重叠，彼此推诿。第五，府州县各级正印官皆视河务非己责，而佐贰官位卑权

①〔明〕王琼：《漕河图志》卷三，《漕河职制》。

②〔明〕刘天和：《问水集》卷四，《改设管河官员疏》。

③〔明〕王琼：《漕河图志》卷三，《漕河禁例》。

④ 范金民：《朝鲜人眼中的中国运河风情》，中国地理学会历史地理专业委员会编：《历史地理》第 20 辑，上海：上海人民出版社，2004 年。

⑤ 蔡泰彬：《明代漕河之整治与管理》，台北：台湾商务印书馆，1992 年，第 498 页。

⑥〔明〕万恭：《治水筌蹄》卷一。

轻，调动困难。[①] 这种多头管理，貌似重视，但在具体执行过程中，往往会互相推诿、互相牵制，未能达到应有的效果。

清朝与明代一样，治河和治运合一。管理运河的最高官员是河道总督。顺治元年（1644）清军入关，因正当崇祯河决，故于该年七月即授杨方兴为河道总督，综理黄河、运河一切事务，简称“总河”[②]，驻济宁。[③] 康熙十六年（1677）后，因江南省河道工程需要，河道总督移驻清江浦，二十七年还驻济宁，三十一年还驻清江浦。四十四年，因山东境内河道离总河驻地清江浦甚远，命山东巡抚兼管山东境内运河河道。雍正二年（1724），因河南河务紧要，设副总河一员，驻武陟，专管河南河务。雍正七年后，河道总督分为三：改总河为总督江南河道，简称“南河”，驻清江浦，专管黄淮汇合以下河道；副总河为总督河南山东河道，简称“东河”，驻济宁，专管河南山东黄运两河；均加兵部尚书都察院右都御史衔。直隶河道由直隶总督兼管，雍正八年置直隶河道总督，驻天津。自后地方河务由直隶、江南、山东三河道总督分辖。雍正十年，又添副总河一员，协理河务。乾隆元年（1736），副总河移驻徐州，次年罢。[④] 咸丰八年（1858），裁撤南河总督，河务由漕运总督兼理。光绪二十四年（1898），裁东河河道总督，事务由山东巡抚兼管，同年十月复设。二十八年，因“漕米改折，运河无事，河臣仅司堤岸，抚臣足可兼顾”，于是裁撤东河河道总督。从此“河务无专官矣”[⑤]。

清代河道总督以下，各省有管河道，其品秩及升补与地方守、巡道同。管河道以下有管河同知、通判、州同、州判等，其官署通称为厅，州同以下的官署称汛。雍正年间设管泉通判一员，但因幅员方数百里地，而泉水又在山沟泥穴之中，一员难以顾及，于是各州县皆有管泉佐杂 12 员，督率泉夫分地疏浚。[⑥] 其品秩均与同级地方官同。沿运各县均有佐贰官管理运河，如峄县县丞“专以蓄微山湖水为职”，滕县主簿“亦以收水入（昭阳）湖为职”，沛县主簿“专以收水入（微山）湖为职”[⑦]。乾隆年间，山东运河分为四段：第一段为河厅河道，驻郯城，管“由江南下邳梁王城至黄林庄入山东峄县境，为兖州府泇河通判所辖”[⑧]。第二段为运河厅河道，驻济宁，管“山东全省运河之上流，其水则汶、泗、沂、洸，其潴泄则蜀山、南旺、马踏、马场、南阳、独山、昭阳诸湖，而署在济宁，又为河帅监司治所，号称繁剧”[⑨]。第三段为捕

① 蔡泰彬：《明代漕河之整治与管理》，台北：台湾商务印书馆，1992 年，第 499 页。
②《清史稿》卷二七九《杨方兴传》。
③《清史稿》卷二七九《朱之锡传》：“顺治十四年杨方兴乞休，上特擢之锡，以兵部尚书衔总督河道，驻济宁。”
④〔清〕陆耀纂：《山东运河备览》卷二《职官表》。
⑤《清史稿》卷一一六《职官志三》。
⑥〔清〕陆耀纂：《山东运河备览》卷七《泉河厅诸泉》。
⑦〔清〕张伯行：《居济一得》卷一。
⑧〔清〕陆耀纂：《山东运河备览》卷三《泇河厅河道》。
⑨〔清〕陆耀纂：《山东运河备览》卷四《运河厅河道上》。

河厅河道，驻张秋，“所属自靳口闸上起至官窑口止，计程一百五十五里入聊城县境”[①]。第四段为上河厅河道，主要管东昌府境运河，驻府城，“所属自阳谷县官窑口起至直隶清河县界盐店止，计程一百七十七里”[②]。

自道员以下各级官员均受河道总督节制。河道总督所属绿营标兵称为“河标”“河营”，专掌河工调遣及守汛、防险之事。沿会通河各闸均有闸官，掌司各闸启闭、按时蓄泄及维修事宜。[③]

清代对运河河道的整治主要有下列几个方面：第一，定期挑浚，有大修和小修之别，小修一般一年一修，大修一般数年一修。有的河段容易淤塞的，如山东运河，每年十一月开工疏浚，次年正月开坝。在此期间运河停运。其他河段视情况而定。第二，修治工程，包括开凿新道，疏浚水源，修筑闸坝等。已详见上述各节，在此不赘。

明清两代对运河管理的机构庞大，层次复杂，官员人数众多，管理成本极高，成为朝廷财政支出一大负担，客观上阻碍了社会经济的繁荣和发展。同时，由于缺乏有效的监督体制，治河官员贪腐严重，治河经费往往落入他们私囊，河务衙门的奢侈、糜烂，已成为社会上共知之事而不以为怪。这是传统官僚专制主义社会体制下的痼疾，是无法治愈的。

## 第二节　运河在运输过程中的管理

历代王朝为了保证运河在漕运时的畅通无阻，建立了周密的管理机构、管理层次，设置了各种规章制度，规定了各级官员的职责。但是落实到具体运输过程中的管理，由于种种原因，却非原来设想中那么顺畅。对运河在运输方面的管理，具体而言，其任务主要是让运河畅通无阻，漕船能顺利按时、按量通过，最终到达规定的目的地。然而由于运河在不同时期的自然和社会政治、经济条件的不同，漕运在进行过程中，产生过种种不同的困难和阻碍，因而历代王朝都曾采取不同措施，应对来自不同方面的困难，以冀达到最佳效果。

从秦汉开始，基本上是利用战国以来形成的运河水系进行漕运，由于这些运河大多处于自然状态，且年运输量不大，在运输过程中，除了预见到的三门峡一段险阻外，一般都比较顺利，所以并没有设置一套严格的、完整的管理制度。隋唐以后情况不同了。隋文、炀二帝在短短的二十几年里，开凿了广通渠、通济渠（汴河）、山阳渎（邗沟）、永济渠、江南河一系列运河，形成了全国性的南北水运交通网，于是“诸州物调，每岁河南自潼关，河北自

①〔清〕陆耀纂：《山东运河备览》卷六《捕河厅河道》。

②〔清〕陆耀纂：《山东运河备览》卷七《上河厅河道》。

③〔清〕陆耀纂：《山东运河备览》卷二《职官表》；刘子扬：《清代地方官制考》，北京：紫禁城出版社，1994 年，第 405 ～ 411 页。

蒲坂，输长安者相属于路，昼夜不绝者数月”[①]，年运输量和运河上往来船只骤增，管理的问题就比较复杂了。然而隋朝和唐朝前期的漕粮主要来自黄河中下游地区，输送的最终地点是大兴（长安）、洛阳，路途不远，且所经河道的特性相同，驾驶的船丁、漕卒对河道水性熟悉；同时隋朝为方便漕粮卸运，加速周转，在运河沿线设立多处粮仓，如在洛阳之东、洛水入黄河处置洛口仓，在洛阳城北置回洛仓，在偃师县北置河阳仓，在陕州置太原仓，在渭水入黄河口处置广通仓（又名永丰仓），在卫州黎阳（今河南浚县）西南大伾山麓置黎阳仓。[②]各方向来的漕船至此即可卸粮回程，这样加速了漕粮的运转，取得了良好的效果。隋末群雄相争，洛口仓、回洛仓、黎阳仓成为各方势力争夺的目标，可知隋时通过运河在这里储藏了不少粮食。唐代初年贞观、永徽之际，禄禀数少，每年转运不过一二十万石，所用裕足，漕事简便，因此朝廷对运道虽疏于管理，但照旧能保持通畅。但是到了开元年间，“漕运数倍于前”[③]，情况就不同了。当时许多漕粮起运自长江下游，漕运路途遥远，且运河因水流淤浅，航行缓慢。如南方诸州所输租米及庸调，每年春上“正月二月上道，至扬州入斗门，即逢水浅，已有阻碍，须留一月以上。至四月以后，始渡淮入汴，多属汴河干浅，又船运停留，至六七月始至河口，逢黄河水涨，不得入河。又须停一两月，待河水小，始得上河。入洛即漕路干浅，船艘隘闹，般载停滞，备极艰辛。计从江南至东都，停滞日多，得行日少，粮食既皆不足，欠折因此而生。又江南百姓不习河水，皆转雇河师水手，更为损费”。从当时日程估算，从长江下游至洛阳差不多要十个月。到了洛阳再往西还有三门峡之险，而渭河又多沙迂曲，如改陆运，则车马颠簸，无由广致。[④]三门峡一段为当时漕运险路，江淮漕粮租米至东都输含嘉仓，以车或驮陆运至陕。“而水行来远，多风波覆溺之患，其失常十七八，故其率一斛得八斗为成劳。而陆运至陕，才三百里，率两斛计佣钱千。民送租者，皆有水陆之直，而河有三门砥柱之险。显庆元年（656），苑西监褚朗议凿三门山为梁，可通陆运。乃发卒六千凿之，功不成。其后，将作大匠杨务廉又凿为栈，以挽漕舟。挽夫系二䡅于胸，而绳多绝，挽夫辄坠死，则以逃亡报，因系其父母妻子，人以为苦”[⑤]。

原来的直运法显然不能适应远距离的输送。于是在开元二十二年（734），朝廷采纳京兆尹裴耀卿建议的分段运输法，除原来隋朝遗留下来的粮仓外，又在运河沿线新建了许多粮仓，如改原来在洛阳城内的含嘉城为粮仓，在汴河入黄河口河阴县置河

---

①《资治通鉴》卷一八〇，“隋炀帝大业元年三月戊申”。

② 邹逸麟：《从含嘉仓的发掘谈隋唐时期的漕运和粮仓》，《文物》1974 年第 2 期。

③《旧唐书》卷九八《裴耀卿传》。

④《旧唐书》卷四九《食货志下》。

⑤《新唐书》卷五三《食货志三》。

阴仓，在河清县（今河南济源西南旧河清）置柏崖仓，在三门峡之东置集津仓，三门峡之西置三门仓（又名盐仓）。在三门峡北岸山崖上凿开陆道十八里，以避三门湍险。经过这番整治，江淮漕船至河阴仓将租米纳入仓内，即可回本州。俟河水稍落，贮在河阴仓的租米由官方另雇运船，一部分租米入洛阳含嘉仓，以备所需，另一部分找熟悉河水水性的水工运经柏崖仓、集津仓，再走一段十八里陆路至盐仓，再由此转走水路至陕州太原仓，溯河水至渭南仓（咸亨三年置），最后抵长安城。经过运河漕粮分段运输的改革，三年间就将租米七百万石运至关中，达到唐代漕运史上空前的高额。[①]以后天宝年间，以长安令韦坚兼水陆运使。韦坚治汉、隋运渠，起关门，抵长安，通山东租赋，乃绝灞、浐，并渭而东，至永丰仓与渭合。又于长乐坡凭苑墙凿广运潭于望春楼下，以聚漕舟。坚因使诸舟各揭其郡名，陈其土地所产宝货诸奇物于栿上。是岁，漕山东粟四百万石。自裴耀卿言漕事，进用者常兼转运之职，而韦坚为最。[②]

安史之乱后，漕运阻绝。安史之乱平定后，朝廷第一件事就是恢复漕运。唐宝应二年（763）由刘晏任转运使，首先疏浚汴河，恢复漕运之道。其次，是在裴耀卿分段输送法的基础上，加以改进。裴耀卿时规定江南各地租米一次直运至河阴仓，一般需要六七个月的时间，刘晏时改以扬州为起运点。江南各州租米自本州先运至扬州集中，再由朝廷另行组织漕船，循汴河运至河阴仓，这样可以缩短等候水位涨落所需的时间。同时又“以江、河、渭水力不同”，“各随便宜造运船，教漕卒”，使“江船不入汴，汴船不入河，河船不入渭。江南之运积扬州，汴河之运积河阴，河船之运积渭口，渭船之运入太仓”，“其间缘水置仓，转相受给”[③]。同时在漕船的组织装运、水工人员的配备和训练，以及船只的设计制造方面都有所改进，结果“岁转粟百一十万石，无升斗溺者”[④]。关中地区的供应又得到了暂时的保证。

元和九年（814），又在汴河入淮口南岸盱眙县都梁山上筑都梁仓，以备汴河航道淤浅受阻时，江南的漕粮可暂贮于此。元和十二年曾在此发仓米二十八万石西运，可见仓储的规模不算太小。[⑤]

由此可见，唐代的漕粮在大运河运行过程中的管理还是相当见效的，因此才能最终维持唐王朝长治久安。

北宋建都开封，当时的主要运河是围绕汴京的漕运四渠。《宋史·河渠志·汴河》载：京师开封周围“有惠民、金水、五丈、汴水等四渠，派引脉分，咸会天邑，舳舻相接，赡

---

① 邹逸麟：《从含嘉仓的发掘谈隋唐时期的漕运和粮仓》，《文物》1974 年第 2 期。

②《新唐书》卷五三《食货志三》。

③《新唐书》卷一四九《刘晏传》；《资治通鉴》卷二二六，“唐德宗建中元年七月”条。

④ 同②。

⑤〔唐〕沈亚之：《淮南都梁山仓记》，〔宋〕李昉等纂：《文苑英华》卷八〇八《公署下》。

给公私，所以无匮乏”。其实这几条运河中，金水河只是五丈河的水源，并无漕运之利。只因均在北宋初年进行过人为加工，故习称“漕运四渠”，当时真正对京城有输送物资之功的，是去金水而代之以黄河的“漕运四河”。

漕运四渠输送有所分工：江南、淮南、浙东西、荆湖南北六路之粟自淮入汴至京师；陕西之粟自三门白波转黄河入汴至京师；陈、蔡之粟自闵河、蔡河（即惠民河）入汴至京师；京东之粟自五丈河历陈、济及郓至京师。四河所运，惟汴河最重。[①]

宋代漕运四渠运送天下诸路的租籴、物资，其路线有具体的规定：江南、淮南、两浙、荆湖路租米，先运至真、扬、楚、泗州，置仓收纳，分调舟船溯流入汴，经达京师，置发运使领之，诸州钱帛、杂物、军器上供亦如之；陕西诸州菽粟，自黄河三门沿流入汴，以达京师，亦置发运使领之；京东17州的粟帛，由广济河（即五丈河）运至京师；河南地区陈、颍、许、蔡、光、寿诸州物资，皆由石塘河、惠民河运至京师，皆有京朝官廷臣督之；运至河北前线的物资，由卫州通过御河达乾宁军（今河北青县），由廷臣主之；广南地区进口的金银、香药、犀象、百货，先陆运至虔州（今江西赣州），而后通过赣江水运北上；川益诸州金帛及租、市之布，自剑门列传置，分辇负担至嘉州（今四川乐山），再水运至荆南（今湖北荆州），自荆南遣纲吏运送京师。[②]管理十分有序。

宋代漕运终点在开封，较唐代缩短了许多路程，既无三门之险，又无渭水多曲之患。在运输制度上又作了不少改进，故与唐代相较，取得了良好的效果。第一，江南、淮南、两浙、荆湖路诸州的租米物资每年按时运至扬、真（仪征）、楚（淮安）、泗四州后，待汴河水涨，再分别由此运往开封。起自扬、真二州者定八十日一运，岁可三运。楚、泗二州因即在淮河沿岸，如自此“间运米入船，至京师辇米入仓，宜各宿备运卒，皆令实时出纳。如此每运可减数十日。楚泗至京千里，旧定八十日一运，一岁三运，今若去淹留之虚日，则岁可增一运矣”[③]。此后自楚、泗二州起运，规定一岁四运，立为永制。[④]尤以泗州正处淮汴之交，“最为近便”，故大多从泗州起运，元丰初还将贮藏在扬州的百万石谷徙贮泗州，以便发运[⑤]。第二，船只载负量减轻。唐时漕船共二千艘，每艘载粮一千斛，一年一运，开元时凡三年，运米七百万石至关

①〔元〕马端临：《文献通考》卷一一《国用考三》引止斋陈氏语。

②《宋史》卷一七五《食货志上三·漕运》。

③〔宋〕李焘：《续资治通鉴长编》卷一三，“宋太宗开宝五年秋七月甲申”条。

④〔宋〕释文莹：《玉壶清话》卷八，景印《文渊阁四库全书》第1037册，台北：台湾商务印书馆，1986年。

⑤《续资治通鉴长编》卷三〇〇，“宋神宗元丰二年冬十月辛丑”条。

中。宋时纲船常六千艘，每艘载重只三百石。[①] 真宗景德四年（1007），规定汴河每岁定额是六百万石。[②] 宋时单个漕船载负量虽轻于唐代，然船只数量多，且其周转率较唐时为高。第三，唐代后期虽经刘晏的整顿，漕运效率明显提高，但晚唐军阀割据，社会动荡，管理制度废弛。史载“自太和以来，岁运江淮米不过四十万斛，吏卒侵盗、沉没，舟达渭仓什不三四，大堕刘晏之法”[③]。而宋代无军阀割据之患，且对漕运管理尤特别重视，制度较为齐全。宋代设有专职漕运事务的发运司两员：[④] 一员设在真州，掌管把江南两浙等路的漕粮运到真州；一员设在泗州，掌管把漕粮从真州运到京师。[⑤] 发运司除管理漕运外，并有“钱一百万贯为籴粜之本，每岁于淮南侧近趁贱籴米。而诸路转运司上供米至发运司者，岁分三限：第一限自十二月至二月，第二限自三月至五月，第三限自六月至八月。远限不至，则发运司以所籴代之，则取直于转运司”[⑥]。王应麟亦云：“祖宗设制置发运司，盖始于王朴之议。朝廷捐数百万缗以为籴米，使总六路之计，通融移用，与三司为表里，以给中都。六路丰凶不常，稔则增籴以充漕计，饥则罢籴，使输折斛钱，上下俱宽，而京师不乏……自仁宗朝至崇宁初，发运司常有六百余万石米，百余万缗之蓄，真、泗二仓常有数千石之储。”[⑦] 由于实行了粜籴制度，不待江淮漕运船至，亦可按时上运，不致误时，其周转率较唐时增加两三倍。

元代漕运以海运为主，所以对京杭大运河上漕运管理没有一套完整的制度，造成航运上的混乱。首先，当时因为运河浅狭，规定漕船不能超过百五十料，但是权贵、大贾为了增多载负量，造了三四百料甚至五百料的大船，在运河中航行，造成运河拥挤，“阻滞官民舟楫”。朝廷为了对付权贵的违章，在运河某些船闸处加置小石隘闸，束狭闸口，只许行百五十料船只，禁止二百料以上船只通行。是否有效，不得而知。其次，本来在济州置漕运司，管理南北漕运。后济州漕运司革罢，济州以南河道“从此无人管领，不时水势泛滥，堤岸摧塌，涩滞河道。又济州闸，前济州运司正官亲临监视，其押纲船户不敢分争。即目各处官司差人管领，与纲官船户各无统摄，争要水势，及搀越过闸，互相殴打，以致损坏船只，浸没官粮”[⑧]。所以元一代运河管理混乱，是因当时以海运为主，朝廷也未着力改革。

明代朝廷征用粮食的地区，主要是南直隶、浙江、江西、湖广、河南、山东六省，前四省称为“南粮”，后二省称为“北粮”。输送漕粮的办法前后有变化。初年水运与海运兼

①〔宋〕王应麟：《玉海》卷一八二《漕运》；〔宋〕沈括：《梦溪笔谈》卷一二《官政二》，上海：上海古籍出版社，1987年。

②《宋史》卷一七五《食货志三》。

③《资治通鉴》卷二四九，“唐宣宗大中五年春二月壬戌”条。

④ 发运司之设，始于唐末。《资治通鉴》卷二五三，“广明元年春正月乙卯”条载：“二月……高骈奏改扬子院为发运使。”并有胡注：“扬子院旧置留后，今改为发运使，宋朝江淮发运使本此。”

⑤〔宋〕王应麟：《玉海》卷一八二《漕运》。

⑥〔宋〕苏辙：《论发运司以粜籴代诸路上供状》，《栾城集》卷三七，上海：上海古籍出版社，2009年。

⑦ 同⑤。

⑧《元史》卷六四《河渠志一》。

理。永乐十三年（1415）会通河建成后，罢海运，改为由京杭大运河运粮至京城，在运河沿线置淮安、徐州、临清、德州四仓。先用支运法（亦称转运法），即由各地粮长将粮食就近输送至国家粮仓，再由运军分段运至通州、京师。如江西、湖广、浙江民运粮至淮安仓，再分遣官军就近挽运。“自淮至徐，以浙、直军，自徐至德以京卫军，自德至通以山东、河南军。以次递运，岁凡四次，可三百余万石，名曰支运”。宣德五年（1430）后，因江南民船运粮储仓往返需要近一年，有误农时，改用兑运法，即各地江南诸省民粮运至淮安、瓜洲，兑于运军，由运军直运京师，是为兑运；八年，“立水次仓，先是诸处税粮，俱里胥粮长就私家征索，推敛无艺，乃于附城水次设仓，总征并蓄，而时出之，今民径自送纳，较之往昔，省减二分之一”[①]。以后凡靠近会通河的各县均设有水次仓，如曹州、定陶、郓城、寿张、范县、濮州、朝城都有水次仓。如隆庆二年（1568）沛县改水次仓于夏镇，丰县水次仓也改在夏镇。[②]但每石米根据路途近远要加耗，“给予路费耗米，则军民两便”。规定每石湖广八斗，江西、浙江七斗，南直隶六斗，北直隶五斗。当时也没有全部废除支运，“不愿兑者，亦听其自运”。以后民间“亦多以远运为艰。于是兑运者多，而支运者少矣”。兑运法也出现不少弊病，如“军与民兑米，往往恃强勒索”。于是至成化七年（1471）改用长运法，即江南州县运粮至水次（主要是淮安、瓜洲），粮户除加耗外，每石加过江费一斗，由运军直运京师，遂为定制。[③]清袭明制，漕粮运输方式大体沿用明代后期的长运法。

明代宪宗时还规定运船至京期限，北直隶、河南、山东五月初一日，南直隶七月初一日，其过江支兑者，展一月，浙江、江西、湖广九月初一日。通计三年考成，违限者，运官降罚。武宗时列水程图格，按日次填行止站地，违限之米，顿德州诸仓，曰寄囤。世宗时定过淮程限，江北十二月，江南正月，湖广、浙江、江西三月，神宗时改为二月。又改至京限五月者，缩一月，七八九月者，递缩两月。后又通缩一月。神宗初，定十月开仓，十一月兑竣，大县限船到十日，小县五日。十二月开帮，二月过淮，三月过洪入闸。皆先期以样米呈户部，运粮到日，比验相同则收。[④]

明清时期大运河在运输漕粮过程中所出现的问题基本相同，因此运河在通运过程中的管理也基本相同。这类管理大体上可以分为两类：

一是对运河自然要素的管理。明清时期运河由不同河段组成，有白漕、卫漕、闸漕、河漕、湖漕、江漕、浙漕之分，根据不同河段的特点，有不同的整治管理方法。

①〔清〕顾炎武：《天下郡国利病书》卷二四《江南十二》，“征收则例”条，清光绪辛丑石印本。

②〔清〕顾炎武：《天下郡国利病书》卷四〇《山东六》，“水次仓”条，清光绪辛丑石印本。

③《明史》卷七九《食货志三·漕运》。

④同③。

如对白漕，即白河，“从密云而南下，霁十日，则平沙弥河，雨溢则泛，运卒急则挽舟，又急则直易舟耳。其节短，不并运，故其法治之以‘不宜治’也”。卫漕，即卫河，“渠其敛而流甚深，渠敛则流专，流深则渠利，故其法治之以‘不必治’也”①。闸漕，即山东运河，主要是对水源和闸坝的管理，这段运河水源主要来自汶泗诸水及泰山山脉西麓各地泉源，汇入沿运的南旺、安山、马场、昭阳四大水柜，以资漕运，“漕河水涨，则减水入湖；水涸，则放水入河，各建闸坝，以时启闭”。所以闸门按时启闭，保证运河在通运时有足够的水源，是运河管理的重点。②又因山东运河中间南旺地区高，南北两端低，需分段置闸以控制水流。根据漕船过时的水情、船情，分段启闭，沿途控制各段运河内水量，才能安全通航。河漕，即徐州至清江浦以黄河河道为运道，重点在整治和铲除徐州东南的徐、吕二洪的峭立怪石，以免漕船有覆舟之患，徐州府还专设管洪主事。这段河道着重在“崇堤约之以专其流，随流堤之以弱其性，运毕则修以清漕，漕毕则静以待运，岁相循环也。故其法治以‘数治’也”。湖漕，即淮安、扬州间运河，因该地湖泊成串，“地卑积水，汇为泽国”，多筑堤并开月河以通运，如筑高邮、宝应、汜光、白马诸湖堤，堤皆置涵洞，互相灌注；又虑淮东侵，在洪泽湖东筑高家堰，“为淮扬门户，堤防不可不严，修守不可不预，内除石堤三千丈外，两头土堤，每岁伏秋，划地分守，随汕随葺”③。堤以御洪，并在堰上分水口以泄洪。④万恭认为此段运河“夏秋多雨，则胀闷而决堤；冬春多旱，则涸竭而胶舟，胀之既不可，涸之又不可……此岂能一日忘备哉！故其法治以‘亟治’也”。浙漕，即江南运河，河道条件较好，只要来年疏浚一次即可，所谓“直踰年一深通之耳。故其法治之以‘间治’也”⑤。每一不同河段由于河性不同，需要不同的治理和管理方法。所以每年从春上起运开始，运河需在十分周密的系统管理条件下，才能完成一年的漕运任务。

二是对运河在通运过程中各类社会因素的管理。明清两代与运河有关的有不同的利益人群，如控制或操作以及通过运河有关船只的有官府领漕官员、官府船只管船官员、漕司官员、闸官、漕卒、船丁、夫役、豪门富商、过往客商等，这些不同人群，在运河运行中有不同利益，这种不同利益在运河航行中往往会发生矛盾冲突，这种矛盾的爆发或尖锐化，就会造成运河的阻塞或淤浅，严重影响运河正常运行。于是朝廷需要制定一系列制度加以管理。例如，由于运河水浅、河狭，过往漕船大小、载重、吃水都有严格规定，超过规定就会阻塞运道。明代漕船大小、尺寸俱有规定，万恭《治水筌蹄》云：每艘漕船“载不得过四百石，入水深不得过六拏。六拏者，三尺也”。又云：“理闸如理财，惜水如惜金。粮艘入水，深

---

①〔明〕万恭：《治水筌蹄·自序》。

② 明人胡瓒《泉河史》卷二《职制志》有“漕河禁例：凡十七条”，此其一。

③〔明〕潘季驯：《河防一览》卷三，《河防险要》。

④《明史》卷八五《河渠志三·运河上》。

⑤ 同①。

不逾三尺五寸，浚至四尺则水从下过，广不逾一丈五尺，浚至四丈则水旁过，皆非惜水之道也。”[①] 刘天和《问水集》云：“臣等审验粮船自面至底尺寸，及遍询回船运军，举云装米五百余石，用水亦不甚深。而带货过重，未免浅搁，前船一滞，后帮皆迟……尤望乞敕户部通行漕运衙门晓示运军，遇浅即剥，仍申明带货旧例，不许例外重载。”“官军故违，即便访拿究治。”[②]

清代基本沿袭明制。据清初朱之锡《河防疏略》记载，规定漕运船式俱有定式，龙口梁阔不过一丈，深不过四尺。如粮船过淮验烙之时，查有不如式者，该管官员不分军职有司，一体参奏。江西、湖广、浙江漕船，梁头阔至一丈六七尺，深至七八尺不等。空船入水已四五捺，又因船只不足，往往倍载票粮，入水多至十捺以外。而一遇重船，在黄河则合帮人夫，逐船倒纤，始得过溜。在运河则守板蓄水，集船起剥，倍费日时。[③] 为了多载运输物资，“其江西、湖广、浙江之船，则巍然如山，隆然如楼……入水多至五尺以上”，每船“复携二三剥船以随之”。致使渡黄入运，到处搁浅。嘉、道之际，“山东、河南之船亦复仿效逾制，继长增高，日甚一日”。所载漕粮米麦“不过六百余石”，其增大部分“悉为揽盐揽货之物，沿途贩售”[④]。由于漕船造式超长超重，吃水过深，以致航行过程中，搁浅、阻塞之事经常发生，影响了漕运的畅通。

又如，运船过闸河次序，明代规定“粮船盛行，运舟过尽，次则贡舟，官舟次之，民舟又次之”[⑤]。只有鲥鱼与杨梅、枇杷等江南新鲜物品，因是皇帝宗室最喜享用的食品，这是一种特殊物资，运送的船只称为贡鲜船只，为保证供应皇家享用，不限时间，船到即启闸。凡船只到闸，必待积水至六七板方可启闸。“宣德四年，令凡运粮及解送官物并官员、军民、商贾等船到闸，务积水至六七板方许开。若公差内外官员人等乘坐马快船或站船，如是急务，就与所在驿分给马驴过去，并不许违例开闸。进贡要紧者，不在此例。成化间，令凡闸惟贡鲜船只随到随开，其余务待积水。若豪强逼勒擅开，走泄水利，与门开不依帮次，争开者，听闸官将应问之人拿送并巡河官处究问……干碍豪势官员，参奏究治。其闸内船已过，下闸已开，积水已满，而闸官夫牌故意不开，勒要客船钱物者，亦治罪”[⑥]。“惟进贡鲜品船只到即开放，其余船只务要等待积水而行。若积水未满，或积水虽满而船未过闸，或下闸未闭，并不得擅

①〔明〕万恭：《治水筌蹄·自序》。
②〔明〕刘天和：《问水集》卷三，《修浚运河第一疏》。
③〔清〕傅泽洪辑：《行水金鉴》卷一三四《运河水》引《河防疏略》。
④〔清〕魏源：《筹漕运篇下》，〔清〕贺长龄辑：《清经济文编》卷五二，转引自李文治、江太新《清代漕运》（修订版），北京：社会科学文献出版社，2008年，第381页。
⑤〔明〕万恭：《治水筌蹄》卷二《运河》。
⑥〔明〕杨宏、谢纯：《漕运通志》卷八《漕例略》。

开”[①]。然而权势之家的船只一到，往往不将官方禁令放在眼里，逼迫闸官即行开闸放行，甚至殴打闸官，落水死人而不顾。[②]

又如，南京与北京之间来往的公差人员装载官物的船只，称为黄船、马快船、贡船。黄船有大、小之分，大黄船专为皇帝所乘，小黄船负责运载江南时鲜肉蔬果品至京城。马快船运送各种上贡物品。贡船主要运送宫廷办公及日常生活用品。总之，都是朝廷的官船，总数多时达3 000多艘，少时也有上千艘，约占漕船的四分之一。[③]这些船只按规定与漕粮船、商船同样需俟运河积水情况开闸过船，如逢到闸积水未满，不能过船，“就于所在驿分给马驴过去，并不许违例开闸”[④]。但是“两京往来内外官，多不恤国计，不候各闸积水满板，辄欲开放，以便己私。而南京进贡内臣尤甚，以此走泄水利，阻滞粮运”[⑤]。有的“马快船只递运官物，其管船官员有索要船夫银两者，有装官物三分，而带私货七分者，有沿途责打官吏，而多派人夫者，有纵令家人逼要茶钱者。似许奸弊，难以枚举，凌辱官吏，苦害军民，搅扰公私，莫此为甚”[⑥]。有的甚至在其所驾黄船、马快船上的朱牌上书写金字“御用”“上用”字样，高持在船头旗帜之上，有的则在朱牌上写上墨字“钦差”“钦取”，持在桅樯之间，乘势快速北上。[⑦]还有的“回籍省察、丁忧、起复及升除、外任文武大小官员，或由河道，或从陆路，俱无关文，往往倚势于经过衙门取具印信、手本，转递前途，照数起拨人夫、车辆、马匹、船只及受要廪米、鸡鹅、酒肉、蔬果等物，有司阿意奉承，科用民财，略不顾恤其中。又有贩卖物货，满车满船，擅起军、民夫拽送。一遇闸坝、滩浅、盘垫疏挑，开泄水利，以致人夫十分受害，粮运因而迟滞”。明廷也明晓“此等弊病，若不痛加惩治，则上下相贪，人民荼毒，何有纪极。恁都察院便出榜，去各地方一带挂张，晓谕禁约，仍行与各巡抚都御史并巡按、巡盐御史，管洪、管闸部属及分巡风宪官，各照节次降

---

①〔明〕王琼：《漕河图志》卷三，《漕河禁例》。

② 清人傅泽洪辑《行水金鉴》卷一一〇引《明宣宗实录》“宣德四年四月丁亥”条，“上语都御史顾佐等曰：临清以南诸闸，专为蓄水以便行舟，比闻闸官软罢，多为权势所胁，不时开放，轻泄水利，强梁者即度，良善者候经旬日，甚至忿斗溺死者有之。尔即揭榜禁约。惟进荐新物者舟行不禁，其余不分公私，必候积水及则，方得开闸，若有公事不可缓者，即于所在官司转给马驴以行。有仍前胁制听从者，皆论罪不贷”。宣德四年，宣宗下旨：“沿运闸官都不尽心堤防水利，往往为权豪势要所胁，不时将闸开放，以致强梁泼皮的得以抢先过去，本分良善的动辄经旬日不得过，甚至争斗厮打，淹死人也是不顾，十分无理。恁都察院便出晓谕多人知道，今后除进用紧要的船不在禁例。其余运粮、解送官物及官员、军民、商贾府船到闸，各俟积水至六七板，方许开放。若公差、内外官员人等，或乘马快船及递运站船，如果事务紧急，就于所在驿分马驴过去，并不许违例开闸。敢有仍前倚权豪势要逼凌闸官及厮斗争先过去的，许闸官将犯人拿赴巡官处及所在官司，或巡检察御史处问的得实，轻则如律处治，重则奏闻区处。那沿河管闸官以前所犯姑容不问，今后若再不用心依法照管，仍听权豪势要之人逼胁，启闭不时，致水走泄，阻滞舟船，都拿来重罪不饶。”

③ 李泉、李芹：《明代的宫廷运输与运河交通》，《故宫月刊》2010年第6辑。

④ 同①。

⑤《明宪宗实录》卷八七，“成化七年正月甲申”条。

⑥ 同①。

⑦〔明〕胡瓒：《泉河史》卷二《职制志》。

去禁例，严督所属巡司、官吏常川往来巡视。遇有前项倚势索取夫马、车船、廪食等项，官员及公差内外官多讨马快船只，就便从公盘诘，私盐、私货俱见数入官，无籍之徒及关文内无名之人擒拿问罪，干碍内官并五品以上官，指实奏来处治；其余应拿来者，即拿问如律。军卫、有司、驿递衙门，敢有前徇人情，惧势要、应付者，事发一体治罪不饶”[①]。但事虽明有禁令，法规俱在，然天高皇帝远，哪能禁得了？因此终明之世，黄船、马快船强行过闸，导致河水过量流失，造成河道壅浅，令漕船及官民船只停泊、搁浅的问题始终没有得到解决，严重干扰了运河的正常运行。[②]这种问题终明一代并未解决，至清初仍然如此。《行水金鉴》卷一三四朱之锡《河防疏略》：“圣祖仁皇帝康熙二年九月十九日总河朱之锡题：……查会典一款，凡运粮及解送官物，并军民商贾等船到闸，务积水至六七板，方许开放。若公差内外人等，乘坐马快船或站船，紧急公务，就于所在驿，分给与马驴过去。不许违例开闸，进贡要紧，不在此例。又一款，凡闸，惟进鲜船只，随到随开，其余务待积水。若豪强擅开，走泄水利，及闸开不依帮次争斗者，听闸官拿送管闸并巡河官究问。因而阁坏船只，损失进贡对象，及漂流官粮并伤人者，各诊律例，从重问罪。干碍豪势官员，参奏究治。而且附搭黄马快船有禁，贡鲜船只夹带有禁，令申森严，历历可考……奈迩来官差船只，只顾一己速行之私，罔念朝廷京储之重，每到闸口，辄听船役喝令启板，么髍官夫，稍有违拗，则捶楚继之。积水既泄，闸内粮船，不免浅搁，即使泄而复蓄，亦不免加倍耽延。甚或有随带货船，须水浮送，则上闸应闭而不听闭，下闸当开而不容开，年来争竞之端，实由于此。”

凡此种种，可了解到明清时代大运河的通运，是在自然条件十分不利和社会环境又相当恶劣的情况下进行的；为了维持运河运输的畅通，其管理成本是很高的，然因体制问题所限，最终未必达到应有的效果。

## 第三节　运河的运输能力及其限度

历史上运河运输的能力视河道条件和社会政治环境的变化而定。例如，西汉初年，社会经济凋敝，“漕转关东粟以中都官，岁不过数十万石”。汉武帝时代，国力

① 明人王琼《漕河图志》卷三《漕河禁例》引“成化十二年六月二十一日都察院右都御史屠滽等于奉天门钦奉宪宗皇帝圣旨”。

② 李泉、李芹：《明代的官廷运输与运河交通》，《故宫月刊》2010年第6辑。

强盛，朝廷特别注意水利建设。“岁漕关东谷四百万斛以给京师，用卒六万人”。每年从关东运输大批粮食入京师，以致“太仓之粟陈陈相因，充溢露积于外，腐败不可食”，造成极大的浪费。[①]不过当时通常是从山东漕运至关中，“岁百余万石”，然因途经三门砥柱之险，“败亡甚多而烦费”，于是计划在距离关中较近的汾河下游开渠田灌溉，估计可以输入关中漕粮在两百万石以上，能避三门之险。不料最终因黄河河道移动而罢。此后又开褒斜道沟通褒、斜二水通漕，最后因“水多湍石，不可漕”而罢。[②]总之，西汉一代正常情况下，每年从各地通过运河输入关中的粮食大约一百万石。魏晋时期因资料缺乏，对运河运输能力的详情难以备述。

唐代初年，贞观、永徽年间，国用简省，每年漕运二十万石便足应用。以后国用渐广，漕运数倍于前。到盛唐开元初，河南尹李杰为水陆运使，运米岁二百五十万石。开元二十二年（734），裴耀卿主漕事，最盛时三年时间，共运七百万石漕粮至京，平均每年二百三十余万石。及耀卿罢相，北运颇艰，米岁至京师才一百万石。开元二十五年，遂罢北运。而崔希逸为河南陕运使，岁运一百八十万石。其后以太仓积粟有余，岁减漕数十万石。天宝元年（742）韦坚主漕事，是岁，漕山东粟四百万石。[③]这可能是唐代漕运的最高数字。

安史之乱以后，社会动荡，战争频仍，政治腐败，而运河修治不时，运输量大减。如在代宗广德年间，“岁转漕粟百一十万石”[④]。“大中五年（851），以户部侍郎裴休为盐铁转运使。明年漕米岁四十万斛，其能至渭仓者，十不三四”[⑤]。这对唐朝财政产生严重影响。

北宋一代文臣主政，虽国力不强，但国内军事争战很少，社会相对安定，运河运输的能力也相对稳定。再则建都开封，漕运省却三门之险，且有四渠通漕，其效果当然是超过唐朝的。

宋初开宝年间，汴、蔡两河由江淮地区运往都城东京的漕米每年不过数十万石。太平兴国初，两浙归附，漕运数增至四百万石。太平兴国六年（981）时，“汴河岁运江淮米三百万石，菽一百万石；黄河粟五十万石，菽三十万石；惠民河粟四十万石，菽二十万石；广济河粟十二万石。凡五百五十万石”。至道初，汴河运米增至五百八十万石。景德四年（1007），定汴河岁额六百万石。大中祥符时，汴河运米最高达七百万石。[⑥]神宗熙宁五年（1072）时规定年额，汴河每年上供六百万石，广济河六十二万石，惠民河六十万石。广济河所运内十二万石为杂色粟豆，只能充作马料。惠民河所运内二十五万石只给太康、咸平（今通许）、尉氏等

①《汉书》卷二四上《食货志第四上》。

②《汉书》卷二九《沟洫志》。

③《新唐书》卷五三《食货志三》。

④ 同③。

⑤《旧唐书》卷四九《食货志》。

⑥《宋史》卷一七五《食货志上三·漕运》。

县军粮。惟汴河所运一色粳米相兼小麦，是太仓储粮的主要来源。[①]

以上是就常年正常情况而言，其实运河种种不利于航运的因素不少，许多年份往往达不到以上运输的要求。例如，汴河水源不足，含沙量高，河道易于淤浅等因素，限制了航运的能力。此外，比较固定不利航行的，是每年冬季淮河以北段运河封冻，只能停运。唐人杜牧有《汴河阻冻》诗云："千里长河初冻时，玉珂瑶佩响参差。浮生恰似冰底水，日夜东流人不知。"[②]宋代初年有冬十月闭汴口的规定，推想当时汴河封冻在十月以后，解冻后头纲起运时初在清明日，导洛入汴后，改在二月初一。[③]以后引洛失败，仍引黄入汴，仍以清明日起运。可见汴河一年能通运的不过八个月，大致是漕运的一个来回，其运输能力是有限的。

元代每年通过大运河的漕粮约一百万石，自冰开发运至河冻时止，计二百四十日，日运粮四千六百石。[④]其余利用海运。

明清两代朝廷对大运河的依赖更甚于前代。由于自然和人为因素，每年朝廷通过运河将漕粮运至京师，过程也不是很顺利的。一方面是自然方面的原因，上文已提及运河水源不足，运道水量浅涩，往往是运舟不能顺利通行的重要原因；此外是运道多处置闸，特别是山东运河全为闸河，漕船过闸需要十分小心，稍不留意，或水太大冲毁船只，或水太小而船只搁浅。另一方面是人为原因，当时漕船北上称"重运"，到通州卸粮后，南归称"回空"。漕船北上携带土宜过多，载量过重也是不能如期航行的一个重要原因。漕船携带土宜，原是朝廷允许的。但运丁为了多获商利，经常超额多带，每每因途经关卡，为查验土宜纳税之事争执不下，以致延宕时日。如明代规定粮运"过淮完粮期限，山东北直隶正月以里完报，五月初一日完；江北官军十二月以里过淮，限七月初一日完；南京江南正月以里过淮，八月初一日完；湖广、浙江、江西三月以里过淮，九月初一日完。皆依地理远近，大率过淮之后，在途延往，有违原限，问以罪名，情法皆当"[⑤]。清代漕运从瓜洲起运至通州入仓，北上重运和南归的日程，顺流或逆流，都有一定的规定。但在实际运行过程中，往往因为不同时间的水情不同等自然条件的原因，不能如期到达。如山东境内一段闸河原定为四十二日，但嘉庆十四年（1809），湖南三帮漕船走了一百四十七日，嘉庆十五年走了一百二十五日，超过原定期达数月之久。[⑥]从运河自然通运能力而言，也不十分理想。

①《宋史》卷九三《河渠志三》。

②〔唐〕杜牧：《樊川文集》卷四，上海：上海古籍出版社，1978年。

③宋人李焘《续资治通鉴长编》卷三〇二："元丰三年元月……三司言：发运司岁发头运粮纲入汴，旧以清明日，自导洛入汴，以二月一日。"

④《元史》卷六四《河渠志一》。

⑤〔明〕杨宏、谢纯：《漕运通志》卷八《漕例略》。

⑥李文治、江太新：《清代漕运》（修订版），北京：社会科学文献出版社，2008年，第130页。

明清两代大运河通运的能力与其所运输的物资有关，当时通过大运河北上的物资主要有下列三个方面：

（1）漕粮。明永乐初，会通河尚未开通，河、海兼运。永乐十三年（1415）开会通河后，罢海运，漕粮全由会通河北运。[①]初未有定额，永乐十六年会通河运往北京，为四百六十三万六千五百三十石；宣德八年（1433）五百余万石；正统二年（1437）四百五十万石；景泰二年（1451）四百二十三万五千石；天顺四年（1460）四百三十五万石；成化八年（1472）始定四百万石，“自后以为常”。加上沿途损耗，每年实通运正耗粮五百一十八万九千七百石。[②]漕粮之外，苏、松、常、嘉、湖五府每年还要输送当地生产的白熟粳糯米二十一万四千余石，以供宫廷、宗人府以及京官禄粮，称为“白粮”，均由民运，“自长运法行，粮皆军运，而白粮民运如故”[③]。

明代漕船初无定数，天顺以后大致为 11 777 艘，由南京并南直隶、浙江、江西、湖广、山东等都司卫所官军运输，运军共 121 500 余名。[④]

清代漕粮主要征自江苏、浙江、江西、安徽、湖南、湖北、山东、河南八省，其征收数大致与明代相同，顺治二年（1645）即规定“每岁额征漕粮四百万石”[⑤]。每年漕粮数，在嘉庆以前，平均在四百万石以上或接近四百万石。道光以后逐渐减少，由四百多万石减至三百多万石乃至二百多万石。[⑥]清代运粮漕船数量时有变动，康熙以前，全国漕船凡 10 455 艘，雍正以后逐渐减少。雍正四年（1726）为 7 168 艘，乾隆十八年（1753）为 6 969 艘，嘉庆十七年（1812）为 6 384 艘，道光十九年（1839）为 6 326 艘，咸丰元年（1851）为 6 296 艘[⑦]。

历朝对漕运都极为重视，但由于体制腐败、官吏贪婪以及种种不合理弊政，漕运的效率受到严重影响。如在明代有“官军在途买卖私货，故意迁延，候至天寒，觊以往来寄收对放”；又如军卫主要职责是运送漕粮，但“该管上司往往遣理办他务，稍有迟违，辄便加咎，以此管河官员畏惧刑宪，奔走奉承，却将本等河道置之度外”。如此情况，不免造成漕运的滞缓。另外，运军们过着十分凄惨的生活，他们终日辛劳，却得不到生活的基本保证。嘉靖年间，总兵官顾仕隆奏：“照得漕运军士频年劳役，寒暑暴露，天下至困，莫过于斯，所望者独行月粮拯救而已。近年以来……有三五个月，或七八个月，甚至一二年间全

①〔明〕杨宏、谢纯：《漕运通志》卷四，《始罢海运从会通河攒运》。

②《大明会典》卷二七《会计三·漕运》。

③〔明〕杨宏、谢纯：《漕运通志》卷八《漕例略》；《明史》卷七九《食货志三·漕运》。

④〔明〕杨宏、谢纯：《漕运通志》卷八《漕例略》。

⑤《清史稿》卷一二二《食货三·漕运》。

⑥ 李文治、江太新：《清代漕运》（修订版），北京：社会科学文献出版社，2008 年，第 42 页。

⑦ 李文治、江太新：《清代漕运》（修订版），北京：社会科学文献出版社，2008 年，第 154 页。

不支给，至于各军行粮，亦有连年拖欠者，家口缺食，军装无办，妻子号寒，命多不保，将欲使之出死力挽重舟以溯千里长河，亦难矣哉！”“各卫运军或遭兵火，或为灾伤，月粮不得救口。”“该支月粮有一二年或十数个月，至少三五个月不曾关给，家口嗷嗷，张颐待哺。又加运道债负，百端凌逼，苦不得已，遂多逃亡。”运军们在如此恶劣条件之下，唯有逃亡一途。据载，当时运军逃亡之事屡有发生，结果“每船见军不上五七名，少者止三二名，甚至全船皆无。而满船钱粮须要雇人拽运”，就是说，还得另花银两雇人运行，“大约每船用银一二十两，俱累见在官军”。如弘治八年（1495）总兵官奏：“逃亡事故不止一万四五千名，管运官旗只得雇觅游食光棍凑数，致坏清规。”① 按理漕运是运河的首要任务，竟然出现如此问题，其最终效率可想而知。

（2）一般商品。大运河上商品，大致包括三个方面：第一，主要是政府规定运军随漕船所带的土宜。明清两代都规定漕运军卒随漕船北上时，可以随船搭载一定数量的“土宜”，沿途贩卖，“免其抽税”。第二，漕船至京师卸粮后，回空船所载各类货物。回空船所载商货主要是农产品及农副产品，如梨、枣、核桃、瓜子、柿饼、豆、麦、棉花、烟草等。② 第三，民间商船运带的商品。在大运河运行的纯粹民间商船，为数恐不多。因为从每年十一月开始，会通河临清以北的河段结冰，次年二月解冻，一年只有 8 个月通航时间，③ 而这段时间内主要供漕船航行，民船很难挤入。商人进行商品贸易，主要与运军漕丁合作。一则商船在此河航行，宕延时日，运输成本太高。二则商船过临清钞关手续十分麻烦，同时还要遭受钞关官员、地方胥吏的敲诈勒索，妄加罪责，肆意诛求，无以复加。故而民间商人在大运河的贸易活动大受限制。

（3）贡品。前文已经提到，明清时期皆有贡鲜船只，专门运送鲥鱼与杨梅、枇杷等江南新鲜物品，供皇帝宗室享用。为保证供应，明时规定“凡闸惟进贡鲜品船只，到即开放，其余船只务要等待积水而行”④。清初同样规定，贡鲜船不限时间，船到即启闸。⑤ 这给运河的通航增加了很大麻烦。一是黄淮交汇口的清江浦通济闸，每年都在伏秋黄水未发之前筑拦河土坝，以遏黄流内灌。徐州城北的镇口闸即黄河和会通河交汇处，也要在黄涨之前筑坝遏黄。所以要求进贡的杨梅、鲥鱼船在五月初过淮，六月初一筑坝合口。趁伏水未发，早日进镇口闸河。所以正常情况下，如正德嘉靖年间，五月份杨梅、鲥鱼已到京师。到了万历年间，“进鲜每于采鲜既完之后，方行措办装

---

①〔明〕杨宏、谢纯：《漕运通志》卷八《漕例略》。

② 李文治、江太新：《清代漕运》（修订版），北京：社会科学文献出版社，2008 年，第 380 页。

③〔清〕林起龙：《请宽粮船盘诘疏》，〔清〕贺长龄、魏源等：《清经世文编》卷四六。

④ 同①。

⑤〔清〕朱之锡：《河防疏略》卷一七《敬陈河漕事宜疏》，上海：上海古籍出版社，2002 年。

具，附载货物，勾当稽留，运逾旬日，沿途淹顿，又致愆期，比至京师，则色味俱变，不惟有碍筑坝，且于荐鲜之义，亦甚无当也”，同时也影响了筑坝，黄水倒灌，淤塞运口。[①]因此，每年贡鲜船北上，都要“明白开写数目，以凭沿河官司查照应对”。如每年起运各项对象若干起，用船若干只，什么物品多少杠，实用船多少只，均需一一写明，以便沿河官司逐一核对。[②]一般情况，每年贡鲜船大致在160艘，这样过闸时间必定很长，影响运河的畅通。

由上可见，明清两代大运河的运输能力，无论从运河的自然条件，还是从其组织、管理能力而言，已经达到了饱和程度。

到了清代嘉道年间，漕运制度之弊端日现，成为当时社会一大问题，为朝野所议。有学者认为：“如果单从财政管理的角度来看，漕运是一项极不‘合理’的制度。也就是说，漕运的成本远高于漕运本身的价值。国家为此在京通、淮安及各省维持着庞大的仓场、漕运官僚系统，又于各省卫所赡养了数以万计的丁弁，每岁为运送四百余万石漕粮而附征的耗米耗银，以及作为运输经费的漕项银米，数量同以数百万计。然而在咸同年间以前，明清两代政府一直延续着这一‘不计成本’的制度，因漕粮关涉天庾，漕运更为国脉所系，绝不能轻议更张。”[③]因此，不能将历史上的大运河的运输效应理想化，任何改造自然的措施，都需要付出一定的代价。

①〔明〕潘季驯：《河防一览》卷一二，《申饬鲜船疏》。

②〔明〕胡瓒：《泉河史》卷二《职制志》。

③周健：《嘉道年间江南的漕弊》，《中华文史论丛》2011年第1期。

# 第四章

# 运河在中国社会发展中的作用

## 第一节 对维护多民族大一统国家发展的作用

公元前3世纪，中国历史上首个统一王朝秦朝建立后，为了维持和巩固其对内统治、对外防御的能力，中央政权必须有大量物资的支撑，由此产生向全国各地征收财物并经水路输往京师或其他指定地方的漕运制度，而这种制度贯穿了中国历史2 000多年。

历史上各王朝对都城地点的选择，首先考虑的是进可以攻、退可以守的政治地理形势，未必是全国经济最发达的地区。而居住在首都的皇室、勋戚、官宦、军队、富商大贾以及为他们服务的各色人等，形成了庞大的消费群体。他们所需要的包括粮食在内的各种物资，必须通过漕运从全国富庶的地区攫取而来，水运是最廉价的运输方式，而运河则是为此服务的最好工具。与此同时，“漕运自产生之日起，便是一项社会性很强的经济活动，触及社会的许多领域，诸如国家政局的稳定、战争的成败、农业经济的发展、商业经济的繁荣、交通运输的畅达、区域社会的开发、社会生活的安定等。尤其是封建社会中期以后，漕运发挥着越来越广泛的社会动能，粮食的运输仅只是漕运的一种形式，漕运实则已经转变为统治者手中调节器，对社会进行广泛的调控，对许多不安定的社会因素和失衡的社会现象，统治者都借助和倚重漕运（或漕粮），以达到平息和制衡的目的。此外，漕运还起着一些不属于封建朝廷控制范围、客观上却十分积极的社会作用，诸如促进商品的流通，刺激商业城市的繁荣，促进商业性农业的发展，加强各地经济文化的交流等”①。由此可见，运河在中国长期专制主义中央集权的传统社会里，已不仅仅是一种交通载体，客观上起了加强、巩固和维护统一国家的作用。

秦代利用战国以来已经形成的鸿沟水系运河，为了保证关中咸阳的供应，在鸿沟运河与黄河交汇处的敖山建立了国家级的粮仓——廒仓，从而巩固了新建的统一王朝。后又开凿了灵渠，沟通湘江和西江的水运而平南越。西汉初年，社会经济凋敝，“自天子不能具钧驷，而将相或乘牛车，齐民无盖藏”。当时“漕转山东粟，以给中都官，岁不过数十万石”。后经文景之治近四十年的休养生息，社会经济得到充分恢复。“京师之钱累巨万，贯配而不可校。太仓之粟陈陈相因，充溢露积于

① 吴琦：《漕运与中国社会》，武汉：华中师范大学出版社，1999年，第3页。

外，至腐败不可食”。这无疑是多年来通过运河将漕粮运至京师的结果。到了武帝时代，社会经济得到充分发展，“诸农各致粟”。元封年间，桑弘羊为治粟都尉，“山东漕益六百万石，一岁之中，太仓、甘泉仓满。边余谷，诸均输帛五百万匹。民不益赋而天下用饶”[①]。运河功能的充分发挥，大大增强了汉朝的国力。司马迁在《史记·货殖列传》中说：“故关中之地，于天下三分之一，而人众不过什三，然量其富，什居其六。”首都地区集中天下大部分财富，盖运河之功也。武帝时代由于国力强盛，北伐匈奴，南通西南夷，东至沧海之郡，“转漕甚远，自山东咸被其劳，费数十百巨万，府库益虚”。唐司马贞《索隐》云：“《说文》云‘漕，水转谷也。’一云车运曰转，水运曰漕。”西汉元狩四年（前119），北伐匈奴，“汉军马死者十余万匹，转漕车甲之费不与焉”。可见武帝时代对外征伐的军秣所需也均由运河输送。此外，北逐匈奴开拓北疆后，在河套地区置朔方郡及其南新秦中地区，迁口70余万，衣食皆仰给县官（指朝廷）。[②]当时中央朝廷所有的财政支出，包括国防军事费用以及保卫边疆的戍守边民衣食皆仰给于漕运，由此可知运河对于汉王朝统治之巩固具有十分重要的作用。如果没有运河的转输，中国历史上大汉王朝的所谓丰功伟绩是难以实现的。

隋朝文、炀二帝开凿的南北大运河，对结束300多年南北分裂的局面，重建大一统的国家，无疑是起了重要的作用。隋文帝开山阳渎，一举灭陈，统一了南北。隋炀帝于大业六年冬十二月，“敕穿江南河，自京口至余杭，八百余里，广十余丈，使可通龙舟，并置驿官、草顿，欲东巡会稽”[③]，为的是加强中原王朝与分离了3个世纪的南方地区的联系，进一步巩固新建的统一政权。隋炀帝大业四年（608）开永济渠至涿郡（今北京西南），将从全国征集来的兵员、军械、粮食及有关物资，运送集中于北方重镇涿郡，是出于征伐高丽的需要，以保卫北方的边陲。

《隋书》卷二四《食货志》：“诸州调物，每岁河南自潼关，河北自蒲坂，达于京师，相属于路，昼夜不绝者数月……开皇三年，朝廷以京师仓廪尚虚，议为水旱之备，于是诏于蒲、陕、虢、熊、伊、洛、郑、怀、邵、卫、汴、许、汝等水次十三州，置募运米丁。又于卫州置黎阳仓，洛州置河阳仓，陕州置常平仓，华州置广通仓，转相灌注。漕关东及汾、晋之粟，以给京师。又遣仓部侍郎韦瓒，向蒲、陕以东，募人能于洛阳运米四十石，经砥柱之险，达于常平者，免其征戍。其后以渭水多沙，流有深浅，漕者苦之。四年，诏曰：京邑所居，五方辐凑，重关四塞，水陆艰难。大河之流，波澜东注，百川海渎，万里交通。虽三门以下，或有危虑，但发自小平，陆运至陕，还从河水，入于渭川，兼及上流，控引汾、晋，

①《史记》卷三〇《平准书》。

② 同①。

③《资治通鉴》卷一八一，“隋炀帝大业六年十二月”条。

舟车来去，为益殊广。而渭川水力，大小无常，流浅沙深，即成阻阂。计其途路，数百而已，动移气序，不能往复，泛舟之役，人亦劳止。朕君临区宇，兴利除害，公私之弊，情实愍之。故东发潼关，西引渭水，因藉人力，开通漕渠，量事计功，易可成就。已令工匠，巡历渠道，观地理之宜，审终久之义。一得开凿，万代无毁。可使官及私家，方舟巨舫，晨昏漕运，沿溯不停，旬日之功，堪省亿万……于是命宇文恺率水工凿渠，引渭水，自大兴城东至潼关，三百余里，名曰广通渠。转运通利，关内赖之。诸州水旱凶饥之处，亦便开仓赈给。”据上记载，南北大运河对隋统一王朝的建立和巩固，无疑是起了至关重要的作用。

唐代都城长安地处关中平原，但“关中号称沃野，然其土地狭，所出不足以给京师，备水旱，故常转漕东南之粟”[①]。韩愈说：“赋出天下，而江南居十九。”[②]还有人说：“常州为江左大郡，兵食之所资，财赋之所出，公家之所给，岁以万计。”[③]当时朝廷全仰每年东南漕运数百万石粮食以维持王朝政权的正常运行。天宝末，安史之乱起，州县多为藩镇割据，贡赋不入朝廷，中央府库耗竭。时人指出：“今兵食所资在东南。”“官兵守潼关，财用急，必待江淮转输乃足。”[④]而运河因洛阳陷于安史，史朝义又出兵宋州（今商丘），“淮运于是阻绝”[⑤]，致使“京师米斛万钱，官厨无兼时之食。百姓在畿甸者，拔谷挼穗以供禁军”[⑥]。朝廷发生极端的粮食恐慌。贞元初，关中“米斗千钱，太仓供天子六宫之膳不及十日，禁中不能酿酒，以飞龙驼负永丰仓米给禁军，陆运牛死殆尽”[⑦]。贞元二年（786），久阻的汴河一时畅通，江淮三万斛米运至陕县（今陕州区西南），唐德宗闻知后，对他的太子说：“米已至陕，吾父子得生矣！”“又遣中使谕神策六军，军士皆呼万岁。”[⑧]汴河的通塞对唐王朝命运攸关的影响，从德宗父子溢于言表的欣喜而暴露无遗[⑨]。唐末黄巢起义平定后，全国各地均为军阀所据，“皆自擅兵赋……江淮转运路绝，两河、江淮赋不上供，但岁时献奉而已……大约郡将自擅，常赋殆绝，藩侯废置，不自朝廷，王业于是荡然”。王夫之说，安史之乱后，“而唐终不倾者，东南为根本也”[⑩]，盖指

①《新唐书》卷五三《食货志三》。
②〔唐〕韩愈：《韩昌黎集》卷一〇《送陆歙州诗序》，北京：商务印书馆，1958年。
③〔唐〕梁肃：《独孤公行状》，〔清〕董诰辑：《全唐文》卷五二二。
④《新唐书》卷二〇二《萧颖士传》。
⑤《旧唐书》卷一三八《韦伦传》；《新唐书》卷五三《食货志三》。
⑥《旧唐书》卷四九《食货志》。
⑦同①。
⑧《资治通鉴》卷二三二，“唐德宗贞元二年二月”条。
⑨《旧唐书》卷一九《僖宗纪》。
⑩〔清〕王夫之：《读通鉴论》卷二六《唐宣宗九》，北京：中华书局，1975年。

运河延长了唐王朝的生命。唐朝人对运河的社会功能有不同看法。皮日休《汴河怀古》："尽道隋亡为此河，至今千里赖通波。若无水殿龙舟事，共禹论功不较多。"[①] 李敬方《汴河直进船》："汴水通淮利最多，生人为害亦相和。东南四十三州地，取尽脂膏是此河。"[②] 虽然对运河的功过评价不一，但认为它对唐王朝具有无比的重要性却是一致的。

北宋定都开封，实与运河有关。按理，开封并不是理想的定都所在。这里位于黄河下游平原，地势平坦，无险可恃。但是它有发达的水运条件，史云"宋都大梁，有四河以通漕运，曰汴河，曰黄河，曰惠民河，曰广济河。而汴河所漕为多"[③]。开封城北有黄河，可通长安、洛阳以及输送西北材木；汴河和蔡河贯穿城中，汴河沟通江淮，蔡河既通江淮，又可沟通南阳盆地；金水河在城西北架槽接五丈河（广济河）连通山东地区。当时的东京城是全国水运的枢纽。宋代鉴于唐末五代藩镇割据之祸，推行"强干弱枝"之策，在首都开封驻扎了大量禁军，以守卫京师。所谓"今天下甲卒数十万众，战马数十万匹，并萃京师，悉集七亡国之士民于辇下，比汉唐京邑，民庶十倍。甸服时有水旱，不至艰歉者，有惠民、金水、五丈、汴渠等四渠，派引脉分，咸会天邑，舳舻相接，赡给公私，所以无匮乏。唯汴水横亘中国，首承大河，漕引江、湖，利尽南海，半天下之财赋，并山泽之百货，悉由此路而进。然则禹力疏凿以分水势，炀帝开甽以奉巡游，虽数湮废，而通流不绝于百代之下，终为国家之用者，其上天之意乎！"其中汴河"岁漕江、淮、湖、浙米数百万，及至东南之产，百物众宝，不可胜计。又下西山之薪炭，以输京师之粟，以振河北之急，内外仰给焉。故于诸水，莫此为重"[④]。所以熙宁年间张方平说："今日之势，国依兵而立，兵以食为命，食以漕运为本，漕运以河渠为主……今仰食于官廪，不惟三军，至于京师士庶以亿万计，大半待饱于军稍之余，故国家于漕事，至急至重。"[⑤] 因为宋代对漕运的要求，除了为皇室、贵戚、官宦、富商大贾以及相关服务人员等提供包括粮食在内的各种物资外，还要为几十万禁军提供军食。[⑥] 由此可见，北宋政权建都汴京，很大程度上是依靠以汴河为主的运河水系保证都城的安全。

此外，北宋一代，河北地区为国防前线，常年驻扎了大量军队，而这些边防军所需物资，均"有河漕以实边用"[⑦]。当时"河北州军赏给茶货，以至应接沿边榷场要用之物，并沿黄河运至黎阳出卸，转入御河，费用止于客军数百人添支而已。向者，朝廷曾赐米河北，

---

①〔唐〕皮日休：《汴河怀古》，〔清〕彭定求辑：《全唐诗》卷六一五。

②〔唐〕李敬方：《汴河直进船》，〔清〕彭定求辑：《全唐诗》卷五〇八。

③《宋史》卷一七五《食货志上三·漕运》。

④《宋史》卷九三《河渠志三·汴河上》。

⑤〔宋〕张方平：《乐全集》卷二七《论汴河利害事》，景印《文渊阁四库丛书》第1104册，台北：台湾商务印书馆，1986年，第279~280页。

⑥ 同③。

⑦《宋史》卷八六《地理志二·河北路》。

亦于黎阳或马陵道口下卸，倒装转致，费亦不多。昨因程昉等擘划，于卫州西南，循沙河故迹决口置闸，凿堤引河，以通江淮舟楫，而实边郡仓廪”[①]。可见北宋虽然国力较弱，但还能维持160余年的统治，实与运河的作用有关。

明代永乐年间定都北京后，恢复元代以来京杭大运河，朝廷对其依赖更甚于前代。“国家财赋，仰给东南”，是明代大臣论及漕运问题的奏章里最常见的用语。刘天和《问水集》卷五《治河功成举劾疏》：“臣窃惟运河国计所系，凡宗庙军国之需，营建宴赏之费，与夫四夷薄海之朝贡，京师万姓之仰给，举由是以达。”当时燕京“九重之供亿，六军之储需，咸取急焉。所赖以灌输者河道也”[②]。每年漕运至京师“江南四百万之粮，以给官军数十万之用，上有关于国计，下有系于民生”[③]。此非仅指朝廷而已，而是京师民众生活所需皆仰给于运河，所谓“京师之地，素称瘠土，衣食百货仰给东南，漕河既废，商贾不通，畿甸之民，坐受其困”[④]。大运河是京城和江南之间唯一的交通运输线，除了粮食占据首要地位外，其他物品包括新鲜蔬菜和水果、家禽、纺织品、木料、文具、瓷器、漆——中国所产的各种物品，几乎都通过大运河输送至京师。[⑤]可见大运河是明代京师赖以生存的生命线。“然漕河甚可虑，年年淤塞，年年修筑”[⑥]，故明一代运河必须常通，如遇阻塞，则必须通之，成为国家级的主要水利工程。因“国家财赋，仰给东南，而运道少阻，犹人噎嗌之病，为饮食之阻，救之尤不可不亟也”[⑦]。

清王朝对漕粮的需要超过历朝历代。清朝入主中原后，为了巩固其统治，朝廷官吏实行汉满双轨制，故机构庞大，京师附近十多万的八旗驻军及其数十万不劳而食的家属均由朝廷供给米粮，故其需求远超过其他朝代。[⑧]漕粮的另一支付，是全国各地驻防军饷。

清代前期沿明之旧，每年从山东、河南、江苏、浙江、安徽、江西、湖北、湖南八省征收钱粮和白银，运贮北京通州各仓，以供皇室食用和王公官员俸禄及八旗兵丁口粮。其中除白银外，计粮正米四百万石，耗米二百三十五万二千一百三十七石，合计六百三十五万二千一百三十七石。除折耗、蠲免、改折及截拨等项外，历年实运抵京通的为三百多万石，这些漕粮不仅在国家岁收中占重要地位，对解决京师民食方面

①《宋史》卷九五《河渠志五》。
②〔明〕常居敬：《酌议河道善后事宜疏》，〔明〕潘季驯：《河防一览》卷一四。
③〔明〕尹瑾：《科臣进图疏》，〔明〕潘季驯：《河防一览》卷一三。
④〔明〕萧端蒙：《治运河议》，〔明〕陈子龙辑：《明经世文编》卷二六八。
⑤〔美〕黄仁宇著、张皓等译：《明代的漕运》，北京：新星出版社，2005年，第15～16页。
⑥〔明〕高拱：《论海运漕河》，〔明〕陈子龙辑：《明经世文编》卷三〇二。
⑦〔明〕胡世宁：《治河通运以济国储疏》，〔明〕陈子龙辑：《明经世文编》卷一三三。
⑧李文治、江太新：《清代漕运》（修订本），北京：社会科学文献出版社，2008年，第47～48页。

也起着十分重要的作用。清人张伯行说："我国家岁漕东南数百万石，以实京师，所藉者，会通河一线之水耳。"[①] 所谓"东南岁漕四百万石转输天庾，关系军国第一大事"[②]。这些通过运河输至京师的粮食，起着平粜京城粮价、调剂畿辅民食等稳定社会的作用。[③] 这对清王朝的统治来说是何等重要的功能啊！1816 年英国阿美士德使团访华，途经白河，"这一天里，我们从许多运粮去北京的帆船旁经过，其数量之多，运输量之大，与以前使团的作家们所做的描述完全相符；这些帆船排列的方式和顺序，其情景给人留下了深刻的印象；它们沿着河岸整齐地排成一排停泊在那里，我们溯流而上时，迎面看到的是它们那高大、装饰讲究的方形船尾"[④]。19 世纪的西方人可能只是从经济角度来观察帆船的数量和运输量。他们不了解，这一帆船云集的水道，实际是清廷的生命线，对清王朝的巩固和维护，厥功至伟。

## 第二节　沿运城市的发展和城市带的形成

中国古代的传统城市大多是全国或一地区不同层次的政治中心，其后又以其权力中心功能的带动，发展成为全国或地区的商业消费中心。然自春秋战国时期各国开凿区间性运河以来，以交通贸易为主要功能的区间城市也应运而生。秦汉以降，全国性南北大运河造就，沿运出现了一批以商品流通为主要功能的城市，有的还是一方都会，从而形成了全国性的城市与交通网络。这对促进各地的经济文化交流、维护多民族的统一国家产生过重大影响。

综观中国历史上运河的开凿、发展和变迁，与沿运城市的发展和变迁有着密切的关系，由此也可以观察到中国古代城市发展的特点、命运和轨迹。

### 一、战国秦汉时期的运河和城市

春秋战国时代，随着经济的发展，除各国都城外，黄河中下游和长江中下游地区已经出现了一批依靠商业、交通发展起来的商业都会，这批都会的形成莫不与运河有关。

邗沟的开凿，使邗城成为江淮间一名城，《吴越春秋》曰："吴将伐齐，自广陵掘沟通江淮。"[⑤] 以后著名的广陵即在此基础上发展起来。战国魏惠王开凿鸿沟运河水系后，沿运涌

①〔清〕张伯行：《居济一得》卷六《治河议》。

②〔清〕林起龙：《请宽粮船盘诘疏》，〔清〕贺长龄辑：《清经世文编》卷四六。

③ 李文治、江太新：《清代漕运》（修订本），北京：社会科学文献出版社，2008 年。

④〔英〕克拉克阿裨尔著，刘海岩译、刘天路校：《中国旅行记》，上海：上海古籍出版社，2012 年，第 83 页。

⑤《太平御览》卷一六九《州郡部一五・楚州》。

现出了一批以商业贸易为主要职能的名城。陶（亦称定陶，今山东定陶西南）位于鸿沟水系济、泗交汇处，春秋时为曹国国都，春秋末年曹国为宋国所灭，陶地属宋。起初陶未得到充分发展，战国鸿沟水系形成后，陶因地处东西水运交通的枢纽，成为中原地区商业最繁荣的都会。史载范蠡“以陶为天下之中，诸侯四通，货物所交易也”，就在陶经营商业，十九年之中三致千金，故言富者皆称“陶朱公”[①]。濮阳（亦称卫）也是地处水运要冲，繁荣可与陶相匹，史称“富比陶、卫”[②]。洛阳位于鸿沟水系上端，借助运河“东贾齐、鲁，南贾梁、楚”，“洛阳街居在齐秦楚赵之中”，成为中原一大都会。魏之大梁（今河南开封）为鸿沟水系中枢，它与沿运的睢阳（今河南商丘）皆为“都会”。临淄位于济、淄二水交汇处，亦为“海岱之间一都会”[③]。寿春、合肥因“受南北湖皮革、鲍、木之输，亦一都会也”[④]。秦汉时代基本上继承了战国时代运河的格局，因此，都会的基本格局未变。秦代开凿的灵渠和汉武帝时代开凿的关中漕渠，使长安收括了天下财富，“人众不过什三，然量其富居什六”。而远在南海的番禺（今广东广州），“处近海，多犀、象、毒冒（玳瑁）、珠玑、银、铜、果、布之凑”，因有灵渠可以与中原沟通，使“中国往商贾者多取富焉”，成为南方一“都会”[⑤]。

## 二、魏晋南北朝时期的运河和城市

东汉末年以来，天下长期战乱，给黄河流域的城市造成严重破坏。京师所在“三辅大饥，人相食，城郭皆空，白骨蔽野”[⑥]。黄河下游地区“山东饥馑，人庶相食，兵所屠灭，城邑丘墟”[⑦]。曹操任冀州牧后，在他统治的地域开凿了一系列的运河，对河北平原上城市的布局产生过重大影响。建安年间开凿的白沟、平虏渠、泉州渠、新河、利漕渠，使原先是一个普通小县的邺城（今河北临漳西南）一跃而成为河北平原上水运交通的枢纽，因而成为政治中心，曹魏和东魏、北齐都以此为都城，也是当时北中国最重要的商业都会。《后魏书》：“文帝太和十八年卜迁都经邺，登铜雀台，御史等曰：邺城平原千里，漕运四通。”[⑧]《魏都赋》云：邺都“廓三市而开廛，藉

①《史记》卷一二九《货殖列传》。
②《战国策·齐策六》。
③同①。
④《汉书》卷二八下《地理志第八下》。
⑤同④。
⑥《后汉书》卷一一《刘玄刘盆子传》。
⑦《后汉书》卷一三《公孙述传》。
⑧《太平御览》卷一六一《州郡部七·相州》。

平逵而九达，班列肆以兼罗，设阛阓以襟带，济有无之常偏，距日中而毕会”。城内“街冲辐辏，朱阙结隅”“疏通沟以滨路，罗青槐以荫途”“营客馆以周坊，饰宾侣之所集”，俨然为北中国第一都会，超过传统邯郸的地位，这完全是白沟运河系统促成的。

再以洛阳为例。洛阳经东汉末年战乱，“宫室烧尽，街陌荒芜，百官披荆棘，依丘墙间”[①]。然经曹魏时代的经营，更由于其为运河的西端重镇，不久即恢复昔日的繁荣。曹魏时，洛阳“其民异方杂居，多豪门大族，商贾胡貊，天下四会，利之所聚”[②]。西晋平吴统一，洛阳“纳百万而罄三吴之资，接千年而总西蜀之用”[③]。西晋末年永嘉之乱，洛阳再次遭到破坏。而到北魏迁都洛阳，洛阳再度成为中原一大都会。杨衒之《洛阳伽蓝记》记载，北魏洛阳城内有二百多里坊，还有许多商业区，有通商、达货、调音、乐律、退酤、治觞、慈孝、奉终、准财、金肆等十里，“凡此十里，多诸工商货殖之民，千金比屋，层楼对出，重门启扇，阁道交通，迭相临望。金银锦绣，奴婢缇衣，五味八珍，仆隶毕口”。富商们“舟车所过，足迹所履，莫不商贩焉。是以海内之货，咸萃其庭。产匹铜山，家藏金穴。宅宇踰制，楼观出云，车马服饰，拟于王者”。这些富商有的经营酒业，“远相饷馈，逾于千里”；有的以经营棺椁、丧车为业。这些商品当以水运为便。[④]因此，河淮之间运河的通运，给洛阳城内的富商以远距离经商之便。东魏侯景之乱后，洛阳“城郭崩毁，宫室倾覆，寺观灰烬，庙塔丘墟，墙被蒿艾，巷罗荆棘”[⑤]。然而到了隋唐时代，洛阳再度成为名城东都。一座城市为何能三度起落而不衰，究其原因，即是纵贯东西和南北的运河的存在，如同输血一般，能使衰竭的机体恢复生机。

与此同时，黄淮地区还因运河的修凿带动了不少名城，如河淮之间有贾逵为豫州刺史，“堨汝水，造新陂，又通运渠二百余里，所谓贾侯渠”。有邓艾“行陈、项以东，至寿春地”，建议在河淮间“宜开河渠，可以大积军粮，又通运漕之意”。于是兴修“淮阳、百尺二渠，上引河流，下通淮颍，大治诸陂于颍南、颍北，穿渠三百余里，溉田二万顷，淮南、淮北皆相连接。自寿春到京师，农官兵田，鸡犬之声，阡陌相属。每东南有事，大军出征，泛舟而下，达于江淮，资食有储，而无水害，艾所建也”[⑥]。由于河淮间一系列运河的开凿，沿运城市有的是经过战火又恢复了昔日的繁荣，有的则由原先的普通城市发展成为商业都会。

汴泗交汇的徐州彭城因“左右清汴，城隍峻整，襟卫周固”，而成为河淮间具有30万户人口的一个都会中心。[⑦]位于淮河沿岸的楚州（今江苏淮安）“公私商运，充实四远，舳

①〔南朝宋〕裴松之：《三国志注》卷六《董卓传》引《汉书》。
②〔南朝宋〕裴松之：《三国志注》卷二一《傅嘏传》引《傅子》。
③《晋书》卷二六《食货志》。
④〔北魏〕杨衒之：《洛阳伽蓝记》卷四，“城西法云寺”条。
⑤〔北魏〕杨衒之：《洛阳伽蓝记》原序。
⑥ 同③。
⑦《太平御览》卷一六〇《州郡部六·徐州》。

舻千计，吴王所以富国强兵而抗汉室也"[①]。寿州（今安徽寿县）"南引荆海之利，东连三吴之富，北接梁宋……利尽蛮越，金石皮革之具萃焉，苞木管竹之族生焉"[②]。《南齐书》卷一四《州郡志上》："寿春，淮南一都之会。"而江淮间的合肥城更是"南临江湖，北达寿春"[③]。如此等等，均与魏晋时在河淮间开凿了一系列运河有关。

长江以南地区，由于六朝经营的运河，再加上江南河流密布的天然优势，水运成为当地主要交通选择，沿运的城市布局出现了新的面貌。建康（今江苏南京）不仅是传统的政治中心，同时因破冈渎、上容渎的开凿，建康与三吴地区的沟通，不必经大江之风险，成为一重要商业都会。左思《吴都赋》："都辇殷而四奥来暨。水浮陆行，方舟结驷，唱棹转毂，昧旦永日。开市朝而并纳，横阛阓而流溢。混品物而同廛，并都鄙而为一。士女伫眙，商贾骈坒。纻衣𫄨服，杂沓从萃。轻舆按辔以经隧，楼船举帆而过肆，果布辐凑而常然。"李善注云："四隩来暨，言四方之人皆来；唱棹转毂，言远人唱歌擿船，乘车转毂，以向吴都。"建康城有大市、东市、北市、秣陵关四市，皆"交易因成市"[④]。东晋时来建康的商船动以万计，安帝元兴三年（404）一次风灾，造成"贡使商旅，方舟万计，漂败流断，骸胔相望"的惨剧。[⑤]此外，在东晋南朝的中心地区，如淮阴、广陵、京口、吴兴、会稽等城市，都是因临运河而成为商业都会。淮阴因"地形都要，水陆交通……沃野有开殖之利，方舟运漕，无他屯阻"[⑥]，京口因丹徒水道入口地处浙东运河沿线而成为一重要商业都会。时谓山阴"海内剧邑"[⑦]，是因浙东运河商舟往来繁忙。其西端起点西陵镇（今浙江杭州滨江区西兴街道）"商旅往来，倍多常岁"。其牛埭税（过堰税），一年境地可达400万之多，[⑧]可见商业贸易之盛。

## 三、隋唐两宋时期的运河和城市

隋唐统一王朝建立，魏晋十六国南北朝分裂混乱局面结束，社会经济逐渐复苏，又因新的南北大运河水系的出现，形成一条比较稳定的运河城市带，对沿运地区经济和文化的繁荣和发展，产生过重大影响。

①《太平御览》卷一六九《州郡部一五·楚州》引《南兖州记》。
②《太平御览》卷一六九《州郡部一五·寿州》引《正淮论》。
③《太平御览》卷一六九《州郡部一五·庐州》引《魏志》。
④《太平御览》卷八二七《资产部七·市》引《丹阳记》。
⑤《宋书》卷三三《五行志四》。
⑥《南齐书》卷一四《州郡志上·北兖州》。
⑦《宋书》卷八一《顾觊之传》。
⑧《南齐书》卷四六《顾宪之传》。

隋唐两宋时期，南北大运河的河道和航运路线都已固定。除了唐后期因安史之乱而引起的长期藩镇割据和五代十国的分裂局面外，大部分时间运河处于正常通运的情况下，官方漕运有固定的路线和转输的仓廪，民间经商也有约定俗成的航行路线。于是由大运河沟通的各条天然河流都成为行商、游客必经的航路。在天下南北，凡是天然河流可到达的地方，均因运河主体的带动，水运功能已发挥到当时条件下的极致。史载：隋炀帝开通济渠后，“自大梁之东引入泗，连于淮，至江都宫入于海，亦谓之御河。河畔筑御道、植柳，炀帝巡幸乘龙舟而往江都，自扬、益、湘南至交、广、闽中，公私漕运商旅舳舻相接”[①]。唐代全国水运业十分发达。“天下诸津，舟航所聚，旁通巴、汉，前指闽、越，七泽十薮，三江五湖，控引河、洛，兼包淮、海。弘舸巨舰，千轴万艘，交贸往还，昧旦永日”[②]。唐人李肇《唐国史补》载：“凡东南郡邑无不通水，故天下货利，舟楫居多。转运使岁运米二百万石输关中，皆自通济渠（即汴河）入河而至也……扬子、钱塘二江者，则乘两潮水发棹，舟船之盛，尽于江西，编蒲为帆，大者或数十幅，自白沙溯流而上，常待东北风，谓之信风……江湖语曰：水不载万。言大船不过八九千石。然则大历、贞元间，有俞大娘航船最大，居者养生、送死、嫁娶悉在其间，开巷为圃，操驾之工数百，南至江西，北至淮南，岁一往来，其利甚博，此则不啻载万也，洪鄂之水居颇多，与屋邑殆相半。凡大船必为富商所有，奏商声乐，众婢仆，以据舵楼之下，其间大隐，亦可知矣。”[③] 由此可见，南北大运河的开凿和稳定，带动了全国性水运的发展，商品的流通和城市经济发展是必然的结果。

隋唐时代大运河西端的长安城（隋时为大兴城）是当时的都城，也是通过运河将全国收括来的物资财富的最后集中之地。皇族、贵戚、官宦、富商大贾以及大批军队的麇集，使城内经济十分繁荣，自不待言。与此同时，长安作为当时世界上东方大国的都城，吸引大量西域胡商来华，主要聚居在长安、洛阳、洪州、扬州、广州等地，也都是以大运河为主干的全国水运纲沿线城市，随着这些胡商的往返，长安城也成为当时陆、海丝绸之路的起点。

洛阳在隋唐时期因南北大运河的开凿，又恢复其“天下之中”的地位。《隋书·地理志》：“洛阳得土之中，赋贡所均，故周公作洛，此焉攸在。其俗尚商贾，机巧成俗。”当时漕运因渭水多沙，且迂曲，不利航行，再东又有三门之险，故逢关中地区有灾情，隋炀帝迁都“舟车所会”的洛阳，就是为了利用运河之便。唐代建洛阳为东都，唐高宗在位的34年中，近一半时间在洛阳，大多数原因是长安一带旱饥，就食洛阳。当时洛阳因运河之便，“帑藏积累，积年充实，淮海漕运，日夕流衍”；而长安“府库及仓，庶事实缺，皆藉洛京转输”[④]。高宗因而被戏称为“逐粮天子”。武则天临朝改制，改东都为神都，在位20年内，

①《太平御览》卷一五八《州郡部四·东京开封府》。

②《旧唐书》卷九四《崔融传》。

③〔唐〕李肇：《唐国史补》卷下，上海：上海古籍出版社，1957年。

④〔宋〕宋敏求：《唐大诏令集》卷七九，仪凤三年十月《幸东都诏》。

除两年居于长安外，其余时间均在洛阳。大足元年（701）在洛阳城内立德坊南漕渠上凿新潭，安置诸州运米来的租船；[①] 开元十四年（726）七月一次瀍水暴涨入漕渠，漂没租米船数百艘。[②] 这些都说明，大运河的通塞对政治中心的地位有何等重要的影响。

隋代通济渠、邗沟的开凿，使河淮之间兴起一连串重要城市。唐开元十二年（724），齐澣任汴州刺史，史称："河南，汴为雄郡，自江淮达河洛，舟车辐辏，人庶浩繁。"[③] 实由汴州是"当天下之要，总舟车之繁，控河朔之咽喉，通淮湖之运漕"。汴州向东的"睢阳当漕舟之路。定陶乃东达之冲"[④]，睢阳即今商丘，隋后改为宋城，县北境即为汴河所经。定陶是京东广济河水运要冲，都是沿运重要的商业城市。再东南为宿州城所在，所治原为虹县境内一个称为埇桥的地方，后因其地"南临汴河，有埇桥为舳舻之会，襟带梁宋，运漕所历，防虞是资，乃以符离、蕲县并泗州之虹县三邑立宿州，取古宿国为名"[⑤]。元和四年（809）于此置宿州。因为运河所经，竟由一个小地方升格为当时二级政区的州治所在，以后还在此置宿泗都团练观察使。[⑥] 再往东南为汴河入淮口的泗州（今盱眙县淮河对岸，清康熙时沦入洪泽湖中），原为泗州徐城县南境的沙塾村，因"南临淮水，西枕汴河"[⑦]，故"为南北御要之所"。唐长安四年（704）分徐城县地在此置临淮县。开元二十三年（735）自宿迁县将泗州治移于此。[⑧] 这两处是典型的运河开凿后由小村落而兴起的城市。安徽柳孜镇的隋唐大运河遗址，发现大量瓷器和漕船遗骸，在当时也是一个小市镇。

唐王朝是当时世界上最强盛、最富庶的国家，对外交通贸易十分发达。长安是丝绸之路的起点，虽然向西走的是陆路，但其所输送的丝绸却都是通过运河运入长安的。可以说，没有南北大运河，长安不可能成为中国丝绸之路的起点。同时，长安也是大批西域人来华的聚居地。其中昭武九姓中的康国人"素以善贾著称西域，利之所在，无所不至"，"唐时波斯商胡懋迁往来于广州、洪州、扬州、长安诸地者甚众"。这些胡商在"唐代由广州向中原，大都取道梅岭以入今江西，而集于洪州， 故《太平广记》中屡及洪州之波斯胡人。至洪州后，或沿江而下取道大江，或则东趣仙霞，过岭循钱塘江而东以转入今日之江苏。大江道远，风涛险恶，南下或北上者多取钱塘一

①《旧唐书》卷四九《食货志》。
②《旧唐书》卷八《玄宗纪上》。
③《旧唐书》卷一九〇《齐澣传》。
④《宋史》卷八五《地理志一》。
⑤《太平寰宇记》卷一七《河南道十七·宿州》。
⑥《资治通鉴》卷二五〇，"唐懿宗咸通三年八月"条。
⑦《元和郡县图志》卷九，"泗州临淮县"条："长安四年分徐城南界两乡于沙塾村置临淮县。"
⑧《太平寰宇记》卷一六《河南道十六·泗州》。

道；不惟富春江上风景清幽，足供留连，旅途实亦较大江为平安也。至江苏后则集于扬州，由此转入运河以赴洛阳。是以扬州之商胡亦复不少。田神功大掠扬州，大食、波斯商胡死者竟至数千人。由洛阳然后再转长安。故唐代之广州、洪州、扬州、洛阳、长安，乃外国商胡集中之地也”。而长安之商胡集中于“西市”①，丝绸之路当以此为起点，故唐代长安因运河成为一国际大都市，在东方贸易的主要对象是新罗和日本。新罗商人或在山东半岛登州上岸，或由楚州（今江苏淮安）入淮河，自此西去汴、洛，或南下扬州。扬州地处长江三角洲北端，又是运河和长江交汇口，是南来北往、西去东下的水陆交通总枢纽。海外商船来华，都在扬州登陆，换船将货物装上北上的运河船。所谓“广陵当南北大冲，百货所集”②。当时扬州是全国商业最繁荣的城市。沿水路建有不少“新罗坊”“新罗馆”，都是提供新罗客人之便。日本遣唐使也大都是从扬州溯运河上去长安、洛阳的。至于波斯、阿拉伯商人来华，主要在广州登陆，然后溯北江、赣江而上，再顺江而下至扬州，再由运河至中原各地。当时扬州是胡商蕃客集居之地，不少大食、波斯商人在扬州寄居设店，坐市买卖。扬州成为国际商品的集散地。可以想象，当时有不少胡商蕃客来往于大运沿线。杜甫有《解闷》诗云：“商胡离别下扬州，忆上西陵故驿楼。为问淮南米贵贱，老夫乘兴欲东游。”扬州奢侈繁华的生活，使许多到过扬州的诗人流连忘返。杜牧曾在扬州任职，直到晚年，仍不能忘怀在扬州的一段生活，“十年一觉扬州梦，赢得青楼薄幸名”。唐代诗人张祜《纵游淮南》写道：“十里长街市井连，月明桥上看神仙。人生只合扬州死，禅智山光好墓田。”在唐代，扬州可以说是最宜居城市。宋人洪迈说：“唐盐铁转运使在扬州，尽于利权，判官多至数十人。商贾如织，故谚称扬一益二，谓天下之盛，扬为一而蜀次之。”③唐代扬州的盛况不能不归功于运河。唐代宋州商丘“邑中九万家”。宿州城南临汴河，为“舳舻所会”，商旅所经。扬州因地处长江与运河交汇处，其繁荣昌盛，在唐代为天下第一商业都会。其他如楚州、淮阴与日本、新罗有商业来往，城内有新罗坊，为新罗聚居之所。汴淮交汇的泗州“商贩四冲，舷击舵交”，都是重要商业都会。

扬州以北的楚州，为一大重镇。扬州以南的润州（今江苏镇江）、常州、苏州、杭州及其所属各沿运的县、镇、市，随着江南商品经济的发展，更趋繁荣，自不待言。日本学者宫崎市定认为：宋代是运河中心的经济时代，宋以后至近世变为运河地带中心的时代。④20世纪五六十年代以来，国内外明清经济史学界在这方面的研究成果汗牛充栋，无需在此多言了。

在河北地区，也因运河的发展，形成不少商业都会。例如永济渠沿线的魏州（宋大名

① 向达：《唐代长安与西域文明》，北京：生活·读书·新知三联书店，1957年，第13、25、34、35页。
②〔宋〕王溥：《唐会要》卷八六《市》。
③〔宋〕洪迈：《容斋随笔》卷九，《唐扬州之盛》，上海：上海古籍出版社，2014年。
④ 孙洪升：《唐宋茶业经济》，北京：社会科学文献出版社，2001年，第96页。

府），即今天大名县东北大街镇一带，唐时永济渠绕城、夹城而成聚落，沿河有楼百余间，以贮江淮货物，称为天下“雄镇”①。高适有诗形容魏州的繁华，有“魏郡十万家，歌钟喧里闾”之句。贝州位于今清河县西北，也是永济渠沿线重要城市，唐代在此贮藏江淮租布甲仗，以备河北军需，史称“天下北库”。临清县（今河北省临西县，非今山东省临清市）西门外即永济渠，亦为运河上要隘，宋时在此设驿馆以候宋辽使臣。由于永济渠在唐宋时主要任务是运输军用物资，“有河漕以实边用，商贾贸迁，刍粟时积”②，故其沿线尚未出现重要的商业城市。

五代时期除后唐外，四代均建都汴州开封，北宋继之。其原因就是“开封地平四出，诸道辐辏，南与楚境，西与韩境，北与赵境，东与齐境，无名山大川之限。而汴、蔡诸水参贯，巾车错毂，蹄踵交道，舳舻衔尾，千里不绝，四通五达之郊也”③。其中汴河是宋代最主要的运河，从《东京梦华录》等宋人笔记里，可以读到北宋东京的繁荣，就是汴河所起的作用。而一幅张择端的《清明上河图》，则更具体展示了10世纪北宋都城汴京城内的繁华景象，该图所显示的是清明时节东京城内汴河两岸的市井风情，鳞次栉比的房屋，熙攘的人群，林立的酒肆商铺，兴旺的市场和往来繁忙的车辆船只，显示了开封无限的生命力。宋代开封府作为京都，其商业之繁荣自不待说。

北宋运河格局与唐代相同，故其沿运河城市的布局也基本相似。但由于北宋时代南方经济进一步发展，漕运体制又略有不同，故有的城市的地位有所变化。如宋代定制，江南的漕粮由扬州起运，长江上游诸地的漕粮，由真州（今江苏仪征）起运，于此置发运司，又在扬子县置真州，“隋唐以前，江都之盛甲于天下，仪真于古未闻也”。后因“真州当运路之要”④，于此置发运司后，“四方宾客往来者”⑤集于此，地位超过扬州。

## 四、元明清时期的运河和城市

元明清三代的京杭大运河，主体部分是由隋唐大运河发展而来的，主要变化是纵贯今山东地区的会通河代替了汴河，大运河的走向由“弓背”改成“弓弦”。会通河开通以后，在中国东部平原上形成了沟通南北的京杭大运河，穿越直隶（今河北）、山东、江苏、浙江数省，连接了海、黄、淮、江、钱塘五大水系，事实上已成为明清

---

①《太平寰宇记》卷五四《魏州大名县》。

②《宋史》卷八六《地理志二》。

③〔明〕李濂：《汴京遗迹志》卷八《艺文五》，北京：中华书局，1999年。

④《宋史》卷八八《地理志四》。

⑤〔宋〕王象之：《舆地纪胜》卷三八《真州·风俗形胜》，北京：中华书局，1992年。

时期的南北交通大动脉。位于山东境内的会通河是由人工开挖而成的，从根本上改变了山东西部地区交通闭塞的局面。流过山东及邻近省份的自然河流无不为其提供水源，于是这条人工河沟通了起源于河南流经河北进入山东的漳卫河，发源于河南的马颊河、徒骇河，山东境内东西走向的大清河、汶河、泗河与柳林河等，形成了以会通河为轴心的水路交通网。同时，山东境内的几条官道、大道或与运河平行，或与运河相交，形成运河区域的陆路交通网。①

在中国东部平原上形成了以会通河为轴心纵贯南北的京杭大运河，从而将中国东部平原上东西流向的河流都连接起来，形成几乎覆盖大半个中国的水陆交通网。大运河北起北京，南迄杭州，全程超过 1 700 千米，纵贯京、津、冀、鲁、苏、浙等省市，沿运形成一系列人物殷阜的城市，如通州、天津、德州、聊城、济宁、淮安、扬州、镇江、常州、无锡、苏州、嘉兴、杭州等。即便滨河小城镇，均有层楼叠阁，耸立河滨。兹后中国的商品流通、人口聚散、南北经济和文化的交流，几乎都集中在这条运河沿线的城市带上。明万历《歙志·货殖》：当时天下称为都会者，“大之而为两京、江、浙、闽、广诸省，次之而为苏、松、淮、扬诸府，临清、济宁诸州，仪真、芜湖诸县，瓜洲、景德诸镇”。说明除了都城、诸省省会外，运河沿线城市是当时最繁盛的都会。

明清两代漕运船只北上或回空船南返，都要在沿线各城镇停泊。明永乐二十一年（1423）规定“淮安、济宁、东昌、临清、德州、直沽，商贩所聚。今都北平，百货倍往时。其商税宜遣人监榷一年，以为定额”。这说明京杭大运河形成之初，沿线城市商品流通已经十分繁荣，以至于需要定额征税。②同时也反映随运军丁水手也乘机出售携带的南北货物和购买各地积聚来的土产杂货，而各地商贾客旅也纷纷云集，与运丁水手和押运官吏进行贸易。运河也吸引了大量流动人口，从事装卸和搬运工作。官吏、富商、军丁、役夫等不同层次的人等，形成一大帮不同层次的消费群体，吸引了各种消费行业集中于这些城镇码头经营谋生，于是沿运的城镇码头便成为南北物资集散地和贸易市场，同时也是各类服务行业集中地，从而促进了运河沿线各城镇商业的繁荣。

沿运城镇的繁荣和发展，大体上有几种类型：

一类是原已为州县级政区治所所在，由于运河所经，商业繁荣，城市更为兴旺。如济宁是会通河开通后最早兴起的城市。元为济宁州，清代升为直隶州。明清时期济宁地处漕运中枢，漕船南北往返重要的停泊码头，又是总河衙门所在，有庞大的官吏机构，物资需要当甚于其他地方。官私商贾都麇集于济宁，进行贸易。明成化、弘治年间人程敏政云：“幸勋戚

---

① 王云：《明清山东运河区域社会变迁》，北京：人民出版社，2006 年，第 41 页。

②《明史》卷八一《食货志五·商税》。

之家贸易于两淮、于三吴者，联樯大舶，必驻济宁。”[①]清中叶包世臣说：“闸河自台庄入东境，为商贾所聚，而夏镇，而南阳，而济宁，而张秋，而阿城，而东昌，而临清为水马头，而济宁为尤大。”[②]每年漕船运丁水手与当地商贩交易的南北货物，不下数百万石，“商品粮民之至者乐而忘返，流寓之人恒多于土著”[③]。于是“百物聚处，客商往来，南北通衢，不分昼夜”[④]。清乾隆年间，济宁城市人口达到 17 012 口，其中“车者、舟者、负者、担者日不下千万计，每年至少有四五十万人次之多”[⑤]。城市人口的增加，必然促进城市商业、服务行业的发展。

又如聊城在元代为东昌路治所，明改为东昌府，是会通河沿线唯一的府级政治中心城市，由于地理位置不如临清和济宁处于南北交通的枢纽地位，其发展规模不如上述二城市。尽管如此，聊城毕竟在运河沿线，其过境贸易还是很发达的。南来北往漕船所带土宜特产，多在此销售。明代记载，“由东关溯河而上，李海务、周家店居人陈椽其中，逐时营殖”[⑥]。在清代聊城仍是会通河北段的商贸城市，各省商贾云集，南北货贸易繁盛，每年漕船过往，仅收购特产熏枣一项，即达数百万石之多。[⑦]乾隆至道光年间是聊城商业最繁荣的时期，嘉庆年间记载，称“东昌府治，东省之大都会也……人烟辐辏，士商云集”，又言“东昌为山左名区，地临运漕，四方商贾云集者，不可胜数”[⑧]。咸丰年间，聊城城内山陕商人的店铺多至八九百家。[⑨]当时聊城是山陕商人集中的地方，至今还保留山陕会馆一处，不仅建筑宏伟，还是保存最好的一处会馆，1988 年被定为全国重点文物保护单位，始建于乾隆八年（1743），历朝均有修缮，亦可见当时山陕商人资金的丰厚。

又如元代的临清县，原治曹仁镇（今临清市西南旧县镇），起初地位并不重要，开会通河后，在今临清市会通河和卫河交汇处形成会通镇。明洪武二年（1369）临清县就从曹仁镇迁至会通镇，即今临清市治。次年即在临清城内设置临清仓，以供转运。从此临清处于会通河和卫河交汇处，成为漕运咽喉之地。永乐中移都北京后，

---

①〔明〕程敏政：《篁墩文集》卷二五《赠送工部主事程节之序》，转引自王云：《明清山东运河区域社会变迁》，北京：人民出版社，2006 年，第 82 页。

②〔清〕包世臣：《安吴四种》卷六《中衢一勺》。

③民国《济宁直隶州志续志》卷五《建置志》。

④乾隆《济宁直隶州志》卷二《街衢》。

⑤许檀：《明清时期山东商品经济的发展》，北京：中国社会科学出版社，1998 年，第 175 页。

⑥万历《东昌府志》卷二《物产》。

⑦宣统《聊城县志》卷一《方域志》。

⑧聊城山陕会馆藏嘉庆十四年《春秋阁碑文》，转引自许檀：《明清时期山东商品经济的发展》，北京：中国社会科学出版社，1998 年，第 183 页。

⑨聊城山陕会馆藏同治四年《山陕众商会续发厘头碑记》，转引自王云：《明清时期山东运河区域社会变迁》，北京：人民出版社，2006 年，第 84 页。

又移德州仓于临清永清坝。宣德中，又增造临清仓，容三百万石。[①] 时临清有三仓，“岁受山东、河南之赋几三十万（石），以节漕力，以望京储，厥惟重哉！”[②] 为会通河沿线最大仓库群，南方来的漕粮必先储于此，然后转入卫河，以达京师。故而“财赋虽出乎四方，而运输以供国用者，必休于此而后达。商贾虽周于百货，而懋迁以应时需者，必藏于此而后通”。时人谓：“临清实南北要冲，京师门户，舟车所至，外连三边，士大夫有事于朝，内出而外入者，道所必由。”[③] 明弘治二年（1489）升为临清州，商业更为繁荣。前一年即弘治元年，朝鲜人崔溥自杭州由运河来到临清县，那时临清县城人口迅速增加，商业繁荣日甚一日，所谓“四方贸易地，溯河之民，生聚日衍，城居不能十一”[④]。故而在嘉靖二十一年（1542），临清城扩建了包括中洲，横跨会、卫二水，延袤二十余里的土城，与砖城相接。因两城相连，又称连城。连城控扼会、卫咽喉，“北起塔湾，南至头闸，绵亘数十里，市肆栉比，有肩摩毂击之势”[⑤]。城内商贾辐辏，商铺林立，“十九皆徽商占籍”[⑥]，外籍居民多于土著十倍。[⑦] 清乾隆四十一年（1776），临清升为直隶州，辖武城、邱县、夏津三县，其时临清有杂粮店 90 余家，当典百余家，旅店数百家，商店内南北货物杂陈，此实由会通河通漕，对临清经济发展起了决定性作用，“岁漕江南北米粮数百万石，悉由此河，便至京师”，“不仅南北货物可以附载而止，达官富商亦皆取道于此”[⑧]。其盛时“每届漕运时期，帆樯如林，百货山积，经数百年之取精用宏，商业勃兴而不可遏”[⑨]。城外烟火万家，舳舻千里，“精美轻赍之物附粮舟而麇至”，贸易兴盛。[⑩] 在明清两代，临清无疑是会通河北端最大的商业都会。[⑪]

其他如淮安府，为漕运总督驻地。各省漕船均在此盘验，商品上下为必然之事。“淮北纲盐顿集之地，任鹾商者皆徽、扬高资巨户，役使千夫。商贩辐辏。秋夏之交，西南数省粮艘衔尾入境，皆停泊于城西运河，待以盘验，牵挽往来，百货山列”[⑫]。再南如扬州、苏州、杭州，唐宋以来即为运河沿线大都会，明清更盛。明朝弘治年间朝鲜使者崔溥来华，回国

①《明史》卷七九《食货志三·仓库》。

② 乾隆《临清直隶州志》卷三《田赋、仓庾》。

③ 乾隆《临清直隶州志》卷一《建置》。

④ 范金民：《朝鲜人眼中的中国运河风情》，中国地理学会历史地理专业委员会编：《历史地理》第 20 辑，上海：上海人民出版社，2004 年。

⑤ 同②。

⑥〔明〕谢肇淛：《五杂俎》卷一四《事部二》。

⑦ 乾隆《临清直隶州志》卷二《街衢》。

⑧ 民国《临清县志·疆域志·河渠》。

⑨ 民国《临清县志·经济志·商业》。

⑩ 同⑦。

⑪ 杨正泰：《明清临清的盛衰与地理条件的变化》，中国地理学会历史地理专业委员会编：《历史地理》第 3 辑，1983 年。

⑫ 光绪《淮安府志》卷二《疆域志》。

后进呈《漂海录》，其中详细记录了大运河沿运的风情。他见到当时杭州的繁荣，谓“杭即东南一都会，接屋成廊，连衽成帷，市积金银，人拥锦绣；蛮樯海舶，栉立街衢；酒帘歌楼，咫尺相望。四时有不谢之花，八节有常春之景，真所谓别作天地也”。从杭州而南，走江东运河，“温州、处州、台州、严州、绍兴、宁波等浙江以南商舶俱会，樯竿如簇”。他过苏州阊门，“接屋连樯，舳舻如栉”，“阊门码头之间，楚商闽舶，辐辏云集”[①]。有关明清时代扬州、苏州、杭州因运河通畅，促成人口的繁衍、经济的兴盛、文化的繁荣，明清以来文献记载和历代研究成果极多，就不在此详述了。

一类是原为县级或县级以下的一些居民点，由于运河所经，逐渐发展成为重要商业城镇，如天津一地的兴起与大运河有密切关系。天津在元时为直沽，地处南北运河交汇处。明代的天津卫，原为军事据点。清雍正年间升为天津府并置附郭天津县，成为下级政区治地，原因是南方各种物产往往先运至天津，然后再贩运至京师。天津“城西北沿河一带，旧有杂粮店，商贾贩粮百万，资运京、通，商民均便。河东新创杂粮店，商贾贩粮通济河东一带村庄”[②]。天津城北门外是南北运河交汇之区，“百货倍受往时”[③]。因为天津“为漕运孔道，冠盖之所，往来商贾之所辐辏，舟车络绎，百货骈填，鼓瑟管弦之声不绝于耳”[④]。直至民国，天津仍是北方第一都会，实因天津有着地处大运河和北方诸水交汇处的独特优势。

其他如山东峄县，原远离运河，自开泇河以后，峄县为运河所经，粮艘过境，运丁水手“多挟南货以易邑煤米”，商旅“岁时往还不绝，奇物珍货衍溢”，本地的麦豆及煤炭诸物易得善价，而行销数千里。清代乾嘉时，“县当干道，商贾辐辏，炭窑时有增置，而漕运数千艘，连樯北上，载煤矿动数百万石，由是矿业大兴”[⑤]。

山东今微山县城的夏镇，原为夏村，明隆庆元年（1567）开凿南阳新河后，即位于会通河西岸，旋即改称夏镇。万历年间夏镇还筑有城，过往漕船在此过闸，商务客旅多在此歇息，服务行业由此而盛，一跃成为运河沿线重要的商业城镇。清人谈迁《北游录·纪程》：“工部郎分司徐州者，驻节夏镇。自新河成，夏镇为都会，康阜楼、会景门并雄踞河上。”入清以后，夏镇仍为运河沿线的重要商城。

今微山县南阳镇，明清时属鱼台县。自南阳新河开凿后，原来置于谷亭的闸署、

---

① 范金民：《朝鲜人眼中的中国运河风情》，中国地理学会历史地理专业委员会编：《历史地理》第20辑，上海：上海人民出版社，2004年。

② 康熙《天津卫志》卷一《建置》。

③ 李文治、江太新：《清代漕运》（修订本），北京：社会科学文献出版社，2008年，第397页。

④ 乾隆《天津县志》卷七《公署》。

⑤ 光绪《峄县志》卷七《物产略》。

驿、递运所均移于此，后来守备及鱼台县管河主簿亦驻于此，南阳地位日显重要。明清时商业比较繁荣。谈迁《北游录·纪程》云，南阳镇“地产菽，多大贾”“居人三千余家”。如以每户5人计，则有15 000余人，在今天也是一个大镇了。由于微山湖的扩展，清初形成湖中小岛，运河穿岛而过，只有水路与外界相通，形成十分独特的地理景观。

现属山东阳谷县的张秋镇，明清时因地处会通河和大清河交汇处，为南北枢纽，两岸成聚落，为阳谷、寿张、东阿三县共同管辖，设有管河主簿。明清两代张秋多次被黄河东决冲毁。明弘治二年（1489）河决张秋，冲毁会通河。五年河复决张秋。六年由副都御史刘大夏治河，在张秋凿渠为月河，先通漕，再堵塞决口，运道无阻，乃改张秋镇为安平镇。① 因为经常受到黄河决口的毁坏，所以在明万历前未曾筑城。《治水筌蹄》卷二《运河》：“张秋，固运河一大襟带也。控汶上、阳谷、寿张，鼎足之中，而西为梁山，故宋东盗薮。阛阓万家，富商大贾万集，跨运河东西居之……众流所交也，货财所萃也，岂直中原一大县，而不城，则胡以护运？亦胡以控群盗？余料之，此丁夫六千，匝二月之役耳，城中可籍也。”万历七年（1579）都御史赵贤修筑镇城，“跨运河之上，周八里……四门有楼，南北渡口设敌台四座，规制宏壮，为漕河重镇”②。在清一代，张秋仍多次遭到黄河决水的侵害，但由于其地理位置的特殊，在没有黄河干扰的年代，张秋的经济仍然是十分繁荣的。乾隆《张秋志》记载：“镇城幅员数里，自北而南，则漕渠贯其中；自东而西，则谯楼绾其口，城中街市，以此定其界焉。”这些巷市分属寿张、阳谷、东阿三县，所谓“一街而分隶三邑”③。张秋镇商品来源远及闽广、吴越、山陕，输入商品以杂货、绸缎为最大宗，分销和集散范围主要是位于济宁、临清之间的兖州府北部和泰安府西部诸县，输出商品主要有枣梨、棉花、棉布、粮食等。张秋附近州县出产的枣梨，“凡贩鬻江南者多从镇发”，成为山东地区水果、粮食、棉花的集散地。④

除了上述各较大城镇外，沿运各坝闸处，亦因漕船的来往滞留，形成不少商业聚落。例如汶上县的开河闸，元时所建，到明代已成为会通河沿线的一个集市，每逢十月下旬，“百货萃焉”。阳谷县的阿城上闸，“盐贾骛焉”，下闸亦为小市，“梨枣弥望”⑤。济宁州赵村闸旁有居民数百家，新店闸“居人更盛”。再五里至新闸，“亦百余家”。鲁桥镇原先就是商业城镇，更是“复灶重枅，商贾奔骛”。“度南阳镇闸，居人三千余家”。宋家闸有“茆舍百余家，有土堡。南风劲，且重运络绎”。泇河上的“韩庄闸，有土堡，居人百余家”。运河入黄口的“董家口，广十余丈，居人二百余家”。下游“二十里白洋河，镇人数

①《明史》卷八五《河渠志三·运河》。

②康熙《山东通志》卷四《城池》。

③乾隆《张秋镇志》卷二《街市》。

④许檀：《明清时期山东商品经济的发展》，北京：中国社会科学出版社，1998年，第181页。

⑤〔清〕谈迁：《北游录·纪程》，北京：中华书局，1981年。

千家。西隶宿迁，东隶桃源。宋俊伯市豆三百斛……十五里古城，居人三百余家”[①]。这些集市规模都很小，不过是因运河所经，人们集居此处以谋生，或从事饮食住宿等服务行业，或向往来公私客商军丁人员销售生活用品，未必为土著人口。

由此可见，明清时代京杭大运河沿线形成的城市带，可能是除了京师以外，人口最为集聚、商业最繁荣、经济最发达的地区，同时也是中国两千多年来，城市布局开创的一大新的局面，至今未变。

## 第三节 加强全国各地区间经济的联系和文化交流

中国是一个地域辽阔、自然环境地域差异明显的国家。由于自然环境之差异而形成的人文之差异，也十分突出。商周以降，虽然名义上在黄河流域渐趋于统一，实际上各封建诸侯国都各具自己的政治、经济和文化特点。春秋五霸、战国七雄，都是各具有个性的国家。秦始皇统一六国，推行车同轨、书同文、统一度量衡和货币，这些因政治、军事、经济的需要，必定较快推行，而各地人们的经济生活、文化、语言、风俗、行为观念等，仍然很长时间保持各自特色。司马迁写《史记·货殖列传》时，离战国已有两三百年，但他对汉朝的区域分划基本还是按战国各国的旧域。《汉书·地理志》后序引西汉末年刘向《域分》、朱赣《风俗》，则离战国更远，然其区域仍因战国之旧划分。汉代以降，在大一统国家内仍然保持“百里不同风，千里不同俗，户异政，人殊服”[②]的特点。

春秋战国以来，各地区之间商品流通已具相当规模。范蠡史称“陶朱公”，“以陶为天下之中，诸侯四通，货物所交易也”，遂在此定居经商，“十九年间，三致千金”。西汉时代，商业贸易最易致富，谚曰：“夫用贫求富，农不如工，工不如商，刺绣文不如倚市门，此言末业，贫者之资也。”[③]此类商品的流通，大多借助于运河自不待言。

从西晋末永嘉之乱，到北宋末年靖康之乱，800余年的历史时期里，中国发生过三次大规模的北方人口南迁，北方人的饮食起居、生活习俗、行为观念也随之进入南方地区，影响了南方社会的经济、文化；同时诱发了北方社会对南方丰富多彩的精神

①〔清〕谈迁：《北游录·纪程》，北京：中华书局，1981年。
②《汉书》卷七二《王吉传》。
③《史记》卷一二九《货殖列传》。

文化和物质文化的强烈渴求。故一旦南北统一王朝建立，南北文化和物资的交流，成为社会各阶层强烈需求。运河的开凿和南北大运河水系的形成，为这种需求提供了交通上的便利。

历史上运河的开凿及其与天然河流的连接，形成了可以通过水路抵达全国任何一个地点的水运网。上文第一章曾述，在曹操时代，由于白沟、平虏渠、泉州渠、新河的开凿，连接上黄河以南的鸿沟水系，再沟通秦始皇时代的灵渠，从理论上讲，从珠江北上，通过水路可以到达河北平原的北部。当然，实际上由于水情、船只、季节等自然和社会条件不同，不大可能成为现实。但在人们观念里，对水运可达地点必有渴望而尝试，因此，每一时代为谋求利润的行商，必定曾携带商品希望通过运河到达当时可以到达的最远处，从而使运河推动了水运发展作用的最大化。尤其隋唐以后系统的大运河格局的定型，使海、河、淮、江、钱塘诸水系及其沟通的各天然河流形成了一个固定的全国性水运交通网。由于水运的成本低廉，于是借助运河水系的便利，除了朝廷最关注的漕运外，附于漕运的各种物资以及商贾以赢利为目的的各地物资交流大大加强，东西南北商品的流通，实际也含带着各地文化的交流。随着社会财富的增加，城民阶层的出现，商品需求量空前增加，这种形成规模的商品交流促进了宋朝全国商品市场的形成。[①]

在传统农业社会，各地物资交流有多种形式，比较稳定的是官方通过以漕运为主的运河，运送全国各地作为贡品的各种土特产品，历代皆有。不过这类物品主要提供给皇家、贵戚享用，中下级官员和广大民众不仅无法享用，甚至连见也没见过，所以对各地文化的交流作用并不大。在唐代还有一种比较特殊的土特产流通，则是士大夫之间将土贡特产作为礼物互相馈赠，有的在同一州内流通，有的在同一道内流通，还有远距离的流通，而远距离的流通往往是通过运河。由于互相馈赠的都是士大夫阶层，也就能在互相答谢的诗文中反映其文化意义。[②] 此外，以商业贸易为驱动的民间日常商品的贸易流通，则对地区之间经济、文化交流影响较大。

魏晋南北朝时期虽然大部分时间处于南北分裂状态，但由于南北朝各新修了不少运河，而在非战争时期利用水运的商品贸易仍有进行，故各地的物资和文化交流并未停止。北魏晚期洛阳城内，“自葱岭以西，至于大秦，百国千城，莫不欢附，商胡贩客，日奔塞下，所谓尽天下之区矣”[③]。东晋南朝时，由于社会相对稳定，水运便利，商品流动相当发达。以长江为水运主干连接其支流以及三吴地区的运河网，都是当时大宗货物运输的主要交通线。在通往首都建康的水道上，“贡使商旅，方舟万计”。

隋唐统一政权的建立，南北大运河的修凿，为各地区之间物资和文化的交流提供了前所

---

①〔日〕斯波义信著、庄景辉译：《宋代商业史研究》，台北：稻禾出版社，1997年。

② 夏炎：《试论唐后期土贡物产的地方流动》，《史学月刊》2014年第8期。

③〔北魏〕杨衒之：《洛阳伽蓝记》卷三《城南》，北京：中央编译出版社，2010年。

未有的便利。“如天下诸津，舟航所聚，旁通巴、汉，前指闽、越，七泽十薮，三江五湖，控引河洛，兼包淮海。弘舸巨舰，千轴万艘，交贸往返，昧旦永日”[①]。唐代曾有过一次在官方主持下的全国性物资交流。天宝元年（742），在长安城东九里长乐坡下、浐水之上筑有望春楼，楼下穿广运潭以通舟楫，二年而成。从东京、商丘等地取小斛底船两三百只置于潭侧，每只船都标上南方各地的署牌，并陈列该地土特产品。如在标为广陵郡（今江苏扬州）的船上，即堆满广陵所出锦、镜、铜器、海味；丹阳郡（今江苏镇江）船上，堆满京口绫衫段；晋陵郡（今江苏常州）船上，陈列的是官端绫绣；会稽郡（今浙江绍兴）船上，陈列的是铜器、罗、吴绫、绛纱；南海郡（今广州）船上，陈列的是南海特产玳瑁、珍珠、象牙、沉香；豫章郡（今江西南昌）船上，则是名瓷、酒器、茶釜、茶铛、茶碗；宣城郡（今安徽宣城）船上，是当地特产空青石、纸笔、黄连；始安郡（今广西桂林）船上，有蕉葛、蚺蛇胆、翡翠等奇珍。各船中皆载有米，吴郡（今江苏苏州）是糯米、方文绫。这样表有各地署牌的船只，地域包括了南方数十郡。驾船人皆戴大笠子，穿宽袖衫、芒屦，如吴、楚之制。陕县尉崔成甫又作歌词十首，白衣缺胯绿衫，锦半臂，偏袒膊，红罗抹额，于第一船作号头唱之以助兴，和者有妇人一百人，皆鲜服靓妆，齐声接影，鼓笛胡部以应之。这些船只循序渐进，在望春楼下、广运潭上，连樯弥亘数里，观者山积。京城百姓没有见过南方的航船樯竿，人人骇视。[②]这是中国历史上第一次在首都兴办的全国物资展览会，展出的当然是当时各地的贡品。一个偏于西北黄土高原上的城市，居然能通过运河展示南方各地的土特产，让京城长安人民大大开了眼界。这一举措显示了唐王朝炫耀富有四海的心态，今天还可以从这些文字中领略到当时的盛景，不能不惊叹南北大运河在发展南北经济、促进文化交流中，起着何等重大的作用！

由于南北大运河之畅通，南北通过水运的商品物资交流十分兴旺，所谓“八方通货溢河渠”[③]。疏阔了300多年，身居北方的南方人又开始能够享受到南方的佳味。汴州贵族、官僚“陆珍熊掌烂，海味蟹螯咸”[④]。最典型的南北文化交流，是饮茶之风由南向北流传，成为唐代士大夫间最流行的习俗，所谓“风俗贵茶”[⑤]。唐人封演说：“南人好饮之，北人初不多饮。开元中，泰山灵岩寺有降魔师大兴禅教。学禅务于不寐，又不夕食，皆许其饮茶。人自怀挟，到处煮饮。从此转相仿效，遂成风俗。起自邹、齐、沧、棣，渐至京邑城市，多开店铺，煎茶卖之，不问道俗，投钱取饮。其

①《旧唐书》卷九四《崔融传》。
②《旧唐书》卷一〇五《韦坚传》。
③〔唐〕刘禹锡：《令狐相公见示河中杨少尹赠答兼命继之》，〔清〕彭定求等：《全唐诗》卷三六〇。
④〔唐〕白居易：《奉和汴州令狐相公二十二韵》，〔清〕彭定求等：《全唐诗》卷四七七。
⑤〔唐〕李肇：《唐国史补》卷下，上海：上海古籍出版社，1979年。

茶自江淮而来，舟车相继，所在山积，色泽甚多。”[①] 大量南方的茶自汴河运来，汴州“水门向晚茶商闹，桥市通宵酒客行”[②]。

宋代商品经济进一步发展，各地商品借运河之便流通于各地，较唐代更为发达。开封是中国北方的政治中心，又集中了当时社会上高层的消费人群，因此这个城市的物资供应最能反映当时南北各地经济文化的交流。当时开封周围的漕运四渠，不仅运送漕粮入京师，“又广南金、银、香药、犀、象、百货，陆运至虔州，而水运入京师。……川益诸州租市之布，自嘉州水运至荆南，自荆南改装舟船，遣纲送京师”[③]。周邦彦《汴都赋》记述集中于开封的全国各地商品:“安邑之枣，江陵之橘，陈夏之漆，齐鲁之麻，姜桂藁谷，丝帛布缕……”由于水运发达，开封城内市民只要有钱，也能吃到江浙的大米（粳稻），[④] 还有从运河运来的南方海鲜。欧阳修《京师初食车螯》云:“累累盘中蛤，来自海之涯。坐客初未识，食之先叹嗟。五代昔乖隔，九州如剖瓜。东南限淮海，邈不通夷华。于时北州人，食食陋莫加。鸡豚为异味，贵贱无等差。自从圣人出，天下为一家。南产错交广，西珍富邛巴。水载每连舳，陆输动盈车。溪潜细毛发，海怪雄须牙。岂惟贵公侯，闾巷饱鱼虾。”水产品中最普通的当然是鱼，原是北方人餐桌上稀见之物，但在北宋因黄运水运之便，开封市场鲜鱼十分便宜。《东京梦华录》卷四《鱼行》:“卖生鱼则用浅抱桶，以柳叶间串，清水中浸，或循街出卖。每日早，惟新郑门、西水门、万胜门，如此生鱼有数千担。冬月，即黄河诸远处客鱼来，谓之‘车鱼’，每斤不上一百文。”

其他最典型的要算南方的茶叶北销及饮茶之风在北方社会盛行，对北方社会影响最大。《宋史·食货志》云:“茶之为利甚博，商贾转致于西北，利尝至数倍。”熙宁时北方茶业兴盛。[⑤] 北方人饮茶亦为南方带来的风气，其文化意义远大于商品意义。自宋以后饮茶已成为南北士大夫阶层一种生活方式。茶的北播无疑与运河有关。以后茶叶还由运河运至北边出境，传入辽金境内，《封氏见闻录》也说:“始自中地，流于塞外。”茶在宋代成为“国际贸易商品”[⑥]，从中可见运河在发展各地经济和文化方面的作用之大。

南宋时虽然南北分裂，但仍有通过各种渠道进行南北商品的交流。《宋会要辑稿》云:“西北必用之物，而本处（四川总领所）所无，如干姜、绢、布、茶货、丝、麻之类。”将上述货物综合起来，再补之南方的特产——各种药物、砂糖、漆器、瓷器、竹木藤器、金银器、文具、书籍，则所谓南货便有米、茶、耕牛、绢制品、麻葛制品、木棉、砂糖，南方

---

①〔唐〕封演:《封氏见闻录》卷六，北京：中华书局，2012年。

②〔唐〕王建:《寄汴州令狐相公》，〔清〕彭定求等:《全唐诗》卷三〇〇。

③《宋会要辑稿·食货水运》。

④〔宋〕李焘:《续资治通鉴长编》卷六三，“宋真宗景德三年五月戊辰”条。

⑤〔宋〕李焘:《续资治通鉴长编》卷二三六，“宋神宗熙宁五年闰七月丙辰”条。

⑥孙洪升:《唐宋茶业经济》，北京：社会科学文献出版社，2001年。

舶来的香料、药物、宝货、铜钱、武器材料、金银器、竹木藤漆器、陶瓷器、文具、书籍等；北货则有北珠、北方产药物、绢制品、马、毛皮等。当时这些南北货的中转交换地点是作为海港的密州、澉浦镇、明州，内陆城市开封、长安、江陵、寿春、成都、杭州、绍兴等；南宋方面有盱眙军、楚州北神堰、杨家寨、淮阴县磨盘、安丰军水寨、花靥镇、信阳军齐昌镇、枣阳军、光州光山县中渡市；金国方面有泗州、寿州、颍州、邓州、唐州、蔡州、凤翔府、秦州、巩州、洮州、密州胶西县榷场。然而，虽说是南北货的交换，但除北方产的绢、药物之外，基本上乃是南方产的物资流入北方，供人们消费或转卖给北族。而且，如米、盐、茶、香药等能获取巨额利润的重要流通物资，几乎全是南方所产的物品。[①]

明清时代，中国南北地区自然环境与人文环境的差异还是相当大的。明弘治元年（1488），朝鲜人崔溥来华，曾从杭州由运河直抵通州，一路上对运河沿线南北城市的风情差异作了记述，他“将运河南北部之间在市井风貌、第宅质地、饮食起居、衣帽服饰、文化程度、仪容打扮、丧葬习俗、宗教信仰，以至对于农工商业的态度，从事程度、生产生活方式、生产生活用具、水利资源的运用等，均作了具体而又形象化的论述，一幅明代中期运河沿岸的市井风貌画卷跃然而展现在人们面前”。同时，崔溥也记述了运河南北各城镇物资交流的情况。[②]

明清时期通过大运河而达到南北交流的物资，主要指政府规定运军随漕船所带的土宜。前文曾经提到，明清两代都规定漕运军卒随漕船北上时，可以随船搭载一定数量“土宜”，沿途贩卖，“免其抽税”。这种土宜的数额曾不断增加。明弘治规定每船“不得过十石”，嘉靖时增至四十石，万历时再增至六十石；在清代，康熙时六十石，雍正时增至一百二十六石，乾隆时又准江南、浙江漕船厂每船增带四十石，嘉庆时增至一百五十石，道光时增至每船土宜一百八十石。[③]道光年间漕船以六千三百二十六艘计，共有免税土宜一百一十三万八千六百八十石。[④]明代因为军官、运卒疾苦万分，规定：“北运者，带酒米竹木弗禁，入茶城，属酒米者自为剥，属竹木者自为筏，浮于舟末。南还，则令易商货，半载之。除搜括之禁，罢入官之罚，是官以饷舟市也，舟善而卒腾，饷务倍利。”[⑤]但各船往往超过此数，如万历某年，江西、南饶二卫私带木筏甚多，饶州卫粮船只有三十七只，尾随木筏却有八十三吊，以

①〔日〕斯波义信著、庄景辉译：《宋代商业史研究》，台北：稻禾出版社，1997 年，第 145 页。

② 范金民：《朝鲜人眼中的中国运河风情》，中国地理学会历史地理专业委员会编：《历史地理》第 20 辑，上海：上海人民出版社，2004 年。

③《万历会计录》卷三五《漕运》；光绪《大清会典事例》卷二〇七《漕运》。

④ 李文治、江太新：《清代漕运》，北京：中华书局，1995 年。

⑤〔明〕万恭：《治水筌蹄》卷二《运河》。

致过济宁天井闸时塞满河道，每船载木材过多，命其卸下为筏，结果南饶两处运船卸木板重一百三十六万五千一百斤，这在未盘之先，沿途发卖已多，所报仅存其半。船内还有磁铁等器，不知几何。且各船一到码头，“辄延绥数日，虽曰挨帮，实为脱货”。“运军一贫如洗，乌得有此巨货，尽系运官通同把总，贩卖营利，势庄旗军，分派装载”。那些“重船而尾复曳以重筏，连绵之势，撑驾又难，闸板既启，待久水泄，又以河浅为名，延挨货卖”①。据清杨锡绂《漕运则例纂》记载，土宜品类繁多，大致有农产品、丝织品、油类、酒类、干鲜果品、各种食品、纸张、竹木藤器、各种杂货、铁铜器、药材等十一类、数百种。此外，还有窑货、扫把、木岸、竹子、杉篙、木头等物，“俱不算货”，可任意携带而不纳税。②这些商品或沿途出售，或运至北方售卖，活跃了运河沿线经济的流通，并通过运河沿线各城市各条水路或陆路，如同静脉动脉血管一样输到北方各地。漕船至京师卸粮后，回空船还会装载各类货物，主要是北方的农产品及农副产品，如梨、枣、核桃、瓜子、柿饼、豆、麦、棉花、烟草等。手工业品较少，携带数量，每船六十石免税，仍按漕船六千三百二十六计，共有免税商品三十七万九千五百六十石。在规定数量外应纳税，每石税银四分。回空船所纳税很低，每一百石才收税银四两，可知当时所带货物一定不少。③南北商品在沿运城市间的流通，大大促进了南北的经济和文化的交流。

除了漕卒所带土宜作为商品在运河沿线流通外，也有民间商人从事商业活动。但民间商船在大运河中运行十分不易，一则因为会通河每年可供通航的时间不多，十一月开始临清以北的运河结冰，次年二月解冻，一年只有八个月通航时间，④而这段时间主要供漕船航行，民船很难挤入，商人进行商品贸易，主要是与运军漕丁合作。民间商船在大运河上航行十分困难，明《一统路程图记》载：“仪真闸通上江运船，五坝过客货须临大江，昼夜无盗，盐商时聚，地无所产，楠木商人聚于对江。自本县至淮安，皆平水。邵伯之北，湖荡多，人家少，西高而东卑。水大之年，最怕西北风，巨浪能倒塘岸，船不能过。贼有盐徒，晚不可行，船户不良。宜慎。自扬州以北，风景与江南大别矣。淮安五坝过客货，开通运船。凡写黄河大船进京，必须访实，或有欠债揽此长载，中途脱逃，客顾人夫而去，此常有者。黄河不可久延，四、五月有河走之防。徐州入闸河，汶水泉出莱芜、宁阳二县，至南旺南北两分。旧闸河自留城至南阳，北高而南低，水易泄，闸常闭，所以客船难去，一闸曾有坐一月者，且让运船。自开新河，南高而北低，泉虽少而难泄，闸不常闭，各船皆快，无阻迟之苦矣。扬州以北，食品贱而不佳。临清州出卫河，直抵直沽。泊船难择地方。天津卫上水至通州，走沙

①〔明〕潘季驯：《河防一览》卷一二《官旗挟带私货疏》。

②〔清〕杨锡绂：《漕运则例纂》卷一五《通漕禁令·重运揽载》，转引自李文治、江太新：《清代漕运》，北京：中华书局，1995年，第484页。

③李文治、江太新：《清代漕运》，北京：中华书局，1995年，第485页。

④〔清〕林起龙：《请宽粮船盘诘疏》，〔清〕贺长龄辑：《清经世文编》卷四六。

水浅，夜宜谨慎……自淮安以北，冬归宜速，守冻最难，日出冰坚，阴雾即释。”[①]可见民间货船一路上困难重重，宕延时日，运输成本太高。“缘军船多装私物，但遇市镇，湾泊买卖，延住日久，民船亦被淹留”[②]。刘基《过南旺守闸诗》:“客路三千里，舟行二月余。壮颜随日减，衰发受风疏。”明人李流芳有诗云：“济河五十闸，闸水不濡轨。十里置一闸，蓄水如蓄髓。一闸走一日，守闸如守鬼。下水顾其前，上水顾其尾。帆樯委若叶，篙橹静如死。京路三千余，日行十余里。迢迢春明门，何时能到彼。”[③]二则民间商船走运河，一路上要十分注意防盗防欺。《一统路程图记》云：“自颍州至大名府，响马贼甚恶，出没不时，难防。”从杭州至镇江一段，“凶年有盗……早晚勿行”，“由泖湖双塔船至苏州，有风、盗、阻迟之忧”[④]。另外，民商必定要雇船载货，《士商类要》告诫：“且雇船一事，必须投牙计处，询彼虚实，切忌贪小私雇，此乃为客之第一要务也。虽本地刁钻之人，尚难逃其术，何况异乡孤客哉！”这些船主或以旧船充好，或“中途得便盗卖”货物，“或浇水湿而掺和，或剔船缝而称漏”，故谚云“十个船家九个偷”。“又有一等欠债之船，狼心偷货，价倍于船，送至地头，尤恐债主催逼，少数难交，中途将船凿沉，弃船逃走”[⑤]。种种险恶遭遇，实难预防，可见民间商船运行须承担很大风险。三则商船过临清钞关手续十分麻烦，同时还要遭受钞关官员、地方胥吏的敲诈勒索。明弘治年间倪岳上疏说：“旧例，照得山东临清州、南直隶淮安、扬州、苏州府、浙江杭州府、江西九江府等处，俱系客商船只辐辏之处，祖宗旧制，各设有钞关，收受商税，俱委本府通判等官管理，行之百年，虽不能无弊，然课钞亦未见其亏损，客商船只，亦未见其留难。盖通判等官职卑责重，上受巡抚、巡按、分巡、分守等官节制，少有不才，随加罪黜，故非极妄无知之人，则不敢在关生事，动扰客商。近年以来，改委户部官员出理课钞，其间贤否不齐，往往以增课为能事，以严刻为风烈。筹算至骨，不遗锱铢，常法之外，又行巧立名色，肆意诛求。船只往返过期者，指为罪状，辄加科罚；客商资本稍多者，称为殷富，又行劝借，有本课该银十两，科罚劝借至二十两者。少有不从，轻则痛行笞责，重则坐以他事，连船拆毁。客商船只，号哭水次，见者兴怜。夫增课为国，虽有称聚，犹是有名。其科罚劝借者，或倚称修理公廨，或倚称打造坐船，皆借名入己，无可查盘。况此等官员，

① 杨正泰：《明代驿站考》附录《一统路程图记》卷五，“江北水路”条，上海：上海古籍出版社，1994年，第182页。

②《明英宗实录》卷二三四，“景泰四年七月”条。

③ 李流芳：《檀园集》卷一，《闸河舟中戏效长庆体》，转引自王云：《明清山东运河区域社会变迁》，北京：人民出版社，2006年，第37页。

④ 杨正泰：《明代驿站考》附录《一统路程图记》卷六、卷七，上海：上海古籍出版社，1994年，第118、203、206页。

⑤ 杨正泰：《明代驿站考》附录《士商类要》卷二《船脚总论》，上海：上海古籍出版社，1994年，第294页。

既出部委，各处巡抚官视为宾客，巡按官待以颉颃，是以肆无忌惮，莫敢谁何？以致近年客商惧怕征求，多致卖船弃业。此岂祖宗设关通商、足国裕民之初意哉？”①

清代榷司官员与胥吏勒索扰害商人的现象也十分严重，胥吏们对过关商船任意勒索，“饱其欲者，虽货多税重而蒙蔽不报者有之，或以重报轻者亦有之；不遂其欲，虽货少税轻而停滞关口，候至数日尚不得过”②。对此，清初几个皇帝都曾下诏予以严禁，但在传统社会里这种弊端是无法消除的。故而民间商人在京杭大运河的贸易活动大受限制。当时民间商人主要利用淮安以南的淮南运河和江南运河进行商业活动，过了淮阴则往往通过其他运输工具进行商品的销售。

尽管如此，南北商贾进行贸易，京杭大运河仍是全国最主要的商品流通干线。据研究，明代全国八大钞关，除九江为长江关外，其余七个均在运河沿线，从北至南依次为：崇文门、河西务（清时移至天津）、临清、淮安、扬州、浒墅、北新。万历年间，运河七关商税共计三十一万余两，天启年间为四十二万余两，占八大钞关税收总额的90%左右。清初运河七关大体沿袭了明末税额。随着商品经济的发展，商税收入也在逐渐增加。康熙年间增至六十余万两。清代中叶，已增至一百五十万两③。

据记载，清代临清关，乾隆九年（1744）过关商船计有9 738艘，十年有5 819艘。④私商中利用运河进行贸易的主要是粮商，一是北方各地所产的小麦运往北京，每年有五十万至六十万石；一是北方的豆、麦通过运河运往南方，当为数更多。其他北方南来的货物中，棉花占很大比例，而南方向北运送的主要有棉织品，还有茶叶、纸张、瓷器、铁锅等。乾隆年间有人指出，“商贩船只，亦资利济”⑤，“向来南省各项商贾货船，运京售卖，俱由运河进行”⑥。

另一类通过运河向北传布的是贡品，由于是特殊物资，既非商品，数量也少。但估计不至于仅皇帝一人享用，至少可以认为在皇室和宫廷范围内作为一种南方文化的传播。

至于随着沿运人口的流动，沿运各地的区域人群、宗教信仰、饮食起居、语言习俗、地方戏曲等在运河沿线的流布，则成必然之事。比较典型的像天津，原先只是一个军事据点，由于地处大运河的枢纽，运河上南来北往的人员众多，在天津附近能听到的是南腔北调，明代在天津独流镇、杨柳青、直沽口等地的运河上能听到“吴歌”“楚歌”“闽

①〔明〕倪岳：《青溪漫稿》，〔明〕陈子龙辑：《明经世文编》卷七七。

②《世宗宪皇帝上谕内阁》卷一〇，转引自王云：《明清山东运河区域社会变迁》，北京：人民出版社，2006年，第70页。

③许檀：《明清时期运河的商品流通》，中国水利学会水利史研究会编：《京杭运河研究论文集》，北京：中国书店，1993年。

④许檀：《明清时期运河的商品流通》引中国第一历史档案馆馆藏档案，《山东巡抚喀尔吉善乾隆十一年七月二十三日折》，《历史档案》1992年第1期。

⑤《清高宗实录》卷一四〇三，“乾隆五十七年闰四月”条。

⑥《清高宗实录》卷一四五三，“乾隆五十九年五月”条，转引自李文治、江大新：《清代漕运》，北京：中华书局，1995年，第490页。

语”“南腔”。在清代，天津城内有广东、福建、宁波等人移居，成为“五方杂处”之区。[①] 近代以来，天津成为北方曲艺中心，这与当时北方各地劳动力都集中在天津码头有关。还有运河供奉的金龙大王神，为北方河道之神。《陔余丛考》卷五谓：“江淮一带至潞河，无不有金龙大王庙。”“永乐中，凿会通河，舟楫过河，祷无不应。于是建祠洪上。”运河沿线各地无不供金龙大王庙，可见大运河在沿线文化交流和传布方面起过重要的作用。

① 李俊丽：《天津漕运研究》，天津：天津古籍出版社，2012 年，第 257 ~ 259、271 ~ 275 页。

# 第五章

# 运河发展的局限及其造成的影响

中国运河的发展大致有3 000年的历史，其对中国历史发展的积极方面，前面几章已有详细的记述。但任何事物都具有两面性，运河也不例外。纵观这3 000年运河的历史，运河发展在不同历史阶段的地理环境有过不同变化，而各时期的统治阶层又有不同的利益需求，因此运河在其发挥积极性一面的同时，也有过非积极性的一面，这不是运河本身之过——运河是自然地物，本身是通过人类活动才起作用的——而是不同历史阶段人类在利用运河时，只顾统治集团的私利，而不考虑当时的地理环境和整个社会的利益，从而使运河在发展过程中，产生了一些负面的影响。这方面必须要讲清楚，以便对历史上运河的作用有一个全面科学的了解。

## 第一节　黄河变迁对运河的影响

中国历史上人工运河的主体部分位于长江以北地区，笼统地讲就是在黄河流域。因此，运河发展的历史性过程，与黄河的变迁有着密不可分的关系。首先，黄河是中国北方最长的河流，也是流量较丰沛的河流。因此处于黄河流域的运河无可选择地大多取源于黄河。战国时代中原主要的鸿沟运河水源主要引自黄河，隋唐时代的汴河（通济渠）更是以黄河为主要水源。然而利用黄河为水源带来的副作用很多。第一，黄河流量季节变化很大，春冬水枯，夏秋水涨，而每年春上漕粮起运时，往往正值枯水时节，影响漕运，致使运河起不了应有的作用。第二，黄河含沙量高，引黄河为水源，不免同时引入大量泥沙，遂使运河河床不断抬高，运河河堤也随之抬高，遂成地上河。为此运河每年都要修堤和疏浚，不仅是朝廷财政的一大支出，而且在疏浚和修堤期间，运河基本上停运，也就难以发挥作用。第三，黄河经常泛滥，侵犯运河。西汉末，黄河决口，洪水泛滥于河济之间60余年，原先作为运河水系的汴、济诸河河道、水门均遭摧毁。直至东汉明帝时，经王景治河后，才恢复旧观。北宋一代河患严重，决口后多祸及运河。庆历以后黄河曾三次北流，下游都曾夺流永济渠入海，使运道淤塞。南宋建炎二年（1128），东京留守杜充决河，黄河南流，其南的汴河各水系都屡遭河患的侵害。南宋以后，南北分裂，黄河分成多股，汴河受到黄河淤灌，且长期不加疏浚，不久即淤为平陆。所以元代以前，运河水源虽然得益于黄河，但其受黄河之患也是屡见不鲜的。

元代开始在东部平原今山东境内修凿的会通河，在元明清三代都曾不断受到黄河决溢的侵犯。黄河在徐州以上向北决溢，必然冲毁会通河，夺河东流，致使运河水流中断。黄河在徐州以下向南岸决溢，在明代会威胁到凤阳皇陵和泗州祖陵的安全。清代虽然没有皇陵和祖陵问题，但泗州城的安危也是清王朝关心的问题。且徐州至淮安的黄河即运河，故不论黄河南决还是北决，都能使运河断流，不利漕运。故元明清三代都一致要将黄河河道维持在徐州至淮安一线上，治黄和治运合一，治黄的目的是为了保运。然而明代中叶以来，黄河曾多次从河南铜瓦厢北决向山东入海，这是因为黄河自南宋以来长期东南夺淮入海，地势南高北低，黄河北决乃自然之势。清人张伯行就指出："河南属河上源，地势南高北下，南岸多强，北岸多弱。夫水趋其所下而攻其所弱。近有倡南堤之议者，是逼河使北也。北不能胜，必攻河南之铜瓦厢，则径决张秋；攻武家坝，则径决鱼台，此覆彻也。若南攻，不过溺民田一季耳。是逼之南决之祸小而北决之患深。"① 可见明清两代统治者为了自身利益，违反自然规律，硬是通过人为的修堤、筑坝工程，逼黄河循东南入淮之道，致使黄河屡屡北决，冲决运河，造成沿运地区的灾难。清咸丰五年（1855），黄河在河南兰阳铜瓦厢决口，东北冲向会通河，夺大清河于山东利津入海，时值太平天国战乱期间，运河阻断。清廷无暇顾及治河，只能听任黄河东北流，经山东入海。其实明清时代黄河东北流向山东是符合当时河性的。但明清王朝为了漕运之利，硬逼其东南走徐淮一线，实际上是违反了黄河的自然规律。由此造成黄、运之患，皆由统治集团私利所致，非运河之过。咸丰以后未积极恢复徐淮故道，一方面固然由于黄、运故道淤废严重，重新疏浚费工太大，另一方面也由于自道光以来部分漕粮已改海运。不久漕粮改折，漕运停罢，大运河为朝廷服务的历史使命已完成，也就听其淤废了。

由此可见，历史上运河受害于黄河，也离不开黄河。而黄河之害又何尝不是由保运而引起的？明人万恭云："我朝之运，半赖黄河也。""方今贡赋全给于江南，而又都燕，据上游以临南服。黄河南徙，则万艘度长江，穿淮、扬，入黄河，而直达于闸河，浮卫，贯白河，抵于京。且王会万国，其便若是。苟北徙，则徐、邳五百里之运道绝矣。故曰：黄河南徙，国家之福也。""今则饷事大半仰给江南，面江南之舟，泛长江，历扬、淮而北，非河以济之，则五百四十里当陆运耳。京师若何？故治水者，必不可使北行由禹之故道，必约之使由徐、邳，以救五百四十里饷道之缺。""今以五百四十里治运河，即所以治黄河，治黄河，即所以治运河，知行合一，不亦便哉？"② 万恭这一段话正道出了黄、运关系的真实含义，其目的无非是为了保持运河的畅通无阻，运河在历史上某时期出现消极的一面，实由黄河影响所致。然而黄河为患，又因运河所致。清咸丰五年（1855），黄河夺大清河于山东入海，将运河一截为二，漕运阻塞。山东巡抚丁宝桢奏："东省漕务之疲累，其故悉由于运道。而运道之梗阻，其患尽在于黄河。河之病运以病漕，实为今日一大变局。昔人云：黄河者运河

---

①〔清〕张伯行《治河杂论》，〔清〕贺长龄辑：《清经世文编》卷一〇一。

②〔明〕万恭：《治水筌蹄》。

之贼。又云：治漕以不用黄河为上策。臣于此时，目接情形，益深信之。”[①] 将运河受阻完全归咎于黄河，亦非明见，这是当时人一般的看法。实质上这两者关系的矛盾，则又与不同时代的自然背景和整个社会环境问题有关。

## 第二节 运河变迁对中国东部平原环境的影响

运河是人类对自然界按自己的意愿改造的水利行为，有的是顺乎自然规律的，有的则未必，甚至违反自然的规律，最后都要受到自然界的报复。由于人类干扰自然行为水平的不断提高，这种报复有时会经过很长时间才反映出来。因此，往往是当代受其利，子孙受其累，当政者往往为一时之利所趋，而不顾及后代了。

上文提到，中国黄河流域东部平原的河流因受西高东低地形的制约，大多自西向东流入大海。因此，中国历史上运河大多是为了沟通这些自然河流而开凿的。例如战国时的鸿沟，隋唐时代的通济渠、永济渠，宋代的惠民河，元明清时代的会通河等。这些河流纵贯东部平原南北，拦截了许多东流入海的河流，日久运河河床抬高，加以筑堤，形成地上河，遂使运西地区的河流下泄无路，泛滥成灾。

战国时期魏国所开的鸿沟，是先秦时期规模最大、影响最深远的运河工程。它自今河南原阳县北开渠引黄河水南入圃田泽为蓄水库，再自圃田泽筑渠引水东流至大梁（今开封）城，折而南流至陈（今淮阳）南注入颍水。这样一条纵贯南北的运河拦截了原先发源于嵩山山脉东南流入颍水、涡水等一些河流，如洧水、潩水、东汜水、鲁沟水等，因下泄无路，就在鸿沟运河之西形成了许多小湖泊，如鸭子陂、获陂、宣梁陂、逢泽、野兔陂、制泽、白雁陂、南陂、蔡泽陂、庞官陂等大小十余个。在今中牟、尉氏、扶沟、鄢陵等县境内形成一片陂塘密布的湖泽地带。[②] 宋代在鸿沟旧道基础上开凿了蔡河，为丰富水源，将蔡河以西诸陂塘均导入蔡河，然蔡河是一条人工运河，容量有限，秋汛期间，诸水暴涨，就会泛滥成灾，殃及黎民。[③] 到了元代，蔡河已成地上河，蔡西诸水不能排入，于是在秋汛期间，积潦成灾。明代后期黄河经常夺颍、涡河入淮，洪水带来大量泥沙，日久将这些湖陂填平，从而造成当地土壤高度盐

① 水利水电科学院水利史研究室：《再续行水金鉴》运河卷三引《丁文诚公奏稿》，武汉：湖北人民出版社，2004年，第1040页。

②〔北魏〕郦道元：《水经注》卷二二《渠水》。

③《宋史》卷九四《河渠志四·蔡河》。

渍化。[①]

隋代开凿的通济渠，自今河南荥阳北引黄河水，东南流至今江苏盱眙县北岸入淮。唐宋时称汴河。因以河水为源，故含沙量很高，至宋代已成地上河，横贯于河淮之间，长达数百里。这条地上河的形成，对两岸地理面貌产生很大影响。宋人王曾说："汴渠分派黄河，自唐迄今，皆以为莫大之利。然迹其事实，抑有深害，何哉？凡梁宋之地，畎浍之制，凑流此渠，以成其大。至隋炀将幸江都，遂析黄河之流，筑左右堤三百余里，旧所凑水，悉为横绝，散漫无所归。故宋亳之地，遂成沮洳卑湿。"[②] 汴河在未成地上河时，开封以西至汴口沿岸有许多支流注入汴河，见于《水经·渠水注》的就有十余条。沈括说："异时京师沟渠之水皆入汴。《旧尚书省都堂壁记》云：疏治八渠，南入汴水。"到了后来，汴河淤高，"京城东水门下至雍丘、襄邑河底皆高出堤外平地一丈二尺余，自汴堤下瞰民居，如在深谷"[③]。当汴河河床淤高筑堤以后，沿岸支流多不能排入，于是在两旁堤脚潴积成许多陂塘，每逢雨季排泄受阻，常酿成灾。金代以后，汴河淤废，但汴堤成了陆路交通要道，"车马皆由其中"，而且"亦有作屋其上"，在河底种上了麦子。[④] 于是汴堤如同一道土墙屹立地面，阻碍了两岸地面沥水的排泄，日久使地面土壤盐渍化，长期受害。以后豫东地区土壤恶化，实与唐宋以来汴河的淤高有关。

西汉以前，河北平原上的主要河流，如黄河、滹沱河、泒河（上游即今大沙河）、滱河（上游即今唐河）、治水（上游即今桑干河）等都是独流入海的。后来海岸向前延伸，诸水渐次交汇。至东汉末曹操开了自滹沱河注入派驻河的平虏渠（今南运河自青县至静海区独流镇间的一段），河北平原上主要河流都汇于天津入海。[⑤] 年长日久，众河汇流天津的局面给海河流域众水的排涝问题带来困难。《魏书》卷五六《崔楷传》记载一段6世纪初河北平原中部洪涝灾害的情景："正始中……于时冀定数州，频遭水害，楷上疏曰：……顷东北数州，频年淫雨，长河激浪，洪波汩流，川陆连涛，原隰通望，弥漫不已，泛滥成灾。户无担石之储，家有藜藿之色。华壤膏腴，变为舄卤；菽麦禾黍，化作萑蒲……自比定、冀水潦，无岁不饥；幽、瀛川河，频年泛滥……良由水大渠狭，更不开泻，众流壅塞，曲直乘之所致也。至若量其逶迤，穿凿涓浍，分立堤堨，所在疏通，预决其路。令无停蹙……钩连相注，多置水口，从河入海，远迩径通，泻其硗潟，泄此陂泽。"文中很清楚地讲到河北平原上频年水灾，是"水大渠狭，更不开泻，众流壅塞，曲直乘之所致"，就是诸河水涨，下游河道曲直相加，排泄不畅所致。为何会使河流曲直相加，就是因为下游受阻，河道形成曲

①《河南省盐渍土改良中的几个问题的探讨》，刊1964年中国科学院广州地理研究所河南分所《地理汇集》。

②〔宋〕王曾：《王文正公笔录》，百川学海本。

③〔宋〕沈括：《梦溪笔谈》卷二五《杂志二》，胡道静：《梦溪笔谈校证》，上海：上海古籍出版社，1987年，第795页。

④〔宋〕楼钥：《攻媿集》卷一一一《北行日录》，上海：商务印书馆，1936年。

⑤谭其骧：《长水集续编》，北京：人民出版社，1994年。

流，致使排泄不畅，盖海河水系诸河汇于天津入海，以致“众流壅塞”，泛滥成灾。解决的办法就是“多置水口，从河入海，远迩径通，泻其硗潟，泄此陂泽”。即分多支泄洪渠，使积潦各归大海。这正是由于曹魏以来白沟、平虏渠的开凿，在河北平原上形成纵贯的大运河，阻碍了运西河流的下泄。永济渠在隋代上源接沁河，唐代上源自清、淇等水，下游皆纵贯河北平原。由于筑堤，西部发源于太行山诸水皆被拦截入运。其中漳水、滹沱水、滱水都是洪量大、含沙量高的河流，下游均合永济渠至天津入海。夏秋季节，众水汇合，海河流域排涝成为一大问题。唐代前期永徽、神龙、开元年间，先后在沧州、景州境内开凿过毛氏河、无棣河、阳通河、徒骇河、靳河、毛河等，①都是在永济渠东岸开的分水渠，洪水来时以此分泄入海，曾一度大大减轻了河北平原的水患。北宋庆历八年（1048）后，黄河北流三次夺御河（即永济渠）入海，永济渠因黄河泥沙之大量输入，河床淤高，堤防也随之增高加固，这些分水渠道先后都被堵塞。这一黄御合一的巨川，“横遏西山之水，不得顺流而下，蹙溢于千里，使百万生齿，居无庐，耕无田，流散而不复”②。元代御河在沧州一带，“水面高于平地”，以至于“水无宣泄，浸民庐及熟田数万顷”③。明代御河源于清淇之水，在山东馆陶与漳水汇合后，至临清与山东运河汇合，至青县又与滹沱河合。自洪武初开始，漳河、滹沱河决口改道十分频繁，原因就是下游被运河所阻，无所宣泄。据记载，明清两代仅深州（辖今河北深州市及武强、饶阳、安平三县一市境内，滹沱河决徙达 85 次之多。④明代从永乐至弘治年间，在卫河东岸开了恩县四女寺减河、德州哨马营减河、沧州捷地减河、青县兴济减河等，就是为了运西涨水入运可有所分泄。可是到了嘉靖年间，这些减河都已淤塞，南北诸水“流经千里，始达直沽。每遇大雨行时，百川灌河，其势冲决散漫，荡析田庐，漂没粮运”，于是重开四条减河。⑤清初又淤废，四女寺减河“闸座废坏不修，引河淤塞已平”⑥。雍正年间再度开挖四河，以汇卫洪。⑦清末李鸿章奏云：“直省河道，如永定河、滹沱河、大清河、北运河、南运河，向称五大河。其旁支别派，节节并注于五大河者，又有六十余河，皆经天津三岔口，由海河趋大沽而入海。是天津实为通省河道尾闾，而专赖海河一道为汇归者也。嘉道年间，经费不支，河已不能修治。咸丰以后，军需繁巨，各河淤废益甚。每遇积

①《新唐书》卷四三《地理志三》。
②《宋史》卷九二《河渠志二·黄河中》。
③《元史》卷六四《河渠志一·御河》。
④同治《深州风土记》卷二《河渠》。
⑤〔清〕傅泽洪辑：《行水金鉴》卷一一四引《明世宗实录》“嘉靖十四年七月癸未”条。
⑥〔清〕张伯行：《居济一得》卷五四四，“女寺减水闸”条。
⑦〔清〕吴邦庆：《畿辅河道水利管见》；〔清〕陈仪：《直隶河渠书》。

雨盛涨，即漫决为灾。而海河湾曲既多，又复窄隘，诸水争赴，不能容泄。”[①] 明清两代治理运西水患，主要着眼于卫河是否畅通无阻，如果卫河水流畅通，河堤无虞，当然不会考虑减河的开放。如逢卫河水涨有破堤之虞，才考虑减河的开放，故明清两代海河平原水灾十分频繁。有人做过统计，海河在唐朝平均 31.5 年闹一次水灾，宋朝为 30 年一次，元朝增至每隔 4.5 年一次，清朝为 5.3 年一次。[②] 直至近代，海河流域的洪涝灾害仍是严重的问题。

在会通河未开之前，今豫东、鲁西南、鲁西北的沥水有两条出路：北面一条由今黄河左右的马颊河、徒骇河、大清河等入海；南面一路由泗水等水汇入淮河，由淮入海。《徐光启集》卷一《漕河议》：“河以北之诸水，皆会于衡、漳、恒、卫，以出于冀；河以南之诸水，皆会于汴、泗、涡、淮，以出于徐，则龙门以东、大水之入河者少。入河之水少，而北不侵卫，南不侵淮，河得行中道而东出于兖，故千年而无决溢之患也。有漕以来，惟务凿之便，不见其害。隋开皇中，引洛谷水达于河，又引河通于淮海，人以为百世利矣，然而河遂南入于淮也，则隋炀之为也。自元至元中，韩仲晖始议引汶绝济，北属漳御。而永乐中潘叔正之属，因之以成会通河，人又以为万世利也，然禹河故道横绝会通者，当在今东平之境，而迩年张秋之决，亦复近之。假令寻禹故迹，即会通废矣，是会通成而河乃不入于卫，必入于淮，不复得有中道也，则仲晖之为也。故曰：漕能使河坏也。”会通河开凿后，不断加高河堤，犹如一道土墙屹立东部地面，其北有狭窄的卫河所阻，南面有高于运河的黄河拦截，于是这一地区的沥水无处排泄，每遇暴雨时节，或黄、运并涨，河溢湖满，洪水到处汹涌洄荡，“泛滥于南，则自曹州、郓城、定陶、曹县、巨野、嘉祥，以至济宁、鱼台、滕县、峄县，及江南沛县、徐州、邳州均受其害。泛滥于北，则自濮州、范县、朝城、莘县、阳谷、寿张，以及聊城、东阿、博平、清平、堂邑、临清、夏津、恩县及直隶之清丰、南乐、清河、故城，俱被其灾”[③]。可见其受灾地区之广，遍及整个豫东、鲁西南、鲁西北地区，还延及冀南、苏北部分地区。洪水过后，积潦常宣泄无路，便浸没良田。明代在会通河东岸也开了不少减水河、闸，然而效果不明显，原因是由于山东丘陵山地的影响，减水闸分布极稀，再则是减水闸的启闭是视运河的水理损益而定，而不是运西地区是否有涝情。如寿张县张秋镇西南原有魏河、洪河、小流中渠至三运河上堤堰，使这一带沥水难以排泄，“曹州、郓城、濮州、范县遂苦水患。而邻邑之受害者，变无穷矣”[④]。“当时为了运河航道的畅通，每年在漕运开始前和进行时，均要闭闸蓄水，而此时上游淮水支干各河来量极大，无法宣泄，使得整个淮河中游成为滞洪区，只能任其淹没洪泽湖以西的凤阳、泗州、颍州等地

①水利水电科学院水利史研究室：《再续行水金鉴》卷三《运河三十八》引《李文忠公全书》，武汉：湖北人民出版社，2004 年，第 1185 页。

② 乔虹：《明清以来天津水患的发生及其原因》，《北国春秋》1960 年第 3 期。

③〔清〕张伯行：《居济一得》卷六《治河议》。

④ 同③

区”①。故而自明清以来至中华人民共和国成立前，今黄河以南、淮河以北、会通河以西的地带，水旱无常，盐碱、沙荒、涝洼遍地，生产低下，是极端贫困的地区。

春秋时代开凿的邗沟和隋代重修的山阳渎、邗沟，原是利用江淮间高邮、宝应一带天然湖泊进行通航的，后因途经湖泊中风浪较大，常有覆舟之患，在湖东岸开渠，避湖而行。宋代开始运河全线筑堤后，运西诸湖不断扩大，淹没了大片农田，同时湖面抬高，形成了“漕河高于田，湖高于河”的局面。②元代以来，黄河夺淮入海，徐州以下黄运合一。淮阴地区为黄淮运三水交汇处。由于黄河含沙量高，黄强淮弱，淮河出口被阻，于是倒灌形成洪泽湖。而淮南运河更弱，漕船难以越淮入河（即运河）。故明代开始在洪泽湖东岸筑高家堰，抬高洪泽湖水位，以冀达到蓄清刷黄的目的。明人万恭指出：“高宝诸湖周遭数百里，西受天长七十余河，徒恃百里长堤，若障之使无疏散，是溃堤也。”③清代治黄专家陈潢说：“下河高宝兴泰七州县之被淹也，非淹于雨泽之过多，实淹于运河溢出之水也。”④江淮间湖泊相连，运河全靠运河东西两岸河堤维持航行。光绪四年（1878）沈葆桢奏：“窃运河东西两堤，为维扬各属民田保障。西堤御高宝诸湖之水，东堤御运河上游之水，情形同一吃重。然非东堤完固，则沂泗来源骤发，里下河民田，已岌岌可危。非西堤加高培厚，重关屹立，则湖河连成一片，西风当令，骇浪横击，东堤亦独立难支。”然由筑堤“取土则两岸向无隙地，西堤两面皆水，所用之土，须于东堤之东民田中购用。既翻一堤，又隔一水，往返重滞，日得几何！且民间惜土如金，又未便强不愿者售取之。取土愈远，费亦愈繁。或曰：挑河土以筑堤，岂不一举两得。不知河底淤泥，必须晒干之后，方能层坯层硪。若湿未尽去，堤将内溃，石无所附，贻祸更烈。缘堤无可摊晒，若运往他处晒干，再行运回，则运费过于购土之费矣”⑤。如此高的经费何处筹措，实为当局者一大难题。据20世纪30年代对高邮、宝应等地的调查，高邮房屋较运河堤顶为低，宝应县城墙与堤岸齐平。邵伯、高邮、宝应、淮阴等里下河地区，全恃运河大堤保护。⑥运堤一旦溃决，里下河地区尽为鱼鳖。江淮运河对淮河地区的负面影响，是十分清楚的。

地处水乡泽国的江南运河，应该不存在排水问题。但是由于江南运河地势平坦，漕船不挽纤无法行舟。北宋庆历年间为了挽纤，在吴江县东运河沿岸筑石堤数十里，以为纤路，下设涵洞，以排太湖之水。日久涵洞为泥沙所淤，茭蒿丛生，“蒋芦生

---

① 马俊亚：《被牺牲的局部——淮北社会生态变迁研究（1680～1949）》，北京：北京大学出版社，2011年，第41页。

②〔明〕谈迁著、汪北平校点：《北游录·纪程》，北京：中华书局，1960年，第15页。

③《明史》卷八五《河渠志三·运河上》。

④ 同③。

⑤ 水利水电科学院水利史研究室：《再续行水金鉴》卷四《运河四二》引光绪《再续高邮州志》，武汉：湖北人民出版社，2004年，第1299页。

⑥ 胡焕庸：《两淮水利盐垦实录》，南京：中央大学，1934年，第7页。

则水道狭，水道狭则流泄不快”。于是太湖之水“常溢而不泄，浸灌三州（指苏湖常）之田”[①]。苏轼也曾指出：“昔苏州之东，官私船舫，皆以篙行，无陆挽者……自庆历以来，松江始大筑挽路……自长桥挽路之成，公私漕运便之，日葺不已，而松江始艰噎不快，江水不快，软缓而无力，则海之泥沙，随潮而上，日积不已，故海口湮灭，而吴中多水患。”[②]由此可见，宋代以后太湖流域的水患，与江南运河堤岸（即纤路）的修筑有重要关系。

历代开凿的南北大运河，犹如一地上长城，或横贯于东部平原而阻隔南北，或纵耸于东部平原竖分东西，使运河两岸诸河流下泄发生障碍。黄河以北的河流都集中在天津一处出口，黄河以南河流均集于淮河一道入海，于是中国东部平原在历史上洪涝灾害不断，不能不说是历史上运河修筑后的负面影响。清代魏源早就看出了这个问题，他指出：“人知黄河横亘南北，使吴楚一线漕莫能达，而不知运河横亘东西，使山东、河北之水无所归。”[③]咸丰年间黄河北徙后，“江北竟无一东出入海之干川，而仅有一南下入江之运道”，独承淮北诸水的排泄，淮北焉能不灾？

## 第三节　运河通航和农业灌溉的矛盾

运河开凿后欲其发挥作用，首先要解决的当然是水源问题，没有足够的水源，运河就无法正常运行。而中国自古以来是以农立国，水是农业的命脉。在黄河流域，中国历史上运河发展的早期，大致可分为三个时期，先秦至南北朝为第一期，隋唐两宋为第二期，元明清为第三期。

在第一期，中央朝廷对漕运粮食的需求量不高，再则政治中心与经济重心地区都在黄河流域，漕运行程不远，时间也短。如汉武帝元光中在关中地区引渭水开凿的漕渠，一年中只有 3 个月的时间用于漕运，漕罢而“渠下民田万余顷，又可得以溉”[④]。因此开凿的人工运河与农业灌溉用水在职能上无明显区别。《史记·河渠书》在记载春秋战国各地运河后曰：“此渠皆可行舟，有余则用溉浸，百姓飨其利。至于所过，往往引其水益用溉田畴之渠，以万亿计，然莫足数也。”故漕运用水与农业灌溉尚无明显矛盾。

到第二期出现了新的情况。第一，政治中心仍在黄河流域，而经济重心开始转移到了长

①〔宋〕单锷：《吴中水利书》，上海：商务印书馆，1936 年。

②〔宋〕苏轼：《苏东坡全集》卷五九《进单锷〈吴中水利书〉状》，北京：中国书店，1986 年。

③〔清〕魏源：《魏源集》上册，北京：中华书局，1976 年，第 406 页。

④《汉书》卷二九《沟洫志》。

江流域，漕运成为南北大运河的主要任务。封建王朝对漕运的依赖远超过第一期，保证运河的畅通成为朝廷第一要务。第二，漕运路程延长，漕粮在运河中运行中的时间也随之增长。从每年春上解冻到深秋禁运浚河，几乎全被漕运所占，而两岸农田也正是这个时候需要灌溉，漕运用水与灌溉用水开始出现了矛盾。

这种矛盾表现为两个方面：一方面是运河工程占用了大量农业耕地，与民争地。这是从宋代开始的。宋代主要运河是汴河，源出黄河，因为流量不均，沿运设置了一些调节流量的水柜（水库），夏秋水涨时蓄水，以备春运时所用。这些水柜原先是一些沼泽洼地，有的久已辟为农田，筑为水柜后，侵占了民田。北宋元祐元年（1086）曾经调查汴河沿线侵占民田的情况，决定可退出的即还本土，水占民田由官田退还，“无田可还，即给元直”，并于该年停办水柜。[①]但是汴河水源问题不解决，这类禁令是坚持不久的。绍圣年间，在中牟、管城以西，强占民田，潴蓄雨水，以备清汴乏水之用，仅“中牟一县，占田八百五十余顷”[②]。另一方面是漕运用水与农业灌溉用水的直接矛盾。唐代汴河所经为黄河下游农业发达地区，沿河人口集中，农业用水量大。春耕时沿运农民不时引用汴河水进行灌溉，使汴河每至春夏之时，多被两岸民人盗开斗门，导致舟船停滞。官府“遣官监汴水，察盗灌溉者”[③]，也无法制止。此外，汴河沿线的汴州、宋州，是“梁宋之地，水陆要冲，运路咽喉，王室藩屏”[④]，唐代为保护漕运的安全，在沿运驻扎了大量官兵为供守卫，并置官田，以为屯兵军食。这些“屯兵居卒，食出官田，而畎亩夹河与之俱东，仰泽河流，言其水温而泥多，肥比泾水”。每逢春四月时，农事兴作，沿河屯兵就纷纷派决灌田，使汴河“视其源绵绵，不能通槁叶矣”。朝廷因“两河兵食所急，不甚阻其欲”，遂使汴河上“舟舻曝滞，相望其间，岁以为常。而木文多败裂，自四月至七月，舟佣食尽不能前”[⑤]。可见在唐代运河漕运用水与沿运农田用水的矛盾已经十分尖锐了。宋代每年漕运六百万石粮食至汴京，运费浩大。熙宁二年（1069），有人建议利用汴河两岸的牧马地和公私废田作为屯田，在汴河两岸设置斗门，分汴河水进行灌溉，“岁可得谷数百万以给兵食，此减漕省卒、富国强兵之术也”[⑥]。自后沿岸引汴灌溉之风盛起，经汴流所溉的瘠土“皆为良田”[⑦]。沿汴经过灌溉以后的良田有八万顷，农业生产确实获利，然运河的通运却由此大受影响。例如，熙宁

①《宋史》卷九三《河渠志三·汴河上》。

②〔宋〕苏辙：《栾城集》卷三七《乞给还京西水柜所占民田状》，北京：中华书局，1989年。

③《新唐书》卷五九《食货志三》。

④〔唐〕白居易：《白氏长庆集》卷四〇《与韩弘诏》，上海：上海古籍出版社，1994年。

⑤〔唐〕沈亚之：《淮南都梁山仓记》，〔清〕董诰辑：《全唐文》卷七三六。

⑥《宋会要辑稿·食货七》。

⑦《宋史》卷三五五《杨汲传》。

六年六月，正当旺水时节，也是漕运最繁忙的时候，汴河水位突然减落，“中河绝流，其洼下处，才余一二尺许”。经过查访，原来是上游放水淤田，“下流公私重船，初不预知”，及至水位骤落，船只“减剥不及数，皆阁折损坏，至留滞久，人情不安”①。唐宋时代运河用水和沿线农业灌溉的矛盾相当突出，已非一事一时，因为沿汴灌溉的往往都是官田，官方不敢采取断然措施，统治者想两者兼顾，但往往不能双全。

到了第三期情况就大不同了。元代开始兴建南北大运河后，淮河以北各河段都缺水。元代通惠河水源白浮、一亩等泉本来并不充足，沿途寺观权家往往私决堤堰，浇灌稻田和园圃，妨碍漕粮的运行。元朝曾因此而下过禁令，然而并不见效。河北平原御河沿线是重要的农业区，为了不使御河“走泄水势”“涩行舟”“妨运粮”，不惜影响农业生产，严禁沿河园圃之家，穿堤作井，引水溉田。②元代水利学家郭守敬在河北西南部广开水田，引滏、漳等水灌溉滏阳、邯郸、洺州、永年、鸡泽等县农田，成效显著。可是滏、漳原为御河水源之一，被截来灌溉后，“御河浅涩，盐运不通”，于是尽将引水灌溉的渠道堵塞，使滏、漳水全注入御河，③这一带水田由此衰落。清代卫河水流细微，沿河农民往往私泄以为灌溉之用，致使卫河更浅，粮艘难行。康熙年间靳辅规定每年五月初一尽堵渠口，严禁民间放水灌田。但日久法弛，“重运难以北上”。乾隆初又重申禁令，“务使卫水涓滴不至旁泄，粮运遄行无阻”④。这对沿运农民是沉重的打击，因为除了卫河，这一带农民没有其他较大的河流可引水灌溉了。

元明清时代会通河所流经的汶泗河流域，在古代是农业发达区。《汉书·地理志》后序：“鲁地……地狭民众，颇有桑麻之业。”汉武帝时代曾引汶水溉田万余顷。⑤唐宋时代这里仍然是农业发达区。到了明清两代，会通河全赖鲁中山地西侧各山泉为源，先后拦截入运的泉眼有四百余处。因为沿运设置了水柜，需要不时将汶泗流域的各泉引纳入湖蓄积，以备漕船通过时放水入运济漕，所以在非漕运期间严禁沿运农户引用泉水。明廷规定：“凡故决山东南旺湖、沛县昭阳湖堤岸及阻绝山东泰山等处泉源者，为首之人并遣从军，军人犯者徙于边卫。”⑥清代规定：“盗决山东南旺湖、沛县昭阳湖、蜀山湖、安山积水湖、扬州高宝湖……首犯先于工次枷号一个月，发边远充军”，“其阻绝山东泰山等处泉源有干漕河禁例，军民俱发近边充军”⑦。康熙六十年（1721）玄烨巡视山东河工时就指出：“不许民间偷截泉水，

---

①《宋会要辑稿·方域十六》。

②《元史》卷六四《河渠志一·御河》。

③《元史》卷一六四《郭守敬传》。

④〔清〕王先谦、朱寿明：《东华续录》卷二，“乾隆二年六月”条，上海：上海古籍出版社，2008年。

⑤《汉书》卷二九《沟洫志》。

⑥〔明〕谢肇淛：《北河纪》卷二《河政纪》。

⑦〔清〕阿桂等：《大清律例》卷三九《工律河防》。

则湖水易足，湖水既足，自能济运矣。”[①]上文已指出，明清两代沿运均置有专管泉源的官员，以开发泉源多少及保护泉水入运为升迁的标准之一，于是当涂者“尽括泉源，千里焦烁”[②]。明清两代又规定沿运人民不能盗种湖田，可见漕河水源的丰足，是以牺牲地方农业利益为代价的。明嘉靖中，左都御史王廷奏言：“今山东地方邹、滕、沂、费、泰安等州县，即东平、汶上之间，抛荒地土，不知几千百万顷，即安山湖外荒地，亦不下几千百顷。”他认为因为“以民田纳粮，养马当差，宁抛荒而不顾，而湖地止认纳籽粒，更无别差”[③]。然天下何处不纳粮？当政者规定沿运农民一不准引泉，二不准垦湖田，农民何以为生？对于这个问题，一般士大夫不敢直言不讳地揭露，个别比较关心国民生计的也只能用隐晦曲折的语言指出问题的严重性。明末顾炎武指出：“漕在东省出入郡境（指兖州府），十居其七，而汶、泗、沂、洸诸水挟百八十泉之源，互相转输，以入于运，环千里之土，居名山大川之列，以奉郡水。涓滴之流，居民不敢私焉。”[④]就是说，沿运的汶、泗、沂、洸诸水的地表地下水全部囊括入运，农民不得私引溉田，农业就无法正常进行。他又专门谈了峄县人民贫困的原因：“吾尝观于古今之际，而知峄民之所由贫也。考《元和志》：唐贞观中，丞地有陂十三所，岁灌田数千顷。青徐水利莫与为匹。及观元大德中，峰州盖学正所撰《计地泉记》，犹称泉水散漫，四郊灌溉稻田无虑万顷，民受其利。计考《玉海通考》：彭城以北，利国监及丞县并有铁官。宋吴居厚为京东转运判官而其地铸铁钱，民得仰鼓铸为业。今县治及丞水上有遗铁存焉。胜国时州西北四十里有陶数千家，岁以陶器致宣饶。《一统志》犹称峄产黑瓦。此在往昔，章章特著者也。自元末兵乱以后，数罹伤残，人民转徙，河渠故道，岁久湮没，且接济漕渠，国家亦有明禁焉。方今小民一切罢陶铸诸业，而独仰给于农，百亩之田，计赡父母妻子，而更徭征赋出其中，一遇旱干水溢，则征徭连负，流亡继之矣。流亡者众，则田不受犁者愈多，榛莽弥望，常数十里无炊烟，邻邑有司尤谓峄人利茂草市厚利，此何说也？《通志》云：峄土旷人稀，一望荒落，在嘉靖初已然，况今日乎？户口土地日凋于前，而更徭杂赋日增于旧。”[⑤]泰山地区地表和地下水资源无节制的引用，造成水资源枯竭，农业凋败，人民逃亡，环境恶化，不能不说是会通河“尽括泉源”的结果。同时沿运农民不胜劳役之苦，明嘉靖元年（1522）九月丙辰，“南京贵州道监察御史谭鲁奏言：河南山东修河人夫，每岁以数十万计，皆近河贫民，奔走穷年，不得休息。请令管河官通行合属

①〔清〕蒋良骐：《康熙东华录》卷二一，清光绪十七年上海广百宋斋石印本。

②〔清〕顾祖禹：《读史方舆纪要》卷三〇《会通河》，北京：中华书局，2005年。

③〔清〕傅泽洪辑：《行水金鉴》卷一一六《北河续记》。

④〔清〕顾炎武：《天下郡国利病书》卷三八《山东四·兖州府志》引《漕河图志》，上海：上海古籍出版社，2012年。

⑤〔清〕顾炎武：《天下郡国利病书》卷三八《赋役志》，上海：上海古籍出版社，2012年。

地方，均派上中二则人户，征银雇役”[①]。沿运农民既无水源可供耕作，又需任劳役之苦，除了逃亡，还有什么出路？

江淮运河虽贯穿诸湖，可是在界首一带，“放水灌田，则舟苦难行；蓄水行舟，则民苦无水”[②]。清人谈迁《北游录·纪程》中说：“自江都来，水赢而出绌，民多苦舍，田多污莱，鱼虾頗贵，岸苗欲枯，惧分溉病漕，诚河无全利也。”清时江淮运河水高陆低，一遇运河水涨，河堤岌岌可危，官府为保运堤，开闸门放水，里下河地区变为泽国，农业遭受严重破坏。可见江淮运河沿线农业与通运的矛盾也是十分尖锐的。江南运河地处水乡泽国，一般说来，农业灌溉与运河通运都没有什么问题，但在个别河段，如“自常州至丹阳地势高仰”，“自丹阳至镇江地形尤高”[③]，还有“京口闸底与虎丘塔顶平”的说法[④]。这一段运河自唐以来多靠练湖水补给，严禁引湖水灌田，“盗决者罪比杀人”。宋代“立为盗决侵耕之法，着于令”[⑤]。明代“塞沿堤私设涵洞”[⑥]，目的就是杜绝沿河农民私引运河水以灌田，影响漕运。总之，整个历史时期，运河用水与沿线农业灌溉始终是矛盾的。

## 第四节　漕运改制和海运的兴起对运河的影响

晚清漕运改制，实出于多种原因：一是南方经太平天国战乱，农村遭受严重创伤，残破凋敝，民户根本无力完纳漕粮，只能减赋；二是咸丰河决后，运河受阻，每年运往京仓的漕粮日益减少；三是随着商品经济的发展，漕粮折银后，商品粮的运销缓和了京师市场对漕粮调剂的需求。[⑦]更要紧的是原漕运制度运行多年，各级管理机构极端腐败，已到了非改不可的地步了。晚清黄维梦在《停漕论》中说：“夫南漕自催科、征调、督运、验收，经时五六月，行路数千里，竭万姓无数之脂膏，聚胥吏无数之蠹贼，耗国家无数之开销，险阻艰难，仅而得达京仓。每石之值约需四十两，或二十两，或十两八不等，而及归宿，乃为每石易银一两之用，此实绝大漏卮，徒以冗官蠹吏所中饱，相沿不改，此真可为长太息者也。”[⑧]

①《明世宗实录》卷一八，“嘉靖元年九月丙辰”条。

②《宋史》卷九七《河渠志七·东南诸水下》。

③ 同②。

④《明史》卷八六《河渠志四·运河下》。

⑤ 同②。

⑥ 同④。

⑦ 李文治、江太新：《清代漕运》（修订本），北京：社会科学文献出版社，2008 年。

⑧〔清〕李作栋：《新辑时务汇通》卷六七，转引自李文治、江太新：《清代漕运》（修订本），北京：社会科学文献出版社，2008 年，第 342 页。

漕运改制的一个重要方面就是运输方式的改变。由于南北大运河的梗阻，不得不考虑采用海运之法。海运之议，在道光年间就已开始，但阻力很大。一则官方运卒，不习海运，有所畏惧。当政者习于河运，认为“海运涉历重洋，风波无定。即使轮船坚利，驾驭得法，确有把握，万有不测，所关匪细。河运虽觉迂滞，而沿途安定，漕粮可克期抵通”[①]。二则漕粮改海运，损害了各漕务衙门以及地方官的利益，故遭到各级漕务官吏的反对。三则运河不通，临清税关收入短绌。[②]四则“运河之设，上供天庾，下利行商，数省沿河州县穷民，赖此食力以活者，不知其几千万。于地势为流通血脉，利用富强，意美法良，无过于是。自漕运偶停，失业者众。大河南北，兵燹踵至。健黠游民，凶岁多暴”[③]。大量失业流民游荡在民间，成为社会不安定因素，这对朝廷是莫大的威胁。由于种种原因，不少人反对海运。后经江苏巡抚陶澍等人的坚持，终于在道光六年（1826）初试海运。后一度又行河运，效果很差。道光二十八年再次议行海运。当时海运江苏运粮以上海的沙船为主，有时增雇天津卫船。浙江则以宁波船为主。每船每年往返天津两次，苏浙道及浙江道漕粮即可全部运完。[④]到了同治年间，曾一度试图恢复河运，但实际困难很大。因张秋至济宁八里庙河身几成平陆。自八里庙经阳谷、郓城、堂邑至临清州，二百余里运道几乎全部淤垫，[⑤]虽经勉强疏浚通运，效果极差，“直至同治四、五年间，始以江北漕粮数万石，雇用民船，由河运京。然米数太微，于漕河利弊，未克讲求”[⑥]，最后还是走海运。光绪二年（1876），山东巡抚丁宝桢仍坚持河运，该年六月初，河道已淤浅日甚，只能边挑挖边牵挽，然“本年天气亢旱，水绝来源，河身浅涩异常。节节灌塘蓄达送，捞剥兼施，竭尽人力”[⑦]。光绪中期仍有部分漕粮走运河北上。光绪二十七年漕粮改折后，江苏、浙江、山东三省正式停止征漕，漕粮改折银两。其背景是原先漕粮主要负担区江、浙地区，从晚明以来已从粮食主产区转变为以蚕桑、棉织业为主。农民靠出卖蚕丝、棉织品来购买粮食完纳漕粮。同时当时商业已经非常发达，完全可以由商贸来解决北京粮食需

---

① 水利水电科学院水利史研究室：《再续行水金鉴》运河卷四引《东华续录》，武汉：湖北人民出版社，2004年，第1309页。

② 水利水电科学院水利史研究室：《再续行水金鉴》运河卷三引《东河奏稿》，武汉：湖北人民出版社，2004年，第968页。

③ 水利水电科学院水利史研究室：《再续行水金鉴》运河卷三引《清穆宗实录》同治四年九月甲子引陈锦上淮军统帅《请疏通运河书》，武汉：湖北人民出版社，2004年，第997页。

④ 李文治、江太新：《清代漕运》（修订本），北京：社会科学文献出版社，2008年，第346页。

⑤ 李文治、江太新：《清代漕运》（修订本），北京：社会科学文献出版社，2008年，第365页。

⑥ 水利水电科学院水利史研究室：《再续行水金鉴》运河卷三引《黄运两河修防章程》，武汉：湖北人民出版社，2004年，第1048页。

⑦ 水利水电科学院水利史研究室：《再续行水金鉴》运河卷三引《申报》，武汉：湖北人民出版社，2004年，第1236页。

求问题。再则漕粮改折后，“而一切漕河之工程，海运之经费，漕督、粮道以下员弁兵丁，仓场侍郎监督粮厅以下之胥吏差役，皆可一律裁汰蠲除。是国家开销岁省奚啻千万，而反多数百万盈羡”[①]。

漕粮改折，漕运停止，运河的职能也就随之改变了。锡良说：“今既漕米改折，运河从此无事。”[②]咸丰五年（1855），黄河在铜瓦厢决口，改道东北夺大清河入海，将大运河一截分为南北，黄河以南至江苏界为南运河，运河沿线的南旺、蜀山、马踏、南阳、昭阳、微山诸湖，当年原为调节运河水量，如今则恐其受黄河倒灌而淹没沿岸农田；当年唯恐其淤塞而影响漕运，而如今则疏浚排水以求变为农田。正如1914年山东南运湖河疏浚事宜筹办处所编报告所言：“昔之治运在以湖河为支脉，今之湖河转以运道为尾闾；昔则蓄泄一岁之水求一岁之运，今则疏浚一分之水求涸一分之田；昔以交通为主，体非有水利之观感也，今以水利为范围，交通之利自连带而生也。”[③]由于对运河通运功能的不重视，未加疏浚，再加上处于战乱时期，到了20世纪30年代，济宁以北至临清的运河已基本淤废了。

惟有临清以北的卫河即南运河，水流尚畅，仍能航行。据清同治十年（1871）山东巡抚丁宝桢禀报：查卫河水势畅旺，断无浅阻。棕船也是陆续前来。统计前后共十九批，据东阿县禀报，均已全数出境，入运北驶。[④]但是由于南来船只稀少，“税源仅存其半，复因水势浅滞，兼以上游各处设局抽厘，商民怵于节节输纳，率皆绕越而行，船只益形稀少”[⑤]。到光绪年间，“凡东北各省货物之北来者，皆用轮船装运，由海口直达津沽。汶河久无船只往来，税源因而断绝。近年临关税库专恃卫河一路，历年征收银两，均已不能如额”[⑥]。当时有人认为“今南粮皆由海运，而运河遂无关紧要”，以致沿卫河堤岸多不加修治，减河亦不疏浚，任民间破坏，以致河水一直泛滥成灾。[⑦]

漕运改折后，两千多年来以漕运为主要职能的运河的历史任务已经完成，代之而起的是人们正常的经济和人文交流的功能。这样，在漕运功能出现以前已经存在的自然条件较好的运河，如江淮运河、江南运河，则继续发挥其航运作用。随着近代运输工具的改进，如轮船替代了木帆船，运河在社会经济、文化发展中的作用远远超过了漕运时代。

---

①〔清〕郑观应：《停漕》，〔清〕陈忠倚辑：《清经世文三编》卷二五《户政二·理财中》。

② 水利水电科学院水利史研究室：《再续行水金鉴》运河卷五引《豫河志》，武汉：湖北人民出版社，2004年，第1799页。

③《山东南运湖河疏浚事宜筹办处第一届报告》，1914年，第36页。

④ 水利水电科学院水利史研究室：《再续行水金鉴》运河卷三引《山东河工成案》，武汉：湖北人民出版社，2004年，第1099页。

⑤ 水利水电科学院水利史研究室：《再续行水金鉴》运河卷三引光绪元年十月二十三日《申报》，武汉：湖北人民出版社，2004年，第1219页。

⑥ 水利水电科学院水利史研究室：《再续行水金鉴》运河卷四引光绪七年闰七月十四日《东华实录》，武汉：湖北人民出版社，2004年，第1411页。

⑦ 水利水电科学院水利史研究室：《再续行水金鉴》运河卷四引《山东河工成案》，武汉：湖北人民出版社，2004年，第1458页。

# 第六章

# 近百年来的运河及其展望

## 第一节 近现代以来的运河

辉煌了 2 000 多年的大运河，随着漕运制度的废止，开始逐渐在历史舞台上失去其主要角色的地位。地处黄河流域的许多著名运河，或淤废而成土垠，或随着农田垦殖而完全消失于地面，需用考古普查才可能略知其踪迹。例如唐宋时代的汴河，曾经是大一统国家繁荣的支柱、命脉所在，如今却已成为一条残破的土垠蜿蜒在平原上，影响了排水，阻碍了交通。1984 年中国唐史学会、杭州大学、江苏社会科学院、安徽社会科学院和河南省历史学会联合组织沿唐宋运河的考察，历时 43 天，从浙江宁波起，至河南郑州止，行程 3 000 千米，历经 43 市县，可谓是实地考察现代运河的一次壮举。这里我们只介绍已经消失了的通济渠。通济渠的南端，古代在今盱眙县北岸泗州城下。泗州城在康熙年间沦入洪泽湖中，今天能看到的只是泗县东北 2 里处的枯河头，为古汴河流经的残存地点，今已不能通舟楫。在古汴河灵泗段遗迹，可见公路两边较路基明显低洼。在濉溪县三铺乡位于宿（县）永（城）公路的北侧，村东 200 米处，有一个长年烧窑取土的大坑，该坑剖开汴河北堤及河床，可以清楚看出汴堤逐年加高的土层和河床淤积泥沙的土层分界。汴河堙废后，河床与南北两堤形成一凹形大道，俗称槽子路。宿永公路多数地段在槽子路中心。在濉溪至临涣的公路交叉处，地当汴堤之上。1962 年曾在百善槽子路下面发现汴河河床。从永城至商丘沿公路可以断续见到古河道堤岸。永城东西向的中心路就在其堤上，当年的汴河而今成了闹市街衢。① 今天看到这些古汴河道的遗迹，难以想象当年舳舻往来之盛。沧桑之变，无甚于此！

元明清大运河最艰难的一段是山东运河，距今虽近，但由于自然条件的变化，也是面目全非。自清咸丰五年（1855）黄河决口，由东北夺大清河于山东入海后，山东运河被一截为二，济宁以北因水源断缺，逐渐淤废。济宁以南因有南四湖和泗水故道仍可通航。1914 年，山东实业司司长潘复考察南运湖河水利，在济宁成立山东南运湖河疏浚事宜筹办处，潘复任总办，筹办处组织实测了金口坝以下泗河以及牛头河、蜀山湖、马场湖、南阳湖等平面图或剖面图，编制完成湖边筑堤、蓄水济运、涸田计划，工作成果汇编为《山东南运湖河疏浚事宜筹办处第一届报告》，1915 年出版。该

① 阎守诚：《考察纪程》，唐宋运河考察队编：《运河访古》，上海：上海人民出版社，1986 年。

报告指出了民国时运河情形不同于以往，以往运河以漕运为主，“如济宁、南阳、夏镇、台儿庄、安山、开河等地，求如往岁盛时之十一何可得耶？”民国时期，北平至通州间运河，“旱季浅处水深仅半公尺，舟楫遂不复通行”。白河下游所谓北运河，“自清季平津铁路告成，此河交通骤形减色”。天津至临清间卫河，“因地势平衍，河流易变”。而山东的会通河北段因无水源，“仅恃坡水为水源，盈涸无定，漕运既废，河身干涸，本年勘察所见，已尽为麦田矣”。江淮运河因运盐需要，“犹能保持残喘至于今日”。镇江杭州间江南运河，虽仍能通航，然“京口至丹阳，专恃江水为源，并定一年小挑，六年大挑之制，然旧制久堕，河身淤塞日甚，非根本筹治不能为功矣”“自杭县城北湖墅至闸口钱塘江……其间设有新河坝、得胜坝、日晖坝、草坝、泥坝、猪圈坝、永昌坝等数道，以阻截水量，货物往来，均须盘坝二三次，繁苦特甚，不可不谋改革也。”①

中华人民共和国成立后，对山东运河分段进行过一系列的整治。

**第一阶段：1949 ～ 1980 年**

（1）临清至聊城段。1951 年重新治理运河，分两个水级进行治理：周店以南作为一个水级，以陶城铺为黄河、运河联运站，以张秋镇北金堤闸口作为金堤河济运水源之一，沿运河两岸的夏秋坡水作为济运水源之二；周店以北至临清与卫河相接，为第二个水级，在陶城铺和牛屯设虹吸管，并在金堤河设张秋泄水闸，补充运河水量，以利通航。还维修了临清船闸（头闸口）、周店船闸和李海务、龙湾、闸口、辛闸、梁乡闸、土闸 6 座桥梁，以及土闸北右岸 3 孔泄水闸。上述工程于 1952 年 11 月完工，1954 年恢复航运。1954 ～ 1957 年，利用运河发展灌溉事业，灌溉面积 16 万亩。

1958 年 6 月建位山灌区，老运河系统因此被打乱，有的河段作为输水通道，从此老运河由各县分段管理，再没有作为通航河道统一治理过。

1959 年 10 月至 1960 年 4 月，又新开挖了南起位山、北至临清的位临运河。因当时正处在经济困难时期，位临运河没按标准完成就下马了，所以位临运河只有其名，从没有作过运河航道。1970 年位山灌区恢复后，位临运河经过整修做了引黄三干渠。

1962 年位山引黄停止后，小运河主要作为排涝河道，金堤河水大时，可从张秋闸引水灌溉。20 世纪 70 年代，为免除和减轻沿运地区的洪涝灾害、改造盐碱、发展灌溉，对小运河进行了分段治理。会通河聊城段南段用于排涝，中段基本淤废，北段经治理后主要担负引黄灌溉任务。

（2）聊城南至济宁段。1951 年 6 月，运河东堤岁修工程开工，由济宁市、济北县人民

① 李书田等：《中国水利问题》，上海：商务印书馆，1937 年，第 414 ～ 424 页。

政府组织施工，调集民工 6 500 人，工程自济宁至长沟，长 26 千米。

1952 年 4 月～5 月，治理明清时期济运水道洸府河，洸河于济宁西入运，府河于济宁南入运，河槽窄浅，加之南阳湖及运河洪水位高，涝水排泄不畅。此次治理，从夏营至石佛南，平地开新河 20 千米，直接入南阳湖，因汇合洸河与府河，故称洸府河。1957 年，洪水过后，根据沂沭泗流域规划和济宁专区治淮指挥部编制的“济宁专区南四湖结合开挖大运河治理工程补充方案”，大运河开挖，结合湖西大堤修筑工程。1958 年 3 月，湖西筑堤结合疏通京杭运河工程开工，北起石佛，南至苏鲁边界。

1959 年 10 月，开始挖凿黄河以南至南四湖段运河，即梁济运河。该段运河上起梁山县路那里村，向南流经梁山、汶上、嘉祥、济宁等城区，在李集村西南入南阳湖与湖内运河相接，全长 87.8 千米。1970 年梁山至济宁段运河开始通航，但由于河道淤积和入黄船闸达不到黄河防汛要求等原因，1981 年封堵船闸，停止航运。梁济运河开挖后，京杭运河原保留段分为南北两段，长 20 千米，称作老运河。

1970 年 8 月 1 日，梁济运河发生 460 立方米每秒洪峰，导致蜀山湖水倒漾，淹地两万亩。1973 年春，在原蜀山湖内开挖了小新河，坡水直接入梁济运河，蜀山湖随之退湖还耕。

1976 年 10 月，济宁地委组织济北三湖（蜀山湖、马场湖、马踏湖）农田基本建设大会战。会战自 1976 年 10 月 20 日开始，至 1980 年 3 月结束，每年组织 35 000 人上阵。此次会战以改土治水为主攻方向，以建设稳产高产田、实现大地园田化为目标，对沟、渠、田、林、路、井、站、桥、涵、闸全面规划，综合治理。[①] 至此，原先作为运河水库的北四湖成了高产农田，完全改变了角色。

**第二阶段：1980 ～ 2010 年**

（1）临清至聊城段。1983 年冬季疏浚了四河头至辛闸段老运河，长 11.8 千米，建桥 3 座、涵洞 8 座、拦河节制闸 1 座，这段河道对美化城市起了重要作用。

时至今日，聊城、临清城区内进行了开发改造，河道两头被堵上，中间段注满清水，作为旅游景点，可通小型旅游船舶。而市郊河道干涸，杂草丛生，有的地段甚至河形全无，部分低洼处有积水，水量小，水质差。聊城至临清段古闸保存较好，分布在农田村镇，距离公路较远，新闸（永通闸）、梁乡闸保存基本完整；原先深埋沙土中的土桥闸是 2010 年十大考古发现之一，已经清理出来，破坏较严重；魏湾闸只有底座保持原样，底座之上为中华人民共和国成立后重建，接筑了桥梁。在聊城以北地

① 以上参见《济宁市郊区水利志》《济宁市任城区水利志》《聊城地区水利志》《聊城东昌府区水利志》《临清市水利志》。

区，南水北调工程几乎与运河故道平行，位于运河故道的西面。

（2）聊城南至周店段。自周店运河分为两道，一道是位临运河新开挖部分，一道是会通河，又称小运河。小运河河道基本淤废。周家店船闸保存较好，1936年时重新修过。

（3）周店至张秋段。水源来自金堤河，通过1955年新建的张秋北金堤涵洞引金堤河水入小运河，功能以灌溉和排涝为主。1975年以张秋闸和小运河为基础，建立了张秋灌区。2010年，小运河河道尚有较浅的水，水质较差，部分地段百姓可以用来洗衣服。沿途保存大量闸座，七级下闸、阿城闸、张秋下闸、张秋上闸保存较好。

（4）今黄河以南至济宁段老运河以及梁济运河。20世纪60年代，自南旺至济宁段运河，"旧运道尚存河形，宽窄不一，河内断续有水，古代所建各闸已杳无痕迹"①。

1982～1988年，济宁港至石佛老运河，由于河槽弯曲，年久失修，堤岸坍塌，河槽淤积严重。为了扩大货运，保证安全度汛，济宁市抗旱防汛指挥部、济宁市航运局、济宁市郊区水利局，共同制订了全线砌石护岸的整体方案，先后进行了五次治理。老运河沿线有戴庙、大安山、袁口、南旺、长沟、济宁等地，曾是京杭大运河上小城镇最集中的地区。由于年久失修，淤塞严重，失去通航、排水作用，1958年后湮废。

梁济运河开挖于1959年，北起梁山县路那里村东，南至济宁郊区李集村，全长87.8千米。经过20余年的运行，梁济运河淤积严重，防洪除涝能力大为降低。梁济运河主体部分位于旧运河以西，完全脱离老运河线路，沿东平湖西经梁山，穿过金线岭和南旺湖洼地，于济宁西南入南阳湖。流经黄河至南四湖之间的低谷地带，充分利用了地形的特点，将众多河流水系沟通起来。由于水源相对充足，梁济运河满足了航运需求。梁济运河开挖后，南旺、马踏、蜀山、马场等湖和常年积水洼地涸为良田，山东南部运河得以通航，黄河南岸济宁以北的老运河逐渐废弃。梁济运河开凿后，济宁至梁山间的古运河航道全部废弃。

（5）今济宁市区以南、南四湖区以及韩庄、台儿庄段运河。自从1958年在济宁城郊开挖新运河以来，老运河失去航运的功能，目前仅有城市排洪的功能，水质较差，市区段成为市民休憩旅游的去处。

南四湖湖西运道开挖于1958～1959年间，是为配合徐州以下运河整治并结合修筑南四湖湖西大堤而开挖。运道紧邻湖西大堤，自济宁西郊梁济运河入湖处向南改线，沿南阳湖中部、昭阳湖东部，在二级坝折向西岸，接微山船闸，过闸后入下级湖，自微山船闸下沿湖西线航道直达蔺家坝，全长126千米。其中，梁济运河湖口至微山二级坝长68千米，二级坝至蔺家坝长58千米。二级坝是微山湖上的重要枢纽工程，位于微山湖与昭阳湖交汇处，将微山湖分割成上下两个湖区，二级坝以下京杭运河分为东西两线。根据20世纪90年代的

① 姚汉源：《一九六六年京杭大运河南段见闻》，中国水利学会水利史研究会编：《京杭运河研究论文集》，北京：中国书店，1993年。

资料，当二级坝以上水位蓄水34.2米时，可以通行100吨船只，二级坝以下的京杭运河，因江苏沛县境内部分河道被截断，影响了通航能力。[①] 每逢枯水季节，南四湖水源不足，严重影响上述东西两线通航。

韩庄运河的前身是历史上的泇河，运河衰落后严重淤塞。中华人民共和国成立后，进行了三次治理，主要功能是航运，此外还有行洪排涝、灌溉和输水的功能。1985年建有韩庄节制闸。

台儿庄老运河位于台儿庄城区南部，全长3千米，是历史上泇河的一部分。中华人民共和国成立后，运河截弯取直，裁下的老运河位于城区内，成月牙状，又称月河，但并非设在闸座旁用于泄水的月河，已失去通航功能，仅有防洪排涝、景观河道的功能。多年前，上游部分曾被开发为月河公园。如今，已经进一步开发为重要的运河古城旅游区，有保存较好的丁字街、月河街、顺河街等。

京杭大运河黄河以南即山东济宁到浙江杭州1 000余千米河道，由于水源得到保证，并经过多年的整治，其航运功能一直保留至今，在中国交通运输系统中发挥着重要作用，成为中国“二横一纵”内河航运网的重要组成部分。然而，与之形成鲜明对照的是，京杭大运河黄河以北段700余千米运河，其航运功能不断萎缩，最终于20世纪六七十年代断航。[②] 京杭运河纵贯山东西部，自鲁冀边界的德州第三店入境，至鲁苏边界的陶沟河口出境，流经山东省德州、聊城、泰安、济宁、枣庄五市，此段全长529千米。京杭运河山东段被黄河一分为二，黄河以北段长265千米，20世纪70年代因航道枯水断航至今。黄河以南段264千米，其中济宁以南段为三级航道，长172千米，是目前山东省内河主要通航河段。“九五”期间，国家和省投资14.96亿元建设了济宁至台儿庄段航道工程，扩挖主航道长164千米，由六级提高到三级，建设支流航道4条，新建韩庄、万年闸两座二级船闸，新建、扩建港口7个，航道通过能力得到提高。2008年内河通航里程1 012千米，运输船舶14 832艘、656万吨位，货物运输量4 891万吨，港口吞吐能力4 271万吨，港口吞吐量5 059万吨。京杭运河山东段济宁以南航运呈现一派繁忙景象，黄河以南至济宁段因水资源等多种原因而断航。

就济宁段运河而言，1990年，山东运河机动货驳已航行至湖北宜昌，湖南长沙、株洲，安徽亳州，浙江富阳、桐庐等广大地区，运输物资包括棉花、玉米、豆粕等。[③]

2008年，山东运河港口货物吞吐量完成5 059万吨，运河航运业已成为拉动鲁

---

① 山东省抗旱防汛指挥部办公室：《山东淮河流域防洪》，济南：山东科学技术出版社，1993年，第186页。

② 沈燕云：《推进京杭大运河全线性恢复通航》，《中国远洋航务》2012年第4期。

③ 王栋：《山东运河航运史》，济南：山东人民出版社，2011年，第506页。

西南经济发展的重要支柱产业。[①]2009 年，济宁港有 120 万吨的钢材、密度板、大理石、粮食、化工等货物运往江苏、上海及浙江杭嘉湖地区和重庆、广州等沿江沿海港口。同时，每年经济宁港进入济宁腹地的矿石、纸浆、石粉等货物也达数百万吨。[②]济宁、枣庄两市还大力发展运河物流业，加快运河物流节点和港口物流园区的规划建设，大力发展临港经济。2009 年，山东全省运河航运上缴国家税收和各种规费 14 亿元，济宁、枣庄两市由航运生产及配套设施建设贡献的 GDP 近 2 000 亿元[③]。

山东运河港口吞吐量由 2000 年的 938 万吨提高到 2005 年的 2 285 万吨。2007 年完成 5 400 万吨。2009 年，全省运河港航工程建设投资 5 亿元，新增港口吞吐能力 1 200 万吨。截至 2009 年，全省运河水运企业已发展至数百家，航运从业人员 20 多万人，完成货运量 3 500 万吨，港口吞吐量 4 813 万吨，货运周转量 1 224 671 亿吨千米。山东运河已形成集船舶运输、港口装卸、港航工程、物资营销、船舶制作与检验、海事、水路交通稽查和航政、运政管理于一体的综合航运体系，上缴国家规费和税收数亿元，航运业已成为山东国民经济发展的重要特色产业之一。[④]

苏北运河原自苏鲁交界的大沙河口起，今起南四湖二级坝，沿微山湖西，经沛县于蔺家坝入不牢河，再经徐州、铜山至大王庙，循中运河南下，经邳州、新沂、宿迁、泗阳、淮阴、淮安、宝应、高邮、江都、扬州、邗江，至六圩接通长江，全长 461 千米。全线分 11 梯级，蔺家坝、解台、刘山、皂河、宿迁、刘老涧、泗阳、淮阴、淮安、邵伯、施桥均建有船闸。河道都达到二、三级航运标准。

中华人民共和国成立之初，公路运输还未得到很大发展，水上运输仍然是苏北地区旅客往来、物资进出的主要运输方式。京杭大运河苏北段承担着绝大部分南来北往的客货运量，尤以客运最为显著。1952 年，淮阴一地客运量就达 305 200 人次，货运量也是随着国民经济的恢复而逐年上升。“文化大革命”期间，航运业受到较大冲击。改革开放以来，江苏公路大发展，陆运逐步分流了绝大部分水上客运量，但就货物运输而言，水运量度仍占一定的比例。水运作为北煤南运和各类物资流通的重要水上通道，在国民经济中仍具有不可替代的作用[⑤]。

京杭运河苏南段，即历史上的江南运河，为京杭大运河全线通过量度最大的河段，全长 208 千米，是镇江、常州、无锡、苏州 4 个城市的主要水上通道。从苏北运河自六圩或瓜

① 王栋：《山东运河航运史》，济南：山东人民出版社，2011 年，第 507 页。

② 王栋：《山东运河航运史》，济南：山东人民出版社，2011 年，第 461 ～ 462 页。

③ 王栋：《山东运河航运史》，济南：山东人民出版社，2011 年，第 466 页。

④ 王栋：《山东运河航运史》，济南：山东人民出版社，2011 年，第 444 ～ 446 页。

⑤ 京杭运河江苏省交通厅苏北航务管理处史志编纂委员会：《京杭运河志（苏北段）》，上海：上海社会科学院出版社，1998 年，第 490、491 页。

洲，至镇江进入江南运河，古代有 5 个通江口门， 依次为大京口、小京口、甘露港、丹徒口、谏壁口，大京口、甘露港在明末清初已淤塞，改由小京口（平政桥）进口，穿过镇江市区，出丁卯桥东行接徒阳段运河。后因镇江市区运河淤塞严重，改由丹徒口进口。现运河改由谏壁为通江口门，江口建有船闸。在 20 世纪若干年内，苏南运河未经很好整治，河道窄浅，又有许多低矮的桥梁，严重阻碍水上运输事业。但京杭运河苏南段整治十分困难，沿河 24 个集镇段落需要拓宽，拆迁量度较大，改建桥梁多，且多半集中在市河和集镇段，增加了改建的困难。① 而由于苏南运河连接长江三角洲的江、浙、沪两省一市，是中国经济最发达、文化最繁荣的地区之一，大量煤炭、建材、农产品、工业原材料和产成品，均通过本段运河进进出出。1992 年河道整治前，经本段运河运输的年货运量达 9 000 多万吨。1997 年对苏南运河河道的整治工程全面完成，航道条件大为改善，船舶向大型化发展，年货运量度平均增长率达 7.7%，至 2005 年已达到 1.91 亿吨，比全面整治前翻了一番。从长江和苏北运河下行的运输船舶，多从谏壁船闸取道苏南运河，与经江阴船闸进口相比，既可避风涛之险，又缩短航程 35 千米。苏南运河的煤炭年通过量比整治前增加了近 3 倍，2005 年达 4 156 万吨，占全线总量的 21.8%，为南方制造业中心提供了可靠的支撑。苏南运河全面整治后，全线布设港口码头 355 座，拥有岸线 43 584 米，2005 年完成吞吐量达 12 700 万吨。沿河四市实行“一城一港”管理体制后，内河港区与长江港区联动，以河江海直达、公铁水联运的优势，为区域经济社会发展提供了更加便捷的物流运输服务。②

就整个京杭大运河而言，季节性通航里程达 1 000 千米以上，仅 2005 年就完成货运量 2.2 亿吨，货物周转量 520 亿吨千米，分别占全国内河货运周转量的 20.7% 和 19.1%，而运河通航里程只占全国内河通航里程的 1.14%，京杭运河货运量仅次于长江，高于珠江，居全国第二位。③

## 第二节　21世纪大运河定位的思考

进入了 21 世纪的今天，中国航空、高速公路、高铁交通空前发展，几乎遍及全

① 京杭运河江苏省交通厅苏北航务管理处史志编纂委员会：《京杭运河志（苏北段）》，上海：上海社会科学院出版社，1998 年，第 18、19 页。

② 江苏省交通厅航道局、江苏省航道协会：《京杭运河志（苏南段）》，北京：人民交通出版社，2009 年，第 10 页。

③ 王栋：《山东运河航运史》结束语，济南：山东人民出版社，2011 年。

国，大运河在交通上作用的衰退是必然的。但由于水运的廉价优势，运河在某些地区的货运上仍有一定的经济价值。今天在鲁南运河、江淮运河、江南运河上都能看到往来如织的航船可以证明。不过，今后大运河在中国社会经济和文化发展过程中应该如何定位，是值得深入思考的问题。

第一，虽然由于航空、铁路、公路等现代化交通设施遍及全国，大运河在交通上的作用，不可能恢复历史上的辉煌，但水运廉价的优势则是其他交通方式所无法取代的。尤其是如煤炭、矿石、建材等低值物资的运输，水运更有它的优势。更重要的是，它在中段与长江黄金水道的交叉，具有地理区位上的优势。随着中西部地区经济腾飞、长江水运的发展，由长江南北延伸的大运河必将在沟通东部地区与中西部地区经济互动的过程中发挥更大的作用。因此，对大运河河道的整治和沿运码头、港口设施的兴建、维护，仍是沿运城市的重要任务。

第二，在继续发挥大运河运输功能的同时，千万不能忽视对大运河的环境保护。今天存在的大运河段，从济宁的鲁南运河到江南运河的南端杭州，正是中国经济最发达、文化最繁荣、人口最密集的地区之一。更重要的是京杭大运河部分河段将作为南水北调东线的渠道，其水质的保护责任重大。因此，大运河对美化和调节中国东部平原的环境，起着不可替代的作用，决不能为了发挥大运河航运作用而牺牲环境。如果无节制、无规范地发展，其结果将是污染了河水，淤塞了河道，破坏了沿运城市的环境。如果长江三角洲地区的江南运河像几十年前那样，泥沙淤填，河道狭窄，河水污染，太湖流域之美就无从谈起。

第三，应该根据文献资料和实地遗迹调查，继续对大运河历史进行深入的研究，研究其在历史上不同阶段的人文和地理背景，研究其开凿、运行过程中，在工程设施、组织和管理制度上的重大创新，研究其在中国历史发展过程中，如何促进不同地域间的经济、文化交流，在国家统一、政权稳定、经济繁荣、文化交流和科技发展等方面发挥的不可替代的作用。同时历史上的大运河曾是中外文化交流的通道，隋唐以降，大批外国僧人、使者通过大运河沿线城市，如北京、临清、德州、淮安、扬州、镇江、苏州、杭州，一路上考察、游览，对中国历史文化留下深刻的印象，有的甚至终老于此。这说明大运河不仅是中华民族发展的功臣，还是中外交流的媒介，是中国历史发展现存的活的见证。它集中反映了中华民族祖先在适应自然和改造自然过程中所表现的艰苦奋斗精神和卓越的聪明才智，这是世界其他国家和民族所没有的。总之，应全面研究大运河的历史，并以此传授给后人，以显示历史上中华民族对人类文明的贡献。

第四，大运河可以带动旅游业的发展。大运河沿线的许多城市，都有深厚的文化积淀。北端的北京自不必说，向南的天津是近代中国北方第一大工商业城市，又是晚清已下野的各类政治人物和文化名人聚居之地，租界五大道又有许多名人故居，成为天津重要的旅游资源。再南的济宁太白楼、聊城山陕会馆、德州的苏禄王墓、台儿庄大战遗址、梁山水泊遗址，再南从淮安、扬州至苏杭，文化遗址、名迹多不胜数，成为当地积极发展运河旅游的资源，并取得良好的经济效益。如果能在保护环境的前提下，加强沿运历史文化景点的开发，将是中外旅客了解中国历史文化最理想的旅游路线。

## 第三节 开发与保护——世界文化遗产的意义

2007 年开始，沿大运河 35 个城市联合在扬州成立大运河申报世界文化遗产办公室，运河沿线各城市人民政府成立了大运河保护与申遗城市联盟，联合申遗。经过多年的准备，2013 年 2 月，中国大运河申报世界遗产文本由联合国教科文组织世界遗产中心审核通过，并予受理。同年，世界遗产中心组织专家来华，对中国大运河进行现场考察评估。2014 年 6 月 22 日，在卡塔尔首都多哈举行的第 38 届世界遗产大会上，中国大运河，中国与哈萨克斯坦、吉尔吉斯斯坦联合申报的丝绸之路，相继获准列入世界遗产名录，一条是现存世界最长的人工运河，一条是世界最长的文化遗产路线。大运河和丝绸之路的申遗成功，是几代人不懈努力的结晶。

大运河具有河道距离长、流域范围广、修建年代久远、遗产类型丰富、利用功能多样、保存现状复杂的特点，保存下来的与大运河相关的遗存总数已达 1 100 处。最终列入申遗范围的大运河遗产分布在中国京津 2 个直辖市和冀、鲁、苏、浙、豫、皖 6 个省的 25 个地级市。申报的系列遗产分别选取了各河段的典型河道段落和重要遗产点，包括河道遗产 27 段，总长度 1 011 千米，相关遗产共计 58 处。

世界遗产委员会认为：大运河是世界上最长、最古老的人工水道，也是工业革命前规模最大、范围最广的土木工程项目，它促进了中国南北物资的交流和领土的统一管辖，反映出中国人民高超的智慧、决心和勇气，以及东方文明在水利技术和管理能力方面的杰出成就。

大运河申遗成功是对中国人民极大的鼓舞，反映了世界人民对中华民族先人用辛勤和智慧所创造的大运河突出而普遍的文化价值的认同。申遗的目的就是为了保护。如何保护好这份世界遗产，则是中国人民永久的任务。

保护好大运河世界遗产，任重而道远。第一，影响大运河遗产的主要环境因素，是外界对大运河水质的持续污染，因为大运河及其附属水利设施有一定的水储量，往往会被作为经处理后的污水排放口，且大运河沿线都是人口密集、工业发达的城市，航船的油污、工业污水、生活用水的排放，以及工业、城市活动污染空气的排放，都会直接影响大运河的水质。然而沿运城市的发展又是不可停滞的。如何协调好两者的关系，是一个棘手的难题。应当建立环境第一位、发展第二位的观念，只有环境保护好了，发展才可以是持续的。但这要在地方行政领导观念里牢固树立起来，实在不易，应当从如何考察地方干部政绩和观念的根本问题上着手解决。第二，今天要保护的大运河是一条上千千米的巨型线性遗产，不仅仅是过去地方上保护某一处古迹的问题。这种保护要沿运几十个城市以及交通、水利、环境、旅游部门共同协作。这就有一个在利益上共同协调的问题。因此，保护好大运河这份世界文化遗产，应该由有关城市和水利、交通、环境、旅游各部门通力合作，对长期保护大运河过程中出现的问题，定期进行协调和检查，切实加以解决。第三，为了让中国人民和世界人民对中国大运河有深刻的了解，必须进行宣传和开发。当然包括旅游的开发，这是一个十分复杂的问题。不能因为短期的经济利益，而忽视长期和根本的民族利益。如何在适当开发旅游业的同时，保护好大运河沿线的环境，是一个重大而又紧迫的课题。

## 结束语

大运河是中华民族可以称誉世界的伟大业绩。2 000 多年来，随着中华民族的兴衰起落，它也经历了崎岖曲折的道路。今天来回顾它的历史，其实也是回顾中华民族的历史。近代以来，随着人类科技的发展，航空、铁路、公路等新的交通方式的革命，水运再不能像以往那样在交通上占主要地位。但是大运河的使命也起了质的变化，从原先主要为统治集团服务转而为广大人民服务，它的职能也不仅限于运输物资，美化环境、发展旅游又赋予它新的使命。因此，运河的生命力不仅没有消失，而是更具有生机和魅力。这就看人们如何去打造它、爱护它，让它古老的躯体焕发更光彩的青春。

# 大事记

## 编纂说明

一、本部分以时间为线索，简要记述与中国运河有关的重要事项，勾勒中国运河发展的历史脉络，为读者了解研究中国运河提供资料线索。

二、本部分为反映中国运河发展的轨迹，记述时间上起先秦时期人工开挖运河，下迄 2017 年底。

三、本部分记述不同历史时期各地区的运河、运河的引水河道（水源河道）、排水河道（减河）及月河的开凿及变化。

四、本部分记述不同历史时期与运河直接相关的重要历史事件，主要包括运河修筑工程设施，包括修筑河堤、建设堰坝、修建水闸、经营水柜、疏通河道、开发泉源、修建码头桥梁及其他附属建筑；运河管理机构的置废迁移、主要职官司长的更迭、历代运河河道水源管理及通运制度变化；与运河相关的自然灾害和人为灾难；有关运河的重要著作和法令法规；重要人物活动等。

五、本部分以编年体为主，纪事本末体为辅，一般按照时间顺序一事一条，相对独立，对于有的事件持续时间较长者，为避免分散割裂，则在一个条目中记述其原委。其时间排列，年以下按月排列，月下按日排列，不知何日者列于月末，不知何月者列于年末。

六、本部分资料来源于正史和有关典籍文献，为检索之便每条大事记后均注明出处，明清部分未注明者，均引自《明实录》《清实录》。

本部分由聊城大学运河学研究院李泉主持，并负责先秦至元代部分的编写及全稿的审阅。聊城大学运河学研究院周广骞负责明代部分编写；聊城大学运河学研究院胡克诚、朱年志负责清代部分编写；聊城大学运河学研究院高元杰负责民国及当代部分编写。聊城大学历史与旅游文化学院研究生李利娇、窦重沂、李亚男参与了宋代与清代文献资料的搜集及初稿的编写。

# 目 录

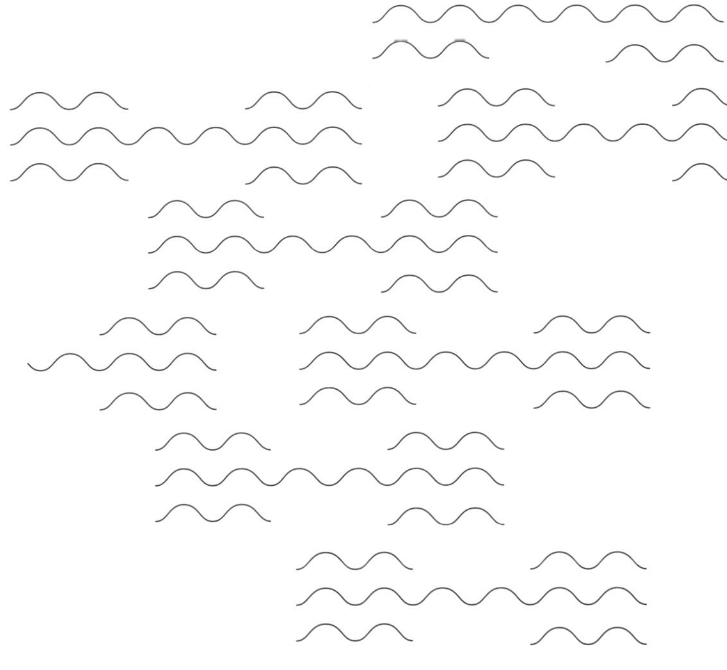

# 先秦时期

商朝末年（约前 11 世纪）

传说泰伯、仲雍为避让王位，南奔吴地（今江苏苏州），由今无锡向东经梅村镇开挖运河，后人称之为泰伯渎。[①]

西周穆王时（约前 10 世纪中期）

传说徐国国君偃王在陈（今河南淮阳）、蔡（今河南上蔡）之间开挖了运河。[②] 陈临古沙水，蔡临古汝水，这条运河沟通了古沙水和汝水。（《水经注·济水》）

周襄王五年（秦穆公十三年，前 647）

是年，晋国灾荒，秦穆公下令运粮万斛救援。秦国的船队由渭河入黄河，经汾水、浍水，到达晋国都城绛（今山西翼城东南），水程七百余里。史称“泛舟之役”。（《左传·僖公十三年》）

楚庄王时（前 613 ～前 591）

据后代文献记载，楚相孙叔敖在今湖北当阳市附近“激沮水”，开渠通云梦之野，沟通了长江和汉水。（《史记·循吏列传》集解引《皇览》）

周定王五年（前 602）

是年，黄河改道，由今河南滑县、浚县东流，经今山东冠县，至茌平折向北，经今河

① 学界多认为吴泰伯开运河属历史传说，也有人认定是中国最早的运河，如武同举说：中国的运河，“征诸历史，最古为泰伯渎”。见武同举《江苏水利全书》卷三一《太湖流域一》，南京水利实验处印，1950 年。

② 《水经注·济水》：“偃王治国，仁义著闻，欲舟行上国，乃通沟陈、蔡之间。”有人认为，徐偃王开挖的这条运河，是见诸历史文献记载的中国最早的运河。

北吴桥、东光、南皮，至黄骅附近入海。这是历史文献中明确记载的黄河第一次大改道。（《汉书·沟洫志》）

楚灵王时（前540～前529）

据后代文献记载，在郢都（今湖北荆州）附近开挖运渠至章华台（今湖北监利北），“此渎，灵王立台之日，漕运所由也。”（《水经注·沔水》）

周敬王十四年（吴王阖闾九年，前506）

是年，传说伍子胥率吴国水师伐楚，值云梦泽水浅，乃于泽畔开挖运河，后人称之为子胥渎。（《水经注·沔水》）

周敬王三十四年（吴王夫差十年，前486）

是年，吴国出兵北上中原争霸，在长江北岸筑邗城（今江苏扬州），引江水向北，疏通沼泽湖泊，开挖运河，通于淮水。历史上称其为邗沟。（《左传·哀公九年》）邗沟是我国历史文献中记载的第一条有确切开凿年代的运河，后经整修成为京杭大运河中沟通长江与淮河的重要河段。

周敬王三十六年（吴王夫差十二年，前484）

是年，吴军北上战胜齐国后，又在商（今河南商丘）、鲁（今山东曲阜）之间“阙为深沟”，开挖运河，沟通了泗水和济水。（《国语·吴语》）后人称其为“菏水”。泗水入淮，济水通黄河，故菏水是最早沟通淮河与黄河的运河。

吴王夫差时（前495～前473）

后代文献记载，吴国在太湖畔开挖了由今苏州城向东北入长江的“吴故水道”。（《越绝书·吴地传》）

魏惠王十一年到十九年（前 360 ～前 352）

魏国开挖鸿沟。主河道由荥阳（今河南荥阳东北）引黄河水东行，过魏都大梁转而东南流。鸿沟在大梁附近出现了几个分支，其中汳水（下游称获水）流经今河南兰考与商丘之间，东至彭城入泗水。

战国时期（前 475 ～前 221）

齐国在临淄城东北的淄水与济水间开挖运河，船只由淄水经此河入济水，可到达中原。（《史记·河渠书》）

黄河下游的齐、赵、魏三国皆修筑黄河堤防。（《汉书·沟洫志》）黄河下游河道堤防已具相当规模，为华北平原运河的开挖提供了条件。

## 秦汉时期

### 秦（前 221 ～前 207）

秦始皇二十六年（前 221）

是年，秦国攻灭六国，建立起统一的秦王朝。

秦始皇二十七年（前 220）

是年，据说秦国曾遣送被处以徒刑者三千人，在今镇江至丹阳一带，凿开绵长的土丘，开挖丹徒水道，后成为中国大运河长江以南的重要河段。（《元和郡县图志》卷二五“润州丹徒县”）

秦始皇二十八年至三十三年（前 219 ～前 214）

秦军以楼船之士南攻百越，为运输军需给养，“监禄凿渠运粮”，是渠后称灵渠。（《史记·平津侯主父列传》）灵渠位于今广西兴安县境内，拦截湘江（长江支流）之水，越过山丘高地，流入漓江（珠江支流），长 30 余千米。

秦始皇时（前 221 ～前 210）

敖仓成为河、渭漕运路线中的中转粮仓。起初，秦国在今郑州西北的敖山上置仓积谷，称敖仓。（《史记·项羽本纪》集解、正义）

## 西汉（前 202 ～ 25）

汉高祖五年（前 202 年）

是年，刘邦称帝，国号汉，定都长安，史称“西汉”。

西汉前期

吴王刘濞开挖自扬州东北的茱萸湾，经今泰州到如皋蟠溪的盐运河道。后来成为两淮海盐入运河的重要水运通道。（《太平御览》卷七五）

元光三年（前 132）

是年，黄河在瓠子（今河南濮阳西南）决口，入巨野泽，入泗夺淮。濮阳等十余郡受灾。当年堵口失败，黄河洪水泛滥于豫东鲁西一带达 23 年，灾区范围千里，人或相食。元封二年征发数万军卒，武帝亲临视察，群臣自将军以下皆背柴薪，终于堵塞了决口。（《史记·河渠书》）

元光六年（前 129）

是年，汉武帝听从郑当时的建议，令徐伯率民夫数万人在渭水南岸开挖漕渠。

漕渠自长安（今陕西西安市）引渭水与昆明池水，傍渭水东流，至今华阴市东入黄河，全长100多千米。漕渠河直水深，便于行船，使关东漕粮运送都城的时间大大缩短。（《史记·河渠书》《汉书·武帝纪》）

元狩二年（前121）

是年，汉武帝接受张汤的建议，疏通褒水（通汉水）、斜水（通渭水），修筑褒斜道，以通漕运。历时四年完工。由于河谷陡峻，礁石遍布，故未能通漕。（《史记·河渠书》）

成帝鸿嘉四年（前17）

是年，丞相史杨焉言，船只沿黄河上下，患砥柱狭隘，可开凿之，使河道开阔。汉成帝令其劈凿砥柱，结果所开巨石落入河道中，船只通行更加困难。西汉建都关中，每年需从东方各地运输漕粮数百万石，经黄河入渭河、漕渠到长安，黄河三门砥柱立于河中，河道狭窄，水流湍急，船只通行十分困难，故丞相史杨焉提议开凿砥柱。（《汉书·沟洫志》）

绥和二年（前7）

九月，汉哀帝即位后下诏求治理黄河方法，待诏贾让献“治河三策”。上策是迁徙冀州一带民众，导黄河顺势下流入海。中策是“多穿漕渠于冀州地”，引水分洪，既可灌溉，又通航运，此方案虽不能一劳永逸，但亦可维持数百年。下策是维持现状，修筑河堤，“增卑培薄”，但年年修补，劳费无穷。（《汉书·沟洫志》）

西汉时期

在今河北中部地区开大白渠。大白渠于绵蔓县（今河北石家庄西北）境受绵蔓水，东南流经下曲阳（今河北晋州）后，入斯洨水，沟通了滹沲水（滹沱河）与漳水。（《汉书·地理志》）

王莽始建国三年（11）

是年，黄河在魏郡决口，改道经平原、济南至千乘入海，是为历史文献中记载的黄河第二次大改道。

## 东汉（25～220）

### 建武元年（25）

是年，刘秀称帝，都洛阳，史称“东汉”。

### 建武五年（29）

是年，鉴于洛水淤浅，都城洛阳至黄河间漕船无法通行，河南尹王梁主持开渠，引谷水至洛阳城北入巩川。渠成，因地高水小无法行船。（《后汉书·王梁传》）

### 建武十三年至永平二年（37～59）

王霸为上谷太守，“陈委输可以温水漕，以省陆转输之劳，事皆施行”。（《后汉书·王霸传》）温水即温榆河，或说温水当作湿水，即永定河。

### 建武二十四年（48）

是年，大司空张纯在王梁所开渠道基础上开挖阳渠，引洛水，过谷水，经洛阳，东至偃师一带注入洛水。因以洛水为水源，阳渠水量较大，漕船得以通行。（《后汉书·张纯传》）

### 永平十年（67）

是年，疏通滹沱蒲吾渠，以通漕运。蒲吾渠即西汉时期的大白渠。（《后汉书·郡国志》刘昭注引《古今注》）

### 永平十二年（69）

西汉后期起，黄河不断决口南泛，汴渠决坏，汉明帝议修汴渠。是年夏，发卒数十万人，令王景、王吴主持治河修渠。“修汴渠，自荥阳至于千乘海口。”王景采用“堰流法”，修筑堤坝，使河、汴分流。第二年渠成。（《后汉书·明帝纪》《后汉书·王景传》）

建初三年（78）

四月己巳（三日），罢常山滹沱石臼河水运，仍用驴车运输。永平年间清理滹沱石臼河，从都虑（今河北平山）至羊肠仓（今山西静乐境内）运输漕粮，途经三百八十九隘，前后溺死者不可胜数。建初三年邓训为谒者，监领其事，言于章帝，遂罢水运。（《后汉书·明帝纪》《后汉书·邓禹传附邓训传》）

永初七年（113）

是年，令谒者于岑在汴渠出黄河口处修筑八座石坝，“皆如小山，以捍冲波，谓之八激堤。”（《水经注·河水》）

汉安帝时（107～125）

虞诩为武都太守，与羌人作战，运道艰难，舟车不通，诩乃带将士沿途考察，由沮至下辩（今甘肃成县附近），数十里间皆伐木劈石，开通漕路，水运粮饷，年省四千余万。（《后汉书·虞诩传》）

阳嘉四年（135）

是年，顺帝下诏，洛阳“城下漕渠，东通河济，南引江淮，方贡委输，所由而至。使中谒者魏郡清渊马宪监作石桥、梁柱，敦敕工匠，尽要妙之巧，攒立重石，累高周距，桥工路博，流通万里云云……仲三月起作，八月毕成”。（《水经注·谷水》）此桥即洛阳上东门石桥，后称建春门桥。至五代后唐时，此桥尚可通行。[①]

---

①《资治通鉴·后唐纪》有“后唐庄宗李存勖至洛阳，经建春门桥”的记载，说明至五代时此桥尚在。

阳嘉年间（132～135）

自汴口以东，沿河修筑石坝，称金堤。（《水经注·河水》）

永和五年（140）

是年，会稽太守马臻修镜湖（鉴湖）。湖面东西狭长，连通了曹娥江和浦阳江，为浙东地区的重要运道。（《通典》卷一八二《越州》引刘宋孔灵符《会稽记》）

建宁年间（168～172）

增修汴口石门。（《水经注·河水》）

初平三年（192）

是年，徐州牧陶谦使笮融“督广陵、彭城运漕”[①]。（《三国志·吴书·刘繇传》）

兴平二年（195）

是年，吕布与曹操争夺兖州失败后，自山阳（治今山东金乡西）沿菏水“水陆东下”，至湖陆（今山东鱼台）西北入泗水，沿泗水经沛县、彭城至下邳。（《三国志·魏书·吕布传》注引《英雄记》）

建安（196～220）初年

广陵太守陈登在江都县西十五里筑塘蓄水，百姓爱而敬之，因名“爱敬陂”，又名陈登塘。（《太平寰宇记》卷一二三）同时修治邗沟，截弯取直。[②]

① 《后汉书·陶谦传》作：“使督广陵、下邳、徐州运粮。”

② 《水经注·淮水》引蒋济《三州论》：“淮湖纡远，水陆异路，山阳不通。陈登穿沟，更凿马濑，百里渡湖。”据后人研究，陈登所凿河道，由樊良湖（今高邮西）至津湖（今宝应南），通白马湖（今宝应西北），至山阳末口入淮河，把原来向东弯曲的河道改造成南北径直的河道。按，《水经注》原作陈敏，刘文淇《扬州水道记》引《水经注》旧本作陈登，田余庆认为作陈登是。见田余庆《汉魏之际的青徐豪霸》，《历史研究》1983年第3期。

建安五年（200）

是年，东吴孙策派水军沿中渎水（邗沟）北上，进攻广陵（治今宝应县东射阳湖镇）太守陈登于匡琦城，为陈登所败。（《三国志·魏书·陈登传》注引《先贤行状》）

建安七年（202）

正月，曹操战袁绍，为北运军粮，乃修治睢阳渠（汴渠的主河道，今河南开封至商丘一带）后进军官渡。（《三国志·魏书·武帝纪》）

建安九年（204）

正月，曹操在淇水入黄河处修筑堰坝，遏淇水不得入黄河而北流入白沟（黄河故道），通于洹水、漳水，用来运送军粮。（《三国志·魏书·武帝纪》）

建安十一年（206）

是年，曹操接白沟向北开平虏渠（今天津静海境）、泉州渠（今天津市武清区，当时为泉州县）、新河（武清至河北滦州一带）。（《三国志·魏书·武帝纪》）

建安十四年（209）

三月，曹操“军至谯，作轻舟，治水军。秋七月，自涡入淮，出肥水，军合肥”。（《三国志·魏书·武帝纪》）。从淮南入肥水、施水，过巢湖、濡须水，是当时的一条重要运道，后人称其为江淮运河，或巢肥运河。曹魏与东吴水军曾在此对峙，仅见于《资治通鉴》记载的发生于巢肥运河沿线的战役，便达 22 次之多。[①]

建安十八年（213）

九月，曹操开利漕渠，在邺城（今河北临漳县）附近沟通白沟和漳水。（《三国志·魏书·武帝纪》）

① 王育民：《中国历史地理概论》，北京：人民教育出版社，1985 年，第 271 页。

# 魏晋南北朝时期

## 三国（220 ～ 265）

### 黄初元年（220）

是年，曹丕称帝，国号魏，都洛阳，史称曹魏。221 年刘备称帝，国号汉，建都于成都，史称蜀汉；魏明帝太和三年（229）孙权称帝，国号吴，都建康（今江苏南京），史称孙吴。是为“三国”。

是年，豫州刺史贾逵在陈州（今河南淮阳）开渠二百余里，后人称之为贾侯渠。（《三国志·魏书·贾逵传》《晋书·食货志》）贾侯渠在淮阳县西北，沟通汝水和颍水。

### 黄初六年（225）

三月，魏文帝曹丕亲临今河南南部一带视察，令于召陵（今河南漯河市郾城区至西华县一带）开挖讨虏渠以伐吴。此渠沟通了汝水和颍水。（《三国志·魏书·文帝纪》）

十月，文帝自广陵返回洛阳，中渎水浅涸，数千艘战船滞留难行。乃还至精湖（津湖）中，令部将蒋济开凿水道，筑土坝拦截湖水，等船只聚集后，开坝行船，遂入淮河北行。（《三国志·魏书·蒋济传》）

### 黄初七年（226）

是年，曹丕之弟曹彪在封地冀州饶阳、武邑一带开挖河道，沟通滹沱河和漳水，因曹彪曾封于白马县（今河南滑县东），故后人称其为白马渠。（《太平寰宇记》卷六三）

## 魏文帝时（220 ～ 226）

胡质任征东将军，假节都督青、徐诸军事，驻守下邳，乃开挖疏浚通往各郡的渠道，以便于行船。（《三国志·魏书·胡质传》）

## 太和五年（231）

是年，陈协重修洛阳城西控制谷水流入洛水的千金堰（千金堨），开千金渠。“积石为堰，而开沟渠五所，谓之五龙渠”“水历堨东注，谓之千金渠”①。（《水经注·谷水》）

## 青龙二年（吴嘉禾三年，234）

是年，魏明帝率军东征，由洛阳出发，乘船经由黄河、汴渠、颍水入淮河至寿春，此为当时之漕路。（《三国志·魏书·明帝纪》《三国志·魏书·贾逵传》）

是年，孙权分兵三路进攻曹魏，东路水师在孙韶等带领下由长江转中渎水，攻广陵、淮阴。②

## 景初二年（238）

是年，司马懿讨伐公孙渊，在今河北饶阳县附近开鲁口渠，沟通呼沲水（滹沱河）与泒水以运粮。（《元和郡县图志》卷二一）此后，从中原来的船只可经泒水入泉州渠。

## 正始二年（赤乌三年，241）

十二月，孙吴左台侍御史郗俭开运渎，自建康（今江苏南京）西南的秦淮河至仓城，用来转运东南地区的漕粮。（《建康实录》卷二）

是年，司马懿主持对吴作战，乃上奏开广漕渠，引河入汴。邓艾奉命开挖此渠，自开封附近出汴水，东南流入颍水，通淮河。③（《三国志·魏书·邓艾传》）

---

① 清人顾祖禹《读史方舆纪要》卷四八：“陈协凿运渠从洛口入，经巩县（今河南巩义）西至九曲渎，又西至洛阳东阳门，会于阳渠是也。”

② 《三国志·吴书·吴主传》作“淮阳”，《资治通鉴》记此事作“淮阴”，今从《通鉴》。

③ 《晋书》系此事于正始三年三月，参见《晋书》卷一《宣帝纪》。

正始四年（243）

九月，魏将邓艾在贾侯渠的基础上开淮阳渠、百尺渠（今河南淮阳一带），“上引河流，下通淮颍，大治诸陂于颍南、颍北，穿渠三百里。”沟通了黄、汴、颍、沙、淮诸河。“每东南有事，大军出征，泛舟而下，至于江淮，资食有储，而无水害。”（《晋书·食货志》）

赤乌八年（245）

八月，孙吴校尉陈勋开挖破冈渎，“立十二埭以通吴、会”①。自今江苏句容东南起，穿越山岗，至今丹阳境。（《三国志·吴书·孙权传》《太平御览》卷七三）

嘉平二年（250）

是年，曹魏镇北将军刘靖筑戾陵堰，引桑干河（永定河）水入车箱渠，由高梁河东通潞水。（《水经注·鲍丘水》）

嘉平三年（251）

是年，曹魏征东将军王凌据寿春企图叛变，司马懿率军由水道平叛，往返皆由汴、颍、淮之漕路。（《三国志·魏书·王凌传》）

五凤三年、太平元年（256）

八月，吴主孙亮遣文钦、吕据等率水军自江都（今江苏扬州市）入于淮、泗（《三国志·吴书·三嗣主传》），其行军路线由江都沿中渎水（邗沟）北上入淮。

① 宋人周应合《景定建康志》：“吴大帝赤乌八年使校尉陈勋作屯田，发兵三万凿句容中道至云阳，以通吴会船舰，号破冈渎。上下一十四埭，上七埭入延陵界，下七埭入江宁界。于是东郡船舰不复行江矣。”此说与《孙权传》稍异。

吴孙皓在位时（264 ~ 280）

岑昏开挖丹徒至云阳水道，凿断岗陵，功力艰辛。（《太平御览》卷一七〇引张勃《吴录》）[①]

## 西晋（265 ~ 316）

泰始元年（265）

是年，司马炎代魏称帝，国号晋，都洛阳，史称“西晋”。

泰始十年（274）

是年，因三门峡通航困难，晋武帝司马炎令“凿陕南山，决河，东注洛，以通运漕”。（《晋书·武帝纪》）

泰始年间（265 ~ 274）

邓艾所修荥阳汴口石门损坏，荥阳太守傅祗加以修治，称“沈莱堰”。此后，汴渠、颍水复通，恢复了黄淮间的漕运功能。（《晋书·傅祇传》）

咸宁六年、太康元年（280）

是年，杜预守襄阳，开扬口运河，起夏水，达巴陵，长千余里，内泄长江之水，外通零桂之漕。（《资治通鉴》卷八一、《晋书·杜预传》）扬口是扬水（发源于古江陵城西北）入沔水（汉水）的水口，这条运河西起江陵，东通巴陵（今湖南岳阳），由湘江可转运今湖南和广西等地的漕粮。

---

① 《太平御览》卷一七〇引《吴录》：“岑昏凿丹徒至云阳，而杜野、小辛间皆斩绝陵垄，功力艰辛。”按：《三国志·吴志·孙皓传》：天纪三年，“岑昏险诐，贵幸，致位九卿。”岑昏为孙皓幸臣，故其凿丹徒、云阳运河为孙吴末年事。今人著作中多言孙权使岑昏开运河（见白寿彝总主编：《中国通史》第五卷，上海：上海人民出版社，2015 年，第 763 页；郑欣：《魏晋南北朝史探索》，济南：山东大学出版社，1989 年，第 431 页），误。

永康二年、永宁元年（301）

是年，“八王之乱”中，南方漕粮无法运达，京城仓廪空虚，朝廷乃以陈敏为广陵度支，“漕运南方米谷，以济中州。”（《晋书·陈敏传》《古今图书集成·食货典》卷一五五《漕运部汇考》）

永兴二年至永嘉元年（305～307）

陈敏据江东，令其弟遏马林溪以溉云阳之田，后称之为练湖，乃镇江—丹阳段运河的重要水源。（《元和郡县图志》卷二六）

永嘉元年（307）

九月，“修千金堨于许昌，以通运”。（《晋书·怀帝纪》）千金堨又称千金堰，“计其水利，日益千金，因以为名”。（《洛阳伽蓝记》卷四）

永嘉元年至三年（307～309）

贺循在会稽郡开挖运河，是为浙东运河的早期河段。（《会稽志》卷一〇）

## 东晋十六国（317～419）

建武元年（317）

是年，晋宗室司马睿南渡称王（次年称帝），国号仍称晋，都建康，史称“东晋”。

永和年间（345～356）

因借湖行运，有风涛之险，故陈敏修治邗沟，截弯取直，“穿樊梁湖北口，下注津渡，渡十二里方达北口，直至夹邪。”[①] 此后邗沟变成南北直线走向，历史上称其为

① 有人认为《水经注》此条记载有误，因为陈敏西晋怀帝时被杀，不可能在东晋时改造邗沟。又东晋初有名陈敏者，但史料中未见其开挖邗沟事。东晋陈敏事迹，宋人熊克《中兴小纪》中多有记载。

邗沟西道。（《水经注·淮水》）

升平二年（358）

是年，东晋中郎将荀羡北伐，开挖洸河，在今山东宁阳县一带引汶水通于泗水。后由彭城沿泗水北上，转洸河入济水到达东阿（今平阴县东阿镇）。（《晋书·穆帝纪》《晋书·荀羡传》）

隆和元年（362）

是年，东海王奕请求皇帝允许他收取海盐、钱塘“水牛牵埭”（往来船只用水牛牵引翻越堰埭）税，哀帝初应允，后因大臣劝谏而止。（《晋书·孔严传》）江南运河多堰埭，船只翻越时须用牲畜牵引，后世多用绞盘，称“车船坝”。

兴宁二年（364）

四月，桓温派西中郎将袁真、江夏相刘岵等“凿阳仪道以通运，桓温舟师次于合肥”。（《晋书·穆帝纪》）有人认为“阳仪道”可能就是施水别支通肥水的河道[①]。

兴宁年间（363～365）

因津湖多风浪，乃自湖之南口开河，沿东岸向北二十里，然后进入津湖北口。从此以后，船只往来不再穿行湖中。（《水经注·淮水》）

太和四年（369）

是年，桓温北伐，过中渎水，经淮泗入今山东境，因水道不通，乃令毛穆之在今山东鱼台到东平一带开河，沟通了泗水和济水，后名桓公沟。（《晋书·桓温传》）

① 姚汉源：《中国水利史纲要》，北京：水利电力出版社，1987年，第125页。

太元八年（383）

是年，前秦苻坚统帅大军伐晋，“水陆并进，运漕万艘，自河入石门，达于汝颍。”前秦军船队所行之路，乃前代之汴、颍漕路。（《晋书·苻坚传》）

太元九年（384）

是年，谢玄取道泗水北伐，徐州附近河道上有吕梁洪，“水道险涩，粮运艰难”，于是用督护闻人奭之谋，“堰吕梁水，树栅，立七埭为派，拥二岸之流，以利运漕，自此公私利便”。此后，南方政权北伐常经泗水漕路。（《晋书·谢安传》《水经注·泗水》）

太元十年（385）

是年，谢安守广陵，修治中渎水南端引江入渠工程，并在步丘（今扬州北）修筑召伯埭。又在召伯埭南北修筑秦梁埭、三枚埭和统梁埭。（《晋书·谢安传》《太平御览》卷七三堰埭条引《晋中兴书》《述征记》）

义熙五年（409）

四月，刘裕北伐南燕，舟师自京城（今江苏南京）出发，经中渎水，溯淮入泗，五月至下邳，留船舰辎重，陆行北上攻燕。次年二月灭燕后返回下邳，“以船运辎重，自率精锐步归”。（《宋书·武帝纪》）

义熙十二年（416）

是年，刘裕北伐姚秦，由长江经中渎水，入淮、泗至彭城，重新疏通桓公沟，并于次年修治汴渠，“公（按：指刘裕）自洛入河，开汴渠以归”。（《宋书·武帝纪》）

## 南北朝（420 ～ 581）

永初元年（420）

是年，刘裕称帝，国号宋，都建康，史称“刘宋”。此后，南方以建康为都城，宋、齐、梁、陈四朝迭相更替，史称“南朝”。439 年北魏统一北方，494 年孝文帝迁都于洛阳，形成南北对峙局面，后来北魏分裂为东魏、西魏，二者又分别为北齐、北周取代，以上五个朝代史称“北朝”。

元嘉七年（430）

是年，到彦之北伐，自淮入泗，泗水浅涸，日行才十里，自四月起至七月，才到达东平须昌县（今山东东平西北）。（《南史·到彦之传》）

永明六年（488）

是年，南朝齐武帝打算增加浙东运河过埭税。当时浙东运河上有四座著名的牛埭（以牛牵引翻越的堰埭）：柳浦埭（今浙江杭州东南）、西陵埭（今杭州滨江区西兴街道）和浦阳南、北埭（今浙江上虞境），西陵埭每天收税三千五百，年收税超百万，四埭共收四百多万。（《南齐书·陆慧晓传附顾宪之传》）

太和十八年（494）

是年，北魏孝文帝迁都洛阳后，“泛舟洪池”，曾与大臣李冲议修整汴渠事。孝文帝说：“朕欲疏通洛阳向南的水道，南伐时，可由此入洛水，从洛水入黄河，由黄河入汴渠，从汴渠入清水（泗水），而到达淮河，下船而战，犹出户而斗。此乃军国大计。”他说如果修渠需要二万人以下，六十日可成，便可择时兴修。李冲表示赞同。可知当时汴、泗水道虽不畅通，但疏通维护工程量不大。（《魏书·李冲传》）

是年，孝文帝军至徐州，令成淹、闾龙驹统帅舟师，“泛泗入河，溯流还洛，军次碻磝”[①]。其所行之水路，乃由泗水转洸河、济水，然后入黄河至洛阳。（《魏书·成淹传》）

---

① 碻磝渡口在今山东茌平古黄河岸边。碻磝城在渡口东，北魏时为济州治所。

北魏宣武帝时（500～515）

崔亮为度支尚书，领御史中尉，“议修汴、蔡二渠，以通边运，公私赖焉。”（《北史·崔亮传》）

南朝梁武帝时（502～548）

因太子名纲，故废破冈渎，开上容渎。上容渎在句容东南五里，上源分两支，一东南流三十里，经十六埭入延陵界；一西南流二十六里，五埭入句容界。上容渎西流入秦淮河。南朝陈建立后，废上容渎重修破冈渎。隋建立后，二渎均废。（《景定建康志》卷一六）

北魏神龟、正光年间（518～525）

北魏府藏充盈，“有司又请于水运之次，随便置仓。乃于小平、右门、白马津、漳涯、黑水、济州、陈郡、大梁，凡八所，各立邸阁，每军国有须，应机漕引，自以费役微省。”（《魏书·食货志》）

北齐河清四年、天统元年（565）

是年，幽州刺史斛律羡引高梁水北入易京水（温榆河），东汇潞河，即可通漕，又可灌溉。（《北齐书·斛律金传附斛律羡传》）

## 隋唐五代时期

### 隋（581～618）

开皇元年（581）

是年，隋文帝杨坚取代北周自立为帝，国号隋，都长安，隋炀帝在位时迁都洛阳。

是年，兖州刺史薛胄在泗水上筑坝（金口坝），开渠引泗水西流，至任城（今山东济宁）城西与桓公沟通。既收灌溉之利，“又通转运，利尽沧海”。后人称之为薛公丰兖渠。（《隋书·薛胄传》）

开皇三年（583）

十二月，隋文帝以长安仓廪尚虚，下诏于卫州置黎阳仓，储河北之粮以转运京师。洛州置河阳仓，陕州置常平仓，华州置广通仓，“转相灌注，漕关东及汾晋之粟，以给京师”。（《资治通鉴》卷一七五、《隋书·食货志》）

开皇四年（584）

六月壬子（二十一日），文帝以渭水多浅滩，漕运困难，乃令太子左庶子宇文恺帅水工开广通渠，引渭水，西起大兴城，东至潼关，长三百余里，“转运通利，关内赖之”。（《隋书·食货志》《隋书·文帝纪》）时人称之为“富人渠”。（《北史·郭衍传》）

开皇七年（587）

四月庚戌（六日），为南下攻伐陈朝，乃于扬州重开山阳渎（邗沟），以通漕运。（《隋书·文帝纪》）

是年，隋文帝开“沙海”训练水军，以备伐陈。沙海在开封北二里，原为水域，隋初已涸。隋文帝疏凿其旧迹，引汴水注入，遂为水军训练基地。（《元和郡县图志》卷七《河南道三·汴州·开封县》）

是年，梁睿重修汴口堰，时人称其为梁公堰。（《通典·州郡典》）汴口堰位于汴渠与黄河交汇处，自汉代以来，这里便修有一道古堤，拦截黄河水，使之流入汴渠。梁公堰的修筑，为开挖通济渠打下了基础。

开皇十五年（595）

六月戊子（一日）　文帝下诏“凿砥柱”，整治黄河三门峡交通。（《北史·隋本纪上》）

## 大业元年（605）

三月辛亥（二十一日） 隋炀帝令尚书右丞皇甫议征发河南、淮北男女百余万人开挖通济渠，沟通了黄河与淮河。（《隋书·炀帝纪》）同年，发淮南民十余万整修邗沟，自山阳达于长江。渠广四十步，渠旁皆筑御道、植柳树，自长安至江都。置离宫四十余所。（《资治通鉴》卷一八〇）

庚申（三十日） 遣黄门侍郎王弘等往江南造龙舟及杂船数万艘。（《资治通鉴》卷一八〇）

八月壬寅（二十日） 炀帝乘龙舟至江都。龙舟四层，高四十五尺，长二百丈。皇后所乘翔螭舟稍小，而装饰与龙舟相同。其余各种船只数千艘，挽船士兵八万人，“舳舻相接二百余里”。（《隋书·炀帝纪》《资治通鉴》卷一八〇）

十月，在巩县（今巩义市）东南置洛口仓，筑仓城周二十余里，凿三千窖，每窖容八千石，置监官及镇兵千人。（《资治通鉴》卷一八〇）

十二月，在洛阳北七里置回洛仓，仓城周十里，凿窖三百。（《资治通鉴》卷一八〇）

## 大业四年（608）

正月乙巳（一日），隋炀帝征发河北军民百余万人开挖永济渠，自沁水入黄河口起，北达涿郡。男丁不足，乃征发妇女。（《隋书·炀帝纪》）

## 大业六年（610）

十二月，隋炀帝下旨整修江南河，自京口至余杭八百余里，宽十余丈，使可通龙舟，并置驿宫，欲东巡会稽。（《资治通鉴》卷一八〇）

## 大业七年（611）

二月乙亥（二十九日），隋炀帝自江都乘龙舟经通济渠，过黄河入永济渠，四月庚午至涿郡之临朔宫。（《隋书·炀帝纪》）七月，征发江淮以南民夫及船运黎阳、洛口诸仓米至涿郡。舳舻相次千余里。

### 大业十二年（616）

是年，隋炀帝下诏从江淮地区选美女，船载北上，原打算由通济渠至洛阳，沿途多次遇农民起义袭扰，运载美女的官船不得不改行古汴渠（淮泗运道）。沿途多次遇险，在淮泗中沉船漂溺者，前后十数次。（《隋书·王充传》）[①]

### 大业十三年（617）

是年，窦建德于广平郡疏清漳水入柳沟，与永济渠合。（《太平寰宇记》卷五八《清河县》）

是年，山东、河南大水，饿殍遍野，炀帝诏开黎阳仓赈济灾民，但管理粮仓的官吏并不按时发放，死者数万人。（《资治通鉴》卷一八四）

### 大业年间（605～618）

制使姚暹曾引上漳渠水入清漳渠，故清漳渠亦名姚暹河，隋炀帝征辽回师，曾泛舟于此河，故又名回銮河。（《太平寰宇记》卷五八《清河县》）

### 义宁元年（617），实为大业十三年

二月，李密、翟让率瓦岗军七千人攻破兴洛仓，开仓救济贫民。八月，徐世勣率瓦岗军袭取黎阳仓，开仓赈济灾民，旬日间得众二十万人，势力大振。（《资治通鉴》卷一八四）

## 唐（618～907）

### 武德元年（618）

三月，宇文化及兵变弑隋炀帝后，自江都抢夺百姓船只北归，经中渎水，逾淮入泗，至徐州，因水路不通，改陆行。（《资治通鉴》卷一八五）

五月，李渊代隋自立，国号唐，都长安。

---

① 王充即王世充，因避唐太宗李世民讳，省“世”字。

武德七年（624）

是年，为运输军需粮饷，唐大将尉迟敬德开凿徐州附近泗水河道中的百步洪、吕梁洪，以通水运。并引汶泗之水至任城（今山东济宁），建会源闸。（《读史方舆纪要》卷二九）

武德八年（625）

是年，水部郎中姜行本奏请于陇州（治今陕西陇县）开五节堰，引陇川水通漕，许之。（《旧唐书·食货志》《新唐书·地理志》）

贞观十八年（644）

是年，扬州大都督府长史李袭誉开挖水渠，又筑勾城塘，灌田八百顷。（《新唐书·地理志》）

永徽二年（651）

是年，在清池县（今河北沧州东南）西北五十五里筑永济二堤。（《旧唐书·地理志》）

永徽年间（650～655）

魏州（治元城，今河北大名县境）刺史李灵龟开河引永济渠入城中，以通商旅。（《新唐书·高祖诸子传》）

显庆元年（656）

十月，唐高宗接受褚朗的建议，发卒六千人，“开砥柱三门，凿山架险”，试图陆运过三门峡，一月功成，后水涨，船竟无法进入。（《唐会要》卷八七）后将作大匠杨务廉又在三门开凿栈道，用以挽舟。纤夫多坠崖死，逃亡者众。（《新唐书·食货志》）

咸亨三年（672）

是年，关中发生饥荒，监察御史王师顺奏请从绛州（治今山西新绛）仓中运粮以救荒。高宗任命他为漕运官员，“河渭之间，舟楫相继，会于渭南”。（《旧唐书·食货志》）

仪凤三年（678）

是年，李玄奉命在赵州（治今河北赵县）开沣水渠，灌田通漕。（《新唐书·地理志》）

光宅年间（684）

是年，刺史胡处立在朗州（治今湖南常德）武陵县开永泰渠，“通漕且为火备”。（《新唐书·地理志》）

垂拱四年（688）

是年，在泗州（治今江苏盱眙）涟水县开“新漕渠”，南接淮河，北通海州（治今江苏连云港）、沂州（治今山东临沂）、密州（治今山东诸城），沟通淮水与沂水，改善了淮河下游及沿海地区的交通条件。（《新唐书·地理志》）

永昌元年、载初元年（689）

是年，开挖湛渠，自开封东流，经今山东曹县北，至大野泽，“以通曹、兖赋租”。（《新唐书·地理志》）

大足元年（701）

六月，在河南府（治今河南洛阳）开凿洛漕新潭，用以置放租船。（《新唐书·地理志》《旧唐书·食货志》）

神龙三年（707）

是年初，沧州刺史姜师度在蓟州（今天津蓟州区）整理曹操所开旧渠，并在海边凿渠通漕，仍名平虏渠。（《旧唐书·食货志下》）

景云年间（710 ~ 711）

崔湜建言引丹水通漕至商州（今陕西商洛）。（《新唐书·崔仁师传附崔湜传》）

太极元年（712）

是年，刺史魏景清开河，引淮水至黄土冈（今江苏盱眙），经天长、六合，南达扬州入江，称直河。因工程浩大，未获成功。（《新唐书·地理志》）

开元二年（714）

是年，河南尹李杰奉命征发丁夫疏浚汴渠。（《唐会要》卷八七《漕运》）“汴、河之交，隋有梁公堰，年久堰破，江淮漕运不通”，乃发汴、郑二州丁夫修复，汴渠得以复通。（《旧唐书·食货志》）

是年，姜师度在华阴县西开凿敷水渠。开元五年（717），刺史樊忱再次开挖，使与渭水相通，以便漕运。（《新唐书·地理志》）

开元十年（722）

二月四日，伊水泛滥，城南龙门水深六尺以上，大水入漕河，水边房舍禾稼全部淹没。（《旧唐书·五行志》）

开元十四年（726）

七月十四日，瀍河（洛河的支流）水暴涨，泛滥入洛阳附近的汴河，漂没诸州租船数百艘，溺死者甚众。（《旧唐书·食货志》）

## 开元十五年（727）

是年，汴河上游堰口淤塞，将作大匠范安及征发河南府三万人，疏决旧河口。起初，洛阳人刘宗器建议堵塞旧汴河口，在下游开梁公堰，置斗门。不久漕船堵塞，河道不通。范安及乃疏通旧河口，旬日而通。（《旧唐书·食货志》《唐会要》卷八七《漕运》）

## 开元十六年（728）

是年，沧州刺史姜师度在清池县（今河北沧州）南二十里筑永济渠北堤。（《新唐书·地理志》）

## 开元十八年（730）

六月乙丑（十二日），瀍水决口，漂没来自扬、楚等州的漕运船只甚多。壬午，洛水泛滥，冲坏天津、永济二桥及汴河斗门，漂没上千家。（《新唐书·五行志》）

是年，宣州刺史裴耀卿上奏：江南租庸调物每年二月运到扬州，四月以后才渡过淮河入汴河，正值汴河水浅，六七月才能到达黄河河口，又赶上黄河水涨，等到八九月水落时才能西运。这条汉隋时期的漕路，沿河粮仓遗迹尚在。可在河边设置转运粮仓，实行转运法，使江南漕船不入黄河，黄河之船不入洛口，水通则行舟，水浅则储粮于仓等待。这样便可大大节省运输费用。玄宗没有采纳他的建议。（《新唐书·食货志》）

## 开元二十一年（733）

是年，裴耀卿为京兆尹，再次提出改革漕运，完善仓储制度，实行转运法。“凡三岁，漕七百万石，省陆运储钱三十万缗”。（《新唐书·食货志》）

## 开元二十三年（735）

是年，长史章仇兼琼在成都府温江县（今四川成都市温江区）沿蜀王秀旧渠，开新源水以通漕，运西山竹木。（《新唐书·地理志》）

开元二十五年（737）

是年，魏州刺史卢晖在河间西南开长丰渠五里，引滹沱水入永济渠，通漕运。（《新唐书 · 地理志》）

开元二十六年（738）

十一月，润州刺史齐澣言：船至瓜步过江，纡远六十里，且有风涛之险，乃移漕路于京口塘下，二十里便可渡过长江。又在扬州三汊河到瓜洲镇之间开伊娄河，此后瓜洲成为运河重要的入江口。（《旧唐书 · 玄宗本纪下》《旧唐书 · 文苑中 · 齐澣传》）

开元二十七年（739）

是年，汴州刺史齐澣自宿州虹县（今安徽泗县）开河，至淮阴北入淮河，以便漕运。此前虹县至临淮一百五十里，水流迅急，行船困难。澣奏请朝廷批准后，自虹县开河三十里入清水（泗水），百余里出清水，再开河至淮阴县入淮水。久之，新开河道水流亦湍急，漕运艰涩，乃废而不用，船只仍走旧航道。（《旧唐书 · 文苑中 · 齐澣传》《新唐书 · 地理志》《通典 · 食货 · 漕运》）

开元二十八年（740）

是年，魏州刺史卢晖在魏州（今河北大名县北）开西渠，引通济渠注入城西，夹水建楼百余间以贮江淮之货。（《新唐书 · 地理志》《太平寰宇记》卷五四）

开元二十九年（741）

十一月，陕郡太守李齐物兴工开凿黄河三门砥柱，他先让人将石头烧热，浇以醋，而后开凿。开凿的石块丢弃于河中，河水浅而湍急，须等水上涨后，才能挽船通过。（《新唐书 · 食货志》）

是年暴雨，伊、洛及其支流皆涨溢决口，淹没房舍农田无数，洛阳附近州县及东、西漕河皆多漂没。（《旧唐书 · 五行志》）

## 天宝元年（742）

是年，韦坚疏通隋代广运渠，由潼关抵长安，“又于长乐坡瀕苑墙，凿潭于望春楼下，以聚漕舟”，此潭被称作广运潭。（《旧唐书·玄宗本纪下》）[①]

## 至德年间（756～758年）

在今望亭（今属苏州相城区）运河河道上修筑堰、闸。（《宋史·河渠志》）

## 广德二年（764）

二月己未[②]，第五琦疏通汴河。《旧唐书·代宗本纪》

三月己酉（十二日），刘晏为转运使，修治淤塞的汴河，改革漕运，此后每岁漕运数十万石米入关中。（《资治通鉴》卷二二三）

## 永泰二年（766）

九月庚申（七日），因京城薪炭不给，京兆尹黎幹奏开漕渠，自南山谷口入京城，至荐福寺东街，北抵景风、延喜门，阔八尺，深一丈。（《旧唐书·代宗本纪》）[③]

## 永泰二年、大历元年（766）

是年，润州刺史韦损修复练湖。此前，练湖淤浅，豪势之家决堤泄水，垦湖田耕种，湖面缩小。转运使刘晏上《停免修筑练湖状》[④]，获朝廷批准后，韦损下令整治，当地民众“不俟召呼而从役，畚锸盖野，浚皋成溪，增理故塘，缭而合之，广为八十里”。恢复了练湖的水柜功能。（《唐文粹》卷二一，李华：《润州丹阳复练湖颂》）

---

① 《唐会要》卷八七、《旧唐书·食货下》均系此事于天宝三年。

② 广德二年二月无己未日，此处当为三月己未（二十二日）。

③ 《新唐书》系此事于大历元年。永泰二年十一月改年号为大历，故从《旧唐书》，系此事于永泰二年。

④ 明人张国维《吴中水利全书》卷一三载刘晏《停免修筑练湖状》系此事于永泰二年，按此年十一月改元“大历”，故永泰二年即大历元年。李华文中说韦损永泰元年十二月任润州刺史，则修复练塘事当在次年无疑。

大历（766 ~ 779）末年

为了便于当地漕粮运输，陈州刺史李芃提议开陈颍水路。陈州有颍水流过，下至寿州入淮，上接琵琶沟（蔡河）至浚仪入汴河，这是传统的淮颍运道。后琵琶沟淤塞，这条水道断航。（《新唐书·李芃传》）

建中四年（783）

是年，藩镇叛乱，李希烈割据江淮，漕路阻断。朝廷不得不将漕运路线南移，“自颍入汴”，即以淮颍水道代替了原来的汴河运道。（《新唐书·李芃传》《旧唐书·李芃传》）

兴元元年（784）

是年，淮南节度使杜亚疏通邗沟。当时“扬州官河填淤，漕挽堙塞”，（《旧唐书·杜亚传》）于是杜亚“治漕渠”，引湖水入河，“以通大舟”。（《新唐书·杜亚传》）

贞元（785 ~ 805）初

杜佑任淮南转运使，疏通琵琶沟，恢复了陈颍航道。由汴河入琵琶沟，至陈州入颍水，而后达于淮水。（《新唐书·食货志》《册府元龟》卷四九八《邦计部·漕运》）

贞元四年（788）

是年，杜亚自江都向西沿蜀冈（今扬州市北）修渠，引陂塘之水入运河。又修筑句城湖、爱敬陂，“起堤贯城，以通大舟”。（《新唐书·地理志》《玉海》卷二三）

## 贞元年间（785 ~ 805）

韩愈赴徐州任节度使幕府从事，由汴州乘船，走古汴渠入泗水，而后达徐州。韩愈有《此日足可惜一首赠张籍》诗曰：“乘船下汴水，东去趋彭城”。（《韩昌黎全集》卷二）

## 元和二年（807）

是年，观察使韩皋、李素开挖常熟塘，自苏州齐门北至常熟，长九十里，又名元和塘。（《江南通志》卷六三《河渠志》）常熟运船均由此河入运河。

## 元和三年（808）

是年，李吉甫任淮南节度使，筑富人、固本两座陂塘。为控制运河水量，在今高邮境内筑平津堰，防水之不足而泄有余。《新唐书·李吉甫传》

## 元和八年（813）

十二月，盐铁使王播提议疏浚淮颍运道，宪宗派中官李重秀实地考察后，诏韩弘征发兵卒疏通汴、颍之间的琵琶沟，淮颍水道畅通，可以行驶三百石的大船。（《册府元龟》卷四九七《邦计部·河渠》）

是年，常州刺史孟简在常州奔牛镇西开河四十一里，引长江水流入江南运河，并可通漕运，人称孟渎。后历代浚治，为江南运河入江的重要通道。（《新唐书·地理志》《旧唐书·孟简传》）

是年，孟简开挖疏通无锡太伯渎。（《新唐书·地理志》）

## 元和十年（815）

是年，观察使孟简在越州山阴县（今浙江绍兴）北五里开挖新河，又在山阴县西北十里开挖运道塘。（《新唐书·地理志》）

元和十一年（816）

十二月，置淮颍水运使，负责沿淮颍水道运输淮河下游各地漕粮及其他物资，由淮阴（今江苏淮安）溯淮河至寿州（今安徽寿县）西四十里入颍口，然后溯颍水，西至洛阳附近。这条水路比起淮水汴水漕路大约缩短千里路程。（《唐会要》卷八七《漕运》）

长庆二年（822）

是年，白居易重修六井，疏浚西湖，筑堤引西湖水出余杭门外入运河。“官河干浅，但放湖水添注，可以立通舟船”。（《白氏长庆集》卷六八《钱塘石湖记》）

长庆（821～824）初年

崔弘礼在兖州开“盲山故渠”，自黄队至青丘。[①]（《新唐书·崔弘礼传》）

宝历二年（826）

正月，盐铁使王播奏：扬州城内运河水浅阻舟，乃从闾门外七里港开河，向东入旧运河，长十九里，“漕运不阻，后人赖之”。（《旧唐书·王播传》《新唐书·地理志》《唐会要》卷八七《漕运》）

宝历（825～827年初）初年

观察使李渤筑灵渠铧堤，修十八斗门以通漕，不久即废。（鱼孟威：《灵渠记》《新唐书·地理志》）

大和（827～835）初年

天旱河涸，咸阳令韩辽请疏通汉代旧漕河，自咸阳抵潼关三百里，文宗批准后，

① 黄队，镇名，在今山东省鱼台县，见《元丰九域志》卷一《东京路》。青丘无考。盲山，疑即萌山，在今山东嘉祥县城东，桓公沟在萌山下流过。“盲”与“萌”音近，盲山故渠或即桓公沟。

筑兴城堰，渠成。（《新唐书·食货志》）

开成二年（837）

是年，扬州运河干涸。（《新唐书·文宗本纪》）

开成五年（840）

是年，华阴县有敷水渠，刺史樊忱疏通之，使通渭漕。（《新唐书·地理志》）

大中十二年（858）

是年，徐、兖、青、郓等州大水，沧州地势低洼，水灾更甚，义武节度使杜中立引御河之水入毛河，东注大海，减轻了水灾。（《新唐书·杜兼传附杜中立传》）

咸通九年（868）

是年，桂州（今广西桂林）刺史鱼孟威修灵渠，“以石为铧堤，亘四十里，植大木为斗门，至十八重，乃通巨舟”。（《新唐书·地理志》、鱼孟威：《灵渠记》）

乾宁四年（897）

是年，朱温与淮南杨行密战。杨行密决开汴河堤堰，水淹朱温，朱温大败，汴河遭受严重破坏。（《旧五代史·杨行密传》）后汴河下游甬桥东南溃决，运河漫流，成为大片沼泽。

## 五代十国（907～960）

黄巢起义后，唐朝名存实亡，天祐四年，朱温废唐哀帝自立，国号梁，都开封，史称“后梁”，此后后唐、后晋、后汉、后周四个朝代相继更嬗，合称之为“五代”。与此同时，南方各地出现了吴、前蜀、吴越、楚、闽、南汉、南平（荆南）、后蜀、南唐，加上太原的北汉，共有十个政权，史称“十国”。

同光二年（924）

二月辛巳（十三日），后唐蔡州刺史朱勍疏浚索水以通漕运。（《资治通鉴》卷二七三）

长兴三年（932）

六月壬子（一日），后唐赵德钧在幽州开东南河，长一百六十五里，阔六十五步，深一丈二尺，以通漕运。（《旧五代史·唐书·明宗纪》）

长兴四年（933）

二月，三司使奏洛河水运自洛口至都城洛阳，河岸距粮仓稍远，转运艰难。乃从洛河北岸开凿水道，使船直接到达仓门下卸。（《行水金鉴》卷九四引《五代史补》）

升元元年（937）

是年，南唐丹阳知县吕延贞上《浚治练湖状》，言"考之碑志，访诸乡老"，得知当年"湖水放一寸，河水涨一尺"，且可灌溉农田。唐末战乱湖废，垦为农田，提议修复练湖。（《吴中水利全书》卷一《浚治练湖状》）升元五年（941），朝廷批准其建议，练塘得以修复。

天福三年（938）

十月戊寅（五日），后晋石敬瑭以大梁（今河南开封）舟车所会，便于漕运，于是建都于此。（《资治通鉴》卷二七三）

后晋（936～947）

开涞河。源出汴水，"北抵济河，南通徐沛"。（嘉靖《山东通志》卷五）涞水西受汴水，向东沿古菏水入泗水。

乾祐二年（949）

是年，后汉右补阙卢振上言：汴河堤堰不牢，每年溃决。沿汴水有故河道，可在陂泽处立斗门，汴河水涨时排水入陂，可免水灾，天旱时则可灌溉农田。（《行水金鉴》卷九四引《五代史补》）

显德（954～960年正月）初年

王祚为后周颍州刺史，疏通旧渠通运。颍州境原有通商渠，距离淮水三百里，久已淤塞。王祚令人疏导之，遂通舟楫。（《宋史·王溥传》）

显德二年（955）

十一月，后周世宗令武行德疏通汴河，东至泗水。汴河自唐末溃决，周世宗谋走水路攻后唐，故使人疏通之。（《资治通鉴》卷二九二）

显德三年（956）

正月，后周世宗派李谷率兵攻打寿州（治寿春，今安徽寿县）；二月，大败南唐军队，俘获战船四十余艘，但寿春久攻不下。后周乃于大梁城西汴水边，建造战舰数百艘，选南唐水卒战俘帮助训练，数月之后，组成水军，南唐人见之大惊。次年三月，后周以水军攻寿春，南唐兵战死及降者四万人，“获船舰粮仗以十万数”[①]，终于攻下寿春城。（《资治通鉴》卷二九三）

显德四年（957）

四月乙酉（二十八日），后周世宗下令疏通汴河及五丈河，通于济水。齐鲁舟楫可顺利到达大梁。（《资治通鉴》卷二九三）

① 粮仗，粮食及武器。

显德五年（958）

三月，后周浚汴口，疏汴河达于淮，“于是江淮舟楫始通”。（《资治通鉴》卷二九四）

是年，后周世宗率军攻打楚州（今属江苏淮安区），得知南唐战船数百艘泊于扬州。正月庚寅，后周征发丁壮，开楚州西北鹳河，十天竣工，周军战船数百艘由此达于长江，迅速击破南唐泊于扬州的水军，南唐投降。（《旧五代史·后周纪四》《资治通鉴》卷二九三）

显德六年（959）

二月丙子（一日），后周世宗命王朴至河阴巡视河堤，在汴口设立斗门。（《资治通鉴》卷二九四）

壬午（七日），后周世宗令侍卫都指挥使韩通等征发徐、宿、宋、单等州丁夫数万人修浚汴河，并引汴河通蔡河，又浚五丈渠，扩大了通航范围。（《旧五代史·周世宗纪》《资治通鉴》卷二九四）

四月，后周世宗北征契丹，由沧州修治御河水道至乾宁军（今河北青县），水军由独流口（今天津静海区独流镇）入易水至益津关（今河北霸州），收复瓦桥关（今河北雄县）。（《资治通鉴》卷二九四）

## 北宋

### 太祖朝（960 ～ 976）

建隆元年（960）

正月乙巳（五日），赵匡胤取代后周，建国号宋，都汴梁（今河南开封），史称“北宋”。

丁未（七日），诏岁调丁夫开浚汴渠淤浅，所需粮米皆由政府供给，著为制度。汴都仰给漕运，河渠最为急务，起初岁调丁夫修浚，粮米等皆自备。（《续资治通鉴长编》卷一）

四月丙戌（十七日），命中使主持疏浚蔡河，设斗门以节水，自都城至通许镇。（《续资治通鉴长编》卷一）

是年，始命右领军卫将军陈承昭督丁夫导闵水，自新郑与蔡水合，贯京师，南历陈、颍，达寿春，以通淮右。舟楫相继，商贾毕至，都城得交通之利。京城西南为闵河，东南为蔡河，后改闵河名为惠民河。（《宋会要辑稿·方域十六·惠民河》）

## 建隆二年（961）

正月癸丑（十八日），宋太祖幸玄化门犒赏修河丁夫。（《续资治通鉴长编》卷二）

丁巳（二十二日），诏发畿甸、陈、许丁夫数万，浚蔡河，南流入颍川。（《宋史·太祖本纪》《宋史·河渠志》）

二月壬申（八日），征讨李重进还，令供奉官田仁朗与右神武统军陈承昭浚五丈河以通漕。[①]（《宋史·太祖本纪》《宋史·田仁朗传》）疏导菏水自开封，经陈留、曹、济、郓等地，开河广五丈，岁漕米六十二万石。（《宋史·河渠志》）[②]

甲戌（十日），“幸城南，观修水柜”。（《宋史·太祖本纪》）

三月丙申（二日），五丈河淤浅，不利行舟，诏右监门卫将军陈承昭于京城之西，夹汴河造斗门，自荥阳凿渠百余里，引京、索二水通城壕入斗门，在汴河上加高渡槽，使水东汇于五丈河，以便东北漕运。（《续资治通鉴长编》卷二）

甲辰（十日），新水门成，宋太祖亲临视察。[③]（《续资治通鉴长编》卷二）

四月，命中使疏浚蔡河，设斗门节水，自京城至通许镇。（《宋史·河渠志》）

是月，西京留守向拱言：重修天津桥成，甃石为脚，桥高数丈，锐其前以疏水势，石缝以铁鼓络之，其制甚固。降诏褒美。此前洛水暴涨，冲坏天津桥，留守向拱修之。（《宋史·河渠志》《宋会要辑稿·方域一三·桥梁》）

是年，“导索水自旃然与须水合，入于汴”。（《宋史·太祖本纪》）

是年，命左领军卫上将军陈承昭，率水工凿渠，引水过中牟县，名曰金水。河百余里，抵都城。架起渡槽，横绝于汴，设斗门，入护城河，东流汇入五丈河，公私交通便利。

---

① 《宋史·田仁朗传》：“宋太祖即位，仁朗从讨李重进还，与右神武统军陈承昭浚五丈河以通漕。”宋太祖于建隆元年十二月攻灭李重进，回到都城当在次年初，与《本纪》中二月“疏五丈河”之说相合。又《宋史·刘载传》：“宋初浚五丈河，自陈桥达曹州之西境，命载护其役。”亦当指此事。

② 《宋史·河渠志》系此事于建隆二年正月。

③ 《宋史·河渠志》：“三月幸新水门，观放水入河。”

（《宋史·河渠志》）

## 建隆三年（962）

正月，遣右龙武统军陈承昭修护五丈河，造西水硙。（《宋史·河渠志》）

三月，控鹤右厢都指挥使尹勋责为许州教练使，殿直周令谦决杖，配隶郑州。起初，二人督率夫役浚五丈河，有避役而逃者，斩首七十人，专杀十二人。有人诣阙称冤，故责罚之。（《宋会要辑稿·方域十六·广济河》）

六月，宋州上言，宁陵县河溢堤决。诏发宋、亳丁夫四千五百人，分遣使臣督率，命西上合门使郭守文总其事。又发丁夫三千三百人堵塞汴口，以息水势。（《宋会要辑稿·方域十六·汴河》）

十月，诏沿汴河州县官吏，于春季督课民众，夹河岸种植榆柳，以固堤防。（《宋史·太祖本纪》）

## 建隆四年、乾德元年（963）

正月丁巳（四日），发近甸丁夫数万，修筑畿内河堤，左神武统军陈承昭护其役。[①]（《宋会要辑稿·方域一四》《宋史·太祖本纪》《续资治通鉴长编》卷四）

癸亥（十日），以户部判官滕白为南面军前水陆转运使。（《续资治通鉴长编》卷四）

二月癸丑（三十日），导溵水入京。（《宋史·太祖本纪》）

四月庚寅（九日），出内府钱，募诸军子弟数千人，凿池于朱明门外，引蔡水注之。造楼船百艘，选卒，习战池中。（《续资治通鉴长编》卷四）

甲辰（二十三日），下诏疏凿黄河三门，以便漕运。（《宋史·太祖本纪》）

八月，汴河决于宋城县，发丁夫二千五百人塞之，命八作使郝守浚督率。（《宋会要辑稿·方域十六·汴河》）

九月庚戌（一日），户部判官、南面军前水陆转运使滕白坐军储损败，免所居官。（《续资治通鉴长编》卷四）

戊寅（二十九日），先前诏募诸军子弟数千人，引五丈河，造西水硙，以八作使赵遂领其役。至是硙成。（《续资治通鉴长编》卷四）[②]

---

① 《宋史·陈承昭传》作建隆“四年春”，是年十一月改元“乾德”，故系之于乾德元年。

② 《宋会要》系此事于乾德三年，参见《宋会要辑稿·方域十六·广济河》。

## 乾德二年（964 年）

二月癸丑（六日），命右神武统军陈承昭率丁夫数千开渠，自长社引溵水至京师，与闵水汇合。溵水出自密县（今河南新密市）大隗山，每当春夏霖雨，则泛溢民田。渠成之后无水患，闵河亦能通漕。（《续资治通鉴长编》卷五）[①]

是月，以吏部郎中何幼冲充京畿东面水陆发运使。（《宋会要辑稿·职官四二·发运使》）

十一月甲戌（二日），给事中沈义伦为随军转运使，均州刺史大名曹翰为西南面转运使。（《续资治通鉴长编》卷五）

## 乾德三年（965）

四月癸亥（二十三日），募诸军子弟疏导五丈河，通入都城为池。（《宋史·太祖本纪》）

是年，引金水河横贯都城，通入后苑内庭池沼。（《宋史·河渠志》）

## 乾德四年（966）

八月，宿州汴水溢，冲毁堤岸。（《宋史·五行志》）

是年，泗州淮水溢。（《宋史·五行志》）

## 乾德五年（967）

正月戊戌（九日），分遣使者发畿县及近郡丁夫数万治河堤。（《续资治通鉴长编》卷八）

是月，诏开封大名等府及郓、澶、滑、孟、濮、齐、淄、沧、棣、滨、德、博、怀、卫、郑等州长吏，皆兼本府、州河堤使，以便合理征派力役，消除水患。（《宋史·河渠志》）

## 开宝二年（969）

七月癸酉（二十八日），汴河决口于下邑（今安徽砀山东）。（《宋史·太祖本纪》）

---

① 《宋史·河渠志》系此事于乾德三年二月。

## 开宝三年（970）

正月，诏发近甸丁夫数万治河堤。（《宋会要辑稿·方域一四·治河二股河附》）

六月己亥（三十日），汴水决于宋州宁陵县，发宋、亳丁夫塞之。又塞汴口以杀水势。（《续资治通鉴长编》卷一一）

十二月癸巳（二十五日），发近甸民二万修河堤。（《宋会要辑稿·方域十四·治河二股河附》《续资治通鉴长编》卷一一）

## 开宝四年（971）

六月乙酉（二十一日），汴河决口于宋州谷熟县（今河南虞城县境）济阳镇。（《宋史·太祖本纪》）

七月己酉（十六日），令河南府及京东、河北四十七军州，各委本州判官互往别部，会同令佐点阅丁口，具列于籍，以备明年河堤之役。（《续资治通鉴长编》卷一二）

癸亥（三十日），汴河再次决口于宋州。（《宋史·太祖本纪》《宋史·五行志》）

十一月，河决郑州原武县。汴水决宋州谷熟县。（《续资治通鉴长编》卷一二）

## 开宝五年（972）

正月己亥（八日），诏沿黄、汴、清等河州县，督课民众种植榆柳及土地所宜之树木，仍按户籍上下定为五等，民欲多种者，听之。有孤寡穷独者，免之。（《续资治通鉴长编》卷一三）

壬寅（十一日），浚闵河。（《续资治通鉴长编》卷一三）

三月，诏曰："朕每念河堤溃决，颇为民灾，故尝置使以专掌之，思设佐僚，共济其事。自今开封大名府、郓、澶、沧、滑、孟、濮、怀、郑、齐、棣、博、德、淄、卫、滨州，各置河堤判官一员"。以各州通判充任，如通判缺员，即以本州长官充任。（《宋会要辑稿·方域十四·治河二股河附》《宋史·河渠志》）

六月己丑（二日），汴河决于谷熟县。（《宋史·太祖本纪》《宋史·五行志》）

庚寅（三日），河决阳武县，汴水决郑州、宋州。戊申，发诸州兵士及丁夫凡五万人塞决河，命曹翰护其役。未几，河汴决口皆堵塞。（《续资治通鉴长编》卷

一三）

十月，宋太祖下诏：“汴、蔡两河，公私舟船运江淮稻米数十万石赴京，以充军食”。（《宋会要辑稿·食货四六·水运》《续资治通鉴长编》卷一三）

## 开宝六年（973）

正月癸酉（十八日），遣德州刺史郭贵发丁夫千人，修大名府魏县河堤。（《续资治通鉴长编》卷一四）

三月壬午（二十八日），下诏闵河改称惠民河，五丈河改称广济河。（《续资治通鉴长编》卷一四）

六月，命颍州团练使曹翰催督汴路运船。（《宋会要辑稿·食货四二·宋漕运二》）

七月，历亭县（治今山东武城东）御河决口。（《宋史·五行志》）

## 开宝七年（974）

六月，泗州淮水暴涨，决堤入城，毁坏民舍五百家。（《宋史·太祖本纪》）①

## 开宝八年（975）

九月，根据京西转运使李符的建议，发和州丁夫及乡兵凡数万人，凿横江渠于历阳（今安徽和县），以通粮道。（《宋史·李符传》《续资治通鉴长编》卷一六）②

十二月庚子（三日），宋太祖视察惠民河，观看修筑堰坝。（《宋史·太祖本纪》）

丁未（十日），以杨克让权知升州（今江苏南京），寻兼水陆计度转运事。（《续资治通鉴长编》卷一六）

宋太祖在位时，曾临幸西京洛阳，爱其地形势，欲定都于此。都指挥使李怀忠进谏曰：“东京（开封）有汴渠之漕，岁致江淮米数百万斛，禁卫数十万人仰给于此，帑藏重兵，皆在为根本。安固已久，一旦遽欲迁徙，臣实未见其利。”宋太祖听从了他的意见。（《宋史·李怀忠传》）

---

①《宋史·五行志》系此事于当年四月。

②《宋史·李符传》记此事于“乾德”年间，误。按开宝七年，宋军顺江而下，大举进攻南唐，先后攻破池州（今安徽贵池）、采石（今安徽当涂）。故从《资治通鉴续编》所记。

## 太宗朝（976 ~ 997）

### 开宝九年、太平兴国元年（976）

正月丙申（二十九日），浚洛水。（《续资治通鉴长编》卷一七）

三月，郊祀西京（今河南洛阳），发卒千人，自洛阳菜市桥凿渠抵漕口二十五里，以通船运。（《续资治通鉴长编》卷一七）①

六月己亥（四日），因晋王赵光义所居地势高仰，水不能及，宋太祖派遣工匠由承天门开渠，并制作大轮，激金水河水注入第中。（《宋史·河渠志》《续资治通鉴长编》卷一七）

九月丁卯（四日），以库部员外郎范旻勾当淮南诸州并淮北徐、海、沂等州水陆计度转运公事。（《续资治通鉴长编》卷一七）

### 太平兴国二年（977）

正月，西京转运使程能提议，自南阳下向口置堰，引白河水入沙河，合蔡河达于京师，以通湘潭之漕。诏发唐、邓、汝、颍、许、蔡、陈、郑丁夫及诸州兵凡数万人，以弓箭库使王文宝等统领，堑山堙谷，凡百余里，抵方城。方城地势高，水不能至。程能请增派夫役，尽力开凿，仍未能通漕运。后山水暴涨，石堰坏，河乃堙废。（《宋史·河渠志》《宋史·王文宝传》）②

六月，开封汴水涨溢，决大宁堤，淹没民田。（《宋史·五行志》）

闰七月己亥（十日），宋太宗幸白鹤桥，临金水河。（《续资治通鉴长编》卷一八）

己酉（二十日），诏发怀、孟丁夫三千五百人塞开封大宁堤决口。（《续资治通鉴长编》卷十八）

九月，汴水再次溢决。（《宋史·太宗本纪》）

### 太平兴国三年（978）

正月十五日，诏陈州城北蔡河置锁，征收过往民船税钱者，罢之。五代以来藩镇

---

① 《宋会要》系此事于四月，参见《宋会要辑稿·方域一七·水利》。《宋史·河渠志》亦载此事，记“发卒五千，开河三十五里”。

② 《续资治通鉴长编》卷十九系此事于太平兴国三年。

所征之税大都来自于津渡，悉私自置锁。凡民船过百石者，取百钱为税，载重多的加倍收税，商旅甚苦其事。至是，陈州报告朝廷，遂罢之。其后，诸州军在河津上征税者，复皆置锁。（《宋会要辑稿·方域十三·河锁》《续资治通鉴长编》卷一九）

辛丑（十六日），浚广济河、惠民河及蔡河。（《宋史·太宗本纪》）

乙巳（二十日），发军士千人疏浚汴口。（《宋史·太宗本纪》《宋史·河渠志》）

二月甲申（二十九日），诏以卒三万五千人凿池，引金水河注之。太宗临幸，赐役卒人各千钱、布十四端。遂名曰金明池。（《续资治通鉴长编》卷一九）

四月甲戌（二十日），诏分京西转运司为二：孟、滑、卫、陈、颍、许、蔡、汝等州以转运使程能统之；襄、均、房、复、郢、金、随、安、邓、唐等州及信阳军以副使赵载统之。（《续资治通鉴长编》卷一九）

五月，宁陵县汴河涨溢决堤。（《宋史·河渠志》）

六月乙亥（二十八日），诏发宋、亳丁夫四千五百人堵塞宁陵汴河决口，命西上合门使郭守文护其役。又发畿内丁夫三千二百堵塞汴口，以判四方馆事梁迥统领其事。[①]（《续资治通鉴长编》卷一九、《宋史·梁迥传》）

是月，泗州淮水暴涨，决溢入南城。后汴水又涨一丈，乃堵塞泗州北门。（《宋史·五行志》）

## 太平兴国四年（979）

八月甲戌（二十七日），宋州言河决宋城县，诏发诸县丁男三千五百人塞之，命八作使郝守浚护其役。（《续资治通鉴长编》卷二〇、《宋史·河渠志》）

十一月己亥（二十三日），以河北转运使高继申为河北南路都转运使，起居郎郭泌为御河水路转运使，鸿胪寺丞王在田为陆路转运判官，著作佐郎崔迈为水路转运判官。（《宋会要辑稿·食货四九·转运》《续资治通鉴长编》卷二〇）

## 太平兴国五年（980）

正月癸卯（二十八日），命右卫将军史珪督畿内丁夫三万人凿尉氏县界新河九十里，数旬而毕，居民利之。（《续资治通鉴长编》卷二一、《宋史·史珪传》）[②]

十二月丁丑（八日），命幽州行营都部署曹翰部署修雄、霸二州及平戎、破虏、乾宁等

① 《宋史·梁迥传》：是年夏，汴水大决。诏顺州团练使梁迥统领畿内丁男三千人，堵塞汴口。与此记载小异。

② 《宋史·史珪传》系此事于太平兴国四年。

军城池。开南河，自雄州（治今河北雄县）达莫州（治今河北任丘），以通漕运。筑大堤捍水势，调役夫数万人。（《续资治通鉴长编》卷二一、《宋史・曹翰传》）

太平兴国六年（981）

正月十六日，分遣朝臣为京东江西、江南、两浙、剑南、荆湖转运副使。（《宋会要辑稿・食货四九・转运》）

是月，遣八作使郝守浚分行视察各河道，抵于辽境者，皆加以疏导。又于清苑县境内开徐河、鸡距河，五十里入白河。从此，关南[①]之漕路，均可通于济水。（《宋史・河渠志》《续资治通鉴长编》卷二二）

七月，以左拾遗胡旦、赵化成、张宏、魏庠、许骧、杨缄分别为淮南西路、京东、峡路、两浙西南、陕府南北及御河转运副使。（《宋会要辑稿・食货四九・转运》）

八月庚午（六日），两浙东北路转运使王德裔，因简慢不亲事职，诏免其职，追回先前所赐白金千两。（《续资治通鉴长编》卷二二）

九月壬寅（八日），以田锡为河北南路转运副使。（《续资治通鉴长编》卷二二）

是年，定制：汴河岁运江淮米三百万石，菽一百万石。黄河岁运粟五十万石，菽三十万石。惠民河岁运粟四十万石，菽二十万石。广济河岁运粟十二万石。共五百五十万石。（《宋史・食货志》）

太平兴国七年（982）

七月，御河在大名府境内决堤。（《宋史・五行志》）

太平兴国八年（983）

五月丙辰（一日），河大决滑州房村，泛澶、濮、曹、济诸州，东南流至彭城界，入于淮。有司议大发丁夫塞之。乃发卒数万人，赐以内府金帛，命内客省使郭守文往护其役。（《续资治通鉴长编》卷二四）

① 为防范契丹族南侵，唐末起先后在今河北雄县西南设瓦桥关，在今河北霸州设淤口关和益津关，合称三关。北宋时三关一带为边防要地，关南为宋之领土，关北为辽朝占领。

六月甲午（十日），河南府言伊、洛、瀍、谷诸水皆涨，坏官寺民庐万余区，死者以万计。（《续资治通鉴长编》卷二四、《宋史·五行志》）

九月四日，以洛苑使演州刺史王宾、儒州刺史许昌裔在京同勾当水路发运事，以军器库使顺州刺史王继升、驾部员外郎刘蟠在京勾当陆路发运使。先是，岁漕江浙熟米四百万石赴京，以备军食，皆和雇百姓驾船，甚为扰民。太宗闻之，令根据每船所用人数，使主纲者雇人，不得差扰百姓。（《宋会要辑稿·食货四二·宋漕运二》）

戊午（六日），殿中侍御史济阴柴成务等奏：治理黄河，筑遥堤不如分水势，黄河下游堤防，惟滑与澶最为隘狭。可立分水之制，于南北岸各开分水河道十四条，使河水北入王莽河以通于海，南入灵河以通于淮。如汴口之法，量其远近作斗门，启闭随时，务求均济。可通舟运，溉农田。朝议以为不可。（《续资治通鉴长编》卷二四）

## 太平兴国年间（976～984）

工部员外郎卢之翰建议导溵河入淮，达许州，以便漕运。（《宋史·卢之翰传》）

## 太平兴国九年、雍熙元年（984）

二月壬午（一日），以右补阙乔维岳为淮南转运使。先是，淮河西南三十里有山阳湾，水势湍悍，运舟所过，多覆溺。维岳规度开故沙湖，自末口至淮阴磨盘口，凡四十里。[①]又淮扬运河上建有五堰[②]，运船上下十次，其重载者，皆卸粮而过，舟坏粮失。吏卒人等缘此为奸，侵盗漕粮物资的事件时常发生。乔维岳命创二斗门于西河，覆以夏屋，设悬门。自是积弊尽革，运舟往来无滞。（《续资治通鉴长编》卷二五、《宋史·河渠志》《宋史·乔维岳传》）

## 雍熙二年（985）

六月，汴河决于宋州宋城县，发近县丁夫二千人塞之，令四方馆周莹、八作使郝守浚护其役。（《宋会要辑稿·方域一六·汴河》）

---

① 《宋史·乔维岳传》言开河自楚州至淮阴，凡六十里，舟行便之。

② 五堰指淮扬运河上的五座堰坝，即龙舟堰、新兴堰、茱萸堰、北神堰、邵伯堰。

## 雍熙四年（987）

四月己亥（七日），并水陆路发运为十四司，以右神武将军王继昇、刑部员外郎直史馆董俨同掌之。（《续资治通鉴长编》卷二八）

## 端拱元年（988）

是年，阎文逊、苗忠上言，请开荆南城东漕河，至师子口入汉江，可通荆峡漕路至襄州。又言开古白河，可通襄汉漕路至京。太宗下诏，令八作使石全振往视之，遂发丁夫开荆南漕河至汉江，可通行二百斛重船，行旅颇称方便。而古白河终不可开。（《宋史·河渠志》《宋会要辑稿·方域一七·水利》）

是年，以右谏议大夫樊知古为河北东、西路都转运使。（《宋会要辑稿·食货四九·转运》）

## 端拱二年（989）

正月，汴河水浅，遂分南河水注入之，以通漕运。（《续资治通鉴长编》卷三〇）

## 淳化元年（990）

二月，诏废润州之京口、吕城，常州之望亭、奔牛四堰，秀州之杉木堰，杭州之捍江、清河、长安三堰，越州之山阴县西堰。（《宋会要辑稿·食货八·造水硙》）

## 淳化二年（991）

六月乙酉（十八日），汴水决浚仪县。太宗皇帝乘辇出乾元门，曰："东京养甲兵数十万，居人百万家，天下转漕仰给，在此一渠水，朕安得不顾？"车驾入泥淖中，行百余步，从臣震恐。太宗令戴兴督率步卒数千人堵塞决口。（《宋史·河渠志》）

是月，汴水又决于宋城，发近县丁夫二千人塞之。（《宋史·河渠志》）

是年，汜水泛溢，淹没许州民田，诏自长葛县开小河，导潩水分流20里，合于惠民河。（《宋会要辑稿·方域一六·惠民河》《宋史·河渠志》）

是年，从河北转运使请，自深州新砦镇开新河，导胡卢河二百里抵常山，以通漕运。胡卢河源于西山，自冀州新河镇入深州武强县与滹沱河合流。（《宋史·河渠志》）

## 淳化三年（992）

七月，洛水溢，冲毁七里、镇国二桥。（《宋史·太宗本纪》《宋史·五行志》）

## 淳化四年（993）

三月初，何承矩至沧州，即建屯田之议，太宗赞同。此后，河北诸州大兴水田。兴堰六百里，置斗门灌溉。（《宋会要辑稿·食货七·水利上》《续资治通鉴长编》卷三四）

五月初，京西转运副使、虞部员外郎卢之翰建议，以溎水泛溢，侵许州民田，请自长葛县开河导溎水分流，合于惠民河。[①]（《续资治通鉴长编》卷三四）

九月，澶州河水暴涨，泛入北城，坏居人庐舍及州宇仓库。河水合御河并山水奔注大名府，知府赵言分兵夫修筑堤岸，壅城门，遂不为患。（《宋会要辑稿·方域一四·治河·二股河附》）

## 淳化五年（994）

二月，令诸路转运使，每岁诸州民租转输他郡者，通水运处，当调官船；不通水运处，当计度支给。勿得烦民转输。（《续资治通鉴长编》卷三五）

## 淳化（990～994）初年

高阳关副都孔守正主持疏浚惠民河。（《宋史·孔守正传》）

## 至道元年（995）

二月初，将作少监索湘为河北转运使。（《续资治通鉴长编》卷三七）

九月丁未（四日），上因问近臣汴河疏浚之由，参知政事张洎奏曰：“今带甲数十万，

---

① 此条内容与淳化二年“汜水泛溢”条均言导溎水入惠民河，是否一事，难以考证。

比汉、唐京邑繁庶十倍其人。有惠民、金水、五丈、汴水等四渠，赡足京师，以无匮之也。唯汴之水横亘中国，首承大河，漕引江、湖，利尽南海，进京师无匮乏也。”（《续资治通鉴长编》卷三八）

是年，汴河运米至京城凡五百八十万石。先是，汴河岁运江、淮米三百万石，菽一百万石，黄河粟五十万石，菽三十万石，以给京师兵食，非水旱蠲放民租，未尝不及其数。（《续资治通鉴长编》卷三八）

是年，杨恭为江淮两浙发运使。江浙所运，止于淮泗，由淮泗运输京师。（《浙江通志》卷八〇引《玉海》）

### 至道二年（996）

三月，内殿崇班阎光泽、国子博士邢用之请开白沟，自京师抵彭城吕梁口，凡六百里，以通长淮之漕。太宗下诏，征发诸州丁夫数万服役，以阎光泽统领之。议者非之，宋州通判王矩上表，极陈其不可，且言邢用之有田园在襄邑，岁苦水潦，所以他希望开渠排水。太宗下诏罢其役。（《宋史·河渠志》）

六月乙未（二十六日），授著作佐郎任中正为江南转运使，赐五品服。（《续资治通鉴长编》卷四〇）

是月，河南瀍、涧、洛三水大涨，毁镇国桥。（《宋史·五行志》）

七月，汴河决于宋州谷熟县。（《宋史·五行志》）

### 至道（995～997）初年

汴河运米至五百八十万石。大中祥符初，至七百万石。（《宋会要辑稿·食货四六·水运》）

### 至道三年（997）

七月丙寅（四日），令诸路转运使更互赴阙，询以民间利病。（《续资治通鉴长编》卷四一）

## 真宗朝（998 ~ 1022）

### 咸平二年（999）

闰三月，以河北转运使右谏议大夫索湘为户部使。（《续资治通鉴长编》卷四四）

十一月壬午（三日），以太常丞刘综为河北转运副使。（《续资治通鉴长编》卷四五）

辛丑（二十二日），两浙转运使请出常、润州廪米十万石赈饥民，从之。（《续资治通鉴长编》卷四五）

### 咸平三年（1000）

三月戊寅（一日），宋真宗幸大名，诏调丁夫十五万修黄、汴河。（《续资治通鉴长编》卷四六）

五月甲辰（二十八日），河决郓州王陵埽，流至巨野入淮、泗，水势激悍，侵迫州城。命步军都虞侯张进、内侍副都知阎承翰等率诸州丁夫三万人往塞之。知州马襄、通判孔勗坐免官，巡堤。（《续资治通鉴长编》卷四七）

六月丁未（二日），诏沿黄、汴河令、佐常巡护堤岸，职位有阙，及时铨选，勿使乏人。（《续资治通鉴长编》卷四七）

是月，户部判官右司谏直史馆孙何，出为京东转运副使。（《续资治通鉴长编》卷四七）

是年，江浙荆湖发运王嗣宗因漕运称职拜太常少卿。起初，漕运经泗州浮桥，船多倾覆损坏。王嗣宗令改经城隅，漕船可安全渡过。（《宋史·王嗣宗传》）①

是年，诏沿河州县官吏，虽秩满，须水落后方可赴任新的职位。知州、通判两月一巡察堤岸，县令、佐相互更迭巡视堤防，转运事不能委任其他官员代理。（《宋史·河渠志》）

### 咸平四年（1001）

五月甲戌（三日），诏定州都部署王显兼河北诸州都转运使。（《续资治通鉴长编》卷四八）

---

① 乾隆《江南通志》卷五八系此事于至道年间。

五月，诏以定州驻泊都总管、山南东道节度使、同平章事王显兼河北诸州水陆计度都转运使，负责供应军队钱帛粮草，其余刑狱公事，令转运使副施行。（《宋会要辑稿·食货四九·转运》）

七月庚辰（十一日），诏王显领河北都转运使，王超副之，王继忠、韩崇训同其事。（《续资治通鉴长编》卷四九）

是年，知静戎军王能请引鲍河水北入阎台淀，又自静戎之东，引水北流，东入于雄州。淀泊水域既可阻挡辽人骑兵驰骋，又可行船通漕。（《宋史·河渠志》《宋史·王能传》）

## 咸平五年（1002）

正月，顺安军都监马济言："请自静戎军东拥鲍河开渠入顺安军，又自顺安之西引入威虏军，以资漕运。仍于渠侧置水陆营田以隔敌骑。"获真宗批准。（《续资治通鉴长编》卷五一）

三月，河北转运使耿望奉命开镇州常山镇南河，入洨河至赵州，功毕，诏褒奖之。（《续资治通鉴长编》卷五一、《宋史·河渠志》）

四月乙酉（二十日），当时沿北部边疆大浚河渠，契丹颇挠其役，自威虏军西入寇。诏知雄州何承矩出兵以分其势。（《续资治通鉴长编》卷五一）

六月，京师大雨，漂坏庐舍，民有死者。积水漫过道路，朱雀门东抵宣化门尤甚，皆注入惠民河。惠民河涨，溢入军营。（《宋史·五行志》）

七月，诏户部判官凌策与江南转运使，罢省京城至广南香药递铺军士及使臣计六千一百人，皆陆运至虔州，然后水运入京。（《宋会要辑稿·食货四八·陆运》）

是月，京师霖雨，惠民河溢泛道路，坏庐舍。知开封府寇准治丁冈古河泄之。（《宋史·真宗本纪》《宋史·河渠志》）

是月，都下积潦，自朱雀门东抵宣化门尤甚，有深至三四尺，浸道路，坏庐舍。城南流水皆入惠民河，河复涨溢。诏遣使驰往河上按视，疏决入陂塘或古河道中。（《续资治通鉴长编》卷五二）

十二月壬申（十一日），遣使分诣黄、汴河，视守冻军士，其冬衣未给者就制与之。（《续资治通鉴长编》卷五三）

是年，下诏令石普、马济主持北部边境塘泺工程。次年功成。真宗曰："石普开渠深广，足以张大军势，若边城壕沟悉如此，则辽人仓卒难驰突而易追袭矣。"（《宋史·河渠志》）

## 咸平六年（1003）

六月丁卯（九日），以工部员外郎兼侍御史知杂事刘综为起居舍人河北转运使。时两河用兵，边事繁急，转漕之任，尤所倚办。（《续资治通鉴长编》卷五五）

八月甲戌（十七日），静戎、顺安军开营田河道，可以扼守边塞，又得通漕边地。（《续资治通鉴长编》卷五五）

戊寅（二十一日），诏沿黄、汴河知州、通判，每两月迭巡河津。（《续资治通鉴长编》卷五五）

九月，白沟河溢，害民田。（《续资治通鉴长编》卷五五）

十月庚辰（二十三日），知保州赵彬奏请决鸡距泉，自州西至满城县，又分徐河水南流以注运渠，置水陆屯田。（《续资治通鉴长编》卷五五）

十二月，雄州何承矩言，乞开滨、棣州界黄河入赤河北流，东汇于海，可为长久之利。真宗以为工程浩大，故未批准。（《宋会要辑稿·方域一四·治河二股河附》）

是年，度支员外郎邢用之疏治白沟河，排泄京师积水，民田免除水灾。（《宋史·河渠志》）

## 景德元年（1004）

正月壬子（二十七日），开定州河，以通漕运。自定州北引唐河水，至定州三十三里。然后开渠至蒲阴县东约六十二里，入沙河。东经边吴泊，入界河。不仅可以通漕，且可引水灌溉，以助军食。（《宋史·真宗本纪》《宋会要辑稿·方域一七·水利》）

二月，诏曰：每年遣使阅视黄、汴河堤，如有坏决，连坐其罪。修护河渠各有官属，使者只是暂往，怎能负专责？故令罢之。（《宋会要辑稿·方域一四·治河二股河附》）

四月壬午（二十九日），知雄州何承矩上言：乾宁军西北有古河渠抵雄州，疏通以后，漕则不复入界河，以免戎人邀击。（《续资治通鉴长编》卷五六）

是月，知保州赵彬堰徐河水入鸡距泉。鸡距泉在州之南，东流入边吴泊，岁漕粟以给军食。而地峻水浅，役夫挽舟，甚为劳苦。引水工程完成后，水道可行重舟，人力节省。（《宋会要辑稿·方域一七·水利》）

五月，诏驾部员外郎滑修己与京东转运使按行梁山泺，开渠疏水通淮。修己言徐州界有吕隘，舟行颇艰。即派遣工匠修徐州二洪。（《宋会要辑稿·方域一七·水利》）

七月，以水部郎中三门发遣使许玄豹兼河阴兵马都监知县事。河阴汴口每岁均调节水势，以济江淮漕运，玄豹上书言习知利害，愿兼领，故命之。此后河阴常命知水事者为都

监。（《宋会要辑稿·方域一七·水利》）

是月，光禄少卿宋雄监河阴屯兵。雄习知河渠利害，因领护汴口，均节水势，以济江、淮漕运。（《续资治通鉴长编》卷五六）

八月，应知雄州何承矩之请，令沧州、乾宁军常督壕寨主吏谨视斗门、水口，俟海潮至，拥入御河东塘堰，以广灌溉。（《续资治通鉴长编》卷五七）

九月，汴河决于宋州，淹没民田庐舍，命内侍王怀昭督工堵塞。（《宋史·河渠志》《续资治通鉴长编》卷五七）

闰九月，宋州言决河塞，水复故道。（《续资治通鉴长编》卷五七）

十月，淮南转运使邵晔请令漕运所经州、军之知州、通判，依河堤例兼管辇运官物。从之。（《宋会要辑稿·食货四六·水运》）

是年，北面都钤辖阎承翰自嘉山东引唐河，三十二里至定州，开渠至蒲阴县东，六十二里汇沙河，经边吴泊，入界河，以通漕运。又引保州赵彬堰徐河水入鸡距泉，以便于行船。从此，朔方民田得以灌溉，大蒙其利。（《宋史·河渠志》）

## 景德二年（1005）

正月，诏定、祁二州委官按视新开漕河及沿河寨栅，勿令壅圮。（《宋会要辑稿·方域一七·水利》）

六月，西京万胜镇沿汴河修筑斗门，以减水势，分汴水入广济河。结果造成河道壅塞。真宗下令用巨石高置斗门，遇有大水，亦可顺利排泄。（《宋史·河渠志》）

八月，以大理寺丞李渭为太子中舍，充黄河三门发运使。（《宋会要辑稿·职官四二·发运使》）

十月己卯（四日），诏沿河官吏，虽秩满，须水落受代。知州、通判每月一巡堤[①]，县令、佐官迭巡，转运使勿委以他职。又严令禁止盗伐河上榆柳。（《续资治通鉴长编》卷六一）

是年，江浙丰收，谷价尤贱，舳舻衔尾，入运京都。因汴水浅，只得辇运，故京城粮价颇贵。（《续资治通鉴长编》卷六一）

## 景德三年（1006）

二月癸巳（二十日），诏河西军营在府州者，所给刍粮，今增置渡船，仍旧于保

---

① 《宋史》卷九一《河渠一》作“两月一巡堤”。

德军请领。如水涨冰合，可陆运以往。（《续资治通鉴长编》卷六二）

六月甲午（二十四日），汴水暴涨，命宣政使李神佑等巡护堤岸。中夜，河溢于城西，毁外堤，坏庐舍，即时堵塞。（《续资治通鉴长编》卷六三）

是日，应天府又言河决南堤，流亳州，合浪宕河东入于淮。即遣使堵塞汴口。（《续资治通鉴长编》卷六三、《宋史·五行志》）

乙未（二十五日），真宗乘步辇幸西水门观汴水，慰问服役兵士，赐钱人一千。（《宋会要辑稿·方域一六·汴河》）

七月己酉（九日），遣使祭汴口。（《续资治通鉴长编》卷六三）

是月，堵塞汴口，以减水势，并修筑河堤。（《宋会要辑稿·方域一六·汴河》）

是月，诏自今修缮河堤，无得更减功料。（《续资治通鉴长编》卷六三）

八月，诏扈从百司所须之物，皆水运至西京，不得借民车乘。（《续资治通鉴长编》卷六三）

是月，侍禁合门祗候胡守节言："按视赵守伦所开广济河，通夹黄河，入清河。臣与水平匠缘清河检校其自徐州至楚州滩峻处，乞守伦未得兴役，先须经度，若是可以久远，通行漕运，即于夹黄河兴工，添置斗门填子，免费工料。"从之。（《宋会要辑稿·方域一七·水利》）

九月甲子（二十六日），浚汴口。（《宋史·真宗本纪》）

十月四日，提举纲运谢德权言，汴水公私舟船多有阻滞，因大船樯杆太高，其他船不能过。请降条约，每有船过，令大船放倒樯杆。（《宋会要辑稿·食货四六·水运》）

十二月辛巳（十三日），置怀远驿于汴河北，以待诸蕃客使。（《续资治通鉴长编》卷六十四、《宋会要辑稿·方域一·驿传》）

是年，内侍赵守伦建议，自京东分广济河，由定陶至徐州入清河（泗水），以达于江。真宗以为沿线地势高而水极浅，须置堰埭，加上吕梁洪之险，漕运十分困难，因而未予批准。（《宋史·河渠志》）

## 景德四年（1007）

五月壬寅（七日），下诏，依照宋辽誓约，今后缘边城池，只可修葺，不得移徙寨栅。开挖河道，无论小大，悉禁止。（《续资治通鉴长编》卷六五）

六月，郑州索水涨，高四丈许，荥阳县农田漂没，居民有溺死者。（《宋史·五行志》）

七月，诏汴堤商旅以牛驴挽舟者，所在官司勿禁止之。（《宋会要辑稿·方域一七·水利》）

## 景德年间（1004～1007）

李溥任制置江淮等路发运使，高邮军湖水散漫，多风涛。李溥令漕舟东下者还过泗州时，均须载石块，运至湖畔，筑为长堤。此后舟行无患。（《宋史·李溥传》）

谢德权提总京城四排岸，领护汴河兼督辇运。此前浚河夫役三十万人，督工官员因循敷衍，将河中泥沙挑出，堆积于岸边，河流泛滥，泥沙又被冲入河中，淤积河道。谢德权改变此做法，规定须将河中泥沙尽皆清除，以见到河底泥土为标准，并将泥沙运到堤外。并派遣三班使者，分段主其役。又用大铁锥以试筑堤之虚实，凡铁锥可插入者，即追究责任，主管该河段的官员多被谴免。堤岸筑成后，植树数十万株，以固堤岸。（《宋史·谢德权传》）

## 大中祥符元年（1008）

正月甲戌（十二日），大雪，下诏停汴口蔡河河工。（《宋史·真宗本纪》）

十四日，勾当八作司谢德权言，京城外城女墙圮缺，外城水道壅塞，望派兵修葺。真宗从之。（《宋会要辑稿·方域一·东京杂录》）

是月，侍卫步军司言：浚汴河，差人巡拦夫役，请给器械。真宗曰：“约拦丁夫，何用器械？令枢密召谕，不得殴击。”（《宋会要辑稿·方域一六·汴河》）

二月，江淮运粮，多和雇客船。（《续资治通鉴长编》卷六八）

四月，以兵部员外郎知兖州邵晔为京东转运使。（《续资治通鉴长编》卷六八）

五月丙子（十七日），诏收瘗汴、蔡、广济河流尸暴骸，仍致祭。（《续资治通鉴长编》卷六九）

是月，京城中汴河桥八座，七座可过重车，平桥只允许座车往来。（《宋会要辑稿·方域一三·桥梁》）

六月，尉氏县惠民河决，遣使督视堵塞。（《宋会要辑稿·方域一六·惠民河》《宋史·河渠志》）

九月，京城沿街官渠民汲水收费，下诏蠲除。（《续资治通鉴长编》卷七〇）

十一月，诏祭祀物品陆运者，俟来春于清河、广济河水运至京师，其铺卒悉放归营。（《续资治通鉴长编》卷七〇）

十二月，诏江淮发运转运司，各留三年之储，以备水旱。先是，江淮米悉运送京师，司天监言，扬、楚一带可能发生水旱之灾，故先为预防。（《续资治通鉴长编》卷七〇）

## 大中祥符二年（1009）

正月甲申（二十八日），命金部员外郎马元方为京东转运副使，寻迁转运使。（《续资治通鉴长编》卷七一）

四月壬辰（七日），江淮发运使李溥言：江淮廪粟，除留州约支及三年外，当上供者凡一千三百余万石，每年水运只五百万，今年当达七百万，请求适当减少。真宗不允。（《续资治通鉴长编》卷七一）

是月，陈州官员言，本州地势低下，苦于积潦，岁有水患，请自许州长葛县疏浚减水河，并引枣村旧河以入蔡河。从之。（《宋史·河渠志》）

是月，昭应宫言，郑州贾谷山所采修宫石料，陆运颇难，望遣使计度自汴河运送。从之。（《续资治通鉴长编》卷七一）

六月壬子（二十九日），诏三司以空船给昭应宫运土，乃浚治河道。（《续资治通鉴长编》卷七一）

是月，于东京城运土修昭应宫，日役工数万。有言以车运，有言以舟运，由广济河入旧城，可直抵宫门者。真宗曰：挽舟止役千人，较之车运，省十倍之力，而土可速致，用舟为便。（《续资治通鉴长编》卷七一）

八月丙戌（四日），京东惠民河溢，居民躲避水灾，四处流亡，下令所过津渡，有司不得收取费用。（《宋史·真宗本纪》）

是月，汴水涨溢，自京城至郑州，淹没道路。真宗下诏，选派使者前往督工，减少汴口水量。水势减小后，漕船阻滞，复遣人疏浚汴口。（《宋史·河渠志》）

是月，诏京城汴河诸桥差人防护，但不得邀留商旅舟船，如官司不加禁止，则以犯罪论处。（《宋会要辑稿·方域一三·桥梁》）

是月，京东积水，令转运司分视诸州积水及堤防情况。康宗元请广修堤防，多开斗门。又遣使寻源，发现金水河新修堤津漏水，即督工堵塞。（《宋会要辑稿·方域一六·白沟河》）

是月，派使臣巡辖京、索、惠民河，考核殿最，如黄、汴河例。因每年修筑河堤，但主持者不习水利事，故多不坚固，以致决溢成灾。（《宋会要辑稿·方域一六·惠民河》）

九月甲子（十三日），疏浚汴口。（《宋史·河渠志》）

是月，命殿中丞史莹相度金水、惠民河水势。郑州引索水入金水河，役卒七千人，一月毕工。请徙河清兵士九十六人置舍营，巡防斗门、河道。①（《宋会要辑稿·方域一六·金水河》）

---

①《续资治通鉴长编》卷九二系此事于九月庚申。

十月戊子（七日），真宗下诏，江浙运粮兵卒，有经冬不得停役者，令休息两月。（《续资治通鉴长编》卷七二）

是月，京畿惠民河决，坏民田。（《宋史·五行志》）

是月，命白波发运判官[①]史莹巡视惠民河，莹请修斗门及减水河。诏选派熟习水利者巡护堤岸，殿最如黄、汴法，水灾稍息。（《续资治通鉴长编》卷七二）

是年，三司使丁谓曰：唐自江淮岁运米四十万石至长安，今江淮岁运米五百余万石，故今府库充实，仓廪盈衍。[②]（《宋会要辑稿·食货四二·宋漕运二》）

## 大中祥符三年（1010）

正月，罢汴河沿堤巡检内臣。因修治汴河工料，分地存放，暂时差内臣检校。（《宋会要辑稿·方域一六·汴河》）

六月乙卯（八日），汴口浅涩，命知制诰孙仅祭告，既而大雨，水涨，船无阻滞。（《续资治通鉴长编》卷七三）

## 大中祥符四年（1011）

正月壬辰（十八日），诏河南府、孟、郑州所发浚汴口役夫，今年夏税，只令本处输纳。（《续资治通鉴长编》卷七五）

二月，遣中使督开浚汴口。（《续资治通鉴长编》卷七五）

四月丁未（四日），令江、淮转运司雇民船转粟，以赈登、莱州饥民。（《续资治通鉴长编》卷七五）

六月，陈留有汴河桥，阻挡水势，往来舟船多致损溺，令府界提点修换，并将利害上报朝廷知道。（《宋会要辑稿·方域一三·桥梁》）

八月丁未（六日），复置广济河催纲朝臣。（《续资治通鉴长编》卷七六）

戊辰（二十七日），河决通利军（治今河南浚县东北），合御河，坏大名城，伤田庐。遣使发廪米赈济灾民，每人米十四斛。又遣使诣滑州，开挖减水河。（《续资治通鉴长编》卷七六）

---

① 北宋在河清县（治今河南孟津北）置发运河司，负责由黄河运输陕西粮谷以供京城，因官署设在河清县白波镇（河清县治所），而所经三门为最险要处，故称三门白波发运司。发运司设发运使、发运判官等。后改为三门白波提举辇运司。

② 《续资治通鉴长编》卷七四系此事于大中祥符三年八月。

是月，御河决口于大名，淹没府城及附近农田，民多溺死。（《宋史·五行志》）

九月，苏州吴江泛溢，坏庐舍。（《续资治通鉴长编》卷七六）

十月丁卯（二十八日），白波发运判官史莹言：在孟州汜水县孤柏岭下，导黄河入汴，甚为便利。诏勾当汴口杨守遵与史莹前往勘察。杨守遵认为黄河流急，非人力可御。又诏内侍副都知阎承翰再次前往勘察，承翰亦言其不可。遂罢。承翰因请浚四渠于汴水下流，以防溃溢。（《续资治通鉴长编》卷七六）

## 大中祥符五年（1012）

正月，分遣使臣前往黄、汴、御河沿线州军，申谕谨护堤岸。棣州言河决聂家口，请徙州城，遣使堵塞。（《续资治通鉴长编》卷七七）

四月辛亥（十四日），诏：淮南堰埭运粮挽舟军士，四时给役，颇为辛劳，自今冬季，并令休息。（《续资治通鉴长编》卷七七）

五月，八作司请于京城架设桥梁以代替汴桥。新桥成未半岁，覆舟者数十，命毁之，造桥如旧制。（《宋会要辑稿·方域一三·桥梁》《续资治通鉴长编》卷七七）

七月戊辰（二日），新作保康门于朱雀门之东，徙汴河广济桥于大相国寺前，名曰延安桥。又作桥跨惠民河，名曰安国桥。真宗车驾临视。（《续资治通鉴长编》卷七八、《宋会要辑稿·方域一三·桥梁》）

八月庚戌（十五日），淮南路滁、和、扬、楚、泗五州旱，诏发运使减运河水以灌民田，宽其租限。（《续资治通鉴长编》卷七八）

闰十月，命庄宅副使王承祐等督工疏浚汴水。（《续资治通鉴长编》卷七九）

十一月戊申（十五日），真宗下诏：闻沿汴护堤河卒贼害行客，取其资财，弃尸水中。明令悬赏，募人纠告。（《续资治通鉴长编》卷七九）

## 大中祥符六年（1013）

三月，诏：黄河自河阳（今河南孟州）以上至三门，水势峻急。河阳以下，及三门以上至渭桥仓，并诸江、湖、淮、汴、蔡、广济、御河及其他运河，水势均较平缓。如本纲抛失重船一只，依旧条处二年徒刑，二只罪加一等，空船减一等。押运官员降职，梢工等罪各有差。（《宋会要辑稿·食货四二·宋漕运二》）

四月庚辰（十九日），以枢密直学士给事中李士衡为河北都转运使。（《续资治通鉴长编》卷八〇）

## 大中祥符七年（1014）

六月丁巳（三日），泗州言，水害民田。遣使赈恤。（《续资治通鉴长编》卷八二）

是月，河南府洛水涨溢。（《宋史·五行志》）

是月，知永兴军（治今陕西西安）陈尧叟[1]导龙首渠入城，民便之，诏嘉奖。（《宋会要辑稿·食货八·渠》《续资治通鉴长编》卷八二）

## 大中祥符八年（1015）

正月，沿河、江、淮及两浙民田受水灾者，悉蠲其税。（《续资治通鉴长编》卷八四）

是月，虞部郎中知莱州阎贻庆言，开修夹黄河完工。诏予奖赏。（《宋会要辑稿·方域一七·水利》）

五月，两浙转运使言，润州开河毕工。降诏奖之。（《宋会要辑稿·方域一七·水利》《三吴水考》卷一五）

六月，白波发运判官林潍请开浚汴口。朝廷遣官祭告，又诏自今汴水泛涨，逾七尺五寸，即发军士三千人防守河堤。又遣内臣分掌京城门钥，如汴水泛涨，防河军士至彼，并即开关点阅放过。（《宋会要辑稿·方域一六·汴河》《宋史·河渠志》《续资治通鉴长编》卷八四）

七月己未（十二日），命知制诰刘筠乘船祭汴口，以河流浅涩故也。（《续资治通鉴长编》卷八五）

八月，太常少卿马元方请求疏浚汴河，中流阔五丈、深五尺，以挑河之土筑堤，可省修堤之费。真宗即下诏，派遣使者度量，疏通泗州至开封府河道，并规定今后汴河淤淀，可三五年疏浚一次。又于中牟、荥泽县各开减水河。（《宋史·河渠志》）

是月，右班殿直韦继升护河堤凡十五年，上嘉其勤，擢合门祗候。（《续资治通鉴长编》卷八十五）

九月，令京西转运使郑州知州，开小河导湖河水入州城壕。差夫及逐埧兵士淘取泥土，修贴堤岸。令每春率逐埧兵士于纤路外多栽榆、柳。（《宋会要辑稿·方域一七·水利》）

---

① 陈尧叟，《续资治通鉴长编》卷八二、《宋史·河渠志》均作陈尧咨。

是月，诏三班院，自今诸河催纲巡检官员，并选曾经监押、巡检殿直干事者充任。（《续资治通鉴长编》卷八五）

## 大中祥符九年（1016）

三月庚申（十六日），诏奖广济河催纲殿中丞任昭。先是，广济河岁运粮十万石，昭在职一岁，运粮四十五石。（《续资治通鉴长编》卷八六）

四月，诏遣中使至惠民河，规划置堰以通舟运。（《宋会要辑稿·方域十六·惠民河》《宋史·河渠志》）

五月，淮南江浙荆湖制置发运使李溥以岁满再任。溥自言江、淮岁运茶，视旧额增五百七十余万斤。又言，漕舟旧以使臣或军大将，每人掌一纲，多侵盗。李溥并三纲为一，三人共主之，使更相纠察。是年初，运米一百二十五万石，才失二百石。（《续资治通鉴长编》卷八七）

是月，诏黄、汴、广济、石塘河催纲巡河京朝官、使臣，自今每岁许一次入奏；三门白波发运判官，每岁许二人更番入奏。（《续资治通鉴长编》卷八七）

六月丁亥（十五日），知许州（今河南许昌）石普请于大流堰穿渠，置二斗门，引沙河以漕京师。遣使按视。又请废段家镇河道，移于建雄镇。许农闲时兴工。（《宋会要辑稿·方域一六·惠民河》《宋史·河渠志》《续资治通鉴长编》卷八七）

九月癸卯（二日），雄、霸州言界河泛溢，诏本州发卒护之。（《续资治通鉴长编》卷八八）

## 大中祥符（1008 ～ 1016）初年

漕运米粮至七百万石。江南、淮南、两浙、荆湖漕粮，于真、扬、楚、泗州置仓受纳，分调舟船溯流入汴，运达京城，置发运使统领之。（《宋史· 食货志》）

## 天禧元年（1017）

正月，罢修汴河无脚桥。[①]初，内殿承制魏化基言，汴水悍激，多因桥柱坏舟，建议修无脚桥，编木为之，钉贯其中，所费工超过普通桥三倍，故请罢之。（《宋会要辑稿·方域

① 无脚桥即单孔拱桥，因状如长虹凌空，故又名虹桥。《清明上河图》中画有这种桥梁。因其跨度大，桥梁主体为木结构叠梁拱，故造价比一般石桥高得多。

一三·桥梁》)

是月，都大巡检汴河堤岸司言：汴河逐年栽种榆柳，疏于管理，栽种失时，成活者少。建议逐铺作畦，于闲隙地内栽种。(《宋会要辑稿·方域一六·汴河》)

是月，诏曰：漕运虽国计攸关，但舟楫劳顿，船夫亦应体恤。其江、淮等处暂罢今年春运一次。(《宋会要辑稿·食货四二·宋漕运二》)

四月辛未(三日)，王旦言：曹、济、徐、郓州，广济、淮阳军，船运上供粮米三十七万石，去年蝗旱，望免夏税。诏可。(《续资治通鉴长编》卷八九)

五月，河北都转运使李士衡言：奉诏以绛州(今山西新绛)粟十五万石给京西，水路颇远，请只运怀州(今河南沁阳)粟麦五万斛。从之。(《续资治通鉴长编》卷八九)

六月，江淮、两浙发运司言：真州等处转般仓及江浙上供米二百七十余万斛，欲留当地，以济缺乏。从之。(《宋会要辑稿·食货四六·水运》)

八月丙戌(二十一日)，以都官员外郎判三司都磨勘司黄震为江淮两浙荆湖制置发运使。(《续资治通鉴长编》卷九〇)

是月，令江淮发运司漕米三万石，由海路运送至登、潍、密州，从京西安抚使张廓之请也。(《续资治通鉴长编》卷九〇)

是月，入内押班周怀政言：顺天门外汴河西积水，浸营舍、道路，应疏通入汴。诏内侍雷允恭督八作司治之。允恭等欲开汴河西第三斗门，渐次通流入汴。又旧有小河，入新城濠，以入惠民河。又安上门外亦有积水，欲于桥河南开旧水口放入新城濠内。并从之。(《宋会要辑稿·方域一六·白沟河》)

九月甲寅(十九日)，真宗下诏，能拯救汴渠船只倾覆溺水者给赏，溺水贫者，以官钱救济之。(《宋史·真宗本纪》)

十月，发运司言：洪、虔、吉州岁造新船赴京，牵送扰民，请今后令各州以兵士运送。诏可。(《续资治通鉴长编》卷九〇)

十二月戊子(二十四日)，诏京畿诸州筑河堤，悉以军士服役，无得调发丁夫。(《续资治通鉴长编》卷九〇)

壬辰(二十八日)，遣使沿汴河察看，打捞埋葬河中漂流的尸体。(《宋史·真宗本纪》)

### 天禧二年(1018)

正月壬寅(八日)，以河北、京东饥，诏发廪及漕江、淮米十万斛赈之。(《续

资治通鉴长编》卷九一）

三月，修曹娥堰。[①]（《宋会要辑稿·食货八·堰》）

四月，卫州至天雄军，沿御河颇有暴露骸骨，遣使臣收瘗。（《续资治通鉴长编》卷九一）

闰四月十六日，宫苑使李溥为江浙发运使。（《宋会要辑稿·职官六四·黜降官一》）

是月，诏三司所运布帛，除已辇运者外，所余并于水路运输至京。（《宋会要辑稿·食货四二·宋漕运二》）

六月，汴水涨九尺，遣臣诣万胜梁固斗门，谕勾当使臣均调水势，无致泛溢。（《宋会要辑稿·方域一六·汴河》）

七月丙子（十六日），浚汴口。（《续资治通鉴长编》卷九二）

八月乙卯（二十六日），真宗下诏开渠，引索河水入金水河。（《宋史·真宗本纪》）

是月，遣开封府推官周好问与八作排岸司，检查汴河堤压毁官司庐舍情况，计工料，凡工二百零四万。时开封府言，民屋低下，沿河房舍多被河岸倾塌所毁。（《宋会要辑稿·方域一六·汴河》）

九月，张君平管勾汴口。尝建言，岁开汴口，审择其地，则水湍驶而无留沙，岁可省疏浚工百余万，诏用其策。虽役不岁兴，然其后少有淤塞之患。又请沿河县令佐、使臣能植榆柳至万株者给予奖励。汴中溺死无主之尸，敕所在收瘗。（《续资治通鉴长编》卷九二、《宋史·张君平传》）

是年，江淮发运使贾宗言：江南漕船过江入淮、汴，须过坝五座，漕粮烦于剥卸，民力疲于牵挽，而且船只容易损坏。今议开扬州古河，绕城南接运河。废弃龙舟、新兴、茱萸三坝，在坝附近开凿河道，每年可省费用十数万。真宗下诏，令屯田郎中梁楚等人前往验视无误，明年兴工。工成而水注新河，漕船无阻，公私大便。（《宋史·河渠志》）

## 天禧三年（1019）

五月癸未[②]，疏淮南漕渠，废三堰以便漕运。（《宋史·真宗本纪》）

七月戊午（三日），崇仪副使史莹责授供备库副使。因所治惠民河堤决，坏民庐舍。（《宋会要辑稿·方域一六·惠民河》《续资治通鉴长编》卷九四）

---

① 浙东运河上的堰坝，在浙江绍兴东南曹娥江上，宋代曾公亮曾置斗门，后废为坝。

② 《宋史·真宗本纪》载此事在天禧三年六月癸未，但天禧三年六月没有癸未日。按《宋史·薛奎传》：薛奎为江淮制置发运使，“疏漕河，废三堰，以便饷运。”惜未记年月。宋人曾巩《隆平集》卷七载其事在天禧初。《玉海》卷二二：天禧三年五月，发运使贾宗颜言：岁漕自真扬入淮汴，历五堰，官烦民疲，请浚漕渠，废三堰。癸未诏屯田郎中梁楚按视。明年，新河成，水与三堰平，漕舟无阻。是则宋真宗下诏废三堰事在天禧三年五月癸未，即五月二十七日。

八月乙未（十一日），徐州言河决，水大至，城不没者四版。（《续资治通鉴长编》卷九四）

十二月，上封者言，崇仪副使史莹于郑州界开新河流入金水河，非便。诏京西转运副使杜詹等勘察上报。（《宋会要辑稿·方域一七·水利》）

是月，遣殿中侍御史张宗象与淮南劝农使王贯之勘察，开楚州西门外运河。（《宋会要辑稿·方域一七·水利》）

是年，黄河决于滑州城西北天台山旁，又决于城西，南岸决口七百步，大水历澶、濮、郓、济诸州，注入梁山泊，又合清水、古汴河，东入于淮，三十二州邑遭受水灾。（《续资治通鉴长编》卷九三）

天禧四年（1020）

正月丙寅（十四日），开扬州运河。（《宋史·真宗本纪》）

九月，国子博士王黄裳言：去年滑州河决，修堵终未完固。臣近过郑州，见黄、汴河岸相去只五十步许，若来岁黄河泛溢，决入汴河，或至震惊都城。诏王黄裳前往滑州勘察处置。（《宋会要辑稿·方域一四·治河二股河附》）

天禧五年（1021）

三月辛丑（二十六日），京畿雨水，京东西河决坏民田。诏夏秋税并免十分之五。（《续资治通鉴长编》卷九七）

十月，诏奖淮南江浙荆湖发运使周寔，自春至冬运上供米凡六百余万石。（《宋会要辑稿·食货四六·水运》）

天禧（1017～1021）末年

河北卫州东北有御河至乾宁军，运军食馈边。川、益诸州租市之布，自嘉州水运至荆南，自荆南改装舟船，遣纲送京师，岁六十六万，江南、荆湖、两浙、建剑诸州军租市茶，亦皆水运。（《宋会要辑稿·食货四六·水运》）

### 乾兴元年（1022）

正月，刑部员外郎直史馆陈从易为荆湖南路转运使。（《续资治通鉴长编》卷九八）

十二月，江阴军属县有利港，久废。知军崔立教民浚治，既成，溉田数十顷。又开横河六十里，通漕运。[①]（《续资治通鉴长编》卷九九）

### 宋真宗时（998 ～ 1022）

发运使建议疏浚淮南漕渠，废除诸堰坝。淮南转运副使王臻言：扬州召伯堰乃谢安为之，人思其功，比于召伯，不可废，浚渠亦无益。真宗召王臻为三司度支判官，乃按原计划疏浚漕渠。（《宋史·王臻传》）

京东转运副使陈知微疏通古广济河，以通运道，每年省夫役数万人。（《宋史·陈知微传》）

刘湜为盐铁副使兼领河渠事，汴水浅涸，乃开凿河阴新渠，通漕运如故。（《宋史·刘湜传》）

徐起迁江东转运使，请开长淮旧浦，以便漕运。（《宋史·徐起传》）

## 仁宗朝（1023 ～ 1063）

### 天圣元年（1023）

十月，浚两浙运河。（《续资治通鉴长编》卷一〇一）

### 天圣二年（1024）

二月庚午（十二日），遣内臣打捞、掩埋汴口流尸，并祭奠之。（《宋史·仁宗本纪》）

是月，崇仪副使巡护惠民河田承悦献议，重修许州合流镇大流堰斗门，创开减水河通漕，省迂路五百里。诏遣使与承悦同规划利害以闻。（《宋会要辑稿·方域一六·惠民河》《宋史·河渠志》）

三月，内殿崇班合门祗候张君平言，近京诸州古来沟河堙塞，望差官开浚。诏君平往诸

① 《宋史·崔立传》系此事于天禧年间。

州规度，渐次开治，务为永久之利。因诏开封、应天府，陈、许、亳、宿、颍、蔡州长吏县令兼开治沟洫事。（《宋会要辑稿·方域一六·白沟河》）

四月，禁惠民、京、索河施罾网捕鱼，拦截河道，防碍船只往来。（《宋会要辑稿·方域一六·白沟河》《续资治通鉴长编》卷一〇二）

十月，三司言：御河中牵驾粮船兵士，每年在纲船上守冻，请停运后放归本营歇泊。从之。（《宋会要辑稿·食货四六·水运》）

十一月，张君平等奉诏勘察京城、南京、陈、许、颍、蔡、宿、亳等处积水受灾情况，开挖沟河。（《宋会要辑稿·方域一六·白沟河》）

天圣三年（1025）

正月十二日，上封者言：京城惠民河置上下锁，征税不多，但阻滞交通，致京城薪炭涌贵，乞罢之。三司言：大中祥符八年，都大提点仓场夏守赟于蔡河置锁，至今岁收课税六千余缗，废之非便。可令提点仓场官员常加巡察，毋令阻滞运船。从之。（《宋会要辑稿·方域一三·河锁》）

是月，巡护惠民河田承悦言：河桥上开铺贩鬻者多，妨碍交通。诏在京诸河桥上不得搭盖铺栏，有妨车马过往。（《宋会要辑稿·方域一三·桥梁》）

二月丙寅（十三日），诏提点开封府界诸县镇公事屯田员外郎张嵩，同提点供备库副使张君平，兼管勾开治沟洫河道事。开封、应天府，陈、许、徐、宿、亳、曹、单、颍、蔡等州及属县亲民官，并带开治沟洫河道事。（《续资治通鉴长编》卷一〇三）

六月丙寅（十六日），发运副使张纶请开真州长芦口河，通江，以免舟楫漂失。诏从之。（《续资治通鉴长编》卷一〇三）

七月庚辰（一日），发运使方仲荀、副使张纶言：真、楚诸州运河，宜作水闸石窗，分水以溉民田。从之。（《续资治通鉴长编》卷一〇三）

八月，以汴水浅涩，遣使祭汴口。（《宋会要辑稿·方域一六·汴河》）

是年，汴河水浅，遣使督工疏通汴口。（《宋史·河渠志》）

天圣四年（1026）

二月乙亥（二十八日），浚京西诸河。（《续资治通鉴长编》卷一〇四）

是月，侍御史方慎言：杭州原有江岸斗门二，舟船出入，一为温台路，一为衢婺

路。因北岸斗门为潮水所坏，今两路舟船并在一岸，出入不便。诏本州疾速修筑，勿令阻滞舟楫。（《宋会要辑稿·食货八·斗门》）

闰五月戊申（三日），定江淮制置发运司岁漕米六百万石。景德中岁不过四百五十万石，其后增加到六百五十万石，江淮谷贵而民贫。（《续资治通鉴长编》卷一〇四）

是月，陕西转运使王博文等，请求开凿解州安邑县至白家场永丰渠，行舟运盐。后魏正始二年都水校尉元清曾引平坑水西入黄河以运盐，号永丰渠。周、齐之间渠废，隋大业中都水监姚暹决堰疏通，民赖其利。唐末至五代战乱，水浅涸，舟楫不行。诏三司勘察并上报朝廷。（《宋史·仁宗本纪》《宋史·河渠志》）

是月，都大巡护惠民河田承悦请修筑被撞坏的闸门。（《宋会要辑稿·方域一六·惠民河》）

六月甲午（二十日），赐汴河禁卒缗钱。凡汴水长一丈，即令殿前马步军禁卒沿岸列铺巡护，以防决溢。历五昼夜，即赐以缗钱。（《续资治通鉴长编》卷一〇四）

七月初，汴水大涨，京城惊扰。敕八作司决陈留堤及城西贾陂岗地，泄水于护龙河。水既落，命开封府界提点张君平调卒修治堤防。（《宋会要辑稿·方域一六·汴河》《续资治通鉴长编》卷一〇四、《宋史·河渠志》）

是月，开封府言：新旧城内沟渠，为居人秽恶填塞，阻滞水势。乞委厢界巡检人察视，勿使填塞。从之。（《宋会要辑稿·方域一六·白沟河》）

八月，监察御史王沿奏相州开河渠引水事。沿渠数里，分置斗门，可获浇溉之利。水东入御河，或遇河水决溢，则于渠口下板以塞之，以防奔注之患。（《宋会要辑稿·食货七·水利上》）

十月，淮南转运司言，楚州北神堰、真州江口堰修水闸成。初，舟船过堰，岁多损坏，监真州排岸陶鉴、监楚州税王乙并请置水闸于堰旁，以时启闭。及成，漕舟果便，岁省堰卒十余万。（《续资治通鉴长编》卷一〇四）

## 天圣五年（1027）

二月辛丑（三十日），浚陈留县自明河。（《续资治通鉴长编》卷一〇五）

六月庚寅（二十一日），同提点开封府界公事张君平言，自京畿至泗州，往来舟船多为盗邀劫，请于两驿间增置捉贼使臣一员，而罢自京至楚州夹河巡检。从之。（《续资治通鉴长编》卷一〇五）

七月丁巳（十九日），以马军副都指挥使彭睿为修河都部署，内侍押班岑保正为钤辖，礼宾副使阎文应、供备库副使张君平并为都监。（《续资治通鉴长编》卷一〇五）

是月，赐汴口役卒缗钱。（《续资治通鉴长编》卷一〇五）

八月，都大巡护惠民河王克基言：惠民、京、索诸河水浅，原因在于诸河源起西京郑、许州界，惠民河下合横沟、白雁沟，京、索河下合西河、湖河、双河、栾霸河、丈八沟，民间堵截诸沟渠之水种稻灌园，应令州县官员巡察制止。从之。（《宋史·河渠志》）

十月，滑州言决河已塞，水复故道。（《宋会要辑稿·方域一四·治河二股河附》）

十一月己亥（三日），以河平，宰臣率百官称贺。自天禧三年河决，至是积九载乃复塞，凡费刍蒿一千六百二十万。遣官告谢天地、社稷、宗庙、诸陵，命翰林学士章得象祭于河，宋绶撰《修河记》。（《续资治通鉴长编》卷一〇五）

天圣六年（1028）

七月壬子（十九日），江宁府扬、真、润三州，并言江水溢，坏官私庐舍。（《续资治通鉴长编》卷一〇六）

是月，尚书驾部员外郎阎贻庆言：五丈河流至济州合蔡镇，通入梁山泺。近来黄河决口，淹没民田，冲坏道路，合蔡镇以下淤浅不能通舟，请疏通五丈河入夹黄河。仁宗下诏，令阎贻庆和水官李守忠勘察并作工程预算，上报朝廷。（《宋史·河渠志》）

是月，开封府推官、监察御史王沿为河北转运副使。（《续资治通鉴长编》卷一〇六）

是月，命驾部员外郎阎贻庆等浚广济河。（《续资治通鉴长编》卷一〇六）

八月癸亥（一日），赐河北修河防城役卒缗钱。（《续资治通鉴长编》卷一〇六）

是月，赐南京修沟河役卒缗钱。（《续资治通鉴长编》卷一〇六）

十月壬申（十一日），都大巡检汴河堤岸康德舆言：行视阳武桥，万胜镇宜存斗门，梁固斗门三座宜废去，祥符界北岸请为涵洞，分减溢流。悉从其请。勾当汴口王中庸请增置孙村石限，[①] 亦从之。（《宋史·河渠志》《续资治通鉴长编》卷一〇六）

十二月戊子（二十八日），诏汴口清河卒月给钱三百。（《续资治通鉴长编》卷一〇六）

① 一种类似于滚水坝的建筑物。北宋时在汴口置石限，用以阻挡泥沙流入汴河。

是年夏，大雨，蜀州团练使高化率众修护汴河堤岸。夜至城西，见堤欲坏，乃取军队所积木材堵塞决口，汴堤无患。仁宗嘉之。（《宋史·河渠志》）

是年，驾部员外郎阎贻庆言：广济河出济州合蔡镇，通梁山泊。近者黄河决口，淤塞河道，由合蔡以下不能通舟。请治夹黄河，引水注入广济河。敕贻庆与勾当沟河李守忠同京东转运使计度工费，立桥梁，置坝堰。（《续资治通鉴长编》卷一〇六）

## 天圣七年（1029）

正月庚子（十日），命供奉官合门祗候曹用和往沧州、德州，规度河堤。（《续资治通鉴长编》卷一〇七）

壬寅（十三日），三司言，江淮发运使岁漕上供米六百万石，前诏权减五十万，今岁丰，请复如旧。（《续资治通鉴长编》卷一〇七）

四月，三司发运使言，黄河挽舟卒不习湍险，多溺死。诏中书，召三司使议之，乃于河阴募置水军二千人。（《续资治通鉴长编》卷一〇七）

六月，京东转运司言：欲令沿广济河及夹黄河各县令、佐时常巡护，检计工料，修贴堤身，于纤路外栽种榆柳。（《宋会要辑稿·方域一三·桥梁》）

是年，王克基言：蔡河斗门闸板须依时开闭，调停水势。官私舟船须分两岸停靠，不得筑软堰。如遇水小，各斗门间应协调放水，违者究治。从之。（《宋会要辑稿·方域一六·惠民河》《宋史·河渠志》）

## 天圣八年（1030）

三月，废郑州新开索河斗门。（《续资治通鉴长编》卷一〇九）

四月甲午（十二日），徙京西转运使工部郎中王彬为河北转运使。（《续资治通鉴长编》卷一〇九）

## 天圣九年（1031）

正月，调畿内及近州丁夫五万，浚汴渠。（《续资治通鉴长编》卷一一〇）

三月癸亥（十六日），徙河北转运使刑部郎中张宗诲知徐州，河东转运使金部郎中胡令仪知泾州。（《续资治通鉴长编》卷一一〇）

丙寅（十九日），徙利州路转运使屯田郎中李绎为河北转运使。（《续资治通鉴长编》

卷一一〇）

七月二十二日，前河北转运使王讼降职，以僻小知州授之，因其曾借官船贩盐。（《宋会要辑稿·职官六四·黜降官一》）

九月丙午（一日），内殿承制合门祗侯都大巡检汴河堤孙昭，请自雍丘县湫口开始设置木岸，以束水势。从之。（《续资治通鉴长编》卷一一〇）

## 天圣年间（1023～1032）

康德舆迁内殿崇班河阴兵马都监，沿汴河修筑斗门以节水。雨季到来后，汴水将溢，康德舆请自京西导水入护龙河，汴河得不溢。（《宋史·康德舆传》）

江淮制置发运副使张纶筑漕河堤二百里，于高邮北以巨石修筑十座石础，以排泄横流。在江淮，见漕卒冻饿而死者甚多，乃捐俸买衣服上千件，救济穷困漕卒。（《宋史·张纶传》）

监真州排岸司右侍禁陶鉴始议为复闸节水，以省舟船过埭之劳。真州闸修成后，每年省冗卒五百人，杂费一百二十五万。原来每只船载米不过三百石，闸成后可载四百石，官船渐增至七百石，私船八百余石。后来北神、召伯、龙舟、茱萸诸堰坝相次废革。（《梦溪笔谈》卷一二）

## 天圣十年、明道元年（1032）

八月乙巳（六日），治大名古遥堤。（《续资治通鉴长编》卷一一一）

## 明道二年（1033）

正月癸巳（二十六日），武胜军留后陈尧咨言，梁山泊积水，淹民田数万顷，至使郓州徙城以避之。可自鱼台下凿河四十余里，引泊水注入黄河，由德、博东入于海，可以纾水患，通漕于河北。调夫乘春浚治。（《续资治通鉴长编》卷一一二）

五月辛巳（十七日），参知政事王随，入内供奉官邓守恭、江从莹上《淮南运河图》。（《续资治通鉴长编》卷一一二）

六月三日，内侍邓守恭上言，今后制置发运使、副、都监，须任满三年。从之。（《宋会要辑稿·职官四二·发运使》）

八月十五日，荆湖南路转运使王逵降职知池州。（《宋会要辑稿·职官六四·黜

降官一》）

十月，疏浚齐州（治今山东济南）清河。（《续资治通鉴长编》卷一一三）

## 明道年间（1032～1033）

汴河决口于京城附近公贾村，蔡河决口于四里桥。王守规堵塞决口，疏浚河道，水患以息。《宋史·王守规传》

## 景祐元年（1034）

正月甲子（三日），遣使督江、淮漕米，以赈京东饥民。（《续资治通鉴长编》卷一一四）

二月甲辰（十三日），权减江、淮漕米二百万石，候岁丰补之。（《续资治通鉴长编》卷一一四）

闰六月甲子（七日），泗州淮、汴溢。（《宋史·五行志》）

甲戌（十七日），赐知泗州都官员外郎张夏敕书奖谕。时大雨弥月不止，淮、汴溢，几没城，夏亲帅丁夫捍御，而城不坏，民赖以安。（《续资治通鉴长编》卷一一四）

十月五日，诏罢江淮发运使，以其使黄总为淮南发运使，与吴遵路同兼发运司事。所有制置茶、盐、矾税，令转运使、副兼领。（《宋会要辑稿·职官四二·发运使》）

十二月癸未（二十七日），以天雄军部署莱州团练使邵复为都大修河部署，供备库副使王遇为澶州部署，右侍禁合门祇候王昭序为沧州部署，并兼修河事。（《续资治通鉴长编》卷一一五）

## 景祐二年（1035）

正月壬寅（十七日），徙江东转运使蒋堂为淮南转运使兼发运司事。时上封者屡言废发运司。堂言：裴耀卿、刘晏、第五琦、李巽、裴休皆尝为江淮河南转运使，兼领发运司事，而岁输京师常足。（《续资治通鉴长编》卷一一六）

是月，度支判官工部郎中许申为江南东路转运使。（《续资治通鉴长编》卷一一六）

三月癸卯（十九日），赐天崇军修金堤役卒缗钱。（《续资治通鉴长编》卷一一六）

是月，殿中丞通判齐州张宗彝言，大名府新作金堤，可以捍横垅决河水势，请今缓修塞之役。（《续资治通鉴长编》卷一一六）

四月，淮南转运副使吴遵路请于真、楚、泰三州及高邮军为斗门，以备蓄泄。从之。（《续资治通鉴长编》卷一一六）

五月甲辰（二十一日），赐博州修金堤役卒缗钱。（《续资治通鉴长编》卷一一六）

六月，度支判官刑部员外郎直集贤院段少连为两浙转运副使。（《续资治通鉴长编》卷一一六）

景祐三年（1036）

五月丙午（二十九日），诏澶州权停塞横垅决河。自是河东北行，不复由故道，徙修河都监杨怀敏专护大名府金堤。（《续资治通鉴长编》卷一一八）

七月，开封府言：捕得逃卒张兴等，常集同类藏匿于内城前渠中，谓之“无忧洞”，请修闭京城里外渠口。从之。（《续资治通鉴长编》卷一一九）

景祐四年（1037）

四月癸亥（二十一日），赐汴口开河役卒缗钱。（《续资治通鉴长编》卷一二〇）

闰四月癸未（十一日），以河北屯田司都监崇仪副使杨怀敏为北作坊副使同管勾屯田公事，右侍禁合门祇候何九龄为左侍禁。前年大水，坏沿边八州军堤岸，而怀敏等修治有功，特迁之。（《续资治通鉴长编》卷一二〇）

六月戊戌（二十七日），杭州府言：是月乙亥（四日）大风，江潮溢岸，高六尺，坏堤千余丈。诏遣中使往致祭。（《续资治通鉴长编》卷一二〇）

八月，越州（今浙江绍兴）言大水漂溺民居。诏以钱赐被溺之家有差。（《续资治通鉴长编》卷一二〇）

景祐五年、宝元元年（1038）

二月壬午（十五日），诏：瀛州（治今河北河间）百济河，上通滹沱河，遇夏秋暴溢，而所属官司能完固堤防者，记为劳绩。若致冲决，则加罪之。（《续资治通鉴长编》卷一二一）

八月丁卯（三日），复置淮南江浙荆湖制置发运使，以兵部郎中直史馆杨日严、

度支郎中杨告为之。[①]（《续资治通鉴长编》卷一二二）

十一月己未（二十七日），河北屯田司言，欲于石塚口导百济河水注入沿边塘泊，请免所经之地田税。从之。时岁旱，塘水涸，知雄州葛怀敏虑契丹使至，测知其广深。乃引界河水注之，塘复如故。（《续资治通鉴长编》卷一二二）

## 康定元年（1040）

六月癸巳（十日），遣驾部员外郎卞咸相度自汴口至集津仓[②]运粮，利害以闻。（《续资治通鉴长编》卷一二七）

## 康定二年、庆历元年（1041）

三月初，遣内侍王克恭议塞澶州决河，克恭请先治金堤。继遣户部副使杨告与内侍押班刘从愿往视度，告等请乘岁稔塞横垅。（《续资治通鉴长编》卷一三一）

丁卯（十八日），赐汴口役卒缗钱。（《续资治通鉴长编》卷一三一）

乙亥（二十六日），以汴流不通，遣知制诏聂冠卿祭河渎庙，内侍押班蓝元用祭灵津庙。（《续资治通鉴长编》卷一三一）

是月，京东河北转运使巡河使臣知天雍军李迪权言，闭横垅功费大，恐不可就，宜修金堤，以御下流。帝然其策。于是诏权停修决河。（《续资治通鉴长编》卷一三一）

是月，汴水浅涸，水流不通。（《宋史·五行志》）

七月乙丑（十八日），太常博士直集贤院判度支勾院同修起居注杨察为江南东路转运使。（《续资治通鉴长编》卷一三二）

是月，以三门白波黄渭汴河发运使梁吉甫兼汾洛河发运。（《宋会要辑稿·职官四二·发运使》）

九月，制置司言比年河流浅涸，漕运艰阻，縻费益甚，请量增江淮两浙荆湖六路粜盐钱。诏俟河流通运复故。既而制置司又置转般仓于江州（今江西九江），便于漕船及佣客舟运输。（《续资治通鉴长编》卷一三三）

---

① 景祐五年十一月改元“宝元”，《宋会要辑稿》标此事时间为“景祐五年”。

② 唐于今山西平陆县三门镇置集津仓，宋代仍为漕粮重要转运地。

## 庆历二年（1042）

正月，贷郑、孟、宿、亳、泗五州浚汴河丁夫粮，人一斛。（《续资治通鉴长编》卷一三五）

五月庚戌（八日），河北都转运使李昭述请修澶州北城，从之。先是，河决久未塞，昭述但以治堤为名，调农兵八万，逾旬而就。（《续资治通鉴长编》卷一三六）

是月，殿中丞平棘郭谘言："恐契丹背盟犯界，请决御、洨、胡卢、新、唐五河，使之北出，则深、冀、瀛、鄚诸州皆在水东，足以限隔虏骑。"（《续资治通鉴长编》卷一三六）

六月乙未（二十四日），河东都转运使户部郎中天章阁待制明镐为龙图阁直学士，知并州兼河东经略安抚缘边招讨使。（《续资治通鉴长编》卷一三七）

是月，河北转运使吏部员外郎史馆修撰文彦博，为天章阁待制本路都转运使。（《续资治通鉴长编》卷一三七）

十月，河东都转运使吏部员外郎天章阁待制文彦博，为龙图阁直学士知渭州兼泾原路都部署经略安抚缘边招讨使。（《续资治通鉴长编》卷一三八）

## 庆历三年（1043）

四月庚申（二十三日），盐铁判官司勋员外郎吕绍宁为淮南转运使。（《续资治通鉴长编》卷一四〇）

六月初，泰州海安、如皋县漕河久不通，制置发运副使徐的奏请浚治。诏未下，乃以便宜调兵夫，功毕，出滞盐三百万，计得钱一百万缗。于是以徐的为制置发运使。（《续资治通鉴长编》卷一四一）[①]

七月己丑（二十四日），度支副使户部员外郎施昌言为天章阁待制河北都转运按察使。（《续资治通鉴长编》卷一四二）

十二月，省御河催纲官。（《续资治通鉴长编》卷一四五）

① 《宋史·徐的传》记此事未系年月，乾隆《江南通志》记此事于嘉祐三年。按欧阳修庆历四年《论讨蛮贼任人不一劄子》（《文忠集》卷一〇五）言："自淮南遣徐的往彼，令专也蛮事。"是庆历年间徐的任职淮南。故徐的修治海安、如皋漕河的时间应为庆历年间。

## 庆历四年（1044）

三月，减广济河每年漕运军粮二十万石。（《宋史·仁宗本纪》）

七月，右正言知制诰欧阳修为龙图阁直学士河北都转运按察使。（《续资治通鉴长编》卷一五一）

## 庆历五年（1045）

正月十九日，两浙转运浙西提举司言：知镇江府万钟请于吕城仿照临安、嘉兴二闸之制，添置一闸。两浙转运司、浙西提举司派员勘察，认为镇江府地形高峻，每遇水涨，河流湍急，如添造一闸，则堤防更为周备。但吕城两闸已损坏，必须先行修治。（《宋会要辑稿·食货八·吕城闸》）

六月癸酉（十九日），赐京城淘河渠役卒缗钱。（《续资治通鉴长编》卷一五六）

八月甲戌（二十一日），降河北都转运按察使龙图阁直学士右正言欧阳修为知制诰，知滁州。（《续资治通鉴长编》卷一五七）

## 庆历六年（1046）

六月甲戌（二十五日），赐黄河役卒衫袴。（《续资治通鉴长编》卷一五八）

## 庆历七年（1047）

七月壬午（九日），户部副使祠部郎中张尧佐为天章阁待制河东都转运使。（《续资治通鉴长编》卷一六一）

辛丑（二十八日），淮南江浙荆湖制置发运使刑部郎中直龙图阁王居白为天章阁待制，知广州。（《续资治通鉴长编》卷一六一）

是日，以江浙等路发运判官主客员外郎许元为发运副使，不置正使。（《宋会要辑稿·职官四二·发运使》）

九月二十九日，发运使柳灏言：淮南、两浙运河堙塞，往来纲运浅涩。今夏真、扬两界旋放陂水，河中作坝，仅能行运。请运河所经州县，派遣官员预计当用工料，开挖淤浅。请今后每二年开挖一次。从之。（《宋会要辑稿·食货四六·水运》）

十一月辛未（一日），判大名府贾昌朝、河北转运使皇甫泌等，请求募人于澶、贝、

德、博、沧、大名、通利、永静八州军进纳修河物料。从之。（《续资治通鉴长编》卷一六一）

二十三日，前京东路转运使兵部员外郎张铸降通判太平州。（《宋会要辑稿·职官六五·黜降官二》）

庆历八年（1048）

正月，刑部员外郎王逵为河东转运使。（《续资治通鉴长编》卷一六二）

闰正月七日，降河北路转运使兵部郎中皇甫泌监青州商税。（《宋会要辑稿·职官六五·黜降官二》）

丁未（八日），祠部员外郎秘阁校理张环为两浙转运使。（《续资治通鉴长编》卷一六二）

壬子（十三日），复置三门白波发运使。（《续资治通鉴长编》卷一六二）

六月，河北转运使刑部员外郎直集贤院包拯为户部副使。（《续资治通鉴长编》卷一六四）

七月甲寅（十八日），命河北都转运使户部郎中天章阁待制施昌言都大管勾澶州修河事，四方馆使荣州刺史知澶州王德基同都大管勾通判，澶州屯田员外郎张谔、国子博士张士程同管勾修叠河口。（《续资治通鉴长编》卷一六四）

辛酉（二十五日），权发遣户部判官屯田员外郎燕度同知澶州，兼管勾修河事。（《续资治通鉴长编》卷一六四）

八月辛巳（十五日），盐铁副使兵部员外郎仲简为工部郎中河东转运使。（《续资治通鉴长编》卷一六五）

辛卯（二十五日），观文殿学士丁度等奏修河事宜：天圣中滑州塞决河，准备数年方兴役。今商胡工尤大，而河北岁饥民疲。且横垅决已久，故河尚未堵塞。宜疏减水河以杀水势，俟来岁先塞商胡。（《续资治通鉴长编》卷一六五）

是月，判大名贾昌朝请令京东州军，修筑黄河旧堤，引水东流，渐复故道，然后并塞横垅、商胡二口。（《续资治通鉴长编》卷一六五）

九月，诏三司以今年江、淮所运米二百万斛转运河北州军。（《续资治通鉴长编》卷一六五）

## 皇祐元年（1049）

正月庚子（七日），徙河北都转运使施昌言知兖州。昌言议塞商胡决河令复故道，与贾昌朝不合。以吴鼎臣为天章阁待制河北都转运使。昌言改任江淮荆浙发运使。（《续资治通鉴长编》卷一六六）

二月甲戌（十一日），黄河、御河皆决口，合并流向乾宁军，河朔地区频年水灾。（《宋史·五行志》）

五月丁酉（六日），以祠部员外郎任颛为河东转运使。（《续资治通鉴长编》卷一六六）

## 皇祐二年（1050）

八月乙丑（十一日），命开封府判官侍御史张中庸往中牟县，修筑汴河堤岸。[①]（《宋史·仁宗本纪》《续资治通鉴长编》卷一六九）

闰十一月，赐汴河治堰卒缗钱。（《续资治通鉴长编》卷一六九）

## 皇祐三年（1051）

四月，河北转运使工部郎中直史馆吕公弼为天章阁待制河北都转运使。公弼在职逾年，通御河，漕粟实塞下。（《续资治通鉴长编》卷一七〇）

五月壬申（二十三日），置河渠司。（《宋史·仁宗本纪》）

七月辛酉（十三日），河决大名府馆陶县郭固口。（《续资治通鉴长编》卷一七〇）

丁丑（二十九日），赐汴河役卒缗钱。（《续资治通鉴长编》卷一七〇）

是月，规定防河兵士每日给钱，军士便之。旧制：汴水增七尺五寸则京师集楚兵、八作排岸兵，负土列于河上，以防河岸溃决。满五日赐钱，曰特支。或数涨数防，每次不及五日，则军士屡疲而赐予不及。（《宋史·河渠志》）

八月，汴河浅涸，舟楫不通。令河渠司自汴口浚治，规定每年疏浚汴河一次。（《宋史·河渠志》《续资治通鉴长编》卷一七一）

九月，诏缘汴河商税务，毋得苛留公私舟楫 。（《宋会要辑稿·方域一六·汴河》）

十月，赐开大名府御河役卒缗钱。（《续资治通鉴长编》卷一七一）

---

①《宋史·河渠志》作“皇祐三年”。

是月，惠民河作新桥，名安济桥。（《宋会要辑稿・方域一三・桥梁》）

十二月，开封府诸县每岁差人开浚沟洫，颇以为扰。诏：自今有堙塞之处，听所在人户自行开浚，而官为检视。（《宋会要辑稿・方域一六・白沟河》）

## 皇祐四年（1052）

二月丁亥（十一日），诏每岁汴口祭河，自今兼祠十七星。汴河口祭星自此始。（《续资治通鉴长编》卷一七二）

己亥（二十三日），诏河北安抚转运使知博州蔡挺等议开六塔河利害。时黄河郭固口虽已塞，而水势犹大，议开六塔河以分其势，故遣使按视。（《续资治通鉴长编》卷一七二）

四月，河北都转运使右议大夫天章阁待制李柬之为龙图阁直学士，知秦州。金部郎中邵饰为淮南江浙荆湖制置发运使。（《续资治通鉴长编》卷一七二）

七月丁未（四日），户部员外郎兼侍御史知杂事陈旭为天章阁待制河北都转运使，后改任礼部郎中集贤殿修撰河北转运使。（《续资治通鉴长编》卷一七三）

十月戊戌（二十六日），淮南江浙荆湖制置发运使侍御史许元为刑部员外郎天章阁待制。（《续资治通鉴长编》卷一七三）

## 皇祐五年（1053）

四月丁丑（八日），赐澶州六塔河役卒缗钱。（《续资治通鉴长编》卷一七四）

五月辛丑（二日），命盐铁副使刘元瑜按视汴水利害。（《续资治通鉴长编》卷一七四）

十月戊午（二十三日），河北转运使礼部郎中集贤殿修撰陈升之为天章阁待制都转运使。（《续资治通鉴长编》卷一七五）

十二月壬戌（二十七日），诏以曹、陈、许、郑、滑五州为辅郡，隶畿内，置京畿转运使。（《续资治通鉴长编》卷一七五）

是月，天章阁直学士吏部郎中王贽为枢密直学士京畿水陆计度转运使。（《续资治通鉴长编》卷一七五）

## 皇祐年间（1049～1054）

杨佐迁为河阴发运判官，当时汴水干涸溢决无常，漕舟行驶十分不便。杨佐测度地势，开凿渠道以通河流。京城以南，每到夏秋积水成灾，杨佐开永济河，疏通沟浍，水患平息。他又提议治孟阳河，很多人认为不妥。杨佐言：国初每年转京东粮数十万石，而当今却很少，倘不疏浚，原来的河道将会废弃，漕船无法通行。仁宗听从了他的建议。（《宋史·杨佐传》）

郭谘言，汴河水大，危及京师。堵塞汴口，自巩县西山七里店开河七十里，导洛水入汴，可以四时行运。仁宗令都水监杨佐同郭谘前往测量计度，归来后，未及论功，郭卒。（《宋史·郭谘传》）

## 皇祐六年、至和元年（1054）

二月庚子（六日），役民治河堤，疫死者众。诏蠲户税一年，无户税者，给其家钱三千。（《续资治通鉴长编》卷一七六）

是月，赐京畿转运使公使钱三十万。（《续资治通鉴长编》卷一七六）

八月丁未（十六日），徙知宣州殿中侍御史马遵为京东转运使。（《续资治通鉴长编》卷一七六）

九月辛酉（一日），内侍杨永德请求蔡、汴河置水递铺，知制诰杨察条其不便，罢之。（《续资治通鉴长编》卷一七七）

## 至和二年（1055）

秋，大雨，蔡河决口，水入京城。（《宋史·王素传》）

十月，罢京畿转运使。陈、许、郑、滑、曹州各隶本路，为辅郡如故。召转运使王贽赴阙。（《宋会要辑稿·食货四九·转运》）

十一月，诏置河北都大提举，使籴粮草及催遣黄、御河纲运公事。（《续资治通鉴长编》卷一八一）

十二月戊子（五日），知澶州、天平留后李璋为修河都部署，河北转运使兵部郎中天章阁待制周沆权同知澶州、都大管勾应副修河公事，宣政使果州团练使入内副都知邓保吉为修河钤辖，殿中丞李仲昌都大提举河渠司，内殿承制张怀恩为修河都监。（《续资治通鉴长编》卷一八一）

壬辰（九日），龙图阁直学士给事中施昌言为都大修河制置使。提点开封府界诸县镇公事度支员外郎蔡挺、都大提举河渠司勾当公事太常博士杨纬，并同管勾修河。（《续资治通鉴长编》卷一八一）

## 至和年间（1054～1056）

陈襄知常州。因江南运河阻隔，震泽积水不能北入长江，常、苏二州经常发生水灾。陈襄测量运河宽度与民田亩数，教授农民疏浚排水的方法，铲平望亭古堰坝，农田不再积水。（《宋史·陈襄传》）[①]

## 至和三年、嘉祐元年（1056）

四月壬子（一日），李仲昌等堵塞商胡决口，黄河北流，入六塔河，隘不能容，是夕复决，溺死兵夫、漂流刍藁不可胜计。（《续资治通鉴长编》卷一八二）

八月，宣徽南院使张方平言：京师四冲八达之地，特依重兵以立国。兵恃食，食恃漕运，汴河控引江、淮，利尽南海。天圣以前，岁发民浚之，以疏导京东积水，其后浅妄者争以裁减费役为功，河日以堙塞。（《续资治通鉴长编》卷一八三）

九月癸卯（二十四日），自京城至泗州设置汴河木岸。（《宋史·仁宗本纪》）

十一月甲午（十六日），命盐铁副使郭申锡与淮南江浙荆湖制置发运使高良夫，同相视汴口，利害以闻。（《续资治通鉴长编》卷一八四）

己亥（二十一日），盐铁副使刑部员外郎郭申锡都大提举河渠公事。（《续资治通鉴长编》卷一八四）

十二月，京师大水，因中官、势族筑园榭多跨惠民河，河塞不通。乃悉毁去。（《续资治通鉴长编》卷一八四）

## 嘉祐二年（1057）

三月戊戌（二十二日），淮水涨溢。（《宋史·仁宗本纪》）

是月，淮南转运司言：淮水去年夏秋暴涨，浸泗州城，知州朱处仁、通判蔡选并有固护之劳，降诏奖谕。（《续资治通鉴长编》卷一八五）

---

① 富弼入相后，荐陈襄为秘书阁校理知常州。富弼入相在至和二年，故陈襄修建平望亭坝的时间当在至和二年或以后。

五月十七日，诏三司委当职官吏躬亲巡察京城内外沟河，修整开浚，须堤岸坚固，雨水通快，无复阻滞。（《宋会要辑稿·方域一六·白沟河》）

六月，诏以真宗皇帝御制《发愿文》刻石于汴口灵津庙。（《宋会要辑稿·方域十六·汴河》）

七月，淮水夏秋暴涨，环浸泗州城。（《宋史·五行志》）

十一月十三日，三司使张方平言：备储廪，通漕运，当令河道疏通。凡诸水运，咸资此渠。惠民、广济二河，皆所以致四方之货食以会京邑。诏通行漕运河道，来春尽行疏通。（《宋会要辑稿·食货四六·水运》）

## 嘉祐三年（1058）

正月戊戌（二十七日），凿永通河。有司言至和年间大水灌入京城，请自祥符县界葛家冈开河，引水入惠民河，分注鲁沟，以解除京城水患。[①] 役工六十万。（《宋会要辑稿·方域十四·治河二股河附》《宋史·仁宗本纪》《宋史·河渠志》）

四月癸卯（三日），赐开封府界开葛家冈新河役卒缗钱。（《续资治通鉴长编》卷一八七）

七月乙亥（七日），诏京西转运司：京、索河水泛浸民田，其发卒二千往护筑之。（《续资治通鉴长编》卷一八七）

丙子（八日），广济河溢，仁宗派遣官吏前往视察民田受灾情况。（《宋史·仁宗本纪》）

丙戌（十八日），诏：广济河决溢，原武县河决，令开封府界提点按行诸县赈济之。（《续资治通鉴长编》卷一八七）

九月，广济河（永济河）成。赐开河役卒缗钱。（《宋会要辑稿·方域一四·治河二股河附》《续资治通鉴长编》卷一八八）

十一月己丑（二十二日），置都水监，罢河渠司。（《宋史·仁宗本纪》）

庚寅（二十三日），诏曰：国家建都河汴，仰给江淮六路所供之租，各输于真、楚，以发运司总其纲条，以转运使干其岁入。荆湖舟楫回载海盐，淮汴舳舻不涉江路。方冬闭塞，役卒少休。近岁因循，兹事遂废。令诸道据年额赴真、楚、泗州转般仓，复运盐归本路。（《续资治通鉴长编》卷一八八、《玉海》卷一八二）

十二月丁巳（二十一日），诏沿江海汴河险僻之地，旧有巡检处，留之，增各县弓手，

① 清人顾祖禹《读史方舆纪要》卷四七：开封府祥符县条，“永通河在旧府城西南，亦曰永济河。即宋嘉祐中自葛家冈穿河引溢水入惠民等河处也。”

减散从脚力。(《续资治通鉴长编》卷一八八)

闰十二月，命比部员外郎李言之提举汴口至泗州堤岸，入内供奉官杨昭锡同提举，其沿河使臣、令佐有不职者，奏报以闻。(《续资治通鉴长编》卷一八八)

是年，王安石守常州，征调诸县夫役开挖运河。知宜兴县司马旦言，农民贫苦役重，不可大量征发。王安石不听，秋季大雨，农民更加困苦，多自经死，开河之役遂罢。[①](《宋史・司马旦传》)

是年，钟离瑾为江淮制置发运使，请自扬州召伯埭东至瓜洲，浚河一百二十里。仁宗令钟离瑾测算，后因工程量大作罢，只置闸于召伯埭旁，人以为利。(《宋史・钟离瑾传》《江南通志》卷五八)

是年，郑向为两浙转运副使，疏浚润州蒜山漕河抵于江，人以为便。(《宋史・郑向传》《江南通志》卷五八)

是年[②]，李禹卿判苏州，筑太湖堤八十里，并开挖运渠，既便于漕运，又可蓄水溉田。(《江南通志》卷八五)

## 嘉祐四年(1059)

四月，诏诸路提点刑狱朝臣、使臣，并带兼提举河渠公事，从判都水监吴中之请。(《续资治通鉴长编》卷一八九)

八月，河北提点刑狱薛申言：御河曾通漕运，今已梗涩，建议春天兴修。从之。(《宋会要辑稿・食货四十二・宋漕运二》)

是年，停止入黄河、过三门峡运输陕西诸州菽粟，减漕船三百艘。从此，每年漕运菽粟均由京城三条运河。(《宋史・食货志》)

是年，李师中疏通灵渠。宋仁宗时，李师中提点广西刑狱，桂州灵渠原可通漕，年岁既久，山石阻滞，十八里内置三十六斗门，一舟所载不过百斛，乘涨水方可行舟。师中积薪焚其石，募工凿之，废斗门二十六，役三旬而成，舟楫以通。(《宋史・李师中传》《宋史・河渠志》《续资治通鉴长编》卷一八八)

① 《宋史・司马旦传》记此事不系年份，据《宋史・王安石传》，王安石知常州在嘉祐三年，故系于此年。

② 乾隆《江南通志》卷六三载："庆历二年，苏州通判李禹卿堤太湖。"又正德《姑苏志》卷一一载："庆历中，李禹卿堤太湖八十里。"

## 嘉祐五年（1060）

五月壬辰（五日），赐修狭河木岸役卒缗钱。（《续资治通鉴长编》卷一九一）

是月，知秀州罗拯言：今后诸湖塘及运河边田土不得随意占用，如私自侵占耕作，并以违制论。从之。（《宋会要辑稿·食货七·水利上》）

## 嘉祐六年（1061）

七月乙酉（四日），泗州言：淮水溢。（《续资治通鉴长编》卷一九四）

丙戌（五日），淮南、两浙、江南东西路水灾，诏令转运使就差本路官体量，蠲其赋租，预为赈救之术，无使秋冬乏食，以致逃移。（《续资治通鉴长编》卷一九四）

己丑（八日），提点河北刑狱张问言：奉诏相度河北八州军塘泺，若就塘作堤，以畜西山之水，则大河虽溢，而民田无冲浸之害。请令各处，岁时修筑。（《续资治通鉴长编》卷一九四）

八月，江淮制置发运司言：淮水坏泗州城，知州王璪、通判张师中能协力保全城池，请降诏奖谕。从之。（《宋会要辑稿·方域一七·水利》）

闰八月，徙知亳州刑部郎中直史馆李徽之为淮南江浙荆湖制置发运使。河北转运使司勋郎中直史馆李绣之为制置发运使。（《续资治通鉴长编》卷一九五）

是年，汴水浅涩，漕运受阻。都水监上奏：汴河自应天府（今河南商丘）抵泗州，直流湍急，无所阻滞，但应天府以上至汴口，不少地方岸阔水浅，应限制宽度为六十步，超宽的地方立木为岸，狭河以束水势，水深则易于行船。至于木材的来源，只要砍伐河岸树梢即可。仁宗下诏兴役。很多人以为不便，宰相蔡京[①]认为前代便已狭河，此法可行。工程过半，河岸上的树木不够用，只得从民间购买。木岸修成后，反对者已无声息，原来水浅难行、急流险滩处，均无阻滞，操舟往来十分方便。（《宋史·河渠志》）

## 嘉祐七年（1062）

七月，河北提点刑狱司言，河决北京第五埽。诏都水监丞王叔夏与本路转运使调兵夫修筑。八月埽成。（《宋会要辑稿·方域一四·治河二股河附》）

---

① 此处蔡京为蔡襄之误。按蔡京于熙宁三年登进士第，时年二十四岁。嘉祐六年，他只有十五岁，尚未入仕，故此处之蔡京不可能是北宋末年的权相蔡京。“京”疑为“襄”字之误。按：蔡襄于嘉祐五年任翰林学士权三司使，按宋代惯例，此职多可晋升参知政事（副宰相）。时称三司使为计相，文中称其为宰相，大概是这个缘故。

## 嘉祐八年（1063）

正月，龙图阁直学士、知审官院韩贽兼判都水监。初，置都水监，欲重其事，以知杂御史判。知杂赵抃辞以不知水事，故命贽任此职。（《续资治通鉴长编》卷一九八）

二月，诏判都水监韩贽、监丞李立之与河北都转运使唐介同往相视，修二股河。（《宋会要辑稿·方域一四·治河二股河附》）

## 宋仁宗时（1023～1063）

执政者力主狭河治汴，提举汴河司余良肱反对，认为善治水者不与水争地，主张冬季水涸时疏浚汴河，自京左及于畿右，三年便可使水复行地中。他反对伐汴河堤木以狭河，以为自泗州至京城千余里，江淮漕卒接踵，须借树木遮阴，且树木盘根节，可以固堤，不应砍伐。虽多次争辩，始终未能被当政者采纳。（《宋史·余良肱传》）

符惟忠任提点开封府界县镇公事，当时惠民河与刁河合流，时常决口泛滥，侵害民田。惟忠在宋楼镇碾湾横陇村置二斗门，排水入郑河、圭河，从此无水患。后任管勾汴河使，以为河阔则水行缓，水缓则沙积，不利行舟。请求河宽之处束以木岸。三司以为不便，后来还是采纳了他的建议。（《宋史·符惟忠传》）

张方平为三司使，建言国家倚重兵以立国，兵之食依赖于漕运。漕运以汴为主，天圣以前，每年征调民夫疏浚之，故水行地中。其后裁减役费，汴河日益淤塞，如今只能仰而望之，是利尺寸而丧丘山也。他提出十四项补救措施，宰相富弼称善。（《宋史·张方平传》）

仕宦势族大筑园榭，侵惠民河，河塞不通。适京师大水，知开封府包拯悉毁去之，河道复通。（《宋史·包拯传》）

马仲甫为发运使，当时自淮阴经泗水入淮河，风大浪高，往往覆舟。马仲甫凿洪泽渠六十里，漕者便之。（《宋史·马仲甫传》）

王琪知润州转运使。当时朝廷欲疏浚漕河，王琪力陈不可，仁宗乃下诏停役。后来又兴工，废古城埭、破古函管，疏浚漕河。河道变得狭窄，船只通行不便，公私交病。（《宋史·王琪传》）

## 英宗朝（1064 ~ 1067）

### 治平元年（1064）

五月，命都水浚二股河，以减轻恩、冀水灾。（《宋会要辑稿·方域十四·治河二股河附》）

八月十七日，荆湖南路转运使光禄少卿杜植知安州，转运判官职方员外郎宋迪知莱州。（《宋会要辑稿·职官六五·黜降官二》）

十一月，屯田员外郎知襄邑县范纯仁为江东转运判官。（《续资治通鉴长编》卷二〇三）

### 治平二年（1065）

七月，诏以狭汴河，赏官吏有差。（《宋会要辑稿·方域一六·汴河》）

九月，龙图阁直学士、判都水监韩贽知河南府，坐都城内外沟洫久不治故也。（《续资治通鉴长编》卷二〇六）

### 治平三年（1066）

三月，命同判都水监张巩与河北转运使沈立测度修治澶州六塔河。（《宋会要辑稿·食货七·水利上》）

### 治平四年（1067）

七月二十一日，都水监提议疏通润州至常州界运河，废置堰闸。从之。（《宋会要辑稿·方域一六·岗》）

十月十七日，江淮等路发运使沈立言：漕船不可大量搭载私货。神宗初即位，下诏："今后管押粮纲使臣、人员等所载私物，并依旧施行，前诏更不行用。"（《宋会要辑稿·食货四七·水运》）

## 神宗朝（1068～1085）

### 熙宁元年（1068）

十月，宋神宗下诏，令杭州之长安（今浙江海宁长安镇）、秀州（治华亭，今上海附近）之杉青、常州之望亭三座堰坝的监护使臣及管理河塘的官员，会同所属令佐，巡视修固，按时启闭。（《宋史·河渠志》）

十一月十三日，命学士司马光相度二股河利害。（《宋会要辑稿·方域一四·治河二股河附》）

是年，滹沱河水涨溢，神宗诏令都水监、河北转运司疏治。滹沱河源于西山，经真定、深州、乾宁，与御河合流。（《宋史·河渠志》）

### 熙宁二年（1069）

三月甲申（十七日），凌民瞻因治河失误被贬。此前，凌民瞻负责修治江南运河，废弃吕城堰，在望亭堰置闸而不能用。又疏浚河道，毁坏古函洞、石闸、石础，河道水流不畅，船只受阻，百姓劳弊。（《宋史·河渠志》）

是日，提举两浙路开修河渠虞部郎中胡淮降职被贬。（《宋会要辑稿·职官六五·黜降官二》）

二十四日，都水监丞宋昌言降职，同判都水监张巩等罚铜二十斤。坐去年河决冀州枣强。（《宋会要辑稿·职官六五·黜降官二》）

七月十二日，诏江淮等路发运使薛向赴制置三司条例司议事。（《宋会要辑稿·职官四二·发运使》）

九月二日，诏今后淮南等路制置发运司如有合奏事件，许使、副一员乘递马赴阙。（《宋会要辑稿·职官四二·发运使》）

五日，程昉言：二股河北流，今已堵塞，然御河水由冀州下流，尚应疏导，以绝河患。又言：南河、蔡河等处，可以堰蓄水，复旧日塘泺，为久长之利。上批：御河等水，须尽早议疏导，可速处置。其塘泺事令枢密院施行。仍差权都水监丞刘彝与昉相度以闻。（《宋会要辑稿·方域一四·治河二股河附》）

闰十一月庚子（七日），疏浚御河。（《宋史·神宗本纪》）

十五日，提举两浙常平等事秘书丞侯叔献徙开封界。因侯叔献言：汴河岁漕东南六百万斛，浮江溯淮数千里，计其所费，率数石而致一石。夫以数百万之众，而仰给于东南千里之外，不如在汴河南岸稍置斗门，泄其余水，分为支渠，并引京、索河及二十六陂之水浇灌农田，则京畿附近，岁可以得谷数百万石。（《宋会要辑稿·食货七·水利上》）

是月，诏都水监差官开渠排泄开封府界积水。（《宋会要辑稿·方域一六·白沟河》）

十二月二十三日，条例司请差秘书省著作佐郎同管勾广南东路常平等事杨汲，同秘书丞侯叔献于夹河引汴水，以溉民田。从之。（《宋会要辑稿·食货七·水利上）

## 熙宁三年（1070）

正月十二日，提举河北便籴皮公弼等奏，在商遢村附近开御河，兴工困难，应增添工料。诏依所奏，发邢、洺、磁、相、赵五州、真定府夫及都水监卒治之。六月开修新河，东流顺畅，别无阻碍。（《宋会要辑稿·方域一七·水利》）

是月，韩琦言：河朔地区累经灾害，治河劳役比常年增加过倍，镇、赵两州均属边地，一旦调发，人心不安。神宗下诏，令河北都转运使刘庠于寒食前兴役，停止修筑塘堤，以修堤兵卒千人代其役。（《宋史·神宗本纪》）

二月二日，都水监言：中牟县曹村袁家地可创设水柜，水涨出时任其自流，比之修斗门倍省工费。从之。（《宋会要辑稿·食货七·水利上》）

三日，制置三司条例司言：同判都水监张巩等提议在中牟县界曹村创置水柜。所用人工物料，委京西都大司支征派支付。（《宋会要辑稿·食货七·水利上》）

是月，韩琦奏：御河乃漕运通道，不宜减少夫役，于是令枢密院调兵三千人、都水监卒二千人应役。（《宋史·神宗本纪》）

三月，调发守城兵士三百人，由提举官程昉等统领修治御河，开挖新河道，限六月完工。（《宋史·神宗本纪》）

四月丙戌（二十六日），特支修大河东流堤埽及疏浚御河役兵缗钱有差。（《续资治通鉴长编》卷二一〇）

是月，知遂州职方郎中向宗道，任都大催遣广济河辇运。（《续资治通鉴长编》卷二一〇）

五月丁巳（二十八日），京东转运使工部郎中直龙图阁王广渊为河东转运使。（《续资治通鉴长编》卷二一一）

六月甲戌（十五日），河北都转运使刘庠言新修御河成，诏管勾开修程昉赴阙。（《续资治通鉴长编》卷二一一）

辛巳（二十二日），江淮等路发运使司勋郎中薛向为天章阁待制，副使太常少卿罗拯为

江淮等路发运使。（《续资治通鉴长编》卷二一二）

八月己未（二日），京西同巡辖斗门太常博士侯叔献，著作佐郎杨汲，并权都水监丞，专提举沿汴淤溉民田。（《续资治通鉴长编》卷二一四）

辛未（十四日），两浙转运使太常少卿贾昌衡、同提点刑狱南作坊使李惟宝、前转运使光禄卿侯瑾，均降职。（《续资治通鉴长编》卷二一四）

癸酉（十六日），权三司使吴充言：乞自明年起岁减江、淮漕米二百万石，委发运司于东南六路变易轻货二百万缗。（《续资治通鉴长编》卷二一四）

甲戌（十七日），诏庄宅副使程昉以修御河有劳迁一官，其他人均赏之。仍命同提点河北刑狱王广廉相度漳河等水利以闻。（《续资治通鉴长编》卷二一四）

是月，诏蔡河修筑堤岸、斗门等事，并隶都大制置发运司。（《续资治通鉴长编》卷二一四）

九月，遣殿中丞陈世修乘驿同京西淮南农田水利司官，测度陈、颍州八丈沟故迹以闻。（《续资治通鉴长编》卷二一五）

十二月，降知寿州太常丞鞠真卿为太子中允，坐前任江西转运使抑勒百姓，以苗米折纳钱。（《续资治通鉴长编》卷二一八）

是月，诏令都水监，每年直接通知三班、审官院，差使臣监督淘挖公私河渠事，不再逐年降旨宣诏。（《续资治通鉴长编》卷二一八）

## 熙宁四年（1071）

正月，内殿承制合门祗候同勾当汴口李宗善为礼宾副使。宗善明习水事，在汴口十二年，都水监请增秩再任。（《续资治通鉴长编》卷二一九）

是月，宫苑使带御器械程昉为都大提举黄御等河，同签书外都水监丞。（《续资治通鉴长编》卷二一九）

二月，诏增开修漳河役兵及万人，并力于四月以前完工。（《续资治通鉴长编》卷二二〇）

三月，天章阁待制权三司使李肃之同提举在京诸司库务，江淮发运使天章阁待制薛向权发遣三司使。（《续资治通鉴长编》卷二二〇）

四月丙子（二十一日），权发遣提点河北刑狱都官员外郎王广廉权发遣本路转运副使，兼都大提举籴便粮草催遣黄御河纲运。（《续资治通鉴长编》卷二二二）

是月，河东都转运使天章阁待制刘庠权知开封府。（《续资治通鉴长编》卷二二二）

是月，降河东转运副使屯田郎中韩铎一官，徙江南东路。（《续资治通鉴长编》卷二二二）

五月丙戌（二日），司勋郎中权户部副使张景宪为集贤殿修撰河东都转运使。（《续资治通鉴长编》卷二二三）

戊戌（十四日），天章阁待制知扬州马仲甫判都水监。（《续资治通鉴长编》卷二二三）

七月甲辰（二十一日），上批：黄河决入御河，北行未止。令入内副都知张茂则乘驿，当职官吏，相度以闻。（《续资治通鉴长编》卷二二五）

是月，程昉请开渠以助漕运。（《宋史·河渠志》）

八月丁巳（五日），入内副都知张茂则言：奉敕测度二股决河，请以开封府判官宋昌言、都水监丞河北兴修水利程昉同领役事。从之。仍以昌言同判都水监。（《续资治通鉴长编》卷二二六）

二十五日，以殿中丞乐换提举修置惠民河上下坝闸，三班借职杨琰勾当修置。（《宋会要辑稿·方域一六·惠民河》）

是月，诏司农寺选官经量汴河两岸所淤官陂、牧地、逃田等，召人佃种。（《续资治通鉴长编》卷二二六）

是月，杨琰请在宋家堤新开河道上增置上下坝闸蓄水，以备浅涸。（《宋史·河渠志》）

十月，枢密院勘察汴口，确定来年开汴口处。上批：近差杨永钊、周良孺同勾当汴口使臣勘察，就用旧处，中书已施行。祖宗以来，汴口每岁随河势向背，改易不常，春日发数州夫治之。（《续资治通鉴长编》卷二二七）

是月，河阴同提举催促辇运都官郎中应舜臣上言：汴口选择确当，可岁岁常用。汴口官吏欲每年兴夫役，以图私利。訾家口在古柏岭下，当河流之冲，请常用之，勿复更易。水小则为辅渠于下流以益之，水大则开诸斗门以泄之。王安石善其议，于是汴口即用旧处。（《续资治通鉴长编》卷二二七）

十一月壬寅（二十一日），发运副使皮公弼浚治洪泽湖，长六十里，达于淮河，以避长淮风浪。（《宋史河·神宗本纪》《宋史·皮公弼传》）起初，发运使许元自淮阴开新河，通洪泽，避长淮之险，凡四十九里，久而浅涩。皮公弼复加浚治，次年正月丁酉完工。（《宋史·河渠志》）

十二月，命内侍省内侍押班李若愚、宫苑使带御器械程昉，同提举修塞北京第五埽决口，并开二股河上流。（《宋会要辑稿·方域一四·治河二股河附》）

是年，新开訾家口[①]，日役夫四万，一月余完成，历三月便已淤浅。只得恢复旧河口，役工万人，四日而成，水稍顺。（《宋史·河渠志》）

是年，诏六宅使何承矩，督率戍兵一万八千人，自霸州界引滹沱水，种植水稻，屯田以实军廪，且可防御辽军入侵。（《宋史·河渠志》）

## 熙宁五年（1072）

五月戊戌（十九日），提举京西常平等事陈世修言：请于唐州石桥河南北岸叠石为码头，造跨河虹桥，于桥梁下挖透槽涵洞，引水入东西邵渠，灌注十五陂，则二百里之间水利均浃。乃诏废本州签书判官，置通判一员，令视水事。（《续资治通鉴长编》卷二三三）

六月，赐江南东路转运副使韩铎、新权提点刑狱张稚圭银绢二百。以提举开江宁府张公凸上栾家矶、马鞍山河道故也，仍降诏奖谕。（《续资治通鉴长编》卷二三四）

是月，河溢北京（大名府）、夏津。（《续资治通鉴长编》卷二三四）

八月乙酉（九日），赐河北常平司内藏库钱五十万缗，于近边或沿黄、漳、御河通漕州军，丰年以籴军储。（《续资治通鉴长编》卷二三七）

九月己酉（四日），因塞大名府永济县决河有功，宣政使入内副都知张茂则为宣庆使入内都知，库部郎中宋昌言、虞部郎中王令图并迁一官，西作坊使程昉为皇城使端州刺史。（《续资治通鉴长编》卷二三八）

壬子（七日），诏司农寺出常平粟十万石，赐给南京（归德府）、宿、亳、泗州招募饥民浚沟河者。遣检正中书刑房公事沈括专提举，令勘测开封府界以东沿汴官私田可以置斗门引汴水淤溉处，以闻。（《续资治通鉴长编》卷二三八）

是月，因修漳河有功，崇仪使同管勾外都水监丞程昉为西作坊使，大理寺丞李宜之为右赞善大夫。（《续资治通鉴长编》卷二三八）

十二月四日，诏河北同提点制置屯田使阎士良专督修东塘清淀。先是，沧州北三堂等塘泊为黄河所注，其后黄河改道，泊遂淤淀。程昉请开琵琶湾，引黄河水灌之，其功不成。士良建言：在御河中筑堰坝，引西塘水灌之。今从其请。（《宋会要辑稿·食货七·水利上》《续资治通鉴长编》卷二四八）

二十六日，权河东转运使工部郎中充秘阁校理孙坦降为兵部员外郎，江南东路

① 訾家口乃汴河出黄河之水口，在河阴汴口石门之西，即今荥阳市汜水镇古柏岭下。

转运副使屯田郎中韩铎降为职方员外郎，差遣如故。（《宋会要辑稿·职官六五·黜降官二》）

是年，张方平论汴河曰："国家漕运以河渠为主。国初，浚河渠三道，通京城漕运。自后定立上供年额：汴河斛斗六百万石，广济河六十二万石，惠民河六十万石，广济河所运止给太康、咸平、尉氏等县军粮而已。惟汴河专运粳米，兼以小麦，此乃太仓蓄积之实……国家于漕事，至急至重，然则汴河乃建国之本，非可与区区沟洫水利同言也。近岁已罢广济河，而惠民河斛斗不入太仓，大众之命惟汴河是赖。今陈说利害，以汴河为议者多矣，臣恐议者不已，屡作改更，必致汴河日失其旧。国家大计，殊非小事，愿陛下特回圣鉴，深赐省察，留神远虑，以固基本。"（《宋史·河渠志》）

## 熙宁六年（1073）

四月戊寅（五日），赐唐州（治今河南唐河）修召渠役兵特支钱有差。（《续资治通鉴长编》卷二四四）

是月，始置疏浚黄河司。自卫州（治今河南卫辉市）浚黄河至海口。（《宋史·河渠志》）

是月，诏免楚州浚运盐河夫支移、折变钱，户五千，户下数少者许于次年敷足。（《续资治通鉴长编》卷二四四）

是月，殿中丞知都水监主簿刘琀兼同提举沿汴淤溉民田。（《续资治通鉴长编》卷二四四）

五月，诏设置水硙、碾、碓，有妨灌溉民田者，以违制论。（《续资治通鉴长编》卷二四五）

是月，管勾都水监丞侯叔献检计白沟河。（《续资治通鉴长编》卷二四五）

六月癸未（十一日），都大提举河阳怀卫州界黄沁河堤岸供奉官王亨减磨勘三年。广备指挥使都水监都壕寨高超赐钱三万，以都水监王亨等献策筑土供埽月堤闭口，比修闭决口裁省工料故也。（《续资治通鉴长编》卷二四五）

十六日，管勾都水监丞侯叔献言：储三十六陂塘，以京、蔡二水为源，仿照楚州的做法，开挖白沟河，置水闸，则一年四季均可行舟，汴渠可以废弃。神宗以为，京畿公私所用，皆自汴河运至，不可废弃。王安石曰：此役若成，亦无穷之利，可另外开一条漕河，乃为经久之计。冯京曰：若白沟成，与汴、蔡皆通漕，为利诚大，恐汴终不可废。神宗表示赞同，诏刘琀与侯叔献前往勘视。后覆视河长八百里，工大，分为三岁兴修。从之。[①]（《宋

①《续资治通鉴长编》卷二四六系此事于是年八月。

会要辑稿・方域一七・水利》《续资治通鉴长编》卷二四四）

己丑（十七日），诏左藏库副使贾世京减磨勘三年，以尝提举黄河堤岸，建议开直河，回夺黄河水势有功故也。（《续资治通鉴长编》卷二四五）

是月，汴水忽然减落，中河绝流，其低洼处才一二尺许，乃放水淤田所致。下游公私重船，并不知道放水淤田的时间，不及剥运，故搁浅损坏。神宗下令，三司差官，会同各府提点司，自京城抵陈留，检查损坏舟船情况并统计累年所坏数，上奏以闻。（《续资治通鉴长编》卷二四五）

是月，知大名府韩绛言：大河埽岸，增卑培薄，初无定式。请委都水监，自今以后以水面为准，高低须统一，有险情之处即堤外增贴，以绝津漏之患。应先委派外都水监丞司与当职官吏，躬诣河埽，议立法。从之。（《续资治通鉴长编》卷二四五）

八月丁亥（十六日），诏刘琀同侯叔献勘视开挖白沟河一事。经勘测，河长八百里，工程量大，可分为三年兴修。从之。（《宋会要辑稿・方域一六・白沟河》）

己丑（十八日），管勾外都水监丞程昉请于保定军东旧滹沱河南岸台山口东南疏通河道，行七十里至乾宁界，会于御河，可无塘泺填淤之患。诏李南公与昉及屯田司同详度置堰限，如无妨碍，即令昉计开河工料，仍令屯田司检视今塘泺有无泄涨水处以闻。（《续资治通鉴长编》卷二四六）

是月，三司言：淮南发运司每年冬天乘北风，以汴纲运盐至湖北，春天乘南风运粮入汴。闻去冬今春风不顺，发盐一百二十纲，船只损坏五百余艘，兵工溺水死者甚众。诏蒋之奇根究以闻。后之奇言汴船出江，覆溺船只水工，实比往年数多。诏皮公弼、罗拯商讨解决办法。（《续资治通鉴长编》卷二四六）

是月，都水监言：白沟自濉河至于淮八百里，可分三年兴修。至于废汴河，俟白沟完工后再定。于是，征发谷熟淤田司及京东汴河所隶河兵赴役。（《宋史・河渠志》）

九月戊辰（二十八日），将作监尚宗儒言：议者请置蔡河木岸，计功颇大。神宗下诏修固土岸。（《宋史・河渠志》）

十月辛未（二日），江淮等路发运使太常少卿罗拯为左司郎中天章阁待制。（《续资治通鉴长编》卷二四七）

是月，汴河堤岸司言：汴水涨，京西四斗门分泄不退，以致决堤。近京孔固斗门减水入黄河，孙贾斗门减水入广济河，然下尾窄狭，水流不畅。请于万胜镇旧减水河、汴河北岸修立斗门，开挖旧河，并开新河一道，下入刁马河。役夫十四万三千六百四十四人，一月毕工。从之。（《续资治通鉴长编》卷二四七）

十一月七日，中书门下言：权判将作监范子奇请不闭汴口，常使水势通流，外江纲运直入汴至京，公私利便。（《宋会要辑稿・方域一六・汴河》）

丁未（八日），王安石言：以浚川耙[①]浚黄河，自二十八日卯时至二十九日申时，凡增深九寸至一尺八寸，请以耙浚汴。从之。（《续资治通鉴长编》卷二四八）

庚戌（十一日），屯田员外郎同判都水监侯叔献兼提举缘汴淤田。（《续资治通鉴长编》卷二四八）

是月，诏今冬不闭汴口，令造筏截浮凌。先是，权判将作监范子奇言：汴口每岁开闭，劳民费财，闭口后阻绝漕运。请每至冬，勿闭汴口，以外江纲运直入汴至京，操舟兵士可以减省。或认为经冬不闭汴，会导致河道堙塞，以后应当挖河修堤时，可约定年限，暂时关塞。（《续资治通鉴长编》卷二四八）

是月，神宗诏令查阅历年冬闭汴口所费人工物料进呈。王安石曰：如今入汴之沟渠极深，可知当年汴河很低。观相国寺积沙几及屋檐，可知汴河逐渐淤高。可引诸陂泽沟渠清水入汴，则不会出现沙淤。自建都以来，漕运不可一日不通，专恃黄河水灌汴，诸清水不得入汴，此所以积沙渐高也。（《续资治通鉴长编》卷二四八）

是月，因冬不闭汴口，故神宗下诏，今后高丽遣使入贡，令其溯汴赴京。（《宋史·河渠志》）

十二月甲戌（六日），诏淮南东路转运司招募饥民修扬州、江都、高邮、天长界河及古盐河。（《续资治通鉴长编》卷二四八）

甲申（十六日），遣职方员外郎林积监疏通汴河冰凌。（《续资治通鉴长编》卷二四八）

是月，同判都水监李立之言："雍丘县界冰凌越岸漫流，入白沟河。及检视汴口以东，河身填淤，高出水面四尺，已安排筑塞决口。"诏赐塞决口兵缗钱。（《续资治通鉴长编》卷二四八）

是年，都水监丞侯叔献请求引汴水淤闲田，王安石力主施行。几次放水后，汴河几乎绝流，重舟难以行驶，有搁浅者。神宗令都水监分析利弊，并诏三司会同府界提点官前往勘视。（《宋史·河渠志》）

是年，深州、祁州、永宁军修新河。（《宋史·河渠志》）

## 熙宁七年（1074）

正月，都水监请权停修白沟河，移夫浚自盟河。从之。诏白沟河置闸行运，分三年修。

① 浚川耙，北宋黄怀信制，其法"以为铁爪，只列于木下，如耙状。以石压之，两旁系大绳，两端钉大船，相距八十步，各用革车绞之，去来挠荡泥沙"。参见宋人司马光《涑水纪闻》卷一五。

同判都水监侯叔献以为正征派夫役沿汴河堤岸打凌，不可马上征夫修白沟。因言自盟河可疏泄汴河以南民田积水，最为大川，近岁失于浚导，水尝为患，故请求停白沟之役，派夫修自盟河。（《续资治通鉴长编》卷二四九）

是月，征发夫役修治自盟河，白沟之役废。（《宋史·河渠志》）

二月，汴河冬不闭口，河冰壅水溢岸，都大提举汴河堤岸屯田郎中王庠等因修护堤岸不力得罪。（《续资治通鉴长编》卷二五〇）

四月，提举河阴辇运屯田郎中王琉迁一官，琉等支持都水监不闭汴口的做法，并保证汴河堤岸无虞。冯京以为不闭汴口，虽每年节省人财物力，但巡河兵夫数亦不少，如果天寒积冰，则容易造成灾害。吕惠卿提议晚闭早开。（《续资治通鉴长编》卷二五二）

五月，河北都转运使祠部员外郎史馆修撰刘瑾为天章阁待制，知瀛州。（《续资治通鉴长编》卷二五三）

是月，将作监请修大通门外透水槽为钓槽，从之。有人提议抬高透槽，三班借差时习言：如此当用土工十余万，又自顺天门至牧养监抬高五桥劳费甚大，请造软槽，遇船往来钓起。都水监以为使用钓槽便利，遂行之。（《续资治通鉴长编》卷二五三）

六月戊子（二十二日），知冀州王庆民言，州境有小漳河，原为黄河北流所壅，今黄河已东流，乞发夫开浚。诏外都水监丞司相度以闻。既而不行。（《续资治通鉴长编》卷二五四）

是月，诏真、扬、楚州运河特别浅涩之处，首先开挖，令发运转运司借上供钱米雇夫。（《续资治通鉴长编》卷二五四）

八月甲午（二十九日），侍御史知杂事张琥言：侯叔献主张不闭汴口，创筑横堤，修旧斗门。万一深冬冰塞斗门，大水冲溢新堰，大则都城可虞，小则沿汴居民被害，虽省一二十万物料，但其他费用增加。请依旧闭塞汴口。有关方面并不上报。（《续资治通鉴长编》卷二五五）

是月，诏河北转运使同外都水监丞司相度减省河上冗官。（《续资治通鉴长编》卷二五五）

是月，同判都水监宋昌言奏：汴口已生新滩，请权闭汴口，使水涸，增修堤岸、斗门毕，然后开启。同判都水监侯叔献、丞刘琀请求不闭汴口，于孔固斗门下暂时筑截河堰，使水入斗门，俟修堤岸毕即开堰。（《续资治通鉴长编》卷二五五）

是月，都提举汴河堤岸司言：欲于通津门汴河岸东城里三十步内开河，下通广济河，以便行运。从之。（《宋史·河渠志》）

十月丁卯（三日），权发遣京东转运副使赵济言：广济河通流货财，为利甚薄，因河水浅涩，纲运遂废。辇运司以上供粮六十二万石，令折钱交纳，造成谷价大跌，粜贱伤农，又失去沿河之利。诏定陶知县张士澄与同勾当修内司杨琰测度，修广济河。（《续资治通鉴长编》卷二五七）

是月，淮南等路发运司言：真、扬、楚州运河久不疏浚，乞赐钱粮下两司，候纲运稍空，募人兴工。从之。乃许截留上供钱米各五万四千贯石用以治河。（《续资治通鉴长编》卷二五七）

十一月戊戌（四日），赐权发遣江淮等路发运副使张颉奖谕敕书，并银、绢二百。（《续资治通鉴长编》卷二五八）

是月，神宗诏，汴水依旧阻塞，可差程昉火急前去，相度开浚，早令畅通。（《续资治通鉴长编》卷二五八）

十二月，同判司农寺张谔言：府界提举官二人，以都水监丞、主簿兼领，职守不专。请许于司农寺丞内选举两员兼府界提举，罢都水监官。从之。（《续资治通鉴长编》卷二五八）

是月，诏虞部员外郎权同管勾外都水监丞范子渊，殿中丞权知都水监丞刘琀等减三等磨勘，赏开清水镇直河，及用浚川耙导河之功劳。（《续资治通鉴长编》卷二五八）

是年春，黄河泥沙淤积，汴河堤坏。当时汴河开两口，訾家口水流三分，辅渠水流七分。都水监宋昌言请塞訾家口，而留辅渠。时韩绛、吕惠卿当国，许之。（《宋史·河渠志》）

是年，汴河水浅，诏张士澄、杨琰修治。（《宋史·河渠志》）

## 熙宁八年（1075）

正月，征发夫役五千人，治深州新河及胡卢河。[①]（《宋史·河渠志》）

是月，赐外都水监丞程昉度僧牒[②]一千，给浚汴河工费。（《续资治通鉴长编》卷二五九）

是月，诏黄河堤岸榆柳，今后不许采伐。又诏虽退背堤岸，亦禁采伐。大名府修城，伐河堤林木，都水监丞程昉以为言，故神宗下诏禁止。（《续资治通鉴长编》卷二五九）

---

① 胡卢河在今河北宁晋县东南，漳水、滏水合流后，又有其他川流汇入，至宁晋县为淀泊，后称宁晋泊。参见《大清一统志》卷三二“赵州”条。

② 北宋时祠部掌管登记出家人名籍，并发放度牒，亦称度僧牒，持度牒者可免除赋税徭役。当时度牒之资一般充作军费，神宗把它赐予都水监，作为治河经费。

二月，同管勾外都水监丞程昉等言：尝请以京西三十六陂为塘，潴水入汴通运。又采买材木，修筑清汴闸。请选知河事臣僚按视措置。诏翰林侍读学士陈绎、入内都知张茂则与昉等覆视。绎等言：奉诏覆视清汴水源，管城、新郑、密县境数处泉源丰富，将来引水入汴，预作疏导，可济行运。诏开封府界提点司、京西北路转运司计工料以闻。绎等又言：若于正月开汴口，取一河未浑之水，即闭汴口，疏古索水、金水、蔡水三水入汴，如此清汴必成。（《续资治通鉴长编》卷二六〇）

春，侯叔献言：日前疏浚汴河，自南京至泗州，深三尺至五尺。而虹县以东有礓石三十余里，无法疏浚，乞募民开修。神宗令预算工程量及费用。（《宋史·河渠志》）

四月，管辖京东淤田李孝宽言：候矾山水至，开四斗门引水淤田，权罢漕运二三十日。从之。以矾山涨水颇浊，可用以淤故也。（《续资治通鉴长编》卷二六二）

闰四月，诏判都水监宋昌言分析堵塞訾家口利弊。御史盛陶言汴河开两口不便，故命宋昌言测度，遂塞訾家口。既而水势不调，屡开屡塞，费六十万工。（《续资治通鉴长编》卷二六三）

五月甲戌（十四日），同判都水监屯田员外郎侯叔献升任度支员外郎。因都水监言，汴口去秋浅涩，疏浚应当役使五万五千人，而侯叔献亲帅二万人治之，故升其职。（《续资治通鉴长编》卷二六四）

十八日，诏同管勾外都水监丞程昉、权知都水监丞刘琀提举开广沙河。初，昉、琀言：王供埽地有沙河故道，可开广，取黄河水灌之，转入枯河，下合御河，于黄河堤上置斗门启闭。其利有五：一、免除王供埽危急。二、漕舟出汴河后入沙河，可免大河风涛之险。三、由沙河引水入御河，大河涨溢，沙河可减其水势。四、有斗门启闭，御河无冲决淤塞之弊。五，德、博等州船运，免数百里大河之险。开河用工五十六万七千四百九十三，请发卒万人，役一月可成。[①] 从之。（《宋会要辑稿·方域一七·水利》《宋史·河渠志》）

五月乙酉（二十五日），右班殿直勾当修内司杨琰言：开封、陈留、咸平三县种稻，请于陈留县界旧汴河下口新旧二堤之间，修筑水塘，取汴河清水入塘，以便灌溉。诏琰管勾，罢勾当修内司，依旧兼巡护惠民、蔡河、京、索、金水河斗门、堤岸、河道。（《宋史·河渠志》《宋会要辑稿·食货七·水利上》）

是月，判大名府文彦博言：范济口分减御河水势，岁有劳费，故改作石堰，欲经

① 《续资治通鉴长编》卷二六五系此事于是年六月。

久坚完。但用工累年，数月辄坏。被赏官吏，望追夺其赏赐。从之。（《续资治通鉴长编》卷二六四）

是月，卫尉寺丞都大提举疏浚黄河司勾当公事李公义言：请用船三百只浚大河中流，令水行地中。今先请用船五十只，铁爪五十副，役兵四百人，自北京至海口，请遣官打量河道浚深情况。果真有效，即增船至二百只。诏都水监处置。（《续资治通鉴长编》卷二六四）

六月丙午（十六日），都水监言，汴、蔡两河可就丁字河置闸通漕，从之。时有诏籴京西米赴河北，患蔡河舟运不能达河北，故侯叔献、刘琀建议于丁字河凿堤置闸，引汴水入蔡河，以通舟运。（《宋史·神宗本纪》《续资治通鉴长编》卷二六五）

七月己巳（九日），提点淮南东路刑狱祠部员外郎卢秉权江淮等路发运副使。（《续资治通鉴长编》卷二六六）

甲戌（十四日），同判都水监侯叔献言：逐年开拨汴口，开挖新河，侵掘民田，广调夫役。近朝廷决定只用訾家店旧口及签左故道，岁减人夫、物料各以万计。今河防无事，可以裁减管理官员，请从本监选使臣二员，勾当汴口，兼领雄武埽，罢本埽巡河使臣、京西都大使臣各二员，罢河清指挥。从之。（《续资治通鉴长编》卷二六六）

甲申（二十四日），遣大理寺丞陈祐甫、殿直杨琰测度汴河岸，置渗水塘，为五丈河上源，如可行，即计工料以闻。都水监奏请，乞令琰管勾兴筑，祐甫提举，从之。（《续资治通鉴长编》卷二六六）

是月，淮南发运司言，自五月不雨，扬楚州运河、通泰等州运盐河皆不通舟船。诏发运司开浚，听留上供钱米给其费，仍遣都水监官督视。（《续资治通鉴长编》卷二六六）

是月，同判都水监侯叔献、监丞刘琀言：近诏增加汴口并黄汴诸河埽、河清、广济兵士，则岁费钱粮增加数倍。欲依旧罢所差客军。诏诸路客军额减五千人。（《续资治通鉴长编》卷二六六）

是月，汴水大涨，水深一丈二尺，无法堵闭汴口。（《宋史·河渠志》）

八月，神宗令都水监派员前去汴口处置，已而中书进呈，水寻退落。（《续资治通鉴长编》卷二六七）

九月甲子（五日），中书言：深、祁、永宁等州军葫芦、滹沱、沙河、新河山水泛涨，皆冲决堤岸，应修筑堤，以防淤淀。欲令外都水监丞及水利司检计施行，先具工料，令转运司勘测淹没民田亩数。从之。（《续资治通鉴长编》卷二六八）

是月，提举出卖解盐张景温言：陈留等八县碱地可引黄、汴河水淤溉。诏都大提举淤田司相度以闻。诏次年差夫兴工。（《续资治通鉴长编》卷二六八）

十月乙未（七日），宋用臣与巡护惠民河官请求拓宽惠民河道。诏都水监测度并说明拓展惠民河的利害。（《续资治通鉴长编》卷二六九）

是月，通泰州漕河不通，自春起，留滞盐纲船只四百多艘。诏令江淮等路发运司不得疏泄陈公塘水，委派侯叔献相度引注沟河，通行盐纲。（《续资治通鉴长编》卷二六九）

是月，诏都水监拓展惠民河，以便修城。（《宋史·河渠志》）

是月，都水监请权闭汴口，修锯牙、木岸。从之。仍比常年闭汴口推迟半月。（《续资治通鉴长编》卷二六九）

十一月癸亥（五日），枢密使吴充言：汴水冰凌拥遏京城中，今河道已冻合，恐堤防别有疏虞，请都水监速闭汴口。诏令判监一员往汴口监督，连夜闭塞。寻又诏：令每年准备闭口材料，毋得误事。（《续资治通鉴长编》卷二七〇）

十二月，诏判都水监侯叔献同提举开修淮南运河，令发运司留上供物资应用。（《续资治通鉴长编》卷二七一）

是月，中书言：江淮等路上供米累诏截留，赈救灾伤，欲委官疏浚广济河，增置漕舟，运输京东之米上供。从之。以殿中丞张士澄都大催遣辇运公事。（《续资治通鉴长编》卷二七一）

是月，都水监言：孙贾斗门之西，汴河北岸，共八处可置虚堤，渗水入西贾陂。淤田司拦水开河一道，引水入减水河，下注雾泽陂，为五丈河上源。请差杨琰管勾修置，陈祐甫提举。从之。（《续资治通鉴长编》卷二七一）

是月，判都水监侯叔献言：淮南田十万余顷，皆傍运河。请开运河毕工，以水利司钱募民，并运军、盐军修筑圩埠。

是月，诏修治淮南运河委叔献、汴河委都水监遣官负责，未放水以前，检计工粮以闻。（《续资治通鉴长编》卷二七一）

是年，诏京西运米于河北。侯叔献在丁字河故道上凿堤置闸，引汴水通蔡河，不久工程废弃。（《宋史·河渠志》）

## 熙宁九年（1076）

正月二十八日，中书门下言：今安南营器械什物运发至潭州，欲令都水监早开汴水。从之。（《宋会要辑稿·方域一六·汴河》）

是月，诏罢检计清汴。（《续资治通鉴长编》卷二七二）

是月，判都水监工部郎中侯叔献引扬州陈公塘放水入运河，使淮南重纲船只正常起运。诏侯叔献减磨勘二年。（《续资治通鉴长编》卷二七二）

三月丁丑（二十二日），命权江淮等路发运副使卢秉兼权管勾真、扬、通、泰等

地开挖运河。（《续资治通鉴长编》卷二七三）

己卯（二十四日），诏广济河按原额岁漕京东米粮，宜速委官修完坝闸。（《宋会要辑稿·方域十六·广济河》《宋史·河渠志》《续资治通鉴长编》卷二七三）

是月，遣官修广济河坝闸。（《宋史·河渠志》）

四月戊戌（十三日），复广济河漕。（《宋史·神宗本纪》）

是月，诏广济河依旧行运，复置京北排岸司官。（《续资治通鉴长编》卷二七四）

是月，同判都水监刘琀兼都大提举制置淮南运河，知都水监丞耿琬兼同提举。（《续资治通鉴长编》卷二七四）

五月壬申（十七日），诏罢开封府界沟河司，以其事隶都水监，时以开治修浚河道渐已结束，故省专官。（《续资治通鉴长编》卷二七五）

是月，提举淮南常平等事王子京言：开修运盐河，自泰州至如皋县共一百七十里，日役人夫二万九千余人。（《续资治通鉴长编》卷二七五）

六月戊子（四日），外都水监丞程昉举荐张逊等修滹沱河及淤田之功，供备库副使张逊为西京左藏库副使，前乾宁军司理参军张适为大理寺丞。（《续资治通鉴长编》卷二七六）

庚子（十六日），诏在京旧城诸门并汴河岸角门，并令三更一点闭，五更一点开。（《宋会要辑稿·方域一·东京杂录》）

是月，因修丁字河有功，诏比部员外郎权同判都水监刘琀减磨勘三年，故工部郎中都水监侯叔献、长子上高县尉时中与循一资。然河成而舟不可行，寻复废之。（《续资治通鉴长编》卷二七六）

是月，高阳关路安抚司言：信安、乾宁军塘泺失修，独流决口，至今干涸。请引御河水注入。诏曰：塘水干浅，乃官员失于经治，可于两路各选委监司一员。（《续资治通鉴长编》卷二七六）

七月二十日，都水监言：提举修京城所请求引务泽陂水至咸丰门，入京、索河，然后引入副堤河，下合惠民河。都水监认为，不如在顺天门外入直河，再入护龙河，至咸丰门南复入京、索河。神宗从此议。（《宋史·河渠志》《宋会要辑稿·方域一六·惠民河》）

八月十一日，因不依旨开浚运河、不施行放陈公塘水入运河等原因，职方员外郎权发遣秦凤路转运副使张颉，降湖南北小处知州事。（《宋会要辑稿·职官六五·黜降官二》）

是月，提举开卫州界运河程昉言：卫州界开运河口，取黄河水入沙河，下合御河，以通江、淮漕运。又于遥堤修置木闸，毕功。诏河北西路提点刑狱司勘视。（《续资治通鉴长编》卷二七七）

九月戊午（五日），驾部员外郎知都水监丞霍翔提举疏浚汴河。（《续资治通鉴长编》卷二七七）

丙寅（十三日），罢都大制置河北河防水利司。（《宋史·神宗本纪》）

是日，赐耀州观察使程昉宅一区，以昉任水事有功，特恩也。（《宋会要辑稿·方域四·第宅》）

己巳（十五日），命权同判都水监刘琀提举卖修置清汴材木兼卫州界运河同管勾，外都水监丞范子渊同提举卫州界运河兼卖河北淤田及材木等事，都水监丞耿琬兼同都大提举京东西淤田。（《续资治通鉴长编》卷二七七）

十月，诏罢都大制置河北河防水利司。（《续资治通鉴长编》卷二七八）

是月，判都水监蒲宗孟、知丞事霍翔言：奉旨度量疏浚汴河，今将浚深尺寸奏闻。诏宗孟等作出标记，十日后再次度量上奏。（《续资治通鉴长编》卷二七八）

是月，判大名府文彦博言：去年秋天在卫州界所开旧沙河，因水浅行船困难。而御河因黄河水注入，今年初冬已见淤淀，河道阻滞舟船处甚多。引黄河水入御河，有害而无益。又言：前时两议清汴，已有劳费，并无成功。范子奇请求冬天不闭汴口，造成汴河冰凌拥堵决堤。如此狂妄之人，随意浪费生民膏血，却照旧升职，实属不当。（《续资治通鉴长编》卷二七八）

十一月，诏减罢浚川司勾当公事官二十二员，船一百八十五只，役兵不添给钱米。（《续资治通鉴长编》卷二七九）

十二月癸未（一日），命知制诰熊本与都水监、河北转运司官，共同勘视疏浚汴河及卫州运河利害。（《续资治通鉴长编》卷二七九）

是年，神宗下诏，以原额漕粟京东。并修运河坝闸，按时启闭以节制水流。（《宋史·河渠志》）

## 熙宁十年（1077）

二月甲午（十三日），诏，春候已深，无甚寒冻，高丽使者不久到来，令都水监于五七日内开汴口。（《续资治通鉴长编》卷二八〇）

三月甲戌（二十四日），都大提举疏浚黄河范子渊言：近闻朝廷以浚川耙于汴河试验有效，请至七八月间水流湍急时，用来疏导汴河。从之。（《续资治通鉴长编》卷二八一）

五月庚午（二十一日），诏：侍御史知杂事蔡确、知谏院黄履，确认卫州运河、疏浚黄河利弊异同，对于理曲不实之人，劾罪以闻。（《续资治通鉴长编》卷二八二）

六月二十八日，范子渊言，十八日已兴工浚汴。（《宋会要辑稿·方域

一六·汴河》）

是月，因引汴河水淤京东西田地九千余顷，诏权判都水监程师孟减磨勘一年，监丞耿琬三年，其他官员均予奖励。（《续资治通鉴长编》卷二八三）

是月，范子渊用浚川耙疏浚汴河，效果不明显。此后清汴之役[1]大兴。（《宋史·河渠志》）

七月二十四日，澶渊绝流，河道南徙，东汇于梁山张泽泺，分为二派，一合南清河入淮，一合北清河入海。灌郡县四十五，而濮、齐、郓、徐尤甚，坏官亭民舍数万，田三十万顷。诏以明年春修塞。（《宋会要辑稿·方域一四·治河二股河附》）

是月，范子渊疏浚汴河，差入内供奉官冯宗道前往监督。蔡确劾浚河事，所逮证佐二百余人，狱久不决，上颇疑。初，命宗道用耙试之汴水，宗道辞以疾，上令俟疾愈往试，宗道乃请与子渊俱，故有监督之命。（《续资治通鉴长编》卷二八三）

是月，文彦博言：臣于去年冬奏，卫州王供埽下开堤决黄河水作运河，置闸引水入御河，深为不便，以为大则决溢，小则淤淀。寻闻差官定夺利害。今黄河水入运河，果然防遏不住，决过闸口，为患甚大。详请定夺。（《续资治通鉴长编》卷二八三）

八月癸卯（二十六日），知冀州库部郎中宋昌言判都水监。（《续资治通鉴长编》卷二八四）

九月乙丑（十八日），提辖修完京城所言：准诏令御书院书写外城诸门牌额：汴河上流两岸南北水门并曰“大通”；北门改曰“宣泽”。汴河下流南水门旧曰“上善”，改曰“通津”。（《续资治通鉴长编》卷二八四、《宋会要辑稿·方域一·东京杂录》）

癸酉（二十六日），权判都水监俞充等言，汴口地方历来选任能吏，增置兵力，广聚物料，以为缓急之备。后多裁减，合具申请：汴口责任重大，就派大员管理；河阴管城县等沿夹河巡检官员已裁撤，应恢复；京西都大巡河司及汴口旧管部役不应裁减；汴口旧管、河、清三指挥辖四千人减为八百人，应当增加；汴口官吏为求奖励，一味减省工料，不顾水势，以致汴水行船困难，应当以河运是否畅通为奖励标准。神宗并从所请。（《宋会要辑稿·方域一六·汴河》）

乙亥（二十八日），诏枢密院：“程昉所买修清汴木未斥卖者，令主管官司尽付宿泗川买石段，入内供奉官曹贻孙管押上京，增修诸门。”（《续资治通鉴长编》卷二八四）

是月，范子渊用耙浚汴，冯宗道测量汴河，深于旧者，浅于旧者，不增不减者，大率三分各居其一。会荥泽河堤将溃，诏判都水监俞充往治之。充奏河欲决，赖用浚川耙疏导得完。（《续资治通鉴长编》卷二八四）

---

① “清汴之役”即引清水入汴河的工程。此前汴河以黄河为水源，汴河淤积严重，后引洛水等为汴渠主要水源，洛水泥沙含量相对较小，故称清水。

是月，侍御史知杂事蔡确言：疏浚黄河运河事，推究本末，牵连诸州县河埽官吏不少。若尽绳以法，不惟所劾者众，亦难结绝。乞不问罪。从之。（《续资治通鉴长编》卷二八四）

是月，都水监丞范子渊言：奉朝命疏浚汴河，蒙差官累行试验，效果明显。今冬疏浚汴河完工后，将耙具、舟船等全分给沿汴各地使臣。闭汴口后，河道内先检量淤淀之处，至春天放水后接续疏导。从之。（《续资治通鉴长编》卷二八四）

十月四日，提举修完京城所言，五丈河上流咸丰门南水门无名额，诏以“永顺”为额。（《宋会要辑稿·方域一·东京杂录》）

十二月，广济河辇运张士澄以攒运有功，减磨勘三年。（《续资治通鉴长编》卷二八六）

### 熙宁年间（1068～1077）

沈括受命勘测汴渠里程地势，自京师上善门至泗州淮口，共八百四十里一百三十步，京师之地比泗州高十九丈四尺八寸六分。在京城东数里之白渠中穿井，至三丈方见旧底。（《梦溪笔谈》卷二十五）

征调民夫疏浚海州（今连云港市海州区）漕渠以通盐河。（《宋史·孙洙传》）

开浙西漕渠。（《宋史·刘琦传》）

内侍程昉请求引水入新河故道。宋神宗诏当地政府派员按视，永静军（治今河北东光）判官林伸、东光县令张言举言新河地形高仰，恐危害民田。程昉认为地势最顺，宜无不便。神宗派遣刘玠、李直躬实地考察。刘玠等挺程昉之说，林伸等被贬官。（《宋史·河渠志》）

### 元丰元年（1078）

正月二十三日，大理寺丞权知都水监丞陈佑甫为颍州团练推官。权知都水监主簿、司农寺主簿史邈追两官，权知都水监丞范子渊追一官，差遣依旧。（《宋会要辑稿》职官六六·黜降官三》）

是月，赐广济河辇运司上供米十万石，付徐州淮阴军出粜，以赈水灾饥民。（《续资治通鉴长编》卷二八七）

闰正月丙子（一日），权发遣户部副使兵部郎中陈安石为集贤殿修撰河东都转运使。（《续资治通鉴长编》卷二八七）

是月，令河水稍浑即闭汴口，毋得损京东一带民田。（《续资治通鉴长编》卷二八七）

三月二日，诏都水监调节汴口水势，通接淮汴行运。其曹村黄河决口水虽已还故道，然未通顺，宜用浚川耙疏浚，三日一具疏浚情况，次第以闻。（《宋会要辑稿·方域十六·汴河》《续资治通鉴长编》卷二八八）

四月庚午（二十七日），诏赠同判都水监司勋员外郎刘琀为刑部郎中，官其一子，赐绢三百匹。上批：琀自擢置水官，累任以事，悉心公家，至于忘食。特优与赠官，厚赐其家。后河决塞，又赐帛五百。（《续资治通鉴长编》卷二八九）

五月己卯（六日），群臣上表贺塞曹村决口，河复故道。（《续资治通鉴长编》卷二八九）

是月，西头供奉官张从惠以为汴口每年开闭，修堤防，通漕仅二百余天，故建议引洛水入汴。神宗览奏，十分重视，即派遣使者勘视。（《宋史·河渠志》）

六月丁巳（五日），权都水监丞赵子渊言：请于汜水镇北门导洛水入于汴，清汴通漕，以省开闭汴口功费。诏候来年取旨。（《续资治通鉴长编》卷二九〇）

七月甲午（二十二日），管勾外都水监丞殿中丞耿琬兼提举河北淤田水利司，罢淤田司。（《续资治通鉴长编》卷二九〇）

十月戊申（七日），都水监言，历来冬至前三十日闭汴口，今岁闰月，较之常年已是深冬，虑大河冰凌为患，乞先期闭口。诏限冬至前半月闭口。（《宋会要辑稿·方域一六·汴河》《续资治通鉴长编》卷二九三）

戊辰（二十七日），诏罢左藏库副使霍舜举、西京左藏库副使王鉴提举黄汴等河榆柳，令各地使臣兼管，委都大官提举。（《宋会要辑稿·方域一五·治河下》）

十一月甲午（二十四日），提点仓场司沈希颜请岁拨籴社本钱二十万缗，付广济河辇运司籴粮赴京师，如能达到四十万石，便予酬赏。（《续资治通鉴长编》卷二九四）

是月，都水监言：请在京西差夫一万赴汴口，限一月开修河道完工。诏差七千人。（《续资治通鉴长编》卷二九四）

十二月，知都水监丞范子渊言：奉诏相视导洛通汴，今河阴县西十里引河处至洛口，地形西高东下，可以行水，请差知水事臣僚再案视。诏左谏议大夫史馆修撰直学士院安焘、入内都知张茂则同相视。（《续资治通鉴长编》卷二九五）

## 元丰二年（1079）

正月，使者勘视引洛入汴路线后，以为工费浩大，河道离黄河太近，容易发生危险，故不可为。神宗再派入内供奉宋用臣前往勘视。（《宋史·河渠志》）

二月，三司言：齐、淄等州谷贵，请辍广济河所漕谷二十万石，减价出粜。从之。（《续资治通鉴长编》卷二九六）

是月，诏入内东头供奉官宋用臣，不须候卢秉押米运到京，今河水未通，先往案视导洛通汴利害，上奏以闻。（《续资治通鉴长编》卷二九六）

三月十三日，诏发壮役兵二千，京东路厢军一千，滨、棣州修城拣中崇胜兵五指挥，并赴洛口应役。（《宋会要辑稿·方域一六·汴河》）

二十一日，诏入内东头供奉官宋用臣为都大提举，导洛通汴。时范子渊知都水监丞，言清汴工程有十利：岁省开塞汴口工费；黄河不注京城，省防河劳费；汴堤无冲决之虞；舟无覆溺之忧；人命无非横损失；四时通漕；京洛与东南百货交通；河水不再妨阻漕运；江淮漕船免为舟卒盗取官物，可减溯流牵挽人夫；沿汴巡河使臣、兵卒、薪楗皆可裁省。又言：穿渠五十二里，引洛水入汴渠，总计用工三百五十七万有奇。（《宋会要辑稿·方域一六·汴河》《宋史·河渠志》）

壬辰（二十三日），诏：近已差宋用臣导洛通汴，可令范子渊修黄河南岸毕，留卒二千，由宋用臣役使。（宋会要辑稿·方域一六·汴河》《续资治通鉴长编》卷二九七）

是月，提举河北籴便粮草王子渊言：御河船只运粮至沿边，纲船三百，用兵工近二千人，所运不及八万石。若租私船，可省一半费用，宜雇私船。三司议后，决定留纲船二百二十艘，不足可雇私船。（《续资治通鉴长编》卷二九七）

是月，宋用臣奏：请自任村沙谷口至汴口，开河五十里，引伊、洛水入汴，以节湍急之势，水深一丈，可通漕运。引古索河为源，注房家、黄家、孟王陂及三十六陂高仰处，潴水为塘，洛水不足则决以入河。又自汜水关北开河五百步，通于黄河，上下置闸，以通黄、汴二河船只。洛河旧口置水澾，通黄河，以泄伊、洛暴涨之水。古索河等暴涨，即以魏楼、荥泽、孔固三斗门泄之。计用人九十万七千有余。又乞责范子渊修护黄河南堤以防侵夺新河。（《续资治通鉴长编》卷二九七）

四月甲子（二十六日），导洛通汴工程开工。（《宋史·河渠志》）

是月，诏司农寺出坊场钱十万缗，赐导洛通汴司增给吏兵食钱，内以二万缗给范子渊为固护黄河南岸薪刍之费。（《续资治通鉴长编》卷二九七）

是月，诏导洛通汴兴工，遣礼官祭告。如河道侵占冢墓，量给钱令迁避，无主者官为瘗之。赐固护黄河南岸卒特支钱。（《续资治通鉴长编》卷二九七）

五月，都大提举制置淮南运河司上报疏浚运河官吏兵匠功状，诏予赏赐。（《续资治通鉴长编》卷二九八）

六月辛丑（四日），赐导洛通汴司筑堤役兵特支钱。（《续资治通鉴长编》卷

二九八）

戊申（十一日）导洛通汴工程完工。（《宋史·河渠志》）

己未（二十二日），诏：导洛通汴事令宋用臣主管。一年内如洛水通畅，委范子渊闭黄河水口。其沿汴淤田既非浊水，可并闭塞。并水东下，接应江淮漕运。（《宋会要辑稿·方域一六·汴河》《续资治通鉴长编》卷二九八）

是月，提举导洛通汴司言：导洛通汴共用四十五日。自任村沙谷至河阴瓦亭子，并汜水关，北通黄河，接运河，长五十一里。河两岸为堤，总长一百零三里，河所占官私地二十九顷。已引洛水入新口斗门，通流入汴，候水调匀，可塞汴口，乞徙汴口官吏、河清指挥于新开洛口。从之。（《宋史·河渠志》《续资治通鉴长编》卷二九八）

是月，罢沿汴淤田司。（《宋史·河渠志》）

七月戊辰（二日），汴口闭断黄河水，遣礼官致祭。诏：洛水入汴，已通漕，原来河水湍怒，纲运阻难，历年增派河堤使臣、河清军士、技头、水手、廨舍营房，水脚工钱及汴口每年开闭物料兵夫之费，如今均可裁省。令转运使卢秉条析以闻。（《宋会要辑稿·方域十六·汴河》《续资治通鉴长编》卷二九九）

乙酉（十九日），知都水监丞范子渊请移河阴辇运司于行庆关，兼管勾洛口。从之。（《续资治通鉴长编》卷二九九）

七月甲子[①]，闭黄河入汴口，迁徙原汴口官吏河卒至新开的洛口。（《宋史·河渠志》）

是月，都大提举导洛通汴司言，洛河清水入汴，已成河道，疏浚司依旧搅起沙泥，却致淤填，乞权罢疏浚。从之。（《续资治通鉴长编》卷二九九）

八月戊申（十三日），上批：导洛水入汴及治堤捍河，悉有成绩，可令宋用臣、范子渊详陈官员效力情况，予以赏赐。（《续资治通鉴长编》卷二九九）

是日，御史何正臣弹劾右谏议大夫直学士院安焘、入内都知张茂则，导洛通汴举措不力，各罚铜二十斤。（《宋会要辑稿》职官六六·黜降官三》）

是日，诏浚淮南运河自邵伯堰至真州河段，分二年用工。从转运司奏也。（《宋会要辑稿·方域一七·水利》）

是月，导洛通汴司言，提举在京蔡河堤岸司不按时报告工役人数，请治其罪。（《续资治通鉴长编》卷二九九）

九月丁卯（二日），知都水监丞主客郎中范子渊为金部郎中，升一任。同判都水监入内东头供奉官寄礼宾使、遥郡刺史宋用臣为寄六宅使、遥郡团练使，入内东头供奉官王修己等三十七人各进一官。因范子渊、宋用臣首议导洛水入汴及筑堤捍河毕工，故优奖之。（《续

① 元丰二年七月无甲子日，疑为六月甲子，即六月二十七日。

资治通鉴长编》卷三〇〇）

甲申（十九日），诏：东南诸路上供杂物，旧陆运者，委三司增置漕舟，皆从水运。（《宋会要辑稿·食货四七·水运》《续资治通鉴长编》卷三〇〇）

十月，都大提举导洛通汴司言：汴河纲船附载私货入京，致重船留阻。今洛水入汴，不似从前迅猛，自今以后，商货至泗州，官方置场堆垛，不许附载入汴，本司置船运至京，令输船脚钱。从之。导洛司船增至一千五百艘。（《续资治通鉴长编》卷三〇〇）

十一月辛未（七日），神宗下诏，差七千人赴汴口，开修河道。（《宋史·河渠志》）

是月，诏金部郎中权判都水监范子渊减磨勘二年，余推恩有差。以疏浚汴河有劳也。（《续资治通鉴长编》卷三〇一）

十二月，改开远门外浮桥为土桥，从提举导洛通汴司请也。（《续资治通鉴长编》卷三〇一）

## 元丰三年（1080）

正月乙丑（一日），上批：今京城附近汴河只有八尺五寸深，向东输水，重船方能通行。诏提点司商度解决。（《续资治通鉴长编》卷三〇二）

是月，三司言：以前每到清明日，发运司则发第一批运粮纲入汴。导洛入汴后，改在二月一日。去冬汴水均可通行，不必以二月为限。从之。（《续资治通鉴长编》卷三〇二）

二月，都大提举导洛通汴司宋用臣言："洛水入汴至淮，河道甚有阔处，水行散漫，故多浅涩，乞计工料修狭河。"从之。后宋用臣狭河六百里。诏给坊场钱二十余万缗，乃砍伐河边林木，以足梢桩之费。（《宋史·河渠志》《续资治通鉴长编》卷三〇二）

三月，都大提举导洛通汴司宋用臣言：近来泗州置场堆垛商货，本司承揽运输至京，请以通津水门外顺成仓为堆垛场。从之。（《续资治通鉴长编》卷三〇二）

四月十九日，前河北路转运副使陈知俭罚铜三十斤，前提点河北路刑狱韩正彦罚铜二十斤，坐河决曹村失备也。（《宋会要辑稿·方域一五·治河下》）

二十八日，诏：非导洛司只载商人私物入汴者，虽经场务收税，亦许人告，依私载法处罚。服食、器用、日用品非贩卖者，勿禁。官船可附载发箔、柴草、竹木。责巡河催纲巡检都监司监察。（《宋会要辑稿·方域一六·汴河》）

是月，三司言请运广济河所漕谷二十万石，往青、淄等谷贵处粜。从之。（《续资治通鉴长编》卷三〇三）

是月，都大提举导洛通汴司言，所狭河道欲留水面阔八十尺以上，束水水面阔四十五尺。诏狭河处留水面阔百尺。（《续资治通鉴长编》卷三〇三）

五月甲申（二十二日），改都大提举导洛通汴司为都提举汴河堤岸司。（《宋史·神宗本纪》

是月，江、淮等路发运司言导洛通汴司已修狭河道，可不再设置草屯浮堰。从之。此前汴水浅涩，发运司则以草为堰，壅水以通漕舟。（《续资治通鉴长编》卷三〇四）

是月，权江淮发运副使卢秉言：当初黄河入汴，水势湍激，纲船多有破损。今清汴流缓，应裁减水工人数。今定六百料重船，上水减二人，下水减二人；空船上水减二人，下水减三人。其余以次差减。从之。（《续资治通鉴长编》卷三〇四）

六月二十四日，参知政事章惇上《导洛通汴记》，诏以《元丰导洛记》为名，刻石于洛口庙。（《宋会要辑稿·方域一六·汴河》）

是月，都提举汴河堤岸司请求禁商人以竹木为排筏入汴贩卖。从之。（《续资治通鉴长编》卷三〇五）

是月，权判都水监张唐民请恢复黄、汴诸河岁差修河客军九千人额。从之。（《续资治通鉴长编》卷三〇五）

是月，诏真、楚、泗州各造浅底船百艘，分为十纲，入汴行运。（《续资治通鉴长编》卷三〇五）

七月，赐米三万石，疏浚苏杭州运河淤浅。（《续资治通鉴长编》卷三〇六）

是月，诏赐狭河役兵钱有差。（《续资治通鉴长编》卷三〇六）

九月，诏都大提举淤田并官庄隶属司农寺。又诏改知外都水丞南北司公事为知南北外都水丞，南北外都水丞依旧于澶州置司。（《续资治通鉴长编》卷三〇八）

十月，都水监言：奉旨改导洛通汴司为都提举汴河堤岸司。凡系汴河公事，请令全面管勾。从之。（《续资治通鉴长编》卷三〇九）

十二月，都提举汴河堤岸司言：泗州普济院，自元丰二年七月洛水入汴，至三年闰九月止，得流尸五百四十具，比常年减一千五百具。盖以安流之故。（《续资治通鉴长编》卷三一〇）

## 元丰四年（1081）

正月，北外都水丞陈祐甫言：滹沱河熙宁八年以后长期泛滥，深州诸邑为患甚大。如何排水，诸司意见不一，繁文往复，无所适从。请求朝廷作出决策，限期完成。神宗诏河北屯田转运司会同北外都水丞司考察决定。（《宋史·河渠志》）

四月，都大提点在京仓场司言：汴河粮纲岁运六百余万石，司农寺起发淮、浙四十余万石，于沿汴仓分纳。乞于万盈、广衍两仓增廒屋四百间。诏遣开封府推官曾孝廉按视，具图以闻。（《续资治通鉴长编》卷三一二）

五月甲寅（二十八日），知审官东院通议大夫吕公孺兼权判都水监，代张唐民。（《续资治通鉴长编》卷三一二）

是月，恩州言：河决澶州，注入御河，本州极危。请以州界诸埽梢草及河清兵，移赴本州。其北岸都大使臣并诸埽巡河使臣亦请令赴本州部署工役。从之。（《续资治通鉴长编》卷三一二）

六月己巳（十四日），入内东头供奉官勾当御药院窦仕宣言：小吴决口，下至乾宁军扑桩口，沿河东北流，与御河、胡芦、滹沱三河合流，深恐涨水之际，堤防难限。请令都水监确定如何作修筑堤防限隔。李立之测度后言：三河别无排水出路，须当合黄河行流。从之。（《宋会要辑稿·方域一七·水利》《续资治通鉴长编》卷三一三）

是月，判大名府王拱辰请依朝旨不闭黄河决口，修缮旧河并横垅故道，分流三四分。东归二河，北行新河，下接漳、御、滹沱等河，由九河旧迹入海。大势既分，每条河只受水三二分，岂有湍悍满溢之理？请选明习水事近臣，分巡案视。不从。（《续资治通鉴长编》卷三一三）

七月戊戌（十三日），诏自今汴河水涨及一丈四尺以上，即令于地形低下可以纳水处决堤排水。（《续资治通鉴长编》卷三一四）

八月，都大提举汴河堤岸司宋用臣言：本司沿汴及京城所有房屋均召人租赁，纳官课。（《续资治通鉴长编》卷三一五）

### 元丰五年（1082）

二月十一日，诏罢广济河辇运司及京北排岸司，移上供物于淮阳军界入汴运输，以清河辇运司为名，差朝奉郎张士澄都大提举差。[1] 先是，京东路转运司言：广济河用无源陂水，常置渠以通漕，岁上供六十二万石。欲移人、船于淮阳军界，临汴水建仓三百楹，置辇运司，隶转运司，岁减船三百五十只、兵工二千七百人、纲官典三十三

① 《宋史·河渠志》载此事为三月癸亥。按：三月无癸亥日，当为二月癸亥，即二月十一日。

人、使臣十一人，钱八万二千缗。下提点刑狱司按实，以为如转运司言，广济河所置京北排岸司，并罢之。（《宋会要辑稿·食货四三·宋漕运三》）

是月，提举汴河堤岸司言：下水空船载私货，大理寺按律不治罪，有害本司课利。请今后下水船私载货者，并依私载法治之。从之。（《续资治通鉴长编》卷三二三）

是月，提举河北堤防司言：黄河自恩州临清县西向东入御河，至恩州城下，水行湍悍，御河不能容。今欲趁河水未涨以前，闭塞河口，并归大河。诏如不碍漕运及灌注塘泺，即依所奏施行。（《续资治通鉴长编》卷三二三）

三月，提举汴河堤岸宋用臣言：金水河透水槽阻碍上下汴舟，令臣相度措置。已行按视，可以自汴河北岸超字坊开河一道，径咸丰门合金水河，将金水河自板桥石斗门东开河一道，引水至金明池西北三家店湾，还入汴河。其旧透槽可废撤。从之。（《续资治通鉴长编》卷三二四）

是月，提举河北黄河堤防司言：御河狭隘，堤防薄弱，不能通纳黄河分水，恩州城池可忧。御河纲运，惟通恩、沧、永静、乾宁，自可转入大河，应闭截徐曲来水，并入大河为便。从之。（《续资治通鉴长编》卷三二四）

六月，诏：已拆金水河透槽，回水入汴，自汴河北引洛水入禁中，以天源河为名。先是，京、索河水在汴南，在汴堤上筑槽，北跨汴以过水，然舟至即启槽，颇妨舟行。时既导洛通汴，乃自城西超字坊引洛立堤，凡三千零三十步，水遂入禁中而槽废。（《续资治通鉴长编》卷三二七）

七月，御史王植言：废广济河辇运，自清河转淮、汴入京，臣询之京东官员人等，皆以为不便。如广济安流而上，与清河溯流入汴，远近险易较然有殊。望更体量。诏令转运、提点刑狱、提举辇运司，以旧广济河并今清河行运比较利害。（《续资治通鉴长编》卷三二八、《宋史·河渠志》）

是月，提举河北黄河堤防司言：御河不足以容纳大河分水，请令纲运转入大河，封闭御河，疏通曲折之处。从之。（《宋史·河渠志》）

八月癸酉（二十四日），前河北转运副使周革言：熙宁中，程昉于真定府中渡创设浮桥，费用较以往增加数倍，请求每年八九月以板桥代替，至四五月即拆去，用船渡河。从之。（《宋史·河渠志》）

九月壬辰（十四日），手诏：黄河决于原武，深以为忧，令汴河堤岸司兵五千人，全力修堵。（《续资治通鉴长编》卷三二九）

十月辛亥（四日），提举汴河堤岸司言：洛口广武埽大河水涨，沦塌堤岸，坏下闸斗门。万一入汴，人力难以应付。且临近都城，不可不深虑。诏都水监官速往照管。（《续资治通鉴长编》卷三三〇）

是月，狭河工毕。（《宋史·河渠志》）

十二月，朝散郎发运司粜籴斛斗郑佶减磨勘三年，前西头供奉官除名勒停，黄州编管人张从惠减一赦叙。并以尝经营汴口，建议导洛入汴。（《续资治通鉴长编》卷三三一）

是月，提举汴河堤岸司言：汴河堤岸起元丰三年四月修筑，至今年十月八日毕工。诏都水监官覆视。（《续资治通鉴长编》卷三三一）

是月，都大提举汴河堤岸司言：准朝旨，为原武埽闭合水口，见增防堰，令本司权闭断魏楼、孔固、荥泽斗门五七日。自闭合三斗门，汴水增涨，今自开远门浮桥以上冰凌堵塞河道，水与岸平，望速开启沿汴斗门，并请察看京西汴河两岸是否有溃水处，即决堤分减水势。诏：如实危急，即依奏。（《续资治通鉴长编》卷三三一）

是年，王存迁龙图阁直学士知开封府，当时京师有沿河居民盗挖汴河堤防以扩大居住面积事，令其培筑，不久又恢复原样。王存得皇帝许可后，即时整顿。京城居民欢呼相庆。（《宋史·王存传》）

## 元丰六年（1083）

正月，开龟山运河，役夫十万，二月完成。[①] 河长七十五里，宽十五丈，深一丈五尺。（《宋史·河渠志》）

二月二十七日，都提举汴河堤岸司言：本司相度，通津门外汴河距自盟河咫尺，自盟河下流入淮，欲置水磨百盘，放退水入自盟河。从之。（《宋会要辑稿·食货八·造水硙》）

四月三日，都水监丞李士良自劾：沧州清池埽旧以御河西岸作黄河新堤，地低下，不能制水，已用御河东堤治为黄河大堤。诏不治其罪。（《宋会要辑稿·方域一五·治河下》）

闰六月十二日，步军副都指挥使刘永年言：汴水涨及一丈三尺，已令正防河兵二十八指挥分列于河两岸。如继续涨水，则需增加河兵一千人。乞求各地依救火法，于近便处增发三两指挥。从之。（《宋会要辑稿·方域一六·汴河》）

是日，汴水溢。（《宋史·神宗本纪》）

八月六日，江淮等路发运副使蒋之奇奏洪泽河可开工兴修。陈祐甫言：当年田棐任淮南提刑官时，曾开挖淮阴至洪泽湖一段河道，洪泽湖以上河段尚需开挖五十七

① 《宋史·河渠志》：元丰六年正月戊辰开龟山运河，二月乙未告成。按：元丰六年正月无戊辰日，二月亦无丁未日。《玉海》卷二二《咸平运渠图》记开龟山运河事：元丰六年正月始事，二月乙卯奏功。二月乙卯即二月初九日。

里，二百五十九万七千，役民夫九万二千，兵夫二千九百，麦米十一万斛，钱十万缗。诏限一月开工，令蒋之奇、陈祐甫同提举。（《宋会要辑稿·方域一七·水利》）

二十二日，都水使者范子渊追一官，知河阳张问罚铜二十斤。子渊坐开河奏死亡人数不实，问坐上书有误。（《宋会要辑稿·职官六六·黜降官三》）

是月，为导洛通汴，范子渊请求于武济山[①]麓至黄河岸并嫩滩[②]上修堤置埽，又在新河南岸筑堤，期五个月完成。从之。（《宋史·河渠志》）

九月丙午（四日），都大提举清河辇运司等请求以旧广济河及清河行运。诏：除雾泽陂水外，令工部寻求其他水源接济广济河行运。（《续资治通鉴长编》卷三三九）

戊申（六日），权发遣京东路转运副使吴居厚为天章阁待制京东都转运使。（《续资治通鉴长编》卷三三九）

丁巳（十五日），尚书户部侍郎蹇周辅言：多次上奏，请求不要关闭御河徐曲口，以便漕运及商旅舟船通行到北部边地。诏本路安抚提点刑狱司与州官测度。（《宋会要辑稿·食货四三·宋漕运三》）

十月，都提举司言：汴水增涨，京西四斗门不能分减，以致决堤。今距京城较近的只有孔固斗门可以泄水，下入黄河。若孙贾斗门，虽可泄入广济河，然下尾窄狭，排水困难。请于万胜镇旧减水河、汴河北岸修立斗门，开挖旧河，创开新河一道，下流入刁马河。役夫一万三千六百四十三人，一月可毕工。诏从其所请。（《宋史·河渠志》）

十一月，宋用臣言：遵旨岁运粮百万石赴西京，如今洛水安流，诚可通漕。已截拨东河粮纲至洛口，以浅船装载下卸。从之。（《续资治通鉴长编》卷三四一）

是年，户部侍郎蹇周辅请疏御河以通漕运。当时每有一议，朝廷辄下令水官考察商议，迄莫能定。河道工程多处失修。小吴埽决口，黄河北流。御河多次决口泛滥，河道淤塞。金水河透水槽阻碍汴河行舟，神宗派宋用臣勘视，宋请求自板桥别开一河，引水北入于汴，后并未实行。乃由副堤河入于蔡，因源流深远，与永安青龙河汇合，赐名天源河。（《宋史·河渠志》）

## 元丰七年（1084）

三月乙卯（十六日），江淮等路发运副使朝奉大夫蒋之奇，都水监丞承务郎陈祐甫，各迁两官。上批：闻所开龟山运河，于漕运往来免风涛百里沉溺之患，其本建言及董役成者，令司勋第赏以闻。（《续资治通鉴长编》卷三四四）

---

① 武济山在荥泽县（今河南郑州西北）河阴，乃广武山支脉。

② 河槽内经常漫水冲淤、植物难以生存的滩地称嫩滩。

四月辛卯（二十二日），神宗诏，范子渊所修直河无用，徒费工料以数十万计。诏子渊降一官。（《续资治通鉴长编》卷三四五）

是月，武济河溃。（《宋史·河渠志》）

七月辛丑（四日），新河东转运副使范纯粹为右司郎中。右司员外郎承议郎孙览为河东转运副使。（《续资治通鉴长编》卷三四七）

甲辰（七日），伊河、洛河溢决。（《宋史·神宗本纪》）

丁未（十日），知河南府韩绛言：近被水灾，自大内天津桥、堤堰、河道、城壁、军营、库务等皆倾坏，闻转运司财用匮乏，必难办理。请允许臣总领，赐钱十万缗，发诸路役兵三四千人。诏转运司在经费余钱中支十万，役二千人，如不足，即雇工。（《宋会要辑稿·方域一·西京杂录）

辛酉（二十四日），权发遣江淮等路发运副使蒋之奇直龙图阁。（《续资治通鉴长编》卷三四七）

是月，诏：西河下水载谷的私船，应交纳力胜钱，诈匿不交者，以不输物数论。如非提举汴河堤岸司船只，载西河盐、枣、谷、陶器、皂荚过西京及入汴者，虽经场务纳税，许人告发，罪、赏依私载法。都大提举汴河堤岸宋用臣请下户部，着为令。（《续资治通鉴长编》卷三四七）

八月丙戌（十九日），都大提举汴河堤岸司言：京东地富谷粟，可以漕运，但广济河水浅不能通舟。本司近修狭京东河岸，开斗门通广济河，为利甚大。今欲于通津门里汴河东城里三十步内，令修城兵开河一道，取土修城，斗门上安水磨，下通广济河，可以行运。从之。（《宋会要辑稿·方域一六·广济河》《续资治通鉴长编》卷三四八、《宋史·河渠志》）

十月，疏浚真州至楚州运河。（《宋史·神宗本纪》）

## 元丰八年（1085）

五月，诏罢岁运粮一百万石赴西京。先是，导洛通汴，舟楫可入洛，诏运东南粟以实洛下，至是，户部奏罢之。（《续资治通鉴长编》卷三五六）

是月，诏提举汴河堤岸司隶都水监。（《续资治通鉴长编》卷三五六）

十一月，朝议大夫鲜于侁为京东转运使。（《续资治通鉴长编》卷三六一）

是月，寿州寿春县令充曹州教授周谞言：广济河实京师漕运三河之一，下则通于江、淮、二浙，有无相易，以通京师，京东之民赖此为业者众。自宋用臣用清汴之策，京东钱谷自济入泗，由泗入清汴而达于京师，道路迂远。臣请恢复广济河水运，

则不但便于上供，而京东之民亦得蒙其利。诏户部相度条析利害奏闻。（《续资治通鉴长编》卷三六一）

神宗时（1068～1085）

导洛通汴，拦截洛水，使之不得流入城中，洛阳人生活十分不便，叫苦不迭。文彦博使人了解情况后上奏皇帝，神宗诏令使之如往常一样通行城中。遂为洛阳无穷之利。（《宋史·文彦博传》）

时久雨汴涨，议开长城口。应都水丞刘彝的请求，只开启杨桥斗门，大水即退去。（《宋史·刘彝传》）

## 哲宗朝（1086～1100）

元祐元年（1086）

正月十四日，中书省言，查得宋用臣导洛通汴并京城所出纳违法等事。诏宋用臣降授皇城使，监滁州酒税。（《宋会要辑稿·方域一六·汴河》）

闰二月辛亥（二十三日），右司谏苏辙言：近岁京城外创置水磨，致使汴水浅涩，阻隔官私舟船。其东门外水磨，下流汗漫无归，浸损民田，一二百里内均受其害。汴水浑浊，易使河道淤浅，每年挑河，费用甚大。闻水磨每年收入不过四十万贯，前户部侍郎李定以此课利，惑误朝听。小人浅陋，伤民误国，不以为愧。今水患近在国门，而恬不为怪，减耗汴水，行船不便，乞废罢官磨。（《宋史·河渠志》）

三月十九日，三省言：前因李察等言废罢广济河辇运司，改置清河辇运司，道路明显迂远。诏知棣州王谔措置恢复。（《宋会要辑稿·方域一六·广济河》）

是月，都水监言，当年广济河以京、索河为源，转漕京东物资。今欲依旧制，于宣泽门外置槽架水，流入咸丰门里，入旧河道，复广济河源以通漕运。哲宗准其所议。①（《宋史·河渠志》）

五月，权江淮荆浙等路制置盐矾兼发运副使朝议大夫直龙图阁蒋之奇为天章阁待制知潭州。（《续资治通鉴长编》卷三七七）

六月，两浙转运使许懋为秘阁校理，知福州。（《续资治通鉴长编》卷三七九）

---

①《续资治通鉴长编》卷三七四系此事于是年四月。

七月，秘书少监顾临直龙图阁，为河东路转运使。（《续资治通鉴长编》卷三八四）

八月癸巳（八日），朝请郎王谔为水部郎中。（《续资治通鉴长编》卷三八五）

辛亥（二十六日），右司谏苏辙言：日前朝廷令都水监差官调查中牟、管城等县水柜，凡退出之地皆还本主，水占者以官地还之，无田可还，即给原直。但水占之地今无地可还，而退出之田，也因为靠近水柜，长期为水浸淫，不能耕作。知郑州岑象求近奏称：自宋用臣兴置水柜以来，从来未曾取水以灌注清汴，汴水自足，不废漕运。故请求废除水柜，使失业之民回归土地。（《宋史·河渠志》）

是月，朝议大夫、直龙图阁、江淮等路发运使蒋之奇为集贤殿修撰，知广州。（《续资治通鉴长编》卷三八五）

十月，哲宗下诏，斥责祥符雾泽陂募民承佃、增置水柜。同意刘挚、苏辙等所奏，废中牟、管城等县水柜。（《宋史·河渠志》《续资治通鉴长编》卷三九〇）

十一月壬申（十八日），司农少卿马默为河东路转运使。（《续资治通鉴长编》卷三九一）

是月，因恢复广济河漕运，故户部言：废止都大提举清河辇运司之名，恢复广济河都大管勾催遣辇运司。（《续资治通鉴长编》卷三九一）

是月，相度河北水事张问言，请于南乐、大名埽处开直河及引河，分引水势，以解北京以下水患。（《续资治通鉴长编》卷三九一）

十二月（二十二日），诏广济河都大管勾催造辇运，三十月为任。（《宋会要辑稿·方域一六·广济河》）

元祐二年（1087）

正月己卯（二十六日），左谏议大夫兼权给事中鲜于侁言：蔡河拨发催纲司督促京西、淮南粮运，以供畿内，半年不能来回。请令催纲司立赏罚之法，使人自为功。（《续资治通鉴长编》卷三九四）

三月，中大夫集贤殿修撰河北都转运使李之纯为宝文阁待制，知瀛州。（《续资治通鉴长编》卷三九六）

是月，朝议大夫直龙图阁试司农少卿范子奇为河北路都转运使。（《续资治通鉴长编》卷三九六）

是月，降授朝散大夫王孝先为都水使者。（《续资治通鉴长编》卷三九六）

十一月甲戌（二十六日），户部侍郎张颉为宝文阁待制河北路都转运使。（《续

资治通鉴长编》卷四〇七）

是月，两浙转运副使朝请大夫韩晋卿知滁州，两浙转运判官朝散郎叶伸为转运副使。（《续资治通鉴长编》卷四〇七）

冬，始闭汴口。（《续资治通鉴长编》卷四〇七）

## 元祐三年（1088）

三月，金部员外郎范锷为京东路转运副使。（《续资治通鉴长编》卷四〇九）

四月，承议郎权发遣河北路转运副使唐义问徙河东路。（《续资治通鉴长编》卷四〇九）

七月戊辰（二十四日），诏：洛口堤础口遇涨，水监轮官往来检察。今后每遇春首，令工部取旨，下吏部，依旧例差使臣取索牢固文状，报尚书省。（《续资治通鉴长编》卷四一二）

## 元祐四年（1089）

二月，吏部侍郎范百禄等言：请罢外都水丞司，令转运使副、判官兼制置河防公事。诏户部、工部，限半月同共相度以闻。（《续资治通鉴长编》卷四二二）

五月乙未（二十六日），朝散郎权发遣两浙路转运副使叶伸为都官员外郎。（《续资治通鉴长编》卷四二八）

是日，龙图阁待制知瀛州蔡京为江淮荆浙等路发运使。（《宋会要辑稿·职官六十七·黜降官四》）

六月癸亥（二十四日），翰林学士苏辙兼吏部尚书，权河北路转运使。宝文阁待制蒋之奇为河北路都转运使。（《续资治通鉴长编》卷四二九）

乙丑（二十六日），知陈州胡宗愈言：本州地势卑下，秋夏之间，许、蔡、汝、邓、西京及开封诸处大雨，则诸河之水并由陈州沙河、蔡河同入颍河，颍河不能容受。今沙河、蔡河汇入颍河处，有古八丈沟可以开浚，分决蔡河之水，由颍、寿界入于淮，则沙河之水虽涌，不能壅遏。诏府界提刑罗适按宗愈所奏施行。（《宋会要辑稿·方域十七·水利》）

七月丙申（二十八日），江淮荆浙等路制置发运使龙图阁待制蔡京知扬州。（《续资治通鉴长编》卷四三〇）

是月，诏复置外都水使者，令河北路转运使谢卿材兼领。（《续资治通鉴长编》卷四三〇）

八月己酉（十二日），河北路转运使兼都水使者谢卿材为河东路转运使，直龙图阁范子奇为集贤殿修撰、充河北路都转运使兼外都水使者。（《续资治通鉴长编》卷四三一）

是月，提举河北籴便粮草郭茂恂为度支员外郎，都水监丞郑祐提举河北籴便粮草。（《续资治通鉴长编》卷四三二）

十月六日，左谏议大夫梁焘等言：请约束各路监司及都水官吏，凡修河所用物料，除朝廷提供外，并须和买，不得扰民。从之。（《宋会要辑稿·方域十五·治河下》）

十二月，御史中丞梁焘言：引洛通汴，闻其说可喜，考其实可惧。黄河一旦溃入洛水，为害甚大。今应恢复汴口，依旧引黄河水入汴。诏宋用臣等覆案以闻。（《续资治通鉴长编》卷四三六）

是月，京东转运司言：徐州吕梁、百步两洪湍浅险恶，多坏舟楫，水手纤夫百般盘剥，以至商贾不行。朝廷已委派齐州通判滕希靖、知晋陵县赵竦勘察地势，穿凿水道。若开修月河，石堤上下置闸，以时开闭，通放舟船，实为长利，乞遣使监督兴修。从之。（《宋史·河渠志》）

是年，知润州林希奏于吕城堰置上下闸，以时启闭。其后京口、瓜洲、奔牛皆置闸。（《宋史·河渠志》）

是年，复置修河司。（《宋史·河渠志》）

### 元祐五年（1090）

二月，诏都水使者吴安持提举开修减水河。（《续资治通鉴长编》卷四三八）

是月，诏南外丞司修河人夫及开浚京城壕雇夫，暂时停罢。（《续资治通鉴长编》卷四三八）

七月，京东路转运副使范锷为金部员外郎。（《续资治通鉴长编》卷四四五）

八月，户部言：“广济河粮纲有欠应折会者，依汴河条，岁注于籍。”从之。（《续资治通鉴长编》卷四四六）

九月丁亥（二十六日），河北转运判官陈佑之罢兼权北外都水丞。提举河北籴便粮草郑佑，罢提举照管深州并焦家山公堤道。右宣德郎孙迥知北州都水丞，提举北流。右宣德郎李伟权发遣北外都水丞，提举东流。（《续资治通鉴长编》卷四四八）

十月癸巳（二日），导黄河水入汴。[①]（《续资治通鉴长编》卷四四九）

---

① 《续资治通鉴长编》原注：《玉牒》有此，《实录》无之。

是月，诏罢都提举修河司。（《续资治通鉴长编》卷四四九）

十二月癸巳（三日），罢修河司。诏导黄河水入汴。[①]（《宋史·哲宗本纪》《续资治通鉴长编》卷四四九）

## 元祐六年（1091）

正月壬午（二十二日），左朝议大夫直龙图阁河东路都转运使范子奇为集贤殿修撰，知河阳。（《续资治通鉴长编》卷四五四）

是月，左朝议大夫直秘阁河东路转运使谢卿材直龙图阁，为京东路都转运使。右朝奉郎京西路转运通判官张景先为陕西路转运判官。（《续资治通鉴长编》卷四五四）

三月乙亥（十六日），权发遣河东路转运使林旦面辞，赐三品服。（《续资治通鉴长编》卷四五六）

四月庚戌（二十一日），刑部言：御河粮纲，初系六十分重难差遣，后因河道平稳，改作六十分优轻。今小吴决口，黄河水灌入，水势险恶，请复为重难。从之。（《续资治通鉴长编》卷四五七）

五月，左朝请郎京西路转运副使彭次云，辞新除河北路转运副使之命。（《续资治通鉴长编》卷四五八）

闰八月庚午（十四日），左朝奉大夫集贤校理太仆卿杜常为河北路转运使。（《续资治通鉴长编》卷四六五）

九月二十二日，河北都转运使蒋之奇罢，新除刑部侍郎。以中书舍人孙升言：之奇昔为御史，以阴私事中伤所举之人欧阳修，故有是命。（《宋会要辑稿·职官六七·黜降官四》）

十一月丁亥（三日），左朝散郎、祠部郎中杨康国为京东路转运副使。左朝请郎河北转运副使秦中为金部员外郎。（《续资治通鉴长编》卷四六八）

十二月庚辰（二十六日），诏都水使者吴安持再任。（《续资治通鉴长编》卷四六八）

## 元祐七年（1092）

三月，吏部郎中赵偁权河北路转运副使。（《续资治通鉴长编》卷四七一）

四月戊午（六日），诏南北外两丞司管下河埽，令河北京西转运使、副、判官，府界提

---

① 此条内容与是年十月癸巳条重复，是前已实行，后复下诏，还是记载有误，难以详考。

点，各分认地界，兼管勾南北外都水公事。（《续资治通鉴长编》卷四七二）

六月丁丑（二十五日），河东路转运使集贤校理杜常提举崇福宫。（《续资治通鉴长编》卷四七四）

十月，诏以大河东流，都水监使者吴安持赐三品服，北都水监丞李伟于任满日令再任。（《续资治通鉴长编》卷四七八）

十一月三日，权知乾宁军张元卿言：本军当诸河之冲，堤埽不可不治。诏乾宁军埽岸，令工部从都水监测度，近里州军依例科夫工役，不得过三百人。如工役稍大，本军夫不足，即令都水监那融调配。（《宋会要辑稿·方域一五·治河下》）

是年，苏轼知扬州，请求准许漕夫载运私货。原来发运司主管东南漕运，听任漕夫私载货物，故其富厚，以官船为家，补其弊漏，所载漕粮诸物，皆能速达京城。后来一切禁止，不许船夫挟带私货，舟弊人困，常盗窃所载货物以济饥寒，公私皆病。苏轼上疏请求恢复旧制。哲宗从之。（《宋史·河渠志》）

## 元祐八年（1093）

三月，河东路转运副使朱勃为右正言。（《续资治通鉴长编》卷四八二）

四月戊申（二日），左朝请郎权发遣湖州张询就差河东路转运副使。（《续资治通鉴长编》卷四八三）

五月，国子司业赵挺之为京东路转运副使。（《续资治通鉴长编》卷四八四）

六月甲戌（二十八日），都水使者吴安持为太仆卿。（《续资治通鉴长编》卷四八四）

是月，都水监丞鲁君贶为水部员外郎。（《续资治通鉴长编》卷四八四）

## 元祐年间（1086～1094）

苏轼上奏：往年运河淤塞，三五年疏浚一次。运河穿行杭州城中，每一兴工，市肆汹动，公私骚然。最近以捍江兵士及诸色厢军一千人，开浚茅山、盐桥二河各十余里，皆深八尺，公私舟船通行顺利。但潮水日至，淤塞依然严重。若在钤辖司前置一闸，每遇涨潮，则暂闭此闸，候潮平水清复开，则河过城中，永无潮水淤塞之患。哲宗下诏，从其请。民甚便之。[1]（《宋史·河渠志》）

---

① 苏轼元祐四年到六年知杭州府，其开河事当在此期间。

提举汜水辇运李仲上言，自宋用臣导洛清汴，在黄河沙滩上创置堤埽，到今十余年间，屡生危急。诸埽在京城河道上游，若不别为之计，恐患起不测，思之令人胆寒。如果弃去诸埽，开拓河道，恢复元丰二年以前河防，不仅省费用，宽民力，而且河流无壅遏决溢之患。请求派遣熟悉水利的官员勘测施行。又请求重新设置汴口，依旧以黄河水为汴河水源，罢去清汴闸口。（《宋史·河渠志》）

## 绍圣元年（1094）

七月辛丑（二日），广武埽危急。诏都水监丞冯忱之勘察，筑拦水签堤。后命吴安持、王宗望督众兴工修筑。

癸丑（十四日），诏：差权户部侍郎吴安持乘传往广武埽及洛口措置救护，如刷尽堤身，可闭洛口，应测度可不可以全闭。不全闭，如何节限水势，可保不致冲决？如全闭，如何引水入汴？（《宋会要辑稿·方域一五·治河下》）

丁巳（十八日），上谕执政曰：河埽久不修，故几坏者数处。昨日报洛水大溢，注于河，若广武埽坏，大河与洛水合而为一，则清汴不通矣。京都漕运殊可忧，宜亟命吴安持与王宗望同力督作。（《宋会要辑稿·方域一五·治河下》）

丙寅（二十七日），吴安持言：广武第一埽危急决口，与清汴绝近。洛河之南，去广武山千余步，地形稍高，可自巩县东七里店至今洛口间，开新河十里，导洛水南行。诏令吴安持等继续勘测。（《宋史·河渠志》）

十一月十三日，知南外丞李伟言：汴河贯京都，下通淮泗，自元祐以来屡危急，今岁特甚。疏导武济河下尾，可以缓解汴河下注京城之患。诏宋用臣、陈祐甫覆按以闻。（《宋会要辑稿·方域一五·治河下》）

十二月甲午（二十七日），户部尚书蔡京言：东南漕运上供物至者十无二三，而汴口已闭。臣责问提举汴河堤岸司杨琰，乃称自元丰二年至元祐初，八年之间未尝堵塞汴口也。诏依元丰条例施行。（《宋史·河渠志》）

是年，洛水溢。（《宋史·哲宗本纪》）

## 绍圣二年（1095）

正月庚戌（十三日），宋用臣言：元丰间四月导洛通汴，六月放水，四时行流不绝，遇冬有冻，即督沿河官吏破冰通流。自元祐二年以来，冬深辄闭塞洛河口，致汴河水流涸竭，殊失开导清汴本意。今欲卜日破冰，放水入汴河，永不闭塞。及冻解，可将京西五斗门减

放，以节水势。从之。（《宋史·河渠志》）

三月七日，户部言：元丰都提举汴河堤岸司总领水磨事，后堤岸司令废归都水监，请依元丰旧制，置都提举汴河堤岸司。诏提举茶场水磨官兼提举汴河堤岸，自洛至京城调节汴水，应副茶磨，不得有妨东南漕运。（《宋会要辑稿·食货八·造水硙》）

六月二十四日，江淮等路发运司言：汴河粮纲超过八千石以上。或不满八千石，抛欠满四百石至六百石者，押纲人及使臣乞勒充重役冲替，展磨勘三年。从之。（《宋会要辑稿·食货四三·宋漕运三》）

十一月二十一日，江淮等路发运副使张珣言：请添置汴纲通作二百纲。从之。（《宋会要辑稿·食货四三·宋漕运三》）

是年，哲宗从工部之请，诏武进、丹阳、丹徒县令、佐，及时检查修护沿河堤岸及石础，任满考核，视其勤惰而赏罚之。（《宋史·河渠志》）

是年，知丹阳县苏京重浚练湖。（《江南通志》卷六四）

## 绍圣三年（1096）

四月，河北都转运使吴安持奏：黄河改道东流，御河不再受其危害，可重新疏通之。诏派前都水丞李仲，前往督众开河导流。（《宋史·河渠志》）

## 绍圣四年（1097）

闰二月，杨琰请求依元丰时期的做法，放洛水入京西之大白龙坑及三十六陂，充作水柜，蓄水以助汴河行运。哲宗下诏，令贾种民同杨琰测度占用土地数量以及所用人力财物情况，报告朝廷。（《宋史·河渠志》）

四月，水部员外郎赵竦请疏浚十八里河[①]，令贾种民前往吕梁洪、百步洪，与发运、转运司官员共同勘察利害，报告朝廷。（《宋史·河渠志》）

五月乙亥（二十二日），都提举汴河堤岸贾种民言：元丰改汴口为洛口，称汴河为清汴，原因是以洛水为水源，同时置水柜蓄清水以备浅涩。元祐年间，又分引黄河浑水流入洛口，于是难以调节入汴水量。请依元丰之例，恢复清汴。疏浚河道，通放

① 由文意判断，十八里河距徐州附近的吕梁洪、百步洪不远，有人认为《元丰九域志》中所记临淮县、淮阴县十八里河镇由十八里河得名，此河乃唐代开元二十七年在淮阴县所开之新广济河，参见郁越祖：《十八里河考》，复旦大学中国历史地理研究所：《历史地理研究》第1辑，上海：复旦大学出版社，1986年。

洛水，依旧置洛口斗门。从之。（《宋史·河渠志》）

是月，两浙转运副使张绶知洪州，知苏州贾青权两浙转运副使。（《续资治通鉴长编》卷四八八）

九月一日，诏：两浙连年干旱，本路运河如有填淤处，拨给雇值，募人开浚。（《宋会要辑稿·方域一七·水利》）

十一月辛酉（十一日），户部郎中提举水磨茶场娉迥言：请于京东水门外沿汴河两岸，按旧址修置茶磨。从之。（《宋会要辑稿·食货八·造水硙》）

乙丑（十五日），京东路转运副使吕升卿徙河北路。（《续资治通鉴长编》卷四九三）

丙子（二十六日），江淮荆浙等路发运副使直龙图阁张商英为太常少卿。（《续资治通鉴长编》卷四九三）

十二月，诏：京城内汴河两岸，各留一丈五尺堤面，官私不得侵占。侵占京城内堤岸者，可至开封府告发，告发者给赏钱。京城内汴河堤岸人户如有侵占河堤者，可至都提举汴河堤岸司告发。（《宋史·河渠志》《续资治通鉴长编》卷四九三）

## 绍圣年间（1094～1098）

苏京知丹阳县，召募丹阳民夫，重浚练湖，易置斗门十数座。（《江南通志》卷五八）

## 绍圣五年、元符元年（1098）

正月，知润州王愈建言：吕城闸宜单水入澳，灌注闸身以济舟。若船只积聚甚多而力不给，允许适量差派牵驾兵卒并力为之。监官任满，水无走泄者赏，水少而随意开闸者罚。守贰、令佐常视察之。诏可。（《宋史·河渠志》）

二月，哲宗下诏，苏、湖、秀州三地，凡开治运河、港浦、沟渎，修筑堤岸，设置斗门、水堰等，允许役使开江兵卒。[①]（《宋史·河渠志》）

是月，枢密院言：日前开修御河，塘泺与御河接近，可以因便修葺。（《续资治通鉴长编》卷四九四）

三月甲寅（五日），江淮发运使王宗望因楚州沿淮至涟州风急浪大，船多覆溺，乃开挖楚州支家河，导引涟水与淮水相通。后经工部奏请，赐名通涟河。（《宋会要辑稿·方域

① 北宋嘉祐四年设置开江兵，置吴江、常熟、昆山、城下四指挥，各有兵卒二百人，后又有增加。其职责是兴修水利工程，如开挖运河，修治沟渎，修筑堤岸、闸坝等。参见淮建利：《宋朝厢军研究》，郑州：中州古籍出版社，2007年，第184～186页。

一七·水利》、《宋史·河渠志》《宋史·王宗望传》)

四月，工部言：请复置都提举汴河堤岸司，沿河经划，上奏朝廷，并关报工部。从之。(《续资治通鉴长编》卷四九七)

五月二十七日，发运副使张商英减磨勘一年，淮南转运副使张元方赐帛。以修支河毕功故也。[①](《宋会要辑稿·方域一五·治河下》)

六月，都提举贾种民修汴河归。汴河漕运困难，雨后稍通。哲宗欲建水柜，贾种民不欲毁百姓房舍坟墓，故未修建。哲宗指责贾种民措置乖方。(《续资治通鉴长编》卷四九九)

七月，江淮荆浙等路发运副使吕仲甫为直秘阁，知荆南。户部郎中任公裕为江淮荆浙等路发运副使。(《续资治通鉴长编》卷五〇〇)

八月己卯(四日)，诏朝请郎河北东路提点刑狱李仲为朝奉大夫，以开御河赏劳也。(《续资治通鉴长编》卷五〇一)

九月十九日，水部员外郎曾孝广言：今河事已付转运司，责州县共力救护北流堤岸，则北外都水丞别无职事，请并归转运司。从之。(《宋会要辑稿·方域一五·治河下》)

十月二十三日，新除京东路转运判官秦定知濠州。(《宋会要辑稿·职官六七·黜降官四》)

## 元符二年(1099)

正月丙寅(二十三日)，朝奉大夫、知曹州吕孝廉为京东转运副使。京东转运副使王瑜知亳州。(《续资治通鉴长编》卷五〇五)

是月，秘阁校理提点开封府界刑狱郭时亮权发遣河东转运副使。(《续资治通鉴长编》卷五〇五)

二月，北外都水丞李伟言：河道水门，应乘此水势减弱时修闭，各立蛾眉堤镇压。乞先在河北、京东两路差正夫三万人，其他夫数令修河官和雇。从之。(《续资治通鉴长编》卷五〇六)

四月，提举开修菱茨等河李仲言：祁州深泽县有程昉所开河，引滹沱河水，河槽淤浅，恐为塘泺之患。今勘察祁州南有河一道，乃定州唐河支流，与永宁军沙河相合。欲自永宁军界开河十九里，建斗门，引沙河清水，合入程昉先开河下流。从之。

---

① 《续资治通鉴长编》卷五一〇系引事于元符二年。

（《续资治通鉴长编》卷五〇九）

五月，邹浩言：北京（大名府）城内自开通御河以来，民庐僧舍为水所浸不少。万一河流涨溢，必为北京大患。请赐指挥下河北路安抚转运等司，急将御河塞断，使水不得入城。北京城外旧有一河，可引御河行此道，以绝后患。（《续资治通鉴长编》卷五一〇）

六月己亥（二十八日），河决内黄口，东流断绝。（《续资治通鉴长编》卷五一一）

七月，大名府路安抚使韩忠彦言：黄河大决，府界县镇多已被淹，水势渐近府城。御河若不闭塞，黄河会直注入城，请令李仲以修新河钱物，疾速修筑。诏如所请，急令人修筑。（《续资治通鉴长编》卷五一二）

是月，诏水部员外郎曾孝广诣河北路，相度措置修河事。孝广尝为南外都水丞，迁都水监丞。（《续资治通鉴长编》卷五一三）

闰九月，润州京口、常州奔牛澳闸毕工。先是，两浙转运判官曾孝蕴陈说澳闸之利，因命孝蕴提举兴修，并制定启闭管理规定。（《宋史·河渠志》）

## 元符三年（1100）

六月三日，发运司言：今年第一批装粮赴京船只，已准朝旨于京岸截停，用来装载大行皇帝（指刚刚驾崩的宋哲宗）陵寝官物，通共截过六十纲。从之。（《宋会要辑稿·职官四二·发运使》）

七月，复置北外都水丞司。（《宋史·河渠志》）

## 哲宗时（1086 ～ 1100）

吴居厚为江淮发运使，疏浚支家河道通漕，楚州、海州之间交通便利。（《宋史·吴居厚传》）

有人提议自建康开凿漕渠，导太湖水以通大江，将占用数州民田，征调江浙二十五州丁夫，所费百万计。朝廷派遣官员勘视，知溧阳县郑骧条析利弊，极力制止之。（《宋史·忠义传·郑骧》）

## 徽宗、钦宗朝（1101～1126）

### 崇宁元年（1102）

二月二十三日，都水监言：惠民河兴修签河（分水引河）下硬堰，今已毕功。乞今后遇有盗决堤堰，许诸色人等告官，定赏钱一百贯。（《宋会要辑稿·方域一六·惠民河》《宋史·河渠志》）

十二月，置提举淮浙澳闸司官一员，掌杭州至扬州瓜洲澳闸。凡常、润、杭、秀、扬州新旧闸皆予修治。（《宋史·河渠志》）

是年，诏侯临同北外都水丞司开临清县坝子口，增修御河西堤，高三尺，并在西堤上设置斗门，引北京（治今河北大名）、恩（治今河北清河）、冀（治今河北冀州）、沧州（治今河北沧州东南）、永静军（治今河北东光）积水入御河。（《宋史·河渠志》）

### 崇宁二年（1103）

二月二十三日，提举京城茶场所言：绍圣初，兴复元丰水磨，岁收二十六万余缗。四年，于长葛、郑州等处京、索、潩水河增磨二百六十所。后罢辅郡榷法，遂失其利。元符三年所罢辅郡榷茶指挥，请不要再执行。从之。（《宋会要辑稿·食货八·造水硙》）

秋，黄河泛滥，大水入御河，大名府、馆陶县房舍被淹。用夫七千人，役二十一万余工修西堤，三月始毕。涨水复坏之。（《宋史·河渠志》）

十二月，诏淮南开修遇明河，自真州宣化镇江口至泗州淮河口，五年毕工。（《宋史·河渠志》）

### 崇宁三年（1104）

九月二十九日，户部尚书曾孝广言：东南六路岁漕六百万石输京师，往年南自真州江岸、北至楚州淮堤，潴水不通，重船盘剥劳费，遂于堰傍置转般仓，更用运河般载之人，自汴以达京师。其转般七仓所置吏卒及其他夫役财物，亦当减省。从之。（《宋会要辑稿·食货四七·水运》）

十月二十三日，臣僚言：元丰官制，水部掌川渎河渠等水政，天下水利凡当兴修者，皆在所掌。愿申饬水部及当职官，推行元丰水政，凡当兴修，悉究利害，条具以闻。从之。（《宋会要辑稿·食货七·水利上》）

崇宁四年（1105）

八月一日，京东路转运副使王敷降两官。（《宋会要辑稿·职官六八·黜降官五》）

是月，臣僚言：有司以练湖赐茅山道观，因润州地高，运河水浅易涸，依赖湖水接济。请别以沙田赐之。可令常平官考求前人规划，修筑湖堤。从之。（《宋史·河渠志》）

崇宁五年（1106）

八月二十四日，两浙路转运副使刘何、转运判官胡奕修、提点刑狱公事祖理各降两官。（《宋会要辑稿·职官六八·黜降官五》）

大观元年（1107）

正月三日，制置发运副使吴择仁奏：本司总领东南粮运，近年纲运败坏，沉失官物。故申请立法，以保证漕粮足数运到京城。徽宗诏：诸路各认船额，折变改易者，以违制论。（《宋会要辑稿·职官四二·发运使》）

二月二十六日，朝奉郎充显谟阁待制江淮荆浙等路制置发运使曾孝蕴降一官，因泗州直河之役无功效之故。（《宋会要辑稿·职官六八·黜降官五》）

七月乙酉（一日），伊河、洛河泛溢。（《宋史·徽宗本纪》）

是年夏，京畿大水，诏工部都水监疏导至八角镇。（《宋史·五行志》）

十二月，京畿都转运使吴择仁请求开濮河入蔡河，从之。（《宋史·河渠志》）

大观二年（1108）

五月七日，京畿都转运使吴择仁言：奉诏，四辅各积粮草五百万。其中北辅将来准备溯汴河至洛口入黄河，有大巡河廨宇可以卸纲；荥泽县通洛坝闸，至黄河三十里，自来遇汴水泛涨，黄汴两河船只往来方便，这次可装载；南辅潩河自长葛县西十里筑坝，引水东入茶磨，向下开修十七里，足以行运。诏择仁措置条画。（《宋会要辑稿·食货四七·水运》）

八月，常州、润州年年干旱，运河水浅，留滞船只，令监司督责浚治。（《宋史·河渠志》）

大观三年（1109）

八月，诏沈纯诚在广武埽对岸开挖兔源河，以分减埽下涨水。（《宋史·河渠志》）

大观四年（1110）

四月十四日，工部言：两浙运河失于修治，致使纲运受阻。请令两浙运河沿线各州县，依元符二年九月十八日“淮南运法”，令知州、通判兼管运河修治。从之。（《宋会要辑稿·方域一七·水利》）

大观年间（1107～1110）

胡师文为发运使，开挖泗州直河，修筑签堤[①]，阻遏汴水。不久河道淤浅，乃废弃河道，拆毁签堤。役使数郡兵夫，死者达数千人，费钱谷累百万计。且为无功官员请赏至四十五人。师文乃由知州降充宫观。（《宋史·河渠志》）

政和元年（1111）

二月七日，水部员外郎前提点荆湖南路刑狱公事吴孝能，荆湖南路转运副使廖彦正，并罢原官，送吏部合入差遣。廖彦正降两官。（《宋会要辑稿·职官六八·黜降官五》）

三月七日，户部尚书许几奏：发运司两年未曾运至的漕米，合计六百二十七万多石，欲依去年例，差官前去真、楚州，令发运司疾速装发，并催促本路纲船。（《宋会要辑稿·职官四二·发运使》）

十月己酉（二十日），差水官会同京畿监司勘视蔡河堤防及淤浅情况，来年春天并工治之。（《宋史·河渠志》）

---

① 签堤即挑水坝，从堤岸向河中心大溜修建的用来将大溜挑离此岸的建筑物，多用埽工修成。

是年，知陈州霍端友言：陈地低洼，久雨则积水害农，当年曾开挖新河八百里，但离淮尚远，积水难以排泄。请再开河二百里，起西华县，沿宛丘入项城，以达于淮。从之。（《宋史·河渠志》）

## 政和二年（1112）

七月，兵部尚书张阁言：钱塘江东距仁和监仅三里，运河经临平下塘，西入苏秀，如若堤防不牢固，恐数十里膏腴之田皆被淹没，下塘田庐难以保全，运河被冲断，漕运便会受阻。徽宗下诏，亟修筑之。（《宋史·河渠志》）

十月，都水监丞孟昌龄言：开浚京城含晖门外白沟河，开堰放水，使之通流。宦官容佐请于七里河开月河一道，分减其水，灌溉宫中花竹。次年十一月完工。（《宋史·河渠志》）

十二月十一日，发运副使贾伟节言：诸路旧欠发运司钱斛，近降朝旨，除七十余万贯打造舟船，听候朝廷支拨外，其余钱斛：淮南一百二十六万，两浙二百二十六万，江东十万，江西一百七十二万，湖南九十八万，湖北二万。如今行直达法，不用拿钱籴买，各路应逐年上纲，以备朝廷支用。诏均作十年，令提刑司催交。（《宋会要辑稿·职官四二·发运使》）

## 政和三年（1113）

八月十九日，尚书虞部员外高掞言：京城多处积水，城东景德寺街、牛行街一带地势最下，潴积尤甚。自蓼堤桥东南开导水新河一道，于渡口桥凿透槽一道，其上系东白沟河新置透槽，专导都城积水，今已毕工。（《宋会要辑稿·方域一六·白沟河》）

## 政和四年（1114）

二月二日，两浙转运司言：纲运自北入瓜洲闸，并系空纲。镇江府出江重纲，也要从瓜洲闸入。今瓜洲闸外自有河道，谓之下口，今后北来空纲可由下口出江，重纲由上口入闸，极为便利。望下淮南转运司约束施行。从之。（《宋会要辑稿·食货四三·宋漕运三》）

是月，前太平州判官卢宗原请开修自江州至真州古河道湮塞者凡七处，运河疏通后，入浙西一百五十里，可避一千六百里大江风涛之患。用开挖河道之泥土修筑堤岸，开辟被江水浸淹的膏腴田地，自三百顷至万顷者凡九所，计四万三千余顷，三百顷以下更多。诏沈镃等相度措置。（《宋史·河渠志》）

三月二十日，膳部员外郎沈镈奏：奉诏于江淮两浙路开修运河、兴筑圩田。开修河路系官司措置，而兴修圩田涉及江淮两浙三路，依兴修水利法，允许民户承担，虑民户不知此规定，可令官司出榜告示。从之。（《宋会要辑稿·食货七·水利上》）

七月六日，朝散大夫直秘阁淮南江浙荆湖等路发运副使赵霆特降两官。以其负责京畿漕运时按举不公故也。（《宋会要辑稿·职官六八·黜降官五》）

政和五年（1115）

闰正月，诏于恩州北增修御河东堤。都水使者孟揆移拨十八埽官兵分地修筑，取枣强上埽水口以下旧堤所植榆柳为桩木。（《宋史·河渠志》）

七月二十五日，两浙路转运副使徐铸降一官，以前管理两浙常平仓时，考课官员，引奏不当故也。（《宋会要辑稿·职官六八·黜降官五》）

十二月二十六日，发运副使赵霆奏：今年督促起运六路直达额斛六百二十万石，已足额，还剩四十七万八千余石。九路上供钱帛，亦比去年增五十八万五千余两；六路茶盐钞引，各有增加。诏发运司属官各转一官。（《宋会要辑稿·职官四二·发运使》）

政和六年（1116）

八月诏：镇江府傍临大江，无港澳以容舟楫，三年间覆溺船只五百余艘。闻西有旧河可避风涛，岁久湮废，宜令发运使浚治。（《宋史·河渠志》）

政和七年（1117）

四月己未（一日），尚书省言，卢宗原主持开挖疏浚江州至真州运河，工程浩大，征发甚众，恐引起骚乱。徽宗下诏，暂时停止役使民众。（《宋史·河渠志》）

九月二十一日，制置发运使任谅奏：江淮等六路上供额斛之数多于常年。诏令学士院敕书奖谕，六路漕司各转一官。（《宋会要辑稿·职官四二·发运使》）

九月二十五日，诏：汴河堤岸司可部署兵夫，筑汴河南岸堤自京城至洛口，务要坚固。自今后离堤岸三十步以外，方许开掘种植莲藕等，以免浸毁堤岸。（《宋会要辑稿·方域十五·治河下》）

## 政和八年（1118）

闰九月十七日，诏：发运使任谅奏泗州大水，躬亲救护，得以无虞，致行赏典。（《宋会要辑稿·职官六八·黜降官五》）

## 政和年间（1111～1118）

蔡京改变东南转般漕运法为直达纲[①]，应募的船夫水手大都是流氓无赖，盗用侵吞漕粮，无法核实，人莫敢言。江淮发运使任谅向皇帝揭发其事，蔡京大怒。当时汴泗大水，泗州城被淹，任谅亲自统领部卒筑堤，将民众迁徙到高处，以米粟赈济之。蔡京诬告任谅治水不力，致泗州漂溺人数以千计。任谅被罢官。（《宋史·任谅传》）

## 政和八年、重和元年（1118）

二月，前发运副使柳庭俊言：真、扬、楚、泗、高邮运河堤岸旧有斗门水闸等七十九座，用来调节河道水量，故水势平缓。近来闸多损坏。徽宗下诏，令检查修复。（《宋史·河渠志》）

六月，徽宗令蓝从熙、孟揆等人增修汴河堤岸，设置桥、槽、坝、闸，疏浚河道。内庭苑囿水池很多，患水量不足，又在西南水磨引索河，架以石渠，越过汴河，导入天源河，以增加水量。[②]白沟失去山源河，每年水大的时候才能通航小船，超过一个月不下雨，河道则干涸。（《宋史·河渠志》）

十一月十四日，淮南路转运使李祉降两官。（《宋会要辑稿·职官六九·黜降官六》）

是年，京师大水，汴河将要决堤，令户部侍郎唐恪治之。有人请决南堤以缓解对宫城的威胁。恪曰：如果决开河堤，岂不以民众为鱼鳖？乃乘小船察看水势，导汴河水入岸边水域，不几天水势得以缓解。（《宋史·河渠志》）

---

① 转般漕运法起源于唐代，北宋分别在泗、楚、真、扬四州设置转般仓，将南方漕粮分段换船转运至京城。直达纲又称直达法，将南方各地漕粮直接运送到京城。崇宁三年实行直达纲，大观三年恢复转般法，政和二年又行直达纲，靖康元年规定两法并用。

② 《宋会要辑稿·方域一六·金水河》系此事于宣和元年六月。

## 宣和元年（1119）

三月二十三日，提举两浙路常平赵霖降一官，以增修水利不当故也。（《宋会要辑稿·职官六九·黜降官六》）

五月，大水淹没京城外官舍民居，汴渠有决堤危险，诸门加强守护。徽宗下诏，招募夫役，决水下流，由城北注五丈河，下通梁山泺。都水使者决开西城索河堤，以杀水势。水患乃已。（《宋史·河渠志》《宋史·五行志》）

六月十八日，诏陈留县等处，凡开决河口处速行修闭，令都提举汴河堤岸司、洛口都大司，疾速放水行纲运，令尚书省继日催促。（《宋会要辑稿·食货四七·水运》）

七月壬子（八日），都提举言：近因大水冲荡汴河堤岸，河道淤浅。请于农隙时开修汴河。从之。（《宋史·河渠志》）

九日，中书省言：近因有人损坏沿汴堤岸及河道淤浅处工料。欲请准备钱物，委漕臣贾说、李佑，候农隙时和雇人夫开修。从之。（《宋会要辑稿·方域一六·汴河》）

十二月六日，诏开修兔源河并直河毕工，奖谕孟昌龄，余人转官减年有差。（《宋会要辑稿·方域一七·水利》）

## 宣和二年（1120）

八月二十日，诏：开修广武直河，分夺南岸生滩，埽岸无虞，省减劳费，功利为大。漕臣并两州知州办理钱粮，各进职一等。（《宋会要辑稿·方域一五·治河下》）

九月十四日，诏：淮南运河浅涩，漕臣陈仲宜坐视不问，送吏部处置。（《宋会要辑稿·职官六九·黜降官六》）

是月，真、扬等州运河浅涩，委派陈亨伯处置。（《宋史·河渠志》）

## 宣和三年（1121）

正月二十四日，诏：现在运河阻浅，令发运司将江、湖、淮、浙钱帛粮纲暂时卸于真、扬、楚、泗州及高邮军粮仓。如三四月河水通行，再载运至京。（《宋会要辑稿·食货四七·水运》）二十七日，尚书省言：今将近中春，江潮未涨，若纲运能至楚、泗州，即通淮、汴，更无阻节，自可直至阙下。如逐州下卸，道路迂远，有碍京城支用。（《宋会要辑稿·食货四三·宋漕运三》）

三月十四日，运河浅涩，粮运不至，徽宗催促。淮南江浙荆湖制置发运使赵亿上奏：真、扬等州运河浅涩，潮水不涨，臣与各州及本司官员用水车引江水入河。河道遥远，水未见长。经大海泛洋转至淮河，方可入汴，已通知有关方面准备。次日又奏：去年楚州河浅，曾募人挖河车水，今欲实行。诏按原来的办法，急速运粮至京。（《宋会要辑稿·食货四三·宋漕运三》）

二十八日[①]，高州防御使李琮言：真州系外江纲运会集要口，以河浅涩，不能发运。河南岸有泄水斗门八座，去江不满一里。请将斗门河身开掘面阔一丈五尺，门深五尺，在江口打筑软坝，引潮水入河。蓄一次潮水，可抵水车数倍。运河每十里作坝，广用水车，方可通行纲船。（《宋会要辑稿·方域一七·水利》）

四月，诏曰：雍熙中转运使刘蟠以山阳湾水流迅急，开沙河以避险阻。天禧中发运使贾宗开扬州古河，绕城南接运河，拆毁三座堰坝。如今运河多年浅涩，当询访故道及陂塘潴水情况。令发运使陈亨伯等人条陈处置办法。（《宋史·河渠志》）

闰五月二日，右文殿修撰淮南发运副使赵亿可因开河催促纲运疏谬，降职管勾江州太平观。（《宋会要辑稿·职官六九·黜降官六》）

六月十五日，江淮荆浙等路发运副使林篪降一官。以前为江淮漕臣，赈济失职故也。（《宋会要辑稿·职官六九·黜降官六》）

是月，群臣上奏，淮南运河浅涩，已超过半年，应禁止官方运船附载私物。初，淮南连岁干旱，漕运不通，扬州尤甚。徽宗下诏，欲开浚淮扬运河与江、淮相平。时值两浙方腊之乱，内侍童贯为宣抚使，谭稹为制置使。童贯欲海运陆辇，稹欲开一河，自盱眙出宣化。发运使陈亨伯遣其属下向子諲勘视。向子諲曰：淮扬运河高于江、淮数丈，自江至淮凡数百里，人力难以疏浚。昔唐李吉甫废闸置堰，治陂塘，泄有余防不足，漕运通畅。发运使曾孝蕴严令三日一启闸，又作归水澳，惜水如金。近年行直达法，茶、盐运船，权臣之舟，朝夕经由此地，频繁启闭，不暇归水。后来拆毁朝宗闸，自洪泽至邵伯数百里水流不能节制，所以山阳上下不通。欲救其弊，宜于真州太子港作一坝，以复怀子河故道；于瓜洲河口作一坝，以复龙舟堰；于海陵河口作一坝，以复茱萸待贤堰。使诸塘水不为瓜洲、真、泰三河所分。于北神附近作一坝，暂时关闭满浦闸，复朝宗闸，则上下无壅矣。陈亨伯听从了他的建议，后来船只通行无滞留。（《宋史·河渠志》《宋史·向子諲传》）

七月八日，直秘阁河北路转运副使李昌孺落职，送吏部。以其摄帅中山，为政不廉故也。（《宋会要辑稿·职官六九·黜降官六》）

① 《宋史·河渠志》记此事为：是年春，宦者李琮建言。

## 宣和四年（1122）

七月二十九日，臣僚上言：恩州修河，都水监推举征辟文武官至一百二十余员，皆授牒家居，不知所领何事。后徽宗下诏除正官十一员之外，其余并罢。所隶东京四排岸司监官，各以京朝官合门祗候以上及三班使臣充任，掌水运纲船输纳等事。汴河上下锁、蔡河上下锁，各置监官一人，以三班使臣充任，掌舟船木筏之事。天下堰总二十一，监官各一人；渡总六十五，监官各一人。皆以京朝官三班使臣充任，亦有以本处监当兼掌者。（《宋会要辑稿・方域一五・治河下》、《文献通考》卷五七）

## 宣和五年（1123）

三月，吕城至镇江运河浅涩，两浙专委王复、淮南专委向子諲，会同发运使李淙处置，车水以通船运。（《宋史・河渠志》）

四月，诏令王仲闳同廉访刘仲元、漕臣孟庾专门前往，处置常润运河通航事宜。又令东南六路诸闸，务必按时启闭。近来纲船及命官妄称专门承旨，随意启板，走泄河水，妨滞纲运，宜加禁止。（《宋史・河渠志》）

五月，运河浅涸，官吏互执所见，州县莫知所从。令发运使、提举等官会同廉访使者，制订经久便利之法，上奏朝廷。（《宋史・河渠志》）

是月，臣僚言：镇江府练湖与新丰塘相接，共八百余顷，灌溉四县民田。湖水一寸，可增加运河水一尺，历来如此。如今堤岸损缺，不能贮水，请求农闲时修补。诏令漕臣及州县官，详细勘察，检计工料，上报奏闻。（《宋史・河渠志》）

八月七日，发运提举司、廉访所言：两浙运河河身淤淀，致妨漕运，应当深浚。镇江府新丰界，运河底有古置经函，可开深至经函上下，两岸展宽。吕城闸至杭州一带河道，开深五尺，亦应展宽。从之。（《宋会要辑稿・方域一七・水利》）

十二月庚寅（十一日），沿汴州县每年增加设置拦河锁栅[①]，公私均认为不便。诏令遵元丰旧制。（《宋史・河渠志》）

## 宣和六年（1124）

九月，卢宗原言：池州大江乃上流纲运必经之地，其东岸暗石二十余处，西岸沙

① 元人马端临《文献通考》卷一九："徽宗自崇宁来，言利之言殆析秋毫，其最甚，若沿汴州县创增锁栅以牟利。"锁栅是在河道中拦船收税的设施。

洲广二百余里，船只往来不便。今东岸有车轴河，若开通之入社湖，可避二百里风涛折船之险，请安排开修。从之。（《宋史·河渠志》）

十二月四日，中书省言：奉诏修筑京城，开挖壕河，修葺诸门等。（《宋会要辑稿·方域一·东京杂录》）

## 宣和七年（1125）

九月丙子（八日），诏卢宗原主持开浚江东古河，自芜湖经宣溪、溧水至镇江。渡江后趋淮汴，免六百里江行之险。从之。（《宋史·河渠志》）

十一月十三日，诏东南六路粮纲回运空船，沿途官司依重纲催赶出界。沿汴河委任都大官，其余委各路漕臣按察，将所部催纲官勤堕情况核实上报。（《宋会要辑稿·食货四七·水运》）

## 宣和年间（1119～1125）

春旱，汴河壅塞，朝廷欲决漯口伊、洛二水以增加汴河水量。京西转运副使周因奏曰：洛民恃二水为生，决之不能益汴，请于河阴决黄河水入汴，民亦不失二水之利。（何乔远：《闽书》卷九九《英旧志》）

陈遘任淮南转运使，运渠浅涩，遣派人决开吕城、陈公两塘，引水入运河。（《宋史·陈遘传》）

## 靖康元年（1126）

七月二十六日，前京东转运副使王子献、前京西转运使任彦辉等，并令吏部贬为远小监当。（《宋会要辑稿·职官六九·黜降官六》）

八月八日，广济河都大輂运江惇等送吏部，贬为远小监当。（《宋会要辑稿·职官六九·黜降官六》）

九月五日，直徽猷阁两浙路转运副使程昌㝢落职，送吏部。（《宋会要辑稿·职官六九·黜降官六》）

闰十一月，金兵攻入开封，宋钦宗出降，后金人掳宋徽宗、钦宗北上，北宋灭亡。

靖康年间（1126～1127年初）

黄河决于陈留四十余日，漕运不通，京城震动。开封府尹宗泽命判都水监陈求道治之，七日河复故道。（《宋史·陈求道传》）

汴河上游为盗所决者数处，决口有至百步者，久未能堵合，河道干涸月余，纲运不通，南京及京师皆乏粮。乃令都水使者处置。凡二十余日而水复旧，纲运沓来，两京粮始足。择使臣八员为沿汴巡检，每两员将兵五百人，自洛口至西水门，分地防察决溢。（《宋史·河渠志》）

## 南宋、金朝

### 高宗朝（1127～1162）

建炎元年（1127）

五月十七日，路允迪奏：都城自来惟仰漕运，今来车驾临驻傍京，汴河纲运理宜先行措置。请户部及发运司计度，速令运船于京城下卸，应会急用。广济河、蔡河纲运亦请令辇运拨发司速行催发。从之。（《宋会要辑稿·食货四三·宋漕运三》）

二十三日，诏都水监官各降三官，都水使者陈求道降五官，须修治汴水一切完毕，方许入城。（《宋会要辑稿·方域一六·汴河》）

六月二十七日，户部尚书黄潜厚言：部署上供钱物赴东京送纳。南京左藏库钱物不多，请东南纲运物资，分拨赴东京或南京下卸。先是，黄河决口，汴河粮运不通，诏差提举京城所陈良厩同都水使者荣嶷、陈求道修治决口，后纲运渐至。（《宋会要辑稿·食货四三·宋漕运三》）

八月十二日，诏差发运副使李佑自南京至真州往来躬亲检察，措置催促粮运。（《宋会要辑稿·职官四二·发运使》）

## 建炎二年（1128）

正月十八日，发运司梁杨祖言：粮纲往往沿路留滞，盖因押纲官员自买船只，仅及千料以上，入汴以后，多致阻浅。其全纲船只，不免一例住岸。从之。（《宋会要辑稿·食货四三·宋漕运三》）

五月十二日，发运副使吕淙言：祖宗旧法，推行转般，本司额管汴纲二百，每纲以船三十只为额，通计船六千只，一年三运。改成直达法后，将所管汴纲拨给六路。最近又改成般运，仅收到八十一纲，船不足三千之数。今通知各地，尽快打造。从之。（《宋会要辑稿·职官四二·发运使》）

六月九日，淮南路转运副使李传正言：纲运入汴后，其他船只如占据河岸行驶，驾船者杖一百。近年以来，官员所乘坐船只往往不肯一岸分行，恃势占道，阻滞纲运，官司莫敢谁何。请严立法禁，违者治罪。诏可。（《宋会要辑稿·食货四七·水运》）

十一月乙未（十五日），东京留守杜充闻有金兵，乃决黄河南流入泗水以阻金师。此举未能阻止金兵南下，却造成黄河入泗夺淮入海。（《建炎以来系年要录》卷一八）

## 建炎三年（1129）

四月十日，诏：东京军民等粮食久缺，虽已降旨拨运上京，因汴水未通，无法行运。杜充限指挥到日，立便差委谙晓河防官，和雇人夫，限十日内修治口岸，使汴水通流，无致碍滞。（《宋会要辑稿·方域一六·汴河》）

## 建炎四年（1130）

七月三十日，户部言：依奉圣旨，雇船起运浙西等米。（《宋会要辑稿·食货四三·宋漕运三》）

## 建炎年间（1127～1130）

江淮发运使吴中甫自洪泽凿渠六十里，以避长淮漕运之险。（《江南通志》卷五八）

## 绍兴元年（1131）

六月十六日，发运副使宋辉言缺少纲船，妨碍漕运，请将两浙州府竹木税收中暂拨五分，付本司打造铁头船，般运行在军储。（《宋会要辑稿·职官四二·发运使》）

十月十六日，越州至余姚县运河浅涩，填闸毁坏，阻滞纲运。令速前去处置开挖，共用七万一千二百零一工。诏令和雇人夫，限十日完成。（《宋会要辑稿·方域一七·水利》）

## 绍兴（1131～1162）初①

宋高宗至越州（今浙江绍兴），因上虞县梁河堰东运河浅涩，乃征发六万五千余工，委派本县令佐监督浚治。既而都省言：余姚县境内运河浅涩，坝闸毁坏，阻滞纲运。遂命漕臣发一万七千余卒，自都泗堰至曹娥塔桥，开挑河身夹塘。（《宋史·河渠志》）

## 绍兴二年（1132）

二月四日，诏李承造充两浙路转运副使。（《宋会要辑稿·食货四九·转运》）

三月七日，臣僚言：发运司官吏军兵，每年用钱十六七万缗。既有诸路转运使专门负责转输，发运司无事可做，虚縻缗钱。遂罢之。绍兴八年复设，九年又罢。（《宋会要辑稿·职官四二·发运使》）

## 绍兴三年（1133）

十一月五日，上曰：有言五军不堪出战，以士卒充开挖运河之役者，固不可。又有言调民而应役者，尤不可。惟发旁郡厢军、壮城捍江兵为宜。至于禀给之费，则不当吝。宰臣朱胜非等奏言：开河似非今急务，而馈饷艰难。时方盛寒，役者良苦。高宗不悦。（《宋会要辑稿·方域一七·水利》）

是月，高宗下诏疏浚运河，发旁郡厢军、壮城捍江之兵应役，并给予廪给之费。（《宋史·河渠志》）

---

① 建炎四年夏，金兵撤离江南，高宗赵构自海上返回越州，改越州为绍兴府。绍兴八年迁都于杭州。故此处所谓绍兴初，当为绍兴元年。

## 绍兴四年（1134）

正月十八日，枢密院言：临安府现开挖运河，虽调浙东西州军役使，夫役尚且不足。今神武右军拣退不堪披带人兵，已拨与浙东州军充填厢军。（《宋会要辑稿·方域一七·水利》）

二月二十七日，刑部言：临安府运河开挖渐见深浚，沿河两岸居民等尚将粪土瓦砾抛掷河内，请严行约束。本部寻下大理寺立法禁止。（《宋会要辑稿·方域一七·水利》）

三月五日，御史台言：向来开挖河道，均在冬月水涸时。今临安府开运河，却于春间兴役，已历三月，未见毕工。近春雨连绵，水深数尺，所役兵夫无处措手。请将淤浅处挖深，通舟即可。难以施工处，等冬季干涸时再行开工。诏令臣下勘测后报尚书省。（《宋会要辑稿·方域一七·水利》）

四月，淮河泛溢数百里，漂没民田庐舍，死者甚众。（《宋史·五行志》）

是年，高宗下诏，拆毁扬州湾头港口闸、泰州姜堰、通州白莆堰。其余诸堰，并令守臣开决拆毁，务使金兵船只无法通行。又诏宣抚司拆毁真阳堰闸，决开真州陈公塘，免得其水入运河，为敌所用。（《宋史·河渠志》）

是年，盐官县丞王珏在华亭县滨海开浚河道，通漕溉田，民享其利。（《吴中水利全书》卷一〇）

## 绍兴五年（1135）

正月，诏淮南宣抚司招募民夫，开浚瓜洲至淮口运河浅涩之处。（《宋史·河渠志》）

## 绍兴七年（1137）

两浙转运使向子諲言：镇江府吕城夹冈，形势高仰，春夏不雨，漕运艰难。即派官属李涧询究练湖本末，始知此湖在唐永泰间废而复兴，今堤岸管理松懈，有人佃种湖田，盗决湖堤，致使湖不能蓄水，舟楫不通，公私告病。若夏秋霖潦，则丹阳、金坛、延陵一带良田亦被淹没。臣已令丹阳知县朱穆等增修二斗门、一石䃮，修补堤防，尽复旧迹，庶为永久之利。（《宋史·河渠志》）

## 绍兴八年（1138）

六月十八日，诏以徽猷阁待制知信州程迈为江淮荆浙闽广等路经制发运使。（《宋会要辑稿·职官四二·发运使》）

是年，命临安守臣张澄发厢军、壮城兵千人，开浚运河堙塞，以通往来舟楫。（《宋史·河渠志》）

## 绍兴十六年（1146）

五月四日，上谕宰执曰：纲运只于城门外剥卸，再般运入仓，极为费力。自有河道，可令开挖，不然渐致堙塞，不但纲运不通，商旅亦自阻绝。（《宋会要辑稿·食货四八·水运）

是日，诏浚运河。（《宋史·高宗本纪》）

八月二十五日，宰执进呈：临安府令舟船全在城外停泊。上曰：已浚河道，舟船可行。但居民因循填塞，阻碍行船，令临安府禁止之。（《宋会要辑稿·方域一七·水利》）

## 绍兴十九年（1149）

二月三日，上谓宰执曰：近令指挥开挖运河，催促日下兴工，恐春深有妨农作。（《宋会要辑稿·方域一七·水利》）

## 绍兴二十二年（1152）

九月六日，左朝奉郎周楙言：前蕲州（治今湖北蕲春县蕲州镇）郡守张衡创筑河堤，此后无复水患。今经战乱，堤岸损坏，请修复。高宗准其奏，且谕：凡沿淮河应修堤以备水患处，均令当地官员措置。（《宋会要辑稿·食货七·水利上》）

## 绍兴二十三年（金贞元元年，1153）

是年，金海陵王迁都燕京（今北京市），称中都。

## 绍兴二十八年（1158）

七月三日，直敷文阁新权江南西路计度转运副使李邦献言：今江西粮运，其弊甚多：押纲不得其人；官纲舟船灭裂；水脚縻费不足等。请允许招募商船装载，并准其挟带私货，沿途免除商税。户部允许招募客船装载，并对漕运管理作出详细规定。（《宋会要辑稿·食货四四·宋漕运四》）

八月二日，苏、常、湖、秀州水灾。宰臣曰：平江一带低下，而堤堰壅塞，河道不通，致有积水。（《宋会要辑稿·食货七·水利上》）

## 绍兴二十九年（1159）

四月十五日，知镇江府杨揆言：运河地高，借练湖水添注，湖稍干涸，运河则浅，使者船只通过困难。两浙转运副使赵子潚专门派人察看夹岗、吕城、奔牛闸一带运河浅涩处，多雇人夫，并将练湖水注入运河。（《宋会要辑稿·方域一七·水利》）

十七日，权户部侍郎兼提领诸路铸铁赵令詪奏：行在钱粮全仰舟楫，而河水浅涩，留滞纲运。自临安府至镇江府沿河堰闸往往损坏，走泄河水。请令各州守臣差官前去勘察修整。从之。（《宋会要辑稿·食货四四·宋漕运四》）

## 绍兴三十年（1160）

八月二日，臣僚言：江西于洪、吉、赣三州官置造船场，每场差监官二员，日成一舟。江东漕运则雇客船，每纲给水脚钱，付之押纲官，令自雇客舟及水手以往。客船往来速度快，舟人爱护船只；官船则相反。请江西官员比较造船与雇船二者得失，以便裁酌。从之。（《宋会要辑稿·食货四四·宋漕运四》）

是年，知丹阳县郭京以运河岁久堙塞，乃募集民夫挑浚练湖，按地势设置斗门数座。（《吴中水利全书》卷一〇）

## 绍兴三十一年（1161）

正月庚子（二十七日），令总领淮东钱粮朱夏卿、两浙漕臣林安宅统领，以淮东大军库钱六万九千缗、镇江府常平仓米一万三千斛为工役费，开浚运河。（《建炎以来系年要录》卷一八八）

绍兴三十二年（1162）

二月二十七日，诏令临安府自浙江清水闸横河口西，南至龙山闸一带河道，并令开淘。（《宋会要辑稿·食货八·水利下》）

## 孝宗朝（1163～1189）

隆兴二年（金大定四年，1164）

二月十三日，知绍兴府吴芾言：会稽、山阴县鉴湖，全借斗门堰闸蓄水，都泗堰闸尤为要害。凡遇纲运及监司使命舟船经过，堰兵便开闸通放，以致启闭无时，失泄湖水。请废罢船闸，令往来船只翻堰坝而过。从之。（《宋会要辑稿·食货八·斗门闸》）

八月六日，权发遣常州刘唐谷言：本州运河，下流为二道：一自利港，一自申港，以达于江。江口日久沙壅，申港尤甚。今相度开此二河。又孟渎港在奔牛镇西，沿线旧有百渎，今若开通，公私皆便。诏两月内措置开浚。（《宋会要辑稿·食货八·水利下》）

十月，金世宗出京城近郊，见运河湮塞，召户部侍郎曹望之责曰：有河不加疏浚，使百姓陆运劳苦，罪在汝等，朕不欲即加罪，宜悉力使漕渠通也。（《金史·河渠志》）

是年，临安守臣吴芾言：城里运河先已整修，在北梅家桥、仁和仓、斜桥三地筑坝，取西湖六处水口通流，灌入府河积水。望仙桥以南，至都亭驿一带，河道地势高峻，今欲先于望仙桥城外保安闸两头筑坝，于竹车门河南开掘水道，用水车汲水，引入保安门，通流入城。自望仙桥以南开至都亭驿桥，可以通彻积水，以备缓急，计用工四万。从之。（《宋史·河渠志》）

乾道元年（金大定五年，1165）

正月，尚书省奏，可调夫数万浚治漕渠。金世宗以为春天方至，不可劳民。令官籍监户、东宫亲王人从及五百里内军夫浚治。（《金史·河渠志》）

## 乾道二年（1166）

五月十一日，尚书省言：浙西围田有壅塞水势之处，近专遣漕臣亲诣各州县监督开掘，以泄积水，除去民害。（《宋会要辑稿·食货八·水利下》）

六月十五日，臣僚言：永丰圩自政和五年围湖成田，经今五十余年，横截水势，不容通泄，圩为害非细。今相度，欲将永丰圩废掘，依旧为蓄水之地。诏至十一月开掘。（《宋会要辑稿·食货八·水利下》）

七月四日，户部言：江西州郡每岁起发米纲过至江州、池州、建康、镇江府等处，以作军储，因路远欠缺甚多。欲令江西转运司改造转般仓一所，趁江水上涨时，运至转般仓，然后根据路途远近支给水脚钱、靡费，转运至各地。从之。（《宋会要辑稿·食货四四·宋漕运四》）

## 乾道三年（1167）

三月二十一日，权两浙路计度转运副使姜诜言：华亭县新泾、招贤泾泄水不快，欲于张泾、白苎、陈泾、新泾四处各置一闸，遇苏、秀、湖三州水泛，可开闸以杀水势。从之。（《宋会要辑稿·食货八·河闸）

六月，知荆南府王炎言：临安居民繁多，河港堙塞，虽屡开浚，因裁减工费不能完成。今措置开河钱十万缗，请求农暇时开工疏河，以使河渠复通。孝宗准其所奏。（《宋史·河渠志》）

十一月十五日，绍兴府言：萧山县西兴镇通江两闸，近年为江沙壅塞，舟楫不通，募人自西兴至大江疏成沙河二十里，并开浚闸里运河十三里，官运商旅皆称便利。（《宋会要辑稿·食货八·水利下》）

是年，守臣言：已招募民夫自西兴至大江疏沙河二十里，并浚闸里运河十三里。恐湖水不定，复有填淤，请派遣指挥一人，专门开挑西兴沙河，发捍江兵士五十名专门开挑沙浦。（《宋史·河渠志》）

## 乾道四年（金大定八年，1168）

六月，滹沱河泛滥，金世宗发河北西路及河间、太原、冀州民夫二万八千人修缮堤岸。（《金史·河渠志》）

是年，临安守臣周淙出公帑钱，招集游民，开浚城内外河道，疏通淤塞。（《宋史·河

渠志》）

## 乾道五年（1169）

二月八日，权发遣临安府周淙言：浙江旧有浑水、清水、保安三闸，岁久损坏，已行修治。今欲专差官一员充监闸，常令管辖闸兵依时启闭，并淘挖河道，使公私舟船无留滞之患。乞先从本府于大小使臣内有材力能干官选辟。从之。（《宋会要辑稿·食货八·保安闸）

## 乾道六年（金大定十年，1170）

二月，金朝设滹沱河巡河官二员。（《金史·河渠志》）

是年，南宋淮东提举徐子寅言：淮东盐课，全仰河流通畅，近来。扬州湾头港口至镇西山光寺前桥垛头，运河浅涩，计四百八十五丈。请调发五千兵卒开浚。从之。（《宋史·河渠志》）

是年，金朝决定引卢沟河水以通京师漕运。金世宗欣然曰：如此，则诸路之物可直接运达。令人计算工时，当役千里内民夫。世宗对宰相说，山东遭受饥荒，工役兴则妨农作，能无怨乎？开河本欲利民，而反取怨，不可。下令暂时停止劳役。（《金史·河渠志》）

是年，知镇江府蔡洸疏浚运河。（《江南通志》卷六四）

## 乾道七年（金大定十一年，1171）

二月，宋孝宗诏令淮南漕臣，洪泽至龟山河道，凡浅涩之处，尽行开挑疏浚。（《宋史·河渠志》）

十月十三日，两浙路计度转运副使沈度言：练湖原有石闸三座，岁久板木不存，水多直泄。欲依旧置闸板启闭，及南北斗门损漏，一切各已整治。（《宋会要辑稿·食货八·水利下》）

十二月，金朝省臣再次奏请开卢沟河，自金口开河引水至京城北入城壕，向东至通州北入潞水。次年三月，金世宗令人再次勘测。河道开成后，因地势高峻，水流湍急，河水混浊，泥沙淤积，无法行船。（《金史·河渠志》）

是年，南宋臣僚言：丹阳练湖周四十里，纳长山诸水，漕渠资之。故古语云：湖水寸，渠水尺。在唐之禁甚严，盗决者罪比杀人。本朝缓其禁以惠民，然修防甚严。春夏多雨之际，潴蓄盈满，虽秋无雨，漕渠或浅，但泄湖水一寸则为河一尺矣。兵变以后，多废不治，堤岸圮阙，不能贮水。强势之家辟为农田，湖遂淤淀。望责长吏浚治堙塞，严禁盗决侵耕，庶几练湖渐复，民田获灌溉之利，漕渠无浅涸之患。诏两浙漕臣沈度专一处置修筑。（《宋史·河渠志》）

是年，诏漕臣沈度修筑练湖，并严令禁止盗决湖水。（《吴中水利全书》卷一〇）

是年，临安守臣吴渊言：万松岭两旁古渠，多被权势及官吏之家侵占。又内寨前石桥、都亭驿桥南北河道，居民多抛粪土瓦砾，以致填塞，流水不通。今欲分委两通判监督，逐时巡检，勿令侵占并抛扬粪土。从之。（《宋史·河渠志》）

乾道八年（1172）

知镇江府宋覜浚治运河，自利涉河之北直到江岸。（《吴中水利全书》卷一〇）

淳熙元年（1174）

二月十三日，诏平江府守臣与许浦驻扎戚世明，同措置开浚许浦港，限一月完工。河开成后，将南岸泥土增筑通行大路，路面一丈五尺至二丈。植杨柳一万株以固堤岸。（《宋会要辑稿·方域一六·许浦河》）

是年，南宋提举浙西常平薛元鼎开平江府河浦，疏浚运河。(《吴中水利全书》卷一〇)

淳熙二年（1175）

十一月二十二日，两浙运副赵磻老言：临安府长安闸至许村巡检司一带，漕河浅涩，未曾开浚。除两岸人户出力疏浚外，须增添人工。用钱一万余贯，本司承担。此外支米二千三百六十二石，请朝廷拨给。从之。（《宋会要辑稿·方域十六·运河》《宋史·河渠志》）

十二月十六日，临安府言：欲将通江桥改为石筑，置立闸板，遇河水干涸，启板通放潮水入河，潮落下板，固护水势。（《宋史·河渠志》《宋会要辑稿·食货八·通江桥闸》）

是年，知平江府陈岘开平江运河五十四里。武进县丞韩隆胄、县尉陈膺刚疏浚常州运河三十里。知镇江府张津疏浚京口闸以北至江口河道。（《吴中水利全书》卷一〇）

## 淳熙四年（金大定十七年，1177）

七月，大雨，滹沱、卢沟水决溢。金世宗下诏，遣使征发真定五百里内民夫，于次年二月一日兴役。命同知真定尹呼沙呼、同知河北西路转运使徐伟统领，堵塞滹沱河决口。（《金史·世宗本纪》《金史·河渠志》）

## 淳熙五年（1178）

二月十一日，淮东提举司言：日前盐河浅涸，纲运不通，商旅不行。奉旨开浚河道五百二十余里，并皆深广，比及得雨，客舟通行，下半年收盐课必增多。所开之河，水道既深，必有堙塞之患。与其待堙塞而复开，不若随时察其浅涸之处，即为浚治。从之。（《宋会要辑稿·方域一六·盐河）

十月，无锡县以西横林、小井以及奔牛、吕城一带，地高水浅，运河浅阻，故予开浚，以通漕舟。（《宋史·河渠志》）

十二月二十二日，提举广南路常平茶盐司言：日前所开济川河口，可创置斗门一座，候春夏间江潮稍大，以时启闭，放入运河，则监纲往来，无浅涸之患。从之。[①]（《宋会要辑稿·食货八·斗门闸》）

## 淳熙六年（金大定十九年，1179）

三月庚午（十二日），知镇江府司马伋言：用石修砌潮闸门，浚海鲜河[②]，使舟船有停泊之所。上曰：司马伋浚河修闸，惠利甚广。可除宝文阁待制。（《宋史·孝宗本纪》《宋会要辑稿·食货八·水闸》）

九月，金朝设京埽巡河官一员。（《金史·河渠志》）

## 淳熙七年（金大定二十年，1180）

正月，金世宗诏有司修护漳河闸，所需工物一切均由政府负担，不得扰民。（《金史·河渠志》）

---

① 上文“监纲”二字，从文意推断，当为“盐纲”。按乾隆《江南通志》卷十四：“济川河在泰州治南，入如皋境，通扬子江。”是河近淮南盐场，当为盐纲往来通道。

② 《明一统志》卷一一《镇江府》：“海鲜河在城西北，宋郡守史弥坚开，西北通京江，东南接漕渠。”

八月十六日，宋孝宗诏：临安府至镇江府运河浅涸处，令守臣开浚。两浙转运司同临安、镇江、平江府，常、秀州守臣言：疏浚运河计一百四十里，其中除二万二千二百一十丈河深不需要疏浚外，九万三千二百三十三丈应行开浚。请朝廷将钱米拨付各州使臣。从之。（《宋会要辑稿·方域一六·运河》）

是年，南宋辅臣奏：运河有浅狭处，金朝使节往来，船行困难。可令守臣开挖疏浚，庶不扰民。计疏浚浙西运河自临安府北郭务至镇江江口闸，共六百四十一里。（《宋史·河渠志》）

## 淳熙八年（金大定二十一年，1181）

八月，金朝京城中都储粮不足，诏沿河恩（恩州，治今山东平原县恩城镇）、献（献州，治今河北献县）等六州粟百万余石水运至通州，然后陆运入京师。（《金史·河渠志》）

## 淳熙九年（1182）

是年，南宋知常州章冲奏：常州西南曰白鹤溪，自金坛县洮湖而下，今浅狭七十余里，若用工浚治，则漕渠无干涸之患。其南曰西蠡湖，自宜兴太湖而下，只须开浚二十余里，引太湖水来，可供漕渠一百七十余里行舟。至若望亭堰闸，初置于隋代，后毁，元祐七年复置，未几又毁。此堰闸对于调节运河水量至为重要，故应修复。诏令度量开浚。（《宋史·河渠志》）

## 淳熙十年（1183）

是年，南宋知镇江军耿秉淳上疏，遇有亢旱，可听任农民引运河水浇田。大臣们担心使节及漕船往来水浅，故拟不许。孝宗曰：稼穑事大，可从其所请。（《行水金鉴》卷九八）

## 淳熙十一年（1184）

冬，臣僚言浙西运河，自北关至秀州杉青，各有闸堰，自可潴水。又自秀州杉青至平江府盘门，与太湖相连，皆不必浚。惟无锡五泻闸损坏，江阴军河港水易走泄，应加修筑。常州至丹阳县地势高仰，虽有奔牛、吕城二闸，别无湖港潴水。自丹阳至镇江地形尤

高，练湖水浅，晴则干涸，运河浅狭，莫此为甚，应当先行浚治。上以为然。（《宋史·河渠志》）

### 淳熙十二年（金大定二十五年，1185）

五月，卢沟河决于上阳村。此前决于显通寨，诏发中都三百里内民夫塞之。至是复决，金世宗恐枉费工物，诏令且勿治。（《金史·河渠志》）

### 淳熙十三年（金大定二十六年，1186）

五月戊子（十一日），卢沟河决于上阳村，湍流成河，遂形成新河道。[①]（《金史·世宗本纪》）

是年，南宋知常州府林寔疏浚武进县运河。（《吴中水利全书》卷一〇）

### 淳熙十四年（金大定二十七年，1187）

二月丁亥（十五日），金世宗命沿河京府州县长贰官，并带管勾河防事。（《金史·世宗本纪》）

三月，金朝宰臣言：孟家山金口闸下比都城高一百四十一尺多，只以射粮军守护，恐不足恃，如遇暴涨，人或盗决，其害甚大。于岸上置埽官廨署及埽兵之室，庶几可以无虞。金世宗是其说，乃派遣使者堵塞金口。（《金史·河渠志》）

四月四日，南宋知太平州张子颜言：斗门水函，多以竹木为之，间用砖石，往往不牢，致有损坏。今当涂县重新改造斗门十三所，石砌四所，水函八所，修砌旧砖石斗门五所，水函十一所；芜湖县重新改造斗门八所，用砖石卷砌。（《宋会要辑稿·食货八·斗门闸》）

九月十一日，南宋权知扬州熊飞言：扬州一带运河惟借瓜洲、真州两闸积水，今来河水走泄，只缘瓜洲上、中二闸不修治。独潮闸一座，转运提盐司及本州共行修整，然水势冲激，易致损坏。真州二闸亦损漏。请下淮南转运司、淮东提盐司疾速同共修理。从之。（《宋会要辑稿·食货八·水闸》）

① 《金史·河渠志》记大定二十五年五月卢沟河决于上阳村，金世宗诏不予治理。而《金史·世宗本纪》又记大定二十六年五月河决于上阳村。既然决口未堵，则无再次决口之理，疑二者为一事。然卢沟河决口于上阳村事发生在哪一年，尚难以考定。

### 淳熙十五年（金大定二十八年，1188）

五月八日，南宋朝户部言：扬州泰兴县港新河下口，近年来为浑潮涨塞，渐次不通。民户请自行出备人夫钱米，以各户田土顷亩远近均备开浚。从之。（《宋会要辑稿·方域一六·新河）

是年，金世宗诏令在卢沟河上修建石桥，尚未动工而世宗驾崩，后金章宗更命建石桥。（《金史·河渠志》）

### 淳熙十六年（1189）

是年，南宋提举浙西常平詹体仁督率平江、常州、镇江三府开挖漕渠，修筑斗门。（《吴中水利全书》卷一〇）

是年，南宋总领钱良臣主持修丹阳练湖横坝及诸斗门。（《吴中水利全书》卷一〇）

### 金世宗时（1161～1189）

刘玑任同知漕运司事，建议于河堤种植柳树，以省每年修筑堤防之费。（《金史·刘玑传》）

### 南宋孝宗时（1163～1189）

蔡洸知镇江府，时久旱，郡民筑陂潴水灌溉。漕运官令决陂塘水入运河，乡村父老泣诉。蔡洸下令，不得决陂塘之水。（《宋史·蔡洸传》）[①]

陈敏为都统制兼知高邮军，自宝应至高邮，修筑原有石础十二所，运河通畅，无冲决之患。（《宋史·陈敏传》）

李浩知静江府兼广西安抚，郡旧有灵渠通漕运及灌溉，岁久不治，乃疏通之，民赖其利。（《宋史·李浩传》）

贝钦世知江阴县，县境运河堙塞，钦世浚治之，民众争相捐献，不逾月而成。（《江南通志》卷一一四）[②]

---

① 明人张国维《吴中水利全书》卷一〇系此事于南宋孝宗乾道六年。

② 明人张国维《吴中水利全书》卷一〇系此事于南宋孝宗乾道九年。

## 光宗朝（1190～1194）

### 绍熙二年（金明昌二年，1191）

六月，漳河、卢沟河决堤，金章宗诏命速塞之。（《金史・河渠志》）

### 绍熙三年（金明昌三年，1192）

三月，卢沟河桥建成，金章宗赐名广利桥。（《金史・河渠志》）此桥即今北京城西南永定河上的卢沟桥。

四月，金朝尚书省奏：辽东北京路（治今哈尔滨南）米粟素饶，可以航海运达山东。已差人勘视。东京（治今沈阳北）近海之地，自大务、清口并咸平、铜善馆，皆可置仓，贮粟以通漕运。若山东、河北荒歉，即可运以相济。金章宗准其奏。（《金史・河渠志》）

六月，卢沟河堤决，金章宗诏速塞之，无令泛溢为害。（《金史・河渠志》）

### 绍熙四年（金明昌四年，1193）

正月癸未（十五日），有司言修漳河堤埽，计三十八万余工。金章宗诏依卢沟河例，招募遭受水灾的农民充作役夫，政府支给钱米。（《金史・河渠志》）

是年，南宋淮东提举陈损之言：高邮、楚州之间，陂湖渺漫，宜创立堤堰，使水大不至于泛溢，干旱不至于浅涸。请修扬州江都县至楚州淮阴县堤三百五十里，又自高邮兴化县至盐城县堤二百四十里。堤岸傍开一新河，以通舟船。仍存旧堤，以捍风浪。栽柳十余万株，数年后堤岸牢固，其木亦可备修补之用。在扬州、泰州修筑堤闸、斗门，西引盱眙、天长众湖之水，自扬州江都，达于淮河；又自高邮入兴化东至盐城，而至于海；泰州海陵南至扬州泰兴抵大江。共修石䃮十三、斗门七。（《宋史・河渠志》）

是年，听从两浙转运使、浙西提举使的建议，宋光宗诏镇江府守臣修吕城闸。（《吴中水利全书》卷一〇）

## 宁宗朝（1195 ~ 1224）

### 庆元五年（1199）

宋宁宗令镇江府守臣重修吕城两闸毕，再造一新闸，以固堤防。（《宋史·河渠志》）

### 庆元六年（金承安五年，1200）

是年，金章宗令靠近河道的州县，折纳豆二十万石，漕运入京以养马，漕运麦十万石。令都水监丞田栎勘视运粮河道状况。（《金史·河渠志》）

### 嘉泰元年（金泰和元年，1201）

是年，宋宁宗令转运提举常平官同地方官员浚治太湖附近运河，于望亭修建上下二闸，固护水源。（《宋史·河渠志》）

是年，南宋知常州李珏疏浚漕渠，修望亭上下二闸。（《吴中水利全书》卷一〇）

是年，金朝尚书省言，景州（治今河北东光）漕运司所管六座河仓，每年税粮超过六万石，交纳税粮的州县近者不下二百里。主管税收漕运的官吏收取贿赂，民众不胜其苦，虽令地方政府官员监督之，仍无效果。金章宗派监察御史一员，往来纠察。（《金史·河渠志》）

### 嘉泰二年（1202）

六月壬午（九日），南宋浚浙西运河。《宋史·宁宗本纪》）

### 嘉泰三年（1203）

是年，南宋知常州赵善防、知武进县丘寿隽修奔牛闸。原用木者皆易为石，又为屋覆其下，计用工二万二千六百有奇，用钱八千缗，米五百斛。（《吴中水利全书》卷一〇）

### 嘉泰四年（金泰和四年，1204）

是年，乌库哩庆寿任金朝近侍局提点，时议开通州漕河，金章宗诏庆寿勘视。（《金史·乌库哩庆寿传》）

### 开禧元年（金泰和五年，1205）

正月丁丑（十九日），金朝调山东、河北军夫修治漕渠。（《金史·章宗本纪》）

是年，金章宗至霸州，因漕河浅涩，下令尚书省征发山东、河北、河东、中都、北京军夫六千人开挖修治。凡占用屯田户地者，政府加倍给之；民田则多给酬价。（《金史·河渠志》）

### 开禧二年（金泰和六年，1206）

正月癸卯（二十一日），金朝尚书省奏，漕河所经之地，州县官均以为运河与自己无关，不予修治管理，致使河道浅滞。船户以盘浅剥载为名，索取费用，奸弊百出。于是定制：凡漕河所经之地，州府官皆加带“提控漕河事”官衔，县官则加带“管勾漕河事”官衔，负责催检漕运，营护堤岸。漕河所经府三：大兴、大名、彰德；州十二：恩、景、沧、清、献、深、卫、浚、滑、磁、洺、通；县三十三：大名、元城、馆陶、夏津、武城、历亭、临清、吴桥、将陵、东光、南皮、清池、靖海、兴济、会川、交河、乐寿、武强、安阳、汤阴、临漳、成安、滏阳、内黄、黎阳、卫、苏门、获嘉、新乡、汲潞、武清、香河、漷阴。（《金史·章宗本纪》《金史·河渠志》）

十二月，金朝设通济河巡河官一员，与天津河同为一司，隶都水监，通管漕河闸岸。（《金史·河渠志》）

### 嘉定元年（金泰和八年，1208）

六月，金朝通州刺史张行信言：官方运船自通州入闸，凡十余日方至京师，而政府只支给五日的转脚之费。朝廷下令增之。（《金史·河渠志》）

是年，南宋知常熟县叶凯浚小洋子泾。镇江府筑吕城中闸，浚江口河，置闸，自江口至城南长一千八百六十九丈，阔十余丈，恢复五闸，按时蓄泄。（《吴中水利全书》卷一〇）

是年，南宋丹徒县主簿马荣祖因练湖岸低狭，不能蓄水，修筑湖堤共长四七八二丈，下广三丈六尺，上广一丈二尺。（《吴中水利全书》卷一〇）

泰和年间（1201 ～ 1208）

金朝翰林应奉韩玉建言开通州潞水漕渠，船运至中都。（《金史·韩玉传》）

嘉定六年（1213）

十一月二十九日，臣僚言：国家驻跸钱塘，纲运粮饷，仰给诸道。水运之程，自大江而下，至镇江则入闸，经行运河，如履平地，直抵都城，盖甚便也。比年以来，镇江闸口河道浅塞，不复通舟，凡有纲运，悉自江阴转五泻堰以入运河，不惟路程迂远，且经过大江，易损坏船只。如淤塞河道久不开浚 ，所淤河岸类为居民侵占。乞令漕臣同淮东总领及本府守臣共同相度，计约日用钱米数目，措置开浚，诚为利便。从之。（《宋会要辑稿·方域一六·运河》《宋史·河渠志》）

嘉定七年（金贞祐二年，1214）

六月，潮白河泛滥，漂没古北口铁裹关门至老王谷。（《金史·五行志》）

嘉定八年（金贞祐三年，1215）

是年，金朝迁都汴京（今河南开封）后，以陈、颍二州靠近水道，欲借民船漕运粮米，甚为不便。于是在观州漕运司设提举官，招募船户，命户部勾当官往来巡察督运。（《金史·河渠志》）

嘉定九年（金贞祐四年，1216）

是年，尚书右丞侯挚上言宜疏通沁水，以便运输。金宣宗诏有司开通之。（《金史·侯挚传》）

是年，金朝陕西行省把胡鲁言：陕西每年运粮以助关东，若以舟自渭水入黄河，顺流而

下，可以纾民力。命严加侦候，如有敌警，则皆系舟于南岸。（《金史·河渠志》）[1]

嘉定十五年（金元光元年，1222）

是年，金朝在归德府置通济仓，设都监一员，收储东郡上缴的粟米。定国军节度使李复亨言：河南军粮仰给陕西，陕西地腴岁丰，十万石之助不难，但运费则用其半，民不能堪。可造大船二十只，由大庆关入河，东抵湖城，往还不过数日，船工百人，自夏抵秋，可漕运三千余万斛。金宣宗从之。时又于灵璧县潼郡镇设仓，方开长直沟，由万安湖舟运入汴至泗，以运漕粮。（《金史·河渠志》）

南宋宁宗时（1195 ～ 1124）

汪纲知绍兴府，萧山有古运河，西通钱塘，东达明州（今浙江宁波），沙涨三十余里，舟行困难。乃开浚之，且创修闸于江口，使泥沙不得入运河。（《宋史·汪纲传》）

陈居仁守镇江，在丹徒境内筑石础，蓄泄以时，以通漕运。（《宋史·陈居仁传》）

李庭芝主管两淮制置司事，在扬州凿河四十里入盐场，又疏浚其他河道，盐户无车运之劳。（《宋史·李庭芝传》）

## 理宗朝（1225 ～ 1264）

绍定五年（金天兴元年，1232）

五月丁亥（七日），金哀宗令凿洧川漕渠，不久罢之。（《金史·哀宗本纪》）

端平元年（金天兴三年，1234）

正月，蒙古军联合宋军攻灭金朝。

---

① 《金史·博和哩传》载：兴定四年，博和哩任权尚书右丞左副元帅，元帅府设于京兆，曾上言自渭水入黄河运粮米以助关东，事迹与此条同。

## 淳祐二年（1242）

是年，南宋知镇江府柯元寿修练湖闸。（《吴中水利全书》卷一〇）

## 宝祐二年（1254）

是年，宋理宗诏筑吕城宝堰。（《吴中水利全书》卷一〇）

## 景定二年（1261）

七月辛巳（二十一日），忽必烈“命西京宣抚司造船，备西夏漕运”。（《元史·世祖本纪一》）

九月丙子（二十三日），忽必烈令当年田租运输至沿河近仓，官方负责转漕，不可劳民。（《元史·世祖本纪一》）

是年，蒙古汗国初立军储所，寻改漕运所。（《元史·百官志一》）

## 景定三年（1262）

八月己丑（五日），郭守敬见忽必烈，陈水利六事，提出“引玉泉山水以通舟，岁可省雇车钱六万缗”，并建议将通州以南的运道截弯取直。世祖批准了这项工程，并授郭守敬提举诸路河渠。（《元史·郭守敬传》《元史·世祖本纪二》）

是年，南宋知丹阳县赵必棣修筑练湖堤岸。练湖自淳祐以来狭小堙塞，为增加蓄水，朝廷将修治之责委之于浙西提刑，提刑委之府县。知县赵必棣奉闻朝廷，国家下拨安边太平库会子二万二千七百七十一贯，平江府支米五百石。购置竹木，雇募人工，以为修筑之计。（《吴中水利全书》卷一〇）

## 景定四年（1263）

九月乙酉（八日），蒙古汗国设立漕运河渠司。（《元史·世祖本纪二》）

景定五年（1264）

二月壬子（七日），忽必烈令北京都元帅阿哈统领军卒疏通双塔漕渠。双塔漕渠源出昌平孟村一亩泉，经双塔村东流，入温榆河，下流至通州入潞河。（《元史·世祖本纪二》《元史·河渠一》）

四月戊申（四日），因彰德（彰德路，治今河南安阳）、洺磁（洺磁路，治今河北永年）各路引漳、滏、洹水灌田，致使御河水浅，盐运不通。忽必烈令各地堵塞支渠，以恢复水势。（《元史·世祖本纪二》）

八月乙卯（十四日），蒙古汗国改燕京为中都。（《元史·世祖本纪二》）

## 度宗至帝昺朝（1265～1279）

咸淳元年（1265）

是年，郭守敬任都水少监，提议重新开金口河，引卢沟河水东流，既可运西山之木，又便利京畿漕运。获元世祖批准。金代曾开金口河，后怕引起水灾，用大石堵塞金口。（《元史·郭守敬传》《元史·河渠三》）

咸淳二年（1266）

四月六日，蒙古巡河官言双塔河有溃决之患，应预修治，以免走泄水势，阻滞运船。都水监差夫修治，凡闭合水口五处。（《元史·河渠一》）

七月，蒙古都水监言兵兴以来，御河失修，且无官员主管。沿河之民或决堤灌田，或就堤取土，致使堤岸残破，河水外泄，淹没农田，船只行进艰难。经工部商议，应以沿河州县之佐贰官兼河防事，于各地巡视，禁止决堤引水、取土。中书省准其所议。（《元史·河渠一》）

十一月戊戌（十五日），蒙古汗国在御河岸边设立漕仓。（《元史·世祖本纪三》）

十二月丁亥（二十九日），蒙古汗国开金口河，凿金口导卢沟水以漕西山之木。（《元史·世祖本纪三》）

咸淳四年（1268）

八月庚子（二十一日），忽必烈令京师沿河立十座粮仓。（《元史·世祖本纪三》）

是年，蒙古汗国改漕运所为漕运司，长官秩五品。（《元史·百官志一》）

咸淳六年（1270）

三月丙辰（十七日），御河于武清县决口泛滥，蒙古汗国发夫役修筑疏浚。（《元史·河渠一》《元史·世祖本纪四》）

咸淳七年（1271）

十一月，忽必烈建国号为“大元”。

德祐元年（1275）

七月庚午（一日），元将阿术兵船驻于瓜洲，阿塔海、董文炳兵船驻镇江西津渡。南宋将领赵溍等率水师驻焦山南北。辛未，双方大战，自辰至午，宋师大败。（《元史·世祖本纪五》）

是年，丞相伯颜南征，议立水站，派郭守敬考察河北、山东等地可以行船的河道，并画图上奏。（《元史·郭守敬传》）

是年，改漕运司为都漕运司。（《元史·百官志一》）

德祐二年、景炎元年（1276）

正月甲午（二十八日），开挖济州（今山东济宁）漕渠。①（《元史·世祖本纪六》）

是月，元军攻陷临安。南宋皇族南逃。

七月甲寅（二十一），因白河（北运河）杨村至浮鸡泊段弯曲迂回，改道从孙家务开挖新河道。（《元史·世祖本纪六》）

八月己巳（七日），在武清县蒙村开挖漕渠。（《元史·世祖本纪六》）

---

①《元史·世祖本纪六》：至元十三年正月甲午“穿济州漕渠”。姚汉源认为是决议开济州河（《京杭运河史》第十二章）。但直到至元十九年末，方才开挖济州河，决定之事六年后方实施，不免令人费解。这里所说的“济州漕渠”有可能指洸河，蒙哥汗在位时，蒙古军队进攻南宋，便曾疏通洸河，沿洸、泗水道向南运粮。

是年，伯颜攻取南宋都城后说：“都邑乃四海会同之地，贡赋之入，非漕运不可。”回到大都后，又上奏说：江南“川渠交通，凡物皆以舟载，比之车乘，任重而力省。今南北混一，宜穿凿河渠，令四海之水相通。远方朝贡京师者皆由此致达，诚国家永久之利”。元世祖同意他的意见。（《元名臣事略》卷二引《野斋本公文集》）

景炎二年（1277）

是年，元汴漕司议引沁水北流入御河，以便通漕。董文用制止之，言大名、长芦地势低洼，引沁入御河，必引起水灾。朝廷遣使考察后，亦以为不可。（《元史·董文用传》）

## 元朝

### 世祖朝（1279 ～ 1294）

至元十六年（1279）

正月，元军攻崖山（今属广东新会），张世杰败溃，陆秀夫与宋帝赵昺赴海死，南宋灭亡。元统一中国，以大都（今北京）为首都。

六月辛丑（二十五日），因通州运河水浅，行船困难，乃命枢密院发军士五千人，诸官雇用民夫千人，疏浚通州运河。（《元史·世祖本纪七》）

是年，置新运粮提举司，秩正五品，管站车二百五十辆，隶兵部。开运粮坝河后，改隶户部。（《元史·百官志一》）坝河由大都粮仓（今东直门内外）向东，至通州北入温榆河，汇白河。坝河上建坝七座，故坝河又名“阜通七坝”，设有坝夫、车夫、船夫，负责运输漕粮入仓。（《元史·河渠一》）

至元十七年（1280）

正月戊辰（二十六日），赐开滦河五卫军钞。（《元史·世祖本纪八》）

二月庚子（二十八日），发侍卫军三千人疏浚通州运河。（《元史·世祖本纪八》）

七月戊午（十九日），听从姚演的建议，开胶莱运河。令益都等路宣慰使都元帅阿八赤与莱州人姚演主持开挖，河在胶州东北，西北入高密界，经平度南，北流汇胶河至莱州掖县海仓口出海。（《元史·世祖本纪八》）

## 至元十八年（1281）

九月，中书丞相和尔果斯等奏请，免益都、淄莱、宁海三州一年赋税，折为佣值，继续开挖胶莱运河。（《元史·河渠二》）①

## 至元十九年（1282）

十月丙申（十日），由大都至中滦（今河南封丘西南）、中滦至瓜洲，设南北两漕运司。（《元史·世祖本纪九》）令江淮漕运司运粮至中滦，京畿漕运司自中滦运至大都。（《元史·食货志一》）

十二月癸卯（十七日），开挖济州河。（《元史·世祖本纪九》）新开之河以济州任城（今山东济宁）为中心，向南至鲁桥镇（今属山东微山）与泗水沟通，向北经南旺、袁家口至须城之安民山（今梁山县小安山）入大清河，全长一百五十余里。为解决运河水源问题，"于兖州立闸堰，约泗水西流，堽城立闸堰，分汶水入河道，汇于济州"。（《元史·河渠一》）在兖州城东泗水上筑金口坝，拦截泗水入府河西流；在堽城（今山东宁阳北堽城里村）筑坝拦截汶水，使其南流入洸河；洸河与府河汇合后流至济州南北分流。济州河开通后，南来漕船可经此进入济水，而后从利津入海至直沽。

是年，改都漕运司为京畿都漕运司，长官秩正三品。掌管御河上下至直沽、河西务、李二寺、通州等处攒运漕粮。（《元史·百官志一》）

是年，命镇国大将军张君佐率新附汉军万人修胶西②闸坝，继续开挖胶莱运河。（《元史·张荣传》）

是年，丞相伯颜认为灭宋后曾将典册图籍海运至大都，故漕粮亦可海运。于是请求朝廷，令上海总管罗璧及朱清、张瑄等造平底海船六十艘，运粮四万六千余石。从海道运输漕粮，沿途多险阻，且风向不顺，故于次年方到直沽。（《元史·食货志一》）

---

① 本条史料出自《元史·河渠二》"济州河"条。"济州河"条目下所记，主要是开胶莱河事。参见陈有和：《元史·河渠·济州河辨析》，《南开学报》1985年第3期。

② 元代胶州有胶西县，治今山东胶州市。胶西闸坝即胶莱运河上的闸坝。

## 至元二十年（1283）

五月己卯（二十六日），听从王积翁的建议，令江南漕粮，由阿八赤所开神山河（胶莱运河）[①]及海路两条路线运输京城。（《元史·世祖本纪九》）

七月庚午（十八日），因阿八赤、姚演开神山河桥时侵用官钞二千四百锭，折合粮米七十三万石，令其偿还，仍议其罪。（《元史·世祖本纪九》）

八月丁未（二十六日），济州河完工，立都漕运司。（《元史·世祖本纪九》）

十月壬寅（二十二日），设立东阿至御河水陆驿站，以便递运。（《元史·世祖本纪九》）

癸卯（二十三日），中书省言，阿八赤新开河二处（指胶莱河、济州河），皆有仓，宜造小船，分海运之粮，由河运至京。从之。（《元史·世祖本纪九》）

## 至元二十一年（1284）

二月辛巳（二日），疏浚扬州运河。（《元史·世祖本纪一〇》）

己亥（二十日），阿八赤所开胶莱河水源不足，须等海水涨潮时，运船方能进入，船只多损坏，民亦苦之。（《元史·世祖本纪一〇》《元史·食货志一》）

十二月乙巳（二日），征发丁壮万人疏通神山河（胶莱运河），设立万户府负责维修保护。（《元史·世祖本纪一〇》）

## 至元二十二年（1285）

正月戊寅（五日），发五卫及新附军疏浚武清县蒙村漕渠。（《元史·世祖本纪一〇》）

二月乙巳（二日），下诏增加济州漕船三千艘，船夫一万二千人。起初运输江淮地区漕粮百万石至京城，海运十万石，胶莱河运六十万石，济州河运三十万石。因济州河水浅，常不能按时到达京城，后更换为百石之船，每船用夫四人，故船夫增多。（《元史·世祖本纪一〇》）

是日，以应放还休息的五卫军开挖河西务（今属天津市武清区）河。（《元史·世祖本纪一〇》）

---

① 神山在今山东胶州市境内，神山河即胶莱运河。《明一统志》卷二五“莱州府”：“罗山亘其东，潍水阻其西，神山距其南，渤海枕其北。”胶莱运河经过神山麓，故称神山河。今人多以神山河指济州河，误。

丙辰（十三日），停止胶莱运河漕运，其漕军万人隶属于江浙行省。以熟习水性的军士万人接运济州河运来的江淮漕粮，由利津海口运抵直沽。（《元史·世祖本纪一〇》）

戊辰（二十五日），增加济州漕运司军士一万二千人。（《元史·世祖本纪一〇》）

## 至元二十三年（1286）

是年，修治济州以南徐、邳沿河纤道桥梁完工，添立邳州水站。（《元史·河渠一》）

是年，调马之贞任漕运副使，负责管理船闸，接放纲船。（《元史·河渠一》）

## 至元二十四年（1287）

正月戊辰（八日），以修筑柳林河堤[①]的南军三千人，前往疏浚河西务段运河。（《元史·世祖本纪一一》）

三月乙卯（二十五日），朝廷同意开汶、泗之水以通京师。[②]（《元史·世祖本纪一一》）是年前太史掾边源建议，自安民山开河引汶水西北达临清，入卫河，以省陆运漕粮之苦。中书省即令都漕运副使马之贞前往考察，马之贞认为从临清经过东昌，向南有故河道，过景德镇（今阳谷县张秋镇）至寿张（今梁山县寿张集镇）抵安民山，共三百多里，与边源所说相合。[③]（《元名臣事略》卷二）

是年，分立内外两个都漕运司。京畿都漕运司员额不变，只负责京城诸粮仓出纳，属下有新运粮提举司等机构。（《元史·百官志一》）

## 至元二十五年（1288）

二月丁巳（二日），改济州漕运司为都漕运司，并领济州南北漕运，京畿漕运司只管理京城漕运事务。（《元史·世祖本纪一二》）

庚申（五日），疏浚沧州运盐渠。（《元史·世祖本纪一二》）

---

① 雍正《畿辅通志》卷二一“顺天府”：府城西南十里有泉十余处，汇为百泉溪，东南流为柳林河，下流注入卢沟河，是则柳林河为卢沟河支流。

② 这里所说开汶、泗通往京城，是指开会通河。但开会通河系至元二十六年事，此年可能是元世祖接受了边源和韩仲辉的建议，同意开挖会通河以通京师漕运。

③ 元人杨文郁《开会通河功成之碑》：“寿张县尹韩仲辉、前太史掾边源相继建言，汶水属之御河，比陆运利相十百。时诏廷臣求其策，未得要，便以仲辉、源言为然。遂以都漕运副使马之贞同源按视之，之贞等至则循行地形，商度功用，参之众议，图上曲折，备言可开之状。政府信其可成，于是丞相僧格同僚敷奏，且以图上。俞允。”此碑文书于是年九月（会通河六月开挖完工），最为可信。

丙寅（十一日），改河渠提举司为转运司。（《元史·世祖本纪一二》）

十月庚午（八日），丞相僧格言安山至临清为渠二百六十五里，若加以开浚，应用工三万多，用钞三万锭，米四万石，盐五万斤。渠开通后，陆运夫一万三千户可罢为民，其交纳的赋税及刍粟估计折钞 28000 锭，与开河的费用大体相当。但渠成可得万世之利。请今冬准备费用，来春便可兴工。此议获元世祖批准。（《元史·世祖本纪一二》）

十一月，调派军士守京城外粮仓。起初，大都城内仓廒均有军士守卫，城外丰润、丰实、广贮、通济四仓无军守卫，当时储粮颇多，故丞相僧格言，应以京城内仓例，每仓以军士五人守卫。（《元史·兵志二》）

## 至元二十六年（1289）

正月己亥（十九日），元世祖批准出楮币一百五十万缗，米四百万石，盐五万斤，征发丁夫三万人，派断事官忙速儿、礼部尚书张孔孙、兵部尚书李处巽等主持开挖运河，自须城安山西南起，至临清入御河，长二百五十里，沿线修建船闸。（《元史·河渠一》）

壬寅（二十二日），海船万户府上言：山东宣慰使乐实所运江南之漕粮，陆运到淮安，过七闸然后入海，每年只能运二十万石。若由江阴入江至直沽仓，民无陆运之苦，而且每石米可省运费八贯多。请罢胶莱海道运粮万户府，由海船万户府承运，每年可运三十万石。元世祖批准其请求。（《元史·世祖本纪一二》）

二月辛亥（一日），疏浚沧州御河。（《元史·世祖本纪一二》）

五月庚辰（二日），发武卫亲军千人，疏浚河西务至通州运河。（《元史·世祖本纪一二》）

辛丑（二十三日），御河涨溢入会通河，会通河河决，漂没东昌路民众房舍。（《元史·世祖本纪一二》）

七月辛巳（四日），会通河开凿完工。礼部尚书张孔孙、兵部郎中李处巽、员外郎马之贞言：“开魏博之渠，通江淮之运，古所未有。”元世祖赐名“会通河”。置提举司负责维修管理。（《元史·世祖本纪一二》）

甲午（七日），御河溢。（《元史·世祖本纪一二》）

九月丙戌（十日），罢济州泗汶漕运司。（《元史·世祖本纪一二》）

是年，修建安山闸，南距开河闸八十五里。（《元史·河渠一》）

## 至元二十七年（1290）

四月辛巳（九日），命大都路以粟六万二千五百六十四石赈济通州、河西务等处流民。（《元史·世祖本纪一三》）

七月，魏县御河决口，淹没农田五千八百余亩。（《元史·世祖本纪一三》）

九月丁未（十三日），御河决口于高唐，淹没民田，令有司堵塞。[①]（《元史·世祖本纪一三》）

丁卯（二十七日），在宿迁以北设置四个巡检司。以所罢陆运夫为兵丁，护送会通河上供之物。禁止征发民众为纤夫挽舟。（《元史·世祖本纪一三》）

十月甲戌（十日），设立会通汶泗河道提举司，长官从四品。（《元史·世祖本纪一三》）

是年，马之贞言：会通河开通后，霖雨岸崩，河道淤浅，宜加修浚。“奏拨放罢输运站户三千专供其役”，并令其采办木石以充用。此后，政府每年委派都水监官一员佩分监印，率令史、奏差、濠寨官[②]巡视河道，督办工程，修建石闸。（《元史·河渠一》）

## 至元二十八年（1291）

正月辛酉（二十二日），裁撤江淮漕运司，并入海船万户府，由海道漕运。（《元史·世祖本纪一三》）

十二月乙丑（二日），有人上言可开挖滦河或卢沟河漕运京城，朝廷派河渠司副使郭守敬前往考察。郭守敬实地调查后，认为滦河无法漕运京城，而卢沟河也不能行船，于是上奏陈水利十一事，提出“引北山白浮泉水西折而南，及瓮山泊，自西水门入城，环汇于积水潭，复东折而南，出南水门，合入旧运粮河”。世祖览奏大喜，令从速施行。于是复置都水监，令郭守敬领之。（《资治通鉴后编》卷一五六、《元史·郭守敬传》）

辛卯（二十八日），疏浚运粮坝河，修筑堤防。（《元史·世祖本纪一三》）

是年，中书省奏：姚演奉敕疏浚滦河，漕运上都，请预备漕船五百艘，水手一万人，纤夫二万四千人。中书省认为东南灾荒，民力凋敝，照此行事，民必重困。可先造舟十艘，选调水手试行。如能够通行，可再增加。元世祖批准先派五十艘船试行。（《元史·河渠一》）

---

① 元代高唐州辖武城、夏津、高唐三县，武城、夏津近御河，是则御河决于二县之境。

② “濠寨”又作“壕寨”。元承宋制，置壕寨官，统领壕寨兵，除从事军事工程作业外，亦从事城市及水利工程的测绘、计算及工料钱粮等。参见潘晟：《宋代地理学的观念、体系及知识兴趣》第四章，北京：商务印书馆，2014年。

是年，丞相完泽奏，于京师置都水少监、丞各二员，每年以官一人、令史二人、奏差二人、壕寨官二人，分监于汴，负责治理决口事宜；又分监于寿张之张秋镇（今属山东阳谷），统领会通河官属。分监官员皆岁满更替。（《元文类》卷三一、《都水监事记》）[①]

## 至元二十九年（1292）

正月己亥（六日），命太史令郭守敬兼领都水监事。（《元史·世祖本纪一四》）

二月，中书右丞相苏呼等言，金水河所经过的运石大河、高良河西河均有跨河跳槽，今已损坏，请修复。是年六月兴工，次年二月完成。（《元史·河渠一》）

八月丙午（十八日），郭守敬主持开挖通惠河。“浚通州至大都漕河十有四，役军匠二万人，又凿六渠灌昌平诸水”。元世祖令丞相以下官员，皆至开河工地，亲操畚锸，听从郭守敬安排。（《元史·世祖本纪十四》《元史·郭守敬传》）

是年，通惠河工兴，四集塞（皇帝的宿卫侍从）台官伊彻察喇率其所属应役，从者云集，刻日完工。元世祖语近臣曰：若非伊彻察喇率众参加，通惠河不会这么快开凿成功。（《元史·伊彻察喇传》）[②]

是年，都水监高源参与开挖通惠河，置闸七，桥十二。后授同知湖南道宣慰司。（《元史·高源传》）

是年，都水监领大都河道提举司。提举一员，从五品；同提举一员，从六品；副提举一员，从七品。（《续文献通考》卷五六、《元史·百官六》）

## 至元三十年（1293）

正月一日，修建会通河临清头闸，闸长一百尺，阔八十尺，高二丈。十月二十九日完工，役夫匠六百六十名。（《元史·河渠一》）

三月庚申（四日），平章政事范文虎主持疏浚漕河。（《元史·世祖本纪一四》）

七月丁丑（二十三日），世祖自上都回大都，过积水潭，见“舳舻蔽天”，十分

---

① 《元史》卷九〇《百官六》载：至元二十八年置都水监二员，从三品；少监一员，正五品；监丞二员，正六品；经历、知事各一员，令史十人。

② 《元史·伊彻察喇传》记此事于至元二十八年，误。今改正为至元二十九年。

高兴，因赐名“通惠河”。并赏赐郭守敬钞一万二千五百贯，仍任旧职，并兼提调通惠河漕运事。（《元史·世祖本纪一四》《元史·郭守敬传》）

九月，漕运官员言，温榆河水引入潞河后，上源泛水浅涩，粮船难以通行，应由坝河引水入榆。此建议得到批准施行。（《元史·河渠一》）

十月戊申（二十六日），因段贞主持开河、修仓事有功，加其为平章政事。（《元史·世祖本纪一四》）

是年，郭守敬建议于通惠河澄清闸稍东，引水与北坝河相接，且立闸于丽正门西，令舟楫可以环城往来。后未能施行。（《元史·郭守敬传》）

是年，建都水分监于东阿之景德镇（今山东阳谷张秋镇）。（《行水金鉴》卷一六五引《山东全河备考》）

### 至元三十一年（1294）

正月一日，修建会通河寿张（今山东梁山县寿张集镇）闸，五月二十日完工。（《元史·河渠一》）

八月己丑（十一日），以大都留守段贞、平章政事范文虎监督疏浚通惠河，给二品金印。令军士疏浚太湖、淀山湖沟港。（《元史·成宗本纪一》）

是年，置通惠河运粮千户所，长官秩正五品，负责漕运事。置中千户一员，中副千户一员。（《元史·百官志一》）

## 成宗朝（1295 ～ 1307）

### 元贞元年（1295）

四月，中书省臣言新开通惠河闸，宜用军一千五百人守护巡防，从之。（《元史·河渠一》）

七月，工部提议设提领三员，管领人夫，专一巡护通惠河各船闸。同时将西城闸改名会川，海子闸改名澄清，文明闸仍用旧名，魏村闸改名惠和，籍东闸改名庆丰，郊亭闸改名平津，通州闸改名通流，河门闸改名广利，杨尹闸改名溥济。（《元史·河渠一》）

## 元贞二年（1296）

正月二十日，修建会通河七级（今山东阳谷七级镇）南闸，十月五日完成，役夫匠四百五十名。（《元史·河渠一》）

二月二日，修建会通河李海务（今山东聊城东昌府区李海务村）闸，五月二十日完工，役夫匠五百二十七人。（《元史·河渠一》）

七月二十三日，修建会通河临清中闸，大德元年三月十三日完工，闸长宽等与上闸同，役夫匠四百四十三人。（《元史·河渠一》）

## 大德元年（1297）

正月二十七日，修建会通河辛店（今山东济宁市任城区辛店村）闸，四月一日完工。（《元史·河渠一》）

三月十二日，修建会通河济州上闸，七月二十八日完工。（《元史·河渠一》）

五月一日，修建会通河七级北闸，十月六日工毕，役夫匠四百四十三名。（《元史·河渠一》）

## 大德二年（1298）

正月二十五日，修建会通河阿城（今山东阳谷阿城镇）南闸，十月一日工毕，役夫匠四百四十六名。（《元史·河渠一》）

二月三日，修建会通河师家店闸（今山东济宁南），五月二十三日完工。（《元史·河渠一》）

五月，都水监派员监督巡河夫修筑杨村至河西务河堤。（《元史·河渠一》）

六月庚申（五日），禁止权豪、斡脱搜查阻滞漕河舟楫。（《元史·成宗本纪二》）

是年，浑河（卢沟河）大水为害，大都路都水监将金口闸关闭。五年间水势浩大，郭守敬怕河决口淹没民田房舍，又将金口用砂石杂土尽行堵塞，金口河遂废。（《元史·河渠三》）

## 大德三年（1299）

三月五日，修建阿城北闸，七月二十八日完工，役夫匠四百四十一名。（《元史·河渠一》）

四月己未（九日），自通州至两淮漕河置防捕盗司，凡十九所。（《元史·成宗本纪三》）

六月一日，修建荆门北闸（今山东阳谷县张秋镇北），十月二十五日完工，役夫三百一十名。（《元史·河渠一》）

十一月，设置江浙行省平江路（治今江苏苏州）湖渠闸、堰七十八所。（《元史·成宗本纪三》）

## 大德四年（1300）

正月二十一日开始修周家店（今山东聊城市东昌府区周店村）闸，八月二十日完工，役夫匠四百四十二人。（《元史·河渠一》）

癸卯（二十六日），修复疏浚淮东漕渠。（《元史·成宗本纪三》）

二月，调军士五百人于新开的通惠河沿线看闸。（《元史·兵志二》）

## 大德五年（1301）

七月戊戌（一日），暴风骤起，雨雹兼发，江湖泛溢，东起通州（今江苏南通）、泰州，西到真州（今江苏仪征）民皆受灾，死者不可胜计。（《元史·成宗本纪三》）

## 大德六年（1302）

正月二十三日，修建荆门南闸，六月二十九日完工。（《元史·河渠一》）

三月，京畿漕运司言，坝河每年无冰期为二百四十天，运输漕粮四千六百余石，所辖船夫一千三百余人，坝夫七百三十人，昼夜搬运。去年大水冲决坝堤六十余处，今虽已修复，恐雨季到来堤坝再被冲毁，故请求对河堤低薄处加以修理。自五月四日兴工，六月十二日工毕。（《元史·河渠一》）

是年，都水监由秩从三品升为正三品。延祐七年仍降为从三品。（《元史·百官志三》）

## 大德七年（1303）

二月十三日修建济州下闸，五月二十日完工。（《元史 · 河渠一》）

五月甲寅（二十七日），疏浚通往上都的滦河，以利漕运。（《元史 · 成宗本纪四》）

六月乙巳（十九日），命甘肃行省修阿合潭、曲尤壕，以通漕运。（《元史 · 成宗本纪四》）

是月，看闸提领言连日暴雨，白浮瓮山河堤岸多处被冲决。都水监乃派员督军夫修复，共用军夫九百九十三人。（《元史 · 河渠一》）

## 大德八年（1304）

正月初四日动工修建孟阳泊闸（今山东鱼台县南），五月十七日完工。（《元史 · 河渠一》）

五月壬申（二十一日），中书省言吴淞江海口故道被潮水淤百余里，影响海运漕粮，宜从租户中征派一万五千人疏浚，每人免租十五石，设行都水监主持其工程。此议获皇帝批准。（《元史 · 成宗本纪四》）

## 大德十年（1306）

正月丙午（五日），疏浚吴淞江等处漕河。（《元史 · 成宗本纪四》）

庚戌（九日），疏浚真（今江苏仪征）、扬（今江苏扬州）等州漕河，令盐商每引输钞二贯以为佣费。（《元史 · 成宗本纪四》）

是月，中书省奏准："都水监升正三品，添官二员，铸分监印，巡视御河，修溃决，疏浅涩，禁民船越次乱行。"（《元史 · 河渠一》）

闰正月二十五日，修建金沟（今江苏沛县金沟村）闸，四月二十三日完工。（《元史 · 河渠一》）

## 大德十一年（1307）

二月，动工修建沽头南闸（位于今江苏沛县中闸子村），五月十日完工。（《元史 · 河渠一》）

三月，都水监言巡视白浮瓮山河，发现堤崩塌三十余里。四月兴工，十月工毕，计修笆口十一处。（《元史·河渠一》）

九月丙子（十五日），中书省臣言，两淮漕河淤塞，官议疏浚，盐一引带钞二贯以为佣费，计用钞二万八千锭。今河流已通，应用此钱赈济饥民。（《元史·武宗本纪一》）

## 武宗、仁宗朝（1308 ～ 1320）

### 至大元年（1308）

五月甲申（二十六日），设立大同侍卫亲军都指挥使司，以丞相赤勒铁木儿为使，调通惠河漕卒九百余人隶属之，漕运之事如故。（《元史·武宗本纪一》）

七月，大名至卫辉诸河并涨溢泛滥，差官巡治。（《元史·河渠一》）

是年，御河沿线大水，五月二十八日，河决于会川县（今河北青县）孙家口岸，移文河间路有司多发丁夫、枢密院差军卒共同修筑。（《元史·河渠一》）

### 至大三年（1310）

二月己未（十一日），疏浚会通河，给钞四千八百锭，粮二万一千石，募民应役，令河南江北行省平章政事塔失海牙主持。（《元史·武宗本纪二》）

七月己亥（二十四日），禁权要商贩挟圣旨、懿旨、令旨，阻碍会通河民船。（《元史·武宗本纪二》）

### 至大四年（1311）

六月，中书省言：通州至大都之间，当年为求速成建为木闸，日久木腐朽，应用砖石改修。从之。（《元史·河渠一》）

### 仁宗皇庆元年（1312）

正月，都水监言白浮瓮山河堤多低薄塌陷处，宜修治。二月动工，八月完成，筑堤三十七里多。（《元史·河渠一》）

## 延祐元年（1314）

二月二十日，中书省奏言：江南诸物皆由会通河船运都城，其河浅涩，大船充塞，阻碍其他船只通行。会通河初开时只允许五十料船只通行，近年权势之人及富商大贾嗜利，造三四百料或五百料大船在河中行驶，其他船只为之阻滞。可在沽头修建一座小石闸，只允许五十料船只通过。此议得到批准，于沽头、临清各建一座隘船闸，使二百料以上船只不能进入会通河。（《元史·河渠一》）

四月，都水监言自白浮瓮山下至广源闸，河道淤垫浅涩，源泉微弱，不能通流，应加疏通。派军卒千人疏治。（《元史·河渠一》）

八月十五日，兴工修建临清隘船闸，九月二十五日完成，役夫匠五百人，闸金门宽九尺，长与其他船闸相同。（《元史·河渠一》）

十二月庚子（二十一日），派官员主持疏浚扬州、淮安等处运河。（《元史·仁宗本纪二》）

## 延祐二年（1315）

二月六日，在金沟、沽头二船闸之间修建隘船闸（今江苏沛县境），五月十日完工。用以限制超过规定的大船通过。（《元史·河渠一》）后又于闸下约八十步河北岸立二石则，中间相距六十五尺，南来船只不超过石则者方可入闸。（《行水金鉴》卷一〇三引《南河全考》）

## 延祐三年（1316）

三月七日，兴工修治杭州城外龙山河。江浙行省令史裴坚言，宋代钱塘江岸有龙山河，后河道淤塞，两岸居民侵占，如疏通以接运河，便可省去陆运之劳，公私均为便利。获批准后动工，用夫役五千二百五十二人，至四月十八日完工。（《元史·河渠二》）

七月，沧州民众言往年景州（今河北景县）、吴桥县诸处御河决口，万户齐诺恐淹其屯田，筑塞泄水口，致使大量民田房舍被淹。请派官员疏通河道，引水入海。七月四日，御河决口于吴桥县柳斜口，千户伊苏又派军卒堵塞泄水之道，致三十余村被淹。（《元史·河渠一》）

## 延祐四年（1317）

正月，重修兖州金口闸。金口位于兖州城东门外，乃引泗入府河之河口，建闸以节制水流。正月动工，三月完成。（《行水金鉴》卷一〇三引《山东全河备考》）

五月，都水监派员与河间府官员同往视察，决定开辟盘河减水故道，并决积水由沧州城北入滹沱河排入大海。

十一月己卯（十六日），有关方面请求疏浚扬州运河，获准。[①]（《元史·仁宗本纪三》）

## 延祐五年（1318）

二月四日，修建会通河枣林闸（山东微山县鲁桥镇枣林村），五月二十二日完工。（《元史·河渠一》）

是月，中书省将两淮运司疏通扬州运河的提议移交河南江北行省。河南江北行省与有关方面计算费用，并派都事及淮东道宣慰司、运司、州县仓场官等实地考察，议定开修河道总长二千三百五十里，令沿河有田之家雇佣丁夫修一千八百六十九里，仓场盐司修四百八十二里。运司言近年课税增多，而船灶户日益贫苦，应令有司全部修治。中书省奏准诸色户雇募丁夫万人，日支盐粮钱二两，差官员与都水监、河南江北行省等官负责其事，乘农闲时修治。（《元史·河渠二》）

## 延祐六年（1319）

二月十日，修建会通河石佛闸（山东济宁南），四月二十九日完工。（《元史·河渠一》）

是月，都水监主持兴修海子（积水潭）石岸，九月五日动工，十一日完工。（《元史·河渠一》）

闰八月甲子（二日），疏浚会通河。（《元史·仁宗本纪三》）

九月癸卯（二十二日），疏浚镇江练湖。（《元史·仁宗本纪三》）

十月己卯（二十八日），疏浚通惠河。（《元史·仁宗本纪三》）中书省言漕粮及南来

① 《元史·仁宗本纪三》：延祐四年“十一月己卯，复浚扬州运河。”《元史·河渠志二》“扬州运河”条，言延祐四年十一月，两淮运司提议疏河，次年二月有关方面经过巡视、集议，方才施工。此二处记载乃一事，故此条目改为“请求疏浚扬州运河”。

诸物、商贾舟楫皆由直沽达通惠河，今岸崩河浅，如不加疏通，有碍船行。都水监专司水利，应分官一员，以时巡视，随时修筑，如功力不敷，有关方面可派夫助役。此建议得到批准。（《元史 · 河渠一》）

是年，会通河南部地区大水，金沟、沽头、隘船闸月河土堰及石闸雁翅均被冲毁。（《元史 · 河渠一》）

### 延祐年间（1314 ~ 1320）

通惠河木闸陆续改建为石闸，乃令闸户学习石工、木铁、炼垩（烧制石灰）等技术，船闸维修等皆由闸户承担，无须取之于民。（《畿辅通志》卷九七引欧阳玄《通惠河政绩碑记》）

## 英宗、泰定帝朝（1321 ~ 1328）

### 至治元年（1321）

正月十一日，漕运官员言，夏日海运粮一百八十九万余石至直沽，然后河运京城。但小直沽汊河口泥沙淤积七十余处，漕船无法通行。工部令大都方面募民夫三千人，日给佣值钞一两、糙粳米一升，都水监和漕司官员共同督办其事。四月十八日起，到五月十日完工。（《元史 · 河渠一》）

三月一日，都水丞张仲仁主持修建济州中闸（会源闸），六月六日完工。（《元史 · 河渠一》）疏浚临清至徐州间七百里河道，修筑堤防。修建会源、石佛、师庄三闸闸署。（《行水金鉴》卷一〇三引《山东全河备考》）

丁丑（四日），征发民夫疏浚小直沽白河。（《元史 · 英宗本纪一》）

十二月甲寅（十五日），疏浚玉泉河。（《元史 · 英宗本纪一》）

### 至治二年（1322）

五月，英宗下诏：世祖时候，隆福宫前河有许多禁约，连洗手都不允许，而今却有人在河中洗马。令秋后疏浚，禁止洗涤污染。次年四月兴工疏浚，五月完工。隆福宫前河，水与太液池相通，故严加管理。（《元史 · 河渠一》）

## 至治三年（1323）

三月，大都河道提举司言海子南岸东西道路溃陷泥泞，车马难行，提议以石砌之。次年七月兴工，八月工毕。（《元史·河渠一》）

四月十日，都水分监上奏言会通河沛县金沟、沽头诸处地形高峻，天旱时水浅，船只难以通过。但雨季水大，金沟、沽头及隘船闸月河土堰尽被冲决。故移文工部，提议将沽头隘闸迁移于金沟大闸以南。其间空地筑滚水石坝。水大时则开大小三闸，水小时将大闸关闭，只从隘闸通舟。（《元史·河渠一》）

十二月壬戌（五日），批准疏浚镇江运河与练湖。（《元史·泰定帝本纪一》）起初，江浙行省奏称练湖淤垫，镇江运河浅阻，奏请疏治运河一百二十一里，同时浚治练湖。派官员考察后，认为练湖、运河并非一事，工程量巨大，应分开办理，可先开运河，再修练湖。是役共用丁夫一万三千五百人。（《元史·河渠二》）

## 至治年间（1321～1323）

东昌路会通河时常泛滥，王结在河岸上建斗门，排运河水入黄河故道，水患得以消除。（《元史·王结传》）

## 泰定元年（1324）

正月十七日，调集夫役，在镇江运河中筑三坝，分段疏通，三月四日完工。共用夫一万零五百一十三人。

二月，临清万户府言至治元年大雨，冲坏运粮河（御河）堤岸，应差役修筑。令枢密院差军卒三百服役。（《元史·河渠一》）

三月六日动工修复练湖，十一日完工，共用夫三千人。练湖旧有湖兵四十三人，增添五十七人，共百人，专门负责修筑湖岸。地方官员负责斗门启闭。（《元史·河渠二》）

八月丁丑（二十四日），罢疏浚玉泉山河之役。（《元史·泰定帝本纪一》）

九月，都水监派官督丁夫五千八百九十八人，疏通盘河，排御河泛滥之水入海，二十八日兴工，十月二日完工。（《元史·河渠一》）

十月壬申（十九日），真州珠金沙河[①]、松江府吴江州诸河淤塞，诏所在官府雇佣民夫疏浚之。（《元史·泰定帝本纪一》）

## 泰定二年（1325）

正月十九日，在盐河上修建三汊口闸[②]，东至土山闸十八里，四月十三日完工。（《元史·河渠一》）

是年，御河水溢。（《元史·泰定帝本纪一》）

## 泰定三年（1326）

三月，都水监言河西务菜市湾水冲堤岸，致使河水与粮仓相近，实为隐患，应派夫在河东岸截河筑堤，使运河改道入旧河，可绝后患。次年正月，中书省奏准，由枢密院差军卒五千，大都路募夫五千，三月十八日兴工，六月十一日完工。（《元史·河渠一》）

## 泰定四年（1327）

正月丁卯（二十七日），疏浚会通河。筑漷州（治今北京市通州区东南漷县镇）护仓堤，役丁夫三万人。（《元史·泰定帝本纪二》）

二月十八日，修建赵村闸（今山东济宁城南），五月二十日工毕。（《元史·河渠一》）

四月，御史台官员上奏，修建隘闸后，宽度不超过八尺五寸的船只才能进入会通河，但是有的船民随意将船只加长，由原来的六丈五尺加长至八九十尺甚至百尺，达五六百料，长船入闸后不能回转，动辄搁浅，其他船只无法通过。故建议在隘闸前河岸上树立石则（河岸上立二石柱，期间相距六十五尺），船只通过的时候，先用石则测量，不超过规定长度的才能通过。不按规定通行者治罪。（《元史·河渠一》）

---

① 珠金沙河今称新圩河，位于仪征卧虎山西侧，折向南由旧江入长江，乃元代淮扬运河通长江的河段。参见徐炳顺：《扬州运河》，扬州：广陵书社，2011年；蒋朝军：《扬州与苏州——最是红尘中一二等富贵风流之地》，上海：上海古籍出版社，2014年。

② 会通河开挖后，大清河被运河切断，运河以西河道逐渐堙没，运河以东河道仍可通航，成为利津引盐西运的通道，所以运河以东段大清河又被称作盐河。盐河河道上建有土山闸，西行十八里有三汊口闸，位置在今阳谷县张秋镇南。过三汊口闸后便可进入会通河。

八月，都水监言八月三日至六日暴雨，山水泛溢，冲坏白浮瓮山河笆口多处，乃以军夫二千人修复笆口。癸巳，征发卫军八千人修白浮瓮山河堤（《元史·河渠一》《元史·泰定帝本纪二》）

### 致和元年（1328）

六月六日，临清御河万户府言，去年八月二日御河决口，冲毁堤岸五十步，漂旧桩木百余，且有继续崩塌的危险。工部议准修筑，但恐征发农夫，妨碍农务，故移文枢密院，调军卒三千人服役。（《元史·河渠一》）

## 文宗至顺帝朝（1328 ～ 1368）

### 天历二年（1329）

三月，漕运官员言河西务附近所开河道，比旧河道迂远，应重开旧河。四月九日，差军卒七千人，派兵部员外郎邓衡、都水监丞阿里、漕使台哈布哈督修。旋因冬寒，于次年兴工完成。[①]（《元史·河渠一》）

是月，元文宗下诏：往来使臣及权势之人到闸后，不问水量如何，则捶挞闸夫，强行开闸。而漕船遇有水浅，则于河道中随意筑坝积水。今后诸王驸马、往来使臣及权势之人等及运官粮船，到闸后均须按规定启闭。如果恃势打骂守闸人，强行开闸，随意筑坝，则按规定治罪。守闸者启闭船闸时，故意迟缓，阻滞过往船只或索要钱物，监察御史等也应经常巡察，按规定处置。（《元史·河渠一》）

是月，中书省臣言：通惠河水以白浮、一亩等泉水为源，如今各支流及诸寺观权贵私决堤堰浇灌稻田园圃，或用作水碾，以致河水浅涩，漕船受阻，故应禁止私决河泉之水。文宗下诏，任何人不得私决白浮瓮山泉河之水，并令大司农、都水监严查禁止。（《元史·河渠一》）

八月乙巳（二十一日），浚通惠河。（《元史·文宗本纪二》）

### 至顺元年（1330）

六月，都水监言二十三日夜白河水骤涨丈余，已督有司差夫役救护仓堤。（《元史·河渠一》）

---

① 《元史·文宗本纪二》：天历二年“夏四月壬辰，浚漷州漕运河”。所记与此不同。

顺帝至元三年（1337）

六月辛巳（十二日），大雨数日不停，京师及黄河南北水皆涨溢，御河、黄河、沁河、浑河皆决口，淹没人畜庐舍甚众。（《元史·顺帝本纪二》）

是月，卫辉霪雨，七月丹、沁二河泛滥，与御河通流，平地水深二丈，漂没人畜房舍田禾，民皆栖于树上，月余水方退。（《元史·五行二》）

至元五年（1339）

是年，于堽城坝建东大闸。（《行水金鉴》卷一〇四）

至正二年（1342）

正月丙戌（十四日），中书参议博啰特穆尔等建议重新开凿金口河，自通州南高丽庄至西山石峡，长一百二十余里，河深五丈，宽二十丈，引卢沟河（永定河）水通白河（北运河）。许多大臣反对，右丞相脱脱力排众议，遂于正月兴工，四月完成。结果水流太急，泥沙壅塞，无法行船，只得再将金口堵塞。御史弹劾建言者，博啰特穆尔等被诛。（《元史·河渠三》《元史·顺帝本纪三》）

是年，同知东平路事巴延彻尔疏浚洸河淤浅五十六里。二月十八日兴工，三月十四日完成。（《行水金鉴》卷一〇四引《山东全河备考》）

至正四年（1344）

五月，大雨二十余日，黄河水暴涨，决白茅堤。六月又决金堤。南自丰县、沛县，北到曹州、郓城皆遭水灾，农民流离四方。大水侵入安山湖，入会通河，济南、河间亦涉及，危及利津盐场。（《元史·河渠二》《元史·顺帝本纪四》）

至正六年（1346）

三月戊申（二十九日），京畿民变四起，范阳县请增设县尉及巡警兵。山东民变，诏中书参知政事锁南班至东平镇压。（《元史·顺帝本纪四》）

是月，强人横行于李开务闸河[①]，劫掠往来商旅船只。两淮运使宋文瓒上奏道："世皇开会通河千有余里，岁运米至京者五百万石。今骑贼不过四十人，劫船三百艘而莫能捕，恐运道阻塞，乞选能臣率壮勇千骑捕之。"顺帝不从。（《元史·顺帝本纪四》）

五月丁酉（十九日），黄河决口，置河南、山东都水监，专门负责黄河治理。（《行水金鉴》卷一六五、《元史·顺帝本纪四》）

## 至正七年（1347）

二月己卯（六日），河南、山东民变四起，蔓延至济宁、滕、邳、徐州等处。（《元史·顺帝本纪四》）

四月庚寅（十八日），临清、广平、滦河等处农民起事，遣兵捕之。通州民变，监察御史言："通州密迩京城，而盗贼蜂起，宜增兵讨之，以杜其源。"顺帝置之不理。（《元史·顺帝本纪四》）

十一月甲辰（六日），长江沿线农民起事，剽掠无忌，官府无可奈何。两淮运使宋文瓒上奏：江阴、通泰乃江海门户，而镇江、真州次之，国初设万户府镇守其地。今戍守将领不能胜任，致使盗贼船只往来无常。集庆花山地方劫贼只有三十六人，官军万人为其所败，岂不贻笑！应选称职者前往镇压，不然，东南五省租税之地，恐非国家所有。顺帝不从。（《元史·顺帝本纪四》）

## 至正九年（1349）

正月癸卯（十二日），设立山东、河南等处行都水监，专门治理黄河决口。（《元史·顺帝本纪五》）

三月丁酉（六日），坝河浅涩，发军士、民夫各一万人疏浚。（《元史·顺帝本纪五》）

五月，黄河泛道白茅河水涨，东注沛县，其地成为大湖。（《元史·顺帝本纪五》）

是年，漕运使贾鲁建言二十余事，八件事得到批准。其中与运河及漕运相关的有：优待抚恤漕运司原来统领的漕户；委派官员，专门负责接运漕粮；船户受困于坝夫，海运坏于坝户；疏浚运河；临清运粮万户府应当隶属于漕运司。（《元史·顺帝本纪五》

① 闸河（会通河）沿线无地名为"李开务"者，当为"李海务"之误。按，李海务村在山东聊城南，今属聊城市东昌府区。

## 至正十年（1350）

九月庚午（十八日），命枢密院以军士五百人修筑白河堤。（《元史·顺帝本纪五》）

## 至正十一年（1351）

四月壬午（四日），诏贾鲁以工部尚书为总河治防使，秩二品，征发汴梁、大名十三路民夫十五万人，庐州等地军卒二万人，于是月二十二日动工治河，七月疏凿成功，八月决水入故河，九月通行舟楫，十一月水工完毕。黄河回归故道，由淮河入海。（《元史·顺帝本纪五》《元史·河渠三》）

六月，发军卒一千人，疏浚直沽到通州河道。（《元史·顺帝本纪五》）

八月丙戌（十日），萧县（今属安徽省）人芝麻李、彭大、赵均用等率农民军攻陷徐州。是月，蕲州（治今湖北蕲春南）罗田人徐寿辉等举兵起事，头裹红巾，号红巾军。（《元史·顺帝本纪五》）

十月辛卯（十五日），立中书分省于济宁。（《元史·顺帝本纪五》）

十一月，召贾鲁还朝，超授荣禄大夫、集贤大学士，赐金系腰一、银十锭、钞千锭、币帛各二十匹。都水监官员等有功者三十七员，皆升迁其职。诏赐脱脱答剌罕之号，并可世袭，以淮安路为其食邑。翰林学士欧阳玄承旨撰写碑文，立《河平碑》。后欧阳玄搜集史料、询问当事者，撰写成《至正河防记》。（《元史·顺帝本纪五》《元史·河渠三》）

十二月己卯（四日），设立河防提举司，隶属于行都水监，掌巡视河道。从五品。（《元史·顺帝本纪五》《行水金鉴》卷一六五）

是年，崔敬任同知大都路总管府事，直沽河淤数年，中书省派崔敬疏浚之，给钞数万锭，募工万人，不到三月完成。（《元史·崔敬传》）

## 至正十二年（1352）

正月，行都水监添设判官二员。（《行水金鉴》卷一六五）

十二月癸亥（二十四日），丞相脱脱上奏："京畿近地水利，召募江南人耕种，岁可得粟麦百万余石，不烦海运而京师足食。"顺帝同意。是年海运不通。（《元史·顺帝本纪五》）

至正十三年（1353）

四月戊戌（一日），命南北兵马司各派官一员，统领通州、漷县、直沽等处巡捕官兵，往来巡逻。（《元史·顺帝本纪六》）

至正十四年（1354）

四月，发各卫军人修白浮瓮山河堤。此后，因山洪暴发及豪强引水灌田，白浮瓮山河决堤更加频繁。（《元史·顺帝本纪六》）

至正十五年（1355）

十月己卯（二十七日），设立黄河水军万户府于小清口。（《元史·顺帝本纪六》）

至正十六年（1356）

正月，行都水监添设少监、监丞、知事各一员。（《行水金鉴》卷一六五）

至正二十七年（1367）

朱元璋攻取平江（今苏州）。此前，朱元璋攻张士诚，先取泰州、徐州，后取湖州、杭州，占据了江浙运河沿线区域。

是年，明大将徐达、常遇春等北伐。都督同知张兴祖率偏师自徐州北上，十二月五日取东平，到安山镇，获元兵船一百五十余只，初八日攻克济宁。

至正二十八年（1368）

三月十六日，徐达军至济宁。当时黄河北决自济宁附近入运河，明军即日开耐劳坡（今济宁市西）堤防，舟师溯黄河西进，攻取汴梁。

八月庚午（二日），徐达率大军攻入京城，顺帝北逃，元朝灭亡。

# 明朝

## 洪武朝（1368 ～ 1398）

### 洪武元年（1368）

是年，河决旧曹州，自双河口入鱼台县。洪武帝用兵梁、晋间，使大将军徐达开塌场口，入于泗，以通运道。（《治河通考》卷九）

### 洪武五年（1372）

二月辛巳（三日），命两淮都转运盐使司移通、泰等州批验所于仪真县，并疏浚运河，以便商旅。

### 洪武八年（1375）

正月，河决开封府大黄寺堤百余丈，命河南参政安然集民夫三万余人塞之。

是年，大河南决，挟颍入淮，蔡河之下流亦渐绝。

### 洪武十一年（1378）

十月丙辰（十七日），开封府兰阳县言河决伤稼，诏免其租。

十一月戊寅（九日），开封府封丘县言河溢伤稼，命免是年田租。

### 洪武十四年（1381）

八月，河南原武、祥符、中牟诸县河决为患。洪武帝曰：此天灾也，今欲塞之，恐徒劳民力，但令防守旧堤，勿重困百姓。

十一月乙巳（二十四日），浚扬州府自扬子桥至黄泥滩官河共九千四百三十六丈。

## 洪武十五年（1382）

二月壬子（二日），洪武帝以河南水灾民饥，命驸马都尉李祺往赈之。其敕谕曰：黄河水决弥漫数百里，漂荡民居，百姓迁移，不得宁处。今东作方兴，民饥窘迫，不得耕作，特命尔往赈之，无使一夫一妇不获其所。

十二月癸未（九日），浚扬州仪真湖九千一百二十丈，并置闸坝十三处。

## 洪武十六年（1383）

三月庚午（二十七日），河决朝邑县，募民塞之。

七月，河溢荥泽、阳武二县。（康熙《河南通志》卷四）

## 洪武十七年（1384）

正月乙巳（七日），彰德府奏临漳县河决，地方官请于磁州筑堤以障之，从之。

八月丙寅（一日），开封府河决东月堤，自陈桥至陈留横流数十里。

壬申（七日），河决杞县，入巴河，命户部遣官督所司塞之。

丙子（十一日），洪武帝谕户部曰：比者河决开封，属邑漂没，民居淹浸，田亩受害者必众。其有被水灾者，悉蠲其赋税。

## 洪武二十年（1387）

正月癸酉（二十二日），命工部主事杨德礼往高邮，督有司修筑河湖堤岸。

是年，河决开封城，自安远门入，淹没官民廨宇甚众。（康熙《河南通志》卷九）

## 洪武二十四年（1391）

是年，河决原武之黑阳山，东经开封城北五里，又南行至项城，经颍州、颍上，东至寿州正阳镇，全入于淮，而故道遂淤。（《河防一览》卷五）

是年，河决原武县黑阳山，由旧曹州两河口漫过安山湖，而会通河遂淤。自济宁至临清三百八十五里，舟楫不通。乃于济宁迤北置城村等递运所，凡军需钱粮之输北者，悉陆运至德州，凡七百里，始入卫河。（《漕运通志》卷七）

洪武二十五年（1392）

正月庚寅（八日），河决河南开封府阳武县，浸淫及于陈州、中牟、原武、封丘、祥符、兰阳、陈留、通许、太康、扶沟、杞十一州县。地方官请发军民修筑堤岸，以防水患。从之。

十月辛酉（十三日），发河南开封等府民丁及安吉等十七卫军士，修筑阳武县河防。

十一月甲辰（二十七日），河南开封府祥符县民诣阙言：昔河决，浸没田土，至今不可树艺，而征税如故。洪武帝命免其赋凡万一千二百余石、丝五千四百余斤。

洪武二十六年（1393）

八月丙戌（十三日），命崇山侯李新往溧水县，督有司开胭脂河。河成，人皆便之。

洪武二十九年（1396）

二月丙午（十八日），浚深常州府武进县奔牛、吕城二坝河道，以便漕运。

洪武三十年（1397）

正月乙亥（二十二日），诏除黄河两岸河泊所鱼课。先是河决怀庆等府州县，民人贫困。洪武帝闻之，命除怀庆而下至正阳河口黄河两岸河泊所鱼课，仍听其民采鱼以给食。

## 永乐朝（1403～1424）

### 永乐元年（1403）

三月戊戌（二十一日），沈阳中屯卫军士唐顺请开浚卫河，距黄河百步置仓廒，存贮南方所运粮饷，转输至卫河交运。

五月甲午（十八日），因百姓流徙，商贾不通，山东临清会通税课局税收较前大为减少，上命免征二年，凡经兵处俱准此例。

七月丙申（二十一日），户部尚书郁新等言：淮河至黄河多浅滩，请于淮安用大船运粮入淮河、沙河（蔡河），至陈州颍岐口[①]跌波下，复以浅船运至跌波上，再以大船入黄河至八柳树等处，陆运至卫河，转输北京。从之。

十一月庚辰（六日），命右军都督府都督佥事陈俊等督运淮安、仪真等仓粮一百五十多万石，赴阳武，转输北京。

丙申（二十二日），浚镇江府丹徒县甘露港等处河渠。

闰十一月庚午（二十六日），浚扬州府江都县瓜洲坝河道。

### 永乐二年（1404）

二月己亥（二十八日），高邮州、宝应县境内氾光、白马二湖堤岸连岁为风浪冲啮，令农闲时征发夫役修砌。

十月丁丑（九日），河南黄河水溢，命河南都司、布政司，城池有冲决者即修之。

是月，修顺天府固安县浑河决岸。（《日下旧闻考》卷一二四）

十一月癸卯（五日），整修淮安城附近旧有之清江浦二闸，以便漕船往来。

己未（二十一日），以直沽为海运商舶往来之冲，宜设军卫屯守，故置天津卫。

辛酉（二十三日），因海运粮船均抵达直沽，再以小船转运北京，故于天津等卫多置露囤，以广储蓄。

---

① 沙河与颍河相汇处。

永乐三年（1405）

七月戊戌（五日），疏浚淮安府山阳县运盐河计十八里。

庚戌（十七日），命平江伯陈瑄于天津卫城北造露囤一千四百所，储存海运漕粮。

八月庚午（七日），北方运河沿线安德驿至碍河五驿、乾宁至潞河七驿各有船五艘，不敷所用，令有司增设。并令法司将徒罪囚人编发均派各驿，充作驿夫。

十二月乙丑（三日），浚淮安府支家河一万一千九百七十丈。

己丑（二十七日），浙江右参政刘思忠言，绍兴府曹娥坝被江沙淤塞，难通舟楫。去坝东三里许通江甚近，请移置为便。获朝廷批准。

永乐四年（1406）

八月壬辰（六日），工部言，吕梁洪霖雨，水决近河路并圈沟桥一十九丈六尺，遂征发百姓修理。

癸巳（七日），修河南阳武县黄河堤岸及中牟县汴河北堤。

癸卯（十七日），宛平、昌平二县西湖景东牛栏庄及清龙、华家、瓮山三闸大水，冲决堤岸，发军民修治。

十二月丁亥（二日），常州府孟渎河闸官裴让言：黄河自兰陵沟北至闸六千三百三十丈，南至奔牛镇一千二百二十丈，年久湮塞，艰于漕运。上遂命右通政张琏发苏、松、镇江、常州民丁十万浚之。

庚午（二十四日），东昌府言卫河堤岸自临清至渡口驿溃决凡七处，命工部遣官修筑。

永乐五年（1407）

三月庚午（十六日），东昌府卫河堤岸自临清至渡口驿溃决凡七处，工部遣官修筑。

五月丁卯（十四日），西湖景至流通凡七闸河道淤塞，有司建议自昌平县东南白浮村至西湖景河口置闸十二座。永乐帝令运粮军士修浚河道，其置闸事另议。

戊寅（二十五日），工部言，北京文明河至通州五闸，每闸应设船二十艘，并设置闸户、水脚夫，获永乐帝批准。

## 永乐六年（1408）

四月乙酉（七日），设北京通州惠河、庆丰、平津、澄清、通流、普济六闸，置官一员。

是年，令遮洋海船运粮八十万石于京师，并命会通河、卫河以浅船转运。（《漕船志》）

## 永乐七年（1409）

正月丙寅（二十三日），命都督马荣率山东、河南所属官军由卫河运输漕粮。

十二月丙辰（十九日），命后军都督佥事吴庸运德州所粮储赴北京。命户部发给运粮指挥千百户、卫所镇抚旗军钞，如卫河漕运之例。

是年，刑部右侍郎张本主管卫河、白河运输，本亲临督察，立程度，舟行无滞。（《明史·张本传》）

## 永乐八年（1410）

正月壬辰（二十五日），因济宁以南至京师水陆输运军需甚艰，命免输运之民差役一年。

十二月癸卯（十一日），苏州府吴江县言，石塘官路右临太湖，左接松江，南至平望、嘉兴，连年土石坍塌，桥梁断坏，遂发民及时修理。

## 永乐九年（1411）

二月己未（二十八日），开会通河。河自济宁至临清，旧通舟楫。洪武中，沙岸冲决，河道淤塞，故于陆路置八递运所，每所用民丁三千，车二百余辆。岁久民困其役。永乐初，屡有言开河便者，因重民力而未许。至是，济宁州同知潘叔正言：会通河道四百五十余里，淤塞者三之一，浚而通之，非唯山东之民免转输之劳，实国家无穷之利。遂命工部尚书宋礼、都督周长往视。礼等还，极陈疏浚之便。且言天气和霁，宜及时用工。于是遣侍郎金纯发山东及直隶徐州民丁，继发应天、镇江等府民丁并力开浚。民丁皆给粮赏，而蠲其他役及今年田租，命尚书宋礼总督办理。

三月壬申（十二日），浚扬州府瓜洲坝河道，并修通江、减水二闸。

壬午（二十二日），浚河南黄河故道。盖河水累岁为患，修筑堤防，民用困弊。至是河决，坏民田庐益甚。事闻，遣工部侍郎张信往视。诏发河南民丁十万，命兴安伯徐亨、工部侍郎蒋廷瓒率运木夫，同侍郎金纯相度开浚。时工部尚书宋礼督工开会通河，遂命礼兼董之。

四月癸卯（十三日），命户部开河自效，民丁一体给粮，赏免租税。初朝议开会通河，及浚河南黄河，命户部凡民丁皆给米钞，及蠲户内是年租税，而山东、河南之人多有自愿效力者。永乐帝闻之，遂有是命。

夏五月，从临漳主簿赵永中之议，罢筑漳河堤防。（康熙《河南通志》卷九）

六月乙卯（二十六日），会通河成。河以汶、泗为源，汶水出宁阳县，泗水出兖州府，至济宁州而合，置天井闸以分其流，南流达于淮，而河则其西北流也。由开河过东昌府，入临清县，计三百八十五里，深一丈三尺，广三丈二尺，役军夫三十万，用工十旬，蠲租税百一十万二千五百有奇。自济宁至临清，置闸十五，闸置官，立水则，以时启闭，舟行便之。

七月壬戌（三日），沿会通河设济宁州南城、东平州安山、汶上县开河、阳谷县荆门、东昌府崇武五驿及东平州之金线闸、东昌府之东昌二递运所。

乙酉（二十六日），河南浚黄河故道讫工，凡役民丁十一万四百有奇，月余而毕。自是河循故道，与会通河合，而河南之水患息矣。

八月壬寅（十三日），济宁州同知潘叔正及耆民百三十七人，以会通河成，诣阙谢恩。永乐帝以开河之议肇自叔正，赐纱衣一袭，钞一锭；耆民各钞五锭。

庚戌（二十一日），工部尚书宋礼等百六人开会通河毕，还京师，命礼部定赏格。礼部言，都督周长循私废公，虐害军夫，不当给赏，其余宜分四等。总督官尚书宋礼等三人，各赏钞二百锭、彩币二表里①；续差管事兴安伯徐亨等三人，各赏钞百锭、彩币一表里；分遣管工户部郎中窦奇等五十四人，各赏钞四十锭；工部事官蔺芳等三十五人，各赏钞十锭。

戊午（二十九日），宋礼建议在汶水中筑坝一百八十丈，疏通沙河，引汶水至十路口入马常泊，以增加会通河水量。永乐帝批准其建议。所筑之坝即戴村坝。

是年，重修堽城坝。（《漕河图志》《明史·宋礼传》）并在会通河沿线设置水柜，后形成东平之安山湖、汶上之南旺湖、济宁之马场湖、沛县之昭阳湖四大水柜。

是年，重修会通河沿线的会通闸、临清闸、周家店闸、七级上下闸、阿城上下闸、荆门上下闸。（《漕河图志》）

---

① 衣饰之表、里二种丝绸。

## 永乐十年（1412）

正月己酉（二十四日），因去秋卫河水溢，河岸低洼之处四散漫流，多有倒塌者，自临清至直沽皆然，遂命工部尚书宋礼相度措置。

四月庚申（六日），浚北京通流寺四闸河道一万七百三十七丈。

壬戌（八日），宋礼奉诏视察卫河后，在会通河魏家湾开挖了两条小河，泄水入土河。会通河入卫水量减少。同时提议在德州城西北开挖减河，泄卫河水入黄河故道，帝令秋后农闲时征夫开挖。

六月辛未（十八日），初河南阳武县言河决中盐堤二百二十余丈，漫流中牟、祥符、尉氏诸县。中盐堤与原武县大宾堤皆河流之冲屡塞屡决处，永乐帝遣工部侍郎蔺芳按视。至是芳言堤当急流之冲，夏秋之交，雨水泛涨，往往溃决，请以新开河岸卷土为埽，树桩捍御之，庶不至重为民害。从之。

九月丙午（二十四日），因会通河已经通航，故裁撤山东济宁、东平、汶上、东阿、东昌、茌平、高唐、恩县、巢陵九个递运所。

十一月戊戌（十七日），北京行太仆寺卿杨砥言，吴桥、东光、兴济、交河诸县及天津等卫屯田，雨水决堤伤稼。而德州良店驿东南二十五里有黄河故道，州南有土河与旧河相通。若于二处开河置闸，则水势分，可以便民。时土河已命置闸，遂命工部侍郎蔺芳办理。

十二月甲寅（三日），修静海县至青县河堤。

是年，宋礼以海船造办太迫，议造浅船五百艘，拨运淮扬徐兖等处岁粮一百万石，由会通攒运，以补海运一年之数。至永乐十三年始罢。（《皇明纪略》卷八五）

## 永乐十一年（1413）

正月丁亥（七日），苏州府同知柳敬中言，昆山之太平河东通大海，西接福兴河，上达杨城湖，为利最博，近年淤塞，遂征旁近民夫十万整治。

## 永乐十二年（1414）

八月丁未（七日），修通州三河等处水决堤岸。

闰九月丙子（六日），顺天府武清县言：黄河在耍儿渡口决口六百五十余丈，遂命工部遣官修筑。

丁卯（二十七日），修山东聊城县龙湾河及濮州红船口、范县曹村河堤岸。

是年，平江伯陈瑄请凿徐吕二洪，以通漕运，并于洪口建闸。（《南河全考》卷上）

是年，令湖广造浅船二千艘，岁于淮安仓支运，赴京交纳。（《漕船志》卷六）

## 永乐十三年（1415）

五月乙丑（二十九日），开清江浦河道。凡漕运北京，舟至淮安，过坝渡淮，以达清河口，挽运者不胜其劳。平江伯陈瑄时总漕运，故老为瑄言，淮安城西有管家湖，自湖至淮河鸭陈口仅二十里，与清河口相直，宜凿河引湖水入淮，以通漕舟。遂发军民开河，置移风、清江、福兴、新庄四闸，以时启闭，人甚便之。

闰九月三日，户部奏：自永乐十三年为始，依拟里河转运，并将海运停止，各海运官军俱令于里河驾船运粮。及照前项粮储，每岁若令径赴北京在城交收，其通州至北京陆路往回八十余里，转运迟误。合将所运粮储止于通州仓交卸。令天津并通州等卫差拔官军，专于通州接运至北京。及行工部并北京工部取勘，淮安、济宁、通州三处见在仓廒，若有不敷，计料盖造，庶不迟误。（《漕船志》卷六）

是年，建淮安五坝，运船经坝入淮。仁字坝、义字坝在新城东门外。东北自城南引湖水抵坝口，外即淮河。遇清江口淤塞，运船经此入淮。礼字坝、智字坝、信字坝在新城西门外，西北引湖水抵坝口外，即淮河遇清江口淤塞，则官民商船经此达于淮。（《南河全考》卷上）

是年，始罢海运，增造浅船三千余艘，一年四次，悉从里河转运。（《漕船志》卷六）

是年，陈瑄因漕舟有车坝沂、淮之险，并清江浦五十里，建闸四，导湖水以达清口，自是漕舟南北交通矣。（《漕船志》卷六）

## 永乐十四年（1416）

二月，东昌府临清县临清坝建成，并置坝官一员。

四月壬午（二十日），设置直隶淮安府山阳县之清河、福兴，清河县之新庄，邳州之乾沟，徐州之沽头上、沽头下，沛县之金沟，山东济宁州之谷亭、孟阳泊、鲁桥等十闸，并各置闸官一员。

五月庚子（九日），修扬州府邵伯镇上下二闸。

七月壬寅（十三日），河南开封府等十四州县霪雨，黄河决堤，淹没民居田稼。

是年，河决开封，经怀远县，由涡河入于淮。（光绪《重修安徽通志》卷六三）

是年，平江伯陈瑄疏浚故沙河，置闸通舟。先是，漕至淮安，悉从府东北车坝入淮，逆水行六十里。至是，陈瑄因宋乔维岳所开沙河旧渠，益加疏治，置闸通舟，逾年而功成，颇便漕运（《南河全考》卷上）

## 永乐十五年（1417）

五月乙未（十日），遣官巡视北京通州至仪真河道。

## 永乐十六年（1418）

七月乙丑（十七日），大名府魏县言，河决堤岸。命修筑之。

十月甲申（八日），行在工部言，河南黄河溢决埽座四十余丈。命遣官修筑。

## 永乐十七年（1419）

七月庚申（十七日），遣镇远侯顾兴祖巡视吕梁洪。

## 永乐十九年（1421）

九月丙寅（六日），修筑直隶高邮州新开湖塘岸。

十月丁酉（八日），修筑浙江海宁等县塘岸。

## 永乐二十二年（1424）

十月，平江伯陈瑄言：湖广、浙江、江西三布政司及直隶苏、松等府州距离京城遥远，岁运漕粮至京，往来一次往往超过一年，所费数倍于正粮。因此请求允许在淮安、徐州等处交纳漕粮，再令官军接运至北京，如此则民力可苏，而农务不妨。永乐帝认为陈瑄所言皆当，遂令所司速行。

## 洪熙、宣德朝（1425～1435）

### 洪熙元年（1425）

十一月癸亥（二十八日），发镇江、扬州、常州三府及仪真、扬州、镇江三卫军民二万人疏浚仪真瓜洲坝河。

### 宣德元年（1426）

七月己未（二十八日），河南布政司奏六月至七月连雨不止，黄、汝二河溢，开封府之郑州及阳武、中牟、祥符、兰阳、荥泽、陈留、封丘、鄢陵、原武，南阳府之汝州，河南府之嵩县多漂流庐舍，淹没田稼。

十一月癸巳（四日），工部奏去冬平江伯陈瑄统领调集军夫，疏浚仪真瓜洲坝下河道，岁终罢役，今尚有未疏导者，请以旧军夫应役。从之。

### 宣德二年（1427）

是年，令工部及诸衙门不许将粮船拨载他物，致误攒运。（《漕船志》卷六）

是年，议准各处解到清江厂油麻、铁炭等料，俱送淮安府阜积库收贮，出给实收，呈报分司，以便支放。（《漕船志》卷六）

### 宣德三年（1428）

九月丙子（二十七日），河南开封府之郑州、祥符、陈留、荥阳、荥泽、鄢陵、杞、中牟、洧川等县河水泛溢，上命户部遣人覆视，免其租。

### 宣德四年（1429）

正月戊辰（二十一日），平江伯陈瑄言：山东济宁以北旧河，自长沟至枣林闸一百二十里，沙土淤浅，漕舟难行。遂命山东起集民兵，与运木军士协力疏浚。

二月戊寅（二日），命隆平侯张信同太监沐敬疏浚河西务河道，并修堤岸。先是，河西务耍儿渡等处河岸冲决，命行在工部修筑。但水急民少，久无成功。至是遂命张信等督发在京操备军士五万一千人益之。

四月丁亥（十二日），宣德帝称临清以南诸闸专为蓄水，以便行舟，而闸官软弱，多为权势胁迫开闸行船，而良善者等候旬日，不得过闸，甚至有因此而忿斗溺死者。遂命右都御史顾佐立榜禁约，除运送时鲜贡品船只随来随行外，其他公私船只必须等蓄足河水后，方许开闸。如有紧急公事，即由当地官府供给马驴。若借机胁制，则论罪不贷。

六月己卯（四日），命山东三司遣官专理河道。时总兵官平江伯陈瑄奏称，济宁长沟至枣林闸河道淤浅，漕运不便。当初朝廷专命侍郎蔺芳及山东三司遣官督视疏浚，漕船得以往来无阻。但此后不遣大臣治理，仅都司、按察司有官如旧督视。因此请求布政使照旧派遣官员，并饬山东三司遣官专门办理河道事务，以便漕运。

十一月丙辰（十四日），总兵官平江伯陈瑄奏称，自徐州至济宁河水多浅，转运甚难，请在谢沟、胡陵城、八里湾、南阳浅设置河闸。此外，山东徂徕诸山为泉源所出，旧有湖塘，请求加以修浚，以蓄水济运。所请皆得施行。

## 宣德五年（1430）

五月癸卯（四日），命淮安府满浦五坝旧有官吏坝夫守视淮安西湖河岸，遇有损坏，就令修治，以便于牵挽舟船。

是月，命永康侯徐安、行在工部侍郎罗汝敬，自张家湾抵直沽沿河负责运送木材事务；如遇河岸冲决，则督军夫修筑。

七月丁巳（十九日），行在吏部郎中赵新言，临清河道狭窄，往来船只阻滞，广积仓纳粮民船离仓湾泊，负米上仓甚难。遂命平江伯陈瑄等官在仓东开月河泊船，并于河北置坝一所，以便车船往来工。

十月癸酉（六日），总兵官平江伯陈瑄言，临清至安山河道春夏水浅，船只难行，张秋西南旧有汶河通汴，朝廷尝遣官修治，遇水小时，于金龙口堰水入河，下注临清，以便漕运。此河年久淤塞，请加疏浚，以济漕运。

癸巳（二十六日），河南南阳府奏称：七月初旬骤雨连日，山水泛涨，冲决河岸，漂流人畜庐舍，淹没农田，粟谷豆皆已无收。

乙未（二十八日），直隶广平府成安县及大名府内黄县奏，六七月大雨连绵，河水涨溢，淹没官民田地，苗稼无收。宣德帝命行在户部蠲其田税。

是年，奏准运粮官军船只，南京、中都及南直隶卫所，于淮安厂修理；山东等都司卫所，于临清厂修理；湖广、江西、浙江都司，各回原卫修理。（《漕运通志》卷八）

## 宣德六年（1431）

二月戊戌（三日），命浚金龙口，引河水直达徐州，以便漕运。

八月己未（二十七日），浚白塔河及仪真等坝河。白塔河、仪真坝河约用四万五千八百人，计四十日可完。清江闸河用一万八千人，计十五日可完。工部请发扬州、淮安军夫，先开白塔河，置闸。工毕，就浚清江闸仪真钥匙河。宣德帝曰，三处用工，劳人太甚，仪真、钥匙河俟明年农隙修浚。

九月戊子（二十六日），南直隶武进县民奏，闽浙漕船等官民船只须由本县孟渎河逆水行三百余里，始达瓜洲坝，往往为风浪漂溺。县旧有新河四十余里，正对扬州府泰兴县，比白塔河尤为便利。请加修浚，以便漕运。遂命平江伯陈瑄、侍郎周忱办理。

## 宣德七年（1432）

正月己丑（二十九日），因平津闸附近堤岸塌圮，羊营闸桥为挽运所经之路，亦损坏已久，遂重建大兴县平津闸，并修通州羊营闸桥。

三月壬戌（三日），水决固安县马庄等处堤岸，命行在户部侍郎王佐往督顺天府民修筑。

壬申（十三日），置吕梁漕渠石闸。此前平江伯陈瑄以吕梁上洪地陡水急，漕舟难行，奏准令民于旧洪西岸凿梁渠，深二丈，阔五丈有奇，夏秋有水，可以行舟。至是复欲深凿，并修筑两道石闸，按时启闭，以节制河水。

六月乙卯（二十八日），巡抚侍郎于谦奏：开封、祥符、中牟、尉氏、扶沟、太康、通许、阳武、夏邑等县去年七月黄河泛溢，冲决堤岸，淹没官民田五千二百二十五顷六十五亩，该纳秋粮五万六千八十余石，马草七万六千五百余束，请求免征。从之。

是年，平江伯陈瑄筑高邮、宝应、汜光、白马诸湖长堤，以便漕船牵挽。又开扬州白塔河，置新闸、潘家庄、大桥、江口四闸，令江南粮船从常州府西北孟渎河过江，入白塔河，至湾头，达漕河，以省瓜洲盘坝之费。（《南河全考》卷上）

## 宣德八年（1433）

闰八月癸丑（三日），大名府魏县、广平府、广平县各奏河水涨溢，淹没田稼。

十月癸丑（十一日），平江伯陈瑄卒。

### 宣德九年（1434）

六月丙辰（十一日），行在工部尚书吴中奏：北京城东南有两水磨及通惠河诸闸，皆为河水所坏。今南门外旧有减水河，若加疏凿，长二十余丈，即与郊坛后河通流，可泄水势。宣德帝曰因盛夏炎暑，未宜劳民，缓之。

乙亥（三十日），右副总兵都指挥佥事吴亮言，督粮船万余艘已达北河，而河水泛溢难进。且河西务东西上下水决堤防一十五处，奔流迅激，势益猛悍，重载之舟恐失利。遂命行在工部发军民修筑，并命丰城侯李贤督办。

### 宣德十年（1435）

七月己卯（十日），修桑干河桥、通州、直沽、耍儿渡口等处堤岸。

戊戌（二十九日），北直隶河间、南直隶淮安等府各奏上年雨大，河水泛溢，所属州县田苗淹没无收。上命行在户部遣官覆视，除其租税。

九月壬辰（二十四日），攒运粮储总兵官、巡抚侍郎与群臣会议军民利益及正统元年合行事宜：淮安清江浦淮河口及济宁至东昌运河浅滞，宜加疏浚；徐州吕梁洪原引睢水，今睢水过隋堤，会汴入淮，各洪浅狭，宜于凤池口或归德新堤处设闸，复引睢水以济各洪；沙湾张秋运河旧引黄河支流，自金龙口入焉。因年久沙聚，河水壅塞，而运河几绝，宜加疏凿；彰德河往时东入卫河，至临清，与运河会，后北流入滹沱，而卫河亦浅，宜障而东之。皆从之。

是年，始立改兑法。先是，江西、应天、苏松等处粮，民自运上纳；淮、徐、临、德四仓官军赴仓支领，运送京通二仓。至是，议抽支运米七十万石，改令官军各赴彼水次交兑。（《通漕类编》卷二）

## 正统朝（1436 ～ 1449）

### 正统元年（1436）

七月乙未（二日），命行在工部左侍郎李庸发工匠一千五百人、役夫二万人，修治浑河狼窝口及卢沟桥小屯厂、西湖、东笆口、高梁闸附近堤岸。

己酉（十六日），运河耍儿渡决。行在工部奏请令副总兵都督佥事武兴发漕运军士与近河军卫丁夫并力修筑。上以漕卒不可重劳，未许。

九月甲午（二日），攒运粮储总兵官及各处巡抚侍郎至京会议军民利便事宜，议称疏浚瓜洲东港，修筑旧坝，以通漕运；委派工部委官一员，巡视张秋附近之金龙口及徐州吕梁二洪附近之凤池口，随时会同河南三司疏浚修治；命管理徐吕二洪官疏浚洪西小河，并令淮安船厂改造小船备用。皆得允准施行。

是年，令造船旗军不与操守之事。总兵官都督武兴等题：岁运粮船损坏，产有物料者，于本处修造；无产者，分拨各提举司修造。各拨官军前来，贴办用工，庶使运粮者得以依时休息。今巡按御史将造船官军尽行点选，守城操练，遗下船料无人管理，以致缺船误运。户部查得前项官军，即系漕运之数，难比杂役，欲照旧存留。得旨允行。（《漕船志》卷六）

## 正统二年（1437）

正月戊午（二十八日），减江都、仪真二县有雷公上下、白城、陈公四塘民夫至二百人，随宜蓄泄塘水，以济运河；减省南直隶扬州府邵伯镇闸坝官吏各一人，民夫九十人。

二月癸酉（十三日），敕五军各营发军一万、工部发畿内夫一万，往筑运河耍儿渡决口。

三月庚戌（二十日），行在工部奏耍儿渡口修堤已完，又新开河，人甚便之，乞令武清县复民三十家，常巡视其堤，毋致倾坏，且立神庙以镇之。上从其请，赐号为通济河之神。

丙辰（二十六日），行在工部奏运河时有淤浅，恐妨粮船往来，乞命官总督。上以河道重事，济宁以南敕侍郎郑辰治之，以北敕副都御史贾谅治之。并命王瑜、武兴亦令更相往来，协心提督，务使河通人便，且须处分得宜，毋重劳扰。

十月己未（三日），濮州范县奏：八月黄河溢决，民居牲畜禾稼皆被漂没。正统帝命该部勘实，从宜修筑。

## 正统三年（1438）

三月壬子（二十八日），升山东按察司佥事袁文为本司副使。袁文提督济宁等处河道，兴水利以通输运，百姓便之。九载任满，东昌等府耆民二千余人奏乞留之，故有是命。

八月己未（七日），筑高邮湖堤，堤长四百二十五丈，旧用土筑，遇风撞激辄败，间有木橛苇束蔽防，亦不经久。至是甃以砖石，复以糯米糊和石灰以固之，始坚致可久矣。

乙丑（十三日），南直隶淮安府邳州河决，损伤禾稼，山东鱼台、嘉祥等地尤甚。上命随宜修筑。

九月癸未（二日），山东济宁州、东平州及直隶徐州属县各奏：七月中骤雨河溢，军民庐舍俱被倾荡，田亩禾稼淹没无遗。上命行在户部遣官覆视。

庚戌（二十九日），增置山东东昌府通判一员，专理河道，以本府通判戴浩言，所属河道八百余里，坝闸十有二所，督理疏浚，必得专责故也。

## 正统四年（1439）

六月壬午（六日），小屯厂西堤为浑河水所决，通州至直沽堤闸三十一处为雨潦所决，诏发附近丁夫修筑，以工部侍郎李庸董之。

十月壬午（七日），顺天府大兴县请修平津闸，河间府青县请筑卫河堤岸，俱从之。

是年，沁河决马曲湾，入卫河，沁河、黄河、卫河三水相通，舟楫得以往来。

## 正统五年（1440）

七月壬寅（二日），山东兖州诸府自六月起霪雨连绵，湖河泛溢，上命行在户部遣官勘视。

丁卯（二十七日），修宿迁县邵店社至黄墩社一带河堤。

九月辛亥（十二日），修河西务及直沽等处河堤。

十月丁丑（八日），河水冲决，民田被淹，遂命修香河县白河堤。

## 正统六年（1441）

五月癸亥（二十八日），因碍运船牵路，徙张家湾至河西务沿河民舍三百十三家。

六月壬辰（二十七日），漕运右参将都指挥佥事汤节言：徐州至济宁诸闸本积水以便漕舟，官使强行开闸过船，闸官无力阻止。请用剥浅小船传送官使，以避免运河泄水过多，妨碍漕运。允行之。

七月甲寅（二十日），漕运右参将都指挥佥事汤节请遴选廉干官吏，管理河南金龙口及山东徂徕、金沟等泉，并移文河南、山东各官及时疏理。皆从之。

八月癸酉（九日），命修自高邮州北门起，至张家沟一带河堤。

十二月丁酉（五日），命庙祀平江恭襄侯陈瑄，春秋致祭。陈瑄为总兵官，督粮运，疏凿清江浦等处，增设移风等闸，坚筑堤防，以蓄水行舟；立常盈仓，积粮甚多。及没，民感其惠，于清江浦东立祠堂，塑像祭祀，祷者屡有灵应。

是年，题准兑运粮米，若水次临近，领兑官具收过州县粮数，开报本卫，所用印出给通关，如相离遥远，开报附近卫所或府州县用印出给，俱付部粮人员赍回该州县，依例收缴。（《通漕类编》卷三）

## 正统七年（1442）

七月癸亥（五日），久雨，水决武清县匡儿港、漷县中码头、小防村，河西务上码头堤岸共三十二处，命修其易为功者，其功力繁多者计费以闻。

是年，参将汤节因洪水迅急，数坏舟楫，建议于徐州洪之上流筑堰逼水，悉归月河。于月河南口设闸，以壅积水势。（《南河全考》卷上）

## 正统八年（1443）

三月壬午（二十七日），浚瓜洲坝东港。洪武间瓜洲坝有东西二港，永乐间废东港坝为厂，以贮材木，正统初，廷臣议徙木浚港未果。至是，督漕总兵官都督佥事武兴言坝废港塞，非唯舟楫往来迟延，且舣泊大江，有风涛之虞，请俟秋成，于镇江、扬州二府佥夫七千余人修复。从之。

乙酉（三十日），漕运总兵官都督佥事武兴、巡抚侍郎周忱等请疏浚常州西城德胜河、江北扬州府泰兴县北新河，使漕舟避大江险阻；浙江都司署都指挥佥事萧华请疏浚常州府孟渎河。遂发民夫浚理孟渎河、白塔河、德胜河。

七月甲子（十一日），久雨，黄河、汴水泛溢，坏堤堰甚多，诏随宜浚筑之。

## 正统九年（1444）

正月庚辰（三十日），福建按察司谢庄奏请浚镇江府丹徒县甘露坝至常州府城东河道。从之。

闰七月戊寅（一日），北直隶大名，山东济南，河南开封、卫辉、怀庆各奏河溢。

辛巳（四日），工部右侍郎王佑奏称：自蒲沟儿至滹县，水决河岸二十余处，尤以要儿渡为甚，遂发丁夫物料修筑。

庚子（二十三日），工部奏称：河南山水泛溢，灌卫河，没卫辉、开封、怀庆、彰德民舍，坏宣武卫、怀庆守御所城垣，遂命所在随宜修理，并抚恤流离失所之百姓。

八月壬子（六日），革临清坝官。初平江伯陈瑄奏设临清闸，坝遂废，至是乃革其官。

十月丙午（一日），修德州耿家湾等处堤。

十二月戊申（四日），疏浚常州、镇江运河。

## 正统十年（1445）

五月丙子（三日），漕运参将都指挥佥事汤节奏称：滕县七里河近日淤塞，水不至运河，致粮船不能进，请疏浚沛县魏家潭至鸡鸣台河道，并置闸启闭，同时疏通沙河泥沟泉河、济宁州卢家沟等处泉源及邹县渊源旧泉河口，并置小闸蓄水。遂命有司按实起夫疏浚。

九月庚子（三十日），河决金龙口阳谷堤张家黑龙庙口，命山东三司亟修完之。

十月辛亥（十一日），河南睢州、磁州、祥符、杞县、阳武、原武、封丘、陈留、安阳、临漳、武安、汤阴、林县、涉县皆以今夏久雨河决，淹没民田屋宇畜产无算。巡抚少卿于谦以闻。敕河南三司率夫往修之。

十二月辛酉（二十二日），湖广广济县奏请疏浚本县连城湖港廖家口旧沟，以便该县输运秋粮至望牛墩，以免赁雇小车盘运之苦。从之。

是年，许把总官乘坐粮船。（《漕船志》卷六）

## 正统十一年（1446）

三月癸巳（二十六日），巡按直隶监察御史奏称：淮安府满浦、淮安、南锁三坝，旧以无闸而设，后立移风等五闸，其三坝皆废不用；扬州邵伯闸坝旧以筑堤，恐泄水利而设，今堤已完，其闸坝亦皆不用；白塔河大桥、潘家庄、新开、江口等闸，旧以地势陡峻泄水而设，今筑塞年久，其所设官吏人夫皆冗滥，请皆减省。遂命满浦、淮安、南锁三坝各留官吏一员，人夫去其半；革去邵伯闸坝官吏，止留夫四十名，隶邵伯驿；革去大桥、潘家庄二闸官吏，其夫隶新开、江口二闸。

## 正统十二年（1447）

七月，河决张秋沙湾入海，寻决荥泽入淮，工部尚书石璞治之。（《续文献通考》卷八）

## 正统十三年（1448）

三月戊子（三日），监察御史林廷举言，漳河自山西沁州发源，七十余沟，会而为一，至肥乡县等处，堤岸逼隘，水势湍激，以故为民患。元时分支流入卫河，以杀其势。永乐间堙塞，旧迹尚存，去广平大留村十八里。宜发丁夫凿通，仍于漳河置闸，遏水转入之，其肥乡等处亦宜疏广之。如此非惟漳河水减，可免居民之患，而卫河日增，亦足为漕舟之便，从之。

六月壬申（十八日），河南陈留县奏：今年五月间河水泛涨，冲决金村堤及黑潭南岸，已集人夫修筑，将完复决，比旧深阔难制，乞命军夫协力修筑。从之。

七月己酉（二十五日），河决河南八柳树口，漫流山东曹州、濮州，抵东昌，坏沙湾等堤，伤民田庐无算。工部请令山东三司于附近不被灾府卫发工修筑，视其缓急而先后之，察其穷乏而抚防之。命工部右侍郎王永和往视其事。

七月，河决荥阳，东过开封城之西南，经曹濮以入运河，决张秋地，至兖州府沙湾之东堤大河口，而决济、汶，诸水皆从之。又经防城县，至怀远界，入于淮海，会通河遂淤。遂开渠起张秋金堤之首，东南行凡数百里，经澶渊以接河沁，名渠曰广济，闸曰通源，凡河流之旁出而不顺者，则堰之。堰有九，长袤皆万丈。九堰既设，其水遂不东冲沙湾，乃更北出，以济漕渠之涸。由是遂浚漕渠，由沙湾而北，至于临清，凡二百四十里。南至于济宁，凡二百一十里，复作淤水之闸于东昌之龙湾凡八，役夫五万八千余人，用材九万六千余根，用竹倍之；用铁十三万余斤，粮五万石。（《续文献通考》卷三十九）

十二月丁丑（二十五日），工部右侍郎王永和修沙湾等堤未成，以冬寒停工，且奏河决自卫辉八柳树口，宜敕河南巡河及三司官修塞。正统帝责之曰：八柳树河决，不由金龙口故道东流徐州吕梁，以溢运河，致妨漕运，患及山东。特简命尔往董其事，冀在急防其患，预定其谋，躬询其源，以副朕意。乃辄以天寒罢工，且以筑塞之工诿之与人，不知朝廷所以委任尔之所以尽职何在？且治水有术，当先其源。先治八柳树口，然后及沙湾，则易成功。苟治其末，不事其源，朕知春冬水小，暂能闭塞。夏秋水涨，必仍决溢。今正用工之时，其令山东三司筑沙湾，尔即往河南督同三司等官，躬措置八柳树上流如何修塞，金龙口等处如何疏通，务在河由故道，不为民害。仍先以尔等经画方略及合用军夫物料之数以闻。或尔不能独理，宜添重臣，亦可奏来。

是年，河溢荥阳县，自开封府城北经曹、濮二州及阳谷县，以入运河。至兖州府沙湾之东，决大洪口，诸水从之入海。（《明会典》卷一五八）

### 正统十四年（1449）

正月辛卯（十日），修山东金口堰。

三月癸巳（十三日），工部右侍郎王永和奏：黑洋山西湾已通，其水由泰黄寺资运河；东昌之水复置分水闸，设三空，放水自大清河入海；八柳树犹未宜用工，沙湾堤宜常启分水闸二空，以泄上流之水，则不为后患。皆从之。

是月，工部右侍郎王永和奏治河事宜。先是沙湾之役，永和以冬寒遽停工，又以决自河南，敕彼共事，帝切责之。至是言黑阳山西湾已通，水从泰黄寺资运河。东昌则置分水闸，设三空泄水，入大清河，归于海。八柳树工犹未可用，沙湾堤宜时启分水二空泄上流，庶可免后患。从之。（《明史纪事本末》卷三四）

四月辛未（二十二日），修南直隶高邮州砖河塘。

五月辛卯（十二日），正统帝闻沙湾等河修理略有成绩，诏工部臣曰：河道既通漕运，今农务方殷，其令军夫休役。河南、山东河口堤岸乃命各巡河及三司官乘时率工浚筑。

## 景泰朝（1450 ~ 1456）

### 景泰元年（1450）

四月癸巳（二十日），监察御史陈全言：初黄河水决山东沙湾，堤已修其大半，止留西岸二缺口泄水。近者东阿县以西大洪口鲤连河水落，河身渐露，与缺口相去甚近，恐将会通河水落掣入东去，不便漕运，请筑其二缺口。从之。

五月癸酉（三十日），久雨，决通济河东西岸，命有司修筑之。

十二月丁酉（二十七日），工部奏通州至徐州运河一带皆淤塞不通，若不预加疏浚，恐妨漕运。徐州等处请敕佥都御史王竑，通州等处宜遣在京大臣一员提督疏浚。上令都察院择御史廉能者一人往理之。

是年，设淮安漕运都御史，兼理通州至仪真河道。（《明会典》卷二七）

## 景泰二年（1451）

正月甲子（二十四日），浚南直隶镇江、常州运河。

二月壬午（十三日），敕山东左参政王骢、按察司佥事王琬督工浚沙湾运河，以河决水浅故也。

二月，巡按直隶监察御史陈全奏，运河沙湾常以冲决，修置土坝，日久损坏，不能蓄水，致妨漕运，请以拆毁旧船改造板闸二座。从之。

六月戊辰朔（一日），勅巡抚山东河南左副都御史洪英、右副都御史王暹曰：近者黄河冲决，水失故道，自临清抵徐州以南，漕运艰难。尔等即各督两处三司官从长计议，相度地形水势，画图计工，量起军民夫。河南疏涤故道淤塞，或取捷径，分引水势，灌注徐州以南。山东因其水势缓处，修筑岸口，使分灌南北。济宁、临清闸河应用物料，俱听尔等从宜措办。务令水归漕河，军民攒运，商旅往来无阻。

八月壬辰（二十七日），给事中张文质劾巡抚都御史王暹、洪英治水无绩，且言济宁以西耐牢坡闸南，直抵鱼台县南阳闸有塌场河，可引水济徐、吕二洪。沙湾之决，可于潘家渡以北浚支流以减水势。沙湾浮桥以西，开筑河口闸座，引水以灌临清，应别命官，以责其成。上不允，仍令王暹、洪英调度办理。

是年，令清江、卫河二提举司匠役二年一班。先年，原拔苏、淮二府各色人匠共四千名，二年一班，每年二千名，在厂上工造船。近因新编勘合，该四年一班，班稀匠少，造船不敷。总兵官徐恭奏请照正统间例，二年一班，户部会议依拟。（《漕船志》卷六）

## 景泰三年（1452）

正月丙辰（二十二日），山东右参议刘整、佥事王琬以沙湾河决，率丁壮塞之，日久无功，人多逃逸，为右佥都御史王竑所劾，景泰帝宥其罪，俾随尚书石璞立功自劾。

二月，河决沙堤湾，命左都御史王文巡视河道。（《明史纪事本末》卷三四）

四月丙子（十三日），迁河南原武县治。先是黄河决县治，城垣、学舍俱沦没。因迁于十里外高爽地，从巡抚河南右副都御史王暹奏请也。

五月丙申（四日），筑沙湾堤成。自河决沙湾，水径趋海，运河胶浅。遂命工部尚书兼大理寺卿石璞往治之，封河神为朝宗顺正惠通灵显广济河伯之神。璞至，以决口未易筑，浚自黑洋山至徐州，以通漕舟，而沙湾之决如故。乃命内官黎贤、阮落，御史彭谊往协璞等，于沙湾筑石堤，以御决河；并开月河二，引水以益运河，且杀其决势。至是水流逐渐微细，遂得以筑塞决口。

六月，大雨浃旬，河复决沙湾北码头七十余丈，掣运河之水东流，旁近田地悉皆淹没。

乙丑（四日），浙江参政胡清请疏浚镇江府至常州府河道，并拆掉新港、奔牛等坝，并置石闸以蓄水，以便漕运。

九月辛卯（二日），景泰帝谕太子太保兼都察院左都御史王文：近闻南京地震，江淮以北直至济宁水涨，淹没房屋禾稼，远近乏食，栖止无所，或致流移。及东昌府接连河南地方，往因黄河奔溃，北流散漫，冲决漕河堤岸，阻滞官民运输。虽尝遣人修浚，尚未有经久计。此皆朕所昼夜在心，不遑安于寝食者也。朕以尔为宪臣之长，素有干济之才，特命往理其事。凡所至处，苟有可以安辑国家，拯济生民，通顺河道，一切兴利除害之事，悉听尔广询访，便宜而行。有应奏请及与山东、河南巡抚方面府州县及公差官员同议、从长处置者，并听行务在停当，举之有益，行之无弊。凡前数事，为之果有成效，尔即具奏还京。尔其钦承朕命，毋怠毋忽。仍命文以太牢致祭于朝宗顺正惠通灵显广济河伯之神曰：朕为民牧，神为河伯，皆上天所命。今河水为患，民不聊生，伊谁之责？固朕不德所致，神亦岂能独辞？必使河循故道，民以为利，而不以为患，然后各得其所，而俯无所愧。专俟感通，以慰悬切。

癸卯（二十六日），山东右参议刘整奏称：自河间吴桥南至徐州沛县，道路一千余里，闸坝四十余座。各官不即躬视修理，止令阴阳医生等董率夫役，致常逃窜误事，请于临河府州县各添设官一员，专理河道，以求事有统属，不致乖误。从之。

是月，命山东布政司右参议刘整、按察司佥事王琬修筑沙湾堤岸，以已完之堤又复冲决也。

十二月癸巳（五日），以沙湾河决久未成功，而运河胶浅，有妨漕运。复敕内官黎贤、武良，工部左侍郎赵荣往理之。

丙辰（二十八日），遣工部左侍郎赵荣祭河伯之神，以疏浚东昌沙湾故也。

## 景泰四年（1453）

正月壬午（二十四日），河复决沙湾新塞口之南。

二月乙未（八日），以沙湾累修累决，诏加封河神为朝宗顺正惠通灵显广济大河之神。

戊戌（十一日），工部左侍郎赵荣言黄河直趋运河，势甚峻急，而沙湾至张秋旧岸低薄，故修筑方完，即复决溢。故请于新决之处用石修筑减水坝，以杀其势，使东入盐河，则运河之水可蓄以通运舟。然后加高厚其堤岸，填实其缺口，以免后患。从之。

四月戊子朔（一日），复筑沙湾决口毕工。

五月乙酉（二十九日），沙湾大雷雨，决北码头河岸四十余丈，运河水掣入盐河，漕运之舟悉阻不行。

六月己丑（四日），巡抚河南右都御史王暹奏：黄河旧从开封北转流东南入淮，不为害。自正统十三年，改流为二。一自新乡八柳树决，由故道东经延津、封丘，入沙湾。一决荥泽，漫流原武，抵开封、祥符、扶沟、通许、洧川、尉氏、临颍、郾城、陈州、商水、西华、项城、太康等处，没田数十万顷，而开封为患特甚。虽尝于城西沿河筑小堤，内又筑大堤，皆约三十余里，然沙土易坏，随筑随决。今岁复坏大堤之半，不即修塞，必及城垣，其害非小。请于不被灾府卫州县起军夫修筑大堤。从之。

七月乙丑（十日），命太子太保兼工部尚书石璞往治沙湾决河。

八月乙酉（一日），户部养病主事钟成奏：黄河冲决被其患者尤莫甚于原武县。盖原武北自旧黄河黑羊山界，南自古汴河陈桥铺界，相去五十余里，水皆浸灌，县治居其中，于今已六年矣。男欲耕而无高燥之地，女欲织而无蚕桑之所。束手愁叹，坐待其毙。请敕有司疏浚筑塞，以消水患，转运邻近粮储，以备赈济。从之。

十月甲午（十一日），升右春坊右谕德兼翰林院侍讲徐有贞为都察院左佥都御史，往治沙湾。（《名山藏》卷一三）

是年，塞沙湾决口，更作九堰八闸，以制水势。（《治河通考》卷九）

先是，河溢荥阳，自开封城，北经曹濮，以入运河。至兖州沙湾之东堤大洪口，而决济汶，诸水皆从之入海，会通河遂淤，漕运艰阻。工部尚书石璞、侍郎王永和、都御史王文相继治之，凡七年，皆绩弗成。乃集廷臣议于文渊阁，举可治水者，以有贞名上，乃进有贞都察院左佥都御史治之。河以决故涸，而有贞至，方冬月，水暴涨，公私之艘毕达。治河卒逾数万人，悉与之期而遣之。乃乘轻航，究河源，遂逾济、汶，至卫沚，循大河，道濮范，请先疏下流，水势平，乃治决。决止，乃浚淤。多为之方，以时节宣，使无溢涸，此后乃可成功。上从之。（《明史纪事本末》卷三四）

是年，敕总兵官徐恭，都御史王竑、徐有贞整理粮船。户科给事中卢君祥题请将浙江等处民粮该征者尽数起运，量拨淮、徐、济宁等仓收纳。奉圣旨："是。便写敕与徐恭、王竑、徐有贞，上紧去整理前项粮船，今年务要过尽。"时有贞以治河在张秋，故有是命。（《漕船志》卷六）

是年，会议清江提举司造遮洋、浅船数多，卫河提举司改造船少，将卫河原派物料，暂改清江交收供造，候有料之日仍旧。（《漕船志》卷六）

## 景泰五年（1454）

七月己巳（二十日）, 南直隶扬州府奏：六月大风雨，湖水泛溢，决高邮、宝应堤岸，命左副都御史王竑督有司修筑之。

八月，山东东昌、兖州、济宁三府州大雨，黄河泛涨，淹没禾稼。

九月辛亥（三日），因沁河决武陟马曲湾堤五百九十余丈，漫流新乡、获嘉，入卫河，没民田庐甚众，遂诏有司修筑之。

庚午（二十二日），总督漕运都督徐恭、左副都御史王竑言：运河胶浅，南北军民粮船蚁聚临清闸上下者不下万数。盖因黄河上源水塞，亦以沙湾缺口未塞，而修治者之弗克事也。请敕左佥都御史徐有贞趁水势较小，督工筑塞沙湾缺口。上敕有贞博询众策，毋僻守己见。有贞言：临清河浅，自昔已然，非为缺口未塞也，亦非臣僻守己见，而固欲不塞也。竑等不察而以塞缺口为急，殊不知秋冬虽仅能闭，明年春夏亦必复决，劳费徒施而无用，此臣所以不敢邀近功也。景泰帝从有贞言，粮运亦无阻焉。

十月丁亥（九日），工部因仪真、瓜洲二坝每遇冬春潮水退缩之时，往来舟船胶浅难行，请于二坝下各置闸，于潮水涨时闭闸蓄水，以通舟船。从之。

十一月辛亥（四日），诏修南京河口堤岸。

丙子（二十九日），左佥都御史徐有贞陈沙湾治河三策：一为置造水门。请依王景做水门之法，而加损益，置门于水，而实其底，令高长水五尺，水小则可拘之以济；运河水大，则疏之使趋于海。如是则有流通之利，无堙塞之患矣。二为开分水河。请相黄河地形水势，于可分之处开成广济河一道，下穿濮阳、博陵二泊及旧沙河二十余里。上连东西影墙及小岭等地，又数十余里。其内则有古大金堤，可倚以为固。其外则有八百里梁山泊，可恃以为泄。而以新置二闸节宣水势，使黄河水大，不至泛溢为害；小亦不至干浅，以阻漕运。三为挑浚运河。今运河自永乐间尚书宋礼即会通河浚之，其深三丈，其水丈余。但以流沙恒多淤塞，后平江伯陈瑄为设浅铺，又督军丁兼挑，故常疏通。久乃废弛，而河沙益淤不已，渐至浅狭。今之河底乃与昔之岸平，其视盐河上下固悬绝，上比黄河来处，亦差丈余。下比卫河接处，亦差数尺。所以取水则难，走水则易，诚宜浚之如旧。景泰帝命如其言行之。

是年，陈泰迁左佥都御史，疏理徐州吕梁二洪及运河。（《江南通志》卷五九）

## 景泰六年（1455）

三月己巳（二十四日），太子少师工部尚书江渊会同五府六部官议，言运河之阻在疏浚之而已。但今山东、河南人力已疲，且农事伊始，难起夫役。请将在京存操步队官军五万人，敕内臣及文武大臣各一人，往同佥都御史徐有贞计度疏浚，期明年二月兴工，四月可毕。其器具乞量给，银两令自置之。仍先敕河南、山东有司预积物料，蓄军粮以待。帝遂敕有贞集河南、山东殷实余夫民壮各一万人先治之。有贞言宜以渐疏浚，工力相继。若官军一动，粮储银两辄有千万之费，遇水涨则复坐费，无所施智。今泄口已合，决堤已坚，挑河者已如命用工。请仍旧例，置捞浅夫，唯用沿河州县之民，免其徭役牧养之事，使专事于此，付管河官督领。役小则量数起之，役大则举户皆行。非近河之人皆休放，使力农，如此将远者得安生业，近者甘事河道。景泰帝以为然，工部之议遂寝。

五月辛亥（七日），左佥都御史徐有贞奏运河疏浚功成。景泰帝谓工部曰：河虽暂通，恐不能久，遂移文有贞督沿河夫役，以时挑浚，勿致阻滞舟船。

七月乙亥（二日），筑沙湾决口成。沙湾之决垂十年，至是汇黄河南流入淮。左佥都御史徐有贞始克奏功，凡费木铁竹石等物累数万计，工五百五十五日。帝以河道虽完，尚恐未坚，命有贞明年春仍往视之。

九月戊子（十六日），右佥都御史陈泰奉敕督浚仪真、瓜洲、江都、高邮、宝应，及淮安一带河道。至是以工完上闻。凡浚河一百八十里，筑决口九处、坝三座，役人夫六万余。

十二月甲寅（十三日），复命左佥都御史徐有贞巡视沙湾。

戊午（十七日），免征沿河济宁等十三州县修河民所负官马并杂科役。

丁卯（二十六日），挑通济河西岸沙滩及筑东岸缺堤。

### 景泰七年（1456）

九月辛巳（十四日），左佥都御史徐有贞奏：京畿及山东自七月大雨至八月，诸河水溢，虽高阜亦有丈余，堤岸冲决，民田庐淹没，商船漂溺者无算。幸新造水门一带堤堰无患，其冲决不甚害者，率有司督工修理。唯感应祠旧堤所决既大，所系尤要，必置御水埽，如水门埽堰之制。并自济宁抵临清增置减水闸，始可经久。乞免修筑人夫其他徭役，并人给口粮，以求早日完工。遂敕有贞等督军卫有司措置物料，务在坚完，勿遗后患。

十二月癸卯（八日），升徐有贞为左副都御史。有贞以修河竣事回京，入见帝，顾问良久，大加奖劳，因命吏部特升之。

是年，佥都御史徐有贞治河功成。先是有贞疏上，既报可，乃鸠工而前，所遣卒亦依期至，乃为渠以疏之，中置闸以节宣之。渠起金堤张秋之首，西南行九里，至濮阳泺，又九里至博陵陂，又六里至寿张沙河，又八里至东西影塘，又十有五里至白岭湾，又三里至李峰，由李峰而上又二十里，至莲花池，又三十里至大潴潭。乃逾范暨濮，又上而西，凡数百里，经澶渊，以接河沁。有贞曰：河沁之水过则害，微则利。乃节其过，而导其微，用平水势。既成，渠名广济，闸名通源。渠有分合，而闸有上下。凡河流之旁出而不顺者则堰之，堰有九，长各万丈。九堰既设，水遂不东冲沙湾，而更北出济漕渠。阿西、鄄东、曹南、郓北，出沮洳而资灌溉者，为田百数千万顷。凡堰楗以水门，缭以虹堤，堰之崇三十余尺，其厚什之，长百之。门之广三十六丈，厚倍之。堤之厚如门，崇如堰，长倍之。架涛截流，栅木络竹实之石，而楗以铁，盖合五行，用平水性。而导汶泗之源出诸山，汇澶、濮之流纳诸泽，又浚漕渠出沙湾，北至临清，凡二百四十里；南至济宁，凡三百一十里。复建闸于东昌之龙湾、魏湾者八，积水过丈则开而泄之，皆道古河以入于海，用平水道。初议者欲弃渠勿治，而由河沁及海以漕，又欲出京军疏河。有贞因奏蠲濒河民马牧庸役，专力河防，以省军费，纾民力。工部请如有贞言，不中制，以是得有功。盖三年而告成，进副都御史。（《明史纪事本末》卷三四）

## 天顺朝（1457 ～ 1464）

### 天顺元年（1457）

九月丙寅（五日），南直隶扬州、凤阳、淮安三府，中都留守司所属凤阳等卫，及南直隶徐州等卫各奏今年三月至五月田苗旱伤，六月以来大雨连绵，河湖泛溢，复被淹没。命户部覆视之。

十二月丁巳（二十二日），尚宝司少卿凌信奏：江南运粮者泛大江，至瓜洲坝，有风浪之险，请通七里港口，引江水灌入，并浚新港至奔牛一带河道。遂命管理粮储河道官佥都御史李秉及郎中沈彬提调附近有司疏浚。

是年，令总兵官兼理河道。（《明会典》卷二七）

### 天顺二年（1458）

三月癸丑（二十六日），管河主事陈湊奏：济宁州济安闸水势陡峻，损坏船只，请移入二十余步，以顺水性。遂命所司勘实移之。

十二月己巳（十五日），先是直隶大河卫百户闵恭奏：南京并直隶各卫，岁运蓟州等卫仓粮三十万石，驾船三百五十只，用旗军六千三百人，越大海七十余里，风涛险恶，滞流旬月。及有顺风，开船行至中途，忽尔又值风变，人船粮米多被沉溺，实非漕运之便。因新开沽河北望蓟州，正与水套沽河相对，止有四十余里。河径水深，堪行舟楫。其间相隔十里，请挑通之，以免海涛之患。都督佥事宗胜、监察御史李敏请于附近天津、永平、蓟州、宝坻等卫府州县发一万人夫，委官督领，俟明年春和农暇之日兴工。从之。

天顺三年（1459）

四月辛巳（三十日），工部奏：国家大计，莫先于粮运。因自通州以南直抵扬州，河道胶浅，粮运难行，请驰文于管河道官，令量起附近卫所府州县军民设法疏浚，并疏通水塘泉源，以济运河。从之。

天顺五年（1461）

二月丙戌（十五日），漕运总兵官右都督徐恭奏：运河诸闸多狭隘，临清一闸尤甚。而近造粮船高大，闸殆不能容。请敕山东军卫有司积工措料，修移旧闸五十丈，浚深三尺六寸，增广三尺，庶不阻漕运。遂令有司修筑之。

七月乙丑（二十七日），修河西务耍儿渡口。

天顺六年（1462）

三月丁巳（二十二日），命疏浚淮安以南运河。

是年，题准一州一县止许与一卫交兑，兑支不尽，方许兑与别卫。分派水次，不许将一州一县分作三四卫，亦不许将一卫分作三四州县，及以远派近、以近派远。（《续文献统考》卷三一）

天顺七年（1463）

二月庚辰（二十一日），河南布政司照磨金景辉考满至京，奏黄河国初在封丘，后徙康王码头，去城北三十里，复有二支河。一由沙门注运河，一由金龙口达徐吕二洪入海。正统戊辰，决荥泽，转趋城南，并流入淮旧河，支河俱湮，漕河因而浅涩。景泰癸酉，因水逼城，命筑堤四十余里，劳费过甚，而水发辄复倾溃，然尚未至决城壕，为人害也。至天顺辛巳，水暴至，土城既决，砖城随崩，公私庐舍尽没，男妇溺死不可胜纪，数十年官民资畜漂失无遗，七郡财力所筑之堤俱委为无用之地矣。请令巡抚河南右副都御史贾铨先以金龙口河开浚宽阔，俾水流通，以接漕河。仍相度旧河，或令有泄水之处，讲求古法，酌为时宜，而兴工开挑，不必计其速成，务为经久之计。上命右副都御史贾铨总督而责其成功。

天顺八年（1464）

正月己未（六日），命修高邮湖岸三十余里，以年久，风浪撞激，其砖石桩木皆脱落故也。

七月壬申（二十一日），都察院都事金景辉言：会通河自安山北至临清二百五十余里，仅有汶水，若春月少雨，则水脉渐微，而舟行浅滞。其汴梁城北陈桥旧有古河一道，北由长垣经曹州，至巨野县安兴墓巡检司地界，乃出会通河，合汶水，通临清。每秋水溢，有舟往来其间，唯陈桥迤西一舍许，水道浅狭，水小之际，不能流通，请兴工开浚，亦可分引沁水，仍置二闸，以司启闭，则徐州、临清二河均得利济，而卫河之水亦皆增长。且长垣、曹、郓诸处粮税可免飞挽之劳，而江淮民舟又可由徐之浮桥达于陈桥，至临清，而无济宁一路壅塞之苦，其利多矣。事下工部。

十二月壬午（三日），工部主事郭升请修临清新开上闸。从之。

是年，令运军或遇风水不测，损坏船粮，若在百里内者，务要府州县正官；在百里外者，许所在有印信官司勘实结，申总兵等官处，如有诈妄，罪坐劾官。又议准淮、扬地方巡获私盐船只，俱解清江提举司充造船之用。（《漕船志》卷六）

## 成化朝（1465 ～ 1487）

成化元年（1465）

三月戊申朔（一日），浚通济河耍儿渡口，命工部主事蒋瑄、都督同知陈达董其役。

五月庚午（二十四日），总督漕运副都御史陈恭，请修筑高邮湖岸自杭家嘴北起，至张家沟镇南止，凡三十里有奇。从之。

成化二年（1466）

四月辛酉（二十一日），浚蓟州等处新开沽河。

九月丙子（八日），户部会官议南京管粮都御史及漕运总兵等官所言事宜：兖州府城东，旧有金口坝蓄水，接济运河，每遇山水泛涨辄冲决，费工修筑。宜将济兖二府原设泉夫，秋冬空闲之时，采石块包砌前坝；通州直抵仪真、瓜洲一带，河岸坝堰闸座，近年多有坍塌损坏。盖沿河军卫有司官不遵旧例，以时修筑，遂致河道淤浅，阻滞船行，请各委堂上佐贰官，专一修理，以便漕运。议上，俱从之。

十二月甲子（二十七日），命御史一员提督通州迤南抵临清及卫辉一带河道。先是，命巡盐御史兼巡河道。至是，总督漕运右副都御史滕昭言，河道浅涩，非专任不能疏通，工部请如所言。从之。

成化三年（1467）

七月戊辰（五日），总督漕运右副都御史滕昭言：仪真、瓜洲、孟渎诸处河港乃贡赋必由之道。旧因浅滞，命旁近扬州、镇江、常州诸府卫兴工疏浚。是后着令三年一浚，然有司怠玩，浚不以时，直至穷冬，召众兴役，则手足皲瘃，虽浚无实，徒为劳耳。请自后每于冬初，即为兴工。从之。

九月壬申（十日），户部会六部等衙门官议漕运总兵及各处巡抚等官所言事宜：徐、吕二洪全借河南脾沙冈等处水灌注，接济运船。先年设主事一员，后又添设河南参议一员专理，近乃罢去，兼管于河南布政司分巡官，以致二源淤塞，水利不兴，请如旧增置参议为便；济宁州小长沟至开河驿堤，上接汶泗等河，下通黑马等沟，导引泉水以济粮运。元时州之西蓄孙村、南望二湖之水，设减水闸十余座。水大，量为减泄，小则流入官河，甚利。今久失修葺，日就坍塌，且每岁山水先坏堤岸，春时无水接洽，夏则漫流，淹没田禾，舟楫难行，请如前修筑；仪真至通州，俱系运道，而淮扬一带水路，各有专官管理，唯自直河至通州，俱系运道，事多废坠，请令张家湾收砖主事督同所在军卫有司，委官提调。各浅夫老，以时采取桩草，每春粮运之时，遇有水浅漫流，如法筑置坝堰，逼水归洪，庶粮运无滞流之患。成化帝皆准议行之。

成化四年（1468）

六月癸卯（十五日），工部管洪主事郭升奏：徐州洪势最险，自昔两堤卑隘，稍遇水涨，舟行无路，往来甚艰，而闸河上口一坝，势亦如之。虽频年修筑，亦唯取办一时，殊非经久之策。又如外洪翻船等石、里洪坝下一湾，尤为险恶，屡坏行舟。今欲以大石修砌两堤，其外则锢以铁锭，其内则填以杂石，而又凿去外洪翻船恶石，用石铺平里洪堤岸，以便来往。须劝率往来中外官员及远近客商，以给其费，量请所属各浅夫，及本洪溜夫以供其役。工部以闻，诏可。

## 成化五年（1469）

三月丁未（二十三日），工部奏：自通州抵天津卫河道淤塞，漕运不通，宜加疏浚；自天津迤南，直抵扬州一带河道亦有淤浅，请敕总督等官通行疏通，以便漕运。从之。

## 成化六年（1470）

七月庚子（二十四日），监察御史康骥奏请疏浚张家湾横河口小湾套，以泊运船，修垫自京城抵通州往来要路，以便粮运。命侯年丰为之。

是月，工部奏通州至武清县蔡家口河口并堤岸被水冲开一十九处，宜起请兵民，并工修筑，以便漕运。命侍郎李颙董其役。

是月，巡按直隶御史张诰奏请修筑静海以南、临清以北一带河口之被水冲塌者，以便漕运。从之。

十月己酉（五日），户部会官议巡抚漕运等官所陈事宜：运粮船只凡遇淤浅之处，宜行漕运衙门，令各该把、总都指挥、指挥等官督各管粮船旗军，及当地浅夫并力挑捞淤沙，疏通河洪，使前船既过，后船接续而行，违者究问。

## 成化七年（1471）

正月甲申（十一日），总督漕运兼巡抚淮扬等处右副都御史陈濂奏：运河一带，济宁居中，而南北分流，久不疏浚，蓄水不多，况两京往来内外官多不恤国计，不俟各闸积水满板，辄欲开放，以便己私，而南京进贡内臣尤甚。以此走泄水利，阻滞粮运。请会同山东巡抚守臣计工挑浚，且请旨禁约。从之。

十月乙亥（七日），改南京刑部左侍郎王恕为刑部左侍郎，奉敕总理河道。升工部员外郎郭升为郎中，山东按察司佥事陈善为副使，与工部郎中陆镛分理之。部议以自通州至仪真、瓜洲二三千里，往来修治，非一二人能办。请进升郎中，专理沛县至仪真、瓜洲一带。

进善副使，专理山东地方。见管通州河道郎中陆镛，专理通州至德州一带。仍简命风力大臣一员，赐敕总理其事。上从其议，赐恕敕曰：朕惟京师粮储，仰给东南漕运。自平江伯陈瑄经理河道之后，管河者多不得人。旧规日以废弛，粮船阻浅，转输延迟，若非委任责成，岂不有误国计？今分官管理一带河道，特命尔总理其事。尔宜往来巡视，严督各官，并一带军卫有司人等，用心整理。闸坝损坏者修之，河道淤塞者浚之，河泊务谨，堤防泉源毋令浅涩。沿河浅铺树井及一应河道事宜，但系平江伯旧规者，一一修复，不许诸人侵占阻滞。凡有便宜方略可举行者，悉听尔斟酌施行。一应官员人等敢有违误者，或量情惩治，或具奏拿问。尔仍须审度人情事势，随其缓急轻重，以为后先。毋急以扰人，毋怠以废事。限以三年，务底成绩。如或因循不理，致误国计，责有攸归，尔其勉之慎之。

是月，户部尚书杨鼎、工部侍郎乔毅奏浚通惠河旧道事宜。先是漕运总兵官都督杨茂奏，每岁漕运自张家湾舍舟陆运，遇雨泥泞，每车雇银一两，仅载八九石，其费皆出于军。通州至京城四十余里，古有通惠河故道，石闸犹存。今河道通流，其水约深二尺，不劳疏挑，唯用闸蓄水，令运粮卫所每船二十五只，造一剥船，自备米袋，挨次剥运，如此则运士得省脚费，而困惫少苏。遂命杨鼎、乔毅同参将袁佑等亲诣昌平县元人引水去处，及宛平、大兴、通州地方三里河各河道，逐一踏勘行船故迹。回奏称玉泉、龙泉及月儿柳沙等泉诸水，其源皆出于西北一带山麓，堪以导引，从皇城金水河及都城外濠会流于正阳门东城濠，汇三里河水，并流入大通桥闸河，天旱水小，则闭闸潴水，短运剥船；雨涝水大，则开闸泄水，放行大舟。则舟楫得以环城湾泊，粮储得以近仓上纳，在内食粮官军得以就近关给，通州该上粮储又得运来都城，与夫天下百官之朝觐、四方外夷之贡献，其行李方物皆得直抵都城下卸。遂请敕各该衙门会计物料，量拨官匠及在营官军人等，分工逐一修浚。命下所司办理。

十一月癸丑（十五日），霸州知州蒋恺、固安县知县贾贵各奏，霸州城北古有草桥界河一道，上接浑河，下至小直沽，顺流东注于海。请因其自然就下之势，修筑堤岸，使顺流注海，免贻后患。命顺天府官勘实从之。

是年，题准山东都司、北直隶卫所限三月初一日完粮，江北直隶、凤阳等处卫所限四月初一日完粮，南京、江南直隶等卫所限五月初一日完粮，浙江、江西、湖广各卫所俱限六月初一日完粮。违者总督衙门、巡仓御史分别参究，罚俸降级。若南京并江南直隶各卫所兑江浙二省粮米，江北卫所兑江南各府粮米，领运官违限，查照二省并江南事例参治。（《度支奏议》卷六）

## 成化八年（1472）

正月己未（二十二日），工部奏漕运总兵官杨茂先请修通州至大通桥旧河石闸，以免官军车运之费。遂命量拨官军四万，令总兵官赵辅、郭登统领，先浚京城濠堑，仍以太监王顺、工部尚书王复兼董其役。待工完后，再报请办理通州至大通桥工程。

二月戊辰朔（一日），镇守永平山海总兵官东宁伯焦寿言：蓟州新开沽河淤塞一千二百丈，粮运不通，请照先年奏准三年一浚事例，于顺天、永平二府及东胜等卫起拨军民兴工。从之。

八月癸巳（二十九日），修筑淮安抵仪真、瓜洲湖河堤岸冲决者一十五处。

是年，河道侍郎王恕请治扬州至淮安湖塘，造闸础，引塘水，以接济运河。

是年，陈锐镇淮扬，挂漕运印。

## 成化九年（1473）

正月辛亥（二十日），巡按直隶御史娄谦言：漕河自通州直抵临清多淤浅，请于通州一带各设管河官一员，及委军卫官相兼管理疏通。成化帝曰：河道只仍旧委官管理，不必添设。

己未（二十八日），总督漕运平江伯陈锐奏：仪真、瓜洲运河原无水源，全赖扬州雷公、陈公二塘及高邮、宝应、邵伯等湖积水接济，清河迤北至徐、吕二洪则借河南黄河凤池口、金龙口、沁河等处诸水，济宁南北闸河则赖徂徕、沂、泗、泰山、曲阜等处诸泉源并昭阳、南旺、孙村等湖水。近所司视为泛常，不为疏浚修筑，以致水利不通，粮运有阻。因通州至仪真相离二三千里，往来巡视，非一二人力所能办，请酌量远近，自通州至德州，责令郎中陆镛专理；自德州至济宁，责副使陈善专理；自沛县至仪真，责郎中郭升专理。并敕大臣一员，总督其事。从之。

三月丙申（六日），总河侍郎王恕言：淮安南抵仪真、瓜洲湖河堤岸被水冲决者一十五处，其余坍塌者二百余里；仪真三坝冲倒，修理物料俱扬州出办。请于池州、安庆二府支取遗砖，于南京龙江、瓦屑坝二竹木局支取桩木，令南京兵部马快船运送。遂命南京工部查勘定夺。

## 成化十年（1474）

八月辛亥（二十九日），户部会官议覆漕运巡抚等官所言事宜：睢宁县所管运河，北自徐州，南至宿迁二百余里，水多浅涩，宜添设管理河道官一员。其通州、仪真一带管河官，止令专理河道，不许别有差委。从之。

## 成化十一年（1475）

八月辛巳（五日），敕平江伯陈锐、右副都御史李裕、户部左侍郎翁世资、工部左侍郎王诏督漕卒疏浚旧通惠河。先是锐等奏通州至京旧有运河一道，废闸尚存，但年久淤塞损坏，欲照尚书杨鼎奏准事理用工疏浚，以运粮储。至是特令锐等提督漕卒，疏浚壅塞，修闸造船，务求成功。

十月癸未（七日），增设工部管理河道官一员。漕运总兵官平江伯陈锐等奏：比奉诏疏浚通州至京河道，工将就绪，请设官理之，并提督青龙等桥、广源等闸及西山一带泉源。

十二月辛卯（十六日），置仪真县河港三闸。先是工部郎中郭升奏：江南进贡粮运等船至仪真坝，虽夏月潮盛，亦须人力绞挽，方能达河，稍有错失，船即损坏。而里河坝岸恐为潮水冲决，多开缺口，以杀其势，水退复修，为费甚大。仪真县罗泗桥旧有通江河港，上至里河几四里许。潮大之时，内外水势相等，此港可置三闸。潮来先启临江闸，使船随潮而进。俟潮既平，乃启中二闸放之。遂命升会督漕都御史李裕勘议修完，而仪真店户恶其夺己利，贿嘱所司假以走泄水利闭之。至是升复条陈开闸之利、不开之患。从之。

## 成化十二年（1476）

五月壬戌（二十日），漕运总兵官平江伯陈锐等奏：迩者修造通惠河闸成，欲将山东泉源河道并通州等处水关闸座与永通桥圈俱量为疏浚修改，以便漕运。成化帝从其议，下所司知之。

六月丁亥（十六日），浚通惠河成，自都城东大通桥，至张家湾浑河口六十里，兴卒七千人，费城砖二十万，石灰一百五十万斤，闸板桩木四万余，麻、铁、桐油各数万，计浚泉三，增闸四，凡十月而毕，漕舟稍通，都人聚观。是河之源，在元时引昌平县之三泉，俱不深广。今三泉俱有故难引，独引西湖一泉，又仅分其半，而河制窄狭，漕舟首尾相衔，至者仅数十艘而已。无停泊之处，又沙水易淤，雨则涨淤，旱则浅沍，不逾二载，而浅涩如旧，舟不复通。

丙申（二十五日），升山东兖州府通判陈翼为顺天府通判，专理通州以上河道及西山一带泉源。漕运总兵官平江伯陈锐等言翼长于治水，尝疏济宁州永通河，改修耐牢坡等闸，具有成绩，故有是命。

七月丙午（五日），总漕李裕等奏：新开扬州白塔河潮水往来，恐久而淤浅，请将白塔河与瓜洲、仪真诸河皆三年一浚。因江南孟渎河亦多淤浅，请加疏浚，以便漕运。从之。

甲寅（十三日），增设南直隶江都县留潮、通江二闸。

九月丙辰（十六日），漕运总兵官平江伯陈锐奏：通惠河虽已通行，然其间犹有未毕工者，欲再疏浚，使加深阔，拟发江北运粮卫所军约一万名，委都指挥等官督管，于明年二月兴工，请给以廪给口粮食盐。从之。

是年，题准京、通二仓粮运至日，各仓屯基俱听屯放粮米，若小脚歇家指称公用，索取囤基等项财物，及别项求索情弊，许被害人赴总督巡仓等衙门陈告。审实，于本仓门首枷号一个月，满日径送法司问拟，军发边卫充军，民发口外为民，干碍内外官员，奏请定夺。（《通漕类编》卷三）

## 成化十三年（1477）

七月戊子（二十三日），管理河道工部郎中杨恭奏：六月以来，久雨水溢，运河东西两岸冲决甚多，有妨粮运，请遣文武大臣督京营官军修筑。命都督同知陈逵同杨恭率通州、直隶、天津等卫官军三千名、顺天府沿河州县民夫一千名及堤浅人夫合力修筑河堤，以便漕运。

## 成化十四年（1478）

二月丙午（十三日），管河郎中杨恭奏：兖州汶上县至济宁运河堤岸冲决一百一十里，今欲葺理，每夫一名请月支口粮三斗。从之。

三月辛卯（二十九日），太监汪直言：高邮、邵伯、宝应、白马四湖，每遇西北风作，则粮运官民等船多被堤石桩木冲破漂没。请筑重堤于堤之东，积水行舟，以避风浪。从之。

## 成化十五年（1479）

正月戊寅（二十一日），迁河南荥泽县治于北丁铺，以避黄河水患。

十月壬子（三十日），升工部郎中杨恭为通政司右通政，仍管河道。恭管理北河直至济宁一带河道。六年考满，漕运总兵等官奏保升职，仍旧任事。吏部议拟通政司参议，成化帝诏曰：恭既管河勤能，准升右通政。

是年，陈锐于淮河坝改石闸，修造移风、清江、福兴、新庄四闸，包砌塘岸，疏通泉源。

## 成化十六年（1480）

九月，户部会官议漕运及巡抚等官所陈事宜：大名府元城县小滩官军兑粮河道淤浅，宜于元城、馆陶二县增置主簿一员，职专疏浚。

是年，甃吕梁洪二石堤，长七十余丈。筑石坝一百六十五丈。复于坝西筑堤二十余丈。吕梁洪在徐州东南六十里，有上下二洪，相距七里，亦运道要害。（《南河全考》卷上）

## 成化十七年（1481）

是年，陈锐于济宁分水龙王庙，自南距北约十里，各置一闸，以节蓄水利。

是年，河决河南，诏薛远以工部侍郎往塞之。至则集丁夫，分工授任，决口遂塞。

## 成化十八年（1482）

二月己未（二十日），工部以管河右通政杨恭、巡河监察御史赵英会勘漕运总兵官陈锐所奏，欲于临清县南三里开通月河，分减水势，诚为利便。因山东岁荒，不能给夫料，请于陈锐原借工部修路银内支用，民夫于附近无灾县份征发。从之。

八月，久雨，卫、漳、滹沱等河涨溢，运河口岸多决。自清平县至天津卫凡决口八十六处，大蒙等村屯决口凡九处。

## 成化十九年（1483）

九月丁巳（二十七日），户部会官议奏漕运巡抚等官所上事宜：武陟等县沁河，其源出太行山下，流接徐州运河，旧各县无管河官巡视修理，遇夏秋水泛，堤岸多被冲决。请于武陟、新乡、获嘉、原武、阳武、封丘、祥符等县，各增设主簿一员，专巡河道。如议。

## 成化二十年（1484）

十月丁巳（三日），停总理河道通政司右通政杨恭俸三月，以漕河浅涩，运船多过期不至，为户部所参奏也。

十二月戊午（五日），吏部尚书兼华盖殿大学士万安等言：我朝建都于北，上下供用多取给江南，然必借船运，而后可达京师，是运道水利，所系甚重。今沁水冲决堤岸，流入黄河；汶、泗、洸诸泉岁久不浚，亦多壅塞，以致河身浅涩，粮运稽迟，及四方进贡方物等船不便往来。虽工部亦尝奏行两地巡抚巡按管河官员督工修理，但恐仍前泛视，来岁运道不得水利接济，所误非轻。请敕工部重臣一员，选领谙练属员一员，诣彼会抚按、督有司，一一踏勘冲决壅塞之处，修筑疏浚。上命工部侍郎杜谦率其属郎中萧冕、员外郎李浚往董其事。

### 成化二十一年（1485）

正月庚戌（二十七日），诏修河夫月给米人三斗。时遣工部左侍郎杜谦自通州抵淮扬督修，谦以所在民饥，请量给官廪。从之。

七月辛未（二十三日），工部左侍郎杜谦奏：奉敕修浚河南、山东等处运道，沁、卫二水，已经相度缓急，修浚颇有次第。为保障河工经久，请如侍郎王恕总理河道事例，增设工部侍郎一员；沁、卫二河河水经涉地远，遇有旱涝，人夫浚治，无官管摄，请如山东泉源事例，增设主事一员；临清以北至德州俱无管河官，请依临清以南事例，增设管河判官主簿一员。除未增设侍郎外，余皆从之。

### 成化二十三年（1487）

二月庚辰（十日），工部奏称：直沽遮东海口新开沽河例应三年一浚，请派遣巡抚都御史李田等官员依照惯例，征发民夫疏浚河道。从之。

是年，开济宁西河，自耐牢坡至塌场口，长九十里，汶水入焉。改耐牢坡闸名永通。（《北河记》卷三）

## 弘治朝（1488 ~ 1505）

### 弘治元年（1488）

二月辛亥（十七日），修仪真、瓜洲二处坝下河口及淮安府福兴闸。

八月丁巳（二十六日），南京守备太监蒋琮奏：扬州仪真地方罗泗桥旧有通江港，可开闸放船，成化间巡河工部郎中郭升奏浚通河面，置二闸。潮满则开，潮退则闭。船只经过，无复盘费损伤之患。时有奸豪侵占牵路，于沿河水次起盖浮铺，遂以河水易泄为辞，欲隳其成。请依前修浚开放，则奸弊可革，便利可兴。遂命巡抚官会同总兵官从公勘议以闻。

## 弘治二年（1489）

四月丙午（十八日），修滹沱河白马口及近城堤共三千九百余丈。

癸丑（二十五日），河南镇巡等官奏：修筑黄河决堤，财用浩繁。欲将今岁起运各边粮存留三分之一。户部覆议：边储见缺，难准存留。惟折银分数，可随宜量减。

五月庚申（三日），河南守臣奏：河决开封黄沙冈、苏村、野场，至洛里堤、莲池、高门冈、王码头、红船湾六处。又决埽头五处，入沁河，所经郡县多被害，而汴梁尤甚。弘治帝曰：黄河冲决，民居荡析，朕深愍念。其即行巡抚官督所司役五万人修筑，务使河复故道，不为民害，以副朝廷救灾防患之意。

六月庚寅（三日），户科都给事中张九功等以黄河为患，言防水三策：一欲徙居民以避水患，一欲多穿漕渠分杀水势，一欲修筑故基。

九月庚辰（二十五日），改南京兵部侍郎白昂为户部左侍郎，修治河道，赐之敕曰：近闻河南黄河泛溢，自金龙等口分为二股，流经北直隶、山东地方，入于张秋运河，所过闸座间有淹没，堤岸多被冲塌。若不趁时预先整理，明年夏秋大水，必至溃决旁出，有妨漕运，所系匪轻。今以尔曾监督工程，绩效著闻。特改前职，驰驿会同山东、河南、北直隶巡抚、都御史督同三处分巡分守，并知府等官，自上源决口，至于运河一带经行地方，逐一踏看明白，从长计议，修筑疏浚。应改图者从便改图，各照地方，量起军民人夫，乘时兴工，务要随在有益，各为经久，不可虚应故事。仍须禁约所司，毋得指此妄加科派，骚扰地方。凡用工军夫，皆须抚防周备，毋令下人逼迫剥害，违者轻则听尔量加惩治，重则送各该问刑衙门问理。尔为朝廷重臣，受兹委托，尤须昼夜用心，躬亲勤劳，博采众长，相机行事，务使军民不扰，工程易集，斯为尔能。事完之日，尔即回京，仍将修过缘由，并用过工料数目造册奏缴，以凭查考。

十一月庚辰（二十六日），巡按监察御史陈宽等上疏言：黄河之水，自古为患。所以御防之者，亦惟修筑堤岸耳。今幸下流冲决，分为数派，徐图修塞，岂无善策？固不必多穿漕渠，分杀水势，亦不宜辄议迁城，摇动人心。况当饥馑之余，公私匮乏，百尔财力，于何仰给？弘治帝命所司知之，迁城之议遂未施行。

是年，塞金龙口。初徐有贞塞沙湾，犹于开封金龙口筒瓦厢开渠三十里，引黄河水东北入漕河以济运。至是，河复决金龙口，东北趋运河，冲张秋。命户部左侍郎白昂治之。役夫三十五万，遂塞金龙口。（万历《兖州府志》卷二一）

是年，河徙，汴城溢流，自金龙口、黄陵冈，东经曹濮，冲张秋运河。命户部左侍郎白昂治之。役夫三十五万，遂塞金龙口。于荥泽开渠，导河由陈、颍至寿州，达于淮。又筑渠堰于徐兖瀛沧之间，以杀河势。（《北河记》卷三）

是年，河失故道，泛及汴堤，命户部左侍郎白昂、郎中娄性往治之。白昂因与巡按宪臣合议，命凤阳知府章锐、推官李渭、宿州知州万本等，自宿迁至归德，并加疏浚，使浅者以深，隘者以阔，其旁民居田亩，悉筑堤以防。又于符离桥南凿月河一道，长五百丈，阔十丈，深二丈五尺。沿河置减水闸七、浚渠一以防河。凡役工夫三万人，经始于三年之夏五月，至秋八月而毕。（光绪《宿州志》卷三〇）

## 弘治三年（1490）

正月辛巳（二十八日），户部左侍郎白昂奏：臣奉敕修治张秋决河，由淮河相度水势，至于河南中牟等县，见其上源决口水入南岸者十之三，入北岸者十之七。南决者，自中牟县杨桥等处至于祥符县界，折为二支。一经尉氏等县，合颍水下涂山，入于淮。一经通许等县，入涡河，下荆山，入于淮。又一支自归德州，通凤阳之亳县，亦合涡河入于淮。北决者，自原武，经阳武、祥符、封丘、兰阳、仪封、考城诸县，其一支决入金龙等口，至山东曹州等处，冲入张秋运河。去冬水消沙积，决口已淤。因并为一大支，由祥符之翟家口，合沁河，出丁家道口等处，俱下徐州。此河流南北分行之大势也。臣以为合颍、涡二水而入于淮者，其间各有滩碛，水脉颇微，宜疏浚，以杀河势。合沁水而入于徐者，则以河道浅隘，不能容受，方有漂没之虞。况上流金龙等口虽幸暂淤，久将复决。宜于北流所经七县，筑为堤岸，以卫张秋。已与河南巡抚等官议行之。然所司原议，第开山东、河南、北直隶河道，而南直隶徐淮境内实河所经要地，拟议未及，其事尚无所统。下工部议请，复令昂仍会同巡抚等详议修浚事宜以闻。从之。

二月己丑（七日），遣祭大河之神，以户部左侍郎白昂奏欲开浚河道故也。

辛卯（九日），疏浚直沽迤东海口及新开沽一带河道。

十一月癸未（五日），户部左侍郎白昂奏处置河道事宜：请令扬州府管河通判常居瓜洲，总管闸坝，不许回府，营干他事；南北直隶、山东府州县管河官，令其沿河居住，管理河道，不许别有差委；兖州府通判，则令常居南旺分水地方，专管捞浅，并提调各闸；山东布政司劝农参政，则令兼管河道，修理疏浚。从之。

十二月庚戌（三日），总督漕运都御史张伟言：徐州小黄河旧州城西北上通沁水，下接漕渠。宋熙宁间，河决为患，守臣苏轼堤以巨石，镇以黄楼，自是水不为患。近年黄河复决，改流城北，其势汹涌，坏两岸军民居舍及城郭，俱可忧。并会巡按管河等官议疏浚，但上流地属河南，请敕工部移文河南巡抚都御史钱钺等协同勘处，并工修浚，务为经久之计。从之。

## 弘治四年（1491）

漕运总兵官都胜请浚扬州扬子桥湾头河道，发丁夫万余，渠中掘得都巡检汉寿亭侯都统制观察使印四颗。（《南河全考》卷上）

## 弘治五年（1492）

六月己未（二十日），南京户科给事中罗鉴等言：理漕河金沟浅之阻，宜于大河西岸开河避之；南旺湖之阻，宜于孙村西岸开河避之。

八月庚戌（十二日），命工部左侍郎陈政兼都察院右佥都御史，总理河南等处河道。敕曰：朕闻黄河流经河南、山东、南北直隶平旷之地，迁徙不常，为患久矣，近者颇甚。盖旧自开封东南入淮，今故道淤浅，渐徙而北，与沁水合流，势益奔放，河南兰阳、考城，山东曹县、郓城等处俱被淹没，势逼张秋运道。潦水一盛，难保无虞。廷臣屡请修浚，且言事连四省，不相统摄，须得大臣总理，庶克济事。今特命尔带同本部员外郎陶嵩、署员外郎事张谟前去，同各该巡抚、巡按督同布按二司，及直隶府卫掌印并管河官员，自河南上流及山东、直隶一带，直抵运河，躬亲踏勘，计议何处应疏浚，以杀其势；何处应修筑，以防其决，会计桩木等料若干，着落各该军卫有司措办。然后相度事势缓急、工程大小，起请附近军民，相兼在官人夫，趁时用工，务使民患消弭，运道通行，不可虚应故事。然此系国家大计，凡事有相关及敕内该载不尽者，听尔计议停当，便宜而行。文武官职敢有怠慢误事者，轻则量情责罚，重则文职五品以下径自送问，四品以上并方面军职参奏。尔受兹重托，尤当昼夜筹画，勉图成功，仍抚绥下人，使皆乐于趋事，则工易完，而人不怨，斯无负委任。

丙寅（二十八日），惜薪司左司副何鼎奏：通州仓贮粮为一时权宜之计，军士不便于支放，警急不便于防守，请于都城隙地增置仓廒，移通州仓粮于其中。且请修浚大通桥以东石闸、河道，令漕舟直至桥下，以省转挽之劳。户部会议，以为京仓之建固善，但财力不足，未可遽行；河闸之说果便，然后施行。从之。

九月己巳朔（一日），南直隶凤阳府知府章锐应诏言：沛县迤北、临清迤南闸座多被附近无籍小人作弊。有于始建之时通同匠作，将闸底高起，致水搏激。又有阳虽闭蓄，阴实泄放。请敕各处管河郎中、御史等官治理。

十一月庚辰（十三日），山东按察司副使沈钟言：臣提调所属学校，自济南至兖州，第见郊野萧条，场无稼穑，流民扶老携幼，呻吟道路。盖由今岁山东天久不雨，曹濮一带黄河冲决，朝廷遣工部侍郎陈政巡视河决，役夫数万，修筑堤防。臣窃谓堤防不可不修，而民情亦不可不念。今天气渐寒，夫役止月给米三斗。其衣裳单薄，将必有受冻而死者。欲乞暂停工役，俟来春二三月后即并督成之，庶民不深怨，而事亦易集。工部覆议，请仍行侍郎陈政酌量处置。从之。

是年，复决金龙口，溃黄陵冈，再犯张秋。侍郎陈政督夫九万治之，弗绩。（《河防一览》卷五）

## 弘治六年（1493）

二月丁巳（二十二日），升浙江布政司左布政使刘大夏为都察院右副都御史，修治决河。先是，河决张秋戴家庙，遣工部左侍郎陈政总领疏浚修筑之政。未几，陈政卒，管河郎中陈绮请仍遣大臣总其事。遂以命大夏，赐之敕曰：朕闻黄河自宋元以来与淮水合流，由南清河口入海，所经河南、山东、南北直隶之境，迁徙不常，屡为民患。近年汴城东南旧道淤浅，河流北徙，合于沁，水势益奔放，河南之兰阳、考城，山东之曹县、郓城等处俱被淹没，逼近张秋，有妨运道。先命工部侍郎陈政会同各该巡抚按等官设法修理，今几半年，未及即工而政物故，有司以闻。朕念古人治河，只是除民之害。今日治河，乃是恐妨运道，致误国计，其所关系盖非细故。且闻陈政所行多有非宜，故诏有司会举，佥以尔大夏名闻。故特升尔为都察院右副都御史，往理其事。尔至彼，先须案查陈政所行事务，酌量其当否。当者绪续之，否者改正之。会同各该巡抚按都布按三司，及南直隶府州掌印官并管河官，自河南上流及山东、南北直隶河患所在之处，逐一躬亲踏勘，从长计议。何处应疏浚，以杀其势，何处应修筑，以防其决，及会计桩木等料有无，而设法分派军民夫役多寡，趁时起集，必须相度地势，询访人言，务出万全，毋贻后患。然事有缓急，而施行之际，必以当急为先。今已春暮，运艘将至，敕尔即移文总督漕运巡河管河等官，约会自济宁循会通河一带，至于临清相视，见今河水漫散，其于运河有无妨碍？今年漕船往来，有无阻滞？多方设法，必使粮运通行，不至过期，以失岁额。粮运既通，方可溯流寻源，按视地势，商度工用，以施疏塞之方，以为经久之计。必须役不再兴，河流循轨，国计不亏，斯尔之能。此系国家大事，凡敕内该载不尽事理，尔有所见，或人言可采，听尔便宜而行。一应文武职官敢有怠慢误事者，轻则量情责罚，重则文职五品以下径自送问刑衙门问理，四品以上并方面军职参奏。尔受朝廷重托，尤当昼夜筹画，勉图成功。不许苟且粗率，劳民力于无用，靡财用于不赀，以致生他变。仍须抚绥下人，使皆乐于趋事，则工易完，而人不怨，斯无负于委任。

十月戊辰（七日），巡抚河南都御史徐恪奏言，河南府有伊、洛二渠，彰德府有高平、万金二渠，怀庆府有广济渠及方口堰，许州有枣祇河渠，南阳府有召公等渠，汝宁府有桃陂等堰，其他故渠废堰，在在有之。若加浚治，颇有灌溉之利，请敕布政司抚民参政朱瑄专领其事。从之。

甲申（二十三日），增设工部主事一员，管理沽头上中下三闸。先是大理寺左少卿屠勋言：沽头水势最为易涸，曾设主事管理，人以为便。近因革去，往来有势力者不时启闭，民船动淹旬月。工部请仍设主事一员专理。从之。

是年，又决张秋东堤，夺汶水以入海。是时议者谓河不可复，宜复治海运，而朝议弗是也，命都御史刘大夏督治之。时河流湍悍，决口阔九十余丈。大夏行视之曰：是下流未可治，治上流，先导之南行，且筑长堤，以防大名山东之患。候河颇循轨，而后决可塞也。于是发丁夫数万，浚贾鲁旧河四十余里，由曹出徐以杀水。浚孙家渡，开新河七十余里，导使南行，由中牟至颍，以入淮。又浚四府营淤河，由陈留至归德，而分为二：一由符离出宿迁，一由亳涡会于淮。于是沿张秋两岸东西筑台立表，贯索纲，联巨舰，穴而窒之，实以土。至决口去窒沉舰，压以大埽。合且复决，随决随筑，连昼夜不息。决既塞，缭以石堤，隐如长虹。又起河南胙城，经滑、长垣、东明、曹、单诸县，下尽徐州，作长堤，亘三百六十里，即今太行堤也，而漕道复通。役历三时，用军民夫十二万余人，铁一万九千斤有奇，竹木薪刍不可胜计。（《南河全考》卷上）

## 弘治七年（1494）

三月壬子（二十三日），工部言：顷河决张秋，命右副都御史刘大夏往治之。今闻河防修筑未完，自临清至沛县运河俱淤浅，而管河郎中陈绮方在彼督役，恐不能周历诸地。因请遣属官有才力者，协助刘大夏办理工程。从之。

五月甲辰（十七日），命内官监太监李兴、平江伯陈锐往同都御史刘大夏治张秋河决，赐之敕曰：朕惟天下之水，黄河为大；国家之计，漕河为重。即今河决张秋，有妨运道。先命都御史刘大夏往治之，未见成功，兹特命尔等前去总督修理。尔等至彼，会同大夏相与讲究，次第施行，仍会各该巡抚巡按并管河官，自河南上流及山东、直隶河患所经之处，逐一躬亲踏勘，从长计议，何处应疏导以杀其势，何处应修补以防其决，何处应筑塞以制其横溃，何处应深浚以收其泛溢，或多为之委，使水力分散，以泻其大势；或疏塞并举，使挽河入淮，以复其故道。虽然事有缓急，而施行之际，必以当急为先。今河既中决，运渠干浅，京储不继，事莫急焉。尔等必须多方设法，使粮运通行，不致过期，以亏岁额，斯尔之能。然此乃国家大事，或敕内该载不尽事理，尔等有所见闻，听尔便宜而行。其一应合用竹木麻铁等料、应役军民夫匠人力，如原先料派起集不敷，方许量为加添，不可轻信人言，过为科差。还念此时濒河军民方困饥疫，不幸值此大役，甚不聊生。万一功有不成，物为徒费，或生他变，悔之何及？各该司府州卫等衙门委任集办并借用顺带夫料等项，不许推调稽违误事。有应奏闻者，奏来处置。其见用官属非不胜任者，不必改委。所委文武职官敢有误事作弊者，轻则听尔量情责罚，重则文职五品以下拿送问刑衙门问理，四品以上并方面军职参奏究治。尔等受兹重任，必思防以律己，勤以建功，广询博访，事不必专。于一己深谋远虑，计必出于万全，仍禁戢下人，使不敢怙势作威，以凌人招贿。爱惜物用，使不致假公营私，以浪费冒支。所用军夫，尤宜用心扶绥，必使劳逸均平，不至失所。如此则役不徒兴，而大功可成矣。不然则劳民力于无用之地，弃民财于不测之渊，咎将谁归？

丁巳（三十日），太监李兴、平江伯陈锐奏：今兹修筑河防，必须处置财力之所从出，乃可济事。除前已奏准将本部原贮抽分银二百万两运送都御史刘大夏，为修河之用外，凡河南、山东在官钱粮除送运外，其存留者悉听取用。如尚不足，请以浙江、芜湖二抽分厂之银半济之。其山东、河南京班人匠亦听存留应役。修理闸座石坝堤岸所用砖石，请以粮船、民船带运城砖，量留备用。文武职官人等有智识过人可备咨询办理者，悉听径自延访取用。从之。

七月，高邮康济河成。初，南京兵部左侍郎白昂奏：凡高邮湖行船最忌西北风，往来舟楫，多致覆溺。若于砖塘内开复河一道，引水行舟，可免风涛之患。于是巡河监察御史孙衍、管河郎中吴瑞因共挑浚，并置闸堰，筑堤岸，以利牵挽。（嘉庆《扬州府志》卷九）

九月丁酉（十二日），礼科给事中孙儒奏：黄河自国初以来，虽迁徙不常，然其势北高南下。至成化间始南高而北下，以至贻今日之患。今欲治之，莫若先自丁家道口浚其南岸广二三仞，以容狂澜。复浚桃源、宿迁深三四仞，以杀水势。开符离、归德，使其势北高南下。沿张秋而上，以竿测之，于其浅处树木横箔，下石筑土，以拦上流。又恐明年春水泛涨，冲决土坝，先于张秋迤西开旷之处挑浚湖荡，以潴潦水。然后于其决口如先年徐有贞故事，厚筑堤岸，修砌石崖为便。工部覆奏，请下治河太监李兴、平江伯陈锐、都御史刘大夏斟酌施行。从之。

十月甲戌（十九日），山东按察司副使杨茂元奏：张秋之役，官多而责任不专，供亿甚巨，日费百金。臣闻各官初祭河神，天气阴晦，帛不能燃。久之，似焚不焚之处，宛然人面，耳目口鼻皆具，万目咸见，众口骇叹。神示此怪，岂偶然哉？乞取太监李兴、总兵陈锐回京，专任都御史刘大夏，以责其成功。若太监、总兵官不可取回，亦乞将带来匠作人等尽行取回，量留一二名，以备役使。

十二月壬申（十七日），升山东布政司左参政张缙为通政司右通政，提调沙河至德州河道。太监李兴等言：张缙修河有功，今决河已塞，仍须令管理河道。因以命之。

甲戌（十九日），太监李兴、平江伯陈锐、都御史刘大夏以筑塞张秋决口功成奏闻，上遣行人赍羊酒往劳之。以黄陵冈工程未可即已，命工部集议以闻。于是议谓张秋决口虽已塞完，但今天寒土冻，恐来春冻土融化，或雨水泛溢，复有后患。其黄陵冈在张秋上流，亦宜筑塞。但水势汹涌，随筑随决，恐非一时所能成功。请仍留兴等三人，来春量起丁夫，再培筑张秋决口及新旧河岸，务令坚厚，以期永久。其东昌、临清、德州一带河道亦须逐一经理。复讲究黄陵冈事宜可疏可筑，相机而行，必求允当而后已。俟事毕，兴、锐具奏先回，大夏仍会同各巡抚等官用心修理。如贾鲁河、孙家渡口、四府营并马雄家口等处，亦宜再加疏筑，使运道疏通，以为经久之计。议上，弘治帝命安平镇等处河道及南旺湖水利，仍令兴、锐、大夏设法疏筑修浚，功完具奏，待报回京。

弘治八年（1495）

二月己卯（二十五日），河复南流故道。先是都御史刘大夏等言安平镇决口已塞，河下流北入东昌、临清至天津入海，运道已通，然必筑黄陵冈河口，导河上流南下徐淮，庶可为运道久安之计。事下廷臣集议，如大夏等言。大夏等乃以正月十日兴工，筑塞黄陵冈及荆隆等口七处，凡旬有五日而完。盖黄陵冈居安平镇之上流，其广九十余丈。荆隆等口又居黄陵冈之上流，其广四百三十余丈。河流至此，宽漫奔放，皆喉襟要地。诸口既塞，于是上流河势复归兰阳、考城，分流迳徐州、归德、宿迁，南入运河，会淮水东注于海。而大名府之长堤，起河南胙城，历滑县、长垣、东明等处，又历山东曹县，直抵河南虞城县界，凡三百六十里。荆隆口等处新堤起于家店及铜瓦厢、陈桥，抵小宋集，凡一百六十里。其石坝俱培筑坚厚，而溃决之患于是息矣。

四月辛巳（二十八日），先是都御史刘大夏、太监李兴、平江伯陈锐奉命治张秋河决。初至，祭大河之神，时天气阴晦，帛不能燃。山东按察司副使杨茂元闻之，以为神明示此，必有警戒。又闻兴等参随人众饩廪之外，日费银七两。又见同知王珣呈银二千两，不足十日之费，遂上奏，欲取回兴等，专委大夏，以免地方烦扰。弘治帝曰：成大事者不惜小费，兴等皆不取回，惟令工部移文速其成功，仍令兴节省浮费，约束所部，毋生事扰民。兴等因愬茂元所奏皆妄，下巡抚都御史熊翀、巡按御史王槐勘实，帝因茂元不能无罪，刑部因请下御史逮问，上不允，命执送锦衣卫狱。于是刑科都给事中庞泮等并南京十三道皆论救之。狱具，刑部拟茂元赎杖还职。得旨：茂元奏事不实，降二级调别任。

七月丁酉（十七日），内官监太监李兴、平江伯陈锐、都御史刘大夏言：臣等奉命修河，今安平镇黄陵冈、荆隆等决口与大名府等处堤岸俱修筑坚固，贾鲁河孙家渡、四府营、南旺湖及诸处泉源并兖州、东昌一带漕河，俱疏浚通利。

十月丙寅（十七日），内官监太监李兴、平江伯陈锐、都御史刘大夏奏河防粮运各事：一、漕河水利全借山东诸泉，每年夏秋潴蓄南旺等湖，至旱干时以济粮舟。请照先年侍郎白昂奏行事例，禁止豪强军民决堤泄水、阻遏泉源。二、南北运河依靠汶水分流接济，春夏旱干，水源微细，必借各闸积水，以时启闭，庶可行船。请申明列圣诏旨，严禁官员擅自开闸。管河官员责任太轻，事多掣肘，请敕河南管河副史张鼐、带管堤防参政李瓒常加巡视，便宜行事。三、安平镇黄陵冈荆隆口及新筑于家店以下堤防俱用人守视，水涸则积土备用，水涨则随时修筑。若有重大工程，临时调附近丁夫协同修理。四、大名府所筑长堤必须递年增修，庶保经久，请命参政李瓒以所属堤北人户，编定班次，每年农隙之时调发增修。五、济宁迤北南旺开河戴家庙一带，比之他处最要。而安平镇一带土脉疏薄，新筑决口尤须提调官员不时检防。今自济宁直抵通州相去一千八百余里，而天津北上逆水尤难。请命该部仍分其地为三，南北各设工部郎中一员，中间增设通政一员提调。俱从之。

是年，请定江南造船料价期限之例。都御史李蕙、总兵郭铉奏：湖广、江西、浙江、南直隶四总运船，俱军三民七，出料打造。各司府卫所不行依时给领料银，有守至三四月之久，官旗只得加利借银，将船造完，负累益甚。要立领料期限，行令造船卫所差官赍文，限十月以里到各该衙门支领。如过期不到，漕运衙门查提领料人员究问；出料官司，限十一月以里支给，十二月回厂造船，正月船完。如银征解不敷，司府量查在官银两，照数借支，仍立文案，待后补还。若过十一月终不给料价，即将经该误事官员住俸。年终不给，听漕运衙门参行各该巡抚、巡按官提问。庶造船及时，粮运无阻。从之。（《漕船志》卷六）

## 弘治九年（1496）

四月庚子（二十三日），巡按直隶监察御史邓璋言：高邮湖为运河喉襟之地，自杭家闸至张家镇三十余里，其堤面故砖为风涛所啮，屡修辄坏，劳费无算，请易以石。新修康济河西岸亦须预为甃筑，以免冲决。请将河之北闸北迁五里许，则舟行可以尽避湖面之险。从之。

十月戊戌（二十五日），户部奏：河南中牟、兰阳、仪封、考城四县以河决，民田尽没，今年夏税粮宜尽令折布。每匹折麦一石二斗，折米一石，本色布止征银三钱。从之。

## 弘治十年（1497）

十月丙戌（十八日），总督漕运都御史李蕙请于瓜洲新坝至仓坝一坝至四坝港口、仪真钥匙河及歇马亭各建一闸，以便粮运。工部议请于江口总港内各建一闸，潮平之时，下板蓄水，令与坝相平为便。从之。

## 弘治十一年（1498）

七月壬子（十八日），工部管河员外郎谢缉言：黄河一支先自徐州城东小浮桥流入漕河，南抵宿迁地方，水利通行，河无浅阻，往来船只省盘剥之费。今黄河上流于归德州小坝子等处冲决，与黄河别支会流，经宿州、睢宁等处，通由南宿迁小河口流入漕河。其小河口北抵徐州，水流渐细，河道浅阻。又吕梁、徐州二洪全赖沁水接济，其源出自山西沁源县，经河内归德等州县，至徐州小浮桥流出。虽与黄河异源，然近年河、沁之流混合为一，即今黄河自归德南决，恐牵引沁水，俱往南流，则徐吕二洪必致浅阻，为忧滋甚。乞敕工部行直隶并河南巡抚都御史，各委官于归德冲决处所量为筑塞疏浚，遏黄河之水流入徐州，以济漕运。其沁水仍行河南管河官员常加挑浚淤浅，修筑堤防，务使流入徐州，以济徐、吕二洪，不致为黄河牵引别流。如此庶水利深广，漕运通利。工部奏请下所司会勘计议，筑塞挑浚。从之。

八月癸未（二十日），命赈恤河南祥符县民之被河患者。

十二月己未（二十八日），河南按察司管河副使张鼒言：前此奏拟修筑侯家潭口决河，接济徐、吕二洪，以便运道。今自六月以来，河流四溢，堤防尽决，而潭口决啮弥深，比旧广阔数倍，工费浩大，卒难成功。臣尝行视河势，见荆隆口堤内旧河通贾鲁河，由丁家道口下入徐淮，其故迹尚在。若于上源武陟县木栾店别凿一渠，下接荆隆口旧河。倘此后河流南迁，就引入渠，庶沛然之势可以接济二洪，而粮运不致艰阻。工部请移文漕运都御史李蕙议处。从之。

## 弘治十二年（1499）

二月戊申（十八日），镇守淮安漕运总兵都督佥事郭鋐等言：河南按察司副使张鼒奏，欲将荆隆口等处旧河随宜修浚，倘后黄河南迁，就引沁水入渠，庶使徐、吕二洪粮运不致艰阻。又欲停征侯家潭缺口买办桩草等项银两，止将各该军卫有司人夫起请疏浚。缘本官专管河道年久，且才力足以办此，宜即令其督理，待工完量请旌擢。工部覆奏。从之。

七月甲子（六日），刑科右给事中周旋言：南旺湖上游旧有湖数里，足以蓄水。今其堤岸淤涨，又为豪右所据，蓄水无地，湖流干涸，有阻粮运，请遣官查勘开浚。

九月戊午（一日），工部覆奏，刑科给事中周旋所言疏浚南旺湖事，谓管河右通政张缙留心水利，亦已得人，若又差官，不免掣肘。宜令缙自行处置修浚为便。从之。

十月壬子（二十六日），巡按直隶监察御史史戴德奏，修筑泰州运河堤岸三千二百一十二丈，请令所司给役夫工雇之直。从之。

## 弘治十三年（1500）

二月戊戌（十四日），山东兖州府知府龚弘奏：近河南管河副使张鼐见河势南行，奏欲自荆隆口分沁水入贾鲁河，又自归德州迤西王牌口等处分水，亦入贾鲁河，俱令由丁家道口入徐州，以便运道。但今秋以来，水从王牌口等处东行，仍逆流东北至黄陵冈，又自曹县入单县，南连虞城，漂没庐舍人畜，乞行山东、河南守臣会勘二省地土之高下，水势之逆顺。河南地方如黄河水势不从丁家道口入徐州，当听其南行，将归德州等处王牌等决口修筑坚固，不使水往东流。山东地方将大小堤岸俱筑至丁家道口为止，以防漕运。及将兖州府管河通判专在黄陵冈至丁家道口管理堤岸，管泉同知不妨疏浚泉源，兼管河道。事下工部议，以预防水患，接济运河，各官处置略同，然无归一之论，难以遥度。宜行河南、山东巡抚都御史带同管水利官亲诣二省地界相度计处。其管泉同知仍会管泉主事定议管理。从之。

三月乙丑（十一日），四川平茶峒长官司吏目许濙言：都城西山之水流注通州白河，向年浚之，通漕运粮船得至大通桥。请量增坝堰，略高数尺，引水贮满，其旁各为减闸，以泄潦涨。每坝之上置造剥船，每遇粮船到坝，以之递送。并于大通桥南一带建造拓房暂贮，再以小车运入各仓收纳，甚为利便。

十月丙戌（五日），巡按直隶监察御史曹玉奏：徐州并萧、沛、砀、丰诸县皆被河患。盖因贾鲁河丁家道口冲决，散漫东注，不归故道。巡抚河南都御史郑龄虽尝奏请修筑，久未成功。乞遣有干局官一人历河南并直隶被灾之处，阅视水决源流，咨询修筑方略，以为经久之利。命河南、山东巡抚、巡按等官亲历灾所，覆视各决口修筑工程。

是年，河南水决李家、杨家等口，淤塞马水河，河水横流，曹、单被害。时河南议挑马水河身，使下济运河，曹县知县邹鲁陈言修长堤以捍水，兖州知府然其议，具实以闻。明年春，事下巡抚，委参政陈某，修完复决。又委参政杜某因旧堤分命同知李某督夫二万人，给以粮，加修之。两阅月告成，堤高一丈五尺，基三丈五尺，顶一丈二尺，自武家口起，至马良集止，计一百五十里。（康熙《山东通志》卷一六）

是年，高邮诸湖堤久且坏，总督漕运张敷华开凿深沟数道，以缓湖水。宝应地多平隧，公令筑堤，堤成而水至。（李东阳：《都察院左都御史简肃张公神道碑》）

## 弘治十四年（1501）

正月辛未（二十二日），巡抚直隶苏松等处都察院都御史彭礼等奏：镇江府所属运河南抵奔牛坝，北至新港坝。先因河道浅狭，运船俱从孟渎河大江径抵瓜洲。递年起夫四千，往瓜洲坝挑浅。近年运河既通，亦用夫往瓜洲挑浅，民实劳于重役。请令本府人夫止于本处挑浚，瓜洲坝一带运河令江北扬州府属并附近州县人夫捞浅，庶民无重役之劳。从之。

二月乙未（十六日），停革苏松常镇四府导河夫役。初管河工主事姚文灏奏于四府每岁均徭外，令民纳雇役银，以备治水之用，谓之导河夫。其后官吏因之侵刻，民甚病之。至是巡抚都御史彭礼以为言，命革之。

三月辛未（二十三日），修筑安平镇濒河堤岸，从管河通政韩鼎奏也。

是年，以高贯为都水主事。高贯分治三沽诸闸，多所兴革，如厘正萧砀丰沛岁役夫，修昭阳湖堤，汇泉以济漕泗，又修沽头南北堤。三年改户部。（邵宝：《按察司副使高君墓志》）

## 弘治十五年（1502）

是年，凡闸惟进贡鲜品船只，到即开放，其余船只务要待积水而行。若积水未满，或积水虽满，上面船未过闸，或下闸未闭，并不得擅开。若豪强之人逼胁擅开，走泄水利，及闸已开，不依帮次，争先斗殴者，听所在闸官将应问之人，拿送管闸并巡河官处究问。其损坏船只，损失进贡官物，及漂流系官粮米及伤人者，各依律例从重问治。干碍势豪，官员参奏以开。运粮旗军有犯，非人命重情，待候完粮回日提问。其闸内船已过，下闸已闭，积水已满，而闸官夫牌故意不开，勒取客船钱物者，亦治以罪。（《漕船志》卷六）

是年，凡漕运军人，许带土产易换柴盐，每船不得过十石。若多载货物，沿途贸易稽留者，听巡河御史、郎中及洪闸主事盘检入官，并治以罪。（《漕船志》卷六）

是年，凡闸溜夫受雇一人，冒充二人之役者，编充为军，冒一人者枷项示众一月毕，罪遣之。（《漕船志》卷六）

## 弘治十六年（1503）

正月戊寅（十日），工部管理河道郎中商良辅言：北直隶河间、天津等处堤岸水冲决一百四十一处，请量拨人夫，用本府原收折色桩草料银两支买物料，并工修筑。从之。

八月壬戌（二十八日），修通州至仪真一带河道。

十二月辛酉（二十八日），巡抚山东都御史徐源奏：漕河地势济宁最高，必引受汶泗上源以为接济。然上源要处莫如洸河，其口在宁阳县堽城石濑之上。元时于此治闸作堰，遏水入河，我朝因之。至成化间，以土堰岁费桩草丁夫，乃易以石，以为一劳永逸。土堰之利，水小则竭水入洸，水大则严闭闸口，以防壅沙，听水径自坏堰西流。故虽岁一劳民，而洸河自通。自石堰一成，水遂横逆，石堰既坏，民田亦冲。洸河沙塞，虽有闸门，压不能启。汶水不复入洸河。请命大臣一员经画，拆毁石堰，移于上源，仍作土堰，以复旧规。并将洸河壅沙自洸口至济宁百三十里，分工挑浚，堽城迤西春城口子冲决堤岸并工修筑。遂命工部右侍郎李鐩与巡抚并管河等官从公勘议。

## 弘治十七年（1504）

二月乙未（三日），工部覆奏礼科右给事中王缜等所言河道事，谓河道艰涩，有妨粮运，请令漕运管河等官各督所属，修浚自通州至仪真一带运河堤岸。从之。

闰四月庚午（十日），工部右侍郎李鐩会巡抚山东都御史徐源及管理河道等官勘报：堽城石坝湫口七处，水小则从各口顺流。水大则从坝上漫出，一可以阻塌淤沙，不为南旺湖之害。一可以减杀水势，不虑戴村坝之冲，难以拆毁。但今三十余年，约损三分之一，合乘趁时修补。其近坝上下积沙，宜令挑捞。旧堽城坝稍东有元时旧闸一座，比因济宁迤北不通漕道，故置闸坝，开浚洸河，引水直入济宁，南流接济徐吕二处运河。东平州戴村社地方汶水入海故道，永乐间，始横筑一坝，以遏汶水，尽入南旺湖，龙王庙前分流，南接济宁，北达临清，漕河遂通。今据分水龙王庙前起，至济宁天井闸，通计九十里，水共高三丈有奇。缘水性就下，若将洸河浚深，则汶水尽出济宁，南流徐吕，恐济宁迤北直至临清四百余里仍复干涸，必梗漕运。又洸河上截自旧堽城坝口起，至柳泉共九十余里，废弃年久，无益运河，不必挑浚。自柳泉起至济宁，系汶泗诸水会流之处，内四十余里淤塞者半，应合疏通导引二水，专接济宁迤南运河。又春城口子外障汶水，内防民田，委是低薄，走泄水利，淹没禾苗，并戴村坝一道俱系紧关去处，应合修筑。请将堽城、戴村二坝令管泉主事欧阳琼、参政冒政，春城口子令参政崔岩，洸河令佥事袁经分地督理，仍听徐源亲临阅视。遂命徐源并管河通政韩鼎及管泉主事欧阳琼、右参政冒政管理修浚。

五月癸巳（四日），镇守淮安漕运总兵官郭鋐奏：徐州小浮桥一带河道干涸，有妨粮运。盖由曹县河决，上流淤浅所致。乞行疏浚。命河南及直隶巡抚漕运等官查勘处置。

十月壬申（十五日），总督漕运都御史张缙奏：扬州、淮安一带运河七月以后，雨水不通，至今干浅。恐深冬无雪，来年运船必至阻碍。请令所司疏浚，及将清江口筑塞，淮安府仁信等坝修完，以蓄水利。

十一月乙巳（十九日），都察院右副都御史王溯卒。

十二月癸未（二十七日），工部覆议漕运巡抚等官会议事：浙江苏松等处运粮船只俱由夏港口并孟渎河，出江二三百余里，方到瓜洲。其大江中有黄圌等山，风涛险恶。往年粮运皆由常州府奔牛坝直抵镇江府京口闸，不过一百五十余里。近年以来，此河淤浅。请起附近军民夫，并力疏浚。

### 弘治十八年（1505）

正月庚戌（二十四日），管理河道工部郎中张玮奏称：高邮等州县原设石闸石桥涵洞，以时启闭，蓄泄水利。近堤百姓遇水溢则窃自闭塞，水消又窃挖堤岸，请将涵洞筑塞，每五里改砌减水石闸一座，以绝盗决之弊。从之。

三月庚子（十五日），管理河道工部郎中张玮奏：徐吕二洪上流水位下降，运河艰阻，请令河南巡抚、巡按等官筑塞归德州决口。从之。

## 正德朝（1506～1521）

### 正德元年（1506）

二月庚申（十日），命工部修筑卢沟桥堤岸，以去年六月为水冲坏六百余丈故也。

三月丙申（十六日），添设汶上县袁家口寺前铺二石闸，以其地在南旺之南、开河之北，地势高下悬绝，至春末水浅舟胶，漕运阻滞故也。

十二月己巳（二十五日），命户部郎中郝海、工部员外郎毕昭，会同漕运参将梁玺修理通惠河。河起大通桥，迄于张家湾，有闸数座。然地形高下悬绝，蓄水甚难，卒不能通行舟楫。

### 正德二年（1507）

三月辛酉（十八日），添设清江浦新坝闸二座。议者谓春冬淮水退消，清江浦淤浅，外河与里河湖水高下悬隔，设坝盘剥，舟行未便。宜将坝改作内外二闸，以时启闭，节水通舟。从之。

七月，复开白塔河及江口、大桥、潘家、通江四闸。先是，总督漕运都御史洪钟言，苏松运舟由下港口并孟渎河溯大江以达于瓜洲者，远涉二百八十余里，往往覆于风浪。惟孟渎河对江有夹河可抵，白塔河口旧设四闸，经四十里至宜陵镇，再折而北，即抵扬州运河，于舟行甚便，请开浚如旧，至是成。

九月丙午（六日），户部郎中郝海、工部员外郎毕昭应奏修复大通桥至通州河道，及闸十二、坝四十一，凡用银四万五百七十两有奇。议者谓漕粟自张家湾入京，僦车甚费，故欲开河通船，以免陆运之艰。然地形水势高下悬绝，河虽开，而无所济也。

是年，黄河徙入泡河，大水坏民禾稼居舍。（同治《徐州府志》卷一三）

## 正德四年（1509）

九月，河溢皮狐营，决曹县之温家口、冯家口等处，又北徙至仪封县小宋集而决，冲黄陵冈埽坝，溢入贾鲁河，败张家口等处缕水小堤，循运河大堤东南行。而贾鲁河下流淤塞，亦出张家口，合而南注，遂决杨家口，经曹、单二县城下，直趋丰、沛。命工部侍郎李镗治之。（嘉靖《山东通志》卷一八）

十月戊戌（十日），户部覆议总督漕运右副都御史邵宝会同平江伯陈熊等言：黄河迁徙无常，往往冲决漕河，所当深虑，宜访察熟知水利官员，预为堤防，以杜将来之患。

癸卯（十五日），初黄河水势自弘治七年修理后，尚在清河口入淮。十八年北徙三百里，至宿迁县小河口。正德三年，又北徙三百里，至徐州小浮桥。今年六月，又北徙一百二十里，至沛县飞云桥，俱入漕河。因单、丰二县河窄水溢，决黄陵冈、尚家等口，曹、单二县田庐实多淹没。九月又决曹县梁靖等口，直抵单县，人畜死者、房屋冲塌者甚重。围丰县城郭，两岸相对阔有百余里。盖南行故道淤塞，水惟北趋，渐不可遏。诸漕运暨山东镇巡官恐经巨野、阳谷二县故道，则济宁安平运河难保无虞，各陈疏浚修筑之宜。命各该镇巡官公同相视，用心计处，及时修理，务须停当，不许妄费财力。

是年，河东决曹县杨家口，趋沛县之飞云桥入运。工部侍郎崔岩役丁夫四万二千有奇，塞垂成，暴涨溃之。岩以忧去，侍郎李镗代之，四月弗绩，因民众起义而罢。（《西园闻见录》卷八九）

是年，侍郎崔岩于祥符董盆口、宁陵五里铺各开地四十里。按黄河故道引水由凤阳达亳州。又浚孙家渡故道十余里，引水由朱仙镇至寿州，而各入于淮。疏贾鲁旧河四十余里，以杀水势，筑梁靖口下埽以防冲决，会霪雨暴涨，新筑台埽遂荡然无遗矣。（康熙《河南通志》卷九）

是年，河溢皮狐营，决曹县之温家口、冯家口等处，又北徙至仪封县小宋集而决，冲黄陵冈埽坝，溢入贾鲁河，败张家口等处缕水小堤，循运河大堤东南行。而贾鲁河下流淤塞，亦出张家口，合而南注，遂决杨家口，道曹、单二县城下，直趋丰、沛。命官塞之。（嘉靖《山东通志》卷一八）

## 正德五年（1510）

五月庚午（十六日），工部议覆漕运都御史屈直等奏：扬州、淮安一带湖河设有涵洞等沟、减水等闸，以便蓄泄，总为漕河计也。近管河官多不得人，沿河种艺军民，雨多则固闭闸洞，不使泄水，天旱则盗水以资灌溉。请将各闸洞如法筑塞，仍行各管河官自通州直抵扬州，有仍蹈前弊者田入官，受财者永戍边卫。诏准，拟仍命出榜禁约。

六月乙酉（一日），罢浚沽河之役。先是巡抚佥都御史刘聪等建议，令工部委官开浚自沽河抵鸦鸿桥河，以便输运。至是工部言其非便，罢之。

己亥（十五日），工部左侍郎兼右副都御史崔岩奏：顷奉命治河，自祥符县董盆口浚四十余里，荥泽县孙家渡浚十余里，贾鲁河浚八十余里，亳州浚四十余里，及长垣诸县决口修筑已渐有绪。曹县外堤梁靖决口未塞者止四丈，为骤雨崩溃。臣询诸父老，皆云黄河变迁，自有适然之数。若正统间沙湾之决、弘治间黄陵冈之决，为患数年，所费不赀。后上流水势稍缓，方克成功。今河势冲荡益甚，且流入王子河，亦河故道。若非上流多杀水势，决口恐难卒塞。莫若于曹、单、丰、沛沿河处增筑堤防，毋令北徙，庶可防障运道。且乞别命内外大臣知水利者，与臣共议，仍俟秋成之时兴工。正德帝责岩治河无方，仍令与镇巡官详议，务期成功。

八月庚戌（二十七日），命镇远侯顾仕隆充总兵官提督漕运，兼镇守淮安地方。

十月，工部右侍郎李堂上修河事宜，大略谓黄河自河南兰阳、仪封、考城一带，故道淤塞，其流俱入贾鲁河，经黄陵冈至曹县，势甚弥漫，冲梁靖、杨家二堤，决口淹没曹单田亩。请起自大名府地名三春柳，至沛县飞云桥止，筑堤共长三百十里，正以防河北徙，可保运道无虞。虽若一时工役重大，而于久远终为有益。从之。

是年，令漕运衙门以漕运水程日数列为图格，给与各帮官收掌，逐日填注，送部查核。（《明会要》卷五六）

## 正德六年（1511）

二月庚子（十九日），命修河工部右侍郎李堂还京。初河决仪封、考城等县，命工部左侍郎崔岩往治。未毕，镗代之。至是镗奏铜瓦厢等堤岸崩颓，陈桥集等长堤淤浅低薄，俱应增筑。请设副使一人专理。下工部议，以河南灾荒，百姓穷困，宜令镗将紧要堤岸决口及淤塞诸处速为浚筑，其不急者且已之。遂召镗还京，专以副使领之。

五月辛亥（二日），革庆丰、通流等闸新设闸夫及剥船，以工部奏河为沙淤剥运不便也。

八月甲申，刘六、刘七、杨虎等夺官民船，拥众至侯安镇，将攻霸州。命都督白玉充副总兵，领兵驻东安；都指挥王杲充参将，驻通州；都指挥陈勋充参将，驻永清；副总兵张俊往天津，会少卿陈天祥，并力防御。

十一月，户部议奏：近年运船多被焚劫，以致国储亏损，货物踊贵。今其势未可计日平，恐饥馑流移之人又复窃发。宜如前议，遣大臣整理河道，凡有补于漕运者悉听经画。因举都御史陈天祥、漕运都御史张缙，及苏松巡抚张凤可分任。诏东昌以北由陈天祥管理，徐州以南由张缙管理，东昌至沛县由张凤管理。

十二月辛丑（二十五日），以畿内山东百姓纷纷起义，升总理河道都察院右佥都御史张凤为右副都御史，巡抚山东兼治河道。

## 正德七年（1512）

三月，命沿河守巡兵备守备军卫有司，俱听总理河道都御史刘恺节制。

九月，以右都御史刘恺总理河道。恺筑大堤，起魏家湾，亘八十余里，至双堌集。都御史赵璜又堤三十里续之，曹、单以宁。（《明史纪事本末》卷三四）

## 正德八年（1513）

六月戊戌（一日），河决黄陵冈。工部议以黄陵冈界在大名及山东、河南之间，工料夫役各有主掌。彼此事权不一，宜遣重臣一员，专委责成，庶克有济。上命管河都御史刘恺兼理其事，仍协同各处抚巡官议处。

七月，河决曹县以西娘娘庙口、孙家口二处，从曹县城北东行，而曹、单居民被害益甚。（《河防一览》卷五）

九月丁丑（十二日），总理河道右副都御史刘恺奏：河决黄陵冈，率众祭告。越二日，河南徙，山川之效灵，祚我国家如此。工部尚书李鐩因请遣恺祭河伯之神，而恺亦宜奖励。诏赐恺羊酒。恺于修河之役束手无防，乃归功于神。鐩从而献谀，皆可罪。

## 正德十年（1515）

四月癸丑（二十六日），升总理河道右副都御史刘恺为兵部右侍郎，掌通政司事。

六月己未（四日），升巡抚山东右佥都御史赵璜为工部右侍郎兼都察院左佥都御史，总理河道。

壬戌（七日），添设山东兖州府同知，直隶大名府通判，长垣、东明、曹县、城武四县主簿各一员，专管修河。以河决陈家等口为患甚剧，从巡抚山东都御史赵璜等奏也。

丙寅（十一日），以黄河水灾，免山东曹、单、武城三县岁欠备用马匹。

## 正德十一年（1516）

二月甲子（十三日），总理河道工部右侍郎赵璜奏：曹州当山东、河南、北直隶之交，屯营参错，百姓不宁。且河决黄陵冈等处，方议修治，宜留兵备副使吴漳仍旧管事。兵部覆议。从之。

五月庚戌（三十日），致仕太子太保兵部尚书刘大夏卒。

九月辛卯（十三日），黄河决，冲没城武县。

己亥（二十一日），总河赵璜言：黄陵冈旧有昭应河神之祠。自河决梁靖口以来，遂至荡覆无余，祀礼久缺。今治河工成，宜答神贶。乞重造祠宇，令有司以时致祭。其沿河考城、曹、单被灾县分税粮请减免。从之。

十二月戊午（十二日），升应天府府尹龚弘为都察院右副都御史，总理河道，山东抚按官奏黄河徙决非常，恐妨运道故也。

## 正德十二年（1517）

七月壬辰（十八日），大学士梁储等言：今年四五月以后，各处水患非常。凤阳、临淮、天长、五河、盱眙等县军民房屋尽被冲塌，田野禾稼淹没无存，老稚男妇溺死甚众。淮、扬等处为南北襟喉之地，自仪真以北，至于清河，远近一壑，茫无畔岸。房屋坍塌，人畜漂溺，难以数计。淮安新旧城内驾船行走，居民半栖船上。河堤决口，阻攘船只，后帮粮运无计前行。京城内外、顺天、河间、真定、保定等府骤雨连旬，为数十年以来所未有。通州张家湾一带弥望皆水，冲坏粮船，漂流皇木，不知其防。疏入，不省。

是月，总河奏修河事宜：其一，山东、河南管河副使宜于秋冬水汛后，同各守巡官及沿河知府会计一年修河所用物料多少，呈总理衙门核实起派。各官不协力催督者，查考黜罚。其二，东昌、兖州、大名工役颇繁，宜分派山东六府及北直隶所属大名、广平、顺德、真定四府以均劳逸。其堤岸仍令以时修筑，庶不妨农废事。其三，每年修河物料自会计后，宜即分令各府州县领价买纳，庶缓急得用，而侵隐之弊绝。其四，各处夫役，差遣不均，故多有迟误逃亡者，宜令所司通融分派，委官管辖赴工。其有路远，愿出雇直者听，后期不到者罪坐所司。下工部议，山东、北直隶夫役原有定额，难以别议。如遇河患非常，听斟酌奏请量添协济，余如奏。正德帝诏可。

八月，巡按直隶御史吴誾言：长芦、济宁诸处沿河夫役，本以备疏浚修筑之用。及至冬月寒冻，不用其力，乃征桩草银，其法未为不善。但因循既久，实去名存。欲乞今后沿河夫役量留三分听用，冬月仍征桩草。余七分，官收其直。管河副使以时督令所属收买佣工，公私两便。又见通州至天津河道淤塞，夫役逃窜，奸弊多端。盖由其地军民杂处，官无专职所致。请照成化年例，添设顺天府通判一员，以河西务为治所，专治天津一带河道夫役，以安畿甸。从之。

## 正德十四年（1519）

正月乙巳（十日），命工部管河郎中毕济时会山东巡河分守等官，疏浚南旺一带河道。时河道淤垫八十余里，运船滞不得通行。

三月丁未（十四日），修浚运河。先是都御史臧凤奏：近年以来，常州一带河流渐微，高邮诸湖水溢堤决，徐北两岸淹没，南旺上下又复淤浅，漕舟迟阻。请令总理河道并巡抚管河等官及时挑浚修筑。从之。

五月甲辰（十二日），巡按山东御史朱裳奏：城武、单县二城近因河水涨，尽皆淹没，乞相地改迁，工部覆议从之。

十二月，敕工部左侍郎崔岩兼都察院右副都御史修理黄河。

## 正德十五年（1520）

正月丁未（十八日），诏自今沿河军卫有司贮库桩草夫价银，非关河道急务，不得擅用，从管河郎中毕济时请也。

### 正德十六年（1521）

五月乙卯（四日），升总理河道右副都御史龚弘为工部右侍郎。弘言：黄河自正德初变迁不常，日渐北徙，大河之水合成一派，归入黄陵冈。前乃折而南出徐州，以入运河。其黄陵冈原筑三埽，先已决去其二。臣兹拟乘水落补筑一埽，以备冲啮。又虞山陕诸水横发，加以霖潦或决二埽，径趋张秋，复由故道入海。全河之势湍汛奔腾，如建瓴而下，不可复御。臣先尝筑堤一带，起自长垣，由黄陵冈抵山东杨家口，延袤二百余里，广百尺，高十有五尺。今拟于堤后相距十里许再筑一堤，延袤高广并如其数，即河水溢甚，冲越旧堤。流十里而远，性缓势平，可无大决。水落，则仍修旧堤，以为先事之防，斯一劳永逸计也。从之。

六月丙戌（六日），工部都水司郎中杨最言：宝应县氾光湖西南高，东北下，往来粮运等船入湖行三十余里始出。东北堤岸去湖面仅三尺许，每雨潦风急，辄至冲决。请专敕大臣一员，加修内河，仍将旧堤增石积土，以为外堤，是为上防。其次为加桩栅数层，重修旧堤，亦可支持数年。疏上，用其次防。

九月辛亥（三日），工部覆遮洋运粮指挥王瓒奏请命管河郎中及天津兵备副使亲督所司，浚直沽东北新河，以免边关粮饷匮乏。从之。

## 嘉靖朝（1522～1566）

### 嘉靖元年（1522）

正月壬戌（十四日），命主事江珊等督理新河工程。先是，海口淤塞，漕舟从天津出海，复折入梁河，而达蓟州。道远水湍，舟数为败。议者谓直沽东北岸有二道，一曰新开，一曰水套，北接梁河，径四十里，可以疏浚成河，改由北道，无涉海之虑，谓之新河。行之天顺间，民大称便。岁久湮塞，遂命工部委清廉主事一员会官督浚。

二月己亥（二十二日），兵部覆管河郎中毕济时言：临清以北沿河所属半为军屯。今军屯之地，铺舍尽毁，官柳尽伐，堤岸不修，河洪不浚，军民船泊，劫掠为常，皆为武职廉勤者少，而抚按又委以别差；军士缺伍者多，而丁壮率编以他役。请依军政考选例，择廉勤指挥一员，专理河道。南京进贡快船宜遵明诏裁定数目，申明禁例，不许勒抑夫钱，拒闭闸座，阻挠运道。从之。

七月乙巳朔（一日），塞束鹿城西滹沱河决口，筑防城堤，修晋州紫城口堤成。

九月乙卯（十二日），修撰唐皋言：比见运河地势高，其水易涸，河槽挑浚，请以舟运泥至近岸，别令人转运，务去河滩远，则一岁之役，可免数岁劳。又山东泉脉甚众，顷管河官多转委于人，疏导无方，以致泉流散漫，不入于河。请命分司主事亲督其役，如法疏浚，以助漕运。

十一月丙午（四日），户部上言：河道通塞，关系漕运，请预加经理，为来年计。仍申明禁约进鲜等项船只及内外官员，有倚势阻挠者，参奏治罪。命亟如议实行。

十二月乙酉（十三日），户部覆提督漕运总兵官杨洪奏言：今运道淤浅，查得闸河、白河一带各有额派挑浅夫役，官司因循废弛，以致漕舟困于起剥，军吏因而蠹耗。请行总督河道及管理泉闸诸臣，时时临阅，浅处督工疏浚。仍令所在军卫有司验视漕舟，修补破敝，以备后运。从之。

## 嘉靖二年（1523）

三月庚戌（九日），御史向信言：大通桥至张家湾旧有广利等八闸，今宜修复，以纾民陆挽之苦。又济宁至临清，在在有浅，而长沟、靳家口尤甚。宜于两处建闸，以时蓄泄。

五月丁亥（十八日），总理河道侍郎李瓒以天旱水涩，漕舟不通，自劾乞休。不允。

庚寅（二十一日），仪真、江都二县有官塘五区，筑闸蓄水，以溉民田。后豪民规以为业，真、扬之间运道梗阻。命总理河道侍郎及管河郎中相视修筑。

十二月辛丑（五日），裁革湖陵、沽头、金沟、谢沟、新兴、黄家等八闸官吏，量存溜夫，添设长沟浅、靳家口闸。

## 嘉靖三年（1524）

正月戊子（二十三日），把总运粮指挥使刘翱乞挑浚海口新河，以便漕运。从之。

九月己巳（八日），工部尚书赵璜言：河道事重，请复设总理大臣，慎选才望，专任责成。上从之，命吏部推堪任者以闻。于是吏部言抚治郧阳右副都御史章拯可。

十二月壬寅（十二日），总理河道侍郎李瓒言：前年河决安平，故开北河，以杀水势，中间建闸四、浅铺二十，设闸官四员、闸夫二百二十名、浅铺夫二百名。今河归故漕，前项官夫并宜裁省。从之。

## 嘉靖五年（1526）

六月丁卯（十六日），工部郎中陈毓贤言：宝应县汜光湖为粮运必由之路，湖四面甚广，水势弥漫，仅以三尺之堤障之，一旦积雨水发，则横奔冲决。不惟阻粮运，而河堤以东田土俱成巨浸。请于河堤以东修筑月河，以分水势。如工费浩繁，财力有限，则请自淮安而下，自宝应至高邮，建平闸数处，以泄其流。命治河都御史章拯、督漕都御史高友玑办理。

戊寅（二十七日），黄水陷城，迁县治于华山之阳。（同治《徐州府志》卷一三）

是日，徐沛河水溢。

十二月丙子（二十八日），以章拯为工部侍郎兼佥都御史，会官治河。

是年，黄河上流骤溢，东北至沛县庙道口，截运河，注鸡鸣台口，入昭阳湖，汶泗南下之水从而东，而河之出飞云桥者漫而北，泥沙填淤，亘数十里，管河官力浚之，仅通舟楫。（《明会典》卷一九六）

## 嘉靖六年（1527）

三月庚辰（三日），漕运都御史高友玑疏言：徐邳至清河为运道所经要地。顷年以来，黄河泛溢，地方遭患，民不聊生。近日沛县官河流沙壅涨，船只难通。请将小坝至宿迁小河一带，并贾鲁河鸳鸯口、文家集壅塞河段逐一挑浚，则可缓解徐州水患。

六月丙午朔（一日），总理河道侍郎章拯等言：黄河济漕，固为国家之利，至于泛滥，则为地方之患。今欲筑浚分杀，以免民患而济运漕者有二处。一曰孙家渡，在荥泽县北。一曰赵皮寨，在兰阳县北。皆可以引水南流，以杀河势。但此二河通亳州涡河，东入淮。又东至凤阳长淮卫，经寿春王等园寝，为患叵测。惟考之宁陵县北坌河一道，通饮马池至文家集，又经夏邑至宿州符离桥，出宿迁小河口，自赵皮寨至文家集，凡二百余里，其中壅塞者宜大发丁夫浚治。庶水势易杀，而于园寝亦无所患，乃为图说以闻。工部请从拯等议。嘉靖帝然之，命拯等刻期举工。

癸亥（十八日），命建河神祠于沛县。时漕河浚通，议者以为神助，请复其故宇，春秋致祀。工部为请。从之。

九月丙申（二十二日），总理河道工部侍郎章拯考满，再疏自劾治水无效，乞罢。不许。

十月戊午（十四日），御史吴仲言：通州运河元时郭守敬创建，已有明效。先朝漕运名臣平江伯陈锐等亦累以为请。今通流等八闸遗迹尚存，原设官夫具在，因而成之，为力甚易。而权势罔利之家从中挠之，或倡风水之说，或谓绝湾民之利，皆不足信。诚令闸运，岁可省脚价二十余万。又汉唐宋时漕皆从汴渭直达京师，未有贮国储于五十里之外者。今令京军支粮通州，率称不便。而密云诸处皆有间道可通。设敌因乡导，轻骑疾驰，旋日可至。烧毁仓庾，则国储一空，京师坐困，此非细故。因请户、工二部定议修浚，与陆运兼行，径达京仓。遂命侍郎王轨、工部侍郎何诏及御史吴仲等董其事。

十一月乙亥朔（一日），礼部尚书桂萼上疏称：修通惠河不便，请改修三里河。上以其疏下大学士杨一清、张璁拟票。一清言：通惠河因旧闸行转般之法，可以省运军之力，宜断行之，勿为浮言所阻，璁意亦同。帝深以为然。

辛丑（二十七日），总理河道工部右侍郎章拯上疏乞休，诏拯还京。

十二月辛酉（十八日），总督河道都御史盛应期荐苏州府知府陈文沛才堪治河，顷曹濮河道副使王言以病去，文沛可代之。嘉靖帝曰：可令速往视事。

是年，复塞老和尚寺、八里屯、张家庄等处。命官发丁夫数万，于昭阳湖东北起汪家口，南抵留城口，改凿新河，以避黄河冲塞之患。寻以灾异罢役，命官即故道浚之。修筑单县林台至沛县旧城堤百四十余里，以塞入湖之道。又浚赵皮寨孙家渡口，杀上流之势，沛漕复通。（《明会典》卷一九六）

是年，决徐州及曹、单、城武、丰、沛等县杨家口、梁靖口、吴士举等处，冲入鸡鸣台，沛北皆为巨浸。东溢逾漕，入昭阳湖，沙泥聚壅，运道大阻。（《续文献通考》卷八）

是年，漕运都御史高友玑于瓜洲西江嘴置瓜口闸，时监工者不慎，致工人受赂，筑砌不如法。镇人复倡为泄水之说，闸竟不用。（《南河全考》卷上）

## 嘉靖七年（1528）

正月乙酉（十二日），河道都御史盛应期言：沛县迤北河道，地形卑下，泥沙易集，以故累浚累塞。今询之官民，盛称昭阳河东自北进汪家口，南出留城口，约长一百四十余里可改运河，北引运河之水，东引山下之泉，内设蓄水闸，旁设通水门及减水坝，以时节缩。较之挑浚旧河，劳逸远甚，且可为永久之利。计用夫六万五千人，于山东、南北直隶相近府分征调，仍量行雇募，用银二十万两有奇。取之两淮盐价，而以山东官帑所贮佐之。期六月而毕。章下，廷臣杂议，皆言应期议是。上乃命应期及春和督官兴事，且诫各巡抚等官同心协力，共成大功。

正月，凿新漕不成。先是河决曹、单、城武，冲鸡鸣台，沛北皆为巨浸。东溢逾漕，入昭阳湖，沙泥聚壅，运道大阻。刑部尚书胡世宁请于昭阳河左、滕沛鱼台之中地名独山新安社诸处，别开一河，南接留城，北接沙口，阔五六丈，以为运道。至是，河道都御史盛应期上言：宜于昭阳湖左别开新渠，北起姜家口，南至留城一百四十余里，以通漕舟。其说与世宁合。工部尚书童瑞覆议，从之。乃集民夫万人，分标开凿。已而其地居河上流，土皆沙淤，功弗就。应期日夜止宿水次，益卒数万治之。百姓滋怨，言者谓糜财用，劳民力，功必不可成。嘉靖帝怒，夺应期官，归田里，而新渠之议寝焉。以侍郎潘希曾往代，逾年，丰、沛、单三县堤成。自是四十年，无敢言改河者。乃终嘉靖之世，河之入漕为梗者六，其决口在谷亭、孟阳、湖陵、庙道口间，而其害惟庚寅北徙为大。漕之寄于河而受梗者屡见，莫大于辛亥房村之决。大决亦大费，小决亦小费。为漕故，无所惜。特患工之不能久耳。中丞刘天和浚漕河上流，使漫流就下，以济二洪，为利垂十年。辛亥壬子间，复专治徐淮下流，为漕利亦垂十余年。而上流积，渐受淤迫，而纵横冲射，如乙丑之全河逆行，为从来河患所未有。事穷则变，于是有思成公新河之绩者矣。（《全河备考》）

四月丁巳（十六日），总督河道右都御史盛应期言：治河丁夫七万，计工六月，约费米十万余石，乞假留河南、山东二省起运粮米四五万石，就近给工，诏如所请。或米已起兑，许于临清仓内支用，即以修河银解还太仓。

六月乙巳（五日），御史吴仲，郎中何栋、尹嗣忠，都指挥陈璠奉敕开浚通惠河成。仲等疏奏办理事宜：其一，时疏浚以通运道。请行管闸主事坐守闸坝，往来巡视，一遇冲塞，随即挑筑。其二，专委任以责成效。因大通闸河止设主事一员，又兼他务，不无妨废。请令驻扎通州，专理河道，通州添设管河同知或判官一员。其三，改闸座以防水患。言夏秋久雨，西山水发，皆由闸河东流。请于通州西水关外创造石闸一座，将前石坝南移二十余丈；改造石闸一座，平时闭板，水落启泄。

七月庚辰（十一日），总理河道都御史盛应期疏浚昭阳湖东一带新河。工已及半，会旱灾修省。言者多谓新河之开非计，诏罢其役，并罢诸治河官。应期请俟秋深。果旧河通流则已，如仍有阻碍，须终新河之功，为经久利。嘉靖帝不允，遂罢新河之役。

辛卯（二十二日），命工部右侍郎潘希曾兼都察院左佥都御史总理河道。

八月辛丑（二日），都御史潘希曾言：近沛漕沙淤，旋挑旋塞，盖由秋水泛涨，黄河奔冲所致。尝考河流故道非一，其大而要者有三：一为孙家渡经长淮卫趋淮入海，一为赵皮寨经符离桥出宿迁小河入海，一为沛县飞云桥经徐州趋淮入海。孙家渡、赵皮寨乃上流之支河，飞云桥乃下流之支河。弘治以前，三支分流汇于淮，而入于海，故徐沛亡患，漕渠不淤。今上流二支俱就湮塞，全河东下，并归于飞云桥一支。下束徐吕二洪，上遏闸河流水，溢为洪波，茫无畔岸。于是决堤壅沙，大为漕患。今日之计，固当挑浚旧漕以通粮运，加筑堤岸以防冲决，然非疏其上流，秋来水发，沙虽挑而复淤，堤虽筑而复决。近因赵皮寨开浚未通，正在疏孙家渡以杀河势。第恐巡抚事繁，副使力寡，请敕都御史潘埙严督管河副使，调集夫役，选委职官，亟为疏浚，克期成功。功成，听臣阅实具奏。上嘉其议，从之。

庚申（二十一日），提督河道右都御史盛应期引疾乞休，不允。

九月庚午朔（一日），罢总督河道右都御史盛应期、管河郎中柯维熊，俱冠带闲住。盛应期果毅任事，既奏开新河，因谬议纷起，欲急于成功，以杜众口。遂以严急兴怨，功未成而罢。然其所开新河，后三十余年，卒循其遗迹疏之，运道至今蒙利不浅也。

闰十月丁酉（二十九日），河道侍郎潘希曾言：漕渠庙道口以下忽淤数十里者，由决河西来横冲庙道口之上，并掣闸河之水东入昭阳湖，以致闸水不复南流，而沛县飞云桥之水时复北漫故也。今宜于济沛间加筑东堤，以遏入湖之路，更筑西堤以防黄河之冲，则水不散缓，而庙道口可永无淤塞之虞。仍于黄河上流分浚赵皮寨、孙家渡二处。夫二水兼通，则横流以杀，而运道可保无虞。工部覆奏，得旨允行。

是年，漕运都御史唐龙请于三汊河口仪真上游置闸，以尽漕利。（《南河全考》卷上）

## 嘉靖八年（1529）

二月己丑（二十三日），时丰、沛苦河患，而南北往来津挽不绝，民力大困。都御史唐龙建议请仍设夫厂于鱼台之谷亭镇，以分沛县民力，工部覆请。从之。

六月己酉（二十二日），丰、沛、单三县河堤成，增设丰县管堤主簿一员。

十二月辛未（九日），总理河道侍郎潘希曾言：河南仪封县河患已宁，管河主簿宜革。孙家渡口已浚通，请于郑州增设判官一员，专驻其地，以防复淤。工部覆议。从之。

甲戌（十二日），总制河道侍郎潘希曾引疾乞休，且举布政陶谐、副使周忠、陈文沛自代，不允。

乙亥（十三日），工部都水司郎中何栋以修河有功，升通政司右通政，仍管河道。

是年，飞云桥水北徙鱼台谷亭，舟行闸面。（《河漕备考》卷二）

是年，议准淮、徐等五仓收粮部官遇粮船到彼，定与水程，令赍到前路部官处照限查考。（《明会典》卷二七）

## 嘉靖九年（1530）

正月甲辰（十三日），命通政司右通政何栋专理通惠河道。栋先任都水司郎中，修浚通惠河闸工成，升通政。工部言栋治河有成绩，宜专任之，以究其用。故有是命。

五月癸卯（十四日），孙家渡河堤成，命加工部右侍郎潘希曾正二品俸级，总理河道如故。

己酉（二十日），巡按直隶御史傅炯言：北直隶河间十州县及山东东昌诸府濒河之地水势啮决不常，旧田淹没者不为除税，而河壖新垦者辄复起科。是地日益迁，而粮日益重也。请通融勘处，以新田与民补滩地之数，计地征粮，庶免重困。部覆从之。

十一月丙午（二十日），总理河道工部右侍郎兼都御史潘希曾奏：本年六月以来，河决曹县胡村寺东冲开一道，阔三里有余，东南至本县贾家坝入古迹黄河，由归德州丁家道口至徐州小浮桥入运河。胡村寺东北冲开一道，阔一里有余，又分二支，东南支经虞城县至砀山县，合古迹黄河出徐州。东北支经单县长堤，至鱼台县，漫为坡水，傍谷亭入运河。其单、丰、沛三县黄河赖长堤障回。今沙淤平满，民多耕作，不复为沛、曹患。夫黄河由归德至徐入漕者，故道也。永乐间浚开封支河达鱼台入漕者，以济浅也。自弘治以来，黄河改由单、丰出沛之飞云桥，而归德故道始塞，鱼台支河亦塞。然以其出于沛桥，亦可资以济浅。以其逼近沛、曹，又恒有冲决沙淤之患，修浚惟亟。今全河复其故道，则患害已远。支流达于鱼台，则浅涸无虞。此漕运之利国家之福也。诏下所司知之。

是年，境山河忽西徙三百步，乱石绝河，水流湍射，有冒险而下者，十覆三四，远近骇惧，舟戒弗行。潘希曾命穿故河广十步以通水，稍截徙河逼之东，两涯下埽，以渐相属。及两埽逼河流激荡，乃决入故河，奔放冲涤，一夕河广一倍，二三日尽复其旧。功成，命加公尚书俸级，仍总理之。十年，改兵部右侍郎。

是年，黄河自沛北徙，横流金乡、鱼台，出谷亭口，命官浚赵皮寨，抵宁陵故道，及筑睢州张见口至归德州长堤百余里，以御泛涨。寻以河流改迁罢役。（《明会典》卷一九六）

是年，河由单县侯家林决塌场口，冲谷亭。（《两河清汇》卷六）

## 嘉靖十年（1531）

四月辛未（十七日），升山东左布政使李绯为都察院右副都御史，总理河道。

八月壬辰（十一日），沧州南花园漕河淤阻，户科都给事中蔡经等劾奏都御史李绯身任治河之责，既不知先事预防，及当此溃决之时，复不即躬临督理，以致事功难成，阻滞粮运。乞敕谕切责，令其速诣决所，督率有司与各总运官军修治。事竣，仍令据实回奏，并查参各管河官员以闻。从之，命夺绯并管河郎中等官俸有差。

九月己未（九日），沧州筑月河工成。

壬申（二十二日），工科都给事中赵汉条陈河道便宜六事：一、濒河故设铺舍甲夫，使修堤捞浅，宜整饬如旧制。二、各处办纳桩草，多侵克冒费之弊，宜加查核。三、济宁上下河道，皆仰徂徕山等处诸泉及诸沟浍，皆漕河之委，至于汶泗诸河，尤当径理。四、淮、扬之间，故堰交邮诸河为堤，以便舟楫，渐多颓坏，而清江浦为入淮要路，数有淤遏之虞，更议经久之策。五、黄河变迁无常，即横流南出，亦宜防其北徙，请勿废弘治中故堤，时遣习水者相视缓急，预加疏塞，庶有备无患。六、南北管河郎中法当久任，及府州县管河者当居濒河公廨中专理其职，请一切如故事。工部覆奏。从之。

工科都给事中赵汉陈奏：济宁上下河道皆仰徂徕山等处诸泉，宜以时巡视疏筑。至汶泗诸河，尤当经理；淮扬之间故堰高邮诸湖为堤，以便舟楫，顷渐多颓坏，而清江浦为入淮要路，数有淤遏之虞，请加修治。从之。

癸酉（二十三日），巡按直隶御史詹宽劾奏总理河道副都御史李绯称疾杜门，坐视河患，请亟罢黜，以戒人臣怠事者。绯惶恐谢不职，上以绯任职未久，命夺俸三月。

十二月辛卯（十二日），户部员外郎范韶、御史闻人铨各言宝应县氾光湖为岁漕必由之道，而湖阔水汹，患常不测。请开筑越河一道，使舟行河中，以免倾覆之患。并建减水闸五座，浚赴海渠五条，筑堤节流，以防冲决。从之。

## 嘉靖十一年（1532）

二月丙申（十七日），刑科给事中徐俊民疏言：南北咽喉，莫急运道。兹惟巨任，贵在得人。窃见河道都御史李绯漕政不修，一筹莫展，乞更置。嘉靖帝以绯旷职，令闲住。

庚子（二十一日），诏以通惠河脚价银五千两修筑天津迤北一带耍儿渡、黑龙口、桃花口等处决口。

四月癸卯（二十五日），总督漕运都御史刘节奏：黄河旧通淮河口，流沙淤塞，挑浚方完，粮运幸过，不意黄、淮二河伏水涨发，流沙漫入河口，直抵淮安府城西浮桥一带，俱被沙淤。已兴工挑浚，以拯目前之急。更请会议长久之防，或改河口以避奔流，或筑长堤以障巨浸。

五月辛亥（四日），工部覆中军都督府经历司经历赵善鸣奏请浚大通桥至通州运河，增添闸座，多修漕艎，运通州粮入京城，以实根本。修自都城至仪真运河浅涩自良乡及涿州，达保定、河间。真定迤南一带陆路低洼，以保转输。报可。

六月，大水溢，孟津县城圮，民震恐，乃议迁于旧城西二十里圣贤庄。经始于甲午春二月，讫工于夏五月。（康熙《河南通志》卷一四）

八月辛巳（六日），总理河道都御史戴时宗言：黄河水溢鱼台，议者皆欲寻复故道，臣窃以为未然。欲治鱼台之患，必先治所以致患之本。欲治致患之本，必委鱼台为受水之地。河之东北岸与运道为邻，惟西南流一由孙家渡出寿州，一由涡河出怀远，一由赵皮寨出桃源，一由梁靖口出徐州小浮桥。往年四道俱塞，而以全河南奔，故丰、沛、曹、单、鱼台以次受害。今不治其本，而欲急除鱼台之患，恐鱼台之患不在丰、沛，必在曹、单间矣。今丰沛之民才得息肩，而鱼台之地已经残破。不若弃鱼台为受水之渠，因而导之使入昭阳湖，过新开河，出留城、金沟、境山等处，乃易为力。且前四处河口除涡河一支中经凤阳祖陵未敢轻举，其三支河欲乘此鱼台之壅塞，今开封府河夫卷埽填堤，逼使河水分流以杀其上源，则鱼台水势渐减。俟秋水落，工可告成。并前三河共为四路，以分泄之，河流庶可无患。疏入，诏工部会廷臣议之。

十二月甲戌朔（一日），总督河道都御史戴时宗自劾乞罢。不允。

## 嘉靖十二年（1533）

六月癸未（十二日），总理河道都察院右都御史朱裳自陈乞罢。不允。

八月壬申（二日），顺天府香河县郭家庄自开新河一道，长一百七十丈，阔五十一丈有奇，路较旧河近十余里，有司以闻。诏管河诸臣亟为善治，并祭告河神。

十月戊子（十九日），总理河道都御史朱裳条陈治河二事：其一，塞黄河之口以开运道。夫黄河之当杀者有三大支，孙家渡、赵皮寨、梁靖口是也。三支开，则河流可去其七。其三分自梁靖口迤东由鱼台入运河，谓之岔口。冬春水涸之时，计岔口半月可塞。塞则黄河之水不至。其间谷亭镇迤南延袤二百余里，开道壅淤者可以及时疏浚矣。其二，借黄河之水以资运河。夫黄河自谷亭镇转入运河，顺流而南，二日即抵徐州。徐州逆流而北，四日乃抵谷亭，黄河之利莫大于此。但河流有北趋之势，或由鱼台、金乡、济宁漫衍而至安平镇，则运河堤岸为之冲决。或三支之水一有壅淤，则谷亭镇迤南运河亦难保其不冲决也。二者非缮筑堤岸，增其高厚，忧且不细。臣以为塞河口者事奇而险，借河流者事平而易。诏裳会同差出部臣相度处置。

是年，议准湖广粮俱赴蕲州、汉口、城陵矶三处水次交兑。（《明会典》卷二七）

## 嘉靖十三年（1534）

十一月庚寅（二十八日），总督河道都御史刘天和言：黄河自鱼沛入漕河，运舟通利者数十年。而淤塞河道，废坏闸座，阻隔泉流，冲广河身，为害亦大。迩来黄河改冲，一支从虞城、萧、砀等县，下出小浮桥口，而于榆林集、侯家林二河分流入运者俱淤塞，断流不入，利去而害独存。明春粮运已迫，请浚自鲁桥至徐州二百二十里之淤塞，修师家庄至黄家闸之闸座，及行管河郎中、主事疏浚诸泉源，与运河接济。又请征调山东、河南、两直隶四省夫役，及议处工价粮食，限各郡县朝觐官速回任，以充委用。申明运军不许多带货物，以致浅阻。复疏请设沽头闸主事，并各闸官吏、夫役。从之。嘉靖帝以疏通运河系国家急务，天和前后两疏，具见尽忠，遂命其速作督理。一应司府军卫俱听节制，务刻期完工，以图永久。

嘉靖十四年（1535）

二月丙午（十五日），河道都御史刘天和请于曹县梁靖口东行岔河口添筑压口缕水堤，于曹县八里湾起，至单县侯家林止，接筑长堤各一道。从之。

七月癸未（二十四日），御史曾翀奏：漕河自临清而下，汶水与卫水、漳水、淇水合流，北至青县，复合磁滹诸水，经流千里，始达直沽。每遇大雨时行，百川灌河，其势冲决散漫，荡析田庐，漂没粮运。请于瀛渤之上流，如沧州之绝堤、兴济之小埽湾、德州之四女树、景州之泊头镇，各修复减水废闸，引诸水以入于海，则大势分而不为害。报可。

九月庚申（二日），初建西海神祠。礼部尚书夏上疏曰：禁内西海子者即古燕京积水潭也，源出西山神山、一亩、马眼诸泉，绕出瓮山后，汇为七里泺，东入都城，潴为积水潭。南出玉河，入于大通河，转漕亦赖其利，宜特祀。请于北闸口涌玉亭后隙地建祠，以答神贶。诏可。

十二月辛亥（二十五日），总理河道都御史刘天和条议治河事宜。其一，河南原武县王村厂增筑月堤一十里。孙家渡自正统时全河从此徙，弘治时淤塞，随开随淤，卒不能通。今赵皮寨河日渐冲广，若再开渡口，并入涡河。不惟二洪水涩，恐亦有陵寝之虞。当如旧闭塞。其二，兰阳县铜瓦厢月河不必再浚。盖黄河势难与力争，既已趋北，不能复使东注也。其三，于祥符县之磐石口、兰阳县之铜瓦厢、考城县之蔡家口各筑添月堤。黄河之当防者惟北岸为重，且水势湍悍，冲徙不常。其堤岸去河远者间或仅存，而濒河者无不冲决。当择其中去河最远大堤及去河稍远中堤各一道，塌者增修，缺者补完，断绝者接筑，使北岸七八百里间联属高厚，则前勘应筑各堤举在其中，不得另筑矣。但工役甚巨，而时诎民穷，须以渐修举。又奏称：近年黄河入运，仅利济、鱼台，南至徐、沛二百里尔。自鱼台北至济宁及临清五百里间，俱赖汶水诸泉之利。宜大加疏浚，务俾勺水悉入漕河；南旺周遭湖堤已筑成一百余里，堪以积水，其旧设减水闸坝俱宜查复；淮安清河口板闸迤南淤浅河道并工疏浚，筑为堤岸；新庄、清江等闸如济宁闸例，以时启闭。工部以其议为当。从之。

## 嘉靖十五年（1536）

五月己未（五日），总理河道副都御史李如圭条奏治河事务：其一，任才能以举泉政。漕河全赖泉水，顷年泉源淤塞，以致泉流微细，宜专设兖州府同知一员管理。其二，置闸座以均水利。漕河一带闸座，随时增改者多。此盈彼涸，往往称浅。宜仍旧便，此后必相度得宜，乃听改作。其三，砌闸坝以垂永久。漕河闸坝皆土筑善崩，宜采石修砌。其四，治湖陂以裨运道。山东漕河固资泉流，而昭阳、南旺、蜀山、马场、五丈、安山等湖陂俱受水所，可为运河之济。但年久不治，委之无用，甚至湮没为害。或被人侵占，宜积令退出，官为修治。其五，严稽考以革奸弊。河道银两先年散贮各衙门，遂致挪借侵欺，无从查考。宜令所司，专听河道支用。从之。

六月丙午（二十三日），致仕右都御史盛应期卒。

九月壬午（三十日），户部等衙门会议漕运事宜：议将管理通州郎中移驻杨村等处地方，每年当仲春秋杪之际，严督各该夫老人等，遇有淤浅，即酌量工力疏浚。候运船到湾，仍诣通惠河提调。其临清迤南自东昌以至南旺等闸，应添设主事，专管开河等闸。督令各该官夫如法启闭。诏如议行。

十一月丙寅（十四日），升总理河道都察院右副都御史李如圭为兵部右侍郎。

壬申（二十日），升右副都御史于湛以原职总理河道。

闰十二月壬子朔（一日），总督漕运周金言：淮安清河口抵瓜仪四百余里，乃运道咽喉。其座闸止借白马、氾光、高邮、邵伯诸湖津派，皆无源之水。往黄河北徙，或由沛县飞云桥，或由谷亭镇流入漕渠，是以沽头诸闸颇得其济。自嘉靖六年后，河流益南。一支入涡河直下长淮，一支仍由梁靖口出徐州小浮桥，一支由赵皮寨出宿迁小河口。各入清河口，汇由新庄闸入里河。水退沙存，日就淤塞。访诸故老，皆言河自汴来，本浑，而涡、淮、泗清，新庄闸正当二水之口。河淮既合，昔之为沛县害者，今移淮安矣。兴工挑浚，公私劳费，动以万计，臣甚虑之。窃计新庄口南，诸闸一遇水发，必须筑坝。及贡使与势官经过，旋复掘放，恐非长计。请于新庄闸更置一渠，约长五丈，立闸三层，重加防护。水发即三板齐下，贴席封固。虽有渗漏，势亦微细，而挑浚不难。仍戒管河属官毋得营求别差，擅离职业。从之。

## 嘉靖十六年（1537）

七月癸卯（二十六日），命迁河南开封府夏邑县城，以避水患。

十二月癸丑（八日），先是总理河道右副都御史于湛等言：地丘店、界牌口、杨铎铺等水俱入亳州，经涡河，渐近寿春王陵。且居郑家口上流，易成淤塞，无以接济二洪。若挑饮马池原淤河身，地远费多。宜于地丘店、野鸡冈等口上流开凿一河四十余里，由桃源集丁家道口入旧黄河，既可以截涡河之水入河济洪，复可以免逼冲王陵之虞。从之。

是年，题准江西吴城水次原兑粮，改进贤水次交兑。又题准各处粮斛务照原解样米两平交兑，各监兑主事及直隶兼理御史，以后兑粮必令晒扬干洁，不许徒议加增。过淮之日，漕司责令各总查将所属卫所兑过漕粮有无粗恶，甘结投递以专责成，仍严行各该把总及运官查究。旗军沿途不许侵费，买掺糠秕。抵湾起米听本部委官，查有米色粗恶者，即将违犯官旗参呈总督衙门，照单例参送法司，从重问发，仍尽法晒扬，责令换补，该总亦听查究。（《通漕类编》）

## 嘉靖十七年（1538）

二月乙卯（十一日），山东巡抚胡瓒宗奏：青、登、莱三府旧有元时新河一道，南北距海三百余里。原设闸座，故迹犹存。惟马家桥中多顽石，乃元人疏凿未竟者。今已募夫凿通，尚有停口窝浅隘淤塞，请动支官帑开浚，永为民利。从之。

七月丙子（五日），修浚地丘店丁家道口河工完，赏总理河道都御史于湛、巡抚河南都御史易瓒、巡按御史王镐各银币有差，按察司副使张纶等各升俸一级。

乙酉（十四日），先是总理河道右副都御史于湛奏：原设河夫二千三百余名，今黄河南徙，夫役无用，量留五百名备修堤岸。其一千八百名折银贮库，以备河道支用。从之。

是年，漕运都御史周金奏修宝应一带堤岸。时工部郎中涂棣、毕鸾，扬州知府朱怀幹、通判涂相、淮安府同知陈昉协赞成工。（《南河全考》卷上）

## 嘉靖十八年（1539）

正月乙酉（十六日），河道都御史胡缵宗疏言：河南睢州考城县地方新开孙继口、孙禄口各黄河支流，一以分杀上源归睢二处水患，一以灌下流徐吕二洪，以济官漕。议于孙继口至孙禄口另筑长堤，及将考城县马牧集等处修堵决口，务筑高广坚实，密栽榆柳防之。河身既宽，土堤亦实，大水涣发，势能容受，可免冲决散漫之虞。而黄河安流，二洪顺受，运道可无患矣。行之。

三月己巳朔（一日），改胡缵宗巡抚河南，以原任副都御史朱裳总理河道。

五月丙申（二十九日），总理河道都察院右副都御史朱裳卒，赐祭葬如例。

是年，河决野鸡冈，由涡河经亳州入淮，二洪大涸。兵部侍郎王以旂开李景高支河一道，引水出徐济洪，役丁夫七万有奇，八月而成，寻淤。（《河防一览》卷五）

是年，决睢州野鸡冈，由亳入涡河，二洪告涸，漕舟胶阻，命兵部侍郎王以旂同河道、漕运二都御史周金、郭持平筑塞野鸡冈，浚李景口，由萧县以达小浮桥，凡六百余里。于是涡河堙，而河之全力皆入于徐矣。（嘉庆《萧县志》卷三）

## 嘉靖十九年（1540）

九月壬寅（十四日），运粮千户李显疏筑运河三事：一谓扬州南自仪真，北抵淮安，俱借宝应、汜光湖诸水接济。乃湖南北相去三百里，广百二十余里，卒有暴风，漂荡不测。请于汜光湖堤迤东开筑月河，以免水患。其一谓北自淮安，南至瓜、仪，水势上下相去丈许，惟赖瓜、仪二坝关防。先年坝决，水冲河道淤浅，宜令瓜洲陈家湾、仪真新城地方并扬子桥及扬州东关各增一闸。若瓜洲坝冲决，则下陈家湾闸。仪真坝冲决，则下新城闸。如二闸闭水不及，则下扬子桥闸。再不及，则下东水关闸，以留水利。一谓仪真下接扬子桥，大江商舶辐辏，河道壅塞，粮运阻误。成化年间尝令将新城通江旧河疏浚宽广，亦置一坝，河道疏通，官民称便，后废不修。请加修浚，以裨漕政，嘉靖帝命工部议行。

## 嘉靖二十年（1541）

四月甲戌（十八日），总督漕运左都御史周金奏：黄河支流淤塞，徐吕二洪水浅，并镇江等处河道阻滞。请及时挑浚，以济粮运。总理河道右副都御史郭持平、巡抚河南右佥都御史魏有本各奏：黄河迁徙大势自睢州野鸡冈至亳州入淮，其由孙继口并考城县至丁家道口虞城入徐吕二洪者十分之二，此运道所关，非特河南一省之责。即今沙淤四十余里，疏浚之费动计巨万。乞发山东、南北直隶桩草夫役银两数万，于睢州贮库协济。工部议覆从之。已而，户科给事中刘绘奏：黄河大势南徙，其支派细微，以致徐、吕二洪涸浅，有妨运道，乞严责河道官疏浚丁家道口等处及汶济诸泉。工科左给事中沈良才奏：山东泰安州等处计一百七十六泉，旧设管泉主事并同知等官。迩者视为泛常，以致泉源微细。乞行抚按及管泉主事，督率人役，极力浚导。兵科给事中张翼翔奏：黄河南入涡河，经亳州逼近陵寝，乞浚孙继口等处以济漕河，并筑堤防，以止黄河南下。工部覆议，嘉靖帝曰：徐、吕二洪阻浅，非寻常挑浚所能通济，即行漕运河道都御史及抚按督率各官尽心议处以闻。

是月，以漕渠水涸，遣太常官往祭河淮诸神。

五月丁亥（二日），命兵部右侍郎王以旂督理河道。工科都给事中韩威等劾奏总理河道都御史郭持平等修河半载，尚未成功。给事中林庭学复奏持平已报睢州野鸡冈、孙继口挑浚新河工完，徐、吕二洪粮运无阻，而漕运都御史周金等又称桃源、宿迁等处浅涩，徐吕水不盈尺，岁运艰难，各相背戾。上乃降持平等俸，因命兵部右侍郎王以旂往督理。

九月壬子（二十九日），诏复河道都御史郭持平俸及管河郎中郭应奎等原职。先是，持平降俸三级，应奎降职一级。至是河通，特复之，从都御史王以旂言也。

是年，黄河东决于大清口。（万历《淮安府志》卷八）

## 嘉靖二十一年（1542）

二月辛酉（十日），总督漕运都御史王杲、总理河道都御史郭持平奏：睢州野鸡冈原有支河通徐、吕二洪，以资运道。近因黄河冲野鸡冈，流涡河，经亳泗，大势南徙，于是孙继口遂淤，徐吕二洪水微，而泗州祖陵凤阳、白塔、寿春等王坟，水遂归焉。乞筑野鸡冈口，挑浚孙继口、扈运口、李景高口三河，使水势东行，由萧、砀自徐州入运河，以济二洪，庶运道有利，陵寝无虞。

六月，巡按山东监察御史杨本深、赵继本奏：黄河孙继口、李景高口、扈运口俱已疏浚，徐、吕二洪水势通行，粮运无阻。嘉靖帝诏加督治漕河兵部右侍郎王以旂俸一级。总理河道都御史郭持平为工部右侍郎，仍管理河道。升管河郎中郭应奎等七员各一级，员外郎封祖裔等一十五员俸一级，余俱赏赉有差。

九月庚午（二十三日），督理河道都御史王以旂疏陈四事。其一，漕河仰给山东诸泉，贵以时疏浚。近已会同各官清查旧泉一百七十八处，复开新泉三十一处，俱入河济运。但恐一失疏浚，寻即湮塞，主事一员，势难遍历，乞分隶各地方守巡兵备等官兼理其事。其二，徐吕二洪为运道咽喉，山石险峻，非水深数尺，莫能行舟。闻旧曾置闸束水，乞于境山镇二洪下各建石闸，旁留月河，以泄暴水。沙坊等浅由河广漫流，更宜筑四木坝。武家沟、小河口、石城、匙头湾诸浅预置方船，以备捞浚。其三，漕河两岸原有南旺、安山、马场、昭阳四湖，名为水柜，所以汇诸泉，济漕河也。被豪强占种，蓄水不多。而昭阳一湖淤成高地，大非国初设湖初意。乞委官清查，添置闸坝斗门，培筑堤岸，多开沟渠，浚深河底，以复四柜。其四，黄河南徙，旧口俱塞，惟孙继口独存。导河出徐州小浮桥，下徐吕二洪，此济运道之大者。近已兴工挑浚。但黄河变迁无常，难保不复淤塞，乞于本口多开一沟，及时疏浚，庶上流有所受，下流有所泄，而二洪常得接济矣。

是年，凿野鸡冈上流李景高等口支河三，导河东注，以济二洪。（《明会典》卷一九六）

嘉靖二十二年（1543）

二月丙子（二日），工部请加总理河道尚书周用宪职，庶便行事。嘉靖帝以祖宗时治河官原无兼职，未允。

嘉靖二十三年（1544）

十月辛卯（二十六日），工部管河郎中欧阳烈奏：木栾店河口及各堤岸冲决，乞加补塞。卫河自临清抵直沽，止有三减水闸。乞于德州以北增修减水石坝一座，仍于沿河筑拦水月堤，以防河岸，并将天津等卫军补浅夫，审编正副，逐堤编巡修补。从之。

是年，小清河决。

嘉靖二十四年（1545）

十二月甲寅（二十五日），前太子太保兵部尚书刘天和卒，赐祭葬，赠少保，谥庄襄。

是年，河由野鸡冈决而南，至泗州合淮入海，遂溢防城、五河、临淮等县。（《明会典》卷一九六）

嘉靖二十五年（1546）

是年，河决曹县，溢入武城、金乡、鱼台、单县，漂溺甚众。命总理河道都御史会同南北直隶、山东、河南抚按官议筑曹县等处，不果。（《明会典》卷一九六）

## 嘉靖二十六年（1547）

二月甲申（二日），户科给事中陈棐疏陈河道二事：其一，除水患以祛民害。谓大江以北地势平衍，一遇霖潦，辄被淹没。宜仿江南水田之法，督责长吏，时加疏浚，通其沟洫，使田间沟水尽入于河。其二，减河役以苏民困。谓两直隶、山东、河南先年设闸夫、河夫、堡夫，远者征银，近者给役，以供黄河修筑之用。今皆积有盈余，而岁征如故，民实不堪。宜量为减免，待河工兴举，银力不敷，仍旧征派。工部议覆，报可。

七月丙辰（七日），山东曹县河决，城池漂没，人民死者甚众。工科都给事中刘大直劾河道都御史詹瀚等。御史党承赐奏瀚及副使张九叙等堤防失防，诏夺瀚俸。

十月戊辰（二十一日），提督漕运署都督佥事万表奏：海口新河淤浅，请调顺天、永平二府及通州卫所军民夫役挑浚。工部覆奏，从之。

## 嘉靖二十七年（1548）

正月癸未（六日），总理河道都御史詹瀚以河决曹县及金乡、鱼台、定陶、城武等处，奏乞于赵皮寨等处多穿支河，修筑堤岸，以捍水患。诏可。

## 嘉靖二十八年（1549）

正月辛卯（二十日），御史陈其学疏请久任漕河都御史，从之。时韩士英、胡松皆不逾月而罢，故其学云然。

七月辛未（四日），户、兵二部议覆巡仓御史阮鹗疏陈漕运事宜。其一，天津以北河道宜令管河郎中每年三月亲诣浅所疏浚；其二，天津一带河道宜分属巡仓御史管理；其三，河西务起至石土二坝宜刻立水则浅深，其起剥多寡，可坐而定。议入，从之。

## 嘉靖二十九年（1550）

四月丁未（十三日），总督漕运右副都御史龚辉、巡按直隶御史史载德各奏：泗州逼近淮河，地势低下。今黄河水决入淮，下流壅塞，其势必且上溢，为陵寝之忧。乞亟开直河口，以通下流，筑二陈庄、刘家沟二口，以防冲决。仍命钦天监官一员，相度祖陵地脉，择日兴工。工部议覆，报可。

六月癸卯（十日），命总理河道右副都御史何鳌总督漕运兼巡抚凤阳等处。

## 嘉靖三十年（1551）

七月己亥（十三日），漕运都御史应檟奏：先年黄河入海之道疏通无滞，故开清河口，通黄河之流，以济运道。今黄河入海下流，如涧口、安东等处俱涨塞，河流壅而渐高，泄入清河口，泥沙停淤，屡浚屡塞。兹欲使黄河之水不入清河口，须凿涧口以决壅滞，疏支河以杀水势，工力浩繁，未敢轻议。勘得三里沟在淮河下流，黄河未合之上淮水清多浊少，议者未宜闭清河口，开三里沟，至通济桥，使船由三里沟出淮河，达黄河。且道里甚近，工费不多。欲除河患，无以易此。疏下工部议，覆奏从之。

## 嘉靖三十一年（1552）

三月甲午（十二日），改总督河道都察院右副都御为总督漕运，兼巡抚凤阳。

是月，升河南左布政使曾钧为都察院右副都御史总理河道。

十二月己未（十一日），工科右给事中李用敬奏开胶莱新河。其略谓：迩者河道湮塞，深妨国计。闻之胶莱之间有新河一道，在海运旧道之西，乃元人欲开通以避海涛岛屿之险而未成者。先是，山东巡海副使王献悯登莱之民土瘠人稀，生理不足，皆由舟楫不通。尝按元遗迹，凿马壕石底以通淮安商贾，建新河等闸八座以蓄泄水患，导张鲁白现诸湖以济水道。见今淮安之船由淮河直抵麻湾，即新河之南口也。由海仓直抵天津，即新河之北口也。自南口以至北口仅三百三十余里，各有潮水深入，中有九穴湖、大沽河诸流，可引其淤塞未通。宜量加浚者一百五里，宜深加浚者三十余里。元人用工已开其二，今之用工当任其一。此皆彰明可见者，乞选才望官一二员，会同抚按官亟为修举。疏入，工部覆行所在抚按详议具奏。报可。

是年，又决房村至曲头集，凡决四处，淤四十余里，命官浚之。役夫五万余，三阅月而成。（《明会典》卷一九六）

是年，大水，卫河决。工部员外郎周思兼督众筑塞之。（《北河记》卷三）

## 嘉靖三十二年（1553）

二月辛酉（十四日），大学士严嵩、李本言：顷徐邳水患，挑浚几成。一夕水涌旋淤，前功尽弃。其或涌或淤，若有神。使请遣太常官赍香帛往授各巡抚官，祭大河、泰山、沂山金龙庙等神。从之。

甲戌（二十七日），南京兵科给事中贺泾条陈治河事宜：一酌挑浚之法以济新运。谓徐州以上河道湮塞，宜借拨驿递夫役，及山东河南淮扬羡余银两以助河工。一开新河之利以备非常。谓自胶州由新河以达沧州，仅百七十里，中间不通者惟分水岭十五里耳。宜疏凿新河，以省漕运之费。工部请下所司勘处，报可。

闰三月辛酉（十五日），刑部左侍郎兼佥都御史吴鹏、河道都御史曾钧等奏言：黄河自古为患，其治之之术不过疏、浚、塞三法而已。比年淮徐水患，议者谓海口积沙壅淤下流所致。今臣亲历其地，贩鬻之舟往来无滞，乃知积沙之说出自传闻，无容议矣。惟草湾、老黄河口、刘伶台宜挑浚筑塞，使水复故道，不致横溃。三里沟新开河口迎纳泗水清流，可以避黄河之冲垫，宜创建闸座，以时启闭。但工费不赀，乞于常、镇二府粮银数内量给接济。臣又惟黄河西来万余里，汇纳百川，古疏九河以杀之，犹莫能支。今自河南以下全派经徐出清河，汇淮以趋于海而无所分，其流益壮，其势益决，徐、邳一带频年冲溃湮淤之患，皆上源少分杀之故也。宜于徐州上流至河南开封等处地方相度旧道，择其便利者疏浚支河一二处，以分杀水势，为永图之利。疏入，诏如议。惟分杀黄河上流，令鹏、钧会同河南抚按官勘处以闻。

四月，遣侍郎吴鹏来视赵皮寨、孙家渡二支河。（嘉靖《河南通志》卷一四）

七月，河趋东北段家口，则分六股，为大溜沟、小溜沟、秦沟、浊河、胭脂沟、飞云桥，皆由运河至徐入洪。又分一股由砀山坚城集下郭贯楼散五小股，为龙沟、毋河、梁楼沟、杨氏沟、胡店沟，亦从小浮桥入洪。

十二月辛丑（二十九日），漕河工完，诏升总理河道右副都御史曾钧为工部右侍郎兼右佥都御史，视职如故，仍令礼部祭告河神。

## 嘉靖三十三年（1554）

三月丁巳（十七日），议开胶莱新河，遣云南道监察御史何廷钰赍敕视之。

五月戊午（十九日），巡按山西御史宋仪望请疏桑干河，通宣大粮饷。其称桑干河发源于金龙池下瓮城驿古定桥，汇众水东入卢沟桥一千余里。在大同则卜村稍有乱石，在宣府则黑龙湾有石崖颇险。其险与乱石不越四五十里。水浅处亦深二三尺，诚疏凿之，为力甚易。工部谓远河重役，请俟详勘举行。遂报罢。

六月壬申（三日），诏复设管河郎中一员于江南，既而罢之。初漕运侍郎郑晓奏粮船过淮愆期，皆坐镇江以南内河淤阻之故。乞特遣一部臣督帅有司，疏通河道。章下工部，议以为便。从之。吏部因言江南旧有水利郎中一员，兼管镇江运道。后因权轻，不便钤辖，乃以其事专责之巡抚。今复设部官，他日又将以为不便矣。嘉靖帝曰：管河郎中既有前旨裁革，罢勿遣。其经理河道事宜，仍责成巡抚如故。

七月丙午（八日），以久雨，通惠河水溢，命有司修筑闸坝堤岸。

## 嘉靖三十四年（1555）

正月丙辰（二十日），工部尚书吴鹏奏：迩者黄河冲决飞云桥，于是昭阳湖水柜淤为平阜，今与运河无涉。柜外余田四百九十余顷，悉召民佃种，人授田五十亩，每亩征银三分，以备河道之用。日后或于河渠有济，仍退还官。其马场、南旺、安山等三湖水柜不在此例。

二月癸酉（八日），罢开胶莱河议。先是，御史何廷钰请疏浚新河，诏遣廷钰往会山东抚按官勘报。至是言胶莱新河一带系元人已开故道，特因马家壕南北长四里内有石冈难凿而止。前海道副使王献曾鸠工聚财，焚以烈火，凿通此濠。随于分水岭南北河道并力挑浚，设立闸座八处。工已十之三四，寻以本官迁去，工竟未就。即今此濠旧迹犹存。特两岸沙土日久颓下，遂致湮塞，挑浚亦不甚难。至于分水岭，地本高阜，故白河之水至此分流，然度其地势，终不甚峻。今在南者为积沙所湮，水惟北流。若加开浚深广，中间虽有诸石，亦是人力可施。司道诸臣称旧估二百七十余万两，恐必有增减。其委官通判罗士贤等所估亦称一百六十万两，臣虽心计不足，窃欲估如士贤所拟数三分之，岁给一分，年终总挈工费几何，而次岁固可定矣。其通海一节，则中间地势既高，若必使两潮两接，须浚深及八九丈。恐海滨之地，凿下数尺，水泉溢出，人无所置足，势必难成，而所费真不下数百万矣。计惟一意引河，添设上下闸座，疏理各处泉源，随宜因势而为之，虽未免重费，而视凿通两河犹为稍省。第现河之流，不雨即涸。而白河其流亦微，遇夏秋水泛，则二河自合，而沙恒多。其胶河无沙，视现白河源亦稍盛，顾又在分岭以北，不达于南。张鲁河虽无源，而中有泉，亦必从东都泊之地引之，计二十余里，然后可通沽河水，势大而沙尤多。若于吴家口闸之下因小派而引之，可以济南行之水，但恐沙随水走，河益深淤。盖新河原系人力所开，南北俱潮水所入之地。惟其势不甚峻，故水泛不甚冲决，而水因潮逆，则沙虽随水泛，而流亦因水缓而停。必须岁岁挑浚而后可，此司道诸臣所虑。泉源不足者臣意于疏理之时，广加寻引。而于王副使所设八闸如陈村、杨圈已损坏者兴而葺之，其余完存者添而修之。及胶河等处之口亦添设小闸，大约共计大小十三四座。所增既密，启闭以时，自足济用。若犹虑水微闸小，不足恃，则如委官筑坝之说，亦可潴蓄不泄。诸臣乃复虑山水骤发冲激之虞。及出入河海船只搬剥，虑患计费，至此可谓纤悉无遗矣。至于南北两海，臣备查博访，知之颇悉。在北者无风，可以篙行。南自淮安海口，由云梯关至马家濠，风便不过三四日之程。中有莺游山，可以湾避。又沿海崖一路，系行盐地方，少加疏达而行，尤为稳便。且新河南北迂回，计二百四十余里，俱挑深广，为力固难。然不计工费而为之，则亦无不可成者。其所难者，如诸臣之虑，所引泉源恐或未足。岁加挑浚，其费不穷。兼之此时南北兵革未宁，而近日灾伤尤异常时。工役今且暂停。此役一兴，虽假以三年之从容，亦须每岁给以银两五十余万。当此财力诎乏之时，何从出办？又况开河建闸，所费已百万以上之财。而三四次转剥，必须多造船只，费益无所出。东土穷荒，公私俱竭。此河若开，又必循会通河设官编夫体例，方可永久通行，不无愈增亏损，此则又当相时审力而处之者也。乞下工部酌其行止焉。得旨报罢。

丙子（十一日），总督蓟辽保定军务都御史杨博疏请开密云白河以济粮运，于杨庄地方筑塞新口，使白河之故道疏通，与海潮之水合而为一。仍于密云城西修筑泊岸，以防城墉崩塌之患。从之。

十月辛未（十日），改总理河道工部右侍郎兼都察院右佥都御史曾钧为南京刑部右侍郎。

是年，题准天蓟一仓管粮官过该总卫所，领到总督等衙门限票，至日即督官旗及官人等，严限进仓晒扬收受。十日内务要完出通关，若十日后不完，开具所由申部。若系仓官勒索稽迟，即便提问计赃，从重拟罪。若系运官短少米数及有别项情弊，即便指实，参送究问。（《通漕类编》）

## 嘉靖三十五年（1556）

四月戊戌（十日），以孙应奎为右副都御史总理河道。

## 嘉靖三十六年（1557）

九月丙子（二十六日），升陕西左布政使王廷为都察院右副都御史，总理河道。

## 嘉靖三十七年（1558）

是年，河淤新集，趋段家口，析为六支，入运河。又由砀山趋郭贯楼，析为五支，出小浮桥，会徐州洪。（乾隆《曹州府志》卷五）

是年，新集淤，七月忽向东北冲成大河，而新集河由曹县循夏邑丁家道、司家道，出萧县蓟门，由小浮桥入洪。七月淤凡二百五十余里，趋东北段家口，析为六股，曰大溜沟、小溜沟、秦沟、浊河、胭脂沟、飞云桥，俱由运河至徐洪。又分一股，由砀山坚城集下郭贯楼，又析五小股，为龙沟、母河、梁楼沟、杨氏沟、胡店沟，亦由小浮桥会徐洪。河分为

十一流，遂淤。然分多则势弱，势弱则并淤之机也。（《河防一览》卷五）

是年，河北徙，新集淤而为陆二百五十余里，视故道高三丈有奇。河分流弱，离为十一，河南、山东徐邳皆苦之。（《明史纪事本末》卷三四）

## 嘉靖三十八年（1559）

二月甲辰（二日），河南巡抚章焕言：汴城以河为带，其初河从西来，势本东流。数十年间南岸倾颓，北岸淤塞，渐成横溢。宜于翟家口大开河口以杀其势，别挑支河，培筑堤岸，以图永久。请差部臣经略，诏行其议。部臣止勿遣。

十二月乙丑（二十八日），先是，巡抚辽东都御史侯汝谅以辽东大饥，议开山东之登莱、北直隶之天津二海道，转粟入辽阳。部臣以海道迂险，行令覆勘。既而汝谅勘上天津入辽之路，自海口发舟至右屯河通堡，不及二百里，可达辽阳。中间若曹泊店、月沱、桑陀、美女坟、桃花岛，咸可湾泊，各相去不过四五十里，可免风波劫掠之虞。请动支该镇赈济银五千两，造船二百艘，约每舟可容粟一百五十石，委官督发至天津通河等处，招商贩运。户部议覆造船一百艘，与彼中岛船相兼载运，其登莱海道姑勿轻议，以启后患。从之。

## 嘉靖三十九年（1560）

三月壬午（十六日），升南京太仆寺卿林应亮为都察院右副都御史，总理河道。

九月壬辰（二十九日），大同巡抚李文进奏：大同边储缺乏，米价翔贵，乞开桑干河以通运道，自大同县古定桥，至卢沟桥务里村，水运五节，计程七百二十七里，陆运二节，计程八十八里。春秋二运，可得米二万五千余石。日久大通，贸易寖广，公私俱利。又卢沟迤南达天津另造浅船运米百石者改小滩兑运，由天津径达卢沟桥务里村交兑，尤为省便。仍乞仿通惠事例，于务里村、青白口等八处建公廨仓廒，以备拨运堆积。工部议覆，本河不系长河，泛溢则迅激难制，干涸则一苇不通。又多山石阻碍，每议辄止。今抚臣既有成画，当令如议举行。如有窒碍，亦当从实奏罢。嘉靖帝从部议。

十月乙巳（十三日），起服阕总理河道右佥都御史胡植仍总理河道。

## 嘉靖四十年（1561）

四月，命总理河道都察院右佥都御史胡植同院协理。

## 嘉靖四十二年（1563）

甲寅（七日），升总督河道都察院右佥都御史王士翘为右副都御史，提督南京粮储。

乙亥（二十八日），升提督抚治郧阳右佥都御史吴桂芳为右副都御史，总理河道。

九月乙巳（三十日），升总理河道都察院右副都御史吴桂芳为兵部右侍郎兼右佥都御史提督两广军务兼理巡抚。

十月，以李迁为工部右侍郎总理河道。

## 嘉靖四十三年（1564）

二月乙巳（二日），升南京户部右侍郎陈尧为工部右侍郎兼都察院右佥都御史，总理河道。

是年，题准各处征收势豪大户，敢有不行运赴官仓，逼军私兑者，比照不纳秋粮事问拟充军。如掌印管粮官不即申达区处，纵容迟误一百石以上者提问，罚俸一年；二百石以上者提问，降二级；百石以上者，比照罢软事例罢黜。（《国榷》卷五一）

是年，高邮湖堤议用石。河道都御史陈尧谓石取道远，而河势薄，不至啮，多树木，隔以板茭，土实之，费率省半。及万历中卒易以石，费不赀。于堤不足有无，大半实用事者橐。余亲见之。如桩木估用杉，则以堤杨代之。采石不及十一，而赋民输办。凡中户以下阶砌及市廛石块，无得免者。零星凑成，不久即溃。

## 嘉靖四十四年（1565）

五月丁未（十二日），升右侍郎光禄寺卿孙植为都察院右佥都御史，总理河道。

庚戌（十五日），改总理河道工部右侍郎陈尧为刑部右侍郎。

丙辰（二十一日），升右佥都御史孙植为右副都御史总理河道。

七月癸卯（九日），河决沛县等处，运道淤塞百余里。

是月，河尽北徙，决沛之飞云桥，横截逆流，东行逾漕，入昭阳湖，泛滥而东，平地水丈余，散漫徐、邳、沙河，至二洪，浩渺无际，而河变极矣。初漕渠左视昭阳湖，其地沮洳，去河不数十里，识者危之。嘉靖初，盛应期督漕，议凿渠湖左，以避河患，朝廷从之。鸠工未半，为异议所阻，至是漕湮，以吏部侍郎朱衡出督浚凿。衡与佥都御史潘季驯寻应期所开故道，以为运道之利无逾于此，疏请凿之。开新河自南阳达留城百四十一里，浚旧河自留城达境山五十三里，役丁夫九万余，八月而成，而水始南趋秦沟。（《明史纪事本末》卷三四）

是月，河水大淤，全河南绕沛县戚山入秦沟，北绕丰县华山漫入秦沟，接大小溜沟，泛滥入运河，至湖陵城口漫散湖陂，从沙河至二洪。

八月癸未（十九日），改南京刑部尚书朱衡为工部尚书兼都察院右副都御史，总理河道及漕运事务。

辛卯（二十七日），以徐邳河淤，命总理河道尚书朱衡祭告大河东岳等神。

是月，工部尚书朱衡乃请开都御史盛应期原议新河，自南阳至留城；佥都御史潘季驯请接浚留城旧河，并力挑浚八阅月而成。（《河防一览》卷五）

十一月己亥（六日），升大理寺左少卿潘季驯为都察院右佥都御史总理河道。

甲寅（二十一日），升总理河道右佥都御史孙植为南京大理寺卿。

十二月丁卯（四日），升大理寺左少卿王士翘为都察院右佥都御史，总理河道。

是年，郭贯楼淤，遂决华山，出飞云桥，截沛以入昭阳湖。北泛湖陵城、孟阳泊，至谷亭，南溢于徐，命官往治。乃接六年所凿故迹，役夫浚之，为南阳新河。又疏旧河，自留城至境山。又堤马家桥，遏河流之出飞云桥者，使尽归秦沟。鱼、沛横流始绝，唯茶城时有浅阻。（《明会典》卷一九六）

是年，旧河自南越沛县上中下沽头等闸处，今淤平。

是年，黄河水异常，郭贯楼淤平，全河逆行泛滥。自沙河至徐州，全河俱入北股，至曹县棠林集以下，向北分二股。南一股绕沛县戚山、杨家集，入秦沟，至徐北。一股绕丰县华山，向东北，由三教堂，出飞云桥，分十三股，或横截，或逆流汪洋，入运河，至湖陵城口，散漫湖坡达徐。（《南河全考》卷上）

是年，黄河泛徐州，将溜沟以上运河淤凡一百六十余丈，以下淤七十余丈。又自境山至茶城五里许、小闸至沛金沟口一十三里许俱淤。其沛县黄河赤径冲鲁村浅西岸，循谢家庄至上闸上浅，仍东北冲，由三教湾一带一十五里尽淤。乃以朱衡为工部尚书，往治河。衡议开南阳口至留城一带新河，以备运道。又开留城口至白洋浅一带旧河，以接新河。费银四万有奇，粟三万有奇，功犹未就，言官劾奏衡等。乃浚自南阳口至仲家口，俱底绩，可行舟。但三河口至夏村口二十余里微浅涩。是年六月，黄河水发，遂决长堤二百余丈，其所挑旧河与沽头闸数里复淤，百中桥至留城一带新河堤又决百十余丈，及留城至白洋浅运河仍淤，言官复劾奏。（《续文献通考》卷三九）

## 嘉靖四十五年（1566）

二月辛巳（十九日），遣工科右给事中何起鸣往勘河工。时尚书朱衡定计开沂山一带新河，筑堤于吕孟等湖，以防溃决。河道都御史潘季驯独以为新河土浅泉涌，劳费不赀，不如浚留城故道，由是与衡有隙。衡持前疏益坚，身自督工，吏卒不用命者用重法绳之。时浮议籍籍，有谓衡违众自用，故兴难成之役以要功者，有谓衡擅用腰斩截发之刑，致死万余人者。给事中郑钦信之，上疏言状。工部覆：非常之功，怨谤易起，请遣官勘视，问新河与旧河孰便，然后议衡功罪，报可。

三月己未（二十八日），诏开新河。工科右给事中何起鸣奉诏至沛县，勘河工还，上言旧河之难复。新河内多旧堤高埠，黄水难侵，开凿之费视旧河为省，且可远将来溃决之患。故尚书朱衡任其必可开，开成运道必利。夫天下之事，势穷则变，变则通。沛县河患至此极矣，往时旧河淤塞未深，都御史盛应期开新河垂成而废，至今惜之。今黄水异常，伏漕无日，尚可溺于人情，安土而不为通变之谋哉？故臣断以为开新河便宜。如衡言开新河而不全弃旧河，宜如季驯言。上意乃决，诏勒限开新河，仍不得借口速成，苟且完事。

六月癸酉（十四日），河决马家桥等处新堤。总理河道尚书朱衡、都御史潘季驯以闻。工部议覆请，令衡等亟为经理，仍及水盛之时亲诣黄河上流督率有司视某处故道可复，某处新河可开，悉心治理，以弭后患。从之。

七月戊午（二十九日），始通天津海运，转漕永平诸军。永平自庚戌边患后，燕河石门二路，所增主客兵饷岁计三十万石有余，而该郡土瘠，岁收不给。该郡有青、滦二河，青河，为工巨，不可开。滦河自永平西门外经流一百五十四里，至纪各庄入海。自纪各庄至天津卫四百二十六里，悉并岸行舟，中间开洋仅一百二十里，沿途有建河、粮河、小沽、大沽，河流遇风，可以引避。宜于纪各庄修建仓廒，自天津漕粟于此，卸囤转载小舟，由滦河达之永平永丰仓，力半功倍，可为左辅永利，部覆报可。自是每岁通漕，省国帑十二，滦东诸邑渐称饶阜云。

九月庚戌（二十三日），新河工成，工科都给事中王元春以新河未通，劾奏总理河道工部尚书朱衡幸功欲速，无为国计长久，意宜罢黜，因请访求元人海运故道。初衡议开新河自南阳至留城，凡一百九十四里有奇，八月间工垂成矣，只余十余里未通。值黄河暴涨，堤岸有溃决者，于是朝议纷纷，谓新河必不可成。元春及给事中何起鸣、御史黄襄等咸请亟罢衡。起鸣初主新河之议者，至是亦自变其说。疏俱下部覆，而衡与河道都御史潘季驯以新河工告成言。大帮运由境山进河，过薛河，至南阳出口，随处河水通满，堤岸坦平，并无阂阻。于是群嚣寂然。吏、工二部乃覆诸臣疏，谓河工既有成绩，衡宜留用。令会同季驯悉心料理以图永久。从之。

十一月壬午（二十六日），总理河道都御史潘季驯以忧去。吏部言：治河尚书朱衡心计精明，足当大任。今河业已有绪，宜即以河道事使衡兼之。待其迁转之日，仍旧复设河道都御史。报可。

是年，黄河复决沛县飞云桥二三等铺，东流冲运河，亦由湖陵城口入湖坡，平地水盈丈许，上下百里漕渠无迹。九月马家桥堤成，障水使之南趋秦沟。冬，沛县水断流。（《续文献通考》卷八）

是年，时河尽北徙，决沛之飞云桥，横截逆流，东行逾漕，入昭阳湖，泛滥而东，平地水丈余散漫徐州，从沙河至二洪，浩渺无际，而河变极矣。（《明史纪事本末》卷三四）

## 隆庆朝（1567 ～ 1572）

### 隆庆元年（1567）

正月辛未（十五日），吏科给事中何起鸣请复国初之旧，于南直隶、浙江、杭、嘉、湖添差御史一员，给之敕书，令其专理漕运。其济宁以南河道旧属两淮巡盐御史带管者，并以委之。盐兑时则巡历淮安以南，水盛时则巡历徐州以北。此河道漕运可兼摄而并举者也。从之。

五月己未（五日），河工成。先是黄河决新集庞家屯等处，泛滥徐沛间，故道沮洳，不可复浚。尚书朱衡议从南阳以南，东至夏村，及东南至留城，凡一百四十一里，故都御史盛应期所凿河形在焉。又其地高阜，黄河即至昭阳湖，不能复东。乃凿旧渠，因深广之。引鲇鱼诸泉、薛沙诸河注其中，坝三河口，疏旧河，筑马家桥堤，遏河之出飞云桥者，使尽入秦沟。自留城至赤龙潭又五十三里，凡为闸八，减水闸二十。为坝十有二，为堤三万五千二百八十丈有奇，石堤三十里。已而凿黄家口，导薛河入赤山湖。凿黄甫，导沙河入独山湖。凡为支河八，旱则资以济漕，潦则泄之昭阳湖。由是运道遂通。

癸亥（九日），总河尚书朱衡言：河工告成，宜分官督理黄河，上自曹县，直抵丰县堤界新河，自南阳起，至宋家口，可属之山东驿传道。自宋家口而南及黄河自丰县堤界而南，可属之徐州兵备道。其预防黄河缮理新河事宜，皆听计画，合用夫力，黄河得调闸溜浅夫，新河得调曹、单等县堤夫，互相协助。其扣贮山东漕河徭夫工食，及河道银两，有事许呈请支费。诸管河官员悉听二道委用。又请于曹县上下筑缕水坝，修埽台，以防秋水冲决之患。其工费于两淮工本银及山东河南料价支给。皆从之。

是日，诏运船过临清免其带砖，以漕军重困也。

甲子（十日），总理河道尚书朱衡条议新河应举事宜：其一，改移官夫议。以旧河谢沟等八闸官夫改拨新河留城、马家桥、满家桥、夏村、宋家口、杨庄、西柳庄、西马家口八闸应役。其沛县宋家口北入山东界，中宜割属济宁主事。滕县西柳庄南入直隶界，中宜割属沽头主事，各提调兑管以便约束。其二，建设堤夫议。以新河南自留城至佃户屯北，自南阳至新庄桥，新筑堤岸及三河口坝堰，俱建铺设夫，会防修理。即以旧河堤夫充役。其三，查复浅夫议。以三河口及留城以南至梁山皆有沙浅，其浅夫除防守堤坝外，俱应留用。仍如南旺事例，三年两挑，与南河徭夫并力开浚。一改移驿递议。移沛县泗亭驿递运所于三河口，山东河桥驿谷亭递运所于南阳，沛县夫厂于河口，令丰、萧等县协济如故。其四，分定职掌议。自宋家口以南至白洋浅，属南河郎中督理。自宋家口以北属北河郎中督理。各州县掌印管河等官悉听察举。其沽头分司移建夏村，徐州、沛县、鱼台管河官移驻濒河，以便巡视。其五，申明漕防议令。徐、淮、临、德管仓主事，严限催督运船，查革私载迁延、希图寄囤等弊。其六，蠲免税粮议。新河独山等处水占地土，免其租税，及南阳一带积水之地，立法潴水，以济运道。皆从之。

癸未（二十九日），修理普济闸，以河水冲溢也。

六月乙酉（二日），新河鲇鱼口等处山水暴决，漂没运船数百只，人民溺死无算。

乙未（十二日），修理河西务马营道口等处堤岸，以水灾冲决也。

丙申（十三日），叙治河功，加工部尚书朱衡太子少保，仍升俸一级，升都察院右佥都御史。潘季驯为右副都御史。礼科都给事中何起鸣候四品京堂缺推用。

丙午（二十三日），御史刘翾奏：北直隶武清县等处、山东汶上县等处水灾异常，坏漕河堤岸桥闸及民间庐舍田禾甚众，请下抚按官查勘蠲赈，章下所司。

十月，总河尚书朱衡请于东邵开支河三道，以泄河流。又于东邵之上别开支河，历东仓桥，以达百中桥，凿豸里浦诸处为渠，使水入赤山湖。由之以归吕孟湖，下景山而去，至沙河水，筑坝于支河之下，令水由此以出鲇鱼泉，而于泉之对河开塘筑堤，以纳其流，而杀其势。

十一月丁卯（十六日），升刑部浙江司郎中方良曙为河南按察使副使治河。

## 隆庆二年（1568）

六月乙酉（七日），总理河道漕运工部尚书兼都察院右副都御史朱衡以疾乞休，不允。

九月己巳（二十三日），命总河尚书朱衡回部。

庚午（二十四日），起服阕都察院右副都御史翁大立以原职总理河道。

十月庚辰（五日），总河尚书朱衡奏言：黄甫、东邵、宋家口、王家口至豸里沟，续挑支河四处，皆系纳粮民地，乞行履亩除豁，或将昭阳湖官地及淤平旧渠偿之，人夫量免杂差一年。又近河州县劳役三载，如山东之济宁、滕、峄、鱼台、滋阳、邹、平阴、巨野，宜分派静、德等州阔布，东平等州存留米一二年，而南直隶之徐、邳、沛三州县，亦宜宽惜。部覆从之。

癸巳（十八日），巡按浙江监察御史蒙诏条议四事：其一，河工既成，请悉按民田受患者，独山以南，自湖陵城至回回墓，薛河新改支河，自王家口至吕孟湖，宜设法开导，使水有所归，不重为民害。河坝堰功绪初成，当倍加葺浚，预为久远之谋。其二，宝应湖风涛叵测，往往有沉覆之虞，宜如高邮、康济河故事，别凿一河，以近堤民田为之。使之计亩受值，免其征税。其三，高邮康济河故有木匣涵洞，相旱涝为启闭之节。今岁久浸废，加之节年大水冲啮，内外堤仅如一线。宜及其未败，以次经理。其四，徐、吕二洪相距二舍，事务可以兼摄。宜罢徐州部，使令吕梁分司总之，且汰各闸官夫之虚设者。工部覆奏，诏如议行。已而，工科都给事中孙枝言，比来江淮诸郡萧然烦费，不任兴作。即欲如诏议开宝应越河，以避险阻，亦当俟国用少裕，徐为之图。隆庆帝是之。

戊戌（二十三日），诏以两淮运司挑河银三千两发徐、吕二洪，协济河夫之费，从总理屯盐都御史庞尚鹏奏也。

隆庆三年（1569）

二月庚子（二十六日），总河都御史翁大立奏言：国家张官置吏，为治河计至详密矣。然往往能收临患焦烂之功，而未有先事徙薪之防，以惩怠击惰之法大疏也。稽之律令，凡失时不修堤防者，罪止笞杖，是以当事者率漫然视之。请自今更令堤防不效者，府佐及州县正官俱以差降级，并管河副使与职专守巡者俱治罪。工部覆行其言，因陈漕渠视黄河以为通塞，黄河变迁自古不常，乞并敕大立及时疏浚下流，建筑遥堤以备之。报可。

三月戊辰（二十四日），裁革山东利建、鲁桥、枣林、新闸、师家庄各闸官一员，及各处闸夫、溜夫、泉坝夫、浅铺夫、停役夫，共六千余名。时新渠既成，都御史翁大立乃建议请裁冗费以便民。

四月丁丑（四日），总河翁大立言，新河之成，胜于旧河者其利有五。地形稍仰，黄水南冲，一也。津泉安流，无事堤防，二也。旧河陡峻，今皆无之，三也。泉地既虚，黍稷可艺，四也。舟楫利涉，不烦牵挽，五也。

七月壬午（十一日），河决沛县，自考城、虞城、曹、单、丰、沛抵徐，俱罹其害，漂没田庐不可胜数，漕舟二千余皆阻邳州不得进。总理河道都御史翁大立以闻，工部尚书朱衡覆奏：茶城淤塞，宜俟水退乃可疏浚，独徐、沛灾民流移困苦，宜令户部亟议赈济，以安人心。户部覆如衡言，请以淮扬商税及抚按赃赎备赈仓粮赈防贫民，仍敕河道诸臣设法疏浚支渠，或置船盘剥，勿令漕舟阻滞。隆庆帝是之。

八月丁巳（十六日），总理河道都御史翁大立请发河南、山东、淮扬河夫桩草银一万两，预籴粟麦，贮之仓庾，以备明年河工及赈济之用。从之。

九月癸酉（三日），总河翁大立言：臣按行徐州，循子房山，过梁山，至于境山，入地浜沟，直趋马家桥，上下八十里间，可别开一河以漕，其利有十：自秦沟浊河至徐州洪，诸狂澜激湍，远不相涉，一也。依山为堤，虽有洪涛，必不泛滥，二也。漕舟循堤而上，牵挽不难，三也。无茶城淤浅之患，省盘剥之费，四也。由马家桥至境山四十里，由境山至徐州洪四十五里，视旧河为近，驿递夫价并可减省，五也。驿路改从新堤，往来径捷，六也。徐州募夫，可并吕梁二洪，徭夫可遂裁革，七也。计沛县六铺，至境山筑堤百里，当用银十三万有奇。今开新河，则长堤可缓，费益大省，八也。籴谷贮食，假工役以济饥民，兼节财赈荒之术，九也。弃旧河以为水壑，即河决谷亭、沛县，从鸿沟以泄，径从小浮桥下徐洪，运道无梗，十也。顾其难亦有三：地浜沟当筑大坝，接黑龙潭堤，至杨山坝，西当别开一道，至旧河，绕出茶城。及开渠建闸，费皆不赀，此其难在工费。岁属大饥，而徭夫工食往往不继，待哺之民，怨讟易生，此其难在工食。役夫二万，仍听番休，而钱粮不益，淹以岁月，必招谤议，此其难在工程。犯此三难，以兴十利，臣固未易办也。惟上速集廷臣议之。章下工部，以大立议为便，请行抚按及巡盐官相度地形，并议钱粮夫役以请。从之。

丙子（六日），山东莒州、沂州、郯城等处水溢，从直河出邳州，人民溺死无算。河道都御史翁大立以闻。都给事中严用和言淮安、徐邳皆输粮咽喉，壅淤溃决，运道为梗，关国计不细，疏浚修筑之务，不可不亟。宜令赵孔昭及翁大立协心共济，不得废事失时。工部覆，如用和议，且言淮安湖陂故有大堤。往时商人决以逃税，故多水患，宜及今修筑。今河决草湾，北合盐河，至海州入海。亦可疏浚，以杀水势。并行二臣防勘兴工。从之。时淮水涨溢，自清河县至通济闸及淮安府城西，淤者三十余里，决方、信二坝出海，平地水深丈余，宝应湖堤往往崩坏。

十二月丙辰（十八日），时淮河自板闸至西湖嘴开浚垂成，而里口等处复塞。总督漕运侍郎赵孔昭以工费不给，请议处钱粮。因言清江一带黄河五十里，宜筑堰以防河溢，淮河高家涧一带七十余里，宜筑堰以防淮涨。工部覆，请以钱粮事下孔昭及河道都御史翁大立，通融借助。其里口等处，亟行开浚，以筑堰事宜及海口筑塞宝应越河二事，均酌议举行。从之。

庚申（二十二日），以洪水为患，命总河翁大立祭大河大济之神，巡抚凤阳侍郎赵孔昭祭大江大淮之神。

乙丑（二十七日），总理河道都御史翁大立言：治河之役，宜以调拨夫役，收发桩草属部臣，计处钱粮，追征工食，属兵备。令画地责成，则河工可计日而就。于是工部覆议，以仪真至扬州淤浅，高邮一带湖堤剥蚀，属淮扬兵备，会同南河郎中、仪真主事经理。以通济闸内外清江浦上下淤浅，属淮扬徐州二兵备，会同南河郎中、清江厂主事经理。以庐、凤二府协济桩草钱粮、役夫工食，及宝应湖堤、泗洲等处堤岸，属颍州兵备，会同南河郎中经理。以大淮两岸沙嘴、清河县东西河堤、鱼沟河以下，属徐州兵备，会同南河郎中经理。以邳州沂、武二河与干河口淤塞房村及境山黑龙潭堤，属徐州兵备，会同南河郎中管洪主事经理。以沛县三铺、四铺大堤，丰县缕水堤接华山，塞飞云桥故道，及薛河下流，属徐州兵备，会同夏镇主事经理。以临清莱市口、尖冢集、白庙儿等处堤岸，属临清兵备，会同北河郎中砖厂员外郎经理。以内黄、南乐二县正河淤塞，及小滩上下胶浅、黄庐河、乙家河，属大名兵备，会同北河郎中经理。以吴桥县冲决朱官屯，交河县冲决徐家码头等处，青县冲决盘古口等处，与沧景二州、南皮及静海二县，及天津卫堤，属天津兵备，会同北河郎中经理。以蒙村蔡村要儿渡等处堤岸、河西务上下淤浅，属霸州兵备，会同通州郎中经理。皆从之。

是年，黄河及南直隶、山东、河南俱大涨，秋复海啸，徐邳丰沛一望无际，尚书朱衡开回回墓河，上通昭阳湖、湖陵城河口，以泄坡水凡二千六百余丈。河道都御史翁大立奏开鸿沟废渠，自昭阳湖中以达鸿沟，自鸿沟以达李家口，自李家口以达回回墓，而东出留城闸，河计长六十余里，垦民田数千顷，历三个月告成，滕沛利之。（《南河全考》卷上）

## 隆庆四年（1570）

二月癸亥（二十五日），总理河道都御史翁大立言：挑浚运河，请发运司余盐银二万两。工部覆称余盐银系供边之需，宜量发五千两，不足，则于淮安、扬州二府商税及河夫桩草存留赃罚内动支。诏可。

四月乙巳（八日），以兵科都给事中温纯言，更命河道都御史加提督军务职衔，以南直隶之淮、扬、颍、徐，北直隶之大名、天津，河南之睢、陈，山东之临沂及添设曹濮道各兵备官属焉。

甲子（二十七日），总理河道都御史翁大立奏：高邮等处湖堤剥蚀，请将徐州仓现贮截留漕粮二万六千余石移置淮南，召集饥民修筑。从之。

五月乙酉（十八日），工部覆总河翁大立条陈议处河工钱粮三事：其一，宝应河滨碧霞元君祠香钱，宜择府佐之治河者综其出入。其二，开新庄闸以通商船，量船广狭征税，径一丈六尺以上者银五两，一丈四尺以上者银三两，一丈以上者银一两，由仪真闸者以递减之。其三，济汶以北各湖，地皆膏沃之土壤，宜募民田作，每亩征银四分输之工所。从之。

七月壬辰（二十六日），时山东沙、薛、汶、泗诸水骤溢，决仲家浅等处，而黄河暴至，茶城复淤。于是侍郎翁大立言：今山水甚盛，由梁山之下，张孤山之东，内花山之西，南出戚家港，合于黄河，宜逐加开浚，依山筑堤，以避秦沟浊河岁岁涨淤之患。此所谓因势而利导，不与黄河争尺寸之地者也。工部是其议，请令大立督所司相度举行。从之。

癸巳（二十七日），改工部右侍郎翁大立为兵部左侍郎。

是月，河决睢宁县曲头等集数口，两分闪运道百里，淤重储船九百余。潘季驯筑塞决河，水归正道，储船尽出。（《南河全考》卷上）

是月，黄河暴涨，决县治之曲头集、王家口、马家浅等处，淤垫一百余里俱为平陆。（乾隆《灵璧县志》卷四）

八月丁酉（二日），起原任都察院右副都御史潘季驯总理河道提督军务。

庚戌（十五日），诏建河神祠于夏镇、梁山各一，赐名曰“洪济昭灵”，命夏镇闸、徐州洪主事以春秋致祭。先是，河道都御史翁大立欲浚治梁山河，祷于神，忽水落成渠，可以通舟。大立以为此神助，非人力也。请建立祠宇，领于有司，以答灵贶。故有是命。

九月甲戌（九日），河决邳州，自睢宁白浪浅至宿迁小河口淤百八十里，运船千余不得进。侍郎翁大立言：迩来黄河之患不在河南、山东丰沛，而专在徐邳，故先欲开泇口河以远河势，开萧县河以杀河流者，正为浮沙拥聚，河面增高为异日虑耳。今秋水洊至，横溢为灾。臣以为权宜之计在弃故道而就新冲，经久之防在开泇河以避洪水。

是月，河决小河口，自宿迁至徐州三百里皆淤。（《续文献通考》卷四〇）

十月己酉（十五日），以运河淤阻，漕舟不至，诏夺提督漕运总兵官镇远侯顾寰、总督漕运侍郎赵孔昭、总理河道侍郎翁大立各禄俸半年。降管河郎中张纯、徐州兵备副使刘经纬、参将顾承勋各一级，俱戴罪管事。寻以工部言，纯初自北河徙官而南，尚未视事，复宥之。

十一月，工部郎中张纯议以徐、吕二洪之间渐成填淤，河堤单薄。假令来年水溢，必有冲决之患。请自徐邳至淮缮治两涯，增高倍薄，仍筑遥堤以防不测。工部是其议，请命都御史潘季驯勘详以闻。潘季驯言：筑堤之法有二，近者所以束湍悍之流，远者所以待冲决之患，皆为上防。顾工费不赀，动以巨万，当此财殚力疲之时，宜以见筑缕水坝增益高厚，曲加保护，姑为目前之计。从之。

十二月乙未（二日），总督漕运户部左侍郎赵孔昭上疏自劾。孔昭已得旨还部，而代者未至，防河决运阻，乃引罪乞罢。不许。

壬子（十九日），户部覆河道都御史潘季驯奏，请量留漕粮三万石、漕库银一万二千两，以河工船税银抵还太仓。其旧任河道都御史今升兵部侍郎翁大立业已交代，难复行事。宜令赴京供职。

是年，又决邳州，注睢宁，出小河口。自曹家口至直河淤百余里，命官浚之复故渠，尽塞诸决口。（《明会典》卷一九六）

隆庆五年（1571）

二月癸卯（十一日），户科给事中宋良佐等劾奏总理河道侍郎翁大立、总督漕运侍郎赵孔昭，前以治河无策，迟误漕粮，方议薄罚，不宜遽使离任，俾脱后责。宜罢斥以儆任事。诸臣又请饬都御史潘季驯、陈炌协心共济，如运到而河尚未通，则罪河道。河通而运不过淮，则罪漕运。户、工二部覆请。上是其言，令大立、孔昭戴罪回籍，俟河通运完之日奏处。

三月丁卯（六日），初嘉靖间，山东按察司副使王献建议请循元人海运遗迹，于胶莱间开河渠一道，舟由淮安清江浦，历新坝口、马家壕、麻湾口、海仓口，以达天津。道里甚径，度不过千六百里，又可避海洋之险。业已从其议，开凿将毕，会献去，官遂罢役。至是，户科给事中李贵和言，比岁河决，转饷艰难，请修献遗策，开胶莱新河，复海运，以济饷道。隆庆帝以事体重大，遣工科给事中胡槚往视之。

乙亥（十四日），以河工免山东布政司及淮扬、徐颍三道各派夫人户杂徭一年。

四月甲午（三日），河复决邳州，自曲头集至王家口，新堤多坏。

五月壬申（十一日），工科给事中张博请改瓜洲土坝为闸，以便漕舟。工部覆言，兹议行勘已久，而所司莫为奏报，此必徇私牟利之徒倡言阻挠，而当事者惮于改作，故议久不决。宜督河道漕运诸臣刻期会勘以闻。有旨从之。

庚辰（十九日），户科都给事中宋良佐以漕舟尚未抵洪入闸，请严敕河道、漕运二臣悉心经画。得旨，潘季驯、陈炌各务尽心干理，俾河道疏通，粮运早至，不得推诿误事。

丙戌（二十五日），总河都御史潘季驯议保邳河新堤，条陈分委监督、议委官员、议处人夫、议设铺舍、预备物料五事，工部覆请。从之。

六月辛丑（十一日），巡仓御史唐炼条奏漕运事：白河沙谷等浅仅五里浅，而以转般厚费，运军不胜其苦，宜令所司及时疏浚。户工二部覆议。诏允行。

庚申（三十日），工科左给事中胡槚勘视胶莱诸河，及山东抚按议，皆以为不便疏治。乃奏言：今为新河之议者，徒指元人故渠及副使王献臆说，非能涉历三百余里间，亲睹其利害也。臣尝浚分水岭，验问献所凿渠，皆流沙善崩。虽有白河一道，徒涓涓细流，不足灌注。至如现河、小胶河、张鲁河、九穴都泊，稍有潢污，亦不深广。胶河虽有微源，然地势东下，不能北引。且陈村闸以下，夏秋雨集，冲流积沙，为河大害。纵谓诸水可引，亦安能以数寸之流济全河之用？则诸水之不足恃明矣。或谓新河颇多积水，可引用为渠。不知潢潦所聚，皆以下流壅滞之故。设皆浚深，水必尽泄。则蓄水之不足恃明矣。或欲引潍河之水，不知潍河在高密，西去新河百二十余里，中间高岭甚多。虽竭财力，终不可济。则潍河之不可引明矣。分水岭以南至陈家闸以北，至周家庄，虽云边海通潮，又皆冈石麋沙，终难凿治，则海水之不可达明矣。大抵上源则水泉涸枯，无可仰给，下流则浮沙易溃，不能持久。二者皆治河之大患也。故《元史・食货志》以为劳费而无成。国初遍访运道，舍此而不顾。自献以后，屡勘而不行，良由于此。苟率意轻动，捐内帑百万之费，以起三百里无用之渠，如误国病民何？臣请亟罢其事，并令所司明示新河必不可成之端，勿使今人既误，而复误后人也。隆庆帝乃罢之，令自今不必更议，以滋纷扰。

八月辛丑（十二日），总理河道工部右侍郎兼右佥都御史陈大宾卒，赐祭葬如例。

壬寅（十三日），命总理河道都御史潘季驯速治吕梁双沟决堤。

丙午（十七日），总督漕运都御史陈炌上疏，报邳州河决漕船淹阻状。户部覆：今岁漕船过淮独早，而入闸者十不及二三。虽河流为梗，然诸臣怠误之罪，亦不容辞。乞遣风力宪臣督视，以重国计。会给事中宋良佐、御史唐鍊亦以为言。炌与总兵陈王谟、参将顾承勋俱停俸，戴罪管事。命云南道御史张宪翔沿河督趣之。

己酉（二十日），工部尚书朱衡言：国家初置漕运，悉资泉流。自景泰以后，黄河入运，夺漕为河。缘是河身浸广，淤沙岁积，不得不借黄河以行。故今徐、邳之漕河即黄河也。历考往代河趋济、博，则决曹、单、鱼、沛，而沽头上下诸闸尽废。趋邳、迁，则决野鸡冈口，下亳、泗，而徐、吕二洪顿涸。今沛邑新河既成，纵决曹、鱼，可保无恙。而茶城以南犹属黄河，非尽斥远之，无以善后，乞将议开泇河之说下诸臣熟计。报可。

甲寅（二十五日），命礼科左给事中雒遵往邳州等处查勘河工。

九月辛酉（二日），总督仓场侍郎陈绍儒条上漕政称，京口小滩等处，原设浅溜人夫，宜令有司从宜督治。

丙寅（七日），户科都给事中宋良佐等奏国初粮运率因元故道。自会通河成，而海运始罢。然而遮洋一总，犹寓存羊之意。至嘉靖末年，科臣胡应嘉欲市恩淮大诸卫桑梓之军，建议罢废，而海运遗意无复有存者矣。今河变频仍，运道屡梗，宜乘此遗迹未泯之时，将遮洋一总尽行议复，务足原额，以存海运遗意。仍稍稍推拓，如该总隶北诸卫，兑北粮者，令由天津入洋，抵蓟州。颍南诸卫兑南粮者，令由淮入洋，抵京通。仍博访国初并海诸卫所旧制，使列障联屯，彼此相望。即河渠少梗，而此塞彼通，亦思患预防之术也。户部覆言，遮洋一总先时径渡天津海口，不过八九十里。今欲涉海运饷，事难造次。请先复遮洋一总，而以良佐所上事宜下漕司详议以闻。报可。

戊寅（十九日），户部覆漕运都御史陈炌等会议漕政事宜。一疏浚常、镇、宁国及浙江海宁、崇德等处河道，仍开复练湖，以济运河之用。报可。

乙酉（二十六日），山东巡抚都御史梁梦龙等上海运议曰：今漕河多故，言者争献开胶河之说，此非臣等所敢任也。第尝考海道，南自淮安至胶州，北自天津至海仓，各有商贩往来，舟楫屡通。中间自胶州至海仓一带，亦有岛人、商贾出入其间。臣等因遣指挥王惟精等自淮安运米二千石，自胶州运麦一千五百石。各令入海，出天津，以试海道，无不利者。其淮安、天津一道，计三千三百里，风便两旬可达。况舟皆由近洋，洋中岛屿联络，遇风可依。非如横海而渡，风波难测。比之元人殷明略故道，实为安便。大略每岁自五月以前，风顺而柔，过此稍劲。诚以风柔之时，出并海之道，汛期不爽，占侯不失。即千艘万橹，保无他患。可以接济京储，羽翼漕河。省牵挽之力，免守帮之苦，而防海卫所犬牙错落，又可以严海禁，壮神都，甚便。事下户部，覆云：海运法废已久，非常之事难以尽复。乞敕漕司量拨近地漕粮十二万石，自淮入海。工部即发与节省银五千两，为雇募海舟之资。淮扬商税亦许暂支一万五千两，充佣召水手之费。从之。

十月己亥（十日），以河南、山东大水，命工部申饬管河官经理上流河防，以备冲决。

癸卯（十四日），命总理河道都御史潘季驯速治茶城之淤浅者，以巡按御史张守约言运船阻塞故也。

十二月辛亥（二十三日），罢总理河道都御史潘季驯，同原任漕运都御史陈炌俱冠带闲住。时礼科左给事中雒遵自邳河勘工还，为上言运船漂没之故，始于漕司缺船，并粮太重，故一遇水发，相随而败。又官旗侵冒者多，度不能偿，辄妄引船坏自解。此则漕臣陈炌等之罪也。至于王家口初决之时，黄水尽从漫坡经流，南出小河口，借令季驯稍缓筑堤一月，则漕船可以尽出漫坡，避新生之险。乃计不出此，反驱舟以就新溜，坐视陷没。方复腾章报功，罪滋大矣。今炌虽回籍，未尽其辜，而季驯尤不宜独免，乞并赐罢。工部覆，从其言，故有是命。

是年，河决油房等十一口，都御史潘季驯役丁夫五万开匙头湾，塞十一口，筑缕堤三万丈，挑淤八十里，故道渐复。（《南河全考》卷上）

## 隆庆六年（1572）

正月丁卯（十日），礼科左给事中雒遵条治运河事宜：其一，自茶城至清河五百五十里，为运道咽喉，宜修筑长堤，增卑倍薄。三里置铺，铺置十夫。十五铺设一官，画地而守，以防溃决。其二，自淮抵扬州一路，堤岸冲决闸座废坏者，宜令补筑。自大江以南，抵浙江，水有浅涩者，宜令疏浚。其三，济宁南旺闸河全借洸、汶二水，宜疏通泉源，而临清、河西务等处修浚之工亦不可缓。工部覆奏，皆允行。

戊辰（十一日），命工部尚书朱衡兼都察院左副都御史，经理河工。时阅视河道左给事中雒遵言：衡当先帝时，尝奉命治河有效。当今廷臣可使治水无出衡右者，宜暂命总理，俟功有次第，仍召还视部事。部覆从之。

辛未（十四日），工部尚书朱衡疏请修筑徐州至宿迁长堤凡三百七十里，并缮治丰、沛大黄堤。从之。

丁丑（二十日），起兵部左侍郎兼都察院右佥都御史万恭，以原官总理河道提督军务。

二月丁酉（十日），山东抚按等官梁梦龙等言：迩因河患异常，庙堂画防，傍海通运，诚千万年经久之图。顾今经理之急，其要有四：沿海城池废坠不修，不可言备。如大嵩、灵山等数卫，宜及时修葺，以壮门户杜窥伺，一也。海运既开，奸人或乘便通番，宜严谕商民，不得辄私下海，即下海者，第行岛屿间，不得远泛大洋，违者许官兵擒住，二也。自海禁久弛，私贩极多，欲骤革之，则海道借其指引；即纵缓之，则接引之奸不可胜诘。今宜明谕商民入海者，责令往回，给引查销，则巡察者既有所验，而私贩者难容其奸，三也。海运既行，如利津等县三巡检司，各有沿海信地，运船往来，有防送警备之严，宜复巡检司及弓兵原额，四也。户、工二部覆议，如梦龙等言。从之。

闰二月戊辰（十二日），巡按山东御史吴从宪言：淮安而上，清河而下，正淮、泗、河、海冲流之会，河潦内出，海潮逆流，停蓄移时，沙泥旋聚，以故日就壅塞。宜以春夏时浚治，则下流疏畅，泛滥自平。工部尚书朱衡、河道漕运各都御史及时勘议。从之。

壬申（十六日），礼科左给事中雒遵会勘泇口河，议以为不便。乃言泇口河从马家桥东，过微山、赤山、吕孟等湖，逾葛墟岭，而南经侯家湾良城，至泇口镇，又涉蛤鳗、周柳诸湖，乃达邳州直河口以入黄河，凡二百六十里，取道虽捷，施工实难。与其烦劳厚费，以开泇口之河，孰若时加修防，如期攒运，保百数十余年之故道。疏上，诏工部尚书朱衡会同总理河道都御史万恭覆勘以闻。

三月辛卯（六日），工部尚书朱衡条陈经理北河事宜：其一，复旧革山东徭夫七十余名，接兴河工。其二，复夏津、鱼台二县管河主簿，随时看守修葺。其三，清查马场湖、南旺湖、南阳湖蓄水，以济运河之涸。南旺西湖、安山湖泄水，以宣运河之溢，毋使居民侵占。其四，吕孟、微山、张庄诸湖为山东滕、峄山水之汇，宣泄无路，冲溢税地，损伤堤岸，乞建二闸，以泄积水。其五，筑马家桥东岸石堤。其六，河南商船纳税于吕梁洪，殊为不便，乞改纳于徐州洪。其七，管河官不许差委，以妨河务。其八，修河筑堤桩草钱粮积年逋负，乞严有司之罚，每于年终听河道官开数具奏。诏如所拟。

辛亥（二十六日），诏祠沿河敕建水神诸庙，以工部尚书朱衡请也。

四月戊辰（十三日），巡按直隶御史张宪翔疏劾管理河道主事詹世用失时不修闸坝，及招集客舟，壅塞河口，以致漕艘漂损诸罪状。得旨：世用降三级，调外任。

己卯（二十四日），吏科都给事中雒遵言：南阳、鱼、沛之间开浚闸河，淹没民田者数千亩。往者虽有蠲赋之令，而有司旋复征税，又督责徐、邳诸郡逋负甚亟，民何以堪？请赐民数年租税，及缓征逋赋，以广轸恤之惠。户部覆用其言。

五月丙戌（二日），工部尚书朱衡及河道、漕运诸臣会议瓜洲建闸事宜有五便，诏从之。

戊申（二十四日），工部尚书朱衡等奏言：防河如防虏，守堤如守边。河南累被水患，大为堤防，今幸有数十年之安者，以防守严而备御素也。徐、邳为粮运正道，既多方以筑之，则宜多方以守之。因上议夫役、议铺舍、议定期三事。自徐州至小河口，新筑堤三百七十里，设防守夫三千七百名，三里建一铺，计屋三楹。四铺设一老人，统率昼夜巡视。其期以伏秋水发时五月十五上堤，九月十五日下堤。愿携妻子居住者听。疏上，得旨允行。

六月戊辰（十四日），辅臣高拱特请工部尚书朱衡解督理河工，总督料理山陵事务，从之。

己巳（十五日），督理河道工部都水司使、署郎中事主事陈应荐奏挑挖海口新河工竣。河长十里有奇，阔五丈五尺，深一丈七尺，凡用夫六千四百八十九名，支米九百六十七石八升。

己卯（二十五日），工部尚书朱衡疏报：徐、邳等处河堤工完，并请寝泇河之议。言泇河开凿之难有三：一则葛墟岭开深之难，一则良城侯家村凿石之难，一则吕孟等湖筑堤之难。先是，漕河淤塞，损船伤米，臣思前河臣翁大立请开泇河，以救燃眉之患。今漕河通利，徐、邳之间堤高水深，使岁加修葺之工，自可无患，固不烦别为建置。况公帑空虚，支费不给，濒河生灵从事徐邳之役，劳者未息，呻吟犹闻，揆之时势，诚所弗宜。

庚辰（二十六日），定漕运程限。每岁十月开仓，十一月兑完，十二月开帮，二月过淮，三月过洪入闸，四月到湾，永为定例，从工部尚书朱衡议也。

壬午（二十八日），派鱼、沛、南阳、留城等处堤木、河木于各州县，仍给前筑堤沿关河所占民田价值。又以独山、微山、吕孟等水柜有伤民地，蠲其湖米。

是月，差江西道御史周于德督理两淮盐课，兼理河道。

七月丁亥（四日），初通漕运于密云，寻复密云漕粮五万石。先是总督侍郎刘应节等言塞备以储饷为急，军需以漕挽为便。密云一城环控白、潮二水，若天开以便漕者。向二水分流至牛栏山始合，故船自通州而上者，亦至牛栏山止。若至龙庆仓，从陆输挽，军民艰苦之状、水次露积之虞，难以悉状。今白水徙流西城下，去潮水不二百武。前于城东北业筑三合土堤障水防城。近有疏渠于上，填坝于下，邀潮入白，合为一河。水漕深便，剥船可达密云无碍，漕渠既通，漕额宜复。

乙未（十二日），诏均派两直隶、山东、河南河夫于各州县，毋偏累濒河地方。

七月（二十七日），黄河骤涨，自徐、砀至淮、扬一夕丈余，下流悉成巨浸，山、清、安、盐、邳、宿、睢被灾为甚，桃尤甚。（乾隆《重修桃源县志》卷一）

八月乙卯（二日），总理河道兵部右侍郎万恭巡抚辽东，自陈乞罢，不允。

戊寅（二十五日），工部言南旺三河等处三年两挑，正月兴工，二月告完。即据河臣万恭等议，粮运既早，则明春大挑之日，正来年运行之时，拟改九月中兴工，十月依限告完。挑浚之时，惟进冰鲜船只设法前进，其余俱暂停止。且言大挑莫便于秋冬，莫不便于春间。新运踵至，停积河流。既虑风涛，又稽程限，不便一。均役更换，夫役未集，追呼号召，每至愆期，不便二。春事方殷，民无暇力，迫之工作，田野不安，不便三。青黄未接，室如悬罄，头会箕敛，工食艰窘，不便四。坚冰初解，时尚严寒，驱之泥淖之中，责以疏凿之力，不便五。如今改拟，则回空已尽，筑坝流绝，疏浚一完，借冰封闭。春融冻解，溯流无碍。则新运便。旧夫未更，按册可籍，正役者不劳再籍，雇役者无事更张，则征夫便，秋事完成，农多暇日，既无私虑，自急公家，则民力便。今秋丰稔，民多盖藏，闾阎利以供输，夫役易于征敛，则工食便。天霁秋清，气候凉爽，河鲜沮洳，锹锸易施，则用工便。帝是之。

十月己未（六日），先是，南京户科给事中张焕疏论总督漕运王宗沐六月内飞报海运米十二万石，于某日由淮安次天津抵湾，粒米无失。比闻人言啧啧，咸谓海运八舟、米三千二百石忽遭风漂没，渺无影响。宗沐盖预计有此，令人赍银三万两籴补。臣思宗沐受国家财赋之托，锐意此事，意非不良。粮船有失，据实陈乞，未为不可，何至粉饰观听？大臣实心任事之体，当不若是。米可补，人命亦可补耶？当今之行海运，譬北方之种稻。始必树艺少许，以试地利何如，而渐次为之可也。若不论南北之高下寒燠，菽粟与稻并树，则虽三尺之童，亦知稻之所获，不如菽粟之尝多矣。河运之与海运，其经取久暂之宜，殆亦类此。来年倍加米数一节，乞敕该部从长计画。疏下，户部覆言：先该科道请叙海运之功，臣等谓万世之利在河，一时之急用海。继因漕臣议增海运二十四万，臣等谓海道风波难定，但当习熟此路，以供缓急，不必加增。今焕意略与臣等议同。至言漂没粮石，发银买补，臣等不意宗沐之明达，弄巧成拙至此。但事出风闻，难以深求，而首事勇敢之臣可以情恕，以观后效。万历元年为始，海运止以十二万为则。候数年之外，另行裁酌。宗沐亦疏辩：臣固知骇见之难谐俗，成事非易可居。然不意乃悬空妄传若此。使臣有一毫不诚，但为身计，则按守旧规，可以毕事，何必更端革故，力举海运，自添一事，以致弹射也？况海运人船，募数省之人，发行经数月之久，按历涉三省之途，其同事而不可欺者，各省抚按十数人，沿海守令及防行守备等官百余人，官军水手三千余人。使有沉溺，岂待言官？今日始言三万出之淮库，自有卷籍。人船出于雇募，各有贯趾。乞敕户部会同法司，行巡按御史查核。疏亦下部。

丁卯（十四日），吏部覆总理河道万恭照旧供职，不宜以患病再行陈乞。报可。

己卯（二十六日），户部奏请开浚温榆河，自巩华城达于通州渡口，运粮四万石，给长陵等八卫官军月粮。从之。

十一月乙未（十三日），以河工告成，赏工部尚书朱衡、侍郎万恭银币，及郎中吴自新银两有差。

丙申（十四日），河道侍郎万恭奏议河夫工食，言二洪闸溜浅夫，山东东昌、兖州二府额一万二千七百余名，每名工食一十二两，岁该银一十五万三千余两。江北淮、扬、徐三府州额五千三百余名，工食八两二钱，岁该银六万四千余两。各桩草银不与焉。在银两视旧额俱已增加，在户夫视今编悉已安便。然漕粮朝廷之命脉，漕河朝廷之咽喉，当以朝廷之力治漕，不当以濒河之民力治漕。今运道工役十倍于前，民力凋敝十倍于旧。竭疲民以事弊河，亟宜改辙。查旧议单有兑运所折耗银，有剥运所省脚价，近新建瓜闸，又有所省过坝米三项，岁不下十余万两。若悉给发，以治河道，可减派各疲弊府州之半。工部言耗米银后，改征本色，给军脚价，除扣修通惠河，余解太仓济边。惟有过坝余米可岁给河道，少助夫役工食。报可。

甲辰（二十二日），漕运总督王宗沐奏辩海运漂没事，请回籍听勘。户部以漕运在迩，请敕宗沐矢心任事，仍照原议，习熟海道，备一时权宜之计。从之。

己酉（二十七日），河道侍郎万恭奏：管堤副使章时鸾筑过南堤，自兰阳县赵皮寨至虞城县凌家庄，长二百二十九里有奇，用工五十万七千七百四十一工，除调拨徭夫外，仍募夫一十六万七百一工，支河道银四千八百二十一两有奇，秋分而起，未尽十月而成。为照前堤系运道上源，先议兴筑，南北并峙。若南强北弱，则势必北侵，张秋等处可虞。北强南弱，则势必南溢，徐、吕二洪可虑。又恐占民膏腴，致生咨怨。今时鸾督数万之夫，仅七十日竣事，接续旧堤，既不多损民地，鸠集徭役，又不多费官银。且堤虞城以上，则上源水有所束，得冲刷之宜。不堤砀山以下，则下流水有所容，无泛溢之患。治河之防，似为长便。时鸾原系添设，请敕注实在衙门，庶便补报。疏下吏部。

庚戌（二十八日），河道侍郎万恭条奏河漕事宜：其一，严迟速之令。黄河伏秋水高，运船所避，宜令江南粮储道各督尾帮，遵限过徐州洪，勿至与怒河斗。三月过洪者，以上劳叙荐，四月过者次之，延至五月后者议罚，因而遇水漂没者从重拟议。其二，别远近之宜。南北河道迥殊，到湾之期非可概定。宜令各省运船，不过闸者，限二月到湾，过闸限三月过闸。又过黄者限四月过闸，过黄又过江者限五月，巡漕御史按限期行殿最焉。其三，专兑运之权。今议早运征发，期会急如星火。监兑部臣无殿最之权，有司慢而军卫易，又转求督粮烦难兑运，必致愆期。宜照浙江例，各省俱以御史带理兑运，则官与军民俱便，一顺官民之情。江南山谷州县仲冬水涸，不可以舟，迨水发时，兑运已缓。宜从其便，赍银至会城市米候兑，但责早兑，不必问所从来。农末相资，官民相利，兑运自早过江过淮入闸，抵湾自然如期。疏下户部，议覆惟监兑部臣照旧。恭又言：春间大挑，待本年之运者，累朝之旧法，秋中大挑，待来年之运者，皇上之新规。今南旺一带及三河口诸处河道九月兴工，十月竣事。但臣所治者河耳，使运船不速至，将焉用河？明岁全运四百万石，计船一万艘，须以正、二、三、四月尽数过洪，远避黄水，计每月当过洪入闸者二千五百艘，每日当八十余艘。乞敕各粮储道如期督至，庶河有实用。疏下工部。

是年，河决梼梲湾，工部尚书朱衡、河道侍郎万恭题请创筑徐吕起，至宿迁县张林铺止两岸堤，各长三百七十里。又徐州北至茶城筑两岸堤各长三十里。漕运都御史王宗沐奏：黄河迁徙不常，请行河道踏勘，凡系陵寝当黄河南岸地方单薄之处，务增加防捍，以保无虞。（《南河全考》卷下）

是年，侍郎万恭更请建瓜洲闸。自时家洲以达于花园港，开渠长六里有奇，其年冬，闸成，一名广惠，一名通惠。于是五总船始下坝。（《南河全考》卷下）

## 万历朝（1573 ～ 1620）

### 万历元年（1573）

正月辛卯（十日），河道侍郎万恭奏：先臣工部尚书宋礼开河元勋，功在万世。诏照平江伯陈瑄例，予礼赠谥，荫一孙入监读书。

乙巳（二十四日），河道侍郎万恭奏创建瓜洲二闸工完，免挑盘雇剥之苦，因叙郎中吴自新及道府诸臣劳绩。此前，万恭又令浚苏、松、常、镇一带河道，建三汊河东水吊桥。自此，吴浙之运可与江西、湖广征发相同。

三月壬寅（二十二日），河道侍郎万恭奏：江南河道水利，原设有都水司郎中一员，后革郎中，令兵备道带管，权阻于遥制，力分于他务，三江运道遂至湮滞。今宜比照惠通、北河、南河事例，复设郎中，驻扎镇江，以其余力兼治三吴水利。工部言：三吴水利积弊已极，非工部郎中所能任，已责成应天巡按督理。其京口闸挑浚事务，仍旧分责各道，而亦统领于督臣便。上从部议行之。

戊申（二十八日），令昌平兵备佥事张廷弼疏浚巩华城外旧河。

四月乙卯（六日），荫总理河道兵部左侍郎万恭子万允位入监读书。吏部言：恭虽经纶未效，于行检无碍。近科臣刘伯燮奏荐起用，具见公论，故用给由子荫焉。

乙亥（二十六日），工部请建复淮南平水闸与浅船浅夫，及建天妃庙口石闸，修复境山闸，从之。建天妃闸则时闭时启，而省挑浚。修境山闸则有留有接，而省盘剥。既裨运道，且资民生，议发于恭，而衡覆行之，诚万世之利云。

六月辛酉（十三日），户科都给事中贾三近奏：往因运渠梗塞，当事者议复海运，悉心讲画，法非不周，然风涛险阻，终属可虞。今闻海运至山东即墨县福岛等处，忽遭异常风暴，冲坏粮船七只、哨船三只，漂消正耗粮米几五千石，淹死随军水手十五名。近漕渠一带诸臣综理振饬，大异昔时。乞敕详勘将海运姑暂停止，仍以额粮十二万尽入河运。时巡仓御史鲍希颜、山东抚按傅希挚、俞一贯疏俱如三近指。疏下户部，议停之。

甲戌（二十六日），兵科给事中赵思诚奏请清查河道钱粮，雇徐、淮贫民修挑海口。

八月，河道侍郎万恭奏：今年七月，黄河水涨沔池（今渑池）县张成口，至深五丈。徐州黄水骤发，阅月方始归漕，皆故老所竟言未见者。因自称调度机宜，合房村口堤一百余丈，正河千里安流，通茶城口淤一十余里，回空千艘速出，仍开国初以来治河之法。及今所探水处浅深以闻。疏下工部。

九月庚寅（十三日），户部覆漕运都御史王宗沐议覆遮洋总言：国初海运岁运七十万石，以给辽海。后会通河成，海运遂废。然尚留遮洋一总，原有深意。至嘉靖末，给事中胡应嘉建议裁革，并入山东江北诸总，前制尽罢。应嘉以乡土之故，忍变成法，有识者未尝不扼腕而叹。近因河道淤阻，当事诸臣复起新议，劳费更多。海运二年，道路稍谙，今虽议罢，宜查复遮洋一总，即改海运把总为遮洋把总，领兑河运北粮，仍知会兵部，海汛有警，暂调海口为狼山声援。从之。

是年，追颂宋礼功，立祠，赠礼太子太保，一孙入监。白英先以平顶巾执工簿，立于傍，亦赐冠带坐。（《涌幢小品》卷二六）

是年，茶城复淤，修建境山闸，并护房村等处堤岸，及筑遥堤四，又开草湾导河自安东县后至金城五港入海。然泛滥如故，曹、丰、徐、沛之间随塞随决。（《明会

典》卷一九六）

是年，河决房村。工部题将沛县洼子头至秦沟口筑堤七十里，接古北堤。徐、邳新堤外别筑遥堤，而河稍安，运道亦利。（《南河全考》卷下）

## 万历二年（1574）

四月癸丑（九日），总督河道侍郎万恭回籍听用。

七月（二十四日），东海大啸，河荡并溢，漂荡安、盐、清等邑官民庐舍一万二千五百余间，溺死男妇郑江等一千六百余名。（雍正《安东县志》卷一五）

八月庚午（二十九日），以淮安、徐州、扬州等处积潦，海啸河溢。损稼漂产。各蠲赈有差。

九月戊子（十七日），河南副使章时鸾革职为民，以巡按河南御史褚铁劾其议筑黄河，托疾避事也。

是月，工部覆工科给事中吴文佳言：茶城黄、淮交汇，数千粮艘皆由此一线之路。如数十里之茶城一淤，即有计疏通，无救旦夕。查得先年总理河道都御史翁大立建议欲从子詹山、梁山至马家桥上下八十余里，另开新河，置旧河于堤外。凡黄河出口之地并不相及，而波涛可避，良为得防。但称由梁山之下、张孤山之东、南花山之西新冲河形，南出戚家港，汇于黄河亦可通舟。因势利导，就下为川。宜令总理河道等官亲诣茶城踏勘。从之。

闰十二月己丑（十九日），先是议开马桥至子房新河，督理河道傅希挚勘称，上段则四十里皆水，下段则数十里伏石，委难议开。惟梁山以下穿羊山出右洪口一带便于开浚。口向东南，与黄流颇顺，并估合用银二万四千二百七十余两，且新、旧两河必有一通，可保万全，宜行开筑。部覆报可。

乙未（二十五日），议查济宁、汶上二湖旧界，总理河道傅希挚勘请湖地高者，准令佃种，分等征租，低者照旧蓄水济漕，严禁佃户，不许曲为堤防，侵挪疆界。从之。

是年，漕抚都御史王宗沐、淮安知府陈文烛加修淮安长堤，帮筑西义桥桩岸，又修盐城石堰海口，以疏下流入海之路。（《南河全考》卷下）

是年，决邳州娄儿庄等处决口。（《南河全考》卷下）

## 万历三年（1575）

正月丙午（六日），巡抚顺天都御史王一鹗条上事宜：其一，议定守备汛地。漕河一带南起丁字沽，北至王家摆渡，崔黄口与霸州二守备分河东西岸而守之，两岸两属，彼此互诿，霸州则专以近京要路责之。其二，议增巡河哨船。宜置八桨船六只，每船用兵十名，分布巡哨，并力齐棹，与岸上巡缉互为声援。其三，议明管河职掌。谓管河旧设一把总、一主簿，皆高坐河西膏地，职守湮废。宜于夹河武清、营州二卫选骁勇有才官一员充为总领，责以护粮把总、主簿，责令沿河修浚巡缉，如有失事，通与守备及巡简官一体查究。疏下兵部，覆核无异，诏如议行。

二月戊戌（二十九日），总理河道都察院右佥都御史傅希挚上言：顷见徐、邳一带河身垫淤，壅决变徙之患不在今秋，则在来岁。幸今以资河为漕，故强水之性以从吾，虽神禹亦难底绩。惟开创泇河，置黄河于度外，庶为永图耳。泇河之议尝建而中止，谓有三难。而臣遣锥手、步弓、水平、画匠人等于三难去处逐一勘踏。起自上泉河口，开向东南，则起处低洼，下流趋高之难可避也。南经性义村东，则葛墟岭高坚之难可避也。从堤沟河经郭家西之平垣，则梁城侯家湾之伏石可避也。至于泇口上下，则河渠深浅不一。湖塘之联络相因，间有砂礓，无碍挑挖。大较上泉河口，水所从入也，下至大河口，水所从出也。自西北而东南，计长五百余里，北之黄河近八十里，河渠湖塘十居八九，源头活水脉络贯通，此天之所以资漕也。昔尚书朱衡之开新河，都御史潘季驯之开邳河，权救一时，其情事忙促，工费浩大，难尽名言。今虽尚幸无梗，然相时度势，要之不免卒有不虞，而后竭天下之财力，以通咽喉。何啻如新河、邳河之情事汹汹而已哉？若拚十年治河之费，以成泇河。泇河既成，黄河无虑壅决矣，茶城无虑填淤矣，二洪无虑艰险矣，运艘无虑漂损矣，洋山之支河可无开，境山之闸座可无建，徐口之洪夫可尽省，马家桥之堤工可中辍。今日不赀之费，他日所有省，尚有余抵也。故臣以为开泇河便。

三月丁巳（十八日），泇河之议，工科都给事中侯于赵疏言：事体重大，宜集廷臣会议，或行地方覆勘。又濒河一带，水灾频仍，大役骤兴，地方隐忧，不可不虑。户科都给事中汤聘尹言：曩者新河之役议用费七万，及其成功，殆十倍焉。今日虽议百万，而大役难料，中道难辍，恐不能无倍于初议矣。宜大集心计，博采众思，工费约用几何，支给出自何所，开列奏闻。必储蓄可备六年，然后可下诏兴工。命侯于赵亲往，会希挚及趱运按臣确议以闻。

丁卯（二十八日），工科给事中侯于赵举原任都水司郎中张纯久历河防，周知地理，乞添注原衔，同往勘议泇河。许之。

四月甲午（二十六日），淮、徐等处大水。直隶巡按御史舒鳌议以为海口湮塞，横绝下流。故淮、扬、徐、邳诸处频年水害，郡邑几废。宜开草湾，浚泽麻港口，以备淮、黄之冲。事下户、工二部覆议，命河漕及勘科诸臣议定以闻。

是日，总理河道都御史傅希挚谓高宝之间桃花泛涨，陡齐堤岸，宜急捐徐、邳二州河道船税堤夫等项四万，以备修筑。

五月，高邮西堤决清水潭、丁志等口。本部郎中屠元冰暨接管郎中陈诏督筑塞之。

六月辛卯（二十四日），工科都给事中侯于赵等题防勘泇河事宜。自泉河口至大河口五百三十余里，内自直河至清河三百余里，自来河道无恙，无赖于泇。惟是徐吕至直河上下二百余里宜开，以避二洪、邳河之害，约费可一百五十余万金。特良城伏石长五百五十丈，比原勘多四百七十丈，开凿之力难以逆料。性义、马陵俱限隔河流之处，二处既开，则丰、沛河决，必致灌入。宜先凿良城石土，预修丰沛堤防，而后前功可徐议也。户部亦覆如科臣言，又谓正河有目前之患，而泇河非数年不成，故治河为急，开泇为缓。奉旨：侯于赵等所奏与傅希挚原议大不相同。傅希挚久历河道，初若无的见，岂敢谩兴此役？此必该道等官畏工久羁官，故难其说，阴肆阻挠。据其所言谩尔回奏，其言先开良城伏石，徐议兴工，都是搪塞了事之语，深负委托。今人平日都会说利道害，沽名任事。及至着落他实干，便百计推诿，只图优游无事，捱日待时，讵肯视国如家，忠谋远虑者？似这等人，如何靠得他成功济事？且泇口之议，止欲通漕，非欲弃河而不理。今他每既说治河即可以兼漕，使着他一意治河，别工不必再议。今后漕粮开兑迟误，责在漕运。舟行梗塞，责在河道。有旷职废事的，都拿来重处。管河司道等官都着久任，不许升转吏部。该科记着。

乙未（二十八日），工科都给事中侯于赵等覆议，淮扬地方频年水灾，惟在下流壅滞，宜通草湾以分河流入海之路，开鱼沟老黄河以疏淮扬涌激之势，浚新洋石防诸口以济兴盐垫溺之危，筑安东县堤以为水趋该县之备。其开浚先后，则欲先草湾石防，而后鱼沟，度缓急以舒民力。俱报可。

是月，霖潦不止，风霾大作，河、淮并涨，千里共成一湖。居民结筏浮箔，采芦心、草根以食。（乾隆《重修桃源县志》卷一）

八月甲戌（九日），工科都给事侯于赵疏言高宝湖堤大坏，苏松水利久湮，宜专委任督理，以裨国计。巡盐巡抚俱难兼管，宜于南京巡江、巡仓、屯田三差归并一员，专理河工。部覆如议。

丁丑（十二日），先是总理河道都御史傅希挚言：茶城一带运道咽喉频年淤决，迄无成功。宜自梁山以下挑浚，与茶城交相为用。淤旧则通新而挑旧，淤新则通旧而挑新。惟筑坝断流，通其一以备不虞。部覆得旨如议。

是年，河从崔镇等口北决，淮水从高家堰东决，徐邳以下至淮南北漂没千里。奉祀朱宗唐请行南京工部，委主事郭子章会颍州道勘视水势，冲激崖岸，恐侵柏林，议估石砌泗陵堤二百二十六丈。至五年工完时，御史邵陛亦行泗州，将防城堤用石包砌坚固，至今赖之，称为邵公堤。都御史王宗沐、知府邵元哲亦修高家堰，并开菊花潭，以泄三城之水，东方米刍舟楫皆通。（《南河全考》卷下）

是年，河从崔镇等口北决，淮水从高家堰东决，徐、邳以下至淮南北漂没千里。（《南河全考》卷下）

万历四年（1576）

正月辛丑（七日），以原任登州府知府升陕西行太仆寺少卿李承选，改添注辽东行太仆寺少卿兼山东佥事，驻莱州，开浚新河。

壬子（十八日），开浚新河工部右侍郎兼右佥都御史徐栻等议：新河二百五十八里，中间凿山引水，筑堤建闸，工必不可议省。核银九十万八千七百六十一两八钱，费必不可不储。得旨：胶河在嘉靖间，该道官自行开浚，工已十之六七。当时未闻请给钱粮，多用夫役。今特竟其未成之绪，纵工费银巨，何至动称百万？据所委勘各司道官多推艰避事，其中工程道里丈尺大率虚估，未见详确，显是故设难词，欲以阻坏成事。且就近有司官员，岂无堪用者？乃委及王府长史。长史以辅导为职，岂宜侵有司事。徐栻始议云何，今观其所措画，殊无勤诚任事之忠。户、工二部其会同原建议刘应节并二科勘议以闻。

二月戊子（二十四日），工部右侍郎兼右佥都御史徐栻以条议新河事奉旨切责，仓惶具疏陈谢。而所录旨意差讹，为工科论劾，上以栻在远，传写致误贷之。

三月辛丑（八日），以总理河道右副都御史潘季驯巡抚江西。

辛亥（十八日），巡按山东御史商为正言：臣奉命亟趋胶州，择分水岭难开处挑验。用夫一千一百名，方广十丈余。挑下数尺即石，又数尺即沙，此下皆黑沙土。未丈余，即有水泉涌出。随挑随汲，愈深愈难。今十日余矣，而所挑深止一丈二尺，所费银已五百余两，尚未与水面相平。若欲通海及海船可行，更须增深一丈。虽二百余万金，不足以了此。且麻湾海仓海口两头淖沙数十里，随挑随淤，虽使别开一渠，数月后，潮至沙壅，亦复如是。况海运必出自淮安，海口、高宝其所必经。高宝不治，此河虽通，亦不能越而飞渡。观其缓急先后之势，此河之不必通亦明矣。而况有未必能通之势。乞命停止，毋事虚糜。下部议。

丙辰（二十三日），河道总督漕运侍郎吴桂芳言：高邮湖南堤，乃永乐间平江伯陈瑄所建。运舸俱行湖内，波涛为患。至弘治间，侍郎白昂议开越河，中为土堤，东为石堤，两头建闸，名为康济河。其中堤之西、老堤之东，约成民田数万亩，即今所谓圈子田也。彼时未傍西堤为河，而别作越河于数里内，舳舻安流，军民称便。但河去老堤太远，瞻顾不及，缺坏不修，遂至水入圈田，又成一湖，而中土堤遂溃坏，则东堤犹受数百里湖涛，故有昨岁清水潭之决，盖势所必至也。请照弘治年间侍郎王恕议，就老堤为越河，只修筑东西二堤，为费既省，而循堤牵挽，亦可随坏随修。

四月辛巳（十八日），总督漕运侍郎吴桂芳言：淮扬水患在下流海口之塞，欲浚河身，先辟海口。臣前开草湾，入海渐有次第。曾见前辈文集中，有以混江龙浚河者。其制用檀木造轴，沉水入泥，随船行走。船行龙转，积泥随起。大约一回可浚积淤二尺。日逐推淌，务深三尺而止。但遇桃花伏秋水发，即行推浚。每岁将浚过河身丈尺年终奏报。命下工部，言疏浚兼施，宜令总河衙门一体推浚。从之。

五月癸巳朔（一日），工部言河道银两专备修河，遂不报部。致偶有奏请，无凭酌议。乞行河南、山东各布政司并南直隶各府州，尽数查出，置循环二簿，明开旧管新收，开除实在，每半年赴部递换，庶本部有籍可稽，而河臣推调难施。从之。

丙申（四日），兵部尚书刘应节以河工罢，上书自劾乞休。万历帝温诏留之。

是月，漕抚吴桂芳题请委郎中陈诏、殷建中，兵备程学博、知州吴显，修复高邮西湖老堤。傍老堤由圈田改挑康济越河，并筑中堤，粮运民生至今赖之。（《南河全考》卷下）

六月乙丑（四日），罢新河兵部尚书刘应节，犹以用过夫役器具等项银共三万二千二百二十余两，请下所司。

丁丑（十六日），总理河道右佥都御史傅希挚言：山东兖州、东昌二府运河额编有现役夫，有征银夫，共一万四十一名。今查工程繁简，酌量裁留现役夫六千七十五名，存用革去征银夫三千九百六十六名。所征工银按季解贮府库，备河工支用。从之。

七月辛亥（二十日），以草湾工成，立河、海、淮三神庙，赐名显佑。

八月，河决太行堤数处，民多流移。（光绪《丰县志》卷一六）

九月壬寅（十三日），总理河道右佥都御史傅希挚奏报：河决常家楼约三里余，又决沛县缕水堤二处，一长一百三十一丈二尺，一长九十五丈七尺。又丰县决长堤二处，一长五十余丈，一长六十余丈。曹县决长堤七千余丈，约三里。

十月丙寅（七日），凤阳巡抚吴桂芳等以宿迁县为黄河扫啮，请迁县治，筑土城以避之。前基去县不数百步，不必移民，而儒学亦稍俟丰盈另议。户部覆言：迁县治以避水患，正急则避之之权也。虽时诎未暇举嬴，顾无宫墙，何以群弟子？无闾阎，何以保百姓？政有大体，宁惜小费。则儒学当与县治并兴，移民当与迁县同。举查轻赍有限，而抚按道府州县纸赎尚可通融。并巡盐锾金即数千，宜无难于取足。况工作原救灾之一政，淮、扬一带昏垫已极，借此以聚失业之人，岂徒寓赈防之仁，亦将弭饥寒之变。于以兴教化、防流离，胥此举矣。

乙亥（十六日），凤阳巡抚吴桂芳等以河决丰、沛、徐州、睢宁四州县，居民漂溺，灾沴异常。请发各库仓贮积银粮，及留徐州南税银三千六百两有奇备赈。各项起解钱粮，分别被灾轻重缓征。会山东巡抚李世达亦以金乡、鱼台、单、曹等县田庐尽没，请蠲漕米站银，并动库贮官银备赈，俱下户部议可。从之。

十二月丁丑（十九日），免河南本年应征河夫堡夫银三万二千余两，未调夫役免追旷工，已调实夫更班歇役。

是年，河决，大水浸城三尺许，百姓逃亡者三分之一。（康熙《睢宁县志》卷三）

## 万历五年（1577）

二月己卯（二十一日），总督漕运侍郎吴桂芳言：高邮石堤工将底绩，宜及时开挑越河。查先年侍郎白昂开康济越河，去老堤太远，河成之后，人心狃于目前越河之安，而忘老堤外捍之力。年复一年，不复省视。遂致老堤与中堤俱坏，而东堤不能独存。今宜仿侍郎王恕之议，挨老堤十数丈取土成河，使堤上往来，共由人得照管，不致蹈前颓圮。旨下所司。

五月甲午（七日），孟渎河以三月初兴工，至是报竣，共用银一万六千五十余两。

六月甲戌（十八日），总督漕运侍郎吴桂芳奏：淮水向经清河合黄河趋海。自去秋河决崔镇、清江一带，正河淤垫，淮口梗塞，于是淮弱河强，不能夺草湾入海之途，而全淮南徙，灌山阳、高宝之间。向来湖水不逾五尺，堤仅七尺。今堤加至一丈二尺，而水更过之，此从来所未有也。议防湖堤以杀水势，部言堤虽可防，而不能必水之不涨。欲水之不涨，必俾淮有所归，而后可宜。令漕运衙门严督司道熟计其便，报可。

八月癸亥（八日），河复决崔镇。

闰八月乙酉（一日），时河决崔镇。河道都御史傅希挚议堵筑决口，束水归漕。漕运侍郎吴桂芳欲冲刷成河，以为老黄河入海之路。持议各异，部覆运道关系尤重且急，崔镇决口听河道衙门及时堵筑，俾水归漕。其老黄河入海之路，俟水势稍定，会同议奏。报可。

戊子（四日），时徐州河淤淀，宿、邳、清、桃两岸多决。淮水为河所迫，徙而南。高宝湖堤大坏。于是工部都给事中刘铉建议，南河郎中不便顾理淮北，请添郎中一员于淮、徐适中处，专治淮黄一带河道。其徐、吕二洪主事可并一员。上谕：工部近来偶以一事，辄便增官。增之不便，又议裁革，殊为轻事。添设部员及先年河漕当地分管之议，本欲责成，反滋推诿，并议以闻。部覆：国家特设总督漕运大臣，则凡有关于运务皆其责也。又设总理河道大臣，则漕河自张家湾直抵仪真，黄河自河南、山东上源至淮安入海，皆其地也。与其画地分管之异同，孰若漕河之各供厥职之画一？宜各遵颁降敕书行事。惟若郎中一员专治淮北，裁吕梁洪主事，即令郎中带管，则无增官之费，而有得人分治之益。从之。

九月乙丑（十二日），升总理河道都察院右佥都御史傅希挚为右副都御史巡抚陕西。

戊辰（十五日），以巡抚山东都察院右佥都御史李世达总理河道。

十一月壬戌（十日），先是，嘉靖三十二年以前，黄河由小浮桥，后徙由沛县飞云桥，继由徐州大小溜沟以入闸河。四十四年河大决，改由秦沟出口，以致茶城岁患淤浅，至是复南趋小浮桥故道。河道都御史傅希挚以闻，奏下所司。

十二月癸巳（十一日），漕臣吴桂芳奏高邮湖土石二堤、新开越河南北二闸，及老堤加高石层，增设护堤木城各工竣事。报闻。

是年，漕抚侍郎吴桂芳命主事张誉、知府邵元哲等增筑山阳运堤，自板闸至黄浦，长七十里，闭通济闸，建兴文闸。及修新庄等闸，筑清江浦南堤，以御湖水。加河岸以御黄淮，加清江闸以便运舟之牵挽。（《南河全考》卷下）

是年，漕抚王宗沐筑高家堰。

是年，河决曹县韦家楼、砀山县张家屯。（嘉靖《山东通志》卷一八）

## 万历六年（1578）

正月辛未（十九日），升总督漕运兼提督军务巡抚凤阳等处兵部左侍郎吴桂芳，为工部尚书兼都察院右副都御史总理河漕提督军务。万历帝以当事诸臣意见不同，动多掣肘，以致日久无功，遂以此事专属桂芳。

二月庚寅（九日），初，河淮泛溢，漕粮甚艰，科道官及总河诸臣建议，或谓海运甚便，或谓河道无虞，纷纷不一。至是户部覆议，谓先年海运事宜一一规画停妥，如每岁河道不梗，仍从河运。不然，即照海运旧规成法，酌量举行。不报。

丁酉（十六日），升刑部右侍郎潘季驯为都察院右都御史兼工部左侍郎总理河漕兼提督军务。

乙巳（二十四日），户部题黄淮为患，总理河漕吴桂芳已于正月十八日兴工筑堤，数万之夫云集待哺，银粮不可一日有缺。所请南京户、兵二部库贮粮剩马价银两各支一万两，及户部速将见年每帮漕粮奏请准留八万石，行漕运衙门分贮沿河各仓支用。从之。

三月己卯（二十八日），升原任总理河道提督军务都察院右副都御史李世达巡抚浙江。

四月壬寅（二十一日），刑部右侍郎潘季驯疏辞总理河漕，上以河漕多虞，总理重任，不许。

丙午（二十五日），工科都给事中王道成题：当今之事莫急治河。日者黄淮水发，势且滔天，以数千里之巨浸，而仅泄于云梯之一线，于是南北并受其害。谓宜塞崔镇之决口，筑桃宿之长堤，修理高家堰，开复老黄河，仍严督当事诸臣务在疏通壅滞，庶几有济。

五月辛酉（十一日），以高邮湖堤告成，赠恤原任工部侍郎吴桂芳如例，淮扬海防副使程学博等十员升赏有差。

六月乙巳（二十五日），总理河漕都察院右都御史潘季驯条陈治理六事：一曰塞决口以挽正河，二曰筑堤防以杜溃决，三曰复闸坝以防外河，四曰创滚水坝以固堤岸，五曰止浚海工程以免糜费，六曰寝开老黄河之议以仍利涉。部覆如议。上曰：有防治河事宜，既经河漕诸臣会议停当，着他着实行。各该经委分任官员，如有玩愒推诿、虚费财力者，不时拿问参治。

七月壬子（三日），工部覆总河都御史潘季驯等奏：河工浩大，须多官分督。往年一逢升迁，竟自代去，以致钱粮不明，勤惰莫稽。今后凡有升调，留待工完，将经手钱粮并其勤惰稽查明白，方许离任。

己巳（二十日），总河都察院右都御史潘季驯疏奏，复故河其利有五：盖河从潘家口出小浮桥，则新集迤前一带河道俱为平陆，曹、单、丰、沛之民永无昏垫之苦，一利也。河身深广，受水必多，每岁可免泛滥之患，曹、单、丰、沛之民得以安居乐业，二利也。河从南行，去会通河甚远，阔渠可保无虞，三利也。来流既深，建瓴之势易涤，则徐州以下河身必因而深刷，四利也。小浮桥之来流既安，则秦沟可免复冲，而茶城永无湮塞之虞，五利也。议下所司。

乙亥（二十六日），总督河漕都御史潘季驯等题：宝应湖于本年六月内陡起暴风骤雨，将本工复行冲决。盖由河上诸臣期以苟且了事，而但为目前之谋。惮任劳者，莫亲版筑之务；巧避怨者，不严程督之功。钱粮虚糜，而冒破之核不行；功筑弛坏，而偾事之罪不加。稍有一篑之功，便侈大以竞赏；脱有溃决之误，则遮防以托逃。若不因此重加究治，何以示惩？万历帝遂命河漕衙门着实参奏。

八月癸未（四日），开朱辉港、钥匙河、清江等处为粮船湾泊。其工费即于两淮赃罚及河工银两动支。

己亥（二十日），总河都御史潘季驯题，徐州小浮桥以上一带河浅，查得河南归德府新集地方下至徐州二百五十里，原系黄河故道，欲乘今一并开复。已而工科给事中王道成上言，治河而疏上流，诚为探本之论。然而挽淮流北障河决，则其工巨矣。动众八万，费逾八十万金，则其用糜矣。工费已大，事之究竟尚有不能逆睹者，其底绩则甚难矣。而欲并开数百里之上河，即使诸臣不计劳逸，不避利害，窃恐国家财用终属有限，万一漫为而不效，将若之何？不如揆势度理，就中权缓急而图之，乃为计之得也。上命下其章于所司。

九月，总河都御史潘季驯题准：命官砌宝应八浅石堤共长八十五丈六尺，修复淮安新旧闸坝，迁通济闸于淮安甘罗城南，以纳淮水，故道尽复，漕运通行，山、宝、高、兴、盐等处沮洳之地尽为稼穑之场。（《南河全考》卷下）

是月，总河都御史潘季驯题准，命郎中张誉、海防道龚大器、扬州府同知韩相等筑高堰堤长六十里，内砌大涧口等处石堤三千一百一十丈，柳浦湾堤东三十余里，西四十余里。先是，万历三年，淮决高堰、宝应，而山阳、高、宝、兴、盐等处汇为巨浸，运道梗阻。总河都御史潘季驯行相视，筑堰起武家墩，经大小涧，至阜宁湖，以捍淮东侵。筑堤起清江浦，沿钵池山、柳浦湾迤东，以制河南溢。于是淮毕趋清口，汇大河入海，海口不浚而通。（《南河全考》卷下）

十月丁酉（二十日），先是，总河都御史潘季驯、漕运侍郎江一麟交章论徐州道副使林绍治河无状。既而绍揭季驯，谓遥堤不当筑，决口不当塞，天妃闸不当闭，而徐北雁门北阵一带浅阻可虞。其议相左，各相论列。部覆：绍应罢黜，季驯、一麟身膺重寄，不宜摇惑妄议，以替初心。万历帝然之，命林绍冠带闲住。

庚子（二十三日），给总督河漕工部尚书兼都察院右副都御史吴桂芳祭葬，寻赠太子少保。

是年，议塞崔镇口，因筑遥堤，束水冲沙。其南岸自三山头至李字铺，长二万八千五百五十八丈，又自归仁集筑横堤，至孙家湾，长七千六百八十余丈。又于桃源县马厂城筑堤，长七百四十丈，以遏南奔入淮之势。其北岸自谷山至直河长九千四百六十四丈，又自古城至清河长一万八千四百十丈，建崔镇等滚水石坝四座，以缓泛溢之水，使不能溃堤而出，河流乃安。（《明会典》卷一九六）

## 万历七年（1579）

六月，两淮盐运司同知黄清卒于任。黄清，上饶人，以运同治高宝河堤，积劳死于宝应之宁国寺。盖上官忌而挤之水以没也。请在宝应筑土石二堤，支河工银四万余两，锱铢磨算，上下皆不得欺冒，嫉之甚。时已积劳，得呕血病。水次谒所司，令人密蹴其板坠下。救起，死矣。寻复苏，掖入城，凡二日气绝。盖万历七年六月初二日也。年五十八，奏闻，有良工苦心难以名言之语。（《涌幢小品》卷一一）

七月戊申（四日），赠两淮盐运司同知黄清为陕西行太仆寺少卿，以河工效劳死事也。

庚戌（六日），总理河道潘季驯、总督漕运江一麟题称，淮安一带黄淮灌入，运渠高垫。且闸水湍发，启闭甚难。查照平江伯陈瑄所建清江、福兴、新庄等闸，递互启闭，以防黄水之淤。又于水发之时，闸外暂筑土坝遏水头，以便启闭。水退即去坝用闸如常。议欲修复旧规，并请特旨垂示各闸，使势豪人员不敢任情阻挠。部覆从之。

八月乙酉（十二日），户部题覆密云漕粮俱属额饷，往时自通州水运，仅止牛栏山。又自牛栏山陆运抵镇，岁费脚价繁多，居民骚扰。因潮、白二河可以通漕，节经督臣修治，二水汇合，河流已盛。又因同知卫重鉴建议，自通州径运至密镇，无倒卸起剥之烦、掺和偷盗之弊。

万历八年（1580）

二月戊戌（二十八日），河工告成，工部开叙效劳诸臣，上降旨褒赉之。加总河潘季驯太子太保，升工部尚书兼都察院左副都御史，荫一子。升总漕江一麟都察院右都御史兼户部右侍郎，各银币同季驯赐。敕奖励加漕运总兵灵璧侯汤世隆太子太保。先任山东巡抚赵贤户部尚书，张学颜工部尚书，曾省吾等俱升俸级，赏银币有差。

三月甲辰（五日），以河工告成，命太常寺属官赍告文香帛，付总理河漕等官祭告大海河淮之神。

闰四月乙巳（七日），以河工告成，分别效劳诸臣，拟加升工部郎中佘毅中等级衔。得旨：今后凡奉特旨以功升级，及添注管事各道，遇有员缺，不论资俸即便推补，以副朝廷核实劝功之意。

丁未（九日），改张纯为山东按察使，整饬徐州等处兵备。纯原为水利副使，以河工成，升二级为按察使。其原管水利事务并归徐州道。

五月丙子（八日），命挑浚白沟河，以便运船，从科臣王道成请也。

丁亥（十九日），总理河漕潘季驯奏复漕河旧规。六月初旬于通济闸筑坝，九月初旬开坝，下所司知之。

庚寅（二十二日），工部奏请疏河渠以通水道。京城北有海子，南接玉河桥，东有泡子河，西有河漕，各街俱有长沟，中城有臭水塘。此皆各通脉络，今多壅塞，且有侵占者，乞逐一清查，给银开浚。

六月辛酉（二十三日），吏部以总督漕河员缺，会推山西巡抚高文荐、四川巡抚张士佩。上以河漕职任繁重，宜用重臣，乃命凌云翼以兵部尚书兼都察院右副都御史，往同潘季驯经理未尽事宜。寻改季驯为南京兵部尚书，仍令候九月间水落事宁，具奏赴任管事。

万历九年（1581）

五月乙亥（十三日），户部题覆凤阳抚按凌云翼等奏称：淮安府属安东县治滨临河海，嘉靖间河决草湾口，水势直趋该县，田土淹没。后虽筑塞，冷沙淤积，不长五谷，前巡抚吴桂芳有废县之议。今两河工完，草湾口渐复淤塞，而士民安土重迁，俱不愿废。废县必须设兵，反滋多事。县治仍旧存留，惟一应差粮须破格优处，乞严敕该县掌印、治农等官用心抚绥，设法招复，勿滥准词状，以生骚扰；勿过索供费，以肆诛求。如三年之内，民安地垦，县官疏荐擢用，不职者即行参处。疏入允行。

戊子（二十六日），吏科给事中顾问言：滹沱河每遇夏秋水涨，漂流庐舍，淹没民田，不可胜纪。请将饶阳、河间以下水占之地悉让为河，动支该府节省并赃罚银两召募夫役，挑凿河身，使水有所容，创筑堤岸，使水有所束。从之。

六月丙辰（二十四日），巡仓御史顾尔行条议水次三事：一谓小滩水次向因河南粮户赍银至彼买米，致奸棍营求包揽，插和不堪，宜行禁戢。一谓遮洋海船年久损坏，宜行修葺。一谓运官率多衰老不堪，宜加慎选。部覆如议。

七月壬戌朔（一日），总督漕运凌云翼言：茶城至留城一带运道咽喉，节因黄水倒灌，停淤渐高，运船率多浅阻。已督行司道兴工挑浚，乞照往年事例，暂停进贡船只。支用钱粮，俟工完核实具奏，章下所司。

是日，总督漕运凌云翼奏称：仪真闸税宜酌水势，不必拘泥取盈。其瓜、仪各闸坝应归并南河郎中管理，不必添设主事。部覆如议。云翼又言：茶城至留城一带运道咽喉，节因黄水倒灌，停淤渐高，运船率多浅阻。臣已督行司道，兴工挑浚。乞照往年事例，暂停进贡船只支用钱粮，俟工完核实具奏。章下所司。

## 万历十年（1582）

三月己未朔（一日），增筑保定府雄县横堤八里，工食取诸修城余银。造河间府任丘县东堤，自满堂村至吕公堡二十里，工食取之裁省浅夫银。

辛巳（二十三日），先是河漕总督凌云翼言：清江浦河堤，夹邻黄河，迩来水势南趋，淤沙日被冲刷，恐黄河决口，运道可虞。欲于城南窑湾自马家嘴，历龙江至杨家涧，出武家墩，另开新河以通运道，并请遣官往勘。给事中李廷仪、吴倌言：今日治河之事，宜开新河以避黄流，守旧堤以固清浦。武家墩不可开，新坝不可筑，事势昭然，遣官覆勘，徒滋道旁议耳。部覆：给事中言皆是。

四月戊戌（十一日），户部题：漕粮远者六七千里，近亦四五千里，往河道阻塞，运粮多虞。皇上轸念，国储归并河漕督臣专责，各省巡抚及添设御史通行巡察，各兵备划地分修，故迩年道路疏通，不逾春月，俱达天津，北至白河，咫尺京师，反不能依期抵坝，何也？一则起剥甚难，一则浚河不力。盖剥船仅八百，每船不过百余石，每剥往返须两日。

三百余万之粮，必欲尽用剥船，恐剥船已尽，河涨无期，转盼伏雨时行，陆运既阻于泥泞，入仓又难于晒扬，虽捐轻赍而尽用之，亦安望米色干洁无浥烂耶？宜令仓漕各衙门严行沿河承委州县官，令其昼夜驻扎临河，各分信地，督催堤夫、浅夫挑浚白河一带平河漫流浅阻，务期深阔无滞。报可。

六月壬子（二十六日），新开永济河成。长四十五里，建闸三座，费银六万余两，河槽总督凌云翼以闻。上以其费省而工速，赏银币有差。

七月辛未（十六日），直隶巡按杨楫题：入夏以来，雨泽愆期，济宁、临清一带闸河浅涩。提督泉源工部主事马玉麟将南旺湖北开座闭塞，借水南流，致北流之水粮船浅阁。兖州府管河通判詹谘一筹莫措，阻误粮运，且本官物议沸腾，官守有玷，应分别罚处。仍行各管河分司官将南旺、马场、安山诸湖逐一清查原界，集募人夫开浚深广。其减水闸坝查有损坏，即行修葺，务要以时蓄泄，永保运道。部覆：夺马玉麟俸三月，降詹谘闲散，其修湖储水系济漕要务，共依议申饬行。

是月，河涨，坏民田舍及伤人畜无数。（光绪《清河县志》卷四）

## 万历十一年（1583）

正月辛未（十七日），浚韩家口引渠出徐州，以河防报竣，升砀山县知县刘守谦俸一级

二月辛卯（八日），以总督漕运兼管河道太子少保兵部尚书兼左副都御史凌云翼为兵部协理京营戎政。

三月己亥（十七日），工部覆漕运尚书凌云翼题称：徐州戚字港溜急，运艘难行，开新渠建闸境山废闸曰梁境闸，新河中闸曰内华闸，新河口闸曰古洪闸，乞移咨吏部，于梁境闸专设闸官一员，内华、古洪二闸共设闸官一员，并铸给条记。从之。

十月己酉（一日），以漕河高堰工完，赐尚书潘季驯、原任兵部尚书凌云翼等赏赉有差。

戊午（十日），工部覆总督漕运户部右侍郎傅希挚，奏清江浦至西桥一带堤岸当黄淮扫湾之冲，近年黄流日刷，堤根单薄，万一啮决，则运道生民俱受其害。今将旧堤亟为修砌，限万历十二年秋黄水未发之先报完，完日将工费核实奏缴。从之。

是年，徐、萧河溢，大水冲没符离桥。（嘉庆《萧县志》卷一八）

## 万历十二年（1584）

三月，高邮东、通、兴、化各场运盐东河一道，堤岸久圮不治，民田一派汪洋，盐艘纤防稽阻。知州邵梦弼通详河盐各院，创筑东堤，屹然高峙，北下低田尽为沃壤，盐船行人俱称便涉，商民诚两利焉。

六月己酉（四日），漕运总督李世达言河工告成敷陈善后事宜，下工部。

七月壬午（八日），漕抚李世达恭报堤河工完，部覆赏各银两有差。

九月丙子（三日），南京右佥都御史赵焕奏高宝湖堤大坏，乞敕宪臣督理。章下都察院。

戊寅（五日），漕运总督李世达题，黄河日进，乞修砌郡城石堤，以图永赖，章下工部。

是月，都御史李世达会同按盐二院题准，命郎中许应逵等挑宝应、氾光等越河三十六里，南北闸二座，往来船只永避湖险。先是郎中杨最曾奏开不果，至是给事中陈大科上疏，极言利害，始有是役。明年河成，赐名宏济。后以闸水湍溜损船，改平水闸。（《南河全考》卷下）

十月戊午（十六日），漕运总督王廷瞻奏宝应新开越河分为三工，每工司道二员相兼总管。报可。

## 万历十三年（1585）

五月丙戌（十六日），巡抚凤阳兼河道右侍郎王廷瞻奏：凤、淮、扬三府徐、泗等八州县频年灾沴，河役烦兴。请自今年始，备用马价俱照万历九年事例派征。

六月壬子（十三日），宝应越河工成。先是宝应有氾光湖，素称重险，国初平江伯陈瑄筑石堤于湖之东，蓄水以为运道，上有所受，而下有所宣，因决为八浅，汇为六潭，则兴盐诸场皆没。而淮水又间从周家桥漫入，汹涌排空。万历十年一日而毙者千人，十二年粮艘溺者数十。总漕李世达、按臣马永登、盐臣蔡时鼎议于石堤之东开越河，以避其险。乃命工科给事中冯露往视之。河身长一千七百七十六丈，凡为石闸三，减水闸二，为堤九千二百四十丈，石堤三千三十六丈，子堤五千三百九十丈，费公帑二十余万，民不知役。总河王廷瞻以闻，赐名宏济。

七月戊子（十九日），论宝应河功，河道都御史王廷瞻升户部尚书，兼官巡抚如故；总督漕运太子太保灵璧侯汤世隆加少保；中河郎中许应逵加正四品服俸，京堂内推补先任；中河郎中陈英、主事罗用敬、兵备副使莫与齐各升一级；海防兵备按察使舒大猷升一级，照旧致仕。故曹储左参政冯敏功赠太仆寺卿，淮安府知府张允济升服俸一级，与尚书杨兆、王遴、李世达、何起鸣等各赏银币有差。因诏以后河功边功，疏中不得叙内阁辅臣。

八月，都御史王廷瞻、行郎中许应逵包砌高邮防城堤杭家嘴六百丈，又小湖口堤五百三十丈。工成，邮民至今永赖。盖以宝应越河大工剩有余料，从许应逵之请也。（《南河全考》卷下）

闰九月戊戌朔（一日），起兵部右侍郎杨浚民为户部右侍郎总督漕河军务巡抚凤阳。

是年，河决范家口。时淮城几为鱼鳖，亟议修筑。（光绪《淮安府志》卷五）

## 万历十四年（1586）

五月癸卯（九日），云南道监察御史毛在题：臣巡按贵州，事竣报命，路由运河，见水道浅涩，粮艘壅滞，当事诸臣随事料理，悉心计议，粮船之进不宜专急于过淮过洪，先须通其咽喉，使闸河无碍。上令该管稽查整理。

是月，河决范家口，水灌淮城，全河几夺。又决天妃坝，福兴渐淤。上廑宵旰，遣科臣常居敬督塞之，续又加筑范口石堤，全河复故。（《南河全考》卷下）

十一月辛丑（十一日），河南抚按官衷贞吉等题：中土灾沴，百姓流离。欲将开封等府地方湮淤河渠动支仓库银谷，小民愿自出力者，通行修浚，并建设闸坝，以备旱涝，以为兴利聚民之政。工部议覆。上从之。

## 万历十五年（1587）

正月戊戌（九日），刑科给事中李国士上言：先年河决桃源崔镇口等，与高家堰黄浦浅诸处，徐、邳间俱成巨浸，赖旧总河臣潘季驯创建遥堤，修闸坝，筑堰口，导泛滥东归云梯关入海，五六年来无水患。顷秋水霪潦横流，河决范家口凡百余丈，诸臣用力葺塞，稍得缓流，可用决排之力。若春涨波涛汹涌，新塞之口必决。值粮运未过之日，深为可忧。非严饬该衙门官员乘时修治不可。上曰：河渠岁修，先年漕臣题有旧例，着该衙门严督所属用心，毋得怠弛。

四月乙亥（十六日），户部覆两淮巡盐御史陈遇文条陈，海州旧有蔷薇河一道以通临，供兴庄盐运。乃年久淤塞，遂致绕道东海，方达淮安，中间苦难较前十倍。乃自窑湾起，至周家堰共长二千六百三丈五尺，工价银共一千二百五十四两九钱七分五厘。此处挑浚，有便盐运。允之。

七月丁未（二十日），苏松常镇所辖诸县俱飓风骤雨，数月不息。洪水暴涨，漂民庐舍无算。诏各府钱粮蠲免停折有差。

戊申（二十一日），凤阳抚按杨一魁等各题：淮、扬二府属高邮等六州县、富安等十五场俱被湖堤积水淹没田地，议设建闸疏水，计估工费银五万四千七百七两。户、工二部如议覆奏。报可。

八月癸亥（六日），工科都给事中常居敬等题：开封等府陕州、灵宝等州县自七月初十等日霪雨，黄河泛涨，冲决堤防，漂没人畜。乞敕河南、山东凡有河道地方除管河副使专理外，各于巡道照所管地方分主督理，卷埽筑坝，补隙塞决，明立赏罚，昼夜并工，务俾安澜，无贻漕患。工部覆奏。从之。

十月辛酉（六日），先是黄河暴发，将原修镇河堡西岔河大堤并拦水堤冲决。巡抚以闻，夺督工官指挥陈勣等俸半年，仍条四事，曰酌堤防、储柴草、专责成、宽期限。从之。

丙子（二十一日），工科都给事中常居敬陈河道事宜：一、开报之当时。议令管河司属各官将河道有无通塞、河工有无修举，俱季报部科，以便查考。二、钱粮之当稽。议令河道诸臣一切岁终经费，年终明开条件，具疏奏闻。奏册清册部科备照，庶因钱粮以稽河工，而虚冒之弊可免。三、责成之当严。议令管河府州县官查照典制，各住分管地方，不许别项差委。督抚管河司道时常巡视，督率修防。遇有涨决，一面具报，一面兴修。如废职怠事，即据实参奏。四、河臣之当择。议令河道原缺，容本部查司属中才望相应者咨送吏部，勿泥资序。部覆如议。

十一月辛卯（六日），诏河道堤防节年修筑不坚，以致冲决。该管官五年内者巡抚夺俸三月，道官降俸一级。内养病致仕者不许推用，见论劾者从重议处，余年远者姑免究。

十二月丁卯（十三日），工部题泉河闸坝事宜：将卫水先尽漕运，勿以灌溉相妨；茶城口务保万全，勿以苟且塞责；坎河口作何捍御，使蓄泄可恃；管泉官作何责成，使职守不隳。至闸河禁例奉有累旨，一应官民船只待积水而行，有违抗争先者，毋问官豪势要，径呈本部，以凭参治。从之。

甲申（三十日），工部覆督理河工给事中常居敬，议于大社集南新修月堤之内，复取土填实深潭，再加修筑，以联旧址。次将大社集以东至白茅集百余里堤，照旧增修。其茅家潭、三尖口等处决口，与东明县护城堤并议修筑。土方工食俱于该府库贮蒿草及存粮银内如数动支。上从其议。

是年，决祥符刘兽医口，决兰阳铜瓦厢，后决封防原武，又决长垣之大社集、毛家口、茶城。（《续文献通考》卷八）

是年，黄河又决荆隆口，冲溃长堤，入长垣、东明二县，寻塞之。后二年，复创筑遥堤长二千九十丈，以防涨漫。（《南河全考》卷下）

## 万历十六年（1588）

二月乙丑（十二日），工部题覆：沁水入黄河，卫水入运河，其来已久。顷者沁水决木栾莲花口而东，督河杨一魁有因决济运之议，谓沁水方决，其势悍，塞之难固，而导沁入卫，其势便而助运易，固一说也。及科臣常居敬往勘，会抚臣衷贞吉、按臣王世扬议，谓卫辉府治卑于河，藩封新建，恐决开，而势不可御，有冲激之虑。且沁水多沙善淤，入漕恐反为患，不如坚筑决口辟河身，以吐南行之气，而卫河急加疏浚，下民间引水灌田之禁，尤完计也。诏从勘议。

四月己未（七日），工部覆科臣常居敬条上漕河事宜：一、严启闭以杜淤浅。请申饬山阳、通济等闸三月初运毕，即为封锁。瓜洲二闸俟苏浙运毕封锁，官私船只照旧车盘，势豪干挠者法无赦。二、催粮运以谨河防。谓四月黄水生，则河波骤发，漕粮俱二月终尽数过淮，则坝可筑，而白粮一运每至愆期，不得不缓坝以待之。宜督所司填注限单，务令漕白二粮次第过淮，以便修筑。三、议钱粮以助河工。谓河工银岁额三万，而费至六七万。每以不敷停修，贻害不小，宜核所在逋负，立限追解，无为墨吏积胥所没，以致匮竭无措。四、稽工料以资实用。谓运河延袤千有余里，岁用桩草绳苘灰石之属，皆河工急须，而名实不相覆。上下因循，恣为奸弊。宜慎加厘饬，及修筑未久旋报奔溃者，追还料价。五、重修守以谨河防。盖治河如治边，防水如防虏。边臣守边，有叙劳之效，而河臣奔走风涛，拮据之苦，视边臣尤甚。宜于岁终，分别纪录，三年类题，果有成劳，予之优擢。则人心竞劝，而河防益饬。上依议。

五月丙戌（四日），勘科常居敬疏：新运已临，天时亢旱，再条八事。一浚泉源以资灌注，二复湖地以预潴蓄，三筑汶河以防渗漏，四建闸座以便节宣，五设闸官以肃漕规，六给关防以重事权，七严筑坝以便挑浚，八复夫役以备修防。部覆如议。

十一日，敕谕都察院右都御史潘季驯：该科臣建议先年河道原设有总理大臣，近年裁革，分属各该巡抚官兼管，事权不一。目今河患不常，工程重大，要将原官复设，简择熟知河务任事大臣管理。该部议覆相应，兹特命尔前去总理河道，驻扎济宁州，督率原设管河、管洪、管泉、管闸郎中、员外、主事，及各该三司军卫有司、掌印管河兵备守巡等官，将各该地方新旧漕河，并淮扬、苏松、常镇、浙江等处河道，及河南、山东等处上源着实用心往来经理。遇有淤浅冲决、堤岸单薄、应该帮筑挑浅去处，务要先事预图，免致梗塞。并查先年工部题覆事宜，一一着实举行。合用人夫，照常于河道项下附近有司军卫衙门调取应用。其各省直岁修河工钱粮，悉听通融计处动支。所属大小官员，果能尽心河务，功迹昭著者奖荐擢用；敢有不服调度、怠玩误事，及权豪势要之家侵占阻截，并违例盗决河防，应拿问者径自拿问，应参奏者指名参奏。其余开载未尽及河道紧要事宜，悉听尔便宜处置。其有干漕运抚按衙门事体，公同计处重大者，奏请定夺。每年终将修理过河道、人夫钱粮，照例备细造册，画图贴说奏缴。其南直隶淮扬、颍州、徐州，山东曹濮、临清、沂州，河南睢、陈，北直隶大名、天津各该地方军务，亦听尔兼理。其各兵备道悉听节制，务要防护运道，永保无虞。尔为重臣，受兹委托，须殚心竭虑，输忠效劳，务俾河道安流，粮运无误，斯称委任。如或处置乖方，以致误事，责有所归，尔其钦承之，毋忽。故谕。（《河防一览》卷一）

六月己未（七日），勘科常居敬奏，黄河故道开复甚难，宜罢役，而訾家营支河之议起。

癸酉（二十一日），勘科常居敬上《修理河道图考》。报闻，《图考》留览。

七月戊寅（二十七日），工部尚书石星题：山东、淮扬一带河道，应修应筑，如总河潘季驯、勘科常居敬所议，添设镇河闸，接筑塔山缕堤，清江浦草坝，创筑宝应西堤石，砌邵伯湖堤，疏浚里河淤浅，增设柳浦湾料厂。此当在淮扬兴举者也。查复南旺、马踏、蜀山、马场四湖，建筑坎河滚水坝，加建通济、永通二闸，查复安山湖地，此当在山东兴举者也。地里寥远，工程浩大，宜将郎中罗用敬、副使周梦旸等分地责成，御史不时稽察，而总河大臣仍亲自查阅，工坚可久者从实奏报，推诿误事者即时参处。上是之，仍谕河工，着各照分定地方，用心管理，上紧完报，不许疏玩。

九月甲子（十四日），驾幸石景山，欲观浑河。趋召辅臣（申）时行等三人及定国公徐文璧、临淮侯李言恭飞骑而至。帝已御河岸幄次，临流纵观，目时行前，曰："朕每闻黄河冲决，为患不常，故欲一观浑河。今水势汹涌如此，则黄河可知。"时行对："浑河来自西北，古称桑干河是也。从此出卢沟桥至直沽入海，水涨时亦多汹涌，至如黄河发源昆仑，自积石、龙门汇淮入海，冲决之势，不啻数倍。黄河每一溃决，远至数千里，自徐州至淮安属当运道，所关最重。"帝曰："行河官，应恪乃职。"时行对："近奉诏委任责成，并知警惕。"上曰："经理须要得人。"时行对："皇上留意河道，任用旧人，一时在任皆称谙练，不敢轻率误事。"帝首肯，言须得人者再。时行对如谕。立良久，乃下。命从官先诣功德寺候驾，仍赐酒馔。

十二月甲申（五日），添设河南开封府同知一员，驻扎荆隆口；祥符县丞、荥泽主簿各一员，专管河务。

是年，都给事中常居敬题准增修镇口闸一座。先是山东汶泗清流势必假道茶城出口汇黄。自隆庆四年至万历十一年，每为黄流倒灌，稽阻重运。漕抚尚书凌云翼议改漕河于古洪出口，建内华、古洪二闸，递为启闭，以避黄淤。前年黄水大发，河与闸平，淤塞甚远，挑浚称难。至是，居敬请建前闸，去河仅八十丈，以行粮运。自开洳后预行挑浚，专备回空。（《南河全考》卷下）

是年，在板闸、清江、福兴、通济、新庄各闸傍俱开月河一道，避险就夷，以便漕挽。

各闸先年以上隔黄沙倒灌之患，下以便节宣之揽。近来黄强淮弱，五坝不通，闸座不闭，以致沙泥内浸，伏秋水溜，漕舟上闸，难若登天。每舟用牵夫至三四百人，犹不能过。用力急，则断绳沉舟。（《天下郡国利病书》稿本第一一册）

## 万历十七年（1589）

三月甲子（十七日），工部言：运河水源浅涩，全赖南旺、蜀山、马场等湖蓄水接济。嘉靖间，兵部侍郎王以旂筑大堤，封为水柜，年久圮废。往年科臣常居敬踏勘，议于南旺湖筑长堤，蜀山、马场湖各筑子堤。今总理河臣潘季驯言水势弥漫，长堤、子堤俱在湖心，难以施工，宜将嘉靖年间旧堤培筑高厚。其纳水处所不便筑堤，仍密栽柳树，以为封界。报可。

五月己未（十三日），诏修守清江浦运道。

六月癸巳（十八日），总理河道潘季驯言：黄水暴涨，汹涌异常，冲开兽医口月堤者一，漫出李景高口新堤者一，冲入夏镇内河，没坏田庐，溺死居民者一，其余或水与堤平，或堤不没者尺许，势且不测。科臣张养蒙等因言前此工程培之未高，筑之未坚，以召此患。部议咨行河道，督率各官筑塞增修，要使束水归漕。又以河臣驻扎济宁，去河南千余里。该省抚臣咫尺黄河，本院先经题覆，凡仓卒有患，则抚臣一面相机筑浚，一面驰报河臣议处。得旨：堤完未久，遽有冲决，显是修筑不坚，经管官各夺俸三月。

是月，黄水大发，合睢水注县城，平地丈余。（康熙《睢宁县志》卷九）

八月己卯（四日），漕运总督舒应龙等条议漕务五事：一、渡江期限。下江、浙江原有挑河银一万两，今则什不及一，以致苏、松一带，里河浅涸。宜每岁秋尽筑坝之时，尽行疏导，使漕艘得以及期渡江。二、分任委官。原差监兑主事，难以周历浙江，坐委府官巡行水次，下江四府，亦宜遴选府佐。三、量复徐淮仓。国初，俱民运至淮、徐、临、德四仓，以军船接运入京、通二仓。宣德以后，始兑拨附近卫所，名为兑运。国家两都并建，徐、淮、临、德实南北咽喉。今临、德尚有岁积，而徐、淮二仓，竟无颗粒。请自今山东、河南全熟之时，漕粮、预备本色全征上仓，计临、德已足五十余万者，仍旧上纳二仓，亦以积至五十万为止。四、远船起剥。粮船赴北，向以张家湾为住泊起驳之地。至隆庆四年，议由通惠河至石、土二坝。请自今到湾，悉听船起泊。五、灾伤勘报。地方灾伤，例由巡抚报巡按勘，户部据灾以议蠲折，拘守成例，未免耽延。如抚臣缺，按臣即许代报，按臣缺，别差御史即为代勘。部议言：临、德二仓，因发赈一空，今查运暂住漕粮，候收足五十万石外，摘发徐、淮二仓上纳。起驳一事，固不可必欲抵坝，亦不可专待起驳，遇淤浅即驳，再驳之后，令母船随抵坝，余各如议。从之。

十一月辛酉（十七日），巡抚应天右副都御史周继言：上海县李家浜、老鹳嘴筑塘包石，以捍海水；武进县横林等处淤浅已甚，运河泥底尽露，筑浚之功不可缓。据所用工费在筑海塘，计该银八万两。在开运河，该银六万两。乞于南京帑银内给发，责令趁时兴工。工部覆：内外匮乏，大工并举，恐非所宜。南京帑题发已四十万两，亦难再请。合候水利工完，渐次举行。漕河果系淤塞，应行挑浚，即于河道漕运衙门修河正项银两动支。报可。

是年，总河都御史潘季驯修建邵伯湖石堤一道，长一千二百八十丈，补旧石堤六百十三丈。（《南河全考》卷下）

是年，河决双沟、单家口。于是专议筑赵皮寨至李景高口遥堤，筑将军庙至塔山长堤，筑羊山至土山横堤，河防幸无事。（《续文献通考》卷八）

是年，河由李景高口决，冲月堤，入睢陈故道，寻塞之。其明年，自赵皮寨起，至本口加筑遥堤长二千三百二十九丈，以防浸溢。（《南河全考》卷下）

是年，草湾河大通，安东始岌岌焉岁罹昏垫之患矣。（雍正《安东县志》卷七）

## 万历十八年（1590）

七月庚申（二十一日），以南京河渠工完，叙有功员役。侍郎张槚等升赏有差，仍诏以其余银，岁修河渠。

十月癸巳（二十五日），总理河道右都御史潘季驯引年乞休，不允。

十二月壬申（四日），原任工部尚书朱衡治河有功，土人立祠。至是都御史潘季驯请加修葺，改为敕建祠宇。从之。

是年，河水大溢，徐州水积城中者逾年。众议迁城改河，潘季驯濬魁山支河以通之，起苏伯湖至小河口，积水乃消。（乾隆《灵璧县志》卷四）

## 万历十九年（1591）

二月己巳（二日），总理河道都御史潘季驯再疏乞休，两经票拟，俱不批发。大学士申时行等以漕运将行，河防甚急，本官既已告病，恐因循误事，为患匪轻。具题请旨。

壬辰（二十五日），河道都御史潘季驯因病乞休，吏部题覆催请三次，工部催请一次，大学士申时行等先曾揭请俱不报。时行等恐误河防，或妨运道，复具疏题请。

三月乙巳（九日），总理河道潘季驯议以镇口闸去河甚近，虽淤，易为疏通，宜照旧道挑浚。科臣复称引众议，欲开月河，以分水势，通苏洵湖，以导积水。部覆，上命河漕等衙门勘议妥当具奏。

庚申（二十四日），总理河道潘季驯题称，河防吃紧，伏秋为严。而臣三疏乞休，病已阽危，须着司道官画地巡行，如有疏虞，照地参究。从之。仍着在任调治，用心经理督察。

闰三月己丑（二十四日），兵部题右都御史潘季驯议称，漕河自溜沟至姜家桥一带堤岸，系运舟牵挽必经之地。因在湖中，屡遭风浪冲塌，宜用石包砌。每三里留水门一道，计用银九千四百四十两。于岁修并轻赍米银内动支。着如议行。

四月辛酉（二十六日），工部覆礼科给事中胡汝宁言，徐州河患乘冰消之时，宜修培。依议行。

五月癸酉（九日），总督河道都御史潘季驯议开魁山支河，条议四事：一、甃石堤以固保障。二、设长夫以备修守。三、改堤夫以专疏浚。四、信法令以防淤阻。部覆俱依议行。

七月丁卯（四日），镇口一闸遇挑浚时，粮艘民船停留数日。巡漕御史贾名儒请将本闸之东有新开支河处，再开一口，建闸三座，名为东镇闸，与西闸递相启闭，使挑浚行舟，各不相碍。其工费取办岁修银内，乞作速勘议。

十一月癸亥（一日），工部题河道都御史潘季驯条议：浚河湖以利漕渠。谓自夏镇闸迤南起，经李家口等处挑开里河一道，计七十余里。从满家闸西筑拦河一坝，使汶泗上源之水尽归新挑河，不得泄入诸河，以致势分力弱。又于李家口设减水闸，以泄沛县积水。将仍前议新砌湖边石堤移建东岸，以当风浪。则新河既可隔绝湖水，砌石又可捍御河堤。于运道民生所利非浅。但工费浩大，合依所议，备行淮扬抚按官查勘，另行题请。着依拟行。

辛亥（十九日），工部尚书曾同亨等奏：今秋河决山阳，堤田冲溃，及江都邵伯等处湖水下注，州县浸伤，皆由管河各官怠误修守。科臣朱维藩欲特设巡河御史一员督理，宜即敕管河各官务要着实修守。有怠误者，会总河衙门参究，不必另设宪臣，以滋劳费。从之。

### 万历二十年（1592）

正月甲戌（十三日），工科都给事中杨其休言，河臣潘季驯勋茂劳久，呕血骨立，被言请告，当允其归。且泗城防勘议既枘凿，工亦旁午，老成谙练如舒应龙，精心任事如吕坤，二臣用一，可以集事。上命吏部知之。

二月戊申（十七日），改南京兵部尚书舒应龙为工部尚书，总督河道管理军务。

三月庚辰（二十日），南京兵部尚书舒应龙疏辞总河新命。上以黄河为梗，淮水积湮，着即赴任。会科臣勘议，不允辞。

七月乙丑（八日），原任兵部左侍郎兼右佥都御史万恭卒。

九月乙酉（二十九日），工部覆总河舒应龙、漕抚陈于陛、勘河张贞观、按臣曹楷、王明会题先年议开盐河海口，泄湖水，固运堤，分为东西北三工。今东工告竣，北工有绪，惟南工钱粮缺乏未举。而东工尚当浚港开支，北工改挑取直，南工开新河，浚旧河，通计工费一万五千八百两。议动运司挑河等银，及先复江都三塘，以验灌溉，乞行总河督抚、科院诸臣，照限兴工报完。诏可。

十月丁亥（一日），兵部覆议给事中张贞观言，淮扬运地咽喉，徐邳则由海入江之径道，宜再募土兵一千，合瓜、仪等兵，增一参将，专驻扬州。再于徐、邳募土兵一千五百，量与各卫军丁训练，以备调发。报可。

是年，河决狼旋、磨脐二口，山水俱发，邳宿、安东悉沈釜底。（咸丰《邳州志》卷六）

## 万历二十一年（1593）

二月甲午（九日），起补广西副使杨德政于河南，专管修河。

三月己卯（二十四日），升兵部车驾司署郎中事主事于若瀛为河南佥事，专管修河。

五月丁卯（十四日），工部题覆：漕河防守向在伏秋，今不意春雨异常，自济宁暨淮、湖一带，堤岸冲决，关系非细。近该河臣舒应龙奏，在济宁上下湖水涨溢，则议筑堽城闸坝，以遏汶水之南，开马踏湖月河口，以导汶河之北。在淮、扬之间，则议开通济闸旁月河土坝，以及文华寺前一坝，以杀水势。且欲帮筑湖堤，开泄涵洞，广募夫役，早派委官，及责成府州县掌印官，俱目前事势所不容已者。而科臣刘弘宝一疏，尤有深虑。疏内原拟各款逐一举行，以图万全。从之。

是月，河决单县之黄堌口，一由徐州出小浮桥，一由旧河达镇口闸。（《南河全考》卷下）

七月甲寅（二日），先是工科都给事中刘弘宝等题：总理河道尚书舒应龙题霪雨异常，疏请赈沿河各州县。至是工部覆，淮、徐一带被水灾民，敕抚按作速勘实，破格蠲赈。不允。

八月甲申（三日），总理河道舒应龙疏：五月既望以来，大雨倾注，河流涨溢，邳州城邑业已陷没，高宝等处湖堤冲决。及今修筑，其要有四：一、优夫役，宜从宽估。二、亟赈贷，冀发帑金及所积金花银。三、溥圣惠，徐淮数郡，山东、河南二省均乞遍及。四、专委任，在假河臣便宜。下所司议。

九月甲子（十三日），旌表邳州河决负亲避溺孝子廪生张缜，从巡按李时华请也。

万历二十二年（1594）

正月丙午（二十七日），给事中桂有根言：河工雇额月给银一两，足以供事者少。倘增额广募，自可计日告成。至如性义岭当兖徐之交，河臣舒应龙议开渠泄昭阳等湖，以免金、鱼各县之沦涨，杜运河堤岸之冲决，令抚按速行勘报，以数万金量增雇直，则兴工随以寓赈。部覆从之。

二月乙卯（六日），户部郎中华存礼请复老黄河故道，并浚草湾。工部侍郎沈节甫以为复者诚难轻议，浚者似或可从。乞命总河委官查勘，兼查与原题腰铺工程利害孰多，事体孰当，费孰省。疏内所称桃源四坝及小河口、董家沟等处，浚塞是否可行。又言近来河患在于河身日高，高在清口则淮水不得出，而为祖陵忧。故开腰铺者，所以使黄让淮而安祖陵。高在镇口，则闸河之水不得出，而为运道忧。故开韩家庄者，所以泄闸河之水而保运道。然皆补偏救弊，臣部日求治本之策而未得，乃议者纷然，多不可行之事，宜概覆停。万历帝允之。

癸亥（十四日），直隶巡按綦才奏称：淮安通济闸乃漕运咽喉，请浚闸左旧河，更开闸右新河。三闸并出，获利而免害。又请加培左畔大堤。部议行总河，相度从之。

庚午（二十一日），工部覆总河舒应龙疏，言河工已有次第，请停止月报，通候工完，类奏钱粮。其委用官员甄别议处，上以应龙忠勤候，特旨优叙，余官分功罪具报。

六月，黄水大涨，清口沙垫，阻遏淮水不能东下。于是挟上源阜陵诸湖与山溪之水，暴侵祖陵，泗城淹没。（《南河全考》卷下）

九月己卯（四日），以总督河道工部尚书舒应龙回部管事。

壬午（七日），升兵部左侍郎顾养谦为工部尚书，总理河道。

戊戌（二十三日），韩庄新河成。总督河道工部尚书舒应龙加太子少保，赏银币。管闸主事尹从教、管河参政海淳、参议邵以仁、同知罗大奎等各升赏纪录有差。

万历二十三年（1595）

二月丁未（四日），诏以南京都察院右都御史杨一魁升工部尚书兼都察院右副都御史总督河道。

庚戌（七日），工部覆奏：河防工竣，经管各官会核勤惰既明。今将扬州等府同知等官刘不息等、高邮等州正官许一诚等、山阳等县正官何际可等，各优叙纪录，其各州县佐领、武职另行奖赏，并失事应戒者，俱请旨举行。从之。

先是，万历二十三年，决高家堰、高良涧。郎中詹在泮等严督官夫筑塞，仍又加石甃砌。三月，总河杨一魁会礼科给事中张企程并抚按会题分黄导淮，至是行委郎中詹在泮等开桃源黄坝新河自黄家嘴起，至五港灌口止，分泄黄水入海，以抑黄强。导淮辟清口沙七里，建武家墩泾河闸，泄淮水由永济河达泾河，下射阳湖入海。又建高良涧减水石闸，子婴沟、周家桥减水石闸，泄淮水一由岔河下泾河，一由草子湖、宝应湖下子婴沟，俱通广洋湖入海。仍恐淮水宣泄不及，南注各湖为患，又挑高邮茆塘港通邵伯湖，开金家湾下芒稻河入江，以疏淮涨。按金家湾在邵伯南五里许，乃通芒稻河入江之捷径也。是年既开一十四里，以至芒稻河，复建减水石闸三座，由芒稻河通江一十八里，亦建石闸一座，于是河淮有所宣泄云。（《南河全考》卷下）

六月癸卯（二日），总理河道工部尚书杨一魁以御史秦懋义论其力薄不堪艰巨，乃上疏乞罢。

十月丁未（八日），留江北凤庐等府漕粮二十四万石，为河工挑浚口粮，仍留太仓助工银十二万两抵折，亦以江北被灾故也。

是年，上发帑金五十万，役山东、河南、江北丁夫二十万，诸役毕大举。其明年秋，工告成，淮果出清口，而水患以宁。是役也，当潘公季驯导治未久，淮、黄尚由故道，特黄以暴涨侵淮，稍分之，足以杀其势，功不在导淮也。而周桥之开，遂为后世厉阶焉。（康熙《扬州府志》卷六）

是年，决高邮中堤七棵柳，郎中詹在泮等严督官夫筑塞。（《南河全考》卷下）

## 万历二十四年（1596）

四月甲辰（八日），户部覆总督褚铁奏摘陈紧要河工。上曰：河工重大，夫役待哺，钱粮不敷，准借与盐银五万两，令工部作速补，还仍截留漕米六十万石济用。

八月丁酉（二日），命管理河北郎中黄承玄挑浚南旺等处运河。

辛丑（六日），礼科左给事中张企程题，祖陵防患宜固，河流分泄当亟，乞将前勘应开下流诸工俟秋冬农隙集夫兴举，其一应开泄入海白驹场等处河道，都俟再勘，不妨暂停以省劳费。章下工部。

壬寅（七日），部覆总督河道工部尚书杨一魁条议分黄导淮事宜事：一议放湖水以疏漕渠。盖高宝诸湖原系沃壤，自淮黄逆拥，冲决汪洋。即岁加堤障，犹多昏垫。今入江入海之路既浚，分黄导淮之功已成。应于泾河、子婴沟、金湾河诸闸，并瓜、仪二闸，并为开治，大启湖水就湖，疏渠与高宝越河相接，既避运道风波之险，而水涸成田，给民莜种，渐议起科，以充河费。

九月戊戌（五日），工部奏河工告成，宜加叙录以酬积勚。如杨一魁、褚铁、李戴、沈思孝、徐作、吕鸣珂、张天秩、乐元声、张企程、蒋春芳、杨俊民、荆州玉、张允济、杨光训等，及有司官共效赞襄，俱应分别升录荫叙。

十一月己亥（七日），吏部题原任郎中黄承玄驻扎徐、睢，兼管吕梁洪、徐州洪事务。报可。

己未（二十七日），工部覆总督褚铁黄堌口速行疏浚。报可。

十二月己巳（七日），工科给事中杨应文奏，勉留漕臣褚铁，与河臣杨一魁同心协理。章下工部。

丁丑（十五日），河道尚书杨一魁奏，酌复漕河旧制。谓黄堌口一股由虞城、夏邑接砀山、萧县、宿州，至宿迁出白洋河，一小股分萧县两河口，出徐州小浮桥，相去不满四十里，且系先年河经故道，所当疏浚，与正河汇，接济运道。夫役之用，集山东、河南徐邳徭夫二万，限止两月，更于镇口闸以里诸湖之水通放，与小浮桥二水汇，则黄堌口不必塞，而运道益无阻滞之患。部覆如议行。

## 万历二十五年（1597）

正月壬寅（十一日），时河决黄堌口，有言宜塞者，有言不可塞、不易塞、不必塞者，议无画一。于是议浚小浮桥沂河，筑口以济徐、邳运道，以泄砀、萧弥漫，砌归仁堤以护陵寝。而总漕尚书褚铁上疏，极言堌口宜塞，纵不能尽塞，亦宜量为节制，不则全河南徙，害将立见。续行巡盐巡漕御史亲诣一勘。工科给事中杨应文言，堌口旁泄，害大浮桥，引水利微，一浚诚为永赖，则口可无塞。如仅为一时权宜，则塞口宜急请敕令酌议的确。部覆从之。

三月庚子（十日），赠管河主事袁光宇太仆寺少卿，以其治河积劳也。

四月，江都运河南门二里桥一带水势直泄无蓄，为盐漕梗。该巡盐御史杨光训题请檄扬州府知府郭光复开，自二里桥河口起，入西折而东，从姚家沟以入旧河。自四月兴工，八月告竣，名宝带新河，民漕便焉。（《南河全考》卷下）

八月甲申（二十六日），山东乐安小清河水逆涌流临清砖板二闸，无风起大浪。

是年，临淮知县陈民性建议会同指挥赵允昌申请钱粮，于滨淮一带创石堤以捍淮水，至万历二十七年知县萧如蕙任上，堤始告成，东西三百一十余丈，亘如长虹，全城赖以无恙。（康熙《江南通志》卷五四）

是年，河复决单县之黄堌口，溢于河南之夏邑、永城界，经宿州之符离桥，出宿迁新河口，入大河。半由徐州入旧河济运，而二洪告涸。于是总河尚书杨一魁大挑李吉口，以挽黄流。河成寻淤，接管总河尚书刘东星复开李吉口，疏徐、邳运河，然黄堌未塞，河流未畅，漕艘终属濡滞。（《南河全考》卷下）

## 万历二十六年（1598）

三月庚子（十五日），工部题覆工科给事中杨应文议开泇河之疏，大略谓：顷自堌口一决，黄河南徙，徐、吕而下几于断流。于是开李吉小浮桥等处及镇口以下，建闸引水以通漕，目前似无可虞矣，然非永久之计也。泇河北接汶、泗诸水，东受沂蒙诸泉，其源本不易竭，而岸高土坚，又能束其流，而使之不漫。即有湖也而涯涘可循，即有石也而罅漏可凿。隆庆间，河臣翁大立、万历间河臣傅希挚尝议开而不果。若以河道岁修之费而用之于此，事半功倍，一劳永逸。臣固以为泇河宜议也。科臣之言良有深见，但事在彼中，难以遥度。宜咨河臣及巡漕等各御史勘议可否，以为行止。报可。

六月丙子（二十三日），起刘东星为工部左侍郎兼都察院右佥都御史总理河道，提督军务兼管漕运。东星循行泗堤，谓阻漕治在标，决河治在本，两利而并存之，议开赵渠。盖商丘、虞城以下至于徐州，元贾鲁故道也。嘉靖末北徙，潘季驯议开之，计费四百万而止。及河决单县，黄堌口稍通成渠，惟曲里馆至三仙台四十里如故，东星因欲浚之。又自三仙台至泗州小浮桥开支河，又浚漕河起徐、邳，至宿，费可十万缗。（《明史纪事本末》卷三四）

## 万历二十八年（1600）

正月己巳（二十五日），总理河道工部右侍郎刘东星疏辞河工，恩命不允。

是月，总督河漕尚书刘东星檄郎中顾云凤、署道事扬州府知府杨洵，督夫开挑邵伯越河长十八里，阔十余丈。十一月又挑界首镇越河长一千八百八十九丈七尺，各建南北金门石闸二座。其邵伯越河，又建减水石闸一座，迄今官民船只永避湖险。（《南河全考》）

九月辛丑朔（一日），工科都给事中王德完条上漳流北徙二变二患三策，言河决小屯，东经魏县、元城，抵馆陶入卫，为一变，其害小。河决高家口，厮二流于临漳之南地，俱至成安县东吕彪河合流，经广平、肥乡、永年，至曲周，入滏水，同流至青县口，方入运河，为再变，其害大。滏水不胜漳，而今纳漳，则狭小不足收束，巨浪病溢，而患在民。卫水昔仰漳，而今舍漳则细缓，不能扫卷沙泥，病痼，而患在运。塞高家河口，导入小屯河，费少利多，为上策。仍回龙镇至小滩，入卫费巨害少，为中策。筑吕彪河口岸堤漳水运道，固不资利，地方亦不罹害，为下策。中杂引汉事为证，而末复力荐原任知县刘宇、郎中樊兆程。章下所司覆议，三策总治漳之建画，与利害之更端，容资漕河部院逐一从长计议，务使国计民生一举有赖。报可。

壬子（十二日），原任户部尚书褚铁卒。诏赐祭葬如例。

十二月辛卯（二十二日），工部覆直隶巡按佴祺所奏三议。其白塔河之复，漕船回南，既免风波之险，又与盐政关税无妨，复之诚便。泇河之开，盖用黄河为漕，有利有害，用泇河为漕，有利无害。但泇河之外，若由微山、吕孟、周柳诸湖伏秋水发，不无风波之险。冬春水涸，未免浅阻之虞。必须上下另凿漕渠，建闸节水，庶几通漕悠利。漳河之引已经具题，奉旨咨河漕督臣会同保定、河南抚臣，督率司道，查议具覆。相应并催，务期引漳会卫，以图永济。允之。

## 万历二十九年（1601）

四月甲申（十七日），工部尚书杨一魁等言：今岁经月不雨，徐、邳一带粮运浅阻，乞敕河道官员讲求长策，务期克济。从之。

是月，工部覆河道尚书刘东星本，有曰：河、淮交变，北遏茶城，南侵陵寝，故议开黄家嘴分杀下流以导其去。复因黄堌口决至九十余里，工不可必，费不可继，故议开赵家圈、三仙台等处，疏瀹上流以导其来。今值天道亢旱，经岁不雨，源头既微，来流日少。此浊河之役，旋挑旋淤，非人力之未至，实水性之不可强为耳。惟徐、邳一带运道咽喉，目今粮船浅阻，关系匪细，相应移咨总河衙门及各官作速踏勘赵家圈、三仙台、李吉口上流，不及有无旁溃，果否壅塞，应否开浚。或另寻别道，引水润漕，以救目前之急。今泇河工程既有次第，一面添夫并力速成，务期克济。（《续文献通考》卷三八）

八月丙寅朔（一日），总理河道工部尚书兼右副都御史刘东星以病笃乞休，命在任调理。

九月乙未朔（一日），工科左给事中张问达言：漕运之期，兑支过淮过洪各有定期，抵坝抵湾，不逾五月，而回空之船亦无冻阻。自黄堌口之决而南徙也，徐、邳三百里之间几至断流。河臣乃议开赵家圈，以黄河故道不及四十里，接引黄流，下通三仙台支渠，出小浮桥以入运河。赵家圈告竣，复采旧议，开泇河，舍黄流，引汶、泗山川泉源之水，以为运道。便宜经久之谋，心亦良苦。然地多沙石，工尚未就，而赵家圈日就淤塞，因而断流。徐、邳间三百里河水尺余，粮船停阁不行者几一月矣。

及入闸河，又多浅阻，临清以北河流甚细，此一万二百七十余艘，相与争一线之水，而不能速进之故也。夫粮船抵坝迟故交纳迟，交纳迟故回空又迟。入秋徂冬，不可不及时治，以为明年接运之计也。伏乞敕下该部，设法起剥，早令南还。而河臣刘东星宜问其病之果否，酌议去留，则河道可通，而漕务有赖矣。章下所司。

己亥（五日），命总河诸臣踏看河道及时定议以闻。

壬寅（八日），河南巡抚曾如春奏报河决萧家口等处。先是，开封、归德二府大水，商丘蒙墙寺黄河水发、冲决萧家口百余丈，全河尽皆南注，原行河身顷刻变为平沙。商贾舟不暇解维，尽置平沙之上。蒙墙寺向在南岸，徙置北岸，商丘、虞城多被淹没。如春又云，此河之决徙也，非决也。科臣张问达言，黄堌口在徐、邳上流，而萧家口又在黄堌口之上流。二十一年，河决黄堌口，由赵家圈等处疏浚，以济运道。已而赵家圈又塞，徐、邳三百里几至断流。今萧家口之决，河深沙平，而商舟即置平沙之上，未有商舟不行于萧家口而能行于黄堌口以东者，明岁之运船与今岁回空之船可无虑乎？乞命河道诸臣从冲决源头下至徐溪口、符离桥宿迁县小河口汇流处所，逐一查勘，详议料理。万历帝是其言。

癸丑（十九日），工部尚书兼右副都御史刘东星卒。

十月戊辰（四日），工科给事中张问达言：治河于初坏之日犹易，治河于极坏之后则难。昔之难止泗州陵寝，今治陵寝而又兼运道。且运道一坏于漫视黄堌口之决，不早杜塞，再坏于并力泇河，以致赵家圈之淤塞断流，河身日高，河水日浅，而萧家口又冲决于黄堌口之上，全河奔溃南下，直由浍河入淮，渐至涨漫，势及陵寝。今刘东星已逝，总河重臣急宜推补。令酌议缓急，先为堤防疏导，以为目前祖陵、明年新运之计。继殚力挑浚旧河故道，或寻别道通运长防，庶几数年大坏之河工可以次第修举。奉旨：黄河横决，恐侵泗州祖陵，且妨运道。河漕大臣既缺，着便会官推举，克期赴任。一面行文与各巡抚多方料理，无得坐视水患。

十一月甲寅（二十日），大学士沈一贯言：臣接御史高举揭帖，内言河漕利害，窃谓其言可采。盖京师受天下转输岁以巨万计，第恃一线漕河耳。今年春夏间，徐州一阻而二十万粮遂不入仓。若不急图妨害，明年运事不小。三辅内地所在告荒，太仓之米不支一年。至于银库罄竭如扫，倘有脱巾而呼者，何以弭之？总河大臣已经屡推。伏承皇上垂问黄河事情，臣闻黄河谓之神河，冲徙不常，最难测度。先年所决之处，似难一一责问。今第宜及早命官，不惜财力，以收后效。今日廷臣即推河南、凤阳二巡抚，正因二臣见在地方，易于到任故耳，唯望圣明加意简择。原票臣难轻改，时万历帝以黄河南决，责问往日河臣，故一贯回奏云。

## 万历三十年（1602）

正月丁酉（四日），工部请给总河右侍郎李颐敕书，得以便宜行事。许之。

壬寅（九日），署工科右给事中田大益言：黄河为患已极，治河失时日甚，请亟将杨一魁罢削勘处，严督李颐星夜到任。不报。

己未（二十六日），增设漕河道一员，以霸州兵备参政汪可受升山东按察司，专管其事，从总河都御史李颐议也。

二月甲申（二十一日），升河南巡抚曾如春为工部右侍郎兼都察院右佥都御史，总理河道提督军务。

闰二月甲午朔（一日），凤阳巡抚李三才议治河紧急之策。镇口闸起至磨儿庄，仿闸河之制，每三十里建闸一座，依时启闭，以济新运。及坚城集至镇口闸，止挑浚河渠，约费银十九万有奇。须留漕粮，乃克济事。工科驳，因何留粮，今太、通二仓不足两年支放，万一他变，尤可寒心。工部调停两说，覆请浚河建闸及留漕粮等事，令总理巡抚悉心讲求，担任行之，许便宜处置，动用兴工，毋得推延误事。

癸丑（二十日），工部尚书姚继可疏言：河南巡抚曾如春留户部漕折等银两修筑汴堤，虽为河道计，实为漕运计也。查先年分黄导淮之工，该部曾协济银十二万两。则今日之议留正与旧例相合，本部之未经咨会者，盖缘春汛狂澜横溢，陵运关系匪轻，筑堤之役时刻难缓。若候会议可否，未免各拘己见，耽延时日，有失事机。且堤不筑，则河不治，河不治，则运不通。运既不通，漕粮自不能飞渡，仓廪又何能充实？于时即归咎河渠之为害，恐亦无及耳。以此推之，即缓急相济，固无不可者。但该部既不欲通融，而河工又值紧急，岂有坐视待困之理？备查该省额解钱粮如漕折之外，尚有别项勘动者，当另设处，无损边储。设或并无应用钱粮，则在总河便宜动用，以充堤费，俱非臣等所敢遥度者。诏是之，曰：河工紧急，钱粮令总河及巡抚设处便宜动用。

三月，河决蒙墙寺，入归德府商丘、永城南徙，而河与淮汇，入洪泽，有关陵麓，总河侍郎曾如春开挑王家口。至明年秋，工垂成，而单县苏庄之河又大决矣。（《南河全考》卷下）

四月壬寅（十一日），总理河道都察院右都御史李颐卒。

五月，高邮北关小闸口溃决长六丈，本司郎中顾云凤筑塞之，仍加砖石，包砌坚固。（《南河全考》卷下）

六月辛卯朔（一日），工部尚书姚继可以佥事汪光岸备陈开泇河之利，知州俞汝为疏内又极言泇河不必开，请命总河、总漕及巡按、巡漕、巡盐各御史同勘议，果事半功倍，永赖可期。即速鸠工，以济粮运。如或山多石梗，工凿难施，不妨明白议止，并力故道以节财力，详妥具题。报可。

是年，河决荆隆口，山左抚臣建议以天下莫非王土，决南则见北，决北则见南，河不能两据也。今河趋于宋，但迁民而避之，赈其贫者。即以宋为河，纤毫不费，而河已大治矣。河南抚臣贾丰抗疏争之，庙堂忧及陵寝，卒就丰议，浚新河六百里，强之北徙。大工之役，破中人之产数百万家。大工之后，继以瘟死者又数百万家。

## 万历三十一年（1603）

正月乙丑（八日），工部言山东巡抚黄克缵奏开王家口，固为得旨；而塞蒙墙口，亦属急务。盖王家口为蒙墙上源，上源既达，则下流不宜旁泄。下流泄，则沙易壅。沙既壅，则上源溃决之虞必有所不免者。宜命总河酌覆。从之。

是月，工科都给事中白瑜等以总河曾如春揭称河工见在银七十万两，尚欠三十万两，钱粮不继，恐尽弃前工。因上言，国家既欲会帝乡陵园之气，又欲漕江南百万之粟，挽全河而归之故道，皇上何爱三十万，不为陵寝、民生永远计乎？且河程四百里而遥，其钱粮分管当先立碑碣，自司道以下承管诸官，某人某地一一勒，名若开归地方，防堤与防边同，增卑倍薄，岁有修银，候人番卒各有疆界，与其查参于后来，不若严核于今日。碑碣分树，功罪自明。不报。

是月，吏部防推河道将各衙门所举汇名上请，上命李化龙以工部右侍郎总理河道，且曰：河工重大，着便星驰前去，不必例辞。

是月，工科右给事中宋一韩请急会总河，并简用河南巡抚。上以河工紧急，令李三才就近暂管候代。其河南巡抚事务关系河道者，该省巡抚暂与管理。

是月，工部尚书姚继可题：总河应照边镇事体，令江北、河南、山东等处巡抚官悉听节制，载入敕书，一体遵行。其藩、臬有司等官，有所推举抚按衙门相同，俱准正荐，玩忽不遵者不时参治。从之。

三月丁丑（二十一日），初清口陡涸，运艘不前，御史蒋以化、淮抚李三才各疏闻，并请宽过淮过洪之期，许之。仍命行总河酌议。于是河臣曾如春言：水涸之故，大都因淮黄交汇，河底冲刷，深且五丈，外低内昂，势不能伏沤，而上陡涸，病根皆原于此。今所恃淮南高宝诸湖之水，臣檄行封闭甚早，不令旁泄，北引接运，颇有余资。以故司道诸臣欲因便于高宝湖水，而建闸浚渠，节宣用之，正永乐中陈平江已然之明效也。目前济运似无逾此。工部如议覆上。从之。

四月戊戌（十二日），巡按直隶御史杨廷筠以天降阴雨，水势增长，清口可无浅阻之患。万历帝闻，下部知之。

五月戊寅（二十三日），原任川贵总督李化龙辞总河新命，上不允，且以河工甚急，令速赴任。

七月丁丑（二十三日），户部覆仓场总督议河流大溜，势必至于冻阻，请先严谕沿途诸司限五日一报，催督过粮船数目，其边粮出关，即使提帮前进，他船不得阻挠。上可之。

八月丁亥（四日），工部覆管通惠河主事议，将通湾、天津一带白河，委官调集各属，额派浅夫，设法挑浚，务深四尺五寸。所挑沙土即于两岸筑堤，以防水发。俟挑完果有成效后，着为令。每年粮运将到，预先料理疏浚。其各浅浅夫依议裁减。余者征银贮库，至各属额派桩草柳栽旷工等，俱按季交收从之。

十二月乙巳（二十四日），工科都给事中侯庆远因河臣李化龙议开泇河属之直河，以避河险，而商费颇啬，期功太速，遂上疏曰：泇之不可不开也明甚，舒应龙、刘东星业已再试之而利矣。然开泇之工虽不得比绩安平，其视南阳之役则不啻等而过。为安平费至巨万，南阳改浚百四十里，为费四十万有奇。泇河上下二百六十里，殆又倍之。费止二十三万，何其啬也？夫底阔三丈，舟不得转，又不得方，不太狭乎？期以四月告成，不太迫乎？往以百万开王家口而尽委之泥沙，今尺寸见功而靳于二十万，不太失权衡乎？则争其深阔，缓其事期，倍其估数，督河悉虑深计。计部水部协力助输，陛下主其断，专任而责成之，令得展布四体，力图永逸，如所谓开峒头，经落马北岸，直指宿迁，永谢河伯之梗，勿徒托之空言也。又其地多冈麓，水行易迅，必岸深底平流缓，而后水可停蓄。蓄极始为溜以宣之，而仍拦以闸，水庶其不匮也。每闸必阔为月河，令可容百艘，庶其可避水涨败舟也。冈水易浅，必相其可以潴水之处，令容纳细流，以备接济，庶其不一泄而尽也。往议取道于湖，今避浅遵陆，宜多其入漕之口，仍遮以堤坝，令逶迤乃下，庶免暴涨之虞也。泇河成，而治河之工可以徐图，但不病漕与陵，则任其所之，稍防疏焉，而不必力与之斗。然河不可纵之入淮，淮利则洪泽水减，而陵自安矣。至所在堤防支口，与其张皇于临期，何若预谨于平日？府臣宜岁六巡其信地，俟其当筑导者而早报之道臣、督臣。道臣岁四巡，酌而早报之督臣。督臣岁二巡，期以春秋之杪，以定一岁大计，而岁一一闻于陛下，以听处分，而释南顾。如漕规岁一会议，例着为令可乎？下部知之。

是年，河决归德。都御史曾如春挑北河引河入淮。谢肇淛曰：当决归德时，所害地方不多，时议皆欲勿塞。山东、河南二中丞议论不合，廷推即以河南中丞曾如春总督河道，不使齐人有异议也。（康熙《河南通志》卷九）

是年，河决苏庄，冲入沛县太行堤，灌昭阳湖，入夏镇，横冲运道。（《南河全考》卷下）

## 万历三十二年（1604）

正月乙丑（十四日），工部题覆总理河道工部右侍郎李化龙疏请亟开泇河，酌浚故道，请遵照施行。及工科都给事中侯庆远亦题称共赞河漕大计事。部议泇河应挑，直河应建闸座，及筑堤应用钱粮，系议取用。如或原议所开河底不无欠阙，期日果尔大迫，经费果尔不敷，不妨照依科臣条议再为增益，以图久远。至科议岁巡岁报事规，尤为河工急切要务，各该府道督臣悉宜一体申饬。万历帝认为，泇河既屡经料理，端绪可成，遂命及时上紧分工开浚，务图久远之计。

是月，总理河道侍郎李化龙请开泇河口。疏言河自开封归德而下，合运入海，其路有三。由兰阳出茶城，向徐、邳，名浊河，为中路。由曹、单、丰、沛，出飞云桥，向徐沟，名银河，为北路。由潘家口入宿迁，出小河口，名符离河，为南路。南路近陵，北路近运，惟中路既远于陵，亦济于运。前河臣兴役未竣，然自坚城以至镇口，河形尚在。故为今计，惟循故迹，开泇河为便。上从之。九月分水工成，由直河入泇口，抵夏镇，凡二百六十里，避黄河吕梁之险，遂为漕道水利。（《明会要》卷七六）

二月己酉（二十八日），河道总督李化龙题开泇分黄两工并急。万历帝曰：河工既急，所请钱粮原经题允数内者，准就近借资，以济急用，其余令部议以闻。

三月乙卯（五日），户部尚书赵世卿言：河工用乏，宜动支徐州分司库贮商税，并漕米变价银四万四千三百三十八两协济。从之。

四月庚戌（三十日），工部尚书姚继可题：泇河业有成绩，泇成而漕可借矣。至于黄河冲徙，鱼鳖丰沛，若非因势利导，何以拯救元元？总河议于坚城集以上开渠引河，而下流多通。复分六座楼、苑家楼二路，而水势多杀。既可以移丰、沛之患，又不至沿砀山之城。行所无事，莫善于此。自今开泇分黄，两工并举，需钱粮若燃眉，除芦课五万两本部行南部查发外，其所望漕库马价等银乞敕各该臣工曲为体量速发，以济急需。上允之。

五月，河道总督曹时聘奏泇河一役，肇于壬辰之泄河水，辟于辛丑之达沂河，而避河凿石，遂成通津。则河臣李化龙之议也。上自李家港，下至直河口，计长二百六十里，已于去年四月尽行开通。粮艘之由泇而上者业五千余只矣。只缘张村集以下三十里直河，因其旧以为渠，意在省费。而不料水涨沙壅，舟行稍滞，兼之泇卑于直，其水逆流。土坝被冲，其水旁泄，遂不免为全河之累耳。续该前河臣督行司道等官相度地形，避高就下，自张村西南创开支渠一道长三十一里，下接田家口。去年所开旧河，其毛窝一段横穿浮沙二十丈，见用桩板厢护，内实老土。王市口之减水闸、台顿二庄之节水闸，与夫彭家口之滚水坝，一切易之以石。又自直河口以至刘家庄，但系浅狭，悉加辟浚。今三月二十九日工役告竣，放舟而入。臣由曹、单、丰、沛阅视黄流，周咨挽回之策。南趋凤泗，恭谒祖陵，东出灵邳，至于直口，见运船鳞集口外两旁者不下数百艘，督夫挽拽，不两日而尽。臣尾之而行。沿途测量渠水，皆深六七尺以上，不惟无去年沙浅之虞，即大泛口之溜亦已下建闸座，有所节蓄，而其势转平也。近据各官揭报，重船过王市口者至五月初三日已逾二千三十余艘，使此复鱼贯而进，无或脱帮，则运事之早于往年，当不止一两月矣。凡此皆前河臣李化龙经理就绪，臣受事之始，获睹成功，私窃庆幸。除增设闸驿官员与一切善后事宜陆续奏请外，谨先驰报以慰圣怀。疏下所司。

八月癸亥（九日），工科右给事中宋一韩以漕渠淤淀，及论旧河臣李化龙开泇之误，因言曹时聘意主大挑，庶几近之。乃责役于四百日之后，为计亦左，且夫以募集恐难久恃，乞下工部遣谕覆议施行。从之。

壬申（十八日），工部覆李化龙分水河成，故道渐复疏。得旨：分黄工役垂成，一切筑坝塞决等项，正系吃紧。各该抚按官务严行在河司道府县等官速并力修筑，刻期完报，以收一篑之功。有稽误工程，致贻后患者，不时参处。工完之日，自行优叙。

丙午（二十八日），河道总督李化龙奏报分水河成，粮艘由泇河者已过三分之二，由黄河大溜者止三分之一。旧者已坏，新者未成，而过洪曾不逾限，国之福也。章下所司。

是月，河道总督曹时聘以淮徐道副使卜汝梁挂冠长往，大挑在迩，亟须得人，议将漕河道按察司汪可受加衔改补。其漕河一道，即行裁革，以省糜费。及可受以忧去，复请以开封府知府冯盛明升补。下吏部覆议，从之。

是月，河决朱旺口及太行堤数处，民舍漂没，荡漾三载，河徙午沟始定。（光绪《丰县志》卷一六）

九月，工部尚书姚继可言：顷督臣所报分水河成，故道渐复，而又忽报单堤大溃，丰、沛荡离，鱼、济运道危如累卵。夫以此时报河工之就绪，即以此时报河流之横决。科臣所请在河之臣无不殚心筹划，以固守堤防，又未及随时呈报，以早图拯护。宜行总河覆核。上曰：河患冲决不宁，先着作速保护漕堤，毋令妨运。在河官员必因总河丁忧，玩弛失事，俱难逃责。着河道严查，分别以闻。仍连行督率，及今水落时，从长疏塞，以待新官之至。

十月甲子（十八日），大学士沈一贯等言：总河李化龙丁忧已逾四月，久留未代，而河道一役必须总领之。臣盖虽尧舜在上，不能遥断水事，必使伯禹尽力胼胝，迟之岁月，以责成功。今所推李三才、黄克缵、曹时聘，皆可用之才，望简命一人，庶不致妨明岁漕务。留中。

己巳（二十三日），吏部署部事左侍郎杨时乔题：黄河从东北来，顺而南则资运，决而北则妨漕。今据河臣揭行堤水高，再溃单县决口，北奔鱼台，不辨牛马，又南则决淮安之老堤西，则河南大浸。夫决在西南，特民生之昏垫；决在东北，实运道之咽喉，胡可缓计？且河已入鱼、济之北境，或不必尽东也。即东，而昭阳湖不必任受也。即东受，而李家口不必尽南也。先年张秋之决其殷鉴矣，乞速点总河大臣以资防御，谨题请旨。

癸酉（二十七日），升巡抚应天右佥都御史曹时聘为工部右侍郎，总理河道提督军务。

十二月丁巳（十二日），工部尚书姚继可言：泇黄之役不一劳，则不永逸。不捐四十万之金钱，二十万之夫役，必不能收万全。总河李化龙所议五河之支渠、王市之石闸，上紧挑砌；大泛口之溜、彭家口之浅，作速浚治，惟在新河臣速议。上曰：泇河着实浚治，以资新运。黄河应否大挑，新总理酌议具奏，宜速催赴任。

是年，总河尚书李化龙以为黄侵纤道，漕事可虞，于是大挑泇河，自直河口起，至李家港止，开拓二百六十里，漕船始由泇通行，以避黄险。本年秋，河由昭阳湖穿李家口，出镇口，全河上灌南阳，北薄新店。（《南河全考》卷下）

### 万历三十三年（1605）

二月丁卯（二十三日），总理河道少保兵部尚书丁忧李化龙奏：臣以过大行亏，延祸臣母。蒙皇上悯其忧苦，亟点新臣。又以河漕事重，命臣料理候代。臣思泇河业已通漕，但直河一段沙浅，韩庄、台庄、郗山一带尚多浅狭。因行司道官督率各府佐于直河之南，另挑支河三十里，于王市等处建闸三座，于彭家口、台庄等处各加展浚至一万二千三百丈，足行全运。臣之料理泇河者如此。报闻。

是年，总河侍郎曹时聘题准大挑朱旺，发河南、山东、直隶丁夫挑浚，由坚城集出徐州小浮桥，河长六万丈，至明年工完。于是河回故道，民生奠安。时聘锐意挽河，于是复请于朝发部寺漕折马价等银八十余万，以冬十月兴工，自苏庄至徐州，几二百余里，悉州县正官受役分地而浚之。州县官急欲竣事，其私派夫役，谓之跨夫。河垂成，惟徐州之上有八九里许未及浚，而苏庄逼近黄河，堤土单薄。忽从地下穿入新渠，震撼东下，不待放水也。流至未开处稍梗塞，遂泛滥于新河之外三四十里。然大势已定，可以堤约束之，而鱼、沛、单、济、金乡之水悉归大河，民免鱼鳖矣。未及论功行赏，竟以忧去。（《南河全考》卷下）

### 万历三十四年（1606）

正月壬午（十三日），署工部事刑部右侍郎沈应文言：挑河之役，三省直官统领二十五万众，鳞集河上，而所谓原估工费八十万，奉旨处给六十五万者，今户部止十七万，争执缩去三万五千；南京兵部十万，以省直久欠马价柴值抵去五万；南京工部三万两，以应天等府拖欠匠班织造等银抵数，均派有漕直省二十万，应天该银七万三千七百有奇，巡抚周孔教又以灾民丐免。而铨部事例复因酌议延阁，致令河臣皇皇无策，乞下明诏，一应允给之饷。未足之银应催应补者，俾令速赴河滨，以资急用，庶免他虞。上严旨命该部马上移文南京工、兵二部，各省直抚按照数措发，不得再有争执。

二月甲寅（十五日），河南抚臣沈季文奏：顷者大挑朱旺口，河南出夫六万外，加跨夫十二万，食用甚果多，恐临期缺食。况三省夫役猬集一方，河上米价每斗用银二钱二分，各夫工食几何，而能堪此？合将开、归二府逼近河工处所州县应解临、德二仓麦，折米扣留一万石，以救目前。即扣河工银八千两起解户部，以偿米价。从之。

四月癸亥（二十五日），大挑河工成。自朱旺口达小浮桥，延袤一百七十里，渠势深广，筑堤高厚，溃流复归故道。用众共五十万，费金钱八十万两。自十一月至今，历时五个月而功成，河道总督曹时聘上疏报闻，兼请建祠赐祭以旌河神，破格蠲征以酬力役。皆从之。

六月己亥（二日），郭暖楼人字口河决，北股至茶城镇口。直隶按臣黄吉士、漕臣陈宗契疏闻，下部覆议。署工部侍郎沈应文言：朱旺而上、徐州而下，旧河甚阔，悉百丈以至二百丈，今所挑新渠宽者不过三四十丈耳。广狭相悬，吞吐不及，势必盈漫。庞家屯乃河臣原题量挑以分杀水势者，虽有郭暖楼之溃，暴涨所乘，原非决裂而不可收拾也。目今行南股者十之七，行北股者十之三，滔滔大势仍趋新渠。且坝工止留六丈，官夫云集，畚锸立竢。待冲刷稍广，水势必杀。数丈决口，直一鼓舞之力。但两股并驶，势不两强。河性变迁，沧桑互易。且出之水不独萧县杨家楼一带，上下四方亦皆有之。转盼伏秋，宁无横决？则长河南北增筑新堤，修补行缕，不可不豫也。全河既已东注，恶溜必平。今双沟、梼栳之险未夷，尾闾不畅，上流终梗，明岁漕艘可又于治黄之后而尽由泇乎？是在河臣严饬各属虔始厚终，以收一篑。万历帝命河臣于应塞决口相机堵筑，务保万全。

八月辛酉（二十五日），河道总督曹时聘言：国家二百余年，自徐而下大都以河为运，迩来迁徙不常，数失其利，非二洪告涸，则诸溜难前。内外臣工蒿目腐心，莫不以无漕为虑。幸泇河一线，先河臣舒应龙创开韩家庄以泄湖水，而路始通。继则刘东星大开梁城侯行庄以试行运，而路渐广。比至三十二年，李化龙上开李家港，凿都水石，下开直河口，挑田家庄，殚力经营，行运过半，而路始辟。至三十三年二月内，该臣接管，见得改挑经始，运艘将临，立限严催，多方鼓舞，莫春首夏，接踵告完。是年行运者八千二十二只，今年粮艘七千七百六十五只，尽数渡泇，则泇之可赖，岂不昭昭在人耳目哉？然漕渠成矣，河官未设。闸座建矣，官夫未定。转输通矣，置邮未改。萑苻警矣，司捕未立。兼之闸禁未严，节宣失度，水利一泄，立睹胶舟。臣不敢亏一篑之功，广集众思，谬画善后六事以闻。其一，议以兖东道加管河二字，于原领敕书内管滕、峄二县河务，兖州府马捕通判及峄县县丞俱令兼管泇务，以便责成。其二，议以黄家闸官夫移之韩庄，留城闸官夫移之台庄，马家桥官夫移之顿庄，专司启闭。其三，议赵村为邳、宿适中之地，万家庄为邳、峄适中之地，各添设一驿，以便应付。其四，议于峄县台家庄地方添设巡简司，置巡简一员，弓兵四十名，以备干掫。其五，议禁势要人员不得恃强阻挠闸务，以节水利。其六，议补筑残堤，截削湾嘴，展辟隘岸，疏浚浅沙，以收全功。皆从之。

九月辛未（五日），河道总督曹时聘以朱旺决口既塞疏闻，因条议十事，分别为移置专道，增设河官，创筑堤防，建立铺厂，分别赏罚，久任责成，申明职掌，严禁挪借，议处河夫，除豁占田。工部覆如议。上谕部臣：连岁公帑民力俱竭于河上，役不可再，宜怀永图。既称大坝已成，全河东注，必使尽出中路，方保无虞。趁此秋涸，将一应南北堤岸尽力修筑，屹如山峙。自然水得所归，方堪永赖。所议十事，俱依拟。朝廷不惜懋赏，亦不事姑息，可即行与河上诸臣知之。

十月辛亥（十六日），荫原任总漕工部尚书刘东星一子入监读书，以议开泇河功成故也。

## 万历三十五年（1607）

二月癸卯（十日），工部覆议泇河善后六事，俱依议行，从总河曹时聘之请也。去岁漕河再决萧、砀之间，以巨浸为忧。自杨村集而下，黄堌口而上，再筑再塞，凡用夫二十万人，金钱八十万缗。至是乃言全河既已就轨，泇河委应厚终。开泇于梗漕之日，固不可因泇而废黄，漕利于泇成之后，亦不可因黄而废泇，两利俱存，庶缓急可赖。如谓南阳之患已去，而徐、邳之险可乘，异时有失，谁司其咎乎？因议筑郗山之堤，削顿庄之嘴，平大泛口之溜，浚猫儿涡等处之浅，建巨梁首冲之闸，增三市徐塘之坝，以终泇河未就之功。又议设河官，置官夫，建驿递，立巡司，严闸禁，加裁展，以成新渠。其后之务，大率皆切近，无甚糜耗。然亦自去岁冬月，三请乃下。

四月戊申（十六日），河道总督曹时聘疏言：夏镇分司原管闸河上自株梅，下抵黄家运渠，地方不过百里，自梁境以下，俱属中河，故责任差轻。自万历十六年，黄河盛涨，倒灌镇口，遂议将梁境镇口并丁家集缕堤尽属夏镇，责任已倍矣。然此不过百五十里之河耳。今泇河既开，自李家巷至刘昌庄，则系沛县。自刘昌下抵黄林，则入滕、峄之境，延长一百六十余里，悉系漕艘。使官仍主事，则品秩未崇；敕谕未颁，则事权不重。宜将夏镇主事改为郎中，颁给敕书，照中河事例，庶事权重，而臂指相联，漕渠永赖矣。章下所司。

七月壬寅（十二日），查核通湾所失粮艘，自闰月甲申以前，戊寅以后，屡有漂溺。

凡损船三十三只，米八千三百六十石。淹死运军二十六名，其沿河民户漂没者不复能稽。(《畿辅通志·祥异志》)

十二月甲子(六日)，总河曹时聘以泇渠告成，核实工费，再请录効劳官员。事下工部。

是年，河决单县东南，水势汹涌灌入，城北四十里一望汪洋，民舍漂流。(康熙《山东通志》卷一六)

## 万历三十六年(1608)

二月乙丑(八日)，工部再请覆核泇河工费，及效劳官员。旨命巡漕御史查勘，分别以凭激劝。

## 万历三十七年(1609)

三月辛丑(二十日)，总督河道工部尚书曹时聘卒。

十月乙丑(十七日)，巡漕御史颜思忠条议申饬漕规：一为建闸坝以竟前工。徐塘猫窝等处，流沙为患。先河臣议于阎家集、田家口、吴家冲建闸三座，以备蓄积。于徐塘河、王文沟、王市沟建石坝，以备分泄。于张村、长旺等口，各筑截河二坝，以遏流沙，至泇河之水，全借南旺、蜀山、安山诸泉，须大加疏通，令泉脉涌注。又沧浪水改从针沟口入泇，自源概委，亦济运之上策也。二为设官建驿，以保万全。泇河南北二百六十里，人舍稀少。议将徐州水驿移之泇沟，邳州水驿移之田家口。以兖州泇河通判移驻台庄，徐州管河同知移驻王市口，邳州管河同知移驻直河。每春夏行运之时，以徐州参将移驻猫窝，沙沟守备移驻韩庄，邹山地方声势相倚，河沟为之肃清矣。余核造船以资挽运，修潞河以济起纳，严法令以肃漕政。章下部。

戊辰(二十日)，巡漕御史颜思忠直陈新河可开之状。先是，议者以国家漕运专恃会通一河，欲更开胶河，以防不虞，会以人情不调报罢。思忠言，胶莱新河南自麻湾通南海，北自海仓通北海，地之相距计三百四十里。除麻湾南抵淮、扬七百里，海仓北抵直沽六百里，商贾通行，无容别议。中间河宽水深，工力省便者，麻湾至抱浪庙等处约共百九十里。河窄水浅，及全未挖修者，抱浪至陈村闸等处约共一百五十里。分水岭地形颇高，尤宜深浚，约略其费，可不及十五万。大都小沽河可以灌中段，大沽河以灌陈村之南，白河以灌分水岭，南旺山河以灌新店之北，以及中间诸河泊之水，以济助之。凡有水，来必挟沙。至黄、泇二河，岂无冲沙？焉得一一躲避？

唯当仿临清、济宁事例，建闸设夫，时常修浚，于大小沽河上源修盖土坝，以障沙来。或建造斗门，以防水涨，因势利导，随机曲防，再临时酌量行之耳。此一役也，沿岸而行，万无一失。既非有黑海开洋之险，又非有黄河迁徙之虞，居恒则两路兼行，遇变则此或有滞缓，彼尚可来，国计民生无便于此。下工部议。

万历三十八年（1610）

七月甲子（二十一日），河道总督刘士忠奏粮船六月初十日尽数过洪。报闻。

九月丁巳（十五日），直隶巡按苏惟霖疏陈黄泇利害，请专力于泇，其略言：黄河自清河县经桃源北达直河口，长二百四十里。此在泇下流，水平身广，极力推运舟，止日行十里，然以别无所经，故必用之。自直河口而上，历邳、徐二州达镇口，长二百八十余里，是谓黄河。又一百二十里，方抵夏镇。东自猫窝泇沟达夏镇，长二百六十里，是谓泇河。东西相对，舍此则彼。黄河水在三四月则浅与泇同。若正月初旬后汹流自天而下，一步难行。又其水挟沙而来，河口日高一日。泇河一水安流，岁修有例，既无溺溜，终鲜风波。率而由之，计日可达。即河身稍狭，则水不若铺滩而浅，其猫窝诸浅亦不必浚。盖自河流至则闸水积，山泉之脉止有此数。河身高则高受，低则低受，深浅相随，非云水深则深，水浅则浅，水之多寡，不系河身深浅也。或有稍宜拓而浚者，但得实心任事之河官，严其稽核，因利乘便，不三五年，缺略悉补，可成数百年之利。唯于泇下流诸口，谨严防禁，而夏镇之吕公堂，邳州之沂河口，更甚。庶所借蒙独诸泉、洸泗济诸流，不至随到随涸。伏乞敕下工部详酌利害，一意修泇，以济新运。留中。

十月壬申朔（一日），工部给事中何士晋等言，运道最称险阻，人力难施者，无如黄河。先年水出昭阳湖，夏镇以南运道衡阻，于是开泇之议始决。入直河口，经猫窝，抵夏镇，长二百六十里，较黄为近，避浅涩急溜二洪之险。建闸置坝，聚诸泉河之水，以时启闭，用之六年，通行无滞。今岁忽有舍泇繇黄之议，卒致仓惶损伤粮艘，且有沦溺以死者。费人工牵挽，有至大浮桥，以淤塞复还繇泇者。以故今运抵湾甚迟，汲汲有守冻之虞。由此言之，黄之害大略可见。然泇亦未竟之功也，河面阔八丈，底阔三丈，深一丈三尺至一丈六尺不等，节年虽有增修，大概止此地近湖山，戽泉引水，易盈易涸，全借人工深厚。使有容受潴蓄之势。若河身太隘，伏秋则山水暴涨，旱干则枯竭无余，非策也。谓宜挑广浚深，令与会通河相等，重运回空往来不相碍，回旋不相避，即时有亢涸，地有高下，而水常充盈，舟无留滞。计岁捐水衡数万金，督以廉能之吏，为期三年，可以竣工。然后循骆马湖北岸东达宿迁，大兴畚锸，尽避黄河之险，则泇河之事讫矣。或谓泉脉细微，太阔太深，水不能有。不知泇源远自蒙沂，近挟徐塘、许池、文武诸泉，大率视济宁泉河略相等。吕公堂口既塞，则山东诸水总合全收，加以闸坝堤防，何忧不足？或谓直抵宿迁，此功迂而难。竟是又不然。夫昔年不估以二百六十万乎，不虑山水暴涨河水泛溢乎？不虑石硼山礓难凿，沙淤奔溃乎？王市坝不再筑再圮乎？夫荒度诚难，不无错愕。及任用得人，综理有法，功成晏如，此难与众人虑始也。然近日繇黄之说，盖因泇河二百六十里，旷野新辟，人迹荒凉，万艘蚁泊，公私旅困，恐生意外之虞。且计徐州一大都会，贸迁化居者一旦有折阅之恨，然此害之小者。唯是饬邮传，设机防，繇之既久，渐成乐郊，何必徐土？此亦破纷纭之一说也。不报。

十一月丙午（五日），巡按直隶御史毕懋康议请修保定清河闸座。其略言：保定清河源发于满城抵府，而南十里则汤家口，为上闸，又十里许则青阳，为下闸。顺流而东，直抵天津，细溯长流一带舟楫，由玉河而北，亦入于天津。又迎水面西三百里至紫淀三岔口。其一派通定兴、易州等处，一派通新安、雄县、安州等处，中流至府清苑完唐满庆五处，此皆舟楫所到之地、小民获利之所。查二闸创建于成祖定鼎初，补修于世庙三十九年。日久颓弛，今上之三十二年，曾一议及，以物力殚耗报罢。莫若先建此闸二座、石柱木桥二座，以观河道流通，居民利涉，商贾往来之效。倘公私上下晓然知此役之兴有益无损，有利无害。然后次第议及挖运之事，他日足食足兵之政，实始基之矣。得允准施行。

## 万历三十九年（1611）

二月乙酉（十五日），工部题覆总理河道右佥都御史刘士忠泇黄便宜疏言：臣议每年三月初则开泇河坝，令粮运官民船繇直河口而进，以便利往。至九月初则塞之。每年九月初，则开吕公坝入黄，所以便回空，与官民船往来。至次年二月中则塞之。半年由泇，半年由黄，此两利之道也。乃黄河四驿，而泇止一驿，甚属不均。今地方势难加设，惟四驿止应付半年，颇为空闲。于内裁革一驿，移至赵村，以便供亿，又泇河通判相应移至万家驿左右，以便查阅修筑。通泇二百五十里设两驿，一巡检司，又置一府厅，行见成聚成都，官民船当赴之如归，诚一劳永逸之计。报可。

四月壬申（三日），工部侍郎刘元霖、御史苏惟霖言泇河之在直隶者有猫窝一浅，为沂下流，河广沙深，不可以闸，最为泇患。今观河沙口门两让箭许掘一月，河洄流即清。宜于此下二里许，仍西掘一月河，以通沂口之月河。凡水挟沙来，河性直走，有月河以分之。则洄伏之处，沙所必储。就此二里特加捞刷，比岁修十五丈之河，难易较然，而泇患可减矣。又邳宿同知所管左黄右泇，岁费三万两贮邳。久之弊滋，移贮淮库，而关支往返，耗废误工。议将此项经解总河收发，附近藏积每季河官先期赴领，便宜给发。季有报，岁有稽，则费不虚而工早集矣。依议行。

六月，河决狼矢。总河都御史刘士忠命中河郎中吴大山、淮徐道袁应泰筑塞之。明年春工竣。（《南河全考》卷下）

十一月辛酉（二十六日），工部给事中马从龙言：今岁阻冻皆以水涸为辞。当令管河衙门预为挑浅。其山东地方泉源预加疏浚。留中。

## 万历四十年（1612）

六月庚辰（十七日），以通惠河冲决，夺指挥马鸿功等俸三月，仍行河臣严饬挑浚修筑。

八月己丑（二十八日），河道总督刘士忠言：泇黄并用，每岁三月开直河口坝及彭家坝，闭吕公堂坝，俾汶、泗诸泉之水繇泇专行重运及袍服鲜贡等船，至八月终则塞之。每年九月开吕公堂坝，闭彭、直二坝，俾诸泉河入黄，以利回空。及官民船至次年二月终则塞之，半年由泇，半年由黄，相资两利。章下所司，部覆如河臣言。上是之。

九月丙辰（二十五日），吏部覆河道总督刘士忠言：黄水冲决徐州缕堤长二百八十丈，玄字遥堤口阔一百四十丈，荒字遥堤口阔四十丈，梨林铺以下二十里正河悉为平陆。邳睢河水陡耗，司道议开韩家坝堤外小渠，引水归河。由是坝以东河流渐深，可通舟楫，大约挽回水十分之三。惟玄字决口尚浅，改为板筑。请留徐、邳、睢宁、宿迁、桃源等属州县正官免觐，共襄河事。从之。

十月己卯（十九日），御史田生金疏言边患河患孔殷，边臣河臣可议。

是年，河决徐州三山，水灌睢宁等处，出白洋小河口入黄。总河都御史刘士忠檄中河司道吴大山、袁应泰开挑引水，河复故道，明年塞之。（《南河全考》卷下）

## 万历四十一年（1613）

正月乙酉（二十七日），总督河道右副都御史周孔教卒。

七月，河决祁家店口，城南胥溺。（同治《徐州志》卷一三）

九月庚申（五日），总理河道工部侍郎兼都察院右佥都御史李景元卒。

十一月戊午（四日），巡按直隶御史潘之祥言：臣巡历燕赵梁宋之区，日视滹沱、漳河之水洪流汹涌，堤岸溃拆，民居颓圮，行旅萧条，臣心忧之。已自大雄驾小艇入齐鲁之境，夹岸悲号愁声满耳，则皆滨海之灶民为海水所漂溺逃窜者也。今朔风戒严，祁寒怨咨，灾伤之民无衣无食，野栖露处，可为寒心。伏乞皇上垂怜赈恤。不报。

是月，该带管河道漕抚陈荐檄郎中何庆元、扬州道熊尚文开宝应县弘济河北月河一道长一百三十丈，南月河一道长一百五十丈。又建近湖西堤九浅、七浅滚水石坝二座，于明年工完。（《南河全考》卷下）

### 万历四十二年（1614）

正月戊寅（二十五日），南京工部右侍郎吴桂芳改工部右侍郎兼都察院右佥都御史总理河道提督军务。

六月，河决灵璧县陈铺，入冬淤平。河流复故。（《南河全考》卷下）

七月己巳（十九日），南大理寺卿刘士忠卒。士忠，华州人，万历二年进士。士忠以右佥都御史总理河道，开复三山河，升南大理寺卿。其总河时，曾以擒获海洋倭寇，受赏金绮。

### 万历四十三年（1615）

正月乙丑（十八日），先是徐州黄河缕堤决口二百余丈，遥堤决口一百七十余丈。先后河臣或欲估计应动钱粮，亲诣筑塞；或欲浚正河，以便水之归，阔下流以便水之出，屡经奏闻。是时管理中河工部郎中吴大山、淮徐道副使袁应泰督同多官以次挑浚三山故道，创筑遥缕各堤计二万三千余丈，用人夫四万七千四百八十六名，实用银八万七千一百余两。然不烦内帑，不派里甲，较诸原估尚省银五万三千三百两有奇。总督漕运陈荐疏列效劳各官以闻。下工部覆。

二月乙酉（八日），准总河侍郎吴桂芳回籍调理，病痊奏荐起用。仍谕河工甚亟，不可缺员，吏部作速推补。

### 万历四十四年（1616）

三月丙申（二十六日），户科给事中商周祚言：今岁漕粮除改折截留外，亦宜如期输运，而水浅舟胶，大为运梗。所需河臣料理，其势倍切。乞速用总河大臣，仍促其星夜赴任，以理漕事。不报。

五月己卯（十日），巡漕御史朱堦请修浚泉湖：国家岁漕由江河抵邳，水常虞溢。由泇入闸，历闸抵卫，水常虞涸，此其大较也。自夏镇而北别无运道，不过赖闸河以利涉耳。此河半属枯涩，先臣宋礼筑坝戴村，夺二汶入海之路，灌此成河，复导洙、泗、汴、沂诸水以佐之。汶虽率众流，出全力以奉漕，然行远而竭，已自难支。至南旺复分其四以南迎淮，六以北赴卫，无昆仑之源，多尾闾之泄，能无疲于奔命哉？况此泉遇夏秋而涨，遇春冬而涸，遇雨而涨，遇无雨即夏秋亦涸。先臣逆虑其不可恃也。乃于沿岸陂泽如所谓昭阳、南旺、马踏、蜀山、安山诸湖设立斗门，名曰水柜。漕河水涨，听其溢而潴之湖，漕河水稍决其蓄而注之。潴积泄有法，盗决有罪，夫然后旱涝俱有恃而无恐。无奈法久禁弛，湖多旷土，人遂垂涎。其间昭阳一湖已作藩田，其余诸湖高亢处半为势豪占种，其最洼下者或有行潦，闸坝坍塌，地势淤浅，蓄得几许？所谓沟浍之盈涸耳，曾何济于运哉？而职司攒饷者不过受事之初督令修浚，下亦以空文应之。顷山东半年不雨，泉流几断，职按图而索水柜，管河府佐茫然也。乞敕总河抚臣躬亲踏验，凡系先年济运各湖，清查归官，堤坝斗门亟时修筑，处处蓄潴有余，漕臣不至遇旱而束手矣。从之。

是月，河复决狼矢沟，水由蛤鳗、周柳等湖入泇河，出直口，复与黄会，运船入口迎溜称艰。带管河道陈荐檄中河郎中黄景章开武河等口泄水平溜。后二年，决口新长淤沙，河复故道。总河侍郎王佐加筑月坝，以为保障。

八月，河又决陶家店、张家湾，水由防城大堤陈留等处入亳州涡河。带管河道陈荐命河南管河道全良范、管河同知徐可大挑河挽水。本年冬，决口淤平，加筑大坝，河流复故。（《南河全考》卷下）

十月丁巳（二十日），巡漕御史梁州彦上漕河事宜：其一，修治黄泇。自泇渠告成，岁避徐沛之险，而不虞黄河之近废不复修。廷臣以为漕利，而不知漕终以此受病也。年来一决狼矢，再决三山，复决塔山，璧马空沉，此塞彼溃，今岁狼矢又见告矣。以洑流涨发，高与堤齐，俯瞰徐城如累卵。决于南，则灵睢为壑，而泇虞径泻。决于北，则以泇为尾闾，运堤宛在水中，漕舟不能飞渡也。为今之计，宜议经久，使徐城不忧建瓴，泇岸不为黄据。或于徐灵一带护城旧堤增卑培薄，缮治坚完，庶几不逢其害。或于直口递北运道创筑堤岸，迤西缕河而止。此堤既成，有裨牵挽，兼足为田庐屏障。不然旋塞旋决，民劳已甚，且浊流岁啮，泇底告淤，将无泇矣。其二，修治东省以北漕河。漕艘过洪，必按例具报，而过此则否，岂非以一入东省，便可顺流北趋耶？乃如汶，如济，如卫，昨岁既苦胶浅，而今岁白河更甚矣。谓宜核泉河之旧址，而勿为豪右所侵；疏卫河之淤塞，而勿为私闸所闭；浚白河之壅沙，而勿为浅夫所冒破，夏镇以北其通行无碍乎？

## 万历四十五年（1617）

六月丙午（十三日），工部奏河臣自刘士忠解任推补，未奉俞纶，历今多年。而总漕则陈荐久已坚志乞归，今且奉旨致仕。上无实政，下有玩心，百事隳颓，诸方决裂，有谓自清河口上达济、汶、泇、黄，两道皆非利涉安澜者；有谓河决清河，则全河之水尽漫于田畴墟里间者；有谓自徐至邳、宿险阻艰难，舟多滞留者；甚至吕梁至深至险之处几于褰裳可涉，此于运道为梗，实切剥肤之灾。漕河两缺，总理无人，除总漕、户部催请外，伏望皇上即简吏部原疏，将总督河臣王佐、陈禹谟点用一员，令刻期赴任视事，使统驭专而综理常周，则河渠通而挽输益利矣。

七月丁丑（十五日），升右都御史王佐为工部左侍郎兼都察院右佥都御史总理河道。

是月，带管总河陈荐檄郎中李之藻，督扬州府通判冯乘云筑黄浦闸下南岸一带至射畅湖止，长五十里。其明年，郎中徐待聘复督淮安府同知刘天惠筑北岸一带，长五千九百七丈。至次年告成。（《南河全考》卷下）

万历四十六年（1618）

闰四月庚午（十二日），以江西巡抚王佐为河道总督。佐言治河以无事为智，不求穿凿。如狼矢决口不可不塞，黄河故道难听久湮，直河泛滥可虞，泉源微涸当浚，泇身尚多沙浅，水柜渐作桑田，凡如此类亟应修举。

五月庚寅（三日），山东巡按毕懋康陈：山东省急务在通海运。国初，漕运由海，后以漂没为虞，始开会通河，然河徙不定，莫若修胶莱新河，与会通表里而行。由淮之六套口入海，至麻湾口入河，由海仓口出海至天津，约一千四百余里。沿涯扬帆不涉大洋，善风不数日可达，非若河道之迂艰，居恒则两路并进，遇梗则此滞彼来，庶转输不匮，亦国家无穷之利也。

丙申（九日），命暂止河工，候秋班军至日挑浚。

庚子（十三日），调山东驿传道副使陶朗先为登莱道副使，总理海运。

九月辛丑（十六日），工部题汶上等县地方淤浅，先期挑浚以便新运。从之。

十月丁卯（十二日），直隶巡按董元儒奏陈漕运事宜：其一，议建闸座。济宁以北，自戴家湾闸至临清砖闸相距三十余里，河势陡泻。宜于适中狄家楼处建石闸一座，而又于王家浅、回龙桥诸处各建一座，于鳌头矶前另凿月河，立小闸，以资蓄泄，庶回澜一倒，水势自平。其二，疏浚白河。天津至通州计五十九浅，每年额派各州县卫浅夫一千七百余名，费工食万余金。宜将额派银两解通惠河衙门，转发管河通判及四总委处募夫浚筑。自潞河以至津门划地分工，勿令衙役经手，即卫军亦以此法行之。查无浚筑之功，即扣留月米，雇募充役。庶夫无虚冒，年终各官听部臣举劾。而又编选旗军分别三等，以正丁领运，以余丁帮贴，庶漕运有裨。该部是其策，上命俱依拟行。有司怠玩从事的，各御史据实参处。

十一月乙卯（三十日），浙江道御史江日彩陈救时四务：国家转漕东南，赖盈盈一水。万一水涸运干，或有据淮扬临德而扼其吭，且奈何？闻浙江海船、松江太仓沙船、淮安雕船时至山东宁海买米，离山海关不远。宜令南京近海州县有粮米者卫所厚雇前船，岁运四五万石，熟其路径，以为有事之备。则海运之议宜讲也。

## 万历四十七年（1619）

五月己亥（十七日），总督仓场户部尚书张问达言：边氛猖獗日甚，运船转输可虞。谨拟沿途防护京通起剥事宜，以固根本。称漕粮四百万石，由江淮达泇黄，由泇黄抵津坝，风涛阻险，与阳侯河伯争权，万一防护疏虞，起剥濡滞，致生他变，军国可忧。乞严檄所司照先年水涸漕迟例，多雇民船帮运。其应得脚价，即于通济库见行给支，不许短直。小民唯利是趋，自当乐从应募。而又严督浅夫，随时挑浚，务使河渠深广，船不留行，庶于漕政有裨。奉旨：漕运关系匪轻，况今边警戒严，护卫尤宜加谨。其防守加剥及支运等事，俱依拟着实举行。应另议者，着再议具奏。

六月辛巳（三十日），予原任总理河道太子太保、工部尚书兼都察院右都御史潘季驯祭四坛，造坟安葬。

八月，总河侍郎王佐檄行郎中徐待聘修高邮西门审港口起迤南石工五百九十八丈，于天启元年六月筑完，其半徐候另详兴举。

九月，河决河南脾沙堽水，由封丘、曹、单至考城，复入旧河。总河侍郎王佐命河南管河道于本年十一月筑塞之。（《南河全考》卷下）

十月，江都三汊河淤三百二十三丈，界首镇南淤三百五丈，镇北淤三百二十二丈，梗阻重运。郎中徐待聘严督官夫挑浚，粮运称利。（《南河全考》卷下）

十二月己卯（三十日），总督河道王佐乞休，不允。

## 万历四十八年（1620）

三月癸未（五日），工部覆巡漕御史毛一鹭所陈漕河三事：其一，泇河之完工当议。谓漕运河道前此惟治黄为急，自泇河开，而粮艘避险即安。真永赖之利也。唯是初浚尚多潦略，河身不无浅狭，至于崖岸冲缺，牵挽难前，则疏浚补葺之功皆不可已。泇河三百里内，属夏镇者有闸九座，属中河者止藉草坝，逐年费且不赀。而分司官亦有以直口等处建闸之议。又经漕臣参酌，以为当及时修举。须移咨总河臣及札行管河司官，并前浅狭去处，委官覆勘估费若干，动支何项钱粮，酌议详妥。至如骆马湖之修砌堤岸，在漕臣亦以为功颇浩繁，似当从缓酌议。其二，水柜之清查当议。谓漕渠若济宁等处，去岁遇旱阻浅，运舟稽迟。盖以一衣带水，涸可立待耳。先朝尚书宋礼曾于汶上、东平、济宁、沛县有湖处所设立水柜，可蓄可泄，河涨而泄，则水势可杀；河涸而放，则涓流可济，诚便计也。乃岁月既久，沧桑已变。豪右既擅为耕艺之常，官司复利其租税之入，遂至不可问，亦不肯问矣。漕臣建议欲得任怨任劳之人，担当清查，循故道而复旧规，于以济漕河之穷，诚为有见。应敕总河臣严督各司道，并力查复，勿阻于雌黄之浮言，务求臻黑白之实效。效则破格优处，不则无功议罚。其三，卫河之疏浚当议。谓卫河乃小滩运道，益以漳流始大。自漳河北徙，遂多壅遏之患。曾经道臣翟师雍查勘，欲于临漳淤口起，至小滩镇止，长二百余里，大加挑浚。于近口处所筑一横堤，以障北流，使归故道。然费至万金，工亦非易。且大名、临清亦有受漳流之患者，似难轻议。唯小丹河自清化镇起，至合河镇止，泉流回以济运，议欲挑浚深阔，费仅千金，较之障漳北流，为力甚易，为费甚省。宜敕总河臣行委山东、河南两道臣会议举行，而处办钱粮，则听总河主持。上命俱依议行。

## 泰昌、天启朝（1620 ~ 1627）

### 泰昌元年（1620）

八月戊辰（二十三日），风坏海运船。御史陈王庭疏议酌处。先是，七月初，海运船开洋至马头嘴，以风不便，停泊数日。时闻海鸣如金戈铁马之声，百里间黑气纠连，天海彷佛中见有物，隐显搏击，波涛泼天，所泊粮船尽行拍碎。及查伤登属运船八十五只仅完二十二只，漂没粮米二万五千八百六十四石有奇。莱属伤船一十六只，漂没粮米一万三千八百一十石。水手溺死者无算。于是巡抚御史陈王庭具题，请敕该部将山东明岁应运粮数从长酌处勘覆。其漂失粮米船只、用过价费，行该道查明造册，报部作正开销，溺死人夫酌量议恤。

九月丙申（二十二日），以总督河道侍郎王佐为工部尚书。

十月癸丑（十日），升河道总督王在晋为添设兵部左侍郎。

丁卯（二十四日），改刑部左侍郎陈道亨为工部左侍郎兼都察院右佥都御史，总理河道。

十一月己亥（二十六日），工部覆总理河道侍郎王佐疏言：水柜济用，为其汪洋潴水，河身深下，而堤岸完固也。今计蜀山、马场、马踏、南旺各湖，界址既明，侵盗已复矣。昭阳一湖旧河尽废，新河反低，无容糜金钱以加修浚。独安山湖延袤颇广，向以三十八里为水柜，而岁月久远，法弛弊生。故河臣复豪强之侵占，浚河身之淤淀，并原额而广之，共五十五里有奇。以至于堤外湖池俱清丈明白，额征租银。是目前之水，诚可以利达漕舟矣。若夫岁修当固，界限当定，示禁当严，必须通计各湖，岁加修浚，俟年终上报。而治河等官仍以水柜之兴废，分别殿最，着为永利可也。上是之。

十二月癸亥（二十日），工部覆总理河道侍郎王佐疏言：北河通漕专藉卫水，然上源未畅，则下流必壅。今漳河已徙，卫流已塞。独有挽漳而引沁辟丹三策而已。顾漳水东下之处，势竟及泉，挑浚难施，未易挽也。若沁水之辟，新汲一带地方邮署相连，庐舍鳞次，必辟渠以受沁，此地不为丘墟乎？丹水涌溢，虽势与沁同，然丹口既辟，则修武而下皆成安流。此辟丹之议，无容再计者。其条列展河砌闸、筑堰平租、示禁雇役、动支经费各款，河臣筹计不遗余力，循而行之，可垂永利。惟是河徙不常，辟丹不无再阻。则挽漳引沁，不妨并存其议，以待异日讲求。上然之。

## 天启元年（1621）

正月戊子（十六日），户科左给事中韦蕃条奏足饷六事，并议通海运，开胶河。章下所司。

壬寅（三十日），总理河道工部左侍郎陈道亨疏辞新命。不允。

二月乙丑（二十三日），海运遭风，遣山东抚臣及蓟辽等处道臣致祭海神。

闰二月甲申（十二日），巡按直隶御史张新诏言：考通惠河即元郭守敬所修故道。国朝平江伯陈锐疏通之运船，直达大通桥下。彼时势豪欲克取脚价，坏其事。后因御史吴仲言，乃命郎中何栋、吴嗣忠仍浚里河，计费才七千两，所省脚价十二万。此由通州至大通桥省费之大较也。若由大通桥至朝阳门尚有三里许，其地平衍闲旷，有掘就河身。现在倘导玉河之水，稍溯而北至朝阳门，量建闸座及剥船若干只。粮运到时，径于门下上车，似为便计。盖《会典》开载车户脚价，自大通桥至东仓每石银一分六厘，近又议加三厘，至西仓银二分三厘。若复省路三里许，则东仓脚价可减十之六七，西仓脚价可减十之三四，互而计之，总减一半。每岁京粮以二百六十万石为率，即可省脚价二万六千余两。彼从通州至大通桥凡四十里，只费银七千两，此三里许之地能费几何？即除挑浚外，建闸造船等费只消一年脚价之半，便已宽然有余。一成之后，每岁省银二万六千两，以三十年之通计，遂得七八十万两入太仓矣。诏部议覆。

五月，霪雨，河淮交溢。（光绪《清河县志》卷二六）

十月辛巳（十四日），浚京城壕成。自东便、朝阳、东直、安定、德胜、西直、阜成、西便、正阳九门及重城，共用夫一百五十万八百九十名，匠一千二百八十九名。班军积日三万三千十二名，费水衡银六万一千六百二十九两、司农银一千七百三十三两、米三千三百一石、诸桩木灰砖绳斗百物及运价咸具，而锨镢以归盔甲厂，收为甲械之需。监工科道魏大中等因言壕之源出玉泉山，径高梁桥抵都城，西北而派为二，一循城之左，而东而南；一循城之右，而南而东。宜按旧闸为地形高下次第布之，未可以丈尺概也。德胜门之水南入关，周行大内，出玉河，近且北淤南壅。而嘉靖庚戌所筑重城，地势既高，有掘未及泉而止者。俟异日清其源，审其势，疏其脉，达其支，以总汇于大通桥。又须理葺诸闸，节宣蓄泄，以壮金汤而固风气。下工部。

丁亥（二十日），授加衔都司黄允思都司佥书。先是天津由北岸抵辽运道未有行者，自允思始开之。嗣后岁可四五运，辽饷因之不乏。又督发水兵出海，积有劳勋，督饷户部侍郎李长庚荐于朝，请加实授。从之。

是年，大水，堤决九里北。（雍正《高邮州志》卷五）

是年，淮安霪雨连旬，淮黄暴涨数尺，决高堰、武家墩等处，总河陈道亨躬规课工，照段拆修，浪窝尽塞，至明年工竣。（《南河全考》卷下）

是年，河决灵璧、双沟、黄铺，而淮安、山阳之里河则决王公祠、杨家庙、清江浦、磨盘庄、谢家墩、凤直二厂等处，外河则决安乐乡、颜家庄、张家洼、高堰、武家墩等处，清河则决龙王庙、徐家路等处。惟时水灌淮安、新联二城，小民蚁城而居，里外河、清河一带汇成巨浸。知府宋统殷、知县练国事力塞王公祠，总河侍郎陈道亨行郎中徐待聘率同知赵廷琰估料荒度兴工。本年八月，南河郎中朱国盛方受事，奉行严督河官毕力堵塞。其高堰、武家墩则躬亲课工，清查铁锅、石灰诸料，照段拆修，浪窝尽塞，至明年工竣。（《南河全考》卷下）

是年，河决灵璧、双沟、黄铺，由永姬湖出白洋小河口，仍与黄汇，故道湮涸，总河侍郎陈道亨役夫筑塞。时淮安霪雨连旬，黄淮暴涨数尺，而山阳里外河及清河决口甚众，汇成巨浸。水灌淮城，民皆蚁城以居，舟行街市，久之渐筑塞。（《明史》卷八六）

## 天启二年（1622）

三月庚申（二十四日），工部尚书王佐题覆漕臣余合中疏饬漕政：漕之难，难在浅涩，舟行迟速可以定地方殿最。今后务尽力挑浚，管河都司总其成，沿河州县分其任。随淤随浚，浚必期深，土必远运，无使复归于河，以滋浅阻，违者以旷职参论。诏如议。

四月，大水，决郭家嘴，平地水深七尺。（乾隆《徐州府志》卷三〇）

是月，宝应西堤风浪冲卸一浅等处石工六百余丈，朱国盛督令河官甃石补砌，加培土堤，尽塞低陷漏穴。本年十月工竣。

六月辛未（七日），刑科给事中傅檄言防堤堰事宜：徐淮水高地下，民居如在釜底。万一堤决，遂成鱼鳖之宫。有司急行修筑，以戒不虞。下部俱如议。

乙亥（十一日），起事农民陷夏镇，河道总督陈道亨告急，请亟调邻近省直官兵，兼留援辽粤兵以护漕运。仍速下山东抚按二臣增兵加饷，上许留粤兵三千以护运道，其添兵着该部即议覆。

七月庚子（六日），差工部屯田司主事陆之祺管会通河。

是月，黄河口决，围绕睢城，庐舍漂没。（康熙《睢宁县志》卷三）

十一月壬寅（十日），升江西巡抚房壮丽为工部右侍郎，总理河道。

十二月乙亥（十四日），原任工部尚书兼太子太傅王佐卒。

戊子（二十七日），督理辽饷户部右侍郎毕自严言：朝鲜运道险远，登莱假途便捷，乞速行该抚按转行道府及时措置海运事宜。章下该部。

是年，兴化知县边之靖请修丁溪、草堰、小海、白驹、刘庄、拦潮五闸，并呈巡盐御史房可壮允发盐镪修建。至明年，湖河大涨，百川沸腾，汇流入海，海潮突高数尺，赖诸闸堵御，而潮无内灌，河流亦迅驶入海，民田禾麦得以有秋。（《南河全考》卷下）

## 天启三年（1623）

二月丙子（十六日），南京江西道御史陈必谦言：河上各闸河夫名存实亡，宜清扣工食，贮库类解充饷。

三月丁巳（二十七日），河道总督户部右侍郎房壮丽中途称病请告。不许。

七月，山阳外河决干沟，新河西河决马湖闸月坝等处。南河郎中朱国盛暨淮海道宋统殷会行淮安府同知张元弼，于是年秋筑塞之。更于清口大王庙分水处建立矶嘴，以遏上流之势。（《南河全考》卷下）

八月，界首运河迤北一带，当高宝接界处河身仍淤，水且涸。先是，市猾之徒擅浅剥之利，故虽屡经捞浚而无功，至是悉置于理，而令高宝河官于浅涩处先筑草坝，使得束水冲刷，复加捞浚，而重运无梗。

十月癸亥（六日），差工部都水司员外郎吴昌期管理中河。

闰十月甲辰（十八日），工科给事中杨所修疏陈三事，其一为：河工祖陵之卫宜周也。曹县、东平等处水归故道，而青田、灵璧一带尚在汪洋，吕梁洪夙号巨浸，今竟淤浅可渡，水从旁溢，逆折而南，逾缕堤遥、堤且逼近集石堤矣。此堤近障祖陵，诚不可尺寸逾。及今水涸，宜严谕治河诸臣审度料理，以宽根本之虑。

十一月，会呈河漕部院详允，挑浚新河淤浅，自杨家庙至文华寺止，长七百一十七丈，四阅月工完，放水以行回空。（《南河全考》卷下）

是年，外河复决数口，寻塞。建清口矶嘴，筑高邮中堤及露筋祠湖口石堤，浚界首北淤沙。其冬浚永济新河，自凌云翼开是河，未几而闭。总河都御史刘士忠尝开坝以济运，已复塞。而淮安正河三十年未浚，故议先挑新河，俾运船回空由之，乃浚正河。自许家闸至惠济祠长千四百余丈，复建通济月河小闸，运船皆由正河，新河复闭。时王家集、磨儿庄湍溜日甚，漕储参政朱国盛谋改浚一河以为漕计。令同知宋士中自泇口迤东抵宿迁陈沟口，复溯骆马湖，上至马颊河，往回相度，乃议开马家洲。且疏马颊河口淤塞，上接泇流，下避流口之险。又疏三汊河流沙十三里，开滔庄河百余丈，浚深小河二十里，开王能庄二十里，以通骆马湖口，筑塞张家等沟数十道，以束水归漕。计河五十七里，名通济新河。五年四月工成，粮运从新河，无刘口、磨儿庄诸险之患。明年总河侍郎李从心开陈沟地十里，以竟前工。（《明史》卷八五）

是年，决徐州青田大龙口徐、邳灵睢河，并淤吕梁城南隅，陷沙高平地丈，计双沟决口亦满，上下百五十里悉成平陆。（《明纪》卷五〇）

## 天启四年（1624）

二月，会挑淮安正河自许家闸至惠济祠止，长一千四百一十六丈八尺，复堵许家闸埽工十余丈，建通济月河小闸一座，俱于四月工完。漕船仍由正河，新河复坝闭塞。

六月，河决，黄水汹涌，魁山堤溃，四散奔流，冲裂徐州东南城垣，平地水深丈余，淹死人畜甚多。

是月，决徐州魁山堤，一向东北，倒灌州城，淹人畜房屋甚众，城内水深一丈三尺；一自南门至云龙山西北天安桥入石狗湖；一由旧支河南流至邓二庄，历租沟东南以达小河，出白洋仍与黄汇。徐民苦淹溺，议集赀迁城，给事中陆文献上徐城不可迁六议，而势不得已，遂迁州治于云龙，而河事置不讲矣。（《明史》卷八四）

是月，徐州黄水大涨，内灌州城。是时水由夜发，平地丈余，徐民苦于淹溺，遂有迁城之议。（《南河全考》卷下）

二日，（魁）山堤决。是夜由东南水门陷城，顷刻丈余，官廨民房尽没，漂百姓溺死无数。

## 天启五年（1625）

二月丙午（二十七日），南工科给事中徐宪卿等以东南岁荒米贵，条陈开瓜、仪二闸以通咽喉之地。命着实行。

四月癸巳（十六日），升福建巡抚南居益为工部右侍郎总理河道。

七月己巳（二十三日），旧时小滩兑运，设有监兑都司。自裁革之后，督以粮道。顾河南粮道与山东省卫并原无统辖，往往跋扈咆哮，不受约束。巡抚河南都御史杨方盛以为言，请将滩运移属临清道，俾督率本属武弁便于弹压。其小滩旧有大名道公署一所，乞稍加修葺，以为临清道驻节之地。从之。

九月戊辰（二十三日），升总督三边军务兵部右侍郎兼右佥都御史李从心为工部尚书，总理河道。

## 天启六年（1626）

六月乙亥（四日），河道总督李从心奏：我国家定鼎燕冀，岁运漕糈四百万石，藉此运河一线转输。在邳以南则资淮、黄二水，在临清以北则资漳、卫、洹、淇、滏阳诸水。在直口至临清延袤八百余里，则资汶、泗、洸、沂，挟各州县诸泉水灌济，以达京通，关系最重。职二月谒陵行河，经宿迁崔浅、刘口、磨儿庄等处，中河分司赵濂及府州县官称连年运船到此，一船挽拽夫以百计，一夫工食动以数钱，穷旗典鬻以偿，官夫人力与水势争衡，簟缆中断，前船横下，后船互相磕撞，官储民命须臾归之逝波，风激浪高，竟日不能移一舟。前阻后压，千艘俱皆等待。各官会议，要自马颊口起，下至陈瑶沟止，计程六十七里另挑一河，于灵、睢、宿、桃、邳五州县募夫七千二百名协力并作，或以浚兼筑，则计河工，不计堤工；或以筑兼浚，则计堤工，不计河工；或因势顺导，或改曲从直，河底沙礓，用锄凿开，使深水中堤，下以船载土垒筑，使高堤之残缺者加修，河之沙淤者加浚，陈沟十里，平地浚与筑兼举。计挑生河长一千九百一十八丈，筑木墩水占堤长二百八十丈，又两头坍塌堤长四十五丈，西岸平地筑堤长一百八十丈，王能庄前后双河尾筑堤长一百丈，帮筑残堤长七百四十二丈，浚深浅河长二千二百四十丈，其根顶口底俱照覆估丈尺，于五月初十全完。从此运船改由陈口，诸溜远近公私帮拽之费可省，漂荡磕撞之虞以杜，风波不能为之阻，而各船衔尾直进，可以计日计程，无复耽延阻压之苦。择吉开龙门放水行舟，直抵黄淮之河，旱涝可无虞矣。得旨是。

乙酉（十四日），巡抚直隶御史徐卿伯疏言：运道所经每各有湖贮水，以备旱涸。故民间呼为水柜。如汶上之南旺、蜀山、马踏，东平之安山，济宁之马场，沛县之昭阳诸湖是也。而丹阳有所谓练湖者，周广四十里，纳长山诸水八十四流，为石闸者七，木函者十有六，国家东南财赋浮运而北，遇涸则启闭以济近湖民田数百顷，遇旱则启函以资灌溉。夫何近年以来，乡官大家侵者侵，占者占，遂举此湖之制荡然不可问，所规者近，所失者远。伏乞严敕诸臣留心治河，至如练河有为豪强占据者速请还官，仍追租正法。得旨：运道淤浅，管河各官自当及时挑浚，练河蓄水备旱，岂容豪强侵占？著作速清查还官，追赃正法。

七月壬申（二日），淮扬庐凤各府属春夏旱蝗为灾，入秋霪雨连旬，河溢海啸，滨河之邑如泰兴一县海潮江浪一夜骤涌，庐舍冲没，人民溺死者无算。总漕苏茂相具状乞赈，下其疏于部。

乙酉（十五日），以清口发水，粮船速济，加封河神护国济运龙王通济元帅，从总漕苏茂相请也。

甲午（二十四日），户部尚书郭允厚奏漕粮以至坝为实数，以进仓为安堵，故往岁秋月必尽数攒输。自二年阻于农民起事，始不得依期前进。然其守冻者才三十余万耳。三年则有八十余万，四年则有一百余万。而五年则有一百三十余万矣。今岁运河阻塞不常，濡滞已极。据今报实数，进仓者仅得四十余万，比往岁又少其半矣。万一寒风乍起，河冰顿合，则此二百万漕粮势必冻阻。彼浩渺寥廓之地，一切疏虞岂待问哉？伏乞敕下经管地方衙门设法疏通，及期攒运。其抵坝者行河西务钞关速输进仓，不得抵坝者暂贮露囤，仍令该道臣严法守护。俟来春冻解输运。从之。

是月，黄河决匙头湾，近城皆水。（康熙《邳州志》卷一）

九月甲申（十五日），巡漕御史徐卿伯奏：运道历淮安而上，黄河水多而泥半之，惟是淮流猛汛，冲去泥沙，不致壅塞。故谓之以淮刷黄，运道赖以无阻。夫何入夏以来，北地苦雨，淮泗苦旱，于是黄水暴涨，淮流浅涸，河身日高，淮势日弱，而黄河竟以淮为壑矣。稽之父老，皆以黄河倒灌，为患叵测。今漕运难前，势在危迫，但有捞浅、起剥二义，乞敕诸臣应动何项钱粮，即着就便支给，刻期举事。工科给事中郭兴治亦以为言。得旨：捞浅起剥，着漕河二臣相机料理，以无误运务。

辛卯（二十二日），总督河道工部尚书李从心奏淮水骤发，以淮刷黄，淤沙尽析，运道复通。报闻。

## 天启七年（1627）

正月丙申（二十八日），河道总督李从心言：三王舟行挑浚工程已毕，但济宁以北诸闸所以蓄养水力，恐三王随从人役不知规例，擅自开闸，或带板而行，或后水不继，船必浅阁，速而反迟矣。得旨：据厂臣约束严明解银，内臣安静不扰。筑坝挑河工程已毕，三王行舟可以无滞，朕心嘉悦。设闸启闭，关系漕规。随从员役，自应遵守，恃强违扰的，准指名参处。

五月甲申（十九日），总督漕运户部右侍郎郭尚友题报，回空粮船尽数过洪过淮。得旨：今岁冻阻既多，又兼王舟鳞集，览回空粮船过淮日期较往年倍早，这本说厂臣虑殚储糈，计周军国，补偏救敝，见今京通红腐之积朕所鉴知。两内臣协力同心，分督淮济，勤劳可嘉。自总河以下有功大小诸臣都与纪录。以后各省直督粮道臣照本内派定地方各押粮船，尽数送讫，方许回任。其迟早完欠，分别叙录参处，务要挽迟为速，以济国储。

七月丙子（十二日），总督漕河崔文升报修筑堤工。得旨：漕粮转输，全在河流顺轨。这骆马湖新堤初成，兼暑雨淹浸，浅阻可虞。该监体厂臣绸缪彻桑至意，多方设法，船行无碍，忠劳可嘉。其俟守冻空船装粮到淮，亲诣湖堤，相度形势，为修筑之计。待秋深水落，即勘估急修，以图久远。

八月癸卯（十日），总督漕河崔文升题修筑堤工事。得旨：览奏，河决由于堤薄，秋深相度地势起工，务为一劳永逸。说是骆马湖沙土难筑，邳土坚凝，预督浅夫开掘，俟回空粮船带取，委属可行。地方正官管河官有推诿耽搁回空船的，参来处治。还着总河衙门通行速举，有冲决处督河官勒限堵塞。其未完工的刻期作竣，庶无误运艘。

九月庚辰（十七日），以藩封大典，叙录沿河效劳诸臣。总理河道都御史李从心加太子太师，升荫一级；巡抚山东都御史李精白加兵部尚书；总督漕运都御史郭尚友加户部尚书。

十月己酉（十六日），河工积逋银自天启元年至六年止，共二十七万六千八百三十两。太监崔文升疏闻，旨令勒限严追，仍令以后征收桩草等银总解一库，岁终会同总督细加查核，并立考成法以殿最有司。

十一月壬辰（二十九日），中书舍人李不伐疏讼故兵部尚书李化龙开泇之功，言其议开泇也，庙廊之议纷如，臣叔化龙一力担当，于上郎中梅守相以勤劬拮据，于下决百年未定之议于一旦，以二十万之估，省三四百万之金钱；以二百六十里之安流，代二百六十里之险道。不半年而锡圭告成，所谓计便一时，永赖百世者也，至今未蒙录叙。恳乞皇上敕下所司，核实覆奏，庶劳臣之功不至湮没。从之。

十二月戊戌（五日），以少保兼太子太师总理河道李从心改户部尚书总督仓场。

庚子（七日），大理寺卿张九德疏辞总河新命，不允。

乙巳（十二日），海运粮艘抵南海口，以不即起剥，致骤风坏船二十四只，失米一万一千余石。户部请议处各员役。从之。

戊申（十五日），直隶巡按何可及以漕运事竣疏陈四事。一催空船，一速兑运，一查河道，一查限单。下所司。

丙辰（二十三日），张九德升工部尚书兼都察院右副都御史，总理河道提督军务。

## 崇祯朝（1628 ～ 1644）

### 崇祯元年（1628）

正月癸未（二十一日），户部题覆巡按直隶监察御史何可及转运告成疏言：河道通塞，漕运迟滞，所关祖宗。设有总河专理于上，部道府佐诸臣分理于下，诚重之也。但以地远界分，遂尔心力不协，致河道淤塞，纤路残缺，如骆马湖之决、黄河之溜可为永鉴。河臣原以治河当漕粮盛行之时，正河臣尽职之日。所宜止宿河干，使洪夫、闸夫、溜夫、浅夫一一各效其力，无敢偷安，而后金钱得以实用，即于漕运可无阻滞。报可。

二月丙午（十四日），叙开泇河功，荫故兵部尚书李化龙子中书舍人。

四月，大水决郭家嘴，平地水深七尺，秋沛霖雨，大水。（乾隆《徐州府志》卷三〇》

八月乙巳（十七日），户科给事中张承诏言：漕运稽迟，请改巡漕御史为大差，待两运告竣，方许报命。旨以攒运官改差两年，未协祖制。今后巡漕御史自九月内具题，即赴通湾到任。一面督催回空，随卸随发，一面移文各省直州县，趁禾稼初收，民力充裕之日，将本年应解漕粮尽征在仓。来春正月以内悉行起兑，务渐复祖宗朝三月过淮旧制。应行未尽事宜，漕臣奉命之日，悉心条奏，各司道州县官有奉行怠玩及该管河道官不先行修浚致稽重运者，许不时参奏处治。俟明岁运完，果无冻阻，纪录示优，永为定例。

丙辰（二十八日），原任吏部文选司主事沈景初为父南京吏部尚书沈应文请恤典。应文，余姚人，隆庆元年进士，由推官历藩臬府尹，刑部尚书，署工部时，通惠河决，啮陵梗运，委曲协济，河臣得以奏功，后起南吏部，以疾辞，卒，年八十有三。

十月甲寅（二十七日），总理河道侍郎李若星报过洪漕船六千七百七十一只。运粮除南京截留外，凡三百四万六千五百二石二斗零。

十一月壬戌（五日），封护漕河神张六五为灵应英济侯。

是年，春河决曹县十四铺口。四月决睢宁，至七月中城尽塌。总河侍郎李若星请迁城避之，而开邳州坝泄水入故道，且塞曹家口匙头湾逼水北注，以减睢州之患。从之。（《明史》卷八四）

是年，辛安口决，大水冲城，没及女墙，官舍民居漂流一空。（康熙《睢宁县志》卷三）

## 崇祯二年（1629）

五月丙午（二十二日），礼部左侍郎罗喻议等疏言，前大学士张居正作相之日，其堤防陵运，则请开泇河，开卫河、胶河，复练河，筑石土堤，修减水各闸坝，计八百余里，核省工价十四万。

是年，淮安苏家嘴新沟大坝并决，没山、盐、高、泰民田。（《明史》卷八五）

## 崇祯三年（1630）

十月甲子（十九日），起朱光祚为工部尚书兼都察院右副都御史，总理河道。

## 崇祯四年（1631）

六月，黄淮交涨，海口壅塞，河决建义诸口，下灌兴化、盐城，水深二丈，村落尽漂没。逡巡逾年，始议筑塞兴工。未几，伏秋水发，黄淮奔注，兴、盐为壑，而海潮复逆，冲坏范公堤，军民及商灶户死者无算，少壮转徙，丐江、仪、通、泰间。（《明史》卷八五）

八月戊午（十七日），河道总督朱光祚以江南连月大雨，淮黄骤涨，高邮、宝应、江都、仪真、山阳、清河六州县大水泛溢，害及陵寝。漕运具疏奏闻，并陈疏浚障堤大略。帝以修筑疏浚事宜俱命朱光祚率属筹度力行。

十月辛丑（一日），直隶巡按饶京疏奏：江南水利，以河漕为先，而灌田次之。漕河之水利，以镇江之丹徒、丹阳为先，而他邑次之。何也？长江之水自京口分入镇江，为运河。河水历丹徒九十里达丹阳，又九十里达常州之武进，由无锡以及苏州之吴江，而通于浙。凡浙之运船与松苏常之运船，总由此河溯流而上，达京口以出江，此河乃运船之孔道也。然地形有高下，而水势乱流有若建瓴，易泄易涸。南去数百里，皆无水源，而冬春几成陆地。臣尝闻丹阳有上下二练湖，蓄其水可以济运河之穷，而利漕艘之涉。臣于七月杪出巡丹阳，即为询访亲历其地，见其汪洋浩瀚，无异于汶上之南旺、东平之安山、济宁之马场、沛县之昭阳等湖，是天于无水处生此湖，以贮水济运，非等闲也。臣考练湖又名练塘，仰受长山、骊山八十四溪之水，汇而为湖，即古之曲汲湖也。他不具论，即以本朝言之，洪武末，太祖命镇江知府刘辰重修练湖，以丹阳令周复昌董其事，始塞上湖三斗门，一石䃮，引水入下湖，塞二石䃮，理废䃮之石，先修中斗门，次修下斗门，最后上斗门。随湖势崇卑，板为五级，以泄水，历一年余功乃成。今漕规已复，起运在冬，每苦无水，奈何不复修祖宗旧政，而乃劳民费财，临时挑浚，将无已时也？则臣得倡言曰，二湖之水当蓄，而既坏之诸闸当理也。

闸能止水，而涵洞为尾闾之泄，傍湖之马林、上新等处十三涵洞当议也。湖水蓄而临期不过一启闭之劳，浙直漕船可无迟误之虑。而数万生民每年无浚掘之苦，真天地生成水利，古今独擅胜场，修容可缓乎？或谓弃置已久，一旦复修，未免广费金钱。臣闻浙直有协济镇江修河银，镇江府库贮在外省国家频年之冒破，劳民一载而可省百姓每岁之咨嗟，正所谓一劳永逸，暂费永宁者也，惟圣明采纳焉。上谓所奏深于漕务，有裨所司，确议以闻。

是年夏，河决原武湖村铺，又决封丘荆隆口，败曹县塔儿湾太行堤。

是年夏，雨五六尺，堤决南北共三百余丈。南门吊桥闸崩，城市行舟，人多溺死。（雍正《高邮州志》卷五）

是年，河决荆隆口，趋张秋。六年始塞。（康熙《河南通志》卷九）

## 崇祯五年（1632）

六月，河决孟津口，横浸数百里。（《明史》卷二八）

十一月丙辰（二十二日），直隶巡按赵振业疏奏，河道与漕运相表里，漕之迟速以河之安危，河有安流，斯漕无滞艘，则治河正所以理漕也。臣于查历河南河道后，即驰至张秋，遍阅汶、济一带，南旺河口居南北之脊，一水贯注，潺湲如缕。每遇春旱，涸竭可虑。目前正当大挑之候，速敕挑浚，所关甚巨。倘浅处不浚，浚处不深，挖挑仅循故事，重运其何以济？至于北河口尤汶水北泻之冲，今岁大水没堤，此口必塞。始能挽汶全力，而注之漕。此中又有马踏、蜀山诸湖，名为水柜，时其盈诎而节宣之，斯可借润。特患经过内外官员倚势决坝，湖水泄漏，则蓄积不厚，何以待运？臣与管河诸臣约严禁放决，力饬修筑。倘有犯者，即据实奏请定夺。若夫上源诸泉，派分流远而导之。近日最可患者，莫如骆马一湖。此湖至陈窑口清流安澜，纤挽最便，赐名顺济，历岁赖之。不意今年黄水突决，自清墩堤漫黄草湖，出骆马湖，而归宿迁，直河故道一望平原，陈窑新口细流就淤。转盼明春，重运踵至。溯流而上，纤挽安施？则所谓力塞决口，复河故道，尤当及时鸠工，即投璧沉马，似亦未可深惜也。乞亟敕总河督臣严饬中河分司及管河道府早办物料，多发丁夫，刻期竣工，无误新运。

是年，决建义北坝，总河尚书朱光祚浚骆马湖，避河险十三处，名顺济河。（《明史》卷八五）

## 崇祯六年（1633）

三月十五日，广东道监察御史臣吴振缨题河堤修筑久稽，祖陵浸啮可虑。

五月壬辰（一日），镌总督河道朱光祚级，以漕艘愆期也。

## 崇祯七年（1634）

二月壬申（十五日），赐漕运总督杨一鹏、河道总督刘荣嗣等银币有差，以建义决口告成也。

六月甲戌（二十日），河决沛县之满坝及陈岸水口。

## 崇祯八年（1635）

八月丙午（二十九日），巡漕御史倪于义纠河道总督刘荣嗣欺罔误工诸状，崇祯帝令所司按问以闻。

九月庚戌（三日），总理河道尚书刘荣嗣下狱瘐死。

是月，逮总理河道尚书刘荣嗣。初荣嗣以骆马湖运道溃淤，创挽河之议，起宿迁至徐州别凿新河，分黄水注其中，以通漕运。计工二百余里，费金钱五十万，而其所凿邳州上下悉黄河故道，浚尺许其下皆沙。挑掘成河，经宿沙落，河坎悉平。如此者数四，迨引黄水入其中，波流迅急，沙随水下，率淤浅不可以舟。及漕舟将至，而骆马湖之溃决适平，舟人皆不愿由新河，荣嗣自往督之，欲绳以军法。有入者辄告淤浅，弁卒多怨。巡漕御史倪于义劾其欺罔误工，南京给事中曹景参复重劾之。逮问坐赃，父子皆瘐死狱中。郎中胡琏分工独多，亦坐死。其后骆马湖复溃，舟行新河，无不思荣嗣功者。当是时，河患日棘，而帝又重法惩下。李若星以修浚不力罢官，朱光祚以建议苏嘴决口逮系。六年之中，河臣三易，给事中王家彦尝切言之，光祚亦竟瘐死。而继荣嗣者周鼎修泇利运，颇有功，在事五年，竟坐漕舟阻浅，用故决河防例遣戍烟瘴。给事中沈胤培、刑部侍郎惠世扬、总河侍郎张国维各疏请宽之，乃获宥免。云是年荣嗣被劾，得重罪。侍郎周鼎继之，乃专力于泇河，浚麦河、支河，筑王母山前后坝、胜阳山东堤、马蹄崖十字河拦水坝，挑良城闸，抵徐塘口六千余丈。（《明史》卷八四）

是年，东河水浅，运复由徐。参议徐标于徐洪上流，创开月河，北与旧运河接连，运得无滞。（《河防刍议》卷六）

## 崇祯九年（1636）

四月，河道侍郎周鼎奏泇河重浚成。（《明史稿》卷八九）

是年夏，泇河复通，由宿迁陈沟口合大河。周鼎又修高家堰，增筑天妃闸石工，去南旺湖彭口沙礓，浚刘吕庄至黄林庄一百六十里。而是时黄淮涨溢日甚，倒灌涸漕。鼎在事五年，卒以运阻削职。继之者侍郎张国维，甫莅任即以涸漕被责。（《明史》卷八五）

七月辛亥（九日），总理河道周鼎疏言塞决将成，忽有旁溃，严旨责成确估办料，刻期报竣。经管官指参重治。

八月庚寅（十九日），天津河道淤阻，帝谕姚应翀戴罪昼夜督浚，再违定行拿究，并谕督臣回奏。

是月，丰、萧河溢，大水。（嘉庆《萧县志》卷一八）

十二月辛卯（二十一日），总理河道周鼎疏报挑河。据司道府州再四确勘于陵无碍，于运有裨，州治民生所全甚大，册开上自茶庵迤西旧栏坝入口起，下至顾家庄后出口止，共计应挑河长二千一百丈，俱口阔十二丈，底阔六丈，深一丈五尺，计土二十八万三千五百方，共银三万四千二十两。又截河大坝一百丈，合用银三千六十三两零。工部酌议，上从之。

是年，河决长山，参议徐标率河防同知张俊英塞之。（乾隆《兖州府志》卷三）

## 崇祯十年（1637）

正月戊午（十八日），叙泇河功。周鼎、朱大典、张任学、张宸极等叙功有差。刘遵宪赏银币，蔡国用、钟炌赏银。

六月辛酉（二十四日），以河水溃溢，敕总河臣作速详查决口，办料修筑。

十月庚申（二十六日），徐钌管理清河。

## 崇祯十一年（1638）

三月丁亥（二十四日），总督河道周鼎疏言：挑浚愆期，印官悠忽，内纠滕县知县王俊民、宿迁知县刘毓秀、汶上知县叶增光应加议处，帝从之。仍谕昼夜攒工，不得玩泄。

四月丁未（十四日），仓场总督李遇知疏称淮限已逾，河流淤浅，帝令严饬各粮道严押飞挽，照限赴帮。德州桑园一带责成管河各官昼夜疏浚，毋得徇误。

壬戌（二十九日），河道总督请旨立榜。崇祯帝以闸禁甚严，权要擅启泄水，周鼎何不立纠？殊属瞻徇，榜牌即行修复。

五月戊子（二十六日），巡漕杨一俊疏报东沟口一带漕船浅阻。帝令经管官先行革职，戴罪星夜挑浚自赎。杨一俊严督各河道躬住河干，上紧催攒，作速运行。

八月己未（二十九日），工部疏核河工。得旨：新河浪费钱粮，不准消算。姜采既非经管钱粮，其经手之官何置不问？着该抚按一并核议，抵补具奏。

九月辛酉（二日），浙江巡抚熊奋渭疏报两浙叠罹水蝗。章下所司。

十一月癸亥（五日），工部主事于颖疏言：臣管理淮安天妃闸，以江南至仪真一带河道挑浚自崇祯十年正月起，至本年十二月终止，将年例清册呈送部科备照。

## 崇祯十二年（1639）

正月壬戌（四日），总理河道周鼎疏言：臣身在行间，河工势难兼理。请专敕管河司道各官划地分治，无误急工，以济新运。帝以河当大挑，不及时兴工，殊属延玩。即着分地勒限，速浚以济新运。

二月，太监曹化淳议京城外开河以通漕粮。自是年三月十九日起至辛巳六月，所开河自广渠门起，至大通桥运粮河北岸，挑河长三千八百六十二丈。又东直门外关帝庙挑月河长二百七十丈，斗虎营至关帝庙大石桥挑河长三千一百五十一丈，命内监于跃为河工总理，而以兵部司官轮督班军，共用班军二百三万二千余工，五城两县募夫二万九百余名，兵部侍郎吴甡视工，以为劳费无益，且伤地脉，抗疏止之。（《天府广记》卷四）

三月己未（二日），户科给事中傅钟秀疏言：漕艘往以津途延滞，酿弊丛奸。但今日河济用兵，其水次观望，中途趑趄，此情理之必然者。然则三月过淮，四月过洪之限，果能一一如期乎？若夫萑苻乘间，保无沿途疏虞之患。则提调防护，亦当十倍畴昔。伏乞申饬漕河诸臣，悉心料理，早抵通湾。帝是之。

己卯（二十二日），河道总督周鼎疏言恭进捐助，帝命照数察收。

七月丁巳（二日），大学士薛国观等捐助河工，旨照数验收。

庚申（五日），工科右给事中宋之普疏言：臣家沂州西、泇河东，沭河入漕运泇河之处俱在泇口。原自通行，年久湮淤，每致有河身高于平地者，是在疏通河身，使诸水尽归于河。引之既以济漕，而屯田民田，皆可为沃壤，实两利之道也。至沂河之为臣州患者，总之在骆马湖下流湮淤，但得湖流疏通，则沂水之患自浅，全漕之利思过半矣。帝命河臣酌议以闻。

八月庚寅（五日），帝以河江急需，命将王体干没籍银两尽数发与管工侍郎乘时挑浚。

九月戊寅（二十四日），户部李待问疏言海运一议，所以济河漕之不及，漕臣朱大典筹度加详焉。然国初备边每在西北，故海上径行无碍。今日之患辄在东方，帆樯粟米皆可以启敌心。运道一通，海禁弥弛，保无有交通为难者。臣仰窥圣明，建久长之虑，当不以全漕之大，倚办海若，而早计豫图，以此为不必然之画，亦一策也。今漕臣先募大海船数只，自维扬至津门，各携工役，详录岛屿，往来审视，以图经始。盖途有所必经，而后不失于迂。事有所必习，而后能审其便。此乘风破浪之要务，实长虑却顾之极思也。帝命所司确奏以闻。

## 崇祯十三年（1640）

正月丁巳（五日），升张国维为工部右侍郎兼都察院右佥都御史，仍带住俸降二级总理河道提督军务。

闰正月辛亥（二十九日），登莱巡抚徐人龙疏言：胶口以北、海仓以南，元运旧河俨然在焉。臣出巡胶莱，自南海口麻湾至海仓北海口，共二百七十里，或塞或浅，计工可开。若修而复之，既近且安，利害较著。而说者谓分水岭马家濠难于开凿，大姑河、小姑河易于壅沙，欲自黄埠巅云河口诸所创开一道以接之，而臣以为不必然。夫马家濠两岸阻石，舟不可触，近经削治。海船大行，不烦人力，一易也。二姑冲沙为害，然废越二百年，沙仅尺许，冬春水涸，岁加捞刷，二易也。分水岭地势固高，然河底泉水可储，河旁支流可引，更修闸坝蓄泄有备，三易也。而且沿岸而行万无一失，既非黑海之险，疏浚一通，经久可赖。又无黄河之虞，居恒则两路兼行，遇变则此或有滞，彼尚可来，无意外隔绝之患，有裨国计，亦可通商，系河运，非专海运；系疏导，非专开凿，可用海船，亦可用河船，有益西河，非欲废西河也。计淮口开洋，由安东入麻湾，海口行三百三十里，由海仓至直沽沿海岸行三百五十里，较漕河之运捷速十倍，而中间所道新河又且安利。疏挑之费度不过数十万，此会通河剥浅一岁之所费耳。倘可议行，另疏以请。帝谓河漕尽可转输，安用海运？若遇变，复由胶莱，仍与漕无异，且疏挑与海船河船为用不下数十万，可否着所司详确酌议以闻。

四月己未（八日），工部主事姜天枢以运河胶浅，疏浚不时，纠劾博平县知县钱铨、署清河县印同知辛志谔、管河通判张鹤龄。帝命削籍，戴罪督挑，候工完定夺。

五月己酉（二十九日），巡视漕储卢世漼言：以漕艘鳞集，胶滞难前，管河水利道副使叶重华、管河同知谭系并济宁州鱼台县等官泄缓误漕。帝命将叶重华、谭系并济宁鱼台印官俱先削籍，令戴罪作速通浚。卢世漼职在巡漕，着沿河星夜严催，不得徒请申饬取罪。

七月壬辰（十三日），帝谕：漕粮关军国命脉，乃今时已入秋，津南尚无片帆，如此违玩，国储何赖？总河漕储及管河分司州县正印把总等官俱先降一级，仍各戴罪尽赴河干催攒，依限早抵京通，不得延玩，致干重谴。

己酉（三十日），帝以自五月至今雨泽未降，运河涸浅，漕粮阻滞，命顺天府总河等官并各抚按一体洁虔祈祷。

八月庚戌（一日），巡漕御史卢世漼疏报开放马踏湖柜口，使湖水北流，以济漕运，未及一夜，济北临南刻期利涉，即德津间亦沾灌注，粮艘衔尾而进。报闻。

十月乙丑（十八日），河道总督张国维疏言：卫河北流至临清，汇闸河以济运，为功甚大。续因漳河返跳，而卫流遂弱。先年虽有挽漳引沁之议，终亦未行，致岁岁苦浅。今岁大旱，临德河流枯涩，臣遣东昌府通判张鹤龄前往彼处清理，而水即稍涨。此非明效大验欤？今臣请于辉县地方南旺事理特设泉司一员，专董浚导卫河泉源，并令细察漳水、沁水之可复可引，丹水辟支与淦、洹三水之入卫与否，将一切疏通搜浚事务悉令专致料理，以济粮运。凡有泉河府州县印河等官皆暂辖其所驻分署，察彼处空闲衙舍，俱可栖止，供应舆皂夫役所费约亦不多，此固不难于增置者。命河南抚按踏勘，酌妥以闻。

是年，大旱，黄河水涸。（康熙《睢宁县志》卷一）

## 崇祯十四年（1641）

正月庚辰（四日），总理河道张国维疏言：济宁州运道自枣林闸，溯师家庄、仲家浅二闸，岁患淤浅，重艘维艰。考之泉志，泗河由鲁桥入运济漕。枣林闸名为泗河派，伏秋水势汹涌，足资利济。而挟沙注河，水退沙积，利害亦参半焉。傍有白马河涯，邹县诸泉并芪云二河之水，经埝里与泗合流，而出鲁桥。向因泗水猛悍，白马力弱不敌，以致河身半归淤塞，不为漕运者久矣。今岁船滞枣林，牵挽莫施。邹县管泉县丞王访吾集夫挑浚白马河口一泓，初出而停滞遂疏。今广为咨访，逐加丈量。察泗河南出鲁桥，水道迂远，河形渐狭。白马河上源甚窄，而泗流扼之，以致下流遂化沟渠。且鲁桥一带地势高亢，展浚不易为力。近改入师家庄，已多济一闸，而流尚涓涓。白马上源宽处止与仲家浅闸对不里许，且地势独窄。若导令入仲家浅，较之鲁桥、师家庄，迂直高下远近之势自不侔矣。易细流为洪流，一便也。入运直捷，减沙渗之患，二便也。济仲家浅，而并济师家庄、枣林闸，三便也。又恐泗河涨发，仲家浅之受沙亦与枣林等。议于白马与泗河所改水口各竖大桩，伏秋之时预筑土坝，遏水仍由故道。水消则启坝以纳清流，周咨舆论，佥谓救涸之着无逾于此。臣即备行南旺济宁等管河官就近酌调官夫展浚，俟工完再报可也。帝令酌议以闻。

甲申（八日），总理河道张国维疏言疏运六策：一曰开东平、平阴、肥城会河，以益汶流。二曰复安山湖，以济北闸。三曰改挑白马湖，出仲家浅，以迅河流。四曰改挑沧浪河，从万年仓出口，以利四闸。五曰展浚汶河、陶河上源，以济邳派。六曰改道沂河，出徐塘口，以并利邳、宿。

七月乙未（二十一日），帝以时值孟秋过半，粮艘抵津抵通者杳然，国储何赖？其漕河运护及地方各官玩误之罪，实所难宥。总河张国维已降三级，再降二级。巡漕吴邦臣尤难辞责，降五级，俱戴罪。总漕史可法授事方新，姑免降。其余经管文武各官应拿问、应降革、应戴罪者限三日内，计仓二臣分别拟议具奏。仍飞檄在事各官星夜攒运，务期八月内尽数过津抵通，并命黄允恩、沈廷扬海运一并责令速挽。

八月戊申（五日），敕封河神金龙四大王加“灵佑感应”四字，九龙神加“翊运”二字。

## 崇祯十五年（1642）

三月戊戌（二十九日），总理河道张国维疏报挑浚山阳、清河、高邮、江都、仪真三百里运河，计费四万余金。章下所司。

四月癸卯（四日），天津巡抚冯元飚疏奏海运要着莫如复总运之制。一总运统辖二十运官，以一运官督押二十号船，每号立一帮长，每帮长领十九船户。五船取一互结，二十船取一总结。臂指相使，首尾相衔，兑运之日，帮长率本号船依次排列河下，仓官在仓主发，运官在船主收，装载一完，立加封验。饷道即呈水脚册饷司，即给运价银总运，实时押至海口。运官实时押发开洋，不许片刻逗遛，不许随地停泊。但使浪恬风顺，三日可达关宁。若有一船落后，帮长随行稽察，即盗卖之风自绝，挂欠之累自销。直截清通，转运无滞，期至七八月尽行运完原额，即得风得水，无患无惊，并无失风举火之虞，何能借口妄捏？此真提纲挈领、拔本塞源之要着也。章下所司。

六月癸卯（五日），上谕户部，连日不雨，运河水消，着河臣挑浚济运。闻各船迁延不进，押漕官何无催攒？今岁津运已经该抚具题，各省先到者先行截留，着兼程进发，以足应截之数，其迟到者不得搀越求截。又闻寄囤旧粮殊多侵蚀掺和，着管催旧漕科道等官严行察饬，如官弁私役仍踵前弊，即重惩之。

辛亥（十三日），户部郎中沈廷扬疏奏：臣遵旨诣淮，与总漕臣熟筹海运事宜。如原题募沙船，雇水手。夫海船非比内河，无船可募，不得不造。造船必募殷实船户，预给钱粮。船户得人，则造船始坚，而水手自得矣。至于水脚，自淮至辽每石止给七钱，先发五钱，至天津乃足其二。而此五钱中，又除留一钱二分有零，所得者止三钱耳，其谁愿之？伏乞敕下总漕臣从长酌议，揆民情，恤时艰，计里定价，计石预给，鼓舞招徕。章下所司。

甲子（二十六日），户部疏覆开复胶河十万两，宜责之工部，军饷孔亟，户部不能办给。从之。

九月壬午（十五日），黄河决朱家寨，冲破汴城，溺死者过半。周藩踉跄趋渡河北，冠紫羢帽，衣蓝狐裘，乘四人柳木肩舆，并王妃、世子、宫眷三十余人，内侍三四人，携旧簏三只，暂寄柳园坊，所司驰闻。得旨：汴城水患异常，周藩暂渡河北，仓惶迁徙，深轸朕怀。所有筹安事宜礼部速奏。

十一月辛未（五日），工科给事中金汝砺疏言：河患妨漕，请敕新河臣星驰疏浚，并令海运宜急，胶河宜开，又言周藩罹水，凡同城遇患，士民宜推恩赈济。得旨：修复河漕故道，目前急务，黄希宪着星驰受事。胶莱河责成登抚及赈济难民事宜，所司详议。

闰十一月辛酉（二十五日），沈廷扬疏奏海运出圣明独断，使臣试运，以通南北，乃为朱大典所阻。及部议置臣于山东以召买津粮，并解临德二仓，径运关宁，不费朝廷水脚，又省民间数十万金钱，运速而辽济矣。乃议者初言海运必不可行，及臣行之稍有端绪则言海运易行。及召臣来淮，反言海运不当行，无非私意逐臣，请自此罢。得旨：海运既属可行，何故人多阻挠？所司察奏。

十二月己卯（十四日），命工部侍郎周堪赓修治汴河，发御前银十万两，并敕所司不拘何项钱粮，实拨济用，期以二月竣工。

是年，起义军围大梁，汴人死守不降。有献防高巡抚名衡者曰：“营附大堤，决河灌之，尽为鱼鳖矣。”周王募民垒羊马城高厚如岸，援兵掘朱家砦口。起义军察觉，移营高岸，多储大航巨筏，反决马家口以灌城。河骤决，声震百里，排城北门入，穿东南门出，流入涡水。涡忽高二丈，士民溺死数十万。（《静志居诗话》卷一六）

是年，开封城北十里枕黄河，至是起义军围城久，人相食。壬午夜，河决开封之朱家寨，溢北城。越数日，水大至灌城。周王恭枵走磁州，以巡按御史王汉舟迎之也。巡抚高名衡、推官黄澍等俱北渡，吏卒仓猝各奔避，士民淹溺死者数十万人，城俱圮。开封古都，富庶甲于中原，竟成巨浸。水大半入涡，入泗，入淮，与故河分流，邳、亳皆灾。（《明史纪事本末》卷三四）

## 崇祯十六年（1643）

二月壬申（八日），总漕史可法疏奏：今岁漕船北上，于六月内已尽过洪，所迟至八月者，惟赶帮零船耳。方望全帮回空，早济新运。不意北河浅阻，南下无多。臣方以此为虑，乃突报开封河决，下流尽淤。向之汹涌而来者，今且褰裳而涉矣。伏乞敕下该部速行确议，或捐金钱济溃，及早兴工，或择望重之臣专为经理，务于正二月内塞决完工，庶陵免震惊，漕无昏垫之灾矣。章下所司速覆。

丙子（十二日），上言汴河属周堪赓，运河属黄希宪，责虽分任，事实相关。一应筑浚等项，俱着详审速图。并严饬沿河道府有司，协力料理，早襄运务。如有玩违，参来重治。

三月己亥（六日），工科给事中金汝砺疏奏，汴口沙塞，请敕河臣黄希宪及时修筑。得旨：汴口沙塞情形未确，着严催竣工，不得误漕。

丙子[①]，命暂停河工。（《行水金鉴》卷四五引《崇祯长编》）

癸未[②]，总理河道周堪赓报河决马家口。（《行水金鉴》卷四五引《崇祯长编》）

九月，河决入涡河，先是四月李自成围汴，决河灌汴，水但绕城隍而已。九月十七日夜雨大风，河自朱家寨南决，坏汴北门及曹、宋二门，而出南入于涡。（《行水金鉴》卷四五引《河南通志》）

十一月辛丑（十一日），工科都给事中汪惟效疏奏汴河塞决无闻，帝言汴河修筑经年，近来何无奏报，殊属延误。着查钱粮有无全到，及工程限期逐一奏明，该部速行振饬。

十二月丁卯（七日），命河臣周堪赓将修过河工绘图以进。

癸未（二十三日），谕工部：前议开胶莱河，以通海运，曾否动支？其户部所发及河工银十万两？曾否支用，着即察奏。昨计臣奏：文登开养鱼池，尤为通漕便道，系贺王盛所议，是否可行。即着王盛前去详悉勘明确，议奏以闻。

## 崇祯十七年（1644）

正月丙辰（二十七日），太仆寺寺丞贺王盛疏奏胶莱海运，并绘图以进。帝言：“贺王盛着即踏勘成山一带海运形势事宜，详确速奏。图留览。”

① 崇祯十六年三月无丙子日，故此条记载时间有误。

② 崇祯十六年三月无癸未日，故此条记载时间有误。

# 清朝

## 顺治朝（1644 ～ 1661）

### 顺治元年（1644）

七月甲辰（十九日），命杨方兴为兵部右侍郎兼都察院右佥都御史，总督河道，分管黄、运河务。

### 顺治二年（1645）

二月丙寅（十三日），伏秋水汛，黄河决口，济宁以南，尽成泽国。

五月庚寅（九日），命保定巡抚王文奎为总漕、兵部右侍郎兼都察院右副都御史，总督淮扬等处，提督漕运、海防军务，兼理粮饷。适逢清军攻克南京，北方粮食短缺，粮价不稳，命王文奎即刻赴淮，办理漕务，将南粮北运，建立漕运体系。

庚子（十九日），任命贵州道御史刘明偀为巡漕御史。

六月戊午（七日），巡漕御史刘明偀奏：江南漕粮旧额四百万石，前因蠲免等原因多有改变，如今也要理清成为定制。运粮者原为军丁，现为百姓，应重新规定。每年都应维修漕船，如今漕运待兴，漕船残破，应加紧修造。运道淤浅，更应加紧挑挖。皆准。

闰六月壬午（二日），工部准议巡漕御史刘明偀奏疏。旧例额造漕船，如江南、浙江、江西、湖广，则于各原卫所修造。南京、江北、中都、山东则于清江厂、龙江关修造。近年来兵荒马乱，商税无出，应当派遣有才干的官员督造，组建分司以榷关税。

己丑（九日），黄河王家园（今河南兰考县）决口。

七月丙寅（十六日），工部奏准，芜湖、杭关、龙江、荆州、清江五处船厂，每年例抽税银计十二万九千六百三十一两四钱有奇。

十二月甲辰（二十六日），敕封黄河神为“显佑通济金龙四大王之神”，运河神为“延休显应分水龙王之神”，命总河率领河臣祭祀。

## 顺治四年（1647）

正月丁未（五日），山西道监察御史佟凤彩奏：京畿地区沿河州县，屡年受水灾，河道决口，农田被淹，有亏赋税。令各州县设置堤夫，丈量河道深浅，加以修筑，收束河水。

庚戌（八日），漕运总督王文奎因擅免荒田租赋，及请求祭奠明皇陵，被革职，下刑部议罪。

庚申（十八日），归并荆关、通惠河、中河清江厂、杭关、芜湖、龙江、芦政等关差于户部。

乙卯（二十七日），升登莱巡抚杨声远为淮扬总督，兼总督漕运。

六月，大雨不止，乡官孙宗彝条议，上巡抚陈之龙，檄令掘丁溪、白驹二闸，水即退。（雍正《高邮州志》卷一〇）

七月壬戌（二十三日），命贵州道试监察御史匡兰兆巡视漕运。

八月丙戌（十八日），准河道总督杨方兴所请，复设临河州县墩、堡、铺夫，以护漕运。

九月丙子（二十七日），遣江西道监察御史蔡应桂巡视京、通二仓。

## 顺治五年（1648）

三月己亥（初四），修筑阳武、中牟二县河口月堤。

七月己丑（二十六日），遣广西道试监察御史裴希度巡视漕储。

## 顺治六年（1649）

五月己巳（十一日），以河工告竣，加河道总督杨方兴兵部尚书。

## 顺治七年 （1650）

三月己卯（二十六日），加河道总督兵部尚书杨方兴为太子太保，总督漕运户部右侍郎兼都察院右副都御史吴惟华为都察院右都御史兼户部右侍郎。

十月庚寅（十日），山阳县高家堰、清河县文华坝等处堤成。

是年，总河杨方兴筑姚港口石堤。（雍正《高邮州志》卷三）

## 顺治八年（1651）

二月己丑（十一日），免汶上、寿张、宁阳、峄县六年分水灾额赋，金乡县七年分水灾额赋。

三月己巳（十二日），裁淮安总理漕运侍郎。

四月辛酉（十五日），命内翰林弘文院学士王文奎为漕运总督。

五月庚子（二十四日），巡视漕储御史张中元列款疏参总漕吴惟华贪婪误漕状，命革职严讯。

十月壬戌（十八日），遣浙江道监察御史朱绂巡视漕运。

## 顺治九年（1652）

正月乙酉（十五日），复设河南归德府管河通判一员。

七月丙子（七日），汴河决口工完。赐河道总督杨方兴、管河道方大猷鞍马、蟒朝衣、帽、靴、白金等。

丙申（二十七日），工科右给事中胡之俊奏：三吴江道淤塞，危害极大，财赋重地，一片汪洋，百万粮储，无处筹集。请敕部从长计议，疏通故道，国计民生，都仰仗此地。

八月戊午（十九日），刑部议复：巡漕御史张中元弹劾原任漕运总督吴惟华婪赃一万一千六百余两，证据确凿，依律当斩。顺治帝念其投诚有功，免死罪，革职，永不叙用，赃款充公。

十月丙辰（十八日），丹阳练湖闸工修成。

十二月癸卯（五日），河道总督杨方兴奏言：清口为淮、黄交汇之处。伏秋，淮弱黄强，黄河内灌，前人置闸筑坝，原以防浊沙淤淀之患，自闸禁废弛，今请于清江、通济二闸适中处，寻福兴闸旧址，先行修复。启一闭二，以时蓄泄。

是年，大王庙口决，沙湾复溃，冲断运道，总河杨方兴修筑堤岸。（**《山东全河备考》卷二**）

## 顺治十年（1653）

五月癸未（十八日），户科给事中周体观劾奏河道总督杨方兴治河罔效，误国殃民。顺治帝命杨方兴回奏。

七月辛亥（十八日），任命户部侍郎马鸣佩为总督仓场侍郎。

癸亥（三十日），河道总督杨方兴再疏乞休。顺治帝不允。

十一月戊申（十六日），河道总督杨方兴疏：黄河旧绕邳城，恐被其淹灌，迁于羊山之南。不料土中伏有虎山，又激水北流。如今董家堂堤岸冲决，水势难以抵御，建议于虎山、象山以南，改挑新河四千一百七十余丈，旧河筑坝截流，使水尽归新河以利运道。

## 顺治十一年（1654）

二月戊子（五日），命户部侍郎范达理为仓场总督。

三月戊戌（八日），免山东济南、东昌府属州县十年分水灾额赋。

五月壬辰（三日），山东观城、馆陶、范县、丘县（今邱县）、武城、长清等三十州县水。

六月己未（一日），黄河决口大王庙。

壬申（十四日），先是，吏科给事中林起龙劾奏总河杨方兴误国殃民。诏对不实。廷臣议林起龙应杖一百，流三千里，加役三年。顺治帝宥起龙罪，著降三级调用。杨方兴照旧供职。

癸未（二十五日），总河杨方兴引疾乞休，不允。

七月庚子（十三日），遣太常寺少卿高景祭黄河之神，鸿胪寺少卿李时秀祭运河之神。

九月辛亥（二十五日），降漕运总督沈文奎三级调用，因其督催漕运稽迟。

## 顺治十二年（1655）

正月壬子（二十七日），顺治帝言：濒河郡县，田土尽湮，各地方协济河工，一束之草，赔银数钱，征调繁兴，侵挪万状，河夫工食，不能时给，物力已竭，绩用未成。中原重地，人民苦累，半由于此。自今以后，该管各官，务宜亲驻河干，解到人夫物料，严核数目，乘时修筑，工食价值，毋得短减。有仍前作弊者，官则题参，吏即拏究，期在早竣，以苏民困。

三月壬辰（七日），江西督粮道周日宣，以漕船被盗焚劫，降三级调用。

十一月甲申（四日），升大理寺卿吴库理为漕运总督。

## 顺治十三年（1656）

正月乙未（二十八日），河道总督杨方兴引年乞休。上以河决已塞，不允其请。

七月甲子（十八日），遣贵州道监察御史侯于唐巡视漕运，吏科副理事官李腾龙巡视茶马，兵部督捕副理事官迟煌巡视京、通各仓。

八月壬辰（十七日），停差钞关满洲官员。

九月甲戌（二十九日），河道总督杨方兴考满，荫一子入监读书。

## 顺治十四年（1657）

四月甲戌（二日），复设工部卫河分司一员。

## 顺治十五年（1658）

四月己丑（二十三日），裁京粮厅差，归并坐粮厅管理。

七月己亥（四日），裁巡漕御史。

## 顺治十六年（1659）

九月癸酉（十五日），裁建昌府丰盈仓大使。

十二月丙午（二十日），以吏部右侍郎杨茂勋署理河道总督事务。

## 顺治十七年（1660）

二月癸巳（八日），先是，漕运总督蔡士英奏言：国初，设总漕一员，驻淮安。凤阳巡抚一员，驻泰州。自顺治六年，巡抚标兵调入粤西，遂撤销凤阳巡抚，归并漕督。漕务、海防，势难兼理。请仍照初制，专官分任。从之。

三月戊寅（二十三日），户部议奏漕、粮二道考成则例。

六月癸巳（十日），命礼部左侍郎文华殿学士白色纯暂署河道总督事务。

七月庚申（七日），命都察院左佥都御史苗澄暂署总河事务。

庚午（十七日），升总督仓场户部左侍郎杨义为工部尚书。

八月丙戌（三日），升文华殿学士白色纯为户部侍郎，总督仓场。

丁亥（四日），调刑部左侍郎高景为户部左侍郎，总督仓场。

### 顺治十八年（1661）

正月癸酉（二十三日），户部议覆福建道御史胡文学奏江南、浙江、江西三省漕粮，改折收银。从之。

是日，巡按苏松六府御史张凤起疏言：苏、松、常、镇四府，差繁赋重，漕米折价，请仍照原议，每石折银一两。下部知之。

三月辛亥（二日），户部题：总理漕务侍郎巴格三年差满，并标下员兵，俱请更换。得旨：专理漕储侍郎，职任重大，须贤能之人。巴格克胜此任，且更换往返，滋扰驿递。巴格并笔帖式兵丁，俱著久任，不必更换。

十月己酉（三日），升凤阳巡抚林起龙为漕运总督。

## 康熙朝（1662 ~ 1722）

### 康熙元年（1662）

九月甲午（二十四日），工部题：黄河水性汹涌，以后修筑堤岸，如一年之内冲决者，参处修筑之官，过一年冲决者，参处防守之官。至运河与黄河不同，修筑堤岸，三年之内冲决者，参处修筑之官；过三年冲决者，参处防守之官。如限年之内，修筑官已去，防守官不行料理，致有冲决者，一并参处。

十二月甲寅（十五日），河道总督朱之锡疏言：宿迁县遥堤，自直河口起，至皂河西止，黄水大溜，直射坍溃，抢筑小堤，恐不足恃。请展筑月堤，以资防御。从之。

### 康熙二年（1663）

二月壬寅（三日），吏科给事中雷一龙疏言：河工关系漕运，满汉自宜同差。应如所请，将满汉司官一并差遣。

乙丑（二十六日），漕运总督林起龙疏报淮安群盗钮思塘、王海云等，顷严督文武官员，四布缉捕，盗匪相继就擒。钮思塘等应骈斩，余流徙决杖有差。

是日，漕运总督林起龙疏报开浚泾河闸。

八月乙巳（十日），以原任太仆寺少卿赵开心为总督仓场户部右侍郎，加工部尚书衔。

甲寅（十九日），户部议覆漕运总督林起龙条奏：漕运重船，原令各关盘诘夹带私货，但关口甚多，处处盘诘，必多误运。应如所议。

十月己亥（五日），升大理寺卿王度为总督仓场户部右侍郎。

## 康熙四年（1665）

三月壬辰（六日），康熙帝谕工部：漕运关系国用，河道理宜严肃。近闻内外显要官员，多置船只，贸易往来，奸徒恶棍，假借名色，恣意横行，以致闸座启闭不时，河水浅涸，粮艘为阻。又钦差及赴任各官，多带货船，纵容下役，骚扰河路。俱应严行禁止。

丙申（十日），裁漕储道缺。

辛卯（十七日），命礼部遣官一员，同河道总督朱之锡往泰山祈雨。

四月癸亥（七日），工部议覆河道总督朱之锡题运河水涸，粮艘难行，请申明漕禁，以全挽输一疏。得上旨：著该督亲率各官，力行疏浚，勿得仍委官塞责。

七月甲午（十日），崇文门税务归顺天府治中兼理，天津钞关税务归天津道兼理，通州税务归通蓟道兼理。

## 康熙五年（1666）

正月癸巳（十二日），河道总督朱之锡奏销康熙三年岁修钱粮。

辛丑（二十日），康熙帝谕户部：近闻内外奸棍，违禁妄称显要名色，招摇肆行，于各处贸易马匹缎匹及各项货物，船只霸占河路关津，恃强妄为，此皆该管官瞻徇容留，疏忽怠玩所致。以后如有此等奸棍，仍前指称王、贝勒、辅政大臣，及内外大臣名色招摇肆行者，地方官必严察。

二月丁卯（十六日），漕运总督林起龙疏言：国家每年挽运七省漕粮四百万石，以实天庾。近见粮艘北行，阻闸阻浅，处处见告。窃以为欲申速漕之令，宜先清济漕之源……下部议行。

## 康熙六年（1667）

五月庚戌（七日），以原任广西总督屈尽美为漕运总督。

七月己巳（二十七日），河道总督杨茂勋题报：桃源南岸烟墩口决，趋入洪泽湖，堤冲三百余丈。

八月戊戌（二十六日），山东道御史徐越疏言：漕河以天妃闸为咽喉，而天妃闸口受黄、淮二流，黄水不分，淮水万不能导，应行疏浚。在天妃坝及遥湾增筑石工，自是一劳永逸。下部祥议。

十月戊子（十七日），命杭州北新关、南新关事务，归杭州府同知管理。

十二月乙酉（十四日），命修《盐法备考》《漕运议单》二书。

是年，运河决江都露筋庙堤，次年堵塞。（乾隆《江南通志》卷六〇）

## 康熙七年（1668）

正月丁未（八日），河道总督杨茂勋疏言：烟墩漫决，大溜南徙，应开引河疏导。

二月甲戌（五日），户部议覆江宁巡抚韩世琦疏言：黄河冲决，桃源受患尤甚，漕粮无蠲免之例。请将桃源县康熙六年分起运漕粮，分两年补征带运。

五月乙丑（十六日），命浙江北新关事务，归并盐运使管理。

十月辛卯（二十六日），工科给事中李宗孔疏言：淮、扬二府，连年累遭水灾，以淮水南流，入湖决堤之所致也。饬令泗州、盱眙州县官，严加防视。庶淮水北流，得以会黄刷浊，通行漕运。而高、宝等处，不致频被水灾。

十一月庚子（五日），遣官祭济宁州敕建河神庙。

十二月戊子（二十四日），工部尚书马迩赛、刑部尚书明珠等，遵上旨会阅淮扬出水之处。

是日，马迩赛等又遵上旨覆奏：清口为淮、黄交汇之所，漕运要路，黄河水发，势必越过淮河，淮水力弱，则沙土反得滚入，以致运道壅塞。请将黄河北岸，挑挖引河，分引黄河之水。董口之右，有骆马湖可行，但须添筑堤岸，以为纤道。

是日，马迩赛等遵上旨审覆工科给事中李宗孔疏参泗州知州袁象乾、盱眙县知县李时茂，发示拦阻修筑周桥闸、翟家坝一案。应交部议处。

## 康熙八年（1669）

二月己巳（六日），户部遵上旨再议户科给事中苏拜条陈关税之疏。

六月丙子（十五日），改直隶通蓟道旧辖州县卫所，归永平道统理，改为通永道。

七月丙申（五日），命吏部右侍郎帅颜保为漕运总督。

丙辰（二十五日），工部议覆河道总督杨茂勋估计封丘岁修钱粮一疏。相应如议，嗣后凡修筑处，务须坚固，以图永久，若仍前弊，该管大小官员，定行重处不贷。

九月甲辰（十四日），以原任刑部左侍郎石申为总督仓场户部侍郎。

十月乙丑（五日），以工部左侍郎罗多为河道总督。

## 康熙九年（1670）

二月丁亥（二十九日），增设通惠、北河、南旺、夏镇、中河、南河管理河务满分司。

闰二月己酉（二十二日），江南高邮等六州县，叠被灾伤，应将康熙六、七、八年未完漕粮尽行蠲免。

九月庚午（十六日），嘉兴、湖州二府水灾，本年漕粮请每石折银一两征解。粮既停运，则耗润米、帮贴银俱可免征。

十一月丁卯（十四日），工部言：河工协济人夫，皆经该地方津贴而来。江南各府方被水旱之灾，正项尚且议蠲，额外岂堪重累。前部臣主募夫之议，原定每名给工食银六分，今河臣虽改用派夫，岂有募则给工食，所宜一体议给。

甲戌（二十一日），以淮、扬数被水灾，特命高邮、宝应等十五州县应征康熙九年并带征七、八年漕粮漕项，概行蠲免。

丙子（二十三日），裁江南西新关户部差归并龙江关工部管理，芜湖关工部差归并本关户部管理。

## 康熙十年（1671）

二月己丑（七日），升左副都御史王光裕为河道总督。

三月壬子（一日），漕运总督帅颜保丁母忧，命在任守制。

四月癸未（二日），户部遵上旨议覆，淮、扬饥民，应发银六万两，速行赈济。

丙申（十五日），户部议覆江南江西总督麻勒吉等疏言：吴淞江、浏河口，系苏、松、常、杭、嘉、湖六府泄水要道，应建闸开浚。

十一月辛未（二十四日），河道总督王光裕疏言：淮、扬里河，为漕运咽喉，疏请大挑，查有河库节省银十万两，可为雇募人夫之用。从之。

## 康熙十一年（1672）

二月丁酉（二十一日），撤山东夏镇关，令中河分司移驻宿迁收税。

六月戊戌（二十四日），增设江南山阳县管河主簿一员，分防高家堰堤工。

辛丑（二十七日），谕工部：河道屡年冲决，地方被灾，民生困苦，深轸朕怀。即行河道总督、漕运总督会同相视，商酌筑堤。

十二月辛亥（十日），以江南兴化、邳州、沭阳等县并大河卫连年灾荒，又本年水灾十分，将应征本年分地丁银及漕粮漕项，并带征康熙十年分漕粮漕项一并蠲免。

## 康熙十二年（1673）

正月庚子（二十九日），遣郎中苏尔泰往阅河工。

三月辛巳（十一日），吏部议覆河道总督王光裕、漕运总督帅颜保会疏言：康熙七年，命直隶各省复行荐举例，而河臣漕臣之属员，并未议及，请一体举行。

是日，工部著以河库钱粮，雇觅夫役。

四月癸亥（二十四日），升大理寺卿周卜世为总督仓场户部右侍郎。

五月壬申（三日），以筑塞桃源七里沟决口议，叙加河道总督王光裕兵部左侍郎。

十月癸卯（六日），户部言：淮、扬地方清水潭石堤复决，黄、淮水势弥漫，高邮、宝应等十八州县卫所被灾，请行赈济。

辛酉（二十五日），工部言：清口应筑坝以遏浊流，但恐里河水涸，今议于重运过完则闭，霜降水落则开，洵为河、漕两利。

十一月辛卯（二十六日），裁工部都水司汉主事四员。

## 康熙十三年（1674）

二月辛丑（七日），户部言：淮、扬被淹地方，人民困苦，自康熙十三年起，如有耕种新涸田地者，俱俟三年后起科。

甲辰（十日），工部言：请裁江南河工额夫，停止佥派，以苏民困。其岁修应用夫役，动帑雇募。

六月辛酉（二十八日），河道总督王光裕疏报山阳县高家堰石工板工成。

## 康熙十四年（1675）

十二月丙寅（十三日），户部议覆：湖广道御史郝浴疏言：京通各仓，共计新旧积贮不下七百万石，当兹米多银少之时，可将山东、河南额征正耗米，停其买运，折银以济军需。从之。

## 康熙十五年（1676）

九月庚子（二十一日），准江南宿迁县康熙十五年漕粮改征粟米。

十月壬戌（十三日），谕吏部：今年淮、扬等处堤岸溃决，淹没田地，关系运道民生。谕大臣前往省视。

十二月庚戌（二日），命江南淮、扬所属沿河地方栽植柳树，以备河工需用。

## 康熙十六年（1677）

二月癸丑（六日），吏部言：河道关系重大，必得才能熟练之员，始能胜任厥职。嗣后凡河工道员缺出，内而部属，外而知府、同知，果有曾任河职，尽心河务者，令总河保题。

丙辰（九日），九卿议覆差往验勘河工工部尚书冀如锡等疏言：河臣王光裕曾题高邮三浅西堤一处，逼近清水潭，俟水涸另议兴修。其余各工，已经相机抢筑。今看各口尚未兴工，询其何故，则以钱粮不足为辞。又议冀如锡等疏，言：河道水性靡常，全赖堤工捍御。今须亟行修筑，黄河南岸，自白洋河至云梯关，北岸自清河县至云梯关，及高家堰、周家桥、翟家坝、古沟等诸决口，其余溃坏单薄之堤，俱宜修筑坚固。

七月甲午（十九日），河道总督靳辅疏言：河道敝坏已极，修治刻不容缓，谨条列八疏以奏。一、挑清江浦以下，历云梯关至海口一带河身之土，以筑两岸之堤。二、挑洪泽湖下流高家堰以西，至清口引水河一道。三、加高帮阔七里墩、武家墩、高家堰、高良涧至周桥闸残缺单薄堤工。四、筑古沟、翟家坝一带堤工，并堵塞黄淮各处决口。五、闭通济闸坝，深挑运河，堵塞清水潭等处决口，以通漕艘。六、钱粮浩繁，须预为筹画，以济工需。七、请裁并河工冗员，以调贤员，赴工襄事。八、请设巡河官兵。

己亥（二十三日），刑部言：原任河道总督王光裕莅任以来，不将堤岸修筑坚固，以致新旧堤岸屡屡冲决，淹没民田房产，至属员侵蚀冒销又不题参。王光裕应革职，杖一百。

## 康熙十七年（1678）

五月乙丑（二十六日），以原任工部左侍郎梁鋐为总督仓场户部左侍郎，管右侍郎事。

七月乙卯（十七日），工部言：臣前疏高家堰石工，高有七尺，其土堤应加高三尺，今石工再加三尺，与土堤平，然后另加土堤三尺。再高家堰、高良涧一带，因水没堤根，堤身单薄，必须加筑戗堤一道，方为万全。

丙辰（十八日），工部言：臣前疏黄河两岸，将挑河之土，分筑遥缕各堤，今勘有旧遥堤，贴近河身，拟以旧堤为缕堤，于旧堤之外，另筑遥堤。

八月己巳（一日），工部报：本年七月二十一日，黄水泛涨，将砀山县石将军庙、萧县九里沟二处冲决。

十月辛卯（二十四日），河道总督靳辅疏言：黄河自徐州而下，南北两岸堤并清河县南岸，白洋河以下两岸各堤，见在酌量攒修，委官设兵防守。又疏言：淮扬运河出口之处是为清口，离淮、黄交汇之处甚近。今臣往来相度，必须将清口闭断。

康熙十八年（1679）

四月戊子（二十四日），升左副都御史喀尔图为总督仓场户部侍郎。

五月庚戌（十七日），升左副都御史马汝骥为总督仓场户部右侍郎。

七月甲午（二日），河道总督靳辅更查山阳、宝应、高邮、江都四州县河西诸湖，今亦逐渐涸出，拟设法招垦，庶几增赋足民。

九月壬子（二十日），工部议覆河道总督靳辅疏言：请将南旺、夏镇、北河分司分管诸务，俱归济宁道兼辖。应如所请。从之。

十月己卯（十八日），户部言：江南宿迁、沭阳、赣榆三县漕粮，近年为黄河漫溢，田地皆成沙土，止产粟米。请嗣后漕粮，改征粟米。

己丑（二十八日），河道总督靳辅疏请于节省河工钱粮内，动支银十四万余两，另开运河于骆马湖之旁，以便挽运。

康熙十九年（1680）

五月乙巳（十七日），山东巡抚施维翰疏报，河道总督靳辅丁忧。不允。

庚辰（二十三日），户部题：前以大兵征剿逆贼，将湖广漕粮十六万三千余石俱留供应。

十二月丁酉（十二日），兵科给事中额伦疏言：各省漕粮，应令道员押运。

是年，创建山阳运河之凤阳厂水坝一座，创挑皂河四十里，以通北运。（《钦定大清会典事例》卷九一〇）

## 康熙二十年（1681）

正月乙亥（二十一日），命兵部右侍郎温代督理挑浚通州运河。

二月丁酉（十三日），户部言：漕运关系国计，运官职分虽卑，领运粮数万石，嗣后不必轮流坐派，请选年壮贤能者，庶克胜任，请三年更替。

五月辛未（十九日），以邵甘为漕运总督。

七月丙寅（十五日），谕户部：京仓、通仓粮米历来缺额，其监督官员交盘时有贿与银两者，亦有杂以灰土者。其饬所司，严革诸弊。

九月己巳（二十日），谕曰：今岁漕米，著即于临州、德州等仓收贮。来春俟河南、山东空回船剥运，庶可无误也。

庚午（二十二日），大学士等奏：新设巡仓御史，例给敕书。

十月丁亥（八日），户部议覆工科给事中雅齐纳疏，请将粮船未经入仓之米，即拨给官兵，于河干支领。

是年，增置高邮南北滚水坝，前后增置凡八座，坝口二三十丈不等，对坝皆开越河，以防舟行之险。凡旧堤险要处，皆更以石。（嘉庆《扬州府志》卷一一）

## 康熙二十一年（1682）

正月辛未（二十三日），谕户部：漕粮定例，官收官兑。

五月庚午（二十三日），谕差勘河工户部尚书伊桑阿等曰：淮安等处河道频年冲溃，靳辅作何修筑？工程坚否？特遣尔等往勘。若到彼处各宜秉公持正，悉心详画，庶称任使。

八月甲辰（二十九日），谕户部：差去催趱粮船官员，恐欲粮船速抵水次，致纤夫苦累。

十月丙戌（十三日），勘阅河工户部尚书伊桑阿等题：臣等奉命前往至黄河，将两岸堤工逐段丈量，所筑堤工及减水坝等处，有不坚固、不合式者，俱一一注明册内，听工部查核。又奏：臣等带领崔维雅，将黄河两岸堤工，并归仁堤、高家堰、运河、皂河等处看毕，回至徐州，会同河道总督靳辅公议。

丁亥（十四日），河道总督靳辅疏言：江南河道，听其复上旨外，伏念萧家渡虽有决口，而海口大辟，下流疏通，河道腹心之患已除。堵塞此口，其事实易，断不宜有所更张，以毁成功而酿后患。

十一月丙辰（十三日），河道总督靳辅面奏。

庚申（十七日），大学士等同户部尚书伊桑阿等覆奏海运事宜。是日，九卿等会议尚书伊桑阿察勘河工一疏：查册开不坚固、不合式堤工共一万五千余丈、漏水堤工四千余丈及减水坝二座，不坚固之处，应将河道总督靳辅即行从重治罪。是日，九卿等又议：崔维雅所议修筑需用钱粮甚多，而河道难保其必能疏浚，应将崔维雅条奏二十四款，无庸议。

十二月辛巳（八日），户部议覆江宁巡抚余国柱疏言：请令江北回空漕船于九月内抵河；次，江南回空漕船于十月内抵河；次，应咨行该督抚，会同漕运总督与河道总督，确议具奏。

## 康熙二十二年（1683）

二月乙酉（十三日），户部议覆河南巡抚王日藻疏言：豫省漕二十五万余石，其通省漕粮既不运京，粮道亦相应裁去。从之。

三月丁未（五日），命改折河南应解德州、临清二仓米石。

庚午（二十八日），户部等衙门议覆各省粮船重运回空违限处分。

四月乙亥（三日），命添造京仓廒八十一座。

丁丑（五日），河道总督靳辅疏言：萧家渡合龙，大溜直下，七里沟等处逐渐坍塌。险讯日加，应纠修理。

庚寅（十八日），九卿议：漕船过淮，应令漕运总督亲身催督，如致违限，从重处分。

六月丁丑（六日），工部议覆河道总督靳辅疏言：康熙二十一年以前，江南决口未堵，上流不致壅滞。今决口全堵，除减水坝之外，更无旁泄之途。今应动河库钱粮修理，总河、豫抚，会同详定，务须修筑坚固。

辛卯（二十日），户部题：查臣部主事赵吉士、张琦纂修《会典》将次告成，应即令其续修《漕运》《盐法》二书。

七月己亥（三十日），总河靳辅大修清水潭、萧家渡等口，并岁修工程共二十八本奏销钱粮。

八月壬寅（三日），谕大学士等：朕观靳辅所绘《黄河图》，淮、黄交汇之处，形势颇相吻合。其河北一带，于所题本章矛盾者甚多，应令工部行文总河，详加绘图送进。

十月壬戌（二十五日），改宿桃同知为分管宿虹河务同知，添设同知一员分管桃源河务。添设睢宁县、安东县管河县丞各一员，山阳县外河县丞一员。裁高家堰大使缺，改设主簿一员。

十一月癸巳（二十六日），改宿桃河营守备为宿虹河营守备，添设桃源河营守备一员。裁徐州北岸、安东北岸、山阳外河南岸千总各一员，添设山阳云梯关外海口千总一员。

## 康熙二十三年（1684）

四月丙辰（二十一日），工部题：请敕谕直隶河南巡抚，严饬所属官员，闭塞卫河水口，勿使旁泄，以济漕运。

五月乙酉（二十日），康熙帝驻跸河漕。

八月丁未（十四日），康熙帝驻跸河漕。

十月己酉（十七日），康熙帝驻跸郯城县红花铺，漕运总督邵甘、河道总督靳辅及地方官来朝。

庚戌（十八日），谕河道总督靳辅：黄河屡次冲决，久为民害。朕欲亲至其地，相度形势，察视堤工，即于今日前往。

辛亥（十九日），康熙帝临阅黄河北岸诸险工。

壬子（二十日），康熙帝临视天妃闸。

十一月辛未（十日），康熙帝黎明登岸，临阅高家堰堤工。同日，上至清口，复阅黄河南岸诸险工。

乙亥（十四日），御书《阅河堤诗》。

十二月戊戌（七日），康熙帝谕大学士等：漕运总督邵甘著革职。

庚子（九日），九卿等议覆尚书伊桑阿等勘阅海口一疏，请敕下河臣，亲往确勘，作何挑浚深阔，使高邮等州县减水坝一带运河水口引流入海。

丙午（十五日），以工部右侍郎徐旭龄为漕运总督。

戊申（十七日），九卿等遵旨议奏：海口及下河事务，应差官专任。

庚戌（十九日），工部遵旨议奏：黄河、运河堤岸冲决，河流迁徙者，照旧例处分。

## 康熙二十四年（1685）

五月庚辰（二十一日），漕运总督徐旭龄疏言：漕标绿旗兵三千余名，尽足充用，应将满洲披甲撤回。

九月甲戌（十七日），河道总督靳辅疏言：考城、仪封等县应筑堤工，封丘县荆隆口应筑大月堤，荥泽县应修筑埽工。

庚辰（二十三日），工部言：淮、扬、徐州一带，自五月起至八月止，迭遭雨水，今河道堤岸宜加防护。

十月乙巳（十八日），工部议覆河道总督靳辅题岁修急修工程，俱应如所请。

己酉（二十二日），九卿议覆总河靳辅疏言：高宝等七州县下河应筑堤高过海潮，于沿海口地方挑河，白驹场等处建闸。

庚戌（二十三日），命河道总督靳辅、按察使于成龙，驰驿至京师，与九卿、詹事、科道详议河工事务。

十一月己未（三日），户部议：侍郎苏赫往勘淮、扬水灾，疏请免被灾百姓钱粮，将运丁所余米麦赈济。

丙子（二十日），大学士等奏：河道总督靳辅、按察使于成龙来京，臣等遵上旨问河工事宜。

丁丑（二十一日），康熙帝召大学士、学士、起居注官等至懋勤殿，商议于成龙、靳辅治河事务。

戊寅（二十二日），命工部尚书萨穆哈、学士穆称额速往淮安、高邮等处，会同徐旭龄、汤斌详问地方父老，期于两旬内回奏。

十二月戊子（二日），康熙帝谕曰：朕昨召靳辅、于成龙至内廷，将河图一一详询。又令二人各出己见，互相论难。

康熙二十五年（1686）

二月辛卯（七日），先是，九卿等议覆工部尚书萨穆哈、学士穆称额等往勘下河，议海口暂停开浚。

丁酉（二十五日），升管理下河事务原任江南安徽按察使于成龙为直隶巡抚。

三月癸酉（十九日），调户部右侍郎苏赫为总督仓场侍郎。

闰四月辛未（十八日），调云南、贵州总督蔡毓荣为总督仓场侍郎。

六月辛酉（二十一日），工部疏参河道总督靳辅，修理河工已经九年，并无成功，虚糜钱粮，应交该部严加议处。

甲戌（二十二日），九卿遵上旨议覆，河道总督靳辅应革职留任。康熙帝曰：今暂免其革职，仍令督修。

七月丙戌（四日），督修下河工部右侍郎孙在丰及带往司官郑都等陛辞。康熙帝曰：不得图易辞难，互相推诿。

辛卯（九日），裁常平、广盈二仓大使。

十月乙丑（十四日），工部言：疏浚之法，开浚不如循旧，筑高不如就低，因势利导，逐节疏通。

壬申（二十一日），升都察院左佥都御史张集为总督仓场户部右侍郎。

十二月丙寅（十六日），大学士等奏：监修下河侍郎孙在丰与河道总督靳辅，会议改滚水坝为闸座之处，俟黄河刷深之日再议。康熙帝曰：依尔等所议，召靳辅来京，朕有面问之处。

康熙二十六年（1687）

正月丙申（十七日），大学士等遵上旨覆奏：臣等详问靳辅，开浚下河，塞减水坝之处。

丁酉（十八日），大学士等遵上旨覆奏：开浚下河，应塞减水坝。上曰：闭塞高家堰之坝。

壬寅（二十三日），谕工部：下河工程，今年著止，将高邮州大小坝及高家堰闸坝照靳辅等所奏定限堵塞。

三月戊戌（十九日），升贵州巡抚慕天颜为漕运总督。

辛丑（二十二日），谕大学士等曰：与孙在丰同往修河诸员，未尝留心河务，惟事图利，著交九卿议。

十月丁巳（十二日），裁京、通巡仓御史二差。

壬戌（十七日），大学士等奏曰：前总河靳辅疏称高家堰之外再筑重堤，请停丁溪等处工程，奉上旨著问巡抚于成龙。

乙亥（三十日），漕运总督慕天颜疏言：江浙漕运过江，间遇风涛，应设法救护。

十二月乙丑（二十一日），户部尚书佛伦等查看河工回奏：河臣靳辅疏请修筑高家堰重堤，束洪泽湖水尽出清口，并黄河两岸立闸分泄黄水。而抚臣于成龙又奏下河宜挑不宜停，重堤宜停不宜筑，彼此意见不合。

康熙二十七年（1688）

二月庚午（二十七日），河道总督靳辅疏参漕臣慕天颜等朋谋陷害，阻挠河务。

三月甲戌（一日），河道总督靳辅疏报中河工竣，运道新通，请加高筑遥堤，以图永保。

辛巳（八日），康熙帝御乾清门，召大学士、学士、九卿、詹事、科道及总督董讷，总河靳辅，巡抚于成龙，原任尚书佛伦、熊一潇，原任给事中达奇纳、赵吉士等入奏河工事宜。

壬午（九日），康熙帝御乾清门，召大学士、九卿等入奏河工事宜。

乙酉（十二日），九卿等遵上旨会议，下河海口宜开，高家堰重堤宜停筑，各减水坝俟海口开通之后，酌议紧要者留之，不紧要者塞之。

是日，谕吏部：总河靳辅、总漕慕天颜、侍郎孙在丰互相讦参，靳辅、慕天颜不便留任，孙在丰亦不便修河，伊等员缺应速行更换差遣。

己丑（十六日），调福建、浙江总督王新命为河道总督。

是日，命户部左侍郎开音布督理下河。

庚寅（十七日），户部议覆漕运总督慕天颜疏，请蠲江南、江西历年带征漕项银米。

是日，升贵州巡抚马世济为漕运总督。

丁酉（二十四日），九卿等议覆河工一案，将总河靳辅拟革职，其奉差阅河之尚书佛伦、熊一潇，给事中达奇纳、赵吉士，督理下河之侍郎孙在丰，会勘河工之总督董讷，总漕慕天颜俱拟革职。

壬寅（二十九日），停止河道总督坐名题补河员。

四月甲辰（二日），九卿等覆奏：总河靳辅开浚中河，果否可永通漕运，应交新任总河再行查明详议具奏。

庚申（十八日），内阁学士凯音布、侍卫马武等奉差看阅中河回京，绘图进呈。

五月壬申（一日），兵部尚书张玉书、刑部尚书图纳、左都御史马齐、兵部侍郎成其范、工部侍郎徐廷玺以奉差看河，奏请训上旨。

是日，九卿等覆奏：臣等遵上旨勘问慕天颜阻挠河工之处。

癸酉（二日），吏部议覆都察院左都御史马齐疏言，学士凯音布、侍卫马武等前阅中河回京时，奉上旨召集九卿，面问河工事宜。

九月丁酉（二十八日），工部尚书苏赫奏曰：臣等遵上旨会议往看河工大臣，因中河狭隘，恐水大不能容蓄，欲于中河立三闸以减泄。

十一月丙子（七日），工部言：臣等遵奉谕上旨，带领原任河道总督靳辅往阅沙河南北两河水势。

## 康熙二十八年（1689）

正月庚午（二日），康熙皇帝南巡中河。

辛卯（二十三日），康熙帝率扈从部院大臣及江南、江西总督傅拉塔、河道总督王新命、漕运总督马世济等阅视中河。

三月庚午（三日），谕扈从诸臣曰：朕前阅中河，初疑狭隘。今行经丹阳阅视河道，亦复狭隘。又闻众官民，俱言中河挑浚有益，所关甚大。尔等会同总河、总漕确议以闻。

是日，河道总督王新命，遵上旨议覆尚书张玉书等奉命看河。

甲戌（七日），康熙帝率扈从诸臣，自七里闸、太平闸阅视高家堰一带堤岸闸坝。

乙亥（八日），尚书张玉书、图纳、苏赫、左都御史马齐、侍郎赛弼汉、席尔达、张英、徐廷玺、河道总督王新命等会议中河事。

戊子（二十一日），谕大学士等：朕巡行南省，阅视河道。江南淮安诸地方，自民人船夫，皆称誉前任河道总督靳辅，思念不忘。且见靳辅浚治河道，上河堤岸，修筑坚固。其于河务，既克有济，实心任事，劳绩昭然，著复其原品。

四月甲申（十八日），河道总督王新命言：下河七邑民田，久罹淹没。我皇上念切拯救，再行巡视河工，命臣兼理。臣详勘下河，尚未一律深通，应速行挑浚。

十二月戊寅（十六日），升内阁学士凯音布为总督仓场户部右侍郎。

## 康熙二十九年（1690）

二月乙亥（十三日），大学士等奏：臣等遵谕问九卿，河工官员，应否拣选补授？据九卿云，河工事宜，应用谙练人员。向因河臣拣选题补，恐生嘱托之弊，故臣等议停。今思河务甚为要紧，请仍令河臣题补。

三月丁巳（二十六日），运河沿北一带水浅，漕艘不能速行，放南旺湖水，以裨漕运。

四月乙亥（十四日），大学士等奏：仓场侍郎凯音布等，以运河水浅，漕船难行，请交总漕、总河速加挑浚。

戊寅（十七日），谕仓场侍郎凯音布、原任河道总督靳辅曰：骆马湖与南旺等湖，相距地势高低如何？山东东阿县之盐河及别河，有可通入运河者否？河南卫河之外，有别河可资以疏入运河者否？尔等访其地谙练之人，委曲咨询。若有可措施之处，亲加详阅，绘图来奏。

五月己酉（十九日），康熙帝谕大学士等曰：河道所关至为重大。一二年来，雨水稀少，管河官视河道为常事。今年雨水似多，可驰谕总河，严饬该管官，昼夜防视，务保河堤无虞。

九月庚寅（三日），河南本年征收漕粮请暂免办运，俟康熙三十年，补行征解。

十月壬戌（五日），庐、凤、淮、扬等各府州属见被灾，米色不一。本年漕运，请照豫省之例，惟取干洁之米，红白兼收，永为定例。

十二月丁卯（十一日），工部议覆山东巡抚佛伦、河道总督王新命会题：河道关系重大，请仍令州县雇夫解交。如有私派勒索包揽等情，纠参治罪。

## 康熙三十年（1691）

正月戊申（二十二日），清河县黄河南岸天妃坝石工宜重加修筑，以保运道。

六月乙卯（一日），以原任总督仓场户部右侍郎石文桂补原官。

九月甲戌（二十三日），谕大学士等：河道关系紧要，著户部侍郎博际、兵部侍郎李光地、工部侍郎徐廷玺前往查阅，靳辅亦著同去。

十一月甲子（十四日），以甘肃巡抚伊图为总督仓场户部侍郎。

十二月壬午（二日），大学士等奏：臣等会同户部确查米数，现今仓内储米七百八十万石有奇，足供三年给放。

甲申（四日），谕户部：将起运漕粮逐省蠲免，以纾民力。

## 康熙三十一年（1692）

正月丙子（二十六日），差往阅视河工户部侍郎博际、兵部侍郎李光地、工部侍郎徐廷玺、原任河道总督靳辅，自河工还，以治河事宜并图进呈。康熙帝详阅河图。

二月辛巳（一日），原任运河同知陈良谟告河道总督王新命勒取库银，王新命题参陈良谟悬欠河库银两。上曰：靳辅著为河道总督，王新命著解任。

四月甲申（五日），刑部等衙门议覆，户部尚书库勒纳、礼部尚书熊赐履等察审原任河道总督王新命借用库银一案。王新命等俱从宽免罪，著革职。

十一月乙丑（二十日），工部议覆：河道总督靳辅疏言高家堰加筑小堤、中河挑浚河沟、增高遥堤、添造闸口。俱应如所请。康熙帝否决高家堰外加筑小堤之议，其余皆可。

丙寅（二十一日），谕大学士等：高家堰障淮敌黄，最为紧要，著大学士张玉书、刑部尚书图纳前往察视。

庚午（二十五日），吏部等衙门议覆河道总督靳辅疏言：河官之贤否得失，惟总河知之最确。嗣后大计，如系管理河务兼有钱粮之责者，总河、督抚各行考核。其专系河官，令总河自行考核具题。

十二月壬午（八日），以左都御史于成龙为河道总督。

乙未（二十一日），调闽浙总督兴永朝为漕运总督。

## 康熙三十二年（1693）

正月甲子（二十日），差阅河工大学士张玉书、刑部尚书图纳还，以河图进呈。

六月庚寅（六日），河南漕米，俱向直隶小滩采买，于民未便，改折停运。

是日，康熙二十五年所栽之柳不足，因而购买济用。康熙帝曰：免其追补。

戊戌（二十六日），荥泽县北关外高家湾一带，黄河水势全归南岸急应修筑，应令总河亲身详查。

七月庚申（十八日），高家堰重堤一工中止，且已年久预支夫役银两，著免追取。

八月丁酉（二十六日），漕米取圆净，各随其地所出，不论红白，令兼收，勿累百姓。

十月丁丑（七日），户部言：嗣后白粮船只回运之日，旗丁如有挂欠，除革运追赔外，仍照监守自盗律治罪。

丁亥（十七日），设高家堰通判一员、中河通判一员，移扬河通判于高邮州。瓜洲、仪真河道闸座事务，归江防同知专管。镇江府属丹徒、丹阳二县河道，以各该县县丞专管，令该府通判管理。

丙申（二十六日），命彰德府同知专管彰德河务，庙湾同知兼管盐城、海州河务。以直隶清河、故城及江南沛县河道，归并山东省道员兼辖。德州南河河道，归上河通判管辖。

十一月庚申（二十一日），谕大学士等：今岁畿辅地方歉收，米价腾贵，通仓每月发米万石，比时价减少粜卖。

## 康熙三十三年（1694）

正月丙辰（十八日），九卿议覆河道总督于成龙条奏：修筑黄、运两河，应增设河道官员，豁免民夫等事。俱不准行。

己未（二十一日），九卿议覆河道总督于成龙条奏：高家堰等工程，作何修筑之处，应令该督察明具题。

甲子（二十六日），九卿议覆河道总督于成龙：于河工事宜，妄行陈奏，前后互异，应革职枷责。

二月甲申（十六日），著直隶巡抚郭世隆、天津总兵官李镇鼎会同仓场侍郎常书，自通州至西沽两边堤岸，再自西沽至霸州，决口宜修之处，阅视明白，速行修筑。

五月己未（十二日），康熙帝阅视化家口新堤。

闰五月戊戌（三十日），工部议覆河道总督于成龙疏，请毛城铺石坝迤北建筑月堤一道，应如所请。

十月甲寅（二十日），九卿议覆河道总督于成龙疏言：高家堰等处堤工所关甚巨，土堤为水势冲坏，请改建石堤，以为永久之计。

## 康熙三十四年（1695）

四月庚子（九日），户部题：天津开河工程，行文附近州县，派夫定限挑浚。

五月壬申（十一日），康熙帝巡视新河及海口运道。

六月庚申（三十日），漕运总督王梁疏参赣州卫千总杨奉等于漕船装带商人货物。

七月乙丑（四日），升湖南巡抚董安国为漕运总督。

戊子（二十八日），江南、江西总督范承勋疏言：江西有漕粮之四十八州县，除南昌、新建二县外，余皆地处山僻，必须小船装载，至省城水次，方可交兑粮艘。恳恩此后仍听支给，以前免其追赔。部议不准行。上曰：江西所属州县多处山陬，百姓自愿贴费，将漕米运至水次，著听民贴运。从前已经支给者，俱免追赔。

八月辛丑（十二日），工部题请遣大臣阅视河工。

十一月乙丑（七日），原任河道总督丁忧于成龙条奏河工事宜。

是年，建永济闸。（光绪《清河县志》卷五）

## 康熙三十五年（1696）

二月戊戌（十二日），以江南江淮、兴武二卫漕船，去冬冻阻，不能回南，命每船赏银二十两。

三月己未（二日），裁江南中河通判缺。

六月戊戌（十四日），康熙帝遣大理寺卿贝和诺往漕河封闸蓄水，放粮艘抵通，较速于昔。

七月丙辰（二日），康熙帝谕总督仓场侍郎德珠等：通州至大通桥闸河，向无民船往来。今应令小舟泛载，于民殊有利济。

九月辛酉（八日），先是，以淮、黄交涨，遣户部员外郎绰奇阅黄河水势。至是回奏：中河北岸之堤未遭水患，其水已减六尺。

## 康熙三十六年（1697）

正月甲戌（二十二日），江南、江西总督范承勋、河道总督董安国等疏言：臣等会勘河道，自永安以至邳、宿二州县，阎王庙一带亟宜修筑。

三月丙子（二十五日），遣官祭黄河之神。

## 康熙三十七年（1698）

二月辛未（二十六日），工部议覆漕运总督桑额等会勘开浚下河条奏：一、高邮湖之水势宜分。二、车儿埠入海之口宜开。三、丁溪入海之口宜通。四、小海场入海之口宜开。五、草堰场泄水闸宜增。六、运河之水势宜分。

三月丁丑（二日），直隶巡抚于成龙、原任河道总督王新命奉使查勘浑河、清河。

乙酉（十日），工部言：工科给事中屠粹忠条奏宽免岁修民夫。

四月甲申（十一日），户部议覆仓场总督德珠等疏言：直隶、朝鲜等处米贵，将各省漕粮截留十五万石赈济。

五月，于北运河耍儿渡另筑一堤。（《圣祖仁皇帝圣训》卷三五）

七月乙未（二十三日），工部议覆漕运总督桑额等估计开浚下河，应准行。

十一月乙酉（十五日），谕大学士等：开浚下河，民生攸系。命开音布、孙在丰、于成龙、王新命等专司开浚。

十二月丁未（七日），谕大学士等曰：运河一带，惟黄水、清水交汇之处，甚属紧要。夫河务深微，不访土著之人不可，而全听其言亦不可。以此观之乃时候之不同也。

甲寅（十四日），户部尚书马齐等往查河工，请训上旨。

## 康熙三十八年（1699）

正月辛卯（二十一日），康熙帝南巡。

二月壬子（十二日），谕直隶巡抚李光地等，漳河与滹沱河故道原各自入海。今两水合流，所以其势泛滥。其可否修浚情形，尔等阅后再奏。

辛酉（二十一日），户部尚书马齐、兵部督捕侍郎喻成龙、工部侍郎常绶等，勘视河工事竣回奏。

三月庚午（一日），康熙帝阅视高家堰、归仁堤等工。

是日，谕漕运总督桑额、河道总督于成龙、协理河务徐廷玺等：今应将清口之西坝台添挑水坝，比东坝台加长，包裹清口在内。择洪泽湖水深之处开直成河，使湖水流出。

辛未（二日），谕户部：比年以来，因淮、扬所属地方叠罹水患，业已岁蠲额赋，赈恤频施。又动支数百万帑金，责令在河诸臣，于应挑应筑之处酌量修理。

壬申（三日），谕河道总督于成龙曰：王公堤甚属险要，须加帮高宽，修筑坚固。

乙亥（六日），谕河道总督于成龙：朕昨驻跸界首，用水平测量河水，比湖水高四尺八寸，湖水似不能越此堤而入运河。但当湖石堤被水汕坏，工程甚属紧要。著差贤能官员，作速查验修筑。

丙子（七日），谕河道总督于成龙：朕在清水潭九里地方用水平测量，河水高湖水二尺三寸九分，此一带当湖之石堤甚为紧要，可速行修造。

庚辰（十一日），谕河道总督于成龙：将湖水河水，俱由芒稻河、人字河引出归江。入江之河口，如有浅处，责令挑深。如此修治，则湖水河水，俱归大江。各河之水，既不归下河，下河自可不必挑浚矣。

戊子（十九日），谕吏部、户部、兵部：朕以黄、淮冲决为患，兼欲周知东南民生风俗，特行巡省，比亲历堤堰详加相度。

辛卯（二十二日），谕户部：朕因淮、扬地方，数被水患，躬临巡省，目击田庐淹没之苦，深加轸恤。既截留漕粮，以济民生，仍蠲除积欠，以纾民困。

四月辛酉（二十二日），谕河道总督于成龙等：运河东岸石工残缺者仍令照旧补修。

癸亥（二十四日），谕河道总督于成龙等：运河东岸，宜再加高宽其涵洞与金湾、滚水坝旧有河身。

丙寅（二十七日），康熙帝渡黄河，御小舟阅视新埽。

是日，康熙帝登清口南岸，召郎中朱成格等，谕曰：此南岸若不修挑水坝，新挑引河必不能畅流。当从朕所钉桩处，修挑水坝二三十丈，挑出水头，大溜向北，俾引河流畅。

丁卯（二十八日），谕河道总督于成龙等曰：清口速宜挑浚。

是日，赐河道总督于成龙、协理河务徐廷玺御书扁额。

戊辰（二十九日），直隶巡抚李光地等疏言：臣等遵上旨查看漳河，见在分而为三，应酌量挑浚。

五月壬申（四日），御舟泊白嘴。

癸未（十五日），改山清、盱眙河营守备为里河守备，添设高家堰河营、中河河营守备各一员。

六月庚子（三日），吏部言：河属题奏各官员缺，请照直隶捕盗同知例，吏部停其铨选。

甲辰（七日），直隶巡抚李光地疏言：通州等六州县，额设红剥船共六百只，剥运南漕。

乙卯（十八日），谕大学士等：黄河、运河关系紧要。今值伏汛水涨之时，应拣选贤能官员，各处分守。

七月庚午（三日），谕河道总督于成龙：朕观河图，要紧应修者两处，关系紧要，宜速议奏。

甲申（十七日），河道总督于成龙疏报：邵伯更楼、高邮九里等处被水冲决。

庚寅（二十三日），工部言：运河各坝堵闭全河之水，俱由金湾三闸入人字河、芒稻河、下江，应行疏浚。

闰七月戊午（二十二日），工部议覆河道总督于成龙疏言：臣等遵上旨查勘，芒稻河闸下通于江，河道宽阔，应于闸旁西岸，另开河口，可以宣泄。

八月甲午（二十九日），直隶巡抚李光地疏言：直属滹沱河、漳河迁徙不常，凡滹沱河、漳河经流之处，开浚疏通，由馆陶入运。老漳河与单家桥支流，合至鲍家嘴归运，以分子牙河之势。

九月戊申（十三日），康熙帝以于成龙所绘河图示大学士等。

十月癸酉（九日），康熙帝谕大学士等曰：江苏巡抚宋荦疏请蠲免高邮等被水州县杂项钱粮。此必前次蠲免时遗漏未题，著依该抚所请，全行蠲免。

癸未（十九日），谕大学士等：原任河道总督董安国所浚引河及挑水坝，著发正项钱粮修理。

甲申（二十日），谕大学士等：比年淮、扬所属地方罹于水患，百姓田庐俱被淹没。今或坚修高家堰堤岸，以束淮水，使之刷黄，或移清口于清江浦之左右，或另浚河道，以通舟楫，俱宜一一讲求。

丁亥（二十三日），九卿遵谕议覆河道总督于成龙等疏言：臣等酌开减水坝二座，上下堤岸方得保全。至高家堰一带石工年久坍损，请通行加高五尺，以免岁修。

十一月己亥（五日），谕户部：著将被灾海州、山阳、安东、盐城、大河卫、高邮、泰州、江都、兴化、宝应等州县卫康熙三十九年地丁银米等项及漕粮漕项银两尽行蠲免。

乙巳（十一日），九卿遵谕议覆言：邵伯更楼、高邮九里等处漫缺，臣已令该管官，先将高邮九里缺口堵筑。此事著于成龙及徐廷玺，会同河道各官，亲看清口，于岁前具奏。

丁未（十三日），谕大学士等：河图绘于纸上，平漫难辨高下。朕欲改清口，刻木制成一图，观看易明。

戊午（二十五日），户部议覆仓场侍郎德珠等疏言：满汉坐粮厅二员，宜久任以专责成，请停其限年更换。

十二月辛巳（十七日），奉差查勘河工工部侍郎常绶等回奏。康熙帝曰：尔等带去改移清口河图，伊等云何？常绶奏曰：于成龙等云，遵上旨改移清口，则清水自是易出。但水泛时两边堤岸倘致冲决，保护为难。将高家堰减水坝堵塞，加帮修筑，似有裨益。

壬午（十八日），大学士等会议河工事务入奏。康熙帝问曰：尔等作何会议？伊桑阿奏曰：将清口改移武家墩甚善，但新筑堤岸，水泛时似难保无虞。今给事中陈诜，以深浚河身为要，缮写折子呈览。

康熙三十九年（1700）

正月丙辰（二十二日），工部言：原任河道总督董安国，糜费岁修及各案河工帑金不下四五百万。于成龙任内，又几及二三百万，河工无一案报竣，追赔及款亦无一案还项。请严定考成，酌立期限，应将管河各官俱革职，勒限半年赔修。

二月乙酉（二十一日），江苏巡抚宋荦以赈济淮、扬饥民米石奏闻。上曰：朕甚恻然，今岁漕运，可截留二十万石，交付宋荦备赈。

三月己亥（六日），康熙帝谕大学士等曰：前者于成龙虽屡陈河务，及问自河上来者，皆云邵伯决口尚未堵塞。朕所指芒稻河、人字河等处亦总未修。于成龙人尚可用，亦有劳绩，但比年以来，徇情为人，大有错谬。尔等将朕所谕修筑之处，工程完否，查明具奏。

壬寅（九日），大学士九卿等会议河工，将折子呈览。

癸卯（十日），康熙帝谕大学士等曰：河工钱粮，甚不清楚。于成龙病故，江南、江西总督张鹏翮操守好，著调补河道总督。

丁未（十四日），河道总督张鹏翮请训上旨，并题撤回河工效力人员，保请原任河道总督王新命同往。

是日，漕运总督桑额奏报漕船漂没事。

庚戌（十七日），工部议覆河道总督张鹏翮疏，请撤回协理河务徐廷玺，应令徐廷玺将伊任内钱粮事件交代明白，回京又请彻河工效力人员。

丁巳（二十四日），工部等衙门会议兵部尚书范承勋等，会同署理河道总督事务府尹徐廷玺奏称：高家堰堤工，武家墩等处应帮顶宽高丈尺，照原估外，惟是底宽十丈，未免太陂。

四月丙子（十三日），阅河刑部侍郎常绶、工部员外郎费养古差回，将河工情形折奏。

五月壬寅（十日），工部言：臣过云梯关，阅拦黄坝，巍然如山。中间一线，涓涓细流，下流不畅，无怪乎上流之溃决也。将新挑之河，始行开放，资其畅流之势，冲刷淤垫，则黄水入海，自能畅达。又言：人字河自金湾闸至孔家渡，现今窄狭，宜开广阔。又言：清口为淮黄交汇之处，目今粮艘北上，最为紧要。引清水于黄河口相近处入运河，使之畅达，庶可敌黄。

甲寅（二十二日），江苏巡抚宋荦题：江苏所属积欠漕项银米，分年带征。其积欠米麦，俱著免征。

六月甲子（三日），工部言：通惠河挖浅银一万四千两零，原为河道关系漕运，故额设此项，每岁挑浅。今浢尔港等处，蒙皇上睿裁，因势利导，河道已渐少淤浅，则此挑浅夫银，殊属冗费。请核裁此项，以为修筑堤坝之用。

是日，河道总督张鹏翮疏言：臣遵上旨看视海口，将拦黄坝尽行拆去，河身开浚深通。

乙丑（四日），谕大学士等曰：前张鹏翮赴任时，朕即指示以必毁拦黄坝，挑浚芒稻河、人字河。

丙寅（五日），户科掌印给事中张睿题：查今岁因邵伯决口，水势汹涌，漕船不能飞挽，令南漕先雇民船开兑至淮，以济新运。

丙子（十五日），工部议覆河道总督张鹏翮题，请发帑银一百万两，为办料攒工之用。工部言：修工应用材料转运维艰。旧有运料小河一道，年久淤塞，应加挑浚深通，便于运料。

辛卯（三十日），河道总督张鹏翮条奏河工九款。

七月甲午（二日），谕河道总督张鹏翮：归仁堤、便民闸等口俱已堵塞，其毛城铺迤下等口尚未堵塞。此关系紧要，宜速筹一策。

乙未（三日），康熙帝召刑部侍郎常绶，并员外郎费养古，谕曰：张鹏翮深悉河务，条奏详明，但任事伊始，即如此严切，后将难继。九卿等议覆河道总督张鹏翮奏修河工事宜，应准行。

己亥（八日），河道总督张鹏翮题：清口已照式筑坝下埽，仅留口门。

八月戊辰（八日），户部等衙门议覆仓场侍郎石文桂疏言：石、土两坝，船户三十五名。向因抗米落崖，每漕粮一石，给抗价银三厘。今两坝水可通行，粮船俱得抵坝，落崖俱系经纪车户雇办。

己巳（九日），户部议覆漕运总督桑额疏言：漕艘在三沟闸失风，沉溺米粮。请照大江、黄河船坏米沉例豁免。应不准行。康熙帝曰：著照该督所题，免其赔偿。

己丑（二十九日），工部言：科臣张睿奏中河应开陶庄闸放水，从仲庄闸出口。建瓴之势，逼溜使南。部议行令详勘具题。

九月乙未（六日），工部等衙门题：高家堰工程关系紧要，凡在河工大臣理应和衷，协同办理，使工程速竣。

戊戌（九日），河道总督张鹏翮题：时家马头缺口，原任山安河务同知佟世禄等承修，迟延误工，前领帑银，并无存库，已经题参。

十月丙寅（六日），河道总督张鹏翮疏言：武家墩起至小黄庄加砌石工。

是日，张鹏翮又题：臣率河员查勘新中河，必须全身挑挖。

甲申（二十五日），河道总督张鹏翮题：宿州帮受兑凤阳漕米之船，往例回空，由洪泽湖入淮河方抵水次。

十一月丙午（十八日），九卿等议覆河道总督张鹏翮疏言：臣于十月十九日，亲往高家堰六坝催工，见水势骤长，三滚水坝尚未修成，恐西风鼓浪无处宣泄。现在挑浚，应将泾涧二闸修补，以资启闭。

十二月丁卯（九日），河道总督张鹏翮题：淮黄交汇，宜思善后之计。现在诸引河之水势聚而力强，故足以敌黄，而直出运口。

丁丑（十九日），直隶巡抚李光地题参原任河道总督王新命等诸事俱不效力，惟徇情面，无益河工。

是日，谕大学士等：张鹏翮奏修筑下河事宜，深为得当。诚如此修筑，钱粮节省，底绩亦易。

戊寅（二十日），河道总督张鹏翮题：黄河下流最窄之处，无如安东便益门以及对岸韩家庄。臣率道厅等官，探量两岸，相距仅六十余丈。

## 康熙四十年（1701）

正月甲寅（二十六日），河道总督张鹏翮疏言：现今海口疏通，黄淮二水交汇，济运神速，皆河伯效灵所致，请加赐河神封号。著封为“显佑通济昭灵效顺金龙四大王”。

丙辰（二十八日），工部请挑浚徐州所属杨横庄等处引河。

二月丁卯（九日），河道总督张鹏翮疏言：臣按《南河志》，清口至淮安建有五闸，递相启闭，以防黄河之淤。

庚午（十二日），工部议覆先刑科给事中陈诜条奏，自天妃闸至淮安共有五闸，必复天妃闸，然后淮水可出。又请新旧中河，应多建闸座，重运来时，节次启闭。重运过后，勿令常开。

庚辰（二十二日），兵部言：通州迤南漕运孔道，该副将共辖十三营，其相距远处，难于统束。应将漷县、香河、杨村三营守备裁去，将务关营游击改为参将，设中军守备一员、千总二员、把总六员。

是日，九卿等遵上旨议覆河道总督张鹏翮疏言：节宣运河水势，应于张福口、裴家场中间开引河一道，并力敌黄，再蓄高家堰之水以助冲刷。

三月丁酉（十日），礼部议覆河道总督张鹏翮请将上谕治河事宜，敕下史馆，纂集成书，永远遵守。

己亥（十二日），工部言：唐埂六坝堵闭全完，惟洪泽湖水势盛出，绕流武家墩。此一带至运口堤工，必须作速加帮高厚。

戊申（二十一日），河道总督张鹏翮以河工情形遣郎中王进楫奏闻。

癸丑（二十六日），九卿遵上旨议覆河道总督张鹏翮疏言：河工官员，三年保固，请照台湾例，以应升之缺即用。应不准行。

四月庚午（一日），工部报：遵上旨堵闭六坝，大辟清口，引清水汇黄入海。

乙亥（六日），工部议覆河道总督张鹏翮疏言：自棠梨树迤南至秦家高冈一带堤工，前河臣于成龙等，因六坝未闭，水势东注。

五月戊子（二日），工部请加修龙门大坝石工。

庚寅（四日），工部言：黄淮交汇，水势加长，修防工程倍加紧要。时家码头、童家营、陈家社、龙潭口、歪枝套、辛家荡、邢家河、马家港等处堤坝应行帮筑，挑挖引河，以及钉桩下埽。

壬辰（六日），河道总督张鹏翮疏报：遵谕挑浚下河，引积水入海，虾、须二沟，为疏通要道，先行挑挖，于四月二十六日开放完工。

甲午（八日），工部请加筑高家堰、清水潭月堤。

丁未（二十一日），安徽巡抚高承爵奏报泗州等处皆被水灾。康熙帝谕大学士等曰：高家堰堤，作何保守坚固，或另有修治善策，著张鹏翮陈奏。

十月丁巳（四日），免江南泗州、盱眙、五河、泗州卫本年分水灾额赋及久淹田地历年地丁钱粮。

辛酉（八日），九卿遵上旨，请将挑水坝加长修筑，令急溜趋向北岸，以绝倒灌之患。

十一月辛卯（八日），直隶巡抚李光地疏言：奉上旨，漳河之水须令永远分流。

十二月庚午（十八日），河道总督张鹏翮疏言治河事宜：今洪泽湖之水，比甲子年高有数尺，可见河身未曾刷深。高家堰之堤，恐过此以往，尚未可知也。

## 康熙四十一年（1702）

正月丁未（二十五日），工部言：运料河工程，系前河臣董安国等题请挑筑，迄今未竣。

二月丁卯（十五日），工部言：王家营筑减水坝工程业经告竣，遇黄水涨时，已势分平缓。

戊寅（二十六日），河道总督张鹏翮疏言：清河县陶庄闸，奉上旨挑挖引河。

三月乙未（十四日），河道总督张鹏翮疏请于运口草坝北，建造大石闸一座，东西各筑纤堤一道，挽运漕艘。

四月丙辰（五日），河道总督张鹏翮疏言：桃源县谈家庄堤工，黄河溜顶冲最为险要，应建筑月堤，以为重门保障。

闰六月戊子（八日），工部议准河道总督张鹏翮疏请，修宝应县弘济闸。

丙申（十六日），河道总督张鹏翮疏言：桃源城西烟墩埽工，夙称险要。今年黄水大长，积至二十四日不消，堤根甚为危险。请修理旧堤，接筑新堤，以资捍御。

七月辛亥（二日），河道总督张鹏翮疏言：山阳外河韩、尹二庄素称险要，兹值伏秋水涨，堤根浸虚，堤岸坍卸，危险堪虞，请急加帮筑宽厚月堤，以为重门之障。

庚申（十一日），工部言：伏秋水涨，自徐州、邳州、桃源、宿迁、清河、山阳、安东一带，至海口抢修各工，多有冲陷危险之势。应令该督速饬河员，加谨抢护，堵筑完固。

甲子（十五日），河道总督张鹏翮疏言：山阳县黄河南岸，自老坝口起至小路口止，请修筑缕堤，以资保固。

乙丑（十六日），河道总督张鹏翮题覆：徐州至清口，请停筑石堤。

八月戊戌（十九日），工部议覆河道总督张鹏翮疏言：本年伏汛，黄水异涨，桃源县颜家庄堤漫开七十丈，请亟加堵塞。

九月戊午（十日），河道总督张鹏翮疏请加筑邵伯、拦河二坝，以资捍御。

甲子（十六日），康熙帝南巡。同日，河道总督张鹏翮疏言：桃源县烟墩一工，因对岸沙滩挺出河心，逼溜南行，恐被冲刷。又疏言：高家堰堤根，地形洼下，积水浸汕，难免坍卸之虞。若将运料小河，再加挑深，并建草坝，则既可宣泄堤根积水。兼之运送修工料物，通商便民，利益匪浅。

丁卯（二十日），河道总督张鹏翮题报秋水情形。

十二月庚辰（四日），工部议覆河道总督张鹏翮疏言：本年伏秋黄水大涨，水落之后河势变迁，直趋南岸，车路口等处险工，请建矶嘴坝工，以资捍御。

丙申（二十日），停止大通桥监督运送京仓米石，归并坐粮厅管理。添设京八仓廒四十一座，通仓廒二十四座，修葺仓廒，共二百七十四座。

是日，修筑高良涧汛清水潭大坝。

## 康熙四十二年（1703）

二月丁丑（二日），谕河道总督张鹏翮：朕经过泰安、新泰、蒙阴、沂州、郯城等州县，见民有饥色，应即行拯救。

戊寅（三日），康熙帝遍阅徐家湾等堤、祥符等闸。复细阅新修河口。登舟，遍阅堤工，自烟墩登岸。

庚辰（五日），谕河道总督张鹏翮：清水自仲庄闸出口入于黄河，逼溜使南。其陶家庄以下杨家庄地方应挑浚引河，令中河之水从此而出，则于运口有益。著即相度形势，估计具奏。

是日，谕扈从永定河分司齐苏勒：朕观黄河险要地方应下挑水埽坝，见今永定河，朕亲指示挑水坝，俱有裨益。

三月丁未（二日），谕河道总督张鹏翮：王公堤关系运道民生，最为紧要。堤岸单薄，桩木渐朽，应再加帮，以资捍御。

是日，康熙帝登岸，阅高家堰堤工，驻跸关圣庙。

戊申（三日），康熙帝遍阅高家堰、翟家坝等处堤工。回，仍驻跸关圣庙。谕河道总督张鹏翮：高家堰工程关系重大，保守最为紧要。朕今日乘舟，由洪泽湖阅视，见有残缺石工，以苇草镶填，倘遇水发，危险堪虞。又谕：王家营对面鲍家营应开挑引河泄黄河泛涨之水，以保障清江、淮安地方，著即行兴工。

己酉（四日），谕河道总督张鹏翮：清口西坝，乘此水浅时再加长数丈有益，又刘河堤岸低薄，应筑挑水坝。

七月丁巳（十三日），户部议覆漕运总督桑额疏言：运船在洪泽湖遭风，漂没漕粮，请免赔补。应不准行。

八月甲戌（一日），工部议覆河道总督张鹏翮疏言：桃源县黄河南岸高家湾须建筑越堤，以为重门之障。

十月戊寅（六日），谕大学士等曰：朕观河道已治，河道总督张鹏翮及河工官员，俱甚效力。黄河一切工程，朕知之最悉。先是永定河用埽，甚有裨益。

是日，谕吏部、工部：张鹏翮所修工程，虽悉经朕裁断，而在河数载，殚心宣力，不辞艰瘁，又清洁自持，一应钱粮，俱实用于河工，无纤毫浮耗，朕心深为嘉悦。

庚寅（十八日），吏部题山东巡抚王国昌、河道总督张鹏翮等，擅动常平仓米谷赈济，拟各降一级。

## 康熙四十三年（1704）

四月戊子（十九日），河道总督张鹏翮疏言：山东赈济，臣等误用常平仓谷。今臣属河员，愿将俸工清还山东仓粮。康熙帝曰：著总河张鹏翮等即从江南购买谷石，运至山东，交仓还项。

十月戊辰（一日），谕内务府郎中齐苏勒：要儿渡、东旺、西旺等处运河两边向来皆沙。其堤工系沙土筑成，故不坚固，且又敌数处山水，兼之海潮一日二次倒灌。所以逼回运河之水，不及流行，常涨满溢出于堤者，因不能容受之故。

己巳（二日），谕大学士等：曩日要儿渡等处堤岸常被冲决，是以朕亲临遍视，见杨村原有一引河，去海近，即欲疏此引河，建滚水坝，水长开闸，使河水入海。

甲午（二十七日），康熙帝阅视筐尔港堤工。

## 康熙四十四年（1705）

正月戊午（二十三日），谕吏部、户部、兵部、工部：朕廑念民生，加意河道，屡行亲阅。一切疏浚修筑事宜，悉经周详指画，获告成功。其中河、黄河、运河有应加修防者，亦随宜指示，以图经久。

二月丁卯（三日），河道总督张鹏翮疏请修理徐州城外堤岸。

庚寅（十四日），谕大学士等曰：总河张鹏翮昨日来问以河工形势，河事已大治矣。

三月庚子（六日），工部议覆河道总督张鹏翮疏言：山安、黄河北岸三套堤工，因大溜逼徙，危险已极，亟宜建筑越堤，以资捍御。

乙巳（十一日），谕河道总督张鹏翮：河工已经告成，善后方略，更为紧要。

四月壬辰（二十九日），康熙帝御行宫门外，内大臣、侍卫、内阁部院大臣、翰林及江南文武等官皆侍立，谕河道总督张鹏翮曰：尔前因冲决时家码头，参佟世禄一案，于阿山、徐潮勘奏后，具疏强辩。

闰四月癸卯（十日），康熙帝登陆，幸高家堰，遍阅河堤。同日，康熙帝幸惠济祠。阅堤毕，即坐于堤上。

乙巳（十二日），谕河道总督张鹏翮曰：惠济祠前植标杆处可建挑水坝。祠后埽湾处，亦宜建挑水坝，以保淤滩。但此二处挑水坝，俱不宜太长，恐逼水尽向北岸，有碍杨家庄口门。至卞家汪旧坝，修建甚佳，再略加宽长更善。同日，工部议覆河道总督张鹏翮疏言：桃源黄河北岸三岔一工，顶冲危险。应于缕堤之内，建筑越堤，以为重门之障。

丙午（十三日），谕河道总督张鹏翮曰：河工积弊，汛官利于堤岸。有事修建大工，得以侵冒河帑。

甲寅（二十一日），谕河道总督张鹏翮曰：山东运河转漕入京师，关系紧要，不可忽略。

乙卯（二十二日），谕河道总督张鹏翮曰：河工关系紧要，朕阅视已毕，尔即自此回任。至河标兵丁，多而无用，著留一千名，其余一千六十一名俱裁去。

七月壬申（十一日），河道总督张鹏翮疏报：今夏黄淮并涨，水势汹涌，以致古沟、唐埂、清水沟、韩家庄四处堤岸漫缺。得上旨：今春朕欲亲阅高家堰，张鹏翮奏称堤岸工程俱完。

辛卯（三十日），工部议覆河道总督张鹏翮疏言：唐埂决堤，请动库饷五万两修筑。同日，九卿等遵上旨议覆：今年伏汛水涨，冲决古沟等处堤工，皆由河道总督张鹏翮平日徇庇延缓，自执己见之所致也。应将张鹏翮交与吏部严加议处。

八月乙卯（二十四日），工部言：韩家庄冲决堤工，宜从韩家庄堤内，旧有小越堤之处堵塞。

九月丙寅（四日），工部议覆河道总督张鹏翮疏言：惠济祠石工，一线之堤，关系黄运二河，最为紧要。臣仰遵圣谕，请建挑水坝二座，以资捍御。

丁卯（五日），吏部题：河道总督张鹏翮于河工事务并不尽心预为筹画，以致堤岸冲决，殊属溺职，应将张鹏翮革职。

癸酉（十二日），河道总督张鹏翮疏报古沟、唐埂、清水沟、韩家庄四处冲决堤工，尽力堵塞，已次第合龙。

丙戌（二十五日），户部议覆江苏巡抚宋荦等疏言：江宁、淮安、扬州三府属之泰州、六合等十州县，及江都县之邵伯一带，淮安、大河、扬州三卫，今秋被水田地，请照例按分数蠲免。

十月甲午（四日），谕工部：方今海宇升平，惟以安阜黎元为急。东南要务，莫重于河防。朕数经南巡，指示修筑方略，凡以筹运道，济民生也。应从何地筑堤，延袤若千里，需费几何，行令江南、江西总督、漕运总督、河道总督、江苏巡抚会同确勘，详议具奏。

十一月辛未（十一日），工部议覆河道总督张鹏翮疏言：九里岗埽工正当黄河顶冲，最为紧要。钦遵圣谕于堤工钉桩处，再建挑水坝二座。应如所请。从之。

丙子（十六日），工部议覆河道总督张鹏翮疏言：王公堤当全黄大溜，急宜建坝筑堤，以固河防。

## 康熙四十五年（1706）

正月己巳（十日），九卿言：皇上轸念国计民生，悉心筹画，特颁训上旨于高家堰三坝下，挑河两岸，筑堤束水，入高邮、邵伯湖。应多派大臣官员，分工速修。

癸酉（十四日），九卿会议：高家堰三坝下挑河筑堤，应如该督所题兴工，其督工开列文武大臣，俟皇上简选派出遣往。至分工各官，听督工大臣简选，引见带往。

己卯（二十日），谕大学士等：朕昔亲临河上，欲往阅下河。因张鹏翮奏言断不可往，是以中止。今即去，仍然不能亲莅其地，则亦何事复往？但河工钱粮，断不可交地方官。当照山东赈饥之例将八旗官及部院官内有行止端正者，令该旗大臣及部院堂官多行保举派出，再将江宁、镇江、杭州驻防旗员，亦著该将军、副都统保举派出。或副都统，或协领带赴工上。

乙酉（二十六日），九卿议奏：高家堰三坝下及文华寺地方挑河、建闸、筑堤，又涧河、清沟、虾沟挑河等工，约估银五十八万九百两。

二月戊戌（九日），工部言：萧县黄河南岸顺河集一工，大溜逼堤，甚属危险。请将堤内旧月堤加长以护险工。

壬子（二十三日），工部议覆河道总督张鹏翮疏言：淮安所属山阳、安东，南岸李家庄一工，近因大溜，直逼堤根，甚属危险。请于堤内建筑月堤，以为重门之障。

五月戊午（一日），工部议河道总督张鹏翮修理拦河坝不用苇荡营芦苇，而用帑银采买，其奏销之案。应驳回。

甲戌（十七日），工部言：山阳县黄河南岸老坝口险工，与王公堤唇齿相依。请于老坝口，再建挑水坝一座，以接筑拦水堤工。

丙子（十九日），工部议覆河道总督张鹏翮疏言：宿迁县黄河南岸白洋河毛家宅堤工，因北岸新长沙滩，逼溜南行。一线土堤，难支捍御。请于堤外建筑挑水坝二座，挑溜开行，以保堤工，于二坝后各筑撑堤一道。

八月壬辰（七日），督修上下两河工程都统孙渣齐等题：臣等遵上旨，将高家堰滚水坝、高邮车逻中坝及文华寺涧河等工，皆已分与京中派出官员，如式修理，次第告竣。

十一月甲戌（二十日），工部言：黄河之水，万里来源，汇聚百川，至清口而与淮水交汇。高家堰一带工程，得以平稳。再于中河横堤，建草坝二座，于开鲍家营引河之处，建草坝一座，相机启闭，中河亦不虞淤垫。

十二月乙巳（二十一日），内阁九卿等奏请圣驾阅视溜淮套工程。

辛亥（二十七日），内阁九卿等会议，溜淮套一工，据原任江南江西总督今升刑部尚书阿山等及督修都统孙渣齐等各奏，必得皇上亲历河干，面授方略，则亿万年奠定之功，可以立成。朕祗遵懿上旨，亲往阅视。

## 康熙四十六年（1707）

正月丙子（二十二日），康熙帝南巡，阅溜淮套河工。

二月癸卯（二十日），康熙帝阅视溜淮套，由清口登陆，详看地方形势。

乙巳（二十二日），康熙帝召扈从大小臣工及总督、巡抚、司道、总河、河官近御舟前，列跪于岸。上谕张鹏翮：自古治河皆顺水性，为今之计，但当商酌，使淮水稍泄其流，乘水未长时，预为绸缪。将来水虽大长，必不致于危险。

三月壬午（二十九日），偏沅巡抚赵申乔疏言：漕运旗丁旧有耗赠银米，于起运之前预行给发。近因科臣戴璠条奏，请将此项银米暂留粮道仓库内，俟漕运抵通后，详查旗丁，无挂欠者补行给发，如有挂欠者即行扣抵。

五月癸丑（二日），谕河道总督张鹏翮及河官等：古今治河形势不同，旧时常患清水不足敌黄水，每月黄水倒灌之虞。今清水敌黄水有余，运河清水甚大，反流入高邮湖。设高邮湖水长，溢入运河，则运河东堤受险。

是日，河道总督张鹏翮疏言：臣遵上旨亲率河员于高家堰、武家墩、天然坝等处一一踏勘。

丙子（二十五日），康熙帝谕大学士等曰：闻验视溜淮套之时，张鹏翮、桑额俱以为不可开，而阿山独强以为可开，公同奏请。著将阿山革任，张鹏翮革去所加宫保，桑额降五级。刘光美、于准各降三级，俱从宽留任。

戊寅（二十七日），谕九卿等曰：今年朕南巡阅河，沿河百姓无不称颂靳辅所修工程极其坚固。前后总河皆不能及地方军民，俱有为靳辅立碑之意，但畏张鹏翮耳。靳辅殁已十余年，无有为之举奏者，然功不可泯也。

是日，谕吏部：朕廑念河防，屡行亲阅。凡自昔河道之源流及历来治河之得失，按图考绩，靡不周知。

六月丙戌（五日），河道总督张鹏翮疏请修筑高邮等处堤工。

乙巳（二十四日），户部等衙门遵谕议覆，运丁运米三年，多交米一百石者，给九品顶带。交米一百石以上者，递加议叙。

七月丁丑（二十七日），工部言：宿迁县白洋河迤上三教堂堤工，近因北岸新长沙滩，逼溜南趋，甚属危险。

十月乙酉（七日），谕户部：江南地方频年雨旸，时若百谷顺成，闾井黎氓，咸得遂生乐业。但民间夙鲜盖藏，御荒无术。一遇岁歉，即有匮乏之忧。又谕曰：从来漕粮关系仓储，最为重要。蠲除节年额赋，亦不及漕项。朕前以国家经费尚充，曾有酌免漕粮之事，系出特恩。去年颁发谕上旨，已将江南省民欠地丁银米，自康熙四十三年以前通行豁免。

## 康熙四十七年（1708）

四月丁卯（二十一日），户部议覆都察院左都御史署理仓场事务富宁安疏言：大通桥旧有满汉监督二员，于康熙四十一年裁汰，将粮务交坐粮厅管理。今会清河粮务又归并坐粮厅，难以兼理。请复设大通桥满汉监督二员。

五月乙酉（十日），升左都御史富宁安为礼部尚书，仍兼管仓场事。

七月庚辰（六日），工部议覆江南江西总督邵穆布疏言：臣等遵上旨，亲勘各属水道。如苏州府太仓州、常熟县为通江入海要道，应建闸启闭，以资蓄泄，灌溉田畴。

己丑（十五日），工部议覆福建浙江总督梁鼐等疏言：臣等遵上旨亲勘杭、嘉、湖三府水道，惟湖州府逼近太湖，有七十二港，溇为入湖要道，应建闸六十四座，以为蓄泄之计。

十一月癸未（十一日），升山东巡抚赵世显为河道总督。

## 康熙四十九年（1710）

十二月癸酉（十三日），以吏部左侍郎赫寿为漕运总督。

庚辰（二十日），河道总督赵世显折奏御坝、西坝工程，请修筑加长，绘图进呈。

## 康熙五十年（1711）

二月甲子（四日），工部言：徐州洪福寺西，及清河县之天妃坝，两处石工，俱宜修砌，以为永固之计。

丁卯（七日），康熙帝自和韶屯乘舟，往阅匡儿港减水坝。谕监修河工主事牛钮曰：引河前崖应建一挑水坝，减水坝之前亦建一挑水坝，或长三丈，或长四丈，其高应与旧挑水坝相等。

戊辰（八日），谕监修河工主事牛钮曰：三里浅之二挑水坝偏在上流，朕已钉桩，于钉桩处再添一挑水坝，或长三丈，或长四丈，高与堤相等。

是日，康熙帝自和韶屯乘舟阅河，至河西务登岸，谕监修河工主事牛钮曰：挖河不碍村落方善，若从此挖去，恐于村落有碍。因步行二里许，指示曰：此沙地著挖河。

五月壬辰（四日），工部言：高家堰临湖柴工，年久朽腐，宜补筑子堤，以资捍御。

乙巳（十七日），工部言：宝应县七里闸，至柳园头堤工宜加修理，以固河防。

癸丑（二十五日），工部言：桃源县九里冈、宿迁县朱家庄、邳州董家堂各处险工，俱须筑坝，以为永固之计。

## 康熙五十一年（1712）

九月戊申（二十八日），工部言：黄林庄至猫儿窝一带，山水喷沙，流入运河。今夏山水暴涨，遂成淤浅，急宜筑坝挑浚。

十月丙寅（十六日），升江西巡抚郎廷极为漕运总督。

十一月癸巳（十四日），吏部尚书兼管仓场总督事务富宁安奏曰：九江、兴武等七处回空漕船至东光阻冻，此皆因量兑装载过闸，以致迟误。此等船只，若俟明年解冻，去而复来，则又必至于迟误。臣请行文总漕，查在何处迟误，即令伊等之力运至。

十二月辛酉（十二日），户部议覆正白旗满洲副都统吴尔德黑条奏，请增造通州中南、大西二仓，共添设仓廒一百座。

## 康熙五十二年（1713）

八月戊子（十三日），工部言：淮安府城外南角楼一带埽工及宝应县之运河东堤朱马湾埽工，又张家直、卢家直、五里浅、龙王庙等处工程，俱应钉埽加帮，以保运道。

## 康熙五十三年（1714）

二月甲午（二十二日），工部言：瓜洲头闸、四闸修筑年久，闸墙欹斜，桩木朽烂，亟宜重修，以固河防。

七月戊午（十九日），工部言：睢宁县黄河水势南徙，逼近堤根，须于坍塌之处，建挑水坝三座，以保堤工。

辛酉（二十二日），工部言：巡河兵丁与绿旗兵丁不同，千总、把总足以管辖，所设游击一员、守备二员俱可裁去。

八月癸未（十四日），工部言：山阳县黄河南岸王公堤、老坝口二处俱属险工，宜建挑水坝二座，以资捍御。

十二月癸未（十五日），升左副都御史吕履恒为总督仓场户部右侍郎。

丙戌（十八日），工部言：卡家汪及山阳县运河西岸地洞口一带堤工，俱宜加长修筑，以资捍御。

## 康熙五十四年（1715）

九月庚戌（十八日），署理总督仓场事务礼部右侍郎荆山题：泗州卫粮艘在通州张家湾遭风，损坏十二只，沉米五千二百余石。

十月庚寅（二十八日），工部言：砀山县黄河南岸定国寺迤下王家庄、戴家马路二处险工，请各建挑水坝一座。

十二月丙戌（二十四日），户部议覆署仓场总督礼部右侍郎荆山条奏，漕船至临清、德州，水浅迟延，应令山东巡抚，选派司道官员，自济宁督运。

## 康熙五十五年（1716）

二月癸亥（二日），工部言：山阳县范家庄、杨家码头柳园头、徐家庄，安东县南门、便益门等处俱系险工，即宜建坝筑堤，以资捍御。

闰三月戊辰（八日），工部言：黄河两岸及高家堰迎溜冲刷之奎山店、朱家海、邱家庄、胡家庄、半路刘、大茭陵、唐家堡，各宜建坝筑堤。山、盱二汛龙门坝石工，亦宜修砌加高。

辛巳（二十一日），工部言：瓜洲花园港六月内江流北徙，坍塌一百二丈，应于运河北岸，挑挖月河以为屯船之地。至瓜洲息浪庵前之石马头，亦为江潮冲坏，应早为修筑其花园港挑挖月河之处。

五月辛未（十二日），河道总督赵世显等疏言：臣等遵上旨，齐集瓜洲。将花园港、息浪庵前冲坍之处，并绕城河势，细加详勘。

十月戊戌（十二日），吏部议覆河道总督赵世显疏言：管河官员，必得在工年久，谙练工程者，方克胜任。请将丁忧人员，仍留河工效力。

## 康熙五十六年（1717）

三月甲子（九日），河道总督赵世显疏请就近拨两淮盐课四十万两，运至河库备用。

四月丁亥（三日），九卿遵上旨查河道总督赵世显河工动用钱粮数目。缮折呈览。

乙未（十一日），谕大学士、九卿、仓场总督等曰：迩年以来，通仓积米甚多。著分运直隶各府州县存贮预备，于民甚有裨益。

七月戊午（六日），工部言：徐州郭家嘴，睢宁县黄河南岸王家堂，宿迁县黄河南岸钟家湾，北岸吴家庄，各应建筑挑水坝，以保堤工。

八月壬寅（二十一日），工部言：宿迁县黄河北岸柳围头，应建筑挑水坝。

## 康熙五十七年（1718）

二月丁酉（十八日），工部言：宿迁县黄河北岸，大古城险工，因大溜北徙，倾注埽根。请建筑月堤一道，以资捍御。

三月壬子（三日），谕曰：朕昔南巡时，曾下船阅视。沛县在运河之西隅，地势洼下，积水甚多。常因运河水浅，穴堤引所积之水，泄入运河。

癸丑（四日），工部言：中河刘老涧，旧有减水坝一座。今尽行倒卸。请遵循旧式，建造减坝。置板启闭，以保堤工。

戊寅（二十九日），工部言：海宁县海塘俱属浮沙塘脚空虚。请用木柜之法，以木为柜，横贴塘，底实以碎石，以固塘根又用大石，高筑塘身附塘另筑坦水石，以护塘脚，毋使潮水浸入。

五月丁丑（二十九日），工部言：瓜洲花园港一带埽工，因对岸沙滩挑溜北徙伏秋水发，甚属危险。应建长堤一道，以为重门保障，捍御伏秋骤涨之水。

## 康熙五十八年（1719）

七月庚子（二十九日），工部言：入夏以来水势相继泛涨，将唐埂等处滚水坝闸次第开放，以资宣泄。

九月丙戌（十七日），工部言：清黄交汇之区，乃系漕运咽喉，最为紧要。

十月甲子（二十五日），工部言：宿迁县黄河南岸彭家堡等处险工。近年因河势变迁，大溜南徙，直射堤根。请建筑挑水坝一座，挑溜开行，以资捍御。

十二月甲辰（六日），吏部议覆河道总督赵世显会同河南巡抚杨宗义疏言：请将清化镇河捕通判，令其就近专管河务，改为管河通判。怀庆府管粮通判，令其专管盐捕，改为粮捕通判。

## 康熙五十九年（1720）

正月癸巳（二十六日），工部议覆吏科给事中纪逵宜条奏：一、河工道厅佐贰等员缺出，日久始题。致有营求请托等弊。应定限一月内，令河臣拣选，即行题补。如违限具题者，不准补授。二、河工所需草束。河厅差役，向民间采买，不无借端扰累。嗣后凡置办工料。请严饬厅员，协同地方官购买。不得短价多收，令民运送。如有累民之处，或经首告，许该地方官详报总河、督抚，据实题参。如总河不行题参，经督抚题参者，将总河及道员等，俱照徇庇例议处。

三月辛卯（二十四日），工部言：臣等亲率河员，会勘高家堰等处石工。自邵伯三沟闸起，至宝应县白田铺止，逐段详查。

八月丙午（十二日），添设本裕仓汉监督一员。

九月辛卯（三日），工部言：河标苇荡营兵，原令砍取苇柴以备工程之用。今荡地淤垫，不产苇柴，苇荡营之弁兵虚糜俸饷，请将此营裁去。

是日，漕运总督施世纶疏言：臣遵上旨查河南府孟津县至陕州太阳渡，大小数十余滩，虽有纤路，高低不等，或在河之南，或在河之北。臣谨将河道水势，并纤路，绘图呈览。

十月戊申（十五日），谕大学士等：今岁江南、浙江、湖广等省大稔。豫省微觉歉收。朕已颁谕上旨，将漕粮停止起运。

十一月壬辰（二十九日），工部言：清河县王家庄，徐州狼矢沟、宿迁县蔡家集、窦家林、砀山县定国寺等处均系险工。应各建筑挑水领等坝，以资防御。

十二月癸巳（一日），以总督仓场侍郎张伯行为户部右侍郎，仍兼管仓场事务。

### 康熙六十年（1721）

四月丁酉（七日），九卿等议覆山东巡抚李树德疏言：汶河沙积，水不盈尺，应行开浚。

闰六月癸亥（四日），奉差山东阅河吏部尚书张鹏翮等疏言：臣等会同总河赵世显、巡抚李树德查戴村坝遏汶水出南旺，南北分流济运，旧设玲珑乱石滚水三坝，年久汕刷，应补葺坚实，以资捍御。

七月乙巳（十六日），工部言：徐州黄河南岸韩家山应建迎水领水二坝。宿迁县黄河北岸臧家庄堤工应加帮。桃源县黄河北岸七里沟应建挑水坝，南岸颜家庄堤工应下埽加帮。又高家堰、山盱二汛运料小河见在淤塞，应挑浚深通。

九月壬寅（十四日），谕大学士九卿等：直总督赵弘燮奏河南黄沁冲决堤岸，水势泛溢至长垣等处。著总河赵世显，将熟练河务官员工役派出，并将修筑物料，多行备办，速发往河南冲决地方。

丙午（十八日），大学士等以九卿议覆黄河冲决一折面奏。康熙帝出河图，谕曰：朕留心河务，于直隶、山东、河南地方，皆所亲历，详视水之源委，洞悉于衷，故指示绘画此图。直隶、山东、河南被水之民，著该督抚查明振济。至堵筑黄河决口，引沁入运事，朕另遣大臣前往。

丙辰（二十八日），九卿等遵上旨议覆，堵筑黄河决口，引沁入运之处，俟派出大臣，令其会同总河及该督抚等，详勘议奏。

十月戊午（一日），河南巡抚杨宗义疏言：马营口民堤冲决，约一百余丈，南北两岸皆水难以动工。臣于李先锋庄南北两岸下埽对筑，水面约有二百余丈，俟完工后，即将马营口民堤，用土坚筑。

甲子（七日），奉差阅视河工原任知府陈鹏年疏言：河臣赵世显委臣勘明河南武陟县钉船帮决口。臣查看黄河老堤，冲开八九里现今大溜，直趋决口者，约五六分，老河内只存四五分，急应堵筑。

壬午（二十五日），钦差吏部尚书张鹏翮疏请引沁水入运以济运，允。（《续行水金鉴·山东运河道册》）

十二月乙丑（九日），吏部尚书张鹏翮等疏言：臣等遵上旨，由山东张秋，循流而上，一一查勘，黄河决口，在武陟县之钉船帮支河口，由此冲入詹家店之魏家庄及马营口。今副都统御史牛钮，会同河南巡抚杨宗义，于支河口筑拦水坝，魏家庄已经堵塞，马营口之消落，指日成功。

辛未（十五日），工部言：沁、黄两河交汇之处，至詹家店共十八里，原无堤工。遇沁、黄两河之水齐发，水势彼此相激，大溜退回，每于此处泛溢。且河岸高不过三尺，两河之水相激，以致河底渐长，河岸卑矮。

## 康熙六十一年（1722）

正月己未（九日），山东巡抚李树德疏报：直隶长垣县常村集堤南，水势暴涨，浊流奔注，逼近山东省。著行文河南巡抚杨宗义，将冲决之处，速加堵筑。

三月壬辰（七日），工部言：武陟县马营口，地势低洼，积潦流注，钉船帮堤工，冲开二十余里，已成大溜，若将此处堵塞，又恐别处受冲。

辛丑（十六日），谕大学士等：河工甚属紧要，见今正系修防之时，陈鹏年、牛钮，俱有应办河工事务，著将秦家厂速行堵修。

丙午（二十一日），工部言：河南黄河两岸，至荥泽县始有堤工，自荥泽县以下一带堤工，止出水面三四尺或五六尺不等，将堤工应行修筑者，作速就近查估修筑。

庚戌（二十五日），工部言：长垣县之王家堤口，因豫省黄水复发，冲开新堤，经臣饬令速行堵筑。

四月辛酉（七日），工部言：马营口堤工，臣前见决口窄小，冒昧奏称水落易于完筑，不意挑汛水发，又陆续塌陷二十余丈，今副都御史牛钮等到工，臣等公同商酌，设法堵筑，以防水势。

五月丙戌（二日），工部议覆：先经副都御史牛钮等，以黄、沁交汇之处，至詹家店十八里，原无堤工，水发易致泛溢。请自沁河堤工，接至荥泽县之大堤，建筑遥堤，以御沁黄之水。

六月己未（六日），谕大学士等：去岁黄河泛溢，流至直隶、山东等处。朕念民生运道，关系綦重。特遣牛纽、齐苏勒、马泰前往亲为指示，于年前俱已修完。

壬戌（九日），户部言：查漕船经过沿河州县，例应填注出境入境日期。过淮后，又给帮牌，先后照序而行，毋许漫越。

辛未（十八日），命截留漕粮二十万石，分贮于天津、霸州等处。

八月己巳（十六日），署理漕运总督兵部右侍郎张大有，请亲督粮艘抵通。

九月乙酉（三日），署理河道总督陈鹏年疏言：萧县黄河南岸田家楼险工，因河水骤溢，大溜直射埽工。须建筑月堤一道，以资保障。

十月辛酉（九日），谕议政大臣等：仓粮关系甚要。支放米时理应一廒放毕，再放一廒，今闻此廒米石，支领方半，又向别廒支领。所剩米少，而所占之廒甚多。又支领白米时，诸王、公主等属下之人，不按应放之廒领米，而拣廒霸占支领者有之。不允。

十一月甲午（十三日），康熙皇帝驾崩。

己亥（十八日），以总督仓场侍郎张伯行办理户部右侍郎钱局事务。升内务府总管李英贵为总督仓场侍郎。

庚子（十九日），雍正帝即位。

十二月癸亥（十二日），裁直隶惠清河监督缺，令通州坐粮厅兼理。

## 雍正朝（1723 ～ 1735）

### 雍正元年（1723）

正月癸未（三日），谕大学士等：前年因黄河冲决。今被冲决之堤工俱已合龙。应不时修筑，务期预为防守坚固。

甲申（四日），谕内阁：仓场侍郎李英贵患病，仓场事务著顺天府府尹陈守创暂行协理。

壬辰（十二日），河道总督陈鹏年以病剧具奏。命山东按察使齐苏勒署理河道总督。

癸卯（二十三日），谕工部：黄河漫溢冲决秦家厂，一时不能堵塞。朕念数省生民，暨东南漕运攸关，特遣齐苏勒前往堵修。

庚戌（三十日），谕：运道浅阻，旧例拨派民夫，挑浅济运。朕思山东省连年薄收，百姓困苦，已有旨命佟吉图署理按察使，速赴河南与总河齐苏勒商定，回任料理运道。

二月乙卯（五日），谕礼部：陈鹏年洁己奉公，实心为国，因河工决口，自请前往堵筑，寝食俱废，风雨不辞，积劳成疾，殁于工所。

庚申（十日），实授齐苏勒为河道总督。

丙寅（十六日），工部言：豫省黄河北岸沁黄交汇之处，至詹家店十八里，请建筑遥堤一道。

四月庚戌（一日），河道总督齐苏勒疏言：河南黄河沿岸阳武、祥符、封丘一带有岔流三道。逼近堤岸，请接筑坝尾子堤、隔堤以制旁流。

丙辰（九日），工部称：山东运道，济宁一带，地居亢陡，全藉泉、湖、汶、泗诸水入河济运。近因连年亢旱，行文该总河，会同总漕、东抚，严饬各泉源所属州县挑浚疏通，汇归运河。

戊午（十一日），山东巡抚黄炳奏：初八日，山水骤发，运河水势暴增，冲决沙湾子堤，应行堵筑。（《世宗宪皇帝朱批谕旨》卷二四）

甲子（十七日），谕工部：据河南巡抚石文焯奏称，黄河南岸中牟地方，河堤冲决。著嵇曾筠前去。知有谙练河工之人奏闻带往。

乙丑（十八日），工部议覆河道总督齐苏勒疏称：徐州顺河集、徐家庄、长樊大坝等堤工单薄，难资捍御，急宜加增高宽，接筑月堤。

己巳（二十二日），河道总督齐苏勒疏报：六月初七日中牟县黄河南岸河水陡长，漫开大堤。今正值雨水之时。该督带领河员，加意防护。

乙亥（二十八日），谕户部：各仓监督，历年满汉一同更换。尔部可将通济库钱粮逐一确查，务期明晰。

丁丑（三十日），谕户部：朕去年亲阅京通各仓，近年盛京年岁丰收，米价亦贱，酌量动正项钱粮，采买数十万石，雇募民船运送京师。

七月庚寅（十三日），谕仓场侍郎：粮运关系国储，必须遄行无阻，始得及早抵通。自杨村至通州，河道多有淤浅，粮船起剥，每致耽延，以致回空冻阻，并误新漕。著该督严饬坐粮厅查看河道，有淤浅处作速挑浚深通。

八月戊申（一日），总督仓场侍郎李英贵缘事革职。擢直隶巡道法敏为总督仓场侍郎。

辛酉（十四日），奉差阅河大学士张鹏翮等奏：豫省北岸钦堤，关系黄沁并卫河运道，理合保固。

丙寅（十九日），工部言：阳武大堤绵亘五千余丈，地处卑洼，有关运河。请添筑遥堤以为重障。

九月丙戌（十日），工部言：邳州、黄河北岸张王庙至宋家庄，应加帮戗堤。宿迁县、黄河北岸五堡，应筑月堤、格堤。南岸墩郎庙险工应筑月堤。

辛卯（十五日），命署山东布政使须洲巡视河务。

己亥（二十三日），工部言：清口为淮黄交汇之区，八月初五六日秋汛骤至，黄水有倒灌之处，随经动支工料，于清口两岸接筑大坝各一座。

十月丙辰（十日），河道总督齐苏勒疏报：九月二十一日水涌风狂，将中牟县杨桥后官堤漫开十丈有余，飞催堵筑完竣。

十一月辛卯（十五日），铸给巡视山东河湖工务监察御史印。

是日，户部议覆漕运总督张大有条奏：一、守备千总请酌量繁简，保题调补。二、押运千总完运一次二次俱准加衔，三次押运全完者准其议叙即升。三、部发效力武举，领运事竣，赴淮考核后，请令咨部推用。四、江西南昌卫前后两帮并九江卫前帮，运艘俱一百余只，领运千总势难查察。请酌派广信等五帮分辖稽查。

是日，河道总督齐苏勒等奏报中牟县十里店决口合龙。

是年，建独山湖束水堤坝。（《续行水金鉴·河渠纪文》）

是年，大开府河，引泗水、沂水，由金口坝入马场湖，蓄水济运。（《续行水金鉴·河渠纪文》）

## 雍正二年（1724）

二月乙巳（一日），户部议覆仓场侍郎法敏等条奏漕务事宜：一、运丁正副，不许包丁代运。二、挑浅添夫，按日派给钱文，不得如前索给食米，以致借端盗卖。三、雇用水手，给发工价。开帮之后，不许勒添工食。应饬令漕臣，通行晓谕。

甲戌（三十日），工部请钉船帮大坝，当沁、黄汇合之冲，应于坝尾添建雁翅坝，上流回刷处，添建挑水坝二座。

三月丁亥（十三日），河道总督齐苏勒疏言：阳武大堤危险，应添筑遥堤。

甲午（二十日），工部言：宿迁县骆马湖为运道要处，其东岸旧河低洼易泄，旧筑土坝未足捍御。请于湖东陆塘河通宁桥西相度高地筑拦河滚水坝。

四月丙辰（十三日），河道总督齐苏勒疏言：台庄闸以下，徐唐口以上，建设三闸蓄水济运。

闰四月乙未（二十二日），河道总督齐苏勒遵旨议奏：河南黄河另驻副总河管理。

丙申（二十三日），刑部言：请严回空粮船夹带私盐及闯闸闯关之例，嗣后如回空粮船夹带私盐，拒捕杀人，将为首者立决。

五月己巳（二十七日），工部言：运河西岸地洞口一带堤工，地当顶冲，堤身单薄，应帮筑。

八月丙申（二十六日），户部等衙门议覆查仓御史张坦麟条奏仓场事宜三款：一、仓内人夫出入，应取具连环保结，给以腰牌，以凭稽核。二、仓场盗米等弊，应严饬监督及看守章京等不时查拏。三、大西、中南二仓，应裁汰旧设巡捕二名，铺军一百四十五名。添设披甲一百二十名。行文八旗挑选，令其巡逻查缉。

庚子（三十日），总理事务王大臣议覆仓场侍郎法敏奏言：山东、河南递年轮办运蓟粮船，乃系陵糈所关，请令该省委员督押。抵津之时，坐粮厅会同通永道验明米色。

十月丁丑（六日），漕运总督张大有疏奏：山东运河八闸内之得胜闸至张庄闸，系十二里直河。水难停蓄，易致浅阻。请于两闸适中之地建筑石坝一座。

是年，改造江广漕船样式，以十丈为率。开闸河蓄水，以四尺为限。（《续行水金鉴·运河道册》）

是年，总河齐苏勒建六里石闸。（《续行水金鉴·河渠纪文》）

是年，开始建邳州运河清、定、成三闸。（《续行水金鉴·河渠纪文》）

是年，改恩县四女寺减水闸为滚水坝。（《续行水金鉴·河渠纪文》）

## 雍正三年（1725）

正月壬戌（二十三日），裁山东济南卫守备一员，千总一员，管河千总二员。

二月壬辰（十五日），户部言：漕艘挽运，全用本军子弟驾运，应先令头舵水手数名教习。头工舵工，须俟本丁娴熟，方可更替。

六月甲申（十八日），工部言：遵旨阅视祥符县北岸回回寨所挑引河一道，应从上流口改挖三十余丈以对顶冲，以通大溜，并于对岸筑挑水坝一座。

七月乙卯（十日），命内阁学士何国宗等阅视河道。谕曰：运河关系重大。尔等此去先看漳河、卫河，后至济宁。则总河堤工事完，便可会同阅看。

戊申（十三日），河道总督齐苏勒疏言：今岁六月中旬，山东水发，骆马湖口泛涨二百余里。必于对岸挑浚引河一道，俾大溜归入正河，庶漫口易于堵塞。

丁巳（二十二日），谕河道总督齐苏勒等：今岁立夏以来，雨水过多。其一带危险工程，亦当增卑培薄，预为之防。

九月丁酉（三日），谕大学士等：前因天津仓廒潮湿，不能收贮米石，故停止截留。今据蔡珽奏称天津仓廒，虽不能贮米，可分发各州县以备赈济。

十月乙亥（十一日），工部议覆河道总督齐苏勒疏奏：治河物料全资苇柳，请酌定附近管河文武员弁，栽种苇柳。

十二月己卯（十六日），工部言：山东曹县地势平衍，难以引溜下趋，不宜开挖引河，应于险工上流，筑挑水坝一座。

甲申（二十一日），户部议覆巡仓御史张坦麟条奏北漕事宜三款：一、自通抵津三百七十里，沿河旧设汛堆三十八处，穹远难以兼顾。请照旱汛五里之例，均匀安置，漕船到汛，催漕官弁不亲身赴河，并坐视前船阻抵不行申报者，照催攒不力例参处。二、漕船转卫遇浅，雇觅民船，彼此掯阻，濡滞实多。请令坐粮厅于河西务截留腾空民船帮丁，向厅领封贴船，照定数给价，查旗丁领封贴船。恐将商船滥行封捉，应令仓场转饬坐粮厅，令旗丁照时价出银雇剥，毋许彼此勒掯。三、沿途疏浅约十三四处。坐粮厅二员一在两坝料理起卸，一在河西务专司起剥，不能亲为布置。请以各汛之浅交各汛官弁，督率该厅人役疏导，应销钱粮，仍令坐粮厅管理。

己丑（二十六日），谕河道总督齐苏勒：宿迁以下，上紧堵筑，修筑坚固。其淤浅处、加工挑浚。

是日，加副参领靳治豫工部侍郎衔，协理江南河工事务。

## 雍正四年（1726）

正月丙申（十三日），谕内阁：何国宗等所奏运河情形甚为明晰。但督理工程，专委之地方官，恐其因循迟误。若特差官员前往，又恐呼应不灵，且不得其人，转滋烦扰。朕意将沿河州县，俱拣选贤能之员补用。果能实心任事，即著加恩议叙。寻议沿河有应修工程之州县，请令该督抚会同总河、副总河等，于所属州县官内，拣选熟谙河务者保题引见调补。如果实心任事，著有功绩，题请议叙，以示鼓励。

是日，命发通仓米十万石运至天津。

丙辰（二十三日），工部言：山东运河必赖湖水以济输挽。请将安山湖开浚，增筑湖堤，再南旺湖、马踏湖、蜀山湖、马场湖诸堤及关家坝，俱应加高培厚，建筑石闸以时启闭。

二月壬申（九日），工部言：豫省卫河水势奔泻，其直隶大名县张儿庄亦建筑草坝一座，首尾接应以济漕运。

甲戌（十一日），吏部言：直隶兴修水利，请分诸河为四局，专官管辖，以便稽查。

乙亥（十二日），补河南副总河属员。

戊寅（十五日），户部等衙门遵旨议覆：嗣后州县亏空仓谷，应照亏空钱粮例，分别侵蚀，挪移二项定罪。其实系仓廒倒塌，雨水渗漏，或年深地湿，成色变烂者。三千石以下，仍照旧例革职留任，限年赔补。三千石以上，即照那移钱粮之例，追完治罪。至直省地方，一应亏空仓谷，俱定限三年买补完足，违者从重议处。

四月甲子（二日），户部又议覆漕运总督张大有等疏言：一、长芦两淮产盐之处，奸民串通灶丁，私卖私贩，伺回空粮船经过，搬运上船，地方官稽查不及，请严行禁止，违者，官弁、运丁、贩卖人等，俱照私盐例治罪。二、粮船回空时，请于瓜洲江口，派委瓜洲营，协同厅员搜查，以杜夹带私盐之弊。三、运司等官拏获夹带私盐，请照专管兼辖等官例议叙。四、随帮官专管回空，有能拏获首明私盐三次，及该帮船三次回空，并无私盐事故者，该管上司咨部，以千总推用。五、运粮船每船量带食盐四十斤，多带者照私盐例治罪。六、粮船准带土宜六十石，如有夹带，并包揽商船木筏者，查出照漏税例治罪，货物入官。七、粮船之中，不许带火炮鸟枪，违者照私藏鸟枪例治罪。该管官照失察铳炮鸟枪例议处。

五月壬子（二十一日），工部等衙门议覆怡亲王允祥疏言畿辅西南水利：一、拒马河为涞水之下流，白沟河为拒马河之归宿，马头、芒牛诸水，又皆为白沟河之枝津，水泉疏衍，俱可灌田。二、房、涿之间王家庄等处，向系水田，改为旱田，甚属可惜。请于铁锁崖分流之处，深沟侧注，使水之来者不穷。复于白沟河之上，随宜建闸，使水之去者有节，则启闭以时，王家庄等处之水田可复。

七月甲辰（十四日），奉使阅河内阁学士何国宗等条奏河道事宜。得旨：河南小丹河一件，何国宗等与田文镜、嵇曾筠两议具奏，何国宗等乃一己之见，田文镜、嵇曾筠身在地方，所见必确，著照田文镜、嵇曾筠所议行。其山东疏浚泉源一件，何国宗等议设管泉通判一员，甚是。著照所请行。

九月壬辰（三日），工部言：洪泽湖滚水石坝三座，门槛太高，若遇水长，周桥一带石工，甚属危险。

十月甲子（六日），谕户部：从前因泗州逼近黄河，常有水患。今岁又复被水。持命布政使石麟，动支库银二万两，亲身带往，散给穷民。

十二月辛酉（四日），户部议覆仓场侍郎托时疏言：各省改兑米石，例进通仓。今通州大西、中南两仓，存贮稄、粟米石，足支数十年，廒座不敷，新粮多系露囤。请自雍正五年为始，将改兑稄米全进京仓，粟米亦拨京仓十万石于京仓甲米内，全放稄米一季。通仓除王俸外，其余官俸亦照甲米例，一季全放稄米。虽稄米较之粳米价贱，而较之粟米价贵。若将粳、粟以稄代放，实无偏累。嗣后每隔一年，将米代放一季，稄米开放将完，仍照例给发粳、粟、稜三色。应如所请。从之。

丁卯（十日），谕户部：今岁江南秋雨稍多，其江安所属被水州县，已令该督抚转饬有司，确查赈恤，务使小民得所。

## 雍正五年（1727）

正月己酉（二十二日），工部言：睢宁县朱家口堤工已经合龙，大溜全归正河。

乙卯（二十八日），谕内阁：地方水利，关系民生，最为紧要。著李淑德、陈世倌会同巡抚陈时夏、总河齐苏勒、总督孔毓珣，悉心踏勘，详加酌议，倘河工紧要，齐苏勒不能亲身前往，即行商酌定议具奏。凡建立闸座，疏浚河流，务期尽除淤塞，以杜泛溢之虞。广蓄水泉，以收灌溉之益，其一应公费，俱动用库帑支给。一切工程，交与李淑德、陈世倌监督办理，并谕吏部，将各部现任司员、候选司员，及府州县人员内，有具呈愿往效力者，挑选十余人，带往江南，不必令出赀财，惟令办理事务，交李淑德、陈世倌二人酌量委用。

四月庚子（十四日），河道总督齐苏勒疏言：黄运两河堤岸，绵亘数千余里。沿河地方官，遇工程险急，以河工事非涉己，或致旁观膜视。查徐、邳、丰、沛、萧、砀、灵、睢宁、宿迁、虹县、桃源、清河、安东、山阳、宝应、高邮、江都等十七州县，为黄运两河必经之地。请敕令江南督抚，照东、豫两省之例，于所属州县内，择才堪肆应者，会同保题，引见调补。如遇紧急要工，俾印河各官，协力勷事。

辛亥（二十五日），谕河道总督齐苏勒、两江总督范时绎、江苏巡抚陈时夏、钦差督理江苏水利李淑德、陈世倌：朕轸念民依，以苏松地势稍下，特遣大臣会同督抚，开浚水道，为久远之计。太湖之水归海者，经刘河白茆河居多，必径直深广，令水畅出，方能一劳永逸。

六月癸巳（八日），谕内阁：仓场米石乃国家第一要务。其通州三仓，交与通永道、通州副将稽察，亦照依京仓例行。

乙未（十日），据河道总督齐苏勒言：淮徐道一官，有经管徐、邳、宿迁一带黄运两河之责。请将宿迁关税务，敕令督抚择就近贤员，以司其事。

丙申（十一日），工部议覆署理江南总督范时绎疏言：通州地势，西高东下，河水由江入海。以通州为咽喉，必水口深通，蓄泄得宜。

七月戊午（四日），河道总督齐苏勒、嵇曾筠奏报伏汛安澜。

乙丑（十一日），命直省各建龙神庙。

九月辛未（十八日），山东巡抚塞楞额疏奏：东平州安山湖清出官地，请给无地之民，盖屋居住，栽柳、捕鱼为业。

十月甲午（十二日），户部议覆河道总督齐苏勒等疏报：江南朱家口堵塞之后，安河等淀以至木家墩一带地方，尽皆淤成膏腴美地，分晰丈勘新淤地亩，泗州、虹县、桃源、睢宁、宿迁五州县，共丈出二万二千六百二十二顷六十三亩，共应升科银四万八千四百五十两零，此新淤之地，俱系平衍沃土，非寻常湖滩可比，应即于雍正六年升课起租。

十二月戊申（二十七日），谕工部：向来汉军得补河员，凡经手一切工程，修筑既不完固，防守复多疏虞，上下通同，侵欺浮冒，虚糜国帑。甚至冀幸堤工之冲决，以遂其侵那开销之私计，种种弊端，朕所洞悉。今总河齐苏勒悉心厘剔，一应工程，整顿料理，俱有成效。凡属河员，亟宜洗心涤虑，痛改前非，各自奋勉。

是年，修临清板闸。（《续行水金鉴·河渠纪文》）

是年，齐苏勒建五孔石闸于王家沟，分泄湖水入运河。（《续行水金鉴·河渠纪文》）

## 雍正六年（1728）

正月甲寅（三日），以内阁侍读学士西柱为江南河道副总河。

二月丙午（二十五日），工部议覆山东巡抚塞楞额疏言：东省柳长河，在东平、汶上二州县间，日渐淤浅，近地居民屡遭水患。查此河虽一带相连，而中有金线岭分隔，势难开凿。今酌开引河二道，一从岭北注安山入湖，一从岭南出闸口济运。

庚戌（二十九日），升吏部左侍郎嵇曾筠为兵部尚书，仍办理河工事务。

七月乙卯（六日），工部言：瓜洲河道乃粮船经行要区，前因江流北徙，挑挖月河一道，河口窄狭，水势汹涌。请建夹坝三道，拦河柴坝一道，乘时修筑。

辛酉（十二日），户部议覆仓场侍郎岳尔岱等奏言：现今天庾充盈，仓廒不足存贮，请另加建造，应如所请。除京师九仓现有廒座外，应相择高敞之区，与车运相近之处，建仓廒一百七十一座，收贮新粮。

甲戌（二十五日），兵部议覆署两江总督范时绎疏言：漕标之庙湾、盐城二营，原系沿海地方，汛远兵少，稽察难周。请于射阳湖口窃子港，添设守备、把总各一员，兵二百名。佃湖集，添设千总一，兵五十名。小关子，添设守备、把总各一员，兵二百名。驻劄汛地防守，总属漕标统辖，并添沙船八只，分拨游巡。

八月丙申（十八日），谕江南督抚总河等：河工固属紧要，而州县官均有地方民社之任，所关尤重。沿河州县缺出，该督抚将工程效力之人题补。

是年，议近海诸河设犁船、混江龙，以疏积沙。（《续行水金鉴·河渠纪文》）

## 雍正七年（1729）

二月庚辰（五日），谕内阁：齐苏勒练达老成，深悉河工事务，是以授嵇曾筠为副总河，专管北河，而令齐苏勒兼理南北两河之事。今尹继善新管河务，朕意欲令其与嵇曾筠分任南、北两河。又思治河之道，必合全河形势，通行筹画，方可疏导安澜。

壬午（七日），谕内阁：历来河道总督，无如靳辅、齐苏勒二人。著尹继善等就近相度地方，合建祠宇。

三月辛亥（七日），以吏部尚书仍管河东副总河嵇曾筠为河南、山东河道总督，山东境内运河一并管辖。

四月庚寅（十六日），以原任太仆寺卿涂天相署理仓场侍郎事。

乙未（二十一日），吏部议覆署两江总督范时绎疏言：松江府督粮通判，有监兑漕运之责，未便兼管盐务。请将松属巡盐事宜，改归海防同知管理。

六月丙申（二十三日），谕户部：河西务河堤漫开，尔部速派贤能司官带帑银二千两前往，悉心查勘赈济。

七月丁未（四日），仓场侍郎岳尔岱疏报，通州流水沟等处漕船漂没。

辛亥（八日），谕内阁：黄河堤岸，乃运道民生所关，最为紧要。年来殚心经理，增卑培薄，幸堤工坚固，共庆安澜。独是工程报竣，例应归汛修防，而额设河兵堡夫，只能修补水浪冲激之区，防备临险抢护之用。至于堤身一年之内，风雨淋漓，车马践踏，渐至侵蚀者，亦势所必有。而堤远工多，不能责诸寥寥兵役也。朕留心访察已久，又复询问通晓河工之人，知故明总河潘季驯，每岁派夫加高五寸，载在《河防一览》。即从前河臣靳辅，亦有每兵一名，招募帮丁四名，给以堤内空地耕种免粮，岁令加土五寸之议。著南、北两河总督尹继善、嵇曾筠，悉心商酌具奏。

是日，谕：目今漕运抵通州，新漕即须料理，漕运总督性桂现署浙江总督事务，其总漕印务仍著张大有管理。

八月乙巳（三日），敕封直隶通州仓神为"均调显佑司仓之神"，左翼仓神为"丰储裕饷司仓之神"，右翼仓神为"佑农广惠司仓之神"，新建仓神为"凝禧阜众司仓之神"。

九月乙酉（十四日），《圣祖仁皇帝治河方略》编纂告成，内阁进呈御览。

十二月辛亥（十一日），谕内阁：据署山东巡抚费金吾等折奏，疏浚山东济宁、嘉祥等县及江南沛县、徐州等处水道，使归宿于海，则山东、江南二省历来被水州县皆成乐土。允。

是年，重修靳家闸，接修安山闸，调匀水势。（《续行水金鉴·河渠纪文》）

是年，拆修微山湖口石闸，定议水深一丈一尺，开坝，蓄水济运。（《续行水金鉴·河渠纪文》）

## 雍正八年（1730）

正月丁酉（二十八日），谕内阁：北运河青龙湾修筑减水坝，并挑浚引河工程，据怡亲王等奏请，交与侍郎何国宗督理监修。

己亥（三十日），谕内阁：向因铺垫仓廒，需用松板，令各省粮船随带，到仓交纳。

三月丁丑（九日），户部议覆署福建总督史贻直疏言：请自雍正八年为始，每于春冬，动拨台粟十六万六千余石，运赴厦门，令福兴等府属厅县，按积谷之数，派运入仓，易换旧存仓谷，平粜给兵，永著为例。

四月丁未（九日），谕内阁：古称黄河之神，本朝顺治三年封黄河神为“显佑通济金龙四大王之神”，康熙三十九年加封为“显佑通济昭灵效顺金龙四大王之神”，应令该督委员于河州口外，择地建庙，设立神像，春秋致祭，其加封神号内阁撰拟。

癸亥（二十五日），以吏部尚书河东河道总督嵇曾筠署江南河道总督，河东总督田文镜兼管河南、山东河道总督。

是日，工部言：瓜洲运口堤岸塌卸江流，商民、漕运均属可虞。应于青莲庵、尤家碾等处挑挖越河一道。

五月己巳（二日），以原任两江总督范时绎协办河东河工事务。

八月丙午（十日），谕户部：向来蠲免钱粮，额征漕米不在所蠲之内。今年山东被水稍重，应完漕粮不必运送京师，即留于山东。

十二月己亥（五日），工部等衙门遵旨议奏：直隶河工关系重大，请设立河道水利总督一员，驻扎天津，令四道厅员及印河各官受其节制，一切事务俱照河东总河例行。其营田事务仍归直隶总督管理。

癸丑（十九日），以吏部左侍郎刘于义为直隶河道水利总督。内阁学士徐湛恩协办河道事务。

是年，汶河石梁口决，汶上、巨野、嘉祥、济宁、滋阳、宁阳、郯、鱼、滕、峄及江南之沛县、徐州、邳州皆被水患。（《续行水金鉴·河渠纪文》）

是年，议停荆山口水道工程。（《续行水金鉴·河渠纪文》）

## 雍正九年（1731）

十月庚戌（二十日），以大理寺少卿署浙江布政使孙国玺署河东副总河。

十一月戊子（二十九日），工部言：山东运河戴村坝工程，请归捕河厅管辖，令东平州州判专司其事。

是年，修筑禹王台竹络石坝。（《续行水金鉴·河渠纪文》）

是年，嵇曾筠题请修筑宿迁一带运中河闸坝，蓄泄利运。（《续行水金鉴·河渠纪文》）

## 雍正十年（1732）

正月乙未（一日），以礼部尚书魏廷珍为漕运总督。

二月甲寅（二十六日），移江南淮徐道驻宿迁县。

五月壬戌（六日），吏部议覆山西按察使温而逊条奏：江南素称泽国，河湖交通，臣历任江南，见丹阳至镇江口数十里河身稍窄，粮艘往来，常至挤塞。虽现在疏通，恐数十年后复至淤浅。各府州县有兼司水利之名，而无讲求水利之实。太湖新设同知分管水利，亦未能料理妥协。请于苏、松、常、镇四府，太仓一州五处适中之地设一道员，专司河湖水利，俾其巡历上下，审量情形整修，随宜调度，庶责成专而收效远。其原设太湖同知可以裁汰。

壬申（十六日），兵部言：直隶河标，现在议设营制。请将附近天津之务关路参将改为河标左营中军副将。

甲戌（十八日），工部言：扬州府属芒稻河闸座工程，向系动支商捐款项修筑，嗣后请归印河官管辖，并添设闸官一员，以司启闭。

七月戊子（四日），户部言：淮安府城内漕标城守等营兵饷，并无预备银两，请拨司库银三万两永远存贮淮安府库。

庚戌（二十六日），江南河道总督嵇曾筠疏报高堰石工告成。

八月己卯（二十五日），谕内阁：仓场侍郎岳尔岱前经告病，近已痊愈，著仍回仓场之任。

十一月庚戌（二十七日），礼部言：洪泽湖为黄、运两河之保障，高家堰乃淮、扬二府之屏藩，请御制碑文，以垂久远。

## 雍正十一年（1733）

二月庚申（八日），升仓场侍郎涂天相为都察院左都御史，仍兼理仓场事务。

甲子（十二日），以两淮盐政高斌办理江南副总河事务。

四月乙卯（四日），命吏部尚书嵇曾筠为文华殿大学士兼吏部尚书，仍管理江南河道总督事务。

是日，升奉天府府尹杨超曾为总督仓场侍郎。

七月己丑（十日），江南副总河西柱疏言：江南通州所属范堤，修筑告竣，各场灶户，感戴国恩，情愿急公效力。请将原发工价银两，缴还运库。得旨：朕发帑修理范堤，原系保护盐场，加恩灶丁之意。所用工价银两，何用伊等捐输？著出示晓谕，照数给还。

戊戌（十九日），谕内阁：据仓场总督兆华疏报，六月二十二、三等日，雨水连绵，河流骤涨。天津一带粮船，多有浸湿漂损等语。今年伏雨稍多，河流骤涨，以致损坏漕船。尚非运官旗丁疏忽之咎，其漂失米石，免其赔补，损坏船只，亦免赔修，运官亦不必议处，此朕体恤宽大之恩。倘将来运官旗丁等，因此番宽典，不知加意堤防，或有捏报巧饰等弊，一经察出，按律治罪。

八月丁卯（十九日），任命顾琮为直隶河道总督。徐湛恩身为副总河，不能协助办理，著革去副总河，交与顾琮差遣委用，其副总河员缺著永定河道定柱补授。

十二月甲寅（七日），工部议得河南、山东总督朱藻疏称：山东德州城振河下护崖工程，建拦水坝，夹土坝。（《续行水金鉴·运河道册》）

## 雍正十二年（1734）

正月癸卯（二十六日），直隶总督李卫条奏运河应行事宜二款：一、直隶之故城县与山东省之德州卫并武城县地界毗联，系河流东注转湾之处，向未筑有堤埝防御。一遇水发，弥漫流溢。请劝谕民间，攒筑土埝，量给食米，以工代赈。二、直隶、山东运河交接各州县，犬牙相错，彼此混淆。遇有命盗等案，互相推诿。请将从前参差之处，勘定立牌，并将零星交错之所，拔换清理，以专责成。

二月辛未（二十五日），大学士等议覆河东总督王士俊奏言：德州、临清二处，地临水次，舟楫可通。向经奏准，截留南漕二十万石，易谷四十万石，存贮备用。

甲戌（二十八日），总督仓场侍郎兆华缘事降调，升内阁学士署大理寺卿宗室塞尔赫为总督仓场侍郎。

四月戊午（二十三日），改山东曹东道为管河道，专管通省黄、运两河事务。所属曹州改归兖莒沂道管辖。东平州改归济东道管辖。

七月甲戌（一日），升江南江苏布政使白钟山为江南河道副总河。

八月辛未（二十八日），添设直隶蓟州粮河通判，清河道属潴龙河管河通判，天津道属三角淀管河通判。

九月丙戌（十四日），工部言：德州系卫河回溜顶冲之处，应于此地开挑新河，建滚水坝一座，两岸各筑遥堤，酌开涵洞四座以资宣泄。

十月癸卯（一日），工部议覆河东河道总督朱藻疏言：东省河工杂项钱粮，向交运河厅东昌府两库存贮。凡经收支解，系该府厅为政。至黄河、泉河以及浦洳上下等六河兵夫工食银两，亦系各该厅支收，俟有盈余，始令解归河库，其中不无侵挪扣克等弊。今山东曹东道既经改为通省管河道，请照豫省之例，将两库六河该府厅银两，俱归管河道库存贮，遇有需用，照例支给。其有应解别处钱粮，令河道查明具详，总河给咨批解。应如所请。从之。

己未（十七日），谕内阁：向因仓场米石，关系紧要，在京十仓，每仓或都统、或副都统各派一员，御史各派一员，专任稽察之责，于仓场不无裨益。著定为三年更换之例，届期，各仓一同更换。若有接任之员未满三年即届更换之期者，亦一体更换。庶稽查严密，而瞻顾之弊可免。

## 雍正十三年（1735）

三月甲戌（四日），谕内阁：南河春夏之间，防汛最为紧要。副总河刘永澄到任未久，诸事尚未谙练，总河印务仍著高斌署理。

八月己丑（二十三日），雍正帝驾崩。

是日，以大学士现管江南总河事务嵇曾筠即赴浙江总理海塘工程，以江南总督赵宏恩暂署江南总河事务。

九月（三日），皇太子弘历即位。

九月乙丑（二十九日），直隶河道总督朱藻具奏河工情形。

是日，漕运总督顾琮奏请蠲免江南苏、松二府浮粮。允。

十月丙子（十一日），以河东副总河刘勷为直隶河道水利总督。

乙未（三十日），两淮盐政布政使高斌具奏办理运口江工，请于盐务巡费节省银内动支。

十二月丁卯（一日），兵部议准：河东河道总督白钟山等疏称：豫、东两省河营各千把总经管河道，请将现在效用目兵，照标营外委千把报部之例添委协防，派定汛地，责令巡防修守。

## 乾隆朝（1736～1795）

### 乾隆元年（1736）

正月丙辰（二十一日），以漕运总督顾琮署理江苏巡抚。

癸亥（二十八日），吏部议覆河东河道总督白钟山请拣发河工效力同知、通判，州、县共十员一疏，应如所请，照雍正八年之例，令三品以上汉京官，于候补候选人员内，保其才可办事，身家殷实者，送部引见候简。又河营备弁，河东募补土著未能娴习埽坝等事。请于江南河营选拨现任经制千把总四员，赴东差委，即令教习兵丁。

二月己巳（五日），以松江提督补熙署理漕运总督。

壬辰（二十八日），户部议覆原任漕运总督顾琮疏称：雍正十一年分折漕减运丁船，未经受兑开行，请将行粮、赠银、贴运、赡运等项银米，全数扣存。

癸巳（二十九日），大学士管浙江总督嵇曾筠奏查革钞关陋弊：一、查量木植，不许以大盖小。二、收纳关税，应照部法弹兑。三、从前滥设各口，一概禁止。四、两关蠹役，严行驱逐。

是日，河东总河白钟山奏：程家寨河工，宜筑挑水坝三座，以保堤工。

三月乙未（一日），免浙江绍兴府五县民修堤岸工程。

甲子（三十日），兵部议覆原任漕运总督顾琮疏称：佃湖集为水陆咽喉，较窃港营地势紧要，请移窃港营都司、把总，驻佃湖集。

是日，江南河道总督高斌奏：七里沟、贾家庄二处新工，应于堤内接筑月堤。又奏：宿迁县黄河北岸缕堤，渐次塌崖，兴工攒做。

四月辛巳（十七日），裁直隶副总河缺，以直隶总督兼管河务。

癸巳（二十九日），漕运总督程元章奏：督押漕船，依限抵通。

五月壬寅（九日），谕总理事务王大臣：朕闻河南彰德一府七县，共漕米三万余石，而临漳县办米三分之一，他邑每亩征米四五合，或七八合不等，独临漳每亩征米一升三合有奇。从前兑粮水次在临漳境内回隆镇，是以额征本色独多。今水次移在汤阴县五陵镇，临漳运米，必越安阳、汤阴地方，始到五陵。且本地产米无多，漳民办运维艰等语。朕思临漳所办漕米果多于他邑，小民不无苦累，若欲减运，又有关于额赋。其可否照附近水次之安阳、汤阴等县则例，按亩征米起运，其余改征折色之处，著传谕巡抚富德查明酌议具奏。

六月甲子（一日），直隶总督刘勷奏请永定河南北两岸，并天津道属之津、静、青、沧四州县一切岁抢堤埽工程，令该管厅员与地方官协同办料，承修防护。

己巳（六日），江南河道总督高斌条奏工程事宜：一、各厅夫工银两，核定给发，据实报销。二、领运苇营荡柴，应给水脚，宜核实分款请销。三、江工需用石料，照京口之例，画一报销。

丁丑（十四日），直隶河道总督刘勷奏请天津、大名、清河、永定、通永五道所属河道堤埝民修工程，于每年霜降后，责令厅汛各员，同岁修工程，据实确估，发价兴修。

癸未（二十日），江南河道总督高斌奏请京口地方专设千总一员，调拨河兵五十名，责令该千总督领修防。

丙戌（二十三日），以漕运总督程元章署礼部侍郎，松江提督补熙为漕运总督。

七月辛酉（二十九日），江南河道总督高斌奏：秋汛水势已定，各工平稳。又奏：遵旨酌议勘浚毛城铺迤下河道事宜。得旨：大学士嵇曾筠亦已奏到，殊为详备，朕已批令照议矣。至于先后缓急之序，则汝等现在河工，大学士已离一载，河务呼吸变迁，大学士安能远定，则又在汝等酌量，随时而不可泥者也。应具题者，仍具题可也。

八月乙酉（二十四日），工部覆准总督仓场户部右侍郎宗室塞尔赫等奏，请于京仓各处添建廒九十三座。

辛卯（三十日），直隶总督李卫覆奏勘过河道大概情形。

九月己未（二十八日），谕总理事务王大臣：据总督李卫面奏，乾隆元年直隶河工，河流循轨，工程平稳，实赖神明之佑。今年江南、河东黄运安澜，浙江海塘宁贴，前已降旨，各令致祭河海之神，以答神贶。今直隶河神，亦应一体致祭。

庚申（二十九日），兵部议覆漕运总督补熙奏：漕标两营副将、游击、都司等员，每年派催粮船，营中将备乏员，不能专心训练，致兵丁技艺多疏，须添大员弹压。请将漕标现兵一千八百余名分为三营，左营副将改为中营副将，管辖都司一员、千总二员、把总四员、外委千把四员，领马步兵七百名。左营请添设游击一员、守备一员，管辖千总一员、把总三员、外委千把四员，领兵五百五十名。右营游击一员，管辖守备一员、千总一员、把总三员、外委千把四员，领兵五百五十名，止须添设游守各一员，无庸增设粮饷，副将改给中营关防，新添游守，建立衙署。

十一月辛卯（二日），遣官祭河海之神。

壬寅（十三日），工部言：青龙湾减水坝，距河身四里余，难资分泄，请将坝基移建河滨。

是日，河南、山东河道总督白钟山议覆调任山东巡抚岳浚疏言：砖板闸税口与临清相距甚近，其税务请归并临清关征收。

乙巳（十六日），以仓场侍郎吕耀曾为户部右侍郎。詹事府詹事顺天学政崔纪为仓场侍郎。

十二月庚申（一日），工部言：江南徐州属等厅额收外解河银应改归河库道收贮。

辛未（十二日），河道总督高斌等遵旨议以南河副总河，移驻徐州府，应建衙署，查明办理。

癸酉（十四日），河东河道总督白钟山疏言：河标兵驻劄济宁，为南北水陆通衢，居民繁庶，家鲜盖藏。每至青黄不接之时，米价必昂，州民尚有常平捐积等谷，可以接济，营兵并无储积，不得不称贷贵籴。迨银饷到手，加利偿还，未免拮据。请照广东镇臣黄锡申奏定营仓积谷济兵之例，于河标生息银内，支买谷四千石，设仓存贮。责令城守营都司经管，河标副将盘查稽察。

甲戌（十五日），江南河道总督高斌等疏言：遵旨议浚毛城铺闸内洪沟、巴河、蒋沟、崖河并祝家口、潘家口，宿州境内之灰谷堆、燕子口、孟山湖、双宅子、利仁闸、乌鸦岭、谢家沟等处，约需银二十万两，俟今冬水涸之日兴工。

是年，议定淮扬运河添建运口闸坝事宜。（《续行水金鉴·河渠纪文》）

## 乾隆二年（1737）

正月戊午（二十九日），江南河道总督高斌奏：挑浚毛城铺迤下河道，原为萧、宿、灵、虹等州县水患计，与上下河湖宣泄机宜，全无关碍。臣奉到部文，据晏斯盛、孙濩孙、王安国等连章条奏，极陈利害，行令会勘确议。

是日，南河副总河兼都察院副都御史德尔敏奏：请于清口以里，湖水出口之处，加以关键，启闭由人。

二月壬戌（四日），工部议覆河东河道总督白钟山疏请修筑黄河南岸虞城县汛王家楼迤西彭家集一带堤埽。

丙子（十八日），工部议覆直隶河道总督刘勷疏称：北运河筐儿港南坝台，出水雁翅堤工苇朽，应改建草坝一百二十四丈。又西岸杨村北头庙前，东岸卧佛寺后身，应改建草坝一百四十二丈七尺五寸。又北头庙前排桩迤南一带老岸塌陷，应接建草工一百七十七丈九尺五寸，估银一万一千六百两有奇。

戊寅（二十日），工部议江南总河高斌等覆奏：洪泽湖之清口，现在深通，毋庸另为开辟，查洪泽湖口。原以汕刷黄流，前据御史夏之芳，主事孙濩孙，俱以近来黄水倒灌，涨入洪泽湖口。堰外余地，俱淤成坦坡。不但湖水出口无力，并湖内受水之地，亦渐狭隘。虽据称海口果系深通，而上流壅滞，下流未必疏畅。其如何开辟深广之处，应会同督、抚、河、漕诸臣妥议。

戊子（三十日），工部议准江南河道总督高斌疏请，拆修高堰山圩一带石堤，以御汛水。

四月戊寅（二十日），户部议准直隶总督李卫疏，请将雍正十三年分兴工代赈案内，修筑运河两岸堤埝之故城、交河、吴桥、清河、青县、沧州、南皮并景州、东光等九州县堆压地亩。应征银米，均自乾隆元年为始，照数豁免。从之。

丁亥（二十九日），王大臣议覆，前据给事中马宏琦奏请，通仓旧存稜米，运至天津北仓，赈济平粜。经臣等以天津北仓，已令李卫酌量截留新漕备用。其附近通州各州县，除存仓米谷麦石外，有无再需米石接济，令李卫查明地方情形，速行妥议。今据李卫奏称，将来若需赈济，原拟京之西南各属截漕，于天津拨运。京之东北，附近通州者，应于临期仍在通仓领运。既有通仓米石接济，则截漕之数，可以量减。除天津北仓应留漕米，现在酌核另疏题明办理。其通仓之米，俟将来需放时，酌量就近拨运应用。查需用赈米，原属预为筹画，其动拨领运，自应临时酌办，应如李卫所奏。通仓之米，俟将来需放时，约计除附海州县拨运若干，即一面具题，一面移咨仓场，将七八成稜米，令州县就近承领，再委大员督同盘收，分运应用。

六月辛未（十四日），禁偷放运河水源。所当稽查严禁者，著北直、河南督抚速行办理，务使卫水涓滴不致旁泄。

丙戌（二十九日），户部议准山东巡抚法敏疏报，德州、德州卫、临清、恩县、夏津、武城六州县卫，黄、运二河堤压柳占地亩，共十四顷五十三亩有奇。又东平、东阿、阳谷、东平守御所、单县、曹县、聊城、堂邑、博平等九州县所，堤压地亩共一百二十九顷三十六亩有奇，俱系确查，碍难耕种。所有旧征银米，请自乾隆元年为始，一体豁除。

七月癸卯（十七日），将直隶清河、故城二县河道归山东下河通判管辖。

壬子（二十六日），工部议覆江南河道总督高斌疏：请山阳县真武庙堤南加帮堤四百七十丈，阜宁县童家营、虑铺二处添筑越堤一千三百五十丈，安东县苏家港添筑越堤六百丈，望家马头、丁塘沟二处加帮堤一千四百五十丈，高邮州、甘泉县一带运河西堤年久石工倒卸，应行补修，长二百四十八丈。以上勘估物料夫工银三万五千二百两，动支河库银两，分给攒修。

八月丙子（二十日），罢直隶河道总督刘勷任，以协办吏部尚书事务顾琮署理。

九月辛丑（六日），工部议覆漕运总督补熙疏，言：漕运议单内开，漕船载米，不得过四百石，入水不得过六捺，遂相沿河水以三尺五寸为度，嗣于雍正二年定议。

江西、湖广粮船远涉长江，造船以十丈为率，载米一千石有余，入水八捺，非得四尺，难以济运。而该管河员，仍执三尺五寸之例。每遇水涸之年，辄以尺寸已足，不肯加力疏浚，以致船运浅阻。请嗣后闸河之水，以四尺为度，令沿河官弁，实力遵行。

乙卯（十日），河东河道总督白钟山、山东巡抚法敏奏：山东省汶上县南旺地方，较南北独为高亢，古称“水脊”，汶水至此南北分流，以济漕运，故又名“分水口”，为山东省全河枢机。因请修葺禹王庙、分水龙王庙、前明工部尚书宋礼祠等，以肃祀典。得旨允行。

是日，山东兖州镇总兵李建功奏：奉到漳河神庙御书“福佑通漕”匾字一幅，敬谨摹刻，择日悬挂致祭，以答神庥。奏入。

闰九月丁丑（二十二日），加山东河工料价。

癸未（二十八日），总理事务王大臣议查勘水道之户部侍郎赵殿最等奏：查天津一带运河，河工乏员管辖。请于张家湾添设漕运通判一员专司疏浚。

十月丙戌（二日），户部等部议覆仓场侍郎宗室塞尔赫等疏，报温州卫前帮船粮、济宁卫左帮奉拨粮米，各在内河遭风漂没。应照例追赔议处。

丁酉（十三日），以浚运河暂免淮关米豆等税。

癸丑（十九日），江南河道总督高斌奏疏浚毛城铺迤下河道。

十一月己巳（十六日），户部等部议覆大学士管浙江总督嵇曾筠等：遵旨会议浙江额征南秋等米，各属征输不一。杭、嘉、湖三府属南米，向系春征四分，请照浙江省之例，将南米随同漕米，于十月起一并统征分解。

癸酉（二十日），谕署直隶河道总督顾琮：养廉四千两，稍不敷用，现在副总河已经裁缺，所有养廉银二千两，著一并赏给。

癸未（三十日），江南河道总督高斌等奏请挑浚扬州府湾头闸至泰州一带河道。同日，河东河道总督白钟山奏运河应修闸坝各工，酌议分别缓急，次第办理缘由。

十二月辛亥（二十八日），命加徐州府属河工料价。

癸丑（三十日），江南河道总督高斌奏办理挑浚淮扬运河工程事宜。

是日，大学士管浙江总督嵇曾筠奏：起运截留浙江省本年漕粮十万石，交与闽省积贮。

是日，河东河道总督白钟山奏报防护挑浚黄、运两河事宜。

是日，河东河道总督白钟山奏：清查山东省州县额征河夫工食闰余银两，请改解河库，以厘积弊。

## 乾隆三年（1738）

正月癸酉（二十日），谕朱藻：著补授直隶河道总督，仍著顾琮一同办理河道事务。

壬午（二十九日），两江总督那苏图奏：上年徒阳运河，大挑届期，经题准兴工在案。查去冬雨雪连绵，现在河水深通，运无阻滞。除勘明浅窄处，分段捞浚外，余概停工，以节国帑。再，丹阳越河及九曲等河，俱系通潮济运，以资灌注之要港，久经淤塞，急宜开浚深通。闸座亦应拆造，已饬令确估挑修，俾附近贫民，并得就工食力。

二月戊戌（十六日），设巡漕御史四员，分驻淮安、济宁、天津、通州。

丙午（二十四日），江南河道总督高斌奏报，挑浚淮扬运河告竣。

是月，行文山东抚、河两臣，遇闸河水浅难行处，先期酌备起剥小船，待粮船一到即行剥载，以免迟滞。

三月戊辰（十六日），命疏浚东便门北护城河道，以利漕运。

甲戌（二十二日），挑浚德州哨马营支河，堵筑陈公堤缺口。

四月戊子（六日），直隶总督李卫奏：沧州、青县挑挖砖河等处河道，所占军民田亩，请给还地价，其有地户急公，已纳钱粮者，亦按年照数发还。

甲辰（二十二日），户部议覆仓场侍郎宗室塞尔赫疏请，土坝运米抵通之车户，每一石掣欠一升者，准其照六钱七钱之例，买余米抵补。若再多欠，则照每石一两四钱之例，著落车户家产变赔。

辛亥（二十九日），河东河道总督白钟山奏：济宁河标兵丁，向无积储仓粮，每岁青黄不接之时，兵食艰苦。即咨部将库存生息余银，买谷收贮，春借秋还，免其加息。今又届其时，曾咨部将存贮价银，按名借给，定限夏秋二季缴还。

五月己未（八日），直隶河道总督朱藻奏：直隶河兵，照江南例，改为战二守八，使出力之桩手，得食战饷。

庚申（九日），工部议准河南山东河道总督白钟山疏，言：聊城白家洼迤北运河东岸，博平县属三教堂地方，旧有减水闸三座，年久废弃，请将第二闸照旧修建，足资宣泄，淤填支河，挑浚深通，俾水泄入马颊河，则下游之水，有所归束。

六月己亥（十八日），大学士鄂尔泰等遵旨议奏：参领鄂托奏，各仓米斛，恐渐缩小，请制铁斛为式。应令仓场依制制造铁斛，给发各仓。至开仓之日，应请派委旗员，由监督处领取米样。如有不堪米色，准其详明本旗都统具奏。

庚戌（二十九日），河东河道总督白钟山奏：运河堤岸，粮艘往来，藉以纤挽，濒河居民田庐，以资障护。其闸河自峄县台庄至临清板闸纤道八百余里，内有聊城、堂邑、博平、鱼台等县，应行修筑工段，请动项修筑。

八月丁未（二十七日），工部议覆河南山东河道总督白钟山奏称：山东省馆陶、临清二处，前经户部侍郎赵殿最奏请立一水则，以验浅深。查卫河水势，惟在相机启闭，水则可不必立。嗣后如遇雨水调匀之年，请将百泉等处渠闸，照旧官民分用。

倘值河水浅涩，即将民渠民闸，酌量暂闭，以利漕运。或河水充畅，漕艘早过，官渠官闸，亦可酌量下板，以灌民田。

己酉（二十九日），河南山东河道总督白钟山奏：镇江一府，为南北水路咽喉，城外运河，每多拥挤之患。查镇郡向有城河，可资利济，近因沙土淤积，舟楫不通。又泰州境内之富安等五场、灶河一道，亦久淤塞，均应开挑。现在被灾各属，兴工寓赈，疏浚两处河道。俾商民灾黎，得以并沾惠济。

九月庚申（十一日），谕：向例漕运进京，俱派御史前往山东、江南巡视稽查，今年十一月山东挑浚运河，必须过完回空粮艘，方可兴工。著都察院堂官，即将派往济宁查漕之御史，先行带领引见，即令前往山东，督押回空尾帮。出山东境后，即驻扎济宁，协同河道总督白钟山，料理筑坝挑河事务。

癸丑（二十四日），谕：天津地方居九河下游，今年河淀诸水稍大，雨水较多，田禾被淹，比他处为重。目今现在查赈，闻有司奉行不善，所查者多系有地之家，而无业穷民，转致嗷嗷待哺。以朕所闻如此，著总督李卫，留心确查，严饬地方官妥协办理。务令被水之户口及无业之贫民，均沾恩泽，不致失所。

十月丙申（五日），谕：今年南河水势甚大，河道总督高斌，督率河员防范得宜，秋汛已过，工程平稳，甚属可嘉。

乙巳（十四日），调户部左侍郎吕耀曾为仓场侍郎。

十一月戊辰（二十日），截河南、山东漕粮十万石，留贮津仓，续赈平粜。

乙亥（二十七日），河东河道总督白钟山奏：河东管河佐杂，除兼管地方之郑州州判等六员、属河东而实隶江南之沛县管河主簿等三员，均有养廉外，其余八十五员，未设养廉。请照江南河员之例，每员酌给银六十两。

是日，两江总督那苏图奏：京口徒阳一带运河，本年冬月应补行大挑。而苏、松、常、镇各属，今岁被灾，正资米谷接济，必须船只通行。若筑坝大挑，阻截河路，殊为未便，请仍行停止，委河员测量浅涩之处，分段涝浚。得旨：所见甚是。知道了。

十二月丁未（二十九日），漕运总督托时奏请定逃丁刺字之法，以杜革运复充，贻误漕粮。

是日，两江总督那苏图等奏：徒阳运河本应今年大挑，前因苏、松、常、镇等府歉收，正资商米接济，未便筑坝阻截，奏明分段捞浚。目下丹阳一带，久无雨雪，河水甚浅，舟楫难行。阳湖、横林等处亦有浅涩，应请一并挑挖。

## 乾隆四年（1739）

正月丁丑（三十日），江南河道总督高斌奏：运河自上年十二月，全清入运，上游日见宽深，下游并无淤塞。

是日，漕运总督托时奏：丹阳、丹徒、仪征等县，开河筑坝，请将苏、松、常、镇、泰五府州粮艘展限一月。江、广两省粮艘展限半月。

二月己丑（十二日），定湖南省随帮千总给与养廉之例，每员每岁给银二十四两。

壬辰（十五日），户部议奏：京通各仓，经和亲王等清查，其京仓亏缺之数，因向来查仓交代，讹用算书二五之法丈算，俱有赢余，今已报作正项扣抵，数实相符。通仓米石将赢余扣抵，尚缺三十七万石，既系讹用算法所致，又不能责之历年前任，分别著赔，应请豁免。至现在存仓，俱系实数，嗣后稍有亏缺，即著落现任官分赔。从之。

乙未（十八日），江西巡抚岳浚议奏：江、广向有随漕带运之例。江省漕船，载多身重，难再加装，若雇民船另行，旗丁又难兼顾。且江省民船，不谙北河水道，仍须逐段更换，一路水脚费重，到京价昂，无益平粜。请照广省例停止。

丙午（二十九日），清口于明成化间立庙祀张将军祥，寻赐神号曰“彰灵卫漕之神”。

是日，两江总督那苏图奏：挑浚淮扬河道，兴建海口坝闸。

是日，江南河道总督高斌奏：运河水势日旺，浮淤洗刷，重漕可以直达。而清口湖水畅行，数遇东北大风，黄流并无倒灌。上年中外所传，运口改坏，春月重漕必误之语，自属子虚。恐嫌怨渐生，不能尽职。请于夏初漕艘全数渡黄之后，另简贤臣，以副总河重任。

三月丁卯（二十一日），户部议准河南巡抚尹会一疏，称豫省黄河以南之三十一州县，征运漕粮，道远费繁。请将随漕征收之一五耗米，除津贴旗丁外，留为兑漕杂费。从之。

癸酉（二十七日），裁太仓州七浦闸闸官归水利通判，镇洋县吴淞、天妃二闸闸官归甘草司巡检，昭文县白茆、徐六泾二闸闸官，归白茆司巡检管辖。

丙子（三十日），江南河道总督高斌奏，桃汛各工平稳，运道通利。

四月壬午（六日），工部等部议准河南山东河道总督白钟山奏：山东省蜀山、马场等湖为储水济运要区，查蜀山湖东面，马场湖北面，向未筑有圈堤，奉部俟水涸兴修。但地洼积水，若俟水消估筑，未免稽迟。今择水深处，略加开拓，绕湾避水，于地势稍高岸，补筑新堤，与旧堤相接。

辛丑（二十五日），工部言：北运河之李家庄等处堤坝，工程险要，应培筑高厚。

五月丙午（一日），户部议准漕运总督托时疏称：遵奉部咨，湖南、湖北旗丁，运粮抵通，或遇截留，应追应给银米，一并妥议。查各丁在次在淮，所领三修行月二耗，并津贴京脚银米，原为修船养家，及沿途回空之用。俱难议追，惟所领四耗米内之一五耗米，乃为沿途盘耗，如遇截留，应行按程追缴。嗣后两省漕粮，若在本省截留者，四耗米石，俱随正粮交收。如已出境，则按各水次计算，俱于一五耗米按程按分追缴，载入漕运议单。从之。

辛亥（六日），户部议准仓场侍郎宗室塞尔赫等奏：京通十五仓满汉监督共三十员，每员每年请酌给养廉银三百两。

丁卯（二十二日），户部议准挑浚蓟运新河。

乙亥（三十日），挑筑江南甘泉县、邵伯镇临湖引河二道，并汇流引河之菜花港、馆驿前、二郎庙、鳅口四港，及宝应县黄浦闸座。从钦差总办江南水利事务汪漋等请也。

六月辛巳（六日），户部议覆漕运总督托时疏称：乾隆元年分江淮等卫派截漕船，所有三修月粮银，应照例全支。查漕船停运截留，支给钱粮，有全支减半之别。请嗣后如米石未经受兑，照停运例，止给减半月粮，受兑开行者全给。至受兑上船，尚未开行，若何酌给之处，令该督详议具题。从之。

是日，工部议覆：直隶河道总督顾琮疏称：沧州、青县两减河，自乾隆二年估挑之后，积年停淤，拟挖水面四尺，底宽三尺，照以工代赈之例兴工，并请每年秋汛，查勘估挑。至闸下一带，尤为全河扼要，必须坚筑桩埽，方能抵御。南北两岸，应建苇坝各一座，护住堤头，以挑大溜，下接雁翅草工、再接修护堤、防风、埽由，其北岸地势更洼，应加帮半戗，坚实签筑。共估银六千九百五十一两零，拨帑兴修。从之。

甲辰（二十四日），江南河道总督高斌奏：河工平稳，曹县漫溢堤工抢护完竣，淮北连日蝗蝻俱灭。

七月甲子（十日），命增价籴粮艘余米。谕曰：今年粮艘进京，漕运总督等约束严紧，不许旗丁沿途粜卖食米耗米，留为归途出粜，以资盘费。朕思旗丁多余米石，原欲卖与民间，希图得价。若畿辅地方官出价收买，以备赈粜之用，似于公私两便。著总督孙嘉淦悉心斟酌速行，一面办理，一面奏闻。

甲戌（二十日），江南河道总督高斌奏：伏汛水势盛长，黄运湖河，普庆安澜，各工平稳。

八月甲午（二十日），兵部议覆吏科给事中马宏琦奏称：北漕御史二员，请照淮安、济宁之例给廪粮船只，庶食用有资，行走不患艰难。应如所请。驻劄天津御史，所用廪粮船只，照巡查南漕之例给与，惟驿马不给。至驻劄通州御史，无庸拨给船只，其廪给口粮，一体给与。

甲辰（三十日），将宿迁关税务归淮徐道就近管理稽征。

十一月辛未（二十八日），前任河臣靳辅、齐苏勒俱建有祠宇，永享禋祀，而嵇曾筠劳绩，实可媲美两人。著照靳辅、齐苏勒之例一体祠祀。

## 乾隆五年（1740）

二月癸未（十二日），免山东章丘、邹平、长山、新城、齐东、齐河、德州、德平、平原、德州卫、泰安、东平州、东阿、平阴、惠民、青城、阳信、海丰、商河、滨州、利津、沾化、蒲台、鱼台、济宁、嘉祥、汶上、阳谷、寿张、济宁卫、东平所、菏泽、单县、城武、曹县、定陶、钜野、郓城、濮州、范县、观城、朝城、聊城、堂邑、博平、茌平、清平、莘县、冠县、临清、馆陶、高唐、恩县、夏津、武城、东昌卫、临清卫、博兴、高苑、乐安等六十州县卫乾隆四年分水灾额赋银十三万九千七百七十三两有奇。

乙未（二十四日），添设曹仪通判一员，与原设之黄河同知、下北河同知画地分防。

丙申（二十五日），工部议准直隶河道总督顾琮等奏称：先据河东总河白钟山奏请，漳河复归故道，则卫河不致泛溢，为一劳永逸之计。将直隶元城县之和儿寨村北，原有河沟一道，饬令地方官，严禁小民，不许筑坝拦水，听其宣泄，以分水势。又自钩盘河入老黄河之处起，至海丰小泊头潮河止，凡直、东两省地方，俱请挑挖子河，务使一律深通畅流，以泄暴涨。并将临清、恩县、夏津、武城、德州一带民修堤埝，照东省官堤之例，请帑修筑。

三月庚午（二十九日），漕运总督托时奏：漕船停减在次，例给减丁一半月粮，恳恩准先给发，以恤穷丁。嗣后非灾减之年，仍照旧例办理。

四月癸巳（二十三日），吏部议准河东河道总督白钟山等奏，称：山东黄、运两河，将管河道改为通省运河道，专管运河一切蓄泄疏浚闸坝事宜，仍管河库事务。兖沂曹道改为分巡兖沂曹三府，专管黄河一切事宜。

六月甲戌（五日），户部议覆：漕运总督托时疏称：粮船沿途提溜赶帮，并打闸过坝，雇用短纤，向系每夫每里给制钱一文，用夫一名，每船给制钱一文，如一帮有十船者，每夫得钱十文，有二十船者，每夫得钱二十文，余并照此递加。请嗣后各省出运漕船，所给短纤雇价转饬该管员弁，遵照办理。

闰六月丙辰（十七日），吏部议准江南河道总督高斌疏，请里河运口内新设之通济、福兴二闸办理文案，请领俸工。有关钱粮，均需条记，各应给条记一颗。并改正闸名之清江闸，亦请换给条记。

七月戊子（二十日），工部议准江南河道总督高斌奏：黄运湖河堤工，各汛堡夫，堆积土牛，在紧要处所者固有，其闲置无益者，亦复不少。且土牛虚浮，每多塌卸，并有以旧作新，乘机浮报等弊。请嗣后调令此项堡夫，于黄河两岸堤上临河一面，改筑子堰。运河两岸，有漕船犁缆往来，易于残毁。应令于堤顶入里一面改筑子堰，每夫二十名，选拨六名，泼水夯硪。令该管汛员，查明丈尺，分别勤惰，以为赏罚。

九月甲午（二十六日），工部等部议覆河东河道总督白钟山奏称：豫、东两省，向无芦苇，专用秫秸。第芦苇为河工要料，自应设法栽植。

丙申（二十八日），谕：王鸿勋在山东河道任内，白钟山曾经保荐，朕看其人平常，是以谕令内用。后因白钟山复以伊谙练河务为言，特命前往江南，交与高斌委用试看，经高斌题补淮徐道。今览高斌参奏情由，王鸿勋平时似属才能，而临事则畏缩不前。且于朱家闸极险工程，藉词推诿，实属溺职。白钟山与王鸿勋，俱系旗人，从前之保荐，未免有庇护之意。王鸿勋著交部严察议奏。

是日，议覆漕运总督托时奏：重运粮船所有余米，并携带米石，请一概停其售卖。至文武官员，拏获之议叙，失察之处分，及丁舵盗卖，小船搬运之治罪，悉照旧例遵行。

十月癸丑（十六日），江南河道总督高斌疏称：修防物料，惟视地产。江南河工一十七厅，所以不尽用芦苇，而兼用秫秸者，实缘产地之远近，权工程之平险，酌定专用、兼用之多寡，以期固工节帑。

十一月甲戌（七日），工部议江南河道总督高斌题覆：清口、御坝、王家庄等处试行木龙挑溜。

庚寅（十三日），吏部议覆河东河道总督白钟山疏请，酌定河工效用人数，以六十员为定额。

十二月戊申（十二日），吏部议覆总办江南水利工程大理寺卿汪漋等疏，添设下河沿海河道闸官。

壬子（十六日），工部议覆直隶河道总督顾琮疏称：北运河东岸，香河等汛、牛牧屯等处缕月堤工，西岸河西务汛、庄合村后等处缕堤，以及王家务汛引河南堤，高家庄、窝北等处堤工均属卑薄残缺，应加高培厚。下坡庄临河缕堤，实为险要，应筑顺水秫秸雁翅坝工。王家务、高家庄、窝北、庞家湾、南引河河身内淤土积阻，亦请挑挖深通。

甲寅（十八日），大名府通判所管卫河堤工，现议归广大同知兼辖。

## 乾隆六年（1741）

二月丁未（十二日），以浙江按察使完颜伟为南河副总河。

是月，吏部议准河东河道总督白钟山奏：东昌府上河通判，管运河工程百七十余里，卫河一百八十余里，工长汛远，应将粮务归同知兼管，通判专司河工。

三月丁卯（二日），户部议准升任总漕托时奏覆监察御史钟衡条奏收漕法：查各省仓廒，多寡不齐，收漕难于画一。下江按照区图，派廒收纳。浙江、江西、河南、湖南不分区图，随廒收纳。江宁、湖北、山东粮多之县按照区图，粮少之县，不分区图，民皆称便。总无此廒收完，复开彼廒，致粮户拥挤守候。

甲午（二十九日），江南河道总督高斌奏：宿迁迤上运河南岸临黄处，旧设竹络坝一，与北岸骆马湖口对。议俟重运到齐，先开临黄之坝，令其屯聚支河内。仍将临黄坝紧闭，再将临运之坝开放。今其衔尾入运后，亦即随时堵闭，回空到齐，亦照此启闭，则粮船既不多涉黄河，而运河仍不受黄水之患。

六月甲辰（十一日），户部议覆仓场侍郎宗室塞尔赫奏称：京仓新旧廒共九百零二座，节年以来，粮储充盈满贮之廒，计六百八十余座放出空廒，仅二百一十余座，可贮米二百六十余万石。本年起运漕粮进京仓平米三百八十余万石，所有各仓空廒，尽数收受，尚余新粮十分之三。请将本年第四季甲米，早放半月，腾仓收贮。又通州西中南三仓，现有空廒一百七十余座，请将陆续抵通之粮，先行派进通仓。俟京仓放有空廒，再将新粮按廒运贮。

九月丙寅（四日），户部议准漕运总督常安奏称：各卫屯田，虽有老册开载，而原额顷亩，积久混淆。现在清查之际，请行八省督抚，严饬委员，务将诸弊查禁。至清查舟车纸笔之费，仍照查荒造册例，于藩库耗羡银内动支。从之。

是日，户部议覆兵部尚书班第奏称：粮船回空，各省远近不同。如湖广、江西等省，约十一月方能抵次。已届开免之期，如有事故，打造新船，购科鸠工，难以猝办。若赔造未完，即将该卫所官弁，予以处分，未免过严。

是日，工部议覆江南河道总督高斌奏称：黄河自宿迁、历桃源，至清河县二百余里。河流湍激，险工林并，非岸止缕堤一道。并无遥堤重障，又内逼运河，唇齿相依。运河南岸虽有缕堤一道，堤身亦甚卑薄。请将运河南岸缕堤，通筑高厚，即以作黄河北岸遥堤。

甲戌（十二日），户部议准漕运总督常安奏称：各帮粮船应支行月钱粮，往返稽迟。嗣后扬州卫头、仪征卫两帮，大河二、三帮，淮安卫头、二帮，泗州卫前、后帮，长淮三、四帮，应归苏松道所属一处支领，至大河卫前帮，及轮免兑淮粮之一帮，并扬州卫二、三、四帮，应归江安道给发。其江道协运苏道漕船负重银两，统归苏道放给。

己卯（十七日），工部议覆河南、山东河道总督白钟山疏称：汶上县安山湖，在运河西岸，留为泄水之处。准其令民认领垦种，仍确加丈量，分晰科则，升科承粮。

十月辛酉（三十日），本年江苏、安徽两省，漕粮减运。查回空各船水手，多系直隶、山东等处，雇觅南来，以备明岁重运之用，人数不下万余。今漕船既减，伊等无所事事，恐游闲为匪，或至流落。现令该运丁沿途豫遣回籍，其愿在南谋生者，即令在客商船雇纤受直，交州县官照常管束，实有老疾不能回籍者，照流民例资送。

十一月癸亥（二日），兵部议准河东河道总督白钟山遵议量裁各省续添兵丁：河东河标于雍正九年添兵一千名，十三年拨给兖镇五百名，又于乾隆元年裁四百三十四名，缘城守营旧设兵全系步守而无马战，是以酌请存留马兵六十六名未裁。中、左、右三营旧马兵各有一百三十余名，请将三营马兵各裁二十名。至河营兵丁，山东运河原系浅夫改兵，并非添募黄河之兵，山东省额设二百名，河南省额设一千名，原设无多，难以裁减。至此项河兵，向止守粮，乾隆二年，恩给战饷，未便议改。

戊寅（十七日），江南河道总督完颜伟奏：据高邮州知州沈光曾详称，淮水入江之路，分泄于瓜、仪、芒稻三口，而芒稻河东西二闸，最为泄水要路。往往湖水涨满，一时宣泄不畅。高邮、宝应、甘泉三邑上河民田不免淹没，请将高邮三坝酌量加高。有余之水，听其随时减去，芒稻闸亦请筑成滚坝，以减余水。

十二月戊戌（七日），谕户部：浙江今年截留漕粮十万石，蠲免杭、湖、二府被水灾田漕粮。

## 乾隆七年（1742）

二月丁酉（七日），工部议覆河南山东河道总督白钟山奏称：山东运河内，南旺西湖堤工，原以逼水济运。现在山东省濒河地方，年谷顺成，小民足食，无藉佣工，反以为苦。且运河水已富有，漕船往来迅速，若能以时节宣，可无阻滞之患。此项工程，不特重劳民力，抑且虚费帑金，应请停止。俟水旱不齐之年，资工代赈。再令河抚二臣，会勘估题。

四月庚戌（二十一日），工部议准直隶总督高斌疏报：南运河纤道窄狭，急需开拓。天津、静海、青县、沧州、交城、东光、吴桥、故城等八府州县，民居危险，愿得价拆移。

戊午（二十九日），江南河道总督完颜伟奏：洪泽湖水盛涨，现拆宽蓄清坝口门十余丈，使豫由清口宣泄入海。

五月戊辰（十日），吏部议覆河东河道总督白钟山疏称：河东新设之河北道怀庆府黄河同知、开封府南北两岸同知，仪曹、仪考通判，祥符县主簿，祥陈、兰阳巡检，武陟县沁河主簿，管泉通判，又豫省河营守备二员，千总、把总各四员，山东省河营守备、千总、把总各一员等缺，或专辖河工，或兼顾运务，均关紧要，应照旧设立。

辛未（十三日），户部议准直隶总督高斌疏称：滇省解京铜筋，向来长运官抵通，交铜务监督，秤收转运，即回滇报销。另有委官在通，守掣批回。今既令长运官管解进局，抵通时，又经坐粮厅点验，派经纪转运。所有铜务监督，及云南委官，应并裁彻撤。

壬申（十四日），免江南沛县昭阳湖乾隆六年水沉田亩额征银三千二百六十八两有奇，米一千二百一十八石有奇，麦三百三十六石有奇。

丙子（十八日），漕运总督顾琮奏，本年粮艘过淮，因去冬回空到次较迟，是以本年兑足开行。

辛巳（二十三日），议覆钦差侍郎周学健、调任两江总督那苏图、安徽巡抚张楷奏称，查洪泽一湖，居安、汴二河之下游，为淮水五湖之壑，藉以敌黄济运。必须中泓深广，去路通畅，而后容泄得宜，不致泛溢。查湖之西北一带，底渐淤高，且全湖之水，全藉清口上流张福、裴家场、三岔、三引河分泄，而河面只宽数丈及一二十丈不等，是容泄之路皆隘也。倘遇夏秋，淮黄并涨，聚七十二山河之水，全势奔注，万一不能容纳，下游一带堤工，难保无冲漫之患，应行令江南总河，会同该督抚相度机宜，设法疏浚，使水分减。

丁亥（二十九日），户部议覆漕运总督顾琮疏称：漕船成造，各有定额。若额内减少，固虑装运不敷，额外加增，徒致虚糜料价。查浙省之台前等三帮船只，因减存年久，历将应兑漕粮，分洒通帮装运，并无挂欠负重之虞，可议长减。

六月甲午（七日），谕：朕闻今年交仓漕粮，江南泗州、滁州二处米色不好，令查看。

七月癸酉（十六日），谕：据德沛奏，扬州府通判刘永钥等禀称，高邮邵伯一带湖河，水势加长。已将芒稻闸、董家沟开放以资利导，乃有湖西乡民数十人，赴邵伯工次，求开奉旨永闭之昭关坝，以保田禾，永钥等谕令散去。

是日，工部议准尚书韩光基奏称：一切修浚河工，先将做法及工段丈尺物料细数，估计造册送部，工完核实报销者，原以杜工程浮冒之端。粮艘随到，如遇水浅处所，一面呈报，一面募夫挑挖。

丙戌（二十九日），总督仓场侍郎宗室塞尔赫等奏：绍兴前后两帮，沿途起剥，耗费过多，请照例每船借支银八两，以资回空。

是日，古沟湖水冲决，高邮、邵伯、兴化、盐城俱被水患，现在设法宣泄，加意抚恤。

是日，漕运总督顾琮奏：江广帮船，抵通稍迟，现在节节催攒，起卸回空。

是日，江南河道总督完颜伟奏报：洪泽湖水势渐退，高邮邵伯湖水宣泄。又奏报：黄河水势渐消，洪泽湖水加长已定，各工抢护平稳情形。

八月己丑（三日），大学士会同漕运总督顾琮议奏：截留漕船，定例扣追钱粮，旗丁不无拮据。应酌量加给，使丁力宽裕。除截留蓟州、易州，照抵通例，各项准全给外，其余已兑开行者。其在次费用，议将山东、河南二省，每船酌给银五十两。江南、浙江二省，每船酌给银六十两，江西、湖广二省帮船，程途皆远于江浙。而江西船装载正粮，较多于湖广。应将湖广帮，每船酌给七十两，江西帮每船酌给九十两，以敷旗丁各项用度。

壬辰（六日），谕：前据漕运总督顾琮奏称，江西南昌等帮，江南兴武、扬州等帮运丁力量艰难，共借银七千八百余两以为归途之用。已加恩赏给，免其扣还。

癸巳（七日），谕：前因京仓漕粮有一二处米色甚属恶劣，且有搀和草根沙土者，是以派委户部堂官等细加验看。

甲辰（十八日），兵部议准巡漕御史武柱奏称：各省漕船，由长江数千里之远运至天津，距通止三百余里，复因三岔河口里许之险，而损伤船只，缺欠漕粮，真属功亏一篑。敕下天津镇臣及天津河道，每日拨兵二十名，派千总一员，前往轮班助力，俾重运安行，不致损坏。

壬子（二十六日），谕：京仓建盖收贮席板房屋一案，各仓奏请动用钱粮数目不一，房间亦多寡不齐。尔部可再行详加查勘，如必须建盖，酌量足敷收贮，画一办理。倘有不必建盖者，即无庸建盖。

九月丁巳（一日），谕大学士等：江南淮、徐、凤、颍等处，今年被水甚重，民人困苦。查山东德州、临清两处，有截留漕米共十万石，原以备山东、直隶缓急之用者，今两省秋成丰稔，无需米粮接济，拨运三十万石，并淮徐等处现存谷二十四万石，为平粜赈恤之用。

是日，户部议准云南巡抚张允随疏称：运铜船只，若用头号大船，尽量装载，未免转掉不灵，十损二三。查有秃尾中船，较大船平稳，八分装载，可以无虞。应令各运官，会同地方官雇募，运官水手，不得夹带米石货物。

己未（三日），工部议准江南河道总督完颜伟疏称：清河县运口惠济大闸，为淮扬运河门户，应动帑兴修。

乙酉（二十九日），江南河道总督完颜伟奏：秋汛已过，湖河水势消退，高邮、邵伯各坝堵闭完竣。

是日，山东巡抚晏斯盛奏：黄河水长，由江南之铜山、沛县，溢入山东省湖河，以致峄县、鱼台均被水淹。

十月庚寅（五日），江南河道总督完颜伟疏报：秋汛过后，湖河水势渐消，并高邮、邵伯各坝工程完竣。

乙卯（三十日），钦差直隶总督高斌、江南河道总督完颜伟、河东河道总督白钟山奏：石林口漫水，现由微山湖导入运河，俱系清水，不致淤运。

## 乾隆八年（1743）

正月乙亥（二十日），以盛京刑部侍郎觉罗吴拜为仓场侍郎，调仓场侍郎宗室塞尔赫为内阁学士兼礼部侍郎。

甲申（二十九日），漕运总督顾琮奏陈催攒漕运事宜：一、运河一带纤道已委员查有残缺，速为接修。二、黄河至台庄及临清以北与直隶交界处所。除添设浮汛外，复派臣标千把外委，分头催攒。遇汛员缺少之处，即令暂驻接催。三、粮船抵通，起卸挂欠，多由旗丁沿途盗卖，现饬员弁严查，其有查出者，即照例奖赏。四、江广粮船，多于长江逗遛，年内已檄各营汛催攒。今复移咨督臣德沛，委员查催。五、各省佥报副丁，每多需索佥贫，现饬各粮道，遇有事故副丁，令正丁于户内选择保送。备弁验看出结，不令备弁自行佥派。六、淮安向有漕蠹积棍，需索各帮册费，上年酌定册式，刊发渡江各帮，令其仿造。于抵盘粮厅时，自行呈投，今年仍照上例，并密访积棍诈索，以除积弊。

二月庚戌（二十六日），工部议准署直隶总督史贻直疏称：青县李家镇运河东岸，因上游淤嘴突出，挑溜西射，回冲东岸，河崖渐坍。应将东岸淤嘴，裁切顺流，西岸添建挑水草坝，接修雁翅，以为保护。

甲寅（三十日），江南河道总督白钟山、巡视南漕御史金溶奏：南旺大坝，向例俟南漕已抵台庄，始行开放，舟楫通行。今临清板闸外，有河南拨运江南赈米船一百八十余只，继有山东省碾运临、济二处仓谷十万石，截留漕米五万石，均须运往江南充赈。

是日，漕运总督顾琮、巡视南漕御史宗室都隆额奏：上年两江被灾，截漕济赈，被灾军丁，均沾赈恤。冬春雪泽过大，柴薪昂贵，今减歇船丁，全赖一半月粮。臣酌令粮道，于被灾卫分内，查明应给之丁，先行给发。其未被灾丁船，俟题后再给。

三月丁巳（三日），工部议准调任江南河道总督完颜伟疏称：清口两岸束水大坝，因乾隆七年伏秋汛涨危险，将东坝尽拆，今急应重建原坝，收蓄济运。

闰四月丁巳（四日），户部议准仓场侍郎觉罗吴拜疏称：制斛口大边阔，易于滋弊，改用小口，一挡即平。且斛式虽改，而斛内所盛米数，原与部斛毫无亏缺。应移咨工部，照式铸造。

是日，又议准仓场侍郎觉罗吴拜疏称：大通桥排造剥船价银，准部议将赢余酌减，查剥船二十八只，每只原定价一百八十六两，今酌减去五十六两，实给价银一百三十两，共给银三千六百四十两。仍于该车户应领脚价内，分作六年扣还。

戊辰（十五日），工部议准漕运总督顾琮等疏称：徒阳运河，自乾隆三年大挑后，应至甲子年六年大挑。上年冬底，该县曾经捞浅，今春仍然浅阻。莫若即在今年大挑，嗣后仍以六年为期，将两岸陡高，无碍民居之处。照走马式，铲削坦坡，不致泥土坍陷。

五月壬辰（十日），户部议覆漕运总督顾琮疏称：巡视南漕御史二员，每年养廉共六百六十两。应以四百四十两给南漕御史，二百二十两给北漕御史，驻扎天津者一百二十两，驻扎通州者一百两。

六月戊午（七日），谕：朕前降旨，将山东运河道陈法调补安徽庐凤道。目下正当伏秋大汛，河防关系紧要，运河道有督率经理修防调剂之责，恐易生手，未免不甚谙练。陈法著暂留运河道之任，待秋汛过后，再与高越对调，各赴新任。

辛未（二十日），谕：河间、天津地方，今年雨泽愆期，米价昂贵，不得不速筹接济之道。查上年通仓存贮，有口外采买备用之粟米，著先拨十万石，运送天津。其何以分贮平粜赈恤，听总督高斌酌量办理，可即传谕仓场侍郎雇船运送，著坐粮厅恩特督运，速赴天津，至一应搬运之费，照例开销。

己卯（二十八日），工部议准直隶总督高斌奏称：南运河青县李家镇地方，逼处运河东岸，近年汛水经临，将河岸冲刷坍卸，居民房舍，危险可虞。且漕运至此转湾，并无纤道。请于东岸中摆渡百步内，添建挑水坝一座，并于南北接修雁翅。又庆云县老黄河，逼近城垣，汛水浩瀚，护城堤身单薄，请照例加培。

庚辰（二十九日），漕运总督顾琮奏漕运应办事宜：一、漕白各帮全粮到坝，恐不肖旗丁，见今年余米较多，明年所带空重食米，在次少为折乾，过淮盘验时，藉口在途食用过多。现严饬监兑经征各官，将全数兑，以凭盘验，并饬各州县，不许折乾给丁。二、江广帮船体重大，吃水过深，宜随带剥船以济运行。

是日，江南河道总督白钟山奏报秋汛内湖河各工平稳情形。

八月丁巳（七日），谕军机大臣等：前据尹继善奏称，洪泽湖水势浩瀚，全资高堰一堤束水，敌黄济运。昔年建滚水石坝三座，又建天然坝二座，非遇异涨。原不可轻于开放，今年秋汛。较之上年尚少三尺，滚水坝宣泄过水数寸。日来业已断流，高堰堤工，保护平稳。天然土坝，并未敢冒昧轻开。天然闸坐落徐州府萧县地方，系泄黄水之石闸，臣等所奏之天然坝，坐落洪泽湖山盱地方，乃泄湖水之土坝。今岁并未开放，再淮河水势情形，例应逐日呈报。将上年水势，较量大小，以备查考。其间忽长忽消，日日不同，则较量上年尺寸，亦日日互异。臣等所奏湖水较上年小三尺者，系指伏汛时之水势而言，陈大受所奏较上年小三四尺五六尺者，当系秋汛时之水势也。

十月乙卯（六日），江苏巡抚陈大受奏挑浚丹阳、丹徒运河事宜。

丁巳（八日），户部议覆漕运总督顾琮议奏漕船变通事宜：一、漕船当大造之年，遇有减歇，请将减歇之船，停造一年，则与先运之船，年限参差。将来可无需同年配造，如湖北额漕十三万石有奇，原需船一百五十九只，现奉旨截留十万石于本省，其应运京漕粮仅三万余石，内应减存九十余只，应即俟明岁配造。二、赔造之船，多因原船已出若干运，现止须补出若干运。是以造船多未坚固，请嗣后将赔造之船，接算原船已满十运。再能多出二运者，准其将船在通变卖。三、满号之船，无论坚固与否，向俱分年抽造。其中有实在坚固，可以加修者，交总漕慎加选择，令加修出运一次，准其留通变卖。

癸亥（十四日），工部议覆仓场侍郎觉罗吴拜疏称：北河挑浅，定有漕规。漕运总督顾琮奏请加挑济运。允。

十一月己丑（十日），工部议覆江南河道总督白钟山等奏称：会勘中河古浅之处甚多，向来从未兴挑，逐段测量勘估，应先将骆马湖尾闾堵闭以蓄湖水，再将杨家庄头二三坝相机接长收窄，以束水势，俾运水入黄之处。

丙午（二十七日），谕：朕闻山东河道及诸湖蓄水之处疏浚宣泄，尚未妥协。倘遇霪雨大潦，地方必遭水患。与其临事彷徨，何如先期筹画，可寄信与完颜伟、喀尔吉善，令其相度情形，凡有关疏浚宣泄之事，详悉查奏，为有备无患之计。

## 乾隆九年（1744）

二月戊辰（二十日），工部议覆直隶总督高斌疏称：沧州新添满兵二百名，连旧共五百一十一名，每岁截留漕米一万一千四百石，旧无仓廒，请建仓廒一十五间收贮。

三月癸未（五日），工部议覆江南河道总督白钟山疏称：桃清中河厅属，运河淤浅，亟宜筑坝兴挑，并将骆马湖尾闾堵闭，以蓄湖水。杨家庄各坝，相机接长收窄，以束水势。

辛卯（十三日），工部议覆河南、山东河道总督完颜伟疏称：德州黄泥湾运河汛发，请将现在河身西涯开宽数丈，捞浚深通。

四月壬戌（十五日），漕运总督顾琮奏：奉旨截留尾帮漕粮五十万石，贮天津北仓备用。

乙亥（二十八日），户部议覆仓场侍郎觉罗吴拜疏称：拨运易州漕粮，原议于天津西沽起剥，运至白沟河交卸。嗣因雇剥费繁，叠次起卸不便，议自天津直抵雄县亚谷桥转运。上年漕臣顾琮以淀河每多淤滞，粮艘不能遄行往返。请于水小之年，仍令西沽剥运，今确勘各州县所属，水程不甚相远，尚易挑挖。请于每年粮船将到之前，预行探明淤浅之处，及时挑挖。倘船身过重，于水小之年，仍需足数起剥。

五月戊寅（一日），工部议准护山东巡抚布政使乔学尹疏称：济宁、东昌、东平等卫所千总俸饷，并河兵饷米银两，有于司库各役小建银内支领者，有于工食银内支领者，有于司库地丁银内支领者，一官兵俸饷而各处支领，甚属繁杂。请照黄河官兵之例，自乾隆九年为始，在司库各该年地丁银内动支。

戊戌（二十一日），仓场侍郎觉罗吴拜等奏：漕船帮丁起欠，例不准买余米抵补。今到通凤阳等帮，起欠者甚多。缘去冬挑浚中河，展限停泊，宿迁河口等处，水势微弱，添纤加夫。一切用度繁费，且天津、河间等处被灾，许各船在途粜卖，或致浮多。请今岁起欠之丁，放本帮暨别帮食米内买补。

六月壬申（二十六日），工部议准直隶总督高斌疏称：南运河浅夫改设河兵及子牙河新设衩夫，应需俸饷等项，请于司库节年地粮银内改拨。

乙亥（二十九日），江南河道总督白钟山奏：江南河标四营，中营驻劄清江浦，左营驻劄徐州，右营驻劄宿迁县之白洋河镇。萧营驻劄萧县，额设马步战守兵丁，除各官养廉空粮外，实共二千三百四十余名，请仿照河南之例，建设营仓，贮粮借放。查道库内现有各厅扣留饭食公费一项，除解部外，俱有余剩。原属闲款，现存银二万七百六十七两，即以此项动支六千两，乘此二麦丰收。市价平减时，在附近沿河，籴买麦石，各处收贮。遇粮贵时借给各营，秋后还仓。

八月丙寅（二十二日），工部议覆尚书公讷亲等奏称：南旺一湖在运河西岸，堤列斗门以泄汶水盛涨。请将涸出湖地，令民耕种，水大时仍以受水免其输租，歉收之年亦不得请赈。所收租银即贮道库，为河工之用。

辛未（二十七日），工部议覆江南河道总督白钟山奏称：江南河工各厅，镶修工程，多用苇柴。惟徐属丰砀、铜沛二厅，地产秫秸，是以专办秫秸交工。第向来印官河厅分办，推诿迟延。应令该管河道，查明工程险易，需用多寡，于每年七月，酌定银数，分给各县印官承办，定限十月完半，年内全完，派不管河工之厅员，查验秤收。

九月辛卯（十七日），户部议覆漕运总督顾琮奏称：各省出运帮船，过淮时，扣留回空盘费银两。据巡漕御史杨二酉条奏，如给随运员弁，恐帮丁沿途私挪，徇情先给，以致回空乏费。请饬总漕，交与总押之同知通判收领。抵通日分发各帮，查同知通判，管押帮船既多，前后相隔甚远。既不便令先到之帮丁在通守候，又不便令丞倅等先行赴通散给，致后帮管理乏人。请仍交随运二弁，俟漕船抵通之日，报明坐粮厅，就便眼同散给。

癸卯（二十九日），署两江总督尹继善、江苏巡抚陈大受、署安徽巡抚准泰等奏：前奉谕旨，以江南昭阳湖水涸，蝻子化蝻成蝗，飞至山东、河南，令将捕蝗不力之地方官，查明参奏。伏查州县官绩习，一见蝗蝻生发，即图卸己责。诿之邻封，上下江与山东、河南接壤，或因彼此驱除，以致避入邻境。现各属禀报，飞蝗自北而南者亦多，臣等俱严加申饬，毋许互相推诿。

是日，江南河道总督白钟山奏报：秋汛安澜，黄运江湖，一切堤埽土石工程均属平稳，皆赖皇上至诚昭格，河神默佑之效。

十月丙辰（二十三日），江南昭阳湖等处，蝻子萌生。该地方官不能及时捕治，飞入山东、河南邻近地方，为害禾稼。

十一月庚辰（七日），谕：据刘于义、高斌奏称，直隶现在兴修水利，天津道所属河道甚多，必得该道亲身督查，始克有济。

癸卯（三十日），工部议覆江南河道总督白钟山等疏称：徐、扬二道所属各厅，办运杨桩。按照豫省桩规，分别围圆丈尺，并查明各厅，相距豫省产杨各府县，程途里数，酌定木价运费。自乾隆乙丑年为始，于岁抢估销册内，据实造报长为定例。应如所请。从之。

十二月癸亥（二十日），工部议覆漕运总督顾琮奏称：北运河捞浅，请照子牙河下游，用垡船挖沙之法，将所挖淤沙运至堤畔，动用旗丁红剥银两，排造垡船二百只，添设衩夫六百名。

## 乾隆十年（1745）

正月辛丑（二十九日），漕运总督顾琮奏：漕船除原题大帮饭食银六两，小帮四两，及照依部例造船饭食银六两，留为书吏雇觅贴写饭食等费，其余年规土宜，一切名色，尽皆革除，并通饬各粮道，一体查禁。

二月甲子（二十二日），漕运总督顾琮奏：江省漕船，如江淮卫之三六七八等帮、兴武卫之三四六七八等帮、淮安卫之二五等帮、庐州卫之二三等帮、大河卫之三帮、扬州卫之头帮、镇海泗州卫之前后两帮水次甚远，最为疲乏。又江淮卫之九帮、兴武卫之头九两帮、凤常卫之中帮、大河卫之二帮水次不远，而疲刁相埒。部推之弁，多未谙练，请改为繁缺，于通漕千总内选补。

是月，署两江总督尹继善、江南河道总督白钟山奏：修理湖河各工，需员甚众，所有河工厅汛及效力人员，数既不敷，亦难兼顾。查从前水利案内效力人员，多系办过下河工程。臣等公同拣选，取熟悉各段情形者，一体委任。

三月壬寅（三十日），巡察山东漕运御史沈廷芳奏：微山湖之郗山、马令、吴家桥各段土堤，请一律改建石工。

四月癸卯（一日），钦差协办大学士吏部尚书刘于义、直隶总督高斌奏：查勘各县河道闸座工程，挑浚修筑，业经饬属，因地制宜，妥为筹办。

丁未（五日），议覆漕运总督顾琮疏称：扬州卫二帮，量存船二十四只，应行裁汰。应如所请。至称江南之兴武卫三七两帮、江淮卫八帮，素称疲敝，无丁可佥。请将江、兴二卫贫疲丁船裁减，即以扬卫应减之船抵补。出运之处，有无未便，应令该督顾琮会同江督确查妥议。

五月丁酉（二十六日），户部议覆直隶总督高斌疏称：乾隆九年，天津北仓，截留南漕五十万石，原备荒歉之需。今各属丰收，仓廒临水，易致霉变，应早为变通。请将每岁易州供应陵糈，并沧州驻防，天津水师营兵米应需正耗，共米七万五千九百四十四石六斗，均在北仓存贮漕米内供支。此项漕粮拨完时，仍旧照例分项，预请截留南漕支放。

六月甲子（二十三日），直隶总督高斌奏：请于到通未入仓米内，拨发二万石，运赴密云古北等处，预备圣驾出口需用。

庚午（二十九日），江南河道总督白钟山奏：黄运湖河水势长发，及各处工程，修护平稳情形。

七月壬午（十二日），户部议覆山东巡漕御史沈廷芳条奏漕务四款：一、除佥丁包运之弊。二、定卫缺铨选之法。三、押运领运员弁，铸给关防。四、停运随帮千总，支给廪工。

八月癸卯（四日），兵部议覆漕运总督顾琮奏称：向例漕船过淮逾限者，将运弁等议以责革。

十月壬戌（二十四日），户部议准漕运总督顾琮疏称：临清河南后等帮，起运八年分漕粮，截留天津等处，所有已支行月盘耗等项银，应按程扣追，请照山东之例，分三年扣还。

十一月己巳（二日），河南巡抚硕色覆奏采运黑豆情形：豫属祥符、中牟、阳武、封丘、汲县、新乡、辉县、获嘉、原武等九县，豆价既平，兼近水次，合计买运价费，到京在一两以内。现分派各该县，令共买豆四万石。但办齐时，正值河冻难运，查本年豫省漕粮项下，有黑豆九万九千三百余石，来春抵通，足资动拨。此项采买豆石，统限十一月内采办，运赴水次收贮。来岁春融，委员押运，令于三月抵通，兑交仓场侍郎，代收转运。

戊寅（十一日），户部议准漕运总督顾琮疏称：派兑江宁府属漕粮之江淮九帮、兴武二帮，内有船六十三只，应兑句容、六合漕粮。与在上元、江宁兑漕之船，每年不能一同开行。运随各官，势难兼顾。请嗣后轮年派兑，如江淮九帮，轮兑句六，漕粮之年，缺船三只如数拨兴武二帮额船，归江淮九帮受兑，即属江淮九帮随运官管押。兴武二帮，轮兑之年，缺船十一只，亦照江淮九帮例，拨兑管押。

是日，议准顾琮疏称：淮安四帮水次，原在宿迁之皂河，距夏镇，视大河卫前帮较近。今淮安四帮，调兑赣邑漕粮，竟令该帮于回空时，留八船住泊夏镇。俟该帮全帮，重运兑竣。开行到镇日，交兑归帮。

丁酉（三十日），两江总督尹继善等奏：查邳、宿一带河道，徐塘口以上五十余里，曾建河清、河定、河成三闸。徐塘口以下，至十字河百里，并无关拦。自应于马庄集、曹家店二处各添建石闸一座，就滩开河，承接河清等三闸，递相启闭，收蓄水势。并将骆马湖口门，改从车头地方，建闸挑渠，导湖入运。前河督齐苏勒另开新河，留旧河为囊沙之地，年久，积沙渐漾新河。应将旧河停沙，量加挑挖，无使递漾新河，淤塞运道。

## 乾隆十一年（1746）

正月辛卯（二十四日），谕：去年上下江被灾州县，加恩赈恤，并截留漕米以资接济。

丙申（二十九日），两江总督尹继善等议覆漕运总督顾琮奏称：黄河北岸苏家山迤西一带民筑土堰，尽行撤去，以泄盛涨，免致徐州上下受险。

二月辛丑（五日），谕军机大臣等：漕运关系紧要，回空粮艘，俱有一定限期，不得稍有迟误。

甲辰（八日），户部议覆漕运总督顾琮疏称，凤阳中卫二帮旗丁钮张美，装运宜兴县乾隆十年起运漕粮正耗平米六百三十三石三斗八升，五米三十一石六斗六升，于乾隆十年二月初八日行至清河县黄河中流，陡遇暴风，板片米石，尽行漂没。查无捏饰，请予豁免。从之。

乙巳（九日），谕：停运漕船，例给一半月粮，以资苦盖。

三月戊辰（二日），谕准漕运总督顾琮疏称：各省漕白粮船，（过）淮放行月钱粮。奉部议：此项银两，例应粮道亲带赴淮，于各帮过淮时，照数给发，不得仍交弁丁领解。查各省粮道，所押帮船，多少远近不同，兑开迟早不一，必俟最后之帮开竣，方得赴帮督察。且各帮过江后，每有别省帮船间杂行走，稽查督攒，往来靡定。若将淮放银两，饬令带解先期到淮，恐后进各帮，无员约束。若令攒押后帮，则首进之帮，又难免守候领银之累。应请仍令粮道兑准，封给领运千总解淮，俟过淮时呈验散给。从之。

庚午（四日），工部议准署两淮盐政吉庆疏请：三汊河道袤延六十余里，深浅不一，有水势过浅应挑浚者；有水势略浅，止须捞浚者。共二十六段，长三千五百五十丈，俱应及时通浚。从之。

戊寅（十二日），直隶河道总督高斌奏称：查办直属水利工程，应乘春融兴举各事宜。一、天津塌河淀之东，有旧河形一道，至宁河县七里海，长三十余里。七里海之东，亦有河形一道，长十九里余，直达蓟运河，应一并开挖，引流归海。二、津城东北一带沥水，由高家嘴，经宜兴浦、燕家口、贾家口入于海河，年久淤塞，请就旧有河形开挖。三、静海县芦北口一带，地势低洼，雨多苦潦，土性斥卤，干旱又苦无水。请于芦北口，接挑河渠，庶村庄沥水，俱有去路。四、南运河捷地汛，宜改挑引河，以免减坝分溜过多之患。

戊子（二十二日），大学士等议覆江南总督尹继善等奏称：上下两江河道，应行疏浚改挑，并堆筑子堰，修补缺堤，酌建涵洞桥梁。

闰三月庚子（四日），谕：据高斌、尹继善查奏，杨开鼎参奏白钟山各款内，任意驳减，需索供应，俱无实在证据。白钟山先事之绸缪，临事之措画，以及善后之机宜，略无一当。白钟山著解任来京，交部严加议处。其总河印务，著顾琮速往署理。顾琮未到任之先，著高斌暂行管理。俟顾琮到任，将诸务面加讲论明晰，交伊妥办。顾琮不必押运北上，其总漕印务，著刘统勋前往署理。

是日，钦差协办大学士吏部尚书高斌奏：查勘陈家浦漫口情形，河臣白钟山办理错误，以致堤被冲溃。复任其坍塌至二百余丈，直俟内地淤高，河溜自回。方兴工圈堤八百余丈，又筑遥越堤一道，工长一千六百余丈，费银九千余两，殊属无益。所有虚费钱粮，俱著白钟山赔补。

壬寅（六日），漕运总督顾琮奏报米麦价平，民间安贴情形。

庚申（二十四日），谕军机大臣等：直隶总督那苏图奏请拨运通仓粟米十万石，以备宣属仓储，豫筹接济，朕已降旨允行。但此项米粮，原为预备秋成以后之用，可以从容办理。务须慎选干员，酌量陆续挽运，不可如上年办理未善，以致车辆短少，价值昂贵，于商民又有未便。

四月戊辰（三日），工部议准协办大学士吏部尚书兼管直隶河道总督高斌疏称：通州、张家湾二处，于水利案内，新建板坝要工，必须专员经管。

丁丑（十二日），谕曰：白钟山身任总河，乃怠玩河工，匿灾不报，已经降旨革职。但伊系河员出身，于工程尚为谙练。著发往江南，交与尹继善、顾琮，于现议修工程内，择要紧之处，派伊管理监修，不令出赀，亦不必给与养廉。如伊实心效力，俟四五年后，酌量以同知题补。

壬午（十七日），谕军机大臣等：据张广泗奏称，开修河道工价，原估银四万七千余两，约以三年运铅脚价节省银两补还，不必另动帑项。今河工已竣，用过银三万八千余两，较之原估节省将及万金。所有开河工费，只须二年，即可补苴还项。

是日，协办大学士吏部尚书高斌奏：乾隆八年，详筹河工案内议准，邵伯以南，金湾滚坝之下，东西湾地方，添建滚坝二座，坝下挑浚引河。

乙酉（二十日），豁免江苏沛县昭阳湖水沉民赋田地漕等项银三千二百六十两有奇，米一千二百一十八石有奇，麦二百三十六石有奇，又湖地租银一千二百七十两有奇，又麻地额征麻，一千八百六十七斤有奇。

庚寅（二十五日），江南河库道吴同仁，著调补山东兖沂曹道。榆葭道高晋，著调补江南淮徐河道。淮徐河道姚廷栋，著调补河库道。

五月丁酉（二日），谕：朕览大学士等议覆高斌埽坝规宜一折，其近日做过工程，多系不应做工之处。无故生工，虚糜帑项。白钟山办理如此，不无听信属员，借端开销，以为侵冒钱粮之计。著将已经筑坝下埽之化村铺、双庙及已筑坝台尚未下埽之安东西门、曹家庄、韩家山等处，令总河顾琮，分晰查明所有虚费帑项，俱著白钟山赔补。

戊戌（三日），谕：山东济南、东昌二府所属州县内，从前因雨泽未能沾透，二麦歉收。今秋禾又复望雨，丰歉难以豫定，将来平粜借给等项，恐各州县仓粮不敷。著于未过天津漕粮内，截留十万石，于德州水次有仓之州县，分贮六万石，于天津水次有仓之州县，分贮四万石，以备就近接济。

壬戌（二十七日），铸给山东东昌府清军、水利、督捕、监兑同知关防，从巡抚喀尔吉善请也。

甲子（二十九日），两江总督尹继善等奏请动项挑掘坍山崖土，免致颓卸，壅塞运河。

七月丁酉（三日），谕：据署河道总督顾琮奏称，今年运河水涨，较雍正八年为大，河工在在危险。臣飞饬道厅等官，昼夜抢护，竭力防范。今水势消退，保固无恙。今年运河汛水，较往年盛涨，目今伏汛虽过，而秋汛踵至，湖黄攸关紧要。著协办大学士高斌，即乘驿前往，将运河一带情形察看，并将防秋事宜，同顾琮悉心妥商定议，交与顾琮预为防范。寻高斌、尹继善、顾琮等奏覆，修补善后事宜。

戊戌（四日），工部议准两江总督尹继善疏称：淮、扬、徐、海四府州水利工程，非有专员责成，易致废弛，应令派定工段各员，于每年秋汛后，周巡确勘。

八月戊子（二十五日），谕：朕闻淮安关征收税课，于商民未便，颇有怨言。倭赫管理关务以来，所收税课，未见增多，何以怨声籍籍。此必其办理不善，不能约束家人胥役，于签盘收纳，有过于苛刻需索之处，是以物议沸腾。可传旨申饬。近又降旨，令其接管关务。嗣后务须将家人胥役，严行约束，不得过于苛索，有累商民。如再仍蹈前辙，经朕访闻，必不姑贷。

九月丁酉（四日），谕：朕前降旨，截留下江漕粮二十万石，以备赈粜之用。今思上江凤、颍、泗各属地方亦多被水。虽视淮、徐、海较轻，而该处积歉之余复遭水患，亦应预筹接济。著将安省起运漕粮，截留十万石令该督抚，酌量分运被灾州县，以储民食，该部遵谕速行。

戊午（二十五日），户部议覆左都御史署漕运总督刘统勋奏称：温卫屯田，前定收租，上田三石、中田二石、下田一石六斗，额数过多，即丰年亦不能如数。今酌定每亩，除完正饷外，上田征津四钱、中田三钱、下田二钱，系与各半平分之数相符。照田定额，两无偏累。

己未（二十六日），大学士等议覆两江总督尹继善等奏称：本年江省黄运湖河，伏秋盛涨。上江之凤、颍、泗，下江之淮、扬、徐、海等府州，所属地方，多被淹浸，抚恤加赈及水利工程，需费浩大。请将从前乐善好施，减定奏准各捐款，于上下江藩库，暂开捐例。

十月庚午（八日），山东省运河一带堤岸被水冲刷，多有残缺，请将上、捕、运、泇四厅所属，北自临清，南至台庄，两岸堤岸，凡卑薄残缺处。间段加高培厚。其蜀山、南旺二湖，周围圈堤多有损坏，应酌量增筑。汶上之戴村坝石工亦有残坏，应修补完固。

## 乾隆十二年（1747）

正月庚申（三十日），署江南河道总督漕运总督顾琮奏：淮徐河务道高晋，丁母忧回旗，其印务暂委河库道姚廷栋兼署。

四月己丑（三十日），漕运总督顾琮密奏：江西省永新帮漕船三十四只，行至鄱湖，忽遭风险，击破十九只，淹毙男妇十九口，郭仲宁等十二船全行漂没，应照例豁免。其余除刘汪等二船，幸搁浅打捞，亏折无几，可饬丁买补。至周梁等五船，每船仅存水米二三十石，五十余石不等，与豁免之例未符，但均系贫丁，若令赔补，每船须银千余两，力有不能，可邀恩一例请豁。

五月庚子（十一日），谕：直隶河务，现交总督那苏图管理，伏秋二汛甚属紧要，总督事务纷繁，一切修防工程难以兼顾。通政司左通政张师载，向为南河道员，通晓河务，著前往协同办理。

丁未（十八日），谕：山东地方上年歉收，已先后截漕二十六万石，存贮该省以资接济。今年春夏以来，该省虽得雨泽，尚有未经沾足之州县。将来秋收或有歉薄之处，应行预为筹画。即或有收，便可于该处存贮。现据漕运总督顾琮奏报，尾帮漕船，于五月十四日全数过临清闸。此时粮艘谅在德州左右，可速行传谕顾琮，再行截留十万石，以备动用。

六月丙寅（七日），谕：现在运到漕粮，著于尾帮内截留二十万石，存贮天津北仓。倘将来直隶等地方，有需用米石之处，即由天津运往，较之抵通拨运更为便易。

七月己丑（一日），谕军机大臣等：据大学士高斌、总河周学健奏称，宿迁、桃源、清河、安东之六塘河及沭阳、海州之沭河，向因山水涨发，地方受淹。嗣经委员发帑兴修，尚未全竣，兹遇上游山水骤发，致子堰冲漫。一面严押堵闭，被淹田地，星速察勘明确，应行抚恤之处，照例查核办理。但连年经画，水患未能尽除，或系兜湾逼溜，形势尚欠畅顺，堰土尚欠加高，前此勘估筹办。

癸丑（二十五日），工部议准河东河道总督完颜伟疏称：山东省运、捕、泇、上四厅所属堤工，屡被汛水汕刷残缺，闸坝等工多有损坏，请动项兴修。

## 乾隆十三年（1748）

正月壬辰（七日），谕：朕因上年江南被灾，降旨将下江漕粮截留八十万石，以资赈粜之用。其减存旗丁，例止给一半月粮。但朕念截漕甚多，在旗丁舵水，取领月粮，恐致不敷养赡，难免向隅。著将例给一半月粮之外，再加给三分，俾得俯仰有资，该部遵谕速行。

二月己巳（十五日），谕：朕因山东上年歉收，降旨截留该省漕粮以备赈粜。向例减运旗丁，支给月粮一半，以为苫盖养赡之用。若俟部覆后，始行给发，未免迟缓。今朕巡幸山东省，轸念旗丁资用拮据，著加恩于例外再赏给一成，即于月粮银米内，就近给发。俾得俯仰有资，该部即遵谕行。

丙子（二十二日），山东巡抚阿里衮、漕运总督宗室蕴著议奏：南漕截留之处，查沂州府属七州县均被灾伤，郯、兰二县尤重，请拨二十万石于运河之徐塘口交卸，由支河换船，至郯城县马头镇地方车运。

三月癸丑（二十九日），酌派截留南漕，并帮船沿途攒进。

是日，山东巡抚阿里衮、河南巡抚硕色会奏：奉旨应截河南漕粮内，粟米十一万四百七十二石五斗零，已于去冬开行，在东省境内守冻。议将临清守冻米石，派给泰安府属之东阿县一万石、东平州二万石，余全给兖州府属。在德州守冻米石，令济南、东昌二府分派应用。

四月乙亥（二十二日），江南河道总督周学健疏称：河工效力人员从前定额一百五十员，近年水利大工，渐次告竣，无需多人，核实裁减，以一百员为定额。

五月甲辰（二十一日），江南河道总督周学健议奏：河苇各标兵，照标营一例全赏，每年需银二千六七百两不等。惠济本银只一万五千两，息不敷用，应于河标现存息银内，再支五千两，交商营运，息银足敷全赏，于来年秋季为始，即照标营例赏给，俟积有余剩成数，陆续归款。

六月丙寅（十三日），乾隆帝谕：江苏淮、徐、海三府州属，频自灾歉。朕多方赈恤，灾黎虽获安全，而元气终难骤复。且赈粜浩繁，灾属仓储，一时未能采买足额。所当因时筹办，俾民力稍舒，积贮有备。所有历年因灾缓征漕粮，均应今冬征足，搭运解通。

辛巳（二十八日），谕：目今京师米价渐昂，且多闰月，兵丁支放甲米，虽据部议展早于七月下旬，但为期尚早。著照乾隆八年之例，将京仓官米给发各旗，并五城米局减价出粜，以平市价，至开仓之日为止。

七月甲午（十二日），江南河道总督周学健奏骆马湖蓄泄机宜，并移建闸座工程。

癸卯（二十一日），谕曰：完颜伟在山东总河任内，挪用道库银两。虽系总河专责，但以同省该抚，岂无所闻见。既特交查办，该抚即应按限上紧催追，乃已经半载，仅催交银四百两。至完颜伟身故之后，无可如何？奏交该旗就近查办。

闰七月乙卯（三日），户部议准湖北巡抚彭树葵疏称：湖北、湖南两省漕船，额运米数相等，而湖北船数较多于湖南，请裁四十八只，加装米石与湖南相等。允。

戊午（六日），实授书山为仓场侍郎，以原任仓场侍郎吴拜为内阁学士兼礼部侍郎。以宗人府府丞张师载为仓场侍郎内阁学士。

庚申（八日），兵部议准漕运总督宗室蕴著奏称：浙省绍兴前帮、后帮，温州前帮、后帮，杭州前帮、后帮，此六帮素称丁疲事烦，最难办理。请照江南之例改为繁缺，于通省漕卫千总内调补。

戊辰（十六日），江南河道总督著大学士高斌暂行管理。

八月庚子（十八日），工部议准直隶总督那苏图疏称：沧州捷地汛引河挑竣，下尾应建裹头草坝一座，并接筑草工数十丈。

戊申（二十六日），谕：仓场衙门，无甚繁务，有满侍郎一人可以兼办，张师载著前往江南随大学士高斌学习河务。

九月壬子（一日），铸给山东督粮道兼管德州仓事务关防。

癸酉（二十二日），谕军机大臣等：据直隶总督那苏图奏称，臣兼管总河印务，蒙恩赏养廉银三千两。前因大学士高斌以吏部尚书兼管总河，与总督本有养廉者有间。蒙恩赏给四千两，今臣暂管总河，已有总督本任养廉，又于上年添给养廉银三千两，尽足敷用。所有总河养廉，按月存贮司库，俟有应用之处，再行奏请。

## 乾隆十四年（1749）

三月丁丑（二十九日），谕：直隶河道事务，近年以总督兼理，不过于伏秋汛至之时，往来率属防护。工程俱已平稳，所有直隶河道总督，不必设为专缺，即于总督关防敕书内，添入兼理河道字样，其一应修防工程，向系河道等官承办者，俱照旧饬委办理。纂修《会典》，将此载入。

四月癸巳（十六日），前降旨令河道总督顾琮暂署总漕事务，于所辖境内往来督察漕船，目下伏汛在迩，所有河南河务，恐顾琮不能兼顾。著署河南巡抚鄂容安就近照料，亦不必驻工巡防。

戊戌（二十一日），漕运总督员缺，著兵部尚书瑚宝补授。

五月辛酉（二日），直隶总督那苏图奏：总河缺裁，所有河标将弁，拟将添设者概裁。由别营改隶者仍归原营，其原设门皂各役工银应充饷，饬藩司查详。

丙寅（七日），工部议覆江南河道总督高斌等奏称：前往东平州戴村三坝会勘，现在汶河水面，较滚坝尚低二尺五寸，并未过水，且运河闸水充裕，足利重运遄行。若再加二尺五寸以上，转使运河多余无用之水，前请将玲珑坝落低一尺五寸，乱石坝落低七寸，以减泄多余，勿致上游壅塞水孔。

癸酉（十四日），谕：从前蕴著等奏徐、淮两帮漕船起运一折，甚不明晰。经朕令军机大臣等传谕申饬，并将两帮出入运道，及转口经由河路，并临黄、临运两坝现在是否有资启闭，从前两坝修筑有无裨益之处，著传谕两江总督黄廷桂，亲往会同高斌等阅看，详悉具奏。

六月癸巳（十七日），工部议覆河东河道总督顾琮疏称：德州哨马营河、海丰县马颊河、聊城县徒骇河、东平州引河、济宁州董家口亟应疏浚开挖，修埝筑坝，建设涵洞，估需银九万九千六百两零。先经大学士会同臣部，议令将济南等五府，应行修浚各工，确估具题在案，应令该督动款兴修，以资蓄泄。

十月庚子（二十五日），吏部议覆江南河道总督高斌等疏称：江南河工道员三缺，同知九缺，通判八缺，州同一缺，内有专管河务者，亦有兼管地方事务者，俱应在外拣选题补。河东河道总督顾琮等疏称，河工同知、通判拟为繁难专河要缺，在外题补。其兼河中缺，仍归部选。其河南管河道、河北道、山东兖沂曹兼管河道、运河道四缺，应定为请旨之缺。

乙巳（三十日），谕军机大臣等：据总河顾琮奏，署管河道胡振组，檄调主簿朱沂，领解拨贮道库岁修钱粮，在祥符县渡河，遇风覆船，沉失银一万九千八百余两，严饬该道设法捞取。倘不能全获，其不足之数，著落胡振组、朱沂分赔。顾著传谕严行申饬。其沉失银两。将来胡振组等若不能完帑，即著于顾琮名下追赔。

十一月庚申（十五日），户部等部议覆漕运总督瑚宝奏称：漕船回空时，随帮员弁，虽已押空到次，应仍在帮约束稽查，如有风火事故，即行开参。

十二月戊子（十四日），户部等部议准前署直隶总督陈大受疏称：直隶总河衙门既经裁并，应将河标左营中军副将仍改天津镇属务关路参将，中军都司仍改务关路中军守备，河标右营游击仍改天津镇属通州协张湾营都司，右营守备仍改务关崔黄营守备。

## 乾隆十五年（1750）

二月庚辰（七日），漕运总督瑚宝奏：前漕臣蕴著，预支己巳、庚午二年养廉银，系漕臣随时办公之项。虽现咨查追缴，究难悬待。请先于各粮道及运司存公余平银内，照数补解，俟追完饬发归款，再养廉银。

三月丁未（四日），户部议覆漕运总督瑚宝疏称：湖北各卫所丁船帮次，向系签掣轮运，每年帮次无定，且别卫素不相识之人，同帮共事，各不相关。令阖本卫之丁，同运一帮为便，领运千总，请即以本卫之弁，押本卫之帮。

五月壬戌（二十一日），吏部议准两江总督黄廷桂奏称：河库道管理钱粮出入，一切修防事宜，均涉所司，不必专择熟悉河务之人，在外题补，请改为归部请旨简用。

六月癸未（十二日），豁免江苏沛县昭阳湖水沉田地额银四千五百九十六两，米一千二百十八石，麦二百三十六石，并麻一千八百六十七斤。

七月癸丑（十三日），谕：上年各省丰收，所有漕粮现已全数过津，著于最后帮次内截留十万石，即令原船运回天津，存贮北仓，以备将来直隶地方或有赈恤之处动用。

丁卯（二十七日），谕：据江南河道总督高斌等奏称，六月二十七日清河县运河北岸豆班集堤工漫溢，当即进埽抢筑，堵塞漫口，计坝工长五十丈，于七月十六日合龙。

庚午（三十日），江南河道总督高斌奏邳、宿湖河异涨情形。

十月庚午（一日），谕：向来截留漕粮，歇帮船只，例给一半本折月粮，俾旗丁资以养赡，若照例给予折半月粮，恐其苦盖食用，尚有不敷。著加恩于应给折半之外，再赏给二分。

十一月己酉（十日），以内阁学士鹤年为仓场侍郎。

## 乾隆十六年（1751）

正月丁卯（二十九日），谕：上年江、安二省内，有偏灾之宿州、凤阳、泗州、长淮、宿迁、邳州、大河、海州等处，各该抚业将本年应征新旧漕粮，题请分别蠲缓。所有此项减船军丁，苫盖食用之需，未免拮据，著加恩于例给折半月粮之外，再赏给二分，以恤丁力。

二月壬申（四日），遣官祭金龙四大王庙、河渎、淮渎之神，并故河道总督靳辅、齐苏勒、大学士嵇曾筠等祠。

辛巳（十三日），谕：高斌、张师载管理挽纤河兵，一路随从，诸事实心办理。所属河工人员亦俱能黾勉出力，甚属可嘉。高斌著加一级，张师载著加顶带一级，作为从一品。其河工办差人员，俱著各加一级。

是日，工部议准江南河道总督高斌等疏称：高堰汛内大坝、里坝等处石工。上年春夏之交连日风雨，共倒卸四段，长七十三丈五尺，请动项兴修。

壬午（十四日），谕：淮安土堤亟应改建石工，以资保障，著总河高斌等会同总督黄廷桂确勘详估。

六月辛酉（二十六日），工部议准大学士管理江南河道总督高斌等疏称：淮城地处低洼，逼临运河，虽有土堤防护，难堪异涨，本年二月奉旨改建石工，以资保障。

七月癸未（十九日），谕曰：准泰奏运河道禀报，东平州头道堤工，于六月二十八日有奸民决堤放水，以致南来汶河诸水，于南头灌进，迤北诸水亦倒漾进口，现在委员星赴该工堵筑，并亲身前往查勘情形。

八月己酉（十六日），谕：今岁浙东被旱成灾，经多方筹画，降旨截留该省漕粮五十万石，以备赈粜之用。

十月壬子（十九日），工部议准直隶总督方观承疏称：南运河额设兵六百名，已经酌裁，应留三百名，其拨防子牙河大堤之兵四十名，请定为额设缺出令津军、子牙二厅就近招募。

十二月甲辰（十二日），谕大学士高斌等：会勘南北两运减河，据奏酌筹修浚事，著依议速行。

壬戌（三十日），山东巡抚鄂容安奏：查勘张秋一带，西坡来水绵长七百余里，无所归宿，遂由漫口迤北，东昌减水闸坝三座，戴湾闸以上闸坝涵洞四座，分泄入徒骇、马颊二河。

## 乾隆十七年（1752）

正月丙戌（二十四日），谕军机大臣等：豫省黄河两岸，大堤之外，旧有太行堤一道，由直隶连接山东，已令方观承查明动项修补。

二月庚子（八日），谕：巡视通州漕务，向例止派科道一员，专司督催漕运，而仓场事务则概不与闻。但仓场积弊甚多，现在派委大臣盘验。

辛丑（九日），谕：通仓收兑漕粮，积弊甚多，现已特派给事中御史等，驻通稽查。

六月癸卯（十四日），工部议准河东河道总督顾琮疏称：山东省运河，南自台庄，北至德州堤工，雨淋浪击，必须加镶其顶冲受险并卑薄残缺，各工均请动项兴修。

七月戊子（三十日），江南河道总督高斌奏：黄、运、湖、河秋汛各工平稳。惟淮扬一带，秋田望雨甚殷，现在虔诚祈祷。

十月甲寅（二十七日），工部议准南河总督高斌疏请修太行堤，并浚堤南泄水河。

## 乾隆十八年（1753）

正月丙戌（三十日），漕运总督瑚宝、河南巡抚蒋炳奏漕船定例，令粮道亲押，但空船回次，与重运有间，且豫省驿、盐、粮三事统归一道，再令押空，为时太久，另委通判一员，赴通管押归坞。

二月壬寅（十六日），兵部议覆漕运总督瑚宝疏称：江淮卫六帮、兴武卫头帮、九帮镇海卫后帮均改简缺。归部铨选至浙省之台州卫前后二帮、金衢头帮，丁穷帮困，实属疲难，改为繁缺。

三月丁丑（二十一日），户部议覆漕运总督瑚宝疏称：严、嘉二帮，截留漕粮，与杭宁帮丁船同系一年减存。请将严、嘉二帮丁船六十八只，循照杭宁等帮减丁。

四月己亥（十四日），江南河道总督高斌奏：山盱厅古沟东坝湖工，系乾隆八年堵漫口后，筑石于深塘之内。迄今十载，工段渐见低蛰，随令加高。

七月癸亥（十日），工部议准河东河道总督顾琮疏称：运河厅属汶上县汛何家口，旧有滚水石坝一，减水石闸一，年久朽塌，河溜迁移，不能泄水，请动项兴修，于旧坝迤南，另建滚水石坝一。

九月庚申（八日），谕：策楞、刘统勋奏到，查出南河河员，积年亏空未完工料银两数盈钜万，已降旨将高斌、张师载革职，留工效力赎罪。亏帑之员，革职拏问，勒限一年。如限满不完。即行正法。

壬戌（十日），谕：据漕运总督瑚宝奏称，新漕伊迩，需人孔亟，请拣发卫守备四员，学习差遣。

丙子（二十四日），谕：据刘统勋等奏称，江南应堵漫口工程，当今岁被水之后，且道路泥泞，挽运维艰，所需秸料桩麻等项，徐属所产势不敷用，现咨豫东二省购办等语。

十月甲申（三日），谕：今年黄河盛涨，淮、徐被灾，虽于截漕之外，复降旨拨运各省米谷，以备赈恤。

丙申（十五日），谕军机大臣等：尹继善已授为江南河道总督，原令俟永常到日赴江，现在下河漫水未消，铜山决口未塞，全河经理甚为紧要，可传谕尹继善，即由彼速行赴任。

壬寅（二十一日），谕：据舒赫德、策楞奏称，洪泽湖堤砖石各工，坍塌三千余丈，必须修理完整，以资保障。

是日，谕：河东河道总督顾琮奏称，现住阳武催办工程，山东省运河大挑事宜，请简巡漕御史，早赴济宁督率查办。

辛亥（三十日），钦差尚书舒赫德奏：查勘运河淮扬一路，水势甚大，村落均在巨浸，田亩未尽涸出，运河堤岸砖石各工，风浪刷击，塌陷残缺者甚多，急须修整。

十一月己未（八日），谕：杨应琚奏称，江南洪泽湖堤需用石料，山东省现在协力开采运送，必需谙悉干练大员，督率办理。史奕昂著仍留山东运河道，其直隶永定河道员即著迈拉逊补授。

十二月己丑（九日），山东巡抚杨应琚覆奏：高堰堤工需用石料，山东省现有开熟山厂，若往徐州开采，隔省呼应不灵，请仍在熟厂采运，高堰动工，先用江南就近开采之石。山东省待运石料，一俟开坝，即速运往。

丙午（二十六日），谕：刘统勋等奏称，运河两岸土堤，今岁风浪冲刷，处处危险，砖石各工，坍卸甚多，现在确估题修。

丁未（二十七日），谕军机大臣等：德尔敏、富勒赫奏，高、宝一带临湖石工，塌陷残缺者，现在一律修补。

## 乾隆十九年（1754）

正月癸亥（一日），钦差尚书刘统勋等奏：河库钱粮，各有款项，丝毫难容侵挪。而河库道系专司出纳之员，更宜慎重办理。查十余年来，该道等或擅行私动，数至盈千累万而不报部，或任属侵亏，竟至无著，亦不查揭，殊属玩愒徇纵，将十年以后之河库道姚廷栋、叶存仁、何煟、李宏等一并革职，交部从重治罪。

三月壬子（二日），谕：河东河道总督，已降旨著白钟山补授。白钟山未到任之前，著山东巡抚杨应琚暂行署理。

己卯（二十九日），直隶总督方观承奏：天津北仓在县北二十里，凡遇截留漕米，并奉天等处采买由海运津米，俱贮仓内，向归天津县管理。

四月辛卯（十一日），户部议准漕运总督瑚宝疏称：江南太仓卫后帮旗丁陈聪漕船，行至清河县新庄镇黄河，遭风漂没，漕米无存，请照例豁免。

五月戊申（三十日），河东河道总督白钟山奏：四月初四日，承准廷寄。升任山东抚臣杨应琚奏请于运河东岸添建闸座，并请酌开水口，分泄两岸洼地积水。

九月庚子（二十四日），河南管河道张奎祥著革职，仍留河东差委效力。

十月己酉（四日），吏部疏请河工效力人员，告假回籍，令该督先行咨部，部覆到日，方准回籍。

十一月戊戌（二十三日），工部议准河东河道总督白钟山疏称：寿张县张秋镇一带，地势低洼，积潦难消，应添减水闸三座。

## 乾隆二十年（1755）

二月辛酉（十七日），吏部议覆署山东巡抚郭一裕奏：张秋镇分隶阳谷、寿张、东阿三县，商贾辐辏，去县稍远，地方官耳目难周。查有兖州府管粮通判，专司所属漕粮，请移驻张秋，缉拏匪类，稽查保甲，除命盗等案及情关重大者，解县审理，余俱就近听断。

三月癸巳（十日），谕：张师载戴罪河干已经二载，著加恩准其回籍，所有未完应赔银两，著交与尹继善等，酌量定限。

十月庚戌（十日），工部议准署江南河道总督富勒赫奏称：外河厅属清口东西二坝，系全淮门户，漕运要区。乾隆十九年伏汛，水长溜急，清口工程危险，应将东束水坝，接长二十四丈五尺。

辛亥（十一日），谕：江苏等各府属，今年被水灾成，朕心深为轸念，已屡经降旨，截漕拨粟，俾赈粜所需。

十二月辛丑（二日），户部议准江苏巡抚庄有恭奏称：宿迁县骆马湖水沉地租银四十二两，向分别河滩，于额征银数内征解。

## 乾隆二十一年（1756）

正月戊戌（三十日），河东河道总督署山东巡抚白钟山、巡视东漕给事中立柱奏，泇河厅彭口挑工，改为捞淤。

七月庚辰（二日），以兵部侍郎张师载为漕运总督。

闰九月乙卯（十日），谕：江南、山东交界地方，黄河工程现有应需疏浚修筑之处，著尚书刘统勋驰驿前往，会同总河富勒赫、白钟山相度情形，一面奏闻一面办理。

十月壬申（一日），谕：河道总督员缺著爱必达补授，山东巡抚员缺著鹤年调补。爱必达俟鹤年到任后，来京请训，再赴河道总督之任。爱必达未到任之先，刘统勋著暂行署理河道总督事务。

是日，谕：尹继善著实授两江总督，爱必达新任河督，于全河形势，一切修防，恐未谙练，尹继善仍著兼管河道事务。

癸巳（二十二日），河东河道总督白钟山奏：南河督臣，现咨会山东、河南抚臣，代办秫秸二千五百万斤，运往工次。

十一月癸亥（十日），河东河道总督白钟山奏：臣亲勘运河工程，惟济宁迤北之上河厅属，因漳、卫各河水涨逆壅，淤沙积厚，应添募夫工挑浚。捕河厅属淤浅处所，额夫尽敷。其济宁以南之泇河厅属，水势尚大，可无庸挑。该属惟彭口一带，最易壅淤，应令各属额夫，通融挑浚。

十二月乙酉（二十二日），直隶总督方观承奏：乾隆十八年截留南漕米二十万石，贮天津北仓。将北仓漕米拨运，其应截南漕，悉运通仓。

## 乾隆二十二年（1757）

正月乙未（三日），济宁迤南积水未消，请缓开汶河大坝，保护纤道民田。

甲辰（十二日），南河河道总督员缺著白钟山调补，河东河道总督员缺著张师载补授，漕运总督员缺著杨锡绂补授。

壬子（二十日），起革任两淮盐运使何煟，交江南河道总督白钟山以同知用。

己未（二十七日），谕：吏部侍郎嵇璜，著前往南河为副总河，协同白钟山料理河务。其父大学士嵇曾，久任河工，见闻所及，谙练非难。又谕：白钟山已补授江南河道总督，现又降旨用嵇璜为江南副总河，尹继善不必兼管南河事务。

二月丁卯（五日），乾隆帝祭河神。

是日，至天妃闸阅木龙。

辛未（九日），遣官祭金龙四大王庙、河渎、淮渎之神，并故河道总督靳辅、齐苏勒、大学士嵇曾筠等祠。

四月丁卯（六日），乾隆帝渡河，至荆山桥、韩庄闸阅河工。

丙子（十五日），谕：以特令德尔敏前赴南河，帮同办理石堤事务。

庚寅（十七日），钦差侍郎梦麟等奏：徐州北岸苏家山一带石工，自四大王庙迤东，楼石矶嘴至人家头止，应接修三段。允。

是日，两江总督尹继善奏：遵旨择得徐州府云龙山旁隙地，可建龙神庙，其西北可建行宫。允。

是日，山东巡抚鹤年等奏：查首河二道口门，各过水宽十六丈，拟再宽八丈，以冀湖水多泄入河。

五月甲午（四日），黄河水势，自岸山上下，河底淤高，应加埽工，以资捍御。而南岸要工，料物寥寥，令河南办料一百五十万束，于六月初旬运至徐、邳，分拨各工。

六月甲申（二十四日），谕：方观承奏称元城、大名两县，因卫河陡涨，城乡田舍，多被淹浸，现饬司道等查勘抚恤。

庚寅（三十日），钦差侍郎梦麟等奏，荆山桥工告竣。

七月戊午（二十八日），谕军机大臣等：据双庆等奏称，漕船未过天津者，尚有四十余帮。现饬旗丁自雇民船，剥运抵通，请旨交天津官吏，多备民船以资雇觅。

己未（二十九日），直隶总督方观承奏：漳河漫口业于六月三十日合龙。

九月己未（三十日），江南河道总督白钟山奏：堰盱高宝临湖砖石工程，七月间被风暴冲击，业奏准修补。

是日，钦差侍郎裘曰修、河东河道总督张师载、升任山东巡抚鹤年等奏：山东之馆陶、临清、夏津、武城、恩县、德州等州县运河两岸民埝，俱系民筑民修，既未夯硪坚实，亦不一律整齐，亟应增培高厚。

十一月甲午（六日），谕：据嵇璜奏，高邮运河东堤，添建石坝，已经完竣。

## 乾隆二十三年（1758）

正月辛卯（四日），谕：上年两江灾地，业经截漕蠲缓，赈借兼施。

癸丑（二十六日），谕军机大臣等：湖河水利修浚工程，节次奏报，将几完竣，其现在兴修未完各工，亦已查勘妥协。

丙辰（二十九日），直隶总督方观承奏：直省泊河、河浦、津军等厅属河身，因上年漳、卫并涨，沙淤甚多，勘明可缓办者九十一段，余四十五段，淤宽难挑，请顺溜开漕，流刷浮淤。

二月丁丑（二十一日），工部议准两江总督尹继善奏：宿迁、桃源等县，阻黄临运，堤堰间隔，民田积水。请于中河南岸尤家湾、萧家庄、三茅坝等处，添建泄水石闸，六塘以下淤滩处挑浚。

是月，署江西巡抚阿思哈奏：上年重运赴北，阻水加剥，经仓场、直督奏于直隶藩库，并通州坐粮厅库，借运丁剥价一半，本省应领新运行月银内扣还。

四月癸酉（十八日），议准直隶总督方观承疏称：通州四旗，仓廒不敷贮米，请添建廒座二十间。

五月甲午（九日），工部议准江南河道总督白钟山疏称：清口东西二坝，蓄清敌黄，急宜兴修，所需银请于河工银内动拨。

六月甲子（十日），谕：据张师载等奏，运河纤道各工，已于四月中旬告竣。

七月丁亥（三日），两江总督尹继善、江南河道总督白钟山、安徽巡抚高晋等覆奏，江南同知养廉五百两，通判四百两，地方河工，一例支给。

八月丙辰（三日），户部议覆漕运总督杨锡绂奏称：杨村距通州窎远，需专员巡察，请将通州巡漕四员，派满汉各一员，专驻其地。自天津至山东省一带，即令兼行巡视，裁天津巡漕一员，再通州巡漕四员，今二员改驻杨村。

十月乙丑（十二日），吏部议准钦差协理江南河工安徽巡抚高晋奏称：淮徐河道现驻宿迁，其运河一厅工程甚简。徐州地居上游，黄河水势长落，由此取准。应令该道移驻查阅，使下游各厅随时策应。至淮、徐、海巡道向驻徐州，所辖淮安、海州各属，相距辽远，巡查难及。宿迁为淮、徐、海适中之地，应令移驻。

庚午（十七日），江南河道总督白钟山奏：中河厅属杨家庄以上运河北岸，向有盐河一道，口建草坝。冬春堵闭，以济重运；夏秋启放，以运柴盐。

十一月壬子（二十九日），钦差内阁学士海明、河东河道总督张师载、山东巡抚阿尔泰等奏：前经奏准，微山湖口添建滚坝三十丈。

## 乾隆二十四年（1759）

二月丙辰（五日），吏部议准山东巡抚阿尔泰疏请，济、兖、沂、曹四府，及捕河、泇河、泉河各通判应加水利衔。

丁卯（十六日），吏部议准河东河道总督张师载奏豫、东二省河工各同知通判，暨巡检闸官。

四月己未（九日），兵部议准河东河道总督张师载奏称：德州南北两汛千总事简，请裁南汛千总，改为黄运河营协守备。

甲子（十四日），工部议准江南河道总督白钟山奏称：扬州府属宝应县城，地本低洼，加以运河北来之水，兜湾顶冲，土堤不足以资捍卫，请建护城砖工。

五月壬辰（十三日），江南河道总督白钟山奏：现在大汛将届，黄强淮弱，运道有关，查清口对岸陶庄，向有淤滩一段，近更加宽阻黄，以致溜愈南趋。应于彼处一面挑切滩嘴，一面于兜湾处挖引渠一道，分引溜势，并将南岸清口以上木龙再加接扎宽长，庶挑溜开行，湖流畅出，可助抵黄之力。

八月丙戌（九日），谕军机大臣等：方观承奏，查办运河漫口情形，称景州、故城、阜城一带虽现多积水，上游已无续至之虞，道路亦通。

九月丁丑（三十日），江南河道总督白钟山奏：运河厅属王家沟五孔石闸，塌陷难修，应于该处上下，另择土坚地方，照式移建。里河厅属惠济越闸及通济、福兴、正越四闸，身欹槽脱，底成深塘，急应估修。

是日，河东河道总督张师载奏：临清板闸下汶卫合流之处，应顺崖建挑水草坝一道，顺流外挑，助汶敌卫。一遇盛涨，卫河挑溜北行，庶不致倒灌入闸。

十月丙午（二十九日），两江总督尹继善等奏：洪泽湖自武家墩迤北，至湖口济运坝土堤，奉旨改石。

十二月癸未（七日），户部等部议覆山东巡抚阿尔泰疏称：山东粮道库大使，兼管德州仓，向令经管漕项及德常二仓银。

丙午（三十日），直隶总督方观承奏：漳河上游，本年盛涨，河流改趋大名府城，查临漳县丽家村旧道，止五里淤塞，应于新冲河口迎溜处挑通，接入旧河，并筑大坝，护以土堤，以断南流。

## 乾隆二十五年（1760）

三月甲戌（二十九日），山东巡抚阿尔泰、河东河道总督张师载奏：山东省运河自馆陶至德州三百余里，一切民埝支河各工，现已兴修完竣。

四月丙戌（十二日），河南巡抚胡宝瑔奏：漳河改流，与直省接界。督臣方观承查勘，奏明兴工办理。

壬辰（十八日），江南河道总督白钟山奏：杨家庄以上有盐河石闸草坝二座，以资运河分泄。其石闸年久倾塌，前经奏准，择地另建。

六月甲申（十二日），上年江浙二省所有蠲缓漕粮，其应行减歇船只运丁，例支一半月粮。

戊子（十六日），白钟山奏称：微山湖南水势渐消，各工平稳，现在由邳、宿一带，查勘工程。

是日，调刑部侍郎永贵为仓场侍郎。

己丑（十七日），谕曰：仓场侍郎员缺著蒋炳补授。其未到任以前，仓场事务著裘曰修暂行署理。

七月戊午（十六日），谕军机大臣等：胡宝瑔奏，卫河建坝挑河，以利漕运，所需银两，照例于盐规银内动支。

辛未（二十九日），河东河道总督张师载、河南巡抚胡宝瑔奏覆：臣等遵谕挑浚各河，相机筹办。

九月戊午（十七日），吏部议准江苏巡抚陈宏谋奏称：淮安府属之清河县逼近黄河，向无城垣，仗土堤为保障，一线土堤，宽仅数尺，县治终属堪虞，请移驻对岸之清江浦。

## 乾隆二十六年（1761）

正月甲辰（四日），谕：上年淮、扬、徐、海等处，偶被水灾，业经加恩陆续赈恤，谕令地方有司，实力查办，务使穷黎得所。

己酉（九日），工部议覆漕运总督杨锡绂奏称：蓟运河挑浅，请蓟州知州，随时相度，实力疏浚深通，以利漕运。

三月丁未（八日），吏部议准两江总督尹继善疏称：江宁、苏松、常镇、淮徐海四巡道，及各府州属同知、通判、州同、州判等员，其兼管地方水利者，请一例兼衔，并各换铸关防。允。

四月戊戌（二十九日），仓场侍郎裘曰修、蒋炳议覆：查蓟运大河，现在深通，并无淤浅之处，自可毋庸挑浚。又奏：自撤去天津巡漕后，天津以南漕务归并济宁巡漕，济宁距天津一千四百余里，势难兼顾。请通州漕臣朱续经驻扎天津，办理一切。

六月庚午（三日），谕：所有抵通漕艘，于正供兑足后，旗丁多余米石，听伊等酌留食用，如有情愿出售者，仍照前例，即准其就通粜卖。

七月丙寅（三十日），山东巡抚阿尔泰奏：山东省自七月初间，雨势极大，德州附近各府属，洼地俱有积水，是否成灾，查明办理。

八月辛巳（十五日），谕：河南黄、卫等河，因秋初雨水过稠，堤工多有漫溢之处，濒河各属，被灾较重，已命大臣会同巡抚等星速查勘，加意抚绥。

癸未（十七日），谕：据尹继善等奏，高邮、甘泉二汛漫口六处，酌量水势大小，分别缓急，次第施工。

庚寅（二十四日），谕曰：阿尔泰奏德州迤北草坝运河漫溢，村庄间被淹浸，城垣仓库可保无虞。

乙未（二十九日），江南河道总督高晋覆奏：高、甘运河漫口，以次合龙，仍有荷花塘一工，地势较宽，急宜堵筑，约九月初旬告竣。

是日，山东巡抚阿尔泰奏：范、濮二州县被黄水淹浸，临清州因漳卫合汶，河流异涨，将老崖汕刷，坍卸民埝，均竭力堵筑。

是日，山东巡抚阿尔泰覆奏：德州运河漫溢，饬属加紧堵筑。

九月丙午（十一日），户部议覆漕运总督杨锡绂疏称：山东峄县漕粮，例派济宁前帮，赴台庄水次兑运。

丁巳（二十二日），高晋奏：筹办黄运湖河善后工程，约估需银四十万两，请就近酌拨。允。

乙丑（三十日），直隶总督方观承覆奏：北运河东岸漫口三处，马家庄、于家庄水仅数尺，两日内即可竣工。孤云寺地稍宽，十日内亦可竣工。至堤外一带，悉系水乡，并无村庄，其天津、武清境内，先经沥水淹及之处，业经查明抚恤。

十二月甲午（三十日），河东河道总督张师载奏：下北河厅陈兰防汛额兵六十名，抢工不敷，每调别汛兵帮护，把总呼应不灵。请于黄沁厅、武荥汛兵一百八十名内，拨三十名，协防陈兰汛。

## 乾隆二十七年（1762）

三月甲午（一日），兵部议准江南河道总督高晋奏称，河营兵目，生长河干，谙练桩埽。而定例本营目兵，不准拔补本营千把，恐用违其材。请嗣后千把总缺出，如别营无可拣选，准以本营考补。

四月庚午（七日），乾隆帝至淮河，祭淮神，阅高家堰，祭河神。

六月庚申（二十九日），山东巡抚阿尔泰奏：六月二十四日，卫河水陡长，又兼风浪震撼，抢卫不及，德州卫民埝冲汕二十余丈。臣随星赴漫溢之处查勘，现督同运河道，将漫口竭力抢修。

七月己巳（九日），工部议准江南河道总督高晋奏称：运河厅属王家沟闸座坍陷，应于旧闸迤上五十丈地方，改建三孔石闸一座。

八月壬辰（二日），工部议准江南河道总督高晋疏称：外河厅属清口东西二坝，湖水涨发，宣泄不及。请将东坝接长三十三丈，西坝接长六丈。允。

九月丙寅（七日），谕：杨锡绂奏，请将台庄闸内淤浅之处，实力挑挖一折。

戊寅（十九日），谕：旧例王公等甲米，原在京仓支放，后因通仓粮石陈积，部议改赴通仓关支。

己丑（三十日），江南河道总督高晋奏：河工向设苇荡两营，采运荡柴，惟是将备武弁，于额料分派款项册籍，多有未谙，兵目盗卖搀和，诸弊丛生。查河库道专司收支钱粮，事务尚简，该道驻扎清江，就近兼管。

十一月己未（一日），河东河道总督张师载、山东巡抚阿尔泰奏：德州城外，西方庵运河距城甚近，外逼大溜，直刷堤岸，城垣受险。请于对岸，上自魏家庄起，下自新河头止，抽挑引河一道，于汛水长发时，引大溜下注，不使冲汕城堤。

十二月辛卯（三日），兵部议覆河东河道总督张师载奏称：山东下河厅五汛，漏各设浅夫二三十名，遇水涨不敷遣用。请于运河、泇河、捕河三厅内，拨兵四十，添设额外外委一员，归下河厅千总管辖。允。

戊午（三十日），河东河道总督张师载奏：山东上河厅属，有李海务石闸一座。年远旧工，历被漏水冲刷，应行拆修。但全闸尽拆，未免糜帑，拟就东边之坍陷一面修补。

## 乾隆二十八年（1763）

正月乙酉（二十七日），直隶总督方观承奏：运河西堤，为通京大道淀水涨时，辄漫溢道上与运河合，风浪排激，啮堤尤甚。请增建空木桥七座，俾河淀相通，相时分泄。

四月丙辰（二十九日），户部议准漕运总督杨锡绂疏称：直省漕船各帮内，有轮减船，原属虚糜，裁去长淮、原宿州、庐州、徐州、扬州、泰州、安庆、宁波、绍兴、金华各卫所轮减船六十只。

五月丙戌（三十日），江南河道总督高晋奏：黄运两河需料，查有邳宿迤南孟山等湖，产大芦可用。铜、沛、邳、睢、宿、桃运河各厅，俱令兼办大芦。

六月乙卯（二十九日），江南河道总督高晋奏：清江束水坝，蓄泄洪泽湖水，为全河第一关键。将清口束水东坝拆去十丈，连旧口门，共宽二十七丈。上下一律，以资宣泄。

八月甲寅（三十日），山东巡抚崔应阶奏：济宁横坝以南，南阳、昭阳湖内，茭蒲葑荻等草，一望蒙茸，不见水面。既使湖饱不能容水，复阻水道不得畅流。现令济、鱼二州县，多拨民夫，乘船驾筏，尽力芟割。

九月乙丑（十一日），谕军机大臣等：洪湖水势，有消无长，五坝并未过水，所有伏秋汛内，启拆清口东西坝，察看水势，随时收口。

十月乙酉（二日），工部议准江南河道总督高晋奏，请嗣后河工办料，以厅员为专管，以守备为兼管，使互相稽察。

十一月甲子（十一日），故河东河道总督张师载遗疏闻。谕曰：张师载老成谨慎，办理河务宣力有年。今患病溘逝，殊为轸恻，著加恩追赠太子太保，所有应得恤典，并著该部察例具奏。

十二月丙戌（四日），吏部议准山东巡抚崔应阶奏称：督粮道衙门仓大使一员，并无专管之事，应裁其德、常二仓事，请归库大使兼管，换给钤记。允。

## 乾隆二十九年（1764）

正月癸亥（十一日），河东河道总督叶存仁奏：运河厅属钜嘉汛内观音嘴对岸东堤，外临蜀湖，内逼运河，形势湾曲，颇称险要。堤工日觉卑残，应顺势加筑直堤六十余丈，以期坚固。

乙丑（十三日），谕曰：高晋奏荆山桥水利河道，地属江南，向经奏明归于河工兼管，分应随同钦差勘办。允。

五月庚辰（二十九日），大学士管两江总督尹继善、河东河道总督叶存仁奏：兆惠奏韩庄滚坝以北，拆开石堤处，应改建闸座。

是日，山东巡抚崔应阶奏：沿河之武城县境内，地势最洼，运河东有沙河一道，伏秋雨多，于东岸之牛蹄窝、祝官屯、西岸之冯家湾三处，各建石闸一座。

六月戊子（八日），谕：河东总河员缺，已著李宏补授矣。又谕曰：叶存仁现在病故，已令李宏补授河东总河矣，此时伏汛届期，河务最为紧要，可即令其速赴新任。

七月己卯（二十九日），山东巡抚崔应阶奏：济宁、鱼台二州县，自荆州桥河道淤塞以来，南阳湖水，淹浸地亩三千余顷，农民失业。本年经臣奏准开通荆山河，复加浚伊家河，已涸出十之七八，其可种涸地，饬地方官借给贫民牛力籽种。

十二月丁酉（八日），谕：仓场侍郎员缺，著李因培调补，李因培未到任以前，仓场侍郎事务著裘曰修暂行署理。

## 乾隆三十年（1765）

二月壬子（七日），谕：据王检奏，湖南粮船，停泊汉口镇守风。因盐船失火，延烧岳州卫三帮船一十三只，经官弁兵役扑救，余船一百六十五只，俱保护无损。所焚粮石，请照例于各船之旗丁什军名下追补。

己丑（十三日），江南河道总督高晋奏：清口木龙工程，圣驾亲临阅视，谕于四架木龙下，紧对陶庄积土处，添木龙一架，俾挑溜全趋北岸，冲刷陶庄积土，收清黄并流之效。

己巳（二十四日），谕：范时纪著调补仓场侍郎。

甲辰（二十八日），遣官祭河渎、淮渎之神，并遣官至故河道总督勒辅等合祠，拈香奠酒。

三月戊寅（二日），工部议准江南河道总督高晋疏称：外河厅属之清口东西坝，系蓄清抵黄，利漕济运，最要关键，上年洪湖水势长发，应拆长东坝二十四丈，西坝六丈。

甲辰（二十九日），上至河岸，祭河神，渡河。

四月甲戌（二十九日），两江总督管江南河道总督高晋奏：本年桃汛后，节据上游正阳关委员禀报，淮河水势加长，臣即饬委河库道等查看。如洪湖水长逾志，即将清口东西坝及时启拆。

五月甲辰（三十日），谕军机大臣等：李宏奏，请河工效力人员，仍循旧例，在外拣选。允。

七月戊寅（五日），谕：前因微山湖蓄水过多，遇夏秋涨溢之时，濒湖洼地，每致淹浸。经崔应阶等奏请，宣泄微湖水势，以水志一丈为度。

八月庚午（二十七日），大学士管两江总督尹继善、两江总督管江南河道总督高晋、协办大学士刑部尚书暂管江苏巡抚庄有恭奏：江南裁淮徐海道一缺，谕令将淮扬、淮徐二道，兼理河务分巡。

十月庚申（十八日），谕军机大臣等：阿思哈奏，豫省轮运蓟粮，现已运赴水次，改征固属不及，惟有照数截存，据实变价解交。

## 乾隆三十一年（1766）

二月辛酉（二十一日），江南河道总督李宏奏：中河厅属桃源县运河南岸，尤家湾、萧家庄二处，堤内地势低洼，旧设石闸二座，宣泄田间积水入运，启闭以时，甚资利赖。因日久墙石圮裂，尾土塌卸，应行维修。又该闸工程向令居民防守，河员并无专责，此次修竣后，请归中河厅专司启闭，地方官协同料理，以专责成。

三月己亥（三十日），江南河道总督李宏奏：桃汛届临徐城外河及洪泽湖等处，志桩长水，比上年较大三寸。清口东西坝之启闭为全河关键，向来口门留宽二十丈，或十七丈。上年因霜降后湖水大消，只留十四丈，现将东坝先拆六丈，连旧共宽二十丈。俾洪湖及早腾空，预留容纳地收釜底抽薪之益。

六月丙寅（二十八日），户部议准漕运总督杨锡绂疏称：徐州卫江北帮漕船，向在江宁府成造，造竣运漕，往返计一千六七百里，每致冻阻，不获及时归次受兑。改于夏镇地方设厂成造，其领价买料，及先期运厂，照河南前后两帮成例办理。

八月乙巳（八日），谕军机大臣等：据崔应阶奏，聊城、博平运河漫溢，已于二十七日，一律堵筑完固。

九月乙未（二十八日），工部议准河南布政使佛德奏称：河工劝栽小杨，日久无效，宜更定章程，请嗣后河工需用杨桩，责成管河丞倅，会同沿河州县，于所属官地，妥行栽植。

十月壬寅（六日），谕：江南淮、徐支河一带，所有官修河堤，前经特派裘曰修等查办。距今为时已久，且韩家堂现办漫工，其下游支河汊港，不无淤垫，亦应酌量疏浚。著派裘曰修、高恒乘驿前往，会同高晋悉心查勘。

## 乾隆三十二年（1767）

正月丁丑（十二日），两江总督高晋、江南河道总督李宏、两淮盐政普福奏：扬州通泰运盐河，全藉运河为来源。由金湾闸下注，经由芒稻河，旧设十闸，常川开放。遇水小之年，即在芒稻闸迤东筑坝，以资停蓄。

丁亥（二十二日），河东河道总督李清时、吏科给事中巡视济宁漕务葛峻起奏：山东省运河，前因汶水过大，圈堤民堰，防护维艰，商船未能通行，议令侉夫赶办挑浚。今泇、捕、上、下河等厅属，均已挑完。

三月壬辰（二十八日），谕军机大臣等：江防厅所属之回澜坝，江滩塌陷，距瓜洲城十一二丈及三四丈不等。原有之护崖埽，既经塌陷，已成坑塘，难以施工填补。议将新修埽工，签桩压实，并筑子堰为靠，及于埽外抛填碎石，以资巩回。

癸巳（二十九日），河东河道总督李清时奏：山东省运、泇二厅所属南阳以下，运河西岸碎石堤工，系漕船挽纤之路。但兴筑已阅十年，土沤水泡，急须修补。

四月壬戌（二十九日），谕军机大臣等：前令视五坝水志，展拓清口，以资宣泄，使洪湖异涨，不致漫溢为灾。迩年来颇收其效，但启放固当治于未然，而堵筑亦不可不以时消息。盖洪湖上承淮北诸山水，易长易落，而黄流迅驶，岁以为常。若湖水畅消以后，清口收蓄稍迟，则清流易弱势不足以刷黄。传谕高晋等，嗣后遇应展清口时仍照旧定章程，及时妥办，以符蓄清敌黄之制。

六月壬戌（三十日），江南河道总督李宏奏：洪泽湖水盛旺，节次将清口东西坝，展宽五十八丈，以资宣泄。

七月戊寅（十六日），两江总督高晋、江苏巡抚明德奏：奉谕江苏粮额，饬令间府分免。查江苏省十一府州，额征漕、白粮，统计一百九十七万余石。江以南六府州，漕粮较多，本年应请间免松江、太仓、常州三府州。江以北五府州，漕粮较少，本年应请间免扬州、徐州、海州三府州，共漕白粮九十六万余石。其江宁、苏州、镇江、淮安、通州五府州，漕白粮一百万零八千余石，俟明年再行蠲免。得旨嘉奖。

辛卯（二十九日），江南河道总督李宏奏：夏间雨水连绵，黄河水势旋长旋消，臣赴清口察看情形，东西湾滚坝，现止过水五寸及一尺五寸不等。臣遵谕先事筹办，自以五坝免致过水为要。目下黄水日消，清水出口，溜势甚涌，东坝尚可再拆五丈，以资畅泄，通计清口共宽七十二丈，嗣后上游雨水不多可期不致过坝。得旨：览奏俱悉。又批：何不再拆东坝，为此先入之言乎？

是日，漕运总督杨锡绂奏报雨水情形。得旨：览奏欣慰。今年各省秋成景象，实属天恩优厚，朕惟益深钦承惕息耳。

是日，调任河东河道总督李清时奏：黄河水势消退，工程俱已平稳。但浑流一过，即当留心收蓄，以济来岁运行。

闰七月庚戌（十九日），谕曰：御史虞鸣球奏请禁止河臣用属员为内，并直隶河员，系本籍者，概不得委署地方。

八月庚寅（二十九日），工部议覆江南河道总督李宏疏称：外河厅属清口存工木龙护盘五架，上下挑溜护滩，均属有益。

九月丙辰（二十五日），兵部议覆两江总督管江南河道总督高晋等奏称：江南运河，向设桃清中河通判一、守备一。宿迁运河通判一、守备一。其邳州境内运河，上自黄林庄起，下至窑湾口止，共一百二十里，归邳睢黄河厅营兼管。嗣于乾隆二十三年，经河臣白钟山奏准，将邳睢厅所管运河，改并运河厅管理。惟邳州营黄河北岸守备，止管一岸，似可兼管运河，当日未经一并改隶。查运河守备，专管宿迁境内运河，工段无多。其邳州运河毗连紧接，策应近便，与运河通判，同驻宿迁，实可相资为理。应将邳睢黄河营所管运河，自黄林庄至窑湾口，一百二十里，一并改归运河守备就近会同该厅管理。应如所请。从之。

## 乾隆三十三年（1768）

二月，河东河道总督嵇璜奏：泇河厅属刘昌庄通湖水口一道，原宽二十八丈，分泄彭口山河异涨，以达微山湖。伏秋汛发，口门刷宽，湖河相连，有碍粮船纤缆。每年筑坝架桥，不能经久，请于水口中间，设两空减水石闸一座，上架桥梁，两头接修土堤。

是月，嵇璜又奏：各厅塘长河内挑工告竣，随开南旺大坝，汶水南北分流，铺灌闸塘，以待新运。查向来铺水时，柳林以北，开关家大闸，放南旺湖水，以助北行。柳林以南，开安居斗门，放马场湖水，以助南行。今岁汶水较旺，运河水足，关家大闸、安居斗门，均可毋庸开放，使上游储水，以俟重运经临。至下游之微山湖，自去冬堵闸蓄水，现存水一丈一尺五寸，较奏定水志，尚多五，灌输实为充裕。报闻。

九月辛亥（二十六日），以河东河道总督嵇璜为工部尚书，江苏淮徐道吴嗣爵署河东河道总督。

十月乙亥（二十一日），铸给江南分巡淮徐海及淮扬河务兵备道等关防。

甲申（三十日），江南河道总督李宏奏：洪湖内高堰志桩存水九尺八寸，清水已出东坝清口。应先拆二丈，以资畅出。留口宽十丈，多蓄清水，敌黄刷淤，预腾湖面，以受来年汛水。

十二月癸亥（九日），户部议准查仓大臣兵部尚书托庸等奏称：盘验京通各仓，每届五年丈量一次，徒滋糜费。应停嗣后分年支放，按仓分划新收旧贮。

是日，工部议准升任河东河道总督嵇璜疏称：运河厅属济宁汛东西二堤、泇河厅属滕峄二汛东堤，缘风浪撞激，塌卸甚多，应帮培高厚。

甲戌（二十日），工部议准江南河道总督李宏疏称：徐、扬二府属，额设渡马船一百四十二只，河工并无需用，徒糜修费，应裁。允。

## 乾隆三十四年（1769）

正月癸丑（十七日），署河东河道总督吴嗣爵奏：查勘临清至台庄挑浅各工，内有限期已迫，而未挑之土尚多，饬加人夫攒办。

二月甲戌（二十一日），江南河道总督李宏奏：淮安运河日益宽深，东西坝口门，现存十丈，今春雨调匀，应将东坝启拆八丈，以资宣泄。

是月，署河东河道总督吴嗣爵奏：查豫东黄河各工，下北河厅之铜瓦厢，溜势上提，上南河厅之杨桥大工，自四五埽至二十一埽，俱顶冲迎溜。桃汛未届，应拆修加镶。

四月辛巳（二十九日），江南河道总督李宏奏：前因骤雨后，黄运水漾入东坝，未便启拆。今湖水加长黄水渐消，已饬道厅，将东坝拆宽，俾资畅泄。

是日，山东巡抚富明安奏：臣赴兖州等属察勘河道，俱经地方官挑淤疏浅，一律深通。随由宁阳一带，至江南交界，沿堤查勘，亦俱坚固。复由峄县北行，查验兖属城工，已将次告竣内土外砖，尚俱坚实。经过沿途，麦收亦均丰稔。得旨：欣慰览之。

五月甲午（十三日），谕军机大臣等：据李宏奏，洪泽湖水势日有增长。已将清口东坝，陆续开拆至四十七丈，宣泄甚畅。

七月丙戌（六日），以兵部右侍郎宋邦绥兼署仓场侍郎。

九月壬寅（二十三日），谕军机大臣等：山东省查办挑浚运河一事，现在节届霜降，已有旨派大学士刘统勋等驰驿前往，会同河抚二臣勘办。

## 乾隆三十五年（1770）

三月癸未（六日），以顺天府府尹欧阳瑾为仓场侍郎。

丙戌（九日），工部等部议准江南河道总督李宏奏称：苇荡营石船四十四只，体笨行迟，排造亦费。请改造中浚船一百四十四只，装之苇柴较便捷。

闰五月辛亥（六日），谕：杨廷璋奏，本年北运河一带，因春末夏初，雨少水浅，粮艘遄行稽阻。请将现未过津之运通船粮，酌量截留，于天津之北仓存贮。

七月己巳（二十五日），谕：瓦尔达著调补仓场侍郎。

八月丙子（三日），仓场侍郎刘秉恬奏：山东运麦抵通，遵照旧例，转运交仓。

癸卯（三十日），署河东河道总督吴嗣爵奏：查例载河工岁修抢修，一年所做工程，于霜降后核明；统限本年十月内，分别题估咨部。

十一月壬申（三十日），直隶总督杨廷璋奏：沧州捷地减水石坝，年久屡经汛水冲激，今年麦漏秋漏，冲刷更甚。现值水落，请拨项修理。

是日，署河东河道总督吴嗣爵奏：山东省运河，今岁轮届小挑。查挑河工程，全以河中所钉志桩为准，工完照桩量验。臣现赴各属，按土计夫，按工扣限，挑淤筑坝，务归核实。

## 乾隆三十六年（1771）

二月癸未（十二日），户部议覆长芦盐政西宁奏称，漕船行抵直隶杨村，岁有漕标备弁，专司起剥，惟漕船向有旗丁兼带货物。直隶总督添派同知一员，届时赴杨村严查，即抵通交兑后，仍交仓场侍郎留心察访。

辛丑（三十日），钦差工部尚书裘曰修、直隶总督杨廷璋、布政使周元理奏：查青县、沧州两处减河之设，原因泄运河盛涨，非同闸座启闭，兼以蓄水。且现今闸座皆高出河面数尺，水浅既不藉闸版之节蓄，水发则惟赖减河之畅流。减河因节年过水受淤，俱有壅塞，必需测量高下，节节疏通，使其顺流达海。现由捷地勘至入海归宿之处，复折回勘至青县之兴济，将应挑浚事宜，悉心妥议，候回銮指示遵行。

三月甲子（二十三日），乾隆帝南巡至捷地阅堤，定捷地、兴济二闸为减水坝，罢芥园减水坝工。

四月己亥（二十九日），谕：向来旗丁余米，准在通州变卖，以资日用。现在各省粮艘陆续抵通，若旗丁于兑足正供之外，尚有多余米石，情愿出售者，仍著加恩，准其在通州粜卖。

五月甲辰（四日），户部议准升任江苏布政使李湖奏称：乾隆八年并十一年，挑筑河道挖废地亩，有丈尺数目不符者。臣覆查清河、安东、宿迁三县挑筑浪石镇等处河道，共挖废田亩六十四顷七十亩有奇额赋。

己巳（二十九日），谕军机大臣等：京师自昨日酉刻竟夜雨势甚大，未知北运河水势若何，新修之兴济、捷地两坝减水能否畅速，永定河堤岸是否稳固。著传谕杨廷璋，即将现在情形查明。

六月丁亥（十八日），谕：前据高晋、李宏奏，五月间黄河水长甚骤，已开放毛城铺，仍未消退。而清水稍弱，清口以下，间有停淤。随谕令加紧筹办防护，毋稍疏缓。今据李宏奏，六月以来河水渐次消落，所有蛰塌工段，业经抢修称固，清水亦逐渐加增，即可畅出清口。

七月庚子（二日），谕军机大臣等：京城自初一日巳时起，雨势甚大，竟夜未止。恐于河工地亩，均有关碍。著传谕杨廷璋，将永定及北运等河情形何似，及一应田禾有无淹浸之处，即行详细查明。

壬寅（四日），仓场侍郎瓦尔达等奏：通惠河涨溢，普济等洄南岸漫口，请特派大臣会同办理。

癸卯（五日），谕：据瓦尔达等奏，旗丁蒋鹏年漕船，于王家楼遭风，亏折米二百三十石，恐有盗卖捏报情弊，请交直隶总督、漕运总督派员查究。

丙辰（十八日），直隶总督杨廷璋奏称：滹沱河日就北趋，工程险要，沿河之缺，今昔繁简不同。请将蓟运河通判改为简缺，正定府粮马河通判改为专繁要缺。允。

戊辰（三十日），大学士管两江总督高晋等奏：黄河水势，七月内有长无退。宿迁县支河口堤根，蛰塌十余丈，上下河道多有平漫。堤工间有出水数寸者，臣等将刘老涧开放，以泄运中河之水。

八月庚午（二日），谕：吴嗣爵著调补江南河道总督，所遣河东河道总督员缺著姚立德署理。其河东河务并著何煟兼管。

丙子（八日），谕：今岁秋雨过多，河水涨发，近畿一带洼下地方，田禾不免淹浸，节经发帑五十万两，截漕五十万石，并令该督杨廷璋，勘明成灾州县情形，分别照例办理。

丁酉（二十九日），大学士管两江总督高晋奏：洪泽湖水自七月下旬后，有长无消，臣将山盱五滚坝内礼字坝开放，分泄湖涨。

十月丙申（二十九日），署河东河道总督姚立德奏：查运河两岸，向有济运水柜，贮蓄于秋冬，灌输于春夏，以资浮送粮船。臣亲往各湖，测量水志。蜀山、马踏、南旺、马场、独山等湖，收水较往岁为多，尽足济用。

## 乾隆三十七年（1772）

正月甲寅（十八日），升任漕运总督崔应阶奏：粮道以漕运为专责，当粮艘开行时，例应亲督到淮，近多承办地方杂差。

癸亥（二十七日），谕：上年因永定河、北运河等处，遇夏秋雨水过多，每不免于漫溢，宜亟筹修治宣泄之方，以杜后患。特派高晋、裘曰修，会同总督周元理履勘核办。

乙丑（二十九日），署江苏巡抚萨载奏：丹徒、丹阳二县运河，定例六年大挑，每年择段捞浚。去冬水势消落时，委员测量，据报间段俱有淤浅，应捞浚。丹徒江口、丹阳馆驿前淤尤甚，应改捞为挑，随饬攒办。

二月戊寅（十三日），谕：嗣后漕船入北运河，起剥货物，著长芦盐政每年派委妥员一人，前往该处，会同直省委员一同监办。

三月乙丑（三十日），大学士管两江总督高晋等奏：清口头架木龙沙淤，五架木龙下，新长淤滩长百二十余丈，宽三四丈不等。请将已淤头龙旧木，拆移五龙下七十余丈。紧对陶庄处建木龙一架，保护新滩，并挑溜北趋，俾黄水直逼北岸陶庄，清水抵惠济祠后，以成清黄并流之势。

是日，署河东河道总督姚立德奏：粮船行走迅速，全赖闸座启闭得宜。山东省自韩庄至临清三十四闸，地高溜急，应一律下板，船到上启下闭。

五月戊戌（四日），谕军机大臣等：据巡漕御史郎图奏，江淮二帮粮船，行至甲马营地方，有贼犯持刀上船恐吓，并跟帮潜踪滋扰。传谕周元理，饬属缉拏究治。

六月戊辰（四日），工部议准署河东河道总督姚立德疏称：山东各处泉源，运道攸关，自宜修治。俾水泉常旺，以资浮送。

癸巳（二十九日），江南河道总督吴嗣爵奏：六月初旬，洪泽湖长水四寸，旋陆续消落，高堰志桩，现存水一丈一寸。山盱五滚坝，封土并未过水，清水畅流东注，会黄归海，业经平定。

是日，署河东河道总督姚立德奏：南漕重运，自济宁至南旺，逆流挽运仅数十里，尾帮一过南旺，即顺流易行。又运河内长水未消，臣复畅开蜀山、马踏二湖，俾河水充足，柳林以北，各闸可以启放，无庸再守闸板。

七月壬戌（二十九日），直隶总督周元理奏：永定、北运二河，自疏筑工竣后，节节深通，堤坝坚固。

是日，山东巡抚徐绩奏：汶上县汶河并东平州戴村坝下淤沙，前挑浚一律深通。

九月己酉（十七日），署漕运总督嘉谟奏：前任漕臣杨锡绂奏准，运河水小之年，于江安、苏松二粮道内，奏派一员，督押重运，直抵临清，料理沿途起剥及筹水接济等事。

十月甲子（三日），谕军机大臣等：明春巡幸天津，阅视河工。

## 乾隆三十八年（1773）

二月丙寅（七日），兵部议覆左副都御史罗源汉奏称：漕船所雇短纤，奸匪甚多，并有不法舵工水手窝顿，应责令本帮千总，实力稽察，定以议叙议处，以示惩儆。

三月己亥（十日），河东河道总督姚立德奏：山东运河经明臣宋礼用老人白英之策，筑坝济运，功业不朽。雍正四年敕封宋礼为“宁漕公”，建祠，以其子孙世袭生员奉祀，敕封白英为“永济之神”，配食。乾隆三十年赏给白英子孙世袭八品顶戴，查宋礼典崇专祀，其子孙自应一例给与八品顶带，以隆祀典。允。

闰三月丙子（十七日），吏部议准河东河道总督姚立德奏称：沿河地方佐杂等官，颇有留心河务，不辞劳瘁之员，惟定例不能与河工通融升调，无以鼓励。请嗣后，此项佐杂，如有办公奋勉，熟悉河工者，遇河工缺出，一体升调。允。

四月戊戌（十日），谕军机大臣等：据高晋、吴嗣爵同日奏到，现因湖水盛涨，酌将山盱五滚坝内义、智两坝封土启除，听其过水高、宝诸湖。

五月戊子（三十日），署河东河道总督姚立德奏：山东省运河为汶、泗、府、洸、沙、赵等河汇归之区。又两岸有蜀山、马踏、南旺、马场、独山、昭阳、微山等湖。伏秋水发，湖河难以容受，必须预筹宣泄。现饬厅汛闸员，俟尾帮过后，即起除闸板，挑开月河，俾南北分消，现指示运河道办妥。

六月己丑（一日），吏部议准直隶总督周元理奏称，前准部咨，粮船入境，酌派同知通判一二员，协同催趱官，亲往河干捕盗。

九月己巳（十三日），御书江南淮渎庙匾曰“灵渎资清”，禹王庙曰“平成永赖”，大王庙曰“恬波利济”，又河南崔家坝河神庙曰“佑引天成”。

十月乙卯（三十日），署河东河道总督姚立德奏：山东省运河，轮届大挑，现分别估计。得旨：好，勉力以实可也。

十一月甲申（二十九日），署河东河道总督姚立德奏运河大挑兴工日期。得旨：览。实力妥为，挑工最易滋弊也。

## 乾隆三十九年（1774）

四月壬子（三十日），江南河道总督吴嗣爵奏：清口东西坝口门，蓄泄启闭，为全河关键。查洪泽湖高堰志桩，上年冬底，原存七尺，东西坝口门留宽二十丈。目下湖水盛增，水志亦渐次加长，随督同官弁，将东坝先拆十丈，口门共宽三十丈，以资畅泄。

五月乙亥（二十三日），仓场侍郎申保、倪承宽奏：向例各省漕船，交纳正供之外，有三升八合余米交仓，官为给价。乾隆二十七年、三十三年、三十六年，因丁力艰难，准令将应交余米，宽俟下年搭解。

八月戊子（七日），谕：据嘉谟奏，本年运河水源微弱，回空恐不比往年迅速。请将山东省各闸，仿照重运之例，下板拦蓄，按塘启放，以免稽迟。

九月己巳（十九日），白莲教王伦起义。

十月甲辰（二十四日），大学士管两江总督高晋等覆奏：前查办潘家屯引黄助湖事宜，实因微湖蓄水甚少。明春泉源旺盛与否，难以预定，须籍黄流以资挹注。

十一月辛酉（十二日），谕：据吴嗣爵奏，高堰、山盱一带临湖砖石工程，屡经风浪撞击，多有倒卸。续于十月十四五日，复被大风昼夜掀掣。砖石旧工，又多塌陷，亟应勘办。

甲戌（二十五日），谕军机大臣等：据高晋等覆奏，估办堰盱倒卸石工，务于来岁汛前一律完竣，自系断不可缓之事，高晋等当遵旨妥速经理。

己卯（三十日），大学士管两江总督高晋奏：开挑潘家屯引河，现饬各员开工趱办，淮属被水灾黎，自蒙蠲赈频施，俱各得所。各处积水，亦全消涸，惟漫水经过之水利河渠，多有淤垫，民力不能办理，必须官为挑浚。

## 乾隆四十年（1775）

正月庚戌（二日），谕：直隶天津、河间等属，上年偶被偏灾。业经赏拨通仓米十万石，以备赈济之需。民食无虞缺乏，惟念被灾各户，计至昨冬，正赈已毕。

戊寅（三十日），河东河道总督姚立德奏：山东省运河，以汶、泗为源。遇伏秋汛发，汶水铺灌闸河，所有各湖进水出水斗门，悉行筑坝严闭。

二月丁未（二十九日），河东河道总督姚立德奏：山东省今春雨雪深透，湖水铺足。南自韩庄，北至临清各闸，塘水均有六尺以上。现令层层下板，以资拦蓄。

四月丁亥（十日），谕军机大臣等：据高晋奏请，将革职道员李奉翰，发往江南河工，令其自备资斧效力。允。

六月乙巳（二十九日），谕军机大臣等：据吴嗣爵奏，查勘河工情形一折。内称瓜洲城外回澜坝及大庄等处，从前抛填碎石抵御江潮。现在石块拥护埽根，甚为稳固，毋庸再为添办。

七月己巳（二十四日），工部等部议覆直隶总督周元理疏称：北运河杨村厅所辖之王甫汛，工长二十五里，甚为紧要。该汛距杨村通判驻扎处六十余里，距务关同知驻扎处仅三百步，应改隶务关同知就近管理。

八月戊寅（三日），谕：据嘉谟等奏，七月二十一日，已将全漕帮船，催过济宁，仍由水路分头严催前进。

丙戌（十一日），谕：高晋奏黄河汛水情形一折，据称黄水势盛倒灌，现在收束清口坝，分别挑浚引河淤浅。

九月辛酉（十六日），军机大臣议覆直隶总督周元理奏称：南北运河每年额定岁抢修银各一万五千两。照数预领，节年通融办理，与永定河旧例相同。

乙丑（二十日），两江总督高晋会同河东河道总督姚立德、山东巡抚杨景素覆奏：蜀山一湖并无来源，惟收蓄汶河伏秋盛涨之水，始足以济漕运。今业将险要堤工，砌石增高，即多收水一二尺，亦可无虞。

甲戌（二十九日），两江总督高晋会同河东河道总督姚立德奏：微山一湖为山东省漕运要区，原定水志一丈一尺始足济运，现仅存水八尺三寸，兼以近日雨少，湖水难期增长。在江南黄河北岸潘家屯开挑引渠，于霜降后开放，泄水入湖，颇资接济。

## 乾隆四十一年（1776）

三月庚辰（九日），兵部议准河东河道总督姚立德疏称：河标设有中军副将一员，左右二营游击、都司、守备、千总、把总等官弁，向未设有参将。是以副将缺出，俱于抚镇各营参将内，拣选升补。

辛丑（三十日），大学士管两江总督高晋奏：查勘丹徒县境内运河，自江口至西闸止长二百一十丈。自窑湾至孙家村止长四百丈，俱系浅涩。又江口东岸，及横闸对岸各有淤滩一段，殊碍行舟，均应挑挖，加以筑坝修闸。

四月甲子（二十三日），以左都御史阿思哈为漕运总督。

五月己亥（二十九日），江南河道总督萨载奏：高堰、山盱二厅砖石要工，向遇风浪撞掣塌卸，始随时购办。动经数月，只得暂将柴草，先为缕护，稍不坚实，续掣堪虞。请照沿海石塘预办工料之例，办料购买。

六月戊午（十九日），谕：据萨载奏，运河及骆马湖水势骤涨，抢护平稳，所办甚合机宜。

己巳（三十日），直隶总督周元理奏：沧州捷地坝口，旧筑石海墁以外，仅有石簸箕八丈。下即灰土工程，每遇涨发，易于冲塌，渐至摇动石工。请于石簸箕外，添筑大石坦坡，并灰土工程各七丈。允。

七月戊戌（二十九日），谕：据阿思哈奏，长淮卫、宿州二帮漕船，于本年三月在洪泽湖漂没二十五只，其漕米业蒙加恩豁免。所有船只，均应购料补造。允。

己亥（三十日），江南河道总督萨载奏：查勘洪泽湖水势，陆续加长。五滚坝内，义、礼二坝久经过水，若将仁、智、信三坝全放，高宝一带，恐难容受。臣等议将清口东坝，拆去三丈口门，共宽六十丈，深有二三丈四五丈不等，俾湖水出口益畅，将仁、智、信三坝封培拦御。

八月戊辰（二十九日），河东河道总督姚立德奏：泇河厅属滕县山河，在种家渡入运。其入运处，河身湾曲，山水骤发，扫刷沙山，斜冲对岸西裹头，致溜势洄旋，沙土停淤，不能径达引渠。应于余家桥下，孟家庄后改挑新河一道，藉作沙囊。允。

十一月丙子（八日），江南河道总督萨载奏：回空漕船，时届冬令，河水充裕，足资浮送。

丙申（二十八日），浙江巡抚三宝遵旨覆奏：浙省漕运，原系冬兑冬开，近年逐渐压迟，实由旗丁在途，托故稽延所致。现严饬监运各员，加意催运，不许停泊。务与江苏各帮，衔尾而上。

十二月癸卯（六日），大学士管两江总督高晋遵旨覆奏：漕运冬兑冬开，现飞饬粮道及各州县凛遵妥办，如监兑厅员，不能督催趱运，立即参处。

## 乾隆四十二年（1777）

二月甲辰（八日），军机大臣等议覆湖南巡抚敦福奏称：湖南粮船进瓜洲口后，必需纤夫，查江南瓜仪及山东运河，前经该省督抚等，奏明添备短纤。

戊午（二十二日），谕：将敦福调补仓场侍郎。

三月辛未（五日），江南河道总督萨载奏：旬日以来，臣驻扎清口，将旧河坝工，赶紧接筑，于二月二十四日一律完竣。旧河即经断流，并于坝外，镶做边埽一道，以为外护。

甲戌（八日），大学士管两江总督高晋覆奏：清黄分流，直至周家庄汇归东注，与黄河下游各工，并老坝口工程，均无妨碍。新河头现在刷宽至七十余丈，河身、河尾现宽五六十丈，河底水深一丈四五尺，两崖尚高出二三尺，两岸筑堤工。

五月甲午（三十日），河东河道总督姚立德、护山东巡抚布政使国泰会奏：运河堤内东坡一带，泗水发时，漫损地亩。今于姜家桥上下，开挑深通，水由桥洞直下，兜湾处开引河五道，筑土坝一道。允。

六月癸卯（九日），谕：据德保奏，湖北三帮旗丁王清、卓伯青、邓英三船，在邳州河定闸，遭风漂瀛，粒米无存，例应照数赔补。

七月丁丑（十四日），谕军机大臣等：据巡漕御史敦岱奏，临清卫守备万世通，同东昌卫千总王祖夔，统率丁舵衙役人等，至临清闸喝令众人，将闸板拉起。放进改造回空船八只，致重运粮船顶阻八时。实属不法，万世通、王祖夔、崔体渊俱著革职。

八月己未（二十七日），谕军机大臣等：闻淮扬一带运河久未挑浚，河身逐渐淤高，或遇水大之年，河淤则易致泛溢，所系甚大。著传谕高晋、萨载即速将淮扬运河逐段查勘测量，有应行挑浚者迅即确实勘估。

十月己亥（七日），调工部侍郎舒常为仓场侍郎。

丙辰（二十四日），谕：上年因长淮卫、宿州二帮漕船，在洪泽湖漂没二十五只，丁力疲乏，购造无赀，曾降旨加恩，于道库赏借银一万两，给发各船，购料赶造，分作五年归款。

十一月己丑（二十七日），谕：德保奏，十一月初间，双金闸及邳、宿一带，天寒冰冻，回空漕船，稽阻南下。当饬文武员弁，上紧敲打，一律开通。

## 乾隆四十三年（1778）

四月丙午（十六日），谕：向来旗丁余米，准在通州变卖，以资日用。现在粮艘已陆续抵通。旗丁于兑足正供之外。尚有多余米石。其有情愿出售者。仍著加恩。准其在通粜卖。在旗丁等既所乐从，而近畿地方，粮石益充。于市价民食，均为有益。该部即遵谕行。

闰六月癸亥（五日），谕军机大臣等：据鄂宝等奏，六月二十八、二十九、三十等日，黄水渐长，漕船渡黄者三十九只，皆系起空之船，兼资人力，始能挽渡。今年江广重船，因河水浅阻，自六月初四日以来。未渡黄者计七百余只，旗丁等守候日久，且起剥漕米，不免需费。

己巳（十一日），谕军机大臣：鄂宝等奏，江西帮船，两日来又陆续渡黄三十八只，务期于闰六月二十外，全渡北上。

庚午（十二日），谕：湖南、江西各帮粮船，因清黄交汇处，间有淤浅，守候日久。迄今始得渡黄北上，且起剥需费，丁力未免拮据。查明酌赏，至各漕船，向有余米，例随正米交仓。折价收买。

七月戊戌（十一日），谕：前据仓场衙门奏，大河前帮、淮安三帮过津脱帮，请交漕运总督，查明参奏。

八月己未（二日），谕军机大臣曰：清水现已畅流，迅出东西两坝，口门已展至三十丈。天然、太平两河，俱一律深通。

壬戌（五日），谕：豫省仪封、考城一带，黄河漫口夺溜，被灾较重。已命大学士高晋，选带谙习河工将备弁兵，星驰赴工，速筹堵筑。复降旨截留漕粮二十万石，并留豫省新漕十万石，又先后拨运两淮盐课银一百万两，并命尚书袁守侗前往查办。董饬有司实心抚恤，俾灾民不致失所。

丙寅（九日），谕军机大臣等：洪泽湖清水续长，饬将清口东坝，陆续展拆至五十丈，并将山盱智字一坝封土，预为开放，以备分泄水势。

九月壬辰（六日），谕军机大臣等：高宝、邵伯湖河水势盛长，启坝分泄，现已平定。

癸巳（七日），谕：山东省自闰六月、七月以来，各属俱得透雨，秋禾普种。现在百谷登场，合计通省收成，确有九分有余。前奉恩旨，截留江西漕粮五万石，已饬令收贮济宁水次，酌给各州县相时出粜。

十月癸亥（七日），谕军机大臣等：本年豫省黄河漫口奋溜。仪封、考城等属被灾较重，业经降旨，截留漕粮二十万石，并留豫省新漕十万石，又先后拨运两淮盐课银一百万两，并命尚书袁守侗前往查办。董饬有司，实心赈恤。

十二月癸酉（十七日），谕：前因长淮、宿州二帮漕船，在洪泽湖遭风漂没，曾降旨于道库内，赏借银一万两，给发各船，购料赶造。

是日，署两江总督江南河道总督萨载奏：查洪泽、高宝诸湖，水势渐消。现已将山盱五滚坝封堵，运河东岸各坝，亦赶紧堵闭。至清口东西坝，前留口门三十八丈，现在接续补筑，酌留二十丈，以资收蓄，俾济来春重运。

## 乾隆四十四年（1779）

正月甲午（九日），署两江总督江南河道总督萨载奏：丹徒、丹阳县境运河，为江、浙漕船要道。江潮灌注，挟沙而行，兼岸陡泥松，易致淤垫。请将上届未经估挑，及挑而复淤各段，给该二县挑浚，并责成该道、府督勘。

二月丙子（二十一日），谕曰：何裕城现经调补江南河库道。其河南、河北道员缺亦属紧要，因思前任道员朱岐在豫多年，河务颇为熟谙，该员丁忧回籍，已届年余。现有旨令其署理河北道印务。

四月甲戌（二十日），仓场侍郎雅德、蒋赐棨奏：江苏办运洋铜，例由张湾雇觅车辆送京，计运铜十万斤。应用车五十六辆，一时雇觅难齐。若改用船运，较为迅速。请嗣后改车用船，所有脚价，除抵张湾以前，听该员自行办理外，其所张湾运局，仍照运铜事例报销。

戊寅（二十四日），谕：河工重务关系国计民生，最为紧要。姚立德本系革职留任之员，即著革任，仍留工次效力赎罪。所有河东河道总督员缺著袁守侗补授。

六月乙丑（十三日），署江南河道总督李奉翰奏：五月中旬，大雨时行。宿迁骆马湖内水势盛长，随饬员将顺堤河形，北小坝等处尾闾各坝启放，水由六塘河入北潮河归海。

丙子（二十四日），谕：五月下旬及六月初间，洪泽湖因上游黄淮并涨，加以沁河发水汇注，来源过盛，清口宣泄不及，现将信坝启放。

壬午（三十日），河东河道总督袁守侗奏：沁河北岸漫口归入卫河。卫河长水，共深一丈七尺余。运河水势不能抵御，以致卫水倒漾入运。现将下河之哨马营四女寺及上河之魏湾滚水闸坝，全行开放。仍恐临清遖上一带不无停淤，随饬确探妥办，务期一律通顺，以利漕运。

七月癸卯（二十一日），谕军机大臣等：洪泽湖内现已陆续消水一尺四寸，外河山安海防一带已消水二尺余寸，淮扬运河归江之路，亦甚畅达，各工保护平稳。

八月己巳（十八日），谕曰：鄂宝等奏，湖南各帮漕船，现已据报转卫可期，陆续抵坝交卸。其江西在前各帮，亦可赶赴八月中旬抵坝，无误回空。至在后各帮，如八月二十外始能抵通者，若不预为筹画，临时不无周章，请饬交仓场侍郎，就近酌看情形，循照上年之例备集剥船于杨村赶紧起卸。

丁丑（二十六日），谕：据鄂宝奏，江西尾帮粮船抵通迟滞，虽因湖南船只在前顶阻，但究系办理不善所致，自请交部严加议处。

辛巳（三十日），山东巡抚国泰奏：山东省六月间，因直隶河南漳、卫二河水涨，倒漾入运，并本省洸、泗、汶各河骤涨，以致临清、济宁、德州、馆陶、邱县、夏津、武城等七州县被淹。截留江西漕米五万石，分贮沿河州县备用。

十二月辛亥（一日），谕：上年因豫省两处漫口，需料较多。恐该省尚有额办岁料，不敷采买，曾经两次谕令直隶、山东二省帮办，运往应用。今该处屡筑屡冲，所费更多。本省所产秸料，购办自更为竭蹶。着传谕杨景素、国泰即于附近豫省地方，速即饬属，各购秸料数千万斤，预备该省取用。

## 乾隆四十五年（1780）

正月癸未（四日），谕：江苏阜宁、清河等处，因夏雨稍多，洪泽湖水涨，兼之上游沂蒙诸水下注，致成一隅偏灾。节经降旨，令该抚实力查勘，蠲赈兼施，灾黎自可不致失所。

丙戌（七日），谕军机大臣等：前据阿桂等奏，调南河文武员弁到工者十六员，内副将徐建功熟谙情形，暂留工次。其守备朱一成等五员，暂留差委，余俱饬令各回本任。

二月丙辰（七日），李奉翰著调补河东河道总督，江南河道总督员缺即著陈辉祖调补。

戊午（九日），遣官祭河渎、淮渎之神、顺黄坝河神庙、杨庄金龙四大王庙；遣官祭故河道总督靳辅、齐苏勒、大学士嵇曾筠、高斌等祠。

壬申（二十三日），谕：灵佑襄济大王交该抚荣柱于其子孙内择一人作为奉祀生，世传勿替。前任总河朱之锡交礼部酌拟位号，候朕钦定。其铜瓦厢风神庙御书扁额，另行颁发，用答神贶 。

己卯（三十日），巡视济宁漕务给事中索兴阿奏：自济宁历兖、沂、泰、济四府州属，查勘泉源，有数泉丛聚。泉源较往年加旺，于漕运有益。

四月丁巳（九日），乾隆帝南巡至武家墩，阅视高家堰堤工。祭河神，渡河。

辛酉（十三日），谕曰：姚立德由按察使加恩擢授总河，一切修防堵筑，是其专责。

七月壬寅（二十六日），谕曰：国泰奏，山东省汶河，因今年雨水过多，水势陡长，七月十七日又值大雨，东平州戴村坝民埝，被水冲漫，流入大清河，民田庐舍，均无妨碍。现在督饬道府厅州，修筑民埝，加桩培厚，以期巩固。

八月乙亥（二十九日），漕运总督鄂宝等奏：本年重运粮船尾帮，于八月十一日全数催出临清，至三进各帮，现多行抵津关。

九月丁丑（二日），军机大臣等奏：据革任河东河道总督姚立德，呈请据情代奏。愿于南河、河东等处，自备资斧，效力赎罪。姚立德著发往南河，交与萨载等，以河工同知差遣委用。

十二月癸酉（二十九日），河东河道总督李奉翰等奏：张家油房坝工堵合后，遵旨驻工，督率文武员弁，加意巡防保护。俟一切妥竣，再回济宁，查验运河挑工。

## 乾隆四十六年（1781）

正月丁丑（四日），谕：江苏淮安、徐州等处，因郭家渡黄水漫溢，且雨水稍多，下游处所田禾被淹。业经降旨，令该督抚等加意抚绥，照例给赈，以示优恤。

五月壬寅（二十九日），河东河道总督韩铼奏：山东省运河全赖汶、泗来源与各湖接济，查汶河上游东平州戴村石坝为汶水蓄泄之权衡，山东省漕运之关键，汛水盛涨，致将石坝迤上民堰漫溢，经山东抚臣督办补还。

闰五月辛未（二十九日），河东河道总督韩铼奏：月来阴雨频仍，运河水势加长。彭口、山河二处挟沙较多，停淤三十丈，当即饬令上紧挑浚。

六月乙未（二十四日），工部等部议覆直隶总督袁守侗疏称：北运河筐儿港减河南堤，近年汛水涨发，屡被冲塌，劳费无益，请将派用民力修筑之例停止。其堤内武清、天津及津军厅所属民地、官地并苇渔课地，共一千八百七十六顷七十五亩。

七月壬子（十二日），谕军机大臣等：本日据萨载等奏，高堰堤工前被风暴撞掣，保护平稳，并南关等坝未经开放。

乙卯（十五日），山东巡抚国泰奏：臣在济宁途次，据禀河南仪封县河堤漫溢。查该处毗连山东省，水势下注直入曹县一带，民田庐舍恐有淹浸。臣即前往确勘，速为抚恤。

八月癸酉（二日），谕：据国泰奏，亲至张秋，查看运河黄水，由西而东直过运河，水势亦不甚溜。将来安南使臣，仍由水路而行，可无阻滞。两岸村庄，不致有碍观瞻。

九月壬戌（十四日），署两江总督萨载、山东巡抚国泰奏：邳宿一带运河，水深一丈八九尺，俱系清流，出口甚利，两岸亦高，尽足容纳上游之水。

十一月戊辰（三十日），谕：本年豫省青龙冈漫口，黄水灌入山东省湖河。江南之沛县正当下游，受患较甚。该处城垣，经漫水淹浸，不无坍损。居民避水移徙者，田庐亦间有漂没，从前已屡经降旨，加恩抚恤。

## 乾隆四十七年（1782）

正月甲辰（七日），谕军机大臣等：据鄂宝奏，自济宁至台庄，纤路淹没。本年重运，恐致周章。移咨河臣及行山东运河道，预为筹办。

丙辰（十九日），河东河道总督韩镔奏：山东省运河挑工，临清、南旺二处均已报竣，其余各河工段，统计挑有八分。至济宁以南，运、泇两厅属，湖河水势，较盛涨时，已消二尺七八寸不等。西岸纤道，水浅处渐次涸露，现在逐细勘查。

二月壬辰（二十五日），巡视济宁漕务内阁学士副都统毓奇奏：查本年重运头帮，于三月初入山东省黄林庄境。现在济宁以南，纤道水站等工，已经办竣。将来重运经临，沿途护催，较往年到济之期，尚可不至过迟。

三月癸卯（六日），河东河道总督韩镔奏：山东省闸河，全赖汶、泗来源。南北分流济运，泗水收蓄马场湖至金口坝分泄南行，汶水全出分水口，至何家坝分流北注。现在湖河涨水未消，汛期已届，应将二坝及早起除，使汶、泗两水渐次宣泄，以防壅决。

六月壬辰（二十七日），谕军机大臣等：据鄂宝奏，接准郝硕咨称，扬州以北水浅，重运不免阻滞。请将江西后六帮各船之米，借用山东省减歇漕船，接载赴通，令本船赶紧回次。

七月癸丑（十八日），谕军机大臣等：向来漕运总督，于粮艘全数抵通后，即就近赴热河复命。本年各省粮艘北上较迟，必须上紧催趱回空，方可无误冬兑冬开之期。

八月丙子（十二日），谕：本年漕艘北上，经由济宁迤南，河湖一片，各该处筹备桥梁纤道，均属妥协。前经降旨令阿桂，查明在事出力人员，奏请议叙。

壬辰（三十日），谕：据萨载奏，河湖水势消落，邳、宿、铜、沛等州县，被水处所工段城垣，现已保护抢筑。洪泽湖及运河下游闸坝，酌量开启，以资宣泄。

是日，两江总督萨载、江南河道总督李奉翰覆奏：清黄交汇以下，至云梯关入海处，计程四百余里。在平日河流顺轨，束水攻沙，此数百里内，水色全黄。今青龙冈漫水，淤沙澄于上游。凡分泄入黄者，尽属清水，是以入海水色亦清。

是日，漕运总督鄂宝覆奏：上年粮艘过济宁时，黄水尚未下注，遄行无阻。今岁重运北上，积水未消，伏秋水势，节次增长江广各帮船重，因致脱空迟缓。

十二月壬午（二十日），山东巡抚明兴奏：伊家河工程，河底挑深之后，俱系砂礓坚土；多费人工，幸天气晴和，人夫得以尽力，再趱办数日，即可告竣。

庚寅（二十八日），谕：山东运河东西两岸，前经勘定，于明岁兴修。但自济宁至韩庄工段甚长，止运河道沈启震一人，查催照料，恐致鞭长不及。

壬辰（三十日），巡视济宁漕务内阁学士毓奇奏：济宁以南，湖河水势，下游未能通畅，查山东省运河地势，俱属东高西下，惟赖西岸各湖，以资分泄。

## 乾隆四十八年（1783）

二月己巳（八日），江南河道总督李奉翰奏：里河厅属五道引河内，惟太平河最近运口。每年经大汛，山水挟沙，汇注洪泽湖尾闾一带，普面漫滩，水行至此，滩土浮沙，往往停滞。现在洪泽湖水极小，应及此时一律挑深，应即以挑起土，帮培高厚。

甲戌（十三日），山东巡抚明兴奏：济宁州城东杨家坝，于乾隆二十二年改坝为闸，平时收水归湖，水涨泄水入运，历年汕刷。根悬桩朽，蛰裂坍卸，应拆修。

丙戌（二十五日），两江总督暂署江南河道总督萨载奏：黄河北岸通连微山湖及运河，各引渠现堵闭口门，以备豫省放河。其潘家屯、张家庄坝工，已填筑断流，尚须加高帮宽。两处外滩引渠较长，坝外应各添筑土格二道。

辛卯（三十日），巡视济宁漕务内阁学士毓奇奏：谢补授漕运总督恩。

四月庚午（十日），谕：豫省河工现已告成，下游漫水日渐消落，漕艘北上，可以遄行无阻。但必须赶紧回空，早出东境。运河闸坝等工，始能及早兴修。

己卯（十九日），户部议覆漕运总督毓奇奏称：向惟山东粮道，督押重运抵通。余只押抵淮安，请嗣后各省重运，俱令粮道于到淮盘验后，即督押本帮，直至临清，出具船米无亏印结，再行回任。概责令山东粮道，往来催趱。

己丑（二十九日），原署河东河道总督何裕城又奏：彭口塘河，向易停淤，必须即时捞浚，方能利运。

五月壬辰（二日），谕曰：李奉翰擢用河道总督，著加恩仍兼兵部尚书，右都御史衔。漕运总督毓奇甫经擢用，著照新例。改授为兵部侍郎，右副都御史衔。

六月戊子（二十八日），谕军机大臣等：工部奏驳何裕城题销运河一带抢修工程一案，已派福康安前往查勘。

九月戊午（三十日），漕运总督毓奇奏：回空帮船，全过济宁后，即将上游之开河、十里二闸，严密闭板，令水势全行南注，以资接济。

是日，署河东河道总督兰第锡奏：济宁、鱼台各闸座桥坝，均用草土堵筑，藉蓄水势。至滕峄二汛西岸，拆修石工，亦先行赶筑圈坝，且须酌留一二过水之处，以泄余水。

十月辛巳（二十三日），漕运总督毓奇奏：回空尾帮，过济宁后，将南旺以南各闸启放。俾汶水畅行。足资浮送。惟泇河厅属之彭口、十字河一带，淤沙较厚，经运河道沈启震督饬所属，昼夜挑挖。

十二月甲申（二十七日），漕运总督毓奇奏：大江以北，应行起运漕船，于本月十八日呈报兑竣。臣亲加盘验，米石干洁，数目无亏，当经饬令开行。其大江以南各帮，陆续呈报受兑。所有镇江、丹阳一带运河应挑工段，叠催承办道府，上紧挑挖，期于重运无误。

## 乾隆四十九年（1784）

二月甲戌（十八日），谕：据毓奇奏，镇江后帮旗丁薛七襄等漕船六只。至临黄坝陡遇暴风，救护不及，船身碎裂，淹毙男女二口，漂没正耗米四千二百九十四石七斗。请分作四年，令该旗丁买补米石，搭运交通。

三月甲寅（二十九日），署河东河道总督兰第锡奏：自韩庄赴豫查工，曹县六堡、险工一处，今扫前挂淤，可化险为平，饬于堤后加倍防护。

闰三月甲申（二十九日），署河东河道总督兰第锡、山东巡抚明兴奏：济宁以南运河堤埝闸坝等工全行完竣，计修复官堤，共长五万一千八百十七丈。两岸民埝此次统归官办，计长一万四千五百六十三丈。又修复大闸二十四座、单闸十九座、桥二座、滚水坝二座、水口裹头四十二座、泄水涵洞十二座，俱于闰三月十一日完工。

四月乙酉（一日），谕：山东运河堤岸各工，前经发帑兴修，现已一律完整，办理甚为妥速。

甲午（十日），谕军机大臣等：据明兴奏，上年兴修山东省运河，官民堤堰土石各工，共用银五十三万九千四百余两。因例价不敷，加用津贴银五十三万余两。请分年捐廉归款。

五月癸未（二十九日），漕运总督毓奇奏：邳宿运河浅阻，江南、浙江两省粮艘，守候一月，实形拮据。请将例交三升八合余米，暂缓交仓，分二年完纳。

九月丁卯（十五日），谕：据宝琳奏，江西尾帮漕船，全数过津。宝琳前经降旨补授山海关副都统，令其即赴新任，并令刘峨拣员前往接署。

十月丁亥（五日），谕：据保泰等奏，本年到通漕粮二百四十三万石，又北仓截留三十二万余石，较之上年多收二十二万石，著存于北仓，作为直省买补仓粮之用，毋庸运通。

辛亥（二十九日），总督仓场侍郎保泰等奏，今年运河水浅，漕船冻阻，臣等率员弁昼夜敲凿，并力趱办。

十一月乙卯（四日），谕：前因山东疏浚运河，挑挖八闸，事关紧要，特令毓奇专办。而签盘漕船，亦不可无大员查验。现在睢州漫工指日合龙，李奉翰回至南河，春夏之交亦无紧要工程事件，著即派李奉翰办理。

## 乾隆五十年（1785）

正月庚辰（三十日），直隶总督刘峨奏：北仓存剩漕米八万五千余石，请拨给直隶各州县，听其自行雇车运回，以补仓贮。

是日，江南河道总督李奉翰奏：邳宿桃清运中河各段挑工，自上年十二月内，筑坝兴办。

三月辛酉（十二日），谕曰：毕沅奏，豫省河北一带各属仓储，因连年积歉，蠲缓散给，存贮无多。请于豫省应行起运米豆内，截留十一万余石，并于山东漕粮内，就近截留八万石，方足二十万石之数，以备接济。

癸丑（二十四日），漕运总督毓奇等奏：山东省八闸大挑工程，臣等将闸内一切坝埂余土，严督工员收拾净尽。随饬运河道，开放汶河大坝及韩庄之湖口双闸，灌注铺水。

五月癸丑（五日），兵部等部议准河东河道总督兰第锡奏称：山东黄运河营原设守备一员，协备一员，正备衙署建设曹县望鲁集地方，协备向无衙署。嗣于乾隆四十七年，将黄运守备改为专管运河守备，以山东黄河统归协备经管，运河守备自不得仍驻旧地。于济宁州城内，建盖运河守备衙署，所遗望鲁集衙署，即改为黄河协备衙署。

六月丁未（三十日），直隶总督刘峨奏：本年运河水浅，粮艘不无阻滞。臣分委干员，前往古浅各处，上紧捞挖，严饬该管文武员弁，俟漕艘入境，即依限趱行。

七月丁丑（三十日），漕运总督毓奇奏：本年二进尾后镇海等十七帮及浙江十帮、湖广六帮，虽止渡黄起剥，而邳宿运河顶阻久候，及水长倍加挽纤，请每船赏银三两。其自头进淮安头帮起，至二进宁太帮，共二十八帮，自渡淮至猫儿窝、黄林庄等处节节起剥，劳费较重，每船加赏银六两。

是日，署河东河道总督兰第锡奏：运河厅属南旺迤北袁口闸，每当汶河发水，首受其冲。因修建年久，金门闸墙等工，诸多损裂，亟应拆建。

八月癸未（六日），谕军机大臣等：昨因清口浅滞，非由淮水微弱，不能畅出。即系黄水倒漾，水退沙淤，已有旨谕令萨载、李奉翰查明实在情形，迅速具奏。

丙午（二十九日），署河东河道总督兰第锡奏：独山湖之东南，荆沟泉渠颇为旺盛。臣饬厅员叠筑坝埂，引水由满家口串运入湖至戴村滚坝。每遇汶水长至五尺以外，听其漫坝，泄入大河。现据运河道紧靠坝身，另筑草坝，高坝面三尺。俾八尺以内之汶水，全归分水口，由各单闸斗门分收入湖。

九月乙丑（十九日），谕：本年运河水浅，漕运不无濡滞，毓奇往来催趱，分别截留剥运。俾漕船迅速抵通，回空较上年尚早，颇为出力。

十月甲申（八日），钦差大学士公阿桂奏覆：运河一带，农田戽水，遵旨照卫河例，酌立限制。请嗣后沿河分段，设立志桩，河水深至四尺以外。许农民戽水灌田，如消存四尺，即不准车戽。

十一月壬申（二十六日），谕：本日銮仪卫衙门带领引见冠军使之云麾使李庆征，系总河李奉翰之子，伊曾经随任，略知河工情形。李庆征著发往河东，交与兰第锡。

## 乾隆五十一年（1786）

正月辛酉（十六日），谕军机大臣等：上年山东、河南、江苏、安徽、浙江、湖北等省，因有灾赈，截存漕米甚多。本年山东、河南等省亦俱有截留粮米，兼有轮免省份，应行停运者，所有各省新漕及江西省搭运上年漕米，实应运抵通仓。著传谕毓奇，通盘核算，查明确数，即行具奏。

甲戌（二十九日），两江总督萨载等奏：江苏淮安清江一带，因洪泽湖、仪征、三汊河等处筑坝蓄水备运，米商不到，市价日昂。查安徽各州县，应运回截卸江西漕粮，尚剩二万余石，兑泊山阳、清河二县境，请留此米，平粜接济。

二月癸卯（二十九日），谕曰：户部议覆扬州关由闸征收赢余，比较上三届短少银五万九千六十余两，请著落管关各员，按经征月日分别赔补。

三月丁巳（十三日），谕：刘锡嘏在河道任内已久，仍著留淮徐道之任。

四月庚寅（十七日），谕军机大臣等：昨据李奉翰奏，先将太平河启放之处，办理尚属妥协。若将迤西四引河暂行堵闭，则清水力旺，于运道河工，更有裨益。嗣后每年届期，俱可照此永远遵办。

五月戊申（六日），钦差大学士公阿桂、江南河道总督李奉翰、江苏巡抚闵鹗元奏：洪泽湖水现已渐长，查通湖五道引河，未免狭隘，出水不畅，酌拟将原宽者加展。

庚戌（八日），谕：据兰第锡奏，八闸一带，宣放微山湖水接济，水深总有四五尺，迤北闸座，俱令上启下闭，均资浮送。

壬申（三十日），两淮盐政全德奏：上年因清口筑坝蓄水，盐船不能入湖，改由运河外之支河运往。惟是去冬今春，临淮关以上，溪河浅阻。旧在瓦埠起旱者，改在寿州之石头铺，计多陆运一百六十里，颇形艰滞。俟将来上游水畅，嗣后遇有难于接济之处，照此权宜办理。

七月甲辰（三日），谕军机大臣等：据李世杰等奏，二十二、二十三等日，大雨如注，洪泽湖内雨后复长水一尺二寸，连前长至一丈五寸，水势浩瀚。将智、信二坝开放，俾清水宣泄入湖，预备将来水小时济运，足资容纳。著传谕该督等相度机宜，酌量办理，不可固执，亦不必迁就也。

己未（十八日），谕军机大臣等：前据李世杰等奏，初三、初四等日清黄并涨，又值疾风暴雨，以致黄运堤工，同时漫塌数十余丈，今该督等实力妥速办理堵筑。

闰七月壬午（十一日），谕军机大臣等：今年江南黄运两堤，俱有漫溢处所。业经降旨，将该督等所请治罪议处之处，加恩宽免。将来该督等即督率工员，上紧堵筑，迅速蒇工。

辛卯（二十日），谕军机大臣等：据陈桂森奏，本年漕船尾后浙江、湖南、江西等帮，现已陆续渡黄，抵直时恐为期较迟。遵旨仍照去年，在北仓起卸存贮，一面即在北仓剥运。

九月乙酉（十五日），谕军机大臣等：本日据王柄奏，现在北仓截卸漕船，所有湖广帮船，业已起卸完竣。江西在前等帮，跟接入境，即可趱卸。

庚子（三十日），署河东河道总督兰第锡奏：微山湖水势，上廑宸衷。臣屡饬道厅，将各处通湖引渠，实力疏浚。现一律通畅，水深六尺，将来回空过竣，上游湖河之水，尽力收储，足资春运。

十一月丁酉（二十七日），户部议准漕运总督毓奇疏称：大河卫前帮，承兑淮安府、海州粮船三十五只。又带兑扬州府属泰州、东台县粮船三只，赴兑道远。

己亥（二十九日），署河东河道总督兰第锡奏：运河轮届小挑，额支外仍不敷银四千余两，请于道库节省八束项内动支。

十二月壬子（十三日），谕：据毕沅奏，豫省漕船，行抵浚县，冻阻不能前进。现在檄饬该道等，加意稽查防守。即日交春，一俟冰融，即行加紧严催，依限趱运。

## 乾隆五十二年（1787）

正月丙子（七日），谕：原任山东运河道沈启震前因守制回籍，迄今已一年有余。现在山东省有办理疏浚河渠事宜，沈启震尚为熟谙，著即赴该省，专司挑办听候差委。

是日，谕军机大臣等：据兰第锡奏，运河东西两岸，支干河渠现在均须挑挖疏浚。前任运河道沈启震于五十年守制回籍，已经一年有余，请令赴山东省协同催查办理。

辛卯（二十二日），谕曰：户部奏，五十一年分扬关由闸收税赢余银两，比照上届及再上两届短少，请照例以短少最多之六万七千二百零五两，著落管理关税前后任道员，按照经征月日，分别赔补。

四月甲寅（十七日），谕军机大臣等：兰第锡奏，挑浚湖渠，已如议速行矣。微山湖中东北一面，地势稍仰，湖水不能下注。自应由昭阳、南阳湖接挑长渠一道，使湖水得就下之势，均得畅流下注，多为收蓄，以利漕运。

五月庚午（四日），谕军机大臣等：据刘秉恬奏，德州一带运河，于四月二十日陡长水三四尺，粮艘商船，足资浮送，将直隶调往德州拨船四百只，俱行截回。

六月丁未（十一日），谕：向来南粮余米，俱准在通州变卖，以资日用。今年南来全漕，余米必多，各省粮艘抵通，旗丁于交足正供之外，所有多余米石，情愿出售者，仍著加恩，准其就近于通州粜卖。

八月甲辰（九日），谕：据李世杰等奏，本月初一、二日风雨交加高邮邵伯等湖，水势涌涨，运河内陡长水三四尺，东岸周家沟等处大堤，有平水漫水处所抢护不及。著该督抚饬属查明，妥为抚恤。

十月己酉（十五日），谕：前因山东省运河大修小修之例有名无实，徒为属员开销地步。曾谕令该抚等，会同切实查勘。如果无须筑坝兴修，即行据实具奏。

十一月己巳（六日），谕军机大臣等：朕明春临幸天津，巡视海淀，向来直隶淀河一带，豫备彩棚戏台，并设有采莲船只等件，徒滋糜费，殊属无谓。著传谕刘峨，此次临幸天津，经过地方，于此等无益之费，概不必预备。

十二月己酉（十六日），谕：朕明春巡幸天津，阅视河工，择于二月十八日启銮。所有应行事宜，著各衙门照例预备。

## 乾隆五十三年（1788）

二月戊申（十五日），大学士等议准淮关监督征瑞奏称：清江地方为南北往来要区，每年重运粮艘及河工料物，均雇民船拨运。守候需时，致商贩未能流通，请官造拨船三百只，估需工价银五万两。

辛亥（十八日），谕：朕此次巡幸天津，阅视河工。所有经过地方及天津阖府所属，本年应征钱粮，著蠲免十分之三。

四月庚戌（十八日），漕运总督毓奇奏：杨村至通州一带，古浅处多。请增设二汛，加募浅夫二百名，添备刮板十副。令原设游巡千总督管，旧有通济库红拨银二千余两，停给旗丁，作为此项经费。

六月乙卯（二十四日），谕：据管干珍、和琳奏，临清闸外运河，全赖漳、卫二水，汇汶北注，而浮运通漕。尤藉漳水之力，向有漳河神庙，建于运河北浒，居民等祈雨祈晴，随祷立应。今因闸外水弱，虔诣庙中祈求雨泽。著于漳河神旧有封号上，加“利运”二字，并御书匾额对联发去，敬谨悬挂，永昭灵贶。御书匾曰“增流昭贶”。

庚申（二十九日），钦差内阁学士管干珍、巡漕御史和琳奏：卫、汶二河水长，漕艘行走畅顺。江广各帮，起拨亦属无几，请将直省官拨船，暂留一百只。其余三百五十只，押赴直省交收，以备杨村通州拨运。

七月己丑（二十九日），谕：据毓奇、和琳奏，三进尾帮，已于七月二十四日，全数催过济宁。现在汶卫河水充盈，行走更可遄速。本年闸河水势充裕，间有停淤处所。又经该督等督率捞挖，通顺遄行。

八月癸巳（四日），谕：据苏凌阿等奏，现在杨村起拨之船，因军船连樯北上，蜂挤而来，不敷起拨之用。查有天津备运铜船等船一百只，现无铜铅可运，又查通州后到豫省粮船数帮，雇用民船，卸粮回空，亦可就近雇令起运。

丁酉（八日），谕军机大臣等：前据毓奇奏，南粮全数渡黄，即亲随尾帮，催督北上。本年粮船，自六月初旬普得透雨后，河水充裕，行走迅速。过济日期，虽较之往年，较早半月。但回空船只，抵次受兑，愈早愈妙。催趱亦关紧要。著传谕毓奇，俟尾帮抵通后，该督可即由彼督押回空南下，不必前赴行在瞻觐，致有耽搁也。

乙巳（十六日），谕：御史和琳，本年在临清、德州一带催趱漕船，并筹办疏浚起拨诸事，尚为妥协。山东省运河，现据毓奇奏，回空后须勘估挑挖。和琳熟悉该处情形，所有明年巡视东漕事务，仍著和琳去。

九月癸酉（十五日），谕曰：毓奇奏，应兑豫粮之临清前后两帮空船，本年应轮届大修之期，即昼夜攒造，不能赶立冬以前全行妥竣，必致贻误兑运。请于直省官拨船内，赏派二百只，令各丁雇募等语。

丙戌（二十八日），谕：本年江南豫省河工，自夏秋以来，黄运湖河，水势涨盛，各工抢护平稳。现在霜降已过，秋汛安澜，该督等督率在工人员，防汛护工，均属奋勉。

## 乾隆五十四年（1789）

二月甲寅（二十七日），谕曰：兰第锡著调补江南河道总督，其河东河道总督员缺即著李奉翰调补。此时南河总督印务，著康基田即速驰往清江署理。

五月庚午（十四日），谕：向来南粮余米，俱准在通州变卖，以资日用。今南漕现届抵通，旗丁于交足正供之外，所有多余米石，情愿出售者，仍著加恩，准其就近于通州粜卖。

六月丙寅（十二日），谕：据刘峨奏，本年新漕入境，驶行迅捷，所需拨船一千五百只。本敷轮转，缘军船趱运甚速，又值河水畅流，转有停泊待拨之事。又台州等帮，照例起六存四。因溜急船轻未敢前进，请照上届减拨之例，起四存六，以速漕运。

七月丙戌（二日），漕运总督管干珍、巡视东漕御史和琳奏：南粮帮船已全出山东境，山东省拨船现无需用，查直隶杨村地方，必须迅速轮拨，方能克日抵坝交仓。该省拨船一千五百只，固足敷用。如再令山东拨船三百只，遄赴杨村帮办，拨运更速。

癸丑（二十九日），河东河道总督李奉翰奏：山东省济运水柜，如微山、蜀山等湖，最为紧要。今岁各河渠水势充盈，除收入蜀山湖水，并将有余之水，串运归入南旺湖潴蓄，酌改芒生涵洞，令其下注，递达南阳、昭阳等湖，汇入微山湖，以裕济运之源。

八月甲子（十一日），仓场侍郎苏凌阿、刘秉恬奏：通惠河及朝阳门外护城河，淤积日久，请及时挑浚。

己卯（二十六日），谕曰：长麟奏，运、卫各河水深溜急，现届回空南下之时，恐河道绵长，沈启震一人不能兼顾，复添委员前往帮办。并令多加纤夫，帮同拉拽，以期迅速。

癸未（三十日），河东河道总督李奉翰奏：山东省微山湖，因今年雨水旺盛，水势日加增长，近已长至一丈四尺。临湖堤堰，未免著重，现在量筹消减。

九月戊申（二十五日），谕：御史和琳，历任巡视东漕，熟悉该处情形。现据李奉翰奏，山东省河道，有需勘浚之处，所有巡视东漕事务，仍著和琳去，以便会同李奉翰勘办一切。

十月壬午（三十日），河东河道总督李奉翰等奏：勘估南旺之分水口塘河、刘老口长河、济宁塘河、彭口塘河，共应挑土八万九十四方。需募夫银，请照例动支发给。

十二月辛巳（三十日），河东河道总督李奉翰奏：开岁南漕，北来较早，山东省运道须迅速挑完，以待新运。现在各工，人夫踊跃。挑出土方，日起有工。臣等由临清、济宁一带，南北查催，务期上下普律深通。如式早竣，俾来岁重运速行。

## 乾隆五十五年（1790）

正月己酉（二十八日），巡视东漕御史和琳奏：彭口、济宁等处挑工，督办完竣。查去冬兴挑时，本将各工底水，俱归于不估挑河内叠埝拦蓄，且于运河东岸分水口内筑坝，将汶水收入蜀山、马踏二湖，现闻南漕将次入东，驻扎河臣于十八日启放汶水入运，再往年铺水。

二月癸丑（二日），两江总督书麟、江南河道总督兰第锡奏：遵旨履勘周家楼漫水经过河渠，酌筹疏浚。查自该处至洪泽湖西一百五十余里上游毛城铺、峰山闸减下之水，均由睢河及丰山、泗山等湖汇循归仁堤，出董家河、安仁、利仁等闸，经安河入湖，现在深通，足资宣泄。

丙子（二十五日），仓场侍郎苏凌阿、刘秉恬、御史五泰奏：查朝阳门护城河及通惠河五闸河道均挑竣，照估丈量，即于十六日放水。其额设官车及拨船均如式预备，仍饬各汛员，遇有流沙淤浅，即率夫刮挖。将来漕船回空，务令比历年较早。从此冬兑冬开，可符旧制。

三月丙申（六日），谕：据苏凌阿等奏，东、豫二省粮船，全数起卸完竣。其南粮头进之淮安等帮，现已报过津关。又据管干珍奏，浙江尾帮及湖北、湖南漕船，全行到淮，盘验前进。

四月辛酉（十一日），谕军机大臣等：据苏凌阿等奏，山东武城地方，河道水浅，续到南粮各帮，自须起剥，随饬杨村通判将山东省拨船发回。

六月戊寅（二十九日），钦差侍郎韩𨱎、江南河道总督兰第锡、江苏巡抚福崧奏：江南淮、徐、扬一带，六月中旬，风雨猛骤，各工埽坝，皆有刷蛰。臣等饬员抢护，俱获平稳。再洪泽湖水虽长发，不致十分弥满，现将五坝封土，加培高厚，毋使旁泄。

七月戊申（三十日），钦差户部右侍郎韩𨱎、江南河道总督兰第锡等奏报：河工各闸坝分泄通畅，两岸各工抢护平稳，其洪滩等河减下之水，由泗山、孟山等湖抵达洪泽湖，湖心平衍，足资容纳。又奏，山东省卫河水势盛涨，加筑子埝，昼夜保护，本月十二、十五等日，又陡长水三尺余寸，以致临清府属之姜家庄漫堤过水，汕刷堤顶三十余丈。现在取土加料，赶筑完固。

八月戊午（十日），谕：长麟奏，抢护临清州姜家庄民埝漫水，现已堵闭断流，镶筑稳固。至卫河水势，较从前盛涨时，减水四尺有余。业将荆门等闸酌量闭板，俾上游之水，均由张秋东岸五空桥、平水三闸等处分泄入大清河归海，并将龙湾、魏湾等坝闸全行启放，宣泄甚属得力。

## 乾隆五十六年（1791）

三月丁亥（十三日），东昌府护城堤工自乾隆六年修筑后，历久残缺。上年坡水骤长，汕刷益甚，亟宜修筑完固，以资保护，请一体借帑兴工，仍摊征归款。

五月壬寅（二十八日），天津巡漕给事中李翮奏：杨村北河沙埂，空重漕船，不能并行。严饬弁兵，赶挖通畅。

是日，升任两江总督协办大学士吏部尚书孙士毅、河东河道总督兰第锡奏：徐城北门一带，河身最狭，盛涨时宣泄不畅，应于北岸民居西北，河势坐湾处，开挑越河一道。

八月己巳（二十八日），谕曰：书麟等奏，现在节逾白露，河湖水势，旋长旋消，各工平稳。

十月辛未（三十日），河东河道总督李奉翰奏：微山湖收水一丈二尺一寸，来年足敷宣泄。运河水消，滩嘴显露，应行挑切工段。现饬查量估计，南旺、济宁、彭口塘河及长河受淤处，俟河水再消，方得确估，总期工段核实，节费利漕。

## 乾隆五十七年（1792）

正月乙未（二十五日），以理藩院侍郎诺穆亲为仓场侍郎。

己亥（二十九日），河东河道总督李奉翰、巡视东漕给事中窝星额奏：长河挑工，正月后天气融和，人夫踊跃，已于十二三等日挑竣，一律深通。

五月己亥（二日），谕军机大臣等：据李奉翰奏，筹办运河水势，称此时江西尾帮，催过南旺分水口，已将南旺迤南寺前等闸严行闭板。俾蜀山等湖放水北注，接济临清。

六月己巳（二日），谕：书麟等奏，瓜洲江岸坍塌，会勘筹办，据称瓜洲城外回澜坝迤下江岸，于五月十八日裂缝坍塌，侵至城根。现将回澜坝塌卸工尾，暨南门外滩嘴处所用料裹护，并请将土城镶进五六十丈，补还城垣。

七月壬子（十五日），两江总督书麟、江南河道总督兰第锡奏：瓜洲一带均系柴坝，江流溜急，若于坝根接筑石矶，必致外游不能稳固。且矶嘴挺出，粮艘挽拽未便。请于回澜旧霸外，抛砌碎石，护住埽根。

丙寅（二十九日），漕运总督管干珍奏：回帮攒空全过天津，现在山东闸内水势充足，必须启板畅放，方能早出东境。现驰赴临清以南，克期督攒。

九月癸丑（十七日），谕军机大臣等：据李奉翰奏收蓄湖水情形，称微山湖兼济江南运道，现在启放各闸，广为收纳，前次已经收至一丈二寸。今又陆续长水四寸，共存一丈六寸。

十月乙未（三十日），两江总督书麟、江南河道总督兰第锡等奏：淮扬道署，设立淮郡。年久损坏，应行修理。查漕运由清渡黄，系该道管辖，其应办岁抢各工。所需银两，照例于该道养廉借支。

## 乾隆五十八年（1793）

六月甲申（二十三日），景安著调补仓场侍郎。

七月己亥（八日），谕：仓场侍郎等奏，全漕起卸告竣，前因南粮各帮抵通较早，业将总漕等交部议叙，兹仓场侍郎等于漕船到坝后，即督率坐粮厅上紧起卸，随到随收。

十二月戊子（二十四日），两江总督书麟、江南河道总督兰第锡奏：丰、砀一带承豫东水下注，淤厚堤卑。丰北距微山湖近，堤工尤要。铜沛厅以下暨淮扬道属，各厅黄运堤工，宜培厚加高处，一律查办。

## 乾隆五十九年（1794）

正月戊午（三十日），江南河道总督兰第锡奏：黄河冰泮，运口守冻漕船，可以遄度。惟杨庄口门外淤滩较宽，当于浦家庄接筑草坝，蓄水冲刷。并将杨庄头、二、三坝分段捞浚。

二月庚辰（二十一日），遣官祭黑龙潭昭灵沛泽龙王之神，玉泉山惠济慈佑龙王之神。

三月癸丑（二十六日），谕军机大臣曰：苏宁阿奏，驰赴山东，查看甲马营一带水势，并现在筑坝蓄水。添雇拨船，挑挖淤浅，俾吃水过重之帮船，妥速北上一折。

四月丙戌（三十日），天津巡漕御史祝云栋奏：故城河道多淤，随商同天津道，于该处六十余里分作六段，每段委丞倅一员，督夫挑挖。帮船一到，皆挽运无阻。

五月乙卯（九日），巡视东漕光禄寺卿宗室斐灵额奏：济宁以北，因冬春雨少，汶源稍弱，先将蜀山湖出水之金线闸启板宣放，按济卫河近因江广重船抵境，复将该湖出水之利运闸启板畅放。南北分注，足敷宣济。

七月丙申（十一日），谕：福宁奏，卫河水势骤长，临清、夏津、冠县地方俱有漫溢被淹处所，现即驰赴督率抢筑防护。

辛丑（十六日），谕军机大臣曰：征瑞奏，查明天津被水情形，督同运使、天津道，令其查明户口，散给米石，并将银谷兼放，以便民用。

丙午（二十一日），谕曰：福宁奏，山东省馆陶、冠县、邱县地方，漳、卫二河水涨，以致村庄多有被淹，现在亲赴查勘，加意抚恤。给发银粮，俾资口食，并与运河道罗煐相度形势，将各处积水，设法疏消。

八月壬申（十八日），谕曰：户部左侍郎员缺著永保补授，其新授户部右侍郎景安一俟办理全漕完竣，即应来京供职。所有仓场侍郎员缺著僧保住调补。

九月甲辰（二十日），谕：现在卫河漫口工程，均已堵筑竣工。道路积水自已疏消净尽。

辛亥（二十七日），谕：前因山东临清、馆陶等州县漳、卫二河水涨，以致村庄多有被淹。业经叠降恩旨，加两倍赏恤。并将被水之处应征秋粮，概行豁免。

十一月癸卯（十九日），谕曰：毕沅奏，山东省闸内五帮漕船，俱已挽出临清闸口停泊。其运河挑浅工程，现同李奉翰、罗煐阅看妥办。

十二月癸未（三十日），两江总督苏凌阿奏：估挑丹徒、丹阳二县运河，以利遭运。

### 乾隆六十年（1795）

正月乙酉（二日），谕：上年山东之东昌、临清等属，俱因卫河水发，秋禾多有被淹，业经节降谕旨，各加两倍赏恤。并豁免秋粮及该年漕粮，令该抚实力查办，以示体恤。

三月庚申（九日），谕：据周樽奏，本年安徽省漕粮，轮应蠲免。所有随漕各项，分别征缓。

四月辛卯（十一日），谕：向来南粮余米，俱准在通州变卖，以资食用。今南粮既已抵通，旗丁于交足正供之外，所有多余米石，愿出售者，仍著加恩，准其就近于通州粜卖。

丙午（二十六日），谕：现在南粮陆续抵通，一切收兑事宜，攸关紧要。僧保住才具平常，恐办理未能妥协，所有仓场侍郎，著宜兴调补。

五月戊辰（十八日），谕：江苏按察使员缺著康基田补授，康基田熟习河务，著仍帮办河道事务。

十月戊戌（二十一日），谕：康基田著调补山东按察使，仍兼管河道事务。其江苏按察使员缺即著布颜调补，山东运河道员缺著策丹调补。

丁未（三十日），河东河道总督李奉翰奏：本年汶、泗诸河，源流旺盛。经将济运余水，随时收蓄入湖。蜀山湖系最要之区，现收至一丈二寸。其余马踏、马场等湖，亦俱收符定志，足资来岁开放之用。

## 嘉庆朝（1796 ～ 1820）

### 嘉庆元年（1796）

正月丙寅（十九日），据浙江巡抚吉庆之请，添筑山阴县三江大闸石坝两道。

丁卯（二十日），巡抚玉德、给事中庆岱督同康基田、孙星衍查验山东省挑河完工情况，据查验沛汛等工段于正月初八、十二完工，运河、捕河、上河三厅工段于十六日完工。（《续行水金鉴》卷一〇六引《河渠志稿》）

五月一日，巡漕御史蒋谢庭奏言，因三月降雨后河道未能蓄水，吴桥县石马湾、故城县老涯头、宝马庙等处运道浅阻，已派员前往筹议筑坝挑浚等事宜。（《续行水金鉴》卷一〇六引《河渠志稿》）

丙寅（二十二日），朝廷任命吏部右侍郎富纲为漕运总督。

六月庚寅（十六日），因百官赴通州取禄米，多加糜费，遂更定官员支领俸米例，改为京仓收贮给发，但江浙白粮俸米仍运贮通州，将粟米划归王公大臣，而将王公大臣应领粳米抵给文武各员。

七月己酉（六日），兰第锡奏六堡堤工漫溢一事。命苏凌阿督办一切。

是日，因六堡漫水向西北冲开大堤，命于高家庄坐湾向东开挖引河，命苏凌阿、兰第锡详悉覆奏。

是日，命康基田前往六堡。

壬子（九日），兰第锡奏，筹办漫工，已将蔺家山坝下引河疏通。

甲寅（十一日），山东巡抚玉德奏言，黄河大堤漫水殃及单县，昭阳湖、微山湖有漫溢的危险，已会同康基田查勘，设法堵筑。（《续行水金鉴》卷一〇六引《运河道册》）

乙卯（十二日），李奉翰奏言，经商议开启兰家山坝，漫水由荆山桥下注骆马湖，由六塘河入海。（《续行水金鉴》卷一〇六引《运河道册》）

丁巳（十四日），兰第锡奏，查漫水情形，黄河与沁水并涨，冲开遥堤，里运河口河水漫堤，命向东南筑挑水坝，又命康基田随同筹办堵筑事宜。命军机处各臣晓谕各处。

庚申（十七日），兰第锡奏查漫口西南河溜转弯处情形，命于黄河南岸原有河溜坐湾处挑挖引河，取直向南而东，命苏凌阿等会同筹酌，不必拘泥于旨。

癸亥（二十日），命丰、沛二县的所有抚恤事宜交由玉德办理，山东省金乡、鱼台等被淹地方，由伊江阿与玉德会商筹办。

丁卯（二十四日），命斜向东南筑挑水坝，拓宽引河，命苏凌阿、康基田协同商办。军机处各臣晓谕各处。

八月乙亥（三日），命勘察丰汛六堡漫口，筹办堵筑，拓宽引河。

己卯（七日），因连日大雨，微山湖等有决溢的危险，命康基田速回山东省治理，使运道不致阻塞，后再赴南河，同苏凌阿等堵筑断流。将此谕令知之。

甲申（十二日），免河南临漳县乾隆六十年折征漕米银。

乙酉（十三日），费淳奏报查办丰、沛二县抚恤疏消事宜，及各地灾情。命立即消除漫水，加以抚恤，命苏凌阿等将引河勒限挑挖，赶筑坝基，不得有误。

辛卯（十九日），漕运总督富纲奏请将豫省临河、平山等帮船拨给山东省兑运漕粮。

丁酉（二十五日），苏凌阿等奏称，因康基田熟悉河工，请求暂留工帮办。命康基田帮办。

九月戊申（六日），河东河道总督李奉翰奏报，秋汛河道太平。

十一月丙午（五日），苏凌阿奏趱办坝工情形，嘉庆帝意将口门之北大堤酌量加宽。命苏凌阿等酌办，不必拘泥。

丙辰（十六日），因为丰、沛漫工一事完工，奖赏两江总督苏凌阿、江南河道总督兰第锡、山东布政使康基田。

辛酉（二十一日），苏凌阿等奏报，合龙后因水势较大，坝身蛰二十余丈。恳请从重治罪。嘉庆帝不忍治罪，命于引河迤下地势较高之处移筑坝基，并于朱笔所圈处向东北新挑引河，归入前挑引河。命苏凌阿等酌量办理。

乙丑（二十五日），命河东河道总督李奉翰迅速赶往丰县，会同办理堵筑事宜。

十二月己丑（十八日），费淳奏报查勘丰北下游水势情形，称下游积水渐消，不致耽误春耕。命兰第锡、富纲会同费淳，即饬河厅州县，在沿河地区备置小船随时修补残缺地方。

## 嘉庆二年（1797）

正月癸卯（二日），李奉翰奏，丰汛坝工完成，但西坝后忽然有蛰裂。命赶紧于初十日内合龙稳固，将功抵过。

乙巳（四日），富纲等奏，将铜山、睢宁二县熟田漕粮暂时缓运。嘉庆帝允准。

丁巳（十八日），李奉翰奏报，于本月初九日丰汛坝工，嘉庆帝命筑坝多加柴石，使坝工稳固，并开始挑汛。

二月癸酉（二日），因为江南丰工竣工，加封河东河道总督李奉翰太子太保，赏赐山东布政使康基田花翎，游击衔杨克荣蓝翎，其余人均有赏赐。

壬辰（二十一日），兰第锡言，邳、宿、桃、清，运、中两河厅受损纤道分别筑草坝并用土填筑。并查勘黄林庄至杨庄运口上下纤道修复情况，漕船同行无阻。（《南河成案续编》卷九）

四月，两江总督苏凌阿奏请，疏浚安徽宿州灵璧县境内之濉股河，凤台县之裔沟河，江苏丰沛二县之顺堤河、食城河等处。

六月壬申（三日），李奉翰言，黄、沁河水时有涨落，应尽早防护，已派遣官员于各工

段处防护，济宁南部工段于漕船回空后再行修筑。（《续行水金鉴》卷一〇六引《运河道册》）

己丑（二十日），苏凌阿等奏报，丰汛坝工堵合后，将挑水坝接长。命苏凌阿等在汛期多加留意防范。

七月庚午（三日），调山东布政使康基田为江苏巡抚，兼管南河事。调山西布政使司马騊为山东布政使，兼管东河事。

甲戌（七日），梁肯堂奏：永定河北岸二工三工，共塌三百余丈，南岸二工头工，又塌三百余丈，并将金门闸龙骨冲去二十余丈。水势浩大，难以抵挡，嘉庆帝命梁肯堂率工匠迅速围堵，并命道府大员勘察固安、永清、东安等县，防止水势漫溢。

乙酉（十八日），梁肯堂奏：本月十五日大雨使水势顿长，东坝临水堤工塌去二十余丈，造成完工日期延后。嘉庆帝命令务必使工程牢固，不可草率，被淹之处应及时禀报加以抚恤。

丁亥（二十日），宜兴言，通惠河因降水导致上游水涨，于平下闸南岸刷出漫口八丈，已赶紧修筑。（《续行水金鉴》卷一〇六引《河渠志稿》）

八月丁酉（一日），河东河道总督李奉翰奏报，砀山境内杨家坝河水漫溢。命两江总督苏凌阿等驰往堵筑。

辛丑（五日），因山东曹县黄河北岸漫溢，阻挡运道，命苏凌阿、兰第锡、康基田、伊江阿等商议筹办疏浚事宜。

甲辰（八日），永定河漫口合龙。

丁未（十一日），从巡抚景安请求，移驻河南上北河厅同知衙署于陈桥镇。

九月甲申（十八日），任命两江总督苏凌阿为大学士，调任河东河道总督李奉翰为两江总督，兼管南河事。任命江苏巡抚康基田为河东河道总督，调任福建巡抚费淳为江苏巡抚，任命福建布政使汪志伊为福建巡抚。

## 嘉庆三年（1798）

三月辛未（七日），司马騊等奏请，豫东堤工高度增倍。嘉庆帝不允。命其先行挑浚，并且奏报曹汛坝工何时可以堵合。

丙子（十二日），胡季堂奏报，永定河堤工残缺，应根据缓急补筑。命传谕胡季堂先办修补事宜，不可增高。

丁亥（二十三日），李奉翰奏报，曹汛坝工进镶稳实，月内合龙。嘉庆帝命河工务必牢固，合龙后若黄河上游堤工遇到伏秋大汛，再次冲塌，惟李奉翰、康基田是问。

四月丙午（十二日），李奉翰、康基田、司马驹、伊江阿言，漫水虽下注湖河，但大汛时节难以容纳，应将微山湖尾闾、伊家河、兰家山坝、运河北岸的竹篓坝、轮车头、王柳二闸、刘老涧等处，由骆马湖到六塘河一段再加拓展，将运河南岸泻黄之河酌量开放。（《南河成案续编》卷一二）

乙卯（二十一日），李奉翰等奏报，坝工水深溜激，应另筹堵筑。嘉庆帝说，曹汛漫工是李奉翰等失职，李奉翰、康基田原是河东总河，司马驹为现任总河，均有失职，本应革职查办，但念在尔等于河工之事不够熟习，予以戴罪立功。命迅速制定治河策略，减少损失，及时沟通漕运航道，不得拖延。

五月己巳（六日），命截留江西漕米四十万石，分贮山东济宁等处，接赈曹、单、济宁、金乡、鱼台、嘉祥、邹、滕、峄、城武十州县并临清、济宁二卫上年被水灾民。

庚午（七日），据刘墉等奏，查勘曹汛漫工情形，命在该处漫口改挑引河头，挑挖堵筑一并缓至七月后兴工。下游河道，务必趁此时挑挖宽深。命刘墉、庆桂赴下游勘察，据实相报，不得隐瞒。

甲戌（十一日），据刘墉等奏查勘引河情形，命该处漫口须至秋汛后堵筑，命河督务必率众属实力挑浚。

乙酉（二十二日），富纲、司马驹奏，南粮趱出东境已批示。而曹汛漫口工程，李奉翰等奏请七月后堵筑，嘉庆帝不允，命秋汛过后再来堵筑漫口。李奉翰等此番堵闭后，再有疏失当论罪处置。

六月癸丑（二十一日），李奉翰等奏，湖河各路宣泄情形。嘉庆帝命其着力曹汛漫工，并命其将江境旧河下游一带正河详细勘察，为将来开放引河得以畅达。

壬戌（三十日），司马驹奏，抢护睢州高家寨要工平稳。命司马驹必须严加查核要工，及时抢护，严格要求，不得疏忽。

八月癸巳（二日），宜兴等奏，南粮全数抵通州。今年漕粮因曹汛漫工，运送艰难，延迟到通州，可以谅解，命今后实力督催，不得拖延。

庚戌（十九日），费淳奏称，淮徐等属滨临河湖地亩被淹，命其查江境挑浚各工，抚恤赈缓。

庚申（二十九日），山东巡抚伊江阿奏，曹、单等县前被水灾，请求截留漕粮米豆二十七万七千余石，以资赈济。

九月丙寅（六日），倭什布奏报，睢州因连日大雨，黄河水势高于堤顶。嘉庆帝命司马驹前往睢州，会同倭什布，共同督工，由倭什布、朱珪，督促所属官员，妥善抚恤被水所淹灾民。

甲戌（十四日），司马驹奏报，睢州坝工，嘉庆帝允许于西坝上首筑挑水坝。命倭什布仔细勘察被水淹地区，抚恤灾民。

十月丙申（六日），缓征江苏青浦、娄二县晚棉歉收地方本年额赋，并拨江苏徐州漕粮四万七千石备赈。

丙午（二十六日），司马騊等奏，报睢汛漫口于本月初一日兴工，十一月内可以合龙。嘉庆帝命抓紧修筑，不得延误，不得轻率。

十一月戊辰（九日），李奉翰等奏请，淮徐地方赈济等事，交给将要丁忧的知府李逢春帮办，嘉庆帝不允。命仍交由李奉翰、费淳处理。

丁亥（二十八日），康基田言，查勘荆山桥至邳宿桃清运中河道，河道堵筑情况良好，足够抵御黄水下注。（《南河成案续编》卷一三）

十二月壬寅（十三日），司马騊奏报，因睢工冰冻，请求暂缓合龙。嘉庆帝命李奉翰等趁此时将下流一律赶紧疏浚。

## 嘉庆四年（1799）

正月甲申（十三日），因为河南睢工合龙，赏还河东河道总督司马騊顶带，并两江总督李奉翰、南河河道总督康基田翎顶。

二月，因漕运总督梁肯堂年老，命他留京任简职。以前任山西巡抚蒋兆奎为漕运总督。

三月辛酉（三日），以河南布政使吴璥署河东河道总督。

丁卯（九日），因有条奏民闲供输漕粮之弊，嘉庆帝命有漕各省督抚，严格查明胥吏，不得剥削百姓，有则严格办理。

戊辰（十日），费淳以素未谙习河务为由，恳请免其兼管河务。嘉庆帝谅解其任务繁多，遂命一切堤防蓄泄事宜由康基田一手经理；征集夫役物料及筹款拨项等事，必须费淳率领办理。命康基田将河务工程梳理分工，分别注明由总河管理或由总督会同查办。

四月己丑（一日），康基田、征瑞言扬州府仪征县境内临江运口所设通济闸、罗泗二闸年久失修，急应修缮。（《南河成案续编》卷一四）

是月，署河东河道总督吴璥议奏：豫东两岸堤工经测量较前加增，而淤垫如故。嘉庆帝命河臣康基田酌看堤埽情形，若有须调剂之处，命吴璥与康基田商议。

五月己未（二日），命有河工省份各设厅汛专员，专管修防。今后办理河工，不再派州县官员，只准调派丞倅杂职等官。

辛未（十四日），根据孙曰秉奏：河道工程请专派河员办理。命再通谕直隶、江南、山东、河南各督抚及河道总督，今后遇有挑筑工程购料雇夫等事，只准派委丞倅佐杂帮办，不得调用州县官员。

六月，达庆奏：各省漕粮搀杂潮湿米粮，请求敕令有漕省份认真监兑，并令押运等官勤加风晾。嘉庆帝命传谕各省，命征粮官员认真办理，不得浮收并掺杂，否则惟各该抚及粮道是问。至于霉变，命运粮官员路上及时晾晒，不必催促，并谕蒋兆奎知之。

七月乙丑（九日），改山东曹单同知为曹河同知，专管曹汛堤工。曹州府管粮通判为粮河通判，管辖曹下汛及单汛堤工。裁河南修武县丞，设山东曹单管河县丞。其原管小丹河工段归并河内县丞管理。裁河南考城汛千总、设曹单协办守备，其原管旧堤归于考城主簿、并添设之分防外委管理。增设额外外委一员。

丁卯（十一日），任命河南督粮道完颜岱为直隶按察使。

丁丑（二十一日），抚恤江苏萧、砀山、铜山、崇明四县被水灾民。

乙卯（二十三日），抚恤直隶涿、定、兴安、肃、清苑、满城、定新、乐、正定、阜平、雄、新城、高阳、蠡、博野、祁安、平宁、晋、隆平十九州县被水灾民。

八月庚戌（二十四日），陈大文奏报，山东省漕粮，仍照例春兑春开。

甲寅（二十八日），大学士会同户部议覆，蒋兆奎奏请于州县浮收漕米内划出一斗津贴旗丁。嘉庆帝不允，命有漕各省督抚确查帮办费用，并设法调剂，不得加增漕粮。

九月戊午（三日），费淳奏，洪泽湖陡起风暴，导致坍陷工段三百五十四丈，现已赶紧抢护。

十月辛丑（十六日），截留湖北漕米六万石，以备军糈。

庚戌（二十五日），户部议驳，两江总督费淳奏请上、下江津贴银米互相仿照办理一事。

癸丑（二十八日），从巡抚伯麟等请，予山西故河道总督兰第锡，入祀乡贤祠。

十一月壬戌（八日），实授吴璥为河东河道总督。

乙丑（十一日），河东河道总督吴璥乞假葬亲。以山东布政使全保护理河东河道总督。

庚午（十六日），康基田言已启放兰家山坝，宣泄微山湖水，水落即闭闸。（《南河成案续编》卷一六）

癸酉（十九日），嘉庆帝命各处有漕州县革除浮收漕粮的陋习。

十二月戊子（五日），江南河道总督康基田奏报，砀汛邵家坝漫口合龙。嘉庆帝命颁发御书河神庙匾额，曰：翕河昭佑。免除康基田及工员疏防处分。

壬辰（九日），驳蒋兆奎关于增收漕粮的奏折，罢免其漕督之任。命所有漕运总督员缺，即着铁保补授。蒋兆奎仍暂留该处。

丙申（十三日），岳起、荆道幹先后奏到清查漕务积弊。历任总漕、仓场侍郎及坐粮厅并各省粮道、运弁，陋例相沿。命严格查办，绝不宽贷。

## 嘉庆五年（1800）

正月丁巳（四日），两江总督费淳、漕运总督铁保奏调剂漕务事宜，请将向例应给州县银米钱文、改拨旗丁并将旗丁应得行月米石、改给折色及应领运费，令粮道放给，以杜克扣等弊。得旨、依议速行。

是月，漕运总督铁保奏，漕务浮收陋规已革除。

二月丁亥（四日），铁保奏请，调剂浙江旗丁运务与江南相同。请将浙省例征漕费钱及舂耗米酌拨六升给丁，并允许其回空丁船除照例捎带土宜外，准其多带土宜二十四石。铁保奏报漕船所经之地，有无赖勾结水手寻衅滋事，嘉庆帝命沿途官员在漕船经过时加派兵役。

戊子（五日），因富纲前任云贵总督时，不知洁己奉公，且于漕运总督任内，贪污钱粮，经革职查办，命绞监候，秋后处决。

是日，钦派大臣侍卫前往通州，稽查密访漕弊之事。

是日，康基田堵筑邵家坝漫工一事督办不力，命康基田革职留工，并着吴璥调任江南河道总督，稽查此事。

是日，以河南布政使王秉韬为河东河道总督。

壬子（二十九日），费淳擢任两江总督，兼管河务。命其会同河臣吴璥，筹办邵家坝漫口。

三月戊午（六日），命吴璥协同费淳妥善查看毛城铺减水石坝情形，坚固石工。

四月丁酉（十五日），挑浚直隶牤牛河、黄家河、北村引河及新安、安、雄、任丘、霸、高阳、正定、新乐等八州县河道，并修筑堤塍。

己酉（二十七日），颜检、乔人杰言隆平、宁晋等处因滹沱河、滏阳河汇合后涨水淤塞，应先行挑挖，请豁免被淹县钱粮。命傅谕、胡季堂饬令将大营上村一带运盐河道、东旺至侯高村一带新挑河兴工挑挖。（《清仁宗睿皇帝圣训》卷四一）

闰四月乙卯（三日），命岳起会同吴璥，查办淮扬游击刘普、淮徐游击庄刚、睢南同知熊辉、丁忧睢南同知莫沄，淮徐道书潘果、郭聪，副将田宏谟、守备张欣祖、朱治仁、师得运等人。

己未（七日），王秉韬言请借帑修筑南旺湖堤。照所请。（《续行水金鉴》卷一〇六引《河渠志稿》）

癸酉（二十一日），以浙江杭嘉湖道秦瀛为按察使。

五月癸卯（二十二日），命吴璥即亲赴高堰，于湖水未涨之前，妥为筹划。不可徒恃开放五坝，置下游民田于不顾。

戊申（二十七日），予江西故漕运总督杨锡绂入祀乡贤祠。从巡抚张诚基请。

是月，命江苏巡抚岳起妥办徐州赈务。

六月丙辰（五日），费淳奏请，于江苏藩库及淮、扬、芜、凤各关库，共酌拨银三十六万两，并酌拨砀山、铜、丰、沛、宿等县仓贮麦豆一万七千石，以资展赈之用。命其严查从属人员，不得贪污赈济钱粮。

癸酉（二十二日），缓征河南睢州水灾旧欠额赋漕粮。

庚辰（二十九日），吴璥等奏请，饬令河库道叶雯离任，留工帮办，其河库道员缺，请以候补道沈启震补用。嘉庆帝命叶雯仍留河库道之任，其失察伊孙之处，交部议处。沈启震在南河帮办邵家坝堵筑工程，俟有河道缺出，奏明补用。

七月壬午（二日），费淳、吴璥奏报，伏汛安澜。嘉庆帝勉励其认真办理，移除河工积弊。

戊子（八日），御史文通奏，请将山东粮船改为冬兑春开。命所有山东粮船，嗣后着改为冬兑春开，交巡抚惠龄督饬粮道妥为经理。

九月庚寅（十一日），两江总督费淳、南河河道总督吴璥奏报，秋汛安澜，得旨嘉奖，赏费淳花翎，与吴璥下部优叙。

甲午（十五日），免江苏省旧欠芦课河租，并漕项兵米月粮。

十一月癸卯（二十五日），两江总督费淳、南河河道总督吴璥奏报，邵工合龙，河归故道。得旨奖赉，加费淳、吴璥太子少保，出力员弁，升赏有差。

是年，王秉韬、陈大文言南旺湖面积广大，水大时湖堤冲刷严重，多有损坏，西南北三面堤堰向由民修，现民力疲乏，请照乾隆三十八年旧例借帑兴修。照所请。（《续行水金鉴》卷一〇六引《运河道册》）

## 嘉庆六年（1801）

二月癸酉（二十七日），御史汪镛奏：山东河工摊征。嘉庆帝命山东巡抚密访各州县于摊征一项，严格办理。

六月己酉（四日），铁保奏请，令旗丁驻黄河口至台庄一带，自备剥船三百只以济挽运。

壬戌（十七日），命截留漕米六十万石，存贮天津北仓备赈。

癸亥（十八日），命按察使衔候补盐运使嵇承志，赴永定河承办堵筑事宜。拨广储司银二千两，赈永定、右安门外灾民。

甲子（十九日），因京师自六月初旬以来，雨水连绵，永定河漫溢成灾。嘉庆帝于本月二十六日亲诣社稷坛祈晴。

是日，同兴关于永定河决口及周遭被水情形未及时查勘奏报，玩忽职守。嘉庆帝命其思过，并与熊枚甫筹办堵筑事宜。

戊辰（二十三日），因永定河漫溢，周遭被水灾民众多，命赈济灾民事宜不得怠慢，不得驱赶灾民。

壬申（二十七日），因京师大雨，永定河决口，漫溢附近京城西南各州县地方，其东北一带积水未消。特派台费荫等八员分往四路，勘察被水灾民情形，及时抚恤。

是日，因姜晟、王念孙、翟莩云、陈煜、汪廷枢等贻误河工，均发往永定河工效力。命再拨大兴仓谷一千石，银二千两，接赈被水灾民。

癸酉（二十八日），抚恤天津被水灾民。

甲戌（二十九日），朱珪等奏，呈请捐银八百两，稍补灾民不足。

七月乙亥（一日），直隶总督熊枚奏请，将截留漕米六十万石，分贮郑家口、泊头及天津北仓三处。命达庆、邹炳泰帮运，交地方官就近拨用。

戊寅（四日），惠龄言，卫河水涨导致临清西岸漫溢，急应堵筑、抚恤。（《续行水金鉴》卷一〇六引《运河道册》）

己卯（五日），特清额奏报，各营塘汛有因雨坍塌之处，请求定立限期、一律修理。嘉庆帝命直隶提督会同直隶总督，饬令派兵驻守。

庚辰（六日），命熊枚筹办灾赈各事宜，严加约束下属官吏，对于坍塌房屋及时修缮。

乙酉（十一日），谕内阁多加赈济近京一带，并命侍郎高杞、莫瞻菉会同各该管衙门，将护城河及旱河等处通行查勘，募集灾民疏浚，以工代赈。

己丑（十五日），拨部库银五十万两，广储司库银五十万两，用以永定河修缮采买物料。

癸巳（十九日），因地方赈灾不力，将胡钧璜仍回本衙门以原官补用。又命熊枚周历直隶办赈各地方，详细查勘，如有贪污灾粮，立即严参惩治。

丁酉（二十三日），命那彦宝、巴宁阿会同直隶地方官，高杞、莫瞻菉会同五城御史、顺天府，各自筹划，务必令灾民得以藉工糊口。命酌定章程，妥议具奏。

戊戌（二十四日），御史游光绎奏称旸雨未调、边隅未静、人才未足、储积未充等语。虽皆系实在情形，但于实政无益，命原折发还。

辛丑（二十七日），为防备粮食因灾涨价，命惠龄、颜检于山东采办米麦十万石，河南采办小米五万石运往直隶灾地。路过闸坝出示晓谕，不得阻拦。

八月丁未（三日），福会奏报，静海县北部邱家堤、王家院两地东岸漫口，请求立刻开工合龙。嘉庆帝命陈大文派遣官员前去，并命天津道蔡齐明赶紧兴筑。

庚戌（六日），直隶总督陈大文请求，拨赈灾银一百五十万两，并筹办大赈章程，计划十月开赈，嘉庆帝允之，并命陈大文严密访查，严惩不法之徒。

乙卯（十一日），命编辑辛酉工赈纪事。

丁巳（十三日），命直隶总督会同顺天府通查京师附近五城所属户口钱粮，归入大、宛两县者，一并造册给赈。

庚申（十六日），陈大文请求，在奉天采买高粱四五万石，连米凑足十五万石，并由奉天雇船押运至天津。

辛酉（十七日），因六月大雨，永定河与滹沱河泛滥，淹没直隶州县。命直隶总督陈大文选派廉能官员分路勘察被淹地亩，以备减免赋税。

庚午（二十六日），熊枚奏，勘查文安县水灾较重地方情形，并绘图。命陈大文仔细查访，设法消除积水。

壬申（二十八日），台费荫奏请，将文安县民迁徙盛京等处。

九月丙子（二日），那彦宝等奏请，将投效人员留工差委。不允。

丁丑（三日），河东河道总督王秉韬奏报，秋汛安澜。

壬午（八日），贷直隶被水营汛弁兵运库银，修理衙署房屋。

丁亥（十三日），铁保奏请，挑浚张湾超河。不允。

乙未（二十一日），因永定河二十三号坝工完成，赏赐盐运使嵇承志、道员陈凤翔各花翎一顶。

戊戌（二十四日），明安言，前赴马家堡勘查因永定河坍塌民舍情形，请求挑挖马家堡淤滩。不允。命其退出御前乾清门，专办步军统领衙门及本管各事件。

是日，两江总督费淳、河道总督吴璥奏，报秋汛安澜。

庚子（二十六日），御史达灵阿言将八旗兵丁及各项坐甲应领之米，留二三成存仓。按时价发给折色。不允。

十月甲辰（一日），任命山东按察使方维甸为河南布政使，山东运河道策丹为按察使。

丙午（三日），那彦宝、巴宁阿、陈大文等言，北上头工合龙，全河水势复归故道。命发大小藏香十枝，派成亲王永瑆、大学士庆桂，前去祭拜。嘉奖一干相应官员。

庚戌（七日），保宁恳请，将方受畴发往直隶，随同办理河工诸务。嘉庆帝以方受畴以前办河务不利为由，未允。

甲寅（十一日），明安等言，商民所办棉衣酌量给价。命加恩赏银，按棉衣多寡均匀给银。命顺天府堂官备办扁额花红，并传旨赏给蔡永清。

甲子（二十一日），命购买棉衣数万件，交顺天府五城分地同日发给水灾灾民。命不得典卖棉衣。

丙寅（二十三日），命补给五城领赈贫民棉衣。

庚午（二十七日），因文安县水灾更重，除本年应征钱粮一律蠲免外，还将明年钱粮一律蠲免。

壬申（二十九日），命熊枚勘察天津静海一带赈灾情形，如有官员办理草率，立即参报。是日，命给普济堂功德林两处领赈贫民棉衣。

癸酉（三十日），陈大文奏，清查旗租积欠，请求宽限缴纳旗租日期。嘉庆帝命其严格办理。

十一月甲戌（一日），命增加五城十厂赈灾粮米，并给栖流所收养的难民发放棉衣。

己卯（六日），达庆、邹炳泰言，通惠河护城河工程即将完竣，应疏浚大通桥至通州一带河道。（《续行水金鉴》卷一〇六引《河渠志稿》）

辛巳（八日），陈大文言，故城县刁家门漫口已堵住。命和宁查看景州积水疏消情况，命陈大文饬令该州抓紧疏消。

癸未（十日），熊枚言，查勘武清、香河、宝坻三县赈务情形。命赏罚相关人员。

甲申（十一日），步军统领衙门言，大兴县属马道村等处村民进城求赈。命赈灾前详细勘察，详细写明赈灾范围，分别造册。是日，因永定河漫口合龙，嘉奖出力人员。

乙酉（十二日），本年直属被灾州县较多，赈灾事宜繁重。有地方官员赈灾延误，命陈大文立即参办。

辛丑（二十八日），因本年直隶被灾甚重，命该督饬令各州县家有储蓄的百姓，周济灾民。若有强抢百姓者，立即惩办。

壬寅（二十九日），命兵部审查杨正楷等贩运米石的案件，命城御史查明各铺户存贮粮石，不得超额囤积。是日，因本年直隶被灾较重，待赈户口为数众多。命陈大文派遣官员，分路稽查赈灾情形。

十二月癸卯（一日），因直隶省被灾州县较多，遂命在奉天等地代买米粮运往直隶，用于平粜。命不得限制商民买卖粮食。

戊午（十六日），熊枚言，修筑大清河、子牙河河堤，以工济赈。命陈大文饬令沿河各州县先修堤岸。

丙寅（二十四日），因熊枚周历巡查本年直隶省办理赈务处理得当，加恩在紫禁城骑马，以示优奖。刑部司员刘珏、张鹏升随同办理赈务，交吏部带领引见。其余人员另行嘉奖。

是年，总督温承惠言，滏阳河与滹沱河汇流后水势巨大，连年漫溢，冲刷河堤，每年挑挖耗费巨大，应将耿家庄等处分段挑挖成河，以利商民。（《畿辅安澜志·宁晋泊》）

## 嘉庆七年（1802）

正月丙子（四日），因水灾严重，减直隶文安县额赋。

辛丑（二十九日），熊枚言，采录原任水利营田观察使陈仪所写直隶河道各事宜。嘉庆帝命其实地勘察。

二月壬子（十一日），那彦宝等言，筹议永定河加培疏浚。

戊午（十七日），河道总督吴璥请，定江南改设分管萧砀南岸河务同知、分管邳睢北岸河务通判。

己未（十八日），免除直隶宛平县水淹民田五十二亩额赋。

癸亥（二十三日），命永定河工程，酌情以工代赈。

乙丑（二十五日），陈大文言，北运河应建堤坝、挑淤开河，并绘图进呈。从之。是日，那彦宝等言永定河工需用人夫与灾民实数，嘉庆帝命其酌情调用灾民。是日，陈大文请求添设直隶永定河兵四百名，从督标、提标、宣化天津二镇标抽拨。

戊辰（二十八日），陈大文言，直省水灾各地，请大加减粜，以济民食。

己巳（二十九日），工部左侍郎那彦宝等言，加固永定河南北两岸及三角淀各处土堤。命加固土地所用民夫，酌情调用灾民。

三月戊寅（八日），阅视永定河工。

辛巳（十一日），命费淳、岳起严格查勘江浙等省漕务。

甲申（十四日），陈大文奏请，拨款修筑河间县高家口漫工，派王念孙协同督办。

庚寅（二十日），严禁有漕省分浮收折色。

戊戌（二十八日），因江苏征收漕粮浮收严重，命费淳、岳起严厉审讯相关官员。

四月乙巳（五日），费淳、岳起言，上年江苏省征收漕粮情形。命费淳会同岳起将浮收最多县分彻底严查。

五月戊寅（九日），钦差工部侍郎那彦宝奏报，永定河工竣，升刑部主事前直隶总督姜晟为员外郎。余升叙有差。

庚辰（十一日），永定河工修筑完竣，特下旨嘉奖相关官员及百姓。

庚寅（二十一日），谕军机大臣等、费淳等覆奏，讯明任兆炯于征收漕务并无营私情弊，请仍将该员送部引见一折。已准所请。

是月，展缓江苏砀山、萧、铜山、睢宁、邳、宿迁六州县摊征抢堵丁家集并邵工各借款。

是月，编集《辛酉工赈纪事》成。

六月辛丑（二日），铁保等言，河口淤浅、粮船迟滞。命铁保等清水常发时再运漕粮。

丙午（七日），永定河石堤工程，所用灰斤较往增加，遂加恩将此次多用灰斤折价银二万一千一百余两。

庚申（二十一日），上年永定河土石各堤冲决，因直隶历任管河各员经理不善。命历任管河各员酌情赔偿河工费用。

七月戊寅（十日），加升淮安府外河同知曹恒为知府衔，留任江南河工。

甲午（二十六日），升江苏太仓直隶州知州前任河东河道总督康基田为广东布政使。

八月庚子（二日），直隶总督颜检言，改宛平县卢沟司巡检为石景山专汛要缺，仍兼管地方事。

癸卯（五日），以长芦盐运使嵇承志，署河东河道总督。

辛亥（十三日），钦差大臣那彦宝、巴宁阿奏报，永定河秋汛安澜。得旨嘉奖。

九月甲申（十六日），从河道总督王秉韬言，铸给新设山东曹州府粮河通判、曹单管河县丞关防。

十月辛丑（三日），两江总督费淳、南河河道总督吴璥言，秋汛安澜。

丁巳（十九日），费淳、吴璥谎报霜降后南河水势安澜，命其堵闭隐固唐家湾漫堰，将功抵过。

癸亥（二十五日），命兵部右侍郎那彦宝查看唐家湾漫工。

十一月辛卯（二十四日），任命漕运总督铁保为广东巡抚，工部右侍郎吉纶为漕运总督，兵部右侍郎那彦宝兼署仓场侍郎。

是年，开挑河渠六处，修筑堤岸十三处。（《畿辅安澜志·白河》卷四）

## 嘉庆八年（1803）

二月丁酉（一日），两江总督费淳言，移安徽寿春镇右营王庄汛把总，驻阜阳县驿口槁集，以王庄汛务归临淮汛把总专管。改凤阳汛协防外委为临淮汛把总协防。移驻王庄汛，归亳州营都司管辖。

闰二月己丑（二十四日），吴璥、吉纶言，二进粮船于十七日过淮，及起剥渡黄

缘由。（《南河成案续编》卷二六）

三月戊戌（四日），户部奏：江西省嘉庆七年分缓征漕米，请分作两年带征配运，额设载粮量外，其余剩米由旗丁雇船足运。

辛丑（七日），颜检言，直隶灾赈事宜没有按惯例筹办，恳请核实报销。命造册报销。

乙巳（十一日），改河南北岸上北同知为祥符北岸河务同知，卫辉府粮河通判为上北卫粮河务通判，南岸睢州上汛千总为怀河营北岸阳封守备，下北厅属祥陈把总为南岸睢州上汛把总，上北厅属祥封把总为祥符上汛把总，添设祥陈下汛，封丘汛外委各一员。

丁巳（二十三日），改直隶涿州管河吏目为北岸三工巡检，霸州管河吏目为北岸六工巡检，沧州减河吏目为沧州风化店减河巡检，专管河务。

六月癸酉（十日），工部堂官言河道抢险工程，要求河臣于奏折内确计丈尺，约计银数。

癸未（二十日），举行嘉庆七年大计，东河河员卓异官三员。

壬辰（二十九日），直隶总督颜检言，将元城、大名、南乐、清丰四县捕务，责成大名府同知管理，改为兼河捕盗同知。长垣、开州、东明三州县捕务，仍归大名府通判管理，兼管通属盐务。

七月戊午（二十六日），直隶总督颜检言，永定河伏秋两汛安澜，得旨嘉奖，加太子少保。

八月壬午（二十日），命嵇承志、马慧裕派遣官员，查勘祥符下汛六堡堤工过水情况。

己丑（二十六日），山东菏泽县捐职从九品武勇靖，因诬告康基田在江南总河任内短发银两治罪。

壬辰（二十九日），吴璥言，中河厅属桃源汛淤浅挑挖情况。（《南河成案续编》）

九月丙午（十四日），南河河督言，邵坝工程加价加料，不允。

庚戌（十八日），嵇承志言，豫省因大雨河水增长，河堤塌陷。因其失职，命斥责。

辛亥（十九日），马慧裕言，封丘堤工蛰陷，现在赶紧查办堤工情形。是日，命吏部尚书刘权之、兵部右侍郎那彦宝，赴河南勘办河工。

壬子（二十日），命遴派明干道府大员，前往长垣县查勘。命嵇承志、马慧裕，核算河工所需物料经费。

癸丑（二十一日），陈大文、吴璥言，徐州河务道徐端，现报丁忧。命徐端回籍丁忧百日，仍回徐州署理河道印务。

乙卯（二十三日），请调南河营参将张永盛、淮徐游击姜焕，并熟谙桩埽之守备二员、千把总六员，赴豫帮办。从之。是日，命嵇承志等商议开挖引河。是日，命查勘运道是否妨碍回空漕船行走。

是日，两江总督陈大文、江南河道总督吴璥言，伏秋汛安澜。

丁巳（二十五日），铁保言曹属受水情形。命将具体情形详细绘图禀告。

戊午（二十六日），命颜检饬令瞻柱迅速前往长垣县水灾地方，查勘灾情，及时赈济。

己未（二十七日），命刘权之、那彦宝勘察桃汛滩嘴情形。

庚申（二十八日），铁保言，查勘运河被水情形，在张秋横穿运河。是日，命兵部尚书费淳，带同主事衔王念孙，赴山东东昌、临清一带，查勘河道。

辛酉（二十九日），因黄河于张秋处穿过，恐延误明年漕运，命吴璥于清口一带酌量筹办。

是月，河东河道总督嵇承志言，衡家楼漫工应挑引河。

十月壬戌（一日），铁保言，黄水穿过运河进入盐河入海，已查明被水州县受灾情形。（《续行水金鉴》卷一〇七引《运河道册》）

甲子（三日），派鸿胪寺卿通恩、候补卿姜开阳前往直隶长垣、东明、开州三州县，赈济灾情。是日，仓场侍郎达庆言，通州北门外温榆河，河形东徙。命长麟、戴均元，前往会勘兴工。

丙寅（五日），铁保言，运河漫水已经平复，回空漕船已经渡过张秋。（《续行水金鉴》卷一〇七引《运河道册》）

戊辰（七日），铁保言，张秋以北各工段已命运河道逐段勘察，受损之处等物料妥备后兴办。（《续行水金鉴》卷一〇七引《运河道册》）

壬申（十一日），嵇承志、马慧裕言，因衡工应捐银。从之。

戊寅（十七日），费淳、铁保言，回空漕船已全部渡过张秋，筹议办理河道事宜。（《续行水金鉴》卷一〇七引《运河道册》）

癸未（二十二日），吴璥言，河口漕船已全部攒渡，筹议运送新漕，勘察黄河淤垫具体情形。（《南河成案续编》卷二八）

是日，因黄河淤垫，命吴璥前往徐州，查勘应挑工段，赶紧兴办。

十一月癸巳（二日），因豫省兴工，命告知灾民，参与河工。

甲午（三日），吴璥言查勘邳宿运河，预筹明春济运。

乙未（四日），费淳言，择要兴办张秋河道工程。照所请。（《续行水金鉴》卷一〇八引《运河道册》）

庚戌（十九日），铁保言，筹议疏浚河道泉源。（《续行水金鉴》卷一〇八引《运河道册》）

十二月戊辰（七日），费淳、铁保言，张秋埽工完竣。（《续行水金鉴》卷一〇八引《运河道册》）

是日，嘉奖直隶堵筑长垣、东明、开三州县漫水出力官员。

辛未（十日），陈大文言，江苏境黄河淤沙，择要疏挑。

丙子（十五日），吴璥言，由外河山海一带沿途查勘水势情形，并即前赴海口。

甲申（二十三日），吴璥言，请黄泥嘴两湾相对处挑挖引河。

是月，两江总督陈大文言，给事中萧芝，请于南方产米之乡采买，由海道北运。

是年，总督颜检于杨村北汛添设护崖草坝。（《畿辅安澜志·白河》卷四）

是年，钦派大臣长麟、戴均元挑浚温榆河，自工部税局至流水沟，共五百四十丈。（《畿辅安澜志·温榆河》卷一）

## 嘉庆九年（1804）

正月甲午（四日），颜检言，直隶省安州、新安、隆平、宁晋、新河五州县，积水难消。命蠲免该地额赋。

戊戌（八日），费淳、铁保言，张秋运河应开展施工的工段，以及挽运各项事宜。（《续行水金鉴》卷一〇八引《运河道册》）

癸卯（十三日），贡楚、克札布、戴均元言，前往山东省查勘运道情形，并赴河南省查勘河工。（《续行水金鉴》卷一〇八引《运河道册》）

丙午（十六日），浙江巡抚阮元言，给事中萧芝陈请采买海运，难以实现。

是日，吴璥言，江苏省邳宿运河河道查勘情况，并拟定挑淤维护办法。（《南河成案续编》卷二九）

戊申（十八日），徐城以下高埂。是日，命及时勘察疏导。

庚戌（二十日），命费淳、铁保，于张秋至衡工沿途，设立马站，并预备夫料，赶紧堵住东岸缺口。

庚申（三十日），费淳、铁保言筹办衡工合龙事项。（《续行水金鉴》卷一〇八引《运河道册》）

二月甲子（四日），直隶总督颜检奏言，南运河邻近州县两岸堤工，应于重要处加倍修缮，并挑挖捷地、兴济二减河淤浅之处。

三月壬辰（三日），因豫工东坝坍塌，革云南布政使策丹等顶带。

癸巳（四日），颜检言，南运河临近州县两岸堤工应择要加高，并将减河深挖。（《续行水金鉴》卷一〇八引《河渠志稿》）

丙午（十七日），那彦宝言，豫工补进埽段并水势情形。

癸丑（二十四日），费淳、铁保言衡工已于本月二十二日合龙。（《续行水金鉴》卷一〇八引《运河道册》）

甲寅（二十五日），因南粮首进帮船全过张秋，遂嘉奖出力人员。加铁保太子少保，道员王念孙等升叙有差。

丙辰（二十七日），上因河南衡工合龙，于安佑宫行礼。是日，那彦宝、马慧裕、嵇承志言，衡工合龙、河归故道，一并嘉奖。

丁巳（二十八日），因堵筑衡工、钱粮涨价，遂命河南驻防兵，夏季月饷，改给本色米石。

四月庚申（二日），费淳、铁保言张秋堵筑工程并粮船行走情形。（《续行水金鉴》卷一〇八引《运河道册》）

辛酉（三日），吴璥言，衡工合龙全河已归故道，江境水势畅顺，各工平稳。

戊辰（十日），因那彦宝因病回京，命户部右侍郎额勒布，接办衡工善后事宜。

癸酉（十五日），戴均元言，衡工合龙一切顺遂。

是日，铁保言，曹家单薄、南坝头两处漫口堵筑完工。（《续行水金鉴》卷一〇八引《运河道册》）

丙子（十八日），河东河道总督嵇承志年老，命来京候用。赏江南淮徐道徐端三品顶带，护理河东河道总督。

乙酉（二十七日），因大通桥一带淤浅，派丹巴多尔济、德瑛前往勘察应行挑挖之处。（《续行水金鉴》卷一〇八引《河渠志稿》）

五月癸巳（五日），铁保言运河水势。

癸丑（二十五日），铁保言帮船行进情况，并在卫河淤浅处添雇剥船，又言已将张秋至德州一段德河道勘察完毕，以期一律深通。（《续行水金鉴》卷一〇八引《运河道册》）

丙辰（二十八日），因山东省河道淤浅，粮船脱帮。是日，黄河入海不畅，有分溜直入洪泽湖及淮扬一带运河，倒灌严重，命吴璥查明具体情况。

六月戊午（一日），命礼部尚书那彦成，前往河南查看河工。

庚辰（二十三日），因署河东河道总督嵇承志宣防不力，革去花翎，以四品京堂候补。

七月辛卯（五日），永定河伏汛安澜，遣兵部右侍郎那彦宝诣河神祠祀谢，并察看河工。

癸巳（七日），额勒布言，筹办衡工放淤情形，并绘图呈览。命额勒布、马慧裕、徐端，三人协商放淤事宜。

辛丑（十五日），因寻常覆奏轻用急递，革钦差户部侍郎额勒布、河南巡抚马慧裕、护理河东河道总督徐端花翎。

甲寅（二十八日），马慧裕言，河防入秋以来，新工形势极为平顺。

八月癸亥（七日），陈大文言，审拟私挖官堤人犯。

丙寅（十日），直隶总督颜检言，永定河秋汛安澜，重建庙宇告成。

九月戊子（二日），河南衡家楼敕建河神庙成，遣户部侍郎那彦宝恭代祀谢。

甲辰（十八日），因江南河口一带淤浅，空运不能进口。命刑部侍郎姜晟驰往查勘。会同陈大文、吴璥，相机办理。

乙巳（十九日），命汪志伊查明江苏省新阳、桃源等四十二厅州县及各屯卫，水灾轻重情况，并额赋蠲缓带征方法。

壬子（二十六日），钦差户部侍郎那彦宝言，豫省衡工巩固，秋汛安澜。赏还巡抚马慧裕、护理河道总督徐端花翎。

癸丑（二十七日），陈大文言，顺黄坝埽工以下土堤，内有积水，东接束清堤处，酌挑口门三四丈，于九月十三日挑通放船，至十四日又复淤沙。

是日，两江总督陈大文、江南河道总督吴璥言，秋汛安澜。命陈大文、吴璥分诣河神庙祀谢。

是月，山东巡抚铁保言，筹办河道事宜。

十月甲子（九日），吴璥言，现在设法筹办河口。命会同姜晟、陈大文通筹全局，详细勘察，使湖水畅出，清口黄流不致淤浅。

丁卯（十二日），姜晟言，会筹掣减黄水，以期河口通顺。命姜晟每四五日奏报水势情形及挽渡船数。

壬申（十七日），姜晟言，初八日启放李工口门掣减黄水，以期船行通顺，此后无结果回奏。命姜晟奏报河口曾否通行、漕船如何挽渡，不得延缓。

丁丑（二十二日），陈大文、吴璥办理江南河工不力，均着先行交部议处。

戊寅（二十三日），姜晟言，启放李工口，黄水仍不能掣减，现拟收束运口，加挑引河，启放天然等闸，以期减黄济运。命速速筹办。

乙酉（二十九日），姜晟言，河口黄水较前消落。命其奏报祥符等闸启放后，漕船行走情形。

十一月戊子（三日），因漕船回空，遂命帮船水手应役河口堵筑工程。

是日，传谕汪志伊，留心察看所征江苏省漕米米色。

己丑（四日），铁保言，办理来年新漕各款。

甲午（九日），姜晟言，运道已通，粮船挽渡。命姜晟等，前往各处河神庙祀谢。

壬寅（十五日），命河南衡工帮价银，自十二年为始，分十年摊征。

甲辰（十九日），铁保言，在杨庄停泊的粮船需借微山湖水济运同行，筹议酌量启放闸板放水济运。（《续行水金鉴》卷一〇八引《运河道册》）

乙巳（二十日），姜晟言，治河之法，以蓄清敌黄为上策。

戊申（二十三日），姜晟言漕船挽渡情形，称截至十七日午时，所有江苏省漕船已全数渡竣，浙江船亦已渡过两帮计九十六只。命各官员筹划，保明年黄水不致夺溜，湖身不致受淤。

癸丑（二十八日），因各仓存贮漕粮不够支领，命采买漕粮，解运至通州。

十二月丁卯（十二日），江南河道总督吴璥因病，命来京另候用。以护理河东河道总督淮徐道徐端为江南河道总督。江苏按察使李亨特为河东河道总督。

甲戌（十九日），有人言南河情形，应挑挖运口正河，堵闭祥符五瑞二闸，修补坝工。命徐端详细勘察，一律妥办。

是年，颜检请将运河两岸堤工加高加厚。（《畿辅安澜志·御河》卷七）

## 嘉庆十年（1805）

正月丙午（二十一日），徐端言，查勘工料并疏挑清口。

是月，河东河道总督李亨特奏报挑浚运河工程。

二月辛酉（七日），任命江南河道总督吴璥为兵部右侍郎。

辛未（十七日），任命仓场侍郎邹炳泰为左都御史，调兵部右侍郎吴璥为仓场侍郎。

是月，密谕徐端知悉河工至要。

是月，河东河道总督李亨特言，盘查两河道库贮钱粮，并无亏短。

三月壬子（二十八日），铁保言，查看洪泽湖水势工程，预备减泄。

四月庚午（十七日），铁保、徐端言，运河厅宿迁汛潆流石闸淤塞，应立即修缮加高。（《南河成案续编》卷三七）

庚辰（二十七日），改江南徐州河标左营副将为徐州镇总兵官。从总督铁保等请。

五月乙未（十二日），李亨特言，汶上汛西岸有斗门七道，但均已经淤塞，彭石、邢通两斗门的引渠淤塞最甚，应在大汛前挑浚。（《续行水金鉴》卷一〇九引《运河道册》）

己酉（二十六日），严饬生监把持漕务。

六月丁巳（五日），安徽巡抚王汝璧言请，宿州浍河以南经征地丁驿站漕项等银及漕粮米麦归新设南平抚民同知分别征解。从之。

丁丑（二十五日），熊枚言，永定河北岸漫溢，河堤塌陷。命那彦宝前去督促堵筑。

己卯（二十七日），熊枚言，遵旨赶办永定河要工，并奏报连日水势长落情形。命熊枚早日筹备物料，并遣一干人员辅佐。

闰六月壬辰（十一日），铁保言，筹议河务事宜，为今之计当大修闸坝，借湖水刷沙。

辛丑（二十日），铁保言，重运递年迟压，设法筹办。

七月乙卯（五日），因清口淤浅，李如枚奏请，捐造剥船一百五十只，以速漕务而便商民。

壬戌（十二日），吏部奏：浙江粮道穆克登布押运抵通，可否准其引见。命后各省押运道员，押运沿途若无过失，准其由仓场侍郎查明送部引见。

甲子（十四日），铁保言，清口淤浅原因是闸坝启闭不灵。议赶紧修理。

辛未（二十一日），山东巡抚陈大文言，东省挑河津贴不敷支出，请将城工剩余款项生息，用以河工。从之。

甲戌（二十四日），铁保言，现在河底淤高丈许，自七月初十日以后黄水复长，比清水较高四尺，由御黄坝倒漾而入。命其设法蓄水刷黄。

是日，直隶总督吴熊光言，南宫、河间二县，积水地九百二十五顷三十三亩有奇。请照安州等大洼减赋例。从之。

庚辰（二十七日），铁保言，清江一带运河，悉系黄水流行，黄水高于清水，倒灌运河，渐有停淤。命启放祥符五瑞两闸减黄助清。

是日，改东河黄沁通判为同知，睢宁同知为通判。从河道总督李亨特请。

八月癸卯（二十三日），徐端言，山盱义字坝堵闭断流，湖河水势平稳，回空漕船入境。

是月，河东河道总督李亨特言，潴蓄微山蜀山等湖，以裕来年新运。

九月丙寅（十七日），河东河道总督李亨特言，秋汛安澜。

十月丙戌（七日），铁保、徐端言，自运口头草坝至清江浦共闸八座，年久失修淤塞严重，请将惠济越闸、通济正闸、清江正越闸先行修理，其余四闸等明年霜降后估修。（《南河成案续编》卷三九）

甲午（十五日），命吏部侍郎戴均元，查勘南河闸坝各工。

十一月丁巳（八日），戴均元言，勘察运口水势情形，请堵筑御黄坝，开挖引河，挑竣临湖引河。从所请。

癸亥（十四日），戴均元言，会同徐端、陈云查勘堰盱五坝及三闸各工施工情况。（《南河成案续编》卷四〇）

丙寅（十七日），戴均元言凌水骤涨，清江浦土堤过水情形。

戊辰（十九日），戴均元言查勘应修闸坝各工及挑挖运河淤塞情形。（《南河成案续编》卷四〇）

庚午（二十一日），戴均元言，抚恤清江浦漫水受灾地方及河务工程。（《南河成案续编》卷四〇）

己卯（三十日），戴均元言堵合御黄坝，会筹疏通清口。（《南河成案续编》卷四一）

十二月己亥（二十日），戴均元言，通筹漕运河防，详细筹划。

## 嘉庆十一年（1806）

正月戊午（十日），裘行言，增加芦商本年盐价一文，赢余用于修筑直隶千里长堤。命在长芦盐课项下拨正帑四十万两，不得增加盐价。

是日，署直隶总督裘行言，永定河南北两岸俱有新生险工，请将下游工平之三角淀属北堤九工武清县主簿，移驻北岸头工，作为上汛。原移上汛武清县县丞，作为中汛。原设下汛宛平县主簿，仍为下汛。其北九工汛务，即归于北七八工两汛分管，其分拨河兵，另建衙署。俱请照例办理。从之。

二月壬午（四日），赓音言，运粮夫役疲乏，请求适当调剂，以裨运务。从之。命补贴车户脚价。

庚子（二十二日），允许湖北省及湖南省、江西省粮道押运三次后，若无过失，则送部引见。

三月己酉（一日），挑浚江苏淮扬下游归江河道，从两江总督铁保等请。

丙寅（十八日），铁保言，河口剥船残废具体情况。命损坏船只立即补休，费用由两次原修及接任各厅各员分摊赔偿。

己巳（二十一日），免直隶文安县大洼地亩水灾本年额赋。

甲戌（二十六日），御史邱勋言，请严禁绅士包漕、州县苛敛。命各该督抚先饬禁地方，若有违者，立即严参。

是月，江南河道总督徐端言，防护各工并办理刷涤清口。

四月癸巳（十六日），马慧裕言，河督李亨特勒索派累厅员，因借贷不遂，抑勒厅员告养各款。命侍郎托津、广兴、吴璥前往，传旨将李亨特革职查办。

五月辛亥（四日），命都察院左都御史赓音仍署仓场侍郎。

甲寅（七日），调吏部左侍郎李钧为仓场侍郎。

乙亥（二十八日），派瑚素通阿、刘权之前往沿河一带，查勘直隶官剥船具体数量。

丙子（二十九日），戴均元、铁保言应将下游车逻等闸坝开启分泻河水。（《南河成案续编》卷四三）

是月，河东河道总督吴璥奏言，豫东黄河南北两岸一千余里，险工林立，以北岸秦家厂、衡家楼二工为最。

六月庚寅（十四日），复设南河副总河缺。任戴均元为江南河道总督，徐端为副总河。

七月壬戌（十七日），御史徐寅亮言洪泽湖应于高堰工内外加碎石坦坡防护。命戴均元、徐端于霜降前加筑，并修补残缺之处。

甲子（十九日），戴均元言，河工物料昂贵，例价不敷，请照时价实用实销。命各项物料价值，由地方官详报督抚，按月咨部存查。

癸酉（二十八日），命嗣后秋狩，如遇雨水稍大，密云、古北口内外潮河、滦河各桥座，着密云副都统、古北口提督、热河副都统率领官兵帮同修搭。着为例。

八月癸未（九日），庆桂等议，驳仓场侍郎赓音请将文职四品以下、武职三品以下等官俸米改归通仓支领。

是日，铁保言，宿南三堡漫口溜势上提，郭家房土堤漫水。命徐端督办。

甲申（十日），缓征直隶永清、东安、武清三县被水村庄本年额赋，并贷口粮籽种。

戊子（十四日），吴璥言，因河务紧要，请将豫、东二省降革各河员，分别留任协防。罪情轻者允许留任，其余不允。

九月辛亥（七日），戴均元言，中运河自杨庄以上两岸纤道受损严重，应加高培厚。（《南河成案续编》卷四六）

甲寅（十日），铁保言，堵筑郭家房漫口，兴工进占并查勘王营减坝迤下水势情形。

甲子（二十日），吴璥言，豫东黄河工程料物请分别价值核实报销。命照旧例价报销。

乙丑（二十一日），铁保言郭家房坝工进展情形与霜降节前黄水复涨抢护各工缘由。

丁卯（二十三日），河东河道总督吴璥奏报，秋汛安澜。

十月丙子（三日），直隶永定河道陈凤翔言，永定河北岸五工漫口工程已于十月初一日未刻合龙，河流得归故道。

是日，铁保、吉纶、戴均元、徐端言，苏家山滚坝过水，导致王母山一带河道淤塞，阻碍帮船通行。（《南河成案续编》卷四七）

壬午（九日），命已革山西巡抚同兴，赴南河效力。

己丑（十六日），饬令河工用费应据实报销，不得贪污腐败。

乙未（二十二日），铁保请令各州县查工验料以祛河工积弊。

丁酉（二十四日），铁保言海口改道事宜。

庚子（二十七日），吴璥请拨豫东藩库银两，预备抢险物料。

十一月壬子（九日），御史程国仁言杜绝回漕积弊。命秦承恩派员密访，吉纶饬令运丁不得缺额。

十二月甲戌（一日），马慧裕言，海口高仰，节节停淤，宜将海口及旧河身大加挑挖，恳请暂开江工事例。不允。

壬午（九日），铁保言，郭家房大工合龙稳固。命于明年正月底凌汛以前堵筑完固。

是日，因堵筑南河郭家房漫工出力，守备陈岱等升叙有差。

甲申（十一日），吴璥言，运河厅汶上县丞汛西岸三里堡纤道、巨嘉主簿汛东岸元帝庙对面堤工、宫家滩对面第三道挑坝南首堤工，以上河工具有坍塌，应立即准备物料加以修缮。（《续行水金鉴》卷一〇九引《运河道册》）

丁酉（二十四日），吴璥言，增秸麻土方帮价及酌筹津贴。吴璥、马慧裕交部严加议处。长龄交部议处。

己亥（二十六日），工部奏议，驳吴璥等题销豫省衡工善后增培堤坝等工。

是年，裘行简请修筑子牙河新旧格淀堤工叠道涵洞桥闸，挑浚河道。（《畿辅安澜志·滹沱河》卷四）

是年，温榆河下游席厂以下，东岸滩上，斜挑引河。（《畿辅安澜志·温榆河卷》）

## 嘉庆十二年（1807）

正月己未（十七日），铁保言，邳宿运河挑工紧要，请拨钱粮赶办。（《南河成案续编》）

己巳（二十七日），铁保言，浮收漕粮，耽误河工的厅员，请旨革去顶带。

是月，河东河道总督吴璥，因率请摊征岁料帮价，部议降调，奉旨改为留任。

二月丙戌（十四日），命嗣后直隶总督于永定河伏秋大汛时，只须酌量往来查勘。

三月乙巳（三日），铁保言邳宿运河挑挖完工。（《南河成案续编》卷五一）

戊申（六日），因江南王营减坝大工合龙，河归故道。赏河道总督戴均元、副总河徐端太子少保衔。并赏戴均元及道员谈祖绶、叶观潮花翎，加道员鳌图按察使衔。

辛未（二十九日），大学士尚书会同工部议奏，河工料物价值核实报销。派英和、蒋予蒲拣带工部精细司员，各项河工料物例时价。

四月癸酉（一日），铁保言，扬州府江都县境内运河东西两岸民堰冲决，淹没民田，请借项修筑。从之。

甲午（二十二日），戴均元言，勉力办理河工，不敢徇纵属员，以致自蹈重愆。

是月，因实心任事，恩赏江南河道总督戴均元。

是月，漕运总督吉纶奏言，重运帮船行走情形，山东湖水泉水不足以济运。

五月癸卯（二日），吴璥言，南粮漕船进入山东境内，筹办济运事宜。（《续行水金鉴》卷一一〇引《运河道册》）

戊午（十六日），英和言，淮安捐职通判张如璧奏告盱堰堤石等工积弊，该处厅营各员不照例使用物料，致使河工不实。

己未（十七日），漕运总督吉纶为山东巡抚。仓场侍郎萨彬图为漕运总督。

壬戌（二十一日），命呈奏盱堰堤工完成情况。

丙寅（二十五日），工部奏，查明南河需用料物例价，铁保奏请加价数目并英和所拟增减各价值，俱分析比较。

七月壬寅（二日），严烺言，此次接任东漕，访察积弊，旗丁包揽沿河大小衙门使费，颇为腐败。命漕运总督统查运河沿线大小衙门。

是日，斥责严烺前往山东巡漕时，未了解实情，随意参报督漕官员。

乙巳（五日），铁保言，筹议将八月初旬渡黄帮船截卸，挑挖河口情形。

辛亥（十一日），以永定河伏汛安澜，遣睿亲王诣河神庙祀谢。

丁巳（十七日），铁保遵旨将减定南河物料价值，分别柴秸细数，再行开单具奏。

庚申（二十日），署直隶总督温承惠言，永定河南北两岸，酌量就河缺更换。从之。

乙丑（二十五日），铁保言，分别截留囤卸漕米。命即截卸淮扬等属。

八月庚辰（十一日），署直隶总督温承惠言，永定河秋汛安澜。

甲申（十五日），萨彬图言，设法赶办清查未结控案。命总漕衙门积年未结控案，均加恩宽免。

是日，萨彬图言，清口河道淤塞。命铁保饬令下部将其一律深通。（《南河成案续编》）

九月乙巳（七日），额勒布言，请将通州的吕四、余东、掘港三个盐场；泰州的伍佑、新兴两个盐场由海运转江运，以济民食。准暂行海运，待河运畅通后复旧。

丁未（九日），多隆武言，山东寿张营游击周开第，收受南粮各帮船馈送米酒等物。降旨将其革职，命漕运总督、仓场侍郎及有漕省分各督抚，通谕各员务必廉洁奉公。

辛亥（十三日），温承惠言，淀津堤河各工告成，恭请銮舆巡视一折。

戊午（二十日），吴璥言，查勘微山湖，并筹议蓄水事宜。（《续行水金鉴》卷一一〇引《运河道册》）

己未（二十一日），吴璥请疏挑微山湖上游牛头河，储蓄湖水。微山湖蓄水。命吴璥会同该抚派员晓谕居民，不得妨碍工程。

丁卯（二十九日），李钧简请挑修张家湾正河，堵筑康家沟抄河，以复运道。命温承惠派员勘察，于年内完工。

是日，两江总督铁保言，秋汛安澜。颁发王营减坝河神庙御书匾额，曰："恬流昭佑。"河东河道总督吴璥言，秋汛安澜。

十月乙酉（十七日），贾允升请挑浚减河，以利漕运。命温承惠、吉纶派员前去详细勘察，会同筹办。

丙戌（十八日），温承惠言挑浚温榆河。（《清仁宗睿皇帝圣训》卷四二）

丙申（二十八日），铁保、戴均元、徐端言，邳宿运河自开启苏家山坝放水后，河道浅涩，已于本月十二日开放苏家山石闸，引黄济运。（《南河成案续编》卷五六）

是月，河东河道总督吴璥言，启放蔺家山坝，委员勘察牛头河工段各情形。

十一月戊戌（一日），缓征浙江乌程、归安、德清三县歉收田亩漕米额赋。

辛丑（四日），铁保言，查勘南北两岸黄水归海去路，筹堵陈家浦，疏挑正河。命拨银一百万两，一面挑挖正河，一面购备物料。

壬寅（五日），严烺言，山东微山湖水势较弱，请设法储蓄湖水济运。（《续行水金鉴》卷一一〇引《运河道册》）

癸亥（二十六日），工部议驳湖北修筑堤塍，挑挖淤河，于例外奏请照南河加价。

是日，戴均元言，勘察潘家屯引渠情形。（《南河成案续编》卷五六）

丁卯（三十日），温承惠言，因永定河增加埽段，物料不敷购办，恳请酌添银两。传旨饬令其因寻常工段，随意加增银两。

十二月己巳（二日），给事中严烺条陈漕运事宜。是日，命户部查阅旧案，酌议新漕进仓弹压稽查人员安排。

己卯（十二日），敕仓场侍郎，新漕抵通，扣除应派贮通仓的粳稜粟三色，分运京仓，通仓，用积存粳稜支放，稜米抵支粟米。

壬午（十五日），吴璥言，卫河河水盛涨，请将临清闸内运河、堂、博、清平等汛堤堰加高培厚。（《续行水金鉴》卷一一〇引《运河道册》）

丙戌（十九日），吴璥言，勘察牛头河应挑淤垫工段，并添建涵洞土堤。命立即修办。

是日，萨彬图请令江浙办漕州县，派遣收漕记书一人，将米样送到淮候验收。

## 嘉庆十三年（1808）

二月己巳（三日），巡视东漕御史文修言，山东省运河挑工，请仍归沿河州县卫承办。从之。

庚午（四日），吉纶言，派员前往四女寺、哨马营勘察河道，加以挑浚。

癸未（十七日），铁保以筹划河工经费为由，奏请暂开捐例。不允。是日，两江总督铁保言陈家浦坝工合龙。得旨嘉奖。

甲申（十八日），调工部右侍郎蒋予蒲为仓场侍郎。

三月丙辰（二十日），江南河道总督戴均元因病解任。任命副总河徐端为河道总督，那彦成为江南副总河。

丙寅（三十日），根据铁保所述湖河实在情形，现有必需筹办要工，派大学士尚书长麟、戴衢亨前往南河，查勘详情。

四月己卯（十三日），命长麟、戴衢亨与铁保、徐端筹议洪湖周围补筑碎石坦坡一事。

辛巳（十五日），温承惠言，千里长堤各工奏请钦派大员验收，仅淀堤工程未能按原貌修缮。命仍按照原尺寸修缮，若不能按原估验收，多出银两由承办官员赔偿。

壬辰（二十六日），温承惠言，查勘滏阳河淤阻情形，请挑挖被水占的粮地，以资行运。照该督所请，将现在水占之耿家庄等处，分段挑挖成河。

乙未（二十九日），巡漕给事中韩克均言，请定豫东漕船行走次序。传谕漕臣各员，所有豫、东两省帮船不必排列先后，随到随行。

五月癸卯（八日），长麟、戴衢亨言，勘明毛城铺毋庸修复，应另筹宣泄之路，以利漕运而防盛涨。

丙辰（二十一日），长麟、戴衢亨言王营减坝及两岸大堤至海口一路各工实际情况。准拨两淮运库内银四十万两，给铁保派妥善官员先修缮扬属堤工薄弱处。

己未（二十四日），长麟、戴衢亨言，查明堰圩堤坝各工，筹划办理，按轻重缓急合计费用，将高堰堤工绘图呈报，拟加高四尺。照所请办。

壬戌（二十七日），经筹议，培筑徐扬各属大堤，修复十八里屯闸座，改建王营减坝，添筑云梯关外长堤，以及加筑高堰土戗，添筑智礼坝基，以上工程分年办理。

闰五月己卯（十四日），达庆言，调剂运务，酌筹仓储。从所请，将此次文职五品以下武职四品以下各官员俸米二十余万石，改贮城外四仓支放。

辛巳（十六日），德瑛言，勘明直隶堤河桥道闸坝各工，并详细写进清单，绘图呈报。并开缮清单绘图贴说进呈。

戊子（二十三日），吴璥、吉纶言，查验牛头河挑工及涵洞土堰完工情况。（《续行水

金鉴》卷一一一引《河渠志稿》）

六月（十五日），达庆言，十一日，康家沟新建坝工西部土堰漫水冲开。（《续行水金鉴》卷一一一引《河渠志稿》）

十九日，温承惠言，康家沟坝工漫水情形。（《续行水金鉴》卷一一一引《河渠志稿》）

戊戌（四口），因南河兴办宣防疏筑各工所用人员较多，命该督详细考察所用官员，留下熟习河务者。

己亥（五日），铁保言，湖河并涨，已分头抢护各工；一面帮培子堰，一面赶做埽工。命铁保等专力抢护高堰。

癸卯（九日），铁保言，河湖涨水，已开放智坝。

乙巳（十一日），以河东河道总督吴璥为刑部尚书。盛京刑部侍郎马慧裕为河东河道总督。江南河库道李奕畴为安徽按察使。

丁未（十三日），达庆言，漕运米石请酌进通仓，以便分投起卸，以利帮船迅速回空。

戊申（十四日），铁保言，湖河涨水略消，砖工缺口冲刷较宽，已分别疏消堵闭。徐端、铁保均管河务，不能提前预备，遂惩治。

壬子（十八日），铁保言，洪泽湖涨水渐消，遂筹划先后赶办淮扬各工。

癸亥（二十九日），因直隶近畿一带，自六月以后雨水较多，运粮帮船均在天津以南停泊，不能按时抵达。遂命温承惠派员勘察被灾地方，酌量截留米粮，用以赈济。

七月己巳（五日）， 昨因天津北河王家庄漫口，粮船不能及时回空，遂截留存储北仓。因看守不利，有宵小偷窃，遂命派兵驻守，巡逻稽查。

己卯（十五日），伊昌阿本智言，查修北仓、添建兵房，其廒前临河加筑堤埝一道。从所请。

是日，铁保言，河湖水势工程平稳，应依次修理高堰大堤及盱堰坝脊各工。命铁保通饬各员，不得贪污河工经费。

是日，赏南河效力道员康基田太仆寺少卿衔，命专管稽核现办各要工钱粮事务。

壬午（十八日），以永定河秋汛安澜，加河道陈凤翔按察使衔。

丁亥（二十三日），铁保、徐端、那彦成言，洪泽湖水消落，运河黄水未消，将御黄坝收起防御黄水倒灌。（《南河成案续编》卷六〇）

庚寅（二十六日），温承惠言，康家沟坝工，果渠村被漫情况，请照例赔偿。加恩免其赔偿。

壬辰（二十八日），达庆言，粮船已经至康家沟，请敕令总督温承惠，饬令该河道集结夫役，挑挖以利漕运。命长麟、达庆、蒋予蒲三人督同该道员等设法办理，所需费用准其拨用。

八月庚戌（十七日），铁保言，百子堂坝工合龙。（《南河成案续编》卷六〇）

壬子（十九日），命刑部尚书吴璥前赴通州，查勘张家湾、康家沟河道。

乙卯（二十二日），达庆、蒋予蒲言，拟京仓进米一百万石，通仓贮米二十万余石，京员奉米仍赴通领取。不允，传旨通饬，命其设法剥运。

辛酉（二十八日），吴璥言，康家沟已刷成大河，行走顺利。张家湾正河淤成高滩。命来年粮船由康家沟行走。

九月甲戌（十一日），两江总督铁保奏报，秋汛安澜。

丙子（十三日），河东河道总督马慧裕奏报，秋汛安澜。

丁丑（十四日），铁保言，里河平桥三铺西岸纤堤坐蛰，现在赶办。

十月戊申（十六日），改河南阳中汛县丞为中牟上汛县丞彩网，博给予关防。从河道总督马慧裕请。

辛亥（十九日），命刑部尚书吴璥、户部侍郎托津，前往江苏，会同两江总督铁保，勘视南河海口。

是日，铁保言漕船行走顺畅，蔡家潭坝工即将堵合。（《南河成案续编》卷六一）

甲寅（二十二日），铁保言，清水畅出，回空漕船全数渡黄。命铁保亲至清口一带河神庙，代为祀谢。

十二月丙申（五日），铁保、徐端、那彦成言，运口头坝口门下陷成深堂。（《南河成案续编》卷六一）

辛丑（十日），吴璥、托津等言，查勘海口河口及高堰应办各工。铁保附议请饷。命吴璥、托津，会同铁保、徐端、那彦成，商议以后如何布置河工饷银。

丙辰（二十五日），因河工人员冗多，导致河工饷银靡费，遂命吴璥、托津，会同铁保，详加察核，将不得力及不谙河务人员撤回，或调他用。

庚申（二十九日），以荷花塘漫口合龙后坝身复蛰。两江总督铁保下部议处。降河道总督徐端为副总河，副总河那彦成为二等侍卫，喀喇沙尔为办事大臣。以刑部尚书吴璥为江南河道总督。

## 嘉庆十四年（1809）

正月癸亥（三日），长麟言，应于漕船北来前，兴修江南运河堤岸。命铁保、吴璥、徐端会同商议，择要兴工。

乙丑（五日），吴璥、托津会同铁保筹议南河经费，言请于现行盐价每斤酌加三厘，有益于河工。命各该督抚盐政详细体察，酌情增加盐价。

丁丑（十七日），铁保、吴璥、徐端言，应在漕船来临前将运口头二三坝、盖坝、束清坝、各旧纤道、清江旧正河等河工，按紧要赶紧修复。（《南河成案续编》卷六二）

庚辰（二十日），吴璥、托津言，遵旨将荷花塘工程办理不善的钱沄、李亨特审明定拟具奏。加恩改发热河效力赎罪。

二月甲午（四日），命于直隶被水地方减价平粜赈余漕米。

乙未（五日），吴璥言，江南黄运河湖现今实际情况，南河弊病丛生，应分缓急先后办理各工。

壬寅（十二日），因南河各工繁重，遂命先兴办紧要河工，确保漕船北上。（《南河成案续编》卷六二）

丁未（十七日），松筠言，废员周锷、赵堂情愿捐赀赴南河报效。不允。

己酉（十九日），温承惠言，果渠村新建坝工，请在上游开挖新河，建筑堤堰。（《续行水金鉴》卷一一二引《河渠志稿》）

辛亥（二十一日），铁保、吴璥言，筹办防范大汛章程。（《南河成案续编》卷六二）

戊午（二十八日），降旨每年加增五千两为定额，作为永定河添备料物预支银。

己未（二十九日），本日，萨彬图、喜敬言，盘验南粮首进帮船，米色尚俱干洁，仅江淮三六两帮，兑运溧阳县米石，因米潮嫩，且沿途经大小湖泊，阴雨连绵，色黯者居多。总漕萨彬图、巡抚汪日章，均传旨严行申饬。此项米石全行驳回。

三月辛酉（一日），因北新仓粮米腐烂严重，罢免一干仓储官员，任命新仓储官员若干。

壬戌（二日），萨彬图言，黄水倒灌、河口浅滞。请敕下河臣赶办纤路。命铁保、吴璥、徐端赶紧兴办。

戊辰（八日），御史史祐言，北仓贮米易生腐烂，请先期赶办以利漕运。命新任仓场侍郎福庆、许兆椿从所请。

丙子（十六日），铁保、吴璥、徐端奉命查勘南河情形及河工赶办情况。（《南河成案续编》卷六三）

己卯（十九日），巡视东漕给事中英纶言，江苏境内邳宿运河略有浅阻，应酌量开启微山湖湖板济运。（《续行水金鉴》卷一一二引《运河道册》）

五月癸亥（四日），御史李鸿宾言，胪陈南漕各弊，请饬有漕各省督抚实力剔除。

是日，巡视东漕御史史佑言，请于南粮到通时，敕令另仓存贮丑米，以杜弊混。所奏不可行。

乙丑（六日），巡视东漕给事中赵佩湘言，山东疏浚泉源事宜。

丁卯（八日），铁保言，邳宿运河无需挑浚，筹催漕船，湖北各帮及江西头二两帮均已渡黄。萨彬图查明米色碎杂缘由，分别参赔。

癸酉（十四日），御史朱澄言，请盘查仓廒，以除积弊。

辛巳（二十二日），马慧裕、赵佩湘言，头进南粮帮船全出东境。

壬午（二十三日），天津巡漕御史吴荣光奏请，严禁盗卖漕粮。命山东、天津、通州粮艘经过及停泊地方，各该巡漕御史实力稽查。命仓场侍郎于今年新粮抵通时，设法严密稽查，力除积弊。

丙戌（二十七日），吉纶言，韩庄河湖水势情况。（《续行水金鉴》卷一一二引《运河道册》）

六月辛卯（二日），玉宁、戴均元言，查看通州中西仓及万安储济裕丰太平四仓实际情况，应次第清厘，并请饬各衙门嗣后应谨慎遴选各仓监督人员。照所请实行。

乙未（六日），因严除漕运积弊，严惩一干官员。

丙申（七日），马慧裕言，拆修运河闸座。（《续行水金鉴》卷一一三引《运河道册》）

丙午（十七日），玉宁言通惠河水漫溢情况，已于河口刷漫数段。命温承惠遴派明干大员，限于七八日内堵合。是日，命督抚密查旗丁亏损漕粮实情，夹带米石实情。

丁未（十八日），因管理仓场不力，致使仓场亏损。遂将嘉庆三年以来的仓场侍郎一律严厉惩办。

己酉（二十日），贡楚克扎布补授西仓满监督，颜检补授汉监督，德泰补授仓满监督，李长森补授中汉监督，贾德辅暂管西仓汉监督。

丁巳（二十八日），史佑言，康家沟河道难行，应重新使用张家湾故道，挑浚通惠河。命温承惠详细查勘后再议。

七月壬戌（四日），因查办通仓亏米，仓书高添凤供认天津一带粮米用药发涨。

是日，吉纶言，宿州二帮于六月十七日到达东昌府，有运丁盗卖粮米一百三十余石。

己巳（十一日），铁保、吴璥、徐端言，已将清江正河挑挖加深，并修补两岸护埽。（《南河成案续编》卷六五）

壬申（十四日），军机大臣会同刑部言，拟处罚通州西中二仓亏短白米的罪犯。

是日，调河东河道总督马慧裕为漕运总督。以直隶永定河道陈凤翔为河东河道总督。

甲戌（十六日），温承惠言，康家沟地势高，河水易泄，应尽快堵筑。命戴均元亲自勘察，拟订章程。

己卯（二十一日），以河南布政使钱楷署河东河道总督。

癸未（二十五日），因南河工程平稳，赏江南河道总督吴璥二品顶带。

戊子（三十日），戴均元言，经勘察张家湾、康家沟河道情形，张家湾工程耗时较长，漕船可暂走康家沟，宜先挑淤培筑通惠河河道。照所请。

八月辛卯（三日），直隶总督温承惠言，永定河秋汛安澜。

庚戌（十二日），命托津前往清江，查勘河工。

癸丑（二十五日），阿林保、吴璥、徐端言淮扬运河淤垫严重。（《南河成案续编》卷六五）

丙辰（二十八日），先福言，经确查，各州县所收粮米一律原色，沿途中盗卖掺杂导致漕粮腐败，此漕运积弊，应设法剔除。命护抚袁秉直，严查弊端，将到通漕粮严加管押。

九月己未（二日），阿林保言，运河西岸废涵洞陡塌，应赶紧堵筑。

是日，山阳县状元墩堤身于八月二十一日塌陷。（《南河成案续编》卷六六）

丁丑（二十日），吴璥、徐端言运河状元墩堤工塌陷具体情况。（《南河成案续编》卷六六）

十月乙未（八日），陈凤翔奏：微山湖水势短缺，请导引江境苏家山闸黄水，以济运河。

庚子（十三日），汪志伊言，访查漕务积弊情形，严定稽查章程。

是日，吴璥言，漕务积弊由于帮丁索费、刁户包漕。

庚戌（二十三日），吴璥言，筹议引黄河水入微山湖济运。（《南河成案续编》卷六六）

是日，吴璥言，高宝运河挑工已经完成，并开启御黄坝。（《南河成案续编》卷六六）

甲寅（二十七日），陈凤翔言，暂请启放苏家山闸，储蓄湖水，请拨发银两以济工需。

十一月丁巳（一日），吴璥言，筹议催促回空粮船渡黄，暂缓堵合状元墩坝工。

戊午（二日），吴璥言，会议漕务章程。

庚申（四日），因开垦稻田，截留泉水，导致微山湖等湖水不能济运，命山东巡抚吉纶，会同河东河道总督陈凤翔，派遣官员勘察，并谕令百姓不得拦截水源。

是日，御史汪彦博条陈漕务事宜各条。命将该御史所奏各条，交有漕省分各督抚、漕运总督及巡漕御史、仓场侍郎，商议实施细则。

是日，命陈凤翔详细勘察，将黄水下注微山湖，酌量增设闸板，使淤沙截留，等湖水充足，将苏家山闸堵闭。开苏家山坝引黄济运。（《清仁宗睿皇帝圣训》卷四三）

癸亥（七日），马慧裕言，清查漕督衙门未结各案，积压甚多。命速速查办。

是日，巡视南漕御史程国仁言漕务事宜，防止旗丁盗卖贪污漕粮。

是日，徐端言，自天津、通州至京，沿途多有漕运旧剥船弃置河干。命温承惠饬令该管地方官赶紧收集，以备应用。

丙寅（十日），吉纶等筹议运漕车辆章程。严格防守，禁止勒索等照所议办。但运送制度还需再议。

甲戌（十八日），温承惠言，因堵筑任丘县民堤漫口，借动银两，请摊征归款。

庚辰（二十四日），吴璥言，运河冰冻，回空漕船受阻，现在竭力敲冰，催促后来漕船。

十二月丁亥（二日），温承惠言，安陵以南河道四百余里，属直隶、山东两省州县管辖，但漕运盘剥严重。

戊子（三日），都察院奏：常熟县附监生沈旭来京敬陈江苏收漕出洋二事。

庚寅（五日），因漕运总督马慧裕在河东河道总督任内，不能蓄水济运，致回空漕船冻阻，降三品顶带，来京以三品京堂补用。

辛卯（六日），以广西巡抚许兆椿为漕运总督。

壬辰（七日），缓征安徽无为、庐江二州县叠被水灾旱灾带征额赋漕粮。

癸卯（十八日），吴邦庆言，山东省王母山等处河道已经通畅，回空粮船通行无误。（《续行水金鉴》卷一一四引《河渠志稿》）

乙巳（二十日），马慧裕言，预筹经理不能归次帮丁运务缘由。

戊申（二十三日），大学士会同户工二部议覆吴璥等请筑碎石坦坡，拥护高堰大堤。

## 嘉庆十五年（1810）

正月丁巳（二日），陈凤翔言，在堵筑微山湖口坝工后可以进行台儿庄八闸的挑工。（《续行水金鉴》卷一一四引《运河道册》）

癸酉（十八日），吴璥言，速漕防汛事宜，筹办春修堤埽工程。

甲戌（十九日），松筠言，行抵邳州，路过微山湖查问情形，请引沁入卫济运。

二月己亥（十五日），吴璥言，状元墩坝工合龙稳固。（《南河成案续编》卷六八）

甲辰（二十日），恩长言，引沁入卫济运较难实行。（《续行水金鉴》卷一一四引《河渠志稿》）

丙午（二十二日），松筠言，查勘海口情，应修复正河。

己丑（二十五日），松筠言，苏家山闸于正月十五日启坝放水，因蔺家山坝入湖甚为畅顺，拟将蔺家山坝口门再行展宽，待微山湖水充裕，再行堵闭。命松筠查明盱堰埽圮各段，及时修防。

庚戌（二十六日），吴璥、徐端言，里河平桥汛三铺旧堤过水，因位置紧要，应赶紧筹办。（《南河成案续编》卷六八）

辛亥（二十七日），吴璥言，山阳县平桥汛三铺东岸土堤漫塌，现在赶紧抢筑。

三月丙辰（二日），吴璥言，赶办三铺缺口情况。

戊辰（十四日），松筠言，确查三铺漫口情况。（《南河成案续编》卷六九）

辛未（十七日），许光椿、蒋攸铦奏：浙省帮丁驳回米石、酌请分年折价归还。

癸酉（十九日），恩长言，筹办挑浚赵王河上游的陶北河，酌议动项归款。照所请。

四月辛亥（二十八日），汪志伊言，民船失火延烧在次漕船，查明未兑米石物件，分别洒带赔补。

五月壬戌（九日），温承惠言，直隶河淀淤垫。

乙丑（十二日），吴璥言，漕运关系至要，河口通塞，酌拟剥运江广各帮，以免误漕。

庚午（十七日），庆桂等会议，江南总河吴璥等通筹南河全局，请次第修复旧规。

丁丑（二十四日），景安议覆给事中史佑、御史汪彦博、巡视南漕御史程国仁，条奏漕务各事宜。

六月丁亥（四日），松筠、吴璥言，大汛将临，应将御黄坝堵合，但堵筑漫口挑挖引河，耗时较长。

庚子（十七日），吴璥、徐端言，邳、宿、桃、清运中河境内因沂蒙山水下注，导致涨水较多，应将各闸坝开启放水。（《南河成案续编》卷七一）

甲辰（二十一日），阿克当阿言漕务弊端，请上严禁。

丙午（二十四日），恩长言，酌筹疏浚漳卫河经行要口，以资济运。

辛亥（二十九日），玉宁言，筹办截卸南粮，以速回空。

七月甲寅（二日），松筠、吴璥言，漕船全数渡黄，赶办海口引河挑浚要工，请拨银两。

是日，两江总督松筠言，漕船全数渡黄。

壬戌（十日），温承惠言，永定河南北两岸漫溢，请将道员王念孙交部严加议处，并自请交议。命李亨特补授永定河道员。

庚辰（二十八日），吴璥言，清江浦玉带河南岸文渠沟，因遇风暴冲塌草坝，现已堵闭稳固，将承办工员分别着赔参处。命清河县知县将玉带河南堤铲成沟槽，命吴璥前往督促堵筑云昙口坝。

辛巳（二十九日），江南河道总督吴璥以病乞开缺。允之。以副总河徐端为河道总督，并裁江南副总河缺。

是日，命工部尚书马慧裕赴南河，督办修复海口等事。

八月丁亥（五日），拨奉天运京小米二十万石，并饬户部筹拨近省银三十万两，赈直隶被水灾民。

己丑（七日），许兆椿言，邳宿运河河成，闸以南旧曾添设汇泽、利运、亨济、滦流四闸，请一律挑浚；骆马湖日渐淤高，请严禁私垦。

庚寅（八日），吴璥、徐端言，修复海口旧河大工。

九月乙卯（二日），戴均元言，续查兴武四帮兑运松江府华亭县漕粮内，有经潮风晾之米一万二千四百二十余石，兴武七帮兑运青浦县之米，内有四千八百十一石零搀杂腐米，难以储存。

甲子（十二日），以永定河坝工合龙，赏直隶总督温承惠花翎；道员李亨特、孙树本，下部议叙。余升用有差。

丙寅（十四日），玉宁言，剥船陈湿米石，请免经纪赔补。

丁卯（十五日），马慧裕言，勘明云梯关外海口挑河筑坝情形，督催兴工攒办日期。

乙亥（二十三日），马慧裕言，确查南河秸麻价值，秉公酌拟。

辛巳（二十九日），给事中吴邦庆请复东省漕船春兑春开旧制。照其所请。

十月甲申（三日），松筠、徐端言，宝应庙湾王家庄堤工塌陷漫决。（《南河成案续编》卷七三）

辛卯（十日），松筠言，漕船绕湖入运，通行顺畅。（《南河成案续编》卷七三）

甲午（十三日），徐端言，高堰山盱两厅，石工坍塌，仁、义、智三坝过水。

是日，徐端言高堰山盱两厅漫决情形。

壬寅（二十一日），因徐端督办堰盱各工不力，革职留工。

癸卯（二十二日），命松筠密访南河工程河工费用情况。

己酉（三十日），因方维甸回籍侍奉亲老，离南河工程较近，命其密访河工实情。

十一月乙卯（四日），前因山盱三坝掣通过水，石工坍塌卸数千丈，应于明年大汛前补砌。

壬戌（十一日），吉纶言，筹办山东省水利，请展征漕工帮价银两。所请不准行。

甲子（十三日），以江南河道总督徐端不胜河督之任革职，留工效力。以浙江巡抚蒋攸铦为江南河道总督。

乙丑（十四日），松筠言，江西漕船酌量改小，并造剥船随带。

壬申（二十一日），吴璥请延迟江南海口挑工土方捐例限期，并请添派道府赴工帮办。

甲戌（二十三日），阿克当阿言，前任扬河通判缪元淳，于本年承办扬河堤岸工程，贪污银两。命托津、初彭龄会同松筠、蒋攸铦，将数年来河工款项核实清查，若有不实，及时参办。

己卯（二十八日），松筠、许兆椿言，请减造江广剥船，以裕修费。

十二月壬巳（十三日），庆桂言，淮扬运河关系紧要，应及早挑挖通畅。（《南河成案续编》卷七四）

丁酉（十七日），山东德平县刘静远呈控该县浮收漕粮，勒折钱文。

己亥（十九日），陈凤翔调补江南河道总督，李亨特补授河东河道总督，命温承惠保举谙练河务人员二员，为永定河道员。

是日，命陈凤翔将河口积淤设法消除，使清高全力下注，因势利导。

## 嘉庆十六年（1811）

正月丙辰（六日），托津所查河工弊窦各款，大半空言。命其确查，并奏河务情形。命托津、彭龄、松筠、吴璥会同许兆椿、陈凤翔，查勘水势情形，商议引清水办法。

戊午（八日），以巡防南河马港口河岸新筑长堤，添设淮海道一员，驻扎中河。

乙丑（十五日），松筠言，详细筹议河口敌黄利运情况。（《南河成案续编》卷七五）

辛未（二十一日），陈凤翔言，查明湖河水势高低尺寸并趱挑运河情形。

己卯（二十九日），陈凤翔言，查明河口至宝应一带应办工程，按紧要情况批示。（《南河成案续编》卷七五）

二月辛巳（二日），命温承惠督办永定河南北两岸修防工程。

丁亥（八日），陈凤翔言，盘护御黄坝并添做二坝，照所请。

辛卯（十二日），同兴言，筹议湖广漕船酌量改小。

丁酉（十八日），陈凤翔言，体访培筑高堰二堤，请加倍二堤，照所请。

三月庚戌（二日），陈凤翔言，于本月初一日启放御黄坝，俾粮艘渡黄北上。命酌情启放。

是日，命两淮盐政阿克当阿驻扎清口，督办漕运。自高宝运河起至黄河北岸杨庄一带，帮船经过时，设法催攒。

甲寅（六日），原任安徽盱眙县知县黄嵋，条陈河工事宜，拟将黄河改由宿迁，穿运河过堤，经沭阳、赣榆至该处入海。不可行。

戊午（十日），李亨特言，济宁汛运河东岸，自仲浅闸至新店闸一段因水浸而日渐单薄，应立即加高培厚。（《续行水金鉴》卷一一六引《运河道册》）

己未（十一日），议海运并不可行，仍维护河道，实行水运。

壬戌（十四日），李亨特请将济宁等处塘河挑淤积土，放置距离河湖较远的低洼地。

是日，勒保、陈凤翔言，开放御黄坝、帮船行走顺利。

是日，李亨特言，筹议挑挖济宁等地方湖塘沿岸积土。（《清仁宗睿皇帝圣训》卷四四）

四月壬戌（十五日），勒保言，截留宿州两帮漕船，请将此项漕粮借给回空各帮，来春另购好米搭运交通。

丁卯（二十日），命修筑直隶任丘等州县长堤并雄县叠道，以工代赈。

甲戌（二十七日），吉纶言，经查勘，骆马湖上游各河通畅，严禁私垦河湖堤岸。（《续行水金鉴》卷一一七引《河渠志稿》）

五月癸卯（二十六日），勒保言，堵闭御黄、钳口两坝，并现在湖河水势及黄河两岸堤工。

乙巳（二十八日），仓场侍郎会同巡漕两御史，驳李亨特请将南粮全数自杨村起剥到坝。

六月庚戌（四日），以王营减坝堤工蛰塌，革江南河道总督陈凤翔翎顶。疏防员弁革职逮问。

壬子（六日），李亨特言，黄水节次涨发，计有六尺三寸，仅封汛大堤过水。

癸丑（七日），直隶温榆河上游果渠村一带新河，培筑堤坝各工，照温承惠所请，将工费加半。

丁卯（二十一日），勒保、陈凤翔、许兆椿言，查验江广新造剥船，不能合用，请变通办理。此奏不可行，命百龄赴江南，将河工要务通盘筹画。

戊辰（二十二日），任命内阁学士荣麟为仓场侍郎。

七月甲申（八日），许兆椿奏，驳监生康文河条陈南粮借用帮船两截盘运。

丁亥（十一日），挑浚直隶玉田县双城河。从总督温承惠请也。

己丑（十三日），百龄查看王营减坝漫口情形，请暂缓堵筑，应先赴下游察看海口。

癸卯（二十七日），百龄查勘海口上下未经挑挖处所，尚俱深通，但中段挑浚之处已涸成平陆。拟将灶工尾以下河身加挑宽深，两岸接筑新堤，夯硪坚实。再于七套地方，增建减水坝。修复王营减坝，复建磨盘埽等工。

八月壬子（六日），陈凤翔言，棉拐山漫口堵筑合龙。命陈凤翔至清江，协同百龄，办理挑浚王营减坝以下河道，堵筑减坝漫口。

甲子（十八日），百龄言，南河要工分别缓急办理，筹划先后挑浚堵筑章程。

辛未（二十五日），百龄言，李家楼漫口急难堵合，拟在再大堤外圈筑土堰，接筑东西坝基，筑拦河坝以免停淤。

九月丙子（一日），百龄言，回空帮船渡黄行走顺利，现在筹办宣泄事宜。

丁丑（二日），百龄参马港口堵闭漫口，挑挖正河工程时办公草率的道员，请饬令其来工赔办。

是日，百龄言，筹计南河工用。

丙申（二十一日），长龄言，河南永城、夏邑、虞城三县漫水，且漫及江南等地。命将李家楼漫口赶紧堵筑。

戊戌（二十三日），百龄查明李家楼漫水安、豫两省被灾情形，筹议办理缓急次第，又兴挑减坝以下河身淤垫。

是月，命江南河道总督陈凤翔堵筑李家楼，抵消靡费河工经费罪过。

十月丁未（二日），百龄言，将筹办堵筑李家楼漫口。

是月，两江总督百龄赶办南河要工，分段疏浚情形。

十一月戊寅（三日），百龄参奏南河河工草率办公文武各员。

庚子（二十五日），百龄言，请勿将江南邳宿运河厅改隶山东省管辖。

十二月庚戌（六日），百龄通筹黄运河湖利病，拟备善后。

是日，两江总督百龄言，减坝合龙下游诸工完竣。嘉奖。赏河道总督陈凤翔四品顶带。余升叙有差。

戊午（十四日），传谕有漕省分赶紧交兑。

是日，李亨特言，近年山东运河挑工，请仍归沿河各州县卫承办。（《续行水金鉴》卷一一七引《河渠志稿》）

辛酉（十七日），御史张源长奏请核实岁修料垛。通谕江南、山东各河督，核实采办河工物料。

乙丑（二十一日），百龄奏，查明承办马港工各员，命分别赔偿银两。

是日，百龄查明草率处理河工的官员，请将其革职。

戊辰（二十四日），李亨特奏请，筹给河标兵丁办公生息银两。命自嘉庆十七年春季为始，分给四营添补差费。

甲戌（三十日），增设江南淮安府外河通判一员、守备一员。从总督百龄请也。

嘉庆十七年（1812）

正月己丑（十五日），温承惠言，永定河下口多险工，宜加培堤岸、挑挖引河及接筑草坝土坝，请加培办理。照所请。

庚子（二十六日），给直隶滦、乐亭、昌黎三州县上年被水灾民两月口粮。

二月乙巳（二日），百龄请将玩视要工、倡议诿卸之厅员，革去升衔，撤回同知。

是日，因外工代厅员办理河工导致损失，命将其造册治罪。

是月，江南河道总督陈凤翔言，河工关系至重。

三月癸酉（一日），两江总督百龄言，李家楼大工合龙，河归故道。

辛巳（九日），百龄请借项挑浚武进县孟渎南段河道。

是日，百龄奏，审明玩误李家楼河防之已革备弁，分别定拟。

壬午（十日），给事中周钺言，请饬定南河善后事宜章程。

丁亥（十五日），李亨特言，请将北岸漕河下北两厅紧要位置先行修筑越堤。（《续行水金鉴》卷一一八引《河渠志稿》）

戊戌（二十六日），河南开归道陈启文、河北道张志鉴，承催河工料物；山东济南府同知章埏、河南归河通判徐章，督办协济料苘，因勤干出力，百龄请上嘉奖。上命查明再谕。

是月，两江总督百龄等奏报，二进漕船渡黄日期。

四月丙辰（十四日），李亨特言，请添设河道库使。不允。

五月壬申（一日），荣麟言，应申明放米旧例，以杜弊端。

乙亥（四日），江苏苏松粮道兼巡苏州府，归松太道分巡。改铸粮道关防，为苏松常镇太粮储道关防。巡道关防，为分巡苏松太仓兵备道兼管水利关防。

丙子（五日），百龄请于淮扬运河西岸、南窑地方，建造双孔石闸一座，并修缮信坝。从之。

是日，百龄覆奏典运湖河各工善后章程，内容包括：筑做挑水坝、切坡抽沟、修复减水闸坝、修整磨盘埽、移置束清坝等。

是日，百龄言，本年粮船，于四月二十八日全数渡黄。是日，铸给河南归德府新设归河通判关防。从河道总督李亨特等请。

辛巳（十日），钱楷言，经勘察灵璧、泗州河道，应挑筑河埝，筑濉河南埝，于闸河尾南岸添筑拦河坝，挑浚灵泗交界起至濉河口各段河道。从所请。

六月庚午（二十九日），御史倪琇奏请刊刻《漕运全书》。从之，并命刻印后分发至漕运各部及有漕省份。

是月，两江总督百龄议覆，给事中周钺奏南河善后事宜十款。

七月壬申（二日），许兆椿奏请停造浙省疲帮船只。从所请，将温州所、台州所、处州所、金衢所、严州所等五帮，永远停造。

是日，百龄、陈凤翔言，中河南纤道虽然已经加高，但因水势过大，偶有漫水冲刷。命该厅营自行修补。（《南河成案续编》卷八三）

癸酉（三日），巡视东漕御史韩鼎晋请复山东省运河挑工旧制。命山东省运河挑浚仍归沿河十九州县卫承办。

丙子（六日），荣麟言，查验兴武六等帮，米色灰黯，应另放置在别仓。照所请。

己卯（九日），百龄言，江境黄运两河，伏汛安澜，工程平稳。

八月壬寅（二日），陈凤翔言，淮扬运道水势通畅无阻，偶有阻碍，地方已经修缮完成。（《续行水金鉴》卷一一八引《运河道册》）

壬子（十二日），百龄言，陈凤翔自礼坝开放后，并不亲自勘察，玩误要工。命陈凤翔革职，留于河工。

是日，百龄言，通筹南河善后工需。

癸丑（十三日），百龄言，阜宁县境内救生河淤塞已久，请拨银查办。命依旧例借帑兴修，再分摊征收。

甲寅（十四日），御史陆泌请饬禁通坝验收漕米诸弊。命仓场侍郎等于明年重运抵通时，先将该御史所陈各项情弊，出示严禁。如有违反，立即严惩。

丁巳（十七日），百龄言，礼坝急难堵合，现在清水宣泄过多，筹备开放祥符五瑞闸，以资减黄助清。照所请。

九月辛巳（十二日），移河东中河通判衙署驻中牟堡。从河道总督李亨特请。

壬辰（二十三日），百龄言，黄河水势未能消落，筹画减黄助清，订期启坝。

乙未（二十六日），两江总督百龄、河东河道总督李亨特奏报，秋汛安澜。

十月甲辰（五日），阿克当阿言，南河近年以来较为靡费。

辛酉（二十二日），百龄言，江浦至云梯关必须收蓄清水，以期畅出敌黄，赶筑高堰石堤，将下河河道堤堰分别挑筑。

十一月乙酉（十六日），建直隶永定河河神庙。

癸巳（二十四日），御史韩鼎晋言，江南邳宿运河闸座挑工应认真经理。（《续行水金鉴》卷一一八引《河渠志稿》）

十二月丙午（七日），令黎世序将河督印务交百龄暂行兼署。

戊申（九日），命松筠将山盱堤埝、大堤、子埝，山东省卑薄之处，分别培筑。

辛亥（十二日），御史王泽奏请刊刻《治河方略》，以重河防。

甲子（二十五日），同兴请挑浚东平州境内河道。从之。

是月，钦差户部侍郎初彭龄，署河道总督，言，清口内五道引河，水深难以挑挖。

## 嘉庆十八年（1813）

正月辛卯（二十三日），初彭龄言，江苏省高宝兴盐等处下河淤塞，宜加修理。照所请。

二月己亥（一日），百龄、初彭龄言，因微山湖存水短绌，商筹启放苏家山闸。不允。命筹划用附近各湖河泉源，接济微山湖。

癸卯（五日），甘家斌奏查勘微山湖水势。命不可将微山湖水下注。

丙午（八日），百龄言，详细筹议疏浚微山湖上游水利。（《南河成案续编》卷八六）

丁未（九日），命李亨特迅速筹谋济运方法。

辛亥（十三日），命山东省附近河湖十七州县，疏导泉源，接济运河。

是日，黎世序、倪琇言，江苏境内邳宿运河挑工情况。（《南河成案续编》卷八六）

癸丑（十五日），百龄言，经勘查利用水线河引黄入运难以实施，详细筹议邳宿运河水势漕运情况。

丙辰（十八日），李亨特奏，多方疏导泉源，并勘办水利河渠，以利运行。

己未（二十一日），黎世序言，勘察桃宿运河各工情况。百龄言，勘察黄道、人桥、沙家口、徐塘口、骆马湖等处。（《南河成案续编》卷八六）

三月乙亥（八日），李亨特、同兴言，山东境内大泛口挑工完成。

四月戊戌（一日），百龄、黎世序言，邳宿运河滚流闸以上水源不畅，还应由山东省接济。（《续行水金鉴》卷一二〇引《运河道册》）

辛丑（四日），工部言，南河历年办理各工造报迟延，再行请上饬催。

丙辰（十九日），命将山东省存水下注江苏境，使粮船遄速。

五月丁卯（一日），百龄言，移建山盱仁、义、礼三坝。照所请。

己巳（三日），因天气干燥，各湖河水势欠缺，命李亨特会同江南督河诸臣，筹划汶水及漳卫诸河济运。

庚午（四日），温承惠言，北运河水浅情况。（《续行水金鉴》卷一二〇引《河渠志稿》）

癸未（十七日），因河底淤高，于徐州外石工添筑越堤。

甲申（十八日），御史张源长言，越境挑浚邳宿运河工段。命仍将挑浚事宜归南河，其蓄放事宜归之东河。

乙酉（十九日），李亨特言，南粮二进帮船全入东境，湖河水势短绌。

六月辛丑（七日），李亨特言，迦河厅彭口闸至韩庄闸一段上游水流不能济运，请于张阿建正闸，将应挑月河添筑拦河大坝。照所请。（《续行水金鉴》卷一二〇引《运河道册》）

己酉（十四日），温承惠言，永定河水涨各工抢护平稳。

壬子（十七日），百龄言，酌筹刘河善后事宜，请设立混江龙铁埽帚等物。照所请。

癸亥（二十八日），阮元言，南粮三进尾帮，于本月二十二日全入山东境。

七月丁卯（三日），李亨特言，江苏省邳宿运河急需建闸，节制湖储。（《南河成案续编》卷八八）

己巳（五日），百龄言，伏汛期内湖河水势加长，堤坝各工一律稳固。

庚午（六日），命阮元于江境运河汇泽闸上下一带地方，扼要之处，添建二闸或四闸，以利漕运。

庚辰（十六日），河南巡抚长龄言，贾鲁河及惠济、广惠等河，现已挑竣，但该地土质疏松，易致淤阻，请设置银两作为挑浚工费。从之。

乙酉（二十一日），百龄言，邳宿运河应添建闸座，现正勘察详细情况。（《南河成案续编》卷八八）

丁亥（二十三日），李亨特言，济宁汛天井闸年久失修，急应重建一石闸，并且挑挖月河。（《续行水金鉴》卷一二一引《运河道册》）

辛卯（二十七日），百龄言，邳宿运河段土质不宜建闸。

壬辰（二十八日），百龄请于庄家楼及头湾两处添建石闸二座。命其勘察后再议，照所请于骆马湖尾闾五坝，添碎石滚坝。

八月戊戌（四日），加封“福漕利运”漳河神为“福漕利运灵泽”漳河之神。

己亥（五日），给事中甘家斌言，微山湖水短绌，将猫儿窝等处挑挖，将骆马湖尾闾泄水之处筑坝拦截。命百龄及时兴办。

甲辰（十日），倪琇言，苏家山闸不能轻易启放，邳宿运河不能随意更改设施，应储蓄微山湖水。（《续行水金鉴》卷一二一引《运河道册》）

壬子（十八日），因永定河秋汛安澜，遣官祭祀南惠济龙王庙、北惠济龙王庙。

戊午（二十四日），李亨特言，微山湖收蓄湖水情形。

九月乙亥（十二日），李亨特言，沁、黄二河水势异涨，南岸睢州下汛二堡大堤过水。命其革职，河东河道总督由戴均元补授。

丙戌（二十三日），百龄言，八月二十九至九月初九等日，江境上游黄、沁等河同时异涨，其睢南薛家楼及桃北丁家庄漫水，但已将漫口堵筑。

十月甲午（一日），睢汛漫口工程浩大，恐有河北盗寇混入其中。命从容购料，并于附近村庄招募可靠人夫。

十一月甲子（一日），戴均元等会勘山东省运河，请大加挑挖。

庚午（七日），戴均元言，费县山河水势较大，将十字河口门南北裹头冲塌三座，两岸沙山在河中淤积，堵塞河道，导致微山湖储水不足。（《续行水金鉴》卷一二一引《运河道册》）

十二月丙午（十三日），命吏部右侍郎吴璥前往河工查办湖河事宜。

丁未（十四日），巡漕给事中李鸿宾请核定管泉疏泉各官功过。命该河督巡抚，严饬有泉各州县及管泉督挑各员，实力挑疏。

## 嘉庆十九年（1814）

正月乙亥（十三日），吴璥言，查勘山东省湖河，泉渠积沙淤塞，泉水无法入湖，并会筹疏浚泉源，以资济运。

壬午（二十日），以河东河道总督戴均元为吏部右侍郎。吏部右侍郎吴璥为河东河道总督。

丙戌（二十四日），吴邦庆言，汶河水流不大，应疏浚各处泉源，增加汶河水流，接济运河。（《续行水金鉴》卷一二二引《运河道册》）

戊子（二十六日），百龄勘明安徽省水灾情况，睢州漫工，急需堵筑。

二月癸巳（一日），吴璥言查，勘清口海口及堰盱一带湖河，应立即疏浚，于清口挑挖引河，于迎水坝外王营减坝、毛家嘴等处，择要抽挑，及加挑两坝引河。照所请办。

乙未（三日），命吴璥等筹议睢州漫工堵筑物料筹办事宜，以及挑河筑坝等事。

庚子（八日），巡视东漕给事中李鸿宾言，续开新泉，请令按名汇册报部。照所请。

甲辰（十二日），御史傅棠言，浙江各府的山上有游民开垦，导致土石冲入河流，水道淤塞。命李奕畴酌情将游民勒令退回原籍。

丙辰（二十四日），吴璥、方受畴言，会筹睢工漫口，因购料维艰，导致工期拖延，难以开工。请先培大堤、以工代赈。从所请。

丁巳（二十五日），黎世序奏言，筹催重运漕船，将刁难挟制之漕标游击据实参奏。

闰二月辛巳（十九日），因李亨特于任中玩忽职守，导致微山湖水储水不足以济运，且独山湖淤成平地，无水可引。遂将其问罪。

己丑（二十七日），吴璥言，测量南旺、马场、微山三湖存水量，应将水导引为济宁以

南闸河底水。（《续行水金鉴》卷一二二引《运河道册》）

三月丁酉（六日），百龄言，清口一带的挑工完竣，已启放宣泄。

癸卯（十二日），漕运总督阮元为江西巡抚。户部右侍郎桂芳为漕运总督。

辛亥（二十日），吏部议驳吴璥请将道府二缺改为题缺。

癸丑（二十二日），吴璥请挑独山湖引渠，堵筑泗河民堰，改挑直河。照所请。

丙辰（二十五日），山东境内启闸放汶河水下注邳宿运河，以保证首帮漕船出境。（《续行水金鉴》卷一二二引《运河道册》）

是月，吴璥、同兴、李鸿宾言，筹办泉渠运道事宜。（《续行水金鉴》卷一二二引《运河道册》）

四月癸亥（二日），以刑部左侍郎许兆桩署仓场侍郎。

甲子（三日），百龄言，筹办江境漕运河防。

庚午（九日），因李亨特废弛河工，贻误漕运，遂将其在部枷号半年，发往黑龙江效力赎罪。

壬午（二十一日），以浙江巡抚李奕畴为漕运总督。以都察院左副都御史蒋予蒲署仓场侍郎。

五月壬寅（十二日），那彦成言，请动项镶筑果渠村坝埽各工。（《续行水金鉴》卷一二三引《河渠志稿》）

丙辰（二十六日），那彦成言，前因卫水倒漾，村民自愿出夫挑挖，大名、清丰、南乐三县疏浚积水。

丁巳（二十七日），百龄言，泾河民闸损坏，请借项拆修。（《南河成案续编》卷九一）

戊午（二十八日），以巡漕给事中李鸿宾为河东副总河。

是日，吴璥言，已经查明各湖进水斗门单闸引渠情况，请赶紧疏浚。（《续行水金鉴》卷一二三引《运河道册》）

己未（二十九日），吴璥言，澍雨应时，漕行顺利。

六月壬戌（三日），同兴言，山东省五月下旬降水丰沛，河道水量充盈，漕船畅行无阻。（《续行水金鉴》卷一二三引《运河道册》）

辛巳（二十二日），命吏部尚书章煦、刑部右侍郎那彦宝，查看运河。是日，以仓场侍郎初彭龄为兵部尚书，内阁学士蒋予蒲为仓场侍郎。

壬午（二十三日），荣麟言，通永道张五纬于北运河淤浅处并未测量深挖，导致漕船受阻，玩误漕运，请交部议处。命内阁学士穆彰阿、光禄寺少卿吴邦庆，前往督率张五纬，将北运河所有横浅处所，逐一挑挖，所费银两由该道赔出。

是日，李鸿宾言，各湖新收长水尺寸，及南粮二三进帮船行走情形。

是日，同兴言，四女寺支河挑工各工段及拦水坝修缮各工段均已完工。（《续行水金鉴》卷一二三引《运河道册》）

丙戌（二十七日），吴璥言，预筹转运三进漕粮，俾得迅速回空，酌议三款。命仓场侍郎会同漕运总督妥议具奏。

七月甲午（六日），命阮元督饬三进帮船，速速抵通，尽数起卸北仓，并用剥船轮复转运。

丙申（八日），内阁、托津奏：因东境缺水，本年漕船行走迟滞，过天津后转运并无延误。

丁未（十九日），因微山湖蓄水短绌，不能接济下游，以致江境运河时形浅滞，漕船行进迟缓，比上年迟一月出江境。

己酉（二十一日），百龄请借拨淮盐加价银款，交商生息，作为邳宿运河岁挑工用。

是日，吴璥、李鸿宾言，因降水充沛，河水陡长，将上河厅堂博汛石涵洞闸板冲开。（《续行水金鉴》卷一二三引《运河道册》）

丁巳（二十九日），吴璥言，运河泄水涵洞冲刷缺口，将防护不力的厅汛各员参奏赔偿。

八月壬戌（四日），章煦言，派员分赴临清、德州等处，修理仓廒，存贮截留漕米。

乙亥（十七日），户部议覆御史贾声槐条奏，清查钱粮起解数目，以除积弊。

戊寅（二十日），那彦宝言，睢工将建立坝基，挑挖引河方向。

庚辰（二十二日），伯麟言，睢工现办堵筑，请共缴养廉银一万五千两解往备用。不准行，命该督抚量力捐办。

丙戌（二十八日），吴璥言，睢工投效人员，请照定价交纳秸垛，核算银数，照捐例给予官职。不准行。

九月戊子（一日），命那彦宝、吴璥、方受畴，严饬在工及地方文武官员，小心火烛，以保障物料，并传谕薛大烈，派兵巡逻，严防奸匪。

庚寅（三日），御史申启贤请严禁睢工滥保人员。

癸巳（六日），李鸿宝言，微山湖水收复旧规。

是日，吴璥、李鸿宾言，山东省运河各闸闸板年久受损，虽已饬令添换，仍有损坏较重者，请按缓急依次更替闸板。（《续行水金鉴》卷一二三引《运河道册》）

己亥（十二日），新设河东副总河，不颁给关防。

是日，吴璥言，请拆修临清汛砖闸、峄汛侯迁闸闸座。（《续行水金鉴》卷一二三引《运河道册》）

丙午（十九日），御史孙汶言，河工向有赔四销之例，但工员往往偷减，请饬河臣预饬工员核实办理。

是日，两江总督百龄等奏，秋汛安澜。

壬子（二十五日），谕内阁：荣麟不遵照奏定章程于北仓截卸漕米，将荣麟降补六部笔帖式。

是日，调兵部左侍郎普恭为仓场侍郎。

十月甲戌（十七日），吴璥、李鸿宾言，经勘察，运河桥闸各石工多有损坏，按紧要程度依次修理。（《续行水金鉴》卷一二三引《运河道册》）

十一月己丑（二日），工部请将十五年堵筑马港口、十六年堵闭王营减坝、李家楼各大工，并十六年以前另案工程以及加培土工，全部造册估销。

甲午（七日），李鸿宾言，山东省疏出水源旺盛的新泉十八处，饬令各州县取名勒石，移交抚臣汇册咨部。

壬寅（十五日），调工部右侍郎润祥为仓场侍郎。

乙卯（十七日），命礼部右侍郎穆彰阿、工部右侍郎鲍桂星，前往通州查验仓米。

十二月壬戌（六日），巡视东漕给事中卓秉恬，请撙节湖水，以利漕运。命黎世序酌情于江境各闸官内，改设一二员，或酌添一员。

壬申（十六日），吴璥、李鸿宾言，山东省运河各湖进水斗门、单闸、引渠等各有淤垫，积淤较轻者命各厅自行挑浚，较重者请动项兴挑。（《续行水金鉴》卷一二三引《运河道册》）

是月，黄鸣杰言，筹挑徒阳运河。（《清仁宗睿皇帝圣训》卷四五）

## 嘉庆二十年（1815）

正月乙未（九日），广厚言，筹办动碾仓谷漕船洒带米数，可洒带动碾仓米三万六千石。照所请。

辛丑（十五日），张映汉言，动碾仓谷搭运赴通，筹借南米凑运。照所请，就近省临江濒河之州县内酌量分派。

癸卯（十七日），以河东河道总督吴璥为兵部尚书。河东副总河李鸿宾为河道总督。

丙午（二十日），御史叶申万言，访闻睢工情形，该处引河挑沟，有多高仰之处。

癸丑（二十七日），那彦宝查明引河沟工草率偷减，请分别惩治。照所请分别惩治。

二月乙丑（九日），卓秉恬言，上年微山湖水短绌，入不敷出，今年应节制湖水。（《南河成案续编》卷九三）

癸酉（十七日），河东河道总督李鸿宾言，河南睢工合龙。

三月庚子（十四日），百龄请在徐州城因山改建减水滚坝。

辛丑（十五日），卓秉恬言访查济宁地方河道见闻及感想。（《续行水金鉴》卷一二四引《运河道册》）

丁未（二十一日），吴璥、李鸿宾、卓秉恬言，山东省运河挑工基本完成。（《续行水金鉴》卷一二四引《运河道册》）

癸丑（二十七日），已革临清直隶州知州杨嗣曾，熟习河工及催漕宣泄机宜，命其留于山东省河工，观其效用。

四月癸亥（八日），百龄、张师诚、黎世序言，淮安府山阳运河东岸由泾河及石闸一道，虽上年已挑修，但今年仍淤垫严重，因民力不足，请借帑估修。照所请。（《南河成案续编》卷九四）

五月己丑（五日），调刑部右侍郎朱理为仓场侍郎。

癸巳（九日），以直隶永定河道李逢亨为河东河道总督。

甲午（十日），御史王维钰言，直隶濒临河淀各州县自修复千里之堤后，荒田涸复，准令居民垦种纳粮。

癸卯（十九日），吴璥、卓秉恬言，临清闸外卫河水弱，已督促各地方河员捞浅。（《续行水金鉴》卷一二四引《运河道册》）

六月丙子（二十二日），百龄言，洪泽湖水势盛涨，现在拆展御黄、束清两坝，并启放山盱各坝，亟筹宣泄。

戊寅（二十四日），百龄、黎世序言，邳宿运河上游山水较大，应加大闸板开启，以平水势。（《南河成案续编》卷九四）

癸未（二十九日），那彦成言，永定河工漫水，漫口塌宽六十余丈，宜循堤外减河，归入正河尾闾。照所请。

七月庚寅（七日），陈预言，济宁杨家坝堤岸上月十六日因府河水冲刷，已饬令运河道截留，现已将积水消除。（《续行水金鉴》卷一二四引《运河道册》）

辛卯（八日），御史孙世昌言，查禁漏米出城，各门出米时按照保甲册档稽查，以杜回漕。命步军统领衙门议奏，并命直隶总督顺天府分饬地方官严密稽查。

九月庚寅（八日），李逢亨、吴璥言，运河闸身必须完整，闸板齐全，按水势大小相机启闭。（《续行水金鉴》卷一二四引《运河道册》）

戊申（二十六日），河东河道总督李逢亨等奏报，秋汛安澜。

十月乙卯（四日），两江总督百龄、江南河道总督黎世序奏报，秋汛安澜。

壬戌（十一日），命漕运总督查办粮船水手丁舵人等贩私积弊。

辛未（二十日），以内阁学士曹师曾署仓场侍郎。

戊寅（二十七日），那彦成言，北运河建筑堤坝各工，务关所属添建月堤一道，草坝一段；杨村所属添建月堤一道，草坝四段，共估需工料银九千四百九十五两六钱七分六厘。

己卯（二十八日），那彦成奏：永定河工出力各员，未经准许，擅自将革员捐复银两缴库。那彦成着加恩改为降四级，从宽留任。

是日，黎世序言，邳宿运中河水势充沛，但因冬季水源不足，仍应节制使用。（《南河成案续编》卷九五）

十一月壬辰（十一日），翁元圻言，本年应行搭运通米，请分两年带运。照所请。

## 嘉庆二十一年（1816）

二月庚申（十日），方受畴言，筹拨河工抢险银两。命仍照向例储备。

三月癸巳（十三日），百龄言，王营减坝盘做裹头工程，必须丞倅专司经理，请将丁忧同知唐文睿暂留掌管。所奏不准行。

闰六月丁酉（十九日），陈预言，本月初旬，卫水盛涨高过汶水，遂闭闸蓄汶，并开放四女寺支河土坝泄水。（《续行水金鉴》卷一二五引《运河道册》）

壬寅（二十四日），陈预言，卫水盛涨时，紧闭闸板，蓄汶敌卫的原因。（《续行水金鉴》卷一二五引《运河道册》）

七月甲子（十七日），李逢亨言，泇河厅滕汛彭口闸年久失修，损坏严重，急应彻底拆除重建。（《续行水金鉴》卷一二五引《运河道册》）

乙亥（二十八日），因微山湖涨水过多，有溢出可能，命吴璥查勘漕河工程，驰赴微山湖一带筹办。

是日，李逢亨言，拆修彭口闸。（《续行水金鉴》卷一二五引《运河道册》）

八月戊子（十二日），给事中张源长言，漕务切弊。

丁酉（二十一日），百龄、黎世序言，邳宿运中河内减水各闸坝因微山湖水势较大，正力筹宣泄。（《南河成案续编》卷九七）

九月癸丑（七日），河东河道总督李逢亨奏报，秋汛安澜。

丁巳（十一日），李逢亨、吴璥言，运河厅汶上汛何家坝滚水石坝，损坏严重，应照旧制修复。（《续行水金鉴》卷一二五引《运河道册》）

丙寅（二十日），百龄以万承纪熟悉河务，请将候补知州万承纪留于南河以同知即补。照所请。

是日，两江总督百龄等奏报，秋汛安澜。

庚午（二十四日），命河南、直隶、山东地方官申饬卫河沿岸州县官民，不得私自拦水。命直隶总督、山东巡抚筹办四女寺滚坝下游挑浚事宜。

十月甲午（十九日），添设江南里河运口、外南南岸二汛外委各一员。从河道总督黎世序请也。

辛丑（二十六日），百龄、黎世序、梁奕畴、孙汶言，邳宿运河及微山湖水宣泄情况。（《南河成案续编》卷九七）

十一月丁未（二日），百龄言，守备押催帮船出力，迅速回空，请赏加都司衔。不准行。

十二月庚寅（十六日），胡克家言，吴淞江因潮沙淤垫，疏浚工程分年捐办。照所请。

己亥（二十五日），叶观潮请将上河厅属各汛堤堰，加帮培厚，并加高临清板闸。照所请。

是年，备启安汛盐河减坝两岸堤埽。（《续行水金鉴》卷七〇）

## 嘉庆二十二年（1817）

二月己卯（五日），御史谢崧言，河漕员弁议叙太多，请核实办理，又地方候补不由河工出身人员，请停止改补河工。

三月丁巳（十四日），巡漕给事中孙汶言，知府兑漕草率被参、讦禀弁丁，有勒索情弊。交孙玉庭秉公查办。

五月庚午（二十七日），给事中陆泌言，江苏岁运漕粮一百四十余万石，丁力疲乏，向地方官借银垫办愈多，旗丁因不满兑费扣除，遂有意刁难。命孙玉庭会同李奕畴，将该丁等每岁办运、每船实在需费若干确查。密访旗丁每年办运详情。

六月甲戌（二日），给事中贾声槐请整饬仓务。

庚辰（八日），叶观潮言，经勘察南北运河，各处闸坝多有损坏，应详细勘估，及时修缮。（《续行水金鉴》卷一二六引《运河道册》）

七月戊申（六日），御史蒋诗奏请，严禁州县征收折色、运弁需索兑费。通谕有漕省份。

戊午（十六日），孙玉庭言，镇江运河停淤，请借项挑修、摊捐还款。照所请。

辛未（二十九日），叶观潮言，龙亭至郗山北部临湖碎石堤工薄弱，应酌量加镶。（《续行水金鉴》卷一二六引《运河道册》）

八月庚辰（九日），叶观潮言，微山湖堤护埽卑矮，酌量加镶。（《续行水金鉴》卷一二六引《运河道册》）

九月庚申（十九日），河东河道总督叶观潮等奏报，秋汛安澜。以服阕河道总督李鸿宾署礼部右侍郎。

辛酉（二十日），叶观潮言，荆门上闸损坏严重，应重建新闸。（《续行水金鉴》卷一二六引《运河道册》）

癸亥（二十二日），两江总督孙玉庭等奏报，秋汛安澜。

戊辰（二十七日），孙玉庭言，恤丁除弊。照所请。

庚午（二十九日），卢浙言，江南、山东运河闸关应责令闸官专管，稽查各帮船应带土宜。

十月甲申（十四日），命署礼部右侍郎李鸿宾，查勘河南、山东一带黄、运河湖水势。

丁酉（二十七日），孙玉庭言，现在御黄坝，过于刷深，不能施工；束清坝因御黄坝掣溜太急，难期稳立，不得不添建重坝；查旧二坝地方，可以照旧修筑。照所请。

十一月戊午（十九日），命刑部尚书吴璥前往河南萧南厅地方，查勘河堤。

庚申（二十一日），御史卿祖培言，南新仓廒座坍漏不堪贮米的共有十二廒。命工部查勘是否修缮。

十二月癸酉（四日），命户部尚书景安、刑部左侍郎帅承瀛，前往河南查勘漳卫河道。

戊戌（二十九日），黎世序言，惠济越闸有石块脱落，应及早修补。（《南河成案续编》卷一百）

## 嘉庆二十三年（1818）

正月戊申（十日），吴璥言，近年湖水旺盛，坝口河底冲刷过深，请于束清坝外，添建二坝，以资收蓄。照所请。于该坝迤北，运口盖坝迤南，添建二坝一道。

庚戌（十二日），孙玉庭言，江南运河各闸坝，提溜打放关缆人夫，请仍照旧章派员经管。照所请。每闸坝只许派委一员，专司其事。

是月，两江总督孙玉庭奏：前于萧南厅民堤工程请改官堤一事，未能详筹，率行会奏，实属冒昧。

二月乙亥（七日），叶观潮言，运河厅巨嘉汛蜀山湖周围官堤、民堰受水冲刷严重，应及早除旧添新。（《续行水金鉴》卷一二六引《运河道册》）

丙戌（十八日），孙玉庭、黎世序言，扬河扬粮二厅西岸堤工单薄残缺，间有坍塌。（《南河成案续编》卷一〇一）

丁亥（十九日），巡视东漕御史王松年言，查勘泉源情形，山东运河泉源不造册上报，不及时疏浚，导致泉源淤塞，遂请以佐贰分管泉务，并言卫河灌田济运启闭闸坝章程，并于下游挑挖支河。

是日，王松年言查勘泉源情形。（《清仁宗睿皇帝圣训》卷四五）

三月癸卯（六日），陈预言，小清河自万家口至段家桥正河淤垫，邹平王家桥、开河桥，邹长交界之郭家口，高博乐三县之支脉沟等处，淤垫较厚，均须逐段兴挑。命陈预征集民夫，挑挖河道。

四月甲戌（七日），陈预言，滕、峄二县分管泉务，应令佐贰分管，滕县泉务以地方县丞为专管，峄县泉务以河务县丞为专管。挑挖四女寺支河，应由直隶、山东两省，各按地段接续疏浚。照所请。

丁酉（三十日），李振祜将江浙回空军船责成各粮道押尾催攒，其江广军船、漕臣押至黄林庄，即派参游大员催趱出口。命该漕督率领各粮道押尾紧催。

五月乙丑（二十八日），命吴璥于扬河西岸堤工，筑碎石坦坡。

六月丁卯（一日），巡视天津漕务御史和精额言，南运河筹备剥船，请明定章程。命仍照旧章办理。

戊辰（二日），孙玉庭请上降旨江南总督河督，将南河物料价值分别酌减。照所请。

壬申（六日），戴均元、吴璥会议，徐州府城外河底日渐淤高，石堤有多处渗水，应于徐城外加帮石堤。从所请。

乙未（二十九日），李奕畴言，浙江台州前后两帮旗丁姚瀶等漕船，渡黄遭风沉湿米石，请分限买补交仓。照所请，自今冬为始，分作三年，按限买补搭解交仓。

七月壬子（十六日），御史费丙章言，山东兖沂曹一带，莠民带刀出入，每一伙谓之一捻，小捻一二十人、大捻三四十人，黑夜持械劫掠行旅，因吏役受贿包庇，无从捕获。

八月辛未（五日），以办理滦河及青龙河桥座稳固，直隶总督方受畴等加级优叙，并赏兵丁银有差。

九月丁巳（二十二日），孙玉庭言，酌议江苏东台县粮船归并装兑，以节縻费。照所请。

十月丁卯（二日），两江总督孙玉庭等奏报，秋汛安澜。

乙巳（十日），叶观潮言，泇河厅峄汛韩庄闸河水冲刷严重，闸底腐朽，石块脱落，应尽快修缮。（《续行水金鉴》卷一二六引《运河道册》）

戊寅（十三日），命黎世序督饬工员，将猫儿窝淤处择要挑挖深通。

是日，御史王松年言，直隶清河县邵家庄民堰，冲出缺口后仍未堵筑。

庚寅（二十五日），御史盛唐言，山东汶上、茌平、高唐，有匪徒夤夜涂面执械劫夺商民，并且竖立竹竿黄旗，书“查拏匪类”字样。

十一月辛丑（七日），调吏部右侍郎成宁为仓场侍郎。

甲辰（十日），御史喻士藩言，漕标试用武弁，请照文职分发佐杂人员，一体甄汰。

丁巳（二十三日），命于峰泰两山之间，添凿减水滚坝，以护闸座。于临黄一面镶筑护埽，用碎石包砌。

## 嘉庆二十四年（1819）

二月辛巳（十九日），添建山东南旺湖临运单闸，从河东河道总督叶观潮请也。

辛卯（二十九日），孙玉庭、黎世序言，邳宿运河应挑浅工及应修复闸座情况。（《南河成案续编》卷一〇四）

三月甲午（二日），御史吴杰言，近日南漕积弊，江苏帮丁肆意向州县勒索铺舱礼、米色银、通关费、盘验费。命孙玉庭、李奕畴、陈桂生据实确查。

四月丁亥（二十六日），前因李奕畴分派漕委多员，以致旗丁被累，冗费日多，遂命孙玉庭严查，是否借多派漕委，勒索分肥。

闰四月壬辰（一日），孙玉庭言，李奕畴滥派漕委多人，滋累帮丁州县。

是日，以广东巡抚李鸿宾为漕运总督。

乙未（四日），叶观潮请动项捕修运河西岸碎石堤工。照所请。

丙午（十五日），叶观潮言，山东捕河厅寿东汛运河东岸五孔桥应修缮。（《续行水金鉴》卷一二七引《运河道册》）

丙辰（二十五日），免河南睢工、衡工未完摊征加价银。

五月辛未（十一日），叶观潮言，山东运河厅巨野汛通济闸应及时修缮。（《续行水金鉴》卷一二七引《运河道册》）

壬午（二十二日），孙玉庭等奏参，纵容帮丁索费措勒米结之运弁，胡泉、高峰云、王复一、杨经士、柯鹏翥、钱佐六员，并违例滥给之知县，昆山县知县李珏，同降调知县冯秉泰，请分别革职解任究办。

是日，吏部言，裕丰仓监督玩视仓廒。

六月壬辰（二日），铸给江苏阜宁县新设北岸县丞关防、主簿钤记。从河道总督黎世序请。

丁酉（七日），命刑部右侍郎文孚，往江南查看河工。

七月庚午（十二日），方受畴言，蔺沟白河等处桥座，因山水异涨未消，难以克期竣工。

己卯（十九日），李鸿宾言，漕标分发员弁过多，请将掣发武举，捐发备弁，暂停一年。从之。

壬午（二十二日），那彦宝言，永定河北岸二工、南岸四工漫溢。命吴璥、那彦宝筹办，先行查明，筹备料物，定期兴工。

甲申（二十四日），英和言，永定河漫水下注，由宛平县属之高立庄芦城村东，已至南苑西红门黄村门墙外。命汪如渊前往勘察漫水情况，及需赈恤之处。

乙酉（二十五日），永定河道李逢亨延误河务，导致永定河漫工抢护不及，革职留工，专办南四工漫口。

是日，永定河北上头工水势漫溢，侧注口门三百余丈，已掣动大溜七分。

是日，英和言，永定河水势渐长，由三岔口头工泄出，将南苑西红门外迤南墙垣冲坏八丈余，水入南苑，致使高米店等村受灾。

是日，刘镮之言，永定河漫水下注，大兴、宛平两县所属求贤、高米店等村，同时被淹。

丁亥（二十七日），英和、长申言，永定河漫水溢入南苑草甸熟地，水势漫溢，宽至六七里，深至三四尺。已酌情加以赈恤。

己丑（二十九日），给事中周鸣銮言，永定河同知擅离职守，致有漫工，并请令防汛员弁，照黄河之例于霜降后具报安澜。因北河情形与黄河不同，改于秋分后奏报安澜。

八月癸巳（四日），河东河道总督叶观潮，以疏防漫口革职。以漕运总督李鸿宾为河东河道总督。正白旗蒙古都统成宁为漕运总督。

丙申（七日），命琦善抢办祥符六堡、陈留、中牟三处漫塌堤工，命叶观潮专办北岸考城旧南堤漫水的堵筑。

丁酉（八日），叶观潮言，南岸仪封上汛三堡大堤，现有漫口一百一十余丈，中间水深四丈余尺，掣溜约五六分，兰阳汛八堡大堤缺口七十余丈。命吴璥、李鸿宾前往兰仪，详细勘察。

戊戌（九日），因河东河道总督赴河南兰仪厅汛，遂命程国仁暂行兼办山东运河事务。

辛丑（十二日），那彦成言，车户役力疲乏，恳恩调剂，免扣津贴。从之。

是日，孙玉庭言，节交白露，河湖各工修防平稳。命拆展束清御黄两坝，使清水畅出。

甲辰（十五日），吴璥奏请调南河将备弁兵，帮办漫口，并加挑下游引河。从所请。

九月庚申（一日），程国仁言，办理临清闸口、蓄汶敌卫，筹筑运河民堰漫口。

是日，孙玉庭言，洪泽湖水势异涨，保护堰盱长堤，分途宣泄，并筹挑江境河身。

壬午（二十三日），那彦宝奏报，永定河上头工合龙。

是日，成林、程国仁言，黄沁漫水下注张秋入运。（《续行水金鉴》卷一二七引《运河道册》）

十月丁未（十八日），李鸿宾革去河东河道总督，给予郎中衔，留于河南专司大工钱粮。

是日，叶观潮补授河东河道总督。

癸丑（二十四日），程国仁言，黄水分别由沾化、利津两处入海。（《续行水金鉴》卷一二七引《运河道册》）

乙卯（二十六日），程国仁奏：筹办明年重运经行事宜。

丁巳（二十八日），御史蒋云宽条陈河工积习。河工物料掺杂，使秸垛外实中空。命吴璥、李鸿宾等前往查勘。

十一月戊辰（十日），御史尹佩棻请禁河工报销使费。命驻工各大员查勘马营坝大工，不准预扣使费。

己巳（十一日），拨江南太湖营千总一员，移驻徐州丰汛。从两江总督孙玉庭请。

壬午（二十四日），命各该河督严饬各员弁，无论是否汛期，均督率兵夫巡逻堤岸。

十二月庚寅（二日），广惠言粮船跨带木植，请定限制。命江广出运粮船跨带木植，照天篷竹木之例，宽不得过二尺。以示限制。

壬辰（四日），程国仁言，查勘张秋黄流川运情形，筹议重运事宜。（《续行水金鉴》卷一二七引《运河道册》）

丁酉（九日），成宁议覆前任御史费丙章条陈漕务积弊各款。如各省帮船水手纤夫恃众滋事，漕委员弁需索闸费，因地方胥吏朋比分肥及丁舵人盗卖米石等事。命仍循旧章。

## 嘉庆二十五年（1820）

正月己卯（二十二日），以郎中衔李鸿宾署理山东运河事务。

是月，两江总督孙玉庭言，酌减漕委员弁。

四月癸巳（八日），因吴璥年老无力担任河督，遂命张文浩以道衔署理，专驻豫省河工。山东运河事务仍命李鸿宾署理。

五月丙辰（一日），李鸿宾言，查勘运河两岸堤身情况。（《续行水金鉴》卷一二七引《运河道册》）

庚辰（二十五日），吴璥查勘洪泽湖水势工程及运河堤岸，洪泽湖水势涨发，会筹宣泄，将束清御黄各坝，拆展宽深，将吴城七堡、桃源高家湾，各加展宽。

是月，安徽巡抚吴邦庆奏言，查看涡河水势平减，请将亳州民堤归于民捐民修。

七月己巳（十五日），本年南粮重运北来，行走遄速，甫届七月中旬，即已全数回空。

八月庚寅（七日），修山东泇河厅属德胜闸，捕河厅属阿城下闸。从巡抚钱臻请也。

辛卯（八日），因修筑山东张秋堤堰完工，予道员卢坤等升叙有差。

甲午（十一日），移直隶南堤九工霸州淀河巡检驻六工下汛，南岸六工霸州州判驻六工上汛。改铸关防印信。从总督方受畴请也。

九月甲子（十一日），直隶总督方受畴奏报，遵旨验收南运河堤坝各工。一律完固。下部知之。

戊辰（十五日），修筑浙江上虞、萧山二县坍陷塘工。从巡抚陈若霖请也。

壬申（十九日），孙玉庭言，睢宁县境内峰山滚坝以下引河，因上年伏秋宣泄汛水，以致河身淤厚，且至碎石坝及两岸堰工残缺，请循例借项挑浚河堰。照所请。

是日，改江南邵伯汛把总为千总。原设把总拨归三江营管辖。移扬州营驻防外委驻马家桥。添设马家桥北坝汛外委二员。水北汛额外一员。从总督孙玉庭请也。

己卯（二十六日），添备直隶永定河工秸料一百八十万束。从总督方受畴请也。

壬午（二十九日），署河东河道总督张文浩等奏报，秋汛安澜。

癸未（三十日），军机大臣议覆御史王家相条奏，革除漕弊。通饬有漕省份各督抚及漕运总督、仓场侍郎，严禁所属官弁吏役浮收，查明陋规，立即革除。

十月戊子（五日），孙玉庭奏，审拟阻开河坝。闸坝使下游淹没，民众为保护田地，不允起坝放水。陆汉芸因开放南关坝，纠结无赖闹事。命将陆汉芸、秦大绶发四千里充军。

是日，两江总督孙玉庭、江南河道总督黎世序奏报，秋汛安澜。

庚寅（七日），军机大臣会议条陈河务积弊，支用河银，堤岸溃坏，岁办物料，筑堤旧例四条。

十一月辛酉（八日），李鸿宾言，泇河厅滕汛张阿闸应修缮。（《续行水金鉴》卷一二七引《运河道册》）

己巳（十六日），两江总督孙玉庭言，束清御黄各坝抛填碎石，堪以敌黄济运。报闻。

丁丑（二十四日），江苏巡抚陈桂生言，泰兴县地土情形，折纳漕粮，于民不便。应照旧改征本色。从之。

十二月丙申（十四日），以已革河东河道总督郎中衔署山东运河事务李鸿宾为安徽巡抚。

## 道光朝（1821 ~ 1850）

### 道光元年（1821）

正月戊午（五日），因苏兆登不熟习河事，但淮扬道为专管河务要缺，遂命孙玉庭、黎世序于江苏省现任道员中，挑选一名熟习河务者，与苏兆登对调。

戊辰（十五日），孙玉庭、延丰言，经勘察海沭应该疏浚的河道，应分别次第办理。（《再续行水金鉴》运河卷一引《南河成案续编》）

庚午（十七日），成龄、陈若霖言，会议办理浙江漕务。

辛未（十八日），黎世序言，查验运河挑工完成情况。（《再续行水金鉴》运河卷一引《南河成案续编》）

二月己丑（八日），成龄言，查明豫省漕务情形，命漕督巡抚随时稽查，有无旗丁勒索、浮收现象。

癸卯（二十二日），修山东运河厅属鱼台县五汛堤工。从署河道总督张文浩请。

乙巳（二十四日），孙玉庭言，淮扬河务道员，仍以苏兆登请补。从之。

三月戊辰（十八日），瑺弼言会筹江西省漕务，照所请，江西帮费陋规两项，照江苏概令酌减一半。

丙子（二十六日），魏元煜、黎世序言，扬河、扬粮二厅东西两岸堤工应在大汛前及时修复。（《再续行水金鉴》运河卷一引《南河成案续编》）

四月癸未（三日），御史马步蟾言，近年南河多用碎石筑御黄埽坝，导致淤塞河道。命孙玉庭、黎世序确加勘验。

己丑（九日），修山东伽河厅属刘昌庄双孔减水闸。从署河道总督张文浩请也。

丙午（二十六日），修直隶温榆河上游果渠村埽坝。从总督方受畴请也。

丁未（二十七日），孙玉庭、黎世序勘察南河用碎石筑御黄坝，不至于堵塞河道，且经久耐用。

五月丁巳（八日），修山东捕河厅属张家单薄、曹家单薄坝工及南坝头河面护埽。从署河道总督张文浩请。

戊午（九日），御史谭言蔼言，淮河峡石、荆山、浮山三口有淤垫，须疏浚。请饬查修。命孙玉庭、李鸿宾遣员勘察，酌定章程。

己巳（二十日），步军统领衙门言，江苏嘉定县民人沈志忠，控告土棍王荣芳等，因太仓州牧收漕斗斛甚大，结党闹漕。命魏元煜严密确查。

六月癸未（五日），添筑山东韩庄闸上朱姬闸南拦河大坝。从署河道总督张文浩请。

乙酉（七日），改铸河南睢县、宁陵通判关防。从署河道总督张文浩请。

丙戌（八日），赈河南叶县被水灾民，并给冲塌房屋修费。

丁酉（十九日），漕务弊病丛生，命各该督抚及漕运总督仓场侍郎，通饬所属，不得浮收、勒索。

是日，陈若霖言，湖南省照江苏省以八折收漕，不敷办运，请以七折收纳。

戊戌（二十日），以安徽巡抚李鸿宾为漕运总督。

辛丑（二十三日），修河南马营坝越堤缕堤、山东济宁汛石佛闸、聊城汛周家店闸，从河道总督张文浩请。

七月癸丑（五日），钱臻言，因河湖山水并发，东平、莘县境内堤堰被冲，淹及村庄。上游开州坡水下注，濮州、朝城、观城、范县等被淹，郓城县葛北庄等处洼地积水，汶上县草桥等处漫堤，恩县四女寺支河南岸刷开民埝七丈有余。

己未（十一日），河东河道总督张文浩丁忧。命河南河北道严烺以三品顶戴署河东河道总督。

辛酉（十三日），孙玉庭、黎世序言，因沂蒙山水涨发，邳宿运河涨水，遂将尾闾五坝及刘老涧减坝启放。（《再续行水金鉴》运河卷一引《南河成案续编》）

庚午（二十二日），姚祖同言，汶水陡长，戴村石坝迤北堤埝漫缺，请于正河旁利用旧河形内抽沟泄水。命严烺即督饬运河道妥为料理。

八月癸未（六日），申启贤言，抽查南昌前等帮及湖南三等帮漕粮，因淋雨导致霉变的米共计七十九船。命和桂查明受潮之米，分别储存。

甲申（七日），拨山东司库银五千两。筑东平州汶水冲坍堤坝。从巡抚琦善请。

乙酉（八日），抚恤江苏铜山、萧、睢宁三县被水灾民，拨银抢护刷塌民埝。从协办大学士总督孙玉庭等请。

戊子（十一日），挑山东戴村坝南淤垫汶河。从署河道总督严烺等请。

庚寅（十三日），方受畴言，永定河北岸各汛所新添埽段，所用银两应另案报销。准其于报销后，由户部给领归款。

丙申（十九日），加筑山东临清砖闸，接修石岸。从署河道总督严烺请。

九月戊申（一日），严烺言，戴村坝汶河漫缺三处。

乙卯（八日），琦善言，汶河夹土坝工程完竣，请升补沿河要缺知州一职。从之。（《嘉庆道光两朝上谕档》第二六册）

戊午（十一日），修浙江东西两塘柴埽盘头坦水各工。从巡抚帅承瀛请。

己巳（二十二日），修浙江上虞、会稽、萧山三县塘工。从巡抚帅承瀛请。

十月己卯（二日），署河东河道总督严烺奏报，秋汛安澜。命严烺诣河神庙祀谢。

癸未（六日），协办大学士两江总督孙玉庭、江南河道总督黎世序奏报，秋汛安澜。命黎世序诣河神庙祀谢。

甲午（十七日），添备直隶永定河工秸料一百二十万束。从总督方受畴请。

丁酉（二十日），加筑山东曹河、粮河二厅，及曹考厅之曹上汛、堤埝坝戗。补修泇河厅滕峄二汛、临湖临河石堤，并微山湖口南北马路碎石工程。从署河道总督严烺请。

乙巳（二十八日），挑山东上河等四厅属塘长各河。从署河道总督严烺请。

十一月壬戌（十五日），江南河道总督黎世序入觐。赐御制诗章，加太子太保衔。

庚午（二十三日），修直隶良乡、房山、宛平三县大道、河渠、桥座。从总督方受畴请。

癸酉（二十六日），琦善言，东平州境内，应修白公祠后柳园老堤及迤北民堰，共估需土工银二万一千余两。汶上县修筑南旺湖堤工，估需土工银二万九千余两。命琦善会同严烺，赴东平、汶上查勘。

十二月戊子（十二日），修山东捕河厅属戴村坝内玲珑石坝。从署河道总督严烺请。

辛卯（十五日），截留江苏苏州、常州两府漕米六万石。备放江宁所属八旗、绿营并漕河各标兵米及织造匠役、恤孤口粮。

丙申（二十日），修浙江上虞、萧山二县坍陷塘工。从巡抚帅承瀛请。

庚子（二十三日），修山东兰山、郯城二县沂河两岸堤工。从巡抚琦善请。

是年，修筑兰山、郯城沂河缺口、马头镇土堤。（《钦定大清会典事例》卷九二六）

是年，重修宿汛永济桥。（《再续行水金鉴》运河卷一引《南河残卷》）

是年，武进知县汪世樟、阳湖知县张世桐浚南运河。（光绪《武进阳湖县志》卷三）

## 道光二年（1822）

正月庚申（十四日），孙玉庭言，邳宿运河、桃清中河，急须挑捞淤沙，培堤筑坝。照所请。

己巳（二十三日），山东巡抚琦善言，运河冬挑津贴银两不符，所需银三万三千六百一十两有奇，请先于司库借拨。饬令运司严催各商，迅缴息银归还。报闻。

乙亥（二十九日），修直隶永定河卢沟桥南北石土各工。从协办大学士署总督长龄请。

二月癸未（七日），严烺言，前任山东运河道洪范发项账目不明晰，已查明运河道库支发各款，并严追各员长支银两。

癸巳（十七日），浚直隶正定县柏棠、护城、泄水、东大道等河，并修斜角、回水、堤工。从署总督松筠请。

三月辛亥（六日），浚山东恩县四女寺支河，并修筑坝工。从巡抚琦善请。

己巳（二十四日），琦善言，德州未雇足民船，官剥未修竣，玩视漕运，请先摘去顶带，并酌定添雇剥船。

是日，贷山东汶上县司库银，修南旺湖堤。从署河道总督严烺请。

壬申（二十七日），疏筑江苏铜山、萧、睢宁三县，安徽宿、灵璧二州县各境内引河坝埝。从协办大学士总督孙玉庭等请。

甲戌（二十九日），修山东运泇二厅运河石堤。从署河道总督严烺请。

闰三月壬午（七日），御史董国华言江淮各帮漕船帮丁积弊。

丁亥（十二日），添备山东曹河、粮河二厅秸料五百垛，麻五十万斤。从署河道总督严烺请。

四月丁未（三日），李鸿宾言，访查帮船积蠹，核减闸坝费用，严禁陋规需索。

庚戌（六日），修山东泇河厅朱姬庄减水闸，大石工上河厅二空桥减水闸。从署河道总督严烺请。

己未（十五日），巡漕御史俞恒泽言，临清闸外水势易致浅阻，请疏浚来源，修复闸坝。

五月己卯（六日），琦善言，请借项修筑山东东平州境内大小清河南北两岸马家庙等处草坝及汶运两河西岸罗家漫等处堤堰各工。照所请。

壬午（九日），疏浚安徽凤阳县小溪沟河。从协办大学士总督孙玉庭请。

己丑（十六日），琦善言，河厅获解烧料人犯。解任曹州府粮河通判方传谷。

辛丑（二十八日），颜检请动项修浚直隶沧州捷地减河闸坝。

是日，修直隶通州果渠村坝埝。从总督颜检请。

壬寅（二十九日），孙玉庭言，荆山桥河挑工完竣。

是日，李鸿宾言，滕县境内十字河，山水涨发，冲开沙坝，导致河心受淤。

六月甲辰（二日），筑直隶清苑县大激店村护道灰土泊岸。从总督颜检请。

丙午（四日），江南河道总督黎世序言，伏汛黄运两河，同时盛涨，各处工程抢护平稳。

乙卯（十三日），孙玉庭言，借修江苏萧南厅属王平庄民堰，工银请分年摊征。照所请。

壬戌（二十日），修直隶永平府仓廒。从总督颜检请。

丁卯（二十五日），添设江南徐州府属峰山河埝，千总一员、协防二员、效用二员、河兵一百名。天然闸河埝，把总一员、协防二员、效用二员、河兵一百名。从协办大学士总督孙玉庭请。

己巳（二十七日），和桂言，三进漕粮京仓不敷收贮，预为设法筹办。准其将二进漕粮，按照京城八仓现在空闲廒座，将米石尽数贮满外，其无廒可贮之米十余万石，就近分运通州中西二仓闲廒内分贮。

是日，和桂言，北新仓仓廒被雨冲坍，浸湿米石，请饬令监督分赔赔修。命该仓场侍郎将干燥后的米分仓储藏，并命现任该仓监督各半赔偿。

是日，颜检言，查勘永定河南北两岸新生险要各工，抢护平稳，惟南六工头号堤身坐蛰四十余丈。请俟节交白露后，再修筑。照所请。

七月乙亥（三日），命京通各仓仓督，遇雨水过大之年如有廒座渗漏，赶紧苫盖，并上报。

丁丑（五日），琦善言，武城县卫河东岸，民堰漫口。

壬午（十日），免仓场花户等应赔银。

己亥（二十七日），堵筑直隶永定河漫口，并镶护两坝，挑挖引河。从总督颜检请。

庚子（二十八日），孙玉庭言，江南峰山闸下河埝因宣泄黄水，东西两岸均有缺口。命赶紧办理。

是日，琦善言，卫水异涨，临清闸坝扪阻，武城等县堤堰漫缺。

八月甲寅（十三日），颜检言，永定河水势叠涨，添下新埽四十七段。

戊辰（二十七日），颜检言，永定河水势骤涨，南六工东西两坝共走失十三丈，不能如期合龙，请严宽期限。予限二十日堵筑成工。

是日，御史郭泰成言，直隶入夏以来水灾频繁，被淹州县较多，请疏通河渠，以工代赈。不可行。

九月壬申（一日），河道总督严烺言，运河东岸张家单薄埽坝应加筑，乃添备河南十三厅秸料二千垛，山东曹河粮河二厅秸料五百垛。（《嘉庆道光两朝上谕档》第二七册）

甲戌（三日），拨通仓米十万石，赈直隶被水州县灾民。

乙亥（四日），和桂请通饬有漕省份，征兑漕粮，务须一律干洁。通谕有漕省分各督抚，严饬州县，于收漕时亲自验明米色。

辛巳（十日），漕运总督李鸿宾言，回空尾帮，全数催进闸河。

乙酉（十四日），署河东河道总督严烺奏报，秋汛安澜。命严烺诣河神庙祀谢，实授河东河道总督。

丁亥（十六日），以山东督粮道福绵为直隶按察使。

戊子（十七日），颜检言，永定河南六工大坝合龙。

庚寅（十九日），以漕运总督李鸿宾为湖广总督。以江苏巡抚魏元煜为漕运总督。

辛卯（二十日），堵筑山东聊城县及德州王家庄、夏津县燕窝、漫口堤堰。从巡抚琦善请。

壬辰（二十一日），协办大学士两江总督孙玉庭、江南河道总督黎世序奏报，秋汛安澜。命黎世序诣河神庙祀谢。

乙未（二十四日），颜检言，永定河上游八汛，岁抢修各工秸料，每束加运脚银二厘五毫，请照旧办理。准行。

是日，添备直隶永定河工秸料二百四十万束。从总督颜检请。

十月丙午（五日），琦善言，山东省闸内有漕州，冬兑冬开，但菏泽等九县兑漕观望，请革顶戴。照所请。

丁未（六日），修直隶清苑县城外大闸土堤。从总督颜检请。

甲寅（十三日），修浙江山阴县三江闸柴塘。从巡抚帅承瀛请。

是日，加筑黄河两岸堤堰，并修上河厅属通济闸。从河东河道总督严烺请。

辛酉（二十日），永定河岁抢修各工秸料，每束添运脚银二厘五毫。

乙丑（二十四日），加筑山东捕河、上河二厅官堤，及曹河、粮河、曹考三厅河岸土工。从河道总督严烺请。

戊辰（二十七日），严烺言，运河、泇河两厅残缺坍塌土石堤工应择要估修。（《再续行水金鉴》运河卷一引《两河奏疏》）

己巳（二十八日），御史程邦宪请，严禁收漕州县纵容书役侵渔之弊。

十一月壬申（二日），卢荫溥言，九月间有河间县民张俊等偷掘大城县九里横堤，并用鸟枪将看护守堤之民夫陈维城等七人打伤。

甲戌（四日），修山东运河厅属济宁汛、泇河厅属滕峄二汛各堤工。从河道总督严烺请。

己卯（九日），堵筑直隶任丘县鄚州四铺、天门口、尚书村漫口堤工。从总督颜检请。

戊子（十八日），筑山东捕河厅汶河西岸碎石土坝。从河道总督严烺请。

己丑（十九日），琦善言，武城县大堤漫工堵筑合龙。

丙申（二十六日），加筑山东运河厅鱼台县汛南阳闸座。从河道总督严烺请。

十二月乙巳（五日），孙玉庭、黎世序言，扬河、扬粮各坝堵闭情况。（《再续行水金鉴》运河卷一引《南河成案续编》）

辛亥（十一日），程祖洛言，漳河北徙，由内黄之庆丰庄入卫，断难复令南趋，请毋庸堵筑。

是日，程祖洛言，查明赔修漳河缺口银两，请令承办各员分别赔缴。免其赔缴。

己未（十九日），浚江苏瓜洲河道。从协办大学士总督孙玉庭请。

丙寅（二十六日），修山东临清、夏津、武城、恩、德五州县卫河民堰埽坝。从护巡抚杨健请。

是年，改建清河县里河南岸文渠沟石涵洞，名文泉洞。（咸丰《清河县志》卷六）

道光三年（1823）

正月戊子（十八日），戴均元言，经勘查冯宿村漫口以下情况，请仍挑筑旧河，复归河道。

二月癸丑（十三日），贷直隶任丘县道库银，修筑白石碑月堤。从总督颜检请。

是日，浚安徽宿、灵璧二州县北股河濉河埝工。从协办大学士总督孙玉庭请。

己未（十九日），浚直隶吴桥县老黄河。从总督颜检请。

丁卯（二十七日），孙玉庭言，江南苏、松、常、镇、太五府州属漕粮兑运帮船，三年一调水次，请量为变通。着照旧办理，略为调剂。

戊辰（二十八日），建筑直隶北运河务关厅及杨村厅属堤坝草土各工。从总督颜检请。

三月庚午（一日），修筑江苏徐州府属减黄河堰，安徽凤阳府属宿州堰工。从协办大学士总督孙玉庭请。

丙子（七日），修山东运河厅属、鱼台汛堤，泇河厅属滕、峄二汛河岸石工。从河道总督严烺请。

戊寅（九日），因大小河道多有淤塞，山东省水患加剧，花费赈恤银两愈加。

辛巳（十二日），颜检遵旨办理大城县横堤漫缺堤埝及委员查勘河道。

是日，修江苏砀山县护城堤。从协办大学士总督孙玉庭请。

乙酉（十六日），御史董国华言，直隶、山东二省，所有河渠坝堰、驿路桥梁年久失修，遇水大时水无去路，漫衍淤停。请择要修办，以防水患。命颜检、程含章派员勘察。

丁亥（十八日），修直隶波罗河屯坝。从总督颜检请。修浙江萧山县属篓石土塘，改建柴塘。从巡抚帅承瀛请。

壬辰（二十三日），协办大学士两江总督孙玉庭等奏报，桃汛安澜，并修筑扬河厅所属石工平稳。

是日，修山东济宁运河石工，聊城汛减水闸。从河道总督严烺请。

乙未（二十六日），修直隶献县滹沱河臧家桥。从总督颜检请。

四月壬寅（三日），修筑直隶通州果渠村大坝，文安县陈家窑等处漫口堤工。从总督颜检请。

己酉（十日），程祖洛言，堵筑冯宿村漳河漫口合龙。

辛亥（十二日），修直隶文安县千里长堤上年漫口西堤及残缺堤工。从前任总督颜检请。

丁巳（十八日），每年各省漕粮，抵通交卸，分运贮仓，有坝桥仓三处逐加盘验。现因盘查不严，导致漕粮多有霉变，请分别定责。照所请饬令坐粮厅严加盘查，分成赔偿。

五月壬申（四日），琦善言，筹办山东省水利，蔺家山坝为宣泄微山湖盛涨而设，现在金乡、鱼台二县挑浚河道，请于微山湖盛涨之时，修理十五孔桥或酌挑伊家河。命孙玉庭、黎世序，查明微山湖盛涨时，是否可以由山东省委员启放。

癸巳（二十五日），因微山湖水关系山东、江苏两省济运，令东河启闭蔺家山坝，启放时必须先行盘筑裹头。

六月壬寅（五日），颜检言，直隶河道情形，应须确勘办理。命原任河东河道总督张文浩署理工部侍郎，与候补三品卿继昌，前往保定会同蒋攸铦，将南北运河并永定、大清、滹沱各河情形，悉心查勘。

丙午（九日），修山东泇河厅属十五空桥滚水石坝。从河道总督严烺请。

壬子（十五日），京师自六月初九日起，雨势连绵，永定河恐水势涨发，命蒋攸铦严饬永定河道督率厅汛各员常川驻工，严加巡防。

甲寅（十七日），蒋攸铦言，此时河水涨发，无法勘察直隶疏浚河道。

是日，蒋攸铦言，永定河水势异涨，北三工、南二工均有漫溢。

戊午（二十一日），直隶总督蒋攸铦续报永定河北中汛漫溢。请将前后疏防各员分别惩处。

己未（二十二日），孙玉庭、黎世序言，邳宿运、中河各闸坝堤工均已补修完成。（《再续行水金鉴》运河卷一引《南河成案续编》）

庚申（二十三日），以北运河盛涨，浙江宁波后帮军船沉失米石。准旗丁分六限赔缴。

壬戌（二十五日），御史王世绂言，北运河决口，武清县所属之河西务下游地方决口一道，运河东岸武清县所属之九百户地方决口一道，火烧屯地方决口一道，王庄地方决口一道。香河县所属之牛毛屯、天津县所属北仓之南，俱有漫口。

甲子（二十七日），署工部左侍郎张文浩奏报，抵直隶永定河工次，分别抢堵。

七月丁卯（一日），蒋攸铦言，永定河北上汛四五号平工，因水势异涨，河形顶冲，致堤溃二百三十丈。

是日，张文浩言，查明永定河漫口，分别办理，各险工抢办平稳。因张文浩熟悉河务，命其常川驻工。

是日，直隶总督蒋攸铦言，遵查北运河王家庄等漫口，共二百余丈，均责令各厅汛自行赔修。至空重漕船，现因溜急难行，一律暂行停泊。

甲戌（八日），御史蔡学川言，隶顺天、保定等府属各州县水灾情形较重，请即开赈。直隶总督、顺天府尹查明受灾农户、数量，给予口粮。

乙亥（九日），孙玉庭言，江苏省因五月间大雨，江河水涨以致江宁、苏州、松江、常州、镇江、扬州、太仓各府州属低洼地区积水。命孙玉庭等查明被水轻重情形，分别缓征接济。

癸未（十七日），修山东泇河厅属沛汛杨庄闸座，泉河厅属戴村坝迤北官堤，并添筑碎石坝四道。从河道总督严烺请。

丁亥（二十一日），蒋攸铦言，筹备直隶省赈恤经费。

是日，蒋攸铦言，运河漫口，抢筑迟延及被抢平粜米石之印汛员弁。

己丑（二十三日），程祖洛言，漳河漫溢，请派员查勘。

壬辰（二十六日），原任直隶水利营田观察使陈仪著《直隶河渠志》。

乙未（二十九日），修山东寿张县运河西岸五里铺等处埝工。从署巡抚琦善请。

八月丁酉（一日），蒋攸铦请再截留江西漕粮。命漕运总督迅将九江后帮在前军船，及吉安、抚州二帮船粮米，饬令全行截卸天津北仓，预备拨用。

乙巳（九日），御史程矞采请以工代赈，先行疏浚文安河流。命继昌会同御史程矞采先行查勘。

戊申（十二日），孙玉庭、黎世序言应赶紧镶修外南厅御黄坝上下纤堤护埽，用以防风。（《再续行水金鉴》运河卷一引《南河成案续编》）

癸丑（十七日），琦善言山东省临清、馆陶、武城等州县，民埝漫缺共十七处，请动项办理。照所请。

是日，张文浩言，勘估永定河北中汛堵筑漫口，并挑挖引河，及南二、北三两处旱口，补还堤埽各工银数。

是日，琦善言，山东馆陶因红花堤口门未堵，卫河民埝漫缺，以致民田被淹。请饬直隶地方官赶紧堵闭。照所请。

甲子（二十八日），钦差署工部左侍郎张文浩言，堵筑永定河北中汛漫口兴工日期，两坝进占丈尺及引河挑成分数。

九月丁卯（二日），继昌查勘文安积水情形，所奏建闸及疏浚河淀各事宜。

己巳（四日），御史蔡学川言，涿州陆路有灾民拦截车辆，卸取行李。卫河水路有灾民拦阻小船，索取钱文。命蒋攸铦确查涿州卫河一带，如确有抢夺之事，立即严惩。

庚午（五日），御史马步蟾言，剥船米石应于庆丰至普济四闸，添设船厂两所。交工部派员前往，详悉查勘情形。

丁丑（十二日），张文浩言，永定河北中汛大坝合龙。

己卯（十四日），添备河南各厅秸料二千垛，山东曹河粮河二厅秸料五百垛，并修泇河厅峄汛万年闸。从河道总督严烺请。

辛巳（十六日），张文浩言，北中汛善后紧要工程，估需银数。验收后，案请销。

甲申（十九日），以永定河堵筑漫口迅速蒇工。知州周寿龄等加衔升补有差。

丁亥（二十二日），蒋攸铦言， 河工购买秸料，加增运脚银两。请仍照旧办理。照所请，准其循照旧案，每束加银二厘五毫。

辛卯（二十六日），河东河道总督严烺奏报，秋汛安澜。命严烺诣河神庙祀谢。

壬辰（二十七日），戴均元查勘红花堤情形，有大缺口一处，约长四十丈，筹议疏宣事宜。命元城县将河身挑直量加展宽，将沟漕挑成河道，以期分流泄水。

甲午（二十九日），协办大学士两江总督孙玉庭、江南河道总督黎世序奏报，秋汛安澜。命黎世序诣河神庙祀谢。

十月癸卯（八日），戴均元言，会勘新刷卫河，卫水自袁村决口，刷有河槽。应挑挖深通并筑堤捍卫。命于东袁村、大晁村疏浚支流，将村口正流堵塞。于大杜村前后筑堤。

乙巳（十日），添备直隶永定河工秸料二百八十万束。从总督蒋攸铦请。

壬子（十七日），蒋攸铦言，东光县运河缕堤漫口合龙。（《嘉庆道光两朝上谕档》第二八册）

庚申（二十五日），戴均元言，勘察漳河漫口迤下情形，设法筹办。

十一月癸酉（九日），修山东捕河、上河两厅闸座，并筑坝戽水等工。从河道总督严烺请。

甲戌（十日），张文浩勘估永定河减水闸坝越堤等工，请及时分别修筑。

是日，张文浩言，勘筹直隶河道大概情形，应酌分缓急次第办理。命其会同蒋攸铦明年冰融后查勘，斟酌办理。

癸未（十九日），修浙江山阴、会稽、萧山、余姚、上虞五县柴土篓石塘工。从巡抚帅承瀛请。

戊子（二十四日），以山东抢筑民堰漫口工竣，出力员弁，升用开复有差。

庚寅（二十六日），浚山东上河、捕河、运河、泇河四厅属塘长各河，并修运河厅属单闸桥坝。从河道总督严烺请。

辛卯（二十七日），直隶生员贾鸣皋等，因滏河淤塞，在都察院呈请，于孟家庄北开挖新河，穿刘公堤而东入衡水县界，顺流入海再于十字河口之西，挑挖六七里，以泄水患。交张文浩、蒋攸铦，明春相度形势，妥议具奏。

十二月癸卯（九日），命解任仓场侍郎和桂、张映汉赴刑部候讯。

丙午（十二日），御史王世绂言，北运河减水河道久废情形。命张文浩、蒋攸铦明年春暖前往勘察，再行商议。

甲寅（二十日），浚直隶通惠河。从署仓场侍郎博启图等请。

是年，沧州挑挖捷地减水河。（《再续行水金鉴》运河卷一引《沧县志》）

是年，修建邳州汇泽闸、宿迁利运闸。（《再续行水金鉴》运河卷一引《南河成案续编》）

## 道光四年（1824）

正月丁丑（十三日），孙玉庭遵查吴淞运道，确有淤浅，重运改由黄浦泖湖行走后，非常稳妥。命该督、司道等临时相度吴淞消长情形，定该三县厅漕船攒行之路。

壬午（十八日），博启图请令京通十五仓各仓监督，值宿巡查，以资防范。

癸未（十九日），挑江苏徐州邳宿运河。从协办大学士总督孙玉庭请。

己丑（二十五日），修直隶果渠村大坝埽工。从总督蒋攸铦请。

辛卯（二十七日），修山东东阿县民埝。从署巡抚琦善请。

二月乙未（一日），蒋攸铦言，白沟河仓廒逼近河岸，请添筑柴坝。从之。

丁酉（三日），以署工部左侍郎张文浩为江南河道总督。

庚戌（十六日），修直隶保定府南关河闸。从总督蒋攸铦请。

庚申（二十六日），孙玉庭言，邳北厅属夫七堡迤下，黄河坐湾，直向南趋，至南岸余纪马，折而向北，至北岸之七坝工，请取直开挑引渠。从之。

辛酉（二十七日），孙玉庭言，由桃源至邳宿一带的通京湖路，酌设卡巡。照所请。桃源县里仁集等处，派兵巡查；宿迁县井儿头等处、邳州青云桥等处，各设一卡。

是日，琦善言，临清关现粮船夹带严重，客贩稀少，税收不足。命漕运总督查明各船吃水量，逾制惩办，并查帮丁随带。

壬戌（二十八日），给事中张元模言，据直隶生员冯晰等绘图禀，赵北口连桥上下皆淤，请于连桥以南七里庄，建桥一座，以古赵河作为引河，并挑北卢僧河，以减白沟浊流等语。命程含章会同蒋攸铦酌办。

是日，修山东泇河厅属滕、峄二汛运河西岸石堤。从河道总督严烺请。

三月己卯（十六日），蒋攸铦言，酌办新开卫河章程。

壬戌（十九日），蒋攸铦言，疏筑河道要工，请截留饷银。照所请。

是日，协办大学士两江总督孙玉庭言，微山湖上年储水不足，遂今年重运酌筹先启御黄坝，挽渡首进漕船，漕船抵邳宿运河后再放微山湖水。

己丑（二十八日），安徽巡抚陶澍言，无为州江坝工程紧要，并添筑月坝，挑挖引河，请借帑兴修。从之。

四月丙申（三日），程祖洛言，续筹漳河抽沟宣泄漫水。

丁酉（四日），总督蒋攸铦请估修南、北运河及天津府属引、减各河。乃修直隶南北运河堤坝，清苑、蠡、祁、安、博野、高阳、河间、任丘、献、冀、新河、武邑、衡水、定、曲阳、深泽、宝坻、香河、天津、沧、蓟、涿二十二州县桥道堤埝。（《嘉庆道光两朝上谕档》第二九册）

戊戌（五日），琦善言，岁挑四女寺支河工段，请展宽加深，请嗣后毋庸按年挑办。仍照历届挑办成例。

是日，署山东巡抚琦善言，四女寺支河流水坝待水长一丈三尺，即启坝。

壬寅（九日），程含章请筹款速办直隶水利。直隶通省工程繁多，不能同时开始，宜将各河淀一律挑挖。

乙巳（十二日），御史陈沄言，永定河闸坝减河，已兴工于南岸修复金门闸，挑挖减河一道；又于闸上建灰坝一座，挑挖减河一道。

己酉（十六日），修筑山东临清州卫河民堰等工。从署巡抚琦善请。

癸丑（二十日），修山东上河厅属减水闸并疏浚引渠。从河道总督严烺请。

戊午（二十五日），阿尔邦阿筹议新开卫河挑浚工程，请次第兴举。

五月庚辰（十八日），博启图言，仓场办事需员，请将记名仓监督咨取委用。照所请。

甲申（二十二日），修山东临清闸。从河道总督严烺请。

丙戌（二十四日），添筑河南田家营西北大柴坝。从巡抚程祖洛请。

六月癸巳（一日），浚直隶任丘、雄二县属大港引河，泄新安等处积水。从钦差工部左侍郎程含章等请。

丙申（四日），验收漕米仍归坐粮厅管，仓场侍郎随时抽查。仓监督专管兑收。

丁酉（五日），御史陶廷杰言，各仓廒板气筒，久成虚设，请旨严饬修理。照所请。

辛丑（九日），御史萨斌言，大通桥车辆短少，以致积压漕粮。撤回监督嵩惠、托恩多。从重责处车户头役高永珍，并赶紧添加车辆。

丁未（十五日），以湖北漕船猝遭雷火，命应赔正耗平米分三限交仓。从漕运总督魏元煜请。

己酉（十七日），筑山东韩庄闸拦河大坝。从河道总督严烺请。

辛亥（十九日），修浙江太湖各溇港塘闸桥坝。从护巡抚黄鸣杰请。

七月癸亥（二日），御史萨斌言五闸水脚屯夫，负运漕粮。请援照旧例，量加调剂。循旧例，从无添给，遂不允。

壬午（二十一日），修山东运河厅属鱼台汛西岸堤工。从河道总督严烺请。

丙戌（二十五日），以直隶北运河新修朱家马头月堤、汛水汕漫。革原办委员通判徐鏞、主簿徐敦义顶戴，勒令赔修。

闰七月辛丑（十一日），御史陈沄言，永定河重开闸坝引河，民间皆受其害，请及早堵闭。命陈沄赴保定会同程含章，前往永定河新建闸坝处详细勘察。

癸卯（十三日），修直隶天津县属闸座堤埝各工。从钦差工部左侍郎程含章等请。

丁巳（二十七日），博启图言，五闸水脚脚价不敷办公，恳请暂行调剂。照所请，暂复旧制，每石添给银三毫。

庚申（三十日），陈沄勘估永定河新建闸坝有失水准，降为主事候补。

八月丁卯（七日），以直隶永定河秋汛安澜，开复永定河道。张泰运上年疏防漫口革职留任处分。

癸酉（十三日），修山东泇河厅属滕汛减水闸二座。从河道总督严烺请。

丙戌（二十六日），修浙江李家汛、翁家汛、戴家汛、转家池、东西海塘柴埽各工。从巡抚帅承瀛请。

己丑（二十九日），严烺言，筹添购来年备防秸料。请仍照成案，豫省南北两岸各工，共添备防秸二千垛；山东省漕河粮河两厅，添备防秸五百垛。照所请。

九月甲午（五日），河东河道总督严烺奏报，秋汛安澜。命严烺诣河神庙祀谢。

戊戌（九日），大学士两江总督孙玉庭、江南河道总督张文浩奏报，秋汛安澜。命张文浩诣河神庙祀谢。

壬子（二十三日），添设江南河营萧下、外河、南岸、安东、江防五汛经制效用外委各一员。从河道总督张文浩等请。

甲寅（二十五日），修朝阳门内运粮石路。从仓场侍郎博启图等请。

是日，添备直隶永定河工秸料二百五十万束。从协办大学士总督蒋攸铦请。

十月乙丑（六日），蒋攸铦言永定河上游八汛各工用料较多，需要远购秸料，加增运脚银两，请照旧办理。从所请。

是日，修河南两岸十三厅、山东曹河、粮河二厅及曹考厅曹上汛堤堰。从河道总督严烺请。

甲申（二十五日），修山东滕、峄二汛微山湖石堤。浚上河、捕河、运河、泇河四厅塘长各河淤浅工段。从河道总督严烺请。

乙酉（二十六日），魏元煜言，黄河水涨，漕船被阻在河北，预筹新漕兑运事宜。命苏松、浙江两粮道回省办理新漕。

丁亥（二十八日），程含章请择要估挑直隶河道修筑桥坝，请挑宽罾口河，再挑西堤引河，挑邢家坨，拆造王家务石坝，挑挖八道沽以下减河。照所议办理。

是日，程含章言，直隶减水引河，工费浩繁。请照旧章由民自行修守。照所请。

十一月癸巳（五日），浚山东巨野、单、城武、定陶、曹、金乡、鱼台、济宁、嘉祥九州县并临清、济宁二卫河道。从署巡抚琦善请。

丙申（八日），浚直隶通惠河。修堤岸闸坝。从仓场侍郎博启图等请。

丁酉（九日），修江苏安东县朱兴庄河堤。从大学士总督孙玉庭等请。

壬寅（十四日），命北仓侍郎于年前雇用民剥，责成经纪。

癸卯（十五日），浚江苏砀山、萧两县减水河道，修砀山县申公堤。从大学士总督孙玉庭请。

丁未（十九日），吏部言，张文浩综理南河，并不及时巡防，致使延误漕运，议处江南河道总督张文浩等，请分别革职降调。张文浩着拔去花翎，降为三品顶戴，仍留河督之任，以观后效。

壬子（二十四日），调河东河道总督严烺为江南河道总督。赏河南开归陈许道张井，三品顶戴，署河东河道总督。

十二月己未（一日），大学士前任两江总督孙玉庭言，此次堰盱湖工，掣通过水，张文浩为节省启闭钱粮，堵迟御黄坝。请另简贤能。

辛酉（三日），孙玉庭言，堵筑高堰工程，请拨附近江南藩关各库银一百五十万两。增培黄河下游两岸堤工，恳于就近藩运关库拨银三十七万两，并借用淮关库饷二十万两。户部速议具奏。

癸亥（五日），蒋攸铦请将岁挑永定河节省余银，培修残缺堤工。照所请。

是日，张师诚言，设法挽运漕船，截留江北，赶紧煞坝，兴挑徒阳运河。照所请，暂行截留江北，定期煞坝。

戊辰（十日），实授魏元煜两江总督。以仓场侍郎颜检为漕运总督。调工部左侍郎程含章为仓场侍郎。

己巳（十一日），给江苏山阳、宝应、高邮、甘泉、江都五州县被水村庄，及清河县收养难民一月口粮。

丙子（十八日），魏元煜言，淮河及洪泽湖水旁泄南趋，水势不能济运，需借黄济运，遂催重运赶紧兑开。

丁丑（十九日），陶澍言，委员查勘安徽省盱眙、天长等县被淹地方，灾民多有失所，已帮办抚恤。

戊寅（二十日），移直隶长垣县县丞、唐县主簿，驻千里长堤，分管工段。分永定河北岸二工为上下汛，以良乡县县丞管上汛。移北堤七工东安县主簿，为北岸二工下汛东安县主簿。其北堤七工，归北堤八工一缺统管，改为北堤七工东安县主簿。拨武清县县丞北岸头工中汛十六号，归北下汛县丞经管。涿州州判北岸三工十七八号，归北四工县丞经管。改宝坻、丰润、玉田、献县、正定、元城专河主簿为兼河缺，分管捕务。从协办大学士总督蒋攸铦请。

癸未（二十五日），文孚遵查堰盱要工溃决情形。将张文浩革职。孙玉庭解任。

乙酉（二十七日），魏元煜、严烺言，循例估挑邳宿运河。（《再续行水金鉴》运河卷一引《南河成案续编》）

是年，疏浚吴桥老黄河一道，长七千七百七十丈。（《钦定大清会典事例》卷九二五）

是年，修筑保定府城西关外大闸迤北土堤缺口。（《钦定大清会典事例》卷九二五）

是年，山阳县补修运河东岸兴文上闸石洞一座。（同治《重修山阳县志》卷三）

是年，建高邮州运河西岸六安闸、清安闸。（道光《续增高邮州志》第二册）

## 道光五年（1825）

正月甲午（六日），文孚奏请筹办南河济运卫民要工。

庚子（十二日），魏元煜言，南河运口及御黄坝内外疏筑各工，修复堰盱湖堤，要工并举。请饬调监催各员。照所请，调用林则徐、邹锡淳督催，俞颖达、王凤生、仓斯升、郑炳文等均调工。

己酉（二十一日），修筑直隶通州温榆河上游果渠村坝埽。从协办大学士总督蒋攸铦请。

丁巳（二十九日），魏元煜请暂留湖南官剥以备南漕剥运。从之。

二月癸亥（五日），高宝至清江浦一带虽引黄济运，但泥沙较多易淤垫，不是长久之计，命该督抚令筹稳妥之计。

乙丑（七日），命孙玉庭等分派文武干员，于漕船渡江后赶紧催促。

戊寅（二十日），因引黄济运非长久之计，河道仍需挑挖，命孙玉庭催促漕船赶紧回空，不得延误。

三月庚寅（三日），程祖洛言，覆勘新卫河节减银数，并筹垫银两兴办。

丁酉（十日），魏元煜言，堰盱湖堤兴砌石工及土工做成分数。

丙辰（二十九日），孙玉庭言，攒渡漕船帮数，里河淤垫及现在筹办情形。

四月己未（二日），魏元煜言，河口至里河一带淤垫严重，遂会议海运。

己巳（十二日），修山东泉河各厅土石工程。从署河道总督张井请。

辛未（十四日），以山东运河道庆善为江苏按察使。

壬申（十五日），魏元煜言，修砌堰盱石工派员专往督催。

五月戊申（二十二日），英和言，雇商分运漕粮及折漕治河各章程。

是日，调两江总督魏元煜为漕运总督。

六月壬戌（六日），命琦善、魏元煜、陶澍、程含章筹议漕河全局。

癸酉（十七日），琦善言，察看黄运两河淤垫，帮船浅滞，盘运艰难。

乙亥（十九日），以理藩院尚书穆彰阿署漕运总督。

丙子（二十日），都察院奏言，前任德州卫守备推升都司朱廷兰，呈递筹议分治清黄二河，请开回龙沟，建闸启闭，以免黄水倒灌。

戊寅（二十二日），英和请暂雇海船以分滞运，酌折额漕，以资治河，经筹议不可行。所有浙江明年全省漕米仍征收本色。

是日，浙江巡抚程含章言，西塘翁家汛至戴汛柴工，情形险要，请借项修筑。从之。

甲申（二十八日），琦善言，洪泽湖石工约计八月中旬可以完竣，预筹漕运章程。

七月庚寅（五日），修浙江上虞、会稽二县柴塘石塘。从巡抚程含章请。

八月乙亥（二十一日），浚山东蜀山湖永定单闸引渠。从署河道总督张井请。

癸未（二十九日），琦善言，核议明年新漕盘坝接运，预筹微山湖蓄水事宜。

九月己丑（五日），添补河南各厅秸料二千垛。山东曹河、粮河二厅秸料五百垛。从署河道总督张井请。

丁酉（十三日），蒋攸铦言，永定河购买秸料，请照旧办理。从之。

庚子（十六日），署河东河道总督张井言，秋汛安澜。命张井诣河神庙祀谢。实授河东河道总督。

壬寅（十八日），琦善言，挑浚里扬运河费多期迫，察看现无阻滞，请停挑办，并将以前估挑银两酌议分赔。从所请，且免此项挑工赔款。

己酉（二十五日），添备直隶永定河工秸料二百二十万束。从大学士总督蒋攸铦请。

十月庚申（七日），增培河南两岸十三厅、山东曹河、粮河二厅堤堰坝戗等工。从河道总督张井请。

丙寅（十三日），河东河道总督张井言，筹蓄微山湖水。

是日，修山东运河泇河厅属堤闸，并挑挖引渠。从河道总督张井请。

庚午（十七日），琦善言，堰盱石工完竣，请酌添保固年限。准于例限三年外，再加保固一年。

十一月甲申（一日），颁发山东临清闸漳神庙御书匾额，曰“效灵利漕”。

甲午（十一日），因本年微山湖水启放过多，命张井、武隆阿督饬道厅员弁，及早设法潴蓄。

己亥（十六日），修山东捕河上河等厅属堤闸坝工。从河道总督张井请。

丁未（二十四日），琦善请修复毛城铺旧坝、王营减坝，以期减黄掣淤。命其先行勘察。

辛亥（二十五日），修筑直隶天津县属千里长堤哈吗洼等处坝埽各工。从总督那彦成请。

十二月丁巳（五日），展缓大挑江苏丹徒、丹阳二县境内运河，仍改小挑。从巡抚陶澍请。

戊午（六日），挑山东临清、清平、堂博、聊城、阳谷、寿东、东平、汶上、巨嘉、卫北、济宁、鱼台、沛、滕、峄等汛河道，改挑阳谷汛内池家滩东旧存河形为南北直河。从河道总督张井请。

辛未（十九日），改铸直隶献县兼河主簿条记。从大学士前任总督蒋攸铦请。

壬申（二十日），两江总督琦善、江南河道总督严烺、漕运总督陈中孚会筹接运新漕，赶筑双全闸上拦河柴土大坝一道，加挑外北厅属浦家庄、中河厅属王家庄、邳宿运河顺清河、新挑小河等处。

是年，浚通惠河，修堤坝。（光绪《顺天府志》《河渠志》卷一一）

是年，高邮州重修通湖桥涵洞、琵琶闸涵洞。（道光《续增高邮州志》第二册）

## 道光六年（1826）

正月乙未（十三日），两江总督琦善言，估挑邳宿运河，以利漕行。

戊戌（十六日），加筑直隶通州温榆河上游果渠村坝埽各工。从总督那彦成请。

壬子（三十日），琦善言，预筹山东省启坝放水，接济江南邳宿八闸运河。

二月甲子（十二日），准山东东平、东阿、寿张三州县摊征运河埽坝等工银，自本年始分限起征。

三月己丑（八日），琦善言，筹办运河堤闸，饬估洪泽湖堤工。

癸卯（二十二日），修山东鱼台、滕县、东平州、寿东等汛运河土石坝工。从河道总督张井请。

丁未（二十六日），御史王世绂言，宝坻县引河南岸残缺堤堰等工，请一并修筑。请将宝坻县青龙湾引河北岸残缺堤堰坑塘，官为修筑。

四月丙辰（五日），修筑山东恩县四女寺支河拦水挑水各坝工。从巡抚武隆阿请。

五月戊子（七日），署河东河道总督严烺言，疏浚兰仪曹考各厅受淤河底。

乙巳（二十四日），浚山东泇河厅属各河渠。从署河道总督严烺请。

六月庚申（十日），浚山东汶泗两河，添筑卫河草闸草坝。从署河道总督严烺请。

庚午（二十日），修山东韩庄闸上拦河大坝，补修汶河挑水坝。从署河道总督严烺请。

七月壬午（二日），浚山东运河厅南旺湖引渠。从署河道总督严烺请。

八月庚戌（一日），抽挑山东临清塘河西岸堆积土山。从署河道总督严烺请。

十月戊午（十日），修直隶藁城县堤埝各工，挑挖引河。从总督那彦成请。

庚申（十二日），修山东捕河、泇河两厅属闸工。从河道总督严烺请。

己巳（二十一日），添备直隶永定河工秸料二百二十万束。从总督那彦成请。

十一月己卯（二日），浚山东上河、捕河、运河、泇河四厅属塘河长河淤浅工段，修蜀山湖碎石堤工。从署河道总督严烺请。

壬辰（十五日），御史汪琳言，淮阳一带运河减泄之水，向由东堤各闸坝经下河各州县境内，汇入串场河，分流注海。现入海口年久淤塞，请及时疏导。

十二月己酉（二日），严烺言，卫河民堰各工，原议岁修银两未便请增，应察看缓急随时酌办。照所请。

癸丑（六日），以山东布政使讷尔经额为漕运总督。

丙寅（十九日），严烺言，查明挑挖独山湖水口引渠工程，恳准估销。照所请。

是年，宿迁县补修运河西岸安家双孔石闸。（同治《宿迁县志》卷一〇）

是年，高邮州重修运河东岸界首闸。（道光《续修高邮州志》第二册）

是年，太仓州知州范博文，浚武进阳湖运河。（光绪《武进阳湖县志》卷三）

## 道光七年（1827）

二月戊申（二日），修山东运河、泇河、上河三厅土石闸工。从署河道总督严烺请。

癸丑（七日），修直隶果渠村坝埽各工。从总督那彦成请。

五月癸未（八日），严烺言，山东省运河等厅，应动四女寺支河息银，请饬追还款。命长芦盐政饬令运司，照数拨款。

闰五月癸丑（九日），修山东运河、上河、泉河三厅属土石闸坝各工。从署河道总督严烺请。

八月庚寅（十七日），添备河南十三厅秸料二千垛。山东曹河、粮河二厅秸料五百垛。修山东泇河、运河、捕河三厅闸坝堤岸，挑挖泇河厅属月河。从署河道总督严烺请。

九月丙午（四日），修江南里河、外河二厅及邳州经管剥船一百二十九只。从大学士总督蒋攸铦请。

丙辰（十四日），实授严烺河东河道总督。

十月丙子（四日），修河南两岸十三厅及山东曹考、曹河、粮河三厅堤工，于兰仪、下北两厅迎溜顶冲处抛护碎石。从河道总督严烺请。

壬午（十日），山东省汶汛运河募夫工程，仍照旧办理，归各州县办理。

己亥（二十七日），严烺言，估挑运河淤浅工段。

十一月壬戌（二十一日），陶澍言，查议徒阳运河挑办章程。

甲子（二十三日），添备直隶永定河预防秸料一百七十万束。从护总督屠之申请。

十二月丁亥（十六日），浚江苏安东县境内淤河。从大学士总督蒋攸铦等请。

戊子（十七日），加筑直隶通州温榆河上游果渠村坝工。从护总督屠之申请。

是年，修补鱼台县运河东岸鱼字五十一号北首起至六十号南首止堤工。

是年，山阳县运河东岸潘宅风水涵洞改为石洞。（同治《重修山阳县志》卷三）

道光八年（1828）

正月壬子（十二日），屠之申言，潮白河上游北寺庄上年刷出岔河，亟应建坝切滩使水归入北运正河，请动项兴修漕运要工。准其于通永道库河滩淤地租银项下照数动支。

戊辰（二十八日），修山东运河、泇河、上河三厅堤闸石工。从河道总督严烺请。

二月庚辰（十日），浚山东四女寺支河，修筑坝工。从巡抚琦善请。

辛巳（十一日），修直隶永定河石土各堤。从护总督屠之申请。

壬午（十二日），张井言，江境典河宿桃以下各厅堤工单薄，请拨银赶办。

丁亥（十七日），拨银三百数十万两，作为南河每年春秋工用。

是日，严烺言，筹办早启微山湖大坝，接济江境运河。（《再续行水金鉴》运河卷一引《两河奏疏》）

甲午（二十四日），英和、蒋攸铦言，查勘湖河各工完成情况。（《再续行水金鉴》运河卷一引《南河成案续编》）

三月壬寅（三日），修山东卫河埽坝。从河道总督严烺请。

癸亥（二十四日），浚直隶北运河淤滩。从护总督屠之申请。

丙寅（二十七日），杨国桢言，估挑汤河故道，酌开引渠，疏泄积水。（《嘉庆道光两朝上谕档》第三三册）

五月己亥（一日），张井、潘锡恩言，扬河厅高邮汛东岸减水各坝应分别次第启闭。（《再续行水金鉴》运河卷一引《南河成案续编》）

壬寅（四日），严烺言，山东运河厅属巨嘉汛冯家坝旧里石堤工一段年久失修；泇河厅属峄、滕二汛微山湖大石堤工有坍塌；聊城、堂博、清平三汛运河两岸官堤二十段堤身单薄，必须帮宽加高；泉河厅属东平州汛戴村滚水坝有石块脱落。请饬拨银兴工。照所请。

七月丙午（初八日），河东河道总督严烺请借款挑办山东运河厅属济城塘河积土。允之。

甲子（二十六日），蒋攸铦言，洪泽湖水势盛大，次第启坝减泄情况。（《再续行水金鉴》运河卷一引《南河成案续编》）

八月丁酉（三十日），琦善言，分年收征汶上县南旺湖堤工借款。从之。

十月辛未（五日），修山东运河、泇河、捕河三厅闸坝堤岸桥梁土石等工。从河道总督严烺请。

己丑（二十三日），张井、潘锡恩言，中河厅旧盐闸石底损坏，择地另建双孔矶心石闸，临河改建钳口柴坝、束水堤。（《再续行水金鉴》运河卷一引《南河成案续编》）

十一月辛丑（五日），河东河道总督严烺言，滕县十字河一带受淤情形。

是日，修山东郯城县沂沭二河堤工。从巡抚琦善请。

是日，浚山东上河、捕河、运河、泇河四厅所属河道。从河道总督严烺请。

## 道光九年（1829）

正月甲辰，修江苏宿迁县各河堤岸。从大学士总督蒋攸铦等请。

丁巳（二十二日），修直隶通州果渠村新河坝埽。从护总督屠之申请。

己未（二十四日），修里河五闸运粮拨船。从仓场侍郎松廷等请。

二月戊辰（四日），修山东运河、上河两厅堤工闸座，挑泇河厅河渠。从河道总督严烺请。

乙亥（十一日），修安徽宿州境内奎河。从大学士总督蒋攸铦等请。

癸巳（二十九日），琦善言请添雇卫河剥船。照所请，添雇船五百只。

三月乙巳（十一日），修江苏丹阳县练湖闸座。从大学士总督蒋攸铦等请。

是日，修江西丰城县石堤。从护巡抚富呢扬阿请。

戊午（二十四日），以漕运总督讷尔经额为山东巡抚，仓场侍郎朱桂桢为漕运总督。

四月甲子（一日），修山东运河、泇河二厅属巨嘉汛、汶上汛、滕汛堤闸。从河道总督严烺请。

壬申（九日），修直隶潮白河土堤草坝。从护总督屠之申请。

五月丙申（三日），培筑山东曹县中汛险要堤工并接镶防风埽工。从河道总督严烺请。

六月辛巳（十九日），修山东运河、上河、捕河三厅属闸座堤坝。从河道总督严烺请。

七月癸巳（一日），张井言，运河刘老涧改建滚水石坝、中河补还南岸纤堤，工程完竣。

八月乙丑（四日），展修山东微山湖碎石坦坡。从河道总督严烺请。

九月己酉（十八日），添备河南十三厅秸料二千垛。山东曹河、粮河二厅秸料五百垛。从河道总督严烺请。

十月乙丑（四日），那彦成言，直隶永定河南北两岸岁修各工购备秸料，加增运脚银两，请照旧办理。从之。

戊子（二十七日），运河、泇河两厅残塌堤工应择要估修。（《再续行水金鉴》运河卷一引《东河残卷》）

十一月丁酉（七日），严烺勘估运河应挑临清等汛淤浅工段。

是日，修直隶张家口石土坝工。从总督那彦成请。

是日，添备直隶永定河河工秸料一百九十万束。从总督那彦成请。

丙午（十六日），修江苏宝应县通湖闸工。从大学士总督蒋攸铦请。

十二月戊寅（十八日），加修直隶温榆河上游果渠村坝埽各工。从总督那彦成请。

己丑（二十九日），浚江苏丹徒、丹阳二县运河。从护巡抚梁章巨请。

是年，疏浚宿迁县六塘民便等河，堵民便涵洞。（《清会典事例》卷九二八）

是年，山阳县挑海陵溪。（同治《重修山阳县志》卷三）

是年，武进知县怀锷浚南运河。（光绪《武进阳湖县志》卷三）

## 道光十年（1830年）

正月庚戌（二十日），蒋攸铦言，筹办外南厅临清堰至草闸外估挑塘闸。（《再续行水金鉴》运河卷二引《南河成案续编》）

二月癸亥（四日），江苏扬河厅高邮汛新南中三坝各建耳闸一座，车逻、南关、新坝、中霸四坝分别兴挑。

甲子（五日），修山东运河厅开河闸，泇河厅丁庙闸，捕河厅靳口闸。从河道总督严烺请。

丁亥（二十八日），那彦成言，估挑漳河故道，筹议商捐并借廉捐办。

四月己未（一日），修筑山东四女寺支河坝座。从巡抚讷尔经额请。

辛酉（三日），修直隶保定府南关外河道、徐河石桥。从总督那彦成请。

庚午（十二日），那彦成言，永定河浑水南徙东淀，直逼千里长堤。

己卯（二十一日），那彦成言，勘明浑水淤淀刷堤，请动项估办土埽各工。

庚辰（二十二日），修山东上河、下河、泉河三厅闸坝埽工。从河道总督严烺请。

丁亥（二十九日），浚山东东平州小清河、安流龙拱二河。从巡抚讷尔经额请。

五月甲申（二十八日），修筑山东运河、捕河、上河三厅纤道官堤，韩庄闸上拦河大坝。从河道总督严烺请。

丙戌（三十日），修直隶河间县陈家门堤。从总督那彦成请。

七月丁卯（十二日），改建浙江萧山县西江石塘。从巡抚刘彬士请。

八月己亥（十四日），修浚山东运河、泇河、泉河等厅堤埽引渠，添备河南十三厅秸料二千垛，山东曹河、粮河二厅秸料五百垛。从河道总督严烺请。

庚戌（二十五日），修直隶献县臧家桥。从总督那彦成请。

九月辛酉（六日），拨直隶司库银，备办来年加培永定河堤埝及新挑引河料物。从总督那彦成请。

十一月辛酉（初七日），浚山东临清河道，加给民夫津贴银。从河道总督严烺请。

辛巳（二十七日），修直隶通州果渠村坝埽。从河道总督那彦成请。

十二月乙未（十一日），添备直隶永定河工秸料一百七十万束。从总督那彦成请。

是年，清河县建塘河草闸。（咸丰《清河县志》卷六）

是年，山阳县浚七洞及大塘河。（同治《重修山阳县志》卷三）

是年，建高邮州五里新坝耳闸。（道光《续增高邮州志》第二册）

## 道光十一年（1831）

正月辛巳（二十七日），修山东运河、泇河、泉河三厅闸坝。从河道总督严烺请。

三月乙卯（三日），修山东捕河、上河两厅闸工。从河道总督严烺请。

丙子（二十四日），王鼎言，永定河估办草土各工。

四月癸卯（二十一日），王鼎言，筹款兴修子牙河堤。（《嘉庆道光两朝上谕档》第三六册）

五月甲子（十三日），移直隶凤河汛把总为永定河南八工下汛把总，移驻河兵二十四名，添设河兵十名。从总督琦善请。

七月癸丑（三日），张井言，扬河厅马棚湾迤南及十四堡下首漫口二处。

九月壬戌（十三日），修山东运河、泇河、上河三厅属闸座堤河等工。从河道总督严烺请。

乙亥（二十六日），添购直隶永定河备防秸料，增岁料运脚银。从总督琦善请。

十一月丁卯（十九日），浚山东运河、沛汛长河。从河道总督严烺请。

十二月戊戌（二十日），浚江苏扬粮厅邵伯镇迤下越河，筑纤堤。从河道总督张井请。

乙巳（二十七日），以漕运总督吴邦庆为江西巡抚，仓场侍郎苏成额为漕运总督。

是年，高邮州运河东岸南关大坝建耳洞。（道光《续增高邮州志》第二册）

是年，甘泉县运河东岸昭关坝南建耳闸一座。（光绪《增修甘泉县志》卷三）

是年，甘泉县运河东岸凤凰桥坝拆除砖墙。（民国《甘泉县续志》卷三）

## 道光十二年（1832）

正月戊寅（一日），修山东泇河、捕河、上河三厅闸座。从河道总督林则徐请。

丁亥（十日），移建南河山盱厅信坝于夏家桥。从河道总督张井请。

癸亥（十五日），浚江苏丹徒、丹阳二县运河。从巡抚程祖洛请。

三月丁巳（十日），修山东恩县拦水挑水等坝。从巡抚讷尔经额请。

己未（十二日），程祖洛验收徒阳运河挑捞工程，言坝座冲开，知府不行禀报。

四月丙申（二十日），修山东运河、上河、下河、泇河各厅土石埽工，减水闸座。从前任河道总督林则徐请。

五月甲寅（八日），裁东河泉河通判缺。从前任河道总督林则徐请。

七月己巳（二十五日），张井言，洪泽湖水势叠涨，已驻工督防。

癸酉（二十九日），直隶总督琦善言，永定河南六工上汛漫溢夺溜。

八月甲申（十日），裁长芦沧州运判。

丙戌（十二日），河南巡抚杨国桢言，漳河盛涨。

九月己酉（十六日），琦善言，勘估永定河南六工堵筑漫口，挑挖引河约需银数。

辛未（二十八日），裁南河清江闸闸官。

十月戊午（十六日），添购直隶永定河备防秸料，仍增岁修秸料运脚银。从总督琦善请。

十一月丙子（四月），修山东运河、上河两厅桥闸石工。从河道总督吴邦庆请。

乙酉（十三日），浚山东运河，修微山湖堤。从河道总督吴邦庆请。

庚寅（十八日），修直隶通惠河平下、南浦二闸。从仓场侍郎贵庆等请。

丙申（二十四日），修直隶通州果渠村坝埽。从总督琦善请。

十二月戊午（十六日），修山东曹河厅曹中汛临黄外滩。从河道总督吴邦庆请。

## 道光十三年（1833）

正月癸未（十一日），浚京师朝阳门外运河。从仓场侍郎贵庆等请。

甲申（十二日），修直隶永定河堤埝。从总督琦善请。

乙酉（十三日），浚江苏丹徒、丹阳二县运河。从巡抚林则徐请。

三月甲申（十三日），修江苏丰县护城河堤桥座，浚砀山县减水河。从总督陶澍等请。

丙戌（十五日），修山东运河等厅埽坝。从河道总督吴邦庆请。

四月戊申（八日），漕运总督苏成额为热河都统，以仓场侍郎贵庆为漕运总督，调工部左侍郎恩铭为仓场侍郎。

甲寅（十四日），浚山东恩县等境四女寺支河，修坝座。从巡抚钟祥请。

九月己丑（二十二日），添购直隶永定河备防秸料，仍增岁修秸料运脚银。从总督琦善请。

壬辰（二十五日），以漕运总督贵庆为热河都统。贵州巡抚嵩溥为漕运总督。以仓场侍郎恩铭署漕运总督。刑部左侍郎凯音布署仓场侍郎。

十一月丙戌（二十日），裁东河荥泽县北岸主簿、汲县县丞、堂邑县永通闸闸官三缺。从河道总督吴邦庆请。

是日，修山东运河、泇河二厅堤闸。从河道总督吴邦庆请。

丙申（三十日），浚直隶河西务汛运河。从总督琦善请。

十二月甲辰（八日），修直隶通州果渠村坝埽各工。从总督琦善请。

是年，清河县中河北岸双孔闸之下建新涵洞二座，里河北岸建裕民洞一座。（咸丰《清河县志》卷六）

是年，山阳县知县张用熙修筑阳射湖堤，改修丁卯堤南至泾河，北至减河，长九百丈。（同治《重修山阳县志》卷三）

## 道光十四年（1834）

二月己酉（十四日），修山东运河、泇河、捕河三厅闸坝石堤各工。从河道总督吴邦庆请。

乙卯（二十日），修直隶良乡县河道桥座。从总督琦善请。

己未（二十四日），修浙江山阴县宜桥、宋家楼等处塘坦各工。从巡抚富呢扬阿请。

三月壬申（七日），贷江苏苏州、松江、太仓三府州属浚刘河、白茆河银。

癸巳（二十八日），铸给山东兖州府泉河通判关防。从河道总督吴邦庆请。

四月癸亥（二十八日），加筑山东捕河厅寿理汛石坝外土堰。从河道总督吴邦庆请。

五月己巳（五日），以漕运总督嵩溥署兵部左侍郎。

丁亥（二十三日），修筑山东运河、泇河、上河、捕河、下河五厅土埽石坝。从河道总督吴邦庆请。

七月戊子（二十五日），筹议蓄汶敌卫，以利漕行。

是日，修直隶永定河旱口堤埽各工。从总督琦善请。

九月丁丑（十五日），琦善言，勘估永定河北中汛堵筑漫口工料，挑挖引河银数。

壬午（二十日），修山东运河、上河两厅闸工桥坝。从河道总督吴邦庆请。

十月壬辰（一日），贷直隶故城县郑家口、献县子牙河，修筑民堤银。

戊戌（七日），贷山东临清州堵筑新河口民埝银。

丙辰（二十五日），添备河南十三厅、山东曹河粮河二厅预防秸料。从河道总督吴邦庆请。

庚申（二十九日），加培直隶永定河大坝新土，筑越堤。从总督琦善请。

十一月戊辰（七日），添备直隶永定河预防秸料，仍增岁料运脚银。从总督琦善请。

壬申（十一日），以漕运总督恩铭为都察院左都御史，兼镶红旗汉军都统。仓场侍郎朱为弼为漕运总督。调兵部左侍郎王楚堂为仓场侍郎。

乙酉（二十四日），估挑运河淤浅各工，一律深通，十字河一带命吴邦庆、钟祥会同勘察，抓紧赶办。

是日，浚山东上河、捕河、运河、泇河四厅塘长各河。从河道总督吴邦庆请。

十二月壬辰（二日），自江南扬州至直隶天津运河一带，有匪徒混入水手运夫之中，勒索商铺及过往船只，命严格稽查。

己亥（九日），修直隶通州果渠村坝埽各工。从总督琦善请。

是年，正定县滹沱河溢。（《再续行水金鉴》运河卷二引《正定县志》）

是年，平山县滹沱河溢。（咸丰《平山县志》卷二）

是年，修邳宿二州县沂河堤堰。（《清史稿·河渠志四》）

是年，拆修清河县惠济越闸，补修福兴正闸。（咸丰《清河县志》卷六）

是年，建甘泉县运河西岸通湖闸。（民国《甘泉县续志》卷三）

道光十五年（1835）

正月丁卯（七日），浚江苏丹徒、丹阳二县运河。从巡抚林则徐请。

戊子（十六日），修山东运河、泇河、上河三厅堤闸各工。从河道总督吴邦庆请。

三月辛酉（二日），修山东清平、博平、堂邑、聊城四县运河民堰石闸等工。从巡抚钟祥请。

壬戌（三日），修直隶涿州永济桥。从总督琦善请。

四月乙巳（十六日），以河南布政使栗毓美署河道总督。

辛亥（二十二日），修山东运河、捕河、上河三厅官堤。从河道总督吴邦庆请。

丙辰（二十七日），修直隶永定河土石各工。从总督琦善请。

五月戊寅（二十日），实授栗毓美河东河道总督。

闰六月乙丑（七日），浚江苏通、泰二州盐河。从总督陶澍请。

九月戊戌（十二日），实授麟庆江南河道总督。

丙午（二十日），实授恩特亨额漕运总督。

十月辛酉（六日），以山东巡抚钟祥兼署河道总督。

辛未（十六日），贷江苏邳、宿迁二州县修浚沂河堤埝及王翻湖等工银。

丙子（二十一日），添备直隶永定河预防秸料，仍增岁料运脚银。从总督琦善请。

是日，栗毓美言，拆修闸座，挑挖泉河，工程完竣。（《嘉庆道光两朝上谕档》第四〇册）

十一月甲午（九日），栗毓美请加挑南自台庄，北至临清，运河淤浅工段。

丁酉（十二日），修直隶通州温榆河上游果渠村坝埽各工。从总督琦善请。

是年，山阳县挑南溪河。（同治《重修山阳县志》卷三）

是年，通州知州平翰开盐仓耳闸、唐家闸以泄水。（《再续行水金鉴》运河卷二引《通州直隶州志》）

是年，浚常州运河。（光绪《武进阳湖县志》卷三）

## 道光十六年（1836）

正月乙未（十一日），浚江苏丹徒、丹阳二县运河。从护巡抚陈銮请。

二月丁巳（四日），修山东运河、泇河、捕河、上河四厅闸坝。从河道总督栗毓美请。

三月己丑（六日），移建江苏镇江府正闸、越闸。从总督陶澍等请。

是日，修山东运河、泇河、捕河、上河、泉河五厅闸坝引渠。从河道总督栗毓美请。

四月己未（七日），修山东恩县四女寺支河坝工。从巡抚钟祥请。

九月壬寅（二十二日），添购直隶永定河备防秸料，仍增岁料运脚银。从总督琦善请。

十一月丁酉（十八日），浚山东上河、捕河、运河、泇河四厅塘长各河。从河道总督栗毓美请。

丙午（二十七日），修直隶通州果渠村坝工。从总督琦善请。

是年，山阳县拆修运河东岸兴文上闸南墙。（同治《重修山阳县志》卷三）

是年，武进知县吴时行浚南运河。（光绪《武进阳湖县志》卷三）

## 道光十七年（1837）

正月丁酉（十九日），修直隶永定河两岸堤工。从总督琦善请。

二月戊午（十日），修山东运河、泇河、捕河、上河、下河、泉河六厅土石埽坝堤工。从河道总督栗毓美请。

丙寅（十八日），浚山东运河厅济城塘河。从河道总督栗毓美请。

四月乙卯（八日），添设山东鱼台汛千总一员，兵八十名。南阳镇经制外委一员，兵二十名，作为鱼台汛协防。移原设鱼台汛经制外委一员，兵二十名，并添兵十名，驻古村集，作为滕县汛协防，统归沙沟营都司管辖。从巡抚经额布请。

五月己卯（三日），以陕西布政使周天爵署漕运总督。

九月乙未（十九日），添购直隶永定河备防秸料，仍增岁料运脚银。从协办大学士署总督琦善请。

十一月甲午（二十日），修浚直隶通州温榆河上游果渠村坝埽各工。从协办大学士署总督琦善请。

十二月壬子（九日），山东省运河、泇河、捕河、上河、下河等厅冬挑工程，援照江苏丹阳、丹徒运河之例，六年始准加挑一次。

## 道光十八年（1838）

正月甲申（十一日），浚江苏丹徒、丹阳二县运河。从巡抚陈銮请。

二月癸卯（一日），修浚山东运河、泇河、捕河、上河、泉河五厅石工闸座，及官堤引渠。从河道总督栗毓美请。

壬戌（二十日），修直隶北运河堤坝要工。从大学士署总督琦善请。

四月庚申（十九日），修直隶河间县八里铺桥座。从大学士署总督琦善请。

闰四月丙申（二十五日），修直隶永定河堤堰坝戗各工。从大学士署总督琦善请。

五月丙辰（十六日），栗毓美言，在韩庄闸上朱姬庄以南，估筑拦河大坝，预筹收水。照所请。

六月丙子（七日），栗毓美言，汶卫两河长水，临清已启闸放船，漕船跟接北上。

十一月甲寅（十六日），栗毓美言，请估挑山东运河淤浅工程。

十二月丁丑（十日），修直隶通州果渠村坝埽各工。从大学士署总督琦善请。

己卯（十二日），给事中成观宣言，淮扬运河之芒稻闸人字河归江之路，应禁筑坝堵拦。

是日，御史陈光亨言，山东运河淤浅多处。

甲申（十七日），修江南里河厅惠济正闸、福兴越闸，从河道总督麟庆请。

戊子（二十一日），浚山东济宁、鱼台、金乡、嘉祥、临清等州县河道。从巡抚经额布请。

是年，武进县建天禧闸。（光绪《武进阳湖县志》卷三）

是年，江阴县知县陈延恩浚夏港。（光绪《江阴县志》卷二）

## 道光十九年（1839）

正月庚戌（十三日），浚江苏丹徒、丹阳二县运河。从巡抚陈銮请。

二月戊辰（二日），修东河上河厅临清汛闸座，并运河、泇河、捕河、上河、下河、泉河六厅土石埽坝河渠等工。从河道总督栗毓美请。

三月丁未（十一日），兴修惠济正闸、福兴越闸。

四月丁丑（十二日），以漕运总督周天爵为河南巡抚。河南巡抚朱树为漕运总督。

六月丁丑（十三日），修筑山东朱姬庄拦河坝。从河督总督栗毓美请。

七月辛亥（十八日），铁麟言，山东运河石佛闸下东岸漫口。

癸亥（三十日），改铸直隶宝坻县主簿分管地方捕务兼理河道堤工条记。从大学士总督琦善请。

十月甲子（二日），浚直隶大名、元城、清丰、南乐等县境内卫河。从大学士总督琦善请。

癸未（二十一日），委员会勘拆修台庄闸闸座。

是日，以署两江总督陈銮兼署河道总督。

十一月乙卯（二十三日），修直隶通州温榆河上游果渠村坝埽各工。从大学士总督琦善请。

丁巳（二十五日），浚山东上河、捕河、运河、泇河四厅运河。从河道总督栗毓美请。

十二月庚辰（十八日），贷直隶沧州修减河石坝银。

乙酉（二十三日），贷山东东阿县修张秋镇运河民堰银。

是年，通州修盐仓滚水石坝。（《再续行水金鉴》运河卷二引《通州直隶州志》）

## 道光二十年（1840）

正月癸卯（十二日），修直隶北运河堤坝。从大学士总督琦善请。

二月丁丑（十六日），裕谦验收江苏丹阳、丹徒二县运河挑工，言办理不善，参府县并核减银两。

乙酉（二十四日），修山东运河、泇河、捕河、泉河四厅堤坝闸座。从原任河道总督栗毓美请。

四月壬申（十二日），贷山东济宁、鱼台、汶上、寿张四州县修河湖民堰银。

五月甲寅（二十五日），修山东运河、泇河、捕河、上河、泉河五厅土石堤埽各工。从河道总督文冲请。

六月庚申（二日），饬沿河各员实力疏浚卫河。

是日，文冲查勘卫河水弱情形，缘是沿岸百姓灌溉用水消耗，言应将丹卫二河民渠民闸暂行堵闭，以利漕运。从之。

十月癸亥（七日），添购直隶永定河备防秸料，仍增岁修秸料运脚银。从署总督讷尔经额请。

十一月甲寅（二十八日），浚山东运河。从河道总督文冲等请。

是年，沛县湖水涨溢，东至漕河，西至太行堤。（民国《沛县志》卷五）

是年，拆修清河县惠济正闸。（咸丰《清河县志》卷六）

是年，重修宝应县运河东岸孙家洞。（民国《宝应县志》卷三）

是年，扬粮通判改为扬运通判。（同治《续纂扬州府志》卷二）

## 道光二十一年（1841）

正月甲午（九日），浚江苏丹徒、丹阳二县运河。从前署巡抚邵甲名请。

丁酉（十一日），修直隶温榆河上游果渠村坝埽各工。从署总督讷尔经额请。

二月己未（四日），修山东运河等六厅闸桥堤坝各工。从河道总督文冲请。

三月丙申（十一日），暂于长芦征存加价款内拨银四万两，赶办卫河要工。

五月丙辰（三日），修山东运河、泇河、捕河、上河、泉河堤闸。从河道总督文冲请。

六月乙巳（二十三日），贷山东济宁州修杨家闸泊岸石坝银。

十月壬午（二日），添购直隶永定河备防秸料，仍增岁料运脚银，从总督讷尔经额请。

己酉（十八日），添备河南、山东各厅预防秸料、碎石，浚山东运河。从河道总督朱襄等请。

十二月癸未（四日），改山东曹州府粮河通判为曹单通判。

乙酉（ 六日），修直隶温榆河果渠村坝埽等工，从总督讷尔经额请。

是年，宝应县重修运河东岸孙家洞。（民国《宝应县志》卷三）

是年，高邮州南关坝下南岸，改为束水堤。（道光《续增高邮州志》第二册）

## 道光二十二年（1842）

正月丁巳（八日），浚江苏丹徒、丹阳二县运河。从巡抚程矞采请。

二月甲申（五日），修山东运河、泇河、捕河、上河、泉河五厅闸坝堤工。从河道总督朱襄请。

甲午（十五日），改江苏扬州府总捕同知为粮捕同知。通州粮河通判为运河通判。各换给关防。从前任巡抚梁章钜请。

辛丑（二十二日），修山东临清、德二州仓廒。从巡抚托浑布请。

四月丁酉（十九日），浚山东恩县四女寺支河，修坝座。从巡抚托浑布请。

七月丁未（一日），修筑山东泇河厅拦河大坝。从河道总督朱襄请。

九月辛酉（十六日），以兵部左侍郎慧成署河东河道总督。

癸丑（九日），修直隶永定河金门闸。从总督讷尔经额请。

戊午（十四日），以运道无阻，命浙江漕粮仍征本色。

十二月丙子（二日），改铸山东曹州府曹单水利通判关防。从前署巡抚麟魁请。

是年，滹沱河由赵兰庄、孔孟庄、尚村，经赵州大夫庄宁晋，至冀州邵村入滏阳河。（民国《晋县志》卷一）

## 道光二十三年（1843）

正月丁未（四日），浚江苏丹徒、丹阳二县运河。从前任巡抚程矞采请。

丙辰（十三日），修直隶通州果渠村坝埽等工。从总督讷尔经额请。

二月丙子（三日），修山东运河、泇河、上河、下河、泉河五厅闸桥埽坝等工。从河道总督慧成请。

五月癸卯（一日），修山东运河、泇河、捕河、泉河四厅土石堤工。从河道总督慧成请。

六月甲午（二十二日），筑山东泇河厅朱姬庄拦河大坝。从河道总督慧成请。

七月丁巳（十六日），修江苏铜山、萧二县天然闸下河埝。从署总督壁昌请。

庚午（二十九日），修直隶张家口石坝。从察哈尔都统铁麟请。

是月，赵家堤御河东岸决，东光县东西境皆被水。（光绪《东光县志》卷一一）

闰七月戊寅（八日），讷尔经额言，永定河北六工汛北道堤十一号漫溢。

八月癸丑（十三日），拨解东河银款五百十八万二千零四十二两，用于中河漫口堵筑、坝工挑河。

九月己卯（十日），修直隶永定河北七工遥堤，暨东光县堤工，故城县民埝。从总督讷尔经额请。

甲午（二十五日），命署漕运总督李湘棻为漕运总督。

十二月壬寅（四日），命梁宝常查明历年山东省运河冬挑奏借银两，解缴情况如何，饬该运司将未完之款，及本年奏借之款，如数清解并禀报户部。

庚申（二十二日），修直隶温榆河果渠村坝埽工程。从总督讷尔经额请。

是年秋，卫河决，元城偏灾。（同治《元城县志》卷一）

是年，重修高邮五里中坝，及南水关涵洞。（道光《续增高邮州志》第二册）

## 道光二十四年（1844）

二月乙巳（八日），修山东运河厅属师庄闸、泇河厅属彭口闸、运河西岸减水闸、捕河厅属七级下闸、上河厅属戴湾闸。从河道总督钟祥请。

四月甲辰（八日），修浚江苏海州沭河。从护总督孙善宝请。

五月丁卯（一日），浚山东四女寺支河，修筑坝座。从巡抚崇恩请。

甲戌（八日），修山东运河、泇河、捕河、上河、泉河五厅堤坝，及山河引渠。从河道总督钟祥请。

壬午（十六日），培修直隶天津、静海、青、沧、南皮、交河、东光、吴桥、景九府州县堤工，浚沧州减河，加筑海墁。从总督讷尔经额请。

十月甲寅（二十一日），添购直隶永定河备防秸料，仍增岁料运脚银。从总督讷尔经额请。

十一月丙子（十三日），浚江南丰北、萧南、铜沛三厅长河。从河道总督潘锡恩请。

戊子（二十五日），钟祥言，估挑运河淤浅工段需用土方银数，所有上捕运泇四厅，应添募夫工价器具银一万九千六百八十一两。准其动拨司库正款及东商生息项。

十二月甲辰（十一日），修直隶温榆河果渠村坝埽各工。从总督讷尔经额请。

是年，山阳县复修运河东岸兴文上闸，挑汊溪河，西接大溪河，东接横河。（同治《重修山阳县志》卷三）

## 道光二十五年（1845）

正月辛巳（十九日），浚江苏丹徒、丹阳二县运河。从巡抚孙善宝请。

二月癸丑（二十二日），修山东运河、泇河、捕河、上河、泉河五厅堤埽闸坝引渠。从河道总督钟祥等请。

五月戊辰（八日），修筑山东运河、泇河、捕河、上河、泉河五厅堤坝各工，从河道总督钟祥请。

六月庚戌（二十日），修山东汶上县马踏湖民堰。从巡抚崇恩请。

己未（二十九日），潘锡恩言，中河厅桃源汛北岸纤堤，因山泉涨发下注，平漫过水。

是日，因中河厅桃源汛北岸纤堤漫水，致萧家坝地方纤堤漫水，宿迁堤工塌陷，桃汛盛家河头口门塌陷。命筑拦河坝、挑水坝，挑挖越河。

十二月庚寅（三日），浚山东闸河淤浅工段。从河道总督钟祥请。

辛卯（四日），修山东沂沭河堤堰。从巡抚崇恩请。

丁酉（十日），修直隶果渠村坝埽等工。从总督讷尔经额请。

庚寅（十五日），浚山东闸河淤浅工程。从河道总督钟祥请。

辛卯（十六日），修山东沂沭河堤，从巡抚崇恩请。

是年，疏浚丹阳县练湖。（《清会典事例》卷九二八）

## 道光二十六年（1846）

正月戊辰（十二日），浚江苏丹徒、丹阳二县运河。从巡抚李星沅请。

二月甲午（八日），修山东运河、泇河、捕河、上河四厅堤坝闸座。从河道总督钟祥请。

四月庚子（十五日），修直隶通州运河闸座，改建石桥。从仓场侍郎德诚等请。

五月丁卯（十三日），修山东运河、泇河、捕河、泉河四厅堤坝各工。从河道总督钟祥请。

壬申（十八日），浚山东东平州淤垫河道。从巡抚崇恩请。

乙亥（二十一日），因南粮山东卫河，水势微弱，遂添雇民船三百只，分拨临清等五州县，武城、恩县、经管直隶故城县添雇六十只。

十月壬申（二十日），修河南十三厅、山东曹河曹单二厅及曹考厅曹上汛、黄河两岸堤工，并添备各厅来年防料砖石。从河道总督钟祥请。

己卯（二十七日），杨殿邦言，山东闸河淤浅，请饬及时挑挖。

十一月戊子（七日），拨银十一万两估建中河厅滚水石坝。

戊戌（十七日），修山东运河厅蜀山湖、泉河厅汶河碎石堤工、戴村坝残塌堤工。从河道总督钟祥请。

戊申（二十七日），浚山东上河、捕河、运河、泇河四厅属河道。从河道总督钟祥请。

十二月癸丑（二日），以仓场侍郎杨殿邦为漕运总督，都察院左副都御史陈孚恩为仓场侍郎。

辛未（二十日），修直隶温榆河果渠村坝埽各工。从总督讷尔经额请。

甲戌（二十三日），拨山东藩库银备冬挑运河工需。从河道总督钟祥请。

是年，开仪征县沙漫洲新河。（道光《重修仪征县志》卷六）

## 道光二十七年（1847）

正月壬寅（二十二日），浚江苏丹徒、丹阳两县运河。从署巡抚程矞采请。

二月癸丑（三日），修山东运河、泇河、捕河、上河四厅闸坝等工。从河道总督钟祥请。

四月壬申（二十四日），修山东运河、泇河、上河、下河、泉河五厅湖河堤坝各工。从河道总督钟祥请。

七月己丑（十二日），添拨东河两岸十三厅防险银二十五万两。从河道总督钟祥请。

戊戌（二十一日），修筑山东济宁、东平、汶上、邹、宁阳五州县并济宁卫湖河堤堰。从巡抚崇恩请。

九月壬辰（十六日），添补直隶永定河预防秸料，并加增运脚银。从总督讷尔经额请。

十二月辛亥（六日），修浚直隶温榆河果渠村坝埽各工。从总督讷尔经额请。

丙辰（十一日），钟祥言，估挑上、捕、运、迦四厅运河淤浅工段。

是年，堵筑济宁东平等处冲决民堰，加高培厚。（《清会典事例》卷九二六）

是年，重建清河县中河北岸双孔石闸。（咸丰《清河县志》卷六）

## 道光二十八年（1848）

正月甲申（九日），修江苏沛县民埝埽坝各工。从总督李星沅请。

丁酉（二十二日），以山东临清州运河漳神灵应，命漕运总督杨殿邦修葺庙宇，颁御书匾额，曰“功资济运”。

甲辰（二十九日），修山东运河等厅堤闸各工。从河道总督钟祥请。

六月庚申（十八日），修山东泇河拦河坝。从河道总督钟祥请。

八月丁未（六日），江南河道总督潘锡恩言，洪泽湖水势渐消，高宝湖积涨更甚，东堤危险，现在尽力抢护。

十月丁未（七日），添购直隶永定河备防秸料，仍增岁料运脚银。从总督讷尔经额请。

十二月丁未（七日），浚山东上河等四厅属运河。从河道总督钟祥等请。

壬戌（二十二日），贷山东汶上、东阿二县修民埝银。

是年，密云县大水，导致石子坝坍塌。（民国《密云县志》卷一）

是年，江防扬运两厅，并归一厅，改为江运同知。（同治《续纂扬州府志》卷二）

## 道光二十九年（1849）

正月戊寅（九日），浚直隶温榆河，修果渠村坝埽各工。从总督讷尔经额请。

癸巳（二十四日），浚江苏丹徒、丹阳二县运河。从巡抚陆建瀛请。

二月戊辰（二十九日），耆英请于运河厅官内酌裁泉河通判一员。

三月戊寅（十日），修山东运河等厅堤闸各工。从河道总督钟祥请。

乙未（二十七日），裁山东泉河通判一员、河南归河通判一员、守备一员。从河道总督钟祥等请。

四月乙卯（十七日），修山东济宁等州县卫民埝。从巡抚徐泽醇请。

六月丁丑（十一日），修山东四女寺支河坝工。从巡抚徐泽醇请。

七月辛丑（六日），裁江南扬州府扬运通判、丹阳县县丞、灵璧县主簿、铜山县吕梁洪巡检四缺。改扬州府江防同知为江运同知。从总督陆建瀛等请。

壬子（十七日），修山东运河、泇河、捕河、上河、下河、泉河各厅属堤坝坦埽、减闸引渠等工。从署河道总督颜以燠请。

十月丁卯（三日），添备直隶永定河岁修秸料银两。从总督讷尔经额请。

是年，山阳县运河东岸，拆修二浅头洞石洞一座，修理三浅三洞石洞一座，拆修三浅四洞石洞一座。（同治《重修山阳县志》卷三）

## 道光三十年（1850）

正月辛丑（八日），修直隶温榆河上游果渠村坝埽等工。从总督讷尔经额请。

二月丙寅（三日），浚江苏丹徒、丹阳二县运河，从巡抚傅绳勋请。

甲申（二十一日），修山东运河、泇河、捕河、上河四厅堤闸各工。从河道总督颜以燠请。

四月丙寅（四日），陆建瀛、杨以增言，通筹河湖大局，酌请次第办理添塘避闸、王营减坝等工。

丙戌（二十四日），颜以燠言，山东运河挑工完工。

五月戊戌（七日），修山东运河、泇河、捕河、上河四厅堤坝闸座等工。从河东河道总督颜以燠请。

己亥（八日），户部议准漕运总督杨殿邦、浙江巡抚吴文镕疏请酒裁湖属疲帮漕船二十只。从之。

癸丑（二十二日），颜以燠言，寨子民堰添建滚坝，挑挖十字河引渠，请建滚水石坝工程。

六月辛酉（一日），杨殿邦言，淮扬运河水浅，筹催漕船。

癸亥（三日），讷尔经额言，永定河北七工堤埝漫口。

七月癸卯（十三日），陆建瀛、杨以增言，淮扬运河水势有盈无绌，无庸议挑。

八月乙酉（二十五日），陈庆偕言，本年漕船行至东省较晚，卫河水势愈弱，预筹剥运事宜。

九月壬辰（四日），修江苏铜山、萧二县闸堰各工。从总督陆建瀛请。

癸巳（五日），陆建瀛、杨以增言，洪泽湖猝遭风暴，抢办各工平稳，已将信坝赔堵稳固，智、林两坝护埽亦均修补完整。

戊午（三十日），饬催促漕船赶紧回空，有漕省份严饬提催。

十月癸酉（十五日），贷山东汶、卫两河修堰银。

丙子（十八日），添备直隶永定河工秸料二百四十万束，并酌增运脚银。从总督讷尔经额请。

十一月壬辰（四日），命陆建瀛、杨以增查勘惠济、通济、福兴三闸是否上下水仍前平流，可否节省漕费为办理添塘工用，其三闸果否可废。

辛亥（二十三日），江南河道总督杨以增言，洪泽湖修补石工完整。

壬子（二十四日），河东河道总督颜以燠言，遵查十字河情形，确切履勘。

十二月辛未（十四日），有民于莲花淀下游垦地，违禁擅筑私堤，挖横沟逼水倒灌，使引河受淤，上游多水患，致冲开漕河西岸。

癸酉（十六日），山东十字河运道疏浚深通工程竣工。

是年，山阳县运河东岸，拆修头浅三洞石洞一座，修理三浅二洞石洞一座，挑浚南溪河。（同治《重修山阳县志》卷三）

## 咸丰朝（1851 ～ 1861）

### 咸丰元年（1851）

二月乙亥（十八日），颜以燠言，遵查十字河西堤改挖新河，窒碍难行。

三月壬寅（十五日），江南河道总督杨以增、河东河道总督颜以燠言，寨子民堰添建滚坝，请从缓办理。囊沙引渠，沙坝改为减闸，请毋庸议。十字河喷沙，每岁挑挖深通，随时妥办。

四月庚辰（二十四日），河东河道总督颜以燠言，山东省运河挑工普律完竣，南粮重运首帮已入山东境。

五月丁酉（十一日），修山东运河、泇河二厅堤坝。从河道总督颜以燠请。

戊戌（十二日），修南河江防厅属防风埽工。从河道总督杨以增请。

七月甲午（十日），两江总督陆建瀛、江南河道总督杨以增言，节交大暑，河湖并涨，启放坝河，修防平稳。

闰八月庚子（十七日），永定河秋汛安澜。

丙午（二十三日），陆建瀛言，六闸漫工已于本月初四堵合。

九月丙子（二十四日），河东河道总督颜以燠言，亲勘运河各厅漫水，筹办回空军船。

是日，修山东泇河、运河二厅石埽各工。从河东河道总督颜以燠请。

是年，山阳县运河东岸，拆修头浅五洞石洞一座，头浅六洞石洞一座，二浅五洞石洞一座。（同治《重修山阳县志》卷三）

## 咸丰二年（1852）

二月丁酉（十六日），河东河道总督颜以燠言，运河北路挑工克期可竣，并周查各厅工料，预筹修守。

三月癸亥（十三日），浚江苏苏州白茆河，修建石闸。从巡抚杨文定请。

戊寅（二十八日），浚江苏淮扬运河。从漕运总督杨殿邦请。

四月乙酉（五日），朱嶟言，请饬催河运漕粮。

乙未（十五日），修山东运河、捕河、上河三厅堤坝土石各工。从河道总督颜以燠请。

五月壬戌（十二日），陆建瀛言，筹办江境运道，将邳宿一带运河坝闸展拓，加培运河纤堤。

六月戊戌（十九日），河东河道总督颜以燠言，黄运河湖水势加长，设法催趱漕运。

是月，吴桥县安陵南观音堂御河西岸决。（光绪《东光县志》卷一一）

七月己巳（二十一日），命江南赈米在于湖南及江西尾帮截留，山东赈米在于江西最后各帮截留。

八月乙未（十七日），讷尔经额言，永定河秋汛安澜。

九月丁丑（三十日），命预筹剥运浙江嘉、杭等帮米石。

十一月戊申（二日），拨江南漕标左营都司、守备、千总各一员，把总三员，外委四员，额外外委三员，兵丁二百六十四名移驻邳州。并将原隶河标右营之邳汛千总、把总、外委各一员，额外外委三员，兵丁九十三名一并划归该营作为邳州营，归徐州镇统辖。从两江总督陆建瀛请。

丁卯（二十一日），临清州闸外河神显应，重运漕船得以全数出闸，加封号建立金龙四大王暨漳神祠庙。

甲戌（二十八日），慧成言，帮船进闸有碍挑工，恐误重运。

是年，峄县挑浚伊河。（光绪《峄县志》卷一二）

是年，山阳县运河东岸，拆造头浅头洞石洞一座，头浅二洞石洞一座，拆修二浅二洞石洞一座。（同治《重修山阳县志》卷三）

## 咸丰三年（1853）

二月己丑（十四日），修山东运河、捕河、上河、下河四厅堤坝闸座各工。从河东河道总督福济请。

丁酉（二十二日），建立江南丰北工次河神庙。从江南河道总督杨以增请。

三月乙巳（一日），饬迅速缉捕山东兖、沂、曹各属捻军。

辛未（二十七日），以河东河道总督福济为漕运总督。

五月戊午（十四日），实授长臻河东河道总督。

六月辛卯（十八日），讷尔经额言，永定河水势陡长，蛰堤漫溢，致塌宽三十七丈。

九月己酉（七日），谕署山东巡抚崇恩，逆匪东窜，因山东与直隶毗连，遂必须严密设防，于临清、德州一带运河水路严格控制。

壬子（十日），命于卫河所有沿河要隘严密堵御。

十二月丁酉（二十七日），以江南河道总督杨以增兼署漕运总督。

是年，通州运河决东岸北寺庄，东趋溷河，直隶总督请修复。（光绪《顺天府志·河渠志十一》）

## 咸丰四年（1854）

三月丁巳（十八日），全庆、朱嶟言，北运河上游北寺庄地方堤工缺口，请饬筹办。

五月戊申（十日），直隶总督桂良言，永定河堤工合龙。

六月壬辰（二十五日），修山东运河、泇河、捕河、上河四厅堤工。从河东河道总督长臻请。

甲午（二十七日），以直隶永定河道吴廷栋为按察使。

闰七月丁丑（十日），补铸山东寿张、阳谷二汛主簿条记。从河东河道总督长臻请。

是年，废扬州运河壁虎三桥，改为草坝。（《再续行水金鉴》运河卷三引《督办江苏运河工程局季刊》）

## 咸丰五年（1855）

三月甲子（二日），直隶总督桂良言，永定河凌汛安澜。

八月壬辰（二日），崇恩言，黄水于铜瓦厢漫溢，注入山东省，穿运河入大清河入海，山东省菏泽、濮州以下，寿张、东阿以上尽被淹没。

是年，大名、元城派夫役挑挖三里引河。（同治《元城县志》卷一）

是年，高邮州运河东岸，修理庆丰涵洞。（光绪《再续高邮州志》卷二）

## 咸丰六年（1856）

三月丙寅（九日），因农民起义军袭扰运河两岸，命崇恩挑选精壮兵丁一千名驰赴清江，听候邵灿调遣。

四月己丑（三日），李钧言，山东省运河北路上年漫塌各口，亟应拨款堵筑。拨所估工需银八千二百余两。

六月辛亥（二十六日），桂良言，永定河正堤漫溢四十余丈。

七月戊午（三日），桂良言，永定河北岸漫溢，北四上汛、北三工堤工冲缺二十余丈，驰往勘办。

辛酉（六日），桂良言，勘明永定河漫口情形，现筹堵筑。

癸亥（八日），张家口石坝被水冲塌。

八月壬辰（十八日），命赶紧堵筑永定河南北两岸漫口，赈济受灾民众。

丙午（二十二日），李钧、崇恩言，勘明微山湖新淤尺寸，请加收湖水。准其酌量加收湖水一尺。

十月乙未（十一日），永定河漫口合龙。

## 咸丰七年（1857）

五月乙丑（十五日），有人言，淮扬各属下河水利，请饬将运河各闸坝相时启闭。命何桂清、庚长酌量办理。

闰五月壬辰（十二日），修浚直隶通州温榆河果渠村坝埽等工。从署总督谭廷襄请。

八月庚申（十二日），拨宝钞六十万，串修补洪泽湖及南北运河各工。从江南河道总督庚长请。

是年，山阳、宝应两县民挑挖南溪河。（同治《重修山阳县志》卷三）

是年，修理高邮州南关坝耳闸，拆修头闸。（光绪《再续高邮州志》卷二）

是年，重修武进县天禧闸。（光绪《武进阳湖县志》卷三）

## 咸丰八年（1858）

四月癸亥（十八日），谭廷襄言，夷船窥伺北河，行至北河王家庄因水浅退回。

乙丑（二十日），于运河两岸节节设防，堵截夷船。

丙寅（二十一日），僧格林沁、瑞麟言，遵覆运河水陆设备情形。

己巳（二十四日），僧格林沁言，筹防陆路及运河宣泄。

七月壬午（九日），饬藩运二司将挑河例价津贴银两赶紧筹备支发，用于挑挖河身，使一律深通。

是年，高邮州修运河东岸界首小闸。（光绪《再续高邮州志》卷二）

是年，重修武进县奔牛闸。（光绪《武进阳湖县志》卷三）

是年，江阴县知县何焕祖重浚运河。（光绪《江阴县志》卷二）

## 咸丰九年（1859）

三月辛卯（二十一日），以刑部右侍郎黄赞汤为河东河道总督。

壬辰（二十二日），以河南巡抚瑛棨暂署河东河道总督。

丙申（二十六日），刘昆、崇纶言，通惠河水势微弱，请饬筹放济运。

四月丙午（六日），庚长言，南北运河来源告竭，请饬山东迅即开坝。

六月壬戌（二十四日），微山湖存水微弱，且江境河源告竭，不能启坝宣济。

七月丁丑（九日），永定河水漫溢，北三工十二号堤埝漫塌四十余丈。

十月乙卯（十九日），实授袁甲三漕运总督。

是年，高邮州运河东岸修八里铺涵洞。（光绪《再续高邮州志》卷二）

## 咸丰十年（1860）

三月庚寅（二十六日），湖广道御史薛书堂言，南河自黄水改道后下游已成平陆，且河运未复，请将南河河督及各厅员裁撤。

闰三月戊午（二十四日），工部请饬催直隶省岁报河道钱粮，南运河岁抢修工程。

壬戌（二十八日），以江宁布政使王梦龄署漕运总督。

五月己亥（六日），以署漕运总督王梦龄兼署江南河道总督。

六月庚辰（十八日），裁撤江南河道总督，裁撤淮扬、淮海道。

七月丙辰（二十四日），王梦龄言，南河高宝等处因上游山泉涨发，湖河涨漫，已将高邮车逻坝南关新坝启放。

### 咸丰十一年（1861）

二月乙丑（七日），直隶大顺、广道请饬直豫晋三省各协助拨银二三千两，用于专办防河筹办练勇。从之。

是月，署直隶总督文煜言，永定河凌汛安澜。

是月，王梦龄言，江苏江运小六堡堤工合龙。

九月乙未（初十日），黄赞汤言，估修山东省运、泇、捕、上、下五厅湖河堤工埽坝。（《再续行水金鉴》运河卷三引《东河奏稿》）

## 同治朝（1862 ～ 1874）

### 同治元年（1862）

闰八月癸未（三日），黄赞汤言，山东省运、泇、捕、上四厅湖河堤坝及引渠应择要估修挑挖。（《再续行水金鉴》运河卷三引《东河奏稿》）

辛丑（二十一日），工部言，暂停山东省运河堤工加倍五寸土方，以节省经费。

是年，高邮州修运河东岸看花涵洞。（《再续行水金鉴》运河卷三、光绪《再续高邮州志》卷二）

### 同治二年（1863）

正月己未（十二日），所有山东所属曹河、曹单二厅归山东巡抚酌量办理，裁撤其河南所属兰仪、仪睢、睢宁、商虞、曹考五厅。

## 同治三年（1864）

四月庚寅（二十日），御史富稼言，运河一带两岸住户多于院落开掘地窖，藏窃铜米。

七月庚戌（十二日），以直隶布政使郑敦谨为河东河道总督。

十二月庚辰（十三日），吴棠言，拟办河运。

是年夏，元城县漳、卫溢。（同治《元城县志》卷一）

是年，山阳县运河东岸水利闸旁新造石耳洞一座，泾河闸建石耳洞一座。（光绪《淮安府志》卷六）

是年，高邮州修运河东岸头闸。（光绪《再续高邮州志》卷二）

## 同治四年（1865）

正月丁酉（一日），漕运总督吴棠言，遵议筹办河运漕米章程十条。

四月癸巳（九日），郑敦谨言，戴村坝工被匪拆毁，请展缓兴修。

九月甲子（二日），漕运总督吴棠言，本年试办河运米三万六百石河运到通，全数收竣，饬漕运总督来年酌量起运。

丙子（十四日），署河东河道总督张之万奏报，秋汛安澜。实授河东河道总督。

丁丑（十五日），吴棠言，扬河等工霜汛安澜。

十二月戊戌（七日），命河东河道总督裁撤所辖各厅员内年力衰颓之员。

## 同治五年（1866）

二月乙未（五日），李鸿章、吴棠言，理漕须先理河，请饬择要浚筑山东省河道。

是日，漕运总督吴棠言，河工官员半系莅任未久，请将大计展至下届办理。从之。

三月庚申（一日），李鸿章、吴棠言，江北新漕遵办河运，将现办章程开单呈览。

戊子（二十九日），补铸江苏淮安府里河、徐州府运河各同知关防。从漕运总督吴棠请。

四月庚寅（二日），阎敬铭言，捻军叠扑运河，分股南行。

六月甲寅（二十七日），漕运总督吴棠言，河湖水涨工险，现饬道厅分别宣泄抢护，酌启坝座以资宣泄而卫堤工。

九月癸亥（七日），李鸿章、吴棠言勘估清水潭迤下漫工，请饬调大员督办。命两淮盐运使丁日昌就近督工。

辛巳（二十五日），阎敬铭言，捻军由豫突至东境，攻扑运河，现仍盘踞河西。

十二月己酉（二十四日），江苏清水潭坝工合龙。

是年，通州修里河闸坝，浚榆河。（光绪《顺天府志·河渠十》）

是年，两江总督李鸿章修徐州荆山口石桥。（民国《铜山县志》卷一二）

## 同治六年（1867）

二月己巳（二十一日），直隶总督刘长佑言，请借款抢修开州金堤。

四月甲申（一日），苏廷魁言，铜铅船只改由河运，请饬山东省迅拨运河挑工另案工程经费。拨另案银五万两，挑工银三万两。

五月丁卯（十五日），丁宝桢言，捻军进入东境至曹州及郓巨境内，志在抢渡运河。命刘长佑、丁宝桢、李鹤年各饬水陆文武严密巡防，力筹防剿。

己巳（十七日），丁宝桢言，捻军袭扰运河，现由汶上进剿。

丙子（二十四日），署河东河道总督苏廷魁言，滕、峄二汛河道应挑工段，请缓至冬令再行挑办。

戊寅（二十七日），张之万言，捻军抢渡运河直趋东南，清淮吃紧，应扼要严防。

七月庚午（十九日），刘长佑言，永定河水漫溢。

十二月，修戴村石坝。（民国《济宁直隶州续志》卷一）

是年，修筑淮扬两属运堤。（《清会典事例》卷九二八）

是年，高邮州运河东岸二闸改闸为洞。（光绪《再续高邮州志》卷二）

## 同治七年（1868）

三月丁丑（二十九日），以神灵助顺，加江苏宿迁县金龙四大王封号，曰“襄猷”，河南封丘县黎河神封号，曰“孚惠”，陈留县朱大王封号曰“护国”，山东汶上县永济神封号曰“显应”。

戊寅（三十日），捻军由直豫边境入山东，抢渡运河，在运河沿线一带袭扰。

四月戊子（十日），崇厚言，拟就运河筑围，严防海河。

甲午（十六日），官文言，永定河南四工河口漫溢。

庚子（二十二日），英翰言，捻军进至禹城、高唐等处，被黄运两河阻拦，拟驰赴临清布置，请饬天津拨给米石。命会同李鸿章、左宗棠、丁宝桢妥筹商办。

癸卯（二十五日），沧州捷地减河已经开通，但下游淤浅处较多，命崇厚设法疏浚。

五月辛丑（二十五日），山东巡抚丁宝桢言，捻军东行，现饬高唐等县速修马颊河堤墙。

九月丙申（二十二日），曾国藩言，荥工漫水进入洪泽湖，会筹堵筑。

十月戊午（十五日），侍郎胡家玉请浚黄河故道，由云梯关入海，以利漕运。

十二月丙寅（二十三日），苏廷魁言，运河五厅己巳年另案工程，援案请拨银两，以便占办。照所请办。

是年，河决红川口，运道淤塞.

是年，修子牙河东堤至小河村，西堤至王家口。（光绪《大城县志》卷一）

是年，德州北境老虎仓决口，淹灌直隶吴桥、东光、南皮、盐山诸县。（《皇朝经世文续编》卷九三）

是年，扬州干旱，在火姚闸南运河中，挑扛裹头，蓄水灌溉。（民国《三续高邮州志·河渠志》）

是年，修甘泉县运河堤。（光绪《增修甘泉县志》卷三）

## 同治八年（1869）

七月甲戌（四日），曾国藩言，永定河漫口未能合龙。

八月乙丑（二十六日），将运河各工择要兴修并筑坝逼溜，以免冲刷而济运行。

九月壬辰（二十四日），曾国藩言，核明永定河工程，亟应筹款疏浚下口中洪。

十二月丁巳（二十日），丁宝桢言，为筹办河运，估挑张秋南北淤垫运河。（《丁文诚公奏稿》卷七）

是年，堵筑赵扶村决口。（光绪《大城县志》卷一）

是年，宝应县运河东岸建八浅木洞。（民国《宝应县志》卷三）

## 同治九年（1870）

二月己未（二十三日），苏廷魁请拨庚午年运河另案工需银两。

九月丁亥（二十四日），英元、乔松年言，通州修筑里河闸坝及挑浚温榆河等工完工。

十月辛丑（九日），丁宝桢言，漕船行抵张秋南八里庙阻浅，拟改由陆路设法挽运。

壬寅（十日），河东河道总督苏廷魁言，江北漕米现拟改由陆运，改由陆路运至临清。

是年，扬州干旱，在火姚闸南运河中挑扛裹头，蓄水灌溉。（民国《三续高邮州

志·河渠志》）

## 同治十年（1871）

正月己酉（十九日），曾国藩言，河运艰难，应设法预筹。命丁宝桢督率沿河各州县实力修浚，次第兴工。

庚申（三十日），将沮河头车家楼民埝堵塞，添筑拦坝圈堤；将郓城属之七里铺民圩堤埝加筑坚厚，添镶护埽；八里河临河民埝及王家垓两处，分别添筑内堤大坝。

三月丙申（六日），漕运总督张兆栋言，运河淤垫处多，现筹兴挑并于宿运两汛各筑束水坝一道，邳汛筑挑水坝三道，择要酌修黄林庄以下石闸。

八月庚辰（二十二日），以仓场侍郎乔松年为河东河道总督。

九月癸巳（六日），由部库借拨银十万两，用于永定河漫口工需。

丙申（九日），苏廷魁言，黄水由王家桥地方泛入牛头河，冲开芒生闸月坝，黄水从南旺湖西北两岸旱石桥赵家口等处入湖窜运。

九月丁未（二十日），苏廷魁言，黄水由侯家林将民埝冲成缺口，灌运入湖，请赶堵侯家林缺口，并改筑官堤。照所请。

十二月甲戌（十九日），文彬言，遵旨赶紧筹堵侯家林决口。

是年，浚扬州六闸至泰州界运盐河。（《淮系年表》一四）

是年，江阴县知县周鼎浚夏港。（光绪《江阴县志》卷二）

## 同治十一年（1872）

正月己丑（四日），乔松年言，运道关系甚重，运河五厅堤工埽坝、纤道引渠，亟应预筹修守，请拨壬申年运河道属运、泇、捕、上、下五厅另案银五万两。

二月丙寅（十二日），以山东布政使文彬署漕运总督。

是月，丁宝桢言，侯家林决口合龙。

七月丙戌（四日），以漕运总督张树声署江苏巡抚。山东布政使文彬仍署漕运总督。

九月丁亥（六日），乔松年言，山东境内黄水泛滥，运河淤塞，拟先堵霍家桥等口，并于南北两岸修筑长堤，黄水全趋张秋，借以济运。挑浚张秋迤北迤南积淤之处，修建闸坝，以济漕行。

戊子（七日），何璟言江北河运漕船全抵临清，请饬筑坝以备回空。

十一月乙巳（二十四日），乔松年言，查勘运道堤岸，请筹款办理各厅另案工程，筹办上年侯家林决口冲没堤埽纤道等工。

十二月戊辰（十九日），吏部议覆河东河道总督乔松年言，江苏沛县管河主簿一缺，先经归入裁汰干河河员案内一并裁撤系属错误，请免裁汰，以资办公，应如新请办理。从之。

是年，沧州知州项桂轮承修捷地减水河。（《再续行水金鉴》运河卷三引《沧县志》）

是年春，元城县修三里桥至红花堤东面堤工，告竣。（同治《元城县志》卷一）

是年，沭阳县知县万叶封重修前沭河南堤，自龙王庙至十字河。（民国《重修沭阳县志》卷二）

是年，山阳县大修运河东岸阎宅石洞。（宣统《续纂山阳县志》卷三）

## 同治十二年（1873）

正月丙戌（六日），以漕运总督张树声为江苏巡抚，山东布政使文彬为漕运总督。

七月戊辰（二十日），户部言，请饬江广各督抚酌提本色，运沪解津其江北新漕，应令仍办河运。从之。

九月乙亥（三十日），直隶永定河漫口合龙。

十一月庚午（二十五日），李宗羲言，本年江北漕粮仍办河运，东境河道由戴家庙、马家口一带及张秋至临清等处淤塞，菏泽临濮果汛各口民堰冲缺，亟应分别疏浚堵合。

癸酉（二十八日），拨山东司库银六万两解交运河道以备工需。

十二月乙酉（十一日），李宗羲、文彬言，暂停堰盱石工，筹修惠济正闸，请饬湖北等省迅解协饷。

是年，宝应县运河东岸建黄浦闸耳洞。（民国《宝应县志》卷三）

是年，浚通州各场盐河。（《再续行水金鉴》运河卷三引《通州直隶州志》）

## 同治十三年（1874）

正月甲子（二十日），恩锡言，将闸坝各工择要修筑。

四月丙申（二十四日），移直隶任丘东汛管河县丞由鄚州镇改驻苟各庄。从总督李鸿章请。

六月乙酉（十四日），以河运漕船迅速，颁山东张秋镇金龙四大王庙御书匾额，曰“神功济运”。侯家林金龙四大王庙御书匾额，曰“施洽群有”。

十一月乙丑（二十六日），给事中郭从矩言，本年黄河溜势南趋，由东境下注江境，运河为黄水所侵，请饬将江北徐淮扬等属运道堤工履勘核实兴修。

十二月甲戌（五日），两江总督李宗羲言，淮扬水势甚大，运道艰阻，拟将来年江北漕米改办海运一次。从之。

戊戌（二十九日），山东巡抚丁宝桢勘估北路运河淤浅，筹款挑挖，以备来年运漕。

是年，疏浚清河、安东二县境包家、民便、便民、一帆等河，及清、桃界沟等处要工。（《清会典事例》卷九二八）

是年，浚兴化之大团闸河，丁溪场之古河口小海三河。（《再续行水金鉴》运河卷三，《清史稿·河渠志四》）

## 光绪朝（1875～1908）

### 光绪元年（1875）

正月辛亥（十三日），署理漕运总督恩锡言，徐海被水，灾民南下。与督臣李宗羲在清江运河南北两岸，及清江赈济，待春暖后遣回原籍。

甲子（二十六日），山东巡抚丁宝桢言，坝工现办情形。

四月辛巳（十五日），御史刘瑞祺请饬筹修运河复行河运。命直隶总督、两江总督、河东河道总督，体察全河情形。

甲申（十八日），丁宝桢奏言现办堤坝两工情形，请设立厅汛。著该部会同河东道总督。

是日，山东巡抚丁宝桢言，贾庄堵筑工费，请免造册报销。著开单具奏，免其造册报销。

七月庚子（六日），李鸿章言永定河南二工漫口，在工各员，分别参办，并自请议处。

八月己丑（二十五日），以疏浚文安、霸州、保定河道，予直隶知府史克宽俟得缺后以道员用。

十月辛未（八日），以永定河漫口合龙出力，予直隶道员周馥优叙，开复已革永定河道李朝仪、署南岸同知吴廷斌原官，赏知县王家瑞、千总刘济堂花翎，县丞李骏声等蓝翎，知州唐成棣三品封典。

辛巳（十八日），以伏汛安澜，命漕运总督文彬虔诣河神庙祀谢。

十一月壬子（十九日），曾国荃请拨运河各厅另案工程银两。命丁宝桢饬令藩司筹拨丙子年运河另案工需银六万两。

十二月甲子（一日），河东河道总督曾国荃奏，查勘铜瓦厢以下直东豫三省黄河，言应修补南岸长堤。

壬申（九日），山东巡抚丁宝桢言，漕豆漕麦，请改征粟米。

己丑（二十六日），沈葆桢言，本年江北漕粮，仍办河运。请饬将淤塞各处认真挑浚。照所请。

是年，修筑邳宿等处土埽要工。（《清会典事例》卷九二八）

是年，修甘泉县运河东堤埽工。（光绪《增修甘泉县志》卷三）

## 光绪二年（1876）

三月丁未（十五日），湖南巡抚王文韶言，湘省漕粮碍难征运本色。

癸丑（二十一日），漕运总督文彬言，浙江荒歉，所有漕项钱粮，请展限三月造报。允行。

辛酉（二十九日），大学士直隶总督李鸿章奏言，永定河凌汛安澜，抢护平稳。

八月庚午（六日），御史邓庆麟言，三河、宝坻等县境内蓟运河河堤被挖，请饬查办。命万青藜、张沄卿派员查勘。

九月丁卯（十日），山东巡抚丁宝桢奏，海运漕船，在洋遭风沉溺，请免赔补。允之。

辛未（十四日），在河南省城建河神栗大王庙，颁匾额，曰“金堤保障”。

是日，河庆安澜，命河东河道总督曾国荃虔诣河神庙祀谢。

丙子（十九日），以河庆安澜，颁贾庄河神庙匾额，曰“安流利济”。命交山东巡抚丁宝桢虔诣祀谢。

丙戌（三十日），两江总督沈葆桢言，借黄济运，运输漕粮耗费太大，拟请暂行海运。

十二月丙午（二十日），责成徐海道、吴世熊办理邳宿运河工程。

戊申（二十二日），沈葆桢言，冬漕仍办河运，请饬修浚山东省河道。照所请。

是年，泗河自张家湾至泗河口二十余里，新河及白马河入湖十余里，一律挑挖深通。（《清会典事例》卷九二六）

是年，武进知县王其淦浚孟渎南沟河。（光绪《武进阳湖县志》卷三）

## 光绪三年（1877）

二月庚寅（四日），以江北堵筑礼河越坝，颁江苏两淮淮渎神庙匾额，曰：保障全淮，加封号曰“灵应”，颁栗大王庙扁额曰“神功显佑”，加封号曰“显佑”。

甲午（八日），署山东巡抚李元华言，山东省运河淤浅，已督饬深挑。

三月乙酉（二十九日），河东河道总督李鹤年请拨款兴挑十字河。从之。

十月丁未（二十六日），以河汛安澜，命漕运总督文彬虔诣河神庙祀谢。

戊申（二十七日），沈葆桢言，运船回空受阻于张秋，请将本年江北冬漕暂行海运。照所请。

十一月乙卯（四日），李鹤年言，山东滕汛十字河淤塞已久，拟另开新河，请饬拨工需银两九万两。照所请。

庚午（十九日），阎敬铭、曾国荃言，筹转运漕粮平粜经费，并筹办速运东漕。

十二月丁未（二十七日），李鹤年请拨运河各厅另案工程银两，从之。

是年，疏浚山东省济宁汛长河十三段，计长五千八百六十丈。（《清会典事例》卷九一四）

是年，修筑黄林庄以下二十里的河清闸。（《清会典事例》卷九二七）

是年，山阳县运河东岸拆修兴文上闸闸洞。（宣统《续纂山阳县志》卷三）

## 光绪四年（1878）

正月丁丑（二十七日），据奏报，山东沿河濮、范、寿张等州县近年修筑堤工，所占出亩本已蠲免，但寿张县知县纵容书役仍然按亩加倍征收。命查明具奏。

己卯（二十九日），河东河道总督兼署河南巡抚李鹤年言，光绪三年山东另案择要估办运河厅属各处河工。

二月戊申（二十八日），两江总督沈葆桢奏，江北漕粮改行海运章程。

五月丁丑（二十八日），沈葆桢言，洪泽湖水、江水同时并涨，运堤吃重。

八月己卯（二日），李鸿章言，永定河北六工漫口。命其督饬赶紧堵筑。

十月庚子（二十四日），桂清、毕道远言，北运河上游水势泛滥，运道淤垫。请派员查勘，筑坝束水。派广筹、贺寿慈前往详细查勘。

十一月丙午（一日），山东巡抚文格言，修理临清州卫河西岸砖坝，大营尖庄卫河北岸堤工。

十二月甲午（十九日），文彬言，宝应至清江兴办要工，请饬山东拨银两。命文格拨银五万两。

是日，文彬言，筹复河运，请饬江安粮道移扎江北。不允。

己亥（二十四日），山东巡抚文格言，筹款挑挖北路运河，以备来年漕运。照所请。

庚子（二十五日），李鹤年奏请拨运河各厅另案工程银两。照所请。

是年，故城县郑家口河决。（光绪《续修故城县志》卷二）

是年，拆除瓜洲运口头闸。（民国《江都县续志》卷三）

## 光绪五年（1879）

五月丁亥（十四日），山东巡抚周恒祺奏，挑修北路运河情形。

六月甲子（二十二日），以河神显应，颁山东张秋镇金龙四大王庙匾额。

八月癸亥（二十二日），以山东布政使薛允升署漕运总督。

十月乙丑（二十五日），委派候补道吴炳权，勘明修建东平州戴村各坝，计三合土坝、玲珑坝、乱石坝、滚水坝各一座。

戊辰（二十八日），御史叶荫昉言，直隶安平、饶阳一带滹沱河水道淤垫，请饬将河道量为开拓，两岸堤身加高培厚。

十二月戊辰（二十九日），吴元炳言，本年江北冬漕遵办河运。命李鹤年、周恒祺督办十字河、张秋运口、八里庙、荆门、七级等处河道挑挖工程。

是年，高邮州运河东岸修庆丰涵洞，修通湖闸琵琶闸，修车逻、八里铺涵洞。（光绪《再续高邮州志》卷二）

是年，疏浚仪征县河道。（《清会典事例》卷九八）

## 光绪六年（1880）

二月丙寅（二十八日），文彬言，筹议导卫济运，直达张秋，可减临清水患。

十一月戊辰（十四日），李鹤年言，十字河上游泥沙淤积，须随时挑挖，遂改挑滕汛十字河，请按年拨银。

十二月辛酉（二十八日），刘坤一言，本年冬漕遵办河运，因新挑十字河又有淤垫，且张秋、荆门、七级等处皆淤，请饬赶紧疏浚，并将戴村坝修筑坚固。从之。

## 光绪七年（1881）

正月癸酉（十日），河东河道总督李鹤年言，光绪六年，冬估挑捕运泇三厅属各汛塘长河淤浅工程，需银二万六千七百两。另案估办运河厅、泇河厅、捕河厅、上河厅、下河厅、泉河厅各属工程，需银五万九千七百两。

乙酉（二十二日），直隶总督李鸿章言，挑挖大清河二十八里，自文安县左各庄至台头。另辟滹沱减河三十三里，从献县朱家口至野厂转北入子牙河。

十月乙酉（二十六日），以讲求运务，赏运河道穆特布正二品封典。

丙戌（二十七日），全漕告竣。

十一月壬辰（四日），恭亲王奕䜣、醇亲王奕譞言察看永定河工作皆按步进行。

丙申（八日），山东巡抚任道镕言，本年豆收麦收浅薄，请将各属应征漕豆漕麦改征粟米兑运。允之。

十二月己卯（二十一日），刘坤一言，本年冬漕遵办河运，十字河、陶城埠均需挑浚，请饬疏浚河道。照所请。

是冬，挑捞山东运河。（《再续行水金鉴》运河卷四引《运河道册》）

## 光绪八年（1882）

正月辛卯（四日），梅启照请拨运河另案工程银两。

乙未（八日），以挑浚镇江城外运河出力，开复新湘营统领何明亮翎顶。

庚戌（二十三日），筹办滹沱新河并子牙河堤工程。得旨。

是日，东淀河道年久淤，勘筹开挖。

十二月戊寅（二十六日），左宗棠言，本年冬漕遵办河运，请饬疏浚十字河、七级、陶城埠河道。命梅启照、陈士杰、任道镕赶紧挑挖。

庚辰（二十八日），梅启照言，应修河道堤闸等工，请拨运河另案工需银两。

是年，江都县重修运河东岸扬子桥石闸。（民国《续修江都县志》卷三）

## 光绪九年（1883）

二月庚辰（二十九日），调漕运总督庆裕为河东河道总督，甘肃布政使杨昌浚为漕运总督。

七月，扬河开坝。（《再续行水金鉴》运河卷四引《申报》）

八月甲戌（九日），漕运总督杨昌浚言，江北运河上游漫水。

十月癸酉（二十六日），直隶永定河漫口合龙。

十二月戊辰（二十二日），庆裕请拨运河另案工需银两。

是年，移建中河北岸盐河头双金闸。（民国《续纂清河县志》卷三）

是年，疏浚里下河。（《清会典事例》卷九二八）

是年，修甘泉县芜城墩纤道土工。（民国《甘泉续志》卷三）

## 光绪十年（1884）

三月己卯（四日），署直隶总督李鸿章言，拨款挑挖北运河新冲河道，将旧河头堵塞。从之。

四月癸子（九日），李鸿章言，请饬山东抚臣筹款，兴修德州境内运河各工。命择要兴修。

是日，署直隶总督李鸿章言，挑浚宣惠河。

丙寅（十日），停止永定河沿河村民交土章程，用河工自有款项雇佣民夫购土。

五月乙未（二十一日），命李鸿章查明永定河中洪应挑挖之处，派营勇挑挖深通。

闰五月庚戌（七日），太常寺卿徐树铭言，新开横河及堵塞古洋河后，直隶献县城西陈家庄等四十八村被淹。

六月甲戌（二日），经查勘，应深通古洋河堵塞之处，由东北引入子牙河，下游挑浚支河。

是日，太常寺卿徐树铭言，直隶清河道史克宽所挑子牙、古洋新河，水势不顺，子牙河南岸低洼，淹没民居。

乙亥（三日），太常寺卿徐树铭言，续勘子牙减河。

七月辛酉（十九日），太常寺卿徐树铭言，漕粮宜全归河运，请疏浚河流，修治闸坝，选雇民船。

己巳（二十七日），以漕运总督杨昌浚为闽浙总督，前江苏巡抚吴元炳为漕运总督。

十二月甲午（二十四日），御史恩隆言，顺天大城县为子牙河冲要，民闲修堤自卫，该县知县忽改新章，以致两岸居民烦兴怨讟。

是年，修筑德州境内运河两岸堤工，并加修月堤。（《清会典事例》卷九二六）

## 光绪十一年（1885）

正月壬戌（二十二日），直隶总督李鸿章言，光绪八、九两年修展子牙河西堤，压占河间县龙华桥等村民粮地，请予豁除。允之。

二月庚寅（二十日），河运米船加增，运道急宜修浚，照上年勘估拨款。

三月丁未（八日），詹事府右庶子龙湛霖言，江浙漕米由洋商包运，价格甚高，请择要挑深河道，由长江挽入运河。

五月辛亥（十三日），海运漕粮非长久之计，终归河运，命曾国荃、成孚、卫荣光、刘秉璋、陈士杰根据各地情形，据实办理。

六月甲午（二十七日），江苏巡抚卫荣光言河运事宜。

七月，故城县大水，曹口河决。

十月癸巳（二十八日），以神灵显应，颁运河韩庄闸大王庙匾额。

十二月乙亥（十一日），安徽巡抚吴元炳言，被水各属应修圩堤，现因民力拮据无项筹修，请提拨漕折银两以资津贴。允之。

辛巳（十七日），曾国荃言，江北冬漕遵办河运，请饬疏浚河道。命成孚、陈士杰严饬所属将漕船经行河道认真疏浚。

丁亥（二十三日），成孚请拨运河另案工需银两。

辛卯（二十七日），河东河道总督成孚言，估修捕、运、泇、三厅河道银数。山东巡抚饬令司道将原拨银两，照数发给。

是年，浚县知县黄璟改河筑堤。（光绪《续浚县志》卷三）

是年，故城县郑家口河决。（光绪《续修故城县志》卷二）

是年，重浚徒阳运河，自七里桥至丹徒镇。（《再续行水金鉴》运河卷四）

## 光绪十二年（1886）

四月乙丑（二日），漕运总督崧骏言，邳宿以下济漕各工，一律完竣，现督漕船上驶。

乙亥（十二日），两江总督曾国荃言，江苏试行河运漕粮，在宝应水次开行，随同江北漕船前进。

五月庚子（初八日），以漕运总督崧骏为江苏巡抚，江西布政使卢士杰为漕运总督。

六月丁丑（十五日），漕粮河运试行，命江苏、山东疏浚境内运河，逐年增加河运漕粮数量。

七月辛丑（十日），截留江苏河运漕米及余米五万二千余石，备顺天、保定、河间、天津等属被水地方秋赈，并提随漕轻赍银两交赈局应用。

九月辛卯（一日），浙江巡抚卫荣光言，浙江漕粮难办河运。

十月乙酉（二十六日），以湖河安澜，命漕运总督卢士杰虔诣河神庙祀谢。

丙戌（二十七日），山东巡抚张曜言寿张漫口合龙官绅出力，请予奖叙。

十一月癸巳（四日），两江总督曾国荃言，扬属运河堤工告竣。

十二月乙丑（七日），山东巡抚张曜言，拟办运河工程，以利漕行。

乙亥（十七日），曾国荃言，江北冬漕遵办河运，但微山湖淤浅加重，大泛口、三汊口、十字河、开河、靳口、袁口、安山一带皆由淤垫，请饬疏浚河道。

乙酉（二十七日），拨运河另案工需银两六万两交运河道库。

丁亥（二十九日），以江北河运漕粮出力，予江苏候补知县李德培等升叙加衔有差。

戊子（三十日），以江苏办理扬属运河堤工出力，予候补知县许善同等升叙加衔有差。

## 光绪十三年（1887）

二月乙丑（七日），拨银六万两兴修运河各工，添拨鱼台汛岁修银三万两。

丙寅（八日），直隶总督李鸿章、山东巡抚张曜言，山东四女寺南运减河要工，由直隶、山东两省合力筹修，以纾畿南水患。从之。

三月己丑（一日），两江总督曾国荃言，江北冬漕仍由河运，筹议办理章程十二条。

丁巳（二十九日），直隶总督李鸿章言，永定河下口漫溢仍会清河入海，拟秋后堵闭。照所请。

四月乙亥（十八日），命毕道远、高万鹏查办张家湾北运河新河道两岸私自占地一事。

七月庚辰（二十五日），永定河堤工漫口，刷宽口门四十余丈。

是日，李鸿章言，潮白河漫口，六月十九日通州平家疃新工以下之北寺庄东小堤并老堤，刷塌百数十丈，夺溜东趋。

是日，永定河道塔奇魁革职。

九月戊辰（十四日），漕运总督卢士杰言，挑浚山东运河情形。

壬申（十八日），李鸿章言，永定河漫口难以堵合。

十月壬寅（十九日），颁直隶献县滹沱河河神庙匾额，曰“庆洽安流”；子牙河河神庙匾额，曰“金堤巩固”。

甲辰（二十一日），通州北寺庄潮白河漫口合龙。

丙午（二十三日），漕运总督卢士杰言，洪泽湖运河逐渐增涨。

十二月癸未（一日），翰林院侍讲学士龙湛霖言，河复故道不可行，应分流泄涨，开马颊等河。张曜言，应先修堤工。

乙未（十三日），以神灵显应，颁北运河河西务汛河神庙匾额，曰“流安岁稔”。

## 光绪十四年（1888）

四月庚寅（九日），永定河漫口合龙。

七月甲子（十四日），李鸿章言，永定河堤工漫口，卢沟汛南岸三号石堤及南二工十七号、北上汛十二号等处大堤，均被漫溢，刷宽口门四五十丈不等。

九月甲戌（二十六日），以前湖广总督李瀚章为漕运总督。

丁丑（二十九日），永定河漫口大工合龙。

十二月丙午（二十九日），署河东河道总督吴大澄言，运河各厅，筹垫伏秋两汛抢办工银，请饬部拨归垫，请拨运河来年另案工需银两。均如所请行。

## 光绪十五年（1889）

六月壬辰（十八日），李鸿章推荐吴廷斌任永定河道。

十月壬寅（三十日），两江总督曾国荃言，运河东西两堤，叠出险工，拨用上年苏皖赈捐余款，及时修筑。

十一月己巳（二十七日），两江总督曾国荃言，酌提漕粮循行河运，并改设水次受兑筹议办理章程。

十二月丙申（二十五日），曾国荃言，江北冬漕遵办河运，大泛口、十字河、开河、安山等处异常浅涩，十里铺、陶城埠口门内外淤垫，均需大加挑浚。

## 光绪十六年（1890）

二月癸酉（三日），拨运河另案工需银六万两，分次拨交运河道。

甲寅（二十日），兖沂曹济道中衡，请饬就近管理辖境河务。从之。

四月丙寅（二十七日），将山东曹州府所属濮州等处及上游河防，拨归河道总督兼管各节。

六月壬子（十四日），因大雨连绵，永定河水势盛涨，北上汛二号被水漫溢，刷宽口门七八十丈。

辛酉（二十三日），命李鸿章迅速堵筑永定河北上汛漫口。

八月辛丑（四日），直隶总督李鸿章言，御史何福堃条陈挑浚永定河，另筑长堤，皆难兴办。

九月壬午（十五日），永定河漫口大工合龙。

十二月庚申（二十五日），河东河道总督许振祎言，筹办运河，请饬山东拨给前定运河另案银六万两。即著咨行山东巡抚照数筹解。

## 光绪十七年（1891）

正月癸未（十八日），署两江总督沈秉成言，查明江苏省十六年分征收漕白二粮实数，并酌定海运办理章程十条，剔除弊端。

是月，通州里河五闸闸官一律提板放水，雇夫挑挖，以畅河道。（《再续行水金鉴》运河卷四引《申报》）

二月乙未（一日），沈秉成言，江北东漕遵办河运，大泛口、十字河、开河、安山等处异常浅涩，十里铺、陶城埠口门内外淤垫，均需大加挑浚。命许振祎、张曜严饬该管河道各官认真挑浚。

三月丙戌（二十二日），以神灵显应，颁直隶永定河北上汛河神庙匾额，曰“金堤永固”。

五月丁丑（十四日），山东巡抚张曜奏言，疏浚小清河下游工程，请以工代赈。如所请行。

戊寅（十五日），张曜言，运河道耆安工次被劫。

己丑（二十六日），许振祎言，运河因旱艰滞，设法疏浚。

六月乙未（三日），漕运总督松椿言，拏获抢劫山东运河道坐船案内要犯。

八月丁酉（六日），两江总督刘坤一言，河运漕船回空，仍请援案由山东省挑浚淤浅河道。许振祎、福润遵照旧章办理。

十二月戊申（十八日），两江总督刘坤一言筹备江北运道，将运河厅属之邳州、宿迁一带长河浅处，逐一筑坝挑浚以畅河流。

壬子（二十二日），两江总督刘坤一言，筹议光绪十七年冬漕河运办理章程十条。

是年，因为通济正闸石缝漏水，堵闭后启用越闸。（民国《续纂清河县志》卷三）

## 光绪十八年（1892）

正月乙亥（十五日），两江总督刘坤一言，修补江宁城垣，挑浚徐州荆山河要工，拟拨苏浙赈捐余款备用。

丁亥（二十七日），刘坤一言，江北冬漕遵办河运，大泛口、济宁、新店、安山等处异常浅涩，十里铺、陶城埠口门内外淤垫，均需大加挑浚。请饬疏通河道。

三月甲戌（十六日），护理山东巡抚汤聘珍言，遵旨挑挖北路运河，估计经费，克日兴修。

五月戊午（一日），补铸直隶永定河北岸同知关防。从总督李鸿章请。

闰六月庚申（四日），李鸿章言，永定河堤工漫口，南上汛灰坝漫口四十余丈。

甲子（八日），本年六月，顺直各属雨水过多，各河均报漫溢。加恩截留江苏河运漕米五万石、江北河运漕米五万石，以备顺直赈抚之需。

丁卯（十一日），山东巡抚福润言，运河道船只被劫，获犯过半，请将疏防知县秦应逵等开复原官。允之。

戊辰（十二日），河南巡抚裕宽言，卫河暴涨漫溢，卫辉府属被淹，现拟筹款抚恤。

七月戊戌（十三日），御史曹志清言，永定河应行挑淤分沙之法，使水循中道，借行水刷淤之势以浚治河身。南北运河及大清、滹沱等河，疏导自易为力。命李鸿章体察情形，悉心妥筹。

八月癸酉（十八日），漕运总督松椿言，运河上游秋汛复涨，抢办堤岸险工，修守平隐。

戊寅（二十三日），给事中洪良品言，永定河石景山二十四号，自北上头号起至十号止，添砌石堤十里。

九月辛亥（二十六日），直隶总督李鸿章言，永定河工需款紧急，请饬催江汉关欠解银两。

十二月丁卯（十三日），两江总督刘坤一言，会筹江北运河事宜，请拨款挑浚。

是年，宝应县拆修运河东岸跃龙关。（民国《宝应县志》卷五）

## 光绪十九年（1893）

正月辛亥（二十七日），刘坤一言，江北冬漕遵办河运，大泛口、济宁、新店、靳口、安山一带节节浅阻，十字河、十里铺、陶城埠口门内外淤垫更甚，均须大加挑浚。命许振祎、福润严饬该管河道各员，认真挑浚。

二月乙卯（二日），河东河道总督许振祎言，估挑捕、运、泇三厅淤浅河道，以利漕行。

戊午（五日），直隶总督李鸿章言，天津堤头地方，拟建立滚水大坝，开挖减河，分泄各河盛涨。从之。

丁卯（十四日），仓场衙门言，大通桥运河淤垫，拟请挑修。依议行。

己卯（二十六日），许振祎言，运河另案工需银两六万两，请饬如数筹拨。命先筹银三万两，以利漕行。

五月乙酉（二十八日），仓场衙门言，本月初一北新仓失火，延烧光字空廒。仓廒不戒于火，分别参办仓场人员。

六月乙亥（二十五日），将奉天粟米一万四千四百余石，江苏河运漕米五万石，江北河运漕米五万石，拨给顺直各属赈灾。

是日，李鸿章言，永定河堤工漫口。

九月丙午（二十七日），给事中洪良品言，永定河连年溃决，请及时修治。命海军衙门、户部、工部会同妥议具奏。

十月乙亥（二十七日），运河红庙口门合龙。

丁丑（二十九日），直隶总督李鸿章言，沿河居民聚众挖堤，请严定地方官疏防处分。

十一月辛卯（十三日），户部言，卢沟桥以东置减水大坝可行。命李鸿章筹议如何择要添筑之处。

是日，派许振祎会同李鸿章查勘永定河上下游情形。

甲午（十六日），永定河合龙。

十二月乙丑（十七日），御史张仲炘言，永定河患日深，亟宜浚治中洪，疏通下口。

是年，建子牙河东堤八堡村石闸。（民国《静海县志》丑集）

## 光绪二十年（1894）

正月己亥（二十一日），裕宽言，请饬如数筹拨运河另案工需银两。命福润即于藩库动拨银六万两。

乙巳（二十七日），刘坤一言，江北冬漕遵办河运，大泛口、济宁、新店、靳口、安山一带节节浅阻，十字河、十里铺、陶城埠口门内外淤垫更甚，请饬疏通河道。

二月丙辰（九日），吏部言，遵议鸿胪寺卿刘恩溥奏永定河合龙保案，请示限制。

庚申（十三日），漕运总督松椿言，刘老涧滚坝堵筑完竣。

三月己丑（十二日），设立河防局。

四月辛未（二十五日），江苏巡抚奎俊言，开浚丹徒等县运河出力员弁，工竣后应嘉奖。

五月己亥（二十三日），孙家鼐请于江苏、浙江每年河运粮米内各拨五万石，为顺天备荒之用。命户部通盘筹划。

六月己巳（二十四日），许振祎言，运河另案工需银两，节次择要补苴，惟例办另案工程。

七月庚子（二十六日），以江苏布政使邓华熙署漕运总督。

九月戊寅（五日），以神灵显应，颁直隶永定河北中汛河神庙匾额，曰“安流顺轨”。南二工河神庙匾额，曰“澜平秋障”。

甲午（二十一日），祥麟请于天津后路运河一带择地办防，并请于通州试办团练。

十月壬子（九日），御史王鹏运言，漕运关系甚重，请将江浙漕粮一并由河运北上，于寿张、章丘一带设法过剥等语。

戊午（十五日），江西巡抚德馨言，江西本年冬漕仍难起运本色。请循旧折征。如所请行。

十一月壬辰（二十日），直隶总督李鸿章言，永定河工岁款不敷，请将浚船经费暂办桩料，以裨要防。

## 光绪二十一年（1895）

正月戊子（十六日），拨运河另案工需银六万两，于二月半以前先解银三万两，以应急需。请饬如数筹拨。

丙申（二十四日），直隶总督李鸿章言，永定河卢沟桥迤上南岸，建设减水石坝工程银数。

二月甲寅（十二日），张之洞言，江北冬漕遵办河运，大泛口、济宁、开河、刘老口、袁口、靳口、安山一带运道浅阻，十字河、十里铺、陶城埠口门内外淤垫更甚，严饬该管河道各员疏通河道。

八月壬午（十四日），以神灵默佑，伏秋安澜。颁直隶永定河卢沟桥大王庙匾额，曰“并薮澜澄”。

十月甲申（十七日），御史胡景桂言，山东河工请责成河道总督经理。

十二月戊子（二十二日），责成通永道将潮白河规复故道，并将温榆河上下筑坝挑浚。

庚寅（二十四日），山东巡抚李秉衡言，河患日深，请将南岸运河仿照北岸，暂归山东省试办。

是年冬，山东运河咨估堵闭峄汛湖口大坝，以蓄湖储。（《再续行水金鉴》运河卷四引《山东兖沂曹济道册》）

## 光绪二十二年（1896）

二月癸未（十八日），刘坤一言，江北各漕遵办河运，济宁戴庙、开河、袁口、靳口、安山一带节节浅阻，十字河、十里铺、陶城埠口门内外，淤垫更甚。请饬疏浚河道。

三月壬子（十七日），山东运河道属夫食不敷，请借款。照所请。

丙辰（二十一日），山东巡抚李秉衡言，挑浚北运河以利漕行，估需经费四万九千余两。

是日，山东巡抚李秉衡言，南运河各坝合龙日期。

四月庚午（五日），以挑浚通州外河运道不力，革漕运通上汛把总邵准职。

六月辛卯（二十七日），永定河北中七号漫溢。

七月丁酉（四日），王文韶言，永定河堤工漫口。

乙巳（十二日），将江苏河运漕米五万石、江北河运漕米五万石截留，在天津就近放赈。

八月己丑（二十七日），永定河决口，全河夺溜。

九月癸巳（一日），直隶总督王文韶言，堵筑永定河估需银两，请拨款。

庚子（八日），国子监司业黄思永言，永定河开挖引河，应将淤土全行挖去，并兴办河工，请借用商路小铁轨。

丙辰（二十四日），实授任道镕为河东河道总督。

十月丁卯（六日），山东巡抚李秉衡言，山东境内南运河工程，仍请归河臣经理，以专责成。

甲戌（十三日），永定河漫口大工合龙。

丁丑（十六日），御史宋伯鲁言，永定河工宜专责河道办理，暨河工候补人员请定章考试，河工保案宜定限制。

十一月丁未（十六日），御史王鹏运言，全数停止并请将江北漕粮，改归海运。

是日，王鹏运言河运漕粮请酌量变通。

十二月庚辰（二十日），任道镕言查勘运河情形，并核减工需银两，酌数请拨。

丁亥（二十七日），有人言，永定河防局员窦延馨，贪劣把持，贻患河务。经核查并无其事，但失察家丁人等需索规费，将其降三级调用。

## 光绪二十三年（1897）

正月癸卯（十三日），两江总督刘坤一言，拨款筹办江北运道。

二月乙酉（二十六日），刘坤一言，江北冬漕遵办河运，请饬疏浚济宁、戴庙、开河、袁口、靳口、安山一带及十字河、十里铺、陶城埠口门内外河道。

三月癸卯（十四日），直隶总督王文韶言，修筑河间县子牙河东岸近堤，给价占用民粮地亩，应惩粮银。请饬部豁除。

六月壬戌（四日），挑浚北运河。

八月丙寅（九日），运河水势未消，饬地方各官严守东西两堤毋致溃溢。

九月壬辰（六日），以永定河伏汛安澜，命直隶总督王文韶派员虔诣河神庙祀谢。

十二月乙亥（二十日），任道镕言，确核运河各厅另案工需银两，酌数请拨戊戌年另案工需银四万两。

## 光绪二十四年（1898）

二月乙丑（十一日），直隶总督王文韶言，勘估通州境内温榆河果渠村岁修各工。

辛未（十七日），松椿言，堵闭车逻、南关、新坝完工。

癸酉（十九日），刘坤一言，江北冬漕遵办河运。请饬疏浚河道。

七月庚戌（二十三日），裁撤河东河道总督，所有旧管之山东运河，归山东巡抚就近兼管。

八月癸卯（二十二日），以永定河秋汛安澜，命直隶总督袁世凯祇领虔诣大王庙祀谢。

十月辛巳（一日），山东巡抚张汝梅言，运河事宜，仍归河臣管理。

是年，宝应县修理运河东岸胡成洞。（民国《宝应县志》卷三）

## 光绪二十五年（1899）

正月丙寅（十八日），任道镕言，确核运河另案工需银两，酌数请拨己亥年另案工需银四万四千两。

二月丁亥（九日），山东寿张杨庄大堤漫口合龙。

三月甲寅（七日），两江总督刘坤一言，上年江北冬漕仍由河运，咨会东抚先期挑浚淤浅，以利漕行。

四月庚辰（三日），直隶总督裕禄言，筹议永定河上游筑坝。

甲申（七日），挑浚北运河，以利漕行。

甲辰（二十七日），命直隶候补道吴廷斌赴永定河查勘全河形势。

八月丙子（一日），御史秦夔扬言，江北河运漕米，劳费太甚，拟请停办。

丁亥（十二日），户部言，遵议御史秦夔扬拟请停办江北河运漕米。江北河运漕米，仍着照旧办理。

九月丁未（二日），以永定河伏秋安澜，命直隶总督裕禄派员虔诣大王庙祀谢。

十一月丁未（三日），裕禄言，遵派道员吴廷斌，勘明永定河全河形势，永定河下壅上淤，拟施工修治各法，妥筹办理。

十二月己卯（六日），以直隶永定河道荣铨为浙江按察使。

是年，山东运河堵筑微山湖湖口大坝，口门宽七丈八尺。（《再续行水金鉴》运河卷五引《泇河厅图》）

## 光绪二十六年（1900）

正月甲寅（十一日），任道镕言，确核运河另案工需银两，酌数请拨庚子另案工需银四万四千两。

己巳（二十六日），鹿传霖言，山东省运道淤浅，桃源、宿迁、邳州、十里铺、陶城埠等处，均须大加挑浚。

二月甲戌（二日），以河南巡抚裕长兼署河东河道总督。

六月己丑（十九日），袁世凯言疏浚运河情形。

七月乙卯（十六日），漕运总督松椿言，筹办苏浙漕粮，改行河运。

九月己卯（十一日），将永定河道彦秀革职。

十月乙巳（七日），以河东河道总督任道镕兼署河南巡抚。

## 光绪二十七年（1901）

三月戊辰（二日），两江总督刘坤一言，江北新漕，仍办河运。请饬河臣等赶将河道挑浚。

四月辛丑（六日），河东河道总督任道镕为浙江巡抚，以前湖北巡抚锡良为河东河道总督。

六月己未（二十五日），庆亲王奕劻言，本届江浙漕粮，拟改由火车径运京仓。允之。

八月戊辰（二十三日），现在仓廒归并，漕运改章，拟请将各仓稽查御史撤回。从之。

九月庚寅（二十八日），漕运总督张人骏言，筹议漕粮改折应办事宜九条。

是日，以江宁布政使恩寿为漕运总督。

十月乙卯（二十三日），以漕运总督恩寿为江苏巡抚，河南布政使陈夔龙署漕运总督。

十一月壬申（十日），以河东河道总督锡良兼署河南巡抚。

癸酉（十一日），实授陈夔龙为漕运总督。

## 光绪二十八年（1902）

正月戊寅（十七日），裁撤所有河东河道总督一缺，一切事宜改归河南巡抚兼办。

是日，命漕运总督陈夔龙，会同有屯省份各督抚，将各省屯田地亩，逐一彻底查明，报官税契，将屯饷改为丁粮，统归州县官经征。

壬午（二十一日），两江总督刘坤一言，漕粮河运改归海运办理情形。

二月庚申（二十九日），裁撤运河厅员汛闸各缺，计通工共裁三十二缺，拟留二十六缺。

五月癸酉（十四日），修江苏常州、镇江河道。

十一月丙子（二十日），江苏巡抚恩寿言，丹徒、丹阳运河挑浚工竣。

## 光绪二十九年（1903）

正月辛酉（五日），漕运总督陈夔龙言，兴修徐州刘老涧滚坝工竣，请免裁撤南河同知等缺。

是月，兖、沂、曹、济道移驻济宁，兼办运河事务。（民国《济宁直隶州续志》卷一）

四月辛丑（十七日），以江苏布政使陆元鼎暂署漕运总督。

十一月甲午（十四日），山东巡抚周馥言，运河试办工巡营，酌拟营制饷章，将裁缺廉俸及核减船捐各项拨充经费。

## 光绪三十年（1904）

六月辛酉（十四日），江苏武、阳二县东西运河工竣。

癸酉（二十六日），袁世凯言，永定河水势陡涨，险工环生，南四工、南二工先后漫口。

十月辛亥（七日），山东巡抚周馥言，山东省薄庄漫口，水由徒骇河入海。

是日，以永定河漫口合龙。

十二月庚戌（六日），御史周树模请裁漕运总督。

丙寅（二十二日），因河运全停，将漕运总督改为江淮巡抚。

丁卯（二十三日），以漕运总督陆元鼎为江苏巡抚。

## 光绪三十一年（1905）

五月庚寅（十八日），杨士骧言，修理戴村坝灰石等工完竣，奏报工费银两。（《再续行水金鉴》运河卷五引《谕折汇存》）

## 光绪三十二年（1906）

二月庚申（二十三日），署山东巡抚杨士骧言，北运河二百余里，淤垫失修。请将浅阻处所分段挑挖。

## 光绪三十三年（1907）

三月辛丑（十日），以江苏督粮道陆钟琦为江苏按察使。

九月丙午（十八日），署直隶总督杨士骧言，永定河北四上汛等处漫口，因秋收雇夫不易，遂酌派工程队伍前赴工次。

十月乙丑（七日），永定河漫口合龙。

是年，堤工局总办何亮标，补修车逻坝底及耳闸，又修南关坝、新坝坝底。（民国《三续高邮州志》卷一）

## 光绪三十四年（1908）

正月辛亥（二十五日），滕县境十字河冲灌运河为囊沙之区，拟建片滟亩购船，以期水有收束。

是月，吴廷斌言，山东省运河淤浅情况，拟一律挑浚。（《再续行水金鉴》运河卷五引《政治官报》）

十一月丁未（二十五日），永定河工，请部拨自宣统元年至三年，加倍土工银十二万四千九百两。永定河兴修减水坝，请部拨银九万二千两。

十二月甲子（十三日），端方、陈启泰请将前缓旧漕，免其补运，提存脚价，拨解部库各节。

## 宣统朝（1909 ~ 1911）

### 宣统元年（1909）

正月，杨士骧言，勘估温榆河果渠村岁修各工事。（《再续行水金鉴》运河卷五引《政治官报》）

六月丙申（十九日），署直隶总督那桐言，北运河西岸通州境内鲇鱼沟堤岸，决口年久，淹没武清所属杨村等外百数十村，拟建水坝、加倍堤岸、修建引河等办法五条。

七月壬戌（十五日），山东巡抚孙宝琦言，山东省运河工程，改归沂曹济道专办。

是年，修里河运口通济正闸。（民国《续纂清河县志》卷三）

是年，堤工局总办李维翰，重修高邮南关等坝坝底。（《再续行水金鉴》运河卷三）

### 宣统二年（1910）

九月癸丑（十三日），以永定河伏秋大汛安澜。诣大王庙祀谢。

是日，以永定河大汛安澜，防护出力，予道员吕佩芬等升叙加衔有差。

十月乙未（二十五日），以堵筑北运河漫口出力，予署通永道窦延馨仍以道员交军机处存记。余升用加衔有差。开复候补知县刘本清原官。

十一月丁卯（二十七日），运河堤工，归淮扬海道兼管。

### 宣统三年（1911）

正月甲子（二十五日），陈夔龙言，北运河工程重要。原拨京奉路款东海关税两项，共欠解银十五万余两。请饬部另行指拨的款等语。

二月壬申（三日），以内阁学士瑞丰署理仓场侍郎。

三月壬戌（二十四日），直隶总督陈夔龙言，北运河工程，现因京奉铁路暨东海关两处工款，清解无期。只有将青龙湾石坝霍家嘴减河两处工程，暂从缓议，其余各工，自应以现有之款，尽数核实筹办。

七月辛巳（十六日），陈夔龙言，永定河漫溢成口。请饬江皖筹赈大臣，迅拨银十五万两，以资急赈。命盛宣怀酌量筹拨。

九月戊子（二十四日），以河神效灵，通工平稳，命山东巡抚孙宝琦祇领虔诣大王庙祀谢。

是年，里河同知徐肇濂在杨庄运口建护堤草坝。（民国《续纂清河县志》卷三）

## 中华民国时期

### 1912 年

1 月，督办运河工程总局在山东泰安设立雨量站，并于当月开始观测降水量，这是黄河流域最早采用近代科学技术方法设立的雨量站。（《民国黄河大事记》第 5 页）

### 1913 年

8 月，直隶暴雨成灾。直隶顺天、天津、保定各处，阴雨兼旬，山洪暴涨，致大清河、运河各堤先后决溢，雄县、安州、霸县、通州、东安等处，田舍村庄多遭淹没，通州车站也被冲坏，淹死二三千人之多。灾情发生后，袁世凯令饬顺天府尹张广建等，从速查明各区受灾详请，并拨银二万元，赶办赈务。（《中国二十世纪通鉴（1901 ～ 1920）》第 749 页）

是年，北洋政府在北京成立导淮局，张謇任督办，柏文蔚、许鼎霖为会办。（《治淮汇刊年鉴（1996）》第 274 页）

从 1913 年～ 1921 年，江淮水利测量局先后在淮河中下游蚌埠、五河、中渡、淮阴、码头镇、蒋坝、盱眙、滩上集、高邮、六闸、瓜洲等处建立水位站、雨量站、流量站。其中只有蚌埠、中渡、码头镇、六闸等站记载流量、含沙量，其他站只记水位，并采用流速仪、浮标测量流速。（《淮河志 · 淮河大事记》第 85 页）

## 1914 年

是年春，为培养导淮工程技术人才，由张謇积极倡导，并出资筹备，创办了我国近代史上第一所专门培养治河工程技术人员的学校——河海工程专门学校。校长由李仪祉担任，教导主任由毕业于美国威斯康星大学的电机科学学士许肇南担任，教员大都是留美回国人员。学校初办时，每年招生一百人左右。按年级高低分为预科、正科、特科、补习班四种；特科两年毕业，正科四年毕业，毕业后分配参加导淮工作。（《淮河志·淮河大事记》第 87 页）

6 月 3 日，苏鲁两省在台儿庄召开治运会议。山东南运湖河疏浚事宜筹办处总办潘复与江苏筹浚江北运河工程局总办马世杰讨论苏鲁两省水利通筹合作事宜。议定：① 关于微山湖之潴泄，拟将蔺家坝改建为闸一节，应由两省派人会勘，筹议妥善办法再为决定；② 关于挑浚安家口（此处为昭阳湖之下口，微山湖之上口，其间长约十里，宽近三里），由江苏派员视察时应由山东省派员接洽；③ 关于沂泗流域之改良，本为必要之策，沂泗分疏，江苏省早有提议从事实测，但在山东省之沂河上游，应由山东省派员接测。山东省现测之汶、泗各项报告，应随时汇寄江苏省一份，江苏省运河测量报告亦汇寄山东省一份，用资接洽；④ 关于丰（县）、鱼（台）水患之浚治，关系丰、鱼两县水利，应由苏鲁两省派员会同各该县知事详审勘察，拟就妥善办法再行决定。（《山东南运湖河疏浚事宜筹办处第一届报告》第 19 ~ 21 页）

12 月 1 日，山东南运湖河疏浚事宜筹办处成立，兼办全省水利事务。总办潘复，下设工务、工程、测绘三科，共有职工 48 人。对山东南北运河、泗河、汶河、牛头河、南运各湖及小清河进行了勘察，写有勘察报告。实测山东南运河平面图，并每隔六里设水准石标，按水准标点测河道横断面。实测金口坝以下之泗河、戴村坝以下之汶河、津浦路西之城河及薛河、台枣路西之大泛口河及牛头河、南旺湖、马踏湖、蜀山湖、马场湖、独山湖、南阳湖、沉粮地、缓征地等之平面图或剖面图。于运河、汶河及泗河来水口门设测量水标，测水位、流量及汶河、泗河含沙量。拟定了泗河工程计划、牛头河工程计划、湖边筑堤蓄水济运涸田计划及山东南运河浚治规划草案。工作成果汇编为《山东南运湖河疏浚事宜筹办处第一届报告》，1915 年出版。（《淮河志·淮河大事记》第 87 页）

## 1915 年

是年春，山东南运湖河疏浚事宜筹办处通过对汶河和东平湖段的南运河进行详细查勘，提出了东平湖治理原则：① 对大清河、运河循其旧堤基址筑高培厚，收束汶河不使旁溢，并可借其猛力攻刷黄淤，毋任停积于宣泄之门；② 拟仿洞庭圩田之制，审查地势分区筑堤；③ 区别工程难易，次第推行。（《民国黄河大事记》第 12 页）

8 月，督办运河工程总局在山东东平县大汶河南城子设立水文站，观测水位、流量。这是黄河支流设立最早的水文站，也是黄河流域第一座采用近代科学技术方法进行水文观测的水文站。（《民国黄河大事记》第 12 页）

## 1916 年

4 月 19 日，中华民国山东巡按使蔡儒楷与美国广益公司代表在济南签订《山东南运河 7 厘金币借款合同》，共 15 条，主要内容有：山东省政府向美国资本团广益公司借款 300 万美元，修整山东南运河。借款由美国公司发行金额债票，第一次发行债票金额 250 万美元，票面金额 90% 核算。借款年息七厘，30 年还清，从第五年起还本，分 25 批偿还。借款以南运河收复的官地 30 万亩及其收入，南运河修复的受灾民地约 50 万亩及其收入，利用运河政府收入的捐税以及借款内购买的机械作为担保。山东省政府对一切工程人员及公司财产应加以保护。所有借款债票、息票及一切出入款项，在借款期内免纳中国各项厘税。（《中华近世通鉴（1838 ～ 1949）·外交专卷》第 220 ～ 221 页）

5 月 13 日，中华民国政府代表与美国红十字会在北京签订《导淮改良运河 7 厘金币借款合同》，共 12 条，主要内容有：1914 年 1 月 30 日，中华民国政府与美国红十字会订有草合同，进行导淮工程，以改良工程内一段运河为第一步。美国广益公司愿借中国政府 300 万美元，用以改良运河。借款年息七厘，借期 20 年，自第五年起开始偿还，均分 15 批还清。借款以江苏省运河现在或将来征收税款（厘金除外）为担保，其数政府担保为 60 万元。债票发行价交付政府者为票面数目的 90%。一切其他费用由美国广益公司担任。设工程总局，由政府委派中国督办一人，辅以美国总工程师及总会议员各一人。合同签订后，总工程局要从速设立运河事务所，掌理本合同规定的一切税收，所收之款应即交付公司财务代理处，用以支付借款本利，直至还清为止。（《中华近世通鉴（1838 ～ 1949）·外交专卷》第 221 页）

8 月 12 日，江苏发生严重水灾。江北、淮河、运河一带暴雨成灾，水势盛涨，堤工出险，高邮、宝应、兴化、盐城、东台等县灾情严重。（《中国二十世纪通鉴（1901 ～ 1920）》第 968 页）

## 1917年

9月下旬，南运河决口数处，天津、保定等地各低洼处尽成泽国，津浦铁路北段被冲毁，北行车仅至山东德州。30日，冯国璋特派熊希龄督办京畿一带水灾河工善后事宜，令财政部拨银30万元，著熊会同直隶省长曹锟遴选廉正官绅，分赴灾区赶办急赈，并迅筹疏泻办法。

10月15日，熊希龄以盐税余款担保，向汇丰、麦加利、东方汇理、华俄道胜、华比、正金、花旗等七家银行借规平银70万元，年息七厘，期限一年，是为天津水灾借款。11月22日，财政总长梁启超、熊希龄以多伦厅、山东临清、山西杀虎口三地常关税收入担保，与日本银行团代表中日实业公司总裁李士伟签订500万日元借款合同，利息七厘，期限一年，是为京畿水灾救济借款。（《中国二十世纪通鉴（1901～1920）》第1048页）

11月20日，中华民国政府代表熊希龄与美国广益公司代表在北京签订《整理运河七厘金币借款合同》，共12条，附《还本付息表》一份。（《中华近世通鉴（1838～1949）·外交专卷》第235～236页）

是年，海河流域发生特大洪水。7月中旬以后，两次台风袭击太行山东侧，南起卫河，北至燕山南麓，暴雨笼罩，山洪暴发，各河相继漫决，海河流域104县受灾，被淹38 950平方千米，尤以天津、保定为最重，京汉、京绥铁路多处被冲毁。（《海河志·大事记》第61页）

是年，美国工程师费礼门（JohnRi. ley Freeman）受北洋政府聘请来华从事运河改善工程，研究运河、黄河问题。（《民国黄河大事记》第16页）

## 1918年

3月20日，在天津成立顺直水利委员会，熊希龄任会长，主要任务为整治直隶河道。委员会包括直隶省长等中方3人，外籍3人，聘印度原工务部长罗斯为技术部长。（《海河志·大事记》第61页）

6月，顺直水利委员会对天津市三岔河口、南运河西大湾子等处进行裁弯取直，以利行洪和航运。（《海河志·大事记》第61页）

是月，顺直水利委员会在卫运河临清市建立了聊城地区第一座水文站。从此始有卫运河水位、流量、降雨量记录。（《聊城地区水利志》第20页）

是月中旬以后，鲁西大雨，山洪暴发，汶河决口70余处，成灾面积250万亩。

据治淮委员会1957年调查报告，估算本年汶河大汶口洪峰流量达10 300立方米每秒，是汶河有案可查的最大历史洪水。东平县大清河亦决口数处。（《民国黄河大事记》第17页）

是年，顺直水利委员会改建南运河马厂减河上口的九宣闸，至1920年，又在减河上口以下六十里的马圈建造了一座五孔分洪闸，洪水通过新引河分泄100立方米每秒。（《海河志·大事记》第61页）

## 1919年

3月，江淮水利测量局在中运河设台儿庄水文站。4月，设韩庄水文站及观察微山湖水位的韩庄水位站。（《淮河志·淮河大事记》第89页）

是月，设立卫运河冠县北馆陶镇水位站。（《聊城地区水利志》第20页）

7月8日，顺直水利委员会代表熊希龄与美国广益公司、日本兴业银行签订借款35万美元合同，以国库券为担保，用作运河工程局经费。（《中国二十世纪通鉴（1901～1920）》第1198页）

是年，为了研究黄河对运河的危害，督办运河工程总局聘请费礼门为指导，测量黄河堤岸及河道大断面。自京汉黄河铁桥至山东寿张县十里堡，测图46幅，比例尺1∶25 000，这是引用西方测量技术测量黄河堤工之始。（《民国黄河大事记》第22页）

是年，顺直水利委员会建天津新开河闸及引水河工程，排泄北运河下游洪水，将北运河、子牙河交汇处滚水坝改为泄水闸。该闸十四孔，每孔宽三米，最大泄量220立方米每秒。后又在闸旁增建船闸。（《海河志·大事记》第61页）

是年，张謇依据多年导淮测量资料，发表了《江淮水利施工计划书》，提出淮水七分入江，三分入海的导淮计划。据资料记载，淮河最大流量按12 500立方米每秒计算，入江流量按7 000立方米每秒，入海流量按3 000立方米每秒计算。入江路线由三河经高宝湖、归江各坝至三江营及瓜洲入江；入海路线由张福河循旧黄河至涟水，从涟水至甸湖开新漕，甸湖以下仍循旧黄河入海。（《淮河志·淮河大事记》第88～89页）

## 1920年

4月7日，顺直水利委员会与美商广益公司签订办理运河初步测量续借10万美元合同，以国库券为担保，年息九厘，九九交价，用于支付运河工程总局经费。（《中国二十世纪通鉴（1901～1920）》第1247页）

7月，江淮水利测量局、在山东省沂河首次设立李家庄水文站。（《淮河志·淮河大事

记》第 89 页）

是年，美国广益公司水利工程师费礼门，受北洋政府邀请来华洽谈南运河治理借款问题，并搜集研究淮河洪水出路问题的资料，回国后发表了《导淮计划书》，主张淮水全量入海，所需经费 600 万美元。入海路线自中游五河县，经洪泽湖北端开一条直河，向东穿过运河、六塘河、盐河至临洪口入海。（《淮河志·淮河大事记》第 89 页）

## 1921 年

6 月，江淮水利测量局在山东省郯城县沭河设立茅茨庄水文站，次年 4 月，又在郯城县设立沭河窑上庄水文站。（《淮河志·淮河大事记》第 90 页）

是年，孙中山在《建国方略》中，肯定了江海分疏的淮河导治原则。在淮河入海路线上，他采纳柏文蔚的建议，主张北支达黄河旧槽之后，导入盐河，循盐河而下，至其向北转折处，开河直入灌河，以取入深海最近的路线入海，避免开挖旧黄河的麻烦；南支在扬州入江处，应使运河经过扬州城东入江，使淮河水流在镇江以下的新曲线，以同一方向与大江汇流。他还主张淮河南北两支，至少要有 20 英尺深的水流，使沿岸商船自北方赴长江各地，以免绕道经由长江口进入，可节省航程近 300 英里，又可畅泄洪泽湖与淮河洪水，洪泽湖底可涸出改为良田。（《淮河志·淮河大事记》第 90 页）

## 1923 年

11 月 27 日，财政部裁员。29 日，曹锟下裁员令：中央机关除平政院应依法办理外，运河工程局、京兆河道管理处、水路测量所等机构一并裁撤。（《中国二十世纪通鉴（1921 ～ 1940）》第 1483 页）

是年，顺直水利委员会开始在顺义县苏庄建水利枢纽工程，挽部分潮白河洪水入北运河故道。该工程由泄水闸（39 孔，每孔 6 米）和进水闸（10 孔）组成，并开挖新引河一道，长 14 里，以通北运河。1925 年 8 月全部完成。“七七事变”后，由于“官守失常，装修停止，以致底部刷空”。1939 年 7 月毁于战火。（《海河志·大事记》第 62 页）

## 1925 年

8 月 13 日，直隶濮阳县黄河南岸李升屯（今属山东鄄城县）民埝溃决，淹濮县、范县、郓城、寿张、东平、阳谷、汶上等县。为防止溃水南下，东平县知事率领群众将十里堡、八里湾、三里堡、常山口、王仲口等五处运河南堤扒开，导泛水流入东平湖，由姜沟回归正河。灾区面积 1 500 平方千米，灾民 200 万人。（《民国黄河大事记》第 37 页）

12 月，顺直水利委员会完成测量工作。自 1920 年 3 月以来共测量地形 62 970 平方千米。测量范围为南运河自天津至临清，潮白河自天津至牛栏山，永定河自天津至卢沟桥，大清河自天津至保定，滹沱河（包括子牙河）自天津至正定，测量河流 77 042 千米，并进行了主要河系的平面测量、水准测量和海岸测量。（《海河志·大事记》第 62 页）

是年，顺直水利委员会为整理青龙湾减河，分泄北运河洪水，在北运河土门楼滚水坝基础上，建造一座 40 孔（孔宽 3 米）泄水闸（1974 年在老闸基础上改建为钢筋混凝土闸，共 10 孔总宽 109 米）。（《海河志·大事记》第 62 页）

是年，国民政府水利局发表《治淮计划》，这一计划在解决淮水出路问题上，除同意张謇的江海分疏计划，还提出沂、沭河导治方案，主张沂河洪水大部分出周家口、骆马湖入六塘河；其余由窑湾及二道口分入中运河，至刘老涧后仍入六塘河，汇流东下，经灌河入海。在水量分配上，主张按沂河最大流量 2 500 立方米每秒，入六塘河 2 100 立方米每秒，分入中运河再汇入六塘河 400 立方米每秒设计。（《淮河志·淮河大事记》第 91 页）

## 1926 年

伏秋，山东黄河、泗河、运河决口为灾。8 月 14 日，黄河在东明县刘庄决口，口门宽 130 余米，水势东泻，流入巨野赵王河，宽 15 里，东明、菏泽、郓城、巨野、嘉祥等县受灾。同时，运河漫溢，淹没金乡 310 村，淹嘉祥 800 余村。泗河决口，淹兖州、曲阜等地村庄。（《淮河志·淮河大事记》第 91 页）

## 1927 年

5 月 11 日，山东省泗河整理工程开工。运河工程局原计划疏浚东泗河身，建西泗河滚水坝，修筑总泗河及东、西泗河堤，修筑金口坝，堵塞沿河决口。以济宁、滋阳、曲阜、泗水、邹县、滕县、鱼台等 7 县丁漕作为专项，并设工程处于张家桥。开工不久，受时局影响，于 7 月 10 日停工，仅完成土方 10 万立方米，所完成土方除堵口外，尚不及原计划的十

分之三。（《淮河志·淮河大事记》第 91 页）

## 1928 年

6 月，南京国民政府中央会议决定改直隶为河北省。河北省设建设厅，管理河务，下辖永定河河务局，北运河、子牙河河务局和南运河、大清河河务局等，对各河实施管理。（《海河志·大事记》第 62 页）

是月，《淮系年表》一书出版。《淮系年表》是武同举先生历经 8 年艰辛写成的，全书分四册三大部分：一是淮河年表并图，二是淮河历代水利与水患，三是淮河水道篇。该书既是一本编年体的淮河水利史专著，又是一本记述淮河水利的志书。（《淮河志·淮河大事记》第 92 页）

9 月 26 日，顺直水利委员会改组为华北水利委员会，主席李仪祉兼总工程师，下设总务、技术两处，负责黄河以北五河的治理及防洪、灌溉和航运等。1931 年 4 月 1 日，划归内政部领导。（《海河志·大事记》第 63 页）

是月，河北省与天津特别市政府合组成立整治海河委员会，拟定治河办法。1934 年 1 月，整治海河委员会改为整理海河善后工程处，继续办理海河放淤事宜。次年撤销，由海河工程局接管。（《海河志·大事记》第 63 页）

是年，国民政府建设委员会设立导淮图案整理委员会，接收前运河工程局保管的江淮水利测量局导淮测量资料和安徽省水利测量局的测量资料，并搜集、整理清末、民国初年各种导淮计划、资料、图表等，编成《导淮图案报告》一书。（《淮河志·淮河大事记》第 92 页）

是年，江苏省里下河地区连遭两年干旱，里运河水竭，航运断流，串场河干涸，里下河地区所有的河、港、湖荡大部见底。蝗虫害稼，卤湖倒灌。岁大饥、民多流亡。（《淮河志·淮河大事记》第 92 页）

## 1929 年

7 月 1 日，国民政府导淮委员会正式成立。设正、副委员长各 1 人，委员 23 人。蒋介石兼任委员长，黄郛为副委员长。委员会下设财务、总务、工务三处，先后任命陈其采兼任财务处长，李仪祉兼总工程师和工程处长，杨永泰任总务处长。总务、财务两处设在会内，工务处设在淮阴。另设置总工程师办公室，以便接洽工作。1930 年 9 月，工程处迁回南京，仅留水文股驻淮阴，办理该股所管事务。（《淮河志·淮河

大事记》第 93 页）

8 月 7 日，永定河南岸续溃一百三十余丈，北运河决堤，水淹十八里，灾民超过 50 万人。（《中国二十世纪通鉴（1921 ～ 1940）》第 1854 页）

10 月 6 日，华北水利委员会第六次会议通过永定河治本计划大纲，并着手编制《永定河治本计划》，1933 年 4 月该计划由华北水利委员会出版。其内容涉及北运河：在永定河尾闾疏浚永定河口以下北运河、金钟河泄水道。自 1934 年开始实施，但仅做了中下游河道整治工作，因抗日战争开始，计划未得到全部实施。（《海河志·大事记》第 63 页）

是年，华北水利委员会在宁河县渤海边筹建崔兴沽实验场，引蓟运河水灌溉。因经费困难，筹建 5 年才初步建成。实验场占地 4 800 多亩，其中实验田 480 亩。1935 年，开始灌溉试验，科研项目包括灌溉定额、盐碱地改良。1937 年崔兴沽实验场毁于炮火。（《海河志·大事记》第 63 页）

是年，里下河连续两年大旱，旱情灾情较 1917 年为重。里运河水竭，航运断绝，打坝拆坝，矛盾迭出。串场河干涸，河底能跑人。里下河地区所有河港湖荡大部见底。蝗螨害稼，卤潮倒灌。岁大饥，民多流亡。（《淮河志·淮河大事记》第 93 页）

## 1930 年

10 月，河南河务局长陈汝珍呈报导黄入卫计划。（《豫河三志》卷十第 15 页、《河南黄河大事记》第 46 ～ 47 页）

是月，山东运河工程局成立，隶属省建设厅，主管境内南北运河及其支流、湖泊之整修等事项。（《淮河志·淮河大事记》第 95 页）

是年，位于北运河和永定河交汇处的屈家店放淤枢纽工程开工，1932 年建成放淤。至 1939 年间共放淤 15 次，放淤区沉淀泥沙达 9 392 万立方米。（《海河志·大事记》第 64 页）

## 1931 年

4 月，第一期《导淮工程计划》经国民政府审议通过。该计划分 5 年施工，工程费 5 000 万元。导淮计划采取江海分疏，沂、沭分治的原则，排洪入江而不使江受淮害，并利用洪泽湖拦洪，以减省尾闾工程，兼用以蓄水，发展灌溉，便利航运，开辟入海水道，减轻洪泽湖负担。（《淮河志·淮河大事记》第 96 页）

7 月，华北水利委员会制定 1931 年 7 月至 1941 年 6 月十年水利实施计划。内容包括平津通航工程、独流入海减河工程，箭杆河、蓟运河整理工程等。（《海河志·大事记》

第 64 页）

11 月，山东省治理南四湖湖西洙水河、万福河等疏浚工程开工，次年 7 月竣工。各河均加宽浚深并培修堤岸。同时修南阳、昭阳湖埝 82 千米，完成土方 65 万立方米。（《淮河志・淮河大事记》第 97 页）

是年，由于雨期长、雨量多，造成淮河流域罕见的大洪水。上、中、下游普遍成灾，中游堤防普遍漫决，下游里运河东堤全线溃决，造成巨大灾害。据统计全流域受灾总面积达 6 400 万亩，灾民近 2 000 万人，死亡 22 万余人。（《淮河志・淮河大事记》第 96 页）

## 1932 年

1 月，受全国经济委员会邀请的日内瓦国际联盟会运输交通组，来华考察淮阴废黄河、盐河、运河交汇情况，考察了淮阴船闸闸址，然后又沿运河南下，查勘运河各涵闸及拟建邵伯船闸闸址后回南京。（《淮河志・淮河大事记》第 97 页）

6 月，山东省治理泗河工程开工，次年 12 月竣工。中央水灾救济委员会拨给小麦 3 000 吨，由运河工程局办理工赈，对泗河进行疏浚筑堤。东泗河在陈家楼、马坡两处裁弯取直，其余均按原河线按万分之一坡度挖河，底宽 36 米，平均深度约 3 米，西泗河筑堤，堤高、宽与东泗河同。共完成土方 305 万立方米。（《淮河志・淮河大事记》第 97 页引《整理泗河志》）

## 1933 年

2 月 23 日，在山东省建设厅组织下，由运河工程局局长孔令瑢主持，重修戴村坝工程正式开工，6 月 1 日竣工，用款 6.47 万元。重修后的戴村坝，玲珑坝顶宽 3.5 米，坦坡 5.2 米，跌水 5.3 米；乱石坝顶宽 4 米，坦坡 2.5 米，跌水 7.5 米；滚水坝顶宽 8.5 米，坦坡 3.5 米，跌水 2 米。（《民国黄河大事记》第 72 页、《淮河志・淮河大事记》第 98 页）

3 月，山东省疏浚蔡河工程开工，6 月竣工。疏浚流经嘉祥、巨野、金乡、济宁之蔡河长 50 千米，加宽浚深并培修堤岸，完成土方 119 万立方米，用款 23 万元。（《淮河志・淮河大事记》第 98 页）

5 月 22 日，为审查导淮借用英、俄庚子赔款使用问题，中英庚子赔款委员会邀请浚浦局总工程师兼该会技术顾问查德利博士等，在苏北先后考察了归江、归海各坝，邵伯船闸闸址，里运河东西堤，里下河各县灌溉涵闸工程，淮阴船闸闸址，清口惠济、通济、福兴诸闸，张福河疏浚工程，洪泽湖大堤，三河活动坝工程地质试验情况和上下引河开挖等情况。主张从速建筑三河活动坝工程。（《淮河志·淮河大事记》第 99 页）

12 月 21 日，为了整治京杭运河，导淮委员会、华北水利委员会、黄河水利委员会、太湖流域水利委员会、河北省建设厅、山东省建设厅、江苏省建设厅、浙江省建设厅，在南京联合召开了第一次整治京杭运河讨论会，就如何发展南北水运、复兴四省农村经济展开了讨论。（《淮河志·淮河大事记》第 99 页）

是年，华北水利委员会制定《整理箭杆河、蓟运河计划》，以解决潮白河李遂决口、夺箭杆河道所造成的洪水危害。由于抗日战争爆发未能实施。（《海河志·大事记》第 64 页）

## 1934 年

2 月 1 日，苏北高邮、邵伯船闸工程局成立。3 月 22 日，邵伯船闸工程开工。该闸净宽 10 米，净长 100 米，上下游水位差 7.7 米，双肩对开式闸门，1936 年 11 月竣工通航。（《淮河志·淮河大事记》第 100 页）

是月 4 日，淮阴船闸工程局成立，并同时设立淮阴船闸征收土地办事处。3 月，淮阴船闸引河工程开工。该船闸结构大小同邵伯船闸，上下游水位差 9.2 米，1936 年 7 月竣工通航。（《淮河志·淮河大事记》第 100 页）

4 月 29 日，苏北中运河刘老涧船闸工程局成立。6 月 7 日，船闸引河工程开工。该船闸与淮阴船闸结构相同，1936 年 7 月竣工启用。（《淮河志·淮河大事记》第 100 页）

4 月，山东北运河疏浚工程开工。省建设厅设临时工程处于聊城，征调临清、清平、博平、堂邑、聊城、阳谷、东阿等 7 县民工 20 余万人施工，至 7 月 15 日，全河土工大体告竣，计疏浚长度 135 千米。（《聊城地区水利志》第 21 页）

6 月 5 日，刘老涧、邵伯、淮阴 3 处船闸工程同时开标（共计到会投标 10 家、25 标），核准上海馥记营造厂承包建筑 3 处船闸工程。3 座船闸工程经费均以借款方式，向中英庚子赔款董事会借款 217 万元，以 3 座船闸竣工后之航运货捐为担保。（《淮河志·淮河大事记》第 100 页）

## 1935 年

6 月 7 日，山东成立黄运联运工程处，隶属于山东省建设厅，负责统筹办理黄河与北运河联运工程。6 月 15 日，省政府委托建设厅技正周礼为处长，技士兼运河工程局局长孔令

瑢为副处长。（《民国黄河大事记》第 100 页）

是月，为了沟通高宝湖和里运河之间航运，导淮委员会于高邮湖对岸的越河港建小型船闸一座，闸室净宽 10 米，净长 30 米，出入口净宽 5.8 米，翌年 4 月完成，共用去 10.7 万元。（《淮河志·淮河大事记》第 101 页）

7 月 10 日晚，山东黄河鄄城县董庄民埝等处决口，大溜东南流，漫菏泽、郓城、巨野、嘉祥、济宁、金乡、鱼台等县，沿洙水、赵王河注入南阳、昭阳、微山诸湖，由运河进入江苏北部；小股东北流，至安山穿运河，合汶水复归正河。淹鲁、苏两省 27 县，受灾面积 12 215 平方千米，受灾人口 341 万余人，死亡 3 750 人，财产损失 1.95 亿元。（《民国黄河大事记》第 102 页）

7 月中下旬，为阻止董庄决口泛水南下，苏北各县动员 12 万人修筑苏北防黄大堤，全长 60 里。山东方面，认为苏北防黄大堤将阻止黄水入海，江苏乃将其更名为微湖西堤，主要作用在防黄西溢。（《民国黄河大事记》第 102 页）

是月 28 日夜，山东鱼台县境之南阳湖突在袁洼决口，大水抵万福河北，共淹百余村。滕县独山湖亦向东溃决，淹没 20 余村。9 月，江苏徐州不牢河、黄河泛水夺房亭河口，水势狂奔，徐东半壁尽成湖沼，邳县三分之二陆沉，灾民 30 万人。11 月 9 日，山东东平县运河东堤北至安山、南至靳家口溃决 10 千米，水深四五尺，淹麦田 2 000 余顷，损失极巨。同月，江苏中运河河堤决口长度共达 1 530 米，间段残缺者 40 余千米，下运河及六塘河亦危急万状。尚幸各县官民，全力抢护，苏北免于全部陆沉。（《民国黄河大事记》第 103 页）

8 月 5 日，经委会召开导淮治黄会议，会商黄水入苏补救办法。李仪祉因督促董庄堵口不能参加，提出五项建议：① 董庄由江苏坝向东直开引河，可减过多水量；② 赵王河坚筑南堤，可免鲁省泛滥；③ 归入南旺湖水设法导入东平湖；④ 蔺家坝以不开为宜；⑤ 微山湖入运之水，以津浦、陇海两铁路路桥的桥下过水容量为准。运河自微山湖至滩上集一带坡陡尚可容 10 000 立方米每秒之流量，滩上集以下过量之水入骆马湖、六塘河。江苏省筑堤以不妨碍洪水入海流路为准。（《民国黄河大事记》第 103 ～ 104 页）

是月 12 日～ 17 日，受经委会委派，李仪祉、汪胡桢协同技术人员前往鲁西勘察黄水泛滥情形。鲁西灾区面积约 6 000 平方千米，成三角形，西北以黄河大堤为界，东北以运河为界，西南以万福河南堤为界。泛水分三股，分途向东平湖、南阳湖、昭阳湖及微山湖灌注，灾区水深二三米。（《民国黄河大事记》第 104 页）

是月 30 日，江苏邳县民众在王母、胜阳二山间筑长约二里横坝防水，山东峄县民众认为该坝阻黄河泛水下泄，双方发生械斗，结果互有死伤。邳县民众被掳 6 人，

拦河坝被拆毁，势甚严重，导淮委员会及邳县政府电请中央及鲁省政府制止。（《民国黄河大事记》第 105 页）

是月，根据导淮水利委员会、华北水利委员会等单位召开的运河整理讨论会结果，《整理运河工程计划》正式出版。运河北至北京，南至杭州，长 1 700 多千米，其中包括北运河改道、南运河裁弯取直等项目，因时局变化而未实施。（《海河志 · 大事记》第 64 页）

9 月，李仪祉向经委会建议开辟内河八大航路，与运河有关者计：① 开辟运河，使自天津直达杭州，千吨轮船，可以畅行无阻；② 沟通河北之小清河与运河及黄河，使千吨轮船可以畅行无阻；③ 延长卫河，自河南之道口，直至山东之临清，以通于运河，使 500 吨之轮船，可以畅行无阻。（《民国黄河大事记》第 106 页）

11 月，黄运联运工程处在东阿位山安装钢制虹吸管两条，引黄河水济运。（《聊城地区水利志》第 21 页）

是年，华北水利委员会在龙凤河上建节制闸一座，闸身 8 孔，全部采用钢闸门，每孔宽 4 米，高 2.81 米，解决了北运河洪水倒灌洼地的问题，并且及时排泄洪水，使 2 000 平方千米面积受益。（《海河志 · 大事记》第 65 页）

## 1936 年

是年，黄河与北运河联运工程完工者有：位山吸水站，沉沙区引水工程，陶城铺活动桥，周店月河涵洞，周公河穿运涵洞等；正在施工者有：周店船闸、临清船闸、四河头徒骇河穿运涵洞（4 孔）及整修魏湾三孔桥等。（《聊城地区水利志》第 21 页）

## 1937 年

是年汛期，山东汶河大水，因受黄水顶托，东平湖水位上涨，致使东平湖运河西堤在寿张县三里堡、红沙湾等处（今属东平县）决口，淹地 80 余万亩。（《民国黄河大事记》第 126 页）

## 1938 年

1 月 5 日，韩复榘放弃山东重镇济宁，将部队撤至运河西岸，主力退集于曹县、城武、单县一带。（《中国二十世纪通鉴（1921 ～ 1940）》第 2433 页）

3 月 23 日，台儿庄战役爆发。（《中国二十世纪通鉴（1921 ～ 1940）》第 2445 页）

5月19日，日军占领徐州，徐州会战结束。（《中国二十世纪通鉴（1921～1940）》第2458页）

6月9日，国民党军制造黄河花园口决堤。河水直冲东南，由周口镇汇沙河，流入淮河，再经界首入安徽汇涡河，进江苏泄入洪泽湖，沿运河入长江，流入东海。淹没豫、皖、苏三省44个县5.4万平方千米土地，形成长400多千米、宽30至80千米的“黄泛区”。日军约4个师陷于泛区，原订作战计划被打乱，损失两个师以上兵力。但也使豫、皖、苏三省1 250万人民受灾，89万余人被淹死。（《中国二十世纪通鉴（1921～1940）》第2462页）

8月，日军炸决江苏里运河堤岸，排泄黄河泛水，高邮县境内一片汪洋。（《民国黄河大事记》第134页）

是年，自花园口扒口后，河水南泛入淮，山东东平湖湖底基本干涸，大部垦为农田。至1947年花园口堵复后，东平湖才又起到天然滞洪作用。（《民国黄河大事记》第131页）

## 1939年

7月19日～21日，卫运河在临清花园庄、汪庄等地决口29处，受灾面积171万亩，灾民40余万人。（《聊城地区水利志》第21页）

是年，海河流域大水。7月～8月，河北省受台风袭击出现三次大暴雨，永定、大清、北运、潮白、南运、滏阳、滹沱等河决口甚多，广大平原受灾严重，尤以天津为最。河北省受灾面积约45 000平方千米，灾民800余万人，死伤12 300人，冲毁铁路160多千米。天津市78%被淹，受灾人口65万。（《海河志·大事记》第66页）

## 1940年

6月下旬，山东卫运河护岸工程开工，至10月竣工。本工程由当时华北政务委员会拨款，山东省公署主办。护岸工程共计22处，其中有临清县大营、杨缆、温凉社、三元阁、铁窗户5处，馆陶县吕庄、南馆陶、十里铺等4处，均系排桩埽把护岸工程。（《聊城地区水利志》第21页）

## 1942 年

是年，由郑肇经主持，武同举、赵世暹编辑的《再续行水金鉴》脱稿，行政院水利委员会将其编入“水政全书”印行出版。本书记载了自清嘉庆二十五年至宣统三年间的水利史，其中运河水利史占据重要版面。（《民国黄河大事记》第 166 页）

## 1943 年

是年春，新四军根据地淮北行政公署建设处，在高家堰南北修复临湖面的石工墙一千三百四十丈，并填补被国民党韩德勤部队破坏的三段堤身。同时，为了保护当时湖边生产，又动员 20 万民工，自高良涧经顺河集、黄圩子向北绕成子湖，衔接泗阳的安河，从低洼的荒草滩里，修筑了 200 余华里的马蹄形环湖圈堤。在临淮头以西，汴、溧两河之间，也筑成挡湖水的新堤。（《淮河志·淮河大事记》第 107 页）

是年，日军便利新乡至天津间交通，由伪华北政务委员会建设总署水利局设计引黄济卫工程，并于 8 月 21 日正式开工。该工程计划在京汉铁路桥以西黄河北岸大堤上修闸 5 道，引黄河水 40 立方米每秒，总干渠由黄河大堤经何营、忠义、亢村、小冀至新乡东北骆驼湾入卫河，补充卫河水量。工程由伪河南总署开封工程处施工，至年底只将总干渠竣工，渠首闸用沉箱法施工，因遇流沙而停工，次年 5 月在黄河滩上扒口试行放水。旋以日本战败投降，干渠建筑物及灌溉配套工程等均未及施工而中途停止。1945 年、1946 年，国民政府河南省水利局派人进行调查、测量，把此工程定名为“引黄济卫”工程，拟订修复计划，因缺资金，未动工。（《民国黄河大事记》第 175 页）

## 1944 年

是年春，为了防止高邮湖泛滥淮宝县（解放区新设县，包括淮安、宝应各一部分），淮宝县民主政府领导 7 个区的人民，用工 30 余万个，拨款 2 000 多万元，历时 100 多天，历尽艰难，筑成长达一百四十丈的人字头拦河大坝，使 30 多万亩良田免除洪水灾害。（《淮河志·淮河大事记》第 108 页）

6 月，由日本东亚研究所所编《第二调查（黄河）委员会综合报告书》（日文）出版。其中涉及运河的内容为：关于以黄河为中心的华北内河航运整理计划。一是利用卫河和运河，从黄、沁河补水，自修武、新乡、临清、德县而达天津，通行 300 吨拖驳；二是整理黄河水道自花园口经周家口、正阳关、凤台、怀远、蚌埠、洪泽湖、高邮湖与大运河汇合，沟

通长江水运，行驶300吨拖驳。（《民国黄河大事记》第181页）

## 1945年

是年，张含英所著《历代治河方略述要》一书，由商务印书馆出版发行。该书对历代主要治黄思想、方略进行了较为系统的分析研究。20世纪80年代作者又将此书改编、补充，定名为《历代治河方略探讨》，由水利出版社出版。（《民国黄河大事记》第194页）

是年，卫运河决于临清县王江、刘口。（《聊城地区水利志》第22页）

是年，华北水利工程总局在天津成立，局长王华棠、副局长高镜莹，下设总务处、工务处、堵口复堤工程处和永定河官厅水库工程局，主要从事测绘、水文、规划设计工作。（《海河志·大事记》第66页）

是年，晋察冀边区人民政府冀中行署工务局成立，主要负责本地区的水利交通建设事宜。局长郝执斋，副局长丁适存。1949年1月冀中工务局改组为冀中水利局，下设大清、子牙、永定、南运等河的河务局及办事处。（《海河志·大事记》第66～67页）

是年至1948年，冀南区卫运河河务局在南运河裁弯22段，上口宽33米，底宽23米，边坡1∶1。（《海河志·大事记》第67页）

## 1946年

7月～8月，鲁西南霪雨连绵，运、泗等河泛滥，济宁、鱼台、金乡、嘉祥、滋阳、邹县、滕县、峄县8县受灾，淹没耕地300万亩。7月6日～7日两天，济宁白咀运河、柳行府河、泗河泛滥；7月14日，济宁县城运河两处漫溢。8月24日，汶、泗两河并涨，济宁辛店闸附近，运河浸漫20余处。两个月内，运、泗、洸各河及南阳湖数次漫决，加上湖西坡水汇集，致使鲁西南平原灾情严重，尤以济宁、鱼台两县为最；济宁灾区占全县三分之二，秋禾损失80万亩。鱼台被淹面积24万余亩，灾民15万人。（《淮河志·淮河大事记》第112页）

是年，行政院善后救济总署在江苏泛区所推行的主要工作为苏北运河修复工程。5月，行总派员视察运河情形后，即组织苏北运河工程委员会，并设工赈局主持其事，计发出面粉17万袋，完成土方45万立方米，完成石方1 500立方米。（《民国黄河大事记》第201页）

是年，为了保护人民生命财产的安全，苏皖边区政府制定了整修运河计划，自邵伯镇至陇海铁路以南厨塘600多里长，至6月8日完工。这次整修苏北运河，动员民工近4万人，共修复残缺堤岸247处，修筑埽工护岸工程21处，整修闸坝7座，使运河防洪能力达到抗战前的标准。整修工程中，由于实行以工代赈，沿运河13个县的15万灾民得以安度春荒。（《淮河志·淮河大事记》第109页）

是年，冀南区卫运河河务局与滏阳河河务局成立，主要任务是整修堤防、防汛排水。秋，渤海行署设立运河河务局。1949年，卫运河河务局与滏阳河河务局合并为冀南区河务局。（《海河志·大事记》第67页）

## 1947年

是年，卫运河裁弯取直铁窗大弯道（俗称电灯房）并修浮桥口南北砖坝。（《聊城地区水利志》第22页）

## 1948年

8月21日，在京汉铁路桥附近开挖的引黄济卫进水口并未建控制闸，且曾一度放水。花园口堵口合龙后，进入汛期，水位上涨，时有夺溜之虞。黄河水利工程总局饬令河南修防处将渠口堵复，遂于8月21日由东向西进占堵筑，至25日下午合龙，动用秸柳33万斤。（《黄河志·黄河大事记》第216页）

是月，华北人民政府成立卫运河管理委员会，其任务是协调、解决各解放区水利和航运矛盾问题，成润任主任。此委员会于中华人民共和国成立前撤销。（《聊城地区水利志》第23页）

9月，中共华东局批准山东省导沭工程实施方案，并组成山东省沂、沭河流域水利工程总队。10月上旬，对导沭经沙入海工程线路进行局部地形与河道断面测量，为导沭工程规划、设计、施工提供了第一手资料。（《淮河志·淮河大事记》第113页）

10月18日，华北人民政府主席董必武在河北省平山县宣布华北水利委员会成立。主任辛肇英，副主任徐正、王化云。1949年2月11日迁往北京，10月31日奉命撤销。（《海河志·大事记》第67～68页）

是年，渤海行署与冀中行署疏浚捷地减河，扩大石碑河以分泄捷地减河洪水，减少灾害。（《海河志·大事记》第68页）

## 1949 年

1 月 15 日，中国人民解放军解放天津市。17 日，天津市军事管制委员会接管处处长徐正宣布接管国民党政府华北水利工程总局。5 月 26 日华北人民政府令："华北水利工程总局更名为华北水利工程局，归华北水利委员会领导。"（《海河志·大事记》第 71 页）

是月，卫运河、滏阳河两河河务局合并，建立冀南区河务局。下设 6 个办事处，其中漳卫南运河系的有大名、临清、夏津 3 个办事处。（《聊城地区水利志》第 23 页）

2 月 11 日，华北水利委员会由河北省平山县迁至北平（今北京市）。该会于 10 月 31 日撤销。（《海河志·大事记》第 71 页）

是月，山东省人民政府批准《导沭经沙入海工程计划初稿》。

是月，成立山东省导沭委员会。（《淮河志·淮河大事记》第 113 页）

3 月，江苏解放区接收原江北运河工程局，成立苏北运河工程局，局长熊梯云（兼下设南段、中段、北段三个工程处处长）。（《淮河志·淮河大事记》第 113 页）

4 月 21 日，山东省导沭工程开工。工程包括在临沭县大官庄北劈开马陵山，开挖引河导沭河东流入沙河，经临洪口入黄海（经沙入海段后定名为新沭河），修筑新、老沭河堤防以及兴建沭河大坝、溢流堰，穿沭涵洞等建筑物。全部工程分 10 期施工，最后一期于 1953 年 12 月 7 日完工。（《淮河志·淮河大事记》第 113 ～ 114 页）

是月下旬，苏北春季治水修堤工程全面展开。宿北（新设县，宿迁北部）、宿迁、泗沭（新设县，泗阳、沭阳各一部分）、淮阴、淮安、宝应、高邮、扬州 8 市、县组织近 2 万民工，修筑苏北运河 700 余里长堤。（《淮河志·淮河大事记》第 114 页）

5 月 17 日，河南省浚县和汲县以工代赈维修卫河堤防险段 52 处，共完成土方 3.77 万立方米。（《海河志·大事记》第 71 页）

8 月 1 日，河北省人民政府成立，同时成立河北省水利局，负责统一管理全省水利工作。（《海河志·大事记》第 72 页）

是月，沂、沭河大水，据统计，沂河、中运、不牢、六塘、沭河等干河共决口 150 处以上。（《淮河志·淮河大事记》第 115 页）

9 月 19 日，河北省人民政府令：在省水利局领导下成立蓟滦、永定、大清、子牙、南运及冀中运河 6 个河务局，作为该河系的专管机构。（《海河志·大事记》第 72 页）

# 中华人民共和国时期

## 1949 年

11 月 20 日，羊角河展长工程动工，24 日完成。在小运河的荆门闸、郎湾处各修涵洞 1 座。（《聊城地区水利志》第 23 页）

是月 25 日，导沂整沭第一期工程开工。导沂整沭工程是中华人民共和国成立后苏北地区第一个大型水利工程。整个工程分为 4 期。第一期主要有：① 开挖嶂山至海口段新沂河；② 兴办嶂山切岭工程；③ 兴建骆马湖大堤；④ 修建皂河束水坝、中运河刘老涧坝、南六塘河三岔坝；⑤ 五图河的复堤和疏浚；⑥ 兴建沂南小河。至 1950 年 6 月基本完工。（《淮河大事记》第 120 页）

是月 26 日～ 29 日，沂、沭、汶、运治导会议在徐州召开。会议决定沂、沭、泗流量分配：沂河 6 000 立方米每秒，由苏北入海；沭河 4 500 立方米每秒，其中 3 500 立方米每秒经沙河入海，1 000 立方米每秒仍由老沭河经新沂河入海；泗水 1 000 立方米每秒，由不牢河及韩庄运河分泄，经苏北六塘河入海。（《淮河大事记》第 121 页）

12 月 2 日～ 8 日，河南省武陟县组织 9 万名群众疏浚济河、卫河上游的孟姜女河及小涝河等 4 条排涝河道。（《海河志・大事记》第 73 页）

是年，北运河通县站洪峰达 920 立方米每秒，致使通县境内北运河左堤 9 处溃决，潮白河、凉水河也多处漫溢，全县淹地约 70 万亩。（《北京水利志稿（第一卷）》第 51 页）

是年，潮白河、蓟运河、北运河共 22 处决口，天津市涝灾面积 542.3 万亩。（《海河志・大事记》第 74 页）

## 1950 年

1 月，黄河水利委员会（简称“黄委会”）在平原省武陟县庙宫建立引黄灌溉济卫工程处。韩培诚、耿鸿枢兼任正、副处长，领导规划设计、施工管理、计划财务、科学试验等。（《黄河志・黄河大事记》第 231 页）

是月，华东水利部在上海召开沂、沭河治导技术会议，确定以骆马湖、黄墩湖为拦洪水库，沂河洪水流量6 000立方米每秒，分沂入沭1 000立方米每秒，在江风口设临时控制工程，向武河分洪1 500立方米每秒，其余3 500立方米每秒经新沂河下泄。（《淮河大事记》第122页）

3月25日，山东省泗河下游改道工程开工。泗河下游自张桥以下分为两股，西股长约12千米，至鲁桥北师庄南入南阳湖；东股长约19千米，至新河涯入独山湖。这次改道工程将两股泗河堵闭，自张桥至浅村西北2千米处，另开挖长6千米的新河入南阳湖，完成土方108万立方米，5月底竣工。（《淮河大事记》第123页）

是月，聊城专署制定水利工程五年计划大纲草案。其中有关运河的是：通航，小运河从张秋镇起到临清旧闸，共有桥18座，需及时疏导，修补闸桥，以达常年通航。（《聊城地区水利志》第24页）

春，平原省湖西专署调集民工10余万人，修筑南四湖湖西大堤。当年麦收前，完成北起石佛，南至程子庙，长54千米的湖西大堤。（《淮河大事记》第123页）

4月20日，平原省水利局在淇门西建成卫河上第一座提灌站，安装5 884瓦柴油机13台，抽卫河水浇地。（《海河志·大事记》第77页）

是月，华东水利部在南京召开华东水文会议。会议决定淮河流域分三大区设水文站。其中沂、沭、泗区建立茅茨庄、口头、沟上集、戴村坝、南阳、韩庄、临沂、沂水、皂河9座二等站及14座三等站。（《淮河大事记》第123页）

是月，渤海行署运河河务局改为山东省水利局北运河水利工程处，门金甲任处长，窦彬如任副处长。（《聊城地区水利志》第24页）

6月26日至7月25日，淮河流域连续降雨。自7月1日，淮河水位开始上涨，7月18日，鲁台子最大流量达12 770立方米每秒。淮河中、上游支流先后漫决。下游苏北行署，及时开放拦江、壁虎、褚山3座归江坝，宣泄淮河洪水，保住了洪泽湖和运河大堤的安全。全流域被淹农田达312.5万公顷。（《淮河大事记》第124页）

7月8日，黄委会和平原、山东两省河务局共同组成东平湖查勘组，对东平湖、黄河、运河的堤防、水流和湖区可能蓄洪的情况等进行查勘，并写出查勘报告。（《黄河志·黄河大事记》第236页）

是月20日，黄河防汛总指挥部（简称“黄河防总”）召集山东、平原两省的代表，就东平湖蓄水问题进行协商。经双方同意，黄河防总作出决定：在蓄洪区内，平原省运堤、山东省旧临黄堤的修堵，以安山1948年洪水位44.06米（青岛基点）为防守标准，需要蓄水时由黄河防总统一掌握，由当地政府动员群众开放。平、鲁两省运河东西堤岸，维持原状，若被洪水破坏，低于1948年洪水位，或强度不能抵御1948年洪水时，进行修守和抢护。平原金线岭堤和山东新临黄堤，如遇较大洪水进行蓄水时，必须坚决防守不准溃决。东平侯河和平阴辣城新修拦河坝各一道，有碍洪水下泄，动员群众拆除。蓄洪区及长平滩区灾民救济，由两省提出救济方案报黄河防总转报中央处理。（《黄河志·黄河大事记》第 236 页）

9 月 11 日至 16 日，山东省召开第三次水利会议。会议决定给北运河工程处配置自行车两辆，并制定了《山东省河堤养护暂行办法（草稿）》。（《聊城地区水利志》第 24 页）

10 月，政务院批准《引黄灌溉济卫工程计划书》。（《河南黄河大事记（1840 ～ 1985）》第 106 页）

11 月 6 日，苏北运河整修工程江都段率先开工，12 月初，全面开工。这次整修工程共修复苏北运河东西两堤 292.56 千米。同时，还由营造厂承包，拆建和修理了沿运河 12 座涵洞。至 1951 年 5 月 25 日竣工。（《淮河大事记》第 126 页）

11 月 23 日，引黄灌溉济卫工程处向黄委会报送了施工计划书。（《黄河志·黄河大事记》第 231 ～ 232 页）

12 月 9 日，水利部召集山东省水利局局长江国栋、平原省水利局办公室主任奉乐亭及黄委会主任王化云会商，就东平湖蓄洪问题达成协议。12 月 25 日，水利部发函，要求平原、山东两省水利局和黄委会执行上述协议。（《黄河志·黄河大事记》第 238 页）

是年，山东省完成北运河堤防加高培厚工程，堤顶普遍高于 1949 年洪水位 1 米以上。（《聊城地区水利志》第 24 页）

## 1951 年

1 月 10 日，苏北运河工程局奉命并入淮河下游工程局。（《淮河大事记》第 131 页）

3 月，引黄灌溉济卫第一期工程开工。工程包括渠首闸、总干渠、东一灌区和西灌区等。（《黄河志·黄河大事记》第 240 页）

5 月，重新设计疏浚小运河工程，全河分为两个水级，周店以南作为第一个水级，周店以北至临清与卫运河相接作为第二个水级，在周店、临清两处恢复战前两座船闸。（《聊城地区水利志》第 24 页）

6 月，建立土闸、罗屯、周店 3 处水文站。（《聊城地区水利志》第 24 页）

是月，治理小运河工程由东阿、阳谷、聊城 3 个县施工，本月竣工，并派员验收。周店船闸工程，由济南包商承包，限期 50 天完成。临清船闸修复工程施工正与邯郸专署洽商。聊城、周公河穿运涵洞修补工程竣工。堂邑马颊河穿运涵洞修补、堂邑土桥闸翅及聊城李海务闸翅修补和清平三孔桥闸修补工程开工。（《聊城地区水利志》第 24 页）

7 月，卫运河水利工程处改为卫运河工程事务所，由聊城专署领导，宋子明任主任，王

树林任副主任。（《聊城地区水利志》第 24 页）

8 月，平原省设徒骇河邓楼水文站和马颊河土闸水文站，于 1953 年 1 月分别改为山东省聊城水文站和山东省土闸水文站。（《海河志·大事记》第 82 页）

9 月，天津市海河、子牙河、南运河两岸险工地段，修建钢筋混凝土护岸 226 米和木护岸 1 073 米，维修加固旧有护岸 3.7 千米。（《海河志·大事记》第 83 页）

10 月，骆马湖拦洪工程中的中运河皂河节制闸工程开工，它原为 1950 年 5 月兴建的束水坝，因无闸控制而改建为闸。闸的设计流量为每秒 500 立方米每秒，校核流量为 800 立方米每秒，共 7 孔，1952 年 6 月竣工。1972 年进行加固，校核流量改为 1 000 立方米每秒。与此同时，还兴建有皂河船闸和杨河滩泄水闸。（《淮河大事记》第 137 页）

11 月 2 日，苏北灌溉总渠土方工程开工。在淮安运河相交处，跨总渠建运东分水闸和船闸，跨运河建淮安节制闸和船闸。该工程至 1952 年 5 月 10 日基本完成，1953 年 4 月全部竣工。（《淮河大事记》第 137 页）

12 月 4 日，水利部向山东省水利厅发出电报，要求四女寺以上卫运河堤防按宣泄流量 800 立方米每秒培修加固。（《海河志·大事记》第 84 页）

是月，设计小运河治理善后工程，如陶城铺修复泄水闸口、周公河穿运涵洞改建等。（《聊城地区水利志》第 25 页）

是年，平原省批准在辉县成立“卫河河务局”，负责百泉河系建设和灌溉管理工作。1952 年改名为百泉河灌溉管理局，受新乡专署灌溉管理局领导。（《海河志·大事记》第 84 页）

是年汛期，聊城专区发生数十年未有的暴雨，大小河流宣泄不及，马颊、徒骇、赵牛河和小运河溃决，共决口 22 处，22 条支流漫溢。全区共淹地 290 万亩（占耕地面积的 31%），倒塌房屋 3 万余间。（《聊城地区水利志》第 25 页）

## 1952 年

4 月 12 日，引黄灌溉济卫第一期工程竣工。该渠在渠首修有五孔引水闸，可引水 40 ～ 50 立方米每秒，总干渠由渠首闸起沿京汉铁路西侧至新乡入卫河，全长 52.7 千米。可向卫河引水 20 立方米每秒，正式放水后，到 9 月份灌溉面积达 28 万亩。（《河南黄河大事记》第 112 ～ 113 页、《黄河志·黄河大事记》第 245 页）

是月 15 日，山东省洸、府河治理工程开工。此次施工，从黄庄至湖口 20 千米，平地开挖新河结合筑堤，并建公路桥 1 座，涵洞 20 孔。于 5 月 15 日竣工。（《淮河

大事记》第 141 页）

6 月 14 日，引黄灌溉济卫工程正式举行放水典礼。平原省副主席罗玉川剪彩，并将本工程正式命名为“人民胜利渠”。（《海河志·大事记》第 86 页）

7 月 1 日至 12 月底，引黄灌溉济卫工程基本完成，共可浇地 72 万亩。为黄河下游开辟了临堤建闸引黄灌溉的先河。（《黄河志·黄河大事记》第 245 ～ 246 页）

12 月 29 日，河北省水利厅人字 79 号文通知，撤销冀中运河组织机构，与大清河河务局合并。（《海河志·大事记》第 87 页）

## 1953 年

春，聊城专署颁布河流、沟渠、桥、涵、闸、坝养护管理办法。（《聊城地区水利志》第 27 页）

8 月 3 日，卫河河北省大名段右堤决口，莘县马颊河以西受灾严重。（《聊城地区水利志》第 27 页）

是月 22 日，政务院批复同意山东省以微山、昭阳、独山、南阳四湖湖内为基础，将湖内纯渔村及沿湖半渔村划设为微山县。其辖区包括江苏省沛县所属 15 个村，原属山东省嘉祥县 33 个村，鱼台县 75 个村，凫山县 42 个村与鲁桥、南阳两个镇，薛城县 69 个村与夏镇，峄县 16 个村与韩庄镇、微山岛。共计 250 个村，4 个镇，1 座岛。县治暂设于夏镇。（《淮河大事记》第 148 ～ 149 页）

是月，引黄灌溉济卫工程全部完成。可灌溉黄河北岸新乡、汲县、延津县等七十二万亩农田。8 月中旬，黄委会撤销了引黄灌溉济卫工程处，将引黄灌溉济卫工程全部移交给河南省人民政府管理。（《河南黄河大事记（1840 ～ 1985）》第 119 页）

是月，水利部部长傅作义到临清、聊城视察。先后视察了小运河与卫运河交汇处、聊城四河头，提出河道治理应执行“防洪为主，兴利为辅”的方针。（《聊城地区水利志》第 27 页）

是月，山东省水利局北运河工程事务所改为山东省农林厅水利局卫运河工程事务所，王新清任主任。（《聊城地区水利志》第 27 页）

10 月，全流域增设雨量站 59 座，水位站 55 座，水文站（流量站）29 座，实验站 2 座。其中淮河水系 166 座，沂、沭、泗水系 32 座。另设汛期临时水文站 19 座，水位站 15 座，雨量站 30 座，共 64 座报汛站。（《淮河大事记》第 149 页）

11 月 27 日，江苏省人民政府颁发《江苏省船闸过闸费征收暂行办法》。规定该省水利厅、省治淮指挥部管理的天生港、黄田港、武进小河、刘老涧、皂河、高良涧、淮阴、淮

安、邵伯、仙女庙及泰州 11 座船闸要收取过闸费。（《淮河大事记》第 149 页）

## 1954 年

2 月 17 日，引黄济卫工程提闸放水，流量为每秒 20 立方米。（《海河志·大事记》第 91 页）

6 月 4 日～8 月，淮河流域发生特大洪水。淮北大堤在禹山坝和毛滩分别于 7 月 27 日和 31 日决口，形成严重洪涝灾害。全流域被淹田达 431 万公顷，其中河南省 139 万公顷，安徽省 202 万公顷，江苏省 90 万公顷。（《淮河大事记》第 151 页）

是月，水利部召开漳河、南运河临时防洪措施会议，会议决定在山东省恩县洼滞洪，在四女寺减河分洪。（《海河志·大事记》第 92 页）

8 月 21 日，山东省临清市与河北省清河县因排水发生纠纷，由水利部派代表召集两省、专、县负责人协商达成协议。（《聊城地区水利志》第 28 页）

是月，漳卫运河流域连日大雨，卫运河出现第二次洪峰，上游升斗铺和临清闸、甲马营采取分洪措施。（《聊城地区水利志》第 28 页）

10 月，开通卫河上浚县至新乡段航运，1955 年开始拖轮运货，1959 年货运量达 83.6 万吨，客运量达 8 000 万人。（《海河志·大事记》第 93 页）

11 月，淮河水利委员会（简称“淮委”）提出《沂、沭、汶、泗流域洪水处理初步意见》。对南四湖区洪水进行处埋，提出建蔺家坝和韩庄闸，控制不牢河及韩庄运河。在微山湖水位为 33.5 米时泄量 1 000 立方米每秒。微山湖蓄水位暂定为 33.5 米，最高水位为 36.04 米，昭阳湖南段大致沿 33.5 米等高线沿湖筑堤。对沂、沭、运河区洪水进行处理，上游建龙门、傅旺庄等 4 座水库，分沂入沭扩大到 2 450 立方米每秒，巩固新沭河安全行洪 3 800 立方米每秒，加强沂河堤防，安全通过 5 000 立方米每秒，嶂山切岭扩大行洪 3 000 立方米每秒，新沂河排洪 4 500 立方米每秒。（《淮河大事记》第 153 页）

是年，海河流域大洪水。山东省两次利用恩县洼分泄卫运河洪水。（《海河志·大事记》第 94 页）

## 1955 年

春，卫运河治理工程 3 月 17 日动工，4 月 15 日完成，历时近 1 个月，由临清、馆陶、冠县组织民工 3 万人施工。（《聊城地区水利志》第 28 页）

3 月，为编制京杭大运河航运发展规划，交通部和淮委共同成立航运组。对北起黄河、南至苏州共长863千米的运河航道进行查勘，历时3个月。查勘结束后，提出《运河（黄河南岸至苏州）航运查勘报告》。（《淮河大事记》第155页）

4月30日，水利部批准山东省水利厅设计院提出的“南运河临时防洪措施方案”，并提出：四女寺减河汛前按分洪55立方米每秒，开挖部分应尽量与将来开挖400立方米每秒断面相符合。（《海河志·大事记》第96页）

是月，河南省卫河扩建淇门西引洪道控制工程竣工。引洪道口宽305米，完成土方27.8万立方米。（《海河志·大事记》第95页）

5月6日，山东省四女寺减河按分洪每秒55立方米疏浚整治工程开工。疏浚四女寺以下11.2千米。7月10日竣工，完成土方152万立方米。（《海河志·大事记》第96页）

6月1日，淮委配合山东省农林水利部门，进行沂、沭、泗河流域水土保持查勘，7月底结束。9月，编制出《沂、沭、泗河流域水土保持规划方案》。（《淮河大事记》第160页）

是月25日至7月3日，为了解决山东、江苏两省边界水利纠纷，双方省、地、县代表，在徐州召开协商会议，就南四湖清割芦苇、微山湖湖埝工程土地赔偿等问题达成协议。7月7日，淮委将协议报请水利部核备。7月8日和8月5日，山东和江苏两省人民委员会分别批准了上述协议，并转知所属单位执行。（《淮河大事记》第161页）

是月29日，山东省人民委员会转发水利部通知，汶河划归黄河水利委员会统一管理。（《淮河大事记》第160页）

7月11日，国务院批复同意，山东省将峄县性义区所属陡沟乡的小楼子等10个村，微山县韩庄镇的东、西马山等25个村，共计35个村划归江苏省徐州市领导；微山湖湖面由山东省微山县统一管理。（《淮河大事记》第161页）

是月，山东省卫运河岁修工程完工，聊城、德州两专区共有民工8.52万人参加施工。（《聊城地区水利志》第28页）

是月，河南省卫河滞洪区防汛指挥部将小河附近卫河左堤与同山、白寺、屯子一线西部低丘陵区之间划为白寺坡滞洪区，将浚县圈里村之南北东卫运河左岸划为小滩坡行洪区。共修围村堤28座，救生台174座，蓄洪量1.86亿立方米（保证水位59.2米）。（《海河志·大事记》第96页）

10月，伊家河治理工程开工。按微山湖水位达33.5米时，下泄200立方米每秒疏浚。经3期施工至1957年底基本竣工，1963年春全部完工。1958年2月，在伊家河上口兴建节制闸，为南四湖泄洪出口之一，共3孔，设计泄流量200立方米每秒，于8月建成。（《淮河大事记》第161～162页）

11月13日，里运河整治第一期工程开工。水利部8月30日批准，设计两岸直接灌区19.1万公顷，补给里下河灌溉25.8万公顷，航运按通过1 600吨驳船考虑，防洪东西堤均做块石护坡并拆除归海坝。淮安节制闸至四里铺拓西堤，四里铺至高邮华严寺新建东堤，华严寺至邵伯闸拓西堤，于 1959 年完工。（《淮河大事记》第 162 页）

## 1956 年

1 月 12 日，聊城专署制定徒骇河治理和卫运河岁修计划。（《聊城地区水利志》第 29 页）

是月 18 日，水利部批准山东省水利厅编制的《卫运河 1956 年岁修工程计划》。（《聊城地区水利志》第 29 页）

3 月 10 日，山东省冠县、馆陶县、临清市修复卫运河两岸 162 千米堤段，于 6 月结束，共完成土方 163 万立方米，并与河北省清河县、故城县共同完成护岸 83 处，砌石 34 530 立方米。（《海河志 · 大事记》第 99 页）

是月，淮委勘测设计院编制提出《沂、沭、泗地区流域规划报告初稿》。同年该流域大水后，水利部技术委员会对原报告初稿进行了修正。南四湖治理按百年一遇洪水位 37 米设防，重点是扩大出口泄量，当微山湖水位达 33.5 米时，泄量由原规划的 1 500 立方米每秒，修正为 2 000 立方米每秒。（《淮河大事记》第 163 页）

是月中旬至 10 月 22 日，位山虹吸灌区完成干渠 2 条、支渠 22 条、农渠 1 条、建筑物 22 座。位山虹吸 8 条管道中，4 条由聊城专署水利科管理，承担引黄济运通航，同时担负小运河两岸聊城、阳谷县二十万亩农田抗旱用水任务。（《聊城地区水利志》第 30 页）

4 月 22 日，山东省完成四女寺减河疏浚工程。设计流量 400 立方米每秒，疏浚段长 44 千米，河底宽 170 米，水深 2.8 米，44 千米以下为局部疏浚，堤顶一般高于设计洪水位 0.75 米。（《海河志 · 大事记》第 100 页）

5 月，卫运河岁修工程竣工，按安全通过 800 立方米每秒流量标准施工。（《聊城地区水利志》第 29 页）

8 月，漳卫运河流域发生特大洪水，8 月 4 日，漳河、卫河、卫运河堤决达 400 余处。全流域淹地 1 106.2 万亩，受灾村庄 2 000 个，其中房屋全部倒塌的有 341 个村庄，死亡 200 余人。聊城专区江庄决口最大，排出流量达 400 多立方米每秒，临西、武城、故城等卫运河西岸全部淹光，水深达 1 ~ 2 米，中央、省派出汽艇援救及救灾。（《聊城地区水利志》第 29 ~ 30 页）

8 月 4 日，卫河在河南省内黄县右堤决口，洪水泛入马颊河。13 日入聊城专区境，地委书记张新村到莘县督导抗洪。（《聊城地区水利志》第 30 页）

是年，汛期较早，持续时间长。卫运河于6月29日出现第一次洪峰后又连续出现四次洪峰。8月6日至7日馆陶、临清境内堤段相继决口36处，临清、馆陶、武城3个县（市）遭受水灾，共淹村庄976个，淹地184.74万亩，受灾人口达52万余人。（《聊城地区水利志》第30页）

## 1957年

春，徒骇河四河头穿运涵洞在原4孔的基础上增建6孔，共10孔，过水流量达到78立方米每秒。（《聊城地区水利志》第30页）

5月，聊城专署卫运河工程事务所与德州卫运河工程事务所同时撤销，成立聊城专署卫运河工程管理局。管理局下设德州、夏津、临清、平原、武城、馆陶6个管理段。（《聊城地区水利志》第31页）

7月6日～8日，淮河流域北部连续发生大范围降雨。沂、沭、泗河出现几十年来最大洪水。洪水期间，苏、鲁等省启用黄墩湖滞洪，保住了皂河以下运堤、骆马湖大堤以及徐州市区的安全。全流域成灾面积为363.5万公顷，其中山东省最重，为140.8万公顷，河南省130.7万公顷，江苏省60.5万公顷，安徽省31.5万公顷。（《淮河大事记》第164页）

8月22日，水利部在京召开关于治理卫运河、四女寺减河工程会议。决定由水利部与山东省、河北省水利部门负责人联合成立卫运河、四女寺减河工程办事处，负责卫河、四女寺减河扩大治理工程的设计、施工任务、经费分配和工程的检查验收等。办事处于9月成立后先后提出了四女寺减河扩大治理工程及卫运河、四女寺枢纽等初步设计，并召开了施工会议。工程于1958年5月底全部完工。（《海河志·大事记》第105页）

9月12日～15日，蔺家坝口门堵缩问题协商会议在徐州召开。经协商蔺家坝口门不予堵缩。（《淮河大事记》第165页）

是月，骆马湖控制工程宿迁闸、宿迁船闸、六塘河闸相继开工。其中宿迁闸共6孔，每孔净宽10米，泄洪量为1 000立方米每秒。1958年6月竣工。（《淮河大事记》第165页）

是月，河南省新乡县卫运河合河拦河闸工程开工，至12月底完工。该闸两孔，过闸流量100立方米每秒。其作用一是防洪，二是解决新乡市工业和生活用水。（《海河志·大事记》第105页）

秋季，河南省开始兴建卫河二道防线工程。为防止1956年那样的大洪水，从卫河右岸浚县咀头村起，经屯里村到清丰县苏堤村北修堤一道与卫河堤相接的二道防线，堤长59.2千米。（《海河志·大事记》第105页）

11月1日，中运河上段东堤退建工程开工。12月31日，完成河口至窑湾的东堤退建。1958年春，全线退建西堤，至6月竣工。退建后堤距，城河口以上1 100～1 130米，城河口以下1 500～1 800米，堤顶高程按滩上集水位26.5米，运河镇25.30米，窑湾24.9米，超高1.5米，猫窝以下至曹甸西堤超高0.5米，顶宽6米。（《淮河大事记》第166页）

是月10日，邳苍分洪道工程开工。邳苍分洪道是从江风口闸分沂河洪水入中运河的泄洪水道。经山东省临沂、郯城、苍山和江苏省邳县，于大榭湖入中运河，全长76千米。工程按泄洪流量3 000立方米每秒设计。山东省境内二程于1958年6月7日竣工。江苏省境内工程于1958年3月20日开工，7月底竣工。（《淮河大事记》第166～167页）

是月29日，河南省引黄工程"共产主义渠"渠首闸开工，闸门6孔，设计流量为每秒280立方米。与济卫（河）总干渠相接，经南运河以补给天津市工业和生活用水以及河北省沧州、天津两个专区四百七十万亩农田灌溉用水。渠首闸于1958年6月15日竣工。干渠土方工程自1958年1月开挖，同年7月完工，先行试水。1959年12月20日总干渠二期工程开工，由淇河小河口起至浚县老观咀入卫河，全长61千米，于1960年7月竣工。（《海河志·大事记》第106页）

是月，四女寺枢纽工程开工。四女寺枢纽工程包括进洪闸、节制闸、船闸、兄弟灌渠引水涵洞及电站五部分，于1957年11月开工，1958年相继建成，投入运用。共投资998.3万元。（《海河志·大事记》第105页）

是月，通县专区利用潮白河、北运河、凉水河各河基流修建徐辛庄平原水库、榆林庄灌渠、武窑扬水灌渠和漷县灌渠。计划发展灌溉面积25万亩。徐辛庄水库蓄水后，库闸冲毁，四周出现沼泽化，旋即废掉。（《北京水利志稿（第一卷）》第57页）

## 1958年

2月10日，卫运河扩大治理工程开工。工段自徐万仓至四女寺，全长213千米，按行洪流量1 250立方米每秒的标准治理，6月10日完工。（《聊城地区水利志》第31页）

是月18日，交通部成立"大运河建设工程局"，山东、河北等省分别建立指挥部，开始京杭大运河整治工作。（《海河志·大事记》第108页）

3月5日，卫运河治理工程动工。该河从秤钩湾以下至四女寺全长210千米，按设计行洪1 250立方米每秒。至6月10日全部竣工。临清、武城两座钢筋混凝土桥

于年底前建成使用。（《海河志·大事记》第 109 页）

是日，泗河治理工程开工。于 6 月 30 日竣工。共计培修新修、大堤 120 千米，开挖行洪道 16 千米，围埝护岸 9 处，加固险工 6 处，建涵 3 座，开分洪口门 2 处，完成土石方 314 万立方米。（《淮河大事记》第 169 页）

是月 11 日，南四湖湖西大堤开工修筑。大堤自南阳湖北端石佛寺村至微山湖南端的蔺家坝，跨鲁、苏两省，全长 130 千米。江苏堤段北起沛县大沙河口，南至铜山县蔺家坝，长 75 千米，至 7 月 15 日竣工。山东省主要修筑自石佛寺到刘香庄一段，长 54.4 千米，于 6 月 30 日结束。（《淮河大事记》第 169 ～ 170 页）

是月 15 日，韩庄运河治理工程开工。该工程上起微山湖出口，微山湖韩庄镇南，下至鲁、苏两省边界的陶沟河口，与江苏省中运河相接，全长 42.5 千米，为南四湖洪、涝水主要出路。按南四湖水位达 33.5 米时，出口泄水量（包括伊家河）最大不超过 800 立方米每秒的要求，拓宽加深河道。（《淮河大事记》第 170 页）

是月 24 日，水利电力部、农业部联合决定成立水利电力部、农业部漳卫南运河管理局，于 4 月 30 日正式办公。苌宗商任局长。主要任务是负责协调山东、河北、河南三省有关漳卫南运河的防洪、岁修、灌溉、分水等方面的具体工作及调解有关水利纠纷。（《海河志·大事记》第 110 页）

4 月，江苏省大运河指挥部成立。8 月召开施工会议。大运河新线从苏、鲁交界沛县大沙河口刘香庄起，经不牢河、中运河、里运河，到扬州都天庙入长江。10 月开工，至 1961 年 10 月完成。沿线建有解台、刘山、泗阳、淮阴、淮安、邵伯、施桥船闸 7 座，蔺家坝、解台、刘山、泗阳节制闸 4 座，淮安、宝应、白马湖穿运地下涵洞 3 座等工程。（《淮河大事记》第 171 页）

5 月 28 日，水利电力部决定在临清市成立卫运河实验站，研究卫运河裁弯效果和经验，以便用于长江裁弯治理。（《聊城地区水利志》第 32 页）

是月，卫运河四女寺减河扩大工程完工。卫运河按设计行洪流量每秒 1 250 立方米、四女寺减河按分泄流量 850 立方米每秒治理。该工程于 1957 年 10 月开工，至此完工。（《聊城地区水利志》第 32 页）

7 月中旬，卫运河上游连降大雨和暴雨，形成卫运河连续两次高水位持续十余天的洪峰。18 日 18 时秤钩湾洪峰流量达 778 立方米每秒。7 月 6 日、11 日、14 日马颊河上游连降大到暴雨，冠县 11 日至 13 日三天内降雨 350.7 毫米，莘县最大降雨强度高达每小时 40 毫米，加上河南省流入聊城专区的径流为 20 立方米每秒，难以入河，承泄不及，造成渍涝。全区农田积水面积 97.7 万亩。（《聊城地区水利志》第 32 页）

是月 26 日，中共山东省委根据黄河发生特大洪水的情况，为确保防洪安全，提出提前修建东平湖水库以滞蓄洪水的意见。27日上午周恩来总理接见并听取了李建修关于山东人民战胜特大洪水的情况和提前修建东平湖水库的意见，作出抢修东平湖水库的决定。（《山东黄河大事记（1946～1985）》第14页）

是月30日，山东省成立东平湖水库工程指挥部，于31日在梁山召开了菏泽、聊城、济宁、泰安四个专区和有关县的负责人会议，具体研究布置了施工任务。（《山东黄河大事记（1946～1985）》第14页）

8月5日，山东防汛指挥部主持赶修东平湖围堤。施工中民工分作两班日夜赶工，于11月底告竣。共修筑新堤76千米，完成土方1 700余万立方米。经过扩建，水库面积达632平方千米，总库容40亿立方米，防洪库容35亿立方米。（《黄河志·黄河大事记》第282页）

是月16日，山东省韩庄节制闸开工。该闸位于微山县韩庄镇西南，韩庄运河上口，是南四湖出口控制工程之一。全闸共17孔，设计过闸流量为每秒800立方米。1960年竣工，1977年又扩建14孔，设计过闸流量为2 050立方米每秒。（《淮河大事记》第172～173页）

10月20日，南四湖二级坝枢纽工程开工。该枢纽位于山东省微山县昭阳湖中段，东自常口村至东丁官屯村，由拦湖土坝、滚水坝、红旗一、二、三、四闸及船闸组成。全长6 582米，将南四湖分为上、下两级湖，是蓄、泄、灌、航综合利用工程。（《淮河大事记》第176页）

是月，京杭运河不牢河段动工开挖。开挖河段自蔺家坝至邳县大王庙入中运河，全长72千米，按二级航道设计，兼顾排涝、灌溉。工程分3期施工，1960年春基本完成，完成土石方5 631万立方米。（《淮河大事记》第177页）

是月，里运河续建工程开工。里运河运南闸上设计水位为11.2米，闸下设计水位为9.5米，高邮水位按入江水道排洪流量为11 000立方米每秒的水位为9米。下段河道改由瓦窑铺至天都庙开挖新河入江。工程于1961年10月完成，共完成土方7 199.3万立方米，石方35.35万立方米。（《淮河大事记》第177页）

冬，聊城市在李海务小运河右岸建小型木轮水力发电站1座，发电40～50千瓦。小运河水通过发电站泄入曹谭洼，因地势洼，造成漫溢，排入赵王河后沉沙难以处理，水电站发电月余后废除。（《聊城地区水利志》第34页）

是年，卫运河新建灌溉引水闸8座和永久性的机械抽水站7处。（《聊城地区水利志》第33页）

是年，卫运河扩大治理徐万仓至四女寺段，裁弯41处，长29.5千米，切滩长42千米；退旧修新堤19处，长29.11千米；整修险工护岸55处，长15.529千米。

（《聊城地区水利志》第 33 页）

## 1959 年

2 月，淮沭新河、通扬运河、通榆运河、京杭大运河苏北段、芜沪河工程先后施工。（《数据见证辉煌·江苏六十年》第 571 页）

6 月 30 日，东平湖石护坡工程赶修完工。东平湖水库石护坡是为蓄洪后防御风浪袭击的工程。1958 年 11 月 23 日开工，至 6 月 30 日基本完成，尾工于汛后继续完成。（《黄河志·黄河大事记》第 291 页）

9 月 28 日，万福闸工程开工。万福闸是苏北京杭运河梯级控制、淮河下游归江控制和引江济淮灌溉的关键工程。共 65 孔，设计流量为 7 400 立方米每秒，1962 年 12 月建成。（《淮河大事记》第 181 页）

10 月 30 日，京杭大运河梁山至济宁段（后称梁济运河）工程开工。梁济运河北起黄河南岸的国那里，流经梁山、汶上、嘉祥和济宁市郊区，在李集西南入南阳湖，全长 90 千米。1959 年冬季，济宁专区开挖龙拱河口至五里营段航道；1960 年济宁、菏泽两专区进行五里营至国那里段挖河筑堤工程；1962 ～ 1963 年，继续进行干流扩大；1966 ～ 1967 年，按六级航道加深疏浚，并兴建郭楼节制闸和船闸。1959 ～ 1967 年，共完成土石方 3 415.58 万立方米。（《淮河大事记》第 182 页）

11 月 10 日，北京、天津和河北省有关部门组成的海河水系北四河防洪除涝规划小组提出了《龙凤、北运、潮白、蓟运四河中下游防洪除涝规划纲要（草案）》。（《海河志·大事记》第 119 页）

是年，修建“红领巾湖”。通惠河北原有一处窑坑洼地，在环境卫生运动中，朝阳区组织以青少年为主的义务劳动，疏挖整治为湖泊。为纪念青少年的劳动成果，命名为“红领巾湖”，后改建为朝阳公园。（《北京水利志稿（第一卷）》第 62 页）

## 1960 年

1 月，成立北京市减河工程指挥部，根据水电部《龙凤、北运、潮白、蓟运四河中下游防洪除涝规划纲要（草案）》安排了以下工作项目：① 开挖由通县东关至潮白河的运潮减河，长 9.5 千米（1962 年施工时起点改为北关闸，河道全长为 11.5 千米）。可分泄北运河洪水每秒 500 立方米入潮白河；② 开挖龙凤减河和风港减河，向北运河分洪每秒 200 立方米；③ 扩挖凉水河和新凤河等平原排水河道。（《北京水利志稿（第一卷）》第 63 页）

是月下旬，北京市减河工程指挥部组织有关区县分别开挖减河和有关河道。至6月底，因省市间对工程的做法和标准尚未统一，这些工程开工不久均暂停工。（《北京水利志稿（第一卷）》第63页）

3月19日，水电部在北京召开解决微山湖地区水利问题的协商会议，达成《关于江苏、山东两省微山湖地区水利问题协议书》。同年4月9日，中共中央以中发（60）325号文，将上述协议书批转苏、鲁两省省委。（《淮河大事记》第184页）

是月，位于北运河上的通县北关拦河闸由通县组织动工，北京市市政设计院设计，12孔，孔宽6米，设计过水能力为850立方米每秒，10月竣工。（《北京水利志稿（第一卷）》第63页）

春，聊城开挖班（庄）滑（口）运河。（《聊城地区水利志》第35页）

9月，通惠河上高碑店闸竣工，该闸是东郊热电厂采用地面循环冷却水的主要配套工程，由北京电力设计院设计。（《北京水利志稿（第一卷）》第63页）

## 1961年

5月，江苏、山东两省水利厅、徐州、临沂两专区及邳县、郯城县、苍山（今兰陵）县的代表，在苍山县举行会议，就东泇河行洪道整治、西泇河至陶沟河间的排水和今后修建边界水利工程等问题进行协商，达成了边界水利问题协议书。翌年5月，苏、鲁两省代表又就邳苍边界汶河改道、邳郯边界白马河两岸排水、郯新边界瓦窑截水沟等问题，达成协议。1963年5月，再次对这一地区的邳苍边界的陶沟河、运女河之间、运女河、西泇河之间、柴沟至呦鹿之间及邳郯边界的排水问题达成补充协议。（《淮河大事记》第186页）

6月29日，根据中央文件精神，水利电力部提出《关于解决漳卫河之间三角地带水利纠纷的意见》，在德州举行会谈，达成有关协议13项。（《海河志·大事记》第126页）

7月1日，聊城、德州两专署分开正式办公，同时聊、德两专署分别成立卫运河工程管理局。（《聊城地区水利志》第36页）

8月中旬，河南卫河上游新乡地区西部山区降大雨，辉县出现一日降雨量达350毫米，洪水来势过猛，全县倒塌房屋9092间，死亡3人，伤50余人。浚县连日暴雨，“共产主义渠”和卫河水位上涨，倒灌白寺坡与新镇坡。8月15日中共河南省委命令关闭刘庄闸，卫运河开口分洪。（《海河志·大事记》第126～127页）

是月，中共中央以中发（61）428号文批转水利电力部党组《关于解决冀、鲁、

豫三省边界地区水利问题的初步意见》。（《聊城地区水利志》第 36 页）

9 月至翌年春，北京市减河工程指挥部组织东南郊有关区县重新开挖风港减河。使凉水河以南、风港减河以北近 223 平方千米流域面积内的沥水可以提前入北运河，减轻了京津边界地区的排水问题。（《海河志·大事记》第 127 页）

## 1962 年

2 月，水电部召集江苏、山东两省水利厅负责人，就微山湖蓄泄运用进行协商，共同提出《关于微山湖问题的意见》。主要内容是：① 微山湖最低水位仍定为 31.5 米；② 近二三年内正常蓄水位定为 32.5 米；③ 同意开挖蔺家坝闸上通湖引河，以便在湖水位达 31.5 米以上时，蔺家坝闸能引用湖水；④ 不牢河可泄微山湖洪水 300 ～ 500 立方米每秒；⑤山东省扩大韩庄运河，1967 年～ 1969 年前，不能高于 33.5 米的湖水位，泄水每秒 700 立方米。6 月 8 日，由华东局主持，水电部副部长刘澜波参加，两省协商后，共同提出《关于微山湖问题的补充意见》。主要内容：① 继续扩大山东境内的韩庄运河，加大泄量，是解决南四湖排洪出路的基本措施，建议三五年内逐步实施；② 建议韩庄闸、伊家河闸和蔺家坝闸在汛期由水电部统一指挥调度；③ 不牢河及其枢纽建筑物经过实际行洪考验，证明确能加大泄量时，可根据需要提高泄洪流量；④ 排泄微山湖洪水各河道出口以下，汛期不许打坝关闸，同时今后湖内不准修堤围堰。国务院于 11 月 26 日以国水电齐字第 369 号文，批转苏、鲁两省、国家计委、水电部。（《淮河大事记》第 184 页）

3 月 12 日～ 14 日，谭震林、钱正英、金明会同河北省刘子厚、河南省刘建勋，在郑州、南乐就临漳与安阳、魏县与内黄、魏县大名与南乐之间边界地区排水问题及漳、卫两河防汛问题达成了协议。（《海河志·大事记》第 128 页）

是年，由于上游和聊城地区降大雨和暴雨，河道水势猛涨，各河道共决口 92 处（小运河 19 处、金堤河 39 处、管氏河 18 处、新金线河 3 处、老金线河 4 处、徒骇河 1 处、赵牛河 4 处、四新河 1 处、马颊河 3 处），洪水漫溢成灾面积 92.98 万亩。（《聊城地区水利志》第 38 页）

## 1963 年

2 月 1 日，水电部决定从 1963 年起，将漳卫南运河和四女寺减河沿岸冀、鲁、豫三省边界水利问题，交由漳卫南运河管理局处理。（《海河志·大事记》第 133 页）

3 月 5 日～ 12 日，漳卫南运河管理局召开冀、鲁、豫三省边界水利工程会议，研究边

界工程对口、确定工程项目和投资分配问题。(《聊城地区水利志》第 38 ~ 39 页)

是月 10 日，山东省韩庄运河扩大工程开工。按微山湖水位 33.5 米时，下泄 1 000 立方米每秒标准（包括伊家河）施工。至 1965 年下半年基本完成。同时运河沄北支流也相应进行治理，并建成王庄、台儿庄变电所 2 处，电力排灌站 11 处，涵洞 21 座，台儿庄公路桥 1 座。共完成土石方 1 740 立方米。1970 年 3 月，还在台儿庄兴建节制闸，共 10 孔，闸门顶平滩地，设计过闸流量 700 立方米每秒，1972 年 5 月竣工。(《淮河大事记》第 191 页)

是月，河南安阳地区卫运河管理处成立。原分散于沿河各县管辖的 22 座护堤队，203 名护堤员统一收归卫河管理处领导。1965 年该处划归漳卫南运河管理局领导。(《海河志·大事记》第 133 页)

4 月 23 日，京杭大运河苏北段改建后正式通航。(《数据见证辉煌 江苏六十年》第 573 页)

8 月 11 日，卫河右岸内黄县二道防线苏堤决口。秤钩湾连续出现洪峰，最大洪峰流量达 3 240 立方米每秒。11 日水位高达 44.90 米，临清县西冯圈决口，出水达 1.9 亿立方米，淹地 20.4 万亩。13 日四女寺破堤向恩县洼分洪，最大泄量达 1 775 立方米每秒，致使恩县洼 31 万亩农田受灾，塌房 8 148 间，死亡 10 人。(《海河志·大事记》第 137 页)

是日，国家防汛总指挥部就当前海河水系特大洪水的处理问题，向国务院作了紧急请示。国务院批示：同意海河水系各河洪水下泄方案，请认真执行。河南省要加强卫河南堤的防守工作；山东省要加强卫运河和南运河东堤的防守工作；河北省要做出各河洪水下泄的具体方案，加强卫运河、南运河西堤、漳河北堤的防守工作，如果这些河堤发生溃决或漫溢时，应当积极抢险堵口；如果堵口无效，在坚决保证天津市和津浦铁路安全的条件下，有计划地引导溃水下泄，缩小危害范围。(《海河志·大事记》第 137 页)

是月 18 日，滏阳河、子牙河溃决洪水进入贾口洼，流量达 17 000 立方米每秒。河北省防汛指挥部决定：加速 25 孔桥施工，扒开南运河左右堤和马厂减河左右堤，清除入海障碍，迅速导洪入海。为解决团泊洼洪水出路，确定在马厂减河里闸、冯圈、北大港西围堤分别扒口泄水入北大港。(《海河志·大事记》第 138 页)

是月，聊城专区漳卫运河、金堤河、马颊河、徒骇河发生特大洪水。11 日，卫河右岸内黄境内二道防线苏堤决口，洪水泛入马颊河。11 日，卫运河临清县西冯圈右堤决口。13 日，四女寺破堤扒口向恩县洼分洪。除漳河外，卫河和卫运河洪峰流量均大大超过 1956 年，西冯圈决口出水 1.9 亿立方米，淹地 20.4 万亩。据计算 7 月 1 日至

9月25日，卫运河来水共计69.91亿立方米。（《聊城地区水利志》第39页）

10月5日，水电部提出解决河道堵口复堤等有关问题的意见，漳卫南运河系的有：漳河、卫河堤防恢复到1963年汛前的防洪标准，并适当修整边坡；卫运河（从秤钩湾到四女寺），按防御1963年最高洪水位进行堵口复堤和整险；四女寺减河按防御1963年最高洪水位进行复堤；南运河防洪标准，拟按防御1963年最大流量和最高洪水位进行复堤；恩县洼今后作为滞洪区使用。（《聊城地区水利志》第40页）

是月7日，山东省德州、聊城卫运河工程管理局划归水电部漳卫南运河管理局领导。（《海河志·大事记》第141页）

是月9日，漳卫南运河管理局接管聊城专署卫运河工程管理局，改名为聊城专署卫运河修防管理处。（《聊城地区水利志》第40页）

是月，北京市通县北关运潮减河分洪闸开工，由北京市市政设计院设计，闸10孔，设计过闸流量为600立方米每秒，校核流量900立方米每秒，1963年汛前基本竣工。（《北京水利志稿（第一卷）》第65页）

11月，山东省水利勘测设计院编制《徒骇河至宣惠河地区水利规划》，为冀、鲁、豫三省的卫运河、马颊河、徒骇河及支流划清了流域界线、面积，选定了治理方案，作为莘县处理跨省水利工程的依据。（《聊城地区水利志》第40页）

12月4日，山东省南四湖流域治理工程局成立，驻济宁市，负责南四湖流域大型水利工程的规划、设计和施工。1972年5月，该局改名为山东省治淮南四湖流域工程指挥部。1988年2月，改名为山东省淮河流域工程局，并将临沂地区的沂、沭河治理纳入其业务管辖范围。（《淮河大事记》第193页）

是月9日，水电部批复卫运河恢复工程计划如下：同意卫运河左右堤按1963年汛前标准进行恢复；阎桥漫溢段（约7千米）将堤顶加高到与1963年实际洪水位相平。（《聊城地区水利志》第40页）

## 1964年

4月14日，冀、鲁两省以卫运河和漳卫新河为界调整了行政区划，聊城专区卫河和卫运河以西部分归河北省。（《聊城地区水利志》第42页）

6月12日，河南省委书记刘建勋和河北省省长刘子厚为解决两省边界水利纠纷问题，在安阳进行协商，达成了15项决议，呈报党中央、国务院。6月27日，中共中央、国务院对刘建勋、刘子厚同志《关于解决河南、河北边界水利纠纷问题的协议》做了批示，表示同意协议的内容。（《海河志·大事记》第146页）

9月15日，中共中央、国务院明确了漳卫南运河管理局的管理范围：漳河岳城水库及以下河道、卫河、淇河口以下的河道，刘庄闸及其以下的共产主义渠，卫运河及四女寺减河，有关枢纽和四女寺至德州第三店之间的南运河。（《海河志·大事记》第147页）

12月8日，中共江苏省委发出《关于高邮、宝应部分社、队严重损坏里运河堤防的通知》，要求这些地方限期修复，并对有关人员作出处理。（《数据见证辉煌 江苏六十年》第574页）

## 1965年

4月，卫运河复堤工程竣工。由冠县、临清县组织施工，3月15日开工，至此完工。（《聊城地区水利志》第43页）

8月，卫运河临清李圈泄水闸修建工程于1964年9月15日开工，1965年8月14日竣工。（《聊城地区水利志》第44页）

9月，济南至邯郸公路卫运河“七一”大桥建成通车，桥长948.8米。（《济南经济和社会发展（1949～1989）》第514页）

11月15日，洙赵新河工程开工。干流西起山东省东明县木庄，沿河先后截赵王河、大平溜、洙水河，东南流入南阳湖，河长140.7千米，流域面积为4 206平方千米。按五年一遇排涝的40%挖河，按二十年一遇防洪标准筑堤。自1965年11月开工至1973年春完工。防洪保护面积30.5万公顷，除涝面积10.7万公顷，上游利用引黄水，下游引湖水，发展灌溉8.4万公顷。（《淮河大事记》第197页）

12月，新沂河续建工程开工，至1972年竣工。按安全行洪6 000立方米每秒进行复堤除险，按平槽泄量2 000立方米每秒进行口头段主泓裁弯取直、扩浚丈八寺裁弯断面、续建颜集段深槽拦沙促淤坝。1972年，嶂山切岭工程又按骆马湖水位22.5米时，泄洪5 000立方米每秒进行扩大。（《淮河大事记》第197页）

## 1966年

11月，洪泽湖大堤加固工程开工。至1967年汛期主体工程基本结束，1969年全部完成。同时，加固了高良涧闸、三河闸，新建了高良涧闸越闸、高良闸水电站等。（《淮河大事记》第199～200页）

12月，江都第三抽水站开工。该站抽水能力为135立方米每秒，于1969年10

月建成。（《淮河大事记》第 201 页）

## 1967 年

3 月 9 日，水电部批准了河南省卫河清淤工程。清淤范围自下马营至圈里，以清除 1957 年以后积淤部分为原则，并适当照顾地下水的排除，对下马营至圈里一段河道中较大弯道进行裁弯，共投资 229.68 万元。（《海河志·大事记》第 157 页）

4 月 1 日，为解决山东、江苏两省 1967 年在南四湖地区修建水利工程中的有关问题，水电部邀请两省有关负责同志到京商谈。根据商谈结果，水电部提出《关于南四湖当前水利问题的意见》。要求鲁、苏两省督促有关部门认真贯彻执行。（《淮河大事记》第 201 ～ 202 页）

4 月 5 日，东鱼河工程开工。该工程为南四湖湖西大型排水骨干河道，干流长 172.1 千米，流经东明、菏泽、曹县、定陶、成武、单县、金乡、鱼台 8 县，在鱼台县西姚村北入昭阳湖，流域面积为 5 923 平方千米。设计按三年一遇除涝挖河，按二十年一遇防洪筑堤。全部工程于 1971 年完成，共完成土石方 10 233 万立方米。（《淮河大事记》第 202 页）

5 月 12 日～ 30 日，微山湖地区纠纷协商会议在南京市召开。就微山湖湖田、湖产、水利等方面达成协议。该协议经国务院于 6 月 22 日以（67）国水电字 173 号文批转山东、江苏两省贯彻执行。（《淮河大事记》第 202 页）

6 月，卫运河复堤工程开工。工段从徐万仓至疙瘩屯，长 73.4 千米，按超出 1963 年洪水位 2 米标准加高加固右堤。6 月 30 日开工，7 月中旬完工。（《聊城地区水利志》第 45 页）

7 月，为提高东平湖分洪能力，东平湖石洼进湖闸于 3 月 5 日动工，7 月竣工。该闸首次创用管柱桩基结构，全闸共 49 孔，每孔净宽 6 米，总宽 342 米，设计分洪能力达 5 000 立方米每秒。（《黄河志·黄河大事记》第 334 页）

11 月，河南省修武县在卫河支流大沙河双庙村修建群英水库，1971 年 7 月竣工。大坝高 95 米，顶长 120 米，溢洪道建于坝顶中部，库容为 1 495 万立方米。1976 年汛期大水之后，将大坝加高 5.5 米。现在坝高 101.03 米，防浪墙高 1.1 米，为河南省中型水库坝高之最，灌溉面积 1.5 万亩。（《海河志·大事记》第 158 页）

## 1968 年

3 月，伊家河复航工程开工。先后建成韩庄、刘庄、台儿庄 3 级船闸及刘庄、台儿庄节

制闸、台儿庄港口。1972 年 5 月竣工验收，8 月 1 日正式通航。（《淮河大事记》第 203 页）

7 月 31 日，东平湖林辛进湖闸于 1967 年 9 月开工，本日基本建成。主要作用是提高老湖分洪能力，减少新湖区运用机遇，设计分洪能力达 1 500 立方米每秒。8 月 31 日，东平湖水库陈山口出湖闸竣工，泄水流量 1 300 立方米每秒。（《黄河志 · 黄河大事记》第 337 页）

8 月，蓟运河防潮闸竣工，验收优良。该闸共 9 孔，闸门为预应力钢丝网钢门框混合式结构。（《海河志 · 大事记》第 159 页）

10 月，三河闸加固工程开工。该工程按设计水位 16.0 米、校核水位 17.0 米，泄洪流量 12 000 立方米每秒施工。1970 年 2 月完成。（《淮河大事记》第 203 ～ 204 页）

## 1969 年

3 月 11 日，位山闸开始引水，位山引黄灌区正式复灌，经老四干渠向小运河、位临运河等河道调水。位山闸引水流量为 60 ～ 65 立方米每秒，最大达 80 立方米每秒，引水 45 天，引水量 2.759 亿立方米。（《聊城地区水利志》第 47 页）

11 月，淮河入江水道整治工程开工。该工程按排泄洪流量每秒 12 000 立方米设计，高邮湖水位按 9.5 米控制，中段改走金沟河道。全部工程于 1974 年基本完成，共完成土方 8 152 万立方米，石方 87.57 万立方米，混凝土方 7.06 万立方米。（《淮河大事记》第 205 ～ 206 页）

## 1970 年

9 月，北京市东南郊治涝工程动工。河北省在北运河下游治理青龙湾减河，改建青龙湾闸；北京市治理上游北运河，并结合排污规划治理凤河下段。到 1974 年春，北运河等可以免除二十年一遇标准的涝灾，并基本上做到了清污分流。（《北京水利志稿（第一卷）》第 72 页）

10 月，为了解决海河北系洪水对天津市的威胁，根治海河继续向治理“北四河”（永定河、北运河、潮白河、蓟运河）进军。第一期工程建成了穿北运河倒虹吸、津唐运河船闸等十几座较大建筑物及大量小型建筑物。（《海河志 · 大事记》第 165 页）

11 月，万福河综合治理工程开工，1973 年 1 月竣工。万福河源于山东省定陶县仿山洼，东鱼河开挖后，薛庄以上万福河上游截入东鱼河北支，薛庄至入湖口仍为万福河干流，长77.3千米。由菏泽、济宁两地区分别在其境内实施，共完成土方1 639万立方米。（《淮河大事记》第208页）

12月，山东省聊城地区建成聊城县四河头枢纽工程。枢纽工程可将二干渠涝水排入徒骇河，也可将黄河水补给徒骇河。设计最大蓄水233万立方米，排涝能力达329立方米每秒，泄洪能力达498立方米每秒，总投资137万元。目前空心闸门淤积，造成闸门变形漏水。（《海河志·大事记》第165页）

是年，小运河张秋节制闸建成。（《聊城地区水利志》第49页）

## 1971年

7月23日，国务院副总理李先念主持召开冀、鲁、豫、京、津5省、市根治海河工程座谈会。会议同意水电部提出的《关于冬春根治海河骨干工程安排的报告》，确定天津市冬春完成永定新河收尾工程、北运河开卡工程，并与河北省共同完成蓟运河治理工程。1972年开始对卫运河、漳卫新河扩大治理。（《海河志·大事记》第167页）

是月，南四湖二级坝闸下游东股引河工程开工。该引河全长26.9千米，河底宽300～320米，河底高30.0米。至1978年8月竣工，共完成土方2 507万立方米。（《淮河大事记》第209页）

10月16日，漳卫新河扩大治理工程开工，于1972年春全部完成。（《聊城地区水利志》第49页）

是月，根治海河工程开始南北线施工。北线继续治理北四河的潮白、北运、蓟运河。其中北运河从通州至土门楼按二十年一遇防洪标准疏浚，泄量为1 300立方米每秒。（《海河志·大事记》第169页）

11月15日，沂、沭河洪水东调工程开工。（《淮河大事记》第209～210页）

是月26日，江苏省骆马湖南堤在骆马湖乡政府东侧300米处决口，溃水进入骆马湖堤与宿迁大控制之间的三角地带，淹地600公顷，倒房208间。当时湖水位达23米，高出中运河水位4米。12月26日堵复，共完成土方5万立方米。12月31日，水电部发出关于骆马湖南堤决口情况的通报。（《淮河大事记》第210页）

## 1972年

3月9日～15日，漳卫河中下游扩大治理工程领导小组邀请河北、山东两省有关人员，对漳卫河大堤施工质量进行联合检查。7月11日又逐段进行了检查。1972年6月至

1974 年，陆续对有问题的堤段进行翻修加固，计耗资 138.9 万元。（《海河志·大事记》第 171 页）

9 月，水电部批准《卫运河扩大治理工程初步计划》，并决定成立漳卫河中下游扩大治理领导小组，负责计划安排和解决与两省有关的重大问题。这次扩大治理工程至 1976 年 6 月验收，共完成土方 6 492 万立方米，兴建桥梁 3 座，涵洞 163 座，总投资 6 360 万元。（《海河志·大事记》第 173 页）

10 月，河南省辉县在卫河支流峪河上利用水头 287 米的潭头瀑布修建水力发电站，引水流量 4.6 立方米每秒，于 1976 年 8 月 1 日建成。装机 4 台，总容量为 1 万千瓦，设计年发电量 4 000 万千瓦时。（《海河志·大事记》第 174 页）

11 月 11 日，为了解决天津市的水源危机，国务院决定从河南省人民胜利渠引黄河水接济天津。17 日由水电部、河北省和天津市成立了联合调查组，保证送水任务的进行。至 12 月 25 日，天津市九宣闸收水 0.602 亿立方米。从 12 月 25 日至 1973 年 2 月 15 日，天津市九宣闸实收人民胜利渠送来的黄河水 1.027 2 亿立方米，以上两者共 1.63 亿立方米。（《海河志·大事记》第 174 页）

是月，山东省韩庄运河扩大工程开工。按微山湖水位 33.5 米时下泄流量达 2 500 立方米每秒（包括伊家河 200 立方米每秒，老运河 250 立方米每秒）扩大治理。河长 42.5 千米。至 1977 年春，仅开挖河槽 9.1 千米，共完成土方 648 万立方米，占设计工程量的 19%，1981 年停工缓建，已完成工程的泄洪能力仅为 1 300 立方米每秒（包括伊家河 200 立方米每秒）。（《淮河大事记》第 213 页）

12 月 10 日，江苏省淮安第一抽水站开工。第一期工程设计抽水站规模 150 立方米每秒，利用已建的北运西闸自运河引进部分水量。淮安一站总流量为 60 立方米每秒，于 1974 年 3 月 20 日完工。（《淮河大事记》第 213 ~ 214 页）

冬，聊城专区 8 个县 11.8 万民工，参加卫运河治理工程施工。工段由冠县王安堤至平原县梁院长村，长 96.6 千米。（《聊城地区水利志》第 50 页）

## 1973 年

3 月，南四湖湖腰扩大工程开工。该工程位于山东省微山县昭阳湖西岸二级坝上下游，是为解决南四湖湖腰狭窄阻水而兴建的，工程包括展宽加深湖腰和兴建红旗四闸等。红旗四闸已于 1972 年 4 月动工，1975 年 3 月竣工。湖腰在湖西堤向西展宽 1 千米，四闸下至沿河口 14 千米，沿京杭运河在湖内扩挖深槽，宽 500 米。至 1981 年工程停建，属半拉子工程。（《淮河大事记》第 214 页）

5月13日，天津用水又处于严重紧张状态，中央决定再次引黄济津。人民胜利渠以40立方米每秒向天津送水，到6月28日共放水1.6亿立方米，天津市九宣闸收水1.08亿立方米，暂时缓解了人民生活和工业用水的紧张局面。（《海河志·大事记》第176页）

是月，卫运河治理工程继续开工。工段从冠县秤钩湾至武城县甲马营，长114千米。聊城专区8个县11万民工参加施工。3月上旬开工，5月25日基本完成，工期70天。（《聊城地区水利志》第51页）

8月，北京市北运河管理处成立，属市水利气象局领导。（《北京水利志稿（第一卷）》第74页）

11月，江苏省江都水利枢纽工程第四站开工。设计抽水流量为每秒150立方米。于1977年3月完成。（《淮河大事记》第215～216页）

是年，天津市蓟运河新防潮闸动工兴建，翌年竣工。此闸位于天津市塘沽区北塘蓟运河口，其作用是防咸蓄淡和加大宣泄洪水能力。设计流量为1 200立方米每秒，为开敞式闸，中孔8孔，边孔4孔，孔宽均8米，总投资900余万元。（《海河志·大事记》第180页）

## 1974年

4月，山东省祝官屯枢纽工程动工兴建，至1972年春竣工。该枢纽位于武城县东北约2.5千米处，包括卫运河拦河节制闸及船闸各1座，节制闸除涝流量按每秒1 150立方米设计，船闸可通过100吨级拖轮船队。（《海河志·大事记》第182页）

6月2日，漳卫河中下游治理最后一期工程竣工。山东、河北两省30万民工于3月上旬进场，至此竣工退场。（《海河志·大事记》第182页）

是月14日，国家计委邀请天津市及国家建委、农林、燃化、冶金、轻工、一机、二机、五机各部及中国科学院等单位召开会议，研究解决蓟运河污染问题。会后，天津市成立了蓟运河水源保护领导小组办公室。（《海河志·大事记》第182页）

10月8日～15日，山东省漳卫河中下游治理工程领导小组第九次会议在北京召开。会议交流了施工情况，对结尾工程及存在问题进行了讨论。山东、河北两省整治河道380千米，完成挖河土方1.8亿立方米，筑堤土方3 200万立方米，新建、改建拦河闸9座，桥梁50座及涵闸泵站等，国家投资2.7亿元，形成了卫运河行洪4 000立方米每秒、漳卫新河行洪3 500立方米每秒的能力；河道两岸排涝能力达到三年一遇标准，为发展生产创造了条件。（《海河志·大事记》第183页）

12月22日～27日，经河北省与天津市协商，河北省将蓟运河老防潮闸、潮白新河宁车沽防潮闸、马厂减河九宣闸、南运河上改道闸、小新河魏甸闸以及泥河、于桥、九王

庄、张头窝、蓟运河防潮闸等12处水文站移交天津市管理。（《海河志·大事记》第184页）

是月，江苏省骆马湖南堤险段加固工程开工。为防止骆马湖蓄水位达23米时出险，对南堤8处险工段进行加固。工程于1975年7月竣工。（《淮河大事记》第218页）

是年，山东省冠县利用班庄灌区（徒骇、马颊河系）引漳卫河水18.8立方米每秒，引水总量8 000万立方米，实灌面积20万亩，平均亩产265千克。（《海河志·大事记》第185页）

## 1975年

1月8日，江苏省淮安第二抽水站开工。该站安装2台直径4.5米全调节轴流泵，配5 000千瓦电动机，单机抽水60立方米每秒，总容量为1万千瓦，抽水量为120立方米每秒。1979年3月正式投入运行。该站建成后，淮安抽水枢纽总提水能力达180立方米每秒，并可结合抽排白马湖地区内涝。（《淮河大事记》第218页）

3月23日，治淮规划小组办公室会同苏、鲁两省及徐州、临沂地区的邳县、郯城、苍山等市县水利部门人员，对邳苍、郯新地区边界水利问题进行了现场查勘和座谈讨论，至4月11日结束。在蚌埠产生《关于郯邳边界白马河施工有关水利问题座谈会纪要》《苏、鲁两省小涑河、武河、沙沟河等边界水利工程意见》《关于苍邳汶河至邳苍分洪道间边界水利问题座谈会纪要》《邳县、苍山县西泇河两侧边界水利工程会谈纪要》《关于邳苍边界入陶沟河各支流水利问题协商意见》等5份文件。（《淮河大事记》第219页）

9月，水电部在京召开了冀、鲁、豫、京、津5省、市水利局及水电部第十三工程局河道分局负责人会议。会议确定密云水库水只供给北京，通过河南人民胜利渠引黄河水4亿立方米接济天津。冀、鲁、豫、津4省市在给天津送水期间，把有关拦河闸一律打开，沿岸引水涵泵站一律关闭，卫河、卫运河的基流也都支援天津，从10月18日至1976年2月15日止，天津市九宣闸实际收到来水4.37亿立方米。（《海河志·大事记》第188页）

10月，河北省按照国务院批准的根治海河、治理滦河计划，当年冬季实施的工程项目有：漳卫河尾工、北运河土门楼闸护砌等。至1976年7月全部竣工。（《海河志·大事记》第188页）

## 1976年

6月18日～21日，漳卫河中下游扩大治理工程领导小组根据第十二次会议决定，在德州召开工程竣工验收会议。会议确定河道堤防和沿河闸涵、桥梁以及工程遗留问题分别由两省负责管理和处理。拦河闸遗留问题由水电部第十三工程局负责处理。（《海河志·大事记》第190页）

7月1日，横跨卫运河的南馆陶公路桥接长工程竣工，称“七一大桥”。（《聊城地区水利志》第54页）

是月，卫运河临清公路桥（先锋桥）接长工程竣工。（《聊城地区水利志》第54页）

是年，皂河抽水站工程开工。该工程于1979年停建，1983年复建，装有直径6米的两台大泵，翻水入湖能力达200立方米每秒。这是当时我国单机直径最大的抽水泵。（《淮河大事记》第224页）

## 1977年

1月，江苏省淮安县运东船闸开工。该船闸位于苏北灌溉总渠和运河交汇处，沟通灌溉总渠运东闸上下游航道。7月1日，建成放水通航。上游引航道截断老运河，运南闸改从淮安大船闸上游引航道与老运河之间切口引水。5月25日，老运河堵闭，新切口开始送水。因切口水下土方开挖，运南闸放水200多立方米每秒，切口处运河航道横向流速较大，虽采取临时安全措施，仍未能避免航运事故不断发生。共沉船11条，落水21人，死亡儿童2人。（《淮河大事记》第224页）

3月，山东省韩庄运河韩庄节制闸扩建工程开工，1980年4月竣工。老闸于1960年建成，共17孔，每孔净跨12米。底高程30.3米；本次扩建14孔，闸底高程28.5米，在老闸两端各接长7孔，每孔净跨12米。扩建后，微山湖水位33.5米时，设计过闸流量2 500立方米每秒。该工程被评为山东省治淮水利系统优秀设计一等奖。（《淮河大事记》第225页）

12月16日，水利电力部向河北、山东、河南省革命委员会发出的关于共同治理卫河的通知指出，国务院同意冀、鲁、豫三省共同治理卫河，要求1978年春开工。（《聊城地区水利志》第55页、《海河志·大事记》第197页）

## 1978 年

1 月 9 日～ 10 日，卫河干流治理工程领导小组在德州市成立。（《海河志·大事记》第 198 页）

是月 10 日，卫河治理领导小组第一次会议在德州召开，讨论和商定领导小组组成和确定其任务。（《聊城地区水利志》第 55 ～ 56 页）

6 月，卫河干流治理工程领导小组第二次会议在德州召开，审查《卫河干流治理工程扩大初步设计》（草案）。11 月水电部批准该设计，并列入 1978 年国家基建计划。冀、鲁、豫三省分别组织施工，至 1980 年 6 月 26 日干流正式通水投入运行。1986 年 6 月，通过全面验收。工程已达设计标准（防洪五十年一遇，除涝三年一遇），全部工程累计投资 16 758.7 万元。（《海河志·大事记》第 200 页）

8 月，聊城地区接受卫河治理施工任务，其中包括由莘县负责施工的金堤河导流 35 立方米每秒的工程施工任务。10 月份扩大东池引水渠，疏浚徒骇河文明寨至袁庙段；同时开挖自潘海村后至王奉西孟庄引水沟（即王奉引水渠），1979 年春接长到东滩村南与鸿雁渠衔接。（《聊城地区水利志》第 56 页）

10 月，河南省卫河治理工程动工。安阳地区 9 县 2 市 19.5 万民工施工，到 1980 年基本完成第一期工程，土方量达 4 393 万立方米；11 月山东省卫河治理第一期工程开工，12 月 5 日完工，完成土方 385 万立方米。（《海河志·大事记》第 200 页）

是月，聊城地区成立运西会战指挥部，组织和领导运西会战区的农田基本建设。运西会战区包括阳谷、临清、冠县、聊城 4 个县位于三干渠（原位临运河）以西的 33 个公社、1 168 个生产大队，耕地面积 288 万亩。指挥部住冠县贾镇公社。1979 年 5 月底指挥部撤离解散。（《聊城地区水利志》第 56 页）

11 月，卫河治理工程开工。分 1978 年冬、1979 年春、1980 年春三期施工，临清、冠县、聊城、高唐、茌平、莘县等县共出民工 11.86 万人次。（《聊城地区水利志》第 57 页）

是月，南四湖湖腰闸下西股引河中段工程开工。西股引河全长 25.8 千米，共分 3 段：自三闸向西南至湖腰扩大处为上段，长 3.95 千米；从湖腰扩大处向下至沿河口为中段，长 9.35 千米；从沿河口以下为下段，长 12.5 千米。引河标准：上段底宽由 500 米渐变至 350 米，河底高程由 30.5 米渐变至 30 米。中段河底总宽为 800 米，下段底宽为 350 米，中下段河底高程为 30 米。1983 年 3 月，中段工程竣工，完成土方 890.5 万立方米。（《淮河大事记》第 230 页）

## 1979年

2月18日，卫河治理工程领导小组第三次会议在德州召开。会议主要议题是：部分工程项目费用、局部调整施工导流、东营镇段迁建、“三材”供应、工程质量和验收等问题。（《聊城地区水利志》第57页）

3月19日～28日，在淮委主持下，江苏、山东两省及徐州、临沂两地区水利局的负责人在北京开会，就邳县、苍山、郯城、新沂四县边界水利问题进行协商，达成《关于解决苏、鲁两省邳苍郯新地区水利问题的协议》。（《淮河大事记》第231页）

4月上旬，江苏省里运河界首至运西南闸疏浚及界首老运河槽吹填工程开工。于1982年7月完工，完成水下方400万立方米。从1980年8月起，省水利部门先后派出3条大型挖泥机船，一方面疏浚新运河，一方面填平老运河，共完成土方275万立方米。高邮宝塔湾至界首二里铺24.45千米长的老运河，于1982年6月10日填平。（《淮河大事记》第231～232页）

11月18日，东平湖水库石洼分洪进湖闸改建完成。原闸是1967年建成的，49孔，分洪流量5 000立方米每秒。改建后建筑物等级由原二级提高至一级，分洪流量仍为5 000立方米每秒。该工程荣获1985年国家优质工程银质奖。（《黄河志·黄河大事记》第394页）

12月10日，江苏省宿迁县皂河抽水站工程建设开工。抽水能力为200立方米每秒。1987年4月1日该抽水站正式启动运行。1990年3月24日，该工程荣获全国第四届优秀工程设计金质奖。（《淮河大事记》第234页）

## 1980年

5月7日，国家农委以国农办（1980）50号文批转水利部《关于处理苏、鲁两省南四湖边界水利问题的报告》。希望两省切实解决边界水利问题。（《淮河大事记》第235页）

6月，漳河右堤与卫河左堤衔接，经水利电力部批准，漳河右堤与卫河左堤按堤顶高程45.26米、顶宽4米、边坡1:3的断面设计衔接，列入卫河治理工程计划。（《聊城地区水利志》第59页）

7月21日，海河水利委员会向水利部报送了关于《恢复漳卫南运河管理局机构的请示报告》。8月27日水利部批复同意恢复漳卫南运河管理局。（《海河志·大事记》第210页）

9月11日～20日，海河水利委员会副主任孙英、康玉山等人到德州、济南与漳卫南运河管理局负责人一起到山东、河南、河北三省水利厅，共同协调了德州漳卫河、临清卫运河、安阳卫河、馆陶漳河与卫运河、沧州无棣漳卫新河、四女寺枢纽等工程管理单位的移交问题，还研究了漳卫南运河的机构设置和人员编制及办公地址问题。（《海河志 · 大事记》第 212 ～ 213 页）

10 月 15 日，根据水利部的批复，水利部海河水利委员会漳卫南运河管理局，在山东德州市正式办公。（《海河志 · 大事记》第 213 页）

是年，由山东省水文总站与中国科学院地理研究所协作。基本建成南四湖大型水面蒸发试验站，该站位于南四湖上级湖二级坝的一侧，总面积近 10 000 平方米，观测场地面积为 3 450 平方米，是当时我国最大的蒸发试验站。（《淮河大事记》第 237 页）

## 1981 年

8 月 14 日，国务院以（81）国函字 90 号文批转水利部《关于铜山县微山湖围湖的处理意见》。通知江苏、山东两省人民政府，指出铜山县未经协商和批准，从 6 月 16 日开始，擅自从郑集河南岸到黄庄马山修筑一条长 7 200 米的围湖堤，围湖面积 37 平方千米。筑堤围湖，影响两省边界安定团结，也造成严重浪费，这种做法是十分错误的，应彻底平毁，并追究责任。（《淮河大事记》第 238 页）

8 月 17 日，水利部转达国务院对四省市的电话通知：南运河上游卫河降雨，为解救天津用水危机，冀、鲁、豫三省停止沿河用水，将卫河降水调往天津市。（《海河志 · 大事记》第 222 页）

8 月 29 日，天津市政府发出《关于保护海河水源水质严防污染的通告》。宣布天津境内的海河、南运河、子牙河、北运河为市重点保护区。（《海河志 · 大事记》第 222 页）

是月，国务院京津供水紧急会议决定请河南、山东两省支援，采取紧急临时措施，从黄河引水 6.5 亿立方米，分三路输往天津。输水路线是：从河南人民胜利渠引水经四号跌水入卫河，再经卫河至天津，流程 780 千米；山东位山闸引水经卫临干渠入卫运河、南运河至天津，流程 460 千米；山东潘庄闸引水经潘庄干渠入卫运河、南运河至天津，流程 400 千米。（《黄河志 · 黄河大事记》第 410 页）

9 月 11 日，国务院副总理杨静仁在徐州市举行座谈会，研究南四湖地区群众在芦苇收割季节，加强安定团结，搞好生产和防止发生武装械斗的问题。经过讨论，达成《关于加强微山湖地区安定团结的几项临时协议》。（《淮河大事记》第 238 ～ 239 页）

9月28日～29日，水利部在京召开引黄济津工作会议，确定由河南人民胜利渠、山东位山、潘庄3条输水干渠利用冬季停灌期，向天津输水，投资2.52亿元，用于修整输水渠道。并决定成立引黄济津领导小组。会后各省市积极行动，至1982年1月20日，胜利完成了引黄济津任务。天津市共收到4.5亿立方米黄河水，缓解了天津市的用水危机。（《海河志·大事记》第223页）

是月，聊城地区水利局、山东省水文总站聊城分站合编《聊城地区历代旱涝灾情史料汇编》。（《聊城地区水利志》第60页）

10月7日，国务院以国发（81）148号文，批转水利部关于南四湖和沂、沭河水利工程进行统一管理的请示。批准成立沂、沭、泗水利工程管理局、局址设于徐州市，管理局下设南四湖，沂、沭河，骆马湖3个管理处。（《淮河大事记》第239页）

是月12日，国务院批准成立临时引黄济津指挥部领导小组，负责指挥送水事宜，指挥部设办公室，在海河水利委员会办公。10月14日，遵照国务院批示，河南省于上午正式送水，28日到天津，渠首引水60立方米每秒，到1982年1月13日停止送水，共输水4.23亿立方米。（《海河志·大事记》第223页）

是月，第二次引黄济津工程开工。4万民工参加施工。10月11日开工，10月底完成输水渠清淤和王堤口、王铺两处渡槽月河开挖及卫运河扒口、入卫跌水加固等工程。（《聊城地区水利志》第62页）

11月27日，从即日起至1982年1月17日，聊城地区通过卫运河共向天津送水1.7亿立方米。（《聊城地区水利志》第61页）

## 1982年

3月13日，国家计委批复交通部《京杭运河（济宁至杭州）续建工程计划任务书》。确定“六五”期间先集中力量建设徐州至扬州段，以分担津浦铁路南段的一部份煤运任务。同意徐州至扬州段的续建规模按照二级航道标准，分期完成，要求至“七五”期间增加煤炭运输能力1 000万吨，单向通航能力达到3 000万吨。（《治淮汇刊年鉴（1982年）第八辑》下册第320页）

5月13日，水利部下发《关于南四湖分水及其控制运用管理问题的补充规定》。对南四湖分水问题、引用死水位以下水量问题、分水控制运用问题进行规定。（《淮河大事记》第243页）

是月，水电部以（82）水电水建字第31号文下达《关于对山东省南四湖渔湖民庄台工程规划的初步审查意见》，批准在南四湖内修筑庄台30处，总面积为285万平方米，安置渔湖民 5.8 万人，土方为 2 600 万立方米，核定投资 7 850 万元。1982 年春开工，1993 年全部完成。（《淮河大事记》第 243 页）

6 月 24 日，水电部批复关于梁济运河治理工程规划的审查意见。同意先按三年一遇标准治理，相机承泄东平湖滞洪退水 1 000 立方米每秒和排泄底水。（《治淮汇刊年鉴（1982 年）第 8 辑》下册第 321 页）

8 月 18 日，江苏省召开省长办公会议，讨论里运河中埂切除施工方案。9 月 3 日，交通部复电同意江苏省京杭运河淮安至界首段人工疏浚方案。11 月 15 日，淮安至界首中埂切除工程全面开工，长 52.5 千米。12 月 25 日，江苏省人民政府组织竣工验收。（《治淮汇刊年鉴（1982 年）第 8 辑》下册第 322 页）

9 月 11 日，国务院副总理杨静仁，召集山东省李振、江苏省周泽、李崇，就解决微山湖纠纷问题进行研究。会后，9 月 19 日，国务院办公厅下发《关于解决山东、江苏微山湖纠纷问题会议纪要》。（《淮河大事记》第 245 页）

10 月 6 日，国务院批准《引黄、引岳济津会议纪要》。11 月 1 日和 11 日山东位山、潘庄两渠相继放水，到 1983 年 1 月 4 日结束，天津九宣闸共收水 6.022 4 亿立方米，提前 10 天超额 1 亿多立方米完成引黄、引岳济津任务，缓解了天津市用水危机。（《海河志·大事记》第 234 页）

## 1983 年

2 月 7 日，河南省卫河清淤办公室召开会议，部署卫河干流清淤工程，总工程量 882.5 万立方米。（《海河志·大事记》第 239 页）

是月 23 日，国务院批准《南水北调东线第一期工程方案》，认为是一项效益大而又没有风险的工程。（《淮河大事记》第 247 页）

3 月 12 日，新华社报道，国务院最近批准南水北调东线第一期工程方案。该方案中的主要任务是：开通长江到黄河南岸的输水线路，将长江水从江苏江都水利枢纽向北送到山东东平湖。（《黄河志·黄河大事记》第 421 页）

是月 12 日～14 日，水电部南水北调办公室在天津宾馆召开了《南水北调东线可行性研究报告工作大纲》讨论会。（《海河志·大事记》第 240 页）

是月，国家正式批准京杭运河常州市区整治工程项目，按国家四级航道标准整治。（《常州年鉴（1991）》第 183 页）

4 月 2 日，淮河水利委员会为贯彻国务院国发（1981）148 号文件和水电部领导的指示，成立了沂沭泗统一管理的水利工程交接工作组。自 4 月 2 日至 5 月 10 日，

完成了山东境内的交接工作。（《治淮汇刊年鉴（1983 年）第九辑》第 472 ～ 473 页）

是月 21 日～ 24 日，海河水利委员会在津召开南水北调东线可行性研究海河流域部分工作会议，同意海河流域部分工作大纲。经会议修改，于 5 月 11 日正式下达有关单位。（《海河志·大事记》第 242 页）

5 月 5 日～ 9 日，海河水利委员会在天津宾馆召开《海河志》编纂工作会议。成立了《海河志》编纂委员会。（《海河志·大事记》第 242 页）

是月 7 日，水电部关于江苏境内沂、沭、泗工程移交问题，函复江苏省水利厅和治淮委员会。对湖西大堤、蔺家坝闸等的管理做了批复。（《淮河大事记》第 250 页）

10 月 28 日～ 30 日，天津蓟县召开《南水北调东线第二期工程可行性研究报告》工作会议。（《海河志·大事记》第 248 页）

是年，江苏省京杭运河补水工程共安排 9 项。骆马湖以南的泗阳站、刘老涧各抽水每秒 100 立方米，井儿头站每秒 45 立方米，民便河站 10 立方米每秒，杨河滩站 15 立方米每秒，均在 4 月至 5 月初完工，已发挥抗旱补水作用。刘山站、解台站各抽水 50 立方米每秒，年底完成土建和部分机电安装。皂河站抽水 200 立方米每秒（为 1981 年停缓建项目），1983 年进行安装、维护。淮阴站抽水 120 立方米每秒，1983 年 11 月 14 日开工。（《治淮汇刊年鉴（1983 年）第九辑》第 479 页）

## 1984 年

1 月 18 日，山东省人民政府第二十九次常务会议听取、讨论并同意了水利厅张同宗、交通厅杨国榜关于南水北调东线第一期工程规划和京杭运河（济宁至大王庙）初步规划的设计方案。（《治淮汇刊年鉴（1984 年）》下册第 290 页）

是月 19 日，黄河水利委员会对山东黄河河务局关于“运用东平湖调蓄江水的报告”批复如下：东平湖调蓄江水，必须在不影响黄河防洪运用的前提下进行，6 月底以前，要严格控制在 40.5 米高程。山东黄河河务局和山东水利厅于 1983 年 12 月 31 日的联合报告中提出，东平湖调蓄江水是为了补足梁济运河沿岸农田灌溉及胜利油田用水，调蓄汛期高程为 40.5 米，库容 0.67 亿立方米，非汛期高程为 41.5 米，库容 2.16 亿立方米。（《黄河志·黄河大事记》第 429 页）

是日，水电部关于沂、沭、泗水利工程交接有关问题，复函江苏省人民政府：你省《关于沂沭泗水利工程交接有关问题的报告》，国务院已批交我部办理。12 月 28 日，江苏省水利厅、沂沭泗水利工程管理局，在南京就江苏省境内沂、沭、泗水利工程交接的具体问题进行协商。（《淮河大事记》第 253 页）

1月24日，中共海河水利委员会党组任命李连生为漳卫南运河管理局常委副书记、代理局长，戚天成、王金玉为副局长，梁达三为总工程师。（《海河志 · 大事记》第250页）

3月1日，京杭运河常州市区段整治工程正式开工建设，该工程西起西涵洞，东至三号桥，长8.92千米，是国家"七五"重点航道建设项目。（《常州年鉴（1991）》第183页）

是月，河南省豫北水利工程管理局成立，隶属省水利厅领导，事业编制60人，负责豫北卫河"共产主义渠"（合河至刘庄闸）等河道工程管理岁修等事宜。（《海河志 · 大事记》第253页）

4月30日，中共中央、国务院批转《关于解决微山湖争议问题的报告》。5月17日～22日，民政部崔乃夫部长邀集淮河水利委员会及苏、鲁两省有关负责同志在徐州举行会议，研究贯彻落实中共中央、国务院通知。（《淮河大事记》第254页）

5月4日，国家计委以计鉴（84）803号文，下达《关于京杭运河续建工程徐州至扬州段总体设计审查意见》。核定工程总投资为6.227 8亿元。工程北起微山湖南口的蔺家坝，南迄长江，全长404.5千米。从1985年开始进行主体工程建设，至1988年12月全部竣工，共完成土方6 094万立方米，混凝土方57.6万立方米，石方94.67万立方米。1988年12月25日，通过了国家验收委员会验收，全部工程质量优良。（《淮河大事记》第242页）

7月19日，"山东省南水北调工程领导小组"改为"南水北调京杭运河工程山东省指挥部"。（《治淮汇刊年鉴（1984年）》下册第293页）

8月27日，国务院批转国务院赴微山湖工作组《关于解决微山湖争议问题的第二次报告》，通知要求山东、江苏两省人民政府坚决贯彻执行。12月17日，微山县与沛县办理了14个村庄的调整交接手续。（《治淮汇刊年鉴（1984年）》下册第294页）

11月11日，海河水利委员会与河北省水利厅在石家庄协商解决卫河扩大治理工程尾工问题。（《海河志 · 大事记》第258页）

## 1985年

1月7日，京杭大运河唯一幸存的古纤道——吴江段古驳岸古纤道抢救工程竣工。（《苏州年鉴（1985）》第747页）

3月10日，衡水地区卫运河—千倾洼引水工程开工，并于6月20日竣工。该工程东起故城县建国镇卫运河左岸和平闸，穿越清凉江、索泸河，至冀县（今冀州区）王口闸入衡水湖，全长73.83千米。工程总投资2 238.62万元，建成后每年可从卫运河向衡水湖自流引入黄河水1.12亿立方米，扩大灌溉面积67.2万亩。8月13日，正式开通引水。（《衡水市志》第482页）

5月，北京市通惠河上普济闸桥改建及部分河道调顺工程开工。拆除了影响防洪安全的旧闸和旧桥，另建新闸和新桥，闸的规模与高碑店闸同，计划工期三年。（《北京水利志稿（第一卷）》第85页）

是月，南四湖二级坝枢纽第二节制闸改建工程开工。改建工程主要有自动翻转闸门改为钢丝网平面直升闸门和公路桥拓宽等。1986年6月完工。（《淮河大事记》第259页）

6月8日，海河水利委员会与水电部基建司正式签订卫河扩大治理尾工工程承包合同书，投资600万元。11项尾工工程要求于1986年6月底前达到竣工验收标准。（《海河志·大事记》，第263页）

8月24日，南水北调东线远景规划汇总会议召开。海河水利委员会建议采用抽长江水1 600立方米每秒，800立方米每秒过黄河的方案。（《海河志·大事记》第265页）

9月5日，国务院以国发（1985）61号文，转发民政部《关于解决微山湖南北两段湖田、湖产经营范围问题的报告》。（《淮河大事记》第260页）

10月18日，中国水利学会水利史研究会与淮河水利委员会联合在江苏省淮安召开了淮河水利史学术讨论会。会后出版了《淮河水利史论文集》。（《淮河大事记》第261页）

## 1986年

2月1日，苏州市大运河改道工程指挥部成立。（《苏州年鉴（1987）》第725页）

是月24日，国家“六五”期间攻关项目《运河（杭州段）污染综合防治技术研究》在杭州通过了国家级鉴定。（《杭州年鉴（1987）》第32页）

3月4日，“七五”期间国家重点整治的京杭运河苏州段改道工程揭幕。改道后的运河将绕过苏州城，河道也将拓宽。（《苏州年鉴（1987）》第726页）

6月25日～27日，卫河干流扩大治理工程正式通过验收。该项工程于1978年10月动工，1980年6月基本完成，1985年底全面竣工。（《海河志·大事记》第271页）

8月6日，杭州市首次组织京杭运河皮划艇马拉松运动。蒋卫民、徐水祥两人以58天时间胜利达到终点。航程1 795千米。（《杭州年鉴（1987）》第36页）

9月15日，宝应首座运河大桥竣工通行。2000年5月，宝应运河二桥建成通车。2008年8月，宝应第三座运河大桥开工建设，沟通运河两岸，方便群众生产生活，极大地推动了

运西地区的开发建设。(《宝应年鉴(2010)》第313页)

12月22日～25日,水电部在济南召开会议,讨论通过了淮河水利委员会编制的《南水北调东线第一期工程环境影响报告书》。(《淮河大事记》第265页)

## 1987年

1月12日,江苏省、苏州市"七五"期间的重点建设工程——大运河苏州市区段改道工程全面展开。(《苏州年鉴(1987)》第795页)

3月7日,无锡市政府印发《无锡市古运河管理暂行规定》。(《无锡市城市建设年鉴(1986～1990)》第293页)

4月4日～6日,浙江省电视台和中央电视台联合举办"京杭学生运河知识对抗",赛场设在运河南、北两端的杭州和北京,通过微波双向传送,向全国进行现场实况播出。这是全国电视首次异地实况直播。(《浙江广播电影电视年鉴(2009)》第700页)

5月,山东省武城县老城镇、祝官屯乡和河北省故城县建国镇运河河道挖掘出古文物。已挖出的文物有古代木质沉船,唐宋时期的陶罐、瓷碗、琉璃工艺品和唐天宝、明万历年间的古钱币及金银制品、香炉等。(《德州年鉴(1993)》第44页)

6月4日,国家防总会同淮河水利委员会、山东省水利厅、沂沭泗水利工程管理局的负责同志,到苍山县解决邳苍分洪道内边界水利纠纷问题,要求苍山县尽快填平4条边界沟。9月12日,国家防总发文《关于苏鲁两省邳苍边界西伽河与东宋家沟之间排水问题的处理意见》,给江苏、山东两省政府和淮河水利委员会,明确规定了邳、苍两县要在今冬明春完成拆除平毁边界堵坝等有关项目。(《淮河大事记》第367页)

9月1日,常州市横跨运河的朝阳大桥改建工程临时钢架人行便桥开工。(《常州年鉴(1991)》第5页)

是年,济宁运河共完成货运量220.3万吨,货物周转量77 026万吨千米,分别比上年增长0.4%和15.3%。(《山东年鉴(1988)》第500页)

## 1988年

1月25日,南水北调(东线)穿黄勘探试验洞工程完工。工程于1984年10月经水电部批准,从1985年6月开始施工任务。探洞布置在山东省东阿县位山—解山

三条穿黄隧洞的中间一条轴线上。（《淮河大事记》第 269 ～ 270 页）

2 月 14 日，常州市运河整治工程指挥部举行篦箕巷改造工程竣工典礼（1987 年 7 月 18 日开工）。（《常州年鉴（1991）》第 6 页）

7 月 24 日，下午 4 时左右，京杭大运河江苏邳县泇口区段发生一起重大沉船事故。近百艘驳船沉没，死亡 1 人，失踪 1 人。这次事故是 1949 年以来内河航运史上最重大的一次。（《枣庄年鉴（1993）》第 51 页）

8 月 12 日，枣庄市运河旅游公司在台儿庄成立，“鲁枣一号”旅游船同时开航。（《枣庄年鉴（1993）》第 51 页）

10 月 7 日，国家计委、交通部、水利部以计调字（1988）676 号文，给苏、鲁两省下达了经国务院领导同志批准的《关于确保中运河航运安全的通知》，除指出造成“7・24”重大事故的原因外，并对今后避免发生类似事故提出了六条措施，以保证这段运河航行的安全。（《山东年鉴（1989）》第 563 页）

是月，无锡市民间文学工作者协会与江南运河航运史办公室联合组成“古运河文化考察队”，对古运河无锡段的形成、沿革、社会风情、民风民俗进行综合性实地考察，为《运河志・无锡段》的编撰提供了史料依据。（《无锡年鉴（1986 ～ 1990）》第 493 页）

11 月 1 日～ 3 日，沂沭泗河道志第一次编写会议在徐州市召开，成立了编写组。编写组历时三年，于 1993 年 12 月 15 日，在烟台市召开了《沂沭泗河道志》审稿会。1995 年 3 月 23 日至 26 日，在北京召开了定稿会。4 月 28 日，经淮河水利委员会审批同意，交中国水利水电出版社出版发行。（《淮河大事记》第 272 页）

是月上旬，邳苍分洪道排涝保麦工程全面开工，从朱庄到中运河全长 55.4 千米，苏、鲁两省同步进行施工，工程按五年一遇排涝断面的一半挖扩西偏泓河槽，加固西大堤，筑西偏泓东侧生产堤等。该项工程施工期为两年，1989 年汛期发挥排涝效益。（《淮河大事记》第 273 页）

12 月 5 日，无锡市京杭运河红星桥动工兴建。该桥全长 180.75 米，净跨度 94.4 米，桥面净宽 20 米，1990 年 6 月 4 日竣工。（《无锡市城市建设年鉴（1986 ～ 1990）》第 300 页）

是月 13 日，为了改善山东韩庄运河的通航条件，整治和解决苏、鲁两省交界的卡脖子河段，国家计委批复了山东省计委和交通部上报的《韩庄运河航道工程设计任务书》。（《山东年鉴（1989）》第 563 页）

是月 14 日，常州市运河东段恢复正常通航。自 11 月 24 日以来，有万余艘船只受堵，每天仅运费一项损失 50 余万元。（《常州年鉴（1991）》第 9 页）

是年，济宁航运局所属企业单位共完成货运量 97.6 万吨，货运周转量 42 096 万吨千米，分别比上年降低 8.5% 和 6.6%；枣庄航运管理处所属单位完成货运量 76.4 万吨，货运周转量 30 566 万吨千米，分别比上年降低 9.7% 和上升 14.1%。（《山东年鉴（1989）》第 563 页）

## 1989 年

1 月 19 日，《常州日报》报道：位于戚墅堰运河南岸、占地 160 余亩的圩墩公园初步建成并对外开放。（《常州年鉴（1991）》第 9 页）

是月 20 日，徐州京杭运河万寨港铁路在杨屯站与徐州枢纽孟夹线接通。该项工程造价 3 000 万元。（《济南铁路局年鉴（1991）》第 76 页）

是月 31 日，浙江省“七五”期间重点工程——京杭运河钱塘江沟通工程，1 月 31 日首次试航成功。工程从原京杭运河南终端——杭州艮山港至三堡入钱塘江，新开河道 6.97 千米，挖填土方 300 余万立方米；建造铁路、公路桥梁 11 座；建造长 160 米、宽 12 米船闸一座，可通过 300 吨级船只。（《中国水利年鉴（1990）》第 586 页）

3 月 2 日，京杭运河首座钢架拱桥在梁山县建成通车。（《山东年鉴（1989）》第 64 页）

4 月，由北京市社会科学院常征、于德源编著的《中国运河史》由北京燕山出版社出版。（《北京年鉴（1990）》第 572 页）

5 月 28 日，京杭运河无锡市区段 7.2 千米续建工程竣工验收，被评为优良工程。新建市区段为国家四级航道，全线宽度 100 米，水深 2.5 米，可通航 500 吨级船队。（《无锡年鉴（1986 ～ 1990）》第 295 页）

是月 30 日，京杭运河常州市区段整治工程竣工，验收质量总评为优良。拓宽后运河河面宽 50 米（原宽 25 米左右），码头港口区面宽 60 米，改建桥梁的通航净空大于 6 米。工程总投资为 8 000 余万元。（《常州年鉴（1991）》第 183 ～ 184 页）

6 月 23 日，大运河整治工程重点项目——长桥公路正式动工。（《苏州年鉴（1990）》第 57 页）

7 月 27 日，京杭运河苏州改道河段第一桥——新郭桥通过竣工验收。（《苏州年鉴（1990）》第 59 页）

8 月，鉴于屈家店枢纽北运河节制闸运用 57 年，已不能满足当前防洪运用要求，急需改建加固，海河水利委员会完成了《屈家店枢纽北运河节制闸改建工程设计任务书》的编制，并上报水利部。（《海河志 · 大事记》第 293 页）

9月，由水利部组织有中国国际工程咨询公司及水利部南水北调办公室、淮河水利委员会、海河水利委员会等单位负责人参加的一行19人，对经过江苏、山东、河北、天津4个省（市）南水北调东线进行察勘。（《聊城地区水利志》第69页）

11月，京杭运河浙江余杭塘栖弯道改善工程开始动迁，次年9月动工，1994年11月竣工。（《余姚年鉴（2001）》第53页）

12月，梁济运河扩挖筑堤工程开工。河道扩挖标准：承泄东平湖退水1 000立方米每秒，排涝按三年一遇的50%挖河，按十年一遇防洪标准筑堤，堤距300米，从司垓闸引南阳湖筑堤57千米，11条支流入口削坡及相应建筑物。（《淮河大事记》第279页）

是年，台儿庄运河航道工程开工。该工程包括疏通三级航道18千米，建二级船闸一座，计划投资6 200万元。（《枣庄年鉴（1993）》第270页）

## 1990年

2月5日，京杭运河陵口段治理工程开工，工程总投资7 000多万元，整治标准为500吨级的四级航道。（《镇江年鉴（1992）》第63页）

是月15日，国家重点交通建设工程之一的京杭大运河丹阳陵口段整治工程开工。（《江苏年鉴（1991）》第46页）

是月，苏南运河无锡高桥至双河尖段应急工程开工。该段运河全长2.84千米，局部航道仅为国家六级航道标准，经常发生船舶堵档情况，是苏南运河无锡段的卡脖子航段。江苏省交通厅把该段航道列入“七五”跨“八五”的一项应急工程，由无锡市航道处负责实施。（《无锡交通年鉴（1991～1995）》第149页）

3月16日，全国内河水系目前最大件杂货码头杭州港三堡码头竣工投产。该码头位于京杭运河钱塘江沟通工程起点北岸，设计吞吐能力为100万吨。（《浙江经济年鉴（1991）》第475页）

4月13日，日本友谊林实行委员会会长坂本敬四郎率领的“祝贺中日樱花友谊林第三期竣工访华团”1 100余人在无锡大运河畔栽种1 000株樱花树。至此，历时三年的3 000株中日樱花友谊林工程全部结束。（《江苏年鉴（1991）》第48页）

是月20日，《新华日报》报道：我国第一座固端桥（主桥长181米，单桩承载力为600吨）在京杭运河无锡段建成。（《江苏年鉴（1991）》第48页）

5月15日，海河水利委员会召开周家店北运河节制闸改建工程初步设计审查会。肯定了天津院提出的改建方案。（《海河志·大事记》第299页）

6月10日～12日，由淮河水利委员会组织的南四湖湖西大堤联防指挥部成立大会在山

东薛城召开。会议原则通过了《南四湖湖西大堤防汛抢险方案》。（《淮河大事记》第 281 页）

是月 20 日，京杭运河浙江境内段主要碍航段新市湾道、练市湾道改善工程通过竣工验收，被评为优良工程。（《浙江经济年鉴（1991）》第 478 页）

7 月 28 日，天津市武清县北运河桥工程完工。该桥位于武清县县城北侧，与高速公路相接，是高速公路西段连接天津市的咽喉要道。（《天津经济年鉴（1991）》第 904 页）

8 月 19 日，由国务院办公厅，国家计委、交通部、水利部组成的国务院韩庄运河航道工程调查组一行 9 人，赴山东省枣庄市、江苏省徐州市及韩庄运河台儿庄至大王庙段现场进行调查。调查组本着实事求是的态度，较为妥善地处理了 1988 年 7 月因洪水突发在卡口河段发生沉船 98 艘，造成直接经济损失 700 万元的重大事故后产生的航运水事纠纷。（《淮河大事记》第 281 页）

10 月 4 日，水利部海河水利委员会党组决定成立“水利部海河水利委员会南水北调穿黄工程指挥部”（副司局级），隶属海河水利委员会，行使建设单位职责，负责穿黄工程施工管理工作。（《海河志·大事记》第 302 页）

是月 27 日，京杭运河杭州市河整治工程破土开工。该河段位于京杭运河末端，自义桥港经拱宸桥、大关，终于艮山港，与运河钱塘江沟通工程相衔接，全长 10.2 千米，按五级航道标准建设，通航能力将从目前的 40 吨级提高到 300 吨级。（《浙江经济年鉴（1991）》第 483 页）

是年，京杭运河山东济宁－枣庄段共完成货运量 173 万吨，货运周转量 7.06 亿吨千米，分别比 1989 年增长 20.6% 和 4.1%。（《山东年鉴（1991）》第 503 页）

是年，江苏省无锡市建成全长 11.2 千米的新运河绿化带，共植树木花卉 3 万余株，为美化城市和人民休憩创造了优美的环境。（《无锡年鉴（1986 ～ 1990）》第 211 页）

## 1991 年

2 月 3 日，梁济运河第二期工程竣工。（《邹城市年鉴（1991 ～ 1995）》第 1 页）

3 月 6 日，浙江省德清和余杭两县毗邻的三合、城关、雷甸、勾里、禹越和獐山、东塘、宏磻、塘栖、塘南共 10 个乡镇，在塘栖举行首次“运河两岸友好乡镇联谊会”，相互交流情况，共商经济腾飞。（《余杭年鉴》第 3 ～ 4 页）

4 月 16 日～ 17 日，常州市各地普降暴雨，市区运河水位达 4.7 米，超过警戒水

位 0.2 米，为 1949 年以来最大的汛情。（《常州年鉴（1992）》第 426 页）

是月 30 日，扬州市邗江运河大桥（施桥镇南）正式通车。（《扬州年鉴（1992）》第 73 页）

7 月 15 日，扬州市区七里河与大运河之间的通运闸两侧崩坍，洪水落差 2.25 米。汤汪乡和城东东花园生活区被淹 5 平方千米，水深 1 米左右。16 日 20 时 30 分和 21 时 25 分，在下游新筑的两道坝相继合龙。（《扬州年鉴（1992）》第 76 页）

是月 17 日，为减轻洪水对洪泽湖、高邮湖及运河沿线压力，清除行洪障碍，工兵某团地爆连实施爆破邵伯湖东兴圩、西兴圩附近的阻水高滩。历时 6 天，到 22 日 8 时，计清除高滩 13 处，面积 1.3 万平方米，以及零星阻水物 15 处。（《扬州年鉴（1992）》第 76 页）

是月 25 日，梁济运河建成投入使用。梁济运河北起黄河岸边的那路里，南至济宁西南的南阳湖，流经泰安、菏泽、济宁 3 个地市的 7 个县区，是南四湖流域、湖西平原的一条主要骨干排水河道，河流总长为 87.8 千米。梁济运河工程分为两期建设，一期工程 1989 年 11 月开工，1990 年 1 月竣工。二期工程 1990 年 7 月开工，1991 年 7 月 25 日竣工，投入使用。整个工程共投资 1.12 亿元。（《山东年鉴（1992）》第 567 页）

9 月 17 日，水利部以水计（1991）66 号文批复了关于中运河临时性水资源控制设施修订设计任务书。该工程是为解决韩庄运河台儿庄至大王庙 18.5 千米航道应急工程建设问题采取的临时性措施，设计挡水位（闸门顶高程）为 21.5 米，闸址选在江苏境内梁王城处，闸门结构为浮箱式，工程投资 785 万元。（《治淮汇刊年鉴（1991）》第 470 页）

10 月 6 日，江苏省宿迁县境内的骆马湖嶂山闸加固工程开工。该闸是骆马湖排洪控制性工程，设计泄洪能力为 8 000 立方米每秒，建成于 1961 年。该工程于 1994 年 11 月 28 日通过验收，整体加固工程质量被评为优良。（《淮河大事记》第 290 ～ 291 页）

是月，苏南运河无锡高桥至双河尖段应急工程竣工。整治后航道面宽达 90 米，底宽 60 米，水深 2.5 米，使苏南运河无锡市区段全部达到国家四级航道技术标准，500 吨级的船队在该段航道可畅通无阻。（《无锡交通年鉴（1991 ～ 1995）》第 149 页）

11 月 11 日，“中国江南水乡游”首航剪彩仪式在南京夫子庙广场举行。江南水乡游起于南京，止于杭州。它以千年古运河为主线，游客可沿河游览南京、扬州、镇江、常州、无锡、苏州、杭州等名胜古迹。（《中国旅游年鉴（1992）》第 26 页）

12 月 2 日，京杭运河常州段，在西起连江桥、东至戚机厂 20 余千米河面上，4 000 多艘船只进退两难，发生阻塞断航近 9 天，经疏航是日恢复通航。（《常州年鉴（1992）》第 430 页）

12 月 25 日，位于常州市戚墅堰跨京杭运河的新建惠济桥落成。（《常州年鉴（1992）》

第 430 页）

是日，淮河水利委员会在江苏省连云港市云华宾馆召开《沂沭泗河道志》初稿审查会。由于宾馆电路失修，凌晨 3 时，电路故障起火，整幢装配式简易楼烧毁，参加审稿的代表郭其祥、陈国才、高不危、徐光通、韦嗣贤、邵平、闫寿斌、王文彬、朱广礼、王圣轩、彭育林、宋铁基等 12 人在火灾中遇难。这次事故给治淮事业带来重大损失。（《淮河大事记》第 296 页）

是年，济宁航运局共完成货运量 201 万吨，货运周转量 9 亿吨千米，分别比 1990 年增长 57.7% 和 73.3%。枣庄航管处完成货运量 64 万吨，货运周转量 2.78 亿吨千米，分别比 1990 年增长 41% 和 48.9%。（《山东年鉴（1992）》第 556 页）

## 1992 年

1 月 6 日，镇江市区整治古运河工程开工。首期工程包括中山桥至解放桥 1.5 千米河段。（《镇江年鉴（1993）》第 36 页）

是月 25 日，京杭运河陵口段通航。该项整治工程于 1990 年 2 月 15 日开工，总投资 7 000 多万元。（《镇江年鉴（1993）》第 36 页）

是日，山东省韩庄运河扩大工程闸上喇叭口段一期工程开工。该工程长度为 792.8 米，土方工程总量为 82.8 万立方米。6 月 2 日～3 日，进行了竣工验收，被评为优质工程。（《淮河大事记》第 296 ～ 297 页）

2 月 24 日～26 日，根据中国水利学会（1990）12 号文批准，中国水利学会淮河研究会成立大会暨首届学术年会在淮河水利委员会召开。（《淮河大事记》第 298 页）

4 月 20 日，镇江市整治古运河二期疏浚工程（平政桥至中山桥的 2.144 千米河段）开工。（《镇江年鉴（1993）》第 38 页）

5 月 8 日～12 日，由中国水利学会中国水利史研究会、港口航道专业委员会和山东省济宁市科学技术协会联合发起的“纪念京杭运河贯通 700 周年学术讨论会”在济宁市召开。（《中国历史学年鉴（1992）》第 319 页）

是月 21 日，京杭运河钱塘江沟通段通过浙江省交通管理部门的检查验收，成为全省第一条文明航道。（《杭州年鉴（1993）》第 19 页）

6 月 6 日，据《聊城日报》报道，山东省重点公路建设项目，横跨山东、河北两省的临清卫运河公路大桥建成通车。（《聊城年鉴（1991 ～ 1994）》第 39 页）

是月 10 日，国家重点工程、江苏省三大战略项目之一的苏南运河无锡段整治工程动工。（《无锡年鉴（1992）》第 461 页）

是月26日，国家重点工程——京杭运河苏州市河段改道航道工程通过竣工验收，7月15日正式通航。（《苏州年鉴（1993）》第17页）

7月14日，国家“七五”期间重点建设项目京杭运河新开苏州市河正式通航。（《江苏年鉴（1993）》第706页）

是月18日～22日，水利部在北京召开沂沭泗洪水东调南下有关工程方案审查会议。东调南下工程韩庄运河（台儿庄－大王庙）航道及防洪工程扩大初步设计、中运河近期扩大工程可行性研究报告、中运河水资源临时控制设施初步设计和大官庄枢纽初步设计通过审查。（《治淮汇刊年鉴（1992）》第511页）

是月21日上午，从金湖县开往高邮市的一辆大客车在途径宝应县地龙渡口时翻入大运河中，10人死亡，其余人受伤。（《扬州年鉴（1993）》第41页）

8月15日，由国家投资1.84亿元的引黄入卫工程开工。（《聊城年鉴（1991～1994）》第39页）

是月21日，苏南运河（无锡段）整治工程动工。江南运河（无锡段）起自无锡县高桥，讫止无锡至苏州交界处的北望亭“五七”桥，全长26.216千米，其中高桥至吴桥3.7千米、黄埠墩至下甸桥11.24千米已经整治，并达到四级航道标准。1992年8月21日开始整治无锡东段11.576千米的河段。苏南运河（无锡段）整治工程总投资9 600万元，整治后，河面将全部达到60～76米以上，全线可达四级航道标准，500吨级船舶可从长江经锡澄运河直达无锡市，年通过能力可逾1亿吨。（《无锡年鉴（1993）》第228页）

是月29日，据《聊城日报》报道，被称为“运河四大名塔”之一的临清舍利塔动工修缮。该塔始建于明万历三十九年（1611），呈八角形，高9层，为仿木结构阁式砖塔。（《聊城年鉴（1991～1994）》第39页）

10月21日，京杭运河丹阳吕城段整治工程（2.78千米）开工。（《镇江年鉴（1993）》第42页）

11月5日，山东省引黄入卫工程正式开工兴建。引黄入卫工程利用位山引黄灌区输水系统，将黄河水引入卫运河，以缓解河北省东南部地区水资源严重短缺的状况。该工程全长104千米，计划3年完工，总投资2.1亿元，年引水量5亿立方米。（《山东年鉴（1993）》第37页）

是月7日，北京市北运河左堤加固工程开工。通县人民仅用15天时间，即完成34千米左堤、150多万立方米的全部土方任务。（《北京年鉴（1993）》第370页）

是月21日，交通部、水利部以水计（1992）103号文批复韩庄运河（台儿庄—大王庙）航道及防洪工程扩大初步设计。（《治淮汇刊年鉴（1992）》第514页）

是月30日，江苏省“八五”期间重点骨干工程之一——苏南运河整治工程浒墅关段拆

迁征地工作全面展开。（《苏州年鉴（1993）》第 26 页）

是年，宿迁市出土清代大运河水文碑。为研究京杭大运河中段古今汛情演变提供了新资料。（《中国历史学年鉴（1992）》第 374 页）

是年，山东京杭运河南段（济宁—枣庄段）航运共完成货运量 372 万吨，货物周转量 16.5 亿吨千米，分别比 1991 年增长 40.3% 和 39.7%。全年该河系国有交通航运企业实现利润 90 万元，比 1991 年提高 56.3%。（《山东年鉴（1993）》第 469 ～ 470 页）

## 1993 年

1 月 11 日，杭州市政府召开运河沿岸企业环保工作会议，宣布对杭州长征化工厂等 20 家企业的 25 个废水治理项目实行限期治理。同时，市政府还对杭州华丰造纸厂等 4 家全市重点污染企业的 4 个废水治理项目实行了限期治理。（《杭州年鉴（1994）》第 126 ～ 127 页）

2 月 13 日，据《大众日报》报道，全国铁路第一座斜拉式桥——京九铁路卫运河特大桥正式动工兴建。该桥设计全长 663.8 米，工程总投资 1 000 万元，由铁道部第十四工程局承建。（《山东年鉴（1994）》第 39 页）

3 月 29 日，由于受气候和吴桥改建工程中施工的影响，京杭运河无锡市区段航道出现了历史上最严重的堵塞。被堵船只 2 万多艘，挤排在 11 千米长的水面上，滞压各类物资 200 多万吨。这次堵塞直至 4 月 5 日才恢复畅通。（《无锡交通年鉴（1991 ～ 1995）》第 149 页）

4 月 5 日，水利部以水计（1993）196 号文向江苏省人民政府发出《关于中运河临时水资源控制设施有关问题的函》。（《治淮汇刊年鉴（1993）》第 495 页）

是月 7 日，全国交通建设前期工作会议在苏州市举行，苏南运河整治工程等被列入“八五”跨“九五”国家重点交通工程（12 日结束）。（《苏州年鉴（1994）》第 6 页）

是日，日本邮游樱花植树观光团抵达苏州观光游览，8 日在苏州市运河公园种植首批樱花树苗。（《苏州年鉴（1994）》第 6 页）

5 月 21 日～ 25 日，南水北调东线第一期工程可行性研究修订报告，通过水利部审查。（《淮河大事记》第 306 页）

6 月 28 日，苏州市运河公园正式开放。（《苏州年鉴（1994）》第 9 页）

是月，苏南运河常州东、西段由前期准备阶段进入开工建设阶段。苏南运河常州段总长 44.49 千米，其中城区 8.92 公里于 1990 年整治结束。这次东、西段整治长度为 35.57 千米。工程总投资 2.27 亿元（未含桥梁工程投资）。（《常州年鉴（1994）》第 249 页）

8 月 7 日，耗资 40 万英镑、历时近两年的中英科技合作项目——古运河治理，无锡污水治理总体规划可行性研究举行结束仪式。（《无锡市城市建设年鉴（1993 ～ 1994）》第 236 页）

是月，山东省韩庄运河（台儿庄—大王庙）左堤借土复堤工程竣工，并通过验收。该工程全长 3.5 千米，完成土石方 12 万立方米。（《枣庄年鉴（1995）》第 37 页）

是月，国内最长的发绣画卷《古运河梁溪风情图》在无锡诞生。（《无锡年鉴（1994）》第 225 页）

10 月 8 日，苏南运河武进段整治工程启动。苏南运河武进段全长 20.2 千米。整个工程将于 1997 年底结束。整治后的大运河可达四级航道标准，通航 300 吨～ 500 吨级的驳船。（《武进年鉴（1994）》第 179 页）

是月 14 日，国务院批准沂沭泗洪水东调南下工程可行性研究报告（包括东调南下工程复工报告和中运河近期扩大工程可行性研究报告），国家计委计农经（1993）1862 号文通知，要求水利部和山东、江苏两省按此办理。水利部计规（1993）126 号文转发。（《治淮汇刊年鉴（1993）》第 500 页）

是月 20 日，京杭大运河杭州段截污处理工程动工。该工程纳污范围涉及市区北部的杭州高新技术产业开发区，拱墅区大部分地区和江干区运河以北地区，面积约 49.3 平方千米，服务人口 50 多万。工程总投资约 7.93 亿元，计划用 5 年时间基本建成。（《杭州年鉴（1994）》第 111 页）

11 月 1 日，山东省洙赵新河治理工程开工。该河是鲁西南济宁、菏泽两地市的大型泄洪、排涝河道，干流长 145 千米，流域面积为 4 206 平方千米。菏泽地区 7 个县承担上游 106 千米河段清淤任务，1993 年底竣工。济宁市承担河道下游 37.5 千米河段挖河、复堤及湖口建闸施工任务。1994 年 5 月底竣工，两地市共完成挖河复堤土方 2 394 万立方米。（《淮河大事记》第 309 ～ 310 页）

11 月 11 日～ 13 日，《韩庄运河（湖口—台儿庄）扩大工程初步设计》通过了水利水电规划设计总院和淮河水利委员会的审查。经审查核定，工程总投资 1.50 亿元。（《中国水利年鉴（1994）》第 98 页）

12 月 31 日，国家治理淮河的重点工程和山东省 1995 年十大重点工程之一的韩庄运河南大导流工程正式开工。该工程西起微山湖口，东至台儿庄节制闸，总长 36 千米，总投资 1.5 亿元。（《枣庄年鉴（1995）》第 43 页）

是年，国家计委正式批准京杭运河济宁至台儿庄续建工程。该工程总投资 13.94 亿元。船闸、桥梁等永久性建筑物按二级航道标准建造；航道按三级标准设计施工。该工程分航道、船闸、桥梁、港口和通信工程五部分，新增年吞吐能力 1 550 万吨。（《山东年鉴（1994）》第 465 页）

是年，京杭运河杭州段市河整治工程经浙江省计经委批准已调整概算为 1.1 亿元，各个标段全线开工并进入施工高潮，完成投资量 2 100 万元，累计完成 7 345 万元。（《杭州年鉴（1994）》第 139 页）

是年，京杭运河无锡市区段 7.2 千米完善工程竣工。该段运河北起梁溪河口，南至下甸桥外贸仓库。从 1992 年起，无锡市航道部门对该段航道全面实施完善工程，共完成直立式驳岸 11.5 千米，工程总投资 1 750 万元。至此，京杭运河无锡市区段已全面驳岸化。该工程自 1992 年起，连续三年在省航道局组织的工程检查验收中，被评为优质工程。（《无锡市交通年鉴（1991 ～ 1995）》第 149 页）

## 1994 年

2 月 2 日，无锡市市中心的排污重点工程——朝阳污水泵站，1993 年 12 月建成试运转以来，目前情况良好。将为从根本上治理古运河水环境奠定基础。（《无锡市城市建设年鉴（1993 ～ 1994）》第 240 页）

3 月，京杭运河杭申线杭州瓶颈段航道改造工程动工。该工程总的任务是以五级航道标准改造京杭运河自义桥至邵家村长 22.08 千米的航道，改造杭申线自余杭塘栖叉口至余杭博陆长 13.75 千米航道，总投资为 3 850 万元。（《杭州年鉴（1995）》第 149 ～ 150 页）

4 月 28 日，沂沭泗洪水东调南下中运河工程在江苏省徐州市大王庙举行开工典礼。至此，东调南下工程进入全面实施阶段。（《治淮汇刊年鉴（1995）》第 445 页）

是日，东调南下中运河扩大工程在二湾段破土动工。扩大中运河工程，按 4 600 ～ 5 500 立方米每秒扩挖河道、加固堤防，在省界江苏一侧的梁王城建临时水资源控制闸。（《淮河大事记》第 312 页）

5 月 11 日，我国铁路第一座斜拉式预应力钢筋混凝土连续桁架梁桥——京九铁路卫运河特大桥，自 1993 年 2 月份开工，到 1994 年 5 月 11 日提前合龙，在京九铁路 14 个重点控制工程中率先突破难关。（《山东工会年鉴（1995）》第 28 ～ 29 页）

6 月 18 日，沂沭泗河洪水东调南下“韩庄运河（台儿庄—大王庙）航道及防洪工程”苏鲁边界段河道扩挖复堤工程破土动工，7 月 1 日全线开工。（《治淮汇刊年鉴

（1995）》第 446 页）

7 月 26 日，318 国道吴江段平望运河大桥举行开工典礼。（《吴江年鉴（1995）》第 40 页）

9 月 2 日，京杭运河丹徒辛丰段（3.19 千米）整治工程开工，计划 1996 年完成。（《镇江年鉴（1995）》第 60 页）

是月 17 日，京杭运河无锡市区 4.04 千米段“江苏省文明航道”复验合格。（《无锡市交通年鉴（1991 ～ 1995）》第 149 页）

10 月 8 日，江苏省交通厅与无锡市政府签订苏南运河无锡段整治工程投资包干协议书。总投资 2.01 亿元，全长 25 千米，要求 1997 年年底完成。（《无锡市城市建设年鉴（1993 ～ 1994）》第 246 页）

是月 11 日，沂沭泗洪水东调南下工程——韩庄运河（台儿庄—大王庙）航道及防洪工程省界实施段左堤 6 千米复堤工程顺利通过竣工验收，并移交管理单位管理，工程质量优良。（《治淮汇刊年鉴（1995）》第 449 页）

是月 28 日，韩庄运河省界实施段主河道按时截流成功，导流工程全线贯通。（《治淮汇刊年鉴（1995）》第 449 页）

12 月 27 日，苏南运河镇江吕城段工程通过江苏省交通厅验收。工程全长 2.777 9 千米，总投资 3 022 万元。（《镇江年鉴（1995）》第 61 页）

是月 30 日，京杭运河杭州市河整治工程全线竣工。该整治工程从义桥港起至艮山港止，河道全长 10.2 千米，1990 年 12 月 25 日正式开工，工程总投资 1.10 亿元。（《浙江年鉴（1995）》第 216 页）

## 1995 年

3 月 15 日，分沂入沭工程开工典礼在山东省临沂市举行。本次分沂入沭续建工程，先按二十年一遇标准实施，分泄沂河洪水按每秒 2 500 立方米设计。（《淮河大事记》第 317 页）

4 月 5 日～ 14 日，交通部副部长刘松金率部机关有关人员，对京杭大运河黄河以南的山东、江苏、浙江段进行全程综合考察。（《江苏交通年鉴（1996）》第 122 页）

5 月 11 日，《无锡市（京杭运河无锡段）排放水污染物总量控制目标和措施》经市政府第 59 次常务会议讨论通过。（《无锡市城市建设年鉴（1995）》第 8 页）

6 月 28 日，全长 106 千米的徐海一级公路徐新段暨邳州运河大桥竣工通车。邳州运河大桥 1993 年初动工，全长 1 478.5 米，其中主桥 174 米，引桥 1 304.5 米，桥面总宽 16

米，经验收被评为优良级工程。（《江苏交通年鉴（1996）》第 112 页）

8 月 18 日，韩庄运河扩大工程开工典礼在枣庄市举行。该段运河扩大工程，上起南四湖口，下至陶沟河口与江苏中运河相接，全长 42.6 千米。竣工后，当南四湖洪水位达 33.5 米时，泄量将由现在的 1 000 立方米每秒，提高到 1 900 立方米每秒。同时还提高通航和排涝能力，为南水北调创造了条件。（《淮河大事记》第 320 页）

是年，苏南运河（苏州段）整治二期工程竣工（《江苏交通年鉴（1996）》第 124 页）。

## 1996 年

1 月 3 日，古运河无锡段被江苏省人民政府列为历史文化保护区。（《无锡年鉴（1997）》第 495 页）

是月 8 日，我国铁路第一座斜拉式预应力混凝土连续桁架梁桥——京九线卫运河特大桥，通过国家技术鉴定，其全套施工技术和工艺填补了我国桥梁建设史的一项空白。（《山东年鉴（1997）》第 25 页）

4 月，新华社与中国交通报社联合组成的中央级“京杭大运河经济带”系列采访团，途径枣庄市沿运河进行专题采访活动。（《枣庄年鉴（1997）》第 28 页）

5 月 14 日，高邮运西船闸大修工程提前 10 天竣工，被评为优良工程，15 日船闸恢复通航。（《江苏交通年鉴（1997）》第 165 页）

5 月 23 日，枣庄市在京杭大运河疏浚工程中挖出全长 3.6 米、重约 150 千克的特大象牙化石。这是我国目前发现的最大的象牙化石，距今约 6 000 万年。（《山东年鉴（1997）》第 31 页）

6 月 10 日，京杭运河宿迁 2 号船闸大修工程提前竣工复航。工程质量被评为优良级，比原计划工期提前 8 天恢复通航。（《江苏交通年鉴（1997）》第 165 页）

是日，韩庄运河扩大治理工程台儿庄实施段全线竣工。（《枣庄年鉴（1997）》第 32 页）

7 月 8 日，韩庄运河主河槽扩挖工程全面竣工。该工程全长 27 千米，共开挖土方 974 万立方米，防洪能力达到二十年一遇标准，通航能力由五级升为二级。（《枣庄年鉴（1997）》第 34 页）

8 月 2 日，镇江市京口区召开古运河拆迁动员大会。（《京口年鉴（1998）》第 52 页）

是月 13 日，连接苏州古城和新区、横跨京杭大运河的交通要道——何山大桥竣工

通车。（《苏州年鉴（1997）》第 14 页）

是月 15 日～ 16 日，江苏省宿迁市宿豫县“中运河影响工程”顺利通过省级验收。（《宿豫年鉴（2002）》第 179 页）

10 月 6 日，京杭大运河丹徒县辛丰段的辛丰人行桥，通过省级鉴定，达省优标准。这是苏南地区跨径最大的一座运河行人专用大桥。（《丹徒年鉴（1997）》第 36 页）

是月 18 日，高邮运河大桥及漫水公路举行开工典礼。（《高邮年鉴（1997）》第 55 页）

是月 21 日，适航于长江、大运河的集装箱、散货两用新型货轮在丹徒县船厂建成。（《丹徒年鉴（1997）》第 37 页）

12 月，聊城地区计委批复建立运河文化博物馆。项目占地 5.67 万平方米，建筑面积 0.62 万平方米，预计投资 1 100 万元。（《聊城年鉴（1995 ～ 1997）》第 48 页）

是年，京杭运河湖州德清段改造工程竣工。京杭运河德清段航道改造里程为 21.187 千米，按四级航道标准通航 500 吨级要求实施。（《德清年鉴（1997）》第 237 ～ 238 页）

是年，京杭运河杭州段改造工程全线竣工。该工程于 1994 年 3 月开始先后动工。工程起自郁家兜，终于北星桥，里程为 20.17 千米。按五级航道改为四级航道的要求实施，1996 年全线竣工。（《杭州年鉴（1997）》第 149 页）

是年，京杭运河锡山市段整治主体工程基本结束。整个整治工程累计征地 1 066.79 亩，压废 1 600 亩，拆迁各类房屋近 10 万平方米，开挖土方 200 万立方米，新建驳岸 13 千米、护坡 2.3 千米，改造桥梁 12 座。总投资额近 2 亿元。施工质量普遍达标创优，桥梁建设全部通过省级验收，达到优良标准。（《锡山市年鉴（1996）》第 161 页）

是年，苏南运河（苏州段）三期工程为吴江营造良田五百亩。苏南运河（苏州段）三期运河整治工程从宝带桥至江浙交界的鸭子坝，全长 48.7 千米，需开挖土方 393 万立方米。在施工中将土方回填、复垦、造田五百亩。（《江苏交通年鉴（1997）》第 165 页）

## 1997 年

3 月，在 1996 年山东省对外宣传奖评选中，枣庄市拍摄的专题片《走运河》获一等奖。（《枣庄年鉴（1998）》第 33 页）

4 月 4 日，古运河填埋工程在镇江市京口区谏壁镇开工。谏壁古运河填埋工程总投资 800 万元，可造地 100 万亩，工程分两期 3 年完成。（《京口年鉴（1998）》第 58 页）

是月 21 日，天津市蓟运河治理全线开工。汉沽区蓟运河治理共 6 200 米，总投资 2 400 万元。（《天津经济年鉴（1998）》第 101 页）

是月22日～25日，由中国商业史学会与聊城地区行署联合主办的全国运河经济与商业文化研讨会在聊城召开。（《聊城年鉴（1995～1997）》第50页）

5月4日，318国道吴江段一级公路全线通车仪式在平望运河大桥举行。（《吴江年鉴（1998）》第29页）

是月5日～8日，山东运河文化研讨会在聊城召开。（《聊城年鉴（1995～1997）》第50页）

是月23日，淮阴市决定用3～4年时间，将盐河、废黄河、里运河、大运河流经市区范围内的两岸建成四座带状公园。（《淮阴年鉴（1998）》第393页）

6月6日，杭州凤凰山麓南宋皇城遗址范围内发现御用船坞码头遗迹，证实南宋时杭州水运繁荣，钱塘江和运河自古相通。（《杭州年鉴（1998）》第23页）

是月中旬，沧州市东光县码头桥南运河河道发现北宋沉船。为研究北宋时期运河的航运及制瓷业、商业往来提供了珍贵的实物资料。（《河北年鉴（1999）》第330页）

9月5日，宿迁市运河二号桥建设工程奠基。（《宿迁年鉴（1999）》第52页）

是月，苏南运河常州段整治工程全面竣工。常州段运河分两期按四级航道标准进行整治。工程实际完成总投资6亿元，全面达到部级优良标准，并通过500吨级驳船实船试航。（《常州年鉴（1998）》第141～142页）

10月6日，跨越京杭大运河苏州吴江市平望镇新开河段的平望新运河大桥南半桥顺利合龙，该桥全长604.88米，桥宽25米，工程总造价2 489万元。（《吴江年鉴（1998）》第34页）

是月9日，苏南运河常州段整治竣工验收。该段全长44.48千米，开挖土方1 008.3万立方米，总投资6亿元。（《常州年鉴（1998）》第447～448页）

是月26日，《京杭运河无锡段整治工程记》碑亭落成。（《无锡年鉴（1998）》第139页）

是日，苏南运河整治工程竣工，该工程自镇江谏壁口至苏浙交界的鸭子坝，全长208.2千米。工程按四级航道标准实施，实际耗资达27亿元。（《中国交通年鉴1998》第143页、《中国交通年鉴（1999）》第169页）

11月13日，戚墅堰大桥、运河整治、长江引水工程顺利竣工。戚墅堰大桥总投资4 467万元。新桥总长1 513.6米，主桥宽19米、跨径5 000米，最高水位通航净高7.5米。（《常州年鉴（1998）》第375页）

12月10日，江阴二号船闸大修工程竣工并通过验收，被评为省优良工程。（《无锡年鉴（1998）》第182页）

是月27日，京杭运河续建工程刘山复线船闸通过交工验收并正式通航。（《江苏年鉴（1998）》第498页）

是年，江苏省镇江市京口区古运河风光带三期工程（解放桥—南水桥）项目基本完成。（《京口年鉴（1998）》第175页）

是年，大运河永城段出土唐初木船。（《中国历史学年鉴（1997）》第440页）

是年，镇江市发掘出中山东路六朝至宋代运河遗迹。（《中国文物报》1998年1月14日）

## 1998年

1月4日，山东省临沂市大量污废水经邳苍分洪道进入中运河，造成严重污染，以运河作为饮用水源的江苏省徐州市地表水厂被迫停产，使徐州市居民饮用水出现困难。（《治淮汇刊年鉴（1999）》第277页）

是月7日，京杭运河苏南段四级航道日前通航。航道自镇江谏壁口至苏浙交界的鸭子坝，全长208.2千米。（《中华人民共和国年鉴（1999）》第1330页）

2月5日，淮阴市区承德路里运河大桥开工兴建。（《淮阴年鉴（1999）》第435页）

是月16日，无锡市环境保护委员会以锡环委（98）4号文引发《关于苏南运河直湖港流域超标排放水污染企业1998年底限期达标的通知》。（《无锡市城市建设年鉴（1998）》第6页）

是月21日，由枣庄市委外宣办、市政府新闻办公室组织，市电视台拍摄的外宣专题片《走运河》获国家金桥奖二等奖。（《枣庄年鉴（1999）》第14页）

5月7日，枣庄市全市沿运河经济带开发座谈会在台儿庄举行。（《枣庄年鉴（1999）》第17页）

是月，聊城市运河管理处成立，隶属于聊城市建设委员会。（《中国共产党山东省聊城市地区组织史资料第3卷》第1088页）

6月12日，沧州市文物工作者在南运河东光县码头桥北东侧河床下清理发掘一艘北宋沉船，随船出土了划花白釉大碗等一批珍贵之物。（《沧州年鉴（2000）》第26页）

是月24日，京杭运河苏鲁交界“卡脖子”段被疏通，至此，运河江北段全部达到三级以上航道标准。（《枣庄年鉴（1999）》第19页）

7月18日，高邮运河大桥建成通车。（《高邮年鉴（1999）》第42页）

9月12日，枣庄市韩庄运河枢纽伊家河节制闸应急加固工程通过竣工验收。（《治淮汇刊年鉴（1999）》第284页）

是月25日，淮阴市区承德路里运河大桥竣工。（《淮阴年鉴（1999）》第440页）

10月1日，苏州市吴江市318国道新运河大桥建成通车，全长604米，主跨径80米，宽度为25米，总投资2 488万元。（《吴江年鉴（1999）》第51页）

是月26日，苏南运河无锡段与苏南运河全线通过了国家及省内专家的竣工验收。（《无锡市城市建设年鉴（1998）》第19页）

是日，苏南运河苏州段整治工程通过交通部组织的竣工验收，工程质量优良，成为中国内河第一条标准化、美化样板航道。（《苏州年鉴（1999）》第44页）

是日，苏南运河整治工程经过一年的运行考验，圆满通过国家竣工验收。（《江苏年鉴（1999）》第527页）

12月28日至29日，中运河（大王庙—二湾）近期扩大工程通过竣工验收，工程质量总体优良。（《治淮汇刊年鉴（1999）》第286页）

是年，临清市开展了古运河治理工程，实现了古运河碧水长流的景象。（《临清年鉴（1991～1998）》第425页）

## 1999年

1月13日，京杭运河山东段续建工程建设质量会议在枣庄市召开。（《枣庄年鉴（2000）》第13页）

2月11日，凌晨2时，由于前两天的大雾影响，两淮间淮安板闸附近大运河航道发生严重阻塞；待通行近5 000艘船受阻，绵延12千米长。截至下午5时许，受阻航道基本畅通。（《淮阴年鉴（2000）》第457页）

5月，北京市通州运河大桥竣工通车。（《北京通州年鉴（2000）》第47页）

6月30日，运河塘栖水位5.47米（警戒水位4.5米，历史最高水位5.28米）。大运河五杭镇杭北村三条坝出现40米决口。为确保西险大塘安全，25日晚18时45分，北湖滞洪区首次开闸分洪。（《余杭年鉴（2000）》第32页）

7月2日，国家内贸局向江苏省人民政府发出《关于运河决口造成江苏苏州双桥国家储备糖仓库进水被淹的紧急通报的函》的传真电报。在有关各方的共同努力下，从被淹仓库中抢运出几千吨储备糖，做到了把损失降低到最低限度。（《中国国内贸易年鉴（2000）》第60页）

是月30日，大运河泗阳二号桥立项审查在南京顺利通过，桥址定在泗阳县水泥厂附近，一期工程预计在2000年6月开工，2001年12月竣工。（《泗阳年鉴

（2000）》第 28 页）

8 月 17 日，北京市通州北运河东关大桥改扩建工程动工，11 月 15 日正式竣工通行。（《北京通州年鉴（2000）》第 48 页）

是月 18 日，聊城市古运河开发建设工程正式破土动工。（《聊城年鉴（1998 ～ 2001）》第 37 页）

9 月 18 日，京杭运河航道改造工程（嘉兴段）通过交工验收，并被评为优良工程。（《嘉兴年鉴（2000）》第 36 ～ 37 页）

是月 20 日，运河杭州段航道改造工程全线完成，通过专家验收，并被评为优良工程。（《杭州年鉴（2000）》第 19 页）

是月 28 日，京杭运河浙境段改造工程全线完工。该项目总投资 6.75 亿元，按四级通航标准整治航道 83 千米。（《中国港口年鉴（2000）》第 221 ～ 222 页）

9 月 28 日，全长 100 千米的京杭运河浙江段航道改造工程以“优良”的成绩通过竣工验收。工程总投资 6.4 亿元。经过改造，500 吨级内河船舶可从山东直下杭州。（《浙江年鉴（2000）》第 215 页）

是月，京杭运河湖州段改造工程竣工。该工程全长 42.85 千米，于 1995 年 2 月开始，按照国家四级航道标准实施改造，至此全部完工，总投资 2.6 亿元。（《浙江年鉴（2000）》第 410 页）

是月 29 日，镇江市古运河整治及风光带（精品段）建设工程竣工。（《镇江年鉴（2000）》第 398 页）

10 月 6 日，京杭大运河杭州市余杭区塘栖段改道工程全面竣工。该工程总投资 7 500 万元，新开挖四级航道 2.93 千米，架设大型桥梁 3 座。（《余杭年鉴（2000）》第 35 ～ 36 页）

12 月 24 日，无锡市古运河研究会成立。（《无锡年鉴（2000）》第 67 页）

是月 27 日，300 吨级的杭甬运河宁波段姚江船闸工程开工建设。杭甬运河改建工程启动。（《宁波年鉴（2000）》第 38 页）

是月 28 日，京杭运河续建工程（山东段）万年闸枢纽船闸建成通航，标志着万年闸枢纽工程已全面完工。（《枣庄年鉴（2000）》第 25 页）

是年，无锡市规划局委托市规划设计院编制了无锡市古运河两侧详细规划。规划北起吴桥，经西水墩，南长街至清名桥，全长 6.6 千米。（《无锡年鉴（2000）》第 128 页）

12 月 28 日，京杭运河枢纽工程万年闸船闸通航。该工程总投资 1.9 亿元。船闸工程主体总长 294 米，宽 23 米，深 17 米，全长 3 736.5 米，年单项通过能力 2 640 万吨。（《山东年鉴（2000）》第 188 页）

是年，德州市漳卫南运河改道工程动工。工程主要内容是在漳卫南运河李庄村附近设一橡皮坝，将污水引至氧化塘，达到出水要求后经排水渠排入漳卫新河。工程总投资 1.6 亿元，预计 2000 年完工。（《德州年鉴（2000）》第 203 页）

是年，安徽省濉溪县发现柳孜运河码头遗址。在淮北市濉溪县柳孜村公路改建施工中，发现一座宋代石筑码头，一批唐代沉船，出土了大量唐宋时期全国二十多个窑口的瓷器。被国家文物局评为“1999 年十大考古新发现”。2001 年 6 月 25 日，被列为全国重点文物保护单位。（《历史印痕——全国重点文物保护单位·12 安徽篇》第 73 ～ 74 页）

## 2000 年

3 月 5 日，新长铁路京杭大运河特大桥最大一跨——长 80 米、高 11 米，总重量达 260 吨的钢桁梁架成。京杭大运河特大桥全长 2 879 米，共有 96 跨，是新长铁路全路 517 千米中最大的桥梁。（《无锡市城市建设年鉴（2000）》第 8 ～ 9 页）

是月 13 日，天津市宁河县蓟运河橡胶坝工程动工，该坝位于蓟运河上游苗庄镇麦穗沽村北，廉庄乡岳道口村南地段。坝体长度 115 米，高度 5 米。工程总投资 1 253 万元，6 月 13 日竣工。（《天津区县年鉴（2001）》第 515 页）

是月 18 日，江苏省港航集团运河公司正式改制为江苏省运河航运有限公司，这是全省交通系统直属企业中首家改制企业。（《淮安年鉴（2001）》第 427 页）

4 月 16 日，香港创新发展集团董事会主席陈城夫妇捐献 100 万元在古运河风光带上修建的“气澄壑秀”景点落成。景点占地 3 000 平方米。（《扬州年鉴（2001）》第 32 页）

是月 20 日，浙江省杭州市将投资 30 亿元，用近 10 年的时间治理京杭运河杭州段，计划 2002 年消除黑臭，2010 年水质全段达到优于五类标准、透明度达到 0.5 米。（《长江年鉴（2001）》第 626 页）

是月，经交通部和海关总署批准，京杭大运河上海—杭州—上海首条国际集装箱航线开通，正式投入运营。（《浙江年鉴（2001）》第 229 ～ 230 页）

5 月 25 日，宿迁市举行京杭运河宿迁三号桥建设工程奠基仪式。该桥全长 4 032 米，总投资约 1.2 亿元。（《宿迁年鉴（2001）》第 35 页）

是月 6 日，宿迁市泗阳县举行京杭运河二号桥开工奠基仪式。该大桥全长 4 178 米，总投资 9 969 万元。（《泗阳年鉴（2001）》第 29 页）

是月 18 日，天津市宁河县举行蓟运河橡胶坝竣工仪式。（《天津区县年鉴

（2001）》第 516 页）

是月 20 日，江苏省运河航运有限公司正式揭牌成立。该公司拥有船舶总吨位 12.5 万吨，60 多个船队长年航行于京杭大运河和长江下游沿线，年货运量 300 万吨，货运收入超亿元。（《淮安年鉴（2001）》第 431 页）

是月 20 日～21 日，高邮运河大桥通过竣工验收。工程等级为合格。（《高邮年鉴（2001）》第 24 页）

是月 30 日，浙江省杭州市投资近 40 亿元对京杭大运河最南端 18 千米河段进行综合治理，到 2010 年底全部完成。（《长江年鉴（2001）》第 628 页）

8 月 26 日，镇江市整治古运河四期工程（塔山桥—周家河口）竣工。（《镇江年鉴（2001）》第 407 页）

是月 28 日，江苏省宝应运河二桥建成通车。（《宝应年鉴（2001）》第 21 页、《扬州年鉴（2001）》第 35 页）

是月至 10 月，杭州市拱墅区举办首届运河文化艺术节。（《浙江年鉴（2001）》第 366 页）

9 月 16 日，总投资近 3.5 亿元的京杭运河淮安、淮阴三线船闸建设工程举行开工典礼。（《淮安年鉴（2001）》第 435 页）

是月 28 日，位于无锡市运河东路利民桥堍的国家二类口岸无锡港正式开通。无锡国际集装箱内河支线同时通航，中国无锡外轮代理公司宣布成立。（《无锡市城市建设年鉴（2001）》第 15 页）

是月，位于通州大运河东岸，占地 1 000 多亩的北京最大的通州运河文化广场建成，国庆节正式对游人开放。（《北京年鉴（2001）》第 447 页）

10 月 16 日，位于淮安市市区、横跨里运河的华兴桥建成开通。（《淮安年鉴（2001）》第 436 页）

是月 18 日，聊城至馆陶高速公路暨冠县漳卫运河特大桥竣工通车。（《山东年鉴（2001）》第 18 页）

是月，苏南运河（无锡段）再完善工程全面竣工。该工程完成外复式加固驳岸 4 033 米，修复驳岸 11 千米，疏浚土方 9.8 万立方米，工程总投资达 508 万元。（《无锡年鉴（2001）》第 198 页）

11 月 8 日，苏南运河（无锡段）创建国家级文明样板航道通过江苏省交通厅初验。（《无锡年鉴（2001）》第 198 页）

是月 20 日，天津市北辰区举行北运河试验工程暨综合治理工程开工仪式。（《北辰区年鉴（1998～2002）》第 429 页）

是月 22 日，京杭运河山东段续建工程全线试通航。该段北起济宁，南至台儿庄，全长 164 千米，按三级航道标准进行疏浚，按二级航道标准新建韩庄、万年两座枢纽，新建扩建 7 个港口，工程总概算为 14.96 亿元。（《中国交通年鉴（2001）》第 167 页）

## 2001 年

1 月初，我国最大跨度钢纤维混凝土斜拉桁架连续梁桥——京杭运河邳州高架桥主体建成。该桥全长 1 912 米。（《中国建筑业年鉴（2002）》第 798 页）

2 月 2 日 10 时，山东位山引黄闸关闭闸门，至此引黄济津应急调水圆满完成计划输水任务。途径卫运河、清凉江、南运河到天津九宣闸，行程约 580 千米。自 2000 年 10 月 13 日到 2001 年 2 月 2 日，历时 113 天，山东位山闸共引出黄河水 8.66 亿立方米。（《黄河年鉴（2002）》第 399 页）

是月 25 日，天津市红桥区北运河综合工程开始动迁。工程红桥段从新红桥至千里堤，全线 6 000 米。（《天津区县年鉴（2002）》第 216 页）

3 月 11 日，天津市北运河综合治理工程全面开工。（《天津年鉴（2002）》第 490 页）

是月 15 日，陇海线徐连段中运河特大桥荣获 2000 年度国家优质工程银质奖。（《中国铁路工程总公司年鉴（2003）》第 72 页）

是月 25 日，全长 3 571.3 米的沧州市朔黄铁路南运河特大桥铺架安全顺利地跨过京沪铁路。（《沧州年鉴（2002）》第 17 页）

是月 30 日，沧州市光荣路运河桥动工兴。此桥跨越南运河，西接光荣路，东连顺城街。（《沧州年鉴（2002）》第 18 页）

是月下旬，天津市北辰区北运河综合治理工程第一阶段开始运作，北起屈家店，南至勤俭桥，沿河 18 个自然村 2 800 余户村民、居民开始拆迁。（《北辰区年鉴（1998 ～ 2002）》第 430 页）

是月，在河北省沧州市吴桥县东宋门运河建成水质自动监测站。（《沧州年鉴（2002）》第 17 页）

4 月上旬，在天津市北辰区北运河综合治理施工进程中，在桃花口村东河边发现一口古井，出土若干文物。（《北辰区年鉴（1998 ～ 2002）》第 430 页）

是月 20 日，扬州市市区古运河综合整治扬州闸至三湾段拆迁开始，动迁居民 324 户。（《扬州年鉴（2002）》第 49 页）

是月28日，苏南运河（无锡段）通过国家级文明样板航道检查验收。（《无锡年鉴（2002）》第152页）

5月24日～25日，北京市文史研究馆与通州区政府共同主办“北京通州首届运河文化研讨会”。（《北京年鉴（2002）》第114页）

是月25日，京杭运河宿迁三号桥开工建设，总投资约1.2亿元。（《江苏交通年鉴（2001）》第359页）

6月8日，京杭运河浙江段经交通部评审小组验收，被授予全国文明样板航道称号。（《嘉兴年鉴（2002）》第26页）

是月9日，京杭运河刘山、泗阳一号船闸大修工程通过省级验收，工程质量优良，恢复通航。（《江苏交通年鉴（2001）》第359页）

是月28日，京杭大运河高邮第二桥工程在通湖西路路口举行奠基仪式。9月16日，该项工程正式开工。（《高邮年鉴（2002）》第22页）

是日，在京杭运河高邮河心岛镇国寺塔下举行了镇国寺修复工程奠基仪式。（《高邮年鉴（2002）》第24页）

是日，宝应博物馆建成，对社会开放。（《扬州年鉴（2002）》第50页）

7月上旬，濉溪县柳孜运河码头遗址被国务院列为古遗址类全国重点文物保护单位。（《濉溪年鉴（2001～2002）》第19～20页）

是月，京杭大运河杭州段截污处理工程竣工。该工程总投资9.4亿元，于1993年10月20日正式动工，于是年7月全面完工。（《中国环境年鉴（2002）》第396页）

8月20日，京杭运河浙江段被国家交通部正式命名为文明样板航道。这是继京杭运河江苏段后，国家命名的全国第二段文明样板航道，也是浙江省首条文明样板航道。（《浙江年鉴（2002）》第221页）

9月16日，京杭大运河苏北楚州、淮安三线船闸工程开工。预计总投资3.5亿元。（《江苏交通年鉴（2001）》第361页）

是日，京杭运河高邮二桥正式开工建设。该桥全长233.8米，净宽9米，桥形整体走势呈“S”形，总投资为1 300万元。（《江苏年鉴（2002）》第443页）

是月28日，天津市北辰区北运河综合治理工程全线竣工。（《北辰区年鉴（1998～2002）》第433页）

是日，天津市北运河防洪综合治理工程竣工。（《天津年鉴（2002）》第495页）

是月30日，作为杭州标志性城市建筑之一的西湖文化广场奠基。西湖文化广场位于武林广场运河北岸，占地200亩，总建筑面积22万平方米。（《杭州年鉴（2002）》第19页）

10月28日，京杭运河峄城港投入运营。（《枣庄年鉴（2002）》第14页）

11月2日，中国杭州首届运河文化研讨会在杭州开幕。（《杭州年鉴（2002）》第20页）

是月8日，《枣庄日报》消息：台儿庄马兰运河大桥建成通车。（《枣庄年鉴（2002）》第14页）

是月26日，京杭运河宿迁三号桥工程正式通车。整个工程全长4.03千米，总投资1.23亿元。（《江苏交通年鉴（2002）》第394页）

12月7日，北京市通州区区委、区政府召开“运河广场文化年”系列活动总结表彰大会。（《北京通州年鉴（2002）》第50页）

是年，天津市实施了北运河防洪综合治理工程，总投资近4亿元，治理范围为屈家店闸至子牙河、北运河汇流口，河道全长15.017千米。（《天津年鉴（2002）》第174页）

## 2002年

1月8日，国家环保总局向河北、河南、山东、山西省政府发出《关于漳卫南运河水污染纠纷协调意见的函》。该函对解决漳卫南运河水污染纠纷提出了协调意见，并由国家环保总局督办。（《滨州年鉴（2003）》第1页）

是月11日，杭州市拱墅区召开了运河地段历史文化遗产保护利用讨论会。（《浙江文物年鉴（2002）》第68页）

是月15日，总投资3 283万元的京杭运河泗阳二号桥另半幅开工建设，该工程于12月底竣工。（《泗阳年鉴（2003）》第25页）

是月19日，京杭运河宝应第二公路大桥工程通过省级验收。（《宝应年鉴（2005）》第30页）

是月31日至2月1日，山东省政府在德州市召开专题研究漳卫南运河流域污染治理会议。（《德州年鉴（2003）》第21页）

2月25日，天津市红桥区2001年城建“八大工程”之一的北运河综合工程开始动迁。（《红桥年鉴（2001～2006）》第155页）

是月27日，在天津市精神文明创建工作会上，北辰区开展的“北运河文明示范带”活动被命名为天津市“讲文明、树新风”和群众性精神文明创建活动23件好事实事之首。（《北辰区年鉴（1998～2002）》第435页）

3月10日，2002年首届天津市运河桃花旅游节暨红桥区第十三届桃花节在北运河畔的桃花园举行。（《天津区县年鉴（2005）》第175页）

是月18日，无锡内河航道上单孔跨度最大的桥梁，锡宜高速公路上跨度90米的京杭运河大桥成功合龙。（《无锡市城市建设年鉴（2002）》第12页）

5月12日，枣庄市台儿庄区古运河文化旅游区被列为山东省对外招商十大旅游项目。（《枣庄年鉴（2002）》第21页）

是月31日，宿迁市中运河综合整治动员大会召开。（《宿迁年鉴（2003）》第40页）

6月8日，嘉兴市区水上旅游项目开始试运营。水上旅游项目的游览范围为古运河、环城河、南湖、西南湖及市区水域。（《嘉兴年鉴（2003）》第29页）

是月15日，聊城运河文化促进会成立，并召开首次会员大会。（《聊城年鉴（2002～2003）》第42页）

是月19日，淮安市大运河文化广场暨淮海花园小区开工典礼隆重举行。（《淮安年鉴（2003）》第53页）

是月21日，北京怡景城房地产开发公司与高邮市水利局签订了建设运河高邮西堤旅游度假区协议，该工程总投入为1亿元。（《高邮年鉴（2003）》第31页）

是月29日，京杭运河山东段被授予“省级文明样板航道”称号。枣庄市港航局受到表彰。（《枣庄年鉴（2002）》第23页）

7月9日起，京杭大运河济宁段航道全线断航，2 000艘运输船受阻，近万人滞留“黄金水道”。（《齐鲁晚报》2002年7月26日）

是月中旬，江苏省扬州古运河城区段爆发大面积“绿藻”，这在该市数十年来还是第一次。（《长江年鉴（2003）》第541页）

是月22日，江苏运河航运有限公司首次开通了苏北地区集装箱内河支线。（《江苏交通年鉴（2003）》第435页）

是月25日，总投资1.29亿元，由世界银行贷款建设的徐州解台二线船闸工程正式通航。（《江苏交通年鉴（2003）》第435页）

8月15日，杭州人民广播电台经济之声在香积寺塔下举行由运河沿线十城市电台共同参与的大型公益活动——“让运河的历史从这里延伸”。（《浙江广播电视年鉴（2003）》第148页）

9月6日，苏南运河最后一个渡口奔牛叶家码头将建桥，大桥及接线方案已通过专家审查，这表明苏南运河上的“渡口历史”将画上句号。（《江苏交通年鉴（2003）》第436页）

是月25日，全国最大的运河文化雕塑工程在淮安市大运河文化广场完成。（《江苏交通年鉴（2003）》第436页）

是月，京杭运河滕州港工程开工建设。近期设计规模年吞吐量200万吨，远期规划440

万吨，总体概算 6 300 万元。（《中国港口年鉴（2003）》第 241 页）

10 月 9 日～ 10 日，山东省召开《京杭运河（济宁至徐州）续建工程微山二线船闸初步设计》审查会，该项目初步设计顺利通过与会专家的审查。（《中国港口年鉴（2003）》第 242 页）

是月 14 日，位于杭州市拱墅区运河之畔的信义坊步行街举行为期一周的开街庆典。（《杭州年鉴（2003）》第 30 页）

是月 15 日，京杭运河高邮二桥建成通车。该桥全长 485 米，桥面净宽 9 米。（《江苏年鉴（2003）》第 440 页）

是月 16 日～ 18 日，中国京杭大运河文化艺术节在京杭大运河终点所在地杭州市拱墅区举行。（《浙江年鉴（2003）》第 355 页）

是月 28 日，运河（杭州段）综合整治与保护开发暨运河广场、运河博物馆工程正式开工。（《杭州年鉴（2003）》第 30 页）

是日，宿迁市通湖大道暨引湖大桥开工建设。工程跨越古黄河、京杭大运河，计划投资 1.8 亿元。（《宿迁年鉴（2003）》第 49 页）

11 月 5 日，位于江苏省邳州市戴庄镇中运河东岸的梁王城遗址列入省级文物保护单位。（《邳州年鉴（2006）》第 20 页）

12 月 17 日，杭州市余杭区港口总体布局规划通过专家论证。根据《规划》，将用 6 年时间在京杭大运河余杭段建设临平、仁和、崇贤 3 个港区，共占地 384.3 公顷，规划投资 3.72 亿元。（《余杭年鉴（2003）》第 48 页）

是年，无锡市整治运河两岸环境取得初步成效。（《无锡年鉴（2003）》第 115 ～ 116 页）

是年，淮安市建成京杭大运河平桥水质自动监测站。该站坐落在淮安市楚州区（今淮安区）平桥镇内京杭大运河东堤西侧，一期工程总投资 160 余万元。（《江苏科技年鉴（2003）》第 191 页）

## 2003 年

1 月 1 日，山东省东平湖八里湾泄洪闸改建工程破土动工。该工程是东平湖往南通过司垓闸向梁济运河排水的渠首工程，将有效缓解东平湖防汛的压力。该闸有 7 孔，泄洪流量为 450 立方米每秒，灌溉引水流量 25 立方米每秒，总投资 2 148 万元。原闸建于 1965 年。（《黄河年鉴（2004）》第 541 页）

是月 17 日，北京市通州区北运河生态景区建设动工。（《北京通州年鉴（2004）》

第 76 页）

2 月 9 日，江苏凯运建设开发有限公司将斥资 20 亿元，用 3 年到 5 年时间将古运河东岸建设成集旅游、文化、休闲、商贸等于一体的多功能河岸风光带。（《扬州年鉴（2004）》第 44 页）

是月 12 日，骆马湖现代生态示范区建设动员大会在宿迁市宿豫县晓店镇召开。（《宿豫年鉴（2004）》第 14 页）

是月 19 日，苏南运河管理座谈会在苏州召开。（《江苏交通年鉴（2004）》第 487 页）

是月 25 日，天津市北辰区人大常委会审议通过《北辰区环内旧村改造工程实施方案》，按市总体规划沿北运河建成 12.7 千米的城市景观带、旅游风景带和服务经济带。（《北辰区年鉴（2003）》第 221 页）

3 月 1 日，国家交通部在无锡召开京杭运河船舶标准化研讨会。（《江苏交通年鉴（2004）》第 488 页）

是日，北京市通州区举行运河文化产业建设推介会暨重点项目招商签字仪式。（《北京通州年鉴（2004）》第 107 页）

是月 9 日，天津市红桥区第十三届桃花节开幕。天津运河桃花文化旅游节暨运河首游活动同时举行。（《红桥年鉴（2001 ～ 2006）》第 284 页）

是月 11 日，世界银行贷款项目京杭运河谏壁二线船闸工程顺利通过了由江苏省计委组织的竣工验收，正式投入运行。（《江苏交通年鉴（2004）》第 488 页）

是月 12 日，京杭运河泗阳二号桥二期工程竣工，桥全长 4180 米，主桥长 557 米，桥宽 25.5 米，总投资 9 969 万元。（《江苏交通年鉴（2004）》第 488 页）

是月 22 日，北京市第二道绿化隔离地区建设工程在通州运河生态公园启动。（《北京年鉴（2004）》第 53 页）

是月 28 日，天津泰达集团与红桥区签订运河文化商贸区开发协议。（《天津区县年鉴（2004）》第 222 页）

是月，天津市北辰区北运河荣获国家建设部组织评选的“中国人居环境范例奖”。（《北辰区年鉴（2003）》第 222 页）

是月，京杭运河滕州港工程竣工并投入试运行。另外总投资近 1 亿元的滕州港配套工程包括 7.5 千米的滕州港三级进港航道以及滕州港与京福高速公路连接的进港路，已全部竣工。（《中国港口年鉴（2003）》第 241 页）

4 月 5 日，宿迁市宿豫县召开中运河东岸综合整治暨宿豫新区开发建设动员大会。（《宿豫年鉴（2004）》第 18 页）

是月 18 日，宿迁市运河批发商城奠基暨建材装饰城开工仪式举行。（《宿豫年鉴

（2004）》第 19 页）

是月 19 日，扬州市旅游项目推介会暨签约仪式举行，“古运河游船项目”等 7 个民资项目正式签约。（《扬州年鉴（2004）》第 45 页）

是月 27 日，京杭运河滕州港交工试运营。一期工程建设码头长度 307 米，设 5 个泊位。（《枣庄年鉴（2003）》第 7 页）

是月 30 日，杭州市运河综合保护开发建设集团有限公司正式成立。（《杭州年鉴（2004）》第 23 页）

6 月 5 日，淮安市对里运河航道实施交通管制。管制水域为里运河上游入口处至楚州区人民桥向南 300 米处。（《淮安年鉴（2004）》第 117 页）

是月 13 日，22 时起京杭运河乌镇段发生严重堵航，次日 21 时 30 分恢复通航。（《桐乡年鉴（2004）》第 24 页）

是月 15 日，天津市红桥区运河经济文化商贸区拆迁开始。拟分三期拆迁，首期拆迁范围占地 24 公顷，涉及拆迁居民近 5 000 户和部分公建单位。（《天津区县年鉴（2004）》第 223 页）

是月 20 日，《中国文物报》报道：浙江桐乡石门京杭大运河边发现南宋东园遗址，是保留至今为数极少的一处南宋私家园林。（《中国文物年鉴（2004）》第 226 页）

是月 21 日，京杭运河续建工程（枣庄段）滕州港工程交工验收。设计年吞吐量 200 万吨（远期吞吐量 440 万吨）。（《中国港口年鉴（2004）》第 168 ～ 169 页）

是月 30 日，泰达股份股东大会通过决议，出资 45 亿元运作运河经济文化商贸区项目。（《天津区县年鉴（2004）》第 400 页）

是月，位于山东省临清市后关街的临清运河钞关被国务院批准为全国重点文物保护单位。（《山东旅游年鉴（2003）》第 278 页）

7 月 5 日，京杭大运河两淮段（淮阴船闸至淮安船闸）22 千米河道整治工程开始动工。（《江苏交通年鉴（2004）》第 491 页）

是月 9 日，扬州市西北绕城高速公路京杭运河特大桥合龙，全长 1 118.2 米，悬浇主跨 120 米，跨度居全省同类桥梁第一。（《江苏交通年鉴（2004）》第 491 页）

7 月 10 日，京杭运河扬州邵伯湖王家窑段实施停航，滞留各类船舶 4 000 多艘，绵延 10 千米。（《江苏交通年鉴（2004）》第 491 页）

是月 28 日，苏州市环古城风貌保护工程一期竣工暨环城河水上游开通仪式在觅渡桥畔举行。（《苏州年鉴（2004）》第 445 页）

是月 30 日零点起，古运河无锡段 9.5 千米航道的禁航令正式生效。（《无锡年鉴（2004）》第 156 页）

是日，京杭运河扬州段开始实行限制性通航。（《扬州年鉴（2004）》第 47 页）

是月，江苏省里运河文化长廊工程顺利实施。该工程由东南大学设计，总投资 1 084.7 万元。（《江苏年鉴（2004）》第 470 页）

8 月 1 日，凌晨 5 时，位于京杭运河上游的邵伯船闸开闸放行，至此，京杭运河扬州航道全线复航。（《扬州年鉴（2004）》第 47 页）

是月 2 日，断航 20 多天的京杭运河扬州航道全线复航。从 7 月 10 日开始，受淮河下泄洪水影响，京杭运河扬州段断航，6 000 多艘船只滞留在施桥船闸下游的入江口和邵伯船闸。（《江苏年鉴（2004）》第 73 页）

是月 16 日，《京杭运河续建工程（东平湖至济宁段）预可行性研究报告》通过山东省水利厅专家评审。（《中国港口年鉴（2004）》第 169 页）

是日，京杭运河（济宁至台儿庄段）续建工程在济宁通过专家组验收。该工程总投资 14.96 亿元，航道等级提升为三级，通过能力提高到 2 600 多万吨，万吨巨轮可由济宁直下江南。（《山东年鉴（2004）》第 44 页）

9 月 22 日，京杭运河淮安、淮阴三线船闸正式通航。（《江苏交通年鉴（2004）》第 493 页）

是月 28 日，浙江省重点工程杭甬运河杭州段航道改造工程破土动工，这标志着杭甬运河全线开工建设。杭甬运河改造工程起自钱塘江北岸的三堡船闸，贯通杭州、绍兴、宁波三市，连接钱塘江、曹娥江、甬江三大水系，终于宁波镇海甬江口，全长 239 千米。杭甬运河全线按四级航道标准改造，可通航 500 吨级船舶，预计于 2007 年建成通航。工程总投资 29.5 亿元，是本省投资最大的单项水运工程项目。（《浙江年鉴（2004）》第 208 页）

是月 30 日，“运河文化”中国书画精品邀请展在聊城市孔繁森同志纪念馆开展。（《聊城年鉴（2002 ～ 2003）》第 50 页）

10 月 1 日上午 9：30，断航百年的京通大运河通航。行驶路线从通州西海子公园至潞湾橡胶坝，全长 10 千米。（《北京年鉴（2004）》第 387 页）

是月 26 日，枣庄市国内首家以运河文化为主题的运河展览馆在台儿庄建成开馆。（《枣庄年鉴（2004）》第 18 页）

是月，天津市北辰区北运河被国家水利部水利风景区评审委员会批准为国家水利风景区。此前 3 月，北运河已荣获国家建设部“中国人居环境范例奖”。（《天津区县年鉴（2004）》第 355 页）

11 月 3 日～ 5 日，京杭运河（济宁至徐州）续建工程济宁至台儿庄段（航道、枢纽、航标部分）竣工验收，并达到优良等级。（《中国港口年鉴（2004）》第 169 页）

是月 5 日，京杭运河山东段被正式命名为“全国文明样板航道”。该航道段自济宁至大王庙，长 170.5 千米，是京杭运河江北段建成的第一条、全国第二条文明样板航道。（《中国港口年鉴（2004）》第 169 页）

是月 14 日，天津市北辰区北运河两岸开发首批建设规划确定。规划区全长 12.7 千米，分为旅游文化、公建住宅、田园经济三大区域。（《北辰区年鉴（2003）》第 224 页）

是月 18 日，天津市红桥区《运河经济、文化、商贸区规划设计方案》正式出台。（《红桥年鉴（2001 ～ 2006）》第 287 页）

12 月 12 日，京杭运河船型标准化示范工程正式启动。从 2004 年 7 月 1 日起，全面禁止水泥船进入京杭运河航道；自 2007 年 1 月 1 日起，全面禁止挂桨机船进入京杭运河航道；到 2010 年，航行于京杭运河航道的标准型船舶达到 80% 以上，基本实现京杭运河船型标准化，船舶水污染和噪音污染状况得到根本好转，船舶安全技术性能明显提高，航道和船闸通过能力提高 30%，船舶平均吨位提高 50%。（《浙江年鉴（2004）》第 209 页）

是月 20 日，无锡市运河上首座单塔斜拉桥——全长 1 180 米的蓉湖大桥建成通车。（《无锡年鉴（2004）》第 391 页）

是月 21 日，京杭大运河无锡段首座独塔单索面斜拉桥——蓉湖大桥建成通车。（《江苏交通年鉴（2004）》第 495 页）

是月，杭州市将运河二通道列入城市总体规划。京杭运河二通道起点位于余杭区运河镇博陆东侧，经桐乡市、江干区，在八堡出钱塘江，全长 25.7 千米。该工程将新建桥梁 32 座，投资概算约 30 亿元。京杭运河浙江段远景规划为三级标准，通航 1 000 吨级船舶；近期实施为四级，通航 500 吨级船舶。（《余杭年鉴（2004）》第 48 页）

是年，河南省成立了“省京杭运河船型标准化推进工程领导小组”。制定了淘汰水泥船、挂桨机船的时间表。自 2004 年 1 月 1 日起禁止水泥船进入京杭运河，2007 年 1 月 1 日起禁止挂桨机船进入京杭运河。（《河南年鉴（2004）》第 215 页）

## 2004 年

1 月 1 日，京杭运河船型标准化示范工程正式实施。7 月 1 日起京杭运河全线禁航水泥船，2004 年，山东、江苏两省共淘汰水泥质船约 2 000 艘。2004 年，运河沿线五省一市共拆解、改造挂桨机船 8 588 艘，其中拆解 7 952 艘，占总数的 92.6%。其中，上海市已于 2004 年内完成了全部本地挂桨机船的拆解改造，并从 2005 年 1 月 1 日起在市内主要航道上禁航挂桨机船。（《中国交通年鉴（2005）》第 195 ～ 196 页）

是月22日～28日，北京市通州区首届运河文化春节庙会在通州区运河文化广场举行。（《北京通州年鉴（2005）》第66页）

3月初，商丘市隋唐运河故道遗址文物外露，遭哄抢。4月8日，市政府下发《关于尽快制止商永南路两侧私自挖掘破坏文物事件的意见》；4月16日，市政府下发《关于落实市政府领导对商永南路拓宽工程文物保护工作指示的紧急通知》。（《河南文化文物年鉴（2005）》第356～357页）

是月18日，杭州市余杭区运河水厂扩建工程竣工通水，供水量从每日9万吨上升到每日12万吨。（《余杭年鉴（2005）》第36页）

是月19日，江苏省、宿迁市决定投资2.27亿元在京杭运河泗阳现有船闸北侧建设泗阳三线船闸。（《泗阳年鉴（2005）》第54页）

是月23日，两艘严重超载的座舱机船在常州市大运河戚电厂航段发生相撞沉船事故，未造成人员伤亡和航道堵塞的严重后果。（《江苏交通年鉴（2005）》第426页）

4月9日，商丘市召开了保护隋唐大运河遗址现场会。（《河南文化文物年鉴（2005）》第359页）

是月26日，京杭运河钱塘江沟通工程第二通道线位方案通过论证。具体线位走向：起自杭申线博陆镇，沿余杭与桐乡及海宁的分界线，穿320国道、沪杭铁路、沪杭高速公路、东西大道、杭浦高速公路（规划建设），在老01省道附近进入江干区，穿外环公路、德胜路、迎宾路，在八堡附近出钱塘江，全长25.7千米，投资估算为37.57亿元。（《浙江年鉴（2005）》第208页）

是月30日，为期8天的无锡市首届古运河文化节开幕。（《无锡年鉴（2005）》第382页）

是月，江苏宝应船闸下游引航道右岸驳岸工程完工。（《宝应年鉴（2005）》第178页）

五月10日，京杭运河宿迁三线船闸工程正式建成通航。工程概算总投资为1.19亿元。（《江苏交通年鉴（2005）》第427页）

是月18日，扬州沿江公路东段40千米的两个控制性特大桥——京杭大运河、夹江特大桥正式开工。（《江苏交通年鉴（2005）》第427页）

6月8日，《枣庄日报》报道：枣庄市推行船型标准化，用3年时间拆解改造所有钢质挂桨机船，以提高运河通过能力。（《枣庄年鉴（2004）》第23页）

是月，镇江市完成古运河特教中心段滑坡专项治理工程。工程6月开工，9月竣工，总经费为127.5万元。（《镇江年鉴（2005）》第134～135页）

是月，苏南运河镇江吕城段航道疏浚工程、苏南运河越河口护岸改建工程被评为省优质工程。（《镇江年鉴（2005）》第180页）

是月，江苏省宝应县运河二桥经过一年的交工试运行，通过省级竣工验收。（《宝应年鉴（2005）》第 178 页）

7 月 1 日，自是日零时起，无锡市全面禁止水泥质船进入京杭运河无锡段航道航行、停泊和作业。（《无锡市城市建设年鉴（2004）》第 23 页）江苏省全面禁止水泥船舶进入京杭运河等航道。（《江苏交通年鉴（2005）》第 428 页）

是月，在淮安市清浦区清安乡运河村大运河三级改二级航道施工现场，发现一座大型战国时期楚国墓葬。（《2005 江苏文化年鉴》第 321 页）

是月，国家文物局局长单霁翔在苏州参加第 28 届世界遗产委员会会议时首次透露：中国大运河拟申报世界文化遗产。（《扬州年鉴（2015）》第 14 页）

8 月 25 日，江苏省交通厅和常州市人民政府就京杭运河常州市区段改线工程的建设管理和资金筹措正式签署合作协议。（《江苏交通年鉴（2005）》第 428 页）

9 月 2 日，2004 中国（济宁）京杭大运河文化艺术节在曲阜“杏坛圣梦”中开幕。艺术节至 10 日闭幕。（《山东旅游年鉴（2005）》第 10 页）

是月 15 日，北京市通州区举办《通州运河文化》丛书出版座谈会暨向全区中小学校赠书仪式。（《北京通州年鉴（2005）》第 66 页）

是月 28 日，淮安市“运河情缘”苏常淮书画精品展在淮安市博物馆开幕。（《淮安年鉴（2005）》第 207 页）

11 月 5 日，枣庄市运河文化促进会成立。（《枣庄年鉴（2005）》第 17 页）

是月 18 日，南水北调东线一期韩庄运河段工程开工。总投资约 7.6 亿元，计划 2007 年底建设完成。（《山东年鉴（2005）》第 55 页）

是日，南水北调东线韩庄运河万年闸泵站开工建设。万年闸泵站的设计流量为 125 立方米每秒，设计净扬程 5.49 米，设计洪水标准为百年一遇。（2004 年 11 月 19 日《人民日报》）

是月 26 日，淮安新港一期工程竣工。淮安新港位于里运河上游入口处北岸、京杭运河淮阴船闸下游约 800 米处，年设计吞吐量为 245 万吨。（《江苏交通年鉴（2005）》第 430 页）

12 月 15 日，京杭运河（扬州段）改造工程破土动工。该项目为 2004 ～ 2005 年江苏省重点工程，计划总投资 2.1 亿元。（《江苏交通年鉴（2005）》第 430 页）

是月 18 日，京杭运河续建工程枣庄港在薛城潘庄奠基。该港设计年吞吐能力为 100 万吨，可停靠 1 000 吨级船舶作业。（《枣庄年鉴（2004）》第 24 页）

是年，苏南运河镇江段扫煤船、收旧船、刮油船、电焊船、货郎船等“五小船舶”基本消失。（《镇江年鉴（2005）》第 181 页）

是年，河南省京杭运河船型标准化工作进入实施改造阶段。（《河南年鉴（2005）》第211页）

是年，嘉兴市“南湖·古运河风情游”前期开发工作启动。（《嘉兴年鉴（2005）》第160页）

是年，宝应运河大桥维修工程竣工，共完成投资110万元。（《宝应年鉴（2005）》第178页）

是年，扬州与北京通州区首次提出大运河联合申遗构想，取得17座运河沿线城市共识。（《扬州年鉴（2015）》第14页）

## 2005年

1月1日，自即日起，上海市内河主干航道和京杭运河浙江段、长湖申段、杭申线的部分航段成功禁航挂桨机船。（《中国交通年鉴（2006）》第188～189页）

是月6日，江苏省发展和改革委员会在淮安组织召开京杭运河淮阴、淮安三线船闸工程竣工验收会。（《淮安年鉴（2006）》第52页）

是月12日，江苏省高邮市设定3个运河漂浮物打捞点。分别位于京杭大运河高邮段城区南门渡口、马棚镇渡口和界首镇渡口，每月打捞一次，暂定时间一年。（《高邮年鉴（2006）》第243页）

2月16日，《中国水运报》载：京杭运河江苏省邳州航道管理站质量管理体系符合GB/T19001-2000-ISO9001：2000标准。（《邳州年鉴（2006）》第26页）

3月2日，江苏省邳州市大运河风光带工程正式开工。（《邳州年鉴（2006）》第27页）

是月9日，总投入达27亿元的无锡古运河整治工程开工。（《长三角年鉴（2006）》第1158页）

是月14日，无锡耗巨资整治古运河，打造古运河“露天博物馆”。（《中国文物年鉴（2006）》第326～327页）

是月18日，江苏省无锡古运河整治工程启动，总投入达27亿元人民币。（《长三角年鉴（2006）》第1159页）

是月23日～24日，山东微山县南四湖韩庄节制闸加固改造工程通过竣工验收，施工质量评定为优良等级。（《治淮汇刊年鉴（2006）》第426页）

4月13日，杭州“水上巴士”运河号首航塘栖。（《余杭年鉴（2006）》第45页）

是月19日，总投资1.4亿元的杭甬运河宁波段姚江船闸节点工程通过工程验收，试运行，20日正式交付。（《宁波年鉴（2006）》第17页）

是月，江苏镇江地方海事部门开始实施夜间巡航，重点对镇江泰山湾段5千米航道违章船舶进行查处。（《镇江年鉴（2006）》第168页）

5月13日，北京市通州区北运河奥体公园段（运河东岸）景观绿化工程完工。10月15日竣工，总投资1 900万元。绿化总面积11万平方米。（《北京园林年鉴（2006）》第156页）

6月10日，京杭大运河常州段改线工程全线开工。该工程全长26.09千米，总投资31.5亿元。（《常州年鉴（2006）》第19页）

是月14日，邳州市对直管的中运河非法采砂集中治理，共拆除采砂机具210余台套，沉没采砂船只35条。（《邳州年鉴（2006）》第31页）

是月，北京市通州区北运河城市段河道治理工程完工并投入蓄水运行。该工程北起拟建新北关闸，南至六环路。一期工程总投资2.4亿元。2004年11月开工。（《北京通州年鉴（2006）》第261页）

是月，天津市红桥区政协与泰达集团联手成功举办运河经济文化商贸区论坛。（《红桥年鉴（2001～2006）》第576页）

7月30日，杭甬运河袍江工业区境内长571.44米的富陵大桥动工建设。之后，绍兴市区段、绍兴县（今柯桥区）段及上虞段二期航道上的桥梁先后动工建设，全长36.77千米的杭甬运河上虞段一期、二期航道及通明船闸、塘角船闸、大库船闸也开始施工建设。12月20日，绍兴县段二期航道齐贤段4.2千米航道破土动工。（《绍兴年鉴（2006）》第98页）

8月12日，古运河无锡人民桥至永定桥实验段进入抽水阶段，标志着总投资27亿元的古运河整治工程正式拉开序幕。（《无锡市城市建设年鉴（2005）》第23页）

是日，德州市运河公园在商贸区落成。（《德州年鉴（2006）》第23页）

是月19日，枣庄市举行运河文化研讨会。（《枣庄年鉴（2006）》第17页）

是月28日，浙江省桐乡市运河水厂工程开工。运河水厂位于梧桐街道三新村，占地8.91公顷，取水口位于京杭大运河梧桐街道民安村，占地1.5公顷。运河水厂建设规模日供水15万吨，总投资2.1亿元。（《桐乡年鉴（2006）》第121页）

是月29日，江苏省宿迁市举行市区运河段上的通湖大道特大桥、发展大道特大桥、市府东路大桥、项王大桥、开发区大道特大桥通车仪式。（《江苏交通年鉴（2006）》第391页）

是日，天津市重点工程南运河改造拆迁工作正式展开。（《天津区县年鉴（2006）》第225页）

9月9日，江苏省丹阳市陵口发现清代嘉庆时运河义渡碑。该碑被专家确定为苏

南运河段发现的关于渡口记载的首块古石碑。（《丹阳年鉴（2006）》第 287 页）

是月 21 日，江苏省泗阳县举办“京杭运河开发与泗阳发展选择论坛”。（《泗阳年鉴（2006）》第 167 页）

是月 25 日，江苏省高邮市古运河高邮西堤旅游休闲生态园建设项目开工奠基。该项目位于运河二桥与运河西堤交会处以北约 7.5 千米，占地面积 100 公顷。项目总投资为 1 亿元，总工期为 4 年。（《高邮年鉴（2006）》第 117 页）

是月至 10 月 6 日，江苏省邳州市境内遭遇了 74 年以来最大洪水袭击，受连续降雨的影响，南四湖持续高水位，中运河韩庄闸从 9 月 20 日起开闸泄洪，至 10 月 1 日 18 时中运河运河镇水位达 25.51 米，流量 2 680 立方米每秒，均超过警戒水位（25.5 米）及警戒流量（2 000 立方米每秒），车夫山、戴庄、邳城、赵墩等中运河及支河沿线 11 个镇受灾严重。（《邳州年鉴（2006）》第 35 ～ 36 页）

10 月 9 日，南水北调东线一期宝应站工程（2003 年 9 月开工建设）试运行成功。该站抽水 100 立方米每秒，进入里运河，与江都站共同实现第一期工程抽江 500 立方米每秒规模的输水目标。（《长江年鉴（2006）》第 520 页）

是月 10 日，天津市运河经济文化商贸区项目（泰达城）正式起动，规划总建筑面积 150 余万平方米，总投资 70 亿元。（《红桥年鉴（2001 ～ 2006）》第 21 页）

是月，枣庄市台儿庄区遭遇 1963 年以来最大的一次洪涝灾害。截至本月 7 日，沿运河 12 座港口、8 个造船厂被淹没，冲走煤炭 12 万吨、水泥 6 万吨、石膏 4 万吨，累计造成直接经济损失 8 000 多万元。（《枣庄年鉴（2006）》第 18 页）

11 月 8 日，宁波明州杭甬运河有限公司成立。（《宁波年鉴（2006）》第 24 页）

12 月 5 日，国内首条数字航道——京杭运河嘉兴段数字航道建设正式启动。（《嘉兴年鉴（2006）》第 82 页）

是月 8 日，江苏省泗阳县京杭运河泗阳三线船闸开工建设。该船闸平行布置于二线船闸北侧。工程总投资 2.27 亿元。（《泗阳年鉴（2006）》第 188 ～ 189 页）

是月 12 日，无锡市锡北运河大桥建成通车。（《无锡市城市建设年鉴（2005）》第 30 页）

是日，北京市通州区凉水河清淤加固工程开工。治理范围为凉水河马桥闸下游 100 米至凉水河入北运河出口，全长 27.648 千米。（《北京通州年鉴（2006）》第 107 页）

是月 30 日，北京市通州区运河东关大桥工程正式开工。（《北京通州年鉴 2006》第 107 页）

是月底，杭州市运河广场建成。项目总用地 5.29 万平方米，总建筑面积 5 万平方米，主要由地下商城、运河博物馆和沿河牌楼组成。（《杭州年鉴（2006）》第 453 页）

是年，开封市制定《京杭古运河北宋东京城段考古调查勘测工作方案》。（《开封年鉴

（2006）》第 269 ～ 270 页）

是年，江苏省高邮市市委、市政府出台《2005 年运河招商行动实施意见》。（《高邮年鉴（2006）》第 67 页）

## 2006 年

1 月 6 日，运河宿迁三线船闸工程通过竣工验收。（《宿迁年鉴（2007）》第 29 页）

是月 8 日，运河国际港建设与现代物流研讨会在淮安举行。（《江苏年鉴（2007）》第 461 页）

是月 10 日，江苏省运河船舶污染综合整治项目正式启动。（《长江年鉴（2007）》第 444 页）

是日，南水北调东线苏鲁边界工程、东线一期工程输水出江苏的最后一级泵站——蔺家坝泵站工程开工。（《长江年鉴（2007）》第 443 ～ 444 页）

是月 23 日，扬州境内京杭运河壁虎河口段航道整治工程通过交工验收。（《长三角年鉴（2007）》第 1 060 页）

是月，南水北调东线江苏宝应站委托运行管理开始试运行。这是南水北调工程运行管理首次实行所有权和管养权分开。（《长江年鉴（2007）》第 444 页）

2 月 20 日，扬州市古运河东岸经典段景观工程开工。该工程位于五台山以南至徐凝门桥以西，全长 2 000 多米，4 月 15 日竣工。（《扬州年鉴（2007）》第 237 页）

3 月 16 日，江苏省部署全面实施南水北调东线江苏段 14 个控制单元治污方案，拟在为 2007 年出境水质持续稳定达到地表水Ⅲ类标准打下坚实基础。（《长江年鉴（2007）》第 444 页）

是月 18 日，高邮市京杭运河高邮港口码头项目开工。总投资额 1.08 亿元。同时举行“高邮市京杭运河港口有限公司”揭牌仪式。（《高邮年鉴（2007）》第 124 页）

是月 23 日，长三角最大古运河文化公园项目在嘉兴市开工兴建。（《嘉兴年鉴（2007）》第 47 页）

是月 30 日，山东省环保局印发《关于贯彻实施〈山东省南水北调沿线水污染物综合排放标准〉的通知》。（《长江年鉴（2007）》第 444 页）

是日，南水北调东线徐州蔺家坝泵站顺堤河改道工程通过验收并投入使用。（《长江年鉴（2007）》第 444 页）

是月，淮安市市志办编写的《运河之都——淮安》出版。

是月，“两会”期间 58 位全国政协委员提交了《应高度重视京杭大运河的保护和

启动“申遗”工作的提案》。（《2009年杭州发展报告文化卷》第56页）

4月13日，南水北调东线山东段文物保护工作开工典礼在济宁市程子崖考古发掘现场举行。（《长江年鉴（2007）》第444页）

是月24日，江苏省宿豫县投资2亿元整治运河城区段。（《长三角年鉴（2007）》第1066页）

是月26日，商丘市周商永运河治理一期工程举行竣工庆典仪式。（《商丘年鉴（2007）》第247页）

是月，淮安市市志办点校出版了《淮安文献丛刻》1～4辑。

4月～8月，安徽省文物考古研究所、宿州市文物管理局对宿州市西关步行街隋唐大运河遗址进行了考古发掘。累计勘探面积2万平方米，发掘面积600平方米。（《中国考古学年鉴（2007）》第241～242页）

5月12日，由全国政协组织的京杭大运河保护与申遗考察活动在北京启动。（《北京年鉴（2007）》第428页）

是月13日～15日，“运河之都”全国学术研讨会在淮安市举行。（《淮安年鉴（2006）》第9～10页）

是月22日～24日，在杭州举办“京杭大运河保护与申遗研讨会”，形成《京杭大运河保护与申遗杭州宣言》。（《中国城市发展报告（2006）》第558～559页）

是月26日，沟通高邮市境内京杭大运河与苏北里下河地区的水运交通枢纽——江苏省高邮运东船闸进行建闸通航以来的第二次停航大修。（《高邮年鉴（2007）》第124页）

6月17日，台儿庄区运河古镇综合开发项目在山东省文博会上签约。该项目位于台儿庄城区南部古运河两岸，计划总投资3亿元。（《枣庄年鉴（2006）》第22页）

是月，《南水北调东线山东段27个控制单元治污方案》通过国家发改委、国家环保总局审查，由山东省政府批复实施。（《长江年鉴（2007）》第445页）

是月，在郑孝燮、罗哲文、朱炳仁等3名专家联名呼吁以及58名全国政协委员联合提交“大运河保护与申遗”提案推动下，京杭大运河被国务院列入第六批全国重点文物保护单位。（《扬州年鉴（2015）》第14页）

是月31日，北京市通州区运河文化广场改造工程完成，正式启用对外开放。（《北京通州年鉴（2007）》第103页）

是月，高邮运东船闸建成新型调控中心，该项目使该船闸运行管理实现高度信息化。（《高邮年鉴（2007）》第124页）

7月31日～8月1日，江苏省政协在扬州举行大运河保护利用和发展研讨会。（《江苏年鉴（2007）》第70页）

8月9日，苏南运河陵口段航道整治工程施工图审查会在丹阳举行，苏南运河陵口段“四改三”方案通过论证。（《丹阳年鉴（2007）》第165页）

是月10日，由枣庄市委宣传部组织编纂的《枣庄运河文化丛书》出版发行，全书共分八卷，近200万字。（《枣庄年鉴（2007）》第15页）

是月18日，扬州市园林管理局党委研究决定，由市瘦西湖风景区管理处、市名城公司、市旅游发展有限责任公司、市瘦西湖旅行社有限责任公司共同出资组建“扬州市古运河旅游有限责任公司”，隶属市园林管理局。9月1日开通古运河水上游览线。（《扬州年鉴（2007）》第239页）

是月26日，由高邮市水务局和美国汉斯伯格家庭在京杭运河西堤挡军楼段，举行纪念1931年高邮特大洪灾75周年暨纪念碑揭碑仪式。（《高邮年鉴（2007）》第22页）

是月29日，天津市重点工程南运河改造拆违工作正式展开，红桥区拆除600间违章建筑。（《红桥年鉴（2001～2006）》第728页）

是月30日，南水北调东线工程江苏段京杭运河船舶污染综合整治项目通过竣工验收。项目包含21座船舶垃圾收集站、43座油废水回收站和附属道路，分别位于徐州、宿迁、淮安、扬州市境内，总投资为2 801万元。（《中国南水北调工程建设年鉴（2007）》第61～62页）

9月5日，运河沿岸的杭州、嘉兴、苏州、沧州、北京等15个城市，在江苏省淮安市签署《运河沿线城市旅游合作宣言》。（《嘉兴年鉴（2007）》第54页）

是月6日，衡水市卫运河污水改排一期清淤工程竣工。（《衡水年鉴（2007）》第33页）

是月12日，无锡市古运河历史文化街区旅游方案出台。（《无锡年鉴（2007）》第175～176页）

是日，宿迁市古黄河—运河风光带和骆马湖—三台山风景名胜区正式被省政府批准列为省级风景名胜区。（《宿迁年鉴（2007）》第50页）

是月14日，京杭运河高邮段续建二期工程启动。工程全长14千米，水下疏浚54万立方米。11月，按照“三改二”的标准投入施工。至2007年3月底，完成水下疏浚工程任务。（《高邮年鉴（2007）》第124页）

是月28日，北京市通州区图书馆举办了“庆国庆　迎奥运　名人作品捐赠‘运河文库’”仪式。（《北京文化艺术年鉴（2006）》第213页）

是月，坐落在杭州市萧山区义桥镇新坝村的杭甬运河新坝船闸通过工程质量鉴定。（《萧山年鉴（2007）》第379页）

10月1日，杭州市中国京杭大运河博物馆正式对外开放。该博物馆位于拱宸桥运河文化广场，是国内第一座以运河文化为主题的大型专题博物馆，总建筑面积 1.07 万平方米。（《浙江年鉴（2007）》第 387 页）

是日，杭州市举行运河（杭州段）综合整治与保护开发一期工程竣工典礼，中国京杭大运河博物馆同日开馆。“一馆两带两场三园六埠十五桥”等运河主城区景观全面亮相，运河两岸 20 公里长的游步道全线贯通。（《浙江年鉴（2007）》第 385 页）

是月 15 日，北京市通州区举办的中国（北京・通州）京杭大运河文化节开幕式暨“欢乐中国行”大型文艺晚会在运河广场举行。（《北京通州年鉴（2007）》第 110 页）

是月 16 日，北京市通州区举办中国京杭大运河文化遗产保护与可持续发展高峰论坛。论坛讨论并通过了《通州宣言》。（《北京通州年鉴（2007）》第 110 页）

11 月 15 日，山东省将筹措 1 000 万元资金，专项用于今后京杭运河山东段水污染防治。将重点用于在京杭运河济宁、枣庄段沿线建设 5 处具有综合性服务功能的大型船舶垃圾回收处理、污油（水）回收转运站和购置回收处理设备及运输工具。所有转运站预计 2007 年 5 月全部建成并投入试运营。（新华社 2006 年 11 月 15 日）

是月 22 日，由全国政协文史和学习委员会、北京市政协共同举办的《古运河回望图》大型画卷首展在全国政协礼堂举行。（《北京通州年鉴（2007）》第 110 页）

是月 24 日，北京市通州区举行运河大桥、东关大桥竣工通车剪彩仪式。（《北京通州年鉴（2007）》第 104 页）

是月 30 日，山东省十届人大常委会第 24 次会议审议通过《山东省南水北调工程沿线区域水污染防治条例》，2007 年 1 月 1 日起实施。这是国内首次以地方立法的形式对南水北调工程沿线区域的水污染防治进行规范。（《长江年鉴（2007）》第 446 页）

是月，宝应县南水北调三阳河潼河宝应站影响工程通过竣工验收。该工程总投资 190.3 万元。工程实施后，恢复了宝应运西经穿运河地涵向东排水的出路，解决了运西南片的排水问题。（《宝应年鉴（2007）》第 26 页）

12 月 16 日，大运河入选国家文物局 15 日最新确定的《中国世界文化遗产预备名单》，大运河申报世界文化遗产工作启动。（《扬州年鉴（2015）》第 14 页）

是月 27 日，南水北调东线一期骆马湖水资源控制工程开工建设。（《长江年鉴（2007）》第 446 页）

是日，中国优秀园林工程奖在杭州揭晓，浙东运河绍兴至柯桥段环境治理一期运河园荣获金奖。（《绍兴年鉴（2007）》第 35 页）

是月 29 日，嘉兴市“十一五”重点城市建设项目——嘉兴运河新区奠基。（《嘉兴年鉴（2007）》第 58 页）

是年，京杭运河（徐扬段）续建二期扬州段航道整治工程全面展开。整治工程目标是将

航道技术等级由原来的三级提升为二级。（《扬州年鉴（2007）》第 139 页）

是年，河北省在全国率先开展了京杭大运河文物遗存调查工作。共发现与运河有关的桥闸、码头、沉船点、城址、墓葬、碑刻等各类文化遗存 309 处，其中新发现 246 处，摸清了运河本体的保护现状和沿线文化遗存的分布情况，建立了较完整的大运河文物记录档案。国家文物局已将京杭大运河列入了《中国世界文化遗产预备名单》。（《河北经济年鉴（2007）》第 188 页）

是年，为改善运河水环境质量，杭州市政府出台《太湖流域水质明显改善三年实施方案》和《运河（杭州段）污染综合整治方案》。（《中国环境年鉴（2007）》第 512 页）

是年，高邮市运西船闸过闸费收入首次突破百万元。全年开放闸 3 953 闸次，通过船舶总吨位 199.7 万吨、船舶货物量 103.5 万吨，过闸费收入 136.6 万元，创建闸以来过闸费征收最高纪录。（《高邮年鉴（2007）》第 124 页）

是年，淮安市组织“走进运河”记者采访团，先后对北至北京市通州区、南至浙江省杭州市的运河沿线 19 个地级以上城市进行异地采访，推出每周一期、共 22 个整版的“走进运河”专版，连续报道运河沿线 19 个城市开发与保护运河方面的成功经验。（《淮安年鉴（2007）》第 205 页）

是年，年初，高邮市委、市政府出台《2006 年运河招商行动实施意见》。（《高邮年鉴（2007）》第 61 页）

## 2007 年

1 月 1 日，《山东省南水北调工程沿线区域水污染防治条例》即日实施。该《条例》是我国首个南水北调治污法规，也是国内首次以地方立法的形式对南水北调工程沿线区域的水污染防治进行规范。（《长江年鉴（2008）》第 497 页）

是日，京杭运河全面禁航挂桨机船。（《江苏交通年鉴（2008）》第 363 页）

是月 19 日，苏北运河船舶污染整治建设项目竣工暨移交会议在宿迁市举行。该项目正式交付使用。（《宿迁年鉴》第 32 页）

是月 20 日，江苏常州运河青洋大桥建成通车。（《中国铁建年鉴（2008）》第 103 页）

2 月 6 日～7 日，大运河沿线省、市政协文史委主任联席会议在沧州市召开，研讨大运河保护和申遗事项。（《沧州年鉴（2008）》第 38 页）

2 月 28 日，为期 97 天的首次引黄济淀应急生态调水渠首取水任务圆满结束。本次引黄济淀调水从2006年11月24日开始实施，自位山引黄涵闸引水，经位山三干渠至临清立交穿卫运河刘口闸进入河北，共从黄河取水4.79亿立方米。（《黄河年鉴（2008）》第518页）

是月，京杭运河泗阳二号桥工程项目以优良等级通过江苏省验收。（《泗阳年鉴（2008）》第40页）

3月6日，徐州渡口改造工程开始动工，开始了绵延110千米的京杭大运河徐州段上28个渡口的改造。改造工作到4月底完成。（《徐州年鉴（2008）》第32页）

是月12日，南水北调东线苏北运河船舶污染综合整治建设项目竣工。至此，苏北运河段船舶垃圾回收集中处理网络形成。（《长江年鉴（2008）》第498页）

3月23日，“我们的大运河”大型系列报道座谈会暨新闻专辑、签名长卷赠送仪式在嘉兴市广电总台举行。（《嘉兴年鉴（2008）》第34页）

是月27日，《无锡市古运河清名桥沿河历史文化街区保护规划》由无锡市政府正式批准实施。（《无锡市城市建设年鉴（2007）》第17页）

3月～4月，山东省文物考古研究所、汶上县文物局对汶上县梁济运河梁庄宋金聚落遗址进行了考古发掘。该遗址聚落面积约15万平方米。（《中国考古学年鉴（2008）》第264～265页）

4月26日，南水北调东线淮阴三站工程泵站主体工程开工。（《长江年鉴（2008）》第498页）

是日，京杭运河两淮段（淮阴至淮安段）航道整治工程通过验收，质量等级为优良。（《江苏交通年鉴（2008）》第366页）

5月15日～21日，镇江市润州区宝塔街道举办“古运河·新宝塔”首届运河文化节。（《江苏年鉴（2008）》第524页）

是月26日，淮安市天津路大运河桥开工建设。（《淮安年鉴（2008）》第17页）

6月初，苏南运河陵口段“四改三”工程开工启动。苏南运河陵口先导段航道整治工程全长5.05公里，总投资1.79亿元。（《丹阳年鉴（2008）》第187～188页）

是月5日，浙江省政府公布第二批浙江省非物质文化遗产名录。杭州运河船民习俗名列其中。（《余杭年鉴（2008）》第40页）

是月6日，杭州市萧山区杭甬运河东藩大桥顺利合龙。该大桥全长551.92米，主跨105米，桥跨35米。（《萧山年鉴（2008）》第381页）

是月7日，《流淌的文明——大运河文化遗产特展》在扬州博物馆开幕。（《江苏文化年鉴（2008）》第45页）

是月18日，京杭运河皂河三线船闸建设工程通过交工验收，正式通航。（《宿迁年鉴

（2008）》第 41 页）（《江苏交通年鉴（2008）》第 367 页）

是月 20 日，中国大运河申报世界文化遗产工作正式启动。大运河洛阳段作为大运河的一部分将申报世界文化遗产。（《洛阳统计年鉴（2008）》第 556 页）

是月 27 日，中华人民共和国京杭运河江苏段与瑞典王国约塔运河结为友好运河签字仪式在瑞典东约特兰省林雪平市签订。（《江苏交通年鉴（2008）》第 367 页）

是月，隋唐大运河柳孜码头遗址被列入世界文化遗产预备名单。（《淮北年鉴（2008）》第 9 页）

7 月 26 日，江苏省全省大运河保护规划编制及名人故居（纪念馆）、古民居保护抢救工程会议在扬州召开。（《江苏文化年鉴（2008）》第 47 页）

8 月 4 日，隋唐大运河商丘段永城市、梁园区、睢阳区境的考古调查勘探工作结束，《隋唐运河故道河南商丘段考古勘探调查成果报告》完成。（《河南文化文物年鉴（2008）》第 314 页）

是月 20 日～23 日，山东省第三次运河文化研讨会在枣庄市举行。（《滕州年鉴（2008）》第 32～33 页、《枣庄年鉴（2008）》第 17 页）

是月 28 日，北京市通州区"运河水上游"启动仪式在运河文化广场举行。（《北京通州年鉴（2008）》第 61 页）

8 月～12 月，山东省文物考古研究所等单位对山东京杭运河进行了考古调查。（《中国考古学年鉴（2008）》第 264 页）

9 月 1 日，济宁市政府与马来西亚森达美集团就京杭运河综合开发，在济南签订合作协议。（《山东年鉴（2008）》第 37 页）

是月 4 日，浙东古运河绍兴运河园被水利部评为第七批国家水利风景区。（《绍兴年鉴（2008）》第 120 页）

是月 8 日，运河文化与淮扬美食高层论坛在北京举行。（《中国餐饮年鉴（2008～2009）》第 176 页）

是月 17 日～19 日，古运河美食文化节在江苏无锡举行。（《中国餐饮年鉴（2008～2009）》第 176 页）

9 月 26 日～28 日，由外交部、建设部、文化部和联合国教科文组织等倡导和支持，扬州市人民政府等承办的"2007 中国·扬州世界运河名城博览会暨运河名城市长论坛"在扬州举行，来自中外 38 座运河城市的市长和 30 多名嘉宾出席了活动。38 位中外运河城市市长一致同意并签署了《世界运河城市可持续发展扬州宣言》。在扬州东门遗址行的开幕式上，扬州被国家文物局正式确定为大运河申报世界遗产牵头城市，举行了"中国大运河申报世界文化遗产办公室"揭牌仪式。（《江苏文化年鉴

（2008）》第 50 页）

9 月 28 日，首届中国（邳州）大运河文化旅游节暨第二届中国（邳州）银杏节、中国（邳州）家居产业发展高峰论坛开幕。（《徐州年鉴（2008）》第 36 页）

是月，江苏省丹阳市丹阳渡口改造工程竣工。（《丹阳年鉴（2008）》第 188 页）

10 月 1 日，杭州运河（拱墅段）综保二期工程首批 25 个项目建成，具体是“二带四园四河四址五路六桥”。（《浙江年鉴（2008）》第 416 页）

是月 2 日，首届中国江北水城（聊城）葫芦文化艺术节在运河博物馆馆前广场举行。（《聊城年鉴（2008）》第 37 页）

是月 25 日，江苏省文物局组织召开《大运河江苏段保护规划编制技术规范》专家咨询论证会。（《江苏文化年鉴（2008）》第 51 页）

是月 26 日，首届中国・台儿庄运河古城美食文化节在台儿庄举行。（《枣庄年鉴（2008）》第 19 页）

是月 28 日，枣庄市举办航运杯“运河颂”诗歌朗诵会。（《枣庄年鉴（2008）》第 19 页）

11 月 1 日，淮安市成立运河文化研究中心。（《江苏年鉴（2008）》第 490 页）

是月 8 日，常州市运河改线工程钟楼大桥建成并开放通车。钟楼大桥为混凝土独塔双索面斜拉桥桥型，主桥宽 40 米，主桥长 188 米，全长 488 米。（《钟楼年鉴（2003 ～ 2007）》第 102 页）

是日，山东省武城运河跨省大桥开工奠基和省道 254 线武城段通车剪彩仪式在武城县举行。（《德州年鉴（2008）》第 50 页）

是月 20 日，南水北调东线首个截污导流工程——淮安市截污导流工程开工建设。截污导流工程是建立输水干线“清水廊道”的基础和关键，江苏省境内由江都（12 月 10 日开工）、淮安、宿迁（12 月 21 日开工）、徐州 4 市截污导流工程组成。（《长江年鉴（2008）》第 500 页）

是月 30 日，山东省批复《南水北调东线第一期工程宁阳县洸河截污导流工程可行性研究报告》。这是山东南水北调东线首个开工（12 月 28 日）建设的截污导流工程。（《长江年鉴（2008）》第 500 页）

是月，嘉兴市广播电视台选送的电视专题片《我们的大运河》获得 2005 ～ 2006 年度中国广播影视大奖优秀专题片提名奖。（《浙江广播电视年鉴（2008）》第 113 页）

12 月 10 日，全国政协大运河保护与申遗考察团一行，对郑州、鹤壁、洛阳、开封、商丘 5 个市大运河保护和考古发掘等方面的情况进行考察。（《河南年鉴（2008）》第 417 页）

是月 19 日，杭甬运河余姚段姚州大桥、明伟二号桥分别通过交工验收，杭甬运河余姚段桥梁改造工程全部完成。（《宁波年鉴（2008）》第 33 页）

是月20日，沂沭泗洪水东调南下续建工程韩庄运河、中运河及骆马湖堤防工程开工仪式在徐州举行。（《枣庄年鉴（2008）》第21页）

12月28日，南水北调东线一期穿黄工程开工。（《长江年鉴（2008）》第500页）

是月29日，杭甬运河基本建成庆典仪式在杭州新坝船闸举行。杭甬运河起自杭州三堡，终于宁波甬江口，西与京杭大运河相连，东达宁波—舟山港，全长约239千米。（《浙江年鉴（2008）》第245页）

是月，京杭大运河常州段南移工程竣工通航。该工程西起连江桥，经邹区、牛塘、湖塘、武进高新区北区、遥观，至常州市丁堰镇横塔村东汇入老运河，全长25.9千米。工程概算总投资28.5亿元，按四级航道标准实施（三级预留）。（《武进年鉴（2008）》第265～266页）

是月，江苏省武进区京杭大运河武进段新运河、武南河、丁塘港及沿江高速嘉泽道口绿化工程全部完工并通过验收。（《武进年鉴（2008）》第266页）

是月，北京市通州区新建玉带河东街跨北运河大桥竣工，至此玉带河东街工程全面竣工通车。（《北京通州年鉴（2008）》第62页）

是年，河北省大运河文物调查工作全部结束。共发现古遗址、古墓葬、城镇、衙署、驿站、码头、船闸等文物遗存点325处。组织编制了《大运河河北段保护管理及申报世界文化遗产前期准备工作方案》。（《河北经济年鉴（2008）》第205页、《河北年鉴（2008）》第339页）

是年，无锡市规划局组织编制了《无锡市京杭运河保护整治规划》。（《无锡年鉴（2008）》第135页）

是年，无锡市政府批准了《无锡市古运河清名桥沿河历史文化街区保护规划》。历史文化街区面积达12.51公顷。（《无锡年鉴（2008）》第135～136页）

## 2008年

1月1日，全国首座以漕运为主题的博物馆在淮安市正式奠基开建。“总督漕运部院”遗址经保护性发掘后，被列为全国十大重点考古发现之一，并被列入省级文物保护单位。（《楚州年鉴（2009）》第36页）

是月4日，《人民日报》讯，跨越钱塘江、曹娥江、甬江三大水系的杭甬运河全线建成，有千年历史的京杭大运河向东延伸239千米，首次实现“通江达海”。杭甬运河通航能力将提高10倍，可通航500吨级船舶。（《中国工业发展报告（2009）》第723页）

是月 17 日，京杭运河江苏省常州市区段南移改线工程全面竣工通航。（《长三角年鉴（2009）》第 1 048 页）

是月 25 日，无锡市跨越运河的开源大桥竣工通车。（《无锡市城市建设年鉴（2009）》第 10 页）

2 月 2 日，徐州市举行塔山镇运河大桥通车典礼。（《贾汪年鉴（2009）》第 30 页）

是月 16 日，全国内河航标第一塔在京杭运河苏北段与长江交汇处的六圩口建成。此塔塔尖高 6.9 米，灯光射程和灯塔视距达 10 千米，提高了苏北运河南大门入口通过能力。（《江苏年鉴（2009）》第 78 页）

3 月 4 日，山东省政府规划鲁南经济带，枣庄、济宁被纳入运河经济区。（《枣庄年鉴（2008）》第 23 页）

是月 7 日，宿迁市政府召开运河沿岸企业搬迁工作会议。（《宿迁年鉴（2009）》第 35 页）

是月 19 日，聊城市首次在国务院新闻办举行第七届江北水城运河古都（聊城）文化旅游节暨庆祝建市十周年新闻发布会。（《聊城年鉴（2009）》第 25 页）

是月 24 日，漳卫南运河论坛在德州召开。（《德州年鉴（2009）》第 26 页）

是月 25 日，聊城大学运河文化研究中心在聊城大学成立。（《聊城年鉴（2009）》第 25 页）

是月 24 日～ 26 日，国家文物局在江苏省扬州市召开大运河保护规划编制研讨会。会议通过了《大运河联合申遗办公室工作职能》《大运河申报世界遗产工作方案》和《大运河保护与申遗联盟筹建方案》等实施性文件，并形成了《大运河保护与申遗扬州共识》。（《江苏文化年鉴（2009）》第 48 页）

是月 27 日，苏南运河“四改三”无锡洛社先导段（LSD-2 标段）航道整治工程正式动工，标志着苏南运河无锡段整治转入全面实施阶段。（《无锡市城市建设年鉴（2008）》第 13 页）

是月 30 日，杭州市三堡引水入城工程竣工通水，钱塘江水通过闸门流入京杭大运河。（《杭州年鉴（2008）》第 19 页）

3 月～ 10 月，山东省文物考古研究所、中国文化遗产研究院、济宁市文物局、汶上县文物局对南旺分水枢纽和龙王庙建筑群遗址进行了大范围的考古调查和发掘。（《中国考古学年鉴（2009）》第 258 页）

4 月 19 日，交通部专家组到淮安验收京杭运河两淮段航道示范工程。（《淮安年鉴（2009）》第 18 页）

是月 20 日，扬州港高邮港区运河码头正式投入运营。（《高邮年鉴（2009）》第 24 页）

是月 26 日，德州市成立运河开发建设投融资管理中心、运河开发建设公司，并举行揭

牌仪式。（《德州年鉴（2009）》第 29 页）

是月 28 日，总建筑面积 10.6 万平方米，杭州最大的文化创意园——运河天地·乐富智汇园开园。（《杭州年鉴（2009）》第 22 页）

5 月 1 日，2008 江北水城·运河古都（聊城）文化旅游节暨庆祝建市十周年“建设杯”聊城市龙舟比赛在东昌湖举行。（《聊城年鉴（2009）》第 27 页）

是月 10 日，宿迁市召开京杭运河宿迁段通航环境专项整治工作动员会。（《宿迁年鉴（2009）》第 41 页）

是月 19 日，台儿庄运河湿地被批准为省级湿地公园。（《枣庄年鉴（2008）》第 26 页）

是月 21 日，杭州市余杭区以塘栖镇中心区 5.87 平方千米范围为重点的运河（余杭段）综合保护工程启动。（《余杭年鉴（2009）》第 41 页）

6 月 8 日，枣庄市首届“运河古城迎奥运”龙舟大赛在台儿庄大战纪念馆北侧的大运河上举行。（《枣庄年鉴（2008）》第 27 页）

6 月～8 月，淮安市举办“运河情缘，百家翰墨”——淮安·京杭运河沿线城市书画作品联展。（《江苏文化年鉴（2009）》第 261 ～ 262 页）

是月 13 日，焦作市召开了焦作市大运河申遗工作专家座谈会，撰写了《焦作大运河申遗调查报告》，完成了《大运河画册》焦作部分资料编辑工作。（《焦作年鉴（2009）》第 470 页）

是月 19 日，由中国环境新闻工作协会、人民日报、中央电视台等 10 余家强势媒体组成的“中国生态城乡行之京杭运河行”，到宝应就有机产业发展情况和节能减排工作情况进行专题采访。（《宝应年鉴（2009）》第 23 页）

是月 20 日，漳卫南运河防汛工作座谈会在德州召开。（《德州年鉴（2009）》第 34 页）

是月 28 日，德州市首届运河文化研讨会暨武城文化旅游资源论坛在武城县举行。（《德州年鉴（2009）》第 35 页）

是日，全国政协在浙江省开展“大运河保护与申遗”跟踪调研暨“西湖申遗”调研。（《长三角年鉴（2009）》第 1057 页）

7 月 16 日，京杭运河两淮段航道整治工程、常州市区改线段工程和宿迁城区段整治工程暨水上服务区等 3 项水运示范工程通过交通运输部验收。（《江苏交通年鉴（2009）》第 274 页）

是月 20 日，由同济大学设计的台儿庄运河古城修建性详细规划通过专家论证。古城重建工作于 4 月 8 日启动。（《枣庄年鉴（2009）》第 13 页）

8月28日，京杭运河宝应特大桥开工建设。该桥为京杭运河扬州段最长的公路桥，全长1 828米，宽24.5米（净宽21.5米），双向4车道，设计时速80千米，计划总投资1.6亿元。（《宝应年鉴（2009）》第25页）

9月14日，国务院南水北调办、国家发展改革委、交通运输部、环境保护部、住房城乡建设部日前联合印发《关于加强南水北调东线京杭运河段航运水污染综合治理工作的通知》。（2008年9月15日《光明日报》）

是月21日，枣庄学院运河文化研究院揭牌。（《枣庄年鉴（2009）》第15页）

是月22日，作为第四届中国大运河文化节重点建设工程的淮安名人馆、淮安戏曲博物馆（江苏省淮海戏博物馆）、淮安运河楹联馆、大运河名人馆举行集中开馆仪式。（《淮安年鉴（2009）》第205页）

是月24日，淮安市举行以“大运河保护与申遗”为主题的大运河文化节。大运河文化节由京杭大运河沿线4省2市70余县（市）共同举办，每两年在沿河城市举行一次。（《江苏年鉴（2009）》第530页）

是日，第二届“运河之都”全国学术研讨会在淮安召开。（《淮安年鉴（2009）》第22页）

是月25日～28日，第二届世界运河名城博览会在扬州举办。苏伊士运河、巴拿马运河、基尔运河、曼彻斯特运河等沿线的13个国外运河城市、2个友好城市以及中国大运河沿线33个城市的市长或代表和一批国内外著名专家学者参加。26日举行了世界运河名城专家论坛。（《江苏年鉴（2009）》第543～544页）

是月26日，京杭运河刘老涧屯线船闸工程通过江苏省交通厅航道局组织的交工验收并正式通航，工程质量被评定为优良等级。（《江苏交通年鉴（2009）》第275页）

是月27日，杭州市举行运河三条水上黄金旅游线开游仪式暨2008西博会国际旅游节开幕式。（《上城年鉴（2009）》第60页）

是月29日，杭州市余杭区运河（余杭段）综合保护一期样板工程竣工。（《余杭年鉴（2009）》第44页）

是月30日，京杭大运河（杭州段）综合保护二期工程首批项目竣工。（《杭州年鉴（2008）》第23页）

是月，第四届中国大运河文化节在淮安举行。（《江苏文化年鉴（2009）》第261页）

10月8日，位于淮安经济开发区境内的淮安软件园、通甫路跨运河大桥相继开工。（《淮安年鉴（2009）》第22页）

是月21日，“533省道高邮段跨京杭运河新民滩特大桥”工程开工，投资额7.5亿元，整个工程计划于2010年底完成。（《高邮年鉴（2009）》第26页）

是月 23 日，大运河遗产保护规划培训研讨会在北京召开。（《中国文物年鉴（2009）》第 380 页）

是月 25 日，京杭运河山东段唯一一座人行桥——台儿庄人行桥成功爆破。该桥主跨度 93 米、宽 4 米，为斜拉索吊桥，于 1993 年投入使用。（《枣庄年鉴（2009）》第 17 页）

是月 26 日～ 27 日，江苏省文物局在无锡召开大运河（江苏段）遗产保护规划第一阶段编制工作会议。（《江苏文化年鉴（2009）》第 95 页）

是月 30 日，沧州市成立大运河保护与申报世界遗产工作领导小组。（《沧州年鉴（2010）》第 42 页）

是月，无锡市史志办郁有满编著的《无锡运河志》由西安地图出版社出版。（《中国地方志年鉴（2009）》第 144 页）

11 月 13 日，京杭运河杭州余杭区塘栖镇荣圣化工有限公司化学品码头运输船发生爆炸事件，造成 2 人死亡、4 人受伤，爆炸冲击波波及附近 1 艘载有硫酸的运输船和 2 艘双氧水运输船，导致 200 吨左右的发烟硫酸及少量双氧水泄漏。（《中国灾害大事记（2008）》第 223 ～ 224 页）

12 月 24 日，运河新城破土动工。运河新城地处石祥路以北、运河以东、拱康路以西的拱墅区境内，占地 7.28 平方千米，预计总投资 124 亿元，规划居住人口 10 万余人。（《杭州年鉴（2009）》第 26 页）

是月 29 日，杭甬运河改造工程基本建成。它将京杭大运河向东延伸近 240 千米，与大海相通。（《杭州年鉴（2008）》第 25 页）

是月 30 日，10 时，本年度“引黄入卫”正式开闸放水，至 2009 年 2 月 4 日 17 时结束，渠首工程安全运行 37 天，引水 1.86 亿立方米。引黄入卫工程是跨省、跨流域大型调水工程，调水线路自位山引黄闸引取黄河水，通过位山灌区三干渠至临清立交穿卫运河进入河北境内。（《黄河年鉴（2009）》第 508 页）

是月 31 日，无锡市清名桥古运河景区的清名桥古运河水上游开幕。清名桥古运河景区位于京杭大运河无锡南长段的清名桥历史文化街区内，被誉为“中国活态运河博物馆”。（《江苏年鉴（2009）》第 484 页）

是年，河北省在前期大运河调查工作的基础上，完成了《河北大运河现状调研报告》。运河沿线城市均成立了大运河保护和申遗领导小组，并成立了大运河保护规划编制小组，制定了工作方案。（《河北经济年鉴（2009）》第 199 页）

## 2009年

1月25日至2月9日，北京市通州区运河艺术冰灯展在运河公园举行。（《北京通州年鉴（2010）》第65页）

2月2日，北京市政府批准实施北运河流域水系综合治理规划方案。规划要求建立市、区、镇、村四级联动的全流域监管机构。（《北京年鉴（2010）》第93页）

是月22日，扬州商贸物流园运河港一期工程开工典礼在大运河畔举行。（《广陵年鉴（2010）》第23页）

是月26日，扬州公铁水物流集聚区运河码头开港运营，同时为物流园区配套的荣佳混凝土项目投产。（《维扬年鉴（2010）》第328页）

3月2日，无锡市提出要在全国率先启动创建国家历史文化名城群。围绕这一目标，2009年无锡市将制定颁布《无锡历史文化名城保护条例》，完成制定大运河"申遗"规划，并全力推进"二园四馆五街区十大名村镇"工程建设。（《无锡市城市建设年鉴（2009）》第12～13页）

是月12日，京杭运河皂河三线船闸工程通过由江苏省发改委组织的竣工验收。（《江苏交通年鉴（2010）》第360页）

是月21日，"江南网船会——流淌着的运河民俗"活动在嘉兴市秀洲区王江泾镇开幕。（《嘉兴年鉴（2010）》第32页）

是月22日，西青区在中北镇南运河畔隆重举行中北镇南运河都市休憩商务区建设开工仪式。（《西青年鉴（2010）》第370页）

是月23日，天津市率先在全国启动京杭大运河保护性开发工程。（《天津区县年鉴（2010）》第80页）

是月28日，"中国古运河"诗歌节在无锡举行。（《江苏省会议展览年鉴（2009）》第9页）

是月31日，《台儿庄运河古城重建项目总体规划》荣获山东省旅游规划与建设项目策划创新奖一等奖，结束了该奖项自设置以来一直空白的历史。（《枣庄年鉴（2009）》第21页）

是日，大运河经济港开工奠基仪式在德州市运河经济开发区举行。（《德州年鉴（2010）》第10页）

是月，江苏省交通厅航道局、江苏省航道协会组织编写的《京杭运河志（苏南卷）》由人民交通出版社出版。《京杭运河志（苏北段）》1998年已由上海社会科学院出版社出版，《京杭运河志（苏南段）》的问世使京杭运河江苏段有了一部完整的志书。（《中国地方志年鉴（2010）》第149页）

是月 23 日，大运河保护和申遗省部际会商小组第一次会议在北京召开。（《中国文物年鉴（2010）》第 332 页）

是月 25 日至 5 月 30 日，山东临清举办 2009 中国运河名城（临清）清真文化美食节。（《中国餐饮年鉴（2010）》第 600 页）

是月 26 日，京杭运河泗阳大桥拆除工程安全顺利完成。（《泗阳年鉴（2010）》第 37 页）

是月 29 日，枣庄市京杭运河“三公祠”建设暨南水北调工程纪念馆在峄城区古邵镇开工建设，工程总投资 1 600 万元。（《峄城年鉴（2008 ～ 2009）》第 33 页）

是月，国家 13 个部委、大运河沿线 8 个省（直辖市）组成大运河保护与申遗省部际会商小组，建立跨地区、跨部门协商机制，指挥、协调大运河申遗工作。（《扬州年鉴（2015）》第 14 页）

5 月 1 日，聊城中国运河文化博物馆正式开馆。（《聊城年鉴（2010）》第 21 页）

是月 8 日，由中华文化发展促进会、中央人民广播电台、中国华艺广播公司、海峡之声广播电台等单位共同举办的“大运河千里行”采访报道活动在浙江杭州举行启动仪式。这是广播媒体第一次全景式地向台湾和海外听众介绍人类伟大奇迹——京杭大运河。7 月 16 日活动在北京通州结束。（《中国新闻年鉴（2010）》第 715 页）

是月 15 日，苏南运河无锡市区段艺术景观灯光工程方案近日确定。工程预计 10 月 1 日前全面竣工完成。（《无锡市城市建设年鉴（2009）》第 20 ～ 21 页）

是月 19 日，京杭运河泗阳三线船闸通过交工验收，正式通航。（《泗阳年鉴（2010）》第 38 页）

是月 21 日，宿迁市“千里运河第一漂”景区举行国家 2A 级旅游景区授牌暨龙舟大赛开幕仪式。（《宿豫年鉴（2010）》第 80 页）

是月 27 日，2009 年第二届中国运河城市发展战略高峰论坛在苏州市举行。（《苏州年鉴（2010）》第 66 页）

是月 28 日，由山东省体育总会和市政府联合主办的山东省第一届龙舟争霸赛暨枣庄市“江北水乡·运河古城”第二届龙舟大赛比赛在台儿庄区举行。（《枣庄市中年鉴（2009 ～ 2010）》第 23 页）

是月 30 日，通州区政府与北京市环保局共同举办“骑车逛运河　生态游通州”主题环保公益活动。（《北京通州年鉴（2010）》第 66 页）

6 月 4 日，江苏省大运河保护和申遗市厅际会商小组第一次会议在南京召开。（《江苏文化年鉴（2010）》第 44 页）

是月 6 日，苏南运河无锡城区段的艺术景观灯光工程方案出炉。这一投资 2 100

多万元的夜景照明工程计划于10月1日前竣工，并于国庆节亮灯。（《无锡市城市建设年鉴（2009）》第25页）

是月13日，《中国记忆》对被列为1999年中国考古十大发现之一的柳孜运河码头的挖掘情况及出土文物进行详细解说。（《濉溪年鉴（2009～2010）》第24页）

是日，中央电视台联合8省市电视台共同推出2009《中国记忆——文化遗产博览月》之“6·13中国文化遗产日”电视直播行动。（《浙江广播电影电视年鉴（2010）》第139页）

是月13日，“2009中国记忆——中国文化遗产日大型直播行动”在通州运河举行。全国首条遗产小道“大运河遗产小道”通州段路标举行揭幕仪式。（《北京通州年鉴（2010）》第66页）

是月18日，武城运河大桥举行竣工通车仪式。（《德州年鉴（2010）》第16页）

是月18日，河北故城新运河大桥开工奠基暨山东武城新运河大桥竣工通车仪式举行。（《衡水年鉴（2010）》第23页）

是月22日，《大运河（嘉兴段）遗产保护规划》成果汇报会召开。（《嘉兴年鉴（2010）》第36页）

是月25日，310国道中运河大桥老桥拆除工程完成，中运河邳州段正式恢复通航。（《邳州年鉴（2010）》第24页）

是月25日～28日，江苏省文物局在南京召开江苏省运河沿线8市大运河遗产保护规划省级专家评审会议。经审核，8市大运河遗产保护规划获得通过。（《江苏文化年鉴（2010）》第46页）

是月27日，枣庄市市中新区运河古城项目正式奠基开工。项目总占地13.3公顷，规划建筑面积12万平方米，计划投资6亿元。（《枣庄市中年鉴（2009～2010）》第24页）

7月2日，京杭运河“两淮”段航道整治工程通过交工验收。该工程长22.22千米，按二级航道标准整治，2004年2月开工建设。（《淮安年鉴（2010）》第89页）

是月10日，枣庄市公安局运河水上警察支队成立。（《枣庄年鉴（2010）》第15页）

是月16日，江苏省徐州市重点危桥改造项目——310国道中运河大桥主跨正式合龙。新大桥全长1 077.4米，宽15米，投资8 600万元。（《邳州年鉴（2010）》第25页）

是月，京杭运河淮安水上服务区投入运行。（《淮安年鉴（2010）》第89页）

8月4日，无锡市长达11千米的环城古运河综合整治工程正式开始实施。（《无锡市城市建设年鉴（2009）》第33页）

是月10日，京杭运河无锡段新光路新扬大桥建成通车。（《无锡市城市建设年鉴（2009）》第34页）

是月28日，泗阳县举行京杭运河泗阳大桥开工奠基仪式。大桥全长667.08米，宽26

米，总投资1.34亿元。（《泗阳年鉴（2010）》第41页）

是月至次年1月，镇江博物馆考古人员对双井路片区进行考古勘探和发掘工作，先后发现了宋、元仓储遗迹、元代石拱桥。该考古发现位于古运河入江口的东岸地带，是古代江、河交汇的地方，是大运河文化遗产的重大发现。（《中国收藏拍卖年鉴（2011）》第207～208页）

9月10日至10月9日，北京通州运河艺术节举行。（《北京通州年鉴（2010）》第67页）

是月11日，淮安市运河整治办申报的“生态型护坡在京杭运河两淮段整治工程中的应用研究”课题获中国水运科学技术奖二等奖。（《淮安年鉴（2010）》第89页）

是月19日，中国·邳州第二届大运河文化旅游节暨红色旅游发展研讨会在沙沟湖农业示范园举行开幕仪式。（《邳州年鉴（2010）》第26页）

是月25日，2009扬州古运河花船巡游活动正式启动。巡游活动持续到10月20日，吸引观众约150万人次。（《广陵年鉴（2010）》第35页）

是日，大运河保护和申遗工作会议在扬州市召开。（《扬州年鉴（2010）》第43页）

是日，2009中国扬州世界运河城市旅游商品展在扬州国际展览中心开展。（《扬州年鉴（2010）》第44页）

是日，由全国政协文史和学习委员会、扬州市政协共同编辑的《运河名城·扬州》由中国文史出版社出版发行。（《扬州年鉴（2010）》第43页）

是月26日，2009中国扬州世界运河名城博览会暨运河名城市长论坛在扬州开幕，来自四大洲17个国家和地方的国外运河城市的嘉宾，与中国大运河沿岸35个城市的市长或市长代表出席。（《扬州年鉴（2010）》第44页）

是日，世界运河名城博览会永久性会址奠基仪式在京杭大运河东岸、文昌大桥南侧的“京杭之心”隆重举行。（《扬州年鉴（2010）》44页）

是日，第三届中国扬州世界运河名城博览会“月光晚会”在蜀冈—瘦西湖万花园景区举办。（《扬州年鉴（2010）》第44页）

是日，我国历史上第一套以运河为主题的邮票《京杭大运河》在京杭大运河流经的多个城市同时首发。《京杭大运河》邮票一套6枚，内容分别为燃灯塔（北京）、天后宫（天津）、山陕会馆（聊城）、清江闸（淮安）、文峰塔（扬州）和拱宸桥（杭州）。另发行小型张1枚。

是日，中国（杭州）首届京杭大运河休闲旅游节启幕。（《杭州年鉴（2010）》第25页）

是月28日，无锡市运河公园举行开园仪式。运河公园位于无锡古运河与新运河交汇处，占地约16万平方米。（《无锡市城市建设年鉴（2009）》第42页）

是月，扬州市率先颁布、实施《大运河（扬州段）遗产保护规划》，为各地运河遗产保护规划提供范本。（《扬州年鉴（2015）》第14页）

10月18日，苏州市浒墅关运河明清风光带旅游项目开工奠基。（《苏州年鉴（2010）》第225页）

是月19日，无锡（内河）港城郊港区旺庄作业区一期码头投入试运行。该码头位于京杭运河无锡新区段周泾浜河道南岸，设计年吞吐能力为300万吨，工程总投资3.05亿元。（《无锡市城市建设年鉴（2009）》第44页）

是月22日，国务院批复了水利部、国家发改委、财政部报送的《关于组织实施引黄济津济淀应急调水的紧急请示》。调水时间将到2010年2月中旬，约120天。（《黄河年鉴（2010）》第490页）

是月26日，清名东路控制工程（跨越京杭古运河大桥）在无锡窑群遗址博物馆南侧古运河水面开钻。（《无锡市城市建设年鉴（2009）》第46页）

是日，宿迁市在京杭运河与骆马湖南航线交界水域举行水上搜救演习。（《宿迁年鉴（2010）》第74页）

是月27日，以"推动中国大运河文化遗产保护与复兴"为主题的中国大运河文化遗产保护峰会在无锡召开。（《无锡年鉴（2010）》第17页）

是月29日，邳州市310国道中运河大桥建成通车。（《邳州年鉴（2010）》第26页）

是月30日，无锡市照明工程总公司配合环城古运河综合整治，对人民桥至永定桥古运河沿岸全长500多米的驳岸等16幢建筑物进行景观照明改造。（《无锡市城市建设年鉴（2009）》第47页）

是月，中国运河文献数据库由聊城大学运河文化研究中心建成，并进入试运行阶段。该数据库收录了大量地方志、古籍文献、政协文史资料以及期刊论文等，是目前国内有关运河研究的最全面的文献数据库。（《聊城大学运河学研究院大事记》）

11月19日，京杭大运河（河北段）已发现各类文化遗存350余处，沧州市有130余处，占总数的三分之一强。（《沧州年鉴（2010）》第66页）

是月25日，张楼中运河地涵一期工程导航河分部工程通过徐州市南水北调截污导流建设验收委员会验收。（《邳州年鉴（2010）》第27页）

是月29日，由中国邮政文史中心、大运河联合申报世界文化遗产办公室、高邮市人民政府共同主办的邮驿文化与运河文化研讨会开幕式在盂城驿举行。（《高邮年鉴（2010）》第28页）

是月至次年10月，由扬州市图书馆携手“长三角”及运河沿线主要城市公共图书馆联合举办的“千年运河·一脉相承”大运河申遗图片巡展活动完成了苏、浙、沪三地巡展并受到好评。（《江苏文化年鉴（2011）》第287页）

12月16日，枣庄市峄城古运荷乡湿地公园被批准为省级湿地公园。（《枣庄年鉴（2010）》第18页）

是月25日，淮安市组织编制《里运河城区段防洪工程调整规划方案》。（《淮安年鉴（2010）》第22页）

是月26日，苏南地区最大的运河港——方正苏高新港奠基。（《苏州年鉴（2010）》第225页）

是月29日，长6.87千米的古运河中段（周家河至丹徒闸）综合整治工程开工。（《镇江年鉴（2010）》第338页）

是年，淮安市运河整治办获得交通运输部“内河水运建设示范工程活动先进集体”称号。（《淮安年鉴（2010）》第89页）

是年，淮安市对运河两淮段沿线的浮吊船作业点进行清理整治，取缔临时装卸作业点30处，清理岸线1 650米。（《淮安年鉴（2011）》第75页）

## 2010年

1月8日，台儿庄运河湿地公园被批准为国家级湿地公园试点。该公园为国内首家以运河湿地为主的湿地公园，规划总面积2 592公顷。（《枣庄年鉴（2011）》第14页）

是月11日，京杭运河“两淮”段航道整治工程通过竣工验收，标志着该工程的全面完成。（《淮安年鉴（2011）》第73页）

是月20日，南水北调东线皂河站工程开工，至此东线江苏段大运河洪泽湖—骆马湖段调水泵站全部开工建设。（《长江年鉴（2011）》第488页）

是月25日，南水北调东线淮安市截污导流穿运洞顶管工程全线贯通，将改善南水北调东线输水线大运河及里运河淮安城区段的水质和水环境。（《长江年鉴（2011）》第488页）

2月7日，南水北调东线江都市截污导流工程投入运行。（《长江年鉴（2011）》第488页）

3月4日，京杭运河徐扬段续建二期工程徐州段完工验收。该工程全长404千米，纵跨徐州、宿迁、淮安、扬州4市，沟通微山湖、骆马湖、洪泽湖、高邮湖。

（《徐州年鉴（2011）》第 36 页）

是月 11 日，320 省道京杭运河宝应特大桥主桥合龙。4 月 12 日，该桥全线贯通。（《宝应年鉴（2011）》第 22 页）

是月 25 日，南水北调东线穿黄隧洞全面贯通，标志着东线工程建设取得阶段性成果。东线穿黄工程位于山东省泰安市东平县和聊城市东阿县境内，是连接东平湖和鲁北输水干线的关键控制性项目，工程设计年输水量 4.42 亿立方米，2007 年 12 月 28 日开工。（《长江年鉴（2011）》第 489 页）

3 月 28 日，在北京举行的第九届詹天佑奖颁奖典礼上，苏州绕城高速公路（西南段）和京杭运河常州市区段改线工程获“詹天佑”奖。（《江苏交通年鉴（2011）》第 21 页）

是月，台儿庄运河国家水利风景区入选山东省十佳水利风景区。该景区集运河古城、古运广场、古运公园、湿地公园、组群式水工建筑物等多种景观于一体。（《枣庄年鉴（2011）》第 15 页）

4 月 20 日～ 28 日，江苏省文化联谊会邀请 6 位台湾著名画家参加“情系大运河——海峡两岸名家运河写生活动”，并举办情系运河画展。（《江苏文化年鉴（2011）》第 128 页）

是月 20 日，南水北调东线一期江都市截污导流工程通过水土保持工程验收，该工程水土流失防治目标达到建设类项目水土流失防治二级标准。（《长江年鉴（2011）》第 489 页）

是月 23 日，聊城传统文化研究会在聊城中国运河文化博物馆召开成立大会。（《聊城年鉴（2011）》第 27 页）

是月 27 日，国内首家运河税史馆在台儿庄运河古城建成。馆内共收集税收图片 160 幅，展出各时期原始税收票据、税收法规汇编、古钱币、珠算、运河文化史料及漕运船只等实物 136 件。（《枣庄年鉴（2011）》第 16 页）

是月 28 日，常州快速公交一号线和京杭运河常州改线工程获得中国土木工程“詹天佑”奖。（《常州年鉴（2011）》第 36 页）

是月 29 日，泰安市政府批准实施《大运河遗产（泰安段）保护规划》，规划面积 102 平方千米。（《泰安年鉴（2011）》第 345 页）

是月 30 日，吴江市第七届区域文化联动暨京杭大运河（江苏）艺术节举行开幕式。（《吴江年鉴（2011）》第 25 页）

5 月 7 日，位于清名桥西堍的大运河文化艺术馆正式开馆。该馆占地近 3 500 平方米，建筑面积 2250 平方米。（《无锡市城市建设年鉴（2010）》第 22 页）

是月 8 日，京杭运河泗阳四号桥合龙。（《泗阳年鉴（2011）》第 53 页）

是月9日，镇江京杭运河特大桥180米现浇钢筋混凝土梁拱桥主跨合龙，京沪高铁镇江段全线贯通，全长1 318千米的京沪高铁土建工程结束。（《镇江年鉴（2011）》第347页）

6月2日，由中国运河年活动组委会、北京市通州区委宣传部、北京韩美林艺术馆主办的“2010京杭大运河沿线城市新闻调查系列采访和考察活动”启动。（《北京博物馆年鉴（2009～2012）》第978页）

是月4日，江苏省根据国务院以及国家“大运河保护和申遗省部际会商小组”第一次会议要求，成立“江苏省大运河保护和申遗市厅际会商小组”。（《江苏文化年鉴（2010）》第95页）

是月6日，镇江市举办苏南运河镇江段绿色航运走廊共建启动仪式。（《镇江年鉴（2011）》第348页）

6月8日，在世界文化遗产日前夕，无锡段京杭大运河正式成为世界文化遗产京杭大运河示范段。（《无锡市城市建设年鉴（2010）》第25页）

是月12日，2010年中国・枣庄海峡两岸龙舟邀请赛在台儿庄古运河（月河）举行。（《枣庄年鉴（2011）》第17页）

是日，江苏省文化厅、文物局在苏州大运河畔关税司署旧址举行首批“江苏省大运河沿线重点文物抢救保护工程”启动仪式。为配合我国大运河保护和申遗工作，江苏省文物局决定，2010～2014年，每年确定10个有较高运河遗产价值、且存在险情隐患的文物保护单位，在技术、资金等方面予以重点扶持，每批安排经费约1 000万元。首批名单包括新沂市窑湾赵信隆酱园店维修保护工程，徐州市户部山古建筑群——余家大院、翟家大院维修保护工程，宿迁市陈家大院维修保护工程，淮安市总督漕运公署遗址维修保护工程，扬州市岭南会馆维修保护工程，常州市恒源畅厂办公楼、老厂房维修保护工程，无锡市大窑路窑群遗址维修保护工程，吴江市运河古纤道维修保护工程，苏州关税司署旧址维修保护工程等。7月7日，省文物局与各项目所在地文物部门在扬州签订项目实施责任书。（《江苏年鉴（2011）》第444）

是月12日，全国历史最久、规模最大、保存最好的古渡历史街区——“京杭大运河－西津渡古街”在镇江揭碑。（《江苏年鉴（2011）》第70页）

是月23日，大运河德州段保护遗产规划经市政府研究室通过，并批准公布实施，标志着德州市的大运河遗产保护工作进入实施阶段。（《德州年鉴（2011）》第45页）

是月24日，2010第三届中国运河城市发展战略高峰论坛在苏州举行。论坛达成《2010中国运河城市发展战略共同宣言》。（《苏州年鉴（2011）》第47页）

是月29日～30日，江苏省徐州市南水北调截污导流张楼中运河地涵、苗圩沂河

地涵工程顺利通过水下工程阶段验收。（《治淮汇刊年鉴（2011）》第343页）

7月5日～8日，2010年大运河保护和申遗会议在扬州召开。（《扬州年鉴（2011）》第59页）

是月6日，南水北调东线一期鲁北段工程开工，标志着东线一期山东段工程进入全面开工阶段。鲁北段工程是南水北调东线一期工程的重要组成部分，是实现向鲁北地区送水及向河北、天津应急调水的关键性工程。工程全长175千米，总投资43.42亿元，总工期2年。（《长江年鉴（2011）》第490页）

是日，南水北调东线一期江苏段运西线工程开工，为实现2013年东线工程建成通水目标奠定基础。（《长江年鉴（2011）》第490页）

是月10日，吴江市第七届区域文化联动暨京杭大运河（江苏）文化艺术节闭幕。（《吴江年鉴（2011）》第29页）

是月21日，京杭运河台儿庄段人行桥建成并投入使用。新桥于2007年在原桥址上重新规划建设，投资120万元，桥长289.3米，桥下为京杭运河台儿庄段主航道。（《枣庄年鉴（2011）》第18页）

是月23日，国家文物局下发《关于加强镇江双井路运河遗迹保护的函》。（《镇江年鉴（2011）》第348页）

9月10日，中国江北水城·运河古都（聊城）第四届葫芦文化艺术节在运河博物馆隆重开幕。（《聊城年鉴（2011）》第32页）

是月16日，“情系大运河——两岸中国画名家作品展”在南京开幕。（《江苏省会议展览年鉴（2010）》第18页）

是日，2010年沿运河历史文化名城城区政协主席（通州）年会开幕式举行。（《北京通州年鉴（2011）》第67页）

是月17日，南水北调东线万年闸泵站单位工程通过验收。工程兼顾韩庄运河段防洪和度汛，辅以改善航运条件。（《长江年鉴（2011）》第491页）

是月25日，北京市首个建成的万亩滨河森林公园——大运河通州森林公园开园仪式举行。（《北京通州年鉴（2011）》第68页）

是日，2010中国·扬州世界运河名城博览会暨运河名城专家论坛在扬州古运河畔的南门遗址广场举行。与会代表达成《2010中国·扬州世界运河名城博览会专家论坛共识》。（《江苏年鉴（2011）》第83页）

是月25日至10月20日，为配合运博会的召开，扬州市文化局在扬州博物馆举办了“永远的风帆——世界运河城市记忆大型图片展”。（《江苏文化年鉴（2010）》第279页）

是月26日，运河城市与低碳经济专家论坛在扬州开办。（《江苏省会议展览年鉴

（2010）》第 19 页）

是日，苏南运河无锡段“感知航道”信息化工程总体方案，通过了江苏省交通厅航道局的设计审查。无锡“感知航道”将进入全面建设阶段。（《无锡市城市建设年鉴（2010）》第 35 页）

是月 29 日，无锡市举行环城古运河水上游全线通航仪式。古运河水上游全长 11 千米。（《无锡市城市建设年鉴（2010）》第 35 页）

是日，“情系大运河”两岸中国画名家作品展在扬州举办。（《江苏省会议展览年鉴（2010）》第 19 页）

是月 30 日，2010 年西湖综合保护、运河综合保护新成果和新中东河、中华美食夜市一条街四大工程建成开放。（《杭州年鉴（2011）》第 28 页）

10 月 1 日，绍兴运河园“运河纪事”迁建工程完工。新址位于高桥立交桥西侧，104 国道北侧。（《绍兴年鉴（2011）》第 31 页）

是月 13 日，通州现代化国际新城运河核心区开工建设启动仪式举行。（《北京通州年鉴（2011）》第 68 页）

是日，东线金宝航道河道工程开工。金宝航道河道沟通里运河与洪泽湖，为运西线输水的起始河段，总投资 9.8 亿元。（《长江年鉴（2011）》第 491 页）

是月 14 日，河北省大运河联合申遗办公室在沧州市揭牌。（《沧州年鉴（2012）》第 35 页）

是月 25 日，江苏省南水北调办公室副主任张劲松分别与泗阳县、宿豫区、宿城区相关负责人签订南水北调东线宿迁市骆南中运河影响处理工程征地拆迁协议。（《宿迁年鉴（2011）》第 84 页）

是月，总概算 3 980 万元、工期 24 个月的骆马湖南中运河南水北调泗阳段建设工程启动。（《泗阳年鉴（2011）》第 57 页）

11 月 1 日，江苏省重大文化产业项目——总投资 180 亿元的江苏运河文化城建设在宿迁启动。（《江苏省会议展览年鉴（2010）》第 22 页）

是月 2 日，东线一期骆南中运河影响处理工程开工。骆马湖以南中运河位于江苏淮安市淮阴区和宿迁市泗阳县、宿城区、宿豫区境内，全长 111.2 千米。（《长江年鉴（2010）》第 491 页）

是月 9 日，国务院六部委联合颁布《南水北调东线一期工程治污工作目标责任考核办法》。《办法》明确东线一期工程治污工作目标责任考核以国务院及江苏省、山东省的有关精神为依据，实现 2013 年底前控制单元治污方案确定的治污项目全部建成并达标排放，控制单元各断面水质及入河排污总量达到规划治理要求，输水干线全

线达到Ⅲ类水质标准为目标。（《长江年鉴（2011）》第 491 页）

是月 11 日，东线江都站更新改造工程通过验收，至此，江都站改造工程各全部完成。（《长江年鉴（2011）》第 491 页）

是月 18 日，“综合治理北运河、推进京津冀合作”发展论坛在天津召开。北京通州，天津北辰、武清，河北廊坊四区市代表签订了《北运河开发建设合作框架协议》。（《环渤海区域经济年鉴（2011）》第 750 页）

是月 22 日，京杭运河湖西航道一期工程开工。工程概算投资 9.48 亿元，计划工期 3 年。（《徐州年鉴（2011）》第 43 页）

是月 25 日，江苏省境内东线一期里下河水源调整工程启动，标志着东线江苏段工程进入全面加快实施阶段。（《长江年鉴（2011）》第 492 页）

是月 30 日，新沂市召开中运河骆马湖堤防加固工程征迁移民工作验收会议。工程在新沂市境内征迁移民范围涉及窑湾、草桥、棋盘、新店 4 个镇，29 个行政村。（《新沂年鉴（2011）》第 64 页）

是月，山东省印发《关于明确南水北调沿线治污工作任务和分工的通知》。（《长江年鉴（2011）》第 492 页）

12 月 23 日，江苏润扬长江公路大桥获 2010 年度国家优质工程金奖，京杭运河常州市区段改线获银奖。（《江苏交通年鉴（2011）》第 30 页）

是月 27 日，连云港港疏港航道全线通航。航道北接连云港港，南连灌河、通榆河、西接苏北运河，规划航道等级三级。航道全长 71.363 千米。最大设计通航船舶等级为 1 000 吨。（《连云港年鉴（2011）》第 61 页）

是月 28 日，山东省完成东线一期山东段控制性项目建设用地——两湖段梁济运河和柳长河、济南以东明渠段、鲁北段小运河工程的永久及临时占地征用、清表和交付。（《长江年鉴（2011）》第 492 页）

是月 29 日，首批江苏省大运河沿线重点文物抢救保护工程——吴江市运河古纤道修缮一期工程启动。（《吴江年鉴（2011）》第 36 页）

是月 30 日，沂沭泗河洪水东调南下续建工程韩庄运河中运河及骆马湖堤防工程省界段工程通过竣工验收。（《治淮汇刊年鉴（2011）》第 348 页）

是月 31 日，杭州市余杭区运河新城核心区块项目正式启动，近 30 个重大项目集中开工。（《杭州年鉴（2011）》第 31 页）

## 2011 年

1 月 18 日晚 18 时，钱塘江因雪封航，杭甬运河萧山段紧急停运。（《杭州年鉴（2012）》第 30 页）

是月 20 日，京杭运河常州市区改线段钟楼防洪控制工程获得中国水利工程协会颁发的 2010 年度中国水利工程优质（大禹）奖。（《江苏年鉴（2012）》第 24 页）

2 月 9 日，淮安市 2011 年度水利重点工程集中开工仪式在里运河防洪楚州控制工程建设现场举行。（《淮安区年鉴（2012）》第 37 页）

是月 16 日，中国运河网公布 2010 年度中国运河申遗城市相关数据指标，在大运河联合申遗的 35 个城市中，扬州市占据综合排名榜榜首，苏州与镇江位列第二、第三位。（《长三角年鉴（2012）》第 939 页）

3 月 18 日，首届淮安放鱼节与首届中国·洪泽湖放鱼节在淮安市区里运河、白马湖和洪泽湖畔同时举行。市政府决定，每年 3 月 18 日定为淮安放鱼节。（《淮安年鉴（2012）》第 16 页）

是月 22 日，《苕溪运河志》首发式在浙江省人民大会堂举行。（《中国地方志年鉴（2012）》第 45 页）

是月 24 日，京杭运河苏州段三级航道整治工程开工。京杭运河苏州段北起望亭五七桥，南至苏浙交界鸭子坝，全长 81.455 千米。工程计划于"十二五"期内全面建成，可通航千吨级船舶。（《江苏年鉴（2012）》第 30 页）

是月 30 日，南水北调东线工程江苏沛县经济开发区污水处理厂经过 5 个月的试运行后正式运行。沛县经济开发区污水处理厂是《国家淮河流域"十一五"水污染防治规划》重点工程，工程总投资 7 870 万元。（《长江年鉴（2012）》第 451 页）

是月，中国大运河申遗和保护省部际会将列入申遗预备名单。（《泗县年鉴（2014）》第 22 页）

3 月～4 月，山东省文物考古研究所、聊城市文物局、阳谷县文物管理所对阳谷县京杭大运河清代七级码头遗址进行了考古发掘。发掘清理面积 900 平方米。发掘出保存良好的清代京杭运河码头一座，连接码头的部分古街及码头南侧运河东岸晚期排水设施一套。（《中国考古学年鉴（2012）》第 282 页）

4 月 1 日，北京市昌平区居民李永清在北运河内发现古代大象化石。（《北京昌平年鉴（2012）》第 43 页）

是月 5 日，250 省道京杭大运河特大桥实现顺利合龙，标志着京杭运河特大桥工程进入完工扫尾阶段。该桥长 1 485 米，宽 26 米，主桥通航净宽 90 米，通航净高 7

米，工程投资1.39亿元。（《邳州年鉴（2012）》第21页）

是月5日～17日，“情系大运河·两岸水墨名家联展”在台北孙逸仙纪念馆举行，展出2010年4月两岸水墨名家沿大运河江苏段写生创作的作品105幅。（《江苏文化年鉴（2012）》第46页）

是月10日～11日，由国家文物局主办，以“运河遗产保护”为主题的第六届中国文化遗产保护无锡论坛举行。论坛表决通过《关于中国大运河保护的无锡备忘录》。（《江苏年鉴（2012）》第33页）

是月12日，在扬州召开的“大运河保护和申遗工作会议”对外公布首批大运河申遗预备名单，江苏共有16段河道、25项遗产点列入立即申遗项目，3段河道、24项遗产点列入后续申遗项目，河段长度和遗产点数量均位居全国第一。（《江苏年鉴（2012）》第33页）

是月23日，2010运河十佳景观评选活动揭晓：枣庄台儿庄古城、新沂窑湾古镇、通州运河文化广场、景县舍利塔、德州董子园、湖州金钉子远古世界景区、洛阳龙门石窟、济宁曲阜孔庙、无锡惠山古镇、苏州沧浪亭等十家景区为2010运河十佳景观。（《山东旅游年鉴（2012～2013）》第6页）

是月29日，苏南运河“四改三”无锡段航道整治工程建成投用。该工程建设投资17.8亿元。（《无锡市城市建设年鉴（2011）》第23页）

是月30日，淮安市生态新城枚皋路跨里运河、京杭运河特大桥合龙。（《淮安年鉴（2012）》第17页）

5月2日，苏南运河无锡市区段绿化景观工程通过国家验收，总面积约103 828平方米。（《无锡市城市建设年鉴（2011）》第23页）

是月10日，江苏、浙江、安徽、上海三省一市在上海签署《苏浙皖沪旅游一体化合作协议》。根据《协议》，苏浙皖沪将共同打造以大运河、长江、东海、太湖、杭州湾等水资源为载体的旅游目的地。（《江苏年鉴（2012）》第39页）

是月11日，国家级水运重点建设项目——京杭运河无锡段39千米三级航道整治工程全面完成。标志着无锡在苏南各市中率先全线完成京杭运河航道的“四改三”升级整治。（《无锡市城市建设年鉴（2011）》第24页）

是月19日，“走进潇洒桐庐，感受人文运河”拱墅—桐庐城乡万人游活动启动。（《桐庐年鉴（2012）》第38页）

是月22日，跨度达132米的国内最大跨度单线铁路连续梁钢管拱桥——宿淮铁路京杭运河特大桥胜利合龙。（《中国铁建年鉴（2012）》第313页）

是月23日，农业部首批认定76个国家农业产业化示范基地，宿迁运河湾现代农业产业园名列其中。（《江苏年鉴（2012）》第57页）

是月 25 日，2011 中国・扬州世界运河名城博览会暨首届全球设计城市峰会开幕。（《江苏年鉴（2012）》第 58 页）

是月 27 日，邳州市举行 250 省道邳州南段工程竣工通车暨新河・张楼运河特大桥工程开工建设庆典仪式。（《邳州年鉴（2012）》第 22 页）

是月 28 日，苏南运河无锡段三级航道整治工程项目通过交工验收。该项目起于无锡与常州两市交界的直湖港，止于无锡与苏州两市交界的丰乐桥，由四级航道升级整治为三级航道，整治里程 39.276 千米。（《无锡市城市建设年鉴（2011）》第 25 页）

6 月 9 日，京杭运河泗阳大桥主桥顺利合龙。（《泗阳年鉴（2012）》第 35 页）

是月 25 日，北京市规模最大的廉政文化主题公园——“运间清风”在通州区大运河畔开园。（《北京通州年鉴（2012）》第 66 页）

是月 29 日，京杭运河泗阳港开港运营。（《泗阳年鉴（2012）》第 36 页）

是日，“中国大运河（江苏段）遗产保护规划”通过省级评审。（《江苏文化年鉴（2012）》第 49 页）

7 月 4 日，新华社报道，南水北调东线山东段考古工作已基本完成田野发掘工作，共发掘 30 多个文物点，发现大量珍贵文物、遗迹等。（《长江年鉴（2012）》第 452 页）

是月 6 日，京杭运河泗阳大桥竣工通车。（《泗阳年鉴（2012）》第 36 页）

是月，泗阳县城森林公园南沿工程、运河风光带一期工程基本竣工。（《泗阳年鉴（2012）》第 37 ～ 38 页）

8 月 1 日，美景中国・中国最美潜力景区排行榜总榜单发布，台儿庄运河古城入围“中国最具潜力十大古城”排行榜。（《枣庄年鉴（2012）》第 19 页）

是月 13 日～ 14 日，海峡两岸首届“运河湿地杯”航空运动赛在台儿庄区马兰屯镇运河湿地十里荷花长廊举行。（《枣庄年鉴（2012）》第 19 页）

是月 25 日，京杭运河张楼特大桥施工全面展开。特大桥位于张楼马集渡口上游，设计全长 2 147.2 米，桥面宽 12 米，最大主跨径 105 米。总投资 1.5 亿元。（《邳州年鉴（2012）》第 25 页）

是日，常州市万安桥入选江苏省大运河文物抢救保护第二批工程。（《常州年鉴（2012）》第 36 页）

9 月 6 日，河南省大运河遗产保护规划评审会在郑州召开，原则通过了《河南省大运河遗产保护规划（2011 ～ 2030）》。截至年底，11 部市、县级大运河遗产保护规划陆续由遗产地政府公布实施。（《河南年鉴（2012）》第 415 页）

是月 9 日，“北京金秋”首都文艺团体下基层演出启动仪式暨北京通州运河艺术节开幕式在运河文化广场举行。（《北京通州年鉴（2012）》第 67 页）

是月24日，2011中国扬州世界运河名城博览会的重要活动——古运河花船巡游首航。（《扬州年鉴（2012）》第50页）

是月25日，2011中国·扬州世界运河名城博览会暨首届全球设计城市峰会开幕式在广陵新城京杭之心隆重举行。（《广陵年鉴（2012）》第183页）

是月26日，运博会永久会址启用仪式在会址东广场隆重举行。（《广陵年鉴（2012）》第183页）

是日，2011中国扬州世界运河名城博览会举行主题论坛。（《扬州年鉴（2012）》第50页）

是月30日，杭州市第六次推出新运河暨京杭大运河杭州段旅游活动月开幕典礼在运河畔举行。（《杭州年鉴（2012）》第38页）

是月30日至10月30日，由北京韩美林艺术馆承办的“北京通州运河艺术节——驻通客籍艺术家书画作品展”，在艺术馆的临时展厅举行。（《北京博物馆年鉴（2009～2012）》第979页）

是月，国家文物局下发《关于印发大运河申报世界文化遗产预备名单（修订稿）的通知》（办保函[2011]638号），所列大运河申报世界文化遗产预备名单中，卫河（永济渠）段主线合河闸（新乡）至淇门（浚县）、道口古镇至浚县古城两段卫河河道为立即列入项目；云溪桥、枋城堰遗址两处遗产点为后续列入项目。（《浚县年鉴（2011）》第327～328页）

是月，《濮阳市大运河遗产保护规划》编制完成。（《河南文化文物年鉴（2012）》第329页）

10月1日，具有运河“外滩”之称的台儿庄古城顺河街开街仪式举行。（《枣庄年鉴（2012）》第20页）

是日，北京通州运河艺术节“汇新城——运河沿线省市民间花会展情”活动在运河文化广场举行。（《北京通州年鉴（2012）》第67页）

是月15日，无锡市古运河风貌带综合整治二期工程的初步设计方案通过审查。该工程全长约11千米。（《无锡市城市建设年鉴（2011）》第38页）

是月19日，无锡市南长区建区60周年暨清名桥历史文化街区核心区举行落成典礼。核心区位于老城南门外古运河与伯渎港交汇处，以古运河为中轴、清名桥为中心，北起跨塘桥，占地18.78公顷。（《无锡市城市建设年鉴（2011）》第38页）

是月19日，沧州市运河区拆除违法建筑暨支持运河景观带建设誓师动员大会召开。（《沧州年鉴（2012）》第51页）

是月22日，横跨京杭运河和高邮湖漫水公路的新民滩特大桥合龙，高邮湖两岸几十万居民将彻底告别汛期难以通行的历史。新民滩特大桥全长 8 440 千米，为横跨京杭运河最长大桥。（《江苏年鉴（2012）》第 62 页）

是月 25 日，邳州市与徐州港务集团合作建设邳州港口物流区框架合作协议签约仪式在徐州举行。新港口选址初定在京杭运河西岸，323 省道索家运河大桥上游 300 米至 3 300 米处，总投资约为 14.5 亿元。（《邳州年鉴（2012）》第 26 页）

是月 27 日，鹤壁市浚县与河南省文物建筑保护设计研究中心签订了《浚县大运河遗产保护方案设计（一期）》合同。（《浚县年鉴（2012）》第 327 ～ 328 页）

是月 29 日，台儿庄运河古城景区被评为山东十佳休闲胜地。（《枣庄年鉴（2012）》第 20 页）

是月，总投资 2.036 亿元的京杭运河泗阳闸桥及接线改造工程启动，12 月 22 日正式开工，计划 2013 年 7 月 1 日前竣工通车。（《泗阳年鉴（2012）》第 40 页）

11 月 5 日，“龙林·石材杯”2011 年中国龙舟公开赛年度总决赛（杭州站）在运河拱宸桥段举行。（《杭州年鉴（2012）》第 39 页）

是月 8 日，始建于 1976 年 12 月的宿迁运河一号桥，2009 年 5 月拆除，2009 年 12 月在原址重建，今建成通车并更名为京杭运河宿迁大桥。全长 660.6 米，宽 26.5 米，双向四车道，总投资 1.4 亿元。（《宿豫年鉴（2012）》第 8 页）

是月 11 日，苏南运河无锡段三级航道整治工程正式通航。该工程于 2007 年开工建设，总投资超过 18 亿元。整治完成后，该航段不仅通航能力由以前的 500 吨级提高到 1 000 吨级，而且借助物联网技术，打造成为全国唯一的“感知航道”。（《江苏年鉴（2012）》第 67 页）

是月 12 日，宝应县委、县政府在氾水镇举行氾水运河大桥开工仪式。（《宝应年鉴（2012）》第 28 页）

是月 16 日，沧州市运河工业园正式启动，总计投资 2.5 亿元的 4 个项目同时开工建设。（《沧州年鉴（2012）》第 53 页）

是月 28 日，京杭运河常州市区段改线工程和常州快速公交系统入选中国土木工程学会举办的“百年百项杰出土木工程”。（《常州年鉴（2012）》第 38 页）

12 月 6 日，鹤壁市通过并公布实施《鹤壁大运河遗产保护规划》（2011 ～ 2030 年）。同时，《大运河鹤壁段环境整治方案》编制工作启动。（《浚县年鉴（2011）》第 327 ～ 328 页）

是月 9 日，淮河入江水道（全长 157.2 千米）整治工程在江苏省扬州高邮市开工。入江水道是淮河主要泄洪通道之一，与入海水道、分淮入沂、苏北灌溉总渠、废黄河等工程联合运用，保护着洪泽湖周边地区的防洪安全，同时也承泄京杭运河西部区域

涝水。（《长江年鉴（2012）》第 444 页）

是月 14 日，由常州市政府和东南大学建筑设计研究院共同编制的《大运河常州段遗产保护规划》正式出炉。（《长三角年鉴（2012）》第 998 页）

是月 16 日，国家文物局正式批准《大运河（江苏段）遗产保护规划》。（《江苏年鉴（2012）》第 75 页）

是日，德州市南运河污水处理厂项目开工。（《德州年鉴（2012）》第 40 页）

是日，京杭运河施桥三线船闸正式通航。（《江苏交通年鉴（2012）》第 34 页）

是月 21 日，270 省道邳州东南绕城公路张楼京杭运河特大桥通航安全评估审查会在南京召开，通过安全评估报告。（《邳州年鉴（2012）》第 28 页）

是月 28 日，扩容后的京杭运河邵伯船闸建成通航。至此，京杭运河苏北繁忙段全部完成从复线到三线的历史跨越。（《江苏年鉴（2012）》第 78 页）

是月 29 日～30 日，沂沭泗河洪水东调南下续建工程韩庄运河、中运河及骆马湖堤防工程（江苏实施段）通过竣工验收。（《治淮汇刊年鉴（2012）》第 387 页）

是年，京杭运河泰安段复航工程建设八里湾二级船闸征地拆迁基本完成。《泰安港总体规划》编制完成。（《泰安年鉴（2012）》第 249 ～ 250 页）

是年，安徽省考古研究所对泗县运河故道进行考古勘探和发掘，出土一批唐宋时期的木船板、古瓷器、玉器、铜镜、钱币等文物，获取原河口、河堤位置、河坡度等数据。《隋唐大运河泗县段考古勘探报告》确认泗县小汴河即大运河通济渠故道，是隋唐大运河唯一的活态遗址。（《泗县年鉴（2014）》第 22 页）

是年，扬州市率先建设大运河扬州段遗产监测预警平台，运用数字技术、视频实时监控等手段，监测影响运河遗产价值的各项指标。（《扬州年鉴（2015）》第 14 页）

## 2012 年

1 月 1 日，世界运河博览会永久性会址——“京杭会议中心”荣获“扬州市新世纪十大精致建筑”称号。（《广陵年鉴（2013）》第 24 页）

2 月 7 日，为配合大运河申遗工作，洛阳市文物考古研究院正式启动了对隋唐洛阳城回洛仓遗址的发掘工作。（《河南文化文物年鉴（2013）》第 277 页）

是月 8 日，河北省大运河保护和申遗工作会议在沧州市召开，安排部署大运河首批遗产点修缮保护工作。会上签订了《中国大运河河北段申报世界遗产点修缮保护工程责任书》。（《沧州年鉴（2013）》第 12 页）

是月～ 12 月，为配合大运河申遗工作，对柳孜运河遗址进行主动性发掘，第一期共

发掘面积 2 000 平方米。出土可复原的遗物数量达 3 000 多件。（《文物考古年报（2012）》第 45 页）

3 月 13 日，扬州市广陵区运河执法中队揭牌仪式在沙头举行。（《广陵年鉴（2013）》第 26 ~ 27 页）

是月，扬州市代表大运河保护与申遗城市联盟发出倡议，共同制定、签署、遵守大运河遗产保护联合协定。（《扬州年鉴（2015）》第 14 页）

4 月 10 日，洛阳博物馆举办“运河中枢——隋唐大运河与洛阳”主题展览。（《河南文化文物年鉴（2013）》第 278 页）

是月 13 日，2011 年度全国十大考古新发现评选结果在北京揭晓，山东京杭大运河七级码头、土桥闸与南旺分水枢纽遗址入选“十大新发现”。（《聊城年鉴（2013）》第 31 ~ 32 页）

是月 16 日，国务院南水北调办公室与中国作家协会联合举办的“南水北调东线行”中国作家采访采风活动在北京启动。此次作家采访采风活动历时 8 天。（《长江年鉴（2013）》第 418 页）

是月 24 日，全国政协调研组在杭州召开大运河保护与申遗暨西湖世界遗产保护交流座谈会。（《杭州年鉴（2013）》第 24 页）

是月 28 日，京杭大运河文化节在吴江开幕。（《江苏省会议展览年鉴（2012）》第 9 页）

是月，在北运河张湾段清淤改造的工地上出土了破损严重的明代古沉船。在双街镇上蒲口地段运河清淤施工过程中连续发现 3 条明代古沉船。（《天津市北辰年鉴（2013）》第 9 页）

5 月 3 日，“铁龙三号”盾构机尾部顺利抵达运河北岸，无锡地铁 1 号线扬名站至华清大桥站隧道区间右线工程成功穿越京杭运河。（《无锡市城市建设年鉴（2012）》第 22 页）

是月 9 日，“运河之水汇扬城”仪式在扬州举办。（《江苏省会议展览年鉴（2012）》第 9 页）

是月 20 日，位于无锡市洛社镇，跨京杭运河的石塘湾桥正式开始拆除重建。该桥将与老东方红桥采取“拆二还一”的方式，两桥拆除后兴建一座新东方红大桥。（《无锡市城市建设年鉴（2012）》第 24 页）

是月 26 日，运河湾生态园旅游节在宿迁启动。（《江苏省会议展览年鉴（2012）》第 10 页）

是日，2012 北京通州“金福艺农杯”首届运河绿道骑游节开幕，5 000 名市民、

车手参加本次活动。（《北京通州年鉴（2013）》第 80 页）

是月 28 日，绍兴港现代物流园正式开园。园区地处越城区东湖镇，位于杭甬运河窑湾江航段的天然深水河段，连通绍兴乃至长江三角洲地区发达的内河水系，是目前省内最大的内河港口。（《绍兴年鉴（2013）》第 15 页）

是月 29 日，南水北调东线第六梯级泵站皂河站工程通过机组试运行验收，标志着南水北调东线一期江苏段输水干线——运河线工程建成通水。（《长江年鉴（2013）》第 418 页）

是月，《运河名城·枣庄》出版发行。（《枣庄年鉴 2013》第 12 页）

是月，泗县县委、县政府成立大运河保护和申遗工作指挥部。（《泗县年鉴（2014）》第 23 页）

6 月 6 日，聊城大学运河学研究院正式成立。（《聊城大学运河学研究院大事记》）

是月 7 日，通州区举行通州新城运河核心区建设进展新闻发布会。（《北京市通州年鉴（2013）》第 80 页）

是月 9 日，大运河扬州广陵段申遗环境综合整治开工仪式在东关古渡举行。（《广陵年鉴（2013）》第 31 页）

是月 11 日，中国大运河东光连镇谢家坝被列入国家申遗名单。（《东光年鉴（2011 ～ 2012）》第 36 页）

是月 21 日～ 24 日，国家大剧院制作的首部以民族唱法为载体的原创民族歌剧《运河谣》在北京上演。（《中国艺术年鉴（2012）》第 665 页）

是月 22 日，2012 中国江北水城运河古都（聊城）首届“水文化”节开幕启动仪式在聊城水城广场举行。（《山东旅游年鉴（2012 ～ 2013）》第 22 页）

是月 23 日，2012 中国江北水城运河古都（聊城）“水文化”节美食大赛在水城广场举行。（《聊城年鉴（2013）》第 35 页）

是月，洛阳市委、市政府、市文物局确定在山陕会馆文物保管所成立洛阳隋唐大运河博物馆。（《河南文化文物年鉴（2013）》第 278 页）

是月，泗县正式启动城东 5.8 公里运河故道的保护、展示和整治工作，设立“省级文物保护单位”标识。（《泗县年鉴（2014）》第 23 页）

是月，中共泗县县委、泗县人民政府与中国文物保护基金会共同举办“大运河保护与申遗暨古泗州文化论坛”，大运河申遗专家指导组成立。（《泗县年鉴（2014）》第 23 页）

7 月 5 日，聊城第六届荷花文化艺术节开幕式在聊城植物园举行。（《聊城年鉴（2013）》第 36 页）

是日，苏州市“两河一江”环境综合整治工程启动仪式在苏州大运河畔举行。该工程组成部分京杭运河苏州市区段“四改三”工程同时启动。（《江苏交通年鉴（2013）》第 24 页）

是月 10 日，泗阳县举行运河风光带重要景观——泗水阁落成典礼仪式。（《泗阳年鉴（2013）》第 29 页）

是月 15 日，8 时起，邳州运河大桥收费站停止收费，并撤除路面收费设施。（《江苏交通年鉴（2013）》第 25 页）

是月 20 日，《人民日报》刊发《南水北调东线 9 年治污，沿线河流水质达标率从 3% 升至 89%》文章，报道东线江苏、山东段 9 年攻坚，加快水污染治理速度，实施清水走廊建设。（《长江年鉴（2013）》第 419 页）

是月 21 日～22 日，2012 中国聊城首届“水文化”节全国公开水域游泳大奖赛在东昌湖 4 号水域和运河段举行。（《聊城年鉴（2013）》第 37 页）

7 月 23 日，苏南运河无锡市区段绿化景观工程通过竣工验收。该工程位于京杭大运河运河东路一侧，北起蓉湖大桥，南到华清大桥，全长约 10 千米。（《无锡市城市建设年鉴（2012）》第 30 页）

是月 26 日，京杭大运河台儿庄船闸复线工程通过验收。这是京杭运河山东段扩容工程启动以来首座建成启用的复线船闸。（《山东年鉴（2013）》第 24 页）

是月 31 日至 8 月 2 日，沂沭泗河洪水东调南下续建工程韩庄运河、中运河及骆马湖堤防工程（山东实施段）通过竣工验收。（《治淮汇刊年鉴（2013）》第 394 页）

7 月，全长 667 米、宽 26 米的京杭运河泗阳大桥通过交工验收。（《泗阳年鉴（2013）》第 29 页）

是月，《邵伯明清运河故道保护与展示方案》得到国家文物局批准，江都入围大运河申遗预备名录的遗产点保护项目，并获国家立项。（《江都年鉴（2013）》第 27～28 页）

8 月 10 日，2012 好客山东休闲汇暨聊城“水文化”主题休闲周在聊城中国运河文化博物馆广场启动。（《聊城年鉴（2013）》第 39 页）

是月 14 日，《中国南水北调工程》编纂工作启动。（《长江年鉴（2013）》第 420 页）

是月，泗县县政府设立“大运河泗县段申遗保护办公室”。（《泗县年鉴（2014）》第 23 页）

9 月 10 日，吴江运河大桥暨东太湖大道东延伸段正式通车。（《吴江年鉴（2013）》第 35 页）

是月 12 日，首届运河国际诗歌节在杭州举行。（《杭州年鉴（2013）》第 27 页）

是月 22 日，由江都红枫艺术团创作演出的大型舞蹈《运河长》，在江苏省第三届“莲花奖”舞蹈大赛上夺得演出金奖和创作金奖两个大奖。（《江都年鉴（2013）》

第 29 页）

是月 23 日，运河城市在扬州共商廉政建设。（《江苏省会议展览年鉴（2012）》第 15 页）

是日，中国扬州世界运河名城博览会简称运博会暨世界运河大会开幕。开幕式上，签署《大运河保护与申遗城市联盟关于保护大运河遗产的联合协定》。（《扬州年鉴（2013）》第 49 页）

是日，2012 中国扬州“运河之夜”音乐会在扬州市音乐厅举行。（《扬州年鉴（2013）》第 50 页）

是月 27 日，2012 年大运河文化节在杭州拱墅区北新关遗址广场开幕。（《杭州年鉴（2013）》第 28 页）

是月 28 日，杭州市余杭区举行 2012 年新运河展示月开幕暨塘栖水南等历史街区开街仪式。（《浙江纪事（2013）》第 649 页）

10 月 2 日，2012 高邮首届大运河半程马拉松赛在大运河高邮城区段河堤举行。（《高邮年鉴（2013）》第 22 页）

是月 16 日，枣庄市地税局“中国运河税史馆”揭牌开放。（《山东地税年鉴（2013）》第 485 页）

是月 17 日，山东省反腐倡廉教育基地暨枣庄古代清官廉吏展馆在台儿庄运河古城揭牌。（《枣庄年鉴（2013）》第 15 页）

是月 18 日，南运河沧州市区示范段整治工程竣工。工程南起解放桥，北至新华桥，全长 810 米。（《沧州年鉴（2013）》第 25 页）

是月 20 日，“江苏省沿运河历史文化保护志愿服务大行动”在扬州启动。同日，徐州、宿迁、淮安、镇江、常州、无锡、苏州等 7 个城市也举行启动仪式。（《江苏宣传年鉴（2013）》第 386 页）

是月 26 日，北运河榆林庄闸改建工程正式开工。（《北京通州年鉴（2013）》第 84 页）

是月，扬州市率先实施《扬州市大运河遗产保护办法》。（《扬州年鉴（2015）》第 14 页）

11 月 14 日，大运河（江苏段）保护和申遗考察汇报会在扬州举行。（《江苏省会议展览年鉴（2012）》第 18 页）

是月 22 日，全长 8.44 千米、总投资 7.5 亿元的京杭运河新民滩特大桥正式通车。全省唯一汛期封闭的国省干线自此实现全年畅行。（《扬州年鉴（2013）》第 51 页）

是月 23 日，新沂河整治工程，燕山水库工程，韩庄运河、中运河及骆马湖堤防工程省界段工程和沙颍河近期治理工程耿楼枢纽 4 项治淮工程荣获 2011 ～ 2012 年度中国水利工

程优质（大禹）奖。（《治淮汇刊年鉴（2013）》第 398 页）

是月 27 日，南水北调东线济宁市中水截蓄导用工程通过山东省南水北调局会同济宁市政府在济宁市主持的竣工验收，标志着山东省 21 项中水截蓄导用工程全部通过竣工验收，正式投入运行。（《治淮汇刊年鉴（2013）》第 398 页）

是月 28 日，杭州运河（国家）广告产业园、杭州西湖（国家）广告产业园正式开园。（《杭州年鉴（2013）》第 31 页）

是月 29 日，苏南运河无锡段“感知航道”信息化工程建设方案及软件开发项目顺利通过交工验收。（《无锡市城市建设年鉴（2012）》第 39 页）

是月，京杭运河湖西航道整治一期工程的核心项目——蔺家坝复线船闸主体建设基本完工。（《徐州年鉴（2013）》第 59 页）

是月，在第十届江苏省“五星工程奖”评比中，江都区选送的舞蹈《运河长》获金奖。（《江都年鉴（2013）》第 31 页）

12 月 14 日，“新运河·新经济·新价值”——运河经济带发展高峰论坛暨招商洽谈会在杭州召开。（《杭州年鉴（2013）》第 31 页）

是月 20 日，江苏省宿豫区运河湾自然农园通过省旅游局考核验收，被评定为“江苏省四星级乡村旅游区（点）”单位。（《宿豫年鉴（2013）》第 41 页）

是月 23 日，南禅寺景区荣膺 4 A级旅游景区。南禅寺景区依托古运河和千年名刹南禅古寺而建，占地 19.5 公顷。（《无锡市城市建设年鉴（2012）》第 41 页）

是日，清名桥古运河文化创意产业集聚区荣获“龙腾奖——2012 中国创意产业最佳园区”奖。（《无锡市城市建设年鉴（2012）》第 41 页）

## 2013 年

1 月 14 日至 15 日，山东省德州市漳卫南运河吴桥闸管理所水利工程通过考核验收。（《海河年鉴（2014）》第 157 页）

是月 16 日，无锡市城发集团与中南集团就城南商贸中心项目正式签署合作框架协议。该项目处于运河风光带收尾段，是运河风光带建设的重要节点。（《无锡市城市建设年鉴（2013）》第 8 页）

是月 22 日，宁启铁路京杭运河特大桥顺利合龙。（《江苏交通年鉴（2014）》第 18 页）

是月 31 日，山东省牵头编制的《京杭大运河旅游总体规划》在北京通过了由国家旅游局组织的专家评审。国家旅游局印发规划并组织实施。（《山东旅游年鉴

（2014～2015）》第 4 页）

3 月 7 日，郑州市委办公厅、市政府办公厅印发《中国大运河申遗郑州段迎检工作总体方案》。（《河南文化文物年鉴（2014）》第 174 页）

是月 9 日，泗阳县举行运河风光带二期工程开工仪式。（《泗阳年鉴（2014）》第 27 页）

是月 12 日，隋唐大运河考古河南段永济渠黎阳仓遗址和通济渠郑州段以及荥阳官庄西周城址分别入选“2012 年度河南省五大考古新发现”。（《河南文化文物年鉴（2014）》第 174 页）

是月 13 日～15 日，民政部地名研究所在聊城主持召开“运河地名学术讨论会”。（《聊城大学运河学研究院大事记》）

是月 15 日，《江苏省内河航道网及京杭运河水系智能航运信息服务物联网应用示范工程初步设计》通过省发改委组织的审查。（《江苏交通年鉴（2014）》第 21 页）

3 月 20 日，聊城大学运河学研究院王云、李泉教授所著《中国运河文献书目提要》一书出版。（《聊城大学运河学研究院大事记》）

是月 28 日，大运河滑县段被确定为国家级重点文物保护单位。（《河南文化文物年鉴（2014）》第 474 页）

是月，嘉兴大运河（海宁段）遗产点（段）虹桥闸改造项目启动。该项目总投资约 2197 万元。（《海宁年鉴（2013）》第 503 页）

是月，国家旅游局组织制定的《京杭大运河旅游线路总体规划》通过专家评审，该规划概括了京杭大运河 16 个节点的 30 余座城市，涉及北京、天津、河北、山东、江苏、浙江 6 省市。（《环渤海区域经济年鉴（2014）》第 563 页）

3 月～7 月，安徽省考古所对濉溪柳孜运河进行考古发掘，面积 2 000 平方米。（《文物考古年报（2013）》第 48 页）

4 月 13 日，扬州市第六届“运河情”中小学生体育艺术节暨首届广陵国际“童玩节”开幕。（《扬州年鉴（2014）》第 38 页）

是月 18 日，江苏省苏北运河船舶污染防治工作正式启动。（《江苏交通年鉴（2014）》第 22 页）

是月 21 日，交通运输部海事局和国务院南水北调办公室环保司在徐州召开京杭运河段 LNG 燃料动力船舶试点应用推进工作座谈会。（《江苏交通年鉴（2014）》第 22 页）

是月 24 日，通州大运河森林旅游区（即大运河森林公园）获得国家 AAAA 级景区荣誉。（《北京通州年鉴（2014）》第 64 页）

是月，大运河（海宁段）遗产点（段）虹桥闸改造项目启动。（《海宁年鉴（2014）》第 33 页）

5月3日，国务院公布第七批全国重点文物保护单位名单，扬州市8处文物古迹名列其中，大运河与第六批全国重点文物保护单位京杭大运河合并成为全国重点文物保护单位。（《扬州年鉴（2014）》第39页）

是月5日，由中央文明办主办，江苏省文明办、江苏省文化厅等协办的2013年保护京杭大运河志愿服务行动启动仪式在扬州东门遗址广场举行。（《江苏宣传年鉴（2014）》第383页）

是月10日，2013第二届中国“江北水城　运河古都（聊城）水文化”节开幕式在水城广场举行。（《山东旅游年鉴（2014～2015）》第7页）

是月12日，大运河滑县段遗产区界桩设立。（《河南文化文物年鉴（2014）》第474页）

是月16日，“大运河滑县段申遗工作培训会”召开，道口镇西街村等10个村的“大运河申遗知识培训室”“爱护运河村规民约”挂牌。（《河南文化文物年鉴（2014）》第474页）

是月18日，洛阳博物馆开展国际博物馆日宣传活动，结合丝绸之路、大运河申遗，举行“洛阳·丝绸之路大运河保护与申报世界文化遗产万人签名活动”。（《洛阳年鉴（2014）》第60页）

是月21日，山东嘉祥港铁路专用线正式开通运营，江北最大的铁水联运内河港正式进入了规模化运输时代。（《环渤海区域经济年鉴（2014）》第565～566页）

是日，中国运河招幌博物馆开馆仪式在台儿庄古城举行。该馆展览面积500平方米，展陈了20世纪40年代末以前各式招幌500余件，招徕市声60余种，馆藏专业文献史料54册，馆藏实物达90%。（《枣庄年鉴（2014）》第13页）

是月22日，无锡市京杭运河景观带一期工程基本完成。该工程从蓉湖大桥至梁溪大桥段，双向全长近5千米，共计完成绿化改造3万多平方米。（《无锡市城市建设年鉴（2013）》第16页）

是月30日，南水北调东线一期工程江苏段开始试通水，标志着南水北调东线一期工程向2013年三季度通水的目标又迈进了一步。（《江苏水利年鉴（2014）》第282页）

是日，南水北调东线一期徐州境内工程成功试通水。一期徐州市境内工程涉及洪泽湖至骆马湖段、骆马湖至南四湖段，利用中运河至不牢河和徐洪河双线输水，干线全长192.5千米，总投资33.8亿元。（《徐州年鉴（2014）》第320页）

6月4日，江苏省2013年“中国文化遗产日”暨第六届江苏省文物节在淮安开幕。（《江苏宣传年鉴（2014）》第385页）

是月 8 日，由中国文保基金会和泗县人民政府主办，以“研古瓷 · 忆运河 · 开新篇”为主题的当代陶瓷艺术家运河瓷研讨会在江西景德镇隆重召开。（《泗县年鉴（2014）》第 24 页）

是月 8 日，扬州市大运河保护志愿者总队成立。（《扬州年鉴（2014）》第 40 页）

是月 9 日，嘉兴海宁举行“运河传文脉，钱潮承古韵”杭州下城 · 嘉兴海宁文化走亲非遗成果展示。（《海宁年鉴（2013）》第 505 页）

是月 15 日，大运河遗产档案与监测中心在浚县文物旅游局挂牌。（《浚县年鉴（2013）》第 50 页）

7 月 2 日，大运河滑县段运河文化展馆布展完成，正式对外开放。（《河南文化文物年鉴（2014）》第 474 页）

是月 4 日，京杭运河泗阳闸桥及接线改造工程正式通车。（《泗阳年鉴（2014）》第 32 页）

是月 5 日，安徽省考古所与淮北市博物馆共同举办的“运河重现——柳孜运河遗址考古发掘成果展”在淮北市举行。（《文物考古年报（2013）》第 50 页）

是月 6 日，2013“江北水城 · 运河古都”首届放鱼节启动仪式在水城广场举行。（《聊城年鉴（2014）》第 31 页）

是月 16 日，通州区举办 2013 通州学习节启动式暨“运河情、新城韵、中国梦”经典诗文朗诵会。（《北京通州年鉴（2014）》第 66 页）

是月 20 日，《大河报》组织的“行走大运河”大型文化考察活动启动仪式在洛阳隋唐大运河博物馆举行。（《洛阳年鉴（2014）》第 63 页）

是月，安徽段（淮北、宿州）大运河入选国家《“十二五”大遗址保护规划》名录。（《濉溪年鉴（2013 ～ 2014）》第 9 页）

8 月 9 日，大运河森林公园荣获“北京园林绿化科普教育基地”称号，成为通州区首家获此称号的单位。（《北京通州年鉴（2014）》第 66 页）

是月 11 日，第十届中国（滕州）微山湖湿地红荷节开幕式在微山湖古镇举行。（《枣庄年鉴（2014）》第 15 页）

是月 18 日，全国首届生态四项公开赛——2013“运河文化城杯”中国（宿迁 · 骆马湖）生态四项公开赛开幕式举行。（《宿迁年鉴（2014）》第 49 页）

9 月 10 日，“行走隋唐大运河”大型文化考察活动在淮北市隋唐大运河博物馆正式启动。（《淮北年鉴（2014）》第 20 页）

是月 18 日，联合国教科文组织世界遗产委员会专家组对大运河滑县段进行评估验收。（《安阳年鉴（2012 ～ 2013）》第 52 页）

是月19日，首届北京惠民文化消费季暨2013北京通州运河艺术节开幕。此次活动以“传承运河情，构筑通州梦”为主题，吸引观众8万余人。艺术节于10月3日闭幕。（《北京通州年鉴（2014）》第66页）

是日，联合国教科文组织世界遗产委员会专家组对大运河通济渠郑州段进行现场考察评估。（《河南文化文物年鉴（2014）》第175页）

是月20日，“运河之滨——书画摄影写生展”开幕。（《北京通州年鉴（2014）》第66页）

是月26日，由江苏省扬州市、中国太平洋经济合作全国委员会（PECC）、世界运河历史文化城市合作组织联合举办的，以“水生态、水文明与名城”为主题的2013中国·扬州世界运河名城博览会在京杭大运河畔世界运河名城博览会永久会址“京杭之心”开幕。（《长江年鉴（2014）》第464页）

是月27日，无锡市古运河风光带重大建设项目集中启动仪式在淘沙巷项目建设工地举行。（《无锡市城市建设年鉴（2013）》第23页）

是日，农工党中央书画院枣庄交流基地、农工党枣庄市大运河书画院揭牌仪式暨“美丽中国·祖国颂”书画展在台儿庄古城举行。（《枣庄年鉴（2014）》第16页）

是日，杭州市“大运河文化节”在运河文化广场开幕。文化节持续一个半月。（《杭州年鉴（2014）》第30页）

是月，台儿庄运河莲藕栽培国家级农业标准示范区通过验收。（《枣庄年鉴（2014）》第16页）

10月2日，由高邮市政府主办，市体育局、市跑步协会承办的2013高邮大运河越野半程马拉松赛在城区运河东堤举办。（《高邮年鉴（2014）》第23页）

是月22日，无锡市南长天朗运河古城项目签约暨启动仪式在清名桥古运河景区举行。该项目分为休闲、文创、旅游三大板块，总投资超过百亿元。（《无锡市城市建设年鉴（2013）》第24页）

是月28日，淮北“隋唐运河古镇”文化旅游项目规划设计方案汇报会暨签约仪式举行。（《淮北年鉴（2014）》第22页）

是月31日，由江苏省演艺集团、市文联主办，市音乐舞蹈家协会和区文联承办的“大运河组歌创作行”正式启动。（《江都年鉴（2014）》第32页）

11月6日，2013年中国龙舟公开赛总决赛（京杭大运河杭州站）开幕，9日闭幕。（《杭州年鉴（2014）》第31页）

是月10日，枣庄市南水北调东线第一期工程韩庄运河段韩庄泵站枢纽工程及水资源控制工程水土保持设施通过竣工验收。（《治淮汇刊年鉴（2014）》第364页）

是月11日，宿迁市运河中心港产业园揭牌仪式举行。（《宿迁年鉴（2014）》第53页）

是月15日，南水北调东线一期主体工程已经完成，并正式通水。中共中央总书记、国家主席、中央军委主席习近平对此作出重要指示。（《江苏水利年鉴（2014）》第286页）

是月30日，由中国水利学会、中国文物学会主办，中国水利学会水利史研究会等承办的中国大运河水利遗产保护与利用战略论坛在绍兴开幕。（《绍兴年鉴（2014）》第27页）

12月7日，京杭运河成子湖公路大桥主体工程竣工。（《泗阳年鉴（2014）》第36页）

是月25日，270省道邳州东南绕城公路上跨陇海铁路立交桥暨京杭运河滩上特大桥工程正式破土动工。总投资约1.5亿元，设计总长1 872.2米。（《邳州年鉴（2014）》第36页）

是月30日，国家水运主通道京杭运河湖西航道整治一期工程通过交工验收，建成通航。（《江苏交通年鉴（2014）》第32页）

是月31日，杭甬运河全线开通。运河起自杭州三堡，经萧山、柯桥、上虞、余姚等地，终于宁波甬江口，西与京杭大运河相连，东达宁波港，全长239千米。运河西线可通航500吨级船舶，东线可通航300吨级船舶。（《绍兴年鉴（2014）》第27页）

是年，扬州市完成大运河遗产监测预警通用平台研发，并将其复制到大运河沿线31个遗产区，实现大运河遗产全线监测预警。（《扬州年鉴（2015）》第14页）

## 2014年

1月1日，杭州市“新年运河健走”活动在运河文化广场启动。（《杭州年鉴（2015）》第24页）

是月6日，武城县运河古镇文化风景区（暨中华孝文化传播基地）一期竣工。（《武城年鉴（2015）》第19页）

是月8日～9日，江苏省文物局组织专家组对列入国家文物局大运河本体保护和环境整治工程项目的高邮明清运河故道保护整治与展示工程、邵伯明清运河故道及其周边大运河遗产保护与展示工程、扬州盐业历史遗迹保护展示工程、宝应刘堡减水闸保护与展示工程，以及列入江苏省大运河沿线重点文物保护抢救工程项目的宝应县射阳湖古邗沟保护整治工程、广陵区茱萸湾古闸保护工程进行验收。（《扬州年鉴（2015）》第14页）

是月11日，在“2013最美浙江人·文化新浙商”颁奖晚会上，拱墅区运河天地文化创意产业园成为5个省文化产业示范园区之一。（《杭州年鉴（2015）》第24页）

是月13日，由扬州市文史专家策划、编辑，广陵书社出版的《诗画大运河》首发。（《扬州年鉴（2015）》第14页）

2月18日，为期一个月的大运河滑县段灯展在道口古镇拉开帷幕，参观人次达15万余人次。（《河南文化文物年鉴（2015）》第532页）

是月，国家文物局正式公布山东省大运河南旺枢纽为第二批国家考古遗址公园。（《山东旅游年鉴（2014～2015）》第15页）

是月，淮北柳孜隋唐运河遗址入围国家文物局公布的2013年度全国十大考古新发现候选名单。3月30日，入选安徽省市长协会公布的“2013年安徽城市发展十件大事”。淮北柳孜运河遗址第二次发掘工作由省文物考古研究所承担，发掘面积2 000平方米。重要遗迹有运河河道、两岸的河堤、两岸的石筑桥墩、河道中间的石板路、道路、建筑遗址和沉船等。（《淮北年鉴（2015）》第9页）

3月3日，北京市通州区举行2014年学雷锋“三关爱”志愿服务暨“保护京杭大运河”植绿护绿活动启动。（《北京通州年鉴（2015）》第62页）

是月18日，淮安市与盛鹏达（中国）投资控股集团签署中国淮安——世界运河文化旅游区项目。（《淮安年鉴（2015）》第33页）

是月19日，淮北隋唐运河文化旅游项目建设奠基启动仪式举行。11月8日，淮北隋唐运河古镇五凤三阁景区项目开工启动，项目总投资超过20亿元。（《淮北年鉴（2015）》第10页）

是日，“扬州—高邮豪华休闲水陆游”（扬州市大运河水上游览线路）在高邮市启航。（《高邮年鉴（2015）》第20页）

是月20日，国际市民休闲运动联盟中国总部（CVA）70多名“驴友”到高邮市，开展主题为“徒步高邮古驿道，为运河申遗加油”活动。（《高邮年鉴（2015）》第20页）

4月2日，洛阳隋唐大运河博物馆经过一年多的筹建正式向社会免费开放。（《河南文化文物年鉴（2015）》第244页）

是月12日，由中国商业史学会和聊城大学运河学研究院联合主办的“京杭运河商贸价值”学术研讨会在运河古都聊城举行。（《聊城大学运河学研究院大事记》）

是月28日，运河名城1号游船开启首航之旅，标志着中国首条大运河水上游览线正式开通。（《江都年鉴（2015）》第19页）

是月30日，2014中国首届汉服文化节开幕式在隋唐大运河博物馆举办。（《河南文化文物年鉴（2015）》第245页）

是月，隋唐运河遗址被列为清河县文物保护单位。（《清河年鉴（2014）》第13页）

是月，京杭运河泗阳大桥获评“省交通建设优质工程”。（《泗阳年鉴（2015）》第11页）

4月～9月，安徽省考古研究所对灵璧小田庄大运河遗址进行了考古发掘，发掘面积约700平方米，共出土各类文物小件300余件及大量陶瓷标本。（《文物考古年报》第70页）

5月15日，2014中国杭州塘栖枇杷节开幕。本届枇杷节主题是“京杭运河文旅休闲之城”。活动时间一个月，持续至6月15日。（《余杭年鉴（2015）》第37页）

是月17日，北京市通州区2014年全民健身运河绿道骑游周活动在大运河森林公园启动。（《北京通州年鉴（2015）》第64页）

是月18日，“中国淮安——世界运河文化旅游区”项目正式开工。（《淮安年鉴（2015）》第34页）

是月20日，“当代马可·波罗——杭州博士”聘任仪式暨重游大运河启动仪式举行。（《杭州年鉴（2015）》第25页）

是月28日，无锡市一期民俗特色街启动试运营，共有近百家老字号入驻，其中三分之一已开张亮相。（《无锡市城市建设年鉴（2014）》第17页）

是月30日，首届中国（杭州）运河生活艺术节在杭州工艺美术博物馆开幕，6月8日闭幕。（《杭州年鉴（2015）》第26页）

是月，山东大学文化遗产研究院、聊城市文物局自2013年7月以来发掘聊城周家店船闸，发现周家店闸分布在南北长约100米，东西宽约80米的范围内。（《中国考古学年鉴（2015）》第660页）

6月10日，浚县古城墙修复工程全面竣工。本次维修依据河南省文物建筑保护设计研究中心设计制作的《卫河（永济渠）主线滑县——浚县段城墙保护维修方案》进行，投资567万元，对现存的768米古城墙进行修缮。（《浚县年鉴（2014）》第83页）

是月20日，大运河数字博物馆在无锡开馆。（《江苏省会议展览年鉴（2014）》第9页）

是月22日，在卡塔尔首都多哈召开的第38届世界遗产大会审议并通过中国提交的“大运河”申遗申请。全国共有8个省市的58处运河遗产成功入列。（《山东旅游年鉴（2014～2015）》第20页）

是日，2014年大运河文化节在拱墅区运河文化广场开幕，活动持续至10月。（《杭州年鉴（2015）》第26页）

是月24日，“京杭大运河城市旅游推广联盟”成立大会在杭州召开，由18个城市旅游部门共同发表《京杭大运河城市旅游推广联盟杭州共识》。（《山东旅游年鉴（2014～2015）》第20页）

是日，滑县道口镇西街村小西门广场举行世界文化遗产大运河滑县段揭牌仪式。（《河南文化文物年鉴（2015）》第532页）

7月3日，邳州市举行张楼运河特大桥工程竣工仪式。（《邳州年鉴（2015）》第20页）

是月9日，苏州大运河美术馆开馆。（《苏州年鉴（2015）》第47页）

是月18日，首届中国大运河餐饮文化节在苏州市启动，北京、天津、济宁、苏州、宁波5个城市餐饮业协会，共同发起成立贯穿南北大运河沿线城市的中国大运河餐饮联盟。（《苏州年鉴（2015）》第47页）

是月20日～22日，聊城大学运河学研究院与临清市政府联合主办的“运河与区域社会研究”国际学术研讨会召开。（《聊城大学运河学研究院大事记》）

是月25日～26日，扬州古运河、天宁寺、个园、瘦西湖等世界遗产标志揭牌。（《扬州年鉴（2015）》第46～47页）

是月26日，2014中国扬州世界运河名城博览会在“京杭之心”开幕。（《扬州年鉴（2015）》第47页）

是日，2014中国扬州世界运河名城博览会举行主题论坛，围绕“大运河成为世界文化遗产后的保护与利用”主题进行交流探讨。（《扬州年鉴（2015）》第47页）

是月，张楼京杭运河特大桥全线贯通。大桥全长2 147.2米，宽26米，总投资2.4亿元。（《邳州年鉴（2015）》第21页）

9月15日～28日，引黄济沧渠首潘庄引黄闸开闸放水。本次共放水5 067万立方米。引黄济沧潘庄应急输水线路由山东潘庄引黄闸引水，经潘庄总干渠入马颊河，再经沙杨河、头屯干渠、六五河，穿漳卫新河由南运河入沧州市。（《黄河年鉴（2015）》第519页）

是月16日，萧山区召开杭甬运河、浦阳江“河长制”工作专题会议。（《萧山年鉴（2015）》第24页）

是月20日，安徽省文物考古研究所、淮北市博物馆和中国科学技术大学博物馆联合举办的“考古新发现”系列展之《古运河遗珍——淮北柳孜大运河遗址出土文物展》在中科大博物馆开展。（《文物考古年报（2015）》第72页）

是月25日，“中国大运河·高邮明清运河故道世界文化遗产”标志碑揭幕仪式在运河高邮段西堤举行。（《高邮年鉴（2015）》第23页）

是日，大运河江都段遗产点世界遗产标志碑揭幕仪式在邵伯镇斗野园前举行。（《江都年鉴（2015）》第22页）

是日，扬州市邗江区瓜洲段运河世界遗产标志碑揭牌仪式在瓜洲镇举行。（《邗江年鉴（2015）》第29页）

是月28日，2014中国大运河世界遗产保护与可持续发展研讨会在淮安召开。

（《淮安年鉴（2015）》第 36 页）

是日，泗阳县举行运河之星·欢乐大世界（一期工程）开园仪式和中包河整治工程暨“包河观鱼”城市旅游景点项目启动仪式。（《泗阳年鉴（2015）》第 15 页）

是月，由洛阳市文物局编撰的记录洛阳丝绸之路、大运河申遗历程的《双申遗纪实》一书出版发行。（《河南文化文物年鉴（2015）》第 246 页）

10 月 10 日，“魅力北运河·多彩中国梦”北运河艺术节文艺汇演暨颁奖晚会在北辰区工人俱乐部举行。（《天津市北辰年鉴（2015）》第 73 页）

是月 18 日，大运河祈运仪式在拱宸桥畔举行，首届中国大运河庙会开幕（21 日闭幕）。（《杭州年鉴（2015）》第 28 页）

是月 24 日，中国大运河遗产保护管理论坛在淮安开幕。（《淮安年鉴（2015）》第 37 页）

是月 26 日，“清水潭”杯 2014 高邮大运河越野半程马拉松赛在高邮市举行。（《高邮年鉴（2015）》第 23 页）

是日，新华社“重访大运河”大型全媒体融合报道活动在通州大运河森林公园启动。（《北京通州年鉴（2015）》第 68 页）

是月 28 日，卫运河治理工程第五标段截渗墙工程开工建设，卫运河治理工程全面展开。（《海河年鉴（2015）》第 177 页）

11 月 10 日，徐州市“三重一大”工程——三环东路高架快速路跨京杭运河大桥（新秦洪桥）通车。（《徐州年鉴（2015）》第 22 页）

是月 13 日，第二届中国歌剧节在武汉闭幕，以讲述大运河的开掘、通航和隋唐的朝代更迭为主要内容的大型原创歌剧《运之河》，摘得优秀剧目奖、优秀作曲奖、优秀编剧奖、优秀导演奖、优秀舞美奖和两个优秀表演奖等 7 项大奖。（《江苏年鉴（2015）》第 58 页）

是月 19 日，世界遗产碑落户大运河中河台儿庄段南岸、古城景区新客服东侧。（《枣庄年鉴（2015）》第 27 页）

是日，“运河守护——2014”江苏省苏北运河危化品运输船舶泄漏处置实战演习在扬州市江都区邵伯船闸水域举行。（《扬州年鉴（2015）》第 48 页）

是月 22 日，台儿庄运河国家湿地公园成功入选 2014 中国体育旅游精品项目。（《枣庄年鉴（2015）》第 27 页）

12 月 5 日，扬州运河雕版印刷技艺传承保护中心受南京林业大学之邀进行了一场讲座。（《中国印刷年鉴（2015）》第 135 页）

是月 8 日～ 11 日，山东德州漳卫南运河牛角峪退水闸除险加固工程和祝官屯枢纽节制闸除险加固工程竣工验收。（《海河年鉴（2015）》第 178 页）

是月 23 日，杭州京杭运河（杭州段）综合保护中心正式成立。（《杭州年鉴（2015）》

第 29 页）

是月，洛阳文物考古研究院自 2013 年 9 月以来发掘洛阳运河一号、二号清代沉船，并开展洛阳盆地内市区以东的古洛水、汉魏时期的谷水、阳渠部分地段、隋唐时期的漕渠的调查与勘探。（《中国考古学年鉴（2015）》第 673 页）

是年，扬州市一批大运河遗产保护工程通过竣工验收，先后承办第 14 届世界历史城市联盟大会、大运河遗产保护管理工作会议。（《扬州年鉴（2015）》第 14 页）

## 2015 年

1 月 9 日，京津冀船检机构签署《船舶检验机构协同发展合作备忘录》，就船舶检验一体化达成共识。包括共同研讨京杭大运河开发以及海河水系的内河航区等级划分等事项。（《环渤海区域经济年鉴（2016）》第 527 页）

是月～5 月，安徽省考古研究所配合泗县 G104 改线项目进行了抢救性发掘，实际发掘陆李运河遗址 260 平方米。（《文物考古年报（2016）》第 82 页）

2 月 28 日，河南省浚县“百团万人游古城”暨“万人自驾游运河”活动在古城广场启动，同时也拉开“大运河民俗文化旅游月”的序幕。（《浚县年鉴（2016）》第 60 页）

3 月 9 日，“洛阳运河一号、二号古沉船发掘与汉唐漕运水系调查”“河南隋代回洛仓与黎阳仓粮食仓储遗址”入选 2014 年度全国十大考古新发现。（《洛阳年鉴（2016）》第 23 页）

是月，《大运河山东省德州段遗产保护规划》正式实施。（《德城年鉴（2016）》第 46 页）

3 月～5 月，安徽省考古研究所对宿州市泗县朝阳路运河遗址进行了抢救性考古发掘，发掘面积 156 平方米。（《文物考古年报（2016）》第 82 页）

4 月 2 日，常州市同济立交桥在大运河上运行 21 年后拆除。（《常州年鉴（2016）》第 22 页）

是月 8 日，里运河文化长廊清江浦景区项目之一的青龙寺工程开工建设。（《淮安年鉴 2016》第 307 页）

是月 16 日，中国大运河美食文化联盟在南京正式成立。联盟囊括了江苏、山东、浙江等 9 个省市共 38 个城市。（《中国餐饮年鉴（2016）》第 578 页）

是日，沧州、廊坊、衡水市政府成立京杭大运河河北旅游营销联盟，面向京津冀市场推出 4 条运河精品旅游线路。（《沧州年鉴（2016）》第 15 页）

是月27日，运河杭州武林门新码头启用。（《杭州年鉴（2016）》第23页）

是月，大运河浚县段出土一方石碑，为明朝天启六年（1626）的一方“义渡碑记”，由明朝户部郎中浚县人刘尚信撰文。（《浚县年鉴（2016）》第65页）

5月11日，运河廉文化传承馆在邵伯镇历史文化街区建成开馆。（《江都年鉴（2016）》第23页）

是月15日，“运河名城·精致扬州”——扬州城市旅游推介会在台北市举行。（《扬州年鉴（2016）》第56页）

是月26日，“运河名城·精致扬州”——扬州城市旅游推介会在香港举行。（《扬州年鉴（2016）》第56页）

6月1日，大运河山东段考察活动启动式在聊城大学举行。（《聊城年鉴（2016）》第58页）

是月5日，浙江省暨杭州市世界环境日纪念活动在拱墅区运河广场举行，“杭州市河道水质”手机应用软件上线。（《杭州年鉴（2016）》第24页）

是月11日，宿迁市政府常务会议审议并原则通过《中心城市运河沿线综合整治方案》。（《宿迁年鉴（2016）》第46页）

是月12日，余杭区第十个非物质文化遗产保护月启动仪式暨优秀非遗项目活态展示活动在塘栖举行。该月以“千年运河·美丽非遗”为主题。（《余杭年鉴（2016）》第35页）

是月13日，杭州市第四届大运河文化节开幕。（《杭州年鉴（2016）》第24页）

是月16日，通州2015运河绿道骑游周活动在漕运码头举行。（《北京通州年鉴（2016）》第58页）

是月22日，德州市中心城区三八西路运河桥实现通车。三八西路运河桥全长153米、宽26米。这是继天衢路文革桥、东风路胜利桥之后，又一条横跨运河、连通德城区与德州市运河经济开发区的交通干线。（《德城年鉴（2016）》第54页）

7月4日～5日，第三届中国·台儿庄河钓在台儿庄运河国家湿地公园十里荷花长廊举行。（《枣庄年鉴（2016）》第20页）

是月7日，京杭运河万年闸船闸至韩庄船闸之间航段解除封航，标志着京杭运河枣庄段全线恢复通航。（《枣庄年鉴（2016）》第20页）

是月21日，山东省首届运河论坛在滕州举行。（《滕州年鉴（2016）》第38页）

是月27日，大运河文化带建设座谈会在淮安举行。（《江苏改革年鉴（2016）》第547页）

8月5日，世界银行贷款淮安市里运河渠北洼地治理月湖泵站工程全面完工并正式投入使用。（《淮安年鉴（2016）》第309页）

是月10日，聊城大学运河学研究院郑民德所著《明清京杭运河沿线漕运仓储系统研究》一书，由中国社会科学出版社出版。（《聊城大学运河学研究院大事记》）

是月12日，宿迁市四届市委第77次常委会讨论并原则通过运河宿迁港产业园总体规划方案。（《宿迁年鉴（2016）》第48页）

是月24日，第22届国际历史科学大会聊城卫星会议开幕。70余位中外历史专家学者齐聚聊城，以“运河文化与世界遗产保护利用”为主题进行了深入研讨。（《聊城年鉴（2016）》第63页）

是月26日，高邮市委、市政府举行运河西堤风光带建设项目开工典礼。该项目计划总投资额6亿元。（《高邮年鉴（2016）》第48页）

是月28日，虞城县科迪大道跨运河桥建成通车。该桥位于新城区主干道科迪大道上，全长61.5米，建设总投资1 650多万元。（《虞城年鉴（2016）》第50页）

是日，以“同品通州味，共抒运河情”为主题的2015北京通州运河艺术节开幕。（《北京通州年鉴（2016）》第59页）

是月29日，《柳孜运河遗址景区旅游规划（概念）》专家评审会在合肥召开。（《濉溪年鉴（2015～2016）》第30页）

9月10日，隋唐运河古镇核心景区工程全面开工建设。工程由安徽省旅游集团和安兴发展有限公司共同投资，总投资约20亿元，按国家AAAA级风景区标准建设。（《淮北年鉴（2016）》第14页）

是月23日～26日，由聊城大学运河学研究院、香港中文大学明清研究中心合办的“运河学研究”学术论坛在聊城大学举行。（《聊城大学运河学研究院大事记》）

是月29日至10月13日，扬州举行古运河花船巡游，省内大运河沿线8市（扬州、镇江、无锡、苏州、常州、淮安、宿迁、徐州）和泰州市各制作一艘花船参加。（《扬州年鉴（2016）》第59页）

10月1日，江苏省最大的撤渡建桥项目——邳州龙化运河特大桥，历时3年建成通车。该桥全长2 147.2米，宽26米，双向4车道，设计速度为每小时100千米，总投资2.4亿元。（《邳州年鉴（2016）》第16页）

是日，2015江苏大运河旅游推广月、泗阳县运河文化旅游节在妈祖文化园开幕。（《泗阳年鉴（2016）》第14页）

是月9日，无锡市南长区政府和江南大学合作签约共建“无锡古运河文化创意中心”项目。（《无锡市城市建设年鉴（2015）》第22页）

是月10日，杭州市第四届大运河诗歌节举行。（《杭州年鉴（2016）》第27页）

是月12日，京杭古运河（聊城段）概念规划汇报会在聊城召开。（《聊城年鉴

（2016）》第 65 页）

是月 15 日，“奔泰体育杯”2015 高邮大运河越野半程马拉松赛举办，参赛中外选手共有 1 830 人。（《高邮年鉴（2016）》第 49 页）

是月 18 日，大运河卫河永济渠浚县段附属文物南关石桥维修保护工程开工。（《浚县年鉴（2016）》第 76 页）

是月 23 日，杭州市第二届中国大运河庙会在杭州运河天地开幕。（《杭州年鉴（2016）》第 27 页）

是月 28 日，由天津市餐饮行业协会、市酒家酒店等级评定委员会和红桥区商务委共同主办的 2015 中国大运河天津餐饮文化节在水游城假日酒店开幕。（《中国餐饮年鉴（2016）》第 595 页）

11 月 2 日，《南运河综合治理规划》获水利部批准。（《海河年鉴（2016）》第 202 页）

是月 3 日，在 2015 两岸企业家紫金山峰会上，常州市运河五号创意街区被授予“两岸文创产业合作实验示范基地”称号。（《常州年鉴（2016）》第 24 页）

是月 9 日，京杭运河万年闸复线船闸工程开工暨建设动员会在万年闸复线船闸工程现场举行。该船闸建设规模为国家Ⅱ级标准船闸，设计年单向通过能力 2 900 万吨，预计总投资 6.6 亿元。（《枣庄年鉴（2016）》第 25 页）

是月 28 日，高邮市委、市政府在运河东堤界首镇段举行界首运河大桥开建仪式。（《高邮年鉴（2016）》第 49 页）

是月，泗阳妈祖文化园入选京杭运河江苏省精品旅游线路。（《泗阳年鉴（2016）》第 17 页）

12 月，运河德州段东岸堤顶柏油路全线开通。（《德城年鉴（2016）》第 73 页）

## 2016 年

1 月 9 日，杭州市京都小学与北京通州运河小学在杭州签署《中国大运河少年儿童文化教育促进会》协议。（《杭州年鉴（2017）》第 27 页）

是月 16 日，杭甬运河宁波段实现全线通航 500 吨级船舶。（《宁波年鉴（2017）》第 24 页）

是月 19 日，270 省道邳州东南绕越公路及 270 省道京杭运河张楼特大桥项目通过江苏省交通运输厅组织的交工验收。（《邳州年鉴（2017）》第 7 ～ 8 页）

2 月 4 日，滑县举办“道口古镇历史文化街区”开街仪式，并开展为期 1 个月的民俗文化活动。（《河南文化文物年鉴（2017）》第 509 页）

是月6日，滑县举办大运河滑县段灯展活动，灯展为期1个月。（《河南文化文物年鉴（2017）》第509页）

是月21日～23日，杭州市第十二届“运河之春”元宵灯会在拱墅区运河文化广场举行。（《杭州年鉴（2017）》第28页）

3月4日，濉溪县召开《柳孜运河遗址景区旅游规划》评审会。（《濉溪年鉴（2015～2016）》第37页）

是月22日，枣庄运河梁氏石刻脸谱、传统古琴制作技艺、齐村古陶窑建造技艺3项非遗项目入选山东省第四批省级非物质文化遗产代表性项目名录。（《枣庄年鉴（2017）》第18页）

4月11日，杭州市以拱宸桥为中心的沿运河红色骑行环道全线贯通开放。（《杭州年鉴（2017）》第28页）

是月18日，山东省旅游局主办的十大文化旅游目的地品牌新媒体营销系列活动“儒风运河”新媒体采风行在聊城市启动。（《山东旅游年鉴（2017）》第6页）

是月18日～19日，世界运河历史文化城市合作组织2016年年会暨世界遗产运河论坛在扬州举行。（《扬州年鉴（2017）》第38页）

是月26日，第四届“江北水城·运河古都”放鱼活动在东昌湖畔举行。（《聊城年鉴（2017）》第33页）

5月13日～14日，聊城大学运河学研究院主办的山东社科论坛·运河学论坛在聊城举办。（《聊城大学运河学研究院大事记》）

是月14日，“2016北京·通州运河绿道骑游周”活动举行。（《北京通州年鉴（2017）》第85页）

是月19日～23日，由中山大学历史人类学研究中心、香港中文大学、中山大学历史地理研究中心、淮阴师范学院历史文化旅游学院共同举办的“明清河道工程与漕运制度”学术研讨会在淮安召开。（《聊城大学运河学研究院大事记》）

是月23日，南禅寺·清名桥街区摘得江苏省旅游购物诚信街区的金字招牌。整个街区占地总面积63公顷，以古运河为中轴，清名桥、南禅寺为中心。街区拥有各类商家5 000多户，年营业额逾50亿元。（《无锡市城市建设年鉴（2016）》第28页）

是月，淮北市隋唐运河古镇项目入选2016全国优选旅游项目名录。古镇项目位于南黎路以南、长山路以东、南湖路以西的跃进河周边地块。规划占地960亩，总建筑面积约79万平方米，总投资约25亿元。（《淮北年鉴（2017）》第12页）

是月，京杭大运河德州段、大屯水库、丁东水库被列入省级生态红线保护范围。（《德城年鉴（2017）》第25页）

6月4日，扬州市广陵区开发路跨京杭运河大桥桥面贯通。（《广陵年鉴（2017）》第40页）

是月9日，2016年枣庄市第六届全民健身运动会“乾唐轩活瓷杯”龙舟比赛暨枣庄市第八届运河龙舟大赛在台儿庄古运河举办。（《枣庄年鉴（2017）》第21页）

是月21日，《京杭运河聊城段旅游发展及水生态体系规划》评审会在聊城市会议接待中心召开。（《聊城年鉴（2017）》第37页）

是月22日，太湖、苏南运河水位超警戒水位，江苏省防指启动江苏省太湖地区防汛Ⅳ级应急响应。（《江苏水利年鉴（2017）》第234页）

是月25日，河北省清河县中国楹联协会大运河文化艺术联盟成立。（《清河年鉴（2017）》第61页）

是月26日，中国·台儿庄第三届运河湿地荷花节在台儿庄运河国家湿地公园开幕。（《枣庄年鉴（2017）》第22页）

7月8日，大运河书香文脉传承发展论坛在扬州举行。（《扬州年鉴（2017）》第41页）

是月12日，由聊城大学运河学研究院与民政部地名研究所共同编著的“地名·运河”系列丛书由中国社会出版社出版发行。（《聊城大学运河学研究院大事记》）

是月14日～16日，中国运河城市联盟枣庄峰会在台儿庄召开。（《枣庄年鉴（2017）》第22页）

是月19日，扬州市政协在江都开展“大运河沿线历史文化遗存保护利用”专题协商。（《江都年鉴（2017）》第24页）

是月21日，德州市政府防汛抗旱指挥部启动漳卫南运河防汛Ⅳ级预警。（《德州年鉴（2017）》第33页）

是月28日，由京杭大运河城市旅游推广联盟、江都区旅游局主办的2016运河美食旅游发展论坛暨中国运河美食精品展在邵伯镇举行。（《江都年鉴（2017）》第24页）

是月31日，由滑县文化旅游广电新闻出版局、运河遗产管理处主办的“我画笔下的运河古镇”少儿绘画比赛在大运河岸边开启。（《河南文化文物年鉴（2017）》第509页）

8月8日～9日，第二届山东运河论坛在枣庄滕州举行。（《聊城大学运河学研究院大事记》）

是月25日，高邮市大运河集邮研究会成立，杭州、嘉兴、无锡、常州、扬州、济宁等6个运河沿线城市的大运河集邮研究会代表莅临祝贺。（《高邮年鉴（2017）》第44页）

是月，施桥船闸月通过量达2 911万吨，日均通过量达93.9万吨，创造京杭运河船闸运行新纪录。（《扬州年鉴（2017）》第42页）

是月，清雍正时期保存完整的珍贵文物——两座古戏台“穿越”近300年的历史时空，“定居”北辰区双街镇古运河畔。（《天津市北辰年鉴（2017）》第77页）

9月21日，为期五天的第四届中国非物质文化遗产博览会在济南国际会展中心开幕。枣庄市12个非遗项目参会，以“大运河非物质文化博览园”为主题参展。（《枣庄年鉴（2017）》第25页）

是月23日，2016年北京· 通州运河艺术节开幕式举行。（《北京通州年鉴（2017）》第87页）

是月25日，“情系古运河　共创新辉煌”——中国大运河沿岸城市书画联展在扬州文化艺术中心开幕。（《扬州年鉴（2017）》第43页）

是月27日，隋唐运河古镇、中央新影影视基地“五凤三阁”落成揭牌仪式暨项目建设推进会在五凤门广场举行。12月，隋唐运河古镇被安徽省新闻出版广电局授予“安徽省广播影视产业园区”称号。（《淮北年鉴（2017）》第17页）

10月14日，杭州市第五届大运河文化节在运河文化广场开幕。（《杭州年鉴（2017）》第33页）

是月20日，“行走隋唐大运河”考察组结束对北京通州隋唐大运河遗产点的考察，历时3年的考察活动结束。（《淮北年鉴（2017）》第18页）

是月21日～23日，第三届中国大运河庙会在杭州举行。（《杭州年鉴（2017）》第34页）

是月28日，京杭运河扩容改造工程——邵伯三线船闸工程通过江苏省交通运输厅组织的竣工验收，质量等级评定为优良。（《江苏交通年鉴（2017）》第57页）

是月29日，“里运河2016中国淮安·丝绸之路户外运动挑战赛”在淮安举行。（《淮安年鉴（2017）》第361～362页）

是月5日，中国大运河保护利用常州论坛举行。（《常州日报》2016年11月6日）

是月18日，《京杭运河苏北段养护管理现代化关键技术研究可行性研究报告》通过评审。（《江苏交通年鉴（2017）》第59页）

是月19日～20日，大运河与海上丝绸之路国际学术研讨会在扬州举行。（《扬州年鉴（2017）》第46页）

12月9日，“鲁风运河”品牌联盟成立大会在台儿庄古城召开。枣庄、济宁、泰安、聊城、德州5市成为品牌联盟成员单位，秘书处设在枣庄市。（《枣庄年鉴（2017）》第28页、《山东旅游年鉴（2017）》第17页）

是月30日，京杭运河浙江段三级航道整治工程（杭州段）在塘栖举行开工仪式。（《余杭年鉴（2017）》第40页）

是月，中国隋唐大运河博物馆入选中国华侨国际文化交流基地名单。（《淮北年鉴（2017）》第21页）

## 2017年

1月12日，徐州至上海运河航线首航仪式在徐州双楼港通用码头举行。（《徐州年鉴（2018）》第21页）

2月13日，2017年“世界湿地日”宣传活动暨“山东最美湿地”颁奖典礼在济南济西国家湿地公园举行。台儿庄运河国家湿地公园、冯卯岩马湖省级湿地公园、滕州微山湖湿地风景区、山亭月亮湾国家湿地公园被山东省林业厅授予“山东最美湿地”称号。（《枣庄年鉴（2018）》第15页）

是月24日，习近平总书记考察了通州区北京城市副中心建设和大运河森林公园。（新华视点2017年3月2日）

是月27日，台儿庄船民开河祈福仪式在古城西城门举行。（《枣庄年鉴（2018）》第16页）

3月10日，《北京市“十三五”时期加强全国文化中心建设规划》发展格局中提到，将“大运河文化带的保护利用”列入主要任务。（北京发布微博2017年3月10日）

4月22日，全国政协副主席王家瑞到徐州调研“将建设‘大运河经济带’上升为国家战略”工作。（《徐州年鉴（2018）》第23页）

是月26日，由聊城大学运河学研究院、中国教育技术协会联合主办的“VR+运河文化遗存与推动农村教育改革”研讨会在聊城大学举行。（《聊城大学运河学研究院大事记》）

是月27日，聊城大学运河学研究院组织召开了“中国大运河：工程、交通、旅游发展论坛”。（《聊城大学运河学研究院大事记》）

5月11日，由中国教育技术协会、国家开放大学联合举办的“大运河文化教育资源共建共享学术会议”在国家开放大学举行。（《聊城大学运河学研究院大事记》）

6月2日～6日，中山大学历史人类学研究中心、历史地理研究中心在山东省济宁市、江苏省徐州市主办“资源控制与运道继替”学术研讨会暨田野工作坊。（《聊城大学运河学研究院大事记》）

是月29日，淮安市历时3年建设的京杭运河黄码大桥建成通车。（《淮安区年鉴2018》第22页）

7月18日，河北省召开大运河文化带建设联席会议。（《河北日报》2017年7月19日）

是日，衡水市召开大运河文化带建设工作会议。（《衡水日报》2017年7月20日）

是月27日至29日，山东省第三届运河论坛在微山县举行。（《聊城大学运河学研究院大事记》）

8月4日，河南省组织召开大运河文化带建设工作座谈会。（河南省文化和旅游厅官网2017年8月4日）

是月18日，北京市成立大运河文化带建设领导小组。（《北京晚报》2017年9月6日）

是月23日，安徽省成立省大运河文化带建设领导小组。（《安徽省人民政府网》2017年8月28日）

9月6日，北京昌平区正式启动大运河文化带保护传承利用项目。（人民网－北京频道2017年9月6日）

是月8日，“扬州市大运河文化带建设”决策咨询工作座谈会召开。（中国江苏网2017年9月8日）

是日，2017世界运河城市论坛在扬州开幕。（中国江苏网2017年9月8日）

是月25日，靠港船舶使用岸电现场推进会暨京杭运河岸电全覆盖启动仪式在湖州市举行。（《湖州年鉴（2018）》第33页）

11月4日，2017亚太经济领袖（台儿庄）高峰论坛在台儿庄古城开幕。论坛以“历史名城台儿庄：从古运河走向一带一路”为主题。（《枣庄年鉴（2018）》第26页）

是月11日，运河城镇保护与发展大运河文化带（滑县）论坛举行。（《光明日报》2017年11月24日）

是月20日，北京市通州区消息，以燃灯塔、通运桥、近代学校建筑群为代表，运河文化带中的236处文物都将在2020年前完成修缮。（《北京日报》2017年11月21日）

是月29日，网易传媒主办的“指尖上的大运河文化带——网易”传播计划发布会暨大运河文化带内涵挖掘座谈会在京举行。（腾讯文化2017年12月1日）

12月2日，以“中国大运河文化带构建”为主题的第二届中国大运河国际论坛在浙江杭州开幕。中国大运河文化带产业联盟成立。中国大运河文化带经典案例奖正式颁发，杭州、沧州、聊城、无锡等地的运河项目荣获该奖。（中国新闻网2017年12月2日）

是日，2017年第四届京津冀协同发展研讨会在通州举办，京津冀三地签署《携手推进大运河文化保护传承利用倡议书》。（千龙网2017年12月2日）

是月21日，江苏省大运河文化带建设工作联席会议第一次全体（扩大）会议在南京召开。（中国江苏网2017年12月22日）

是月22日，“中华文明与大运河文化带建设”座谈会在南京举行。（《中国社会科学网》2017年12月25日）

是月，沧州市大运河文化带（沧州段）非物质文化遗产调查和保护工作全面展开。（河北新闻网2017年12月19日）

# 参考文献

## 一、著作

[1] 左丘明 . 左传 . 北京：中华书局，2007.

[2] 左丘明 . 国语 . 北京：中华书局，2007.

[3] 司马迁 . 史记 . 北京：中华书局，1982.

[4] 刘向 . 战国策 . 上海：上海古籍出版社，1978.

[5] 刘安 . 淮南子 . 北京：中华书局，2009.

[6] 班固 . 汉书 . 北京：中华书局，1962.

[7] 袁康，吴平 . 越绝书 . 上海：上海古籍出版社，1985.

[8] 陈寿 . 三国志 . 北京：中华书局，2011.

[9] 范晔 . 后汉书 . 北京：中华书局，2000.

[10] 沈约 . 宋书 . 北京：中华书局，1974.

[11] 萧子显 . 南齐书 . 北京：中华书局，1996.

[12] 郦道元 . 水经注 . 陈桥驿，注 . 北京：中华书局，2009.

[13] 魏收 . 魏书 . 北京：中华书局，1997.

[14] 杨衒之 . 洛阳伽蓝记 . 北京：中华书局，1963.

[15] 房玄龄 . 晋书 . 北京：中华书局，1996.

[16] 李百药 . 北齐书 . 北京：中华书局，1972.

[17] 李延寿 . 南史 . 北京：中华书局，1975.

[18] 李延寿 . 北史 . 北京：中华书局，1974.

[19] 魏徵 . 隋书 . 北京：中华书局，1997.

[20] 许嵩，等 . 建康实录 . 北京：中华书局，1986.

[21] 杜佑 . 通典 . 北京：中华书局，1988.

[22] 权德舆 . 权载之文集 . 上海：上海古籍出版社，2013.

[23] 张说，张九龄，等 . 大唐六典 . 北京：中华书局，1991.

[24] 沈亚之 . 文苑英华 . 北京：中华书局，1966.

[25] 杜牧 . 樊川文集 . 上海：上海古籍出版社，1978.

[26] 封演 . 封氏见闻录 . 北京：中华书局，2012.

[27] 李肇 . 唐国史补 . 上海：上海古籍出版社，1957.

[28] 白居易 . 白氏长庆集 . 上海：上海古籍出版社，1994.

[29] 韩愈 . 韩昌黎全集 . 上海：世界书局，1935.

[30] 李吉甫 . 元和郡县图志 . 北京，中华书局，2008.

[31] 刘昫，等 . 旧唐书 . 北京：中华书局，1975.

[32] 乐史 . 太平寰宇记 . 北京：中华书局，2013.

[33] 欧阳修，宋祁 . 新唐书 . 北京：中华书局，1975.

[34] 欧阳修 . 文忠集 . 长春：吉林出版集团有限责任公司，2005.

[35] 王溥 . 唐会要 . 北京：中华书局，1955.

[36] 薛居正 . 旧五代史 . 北京：中华书局，1976.

[37] 司马光 . 资治通鉴 . 北京：中华书局，2018.

[38] 李昉，等 . 太平御览 . 北京：中华书局，2000.

[39] 王钦若 . 册府元龟 . 北京：中华书局，2003.

[40] 沈括 . 梦溪笔谈 . 北京：中华书局，2009.

[41] 姚铉 . 唐文粹 // 文渊阁四库全书 . 台北：台湾商务印书馆，1986.

[42] 周去非 . 岭外代答 . 上海：上海古籍出版社，2013.

[43] 宋敏求 . 春明退朝录 . 上海：上海古籍出版社，2012.

[44] 宋敏求 . 唐大诏令集 . 北京：中华书局，2008.

[45] 洪适 . 盘洲文集 . 上海：商务印书馆，1922.

[46] 释文莹 . 玉壶清话 // 文渊阁四库全书 . 台北：台湾商务印书馆，1986.

[47] 苏辙 . 栾城集 . 上海：上海古籍出版社，2009.

[48] 单锷 . 吴中水利书 . 上海：商务印书馆，1936.

[49] 张方平 . 乐全集 // 文渊阁四库全书 . 台北：台湾商务印书馆，1986.

[50] 王曾 . 王文正公笔录 . 北京：中华书局，2017.

[51] 曾巩 . 隆平集 // 文渊阁四库全书 . 台北：台湾商务印书馆，1986.

[52] 苏轼 . 苏东坡全集 . 北京：中国书店，1986.

[53] 李焘 . 续资治通鉴长编 . 北京：中华书局，2004.

[54] 李心传 . 建炎以来系年要录 . 上海：上海古籍出版社，1992.

[55] 王应麟 . 玉海 . 北京：文物出版社，1987.

[56] 楼钥 . 攻媿集 . 上海：商务印书馆，1936.

[57] 周必大 . 周益国文忠公集 . 刻本 . [出版地、出版者不详]，1848（清道光二十八年）.

[58] 洪迈 . 容斋随笔 . 上海：上海古籍出版社，2014.

[59] 王象之．舆地纪胜．北京：中华书局，1992.

[60] 王存．元丰九域志．北京：中华书局，1984.

[61] 施宿，等．嘉泰会稽志．杭州：杭州出版社，2006.

[62] 卢宪，刘文淇．嘉定镇江志．南京：江苏古籍出版社，1988.

[63] 施谔．淳祐临安志．刻本．杭州：钱塘丁氏嘉惠堂，1900（清光绪二十六年）.

[64] 周应合．景定建康志．南京：南京出版社，2009.

[65] 潜说友，等．咸淳临安志 // 文渊阁四库全书．台北：台湾商务印书馆，1986.

[66] 脱脱，等．宋史．北京：中华书局，1985.

[67] 脱脱，等．金史．北京：中华书局，1975.

[68] 苏天爵．元名臣事略 // 文渊阁四库全书．台北：台湾商务印书馆，1986.

[69] 苏天爵．元文类．长春：吉林出版集团有限责任公司，2005.

[70] 揭傒斯．文安集 // 文渊阁四库全书．台北：台湾商务印书馆，1986.

[71] 马端临．文献通考．北京：中华书局，2018.

[72] 袁桷．清容居士集．上海：商务印书馆，1936.

[73] 俞希鲁．至顺镇江志．南京：江苏古籍出版社，1990.

[74] 宋濂，等．元史．北京：中华书局，1976.

[75] 董伦，等．明实录．北京：线装书局，2005.

[76] 申时行，等．万历明会典．上海：商务印书馆，1936.

[77] 王圻．续文献通考．北京：现代出版社，1986.

[78] 王琼．漕河图志．姚汉源，谭徐明，点校．北京：水利电力出版社， 1990.

[79] 皇甫录．皇明纪略．北京：中华书局，1985.

[80] 杨宏，谢纯．漕运通志．荀德麟，何振华，点校．北京：方志出版社，2006.

[81] 王在晋．通漕类编．济南：齐鲁书社，1996.

[82] 潘季驯．河防一览．刻本．[出版地、出版者不详]，1590（明万历十八年）.

[83] 张萱．西园闻见录．杭州：杭州古旧书店，1983.

[84] 何乔远．名山藏．扬州：江苏广陵古籍刻印社，1993.

[85] 何乔远．闽书．福州：福建人民出版社，1994.

[86] 毕自严．度支奏议．上海：上海古籍出版社，2008.

[87] 谢肇淛．北河纪 // 文渊阁四库全书．台北：台湾商务印书馆，1986.

[88] 李贤．明一统志 // 文渊阁四库全书．台北：台湾商务印书馆，1986.

[89] 席书．漕船志．北京：方志出版社，2006.

[90] 谢肇淛．五杂俎．上海：上海书店，2015.

[91] 朱国祯．涌幢小品．北京：中华书局，1959.

[92] 张国维. 吴中水利全书. 杭州：浙江古籍出版社，2014.

[93] 朱国盛. 南河全考. 扬州：广陵书社，2006.

[94] 吴仲. 通惠河志. 北京：中国书店，1992.

[95] 万恭. 治水筌蹄. 北京：水利电力出版社，1985.

[96] 胡瓒. 泉河史. 刻本. [出版地、出版者不详]，1647（清顺治四年）.

[97] 刘天和. 问水集. 南京：南京大学出版社，2016.

[98] 李东阳，等. 大明会典. 扬州：广陵书社，2007.

[99] 张学颜，等. 万历会计录. 刻本. [出版地、出版者不详]，1582（明万历十年）.

[100] 陈子龙. 明经世文编. 北京：中华书局，1962.

[101] 李濂. 汴京遗迹志. 北京：中华书局，1999.

[102] 陆釴，吕元善. 嘉靖山东通志 // 天一阁藏明代方志选刊续编. 上海：上海书店，1990.

[103] 胡宗宪，薛应旂. 嘉靖浙江通志 // 天一阁藏明代方志选刊续编. 上海：上海书店，1990.

[104] 邹守愚，李濂. 嘉靖河南通志. 刻本. [出版地、出版者不详]，1556（明嘉靖三十五年）.

[105] 朱泰，游季勋，包大爟. 万历兖州府志. 济南：齐鲁书社，2015.

[106] 郭大纶，陈文烛. 万历淮安府志 // 天一阁藏明代方志选刊续编. 上海：上海书店，1990.

[107] 栗可仕，王命新. 万历汶上县志. 刻本. [出版地、出版者不详]，1717（清康熙五十六年）.

[108] 姚应龙. 万历徐州志. 天津：天津古籍出版社，1989.

[109] 王命爵，李士登，王汝训. 万历东昌府志. 刻本. [出版地、出版者不详]，1600（明万历二十八年）.

[110] 徐松. 宋会要辑稿. 北京：中华书局，1997.

[111] 张廷玉. 明史. 北京：中华书局，2002.

[112] 谈迁. 国榷. 上海：上海古籍出版社，1958.

[113] 陈鹤. 明纪. 上海：世界书局，1935.

[114] 龙文彬. 明会要. 北京：中华书局，1956.

[115] 徐乾学. 资治通鉴后编 // 文渊阁四库全书. 台北：台湾商务印书馆，1986.

[116] 谷应泰. 明史纪事本末. 北京：中华书局，1985.

[117] 鄂尔泰，等. 清实录. 北京：中华书局，1985.

[118] 崑冈，等. 钦定大清会典事例 // 文渊阁四库全书. 台北：台湾商务印书馆，1986.

[119] 圣祖仁皇帝圣训 // 文渊阁四库全书. 台北：台湾商务印书馆，1986.

[120] 世宗宪皇帝朱批谕旨 // 文渊阁四库全书. 台北：台湾商务印书馆，1986.

[121] 顾祖禹. 读史方舆纪要. 北京：中华书局，2005.

[122] 傅泽洪. 行水金鉴. 上海：商务印书馆，1937.

[123] 叶方恒. 山东全河备考 // 马宁. 中国水利志丛刊. 扬州：广陵书社，2006.

[124] 于敏中，等 . 日下旧闻考 . 北京：北京古籍出版社，1985.

[125] 崔维雅 . 河防刍议 . 济南：齐鲁书社，1996.

[126] 顾炎武 . 天下郡国利病书 . 黄坤，点校 . 上海：上海古籍出版社，2012.

[127] 孙承泽 . 天府广记 . 北京：北京古籍出版社，1984.

[128] 薛凤祚 . 两河清汇 // 文渊阁四库全书 . 台北：台湾商务印书馆，1986.

[129] 王履泰 . 畿辅安澜志 // 故宫博物院 . 故宫珍本丛刊 . 海口：海南出版社，2001.

[130] 黎世序 . 续行水金鉴 . 上海：商务印书馆，1936.

[131] 刘文淇 . 扬州水道记 . 扬州：广陵书社，2011.

[132] 张伯行 . 居济一得 . 上海：商务印书馆，1936.

[133] 靳辅 . 治河方略 . 刻本 . [出版地、出版者不详]，1812（清嘉庆十七年）.

[134] 刘宝楠 . 道光宝应图经 . 刻本 . 扬州：淮南书局，1883（清光绪九年）.

[135] 董诰，等 . 全唐文 . 北京：中华书局，1983.

[136] 伊桑阿，等 . 大清会典 // 文渊阁四库全书 . 台北：台湾商务印书馆，1986.

[137] 包世臣 . 中衢一勺 // 包世臣 . 安吴四种 . 台北：文海出版社，1960.

[138] 朱之锡 . 河防疏略 . 上海：上海古籍出版社，2002.

[139] 贺长龄，魏源，等 . 清经世文编 . 北京：中华书局，1992.

[140] 王夫之 . 读通鉴论 . 北京：中华书局，1975.

[141] 彭定求，等 . 全唐诗 . 上海：上海古籍出版社，1985.

[142] 谈迁 . 北游录 . 北京：中华书局，1981.

[143] 杨锡绂 . 漕运则例纂 . 刻本 . [出版地、出版者不详]，1770（清乾隆三十五年）.

[144] 吴邦庆 . 畿辅河道水利管见 // 吴邦庆 . 畿辅河道水利丛书 . 北京：农业出版社，1964.

[145] 陈仪 . 直隶河渠书 // 吴邦庆 . 畿辅河道水利丛书 . 北京：农业出版社，1964.

[146] 魏源 . 魏源集 . 北京：中华书局，1976.

[147] 王先谦，朱寿明 . 东华续录 . 上海：上海古籍出版社，2008.

[148] 阿桂，等 . 大清律例 . 北京：中华书局，2015.

[149] 蒋良骐 . 康熙东华录 . 石印本 . 上海：广百宋斋，1891（清光绪十七年）.

[150] 唐执玉，李玉，田易 . 康熙畿辅通志 // 中国地方志集成 . 南京：凤凰出版社，2010.

[151] 岳濬，杜诏 . 康熙山东通志 // 中国地方志集成 . 南京：凤凰出版社，2010.

[152] 田文镜，王士俊，孙灏 . 康熙河南通志 . 刻本 . [出版地、出版者不详]，1660（清顺治十七年）.

[153] 葛之莫，陈哲 . 康熙睢宁县志 . 刻本 . [出版地、出版者不详]，1683（清康熙二十二年）.

[154] 崔华，张万寿 . 康熙扬州府志 // 中国地方志集成 . 南京：凤凰出版社，2014.

[155] 薛柱斗，高必大 . 康熙天津卫志 . 铅印本 . [出版地、出版者不详]，1934.

[156] 黄承玄，林芃，马之骦 . 康熙张秋志 . 刻本 . [出版地、出版者不详]，1767（清乾隆三十二年）.

[157] 唐执玉，陈仪．雍正畿辅通志 // 文渊阁四库全书．台北：台湾商务印书馆，1986.

[158] 张德盛，邓绍焕．雍正高邮州志．刻本．[出版地、出版者不详]，1724（清雍正二年）.

[159] 余光祖，孙绍宗．雍正安东县志 // 中国地方志集成．南京：凤凰出版社，2014.

[160] 严有禧．乾隆莱州府志．刻本．[出版地、出版者不详]，1740（清乾隆五年）.

[161] 胡德琳，蓝应桂，周永年，等．乾隆济宁直隶州志 // 中国地方志集成．南京：凤凰出版社，2015.

[162] 尹继善，黄之隽．乾隆江南通志 // 文渊阁四库全书．台北：台湾商务印书馆，1986.

[163] 周尚质，李登明，谢冠．乾隆曹州府志．济南：齐鲁书社，2015.

[164] 贡震．乾隆灵璧县志．刻本．[出版地、出版者不详]，1758（清乾隆二十三年）.

[165] 眭文焕．乾隆重修桃源县志 // 中国地方志集成．南京：凤凰出版社，2008.

[166] 石杰，王峻．清乾隆徐州府志．刻本．[出版地、出版者不详]，1740（清乾隆五年）.

[167] 陈顾．乾隆兖州府志 // 中国地方志集成．南京：凤凰出版社，2008.

[168] 朱奎扬，张志奇，吴廷华．乾隆天津县志．刻本．[出版地、出版者不详]，1739（清乾隆四年）.

[169] 阿克当阿，姚文田，江藩．嘉庆重修扬州府志．扬州：广陵书社，2006.

[170] 潘镕，沈学渊，顾翰．嘉庆萧县志 // 中国地方志集成．南京：江苏古籍出版社，1998.

[171] 左辉春，张用熙，宋茂初．道光续增高邮州志 // 中国地方志集成．南京：凤凰出版社，2008.

[172] 王检心，刘文淇，张安保．道光重修仪征县志．刻本．[出版地、出版者不详]，1890（清光绪十六年）.

[173] 王滌心，郭程先．咸丰平山县志 // 中国地方志集成．上海：上海书店，2006.

[174] 董用威，马轶群，鲁一用．咸丰邳州志 // 中国地方志集成．南京：凤凰出版社，2008.

[175] 吴汝纶．同治深州风土记 // 中国地方志集成．南京：凤凰出版社，2001.

[176] 吴世熊，刘庠，方骏谟．同治徐州府志 // 中国地方志集成．南京：凤凰出版社，2008.

[177] 张兆栋，孙云，何绍基．同治重修山阳县志 // 中国地方志集成．南京：凤凰出版社，2008.

[178] 吴大镛，王仲甡．同治续修元城县志 // 中国地方志集成．上海：上海书店，2006.

[179] 李德溥，方骏谟．同治宿迁县志，刻本．[出版地、出版者不详]，1874（清同治十三年）.

[180] 方濬颐，晏端书．同治续纂扬州府志 // 中国地方志集成．南京：凤凰出版社，2008.

[181] 龚嘉儁．光绪杭州府志．铅印本．[出版地、出版者不详]，1898（清光绪二十四年）.

[182] 凌焯，徐锡麟．光绪丹阳县志．刻本．[出版地、出版者不详]，1885（清光绪十一年）.

[183] 姚鸿杰，李运昌．光绪丰县志 // 中国地方志集成．南京：凤凰出版社，2008.

[184] 王其淦，汤成烈．光绪武进阳湖县志．台北：台湾学生书局，1968.

[185] 李鸿章，张之洞，缪荃孙．光绪顺天府志．北京：北京古籍出版社，1987.

[186] 徐成敟，陈浩恩．光绪增修甘泉县志 // 中国地方志集成．南京：凤凰出版社，2008.

[187] 卢思诚，李念诒．光绪江阴县志 // 中国地方志集成．南京：凤凰出版社，2008.

[188] 周植瀛，吴浔源．光绪东光县志 // 中国地方志集成．上海：上海书店，2006.

[189] 王振録，王宝田．光绪峄县志 // 中国地方志集成．南京：凤凰出版社，2004.

[190] 龚定瀛，金元烺，夏子锡．光绪再续高邮州志 // 中国地方志集成．南京：江苏古籍出版社，1991.

[191] 赵炳文，徐国桢，刘钟英．光绪大城县志 // 中国地方志集成．上海：上海书店，2006.

[192] 吴坤，何绍基，卢士杰．光绪重修安徽通志 // 中国地方志集成．南京：凤凰出版社，2011.

[193] 何庆钊，丁逊之，吴振声．光绪宿州志．刻本．[出版地、出版者不详]，1889（清光绪十五年）.

[194] 丁灿，张煐，范瀚文．光绪续修故城县志 // 中国地方志集成．上海：上海书店，2006.

[195] 黄璟，李作霖，乔景濂．光绪续浚县志 // 中国地方志集成．上海：上海书店，2013.

[196] 孙云锦，吴昆田，高延第．光绪淮安府志．荀德麟，周平，等点校．北京：方志出版社，2010.

[197] 陈庆藩，叶锡麟，靳维熙．宣统聊城县志．刻本．[出版地、出版者不详]，1910（清宣统二年）.

[198] 潘守廉，袁绍昂．民国济宁县志．铅印本．[出版地、出版者不详]，1927.

[199] 高树敏，胡为和．民国三续高邮州志．刻本．[出版地、出版者不详]，1922.

[200] 徐子尚， 张树海．民国临清县志．排印本．[出版地、出版者不详]，1935.

[201] 潘守廉，袁绍昂，唐烜．民国济宁直隶州续志 // 中国地方志集成．南京：凤凰出版社，2001.

[202] 民国山东通志编辑委员会．民国山东通志．济南：山东文献出版社，1991.

[203] 余嘉谟，王嘉铣．民国铜山县志 // 中国地方志集成．南京：凤凰出版社，2008.

[204] 臧理臣，宗庆煦．民国密云县志 // 中国地方志集成．上海：上海书店，2002.

[205] 于书云，赵锡蕃．民国沛县志 // 中国地方志集成．南京：凤凰出版社，2008.

[206] 戴邦桢，冯煦，宋苌生．民国宝应县志 // 中国地方志集成．南京：凤凰出版社，2008.

[207] 李翰如，孟昭章．民国晋县志 // 中国地方志集成．上海：上海书店，2006.

[208] 戴仁，钱崇威．民国重修沭阳县志 // 中国地方志集成．南京：凤凰出版社，2008.

[209] 谢延庚，刘寿增．民国江都县续志 // 中国地方志集成．南京：凤凰出版社，2008.

[210] 刘槱寿，范冕．民国续纂清河县志 // 中国地方志集成．南京：凤凰出版社，2008.

[211] 白凤文，高毓浵．民国静海县志 // 中国地方志集成．上海：上海书店，2004.

[212] 钱祥保，桂邦杰．民国甘泉县续志 // 中国地方志集成．南京：凤凰出版社，2008.

[213] 武同举．淮系年表全编．[出版地、出版者不详]，1928.

[214] 胡焕庸．两淮水利盐垦实录．南京：中央大学，1934.

[215] 李书田，等．中国水利问题．上海：商务印书馆，1937.

[216] 武同举，等．再续行水金鉴．南京：水利委员会，1942.

[217] 武同举．江苏水利全书．南京：江苏水利实验处，1944.

[218] 中央水利部南京水利实验处．沂泗汶运区 // 淮河流域水文资料．南京：中央水利部南京水利实验处，1951.

[219] 向达.唐代长安与西域文明.北京：生活·读书·新知三联书店，1957.
[220] 付仁潍，时子明，盛福尧，等.河南省盐渍士改良中的几个问题的探讨//地理汇集编辑委员会.地理汇集.郑州：中华科学院广州地理研究所河南分所，1964.
[221] 赵尔巽，等.清史稿.北京：中华书局，1976.
[222]《中国水利史稿》编写组.中国水利史稿.北京：水利电力出版社，1979.
[223] 唐兆民.灵渠文献粹编.北京：中华书局，1982.
[224] 杨正泰.明清临清的盛衰与地理条件的变化//中国地理学会历史地理专业委员会《历史地理》编辑委员会.历史地理：第三辑.上海：上海人民出版社，1983.
[225] 涂相乾.宋代汴河行径试考//中国水利学会水利史研究会.水利史研究会成立大会论文集.北京：水利电力出版社，1984.
[226] 王育民.中国历史地理概论.北京：人民教育出版社，1985.
[227] 谭其骧.海河水系的形成与发展//中国地理学会历史地理专业委员会《历史地理》编辑委员会.历史地理：第四辑.上海：上海人民出版社，1986.
[228] 陈桥驿.浙东运河的变迁//唐宋运河考察队.运河访古.上海：上海人民出版社，1986.
[229] 阎守诚.考察纪程//唐宋运河考察队.运河访古.上海：上海人民出版社，1986.
[230] 郁越祖.十八里河考//复旦大学历史地理研究中心.历史地理研究（1）.上海：复旦大学出版社，1986.
[231] 姚汉源.中国水利史纲要.北京：水利电力出版社，1987.
[232] 水利水电科学研究院.清代淮河流域洪涝档案史料.北京：中华书局，1988.
[233] 邹逸麟.淮河下游南北运口变迁与城镇兴衰//中国地理学会历史地理专业委员会《历史地理》编辑委员会.历史地理：第六辑.上海：上海人民出版社，1988.
[234] 京杭运河江苏省交通厅苏北航务管理处史志编纂委员会.京杭运河志（苏北段）.上海：上海社会科学院出版社，1988.
[235] 临清市水利志编辑委员会.临清市水利志.临清：临清市水利志编纂办公室，1989.
[236] 蔡泰彬.明代漕河之整治与管理.台北：台湾商务印书馆，1992.
[237] 济宁市郊区水利志编纂办公室.济宁市郊区水利志.济宁：济宁市新闻出版局，1992.
[238] 姚汉源.一九六六年京杭大运河南段见闻//中国水利学会水利史研究会.京杭运河研究论文集.北京：中国书店，1993.
[239] 山东省抗旱防汛指挥部办公室.山东淮河流域防洪.济南：山东科学技术出版社，1993.
[240] 聊城地区水利志.聊城：山东省聊城地区水利志编纂委员会，1993.
[241]《大美百科全书》编辑部.大美百科全书.北京：外文出版社，1994.
[242] 谭其骧.长水集续编.北京：人民出版社，1994.
[243] 杨正泰.明代驿站考.上海：上海古籍出版社，1994.

[244] 李文治，江太新 . 清代漕运 . 北京：中华书局，1995.

[245] 斯波义信 . 宋代商业史研究 . 庄景辉，译 . 台北：稻禾出版社，1997.

[246] 许檀 . 明清时期山东商品经济的发展 . 北京：中国社会科学出版社，1998.

[247] 吴琦 . 漕运与中国社会 . 武汉：华中师范大学出版社，1999.

[248] 中国第一历史档案馆 . 嘉庆道光两朝上谕档 . 桂林：广西师范大学出版社，2000.

[249] 侯仁之，唐晓峰 . 北京城市历史地理 . 北京：燕山出版社，2000.

[250] 孙洪升 . 唐宋茶业经济 . 北京：社会科学文献出版社，2001.

[251] 山东省聊城市东昌府区水利局编纂小组 . 东昌府区水利志 . 北京：五洲传播出版社，2002.

[252] 水利水电科学院水利史研究室 . 再续行水金鉴 . 武汉：湖北人民出版社，2004.

[253] 安文思 . 中国新史 . 何高济，译 . 郑州：大象出版社，2004.

[254] 济宁市任城区水利志编纂委员会 . 济宁市任城区水利志 . 北京：中共党史出版社，2004.

[255] 《简明不列颠百科全书》编辑部 . 简明不列颠百科全书 . 北京：中国大百科全书出版社，2005.

[256] 黄仁宇 . 明代的漕运 . 张皓，张升，译 . 北京：新星出版社，2005.

[257] 马宁 . 中国水利志丛刊 . 扬州 : 广陵书社，2006.

[258] 陈述 . 杭州运河历史研究 . 杭州：杭州出版社，2006.

[259] 王云 . 明清山东运河区域社会变迁 . 北京：人民出版社，2006.

[260] 淮建利 . 宋朝厢军研究 . 郑州：中州古籍出版社，2007.

[261] 陈桥驿 . 中国运河开发史 . 北京：中华书局，2008.

[262] 李文治，江太新 . 清代漕运（修订版）. 北京：社会科学文献出版社，2008.

[263] 江苏省交通厅航道局，江苏省航道协会 . 京杭运河志（苏南段）. 北京：人民交通出版社，2009.

[264] 马俊亚 . 被牺牲的局部——淮北社会生态变迁研究（1680—1949）. 北京：北京大学出版社，2011.

[265] 王栋 . 山东运河航运史 . 济南：山东人民出版社，2011.

[266] 徐炳顺 . 扬州运河 . 扬州：广陵书社，2011.

[267] 克拉克阿裨尔 . 中国旅行记 . 刘海岩，译 . 上海：上海古籍出版社，2012.

[268] 李俊丽 . 天津漕运研究 . 天津：天津古籍出版社，2012.

[269] 蒋朝军 . 苏州与扬州 . 上海：上海古籍出版社，2014.

[270] 王云，李泉 . 中国大运河历史文献集成 . 北京：国家图书馆出版社，2014.

[271] 水利部淮河水利委员会 . 治淮汇刊年鉴 1983 年 . 蚌埠：《治淮汇刊（年鉴）》编辑部，1983.

[272] 水利部淮河水利委员会 . 治淮汇刊年鉴 1984 年 . 蚌埠：《治淮汇刊（年鉴）》编辑部，1984.

[273] 苏州年鉴编纂委员会 . 苏州年鉴 1985. 上海：上海社会科学院出版社，1985.

[274] 杭州市人民政府地方志办公室 . 杭州年鉴 1987. 北京：红旗出版社，1987.

[275] 苏州市档案局，苏州年鉴编辑部 . 苏州年鉴 1987. 上海：上海社会科学院出版社，1988.

[276] 山东省地方史志编纂委员会《山东年鉴》编辑部 . 山东年鉴 1988. 北京：世界知识出版社，1989.

[277] 山东省地方史志编纂委员会《山东年鉴》编辑部 . 山东年鉴 1989. 济南：山东人民出版社，1989.

[278] 仲翔，王质彬，徐福龄 . 河南黄河大事记 . 郑州：河南人民出版社，1991.

[279] 水利部淮河水利委员会 . 治淮汇刊年鉴 1991 年 . 蚌埠：《治淮汇刊（年鉴）》编辑部，1991.

[280] 无锡市城市建设档案馆 . 无锡市城市建设年鉴 1986—1990. 南京：南京大学出版社，1991.

[281] 水利部淮河水利委员会 . 治淮汇刊年鉴 1993 年 . 蚌埠：《治淮汇刊（年鉴）》编辑部，1993.

[282]《海河志》编纂委员会 . 海河志 大事记 . 北京：中国水利水电出版社，1995.

[283] 锡山市地方志办公室 . 锡山市年鉴 1996. 南京：江苏年鉴杂志社，1997.

[284] 唐元海，康复圣 . 淮河志 淮河大事记 . 北京：科学出版社，1997.

[285]《德清年鉴》编纂委员会 . 德清年鉴 1997. 杭州：杭州大学出版社，1997.

[286] 淮河水利委员会《淮河志》编委会 . 淮河大事记 . 北京：科学出版社，1997.

[287] 无锡交通年鉴编辑委员会 . 无锡交通年鉴 1991—1995. 北京：方志出版社，1998.

[288] 中华人民共和国年鉴编辑部 . 中华人民共和国年鉴 1999. 北京：中华人民共和国年鉴社，1999.

[289] 刘于礼 . 河南黄河大事记 1840 年—1985 年 . 郑州：河南黄河河务局，1993.

[290] 无锡市地方志编纂委员会办公室 . 无锡年鉴 1986—1990，上海：上海人民出版社，1992.

[291]《中国水利年鉴》编辑委员会 . 中国水利年鉴 1990. 北京：水利电力出版社，1991.

[292] 北京市地方志编纂委员会 . 北京年鉴 1990. 北京：中国城市出版社，1990.

[293] 苏州市档案局，《苏州年鉴》编辑部 . 苏州年鉴 1990. 南京：江苏古籍出版社， 1992.

[294]《天津经济年鉴》编辑部 . 天津经济年鉴 1991. 天津：《天津经济年鉴》编辑部，1991.

[295] 常州市地方志编纂委员会 . 常州年鉴 1991. 北京：中国大百科全书出版社，1991.

[296] 黄河水利委员会黄河志总编辑室 . 黄河志 . 郑州：河南人民出版社， 1991.

[297] 江苏年鉴编纂委员会 . 江苏年鉴 1991. 南京：南京大学出版社， 1991.

[298] 山东省聊城地区史志编纂委员会办公室 . 聊城年鉴 1991—1994. 济南：齐鲁书社， 1995.

[299] 山东省临清市地方史志办公室 . 临清年鉴 1991—1998. 济南：齐鲁书社，2000.

[300] 山东省邹城市人民政府 . 邹城市年鉴 1991—1995. 泰安：泰安市新闻出版局，1996.

[301] 浙江省余杭县县志编委会 . 余杭年鉴 1991. 上海：同济大学出版社， 1992.

[302] 中国共产党浙江省委员会政策研究室，浙江省人民政府经济技术社会发展研究中心 . 浙江经济年鉴 1991. 杭州：浙江人民出版社， 1991.

[303]《扬州年鉴》编纂委员会 . 扬州年鉴 1992. 北京：中国大百科全书出版社， 1992.

[304]《中国旅游年鉴》编辑委员会 . 中国旅游年鉴 1992. 北京：中国旅游出版社， 1992.

[305] 黄元裕，邵国林 . 常州年鉴 1992. 南京：江苏古籍出版社， 1992.

[306] 济南铁路局史志编纂领导小组办公室 . 济南铁路局年鉴 1992. 北京：中国铁道出版社，1992.

[307] 中国史学会《中国历史学年鉴》编辑部 . 中国历史学年鉴 1992. 北京：生活·读书·新知三联书店， 1993.

[308] 山东省地方史志编纂委员会办公室．山东年鉴 1992. 济南：齐鲁书社，1992.

[309] 无锡市地方志编纂委员会办公室．无锡年鉴 1992. 南京：江苏古籍出版社，1993.

[310]《杭州年鉴》编辑部．杭州年鉴 1993. 杭州：浙江大学出版社，1993.

[311]《江苏年鉴》编辑部．江苏年鉴 1993. 南京：江苏年鉴杂志社，1993.

[312] 山东省德州市地方史志办公室．德州年鉴 1993. 济南：齐鲁书社，1993.

[313] 山东省地方史志编纂委员会办公室．山东年鉴 1993. 济南：齐鲁书社，1993.

[314] 苏州市档案局，《苏州年鉴》编辑部．苏州年鉴 1993. 南京：江苏古籍出版社，1994.

[315] 无锡市地方志编纂委员会办公室．无锡年鉴 1993. 上海：上海社会科学院出版社，1994.

[316] 扬州年鉴编纂委员会．扬州年鉴 1993. 上海：中国大百科全书出版社上海分社，1993.

[317] 枣庄市地方史志编纂委员会办公室．枣庄年鉴 1993. 济南：齐鲁书社，1993.

[318] 张明义，王立行．北京年鉴 1993. 北京：北京年鉴出版社，1993.

[319] 镇江年鉴编辑部．镇江年鉴 1993. 上海：上海社会科学院出版社，1994.

[320]《杭州年鉴》编辑部．杭州年鉴 1994. 杭州：浙江大学出版社，1994.

[321]《山东年鉴》编辑部．山东年鉴 1994. 济南：山东年鉴社，1994.

[322]《中国水利年鉴》编辑委员会．中国水利年鉴 1994. 北京：水利电力出版社，1995.

[323] 常州市地方志编纂委员会．常州年鉴 1994. 南京：江苏年鉴杂志社，1994.

[324] 江苏武进县地方志办公室．武进年鉴 1994. 南京：江苏年鉴杂志社，1994.

[325] 苏州市档案局，《苏州年鉴》编辑部．苏州年鉴 1994. 南京：江苏年鉴杂志社，1995.

[326] 无锡市地方志编纂委员会办公室．无锡年鉴 1994. 上海：上海社会科学院出版社，1994.

[327] 吴江县档案局（馆），吴江年鉴编辑部．吴江年鉴 1994. 南京：江苏科学技术出版社，1995.

[328]《海河志》编纂委员会．海河志大事记．北京：中国水利水电出版社，1995.

[329]《杭州年鉴》编辑部．杭州年鉴 1995. 杭州：浙江大学出版社，1995.

[330] 聊城市地方史志编纂委员会办公室．聊城年鉴 1995—1997. 济南：齐鲁书社，1998.

[331] 山东工会年鉴编审委员会．山东工会年鉴 1995. 济南：山东省总工会，1997.

[332]《治淮江汇刊（年鉴）》编纂委员会．治淮汇刊年鉴 1995. 蚌埠：水利部淮河水利委员会，1996.

[333] 吴江县档案局（馆），吴江年鉴编辑部．吴江年鉴 1995. 南京：江苏年鉴杂志社，1996.

[334] 枣庄市地方史志编纂委员会办公室．枣庄年鉴 1995. 济南：齐鲁书社，1995.

[335] 镇江年鉴编辑部．镇江年鉴 1995. 南京：江苏年鉴杂志社，1995.

[336] 中国共产党浙江省委员会政策研究室，等．浙江年鉴 1995. 杭州：浙江人民出版社，1995.

[337] 衡水市地方志编纂委员会．衡水市志．北京：民族出版社，1996.

[338]《治淮江汇刊（年鉴）》编纂委员会．治淮汇刊年鉴 1996. 蚌埠：水利部淮河水利委员会，1997.

[339]《丹徒年鉴》编辑部．丹徒年鉴 1997. 北京：方志出版社，1997.

[340]《山东年鉴》编辑部．山东年鉴 1997. 济南：山东年鉴社，1997.

[341] 杭州年鉴编辑部 . 杭州年鉴 1997. 杭州：杭州出版社， 1997.

[342] 江苏交通年鉴编辑部 . 江苏交通年鉴 1997. 南京：江苏年鉴杂志社， 1997.

[343] 中国史学会《中国历史学年鉴》编辑部 . 中国历史学年鉴 1997. 北京：生活·读书·新知三联书店，1998.

[344] 苏州市档案局，《苏州年鉴》编辑部 . 苏州年鉴 1997 . 上海：百家出版社，1998.

[345] 无锡市地方志编纂委员会办公室 . 无锡年鉴 1997. 北京：方志出版社， 1997.

[346] 枣庄市地方史志编纂委员会办公室 . 枣庄年鉴 1997. 济南：齐鲁书社， 1997.

[347]《京口年鉴》编辑部 . 京口年鉴 1998. 北京：中国县镇年鉴社， 1998.

[348] 常州市地方志编纂委员会 . 常州年鉴 1998. 北京：方志出版社，1998.

[349] 杭州年鉴编辑部 . 杭州年鉴 1998. 北京：中华书局， 1998.

[350] 淮阴年鉴编纂委员会 . 淮阴年鉴 1998. 北京：方志出版社， 1998.

[351] 江苏年鉴 1998. 南京：江苏年鉴杂志社，1998.

[352] 聊城市地方史志办公室 . 聊城年鉴 1998—2001. 北京：五洲传播出版社，2002.

[353] 吴江市年鉴编纂委员会 . 吴江年鉴 1998. 南京：河海大学出版社， 1998.

[354] 无锡市地方志编纂委员会办公室 . 无锡年鉴 1998. 北京：方志出版社， 1998.

[355] 天津市北辰区地方志编修委员会办公室 . 北辰区年鉴 1998—2002. 北京：方志出版社，2005.

[356] 枣庄市地方史志编纂委员会办公室 . 枣庄年鉴 1998. 济南：齐鲁书社， 1998.

[357] 高邮年鉴编辑委员会 . 高邮年鉴 1999. 北京：中国县镇年鉴社， 1999.

[358] 河北年鉴编纂委员会 . 河北年鉴 1999. [出版地不详]：河北年鉴社， 1999.

[359] 枣庄市地方志办公室 . 枣庄年鉴 1999 特刊 . 北京：中华书局，1999.

[360] 淮阴年鉴编纂委员会 . 淮阴年鉴 1999. 北京：中国县镇年鉴社，1999.

[361] 江苏年鉴 1999. 南京：江苏年鉴杂志社， 1999.

[362] 水利部淮河水利委员会 . 治淮汇刊年鉴 1999. 蚌埠：《治淮汇刊（年鉴）》编辑部，1999.

[363] 苏州市档案局，《苏州年鉴》编辑部 . 苏州年鉴 1999. 上海：上海科学技术文献出版社，2000.

[364] 吴江市年鉴编纂委员会 . 吴江年鉴 1999. 合肥：黄山书社，1999.

[365] 宿迁年鉴编纂委员会 . 宿迁年鉴 1999. 南京：江苏人民出版社， 1999.

[366] 中国交通年鉴 1999. 北京：中国交通年鉴社， 1999.

[367]《山东年鉴》编辑部 . 山东年鉴 2000. 济南：山东年鉴社，2000.

[368]《泗阳年鉴》编辑部 . 泗阳年鉴 2000. 北京：方志出版社，2000.

[369] 杭州年鉴编辑部 . 杭州年鉴 2000. 北京：中华书局，2000.

[370] 枣庄市地方史志办公室 . 枣庄年鉴 2000. 北京：中华书局，2000.

[371] 黄海 . 中国国内贸易年鉴 2000. 北京：中国国内贸易年鉴社，2000.

[372]《镇江年鉴》编辑部 . 镇江年鉴 2000. 北京：方志出版社，2000.

[ 373 ] 山东省德州市地方史志办公室 . 德州年鉴 2000. 北京：方志出版社，2000.

[ 374 ] 中国港口年鉴编辑部 . 中国港口年鉴 2000. 北京：中国港口杂志社，2000.

[ 375 ] 余杭市地方志编纂委员会 . 余杭年鉴 2000. 北京：中华书局，2000.

[ 376 ] 宁波年鉴编辑部 . 宁波年鉴 2000. 北京：中华书局，2001.

[ 377 ] 无锡市地方志办公室 . 无锡年鉴 2000. 北京：方志出版社，2000.

[ 378 ] 淮阴年鉴编纂委员会 . 淮阴年鉴 2000. 北京：中国县镇年鉴社，2000.

[ 379 ] 姚民声，谭荣尧 . 浙江年鉴 2000. 杭州：浙江人民出版社，2000.

[ 380 ] 嘉兴市地方志编纂委员会 . 嘉兴年鉴 2000. 北京：中华书局，2000.

[ 381 ] 临清市地方史志办公室 . 临清年鉴 1991—1998. 济南：齐鲁书社，2000.

[ 382 ] 通州区地方志编纂委员会 . 北京通州年鉴 2000. 北京：北京市通州区史志办公室，2000.

[ 383 ] 余姚市史志办公室 . 余姚年鉴 2001. 余姚：余姚日报社，2001.

[ 384 ] 中国二十世纪通鉴编辑委员会 . 中国二十世纪通鉴 . 北京：线装书局，2002.

[ 385 ] 樊书华，黄诗玉，卞修权 . 中华近世通鉴 1838—1949 外交专卷 . 北京：中国广播电视出版社，2000.

[ 386 ] 《江苏交通年鉴》编辑部 . 江苏交通年鉴 2001. 北京：中国铁道出版社，2001.

[ 387 ] 《山东年鉴》编辑部 . 山东年鉴 2001. 济南：山东年鉴社，2001.

[ 388 ] 北京市地方志编纂委员会 . 北京年鉴 2001. 北京：北京年鉴社，2001.

[ 389 ] 郭凤岐 . 天津区县年鉴 2001. 天津：天津古籍出版社，2001.

[ 390 ] 宿迁年鉴编纂委员会 . 宿迁年鉴 2001. 北京：方志出版社，2001.

[ 391 ] 镇江年鉴编辑部 . 镇江年鉴 2001. 南京：江苏古籍出版社，2001.

[ 392 ] 扬州年鉴编纂委员会 . 扬州年鉴 2001. 北京：新华出版社，2001.

[ 393 ] 无锡市史志办公室 . 无锡年鉴 2001. 北京：方志出版社，2001.

[ 394 ] 吴江市年鉴编纂委员会 . 吴江年鉴 2001. 合肥：黄山书社，2001.

[ 395 ] 淮安年鉴编纂委员会 . 淮安年鉴 2001. 长春：吉林人民出版社，2001.

[ 396 ] 浙江年鉴社 . 浙江年鉴 2001. 杭州：浙江人民出版社，2001.

[ 397 ] 长江年鉴编纂委员会 . 长江年鉴 2001. 武汉：水利部长江水利委员会长江年鉴社，2001.

[ 398 ] 中国交通年鉴 2001. 北京：中国交通年鉴社，2001.

[ 399 ] 宝应县地方志编纂委员会 . 宝应年鉴 2001. 南京：江苏古籍出版社，2002.

[ 400 ] 《中国环境年鉴》编辑委员会 . 中国环境年鉴 2002. 北京：中国环境年鉴社，2002.

[ 401 ] 《中国建筑业年鉴》编委会 . 中国建筑业年鉴 2002 . 北京：中国建筑业年鉴社，2003.

[ 402 ] 段柄仁，张明义 . 北京年鉴 2002. 北京：北京年鉴社，2002.

[ 403 ] 方亚光 . 江苏年鉴 2002. 南京：江苏年鉴杂志社，2002.

[ 404 ] 郭凤岐 . 天津区县年鉴 2002. 北京：方志出版社，2002.

[ 405 ] 枣庄市地方史志办公室 . 枣庄年鉴 2002. 北京：五洲传播出版社，2002.

[406] 宿豫年鉴编纂委员会 . 宿豫年鉴 2002. 北京：方志出版社，2002.

[407] 黄河年鉴 2002. 郑州：水利部黄河水利委员会黄河年鉴社，2002.

[408] 聊城市地方史志办公室 . 聊城年鉴 2002—2003. 北京：中国广播电视出版社，2004.

[409] 刘春龙 . 高邮年鉴 2002. 长春：吉林人民出版社，2002.

[410] 潘家玮，谭荣尧 . 浙江年鉴 2002. 杭州：浙江年鉴社，2002.

[411] 天津年鉴 2002. 天津：天津年鉴社，2002.

[412] 扬州市地方志年鉴编纂委员会 . 扬州年鉴 2002. 北京：新华出版社，2002.

[413] 无锡市史志办公室 . 无锡年鉴 2002. 北京：方志出版社，2002.

[414] 杭州年鉴编辑部 . 杭州年鉴 2002. 北京：方志出版社，2002.

[415] 嘉兴市地方志编纂委员会 . 嘉兴年鉴 2002. 北京：方志出版社，2002.

[416] 张洪林 . 北京通州年鉴 2002. 北京：北京市通州区史志办公室，2002.

[417] 浙江文物年鉴 2002. [ 出版地不详 ] ：浙江文物年鉴编委会，2003.

[418] 滨州市地方史志办公室 . 滨州年鉴 2003. 北京：方志出版社，2003.

[419] 杭州市地方志编纂委员会 . 杭州年鉴 2003. 北京：方志出版社，2003.

[420] 杭州市余杭区地方志编纂委员会办公室 . 余杭年鉴 2003. 北京：方志出版社，2003.

[421] 嘉兴市地方志编纂委员会 . 嘉兴年鉴 2003. 北京：方志出版社，2003.

[422] 江苏省科技情报所 . 江苏科技年鉴 2003. 北京：科学技术文献出版社，2003.

[423] 李德明 . 山东旅游年鉴 2003. 北京：中国工人出版社，2004.

[424] 浙江省广播电视局，《浙江广播电视年鉴》编辑委员会 . 浙江广播电视年鉴 2003. 北京：中国广播电视出版社，2003.

[425] 泗阳年鉴编纂委员会 . 泗阳年鉴 2003. 泗阳：《泗阳年鉴》编辑部，2003.

[426] 无锡市史志办公室 . 无锡年鉴 2003. 上海：浦东电子出版社，2003.

[427] 宿迁年鉴编纂委员会 . 宿迁年鉴 2003. 长春：吉林人民出版社，2003.

[428] 淮安年鉴编纂委员会 . 淮安年鉴 2003. 北京：方志出版社，2003.

[429] 枣庄市地方史志编纂委员会 . 枣庄年鉴 2003. 北京：五洲传播出版社，2003.

[430] 山东省德州市史志办公室 . 德州年鉴 2003. 济南：山东省地图出版社，2003.

[431] 长江年鉴编纂委员会 . 长江年鉴 2003. 武汉：水利部长江水利委员会宣传出版中心长江年鉴社，2003.

[432] 中国港口年鉴编辑部 . 中国港口年鉴 2003. 北京：中国港口杂志社，2003.

[433] 《浙江年鉴》编辑指导委员会 . 浙江年鉴 2004. 杭州：浙江年鉴社，2004.

[434] 宿豫年鉴编纂委员会 . 宿豫年鉴 2004. 北京：方志出版社，2004.

[435] 段柄仁，张明义 . 北京年鉴 2004. 北京：北京年鉴社，2004.

[436] 江苏年鉴 2004. 南京：江苏年鉴杂志社，2004.

[437] 郭凤岐 . 天津区县年鉴 2004. 天津：天津社会科学院出版社，2004.

[438] 国家文物局 . 中国文物年鉴 2004. 北京：科学出版社，2005.

[439] 枣庄市地方史志办公室 . 枣庄年鉴 2004 . 北京：中国出版社，2004.

[440] 黄河年鉴 2004. 郑州：水利部黄河水利委员会黄河年鉴社，2004.

[441] 卢大伟 . 河南年鉴 2004. 郑州：河南年鉴社，2004.

[442] 中国港口年鉴编辑部 . 中国港口年鉴 2004. 北京：中国港口杂志社，2004.

[443] 《镇江年鉴》编辑部 . 镇江年鉴 2004 . 北京：方志出版社，2004.

[444] 无锡市史志办公室 . 无锡年鉴 2004. 北京：方志出版社，2004.

[445] 杭州市地方志编纂委员会 . 杭州年鉴 2004. 北京：方志出版社，2004.

[446] 桐乡市地方志编纂委员会 . 桐乡年鉴 2004. 北京：方志出版社，2004.

[447] 黄河水利委员会 . 民国黄河大事记 . 郑州：黄河水利出版社，2004.

[448] 淮安市地方志办公室 . 淮安年鉴 2004. 北京：方志出版社，2004.

[449] 杭州市余杭区地方志编纂委员会 . 余杭年鉴 2004. 北京：方志出版社，2004.

[450] 苏州年鉴编纂委员会 . 苏州年鉴 2004. 苏州：古吴轩出版社，2004.

[451] 北京市通州区党史区志办公室 . 北京通州年鉴 2004. 北京：解放军出版社，2004.

[452] 宝应县地方志编纂委员会 . 宝应年鉴 2005. 北京：方志出版社，2005.

[453] 河南年鉴 2005. 郑州：河南省年鉴社，2005.

[454] 河南文化文物年鉴 2005. 郑州：河南省文化厅，河南省文物局，2005.

[455] 枣庄市地方史志办公室 . 枣庄年鉴 2005. 北京：方志出版社，2005.

[456] 泗阳年鉴编纂委员会 . 泗阳年鉴 2005. 北京：方志出版社，2005.

[457] 镇江市史志办公室 . 镇江年鉴 2005. 北京：方志出版社，2005.

[458] 淮安市地方志办公室 . 淮安年鉴 2005. 北京：方志出版社，2005.

[459] 江苏交通年鉴 2005. 南京：江苏交通年鉴社，2005.

[460] 《山东年鉴》编辑部 . 山东年鉴 2005. 济南：山东年鉴社，2005.

[461] 天津市地方志编修委员会 . 天津区县年鉴 2005. 天津：天津社会科学院出版社，2005.

[462] 杭州市余杭区地方志编纂委员会 . 余杭年鉴 2005. 北京：方志出版社，2005.

[463] 嘉兴市地方志编纂委员会 . 嘉兴年鉴 2005. 北京：方志出版社，2005.

[464] 北京市通州区党史区志办公室 . 北京通州年鉴 2005. 北京：方志出版社，2005.

[465] 浙江年鉴 2005. 杭州：浙江年鉴杂志社，2005.

[466] 中国交通年鉴 2005. 北京：中国交通年鉴社，2005.

[467] 《泗阳年鉴》编辑部 . 泗阳年鉴 2006. 北京：方志出版社，2006.

[468] 北京市通州区党史区志办公室 . 北京通州年鉴 2006. 北京：方志出版社，2006.

[469] 《丹阳年鉴》编辑部 . 丹阳年鉴 2006. 北京：方志出版社，2006.

[470] 高邮市地方志年鉴编纂委员会 . 高邮年鉴 2006. 北京：方志出版社，2006.

[471] 国家文物局 . 中国文物年鉴 2006. 北京：科学出版社，2007.

[472] 杭州市人民政府地方志办公室 . 杭州年鉴 2006. 北京：方志出版社，2006.

[473] 镇江市史志办公室 . 镇江年鉴 2006. 北京：方志出版社，2006.

[474] 淮安市地方志办公室 . 淮安年鉴 2006. 北京：方志出版社，2006.

[475] 开封年鉴编纂委员会 . 开封年鉴 2006. 北京：北京燕山出版社，2006.

[476] 长江年鉴编纂委员会 . 长江年鉴 2006. 武汉：水利部长江水利委员会宣传出版中心长江年鉴社，2006.

[477] 宁波年鉴编纂委员会 . 宁波年鉴 2006. 北京：中华书局，2006.

[478] 绍兴市地方志办公室 . 绍兴年鉴 2006. 北京：方志出版社，2006.

[479] 水利部淮河水利委员会 . 治淮汇刊年鉴 2006. 蚌埠：《治淮汇刊（年鉴）》编辑部，2006.

[480] 长三角联合研究中心 . 长三角年鉴 2006. 北京：社会科学文献出版社，2007.

[481] 天津市地方志编修委员会 . 天津区县年鉴 2006. 天津：天津社会科学院出版社，2006.

[482] 桐乡市地方志编纂委员会 . 桐乡年鉴 2006. 北京：方志出版社，2006.

[483] 杭州市余杭区地方志编纂委员会 . 余杭年鉴 2006. 北京：方志出版社，2006.

[484] 嘉兴市地方志编纂委员会 . 嘉兴年鉴 2006. 北京：中华书局，2006.

[485] 山东省德州市地方史志办公室 . 德州年鉴 2006. 北京：中国出版社，2006.

[486] 常州市地方志编纂委员会 . 常州年鉴 2006 . 常州：常州年鉴社，2006.

[487]《中国环境年鉴》编辑委员会 . 中国环境年鉴 2007. 北京：中国环境年鉴社，2007.

[488] 北京市地方志编纂委员会办公室 . 北京年鉴 2007. 北京：北京年鉴社，2007.

[489] 北京通州区党史区志办公室 . 北京通州年鉴 2007. 北京：方志出版社，2007.

[490] 高邮市地方志年鉴编纂委员会 . 高邮年鉴 2007. 北京：线装书局，2007.

[491] 河北省统计局 . 河北经济年鉴 2007. 北京：中国统计出版社，2007.

[492] 枣庄市地方史志办公室 . 枣庄年鉴 2007. 北京：长城出版社，2007.

[493] 淮安市地方志办公室 . 淮安年鉴 2007. 北京：方志出版社，2007.

[494] 江苏省水利厅 . 江苏水利年鉴 2007. 南京：凤凰出版社，2007.

[495] 刘广泉 . 商丘年鉴 2007. 北京：中国广播电视出版社，2007.

[496] 马建华 . 长江年鉴 2007. 武汉：水利部长江水利委员会宣传出版中心长江年鉴社，2007.

[497] 绍兴市地方志办公室 . 绍兴年鉴 2007. 北京：方志出版社，2007.

[498] 沈迪云 . 萧山年鉴 2007. 杭州：浙江人民出版社，2007.

[499] 长三角联合研究中心 . 长三角年鉴 2007. 南京：河海大学出版社，2007.

[500] 无锡市史志办公室 . 无锡年鉴 2007. 北京：方志出版社，2007.

[501]《宿迁年鉴》编纂委员会 . 宿迁年鉴 2007. 北京：方志出版社，2007.

[502]《中国南水北调工程建设年鉴》编纂委员会 . 中国南水北调工程建设年鉴 2007. 北京：中国电力出版社，2007.

[503] 扬州市地方志年鉴编纂委员会 . 扬州年鉴 2007. 北京：新华出版社，2007.

[504] 浙江年鉴 2007. 杭州：浙江年鉴杂志社，2007.

[505] 中国考古学会 . 中国考古学年鉴 2007. 北京：文物出版社，2008.

[506] 安惠元 . 河南年鉴 2008. 郑州：河南年鉴社，2008.

[507]《北京文化艺术年鉴》编辑部 . 北京文化艺术年鉴 2007. 北京：方志出版社，2008.

[508] 沧州市政府年鉴编辑部 . 沧州年鉴 2008. 天津：天津古籍出版社，2010.

[509] 陈宏毅 . 北京通州年鉴 2008. 北京：方志出版社，2008.

[510] 陈一新，李学忠 . 浙江年鉴 2008. 杭州：浙江年鉴杂志社，2008.

[511] 邓政辉，李世华 . 丹阳年鉴 2008. 北京：方志出版社，2008.

[512] 杭州市余杭区地方志编纂委员会 . 余杭年鉴 2008. 北京：方志出版社，2008.

[513] 河北省人民政府 . 河北年鉴 2008. 石家庄：河北年鉴社，2008.

[514] 胡瑞庭 . 浙江广播电视年鉴 2008. 北京：中国广播电视出版社，2009.

[515] 胡志扬 . 黄河年鉴 2008. 郑州：水利部黄河水利委员会黄河年鉴社，2008.

[516] 荆林波 . 中国餐饮年鉴 2008—2009. 北京：中国餐饮年鉴社，2009.

[517] 刘秋增 . 山东年鉴 2008. 济南：山东年鉴社，2008.

[518] 刘贤福 . 中国铁建年鉴 2008. 北京：中国铁道出版社，2008.

[519] 鲁孟河 . 绍兴年鉴 2008. 北京：方志出版社，2008.

[520] 牟国义 . 江苏年鉴 2008. 南京：江苏年鉴社，2008.

[521] 宋士功 . 聊城年鉴 2008. 北京：中国科学文化音像出版社，2008.

[522] 宋余东 . 徐州年鉴 2008. 南京：江苏人民出版社，2008.

[523] 王书平 . 河南文化文物年鉴 2008. 北京：线装书局，2008.

[524] 王延坤 . 淮北年鉴 2008. 合肥：黄山书社，2008.

[525] 无锡市史志办公室 . 无锡年鉴 2008. 北京：方志出版社，2008.

[526] 许保水 . 杭州年鉴 2008. 北京：方志出版社，2008.

[527] 荀德麟，窦立夫 . 淮安年鉴 2008. 北京：方志出版社，2008.

[528] 张尚君 . 洛阳统计年鉴 2008. 北京：中国统计出版社，2008.

[529] 章剑华 . 江苏文化年鉴 2008. 北京：中国摄影出版社，2008.

[530] 长江年鉴编纂委员会 . 长江年鉴 2008. 武汉：水利部长江水利委员会宣传出版中心长江年鉴社，2008.

[531] 赵小平 . 武进年鉴 2008. 北京：方志出版社，2008.

[532] 赵亚伟 . 峄城年鉴 2008—2009. 北京：长城出版社，2011.

[533] 中国考古学会 . 中国考古学年鉴 2008. 北京：文物出版社，2009.

[534] 中国灾害防御协会 . 中国灾害大事记 2008. 北京：地震出版社，2014.

[535] 周军 . 嘉兴年鉴 2008. 北京：方志出版社，2008.

[536] 陈耿忠 . 余杭年鉴 2009. 北京：方志出版社，2009.

[537] 陈国兴 . 宝应年鉴 2009. 北京：方志出版社，2009.

[538] 高邮市地方志年鉴编纂委员会 . 高邮年鉴 2009. 北京：方志出版社，2009.

[539] 国家文物局 . 中国文物年鉴 2009. 北京：华夏出版社，2011.

[540] 胡志扬 . 黄河年鉴 2009. 郑州：水利部黄河水利委员会黄河年鉴社，2009.

[541] 淮安市地方志办公室 . 淮安年鉴 2009. 北京：方志出版社，2010.

[542] 江苏交通年鉴 2009. 南京：江苏省交通行业宣传教育中心，2009.

[543] 金国旗 . 宿迁年鉴 2009. 北京：方志出版社，2009.

[544] 刘昕 . 贾汪年鉴 2009. 南京：江苏人民出版社，2009.

[545] 牟国义 . 江苏年鉴 2009. 南京：江苏年鉴社，2009.

[546] 宋士功 . 聊城年鉴 2009. 长春：吉林人民出版社，2009.

[547] 苏银增，杨景祥，杨连云 . 河北经济年鉴 2009. 北京：中国统计出版社，2009.

[548] 孙克强 . 长三角年鉴 2009. 南京：河海大学出版社，2009.

[549] 田嘉 . 中国地方志年鉴 2009. 北京：中国地方志年鉴编辑部，2009.

[550] 袁建祥 . 上城年鉴 2009. 北京：方志出版社，2009.

[551] 张卫东 . 数据见证辉煌 江苏 60 年 . 北京：中国统计出版社，2009.

[552] 章剑华 . 江苏文化年鉴 2009. 扬州：广陵书社，2010.

[553] 中国社会科学院工业经济研究所 . 中国工业发展报告 2009. 北京：经济管理出版社，2009.

[554] 朱玉正，王浩文 . 焦作年鉴 2009. 北京：方志出版社，2009.

[555]《江苏文化年鉴》编纂委员会 . 江苏文化年鉴 2010. 扬州：广陵书社，2011.

[556]《中国餐饮年鉴》编辑委员会 . 中国餐饮年鉴 2010. 北京：中国商业年鉴社，2011.

[557] 中国地方志年鉴 2010. 北京：《中国地方志年鉴》编辑部，2010.

[558] 北京市地方志编纂委员会办公室 . 北京年鉴 2010. 北京：北京年鉴社，2010.

[559] 北京市通州区党史区志办公室 . 北京通州年鉴 2010. 北京：方志出版社，2010.

[560] 沧州市政府年鉴编辑部 . 沧州年鉴 2010. 天津：天津古籍出版社，2011.

[561] 国家文物局 . 中国文物年鉴 2010. 北京：中国时代经济出版社，2012.

[562] 杭州市人民政府地方志办公室 . 杭州年鉴 2010. 北京：方志出版社，2010.

[563] 淮安市地方志办公室 . 淮安年鉴 2010. 北京：方志出版社，2010.

[564] 苏州市档案局 . 苏州年鉴 2010. 上海：上海社会科学院出版社，2010.

[565] 中国社会科学院新闻与传播研究所 . 中国新闻年鉴 2010. 北京：中国新闻年鉴社，2010.

[566] 宝应县地方志编纂委员会 . 宝应年鉴 2010. 北京：方志出版社，2010.

[567]《环渤海区域经济年鉴》编委会 . 环渤海区域经济年鉴 2011. 天津：天津人民出版社，2012.

[568]《江苏文化年鉴》编纂委员会 . 江苏文化年鉴 2011. 扬州：广陵书社，2012.

[569] 北京市通州区党史区志办公室 . 北京通州年鉴 2011. 北京：方志出版社，2011.

[570] 杭州市人民政府地方志办公室 . 杭州年鉴 2011. 北京：方志出版社，2011.

[571] 淮安市地方志办公室 . 淮安年鉴 2011. 北京：方志出版社，2010.

[572] 卢桂平，何金发 . 扬州年鉴 2011. 北京：新华出版社，2011.

[573] 牟国义 . 江苏年鉴 2011. 南京：江苏年鉴杂志社，2011.

[574] 绍兴市地方志办公室 . 绍兴年鉴 2011. 北京：方志出版社，2011.

[575] 黄河年鉴 2011. 水利部黄河水利委员会黄河年鉴社，2010.

[576] 孙晓南，胡振 . 镇江年鉴 2011. 北京：方志出版社，2011.

[577] 田书阳 . 泰安年鉴 2011. 北京：方志出版社，2011.

[578] 宿迁年鉴编纂委员会 . 宿迁年鉴 2011. 北京：方志出版社，2011.

[579] 徐州市史志办公室 . 徐州年鉴 2011. 南京：江苏人民出版社，2011.

[580] 长江年鉴编纂委员会 . 长江年鉴 2011. 武汉：水利部长江水利委员会宣传出版中心长江年鉴社，2011.

[581]《江苏文化年鉴》编纂委员会 . 江苏文化年鉴 2012. 扬州：广陵书社，2013.

[582] 蔡兆银 . 宿豫年鉴 2012. 北京：方志出版社，2012.

[583] 沧州市政府年鉴编辑部 . 沧州年鉴 2012. 北京：九州出版社，2013.

[584] 陈宏毅 . 北京通州年鉴 2012. 北京：方志出版社，2012.

[585] 陈扬，何金发 . 扬州年鉴 2012. 北京：新华出版社，2012.

[586] 河南年鉴 2012. 郑州：河南年鉴社，2012.

[587] 崔为工 . 河南文化文物年鉴 2012. 郑州：中州古籍出版社，2012.

[588] 胡瑞庭 . 浙江广播电影电视年鉴 2009. 北京：中国广播电视出版社，2012.

[589] 淮安市地方志办公室 . 淮安年鉴 2012. 北京：方志出版社，2012.

[590] 桐庐县地方志编纂委员会 . 桐庐年鉴 2012. 北京：方志出版社，2012.

[591] 许保水 . 杭州年鉴 2012. 北京：方志出版社，2012.

[592] 长江年鉴编纂委员会 . 长江年鉴 2012. 武汉：水利部长江水利委员会宣传出版中心长江年鉴社，2012.

[593] 长三角联合研究中心 . 长三角年鉴 2012. 北京：社会科学文献出版社，2012.

[594] 中共北京市昌平区委党史办公室，北京市昌平区地方志办公室 . 北京昌平年鉴 2012. 北京：中共党史出版社，2012.

[595] 中国地方志年鉴 2012. 北京：《中国地方志年鉴》编辑部，2012.

[596] 中国铁道建筑总公司史志编审委员会 . 中国铁建年鉴 2012. 北京：中国铁道出版社，2013.

[597]《山东年鉴》编辑部 . 山东年鉴 2013. 济南：山东年鉴社，2013.

[598] 沧州市政府年鉴编辑部 . 沧州年鉴 2013. 北京：九州出版社，2014.

[599] 程雷生 . 浙江纪事 2013. 杭州：浙江工商大学出版社，2013.

[600] 高邮市地方志年鉴编纂委员会 . 高邮年鉴 2013. 北京：方志出版社，2013.

[601] 杭州市人民政府地方志办公室 . 杭州年鉴 2013. 北京：方志出版社，2013.

[602] 河南省文化厅，河南省文物局 . 河南文化文物年鉴 2013. 郑州：中州古籍出版社，2014.

[603] 绍兴市地方志办公室 . 绍兴年鉴 2013. 北京：方志出版社，2013.

[604] 徐州市史志办公室 . 徐州年鉴 2013. 南京：江苏人民出版社，2013.

[605] 扬州市江都区地方志编纂委员会 . 江都年鉴 2013. 北京：方志出版社，2013.

[606] 枣庄市地方史志办公室 . 枣庄年鉴 2013. 北京：长城出版社，2013.

[607] 长江年鉴编纂委员会 . 长江年鉴 2013. 武汉：水利部长江水利委员会宣传出版中心长江年鉴社，2013.

[608] 浙江省海宁市史志编纂委员会 . 海宁年鉴 2013. 北京：方志出版社，2013.

[609] 中共北京市通州区委党史工作办公室，北京市通州区地方志办公室 . 北京通州年鉴 2013. 北京：方志出版社，2013.

[610] 柴伟梁 . 海宁年鉴 2014. 北京：方志出版社，2014.

[611] 陈扬，何金发 . 扬州年鉴 2014. 扬州：广陵书社，2014.

[612] 高邮市地方志年鉴编纂委员会 . 高邮年鉴 2014. 北京：方志出版社，2014.

[613] 杭州市人民政府地方志办公室 . 杭州年鉴 2014. 北京：方志出版社，2014.

[614] 淮北市地方志编纂委员会 . 淮北年鉴 2014. 合肥：安徽人民出版社，2014.

[615] 尚朝阳，魏险峰 . 洛阳年鉴 2014. 郑州：中州古籍出版社，2014.

[616] 绍兴市地方志办公室 . 绍兴年鉴 2014. 北京：方志出版社，2014.

[617] 王葆刚 . 北京通州年鉴 2014. 北京：方志出版社，2014.

[618] 宿迁年鉴编纂委员会 . 宿迁年鉴 2014. 南京：江苏人民出版社，2014.

[619] 枣庄市地方史志办公室 . 枣庄年鉴 2014. 北京：长城出版社，2014.

[620] 中共江苏省委宣传部 . 江苏宣传年鉴 2014. 南京：江苏人民出版社，2014.

[621] 扬州市地方志编纂委员会 . 扬州年鉴 2015. 扬州：广陵书社，2015.

[622] 杭州市余杭区地方志编纂委员会 . 余杭年鉴 2015. 北京：方志出版社，2015.

[623] 淮安市地方志办公室 . 淮安年鉴 2015. 北京：方志出版社，2015.

[624] 苏州年鉴编纂委员会 . 苏州年鉴 2015. 苏州：古吴轩出版社，2015.

[625] 濉溪县人民政府，濉溪县地方志办公室 . 濉溪年鉴 2015—2016. 北京：线装书局，2017.

[626] 天津市北辰区地方志编修委员会办公室 . 天津市北辰年鉴 2015. 长春：吉林人民出版社，2015.

[627] 中共北京市通州区委党史工作办公室，北京市通州区地方志办公室 . 北京通州年鉴 2015. 北京：方志出版社，2015.

[628] 中国考古学会 . 中国考古学年鉴 2015. 北京：中国社会科学出版社，2017.

[629] 中国印刷技术协会 . 中国印刷年鉴 2015. 北京：中国经济出版社，2015.

[630] 聊城市地方史志办公室 . 聊城年鉴 2016. 北京：中国文史出版社，2016.

[631] 扬州市地方志编纂委员会 . 扬州年鉴 2016. 扬州：广陵书社，2016.

[632] 常州年鉴 2016. 常州：常州年鉴社，2016.

[633] 杭州市余杭区地方志编纂委员会 . 余杭年鉴 2016. 北京：方志出版社，2016.

[634] 淮安市志办公室 . 淮安年鉴 2016. 北京：方志出版社，2016.

[635] 嘉兴市地方志编纂委员会 . 嘉兴年鉴 2016. 北京：方志出版社，2016.

[636] 居晓波，李生 . 高邮年鉴 2016. 北京：方志出版社，2016.

[637] 王宏 . 杭州年鉴 2016. 北京：方志出版社，2016.

[638] 吴孟铎，魏险峰 . 洛阳年鉴 2016. 郑州：中州古籍出版社，2016.

[639] 宿迁年鉴编纂委员会 . 宿迁年鉴 2016，南京：江苏人民出版社，2016.

[640] 扬州市江都区地方志编纂委员会 . 江都年鉴 2016. 扬州：广陵书社，2016.

[641] 中共北京市通州区委党史工作办公室，北京市通州区地方志办公室 . 北京通州年鉴 2016. 北京：方志出版社，2016.

[642] 中国出版年鉴 2016. 北京：《中国出版年鉴》杂志社有限公司，2017.

[643] 淮北市地方志编纂委员会 . 淮北年鉴 2017. 北京：方志出版社，2017.

[644] 江苏省水利厅 . 江苏水利年鉴 2017. 南京：河海大学出版社，2017.

[645] 聊城市地方史志办公室 . 聊城年鉴 2017. 北京：中国文史出版社，2017.

[646] 宁波市人民政府地方志办公室 . 宁波年鉴 2017. 宁波：宁波出版社，2017.

[647] 扬州市江都区地方志编纂委员会 . 江都年鉴 2017. 扬州：广陵书社，2017.

[648] 枣庄市地方史志办公室 . 枣庄年鉴 2017. 北京：中国文史出版社，2017.

[649] 杭州年鉴编辑部 . 杭州年鉴 2017. 北京：方志出版社，2018.

[650] 德州市德城区地方史志办公室 . 德城年鉴 . 北京：方志出版社，2018.

[651] 高邮市地方志年鉴编纂委员会 . 高邮年鉴 2017. 北京：方志出版社，2018.

[652] 中共北京市通州区委党史工作办公室，北京市通州区地方志办公室 . 北京通州年鉴 2017. 北京：方志出版社，2018.

[653] 淮安市淮安区地方志办公室 . 淮安区年鉴 2018. 南京：河海大学出版社，2018.

## 二、论文

[1] 朱江 . 邗城遗址与邗沟流经区域文化遗址的发现 . 文物，1973（12）.

[2] 邹逸麟 . 隋唐汴河新考 . 光明日报，1962-07-02.

[3] 邹逸麟 . 宋代惠民河考 . 开封师院学报，1978（5）.

[4] 邹逸麟 . 山东运河历史地理问题初探 . 历史地理，1982（创刊号）.

[5] 张照东 . 清代漕运与南北物资交流 . 清史研究，1992（3）.

[6] 李德楠 . 明代徐州段运河的乏水问题及应对措施 . 兰州学刊，2007（8）.

[7] 朱江 . 从文物发现情况来看扬州古代的地理变迁 . 南京博物院集刊，1981（3）.

[8] 罗宗真 . 唐代扬州古河道等的发现和有关问题的探讨 . 南京博物院集刊，1981（3）.

[9] 邹逸麟 . 从含嘉仓的发掘谈隋唐时期的漕运和粮仓 . 文物，1974（2）.

[10] 周健 . 嘉道年间江南的漕弊 . 中华文史论丛，2011（1）.

[11] 夏炎 . 试论唐后期土贡物产的地方流动 . 史学月刊，2014（8）.

[12] 沈燕云 . 推进京杭大运河全线性恢复通航 . 中国远洋航务，2012（4）.

[13] 田余庆 . 汉魏之际的青徐豪霸 . 历史研究，1983（3）.

# 《中国运河志》编纂始末

盛世修志，资政育人，是中华民族自古以来的文化传统。从某种意义上说，正是平凡而又浩大的史志编纂出版成就了赓续不绝的中华文化，塑造了鉴古知今的民族传统，形成了中华文明的强大向心力和凝聚力。运河在中国历史上有着极其重要的地位，今天仍作为"活态遗产"继续发挥着重要作用，对中国社会的影响源远流长、深刻厚重。历朝历代的各种文献典籍中，对运河的疏浚、修造、管理以及相关的重要活动进行了记载，也形成了一批重要的研究论著。但迄今为止，尚未出版过一部中国运河的通志。作为中国的骨干文化企业和国内出版领军企业，江苏凤凰出版传媒集团在2012年至2019年间，投资千余万元，组织策划并聘请专家、学者修纂《中国运河志》，旨在以出版追寻运河文化轨迹，以修志传承运河历史文明。

2012年，江苏凤凰出版传媒集团提出组织《中国运河志》编纂出版项目的设想，计划由江苏凤凰科学技术出版社承担出版任务，成立专门编辑部门"中国运河出版中心"负责具体实施。江苏凤凰科学技术出版社旋即组织筹备人员开展调研工作，拜访复旦大学、浙江大学、北京大学、东南大学、山东师范大学、中国社会科学院、中国地方志指导小组办公室、中国文化遗产研究院、中国水利史研究所等高校和科研机构的专家、学者。经广泛征求意见，修志设想得到一致认同及肯定，内容思路、项目计划亦略见雏形。

2012年6月，《中国运河志》出版项目启动仪式暨第一次专家会议在南京举行，来自全国各地的数十位专家齐聚金陵，时任江苏省新闻出版局局长徐毅英、时任江苏凤凰出版传媒集团董事长陈海燕为"中国运河出版中心"揭牌，宣告项目正式启动。

出版企业牵头组织修纂专门通志，依托专家之学养、做好项目之管理是两大要务。我们组建了核心专家组、分卷主编两方面团队。核心专家组作为"学术中枢"，负责指导制订总体框架，审议全志大纲，指导分卷编纂工作，研究处理疑难问题，评审分卷稿件，把关学术质量。分卷主编负责起草分卷编纂方案、提交样稿、组织编纂、统稿修改。

专家团队的组成，经前期沟通已有腹案。首先成立的是核心专家组。2012年8月，复旦大学教授邹逸麟、北京大学教授李孝聪、中国文化遗产研究院研究员张廷皓、中国地方志指导小组办公室研究员张英聘四位专家受聘为核心专家。2015 年 5 月，确定邹逸麟为本志总主编，同时邀请北京大学教授赵世瑜加入核心专家组。

在核心专家组的指导和支持下，编辑部先后组织多次会议，研究制订《中国运河志》编纂框架。在运河研究的学科体系尚未建立、基础研究仍显薄弱的情况下，首次以通志的形式记述中国运河，将运河放在整个中国历史大背景下来展开记述，可谓构建一个新的运河研究体系。框架的讨论是一个反复研讨、斟酌取舍的过程，从编辑部提交 10 卷本框架草案，到讨论修改为 11 卷本，其间又经过多次增减变动，最终确定为 9 卷本，分别为《总述·大事记》《图志》《河道工程与管理》《通运》《城镇》《社会文化》《人物》《文献》《附编》。

参考专家个人、团队的主要研究领域，结合多次专家会议讨论框架过程中集中思考的方向，逐步明确了分卷主编人选，分别为：《总述·大事记》之“总述”著者复旦大学教授邹逸麟，“大事记”主编聊城大学教授李泉；《图志》主编北京大学教授李孝聪；《河道工程与管理》主编中国水利史研究所教授级高级工程师吕娟；《通运》主编清华大学教授倪玉平；《城镇》主编中山大学教授吴滔；《社会文化》主编山东大学教授张士闪；《人物》主编聊城大学教授王云；《文献》主编聊城大学教授李泉；《附编》主编单位中国文化遗产研究院。此后又经分卷主编起草、集中讨论，进一步确定各卷细化至三级目录的篇目。

框架既定，各卷进入紧张的具体工作阶段。邹逸麟所撰“总述”率先完稿，为各卷提供了统领和参考。讨论、编纂、再讨论、修改、评审，是分卷编纂的工作模式。各卷撰写样稿提交专家会议讨论，根据意见修改后再次提交讨论直至通过，之后组织集中编纂，并进行阶段性讨论修改，最后由分卷主编统稿，提交初稿进行全卷评审。结合实际情况，采用专家会议集中评审，一位专家主审、多位专家共审的模式，对各分卷稿件逐一审议，确保总体学术水准。每一分卷的编纂都是运河研究某一专业方向上的深入探究，从资料长编到初稿编写，从分卷统稿到学术评审，或删减，或增补，或调整，全体专家团队倾心尽力，反复打磨。

由于无先例可循，摸索之中的编纂之路，主要是集聚专家智慧。我们将专家集体讨论与尊重分卷主编意见相结合，将全志的统一性与分卷的独立性相结合，边研究，边摸索，边推进。项目前期以全体专家会议形式议事，核心专家、分卷主编齐聚，对各卷编纂工作进行深入研讨，各抒己见，甚至据理力争，在不断的探讨、交流中达成一致。后期则以全体专家会议和分卷编纂会议形式并举，由分卷主编召集参编人员讨论，适时邀请核心专家参会指导，研究解决分卷编纂工作中的具体问题，重大疑难问题提交给全体专家会议审议。核心专家、分卷主编“分工不分家”，每一位专家都着眼于全志体系，而不局限于某一分卷。分卷之间亦是资料共享、信息互通，同时又畅所欲言、毫无保留地互相提出意见、出谋划策。开放、专业的研讨，贯穿于志书修纂全程。

具体编纂中，虽文献资料不足且零散，仍坚持紧扣主题、宁缺毋滥之原则。在遵循“横不缺要项，纵不断主线”“述而不论”“横排竖写”等志书修纂基本要求的前提下，重点强调入志内容与运河的相关性，重点记述因运河而生、因运河而盛的事物。这就要求从有限的文献典籍中撷取与运河直接相关的内容，难上加难。为获取散落海外的文献资料，有专家多方奔走，与英国、美国等地的收藏单位协商沟通，甚至借助个人学术影响取得多种稀见运河舆图的出版授权。为实地查验运河线路、现场考证文献记载，专家团队不避严寒酷暑，先后赴苏州、无锡、镇江、扬州、淮安、宿迁、徐州、济宁、聊城、杭州等地开展田野考察，并进行现场研讨。

大型出版工程的建设，编纂组织工作是重中之重。从江苏凤凰出版传媒集团到江苏凤凰科学技术出版社再到中国运河出版中心，均倾力投入项目运作。时任集团董事长陈海燕、总经理周斌、副总经理黎雪在总体策划、政策扶持、资金保障、重大问题协调等方面运筹帷幄，多次带队参加专家会议，对本志的顶层设计、框架制订、出版规划、工作推进、稿件组织等工作起到了重要作用。江苏凤凰科学技术出版社作为项目出版任务承担单位，将《中国运河志》工作列为出版社“一号工程”，先是时任江苏凤凰科学技术出版社总经理金国华、副总编辑杜辛全力协调推动；后是现任社长傅梅、副总编辑李淳宁殚精竭虑，多次专题部署推进。他们一次次带领编辑部人员奔波于一线，与每一位参编专家面对面沟通，与有关部门点对点协调。作为项目具体管理的编辑部门，中国运河出版中心专门编写了《〈中国运河志〉编纂工作手册》，明确编纂体例、行文规范，分发到全体参编作者以为参照，规范志书编纂工作；全程参与各次会议讨论，与各位专家沟通，交流反馈信息，协调各分卷编纂工作的稳步推进。

2018 年，各卷陆续进入编辑审校流程，《中国运河志》从作者修纂转入编辑出版阶段。对一千余万字的稿件进行编辑加工、校对审核，时间紧，任务重。2019年初，江苏凤凰出版传媒集团董事长梁勇统领，总经理孙真福指导，江苏凤凰出版传媒股份有限公司总经理佘江涛、总编辑徐海总体协调，调派江苏人民出版社、凤凰出版社、江苏凤凰教育出版社等多家出版单位的骨干编辑参与编校工作。江苏凤凰科学技术出版社社长傅梅、总编辑郁宝平统筹协调全志编辑、审校、印制工作，社领导郁宝平、傅永红、李淳宁、孙兴春及多位资深编辑参与编校审读。合集团之力所组成的数十位编校人员团队，精心编稿、审稿、校稿，可谓“《中国运河志》出版大会战”。

为确保质量，我们采取了一系列策略：分卷多编辑多轮次审稿，分卷内、分卷间交叉校对，在常规“三审三校”基础上根据实际情况适当增加校次，安排专人对重点内容进行专项审读，付印前组织集中印前审读、编校检查。精英尽出，多管齐下，力争在抓紧时间进度的同时确保编校质量。

2019年6月，《中国运河志》付梓在即。应江苏凤凰出版传媒集团之请，十一届全国政协副主席孙家正为本志作序；总主编邹逸麟致信著名历史学家戴逸请其为本志作序，戴先生欣然应允。

2019年9月，《中国运河志》全志出版。

在志书修纂过程中，我们进行了多方面的积极探索。为“讲好中国运河故事”，我们开展国际交流，拓宽国际视野。2012年9月，参加在扬州举行的世界运河大会，陈海燕在大会上做了题为《为中国运河修书立志 为华夏文化竭尽绵薄》的书面交流。2013年9月，黎雪率团赴英国举办运河古地图展览。2017年9月，周斌率团赴美参加在锡拉丘兹举行的世界运河大会，与美国伊利运河、加拿大里多运河等方面的专家交流。IWI（Inland Waterways International）前任主席大卫・白灵杰（Dave Ballinger）、主席大卫・爱德华兹－梅（David Edwards-May）、秘书长大卫・麦克道格（Dave McDougal）等三位专家受聘为《中国运河志》项目国际顾问。此外，我们还与世界运河历史文化城市合作组织建立了良好的互动关系。江苏凤凰出版传媒股份有限公司副总经理刘锋，国际拓展部主任俞慧洵、高级主管白立业在一系列国际交流活动中给予了大力支持。

适应融媒体发展之趋势，我们主动探索注入融媒体出版元素。2018年，在时任江苏凤凰出版传媒集团董事长张建康的关心和支持下，与现代快报社合作拍摄《中国运河志》微电影，获“中国・扬州首届运河主题国际微电影展”组委会特别奖。现代快报社郑春平、朱俊骏、孙兰兰和他们率领的团队开展了卓有成效的工作。后续，我们还将基于《中国运河志》进一步谋划运河主题人文纪录片的拍摄与制作，并进一步延伸推动数字化发展。

《中国运河志》甫一立项，即被江苏凤凰出版传媒集团列为十大出版工程之一，之后陆续申报各类重点项目：2016年，列入“十三五”国家重点出版物出版规划项目；2017年，获江苏省新闻出版广播影视发展专项资金资助；2018年，获国家出版基金资助。

项目得到国家新闻出版署、国家文物局、中国地方志指导小组办公室、中国国家图书馆、中国文化遗产研究院、天津市图书馆、浙江省博物馆、江苏省委宣传部、江苏省新闻出版局、江苏省交通运输厅、江苏省地理信息测绘局、江苏省镇江市博物馆的关心和支持。时任国家文物局副局长刘曙光、政策法规司司长陆琼、文物保护与考古司司长闫亚林高度评价《中国运河志》编纂出版之意义；江苏省委宣传部将《中国运河志》列为年度重点工作，文化产业处处长王明珠参加项目会议并与专家深入交流；江苏省新闻出版局周琪、焦建俊、黄海宁、张东甫、李贞强、孙敏等领导在不同时期从出版业务管理上给予指导和帮助；江苏省测绘地理信息学会秘书长陈洪良对志书地图绘制、审核多有指导。各方对《中国运河志》的认可、关注和支持，对我们是鼓励也是压力，更是动力。

作为项目投资及主管单位，江苏凤凰出版传媒集团全力支持《中国运河志》工作，为项目提供强有力的保障。在集团领导重视、支持的同时，相关部门亦从各业务层面积极协助，祁智、王振羽、林海涛、费强、左玉梅、周兴安、吴迪、沈飞、袁楠、樊明在不同阶段参与本志工作。集团所辖的江苏人民出版社府建明、江苏凤凰教育出版社王瑞书、凤凰出版社倪培翔在本志编审校阶段给予大力支持。

本志的修纂还得到了来自各界的指导和帮助，篇幅所限不能细表，在此一并致谢。感谢参与学术研究、提出建设性修纂意见的专家荀德麟、谭徐明、王英华、常建华、许檀、杜家骥、王力平、吴欣、谢湜、姜师立等。感谢接受咨询并提出意见和建议的专家陈桥驿、安作璋、葛剑雄、朱光亚、周魁一、蔡蕃、郑连第、蒋超、张卫东、付崇兰、范金民、胡阿祥、张环宙、邱志荣、余清良、于冰、毛锋、龚良、王健、张强、董耀会、李松、安涛等。感谢在志书体例、古籍出版经验上给予指导的专家谭烈飞、颜越虎、陈其弟、俞国林、李肇翔等。感谢曾提供帮助的华林甫、段伟、白鸿叶、周谊、于国华、马国仓、吴宝安、营幼峰、许礼林、张劲松、王昌保、黄俊、蒋桂生、李波、吕咏、赵纪军、王洁、周玉龙、范冬、邓清、刘尚杰、刘志平、李想、谢小朋、钱亮、葛庆文、徐晨岷、王达政、